Direito Constitucional

O GEN | Grupo Editorial Nacional – maior plataforma editorial brasileira no segmento científico, técnico e profissional – publica conteúdos nas áreas de concursos, ciências jurídicas, humanas, exatas, da saúde e sociais aplicadas, além de prover serviços direcionados à educação continuada.

As editoras que integram o GEN, das mais respeitadas no mercado editorial, construíram catálogos inigualáveis, com obras decisivas para a formação acadêmica e o aperfeiçoamento de várias gerações de profissionais e estudantes, tendo se tornado sinônimo de qualidade e seriedade.

A missão do GEN e dos núcleos de conteúdo que o compõem é prover a melhor informação científica e distribuí-la de maneira flexível e conveniente, a preços justos, gerando benefícios e servindo a autores, docentes, livreiros, funcionários, colaboradores e acionistas.

Nosso comportamento ético incondicional e nossa responsabilidade social e ambiental são reforçados pela natureza educacional de nossa atividade e dão sustentabilidade ao crescimento contínuo e à rentabilidade do grupo.

Gustavo **Muzy**

Direito Constitucional Decifrado

COORDENAÇÃO
**Cláudia Barros
Filipe Ávila
Rogério Greco**

2ª edição

- O autor deste livro e a editora empenharam seus melhores esforços para assegurar que as informações e os procedimentos apresentados no texto estejam em acordo com os padrões aceitos à época da publicação, e todos os dados foram atualizados pelo autor até a data de fechamento do livro. Entretanto, tendo em conta a evolução das ciências, as atualizações legislativas, as mudanças regulamentares governamentais e o constante fluxo de novas informações sobre os temas que constam do livro, recomendamos enfaticamente que os leitores consultem sempre outras fontes fidedignas, de modo a se certificarem de que as informações contidas no texto estão corretas e de que não houve alterações nas recomendações ou na legislação regulamentadora.

- Fechamento desta edição: *19.12.2022*

- O autor e a editora se empenharam para citar adequadamente e dar o devido crédito a todos os detentores de direitos autorais de qualquer material utilizado neste livro, dispondo-se a possíveis acertos posteriores caso, inadvertida e involuntariamente, a identificação de algum deles tenha sido omitida.

- **Atendimento ao cliente:** (11) 5080-0751 | faleconosco@grupogen.com.br

- Direitos exclusivos para a língua portuguesa
  Copyright © 2023 by
  Editora Forense Ltda.
  Uma editora integrante do GEN | Grupo Editorial Nacional
  Travessa do Ouvidor, 11 – Térreo e 6º andar
  Rio de Janeiro – RJ – 20040-040
  www.grupogen.com.br

- Reservados todos os direitos. É proibida a duplicação ou reprodução deste volume, no todo ou em parte, em quaisquer formas ou por quaisquer meios (eletrônico, mecânico, gravação, fotocópia, distribuição pela Internet ou outros), sem permissão, por escrito, da Editora Forense Ltda.

- Esta obra passou a ser publicada pela Editora Método | Grupo GEN a partir da 2ª edição.

- Capa: Bruno Sales Zorzetto

- **CIP – BRASIL. CATALOGAÇÃO NA FONTE.
  SINDICATO NACIONAL DOS EDITORES DE LIVROS, RJ.**

M993d
2. ed.

Muzy, Gustavo
Direito constitucional decifrado / Gustavo Muzy ; apresentação da coleção Cláudia Barros Portocarrero, Filipe Ávila, Rogério Greco. – 2. ed. – Rio de Janeiro: Método, 2023.

752 p.; 23 cm. (Decifrado)

Inclui bibliografia
ISBN 978-65-5964-643-2

1. Direito constitucional – Brasil. 2. Direito constitucional - Problemas, questões, exercícios. 3. Serviço público – Brasil – Concursos. I. Portocarrero, Cláudia Barros. II. Ávila, Filipe. III. Greco, Rogério. IV. Título. V. Série.

22-81498 CDU: 342(81)

Meri Gleice Rodrigues de Souza – Bibliotecária – CRB-7/6439

Sobre os Coordenadores

CLÁUDIA BARROS PORTOCARRERO

Promotora de Justiça. Mestre em Direito Público. Professora de Direito Penal e Legislação Especial na Escola da Magistratura dos Estados do Rio de Janeiro e Espírito Santo, na Escola de Direito da Associação e na Fundação Escola do Ministério Público do Rio de Janeiro. Professora de Direito Penal Econômico da Fundação Getulio Vargas. Professora em cursos preparatórios. Autora de livros e palestrante.

@claudiabarrosprof

FILIPE ÁVILA

Formado em Direito pela Universidade Estadual de Mato Grosso do Sul. Foi aprovado no concurso de Agente de Polícia PC/DF (2013), tendo atuado por aproximadamente quatro anos na área de investigação criminal de diversas delegacias especializadas no Distrito Federal (Coordenação de Homicídios-CH; Coordenação de Repressão aos Crimes Contra o Consumidor, a Propriedade Imaterial e a Fraudes-CORF; Delegacia de Proteção à Criança e ao Adolescente-DPCA; Delegacia Especial de Atendimento à Mulher-DEAM). Posteriormente, pediu exoneração do cargo e, atualmente, é professor exclusivo do AlfaCon nas disciplinas de Direito Penal e Legislação Criminal, com foco em concursos públicos. Na mesma empresa, coordenou a criação de curso voltado para a carreira de Delegado de Polícia.

@filipeavilaprof

ROGÉRIO GRECO

Procurador de Justiça do Ministério Público do Estado de Minas Gerais. Pós-doutor pela Universita degli Studi di Messina, Itália. Doutor pela Universidad de Burgos, Espanha. Mestre em Ciências Penais pela Universidade Federal de Minas Gerais. Especialista em Teoria do Delito pela Universidade de Salamanca, Espanha. Formado pela National Defense University, Washington, Estados Unidos, em Combate às Organizações Criminosas Transnacionais e Redes Ilícitas nas Américas. Professor de Direito Penal e palestrante em congressos e universidades no País e no exterior. Autor de diversas obras jurídicas. Embaixador de Cristo.

Apresentação da Coleção

A **Coleção Decifrado** da Editora Método foi concebida visando, especialmente, ao público que se prepara para provas de concursos jurídicos (os mais variados), embora atenda perfeitamente às necessidades dos estudantes da graduação, os quais em breve testarão o conhecimento adquirido nas salas de aula – seja no Exame da Ordem, seja em concursos variados.

Nessa toada, destacamos que o grande diferencial da coleção consiste na metodologia do "objetivo e completo".

Objetivo, àqueles que têm pressa e necessitam de um material que foque no que realmente importa, sem rodeios ou discussões puramente acadêmicas que não reflitam na prática dos certames.

Completo, porque não foge a nenhuma discussão/posicionamento doutrinário ou jurisprudencial que já tenha sido objeto dos mais exigentes certames. Para tanto, embora os autores não se furtem à exposição de seu posicionamento quanto a temas controversos, empenham-se em destacar a posição que, por ser majoritária, deverá ser adotada em prova.

Na formulação de cada obra, os autores seguiram o padrão elaborado pelos coordenadores a partir de minudente análise das questões extraídas dos principais concursos jurídicos (Magistratura, Ministério Público, Delegado, Procuradoria, Defensoria etc.), indicando tópicos obrigatórios, sem lhes tirar a liberdade de acrescentar outros que entendessem necessários.

Foram meses de trabalho árduo, durante os quais sempre se destacou que o **foco da coleção é a entrega de um conteúdo apto a viabilizar a aprovação do candidato em todas as fases das mais exigentes provas e concursos do país.**

Para tanto, ao longo do texto, e possibilitando uma melhor fluidez e compreensão dos temas, a coleção conta com fartos e atualizados julgados ("Jurisprudência destacada") e questões comentadas e gabaritadas ("Decifrando a prova").

Como grande diferencial, contamos ainda com o **Ambiente Digital Coleção Decifrado** pelo qual é possível ter uma maior interação com os autores e é dado acesso aos diferentes conteúdos de todos os títulos que compõem a coleção, como informativos dos Tribunais Superiores, atualizações legislativas, *webinars*, mapas mentais, artigos, questões de provas etc.

Convictos de que o objetivo pretendido foi alcançado com sucesso, colocamos nosso trabalho à disposição dos leitores, futuros aprovados, que terão em suas mãos obras completas e, ao mesmo tempo, objetivas, essenciais a todos que prezam pela otimização do tempo na preparação.

Cláudia Barros Portocarrero, Filipe Ávila e Rogério Greco

Sumário

PARTE I
Direito Constitucional Geral

1. Conceito, origem e fontes do Direito Constitucional. Constitucionalismo... 3

1.1. Conceito de Direito Constitucional 3
1.2. Origem do Direito Constitucional 5
1.3. Fontes do Direito Constitucional 6
1.4. Constitucionalismo 7
    1.4.1. Constitucionalismo antigo 7
    1.4.2. Constitucionalismo clássico ou moderno 8
    1.4.3. Neoconstitucionalismo 10

2. Conceito e elementos caracterizadores do Estado. Formas de Estado. Regimes e sistemas de governo. Regimes políticos. O Estado brasileiro 13

2.1. Conceito de Estado 13
2.2. Elementos caracterizadores do Estado 14
2.3. Personalidade jurídica dos Estados 17
2.4. Diferença entre Estado e nação 17
2.5. Diferença entre governo e Administração Pública 18
2.6. Surgimento e desenvolvimento dos Estados 19
2.7. Formas de Estado 20
    2.7.1. Federação e confederação 22
2.8. Formas de governo 23

X Direito Constitucional Decifrado

2.9.	Sistemas de governo	24
2.10.	Regimes políticos	25
2.11.	O Estado brasileiro	27
	2.11.1. Níveis da Federação brasileira	27
	2.11.2. Poderes	29
	2.11.3. Intervenção	30

3. Constituição: conceito e origem. Poder constituinte 31

3.1.	Conceito de Constituição	31
3.2.	Origem das Constituições	35
3.3.	Poder constituinte	38
	3.3.1. Conceito	38
	3.3.2. Titularidade	38
	3.3.3. Espécies de poder constituinte	39
	3.3.3.1. Poder constituinte originário ou de primeiro grau	39
	3.3.3.2. Poder constituinte derivado ou de segundo grau	40
	3.3.4. Limitações ao poder constituinte derivado	41
	3.3.4.1. Restrições ao poder constituinte derivado reformador.	41
	3.3.4.2. Restrições ao poder constituinte derivado decorrente ..	45
	3.3.5. Poder constituinte difuso	47
	3.3.6. Revisão constitucional	47

4. Classificação das Constituições. Classificação das normas constitucionais. Teoria das maiorias 49

4.1.	Classificação das Constituições	49
	4.1.1. Classificação quanto à forma	49
	4.1.2. Classificação quanto ao modo de elaboração	50
	4.1.3. Classificação quanto à origem	51
	4.1.4. Classificação quanto ao conteúdo	51
	4.1.5. Classificação quanto à estabilidade ou forma de alteração	52
	4.1.6. Classificação quanto à extensão	54
	4.1.7. Classificação quanto à ideologia	55
	4.1.8. Classificação quanto à correspondência com a realidade	55
	4.1.9. Classificação quanto ao papel ou função	56

	4.1.10.	Classificação da Constituição de 1988	57
4.2.	Classificação das normas constitucionais	59
	4.2.1.	Classificação quanto à aplicabilidade	59
	4.2.2.	Classificação quanto à sua função – elementos da Constituição	64
	4.2.3.	Classificação quanto ao conteúdo	66
	4.2.4.	Classificação quanto à origem	67
4.3.	Teoria das maiorias	68

5. Breve histórico das Constituições brasileiras 71

5.1.	Introdução	71
5.2.	Constituição de 1824	71
5.3.	Constituição de 1891	74
5.4.	Constituição de 1934	75
5.5.	Constituição de 1937	76
5.6.	Constituição de 1946	77
5.7.	Constituição de 1967	78
5.8.	Constituição de 1988	80

6. Interpretação das normas constitucionais 83

6.1.	Conceito de interpretação jurídica	83
6.2.	Correntes interpretativistas e não interpretativistas	83
6.3.	Métodos de interpretação	85
	6.3.1. Método jurídico	85
	6.3.2. Método tópico-problemático	87
	6.3.3. Método hermenêutico-concretizador	88
	6.3.4. Método científico-espiritual	90
	6.3.5. Método normativo-estruturante	90
	6.3.6. Método da comparação constitucional	91
6.4.	Princípios da hermenêutica constitucional	91
	6.4.1. Princípio da unidade constitucional	91
	6.4.2. Princípio da harmonização	92
	6.4.3. Princípio da justeza ou exatidão funcional	92
	6.4.4. Princípio do efeito integrador	93
	6.4.5. Princípio da força normativa ou máxima efetividade	94
6.5.	Mutação constitucional	94

XII Direito Constitucional Decifrado

7.	Controle de constitucionalidade	99
7.1.	Considerações iniciais	99
7.2.	Inconstitucionalidade material e formal	101
7.3.	Inconstitucionalidade direta e indireta	102
7.4.	Inconstitucionalidade por ação e por omissão	103
7.5.	Inconstitucionalidade total e parcial	104
7.6.	Inconstitucionalidade originária e superveniente	105
7.7.	Recepção constitucional	105
7.8.	Sistemas de controle de constitucionalidade	106
7.9.	Controles preventivo e repressivo de constitucionalidade	107
	7.9.1. Controle preventivo	107
	7.9.2. Controle repressivo	108
7.10.	Descumprimento de lei considerada inconstitucional pelo Poder Executivo...	110
7.11.	Possibilidade de controle de constitucionalidade pelos Tribunais de Contas....	111
7.12.	Interpretação conforme a Constituição	111
7.13.	Declaração parcial de inconstitucionalidade sem redução do texto	113
7.14.	Controle de constitucionalidade de normas originárias e derivadas	114
7.15.	Modelos de controle de constitucionalidade pelo Judiciário	114
7.16.	Controle difuso ou aberto de constitucionalidade	117
	7.16.1. Abrangência do controle difuso	119
	7.16.2. Efeitos da declaração de inconstitucionalidade incidental	119
	7.16.3. Cláusula de reserva de plenário	120
	7.16.4. Recurso extraordinário	122
	7.16.5. Possibilidade de extensão dos efeitos da declaração incidental de inconstitucionalidade pelo Senado Federal	124
	7.16.6. Súmulas vinculantes	125
7.17.	Controle concentrado ou direto de constitucionalidade	128
	7.17.1. Ações cabíveis para a provocação do controle concentrado	129
	7.17.2. Ação direta de inconstitucionalidade (ADI)	129
	7.17.3. Ação direta de inconstitucionalidade por omissão (ADO)	151
	7.17.4. Ação declaratória de constitucionalidade (ADC)	154
	7.17.5. Arguição de descumprimento de preceito fundamental (ADPF)....	156
	7.17.6. Ação direta de inconstitucionalidade interventiva (ADI interventiva)....	162
	7.17.7. Fungibilidade das ações de controle concentrado	165

Sumário **XIII**

7.17.8.	Declaração de inconstitucionalidade por arrastamento...................	166
7.17.9.	Controle concentrado pelos Tribunais de Justiça............................	167

PARTE II
Direito Constitucional Positivo

8. Preâmbulo e princípios fundamentais.................................. **175**

8.1.	Preâmbulo da Constituição...	175
8.2.	Princípios fundamentais..	176
	8.2.1. Fundamentos da República...	177
	8.2.2. Divisão de poderes	183
	8.2.2.1. Poderes nos diversos entes da Federação	186
	8.2.3. Objetivos fundamentais da República brasileira.............................	188
	8.2.4. Princípios de relações internacionais.....................................	190

9. Teoria geral dos direitos e garantias fundamentais.................... **195**

9.1.	Conceito e evolução histórica dos direitos fundamentais...................	195
9.2.	Distinção entre direitos fundamentais e direitos humanos	198
9.3.	Diferenciação entre direitos e garantias fundamentais......................	199
9.4.	Eficácias vertical e horizontal dos direitos humanos.......................	199
9.5.	Tratados internacionais sobre direitos humanos............................	201
9.6.	Relatividade dos direitos fundamentais....................................	201
9.7.	Características dos direitos fundamentais..................................	203
9.8.	*Status* do cidadão perante o Estado – teoria de Jellinek...................	204
9.9.	Destinatários dos direitos e garantias fundamentais	205
9.10.	Não taxatividade dos direitos fundamentais...............................	206
9.11.	Eficácia das normas constitucionais que tratam de direitos fundamentais	207
9.12.	Restrições e suspensões temporárias dos direitos fundamentais....................	207
9.13.	Categorização dos direitos fundamentais segundo a nossa Constituição.......	207

10. Direitos e deveres individuais e coletivos.......................... **209**

10.1.	Direito à vida...	209
10.2.	Princípio da igualdade	210
10.3.	Igualdade entre homens e mulheres.......................................	211
10.4.	Princípio da legalidade..	212

XIV Direito Constitucional Decifrado

10.4.1. Diferenciação entre o princípio da legalidade e o princípio da reserva legal 213

10.5. Proibição da tortura 214

10.6. Liberdade de pensamento e direito de resposta 215

10.7. Liberdade de consciência e crença religiosa, convicção filosófica ou política 219

10.8. Direito à privacidade, à preservação da honra e à imagem 223

10.9. Inviolabilidade do domicílio 226

10.10. Inviolabilidade das comunicações 229

10.11. Liberdade do exercício profissional 232

10.12. Direito à informação 233

10.13. Direito à locomoção dentro do território nacional 234

10.14. Direito de reunião 235

10.15. Direito de associação 237

10.16. Direito de propriedade 241

10.17. Desapropriação 244

10.18. Requisição administrativa 246

10.19. Impenhorabilidade do pequeno imóvel rural 247

10.20. Direitos do autor e de participação em obras coletivas 248

10.21. Direitos do inventor e proteção da marca 250

10.22. Direitos relativos à sucessão *causa mortis* 250

10.23. Direitos do consumidor 251

10.24. Direito à obtenção de informações de órgãos públicos 251

10.25. Direito de petição e obtenção de certidões 253

10.26. Apreciação de lesão ou ameaça de lesão pelo Poder Judiciário 254

10.27. Direito adquirido, ato jurídico perfeito e coisa julgada 257

10.28. Proibição de juízo de exceção e princípio do juiz natural 259

10.29. Júri popular 261

10.30. Princípio da reserva legal penal ou princípio da legalidade do Direito Penal ... 264

10.31. Princípio da irretroatividade da lei penal 265

10.32. Atentado aos direitos e liberdades fundamentais 266

10.33. Racismo, tortura, tráfico de drogas, terrorismo, crimes hediondos e atentado contra a ordem constitucional e o Estado democrático 267

10.34. Intransferibilidade da pena 269

10.35. Individualização e tipos de penas 269

10.36. Penas proibidas 270

10.37. Direitos dos condenados 271

10.38.	Extradição	272
10.39.	Disposições processuais	273
10.40.	Presunção de inocência	275
10.41.	Vedação de identificação criminal ao civilmente identificado	275
10.42.	Ação penal privada subsidiária	276
10.43.	Publicidade dos atos processuais	277
10.44.	Hipóteses de prisão	277
10.45.	Direitos do detido	278
10.46.	Prisão civil	281
10.47.	Remédios constitucionais	282
	10.47.1. Habeas corpus	282
	10.47.2. Mandado de segurança	283
	10.47.3. Mandado de injunção	286
	10.47.4. Habeas data	289
	10.47.5. Ação popular	290
10.48.	Assistência jurídica	291
10.49.	Indenização por erro judiciário	292
10.50.	Gratuidades	292
10.51.	Razoável duração do processo	293
10.52.	Proteção dos dados pessoais	294
10.53.	Disposições gerais	295
11.	Direitos sociais	297
11.1.	Introdução	297
11.2.	Direitos dos trabalhadores urbanos e rurais	299
	11.2.1. Proteção contra despedida sem justa causa	299
	11.2.2. Seguro-desemprego	299
	11.2.3. FGTS	300
	11.2.4. Salário mínimo	300
	11.2.5. Piso salarial	301
	11.2.6. Irredutibilidade do salário	301
	11.2.7. Salário mínimo para os que recebem remuneração variável	302
	11.2.8. Décimo terceiro salário	302
	11.2.9. Adicional noturno	303
	11.2.10. Proteção do salário	303

XVI Direito Constitucional Decifrado

11.2.11. Participação nos lucros e resultados 303

11.2.12. Salário-família.. 304

11.2.13. Jornada de trabalho.. 304

11.2.14. Descanso semanal... 305

11.2.15. Horas extras.. 306

11.2.16. Férias anuais e respectivo adicional 306

11.2.17. Licença-maternidade 307

11.2.18. Licença-paternidade... 307

11.2.19. Proteção ao mercado de trabalho feminino...................................... 308

11.2.20. Aviso prévio.. 308

11.2.21. Redução dos riscos do trabalho... 308

11.2.22. Adicionais de penosidade, insalubridade e periculosidade 308

11.2.23. Aposentadoria.. 309

11.2.24. Assistência em creches e pré-escolas... 310

11.2.25. Reconhecimento das convenções e acordos coletivos 310

11.2.26. Proteção face à automação 310

11.2.27. Seguro contra acidentes de trabalho 311

11.2.28. Ações trabalhistas.. 311

11.2.29. Proibição de discriminação profissional.. 312

11.2.30. Idade mínima para o trabalho 313

11.2.31. Trabalhador avulso... 314

11.2.32. Trabalhador doméstico... 314

11.3. Associação profissional e sindical... 315

11.3.1. Independência dos sindicatos... 316

11.3.2. Unicidade sindical... 317

11.3.3. Possibilidade de cobrança de contribuição dos filiados 317

11.3.4. Voluntariedade da participação em sindicatos................................... 318

11.3.5. Obrigatoriedade da participação dos sindicatos profissionais nas negociações coletivas.. 318

11.3.6. Estabilidade do dirigente sindical 318

11.4. Direito de greve.. 318

11.5. Outras disposições... 319

12. Direitos de nacionalidade.. 321

12.1. Introdução 321

12.2.	Nacionais e estrangeiros	321
12.3.	Brasileiros natos	322
12.4.	Brasileiros naturalizados	324
12.5.	Equiparação entre o brasileiro e o português residente no Brasil	325
12.6.	Proibição de diferenciação entre brasileiros natos e naturalizados	326
12.7.	Cargos exclusivos de brasileiros natos	326
12.8.	Perda da nacionalidade brasileira	328
12.9.	Idioma oficial e símbolos da República Federativa do Brasil	329

13. Direitos políticos 331

13.1.	Introdução	331
13.2.	Exercício da soberania popular	331
13.3.	Plebiscito, referendo e iniciativa popular	333
13.4.	Capacidade eleitoral ativa e passiva	334
13.5.	Alistamento eleitoral e dever de votar	334
	13.5.1. Proibidos de votar	335
13.6.	Requisitos para ser candidato	335
13.7.	Condições de elegibilidade	337
13.8.	Impugnação de mandato	339
13.9.	Consultas populares sobre questões locais	340
13.10.	Perda e suspensão dos direitos políticos	340
13.11.	Princípio da anterioridade eleitoral	342

14. Partidos políticos 345

14.1.	Introdução	345
14.2.	Criação, fusão, incorporação e extinção de partidos políticos	346
14.3.	Autonomia dos partidos políticos	347
14.4.	Obrigatoriedade de registro no TSE	347
14.5.	Cláusula de barreira	348
14.6.	Proibição de vinculação a entidades paramilitares	349
14.7.	Perda de mandato por troca de partido	350
14.8.	Investimento na participação política feminina	350

15. Da organização político-administrativa 351

15.1.	Introdução	351

15.2.	Regras gerais acerca da organização político-administrativa		351
	15.2.1.	Territórios federais	352
	15.2.2.	Criação, incorporação, fusão, subdivisão e desmembramento de Estados e Municípios	353
	15.2.3.	Regras especiais aplicáveis à criação de Estado	355
15.3.	Vedações		356
15.4.	Da União		357
	15.4.1.	Bens da União	357
	15.4.2.	Competências administrativas da União	361
	15.4.3.	Competências legislativas da União	364
	15.4.4.	Competências administrativas comuns à União, Estados, DF e Municípios	366
	15.4.5.	Competências legislativas concorrentes entre a União, Estados e DF	367
15.5.	Dos Estados		369
	15.5.1.	Bens dos Estados	372
	15.5.2.	Disposições sobre os deputados estaduais	372
	15.5.3.	Disposições sobre os governadores de Estados	373
15.6.	Dos Municípios		373
	15.6.1.	Leis orgânicas	373
	15.6.2.	Despesa total dos legislativos municipais	375
	15.6.3.	Competências dos Municípios	376
	15.6.4.	Fiscalização dos Municípios	377
15.7.	Do Distrito Federal		379
15.8.	Dos territórios federais		380
15.9.	Intervenção		381
	15.9.1.	Intervenção federal nos Estados	382
		15.9.1.1. Intervenção federal espontânea e provocada	383
	15.9.2.	Intervenção estadual nos Municípios	384
	15.9.3.	Votação da intervenção	385
	15.9.4.	Controle pelo Poder Judiciário	386
16.	Administração Pública		387
16.1.	Introdução		387
16.2.	Administração direta e indireta		387
16.3.	Princípios da Administração Pública		389

16.4.	Acesso aos cargos e empregos públicos	393
16.5.	Concursos públicos	394
16.6.	Direito de greve e associação sindical do servidor	399
16.7.	Pessoas com deficiência	400
16.8.	Contratações temporárias	401
16.9.	Remuneração dos servidores	402
16.10.	Acumulação de cargos públicos	407
16.11.	Precedência da administração fazendária	409
16.12.	Criação de entidades da administração indireta e suas subsidiárias	409
16.13.	Licitação	410
16.14.	Essencialidade da administração tributária	412
16.15.	Outras disposições do art. 37	412
	16.15.1. Publicidade dos atos de governo	412
	16.15.2. Participação do usuário na Administração Pública	413
	16.15.3. Atos de improbidade administrativa	414
	16.15.4. Prescrição de ilícitos administrativos e imprescritibilidade da ação de ressarcimento	416
	16.15.5. Responsabilidade objetiva do Estado	416
	16.15.6. Informações privilegiadas	418
	16.15.7. Contratos de gestão	418
	16.15.8. Vedação à acumulação de proventos de aposentadoria com a remuneração de cargo	419
	16.15.9. Readaptação do servidor	419
16.16.	Servidor eleito para cargo público	420
16.17.	Normas gerais aplicáveis aos servidores públicos	422
	16.17.1. Direitos trabalhistas aplicáveis aos servidores públicos	423
	16.17.2. Remuneração por subsídio	424
	16.17.3. Disposições diversas	425
16.18.	Regime de previdência do servidor público	426
	16.18.1. Categorias de aposentadoria do servidor público	428
	16.18.2. Cálculo dos proventos de aposentadoria	429
	16.18.3. Aposentadoria especial	430
	16.18.4. Pensão por morte do servidor	430
	16.18.5. Proibição de contagem de tempo de contribuição fictício	431
	16.18.6. Teto de aposentadoria e pensões no serviço público	431

XX Direito Constitucional Decifrado

16.18.7. Normas gerais de organização dos regimes próprios de aposenta-
doria 431

16.18.8. Cassação da aposentadoria.. 432

16.18.9. Tabeliães e oficiais de registros públicos... 432

16.19. Estabilidade do servidor público 433

16.19.1. Estágio probatório 436

16.20. Militares 436

PARTE III
ORGANIZAÇÃO DOS PODERES

17. Poder Legislativo.. 441

17.1. Introdução 441

17.2. Congresso Nacional.. 442

17.2.1. Competências legislativas do Congresso Nacional............................. 443

17.2.2. Competências exclusivas do Congresso Nacional............................... 444

17.2.3. Câmara dos Deputados.. 446

17.2.4. Senado Federal... 447

17.2.5. Quórum para deliberação 450

17.2.6. Legislatura, sessão legislativa e período legislativo 450

17.3. Dos deputados e senadores 451

17.3.1. Imunidade material e formal dos parlamentares e competência
para seu julgamento 451

17.3.2. Outras prerrogativas parlamentares... 455

17.3.3. Restrições aos deputados e senadores.. 455

17.3.4. Suplentes.. 456

17.3.5. Perda do mandato de deputado ou senador 457

17.4. Mesas do Congresso Nacional, da Câmara e do Senado.................................... 458

17.5. Comissões.. 459

17.5.1. Comissões Parlamentares de Inquérito 460

17.5.2. Comissão representativa do Congresso Nacional................................ 463

17.6. Do processo legislativo... 463

17.6.1. Conceito... 463

17.6.2. Espécies normativas 464

17.7. Da fiscalização contábil, financeira e orçamentária.. 475

17.7.1.	Tribunal de Contas da União		476
	17.7.1.1.	Competências do Tribunal de Contas da União	477
	17.7.1.2.	Sustação de contrato administrativo pelo Congresso Nacional	479
	17.7.1.3.	Eficácia das decisões do TCU que imputarem débito ou multa	480
	17.7.1.4.	Garantia do contraditório nos julgamentos pelo TCU	480
	17.7.1.5.	Relatórios do TCU ao Congresso Nacional	480
	17.7.1.6.	Reprodução pelos demais entes federados das normas aplicáveis ao controle externo	481
	17.7.1.7.	Composição do TCU	481
	17.7.1.8.	Garantias e prerrogativas dos ministros do TCU	482
17.7.2.	Tribunais de Contas dos Estados e Municípios		482
17.7.3.	Controles internos dos Poderes		483

18. Poder Executivo 485

18.1.	Introdução	485
18.2.	Do Presidente e do Vice-Presidente da República	485
	18.2.1. Eleição do Presidente e do Vice	486
	18.2.2. Posse do Presidente e do Vice	486
	18.2.3. Substituição do Presidente da República	487
	18.2.4. Das atribuições do Presidente da República	489
	18.2.5. Da responsabilidade do Presidente da República	493
	18.2.6. Processo de *impeachment*	495
	18.2.7. Prisão do Presidente da República	497
18.3.	Dos ministros de Estado	498
18.4.	Dos Conselhos da República e de defesa nacional	499
	18.4.1. Conselho da República	499
	18.4.2. Conselho de Defesa Nacional	500

19. Poder Judiciário 503

19.1.	Introdução	503
19.2.	Órgãos do Poder Judiciário	504
19.3.	Lei Orgânica da Magistratura	505
19.4.	Quinto constitucional	514
19.5.	Garantias dos juízes	516

XXII Direito Constitucional Decifrado

19.5.1. Vitaliciedade	516
19.5.2. Inamovibilidade	516
19.5.3. Irredutibilidade do subsídio	517
19.6. Vedações aos juízes	517
19.7. Competências privativas dos tribunais	518
19.8. Juizados especiais e de paz	520
19.9. Custas e emolumentos	521
19.10. Autonomia do Poder Judiciário	522
19.11. Precatórios	523
19.11.1. Resumo sobre precatórios	525
19.12. Supremo Tribunal Federal	530
19.12.1. Composição do STF	530
19.12.2. Competências do STF	531
19.12.2.1. Competências originárias do STF	532
19.12.2.2. Competências recursais do STF	537
19.13. Conselho Nacional de Justiça	539
19.14. Superior Tribunal de Justiça	543
19.14.1. Composição do STJ	543
19.14.2. Competências do STJ	543
19.14.2.1. Competências originárias	543
19.14.2.2. Competências recursais	545
19.14.2.3. Comparativo entre as competências do STF e do STJ	548
19.14.2.4. Escola Nacional de Formação e Aperfeiçoamento de Magistrados e Conselho da Justiça Federal	550
19.15. Tribunais Regionais Federais e Juízes Federais	550
19.15.1. Composição dos Tribunais Regionais Federais	551
19.15.2. Competência dos Tribunais Regionais Federais	552
19.15.3. Competência dos juízes federais	554
19.16. Tribunais e Juízes do Trabalho	557
19.16.1. Tribunal Superior do Trabalho (TST)	558
19.16.2. Tribunais Regionais do Trabalho (TRT)	558
19.16.3. Juízes do Trabalho	559
19.16.4. Competência da Justiça Trabalhista	559
19.17. Tribunais e juízes eleitorais	561
19.17.1. Tribunal Superior Eleitoral (TSE)	561

19.17.2. Tribunais Regionais Eleitorais (TRE)	562
19.17.3. Juízes e juntas eleitorais	563
19.18. Dos Tribunais e Juízes Militares	563
19.19. Tribunais e Juízes dos Estados	564
19.19.1. Julgamento de prefeito pelos Tribunais de Justiça	565
19.19.2. Justiça Militar Estadual	565
19.19.3. Outras disposições	566
20. Funções essenciais à Justiça	**567**
20.1. Introdução	567
20.2. Ministério Público	567
20.2.1. Autonomia do Ministério Público	568
20.2.2. Características gerais	569
20.2.3. Princípios institucionais	570
20.2.4. Estrutura do Ministério Público	572
20.2.5. Ministério Público de Contas	573
20.2.6. Ministério Público Eleitoral	573
20.2.7. Garantias e vedações	574
20.2.8. Atribuições do Ministério Público	574
20.2.9. Ingresso na carreira	575
20.2.10. Equiparação ao Poder Judiciário	576
20.2.11. Conselho Nacional do Ministério Público	576
20.3. Advocacia pública	578
20.4. Advocacia	579
20.5. Defensoria Pública	580
21. Defesa do Estado e das instituições democráticas	**585**
21.1. Introdução	585
21.2. Do estado de defesa e do estado de sítio	585
21.2.1. Disposições gerais	585
21.2.2. Estado de defesa	586
21.2.3. Estado de sítio	587
21.3. Das Forças Armadas	590
21.4. Da segurança pública	591
21.4.1. Órgãos de segurança pública	592

XXIV Direito Constitucional Decifrado

21.4.1.1.	Polícia Federal	592
21.4.1.2.	Polícia Rodoviária Federal	593
21.4.1.3.	Polícia Ferroviária Federal	593
21.4.1.4.	Polícias Civis e Militares	594
21.4.1.5.	Polícias Penais	594

21.5. Guardas municipais 595

21.6. Segurança viária 595

22. Sistema Tributário Nacional 597

22.1. Introdução 597

22.2. Características de cada espécie de tributo 598

22.3. Princípios gerais do sistema tributário nacional 601

22.3.1. Competência para instituição dos tributos 601

22.3.1.1. Impostos, taxas e contribuições de melhoria 602

22.3.1.2. Contribuições especiais 602

22.3.1.3. Empréstimos compulsórios 603

22.3.2. Caráter pessoal dos impostos 604

22.3.3. Exigência de lei complementar 604

22.4. Limitações constitucionais ao poder de tributar 605

22.4.1. Imunidades tributárias 605

22.4.2. Princípios constitucionais tributários 613

22.5. Competência para criação de impostos 624

22.5.1. Impostos da União 624

22.5.2. Impostos dos Estados 625

22.5.3. Impostos dos Municípios 626

22.6. Repartição das receitas tributárias 628

23. Finanças públicas 633

23.1. Introdução e conceito de orçamento 633

23.2. Princípios orçamentários 634

23.3. Créditos adicionais 636

23.4. Receitas e despesas correntes e de capital 638

23.5. Regulamentação do orçamento por Estados, Distrito Federal e Municípios 638

23.6. Disposições constitucionais gerais 639

23.6.1. Matérias reservadas à lei complementar 639

23.6.2.	Banco Central do Brasil	640
23.7.	Dos orçamentos	641
23.7.1.	Plano Plurianual (PPA)	642
23.7.2.	Lei de Diretrizes Orçamentárias (LDO)	644
23.7.3.	Lei Orçamentária Anual (LOA)	645
23.7.4.	Regime extraordinário fiscal, financeiro e de contratações por conta de calamidade pública nacional	650
23.8.	Gastos com pessoal	651

24. Ordem econômica e financeira 653

24.1.	Introdução	653
24.2.	Princípios gerais da atividade econômica	653
24.2.1.	Investimento estrangeiro	657
24.2.2.	Exercício de atividade econômica pelo Estado	657
24.2.3.	Regulação e fiscalização da atividade econômica pelo Estado	659
24.2.4.	Serviços públicos	660
24.2.5.	Jazidas, recursos minerais e potenciais de energia hidráulica	661
24.2.6.	Monopólios da União	662
24.2.7.	Cide Combustíveis	663
24.2.8.	Demais disposições gerais sobre a ordem econômica e financeira	663
24.3.	Da política urbana	665
24.3.1.	Usucapião	667
24.4.	Da política agrícola e fundiária e da reforma agrária	668
24.5.	Do Sistema Financeiro Nacional	670

25. Ordem social 673

25.1.	Introdução	673
25.2.	Da seguridade social	673
25.2.1.	Objetivos ou princípios da seguridade social	675
25.2.2.	Financiamento da Seguridade Social	678
25.2.3.	Da saúde	682
25.2.3.1.	Sistema Único de Saúde (SUS)	683
25.2.4.	Da previdência social	685
25.2.4.1.	Aposentadoria pelo regime geral	688
25.2.4.2.	Previdência privada	690

	25.2.5.	Da assistência social	691
		25.2.5.1. Diretrizes da assistência social	691
		25.2.5.2. Vinculação de receitas estaduais à assistência social	692
25.3.	Da educação, da cultura e do desporto		692
	25.3.1.	Da educação	692
		25.3.1.1. Princípios constitucionais	694
		25.3.1.2. Universidades	694
		25.3.1.3. Deveres do Estado para com a educação	695
		25.3.1.4. Prestação de serviços educacionais pela iniciativa privada	696
		25.3.1.5. Fixação de conteúdos mínimos para a educação fundamental	696
		25.3.1.6. Responsabilidade da União, dos Estados e dos Municípios no que se refere à educação	697
		25.3.1.7. Salário-educação	699
		25.3.1.8. Repasses de recursos a entidades privadas de educação	699
		25.3.1.9. Plano nacional de educação	699
	25.3.2.	Da cultura	700
		25.3.2.1. Plano nacional de cultura	700
		25.3.2.2. Patrimônio cultural brasileiro	701
		25.3.2.3. Sistema Nacional de Cultura	702
	25.3.3.	Do desporto	703
		25.3.3.1. Justiça desportiva	704
25.4.	Da ciência, tecnologia e inovação		705
25.5.	Da comunicação social		706
	25.5.1.	Concessão de serviços de radiodifusão sonora e de sons e de imagens	709
25.6.	Do meio ambiente		710
25.7.	Da família, da criança, do adolescente, do jovem e do idoso		713
	25.7.1.	Da família	713
	25.7.2.	Das crianças, adolescentes e jovens	714
	25.7.3.	Dos idosos	717
25.8.	Dos índios		718
Referências			721

PARTE I

DIREITO CONSTITUCIONAL GERAL

Conceito, origem e fontes do Direito Constitucional. Constitucionalismo

1.1. CONCEITO DE DIREITO CONSTITUCIONAL

Para poder estudar Direito Constitucional, é importante que primeiramente entendamos seu conceito e abrangência.

O Direito, como ciência, **é um só**. No entanto, como ocorre em outros campos do conhecimento humano, para facilitar seu estudo e tendo em vista a impossibilidade de que uma mesma pessoa conheça profundamente todo o seu campo de estudo, é ele **dividido em diversos ramos**, sendo o **Direito Constitucional** um deles.

Várias definições podem ser dadas para o Direito Constitucional, mas de uma forma ao mesmo tempo simples e que atenda aos nossos objetivos, podemos conceituar o Direito Constitucional como o ramo do **direito público** que tem como objeto de estudo os **princípios e normas fundamentais que regem a organização e o funcionamento dos Estados Nacionais**.

Como essas normas e princípios estão estabelecidas na própria **Constituição** – qualquer que seja a sua forma –, pode-se também dizer que o escopo do Direito Constitucional é o estudo da Constituição, em seus mais diversos aspectos.

As normas e princípios trazidos pela Constituição orientarão o Estado em sua própria organização, no seu funcionamento, na relação entre seus órgãos internos, e estabelecerão limites e obrigações na interação do Estado com os seus cidadãos, especialmente através dos chamados **direitos fundamentais**.

O Direito Constitucional é um dos ramos do Direito que mais **interligações** possui com os demais. Isso porque a Constituição é a base das normas jurídicas, trazendo disposições sobre as mais diversas áreas do Direito, como Direito Administrativo, Civil, Penal, Processual, Eleitoral, Financeiro etc. Somado isso ao fato de que ser a Constituição a norma fundamental do ordenamento jurídico, permite-nos dizer que o Direito Constitucional é **a base dos demais ramos jurídicos**.

Ao mesmo tempo que estabelece normas e princípios que serão usados na aplicação e interpretação das normas dos demais segmentos do Direito, o próprio exame, interpretação e aplicação da Constituição, também se utiliza frequentemente de conceitos e definições

4 Direito Constitucional Decifrado

desses demais ramos. Assim, por exemplo, quando a Constituição fala em propriedade, o faz sem explicar juridicamente o conceito, o qual deve ser extraído das disposições do Direito Civil. Assim, vê-se que há uma relação de mão dupla entre o Direito Constitucional e os demais ramos do Direito, havendo uma interação contínua.

A análise dos diversos aspectos das normas constitucionais faz com que, de acordo com o enfoque dado, o Direito Constitucional seja dividido pela doutrina em Direito Constitucional Positivo, Comparado e Geral:

a. **Direito Constitucional Positivo:** também chamado de Direito Constitucional Especial ou Interno, compreende a análise sistemática das **normas constitucionais em vigor** em determinado Estado. Ou seja, é o estudo do texto constitucional nacional vigente, buscando interpretá-lo, compreendê-lo e aplicá-lo, observando a realidade sociocultural da nação.

Assim, por exemplo, o estudo do texto da Constituição Federal brasileira de 1988, bem como das decisões judiciais e posições doutrinárias relacionadas, compete ao Direito Constitucional Positivo. O Direito Constitucional Positivo estuda o texto constitucional em si mesmo e sua relação com as demais normas jurídicas nacionais.

b. **Direito Constitucional Comparado:** abrange o **estudo comparativo das Constituições de diversos Estados Nacionais**, confrontando suas normas e princípios entre si – critério espacial –, ou ainda comparando Constituições diferentes de um mesmo Estado – critério temporal.

Dessa forma, por exemplo, o Direito Constitucional Comparado pode analisar as semelhanças e diferenças entre a tutela das liberdades no direito brasileiro e no direito norte-americano, ou a normatização constitucional da Administração Pública no Brasil e na França. Além disso, também pode comparar os mecanismos de estabilização democrática previstos na Constituição de 1988 com aqueles trazidos na Constituição de 1967.

c. **Direito Constitucional Geral:** por sua vez, o objeto do Direito Constitucional Geral é **mais amplo**, não se atendo somente ao texto constitucional, mas analisando o próprio conceito de Direito Constitucional, seu conteúdo, fontes, inter-relacionamento com outras disciplinas, teoria geral do Estado e da Constituição e a interpretação e aplicação das normas constitucionais, não se atendo ao texto legal, como faz o Direito Constitucional Positivo.

Importante observar que o estudo do Direito Constitucional Positivo, Comparado e Geral se dá de **forma concomitante**, sendo que cada um acaba por contribuir para o desenvolvimento dos outros. Assim, por exemplo, ao analisar a interpretação dada a dispositivos constitucionais em outros países, podem-se aperfeiçoar a elaboração, aplicação e interpretação das normas constitucionais vigentes no país. Da mesma forma, o estudo do Direito Constitucional Geral permite formar uma base teórica importante para os mesmos objetivos.

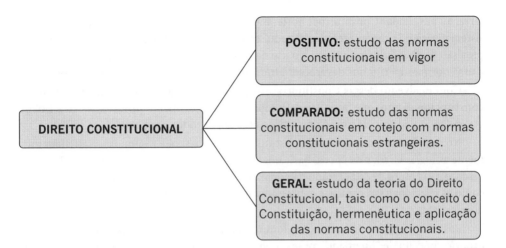

Decifrando a prova

(Juiz Federal –TRF-3ª Região – 2013 – Adaptada) O Direito Constitucional Comparado busca estudar as normas constitucionais vigentes em um determinado momento, comparando-as com as normas infraconstitucionais, mas sem levar em consideração normas constitucionais vigentes em outros países.
( ) Certo   ( ) Errado
Gabarito comentado: o Direito Constitucional Comparado estuda a relação entre as normas constitucionais vigentes no país com aquelas de outros países, estabelecendo relações de coincidência, divergência e complementariedade. Portanto, a assertiva está errada.

I.2. ORIGEM DO DIREITO CONSTITUCIONAL

Embora discussões sobre normas para a regulamentação e limitação do poder estatal ocorram desde a Antiguidade – configurando o que muitos denominam constitucionalismo antigo, a origem do Direito Constitucional moderno está diretamente ligada ao **surgimento das primeiras Constituições escritas**, especialmente a dos Estados Unidos, de 1787, e a primeira Constituição francesa, de 1791.

Esses documentos surgem na esteira do **movimento iluminista**, o qual defendia, entre outras ideias, uma reformulação dos Estados nacionais, especialmente com a limitação do poder estatal e a defesa dos direitos individuais dos cidadãos contra os arbítrios dos governantes.

Embora possa-se dizer que todo Estado possui sua Constituição no sentido material do mesmo e que existiam documentos esparsos anteriores que de certa forma restringiam o poder dos governantes, como a *Magna Charta,* de 1215, ou o *Bill of Rights,* de 1689, na Inglaterra, foi nas citadas Constituições norte-americana e na primeira francesa que aparece uma sistematização da organização do Estado, com a definição dos papéis dos governantes; a previsão de liberdades individuais e o uso da própria palavra **Constituição**, como referência a uma norma superior que deveria ser juridicamente acatada por todos e pelas próprias leis.

Com o advento dessas Constituições surge também o que se convenciona chamar de **constitucionalismo**, que pode ser definido com um movimento jurídico, social e político que defende a adoção de uma Constituição escrita por todos os países.

No mundo todo, as primeiras Constituições eram bastante resumidas e refletiam fortemente as ideias liberais da época, basicamente estabelecendo, em regras bem gerais, a organização e estrutura de cada Estado nacional, bem como a defesa das **liberdades individuais**, como as relacionadas à crença, à expressão pública de ideias, ao exercício de atividades econômicas etc.

Posteriormente, as Constituições foram incorporando outras disposições, conforme o próprio conceito de "liberdade" foi se ampliando, além da extensão também do que se considerava como obrigações do Estado, ampliando o escopo de regulamentação das normas constitucionais, alargando também o campo de estudos do Direito Constitucional.

No Brasil, a primeira Constituição data de 1824, dois anos após a declaração de independência em relação a Portugal, sendo que nossa Constituição atual é de 5 de outubro de 1988.

1.3. FONTES DO DIREITO CONSTITUCIONAL

Quando se fala em "fontes do Direito" está a se falar dos **locais de onde as normas jurídicas provêm** e que influenciam em sua interpretação e aplicação. No caso do Direito Constitucional, suas fontes são: a Constituição, o Direito Natural, a jurisprudência, a doutrina e os costumes.

A Constituição é a primeira e principal fonte do Direito Constitucional, considerada uma **fonte direta**, por ter efeito vinculante, não podendo suas disposições serem desobedecidas.

O **Direito Natural** – entendido como o conjunto de valores reconhecidos internacionalmente e que podem ser considerados a base para os ordenamentos jurídicos em geral – também é uma fonte do Direito Constitucional, uma vez que seus princípios são utilizados na própria produção da norma constitucional e em sua aplicação.

A **jurisprudência** deve ser entendida como o conjunto das decisões dos Tribunais, especialmente quando forem em um mesmo sentido, e tem papel relevantíssimo na interpretação e correta aplicação das normas constitucionais, uma vez que cabe ao Judiciário, em última instância, decidir sobre como as disposições constitucionais produzirão seus efeitos.

A **doutrina** pode ser definida como o conjunto das exposições dos estudiosos do Direito, especialmente o Constitucional, possuindo função essencial na produção, interpretação e aplicação das normas constitucionais. A própria jurisprudência costuma ser bastante influenciada pela doutrina, especialmente pelo magistério dos constitucionais mais consagrados.

Por fim, temos os **costumes** como a última das fontes do Direito Constitucional, os quais podem ser definidos como regras sociais não escritas, resultantes de uma prática reiterada de forma generalizada e prolongada, resultando em certa convicção de obrigatoriedade. Os costumes não podem contradizer o texto constitucional, mas têm um papel importante na aplicação, interpretação e complementação das normas constitucionais, sendo especialmente importantes no caso das Constituições consuetudinárias, como é o caso da britânica.

Decifrando a prova

(Procurador do Estado Substituto – PGE-PI – Cespe – 2014) No Brasil, segundo a doutrina dominante, os usos e costumes não são fontes do Direito Constitucional, pois o poder constituinte originário optou por uma Constituição escrita e materializada em um só código básico.
( ) Certo   ( ) Errado
Gabarito comentado: os costumes também são reconhecidos como uma das fontes do Direito Constitucional, ao lado das normas constitucionais, o Direito Natural, a doutrina, a jurisprudência e os costumes. Portanto, a assertiva está errada.

1.4. CONSTITUCIONALISMO

Para que se possa entender melhor a função da Constituição de um Estado é importante que se tenha algumas noções sobre o chamado "constitucionalismo".

O constitucionalismo, tal como entendido atualmente, pode ser definido como um **movimento social, político e jurídico** que defende que todo **Estado** deve possuir uma **norma fundamental** que definirá sua **estrutura e funcionamento**, ao mesmo tempo em que determina os **limites do poder estatal**. Essa norma fundamental deve ser obedecida por todas as outras normas jurídicas, e suas disposições não podem ser contrariadas pelo governante, sob pena de destituição do cargo.

1.4.1. Constitucionalismo antigo

Com as características já vistas, o constitucionalismo só surgiu na Idade Contemporânea. No entanto, muitos autores costumam reconhecer a existência do que se convenciona denominar **constitucionalismo antigo**, embora o termo não seja consenso.

Esse constitucionalismo antigo consistiria na tentativa **episódica** de povos da Antiguidade de limitar os poderes de seus governantes com base em leis e regras preestabelecidas. Episódica porque na verdade essa não foi uma regra geral entre os povos antigos, sendo que as exceções costumam ganhar notoriedade.

Como exemplo, podemos citar hebreus, gregos e romanos. Os primeiros estabeleceram uma série de regras voltadas a seus governantes, inclusive de cunho civil e político, baseadas em ideias teocráticas – a religião foi muito usada na Antiguidade como forma de legitimar

8 Direito Constitucional Decifrado

e, de outras formas, limitar o poder dos governantes. Os gregos deram notável contribuição à ideia de limitação do poder estatal com sua ideia de "democracia", embora o termo tivesse uma aplicação muito mais restrita do que tem hoje, uma vez que somente era garantida a participação política de uma esfera muito pequena da população. Já os romanos deixaram como grande legado a concepção de governo por meio de leis, especialmente durante a fase da República.

Essa regulamentação da atuação do Estado na Antiguidade por alguns povos caracterizava-se também por ser bastante **restrita**, pois na verdade não buscava regular todos os aspectos do Estado, além de na maioria das vezes ser muito instável, uma vez que era comum que os governantes de plantão simplesmente alterassem as leis de acordo com sua conveniência.

I.4.2. Constitucionalismo clássico ou moderno

É na **Europa** do **século XVIII** que o constitucionalismo adota a forma como conhecemos hoje e como é normalmente referido, por isso se costuma colocar esse período como sendo a sua origem de fato, podendo ser chamada essa corrente de pensamento filosófico, político e jurídico de **constitucionalismo moderno** ou **clássico**. O termo **constitucionalismo** – sem nenhuma adjetivação – aplica-se justamente a esse movimento.

O constitucionalismo moderno surge, na verdade, como uma **contraposição ao poder excessivo** que os monarcas europeus acumularam durante a Idade Moderna, tendo também estreita relação com as ideias do **Iluminismo** e, mais remotamente, com as do próprio Renascentismo, e como uma tentativa de resposta aos conflitos religiosos e políticos que assolaram a Europa após o final da Idade Média, buscando-se a defesa e a ampliação da liberdade dos cidadãos em relação ao Estado. Deve ele ser entendido, assim, em um contexto mais amplo, como uma das expressões jurídicas de um movimento muito mais amplo, de rediscussão do papel do Estado e da relação deste com os indivíduos, bem como da natureza do próprio poder.

O lançamento das bases teóricas do constitucionalismo ocorre juntamente com o surgimento dos **Estados contemporâneos** no conceito que temos hoje, numa redefinição de conceitos como governo, soberania, liberdade, vontade popular e na relação entre Estado e religião, e baseado primordialmente na ideia de limitação e regulamentação da ação estatal com base em documentos escritos e estáveis. Assim, entende-se que o Estado não só é fonte da lei, como também deve obedecer a determinadas regras preestabelecidas, a que se convencionou chamar de Constituição.

Decifrando a prova

(Delegado PF – Cespe – 2018) "A possibilidade de um direito positivo supraestatal limitar o Poder Legislativo foi uma invenção do constitucionalismo do século XVIII, inspirado pela tese de Montesquieu de que apenas poderes moderados eram compatíveis com a liberdade.

> Mas como seria possível restringir o poder soberano, tendo a sua autoridade sido entendida ao longo da modernidade justamente como um poder que não encontrava limites no direito positivo? Uma soberania limitada parecia uma contradição e, de fato, a exigência de poderes políticos limitados implicou redefinir o próprio conceito de soberania, que sofreu uma deflação". Alexandre Costa. O poder constituinte e o paradoxo da soberania limitada. In: *Teoria & Sociedade*, nº 19, 2011, p. 201 (com adaptações).
>
> ( ) Certo   ( ) Errado
>
> **Gabarito comentado:** o constitucionalismo defende a ideia de supranacionalidade da Constituição, ou seja, a de que o texto constitucional é que deve definir a forma de organização e limitar os poderes do Estado, além da forma de transmissão do poder. Por conta disso, de uma certa forma, pode-se dizer que a Constituição está acima do Estado, embora a própria Constituição não exista de fato sem um Estado. Essa ideia fez reformular-se a própria ideia de soberania estatal, antes intrinsecamente relacionada à pessoa do governante. Portanto, a assertiva está certa.

No entanto, o constitucionalismo não surgiu de uma hora para outra, pois resultou da lenta solidificação da ideia de que o Estado deveria ser baseado em **normas estáveis**, e que sua existência ou estrutura não deveria sofrer alterações ao bel-prazer do governante de plantão. Nesse sentido, como exemplos dessa vagarosa mudança podemos citar a *Magna Charta Libertatum*, ainda em 1215, que impunha ao rei inglês diversas limitações – como a exigência de que a criação ou aumento de tributos fosse previamente aprovada pelo Parlamento –, o *Instrument of Governement*, em 1653, o *Bill of Rights*, de 1689, ou o *Habeas Corpus Act*, de 1679.

De qualquer forma, assim como acontece na História, em que normalmente se elege determinado acontecimento como sendo o marco de uma evolução lenta e contínua, pode-se dizer que o constitucionalismo tem seu grande marco inicial com a edição da **Constituição norte-americana, em 1787**, já que esta foi a primeira vez que o termo "Constituição" passou a ser usado como atualmente.

A própria **Revolução Francesa, de 1789**, também foi fortemente influenciada pelos ideais do constitucionalismo,[1] o mesmo ocorrendo, aliás, nas ex-colônias europeias nas Américas conforme elas foram declarando, uma a uma, sua independência das antigas metrópoles, especialmente da Espanha. Também na Europa, o constitucionalismo provocou uma onda de produção de **Constituições escritas**, especialmente no início do século XIX.

Entre os grandes teóricos do constitucionalismo clássico podemos citar o inglês John **Locke** (1632-1704) e os franceses **Montesquieu** (1689-1755) e Jean-Jacques **Rousseau**

---

[1]   O lema da Revolução Francesa – liberdade, igualdade e fraternidade – inspirava também os adeptos do constitucionalismo. Não por acaso os dois países em que esse movimento primeiramente se alastrou, além da Inglaterra, onde a Coroa conseguiu retardar um pouco seu avanço, de forma temporária – os Estados Unidos e a França –, adotaram como cores de sua bandeira o azul, branco e o vermelho, justamente os símbolos dos principais valores defendidos.

10 Direito Constitucional Decifrado

(1712-1778), este último de origem suíça, embora dezenas de outros filósofos e juristas tenham contribuído e ainda contribuam para sua conformação.

Deve-se destacar também, que algumas ideias do constitucionalismo derivam diretamente de reflexões e práticas que têm sua origem na Antiguidade, como o conceito de separação de poderes, defendido primeiramente por **Platão** e **Aristóteles**, em suas obras *A República* e *A Política*, respectivamente. Também a ideia de limitação do poder estatal por meio de documentos escritos encontra seu embrião em diversos textos legais antigos, entre os quais podemos citar *A Lei das 12 Tábuas*, na Roma Antiga, e mesmo a chamada *Torá*, entre os hebreus, formando o que muitos chamam de "constitucionalismo antigo", como dito anteriormente..

Assim, vemos que o constitucionalismo nasceu tendo como base filosófica a ideia de que o indivíduo, e não o governante, deve ser o centro de qualquer Estado, e que este, ao mesmo tempo que precisa conciliar os interesses coletivos, deve respeitar ao máximo as liberdades e direitos individuais. Para isso, então, é necessário haver a definição de regras claras, estáveis, que se encontrem acima do governo e que sejam a base de formação desse Estado, de forma que todos saibam de antemão os ideais que regerão a nação, bem como o funcionamento dos poderes.

Muitos hoje se utilizam do termo "constitucionalismo clássico" para se referir ao constitucionalismo como analisado, para indicar sua contraposição ao chamado neoconstitucionalismo.

1.4.3. Neoconstitucionalismo

Deve-se por fim observar que, além desse constitucionalismo clássico, atualmente fala-se de forma frequente em um **neoconstitucionalismo** ou **constitucionalismo contemporâneo,** que se encontra muito ligado ao chamado pós-positivismo, em que se busca interpretar e aplicar a Constituição além de uma visão estrita de seu texto positivo, tendo como cerne a dignidade da pessoa humana, os valores democráticos e outros direitos fundamentais, de forma a garantir sua maximização.

A origem do neoconstitucionalismo está na Europa do pós-guerra, com a preocupação de que o Direito não mais fosse usado para justificar regimes autoritários e repressivos, como ocorrera com os nazistas na Alemanha e com os fascistas na Itália, os quais estavam juridicamente bem embasados no ordenamento jurídico de seus respectivos países.

Na verdade, o neoconstitucionalismo busca o resgate dos **direitos fundamentais** e outros princípios com carga valorativa como base da organização do Estado, afastando-se um pouco do legalismo que acabou por prevalecer na aplicação da Constituição em muitos países. Por isso que se costuma colocar o neoconstitucionalismo como uma busca de maior aproximação da Moral com o Direito.

Assim, pode-se dizer que enquanto o **constitucionalismo clássico** busca a aplicação do texto constitucional da forma **mais literal e fiel possível à vontade do constituinte, o neoconstitucionalismo** busca interpretar e aplicar essas normas constitucionais de **forma axiológica**, sob a ótica de valores e princípios de ordem ética e de defesa dos direitos fundamentais.

Capítulo 1 ◆ Conceito, origem e fontes do Direito Constitucional. Constitucionalismo **11**

Uma consequência evidente da adoção das ideias do neoconstitucionalismo é maior **fluidez na interpretação** do texto constitucional e maior **maleabilidade** do mesmo às exigências e anseios sociais, permitindo que o texto constitucional possa se amoldar melhor à realidade, com todos os riscos que essa flexibilização pode acarretar.

Decifrando a prova

(Delegado PC AL – Cespe – 2012) O constitucionalismo moderno surgiu no século XVIII, trazendo novos conceitos e práticas constitucionais, como a separação de poderes, os direitos individuais e a supremacia constitucional.

( ) Certo   ( ) Errado

Gabarito comentado: como visto, o constitucionalismo moderno surge no século XVIII, especialmente em sua segunda metade, incorporando ideias e conceitos do Iluminismo, como a limitação do poder estatal, a preponderância do indivíduo em relação ao Estado e a supremacia da Constituição sobre o poder dos governantes. Portanto, a assertiva está certa.

Conceito e elementos caracterizadores do Estado. Formas de Estado. Regimes e sistemas de governo. Regimes políticos. O Estado brasileiro

2

2.1. CONCEITO DE ESTADO

O conceito de **Estado** é um dos mais importantes para o Direito Constitucional, uma vez que a Constituição, na verdade, cuida justamente da organização do Estado, definição de **sua estrutura e exercício de seus poderes**. Além disso, impossível falar-se em Constituição sem a existência de um Estado para respeitá-la e fazê-la cumprir. Por isso que Constituição e Estado são conceitos intimamente relacionados e de certa forma interdependentes.

Tanto que, comumente, nas faculdades de Direito, costuma-se anteceder o estudo do Direito Constitucional com o estudo das normas gerais relativas ao Estado.

Primeiramente, deve-se ter em mente que o termo "Estado" aqui será usado especialmente como sinônimo de país, e não de Estado-membro. Assim, fala-se em Estado brasileiro, Estado alemão etc.[1] Já a expressão "Estado-membro" é usada para indicar as entidades componentes de uma Federação. Nesse último sentido é que falamos do Estado de São Paulo, do Rio de Janeiro, da Bahia etc.

Embora vários sejam os conceitos que possam ser dados para o Estado, um dos prestigiados é o de **Max Weber,** segundo quem "o Estado é uma instituição política que, dirigida por um **governo soberano**, detém o **monopólio da força** física, em determinado **território**, subordinando a **sociedade** que nele vive".

A partir dessa definição, podemos extrair aquilo que é chamado de elementos ou componentes do Estado.

---

[1] Desse sentido que vem a origem do nome dos Estados Unidos da América, os quais nasceram com a ideia de reunir, sob uma só nação, os diversos Estados independentes que sugiram após o rompimento com a Inglaterra.

2.2. ELEMENTOS CARACTERIZADORES DO ESTADO

Normalmente consideram-se que são quatro os elementos caracterizadores do Estado, sendo que todos devem estar presentes para que ele possa ser considerado como tal. Esses elementos são: povo, território, poder e soberania.

Na falta de algum desses elementos essenciais, considera-se que não há um Estado de fato, mas sim o que se costuma chamar de um quase Estado.

Importante notar que alguns autores costumam identificar somente três elementos caracterizadores do Estado, pois colocam como integrantes do mesmo elemento o poder e a soberania, explicitando que o primeiro diz respeito às relações jurídicas internas do Estado e o segundo, às suas relações externas. Para maior clareza, porém, adotou-se a divisão quádrupla que veremos a seguir.

a. **Povo:** é o **elemento humano** do Estado, sendo formado pelo conjunto de seus súditos, normalmente chamado de nacionais. Obviamente, não há Estado sem pessoas, uma vez que o próprio Estado não existe no mundo natural, sendo eminentemente uma construção da razão humana.

Não se deve confundir o povo com um ajuntamento qualquer de pessoas em um local, o qual pode ser chamado de população. Isso porque o povo constitui-se em um conjunto de pessoas que estão sob um mesmo ordenamento jurídico, que estão sob a autoridade do Estado a que pertencem, não podendo ser entendido fora dessa dimensão jurídica. Nesse sentido, observa Jorge Miranda (1998, p. 50) que "o povo não pode conceber-se senão como realidade jurídica, tal como a organização não pode deixar de ser a organização de certos homens, os cidadãos ou súditos do Estado".

Por outro lado, e até em função disso, deve-se notar que aquelas pessoas que somente estão temporariamente no território nacional, ou que ali permanecem sem vinculação jurídica com o Estado, não fazem parte de seu povo, sendo normalmente chamados de estrangeiros.

O vínculo jurídico que se estabelece entre o Estado e seu povo decorre da **nacionalidade**, a qual dota a ambas as partes de direitos e obrigações recíprocos, sendo que cabe a cada país definir os critérios para alguém seja seu nacional.[2]

b. **Território:** o território é o **espaço físico** ocupado pelo povo do Estado. Define a sua extensão física, o local onde o Estado exercerá o seu poder de forma soberana. Todo Estado precisa ter um território onde exercerá seu poder e sua soberania.

Dessa forma, observam Daury Cesar Fabriz e Cláudio Fernandes Ferreira (2001, p. 107) que "é no espaço territorial que os homens reunidos em comunidade se assumem em sociedade política, compartilhando um objetivo político comum".

---

[2] No caso brasileiro, o art. 12 da Constituição Federal é que define os critérios para que alguém seja considerado nacional, tanto nato como naturalizado.

Existem casos de povos que, embora possuam uma forte ligação de identificação entre si, não possuem um território que lhes pertença de direito, sendo que, dessa forma, não possuem um Estado, constituindo somente uma nação.

Importante observar que o território abrange, além do espaço terrestre, também o espaço aéreo, o subsolo e o denominado "**mar territorial**", o qual compreende uma faixa de águas costeiras de até 12 milhas náuticas (22 quilômetros) a partir do litoral (medida da linha de baixa-mar, a chamada maré baixa).

A definição dos territórios de cada Estado pode ser feita por meio de tratados internacionais, especialmente com países vizinhos, ou por meio da consolidação de uma situação fática, com o passar do tempo, embora conflitos envolvendo delimitações de território não sejam incomuns.

c. **Poder ou governo:** o poder ou governo pode ser definido como **capacidade do Estado de gerir-se, de criar leis e fazê-las cumprir** pelos seus súditos e por todos aqueles que estejam em seu território. No exercício do poder, o Estado detém o que se chama de monopólio da força, que é a possibilidade, que só o Estado tem, de usar da coação física para assegurar o cumprimento da lei, o que se manifesta, por exemplo, na possibilidade de prender criminosos ou de penhorar bens para pagamento de dívidas de credores.

O conjunto de normas criadas e aplicadas pelo Estado é denominado **ordenamento jurídico**, o qual encontra sua base fundamental justamente na Constituição Federal – ou Constituição Nacional, no caso dos Estados unitários.

A não capacidade de exercício de governo descaracteriza o Estado, que passa a constituir-se então um mero ajuntamento de pessoas, ainda que possuam objetivos, características ou atividades em comum. Assim, por exemplo, um conjunto de clãs independentes que habitem determinada região comum não constituirá um Estado, se não houver uma ligação jurídica que os una sob uma mesma autoridade.

É justamente o poder ou governo, como elemento formador do Estado, que demonstra a estreita relação entre **Direito** e **Estado**, uma vez que este não existe sem aquele, e aquele é produto deste e depende do mesmo para ser aplicado efetivamente.

d. **Soberania:** representa a **independência** do Estado em relação a outros Estados. Ela pode ser vista sob duas óticas: a interna e a externa.

Internamente, relaciona-se a soberania com a exteriorização da vontade popular, base do regime democrático, permitindo que o Estado determine suas escolhas e aprove e aplique suas leis com exclusividade em seu território, sem interferências externas, fazendo com que seu ordenamento jurídico seja o único a ser aplicado em seus limites, exceto quando, por ato voluntário, permita de forma excepcional a aplicação do direito estrangeiro em seu próprio território.

Externamente, a soberania manifesta-se nas relações do Estado com outros Estados soberanos, por meio de decisões independentes e que permitam defender prioritariamente os interesses de seus próprios cidadãos.

> **Jurisprudência destacada**
>
> A soberania, dicotomizada em interna e externa, tem na primeira a exteriorização da vontade popular (art. 14 da CRFB) através dos representantes do povo no parlamento e no governo; na segunda, a sua expressão no plano internacional, por meio do Presidente da República (STF, Rcl nº 11.243, Rel. Min. Luiz Fux, j. 08.06.2011).

De acordo com o Direito Internacional, um Estado só será considerado como tal se conseguir o **reconhecimento** de sua soberania por parte dos demais países. É por isso que uma das primeiras providências tomadas por alguma região que declara sua independência de um Estado é a tentativa de obter o reconhecimento internacional, uma vez que, enquanto tal não ocorrer, qualquer tentativa de criação de um novo Estado será vista como uma luta interna promovida por um movimento rebelde.

Deve-se destacar, por outro lado, que os chamados **protetorados** – que antigamente costumavam receber o nome de "colônias" – não possuem soberania no sentido estrito do termo, estando subordinados à autoridade e proteção de um Estado estrangeiro, particularmente no que se refere à política externa, embora normalmente possua autonomia para organizar seu próprio governo.

Por conta disso, os protetorados não são considerados Estados, no sentido técnico da palavra. Um exemplo de protetorado é Porto Rico, o qual se submete à proteção norte-americana, sendo considerado um "território não incorporado" dos Estados Unidos.

Resumo:

Capítulo 2 ◆ Conceito e elementos caracterizadores do Estado **17**

> ### Decifrando a prova
>
> **(Promotor de Justiça – MPE-AM – 2007)** A soberania do Estado, no plano interno, traduz-se no monopólio da edição do direito positivo pelo Estado e no monopólio da coação física legítima, para impor a efetividade das suas regulações e dos seus comandos.
> ( ) Certo   ( ) Errado
> **Gabarito comentado:** a questão utilizou-se da divisão tríplice dos elementos do Estado, que reúne uma mesma categoria os elementos poder e soberania, sendo que internamente estes se expressam justamente pelo monopólio da normatização jurídica e da utilização da força física. Portanto, a assertiva está errada.

2.3. PERSONALIDADE JURÍDICA DOS ESTADOS

Personalidade jurídica indica a possibilidade de alguém ser **sujeito de direitos e obrigações**. Assim, quem a possui pode, por exemplo, possuir um patrimônio próprio, exercer direitos e ser cobrado por deveres.

Juridicamente, os **Estados são pessoas jurídicas**, isso porque são uma criação do Direito e do intelecto humano, não existindo de forma natural, como as pessoas físicas.

Na verdade, considera-se que os Estados possuem personalidade jurídica de **direito público internacional** ou de **direito público externo**,[3] o que significa que eles podem representar seus cidadãos perante outros Estados, podendo inclusive firmar acordos entre si e com outras entidades de direito público internacional, como a Organização das Nações Unidas e a Santa Sé.

Essa personalidade jurídica faz com que eles possam realizar acordos internacionais, bem como demandar e ser demandados judicialmente nos tribunais internacionais competentes.

A existência da personalidade jurídica dos Estados, no entanto, depende do **reconhecimento** de sua existência por parte da **comunidade internacional**, o que pode ser conseguido por meio de negociações bilaterais ou no âmbito de organismos internacionais, como a Organização das Nações Unidas. Aliás, é comum – embora problemático do ponto de vista das relações internacionais – que certos Estados tenham sua soberania reconhecida por alguns países, e não por outros.

2.4. DIFERENÇA ENTRE ESTADO E NAÇÃO

Embora muitas vezes sejam termos tomados como sinônimos, tecnicamente **não se deve confundir Estado com nação**. Enquanto o Estado foi conceituado anteriormente, a

---

[3]   O art. 42 do Código Civil estipula que são pessoas jurídicas de direito público externo os Estados estrangeiros e todas as pessoas que forem regidas pelo direito internacional público.

Nação pode ser definida como um agrupamento de pessoas que possuem entre si laços que as identificam entre si e as diferenciam dos demais agrupamentos humanos.

Ou seja, numa nação, seus **indivíduos possuem uma relação que os individualiza** e permite que sejam considerados como um grupo específico e distinto. Esses laços podem ser, entre outros: um idioma específico comum, mesmas características étnicas, costumes semelhantes, uma mesma religião, entre outros.

Dessa forma, podem existir nações que não constituem um Estado organizado, por lhes faltar algum dos elementos estudados no item anterior, como ocorre atualmente com os curdos e, até 1947, com os judeus.

Por outro lado, pode também ocorrer de, em um mesmo Estado, existirem nações distintas, mas que estão subordinadas ao mesmo ordenamento jurídico. Nesse sentido, costuma-se falar em diversas "nações indígenas" que habitam a Amazônia.

Da mesma maneira, pode haver nações que se subdividem em mais de um Estado, como se pode falar, por exemplo, dos povos bálticos, que apesar de compartilharem de diversas características comuns, formam diversos países no leste da Europa.

> ### Decifrando a prova
>
> **(Procurador do Município – FCC – 2016 – Adaptada)** O conceito de Estado possui basicamente quatro elementos: nação, território, governo e soberania. Assim, não é possível que haja mais de uma nação em um determinado Estado, ou mais de um Estado para a mesma nação.
>
> ( ) Certo ( ) Errado
>
> **Gabarito comentado:** a questão está errada porque os quatro elementos formadores do Estado são: povo (e não nação), território, governo e soberania. Além disso, é possível que haja, sim, mais de uma nação em determinado Estado, ou mais de um Estado para a mesma nação. Portanto, a assertiva está errada.

2.5. DIFERENÇA ENTRE GOVERNO E ADMINISTRAÇÃO PÚBLICA

No seu sentido amplo, pode-se dizer que o governo inclui também a Administração Pública.

O Direito Constitucional faz distinção entre os termos "governo" e "Administração Pública", os quais, embora estejam intimamente relacionados, não significam exatamente a mesma coisa.

O **governo** pode ser definido como a condução política do Estado. É expressão da soberania interna do país, sendo conduta independente, mas política e discricionária, e exercida pelos altos escalões de comando, inclusive em seu relacionamento com outros Estados, quando cabível. No Poder Executivo, os cargos de governo são ocupados pelo Presidente da República, Governadores, Prefeitos e seus auxiliares mais próximos, como Ministros de Estado e Secretários.

Capítulo 2 ◆ Conceito e elementos caracterizadores do Estado **19**

Também são considerados agentes políticos, uma vez que exercem diretamente o poder estatal, os membros do Poder Legislativo e do Poder Judiciário.

Já a **Administração Pública** pode ser entendida em dois sentidos. No seu sentido objetivo, a Administração Pública compreende todas as ações do Estado realizadas para atender às necessidades da população, podendo dividir-se em três áreas: serviços públicos, poder de polícia e fomento. No seu sentido subjetivo, abrange todos aqueles que praticam esses atos, inclusive os de mais baixo escalão na hierarquia administrativa, estando subordinada ao princípio da legalidade estrita.

No sentido amplo, pode-se dizer que o governo abrange a Administração Pública. Porém, no sentido estrito do termo – que é o normalmente utilizado em Direito Constitucional –, enquanto o governo trata dos **atos políticos**, das decisões tomadas pelo alto escalão que conduz o país e seus atos cujo mérito não é passível de controle pelo Poder Judiciário – como o critério para escolha de Ministros do Supremo Tribunal Federal, por exemplo –, a Administração Pública envolve as **ações cotidianas** dos administradores públicos e seus subordinados, tendo em vista o atendimento direto daquilo que a coletividade necessita, podendo os atos desta última serem apreciados pelo Poder Judiciário, especialmente quanto à legalidade.

2.6. SURGIMENTO E DESENVOLVIMENTO DOS ESTADOS

Os **primeiros Estados organizados surgiram na Antiguidade**, sendo que normalmente se aceita que isso se deu na chamada Mesopotâmia, região do Oriente Médio onde atualmente temos países como Iraque e Irã.

Pode-se dizer que esses primeiros Estados surgem quando os diversos clãs e famílias nos quais a sociedade estava então organizada começam a renunciar ao direito de resolver seus conflitos por si mesmos e **delegam isso a um governante**, em relação ao qual passam a se submeter, obedecendo a suas leis e pagando tributos para a manutenção da estrutura administrativa e militar. Considera-se que essa submissão se deu muito provavelmente pelo fato de que, juntas, essas entidades familiares passaram a gozar de muitas facilidades que isoladamente não possuíam, como uma segurança ampliada e maior facilidade de troca de bens entre si.

Alguns desses Estados passam a se desenvolver rapidamente, subjugando outros povos ao redor e alguns deles escrevendo seu nome na história, como os egípcios, os gregos, os romanos e os chineses.

Na **Europa**, houve uma sucessão de Estados que buscavam ampliar o máximo possível seu território, sendo que é sob os romanos que o continente alcança a maior unidade política, embora muitas regiões da Europa nunca tenham sido conquistadas por eles e continuaram divididas entre diversos pequenos Estados ou nações.

Com o final do Império Romano, cujo marco costuma ser colocado no século V – embora esse tenha sido um processo contínuo e vagaroso –, a Europa perde seu grande elemento estabilizador, e desagrega-se em diversas pequenas **unidades políticas praticamente autônomas**, baseadas na produção rural e na força local de governantes locais que depois passaram a ser chamados de senhores feudais.

Nesse período, a autoridade dos reis era bastante limitada e dependia essencialmente do apoio desses senhores feudais.

No **final da Idade Média**, o desenvolvimento da economia, alavancada com o surgimento de novas rotas comerciais marítimas, leva à ascensão de comerciantes que enxergam no fortalecimento do poder real a possibilidade de redução das barreiras ao comércio, diante da probabilidade de unificação da moeda, das diversas leis que vigoravam em cada território e uma maior facilitação ao transporte de pessoas e bens.

Diante disso, temos a reunião dos diversos feudos em **unidades políticas maiores**, formando os diversos países europeus, no início do que se chama de Idade Moderna.

Essa **concentração de poder** nas mãos dos monarcas, porém, levou a um outro extremo, no final desse período, que foi a formação dos Estados absolutistas, em que o poder real praticamente não tinha limites, em uma época em que os imperadores ou reis ao mesmo tempo legislavam, administravam e julgavam. Exemplo disso é a afirmação atribuída ao rei francês Luís XIV (a qual, embora não possa ter sua autenticidade comprovada, ilustra bem o pensamento dos governantes da época), o qual teria afirmado categoricamente *L'Etat c'est moi*, cuja tradução é "o Estado sou eu", durante uma sessão do parlamento francês.

É na Idade Moderna que surge o **movimento renascentista**, que passa a valorizar e popularizar muitas das ideias greco-romanas, que até então estavam praticamente ocultas em monastérios e bibliotecas religiosas. Também nesse período ocorre a adesão de diversos países europeus à chamada Reforma Protestante, cuja reação pela Igreja Católica leva a diversos conflitos e à supressão da liberdade religiosa, por ambas as partes.

Esse estado de coisas levou os pensadores da época a questionar o sistema então vigente, passando a defender ideais como a redução do poder real, a de que o poder pertencia ao povo, e não ao governante, e de que o indivíduo deveria ser livre para escolher suas crenças, para manifestar o que pensava e para exercer a atividade econômica ou profissional que desejasse, entre outras liberdades até então suprimidas.

Esse movimento ficou conhecido como **Iluminismo**, e divulgou-se rapidamente pela Europa e por suas colônias nas Américas, especialmente por meio das lojas maçônicas.

Uma das consequências do Iluminismo na esfera política foi o surgimento do **constitucionalismo**, movimento jurídico-político que defendia que todos os governantes deveriam estar submetidos a um documento de inspiração popular, que hoje chamamos de Constituição.

Essa submissão do governante a um regramento jurídico, a ideia da separação entre Estado e Igreja, a preservação da liberdade dos indivíduos e o conceito de que o poder emana do povo é a base dos chamados **Estados modernos**.

2.7. FORMAS DE ESTADO

A **forma de Estado** relaciona-se com o seu **modelo de organização**, no que se refere à divisão de competências internas e ao grau de autonomia concedido às suas diversas regiões. Nesse sentido, costuma-se dividir os Estados em duas categorias: Federações e Estados Unitários.

Capítulo 2 ◆ Conceito e elementos caracterizadores do Estado **21**

Nas **Federações**, permite-se que as diversas regiões internas, chamadas genericamente de "entes federados" e que recebem nomes específicos em cada Federação, como Estados--membros, Províncias ou Departamentos, se auto-organizem política e administrativamente e elaborem leis próprias, visando atender às necessidades específicas das populações locais, sendo que aqueles assuntos de interesse do país como um todo serão regulados pela União.

Assim, as Federações concedem **autonomia política, administrativa e financeira** a suas diversas regiões e permitem que haja a criação de leis locais (leis estaduais e, no caso do Brasil, até mesmo leis municipais).

São exemplos de Federações o Brasil, a Alemanha, a Argentina, a Suíça, o Canadá e os Estados Unidos, país onde nasceu o federalismo, com o processo de independência das 13 colônias inglesas da América do Norte.

Já nos **Estados unitários**, as leis são exatamente **as mesmas em todo o país**, não havendo a possibilidade de criação de leis locais, nem de que as diversas regiões se auto-organizem seguindo regras próprias. Ou seja, os Estados unitários são centralizadores. Também não se fala em Constituição Federal, mas sim em Constituição Nacional.

Decifrando a prova

(Delegado PC-MG – 2011 – Adaptada) Por forma de Estado podemos entender de que maneira ocorre a organização político-administrativa do Estado, estabelecendo o grau de descentralização do poder central e a autonomia dos poderes locais.

( ) Certo ( ) Errado

Gabarito comentado: a forma de Estado – que pode ser a de Federação ou Estado Unitário – está relacionada à organização político-administrativa, com a divisão intrínseca de competências e com o nível de autonomia das diversas regiões internas. Portanto, a assertiva está certa.

As Federações podem ser formadas de duas formas distintas, sendo chamadas de Federações centrípetas ou centrífugas.

As **Federações centrípetas** são aquelas formadas pela união de **Estados que abrem mão de sua soberania**. Recebem esse nome porque são formadas "de fora para dentro". Exemplo desse tipo de Federação são os Estados Unidos da América, formados originalmente pela junção política das 13 ex-colônias inglesas. Pode-se dizer que as Federações centrípetas produzem um novo Estado, o qual antes não existia.

As **Federações centrífugas**, por outro lado, são aquelas formadas a partir de um **Estado Unitário preexistente** que passa, em um determinado momento, a conceder autonomia a suas regiões internas. Recebem esse nome porque são formadas "de dentro para fora". Exemplo desse tipo de Federação é o Brasil, o qual já existia como unidade política quando da adoção da forma federativa de Estado.

Conforme consta no art. 1º de nossa Constituição Federal, o Estado brasileiro adotou a forma de Federação, sendo composta pelos seguintes entes autônomos: União, Estados e

Municípios, possuindo ainda um Distrito Federal, o qual, na prática, possui tanto características de Estado como de Município, uma vez que não pode ser dividido em Municípios.

A doutrina também costuma diferenciar entre o chamado **federalismo compartimentalizado** e o chamado **federalismo cooperativo**. O primeiro estabelece uma rígida separação de competências e atribuições entre os entes da Federação, determinando o papel de cada um de forma clara e segmentada. Já o segundo é baseado especialmente na cooperação e atuação conjunta entre esses entes, com a predominância de atribuições comuns aos diversos níveis da Federação.

Deve ser observado que, embora muitos defendam o federalismo cooperativo como sendo mais adequado a uma boa gestão pública, por buscar uma ação coordenada e simultânea dos entes da Federação em relação a cada uma das grandes áreas de atuação do Estado, esse modelo também apresenta possíveis disfunções, como o conflito entre entidades públicos sobre qual o papel exato de cada uma, podendo causar um maior "jogo de empurra-empurra" sobre a resolução dos problemas sociais e econômicos.

Nossa Constituição claramente optou pelo federalismo compartimentalizado, uma vez que estabelece as atribuições próprias da União, Estados (incluindo o Distrito Federal) e Municípios, havendo somente algumas atribuições comuns a esses entes.

Deve-se observar que o art. 60, § 4º, I, da Constituição Federal, coloca como uma de suas **cláusulas pétreas a forma federativa de Estado**, impedindo que seja discutida proposta de alteração da Constituição que venha a abolir a Federação, embora as regras de seu funcionamento possam ser alteradas, desde que não descaracterizem a forma federativa de organização do Estado brasileiro.

Dá-se o nome de cláusulas pétreas aqueles trechos ou assuntos da Constituição que não podem ser suprimidos ou abolidos. Como a forma federativa de Estado é uma destas, na prática não se permite, enquanto nossa Constituição atual vigorar, que o Brasil se torne um Estado Unitário.

2.7.1. Federação e confederação

Importante observar que não se deve confundir as Federações com as Confederações. Nas **Confederações**, os Estados que a formam **não abandonam a sua soberania**, podendo, inclusive, retirar-se da União quando o desejarem, exercendo o que é conhecido como direito de secessão. Já nas Federações, os Estados constituintes deixam de ser soberanos, entregando essa prerrogativa à União, ainda que permaneçam com certa autonomia. Nas Federações normalmente não há o direito de secessão, que é o direito de retirar-se da União.

Assim, o vínculo jurídico que une os Estados em uma Federação é muito mais **intenso** do que em uma Confederação. Ao longo do tempo, a Confederação pode permanecer como tal, evoluir para uma Federação ou ser dissolvida pela retirada dos Estados que a compõem.

Exemplos de Confederação são aquela formada pelos Estados norte-americanos logo após a Declaração de Independência, e que posteriormente transformou-se em uma Federação, e a Comunidade dos Estados Independentes, integrada por diversas Repúblicas que formavam a União Soviética. Alguns estudiosos colocam a União Europeia como uma

Capítulo 2 ◆ Conceito e elementos caracterizadores do Estado **23**

Confederação, embora haja divergências sobre isso, uma vez que não existe, naquele bloco, uma união política em todos os sentidos do termo.

2.8. FORMAS DE GOVERNO

A **forma de governo** relaciona-se à **duração e modo de transmissão do poder** dos governantes, bem como à organização dos poderes. Embora atualmente haja modelos mistos, classicamente as duas principais formas de governo são as monarquias e as repúblicas.

Nas **monarquias**, o poder é exercido por prazo indeterminado, pois é vitalício, ou seja, perpétuo, e sua transmissão normalmente é feita de forma hereditária, de pai para filho, embora já tenha havido exemplos de monarquias eletivas, como ocorria entre alguns povos germânicos.

A monarquia foi a primeira forma de governo surgida, ainda na Antiguidade, e embora tenha sido associada durante muito tempo a governos totalitários, muitos países hoje adotam a chamada "monarquia constitucional", em que o poder do monarca se encontra limitado pelas normas jurídicas existentes.

Já nas **repúblicas** o poder é exercido temporariamente pelo Presidente, ou seja, por um período certo e determinado, normalmente chamado de mandato, e nas democracias, são realizadas eleições para definição do substituto.

A palavra "república" vem do latim *res publica*, que significa literalmente "coisa do povo", demonstrando sua vocação democrática, sendo que, para não poucos, o termo "república" de fato somente poderia ser utilizado para governos democráticos.

Embora tenha surgido na Roma Antiga, com forte inspiração grega, a forma republicana de governo praticamente desapareceu a partir do período imperial romano, tendo sido somente retomada na Idade Contemporânea, ressuscitada pelos ideais iluministas e pelos constitucionalistas.

Montesquieu também colocava como forma de governo o **despotismo**, diferenciando-o da monarquia pelo fato de estar baseada em um corpo de leis fixas, enquanto o despotismo se caracterizaria por um governante que não estivesse submetido a leis, ou que abusasse de seu poder.

Deve-se observar que ocorrem diversos casos de países que oficialmente adotam a República como forma de governo, mas que, na prática são verdadeiras monarquias ou ao menos governos despóticos, inclusive com a transmissão hereditária do poder e existência de instituições políticas meramente formais, como forma de legitimar o poder do governante.

Quanto à forma de governo, **nossa Constituição, em seu art. 1º, adotou a República**, mas não proibiu expressamente sua abolição. Alguns autores entendem que esta seria uma cláusula pétrea implícita, o que, porém, parece ser uma posição minoritária, especialmente diante do disposto no art. 2º do Ato das Disposições Constitucionais Transitórias (ADCT) da Constituição Federal de 1988, o qual determinou a realização de um plebiscito, no dia 7 de setembro de 1993 – que foi adiantado para 21 de abril do mesmo ano – o qual consultou a população sobre a adoção da forma monárquica de governo.

No entanto, ainda que houvesse a adoção da monarquia, deveriam ser respeitados, entre outros, o direito ao **voto direto, secreto, universal e periódico**, a **forma federativa de Estado** e a **independência dos poderes**, uma vez que estas são cláusulas pétreas explícitas.

2.9. SISTEMAS DE GOVERNO

O **sistema de governo** relaciona-se ao modelo de **exercício do poder** em um determinado Estado.

Embora, assim como ocorre com a forma de governo, possam ser identificados modelos mistos, de forma geral considera-se que existem duas grandes espécies de sistemas de governo: o **presidencialismo** e o **parlamentarismo.**

Para entendermos esses modelos, precisamos antes compreender as figuras de Chefe de Estado e Chefe de Governo.

O **Chefe de Estado** é aquele que representa o país perante a **comunidade internacional** e através de quem o Estado exerce sua soberania no plano internacional. Assim, por exemplo, cabe a ele celebrar tratados e convenções internacionais em nome do país que representa.

Já o **Chefe de Governo** é a pessoa responsável por administrar o país, de **exercer o poder internamente**, conduzindo a política nacional e atendendo às necessidades da coletividade.

No modelo presidencialista, uma mesma pessoa acumula os cargos de Chefe de Estado e de Chefe de Governo, sendo normalmente denominado Presidente da República. É o que ocorre, por exemplo, no Brasil e nos Estados Unidos.

Já no parlamentarismo, uma pessoa exerce o cargo de Chefe de Estado, podendo ser um Presidente da República ou um monarca, sendo responsável pela representação da nação perante outros países e exercendo, em maior ou menor grau, a política externa, e outra pessoa exerce o cargo de Chefe de Estado, normalmente sendo chamado de Primeiro-Ministro ou Premiê, conduzindo o país no seu dia a dia e tomando as decisões políticas internas.

Outras diferenças podem ser apontadas entre o presidencialismo e o parlamentarismo:

O presidencialismo é típico de Estados que adotam a **forma republicana de governo**. Já o parlamentarismo, embora tenha sua origem em monarquias constitucionais, pode ser utilizado tanto neste regime como no republicano.

No parlamentarismo há uma **predominância clara do Poder Legislativo** sobre o Poder Executivo, uma vez que o parlamento também exerce o próprio governo, na figura do Primeiro-Ministro. Isso decorre da ideia de que o Legislativo é, na verdade, o que melhor representa a vontade popular, uma vez que permite, pelo número de representantes eleitos, até mesmo a representação de minorias regionais, étnicas, religiosas ou de outra natureza. Já o presidencialismo é baseado na existência de uma equivalência formal entre os poderes.

No parlamentarismo, o Chefe de Governo – Primeiro-Ministro – **pode ser destituído a qualquer momento** por decisão do parlamento. Além disso, também normalmente se permite que o Primeiro-Ministro dissolva o parlamento, sendo convocadas imediatamente novas eleições. Já no presidencialismo, tanto o Presidente da República como os parlamentares somente podem ser destituídos de seus cargos antes do final do mandato em caso de **prática de alguma falta grave** para a qual a lei preveja tal consequência, sendo que tal ato deve ser consumado somente após um processo perante o Poder Legislativo, em que seja garantido o contraditório e a ampla defesa – conhecido como processo de impedimento ou de *impeachment*.

Capítulo 2 ◆ Conceito e elementos caracterizadores do Estado **25**

Os primeiros países a adotarem o presidencialismo foram os Estados Unidos e a França.

O modelo parlamentarista surgiu na Inglaterra, de forma lenta e constante, a partir do enfraquecimento contínuo do poder real, até o momento em que a Coroa perdeu de fato o controle total sobre a política interna.

Não obstante, no caso do Brasil, nossa Constituição tenha adotado o Presidencialismo, a maioria da doutrina entende – embora haja respeitáveis entendimento em contrário – que essa não é uma cláusula pétrea, o que significa que o **Parlamentarismo poderia ser adotado** se fosse feita uma reforma constitucional.

Tanto é assim que o art. 2º do ADCT estabelece que deveria ser realizado, em 1993, um plebiscito para a definição da forma e do sistema de governo que deveria vigorar no Brasil. Referida consulta popular teve como resultado a opção pela continuidade do regime presidencialista, mas poderia ter se sagrado vencedor o sistema parlamentarista. Fosse o regime parlamentarista incompatível com a vontade do poder constituinte originário, não teria ele determinado a realização do citado plebiscito.

Veja-se que muito se tem falado recentemente no Brasil em um "presidencialismo de coalizão", o qual, na verdade não se configura como um outro sistema de governo, mas simplesmente como a descrição de um modelo institucional que organiza a política em países nos quais convivem o sistema presidencialista e o pluripartidarismo, como ocorre, não só no Brasil, mas também em outros países.[4]

> ### 🧩 Decifrando a prova
>
> **(Delegado PC-PB – Cespe – 2009)** Quando o Presidente da República celebra um tratado internacional, o faz como Chefe de Governo.
> ( ) Certo   ( ) Errado
> **Gabarito comentado:** quando o Presidente da República celebra um tratado internacional, está agindo na condição de Chefe de Estado, uma vez que está representado o país perante a comunidade internacional. Quando exerce o poder internamente é que age como Chefe de Governo. Portanto, a assertiva está errada.

2.10. REGIMES POLÍTICOS

Quando se fala em **regime político**, está a se falar da forma como o **poder é adquirido** e qual o grau de **participação popular** no mesmo, analisando-se a relação entre o poder e o povo.

Embora possa-se falar em vários regimes, os três que se destacam são as democracias, as oligarquias e as ditaduras, também chamadas de autocracias.

Na **democracia** (do grego "*demos*" e "*kratos*", que significa "poder" ou "governo"), considera-se que o povo é o legítimo titular do poder e que o mesmo pode e deve participar

---

4   STJ, AgInt no AREsp nº 1.361.773, Rel. Min. Assusete Magalhães, j. 07.05.2019.

ativamente de seu exercício, diretamente ou por meio de representantes eleitos, ouvindo-se os diversos segmentos sociais, inclusive as minorias.

Nesse regime, é dado grande destaque à atuação do Poder Legislativo e do Poder Judiciário.

As **oligarquias** (do grego "*oligos*", que significa "poucos") caracterizam-se pelo fato de que, neste regime, o poder é detido por um determinado grupo, que monopoliza as decisões políticas, fazendo com que o Estado favorecendo esses grupos e permitindo sua manutenção no governo. Diferentemente da democracia, não permite a representação dos diversos segmentos da sociedade.

Já na **ditadura**, também chamada de **regime autoritário**, o poder concentra-se nas mãos de uma só pessoa ou de muito poucas pessoas, sendo que praticamente não há participação popular ou ela é exercida de forma limitada, muitas vezes apenas para legitimar o exercício do poder por parte de quem o detém.

Nas ditaduras, costuma haver a predominância do Poder Executivo sobre os demais poderes, os quais não costumam possuir independência efetiva, mas no máximo formal.

O Brasil adotou textualmente o regime democrático, conforme se depreende logo do art. 1º de nossa Constituição, sendo este considerado como uma **cláusula pétrea**.

Deve-se sempre ter em mente, porém, que em uma democracia efetiva, não basta ter o povo o direito de eleger seus representantes. Para que uma nação seja considerada verdadeiramente democrática, é necessário que sejam previstos mecanismos de forma a garantir a transparência das ações do governo e uma efetiva participação popular na condução do país.

Também se considera que, para que haja uma democracia efetiva, é importante que as **minorias** também sejam protegidas e ouvidas, a fim de evitar-se que sejam oprimidas e esmagadas pela força da maioria.

A partir das últimas décadas do século XX nota-se claramente uma consolidação, nos diversos países do globo, com raras exceções, do ideal de Estado Democrático de Direito, em que não só devem aqueles que detêm o poder exercê-lo de acordo com as disposições constitucionais e legais, mas que essas disposições passem a expressar a vontade popular de fato, fazendo com que a democracia seja efetiva, e não meramente formal.

Exemplo disso são os movimentos de **redemocratização** dos países da América Latina e a derrocada de diversas ditaduras do leste europeu e também na Ásia e África.

Resumo sobre formas de Estado, formas de governo, regimes de governo e regimes políticos

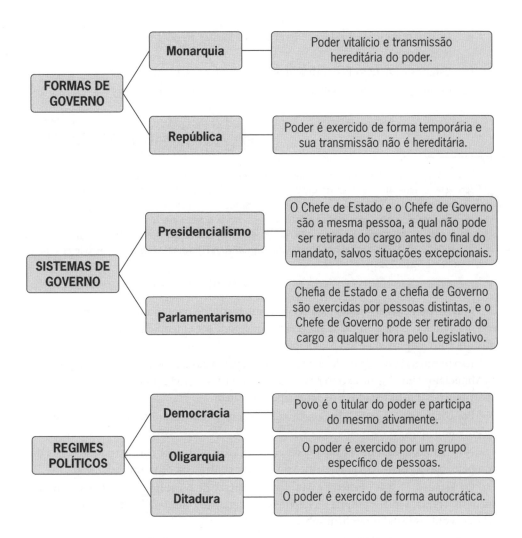

2.II. O ESTADO BRASILEIRO

A Constituição Federal traz diversas regras relacionadas à organização do Estado brasileiro, que veremos aqui em linhas gerais, e que serão melhor desenvolvidas, conforme o caso, ao longo desta obra.

2.II.I. Níveis da Federação brasileira

A Federação brasileira, diferentemente de outras Federações, que normalmente reconhecem dois níveis federativos, é composta por **três esferas de governo**, que são autônomas entre si:

a. **União:** representa a esfera federal e deve buscar atender os interesses de todos os brasileiros;
b. **Estados e Distrito Federal:** representam a esfera estadual;
c. **Municípios:** representam a esfera municipal, a mais local das três.

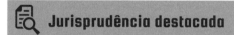

> A CF conferiu ênfase à autonomia municipal ao mencionar os Municípios como integrantes do sistema federativo (art. 1º da CF/1988) e ao fixá-la junto com os Estados e o Distrito Federal (art. 18 da CF/1988). A essência da autonomia municipal contém primordialmente (i) autoadministração, que implica capacidade decisória quanto aos interesses locais, sem delegação ou aprovação hierárquica; e (ii) autogoverno, que determina a eleição do chefe do Poder Executivo e dos representantes no Legislativo (STF, ADI nº 1.842, Rel. Min. Gilmar Mendes, j. 06.03.2013).

O **Distrito Federal**, criado para servir como território para instalação dos órgãos federais, na verdade, é uma entidade *sui generis*, que pode ser entendida como uma espécie de mistura entre um Estado e um Município.

Isso porque, via de regra, ele terá tanto as competências que os Estados têm como as que os Municípios têm. Assim, exceto nas situações previstas constitucionalmente, ele terá todas as atribuições que os Estados e os Municipais possuem.

Por conta disso, o art. 32 da Constituição Federal **proíbe** expressamente que ele se divida em municípios.

No entanto, apesar de ser uma Federação, a União acaba por concentrar a maioria das competências legislativas, característica do **caráter centralista** de nossa Federação.

Os Estados, Distrito Federal e Municípios, apesar de possuírem autonomia, não possuem soberania, a qual é própria da República Federativa, considerada em seu conjunto, em relação a outros Estados também soberanos.

Isso porque a soberania indica o **caráter supremo de um poder**, que não admite qualquer outro acima ou em concorrência com ele, e os Estados, Distrito Federal e Municípios devem submeter-se às disposições federais nos assuntos que a Constituição define como sendo de competência da União. Aliás, a própria União, nas suas relações internas, também não pode ser dita soberana, uma vez que deve respeitar as esferas de legislação e ação dos Estados, DF e Municípios. Por conta disso é que se costuma dizer que a soberania somente se aplica à República Federativa do Brasil como um todo, e não aos seus componentes separadamente.

Como acontece nas Federações em geral, é permitido aos Estados-membros elaborarem suas próprias **Constituições Estaduais**, obedecendo às diretrizes estabelecidas pela Constituição Federal. No Brasil, também os Municípios podem criar as suas próprias **Leis Orgânicas**, as quais, em muitos aspectos, cumprem o papel do que poderiam ser chamadas de "Constituições Municipais".

Capítulo 2 ◆ Conceito e elementos caracterizadores do Estado **29**

> ### Decifrando a prova
>
> **(Delegado PC-ES – Cespe/2013 – Adaptada)** Quanto à Federação Brasileira é correto dizer que é uma forma de união política, que embora vise uma permanência, os Estados que a integram mantêm sua soberania. Independentemente dos Estados de que é formada, dispõe de órgãos próprios de representação, mas as decisões, para se tornarem executivas, necessitam de um ato de aceitação, expresso ou tácito, por parte dos Estados.
>
> ( ) Certo ( ) Errado
>
> **Gabarito comentado:** conforme vimos, os Estados-membros não possuem soberania na Federação brasileira – e nas Federações em geral, diga-se –, pois devem submeter-se às disposições federais nos assuntos que forem de competência da União. Portanto, a assertiva está errada.

2.II.2. Poderes

Embora a doutrina e a jurisprudência reconheçam que o **poder estatal é uno e indivisível**, costuma-se dividir as funções do Estado em categorias distintas, chamadas de "poderes".

No modelo brasileiro, a União e os Estados possuem três poderes: **Legislativo, Executivo e Judiciário**, sendo que o Poder Judiciário do Distrito Federal é organizado pela União. Já os Municípios possuem somente os Poderes **Legislativo e Executivo.**

O Distrito Federal possui os três poderes, mas seu Judiciário é organizado pela União, de acordo com o art. 21, XIII, de nossa Constituição Federal.

A tabela a seguir traz os responsáveis por exercer cada um desses poderes, nas três esferas:

	Poder Legislativo	Poder Executivo	Poder Judiciário
União	Congresso Nacional (formado pela Câmara dos Deputados e Senado Federal)	Presidente da República	Tribunais Federais
Estados e DF	Assembleias Legislativas (Câmara Legislativa, no DF)	Governador	Tribunais Estaduais e do Distrito Federal e Territórios
Municípios	Câmara dos Vereadores	Prefeito Municipal	Não há

Nossa Constituição afirma expressamente que, no Brasil, deve-se considerar que o **poder pertence ao povo**, sendo que, dos três poderes, dois têm seus componentes eleitos pelo voto popular (o Executivo e o Legislativo).

Mais detalhes sobre o tema serão vistos quando tratarmos sobre o art. 2º da Constituição Federal.

2.II.3. Intervenção

Embora os entes da Federação brasileira sejam autônomos e devam funcionar de forma independente, a Constituição prevê que, em **circunstâncias excepcionais e expressamente previstas** em seu texto, a União poderá intervir nos Estados – a chamada **intervenção federal** – e os Estados poderão intervir nos Municípios – **intervenção estadual** –, normalmente para restabelecimento da ordem ou para a garantia do cumprimento das normas constitucionais.

No caso da aplicação desses institutos, é essencial que sua vigência somente se estenda ao período de tempo necessário para a supressão da anormalidade que a motivou, sob pena de desnaturação de seu objetivo e desobediência à vontade do poder constituinte originário.

As hipóteses admitidas de intervenção federal e estadual estão elencadas nos arts. 34 e 35 da Constituição Federal, observado que a Constituição não poderá ser emendada na vigência de intervenção federal, conforme previsto em seu art. 60, § 1º.

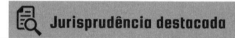

Apenas os Estados-membros podem intervir em municípios, não tendo a União legitimidade para essa medida, a menos que o município esteja localizado em Território Federal (STF, IF nº 590, Rel. Min. Celso de Mello, j. 17.09.1998).

3 Constituição: conceito e origem. Poder constituinte

3.1. CONCEITO DE CONSTITUIÇÃO

A palavra **constituição** tem o significado de estrutura, formação, organização. Assim, podemos entender que a Constituição do Brasil, por exemplo, trata da organização do Estado brasileiro.

Isso porque a Constituição, entre outras disposições, deve trazer as **principais regras** de organização de um Estado, como a forma de aquisição e exercício do poder, a distribuição das competências legislativas e administrativas e os limites de atuação dos entes governamentais.

O conceito de Constituição pode ser elaborado sob vários aspectos, sendo que se costuma destacar três pontos de vista: sociológico, político e jurídico.

Do ponto de vista **sociológico**, conforme preconizado pelo teórico político alemão Ferdinand Lassale, a Constituição é a soma dos fatores reais de poder dentro de uma sociedade, ou seja, é a representação e resultante das **forças sociais** que constituem o verdadeiro poder em uma sociedade. Essas forças que agem na sociedade moldando a Constituição seriam de ordem econômica, militar e religiosa.

Essa resultante de forças sociais é que confere à Constituição, de acordo com Lassale, sua legitimidade, sendo que o autor afirma que, se o texto constitucional não refletir a real configuração de forças que regem a sociedade, estará ele fadado ao fracasso como norma. Dessa forma, Lassale diferenciava a chamada "Constituição Real" da "Constituição Escrita", a qual precisa estar o mais próximo possível da primeira para ter real efetividade.

Do ponto de vista **político**, conforme definido pelo jurista alemão Carl Schmitt, a Constituição corresponde à chamada **decisão** política fundamental de um Estado, estando relacionada à forma de sua organização e de suas instituições, bem como aos direitos que devam ser garantidos constitucionalmente.

Assim, para ele, a Constituição representa o resultado da vontade política fundamental do poder constituinte originário quanto aos temas ligados à estruturação do Estado, diferenciando-se a Constituição propriamente dita das chamadas Leis Constitucionais.

A **Constituição**, segundo Schmitt, é o conjunto das regras estruturais da sociedade, ou seja, aquelas relacionadas à organização do Estado, exercício e transmissão do poder,

32 Direito Constitucional Decifrado

bem como limites à atuação estatal. Já as **leis constitucionais** seriam o conjunto de todas as outras normas que constem da Constituição escrita, mas que não se relacionem a matéria propriamente constitucional.

A teoria de Carl Schmitt é a base para a classificação das normas constitucionais em materiais e formais, conforme veremos posteriormente.

Por fim, temos o conceito de Constituição que mais vai nos interessar em nosso estudo, que é o **jurídico**, lavrado pelo jurista austríaco Hans Kelsen em sua obra *Teoria pura do Direito*, para quem a Constituição deve ser considerada à parte de eventuais discussões políticas ou sociológicas – embora seja claro que as forças políticas e sociais influenciam na elaboração do texto constitucional.

Para Kelsen, a Constituição deve ser vista como a **norma fundamental** do Estado, servindo de base para o sistema político e que deve servir de parâmetro para a **aferição de validade** das demais normas do ordenamento jurídico, colocando a Constituição no ápice de todo o conjunto normativo de um Estado, devendo tudo isso ser visto de um ponto de vista objetivo.

O jurista austríaco realça que as normas jurídicas – e a Constituição entre elas, como sua fonte primária – pertencem ao mundo do "**dever-ser**", que estabelece imputações, ou seja, mandamentos, que devem ser obedecidos, sob pena de sanção. Assim, conceitos como "norma injusta" ou "antinatural" não deviam, em uma primeira análise, interessar à análise jurídica, mas sim a outras ciências, como a política e a sociologia.

🧩 Decifrando a prova

(Delegado PC-TO – Cespe – 2008) A concepção política de Constituição, elaborada por Carl Schmitt, compreende-a como o conjunto de normas que dizem respeito a uma decisão política fundamental, ou seja, a vontade manifestada pelo titular do poder constituinte.

( ) Certo   ( ) Errado

Gabarito comentado: Carl Schmitt, ao elaborar o conceito político de Constituição, coloca-a como sendo resultado da vontade política que a antecede, externada na ação do poder constituinte originário, responsável por elaborar o texto constitucional, o qual pode ser dividido em normas materialmente constitucionais (aquelas que tratam de assuntos tipicamente constitucionais, como organização do texto e exercício e limitação dos poderes) e normas formalmente constitucionais. Portanto, a assertiva está certa.

(Delegado PF – Cespe – 2018) A possibilidade de um direito positivo supraestatal limitar o Poder Legislativo foi uma invenção do constitucionalismo do século XVIII, inspirado pela tese de Montesquieu de que apenas poderes moderados eram compatíveis com a liberdade. Mas como seria possível restringir o poder soberano, tendo a sua autoridade sido entendida ao longo da modernidade justamente como um poder que não encontrava limites no direito positivo? Uma soberania limitada parecia uma contradição e, de fato, a exigência de poderes políticos limitados implicou redefinir o próprio conceito de soberania, que sofreu uma deflação. [Alexandre Costa. O poder constituinte e o paradoxo da soberania limitada. In: *Teoria & Sociedade*, nº 19, 2011, p. 201 – com adaptações]

> A ideia apresentada no texto reflete a Constituição como decisão política fundamental do soberano, o que configura o sentido sociológico de Constituição.
> ( ) Certo   ( ) Errado
> **Gabarito comentado:** a questão poderia ser resolvida somente pela sua afirmação, sem necessidade de recorrer ao texto, uma que esta apresenta uma evidente contradição: a ideia de Constituição como decisão política fundamental remete a seu conceito político, e não sociológico. Portanto, a assertiva está errada.

Assim, juridicamente considerando, podemos definir uma Constituição como sendo a norma fundamental e suprema de um Estado, que contém regras referentes à estruturação do Estado, forma de governo e aquisição do poder, direitos e garantias dos cidadãos.

Também é chamada de outros nomes pela doutrina e jurisprudência, como Carta Magna, Lei Maior ou Norma Fundamental.

É o principal diploma legal de um país, emanando todas as outras normas jurídicas a partir dela e devendo suas disposições serem obedecidas por todos os outros atos normativos, como as leis e atos infralegais.

Essa preponderância da Constituição sobre as demais normas decorre do chamado **princípio da supremacia** da Constituição, e sua aplicação faz com que todas as normas que disponham de forma contrária à Carta Magna sejam consideradas inválidas, no que dela divergirem, permitindo que os Poderes Judiciário ou Legislativo afastem imediatamente a norma desconexa do ordenamento jurídico.

É o princípio da supremacia da Constituição que torna possível, tanto do ponto de vista jurídico, como lógico, o exercício do **controle de constitucionalidade** de atos normativos.

A ideia é que a Constituição estabelece todos os princípios e regras mais importantes para a organização e funcionamento do Estado, bem como sua relação com seus cidadãos, inclusive no que se refere à forma de elaboração das demais normas jurídicas.

A figura a seguir, também conhecida como "**Pirâmide de Kelsen**", estabelece uma ordem hierárquica entre as normas jurídicas, sendo que os níveis inferiores devem obediência aos níveis superiores:

34 Direito Constitucional Decifrado

Nesse esquema, verifica-se que a **Constituição** ocupa o **ápice** da pirâmide, representando sua preponderância sobre todas as outras normas jurídicas.

Abaixo das normas constitucionais, mas acima das leis em geral, temos os **tratados internacionais** sobre direitos humanos, os quais, de acordo com a jurisprudência do Supremo Tribunal Federal, possuem o *status* de **norma supralegal**, quando aprovados pelo Congresso Nacional pelo rito normal, ou seja, por maioria simples.[1]

🔍 Jurisprudência destacada

Por conseguinte, parece mais consistente a interpretação que atribui a característica de "supralegalidade" aos tratados e convenções de direitos humanos. Essa tese pugna pelo argumento de que os tratados sobre direitos humanos seriam infraconstitucionais, porém, diante de seu caráter especial em relação aos demais atos normativos internacionais, também seriam dotados de um atributo de "supralegalidade" (STF, RE nº 466.343-1/SP, Rel. Min. Cezar Peluso, j. 03.12.2008).

Deve-se observar que existe a possibilidade de os tratados que versem sobre direitos humanos serem incorporados ao ordenamento jurídico com força de **norma constitucional**, se forem aprovados seguindo o mesmo rito das emendas constitucionais, conforme previsão expressa do art. 5º, § 3º, de nossa Carta Magna.

No nível imediatamente inferior, temos as **leis**, também chamadas de **normas primárias**, abrangendo esse termo as espécies normativas previstas no art. 59 da Constituição Federal, com exceção das emendas constitucionais: leis ordinárias, leis complementares, medidas provisórias, leis delegadas, decretos legislativos e resoluções do Poder Legislativo. Possuem a característica de, assim como a Constituição e os tratados internacionais, poderem impor proibições ou obrigações aos cidadãos.

Embora muitos tenham o costume de referir-se à Constituição como a "Lei Maior" de um Estado, tecnicamente o termo "lei" é utilizado para **disposições infraconstitucionais**, ainda que em sentido amplo.

Importante observar que, de acordo com jurisprudência assente do Supremo Tribunal Federal, **não existe hierarquia** entre leis ordinárias e complementares, mas somente âmbitos de aplicação diferentes, como preconizado pela Constituição Federal.

🔍 Jurisprudência destacada

É tradicional a jurisprudência desta Corte na proclamação de inexistência de hierarquia constitucional entre lei complementar e lei ordinária, espécies normativas formalmente distintas exclusivamente tendo em vista a matéria reservada àquela (STF, RE nº 377.457-3/PR, Rel. Min. Gilmar Mendes, j. 17.09.2008).

---

[1] STF, RE nº 349.703/RS, Rel. designado Min. Gilmar Mendes, j. 03.12.2008.

Capítulo 3 • Constituição: conceito e origem. Poder constituinte **35**

No último degrau da pirâmide do ordenamento jurídico temos as **normas infralegais**, também chamadas de **normas secundárias**, que são aqueles diplomas legais que têm como principal objetivo complementar as leis, normalmente sendo expedidos pelo Poder Executivo com base em seu poder regulamentar. São os decretos, portarias, instruções normativas, circulares, regulamentos, entre outros.

Essas normas são chamadas de secundárias, porque não retiram sua validade diretamente da Constituição, mas sim de uma lei que as antecede. Via de regra, são expedidas pelo Poder Executivo, mas também o podem ser pelos Poderes Legislativo e Judiciário, especialmente quando no exercício de atribuições administrativas.

Cada um dos níveis da pirâmide deve obedecer ao disposto nos degraus anteriores. Assim, por exemplo, as normas infralegais não podem contradizer o que foi estabelecido pelas leis, estas, por sua vez, não podem desobedecer ao que consta nas normas constitucionais e nos tratados internacionais sobre direitos humanos, os quais devem obediência à Constituição.

Quanto "mais alto" na pirâmide, mais genérica tende a ser a norma, e quanto "mais baixo", mais específica e detalhista tende a ser.

Se o Estado elabora uma nova Constituição, substituindo a anterior, as leis já existentes e que não contrariem o novo texto constitucional continuarão válidas, pelo fenômeno jurídico denominado **recepção**. Por isso é que ainda temos em vigor no Brasil diversas leis anteriores a 1988, ano da promulgação de nossa atual Constituição. No entanto, todas as leis anteriores que não estiverem de acordo com a nova Constituição serão consideradas inválidas, não produzindo mais efeitos.

3.2. ORIGEM DAS CONSTITUIÇÕES

Embora as Constituições, tais como as conhecemos hoje, tenham surgido tardiamente, junto com o constitucionalismo, na **segunda metade do século XVIII**, podem-se identificar diversos antecedentes jurídicos, normas que, embora não possam ser denominadas Constituições, tentavam regulamentar ou pelo menos limitar o poder estatal.

Entre esses exemplos, podemos citar o Código de Hamurabi, na Mesopotâmia; a Lei das XII Tábuas, na Roma Antiga; e as leis religiosas que influenciavam os governantes hebreus. No entanto, todos esses documentos traziam considerações pontuais e pouco tratavam sobre a organização do Estado em si, a qual estava intimamente ligada à pessoa do governante de plantão.

Aquela que é considerada a mais próxima antecessora das constituições modernas é a *Magna Charta Libertatum*, de 1215, assinada na Inglaterra.

Tal documento foi assinado pelo rei inglês João, mais conhecido como "João Sem-Terra", pelo fato de ter nascido como filho mais novo do Rei Henrique II e como tal não possuir direito a herdar suas terras, segundo o direito da época.

O Rei João assumiu o trono inglês em substituição a seu irmão, Ricardo I, que passou à posteridade com o epíteto de "Ricardo Coração de Leão", quando este, atendendo ao chamado do Papa Gregório VIII, deixou a Inglaterra tendo como destino a Palestina para participar da Terceira Cruzada.

36 Direito Constitucional Decifrado

Os altos custos da guerra levaram a um aumento expressivo dos tributos cobrados dos nobres ingleses, o que, somado à baixa popularidade de João Sem-Terra, fez com que aqueles orquestrassem uma rebelião, obrigando-o a fazer uma série de **concessões** para manter-se no trono.

Essas concessões foram consubstanciadas em um documento, redigido em latim, a língua franca da época, e que foi denominado *Magna Charta Libertatum*, ou Grande Carta das Liberdades.

A *Magna Charta* é considerada uma **antecessora** das atuais Constituições porque, através dela, pela primeira vez, o poder de um monarca era limitado juridicamente – e não com base em dogmas e ideias religiosas – por um documento escrito, em que constavam regras como, por exemplo, de que nenhum homem seria preso ou privado de seus bens sem um julgamento adequado ou de que nenhum tributo seria cobrado sem concordância do Parlamento, disposições essas, atuais, que passaram até mesmo a Constituições atuais, como a nossa. Aliás, considera-se que a *Magna Charta*, em alguns de seus dispositivos, está em vigor até hoje.

Essa limitação do poder estatal por meio de um documento escrito e solene é a base do que é chamado de constitucionalismo e Estado de Direito.

Posteriormente, outros documentos e leis ingleses também passaram a estabelecer outras regras que deveriam ser obedecidas pelo rei, buscando a limitação do poder do Estado e a defesa dos direitos dos cidadãos contra os arbítrios do governo, como o *Habeas Corpus Act*, de 1679, e o *Bill of Rights,* de 1689 e o *Act of Settlement*, de 1701.

No entanto, as Constituições, como hoje as concebemos, somente foram surgir na segunda metade do século XVIII, na esteira dos ideais iluministas, disseminados especialmente por meio de instituições como a maçonaria.[2]

Á época, havia um grande anseio, não só por parte da elite intelectual e da burguesia, mas também pela população em geral, por uma **limitação do poder estatal**, que então estava no auge, devido à predominância do absolutismo como regime político na Europa, e também por um respeito maior às liberdades individuais.

Em 1776, com a declaração de independência, inicia-se o processo de independência das colônias inglesas na América do Norte, inspirado claramente pelas ideias iluministas e apoiado abertamente pelos políticos e intelectuais franceses. Disso resultou, em 1787, a **Constituição dos Estados Unidos da América**, que marcou juridicamente a fundação daquela Federação, sendo também a primeira vez que o termo "Constituição" foi utilizado para dar nome a um documento que representava a organização político-administrativa de um país.[3]

---

[2] A explicação para que a maçonaria estivesse tão relacionada à política europeia e nos países da América até pelo menos o século XIX – estendendo-se, embora com menor força, pelo século XX – explica-se, primeiramente, pelo sentimento de fraternidade e intimidade que as lojas maçônicas propiciavam, e também pelo sigilo que então envolvia tais organizações, permitindo que ideias políticas consideradas subversivas pelos governantes da época pudessem ser desenvolvidas e circular com maior liberdade.

[3] Como bem ressaltado por Jorge Miranda, porém, mesmo nos Estados Unidos, havia leis e declarações anteriores à sua Constituição que já traziam algumas regras e princípios, estabelecidas de

Do outro lado do Atlântico, em 1789, eclode a chamada Revolução Francesa, movimento baseado em ideais semelhantes ao da Revolução Americana, e que se iniciou com a queda da bastilha, em 14 de julho. Desse movimento surgiu, em 1791, a primeira **Constituição francesa**.

Esses dois documentos são o que hoje se considera de fato as primeiras Constituições elaboradas, por apresentarem dois traços marcantes: organização sistemática do Estado e limitação do poder estatal, por meio da previsão de direitos e garantias fundamentais, servindo de base para diversas outras constituições que surgiram posteriormente na Europa e nas Américas.

Decifrando a prova

(Procurador – Fapesp – Vunesp – 2018 – Adaptada) Os primeiros textos constitucionais emanaram como consequência de manifestações populares que reivindicavam direitos sociais a serem prestados pelo Estado.

( ) Certo   ( ) Errado

Gabarito comentado: os primeiros textos constitucionais, na verdade, surgiram como consequência de reinvindicações de mais liberdades individuais, como direito à liberdade de expressão, religiosa e de atividade econômica. Os direitos sociais somente passaram a ser objeto de pressão para inclusão nas Constituições no final do século XIX e começo do século XX. Portanto, a assertiva está errada.

Em virtude da ampla disseminação dos **ideais iluministas** e do **constitucionalismo** pela Europa, os diversos monarcas de cada país daquele continente passaram a enfrentar uma grande pressão para adotarem cada uma constituição nacional.

Assim, o final do século XVIII e o início do século XIX assistiram à proliferação de Constituições nos diversos países europeus, muitas das quais, porém, visavam somente legitimar grupos que estavam no poder, procurando dar a estes uma **aparência de legalidade** e dando uma satisfação somente formal aos grupos que reclamavam a elaboração de uma Constituição.

Para evitar o surgimento de mais dessas Constituições "de fachada", ou seja, **meramente formais**, começou-se a afirmar que uma Constituição, para ser considerada como tal, não bastaria receber esse nome, mas precisaria obedecer a certas regras.

Surgiu, assim, ainda no século XIX, o que viria a ser chamado posteriormente pelo constitucionalista português Canotilho de "**conceito ideal de Constituição**", o qual determina que, para que uma Constituição possa de fato ser considerada como tal, deve:

---

forma esparsa – como no ordenamento jurídico inglês – e que estavam relacionadas à organização política e proteção dos direitos fundamentais, como a própria Declaração de Independência, a Declaração de Virgínia e outras Declarações dos primeiros Estados.

38 Direito Constitucional Decifrado

a. consagrar um sistema de **garantias da liberdade** dos indivíduos, que são mecanismos de defesa do cidadão contra arbítrios estatais, hoje conhecidos como "direitos e garantias fundamentais";

b. conter o princípio da **divisão do poder estatal**, impedindo sua concentração nas mãos de uma só pessoa e permitindo o controle sistêmico do Estado por si mesmo;

c. ser **escrita**, para que fiquem claros e evidentes os termos da Constituição, impedindo interpretações tendenciosas de costumes como sendo parte do ordenamento constitucional.

Não obstante a importância desse conceito, deve-se lembrar que atualmente considera-se que um país pode ter uma Constituição não escrita, como é o caso do Reino Unido, por exemplo.

3.3. PODER CONSTITUINTE

3.3.1. Conceito

Intimamente ligado ao conceito de Constituição temos o de **poder constituinte**, cujo estudo é essencial ao Direito Constitucional Geral, e o qual pode ser definido como a **manifestação soberana** da suprema vontade política de um **povo**, social e juridicamente organizado, que se expressa **na elaboração** e **alteração** da **Constituição**.

Em outras palavras, o poder constituinte representa o poder de elaborar e alterar uma Constituição.

3.3.2. Titularidade

Em regimes democráticos, considera-se que o poder constituinte pertence ao **povo**, que é o seu titular.

Assim, a vontade constituinte é a vontade do próprio povo. Porém, embora o povo seja o titular do poder constituinte, quem o exerce são seus representantes, uma vez que, na maioria dos casos, seria inviável seu exercício direto pela população. Essa titularidade, mas não o exercício direto, fica claro no preâmbulo de nossa Constituição: **"Nós, representantes do povo brasileiro, reunidos..."** e no parágrafo único do art. 1º também de nossa Carta Magna: **"Todo o poder emana do povo, que o exerce por meio de representantes eleitos ou diretamente, nos termos desta Constituição"**.

Quem exerce esse poder em nome do povo é chamado de "**constituinte**". Dessa forma, por exemplo, a doutrina e a jurisprudência costumam falar em vontade do constituinte, que é a intenção de quem elaborou a Constituição.

É importante observar que, em Direito Constitucional, normalmente examina-se somente o **aspecto jurídico** do poder constituinte, não se entrando em aspectos políticos ou sociológicos que digam respeito, por exemplo, à legitimidade ou representatividade do órgão constituinte ou ainda à concordância ou não dos textos constitucionais com a vontade popular. É o que se costuma chamar de **estudo puro do Direito**.

3.3.3. Espécies de poder constituinte

A teoria do Direito Constitucional costuma identificar duas modalidades ou graus de poder constituinte: poder constituinte originário ou de primeiro grau e poder constituinte derivado ou de segundo grau.

3.3.3.I. Poder constituinte originário ou de primeiro grau

É o poder constituinte **originário**, também chamado de poder constituinte de primeiro grau, que **elabora a Constituição** do Estado, organizando-o e definindo seu funcionamento. Em outras palavras, esse poder é exercido sempre que se cria uma nova Constituição, representando um rompimento com a ordem jurídica anterior e inaugurando um novo ordenamento jurídico.

Pode-se identificar duas formas de expressão do poder constituinte originário: por meio de uma Assembleia Constituinte, onde representantes eleitos pelo povo aprovam a nova Constituição, gerando uma Constituição promulgada (como é o caso da nossa atual), ou por meio da imposição, pelo governante, de um novo texto constitucional, gerando uma Constituição outorgada ou, se houver aprovação posterior pela população, uma Constituição cesarista.

O poder constituinte originário caracteriza-se por ser inicial, ilimitado e incondicionado, sendo moldado pelas forças democráticas e políticas atuantes no momento de seu exercício.

É **inicial** porque inaugura um novo ordenamento jurídico, uma vez que a Constituição é a norma fundamental do Estado, fazendo inclusive com que as normas já existentes e que sejam incompatíveis com o novo texto constitucional deixem de produzir efeitos. É a expressão política primária de um país.

O poder constituinte originário é **ilimitado** porque, como está criando uma nova Constituição, não está o poder constituinte originário restrito a nenhuma regra sobre o conteúdo da nova Carta Magna, podendo trazer as regras que o constituinte considerar apropriadas. Assim, por exemplo, se for criada uma nova Constituição, pode-se até mesmo suprimir dela aquilo que a Constituição atual coloca como cláusulas pétreas, uma vez que o novo texto constitucional não está vinculado ao que determinam as Constituições anteriores. A característica de ilimitado do poder constituinte originário diz respeito ao aspecto jurídico, uma vez que em seu exercício diversos fatores conjugam-se e vão definir os limites de seu exercício, como questões políticas, sociais e até mesmo econômicas.

E o poder constituinte de primeiro grau é **incondicionado** porque a forma de seu exercício não é – e nem poderia ser, porque se trata da elaboração de uma nova Constituição – estabelecida previamente pelas normas constitucionais antecedentes, cabendo ao corpo constituinte definir as regras que serão aplicadas. Dessa forma, no caso de uma Constituição promulgada, cabe à Assembleia Constituinte definir como será exatamente o processo de apresentação de propostas e sua aprovação, definindo, por exemplo, se haverá a formação de comissões temáticas, quem pode apresentar as propostas dos textos constitucionais, se a aprovação será por maioria simples ou absoluta etc.

Também se costuma associar ao poder constituinte originário a característica de **político** ou **metajurídico**, uma vez que seu exercício é algo que extrapola o âmbito jurídico, sendo resultado da ação de forças políticas, que atuam independentemente de amarras impostas pelo ordenamento jurídico.

Importante observar que, como já dito anteriormente, uma vez elaborada uma nova Constituição, as normas legais já existentes **continuarão válidas**, se não estiverem em desacordo com o novo texto constitucional. Esse fenômeno de aceitação das normas legais anteriores pela nova Constituição é denominado recepção.

Por outro lado, as normas anteriores que contradisserem o novo texto constitucional serão consideradas inconstitucionais e, portanto, inválidas, o que, porém, normalmente depende de **declaração expressa** do Poder Judiciário nesse sentido, no exercício do controle de constitucionalidade.

Decifrando a prova

(Delegado PC-PI – Nucepe –2018 – Adaptada) O poder constituinte originário é aquele que instaura uma nova ordem jurídica, provocando uma ruptura com a ordem jurídica anterior.
( ) Certo ( ) Errado
Gabarito comentado: o poder constituinte originário, ao elaborar uma nova Constituição, inaugura um novo ordenamento jurídico, realizando, assim, uma ruptura com a ordem jurídica anterior. Portanto, a assertiva está certa.

3.3.3.2. Poder constituinte derivado ou de segundo grau

O poder constituinte **derivado**, também chamado de poder constituinte de segundo grau, manifesta-se na **alteração do texto da Constituição** federal ou nacional e na criação ou alteração de Constituições estaduais.

Tem esse nome porque deriva das normas estabelecidas pelo poder constituinte originário, devendo ser exercido na forma prevista por ele na Constituição.

Além de derivado do poder constituinte originário, o de segundo grau apresenta as características de subordinado ou limitado, pois encontra-se limitado pelas normas do texto constitucional às quais deve obedecer, sob pena de inconstitucionalidade, não podendo, por exemplo, descumprir as chamadas cláusulas pétreas, e também é condicionado, uma vez que seu exercício, quanto ao rito e quórum de aprovação, deve ser feito seguindo exatamente as regras estabelecidas pelo poder constituinte originário.

O poder constituinte derivado subdivide-se em **reformador** e **decorrente**:

- **poder constituinte derivado reformador:** consiste na possibilidade de alterar-se o texto constitucional, respeitando-se os limites e a forma estabelecidos na Constituição pelo poder constituinte originário;

Capítulo 3 ◆ Constituição: conceito e origem. Poder constituinte **41**

- **poder constituinte derivado decorrente:** consiste na capacidade, em um Estado Federal, de os Estados-membros se auto-organizarem por meio de Constituições estaduais, respeitando as restrições trazidas pela Constituição Federal.

Embora alguns constitucionalistas entendam que os Município também exercem o poder constituinte decorrente quando elabora suas leis orgânicas, a maioria da doutrina e da jurisprudência entende que **somente os Estados** podem exercê-lo, uma vez que, no caso dos Municípios, além de obedecer às normas da Constituição Federal, também devem observar as disposições da Constituição Estadual do respectivo Estado.

3.3.4. Limitações ao poder constituinte derivado

Já vimos que o poder constituinte derivado está sujeito a **restrições** impostas pelo poder constituinte originário e que estão expressas no texto constitucional.

Essas limitações são importantes para garantir que, apesar das eventuais mudanças que o texto constitucional possa sofrer em razão da natural evolução da sociedade e do Direito, sejam mantidos os valores e ideais consagrados pelo Constituinte Originário.

🧩 Decifrando a prova

(Delegado PF – Cespe – 2018) A exigência de poderes políticos limitados após a manifestação do poder constituinte originário fundamenta tanto o sentido lógico-jurídico quanto o sentido jurídico-positivo da Constituição.

( ) Certo   ( ) Errado

Gabarito comentado: a limitação dos poderes políticos – inclusive para alterar o texto constitucional – encontra sua razão de ser na ideia da supremacia da Constituição, a qual, segundo Hans Kelsen, pode ser vista tanto do ponto de vista lógico-jurídico quanto do ponto de vista jurídico-positivo. Portanto, a assertiva está correta.

Vejamos as restrições impostas pelo poder constituinte originário, tanto para o poder constituinte derivado reformador como para o poder constituinte derivado decorrente.

3.3.4.1. Restrições ao poder constituinte derivado reformador

As alterações feitas pelo poder reformador ao texto constitucional são chamadas de emendas, as quais serão válidas se forem elaboradas obedecendo às limitações previstas pelo poder constituinte originário.

Nossa Constituição estabelece três tipos de limitações ao poder reformador: **limitações materiais, formais e temporais**.

a. **Restrições materiais:** recebem esse nome porque são restrições relacionadas ao **conteúdo**, ou seja, à matéria da emenda constitucional, sendo mais conhecidas pelo nome de **cláusulas pétreas**. Por meio delas, a Constituição proíbe a aprovação de emendas que tratem de determinadas matérias.

Deve-se observar que existem cláusulas pétreas expressas ou explícitas e outras que são consideradas implícitas.

As cláusulas pétreas **explícitas** estão previstas no art. 60, § 4º, de nossa Constituição, que traz a seguinte disposição:

> **Art. 60**. A Constituição poderá ser emendada mediante proposta: (...)
>
> § 4º Não será objeto de deliberação a proposta de emenda tendente a abolir:
>
> I – a forma federativa de Estado;
>
> II – o voto direto, secreto, universal e periódico;
>
> III – a separação dos Poderes;
>
> IV – os direitos e garantias individuais.

Assim, se algum parlamentar apresentar uma proposta de emenda constitucional (PEC) que seja tendente a abolir alguns dos direitos ou características do Estado previstas no art. 60, § 4º, ela sequer será apreciada.

Em relação ao inciso IV, é de grande abrangência, não alcançando somente, segundo já decidiu nossa Suprema Corte, os direitos individuais e coletivos previstos no art. 5º da Constituição, mas também todos aqueles que podem ser enquadrados nessa garantia, como, por exemplo, as limitações constitucionais ao poder de tributar[4] e os direitos políticos.[5]

Deve-se observar que, pela própria redação do texto constitucional, **não é vedada** a apreciação e aprovação de emenda constitucional que altere os pontos citados nos incisos do art. 60, § 4º, da Constituição. O que é proibido é a sua abolição completa ou alteração que os reduza significativamente, de modo a desnaturá-los e atingir o seu núcleo essencial.[6]

Assim, por exemplo, a divisão de atribuições e competências entre os entes da Federação podem ser alteradas por emenda constitucional, desde que não haja uma redução significativa na autonomia concedida a Estados e Municípios, de forma a descaracterizar a forma federativa de Estado.

Já as cláusulas pétreas **implícitas** são aquelas disposições constitucionais que, embora não constem do rol do art. 60, § 4º, da Constituição Federal, entende-se que devem ser mantidas, para que não haja desrespeito à vontade do poder constituinte originário.

O número e a relação das cláusulas pétreas implícitas **não são consenso** na doutrina, havendo autores que preveem um número maior e outros um número mais reduzido. No entanto, existem algumas que são unânimes, entre as quais podemos destacar:

---

4   STF, ADI nº 939, Rel. Min. Sydney Sanches, j. 15.12.1993.

5   MS nº 32.033/DF, Rel. Min. Gilmar Mendes, j. 12.06.2013.

6   STF, ADI-MC nº 23.047, Rel. Min. Sepúlveda Pertence, *DJU* 14.11.2003.

Capítulo 3 ◆ Constituição: conceito e origem. Poder constituinte **43**

- as restrições formais e temporais impostas pelo poder constituinte originário ao poder constituinte derivado;
- a titularidade do exercício do poder constituinte derivado;
- os princípios fundamentais – ou, para outros, somente os fundamentos – da República Federativa do Brasil.

Obviamente, o próprio texto do art. 60, § 4º, da Constituição – que define quais são as cláusulas pétreas expressas – também não pode ser alterado por emenda constitucional, sendo uma cláusula pétrea implícita, pois isso seria uma forma de burlar a vontade do poder constituinte originário.

Interessante observar que o Supremo Tribunal Federal considera que as cláusulas pétreas somente podem ser invocadas para a apreciação de constitucionalidade de normas constitucionais produzidas pelo poder constituinte derivado, não servindo para alegação da inconstitucionalidade de normas originárias sob a alegação de que existiriam normas constitucionais superiores – indicadas por serem cláusulas pétreas – e outras inferiores.[7]

> ### ⚡ Decifrando a prova
>
> **(Delegado PC-GO – UEG – 2018 – Adaptada)** É constitucionalmente possível, apesar das limitações constitucionais ao poder constituinte derivado, segundo a doutrina nacional predominante, a alteração na titularidade dos poderes constituintes originário e derivado reformador.
> ( ) Certo   ( ) Errado
> **Gabarito comentado:** a titularidade do poder constituinte derivado reformador é considerada uma cláusula pétrea implícita. Por outro lado, a Constituição não dispõe – e nem teria eficácia se dispusesse – sobre a titularidade do poder constituinte originário, uma vez que este transcende às normas constitucionais. Portanto, a assertiva está errada.

b. **Restrições temporais:** as restrições temporais estão relacionadas a **épocas** em que se proíbe a alteração da Constituição. Nesse sentido, o art. 60, § 1º, estabelece que a Constituição não poderá ser emendada durante a vigência de três institutos:

- intervenção federal;
- estado de defesa;
- estado de sítio.

A justificativa para isso se encontra no fato de que, durante a vigência dessas medidas, o país estaria submetido a uma **situação excepcional**, e que alterações da Constituição nesses períodos poderiam contaminar a real vontade dos representantes do povo.

---

[7] STF, ADI nº 815, Rel. Min. Moreira Alves, j. 28.03.1996.

44 Direito Constitucional Decifrado

Havendo necessidade de efetuar-se uma mudança na Constituição, quando vigente intervenção federal, estado de defesa ou estado de sítio, deverá haver sua prévia suspensão, para que a emenda não seja considerada inconstitucional.

Também pode ser citada como restrição temporal ao poder constituinte derivado reformador a disposição constante do **art. 60, § 5º**, da Constituição Federal, o qual estipula que "a matéria constante de proposta de emenda rejeitada ou havida por prejudicada não pode ser objeto de nova proposta na mesma sessão legislativa". Assim, tendo sido apresentada uma proposta de emenda constitucional que tenha sido rejeitada ou considerada prejudicada, não poderá ser aquele assunto novamente discutido até que se encerre a sessão legislativa, o que configura claramente uma restrição temporal, embora limitada à matéria constante da proposta de emenda malsucedida.

c. **Restrições formais:** as restrições formais se referem aos **procedimentos** necessários para que a emenda constitucional possa ser proposta e votada de maneira válida, de acordo com a Constituição Federal. Ou seja, as restrições formais são os requisitos que deverão ser observados para a aprovação de uma emenda constitucional.

Pelo fato de nossa Constituição ser rígida, a elaboração de emendas à Constituição exige um processo legislativo mais rígido e dificultoso do que o ordinário. As restrições formais estão basicamente relacionadas à **iniciativa** para a propositura da emenda, ao **rito** e ao **quórum** necessários para sua aprovação.

Quanto à iniciativa, de acordo com o *caput* do art. 60 da Constituição Federal, a Constituição poderá ser emendada mediante proposta:

I – de **um terço**, no mínimo, dos membros da **Câmara dos Deputados ou do Senado Federal**;

II – do **Presidente da República**; [ou]

III – de **mais da metade** das **Assembleias Legislativas** das unidades da Federação, manifestando-se, cada uma delas, pela maioria relativa de seus membros. (Grifos nossos.)

Assim, qualquer proposta de emenda constitucional (PEC) somente pode ser apresentada por uma dessas pessoas ou entidades, **não havendo**, por exemplo, previsão de apresentação por iniciativa popular, como ocorre com os projetos de lei.

Deve-se observar que os **tratados internacionais que versem sobre direitos humanos** também podem funcionar como uma proposta de emenda constitucional, uma vez que o art. 5º, § 3º, da Constituição expressamente dispõe que os tratados internacionais sobre direitos humanos serão equivalentes às emendas constitucionais se forem aprovados pelo mesmo rito que elas.

Quanto ao rito e ao quórum de aprovação, a PEC, uma vez apresentada por quem de direito, terá sua constitucionalidade examinada pela Comissão de Constituição e Justiça da Casa onde foi proposta. Após isso, será colocada em **plenário** e será votada em **dois turnos**, sendo que, em cada um deles, deverá ser aprovada por **três quintos** dos votos dos membros daquela Casa, ou seja, por uma maioria qualificada de 60% dos membros.

Se a PEC for aprovada nesses dois turnos, será enviada para votação na **outra Casa** Legislativa, onde também deverá ser aprovada em dois turnos com três quintos de aprovação.

Capítulo 3 ◆ Constituição: conceito e origem. Poder constituinte **45**

Após isso, se aprovada, será então **promulgada** pelas Mesas da Câmara dos Deputados e do Senado Federal, não havendo previsão de sanção presidencial para que entre em vigor.

Deve-se observar que o interstício entre os dois turnos de votação não é estabelecido no texto constitucional, mas sim nos Regimentos Internos da Câmara e do Senado, os quais preveem respectivamente intervalo mínimo de cinco sessões e de cinco dias. No entanto, tal prazo pode ser abreviado por decisão dos próprios deputados e senadores, não havendo nenhuma inconstitucionalidade nisso, conforme posição do STF.[8]

📑 Jurisprudência destacada

A CF de 1988 não fixou um intervalo temporal mínimo entre os dois turnos de votação para fins de aprovação de emendas à Constituição (CF, art. 60, § 2º), de sorte que inexiste parâmetro objetivo que oriente o exame judicial do grau de solidez da vontade política de reformar a Lei Maior. A interferência judicial no âmago do processo político, verdadeiro *locus* da atuação típica dos agentes do Poder Legislativo, tem de gozar de lastro forte e categórico no que prevê o texto da CF (ADI nº 4.425, Rel. Min. Luiz Fux, j. 14.03.2013).

3.3.4.2. Restrições ao poder constituinte derivado decorrente

O art. 11 do ADCT estabeleceu que, a partir da promulgação da Constituição Federal, teriam as Assembleias Legislativas, com poderes constituintes, o prazo de um ano para a elaboração das respectivas **Constituições Estaduais**.

Esse poder constituinte derivado decorrente, concedido às Assembleias Legislativas, no entanto, encontra **limitações** apostas na própria Constituição Federal, conforme preconizado pelo próprio Supremo Tribunal Federal.

📑 Jurisprudência destacada

A eficácia da Constituição Federal não encontra limite no poder de auto-organização dos Estados, do qual resulta o denominado "poder constituinte derivado decorrente". Logo, a pretexto de exercê-lo, não cabe ao constituinte estadual simplesmente legislar de modo contrário à Carta Federal, sob pena de subverter a hierarquia das normas no ordenamento jurídico nacional, norteada pelo princípio da supremacia da Constituição.

(...)

Não se trata de um poder inaugural, soberano, mas limitado, submetido aos condicionamentos e regras daquele que o instituiu. Como tal, deve-lhe obediência irrestrita, sob pena de censura do Supremo (STF, ADI nº 3.848/RJ, Rel. Min. Marco Aurélio Mello, j. 11.02.2015).

---

[8]   ADI nº 4.425, Rel. Min. Luiz Fux, j. 14.03.2013.

46 Direito Constitucional Decifrado

E em relação a essas limitações, costuma a doutrina identificar três categorias de restrições ao poder constituinte decorrente: estabelecidas ou expressas, sensíveis e extensíveis. Essas restrições devem ser obedecidas pelos Estados-Membros da Federação, ao aprovarem suas respectivas Constituições estaduais, sob pena de declaração de inconstitucionalidade.

As restrições **estabelecidas ou expressas** são aquelas que **explicitamente** constam do texto constitucional e, por assim estarem, devem necessariamente ser respeitadas pelos textos das Constituições estaduais, sendo as restrições mais fáceis de serem identificadas. Assim, por exemplo, nossa Constituição estabelece que os mandatos dos Governadores serão de quatro anos e que deverão ser realizadas eleições para esses cargos, em primeiro turno, no primeiro domingo de outubro do último ano do mandato, sendo assim, nenhum Estado pode, por exemplo, fazer constar de sua Constituição que o mandato do Governador será de cinco anos.

As restrições **sensíveis** são aquelas que, uma vez descumpridas, podem dar ensejo à **intervenção federal**, previstas no art. 34, VII, da Constituição:

a. forma republicana, sistema representativo e regime democrático;
b. direitos da pessoa humana;
c. autonomia municipal;
d. prestação de contas da Administração Pública, direta e indireta.
e. aplicação do mínimo exigido da receita resultante de impostos estaduais, compreendida a proveniente de transferências, na manutenção e desenvolvimento do ensino e nas ações e serviços públicos de saúde.

Dessa forma, qualquer disposição de Constituição estadual que contrarie tais disposições será considerada inconstitucional perante a Constituição Federal, ensejando a propositura de **ação direta de inconstitucionalidade (ADI) interventiva**, cuja legitimidade ativa compete ao Procurador-Geral da República.

Por fim, as restrições **extensíveis** são aquelas previstas na Constituição Federal somente para a União, mas que por **simetria jurídica** devem ser observadas pelos Estados em suas Constituições. É a doutrina e o Poder Judiciário, especialmente no controle de constitucionalidade, que vão estabelecer quais são essas restrições sensíveis.

Como exemplo de restrições extensíveis, podemos citar: o processo orçamentário, o princípio da separação dos poderes e, de acordo com o STF, a iniciativa privativa do Poder Executivo para apresentar projetos de lei a ele atribuídos pela Constituição Federal,[9] o rito para aprovação de emendas constitucionais estaduais[10] e os fundamentos básicos do sistema previdenciário.[11]

Por outro lado, também de acordo com nossa Suprema Corte, deve-se tomar cuidado para que a invocação dos princípios sensíveis não seja utilizada para o cerceamento injustificado da autonomia dos Estados.[12]

---

[9] STF, ADI nº 1.594, Rel. Min. Eros Grau, j. 04.06.2008.
[10] STF, ADI nº 486, Rel. Min. Celso de Mello, j. 03.04.1997.
[11] STF, ADI nº 2.311 MC, Rel. Min. Néri da Silveira, j. 07.03.2002.
[12] STF, ADI nº 4.298, Rel. Min. Cezar Peluso, j. 07.10.2009.

3.3.5. Poder constituinte difuso

Embora a teoria clássica do Direito Constitucional normalmente somente trate do poder constituinte originário e do poder constituinte derivado, alguns autores, como Marcelo Alexandrino e Vicente Paulo, também reconhecem a existência do chamado **poder constituinte difuso**.

Na verdade, diferentemente dos dois primeiros, o poder constituinte difuso não se encontra positivado, sendo, na verdade, resultado do exercício da chamada **mutação constitucional**, a qual ocorre quando o aplicador da lei muda a interpretação dada a determinado dispositivo constitucional ou conceito previsto na Constituição.

Assim, o sentido dado à norma constitucional é alterado, embora não haja alteração formal em seu texto. É chamado de difuso pelo fato de ser exercido de maneira não formal e diluída entre os órgãos do Poder Judiciário.

Posteriormente, falaremos com mais detalhes sobre o fenômeno da mutação constitucional.

3.3.6. Revisão constitucional

A **revisão constitucional** também é uma forma de alteração da Constituição, ao lado das emendas, prevista em várias Constituições pelo mundo afora, inclusive na brasileira, podendo ser considerada também uma expressão do poder constituinte derivado reformador. A revisão, no entanto, difere-se das emendas constitucionais em três aspectos.

O primeiro é quanto ao **período** para sua realização. Enquanto as emendas constitucionais podem ser aprovadas a qualquer momento, a revisão constitucional, via de regra, ocorre uma só vez e tem o seu prazo de realização previsto na própria Constituição.

Isso porque o objetivo da revisão é ajustar alguns pontos da Constituição diante de situações que tenham sido identificadas na prática, após o início de sua vigência.

Assim, por exemplo, consta do art. 3º do ADCT de 1988 que: "a revisão constitucional será realizada após cinco anos, contados da promulgação da Constituição, pelo voto da maioria absoluta dos membros do Congresso Nacional, em sessão unicameral".

Ao final do prazo de cinco anos previsto no art. 3º do ADCT foi feita uma revisão dos dispositivos da Constituição, a qual não será mais realizada. Em virtude dessa revisão foram alterados alguns pontos do texto constitucional, o qual, a partir de então, somente passou a poder ser alterado por meio de emenda constitucional.

A segunda diferença entre emendas e revisão constitucional refere-se à **abrangência**. Enquanto as emendas constitucionais prestam-se a alterações pontuais na Constituição, a revisão serve para uma avaliação completa e sistemática do texto constitucional, visando ajustá-lo no seu conjunto.

Por fim, o terceiro ponto de diferenciação que pode haver é quanto ao **procedimento** de alteração, que normalmente é menos exigente na revisão.

Por exemplo, no caso da nossa Constituição, o ADCT estabeleceu que a alteração do texto constitucional pela revisão seria feita por maioria simples, em sessão conjunta do Congresso Nacional, bem diferente do rito exigido para a aprovação de emendas constitucionais,

48 Direito Constitucional Decifrado

que exige aprovação, em dois turnos de votação em cada Casa do Congresso, por três quintos de seus respectivos membros.

Importante observar que somente o poder constituinte originário pode estabelecer hipóteses e as regras para o exercício da revisão constitucional, uma vez que a realização de sua previsão ou regulamentação pelo poder constituinte derivado caracterizaria uma inovação nas regras de alteração da Constituição, as quais são consideradas cláusulas pétreas implícitas.

Decifrando a prova

(Promotor de Justiça – MPE-PR – 2018 – Adaptada) Dentre as distinções entre a emenda (art. 60 da CF/88) e a revisão constitucional, pode-se afirmar que aquela deve ser utilizada quando se pretende operar mudanças específicas, pontuais, enquanto esta se presta a alterações de caráter mais geral na Constituição.

( ) Certo   ( ) Errado

Gabarito comentado: de fato, uma das distinções que vimos entre a revisão e a emenda constitucional é justamente o aspecto da abrangência, mais ampla na primeira e mais restrita na segunda. Portanto, a assertiva está certa.

Classificação das Constituições. Classificação das normas constitucionais. Teoria das maiorias

4.1. CLASSIFICAÇÃO DAS CONSTITUIÇÕES

O Direito Constitucional Comparado classifica as Constituições dos diversos países por **inúmeros critérios**, sendo que veremos a seguir aqueles considerados mais relevantes, buscando acompanhar a **orientação majoritária** da doutrina, uma vez que mesmo dentro de cada um desses critérios pode haver pequenas variação de entendimento de um constitucionalista para outro.

Essa classificação é importante para que se permita uma efetiva comparação entre os textos constitucionais dos diversos países ou mesmo entre constituições de um mesmo país, mas de períodos distintos.

4.1.1. Classificação quanto à forma

A classificação quanto à **forma** busca categorizar as Constituições de acordo com a maneira como se exteriorizam, se apresentam, dividindo-as em Constituições escritas e Constituições costumeiras.

As Constituições **escritas** caracterizam-se por possuírem um **texto único**, claramente definido e solene, e que normalmente recebe justamente o título de "Constituição". Estão consubstanciadas em um único texto legal. A grande maioria dos países, inclusive o Brasil, adota constituições escritas, que apresentam a vantagem de serem de mais fácil assimilação, apresentar maior clareza e harmonia entre seus dispositivos. O primeiro país a possuir uma Constituição desse tipo foram os Estados Unidos da América, em 1787.

Já as Constituições **costumeiras**, também chamadas de Constituições não escritas, são aquelas que não estão registradas em um único documento, mas as normas que regem aquele Estado estão **espalhadas** por diversos textos legais, podendo inclusive abranger os **costumes** e a **jurisprudência** relacionados a matérias constitucionais. O principal exemplo de Constituição costumeira é a inglesa, pois embora o Reino Unido não possua formalmente uma Constituição nacional, a sua organização está amparada em diversas regras, como documentos legislativos esparsos (*Magna Charta Libertatum, Act of Settlement, Bill of Rights* etc.), costumes do Parlamento e decisões dos Tribunais.

50 Direito Constitucional Decifrado

> ### ⚡ Decifrando a prova
>
> **(Juiz Federal – TRF-3 – TRF-3 – 2013)** Considera-se não escrita a Constituição em que suas normas são esparsas, localizáveis em mais de um diploma legal, baseada nos costumes, na jurisprudência e em convenções.
>
> ( ) Certo ( ) Errado
>
> **Gabarito comentado:** as Constituições não escritas, também chamadas de costumeiras, caracterizam-se por não estarem registradas em um único documento, estando suas normas dispersas em várias leis, sendo muito baseada em costumes, jurisprudência e convenções, como ocorre por exemplo com a Constituição do Reino Unido. Portanto, a assertiva está certa.

4.1.2. Classificação quanto ao modo de elaboração

A classificação quanto ao **modo de elaboração** relaciona-se ao processo de formação, de surgimento das Constituições. Quanto a esse critério, as Constituições podem ser classificadas em dogmáticas ou históricas.

As Constituições **dogmáticas** são elaboradas em **determinado momento** histórico e refletem os valores e anseios da sociedade naquele momento. A palavra "dogma" vem do grego e pode ser traduzida como "o que se admite que é verdade". Sendo assim, as Constituições dogmáticas trazem um retrato do pensamento da população de um país em um tempo.

As Constituições **históricas**, também chamadas de consuetudinárias, são produto de uma lenta e contínua **evolução histórica**, apresentando inclusive a mudança dos valores e anseios das sociedades por elas regidas, não sendo resultado de um momento específico.

Embora sejam critérios de classificação distintos, as Constituições escritas são sempre dogmáticas, e as costumeiras são sempre históricas.

Assim, a maior parte dos países, incluindo o Brasil, possui Constituições dogmáticas. Já o Reino Unido nos fornece novamente o exemplo de uma Constituição histórica.

> ### ⚡ Decifrando a prova
>
> **(Procurador do Bacen – Cespe – 2018)** No que se refere ao modo de elaboração, a Constituição dogmática espelha os dogmas e princípios fundamentais adotados pelo Estado e não será escrita.
>
> ( ) Certo ( ) Errado
>
> **Gabarito comentado:** embora a primeira parte da assertiva esteja correta, a segunda está errada, porque as Constituições dogmáticas sempre são escritas. Portanto, a assertiva está errada.

4.1.3. Classificação quanto à origem

Quanto à **origem** das Constituições, elas podem ser promulgadas, também chamadas de populares ou democráticas, outorgadas, cesaristas ou pactuadas.

As Constituições **promulgadas** são aquelas elaboradas por um órgão eleito pela vontade popular, chamado de **Assembleia Constituinte**, que discute e aprova seu texto como representante do povo. No caso do Brasil, foram promulgadas as Constituições de 1891, 1934, 1946 e a de 1988.

As Constituições **outorgadas** caracterizam-se por serem elaboradas **sem participação popular**, sendo imposta por quem está no poder em um determinado momento. Normalmente são elaboradas após movimentos revolucionários ou golpes de Estado. No caso do Brasil, foram outorgadas as Constituições de 1834, 1937 e 1967 (apesar de esta última afirmar ter sido promulgada, na verdade foi outorgada pelo regime militar, uma vez que sua aprovação foi imposta ao Congresso Nacional, então convertido em Assembleia Constituinte).

Já as Constituições **cesaristas**, também chamadas de bonapartistas, são um tipo misto entre as duas primeiras, elaboradas sem participação popular, mas que posteriormente são submetidas a um **referendo popular**, para dar ao texto constitucional uma aparência de legitimidade. Exemplo é a Constituição chilena, de 1981.

Por fim, as Constituições **pactuadas** ou dualistas são aquelas que resultam de um **acordo**, um compromisso, um pacto entre o monarca e o Poder Legislativo, sujeitando-se o rei às normas constitucionais. Atualmente não há Constituições desse tipo, mas um exemplo bastante citado é a *Magna Charta*, de 1215, a qual, embora não seja exatamente uma Constituição completa, é um dos vários textos esparsos que compõem a Constituição não escrita do Reino Unido.

> ### 🧩 Decifrando a prova
>
> **(Delegado de Polícia – PC-MA – Cespe – 2018)** De acordo com a doutrina majoritária, quanto à origem, as Constituições podem ser classificadas como históricas, que surgem do pacto entre o soberano e a organização nacional e englobam muitas das Constituições monárquicas.
> ( ) Certo   ( ) Errado
> **Gabarito comentado:** quanto à origem, as Constituições podem ser classificadas em promulgadas, também chamadas de populares ou democráticas, e outorgadas. É o critério quanto ao modo de elaboração que divide as Constituições em históricas ou dogmáticas. Portanto, a assertiva está errada.

4.1.4. Classificação quanto ao conteúdo

A classificação quanto ao **conteúdo**, embora seja tratada como uma classificação de Constituições, é mais apropriada quando aplicada às normas constitucionais individualmente, ao invés da Constituição como um todo.

52 Direito Constitucional Decifrado

De acordo com esse critério, as Constituições – ou normas constitucionais individualmente consideradas – podem ser materiais ou formais.

As Constituições **materiais** representam um conjunto de regras que tratam de assuntos que são considerados **tipicamente constitucionais**, que devem de fato ser disciplinados pela Constituição, como a organização do Estado, forma de aquisição e exercício do poder, direitos e garantias fundamentais etc.

Já as **formais** são o conjunto de **todas as normas** constantes da Constituição escrita. Ou seja, é tudo aquilo que está escrito na Constituição, independentemente de tratarem ou não de regras materialmente constitucionais.

Existem Constituições, como a brasileira atual, que contêm dispositivos não relacionados diretamente a assuntos constitucionais, ou seja, trazem assuntos que são considerados somente formalmente constitucionais. Nesse caso, ela como um todo é classificada como uma Constituição formal. Já a norte-americana, por só trazer assuntos propriamente constitucionais, é classificada como uma Constituição material.

Somente deve-se observar que o que se considera como uma matéria propriamente constitucional é relativo, sendo alterado inclusive ao longo do tempo, tendo havido claramente uma expansão do que se considera assunto propriamente constitucional. Assim, por exemplo, as primeiras Constituições não tratavam dos chamados direitos sociais e dos direitos difusos, porque se entendia que tais assuntos não deveriam ser tratados em seu texto, diferentemente das mais recentes, que os consideram como direito fundamental e que, portanto, devem ser disciplinados pela Constituição.

Mesmo de país para país nota-se que há algumas divergências entre o que seria uma norma materialmente constitucional ou não, embora todos concordem com um rol mínimo desses assuntos.

Decifrando a prova

(Delegado de Polícia – PC-TO – Cespe – 2008) Quanto ao conteúdo, a Constituição material compreende as normas que, mesmo não sendo pertinentes à matéria constitucional, se encontram inseridas em um documento escrito e solene.

( ) Certo ( ) Errado

Gabarito comentado: a Constituição formal é que, conforme o conceito de Carl Schmitt, compreende todas as normas positivas na Constituição, até mesmo aquelas que tratam de matéria não constitucional. Portanto, a assertiva está errada.

4.1.5. Classificação quanto à estabilidade ou forma de alteração

Quanto à **estabilidade** ou forma de alteração, as Constituições podem ser classificadas em: imutáveis, rígidas, flexíveis ou semirrígidas.

Capítulo 4 • Classificação das Constituições **53**

As Constituições **imutáveis**, também chamadas de graníticas ou permanentes, são aquelas que, como o próprio nome indica, **não admitem emendas**, ou seja, alterações em seu texto, que deve permanecer sempre o mesmo. Uma Constituição desse tipo está fadada a ter vida curta, uma vez que o ordenamento jurídico como um todo, incluindo a Constituição, deve sempre acompanhar os valores, anseios e temores da sociedade, os quais são constantemente alterados.

As Constituições **rígidas** são aquelas que, embora admitam alteração em seu texto, o rito para aprovação dessas alterações (emendas) é diferenciado, especial, normalmente exigindo um **procedimento mais dificultoso** e um quórum de aprovação maior. Isso decorre da natureza especial das normas constitucionais, em relação às quais não se admite que sejam alteradas da mesma forma que a legislação em geral, em virtude de sua supremacia. A Constituição de 1988 é rígida, uma vez que para alteração de suas disposições é necessária a aprovação da proposta em dois turnos de votação em cada Casa do Congresso Nacional, por pelo menos três quintos de seus componentes. Outro exemplo de Constituição rígida é a norte-americana, que já exige o quórum de três quintos dos parlamentares para simplesmente iniciar o processo de discussão de sua alteração.

As Constituições **flexíveis** são aquelas que podem ser alteradas da mesma forma e com o mesmo rito pelos quais são elaboradas as **leis em geral**. Nesse caso, entende-se que não há, necessariamente, uma vinculação hierárquica entre as normas constitucionais e as demais leis ou, se houver, tal não justifica a criação de um rito diferenciado para a aprovação das alterações constitucionais. Normalmente são flexíveis as Constituições históricas, sendo que o mecanismo típico de controle de constitucionalidade das leis em geral não costuma ser utilizado nesse tipo de Constituição, uma vez que a edição de uma lei que contrarie a Constituição pode ser entendida, no modelo flexível, como uma alteração do próprio texto constitucional, não podendo o Poder Judiciário declarar que uma nova lei produzida pelo Legislativo seja inconstitucional, exceto se por razões de ordem formal.

Já as Constituições **semirrígidas** são aquelas que possuem uma **parte rígida**, que somente pode ser alterada por meio de um procedimento diferenciado, e que normalmente está relacionada a normas materialmente constitucionais, e uma **parte flexível**, que pode ser alterada pela mesma forma que se altera a legislação ordinária, sendo que essa parte flexível normalmente está associada a normas formalmente constitucionais, somente. A Constituição brasileira de 1824, por exemplo, dispunha, em seu art. 178, que só os dispositivos que tratassem de matéria constitucional seriam objeto de processo diferenciado para sua alteração. Os dispositivos que não tratassem de tema materialmente constitucional – ou seja, que fossem somente formalmente constitucionais – poderiam ser reformados pela legislatura ordinária.

Nossa Constituição de 1988, embora seja rígida, estipula que não será objeto de deliberação proposta de emenda constitucional que venha a abolir determinados direitos ou características de nosso Estado, que são as chamadas "cláusulas pétreas". Por conta disso, alguns autores, como Alexandre de Moraes (2003), entendem que ela pode ser considerada como **super-rígida**, classificação essa, porém, que não encontra grande ressonância na doutrina em geral.

5Y Direito Constitucional Decifrado

> ### 🧩 Decifrando a prova
>
> **(Delegado de Polícia – PC-DF – Funiversa – 2015 – Adaptada)** Com relação à classificação das Constituições, é correto afirmar que as constituições semirrígidas são aquelas que podem ser modificadas por meio de emendas ou de revisão constitucional.
> ( ) Certo   ( ) Errado
> **Gabarito comentado:** o que caracteriza as Constituições semirrígidas é o fato de que parte de seu texto (normas materialmente constitucionais) somente pode ser alterada por um procedimento especial, e outra parte (normas formalmente constitucionais) pode ser alterada pelo processo legislativo ordinário. Portanto, a assertiva está errada.

Y.I.6. Classificação quanto à extensão

Quanto à sua **extensão**, as Constituições podem ser classificadas em sintéticas, também chamadas de negativas, ou em Constituições-garantia, ou analíticas, também denominadas dirigentes.

As Constituições **sintéticas** preocupam-se somente com os princípios e as normas gerais de regência do Estado, organizando sua estrutura e funcionamento, e limitando seu poder através dos direitos e garantias individuais. São chamadas sintéticas por serem **resumidas** e tratarem somente dos assuntos materialmente constitucionais. O seu outro nome, "negativas", advém do fato de normalmente trazerem quase que exclusivamente limitações ao poder estatal, não exigindo muitas obrigações de fazer por parte do Estado. São típicas dessa modalidade as primeiras Constituições, feitas em uma época em que os direitos e garantias individuais ainda eram bastante restritos. Um exemplo é a Constituição norte-americana, a qual possui somente sete artigos e 27 emendas.

Já as Constituições **analíticas** têm esse nome por serem mais **detalhadas**, regendo todos os assuntos que entendam relevantes à formação, destinação e funcionamento do Estado, além de trazer outras disposições relativas a objetivos e valores a serem alcançados e respeitados. Por tal razão, são chamadas também de dirigentes, sendo que não raro também acabam trazendo disposições somente materialmente constitucionais, ou seja, que não estão diretamente ligadas à organização e funcionamento do Estado.

De maneira geral – embora não seja uma regra absoluta – Constituições mais antigas tendem a ser mais sintéticas, e Constituições mais recentes tendem a ser mais analíticas, uma vez que estas últimas normalmente já absorvem em seu texto, como direitos fundamentais, outros que não meramente aqueles relacionados à liberdade individual.

A nossa Constituição atual é um exemplo de Constituição analítica ou dirigente.

> ### 🧩 Decifrando a prova
>
> **(Delegado de Polícia – PC-TO – Cespe – 2008)** Constituição-garantia é a que, além de legitimar e limitar o poder do Estado em face da sociedade, traça um plano de evolução política e metas a serem alcançadas no futuro.

Capítulo 4 ◆ Classificação das Constituições **55**

> ( ) Certo ( ) Errado
>
> **Gabarito comentado:** as Constituições-garantia são aquelas que buscam especialmente limitar a ação do Estado, prevendo-lhe obrigações negativas, para a defesa dos direitos e garantidas individuais dos cidadãos. As Constituições dirigentes é que buscam elaborar um plano de evolução política e de metas a serem perseguidas pelo Estado. Portanto, a assertiva está errada.

4.1.7. Classificação quanto à ideologia

Quanto ao **critério ideológico**, as Constituições podem ser ortodoxas ou ecléticas.

As Constituições **ortodoxas** caracterizam-se por privilegiarem e defenderem a corrente de **pensamento predominante** na sociedade ou imposta pelo próprio Estado, sem a possibilidade de convívio de ideias diferentes. São características de regimes autoritários, como a Constituição chinesa de 1982 ou a extinta União Soviética de 1977.

As Constituições **ecléticas**, por sua vez, também chamadas de heterodoxas, buscam conciliar as **diversas ideologias** existentes em uma sociedade, privilegiando a pluralidade de pensamentos, muitas vezes até mesmo colidentes entre si. A nossa Constituição de 1988 é um exemplo de Constituição eclética.

Decifrando a prova

> **(Procurador Municipal – Contagem-MG – Fundep – 2019 – Adaptada)** Quanto à ideologia, as Constituições podem ser ecléticas ou ortodoxas.
>
> ( ) Certo ( ) Errado
>
> **Gabarito comentado:** quanto ao critério ideológico, as Constituições podem ser ortodoxas, por privilegiarem ou permitirem uma corrente de pensamento, ou ecléticas, que buscam encampar as diversas ideologias existentes em uma sociedade. Portanto, a assertiva está certa.

4.1.8. Classificação quanto à correspondência com a realidade

Quanto à correspondência com a realidade política, ou quanto ao **critério ontológico**, as Constituições podem ser, no magistério de Karl Loewenstein, normativas, nominativas ou semânticas. É um critério que busca relacionar as normas constitucionais à realidade.

As Constituições **normativas** são aquelas em que há uma **efetiva aplicação** das disposições constitucionais e seus princípios na vida política do país. Ou seja, esse tipo de Constituição consegue regular efetivamente o Estado, havendo um funcionamento efetivo das instituições e respeito à ordem constitucional. Segundo o referido autor, Constituição normativa é "aquela cujas normas dominam o processo político, pois são lealmente obser-

56 Direito Constitucional Decifrado

vadas por todos os interessados, fazendo com que o poder se adapte ao texto constitucional. A constituição é efetivamente aplicada".

As Constituições **nominativas**, que alguns também chamam de nominais, apesar de serem juridicamente válidas, **não são observadas** de forma plena, buscando que chegue o momento em que o poder político de fato a faça cumprir de forma adequada. De acordo com Loewenstein, a Constituição nominativa "é carente de realidade existencial. Apesar de ser juridicamente válida, o processo político a ela não se curva ou se adapta adequadamente. Não é aplicada efetivamente".

Por fim, as Constituições **semânticas** não possuem qualquer objetivo prático de serem observadas nem mesmo no futuro – diferindo-se, assim, das nominativas – sendo apresentadas, na verdade, como uma **forma de legitimação** dos detentores atuais do poder. São, de acordo com o criador de tal classificação, um "modelo constitucional que, em vez de servir como mecanismo de limitação do poder estatal, visa apenas à estabilização e conservação da estrutura de dominação do poder político". Alguns consideram que nossa Constituição de 1937 seria dessa natureza.

> ### ⚎ Decifrando a prova
>
> **(Procurador Federal – AGU – Cespe – 2010)** Segundo a doutrina, quanto ao critério ontológico, que busca identificar a correspondência entre a realidade política do Estado e o texto constitucional, é possível classificar as Constituições em normativas, nominalistas e semânticas.
> ( ) Certo ( ) Errado
> **Gabarito comentado:** o item está exatamente de acordo com o que vimos em relação ao critério ontológico, idealizado por Karl Loewenstein e que classifica as Constituições de acordo com sua correspondência ou não com a realidade. Portanto, a assertiva está certa.

4.1.9. Classificação quanto ao papel ou função

Proposta por Gustavo Zagrebelsky e citada por constitucionalistas como Virgílio Afonso da Silva, a classificação das Constituições quanto ao seu **papel** ou função as divide em quatro categorias: Constituição-Lei, Constituição-Fundamento, Constituição-Moldura e Constituição Dúctil.

As **Constituições-Leis** são aquelas em que não vigora o princípio da supremacia da Constituição, sendo que a Constituição acaba sendo, na verdade, uma **lei como qualquer outra**, de forma que os dispositivos constitucionais teriam uma função meramente indicativa ao legislador, sobre um rumo não obrigatório a ser tomado por ele. Assim, toda Constituição-Lei acaba sendo uma Constituição flexível quanto à forma de alteração.

As **Constituições-Fundamentos**, por outro lado, caracterizam-se pelo fato de que a Constituição busca **regular todos os aspectos** importantes da vida social, sobrando muito pouco espaço para criação legislativa e para a autonomia privada.

As **Constituições-Molduras**, também chamadas por Canotilho de Constituições-Quadro, são uma proposta intermediária entre os dois primeiros tipos, uma vez que o texto constitucional apenas **impõe limites à atividade legislativa**, a qual possui ampla liberdade, desde que respeitados esses limites constitucionais. No entanto, esses limites, diferentemente do que ocorre com as Constituições suaves, são rígidos e normalmente refletem alguns valores absolutos defendidos pela maioria da sociedade.

Por fim, as chamadas **Constituições Dúcteis**, também chamadas de Constituições Suaves, seriam aquelas que buscam permitir **coexistir**, dentro da mesma coletividade, as diversas ideias e tendências. No que se refere aos valores e princípios, não acolhem apenas os majoritários, mas sim aqueles que assegurem a convivência dos mais variados projetos de vida existentes na sociedade, com o objetivo de se adaptar melhor à pluralidade característica dos tempos atuais.

Por ser uma classificação relativamente recente, nem todos os constitucionalistas a adotam, sendo que aqueles que o fazem normalmente colocam a Constituição de 1988 como uma Constituição Dúctil.

Decifrando a prova

(Juiz Substituto – TJ-PR – Cespe/2017 – Adaptada) De acordo com o conceito de Constituição-Moldura, o texto constitucional deve apenas apresentar limites para a atividade legislativa, cabendo ao Poder Judiciário avaliar se o legislador agiu conforme o modelo configurado pela Constituição.

( ) Certo   ( ) Errado

Gabarito comentado: as Constituições-Moldura possuem esse nome porque, assim como a moldura de um quadro define os limites da obra, da mesma forma o texto constitucional serviria para delimitar o alcance da atividade legislativa. Nesse caso, cabe ao Poder Judiciário, em caso de suscitamento de dúvida, determinar se os limites foram ou não respeitados. Portanto, a assertiva está certa.

4.1.10. Classificação da Constituição de 1988

Diante do que vimos, podemos classificar nossa Constituição atual nas seguintes categorias: **escrita**, quanto à forma; **dogmática**, quanto ao modo de elaboração; **promulgada**, quanto à origem; **formal**, quanto ao conteúdo; **rígida**, quanto à estabilidade; analítica quanto à extensão; **eclética**, quanto à ideologia; **normativa**, quanto à correspondência com a realidade e **dúctil**, quanto ao seu papel.

+ **Esquema de classificação das Constituições**

O esquema a seguir procura resumir os diversos critérios de classificação das Constituições, organizando o que foi visto anteriormente:

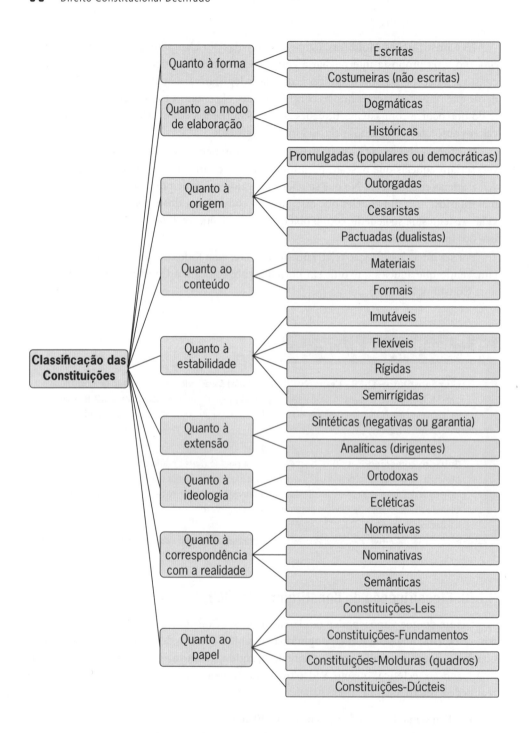

4.2. CLASSIFICAÇÃO DAS NORMAS CONSTITUCIONAIS

As normas constitucionais são cada uma das disposições trazidas pelo texto de nossa Carta Magna.

Assim como as Constituições como um todo, as normas constitucionais podem ser classificadas por diversos critérios, permitindo uma melhor análise de sua natureza, função e efeitos. Vejamos os principais critérios de classificação das normas constitucionais.

4.2.1. Classificação quanto à aplicabilidade

Uma das classificações mais tradicionais e utilizadas, a classificação quanto à **aplicabilidade** das normas constitucionais as categoriza de acordo com sua **capacidade de produzir efeitos**. Isso porque, embora todas as normas constitucionais gozem de eficácia, essa eficácia poderá vir em maior ou menor grau, ou ainda ser restringida por lei.

♦ **Normas de eficácia plena, de eficácia contida e de eficácia limitada**

A classificação tradicional é de José Afonso da Silva (1982), que divide as normas constitucionais, quanto à sua eficácia ou aplicabilidade, em três categorias: normas de eficácia plena, de eficácia contida e de eficácia limitada.

a. **Normas de eficácia plena**

As chamadas normas constitucionais de **eficácia plena** são aquelas que, desde a sua entrada em vigor, produzem ou podem produzir todos os seus efeitos essenciais, nos exatos termos propostos pelo constituinte, **não necessitando de complementação** para serem aplicáveis e exigíveis e **nem podendo ser restringidas** por normas infraconstitucionais.

Dentre os inúmeros exemplos de normas dessa categoria, podemos citar o art. 2º de nossa Constituição Federal, que trata da separação dos poderes; o art. 5º, III, que afirma que ninguém será submetido a tortura nem a tratamento desumano ou degradante; o art. 14, § 2º, que veda o alistamento eleitoral e o voto aos estrangeiros, dentre outros.

b. **Normas de eficácia contida**

As normas de **eficácia contida** são aquelas normas constitucionais que, embora produzam seus efeitos desde logo, não necessitando de complementação por lei, foi deixada margem, pelo constituinte, de **restrição, pela própria lei**, de seus efeitos. Ou seja, as normas de eficácia contida não necessitam de complementação, mas seu alcance ou efeitos podem ser restringidos, porque a Constituição assim o permite, por leis.

Como exemplos dessa categoria de normas, podemos citar os incisos XIII e LVIII do art. 5º, que assim dispõem:

> XIII – é livre o exercício de qualquer trabalho, ofício ou profissão, atendidas as qualificações profissionais que a lei estabelecer; e (...)
>
> LVIII – o civilmente identificado não será submetido a identificação criminal, salvo nas hipóteses previstas em lei;

60 Direito Constitucional Decifrado

No caso do inciso XIII, temos que, em princípio, **qualquer pessoa pode exercer** qualquer trabalho, ofício ou profissão. No entanto, a Constituição permite que, **em alguns casos**, desde que haja justificativa para a proteção dos interesses coletivos, a lei estabeleça **qualificações profissionais indispensáveis**. Assim, por exemplo, a lei exige de quem deseja ser advogado o grau de bacharel em Direito e a aprovação no exame da Ordem dos Advogados do Brasil (OAB); também da mesma forma, quem deseja ser médico deve concluir a faculdade correspondente e, no caso de especialista, concluir a residência.

No segundo caso, o dispositivo deixa claro que, em princípio, quem for **civilmente identificado** (possuir um documento de identificação oficial) **não precisará** ser identificado criminalmente se for indiciado por algum delito. Porém, o próprio texto constitucional deixa claro que a **lei** pode criar **exceções** a essa regra.

Mesmo nos casos de normas de eficácia contida, deve a lei limitadora respeitar o **núcleo** básico da norma constitucional, evitando-se que, a pretexto de legitimamente restringir o alcance da norma constitucional, acabe por retirar sua aplicabilidade na prática.

c. Normas de eficácia limitada

As normas constitucionais de **eficácia limitada** são aquelas que somente produzem seus efeitos plenamente após a edição de lei ordinária ou complementar que lhes desenvolva a aplicabilidade. Ou seja, elas **necessitam de alguma norma infraconstitucional** que as regulamente, que diga como elas serão aplicadas. Nesses casos, normalmente o próprio texto da norma constitucional deixa claro a necessidade de lei que a complemente.

Como exemplo de normas de eficácia limitada temos o art. 7º, XI:

> **Art. 7º** São direitos dos trabalhadores urbanos e rurais, além de outros que visem à melhoria de sua condição social: (...)
>
> XI – participação nos lucros, ou resultados, desvinculada da remuneração, e, excepcionalmente, participação na gestão da empresa, conforme definido em lei;

O § 2º do art. 20 nos fornece outro exemplo de norma de eficácia limitada.

> § 2º A faixa de até cento e cinquenta quilômetros de largura, ao longo das fronteiras terrestres, designada como faixa de fronteira, é considerada fundamental para defesa do território nacional, e sua ocupação e utilização serão reguladas em lei.

No caso de ambos os dispositivos citados, verifica-se claramente que sua aplicação plena necessita de regulamentação por meio de lei.

Importante observar que, embora necessitem de norma regulamentadora para produzir todos os efeitos pretendidos pelo constituinte, as normas de eficácia limitada já **produzem alguns efeitos** quando de seu nascimento, como, por exemplo, considerar-se inconstitucional toda norma que contrarie seu texto e permitir, a depender de seu conteúdo, a impetração de mandado de injunção visando garantir sua eficácia concreto enquanto não houver a regulamentação pelo Poder Legislativo.

Alguns autores subdividem as normas de eficácia limitada entre normas de eficácia limitada de princípio programático e normas de eficácia limitada de princípio institutivo.

Capítulo 4 ◆ Classificação das Constituições **61**

c.1. Normas constitucionais de eficácia limitada de **princípio programático:** são equivalentes às **normas programáticas**, que abordamos adiante, e limitam-se em traçar princípios que requerem o cumprimento pelos órgãos executivo e legislativo.

c.2. Normas constitucionais de eficácia limitada de **princípio institutivo:** caracterizam-se por delinear o alcance de institutos jurídicos ou estruturação geral dos órgãos, institutos e entidades, podendo assumir natureza **impositiva** – casos em que a norma deve ser necessariamente complementada – ou **facultativa ou permissiva** – casos em que a norma pode ser complementada, mas sem a imposição de um dever jurídico.[1]

Essa distinção entre normas limitadas impositivas e facultativas é importante, entre outras ações, para a verificação do cabimento ou não de ADO, a qual somente é aceita pelo Supremo Tribunal Federal na falta de norma da primeira categoria.

Jurisprudência destacada

O Supremo Tribunal Federal, em casos semelhantes aos dos autos, fixou entendimento no sentido de que o art. 37, I, da Constituição do Brasil (redação após a EC nº 19/1998), relativamente aos acessos aos cargos públicos por estrangeiros, consubstancia preceito constitucional dotado de eficácia limitada, dependendo de regulamentação para produzir efeitos, sendo assim, não autoaplicável (STF, AgRE nº 544.655-7/MG, Rel. Min. Eros Grau, j. 09.09.2008).

Deve-se ter em mente que as classificações de José Afonso da Silva das normas constitucionais em de eficácia plena, contida e limitada podem ser aplicadas também às normas de **Constituições Estaduais** e até mesmo a **leis**, em relação à necessidade de complementação ou possibilidade de restrições por atos infralegais.

Decifrando a prova

(Juiz Substituto – TJ-PA – Cespe/2019 – Adaptada) As normas de eficácia limitada regulam suficientemente determinada matéria, havendo margem apenas para a atuação restritiva por meio de legislação infraconstitucional.

( ) Certo   ( ) Errado

Gabarito comentado: as normas de eficácia limitada, segundo José Afonso da Silva, são aquelas que não regulam suficientemente, por si só, determinada matéria, necessitando de complementação por norma infraconstitucional. A descrição do enunciado refere-se às normas de eficácia contida. Portanto, a assertiva está errada.

---

[1] Como exemplo de norma limitada impositiva temos o art. 88 da CF: "A lei disporá sobre a criação e extinção de Ministérios e órgãos da administração pública". Já como exemplo de norma limitada facultativa, podemos citar o art. 25, § 3º, da CF: "Os Estados poderão, mediante lei complementar, instituir regiões metropolitanas, aglomerações urbanas e microrregiões, constituídas por agrupamentos de Municípios limítrofes, para integrar a organização, o planejamento e a execução de funções públicas de interesse comum".

62 Direito Constitucional Decifrado

- ◆ **Normas de eficácia absoluta, de eficácia plena, de eficácia relativa restringível e de eficácia relativa dependente de complementação**

Maria Helena Diniz (1992) apresenta uma classificação semelhante à de José Afonso da Silva, mas ligeiramente diferente, dividindo as normas constitucionais em quatro categorias:

a. **Normas de eficácia absoluta**

Também chamadas de supereficazes, as normas de **eficácia absoluta** representam aquelas normas que não podem ser contrariadas nem por emenda constitucional, trazendo disposições que devem ser respeitadas a todo o tempo, inclusive pelo poder constituinte derivado. São as chamadas **cláusulas pétreas**.

b. **Normas de eficácia plena**

As normas constitucionais de **eficácia plena** representam normas constitucionais que possuem eficácia imediata, não necessitando de complementação para produzirem efeitos e não podendo ser restringidas por lei – **semelhante** à classificação de **José Afonso da Silva** – e que se diferenciam das normas de eficácia absoluta por poderem ser suprimidas por emenda constitucional.

c. **Normas de eficácia relativa restringível**

As normas constitucionais de **eficácia relativa restringível** equivalem às normas de **eficácia contida** da classificação de José Afonso da Silva, representando normas constitucionais que podem ter seu alcance reduzido por limitações impostas pela lei.

d. **Normas de eficácia relativa dependente de complementação**

Por fim, para Maria Helena Diniz, as normas constitucionais de **eficácia relativa dependente de complementação** equivalem às normas de **eficácia limitada** de José Afonso da Silva, sendo dependentes de regulamentação legal para produzirem plenamente seus efeitos.

O quadro a seguir traz uma correspondência entre as classificações de Maria Helena Diniz e de José Afonso da Silva:

Classificação de Maria Helena Diniz	Equivalência com a classificação de José Afonso da Silva
Eficácia absoluta	—
Eficácia plena	Eficácia plena
Eficácia restringível	Eficácia contida
Eficácia dependente de complementação	Eficácia limitada

Capítulo 4 ◆ Classificação das Constituições **63**

◆ **Normas programáticas**

As **normas programáticas** ou de princípios programáticos, que alguns colocam como uma subdivisão das normas de eficácia limitada, caracterizam-se por expressarem valores que devem ser respeitados e perseguidos pelo legislador e pelo administrador público. Não têm a pretensão de serem de aplicação imediata, mas sim de **aplicação diferida**, paulatina, constituindo uma **orientação**, um norte, ao legislador e aos juízes. Por isso, normalmente, trazem conceitos vagos e abertos.

Um exemplo de norma programática é o art. 196 de nossa Constituição Federal, que dispõe:

> **Art. 196.** A saúde é direito de todos e dever do Estado, garantido mediante políticas sociais e econômicas que visem à redução do risco de doença e de outros agravos e ao acesso universal e igualitário às ações e serviços para sua promoção, proteção e recuperação.

Veja que o art. 196 da Constituição Federal estabelece uma direção, um objetivo ao Estado brasileiro, que é garantir um atendimento universal, igualitário e completo na área da saúde. No entanto, em virtude de limitações, tanto de ordem técnica, como financeira, não se tem a pretensão de que isso seja implementado de maneira imediata. Assim, a intenção do constituinte foi de estabelecer uma orientação (programa) ao legislador e ao administrador público, pelo que a norma em comento se caracteriza como uma norma programática.

Outro exemplo que podemos citar de norma programática é o art. 3º da Constituição, que traz os objetivos fundamentais da República Federativa do Brasil. Esses objetivos também devem ser perseguidos ao longo do tempo, funcionando como metas a serem atingidas pelo país, não tendo a norma a pretensão de ser plenamente cumprida de imediato.

Alguns autores, como José Afonso da Silva, consideram as normas programáticas como espécie das normas de eficácia limitada pelo fato de que também não possuem aplicabilidade completa imediata. No entanto, diferem-se daquelas pelo fato de que as normas de eficácia limitada propriamente ditas necessitaram de complementação **normativa**, ao passo que as normas programáticas dependem de **ações do governo** para torná-las realidade.

As normas programáticas devem ser observadas pelo administrador público. No entanto, sua efetiva realização depende da superação de restrições materiais, técnicas ou orçamentárias, devendo ser exigida seguindo-se os limites de razoabilidade. Assim, admite-se a alegação da chamada **reserva do possível**, que estipula que não se pode exigir do Estado ações que não sejam razoáveis no contexto em que a análise é feita.

No entanto, tanto a doutrina como a jurisprudência entendem que tal reserva não exime o Estado de fazer todo o possível para o alcance da efetividade da norma e que deve ser garantido pelo menos o chamado "mínimo existencial", nos casos dos direitos sociais.

Além disso, o Supremo Tribunal Federal já assentou a possibilidade, em casos emergenciais, de implementação de políticas públicas pelo Poder Judiciário, ante a inércia ou morosidade da Administração, como medida assecuratória de direitos fundamentais.[2]

---

[2] STF, AgR RE nº 877.607/MG, Rel. Min. Roberto Barroso, j. 17.02.2017.

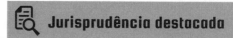

Arguição de Descumprimento de Preceito Fundamental. A questão da legitimidade constitucional do controle e da intervenção do Poder Judiciário em tema de implementação de políticas públicas, quando configurada hipótese de abusividade governamental. Dimensão política da jurisdição constitucional atribuída ao Supremo Tribunal Federal. Inoponibilidade do arbítrio estatal à efetivação dos direitos sociais, econômicos e culturais. Caráter relativo da liberdade de conformação do legislador. Considerações em torno da cláusula da "reserva do possível". Necessidade de preservação, em favor dos indivíduos, da integridade e da intangibilidade do núcleo consubstanciador do "mínimo existencial". Viabilidade instrumental da arguição de descumprimento no processo de concretização das liberdades positivas (direitos constitucionais de segunda geração) (STF, ADPF nº 45/DF, Rel. Min. Celso de Mello, j. 29.03.2014).

4.2.2. Classificação quanto à sua função – elementos da Constituição

Essa classificação – também chamada de classificação quanto aos **elementos da Constituição** – divide as normas constitucionais de acordo com seu papel normativo, sendo que tal categorização aplica-se precipuamente às normas materialmente constitucionais.

Mais uma vez citando José Afonso da Silva, podemos dividir os elementos da Constituição em cinco grupos:

a. **Elementos orgânicos**

São aqueles que trazem normas relativas à **estrutura e organização do Estado**, bem como à forma de **exercício e transmissão do poder**, cumprindo uma das principais funções da Constituição, que é justamente definir as linhas gerais de organização do Estado e do governo. Assim, por exemplo, na Constituição de 1988, temos, como exemplo, seus Títulos III (Organização do Estado) e IV (Organização dos Poderes) como representantes de elementos orgânicos.

b. **Elementos limitativos**

Os elementos limitativos tratam, como o próprio nome indica, de **limitações ao poder estatal**, visando a proteção dos indivíduos contra a ação arbitrária do Estado, além de garantirem uma efetiva **representatividade da população** na vida política.

Os elementos limitativos tratam basicamente de direitos e garantias fundamentais, mas não incluem os direitos sociais, os quais são classificados como elementos socioideológicos. Estão ligados, assim, especialmente aos direitos de liberdade e políticos.

Como exemplos de elementos limitativos temos as disposições do Título II da Constituição (Direitos e Garantias Fundamentais), excluído seu Capítulo II (Direitos Sociais).

c. **Elementos socioideológicos**

Tais normas constitucionais têm por objetivo demonstrar o compromisso do Estado com os chamados **direitos sociais** e com a **intervenção** na economia, buscando um equilíbrio entre o individualismo e o Estado Social. Os elementos socioideológicos buscam a **igualdade** entre os cidadãos, fazendo com que o Estado garanta que todos tenham acesso ao básico para ter acesso a uma existência digna.

Como exemplos de elementos socioideológicos em nossa Constituição, temos o Capítulo II do Título II (Direitos Sociais) e os Títulos VII (Ordem Econômico e Financeira) e VIII (Ordem Social).

d. **Elementos de estabilização constitucional**

As normas deste grupo trazem regras para a **defesa da aplicação** da Constituição e regras para sua **alteração**, para a preservação da **integridade do Estado** e garantia da manutenção da **democracia**, bem como para a solução de **conflitos constitucionais**. Eles são importantes para definir regras para o contorno de crises políticas e para permitir que a Constituição possa ser atualizada, para que possa sempre corresponder aos valores e necessidades da sociedade.

Como exemplo podemos citar o Capítulo VI do Título III (Intervenção), a Subseção II da Seção VIII do Capítulo I do Título IV (Emenda à Constituição), o Capítulo I do Título V (Estado de Defesa e Estado de Sítio), bem como as regras aplicáveis ao controle de constitucionalidade das leis e atos normativos.

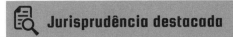

A intervenção federal configura expressivo elemento de estabilização da ordem normativa plasmada na Constituição da República. É, dela, indissociável a sua condição de instrumento de defesa dos postulados sobre os quais se estrutura, em nosso país, a ordem republicano-federativa (STF, IF nº 114-5/MS, Rel. Min. Neri da Silveira, j. 13.03.1991).

e. **Elementos formais de aplicabilidade**

Os elementos **formais de aplicabilidade** são regras acessórias previstas na Constituição, voltadas para **regulamentar** seus próprios dispositivos ou para **esclarecer** a aplicação de suas normas. Assim, são normas acessórias que servem para garantir a correta interpretação e efetividade das normas constitucionais.

Como exemplos podemos citar o preâmbulo constitucional, o art. 5º, § 1º, que determina a aplicação imediata das normas definidoras de direitos e garantias fundamentais e diversos artigos do ADCT.

Decifrando a prova

(Delegado de Polícia – PC-RN – Cespe – 2009) O elemento de estabilização constitucional é consagrado nas normas destinadas a assegurar a solução de conflitos constitucionais, a defesa da Constituição, do Estado e das instituições democráticas.
( ) Certo   ( ) Errado
Gabarito comentado: conforme vimos, os elementos de estabilização constitucional, de acordo com a classificação de José Afonso da Silva, são aqueles que buscam a defesa da aplicação da Constituição e regras para sua alteração, para a preservação da integridade do Estado e garantia da manutenção da democracia, bem como para a solução de conflitos constitucionais. Portanto, a assertiva está certa.

Resumo da classificação das normas constitucionais
quanto à sua função (elementos da Constituição):

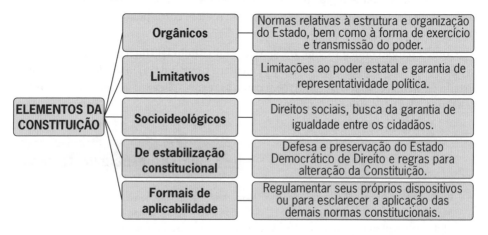

4.2.3. Classificação quanto ao conteúdo

Assim como as Constituições em seu conjunto, as normas constitucionais podem ser classificadas em material ou formalmente constitucionais.

Essa classificação é baseada no conceito político de Constituição, conforme elaborado por Carl Schmitt.

As normas **materialmente** constitucionais são aquelas que tratam de **assuntos tipicamente constitucionais**, como a organização e estrutura do Estado, forma de exercício e transmissão do poder e direitos e garantias fundamentais.

Por outro lado, as normas **formalmente** constitucionais são aquelas que **não tratam** de assuntos tipicamente constitucionais, mas são consideradas como tal simplesmente porque estão previstas na Constituição, sendo que sua ausência não traz nenhum prejuízo ao papel da Constituição como tal.

Exemplo claro de norma formalmente constitucional é o art. 242, § 2º, de nossa Carta Magna, o qual estipula de forma pitoresca que "o Colégio Pedro II, localizado na cidade do Rio de Janeiro, será mantido na órbita federal", tratando-se de dispositivo que claramente não faria falta no texto constitucional, podendo tal assunto ser determinado pela legislação infraconstitucional.

Como também foi dito quando tratamos da classificação das Constituições, o conceito do que é ou não é materialmente constitucional é algo que está sempre em constante evolução, dependendo do contexto histórico e social.

Deve-se destacar que nossa Constituição atual, rígida como é, não faz distinção em relação às normas material ou formalmente constitucionais no que se refere ao procedimento para sua alteração, sendo que todas elas se submetem ao mesmo rito das emendas constitucionais.

4.2.4. Classificação quanto à origem

Quanto à sua **origem**, as normas constitucionais podem ser originárias ou derivadas.

As normas constitucionais **originárias** são aquelas que constam da Constituição **desde a sua promulgação**, ou seja, desde a origem da Constituição. A maioria das normas constitucionais ainda hoje é originária.

Já as normas constitucionais **derivadas** são aquelas que foram **acrescentadas** ou modificadas posteriormente à promulgação da Constituição, por meio de emendas constitucionais (EC). Assim, por exemplo o art. 5º, LXXVIII, que garante a razoável duração dos processos judiciais e administrativos, é uma norma constitucional derivada, pois foi acrescido à Constituição pela EC nº 45/2004, bem como a atual redação do art. 37, *caput*, que foi dada pela EC nº 19/1998.

Importante observar que tanto a doutrina como a jurisprudência determinam de forma pacífica que, em nosso ordenamento jurídico, **não há qualquer hierarquia** tanto entre normas constitucionais originárias entre si, como também entre normas constitucionais originárias e derivadas, desde que essas últimas tenham sido aprovadas de acordo com as determinações impostas pelo poder constituinte.

Assim, não existem normas originárias de maior valor e nem são essas mais importantes, do ponto de vista jurídico, do que as normas derivadas.

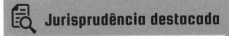

Jurisprudência destacada

A tese de que há hierarquia entre normas constitucionais originárias, dando azo à declaração de inconstitucionalidade de umas em face doutras, é incompatível com o sistema de Constituição rígida (STF, ADI nº 815-3/DF, Rel. Min. Sepúlveda Pertence, j. 28.03.1996).

68 Direito Constitucional Decifrado

> ### ⚎ Decifrando a prova
>
> **(Procurador de Contas – MPC-PA – Cespe – 2019 – Adaptada)** A violação de princípios supranacionais de justiça ou cláusulas pétreas pelo poder constituinte originário é causa de inconstitucionalidade originária.
> ( ) Certo   ( ) Errado
> **Gabarito comentado:** o conceito de inconstitucionalidade originária não existe no ordenamento jurídico brasileiro, uma vez que isso retiraria do poder constituinte originário a característica de ilimitado. Da mesma forma, não se faz nenhuma análise da constitucionalidade de normas originárias em relação a outras normas originárias. Portanto, a assertiva está errada.

4.3. TEORIA DAS MAIORIAS

No nosso sistema constitucional, a responsabilidade principal por elaborar as normas jurídicas é do Poder Legislativo. No entanto, como ele é exercido por um colegiado, ou seja, por um grupo de pessoas, é necessário que as decisões sejam tomadas por **maioria**.

Nesse contexto, costuma-se identificar três tipos de maioria: simples, absoluta e qualificada.

◆ **Maioria simples**

A **maioria simples**, também chamada de relativa, nada mais é do que a maioria (mais da metade) dos parlamentares **presentes** a uma sessão de votação. Assim, por exemplo, se em determinada sessão de votação na Câmara dos Deputados estão presentes 400 deputados federais, a maioria simples ou relativa é de 201 votos.

É a maioria mais **fácil de ser alcançada**, e se nada for dito, considera-se que a maioria exigida para uma votação é justamente a relativa. Assim, por exemplo, as leis ordinárias devem ser aprovadas por maioria simples.

Deve-se observar, no entanto, que normalmente o regimento das casas legislativas exigem que estejam presentes mais da metade de seus membros para que a sessão de votação seja iniciada (quórum para instauração da sessão). Estando presente esse número mínimo, as decisões serão tomadas pela maioria dos mesmos, em se tratando de maioria simples.

Nesse sentido, dispõe o art. 47 da Constituição Federal:

> Art. 47. Salvo disposição constitucional em contrário, as deliberações de cada Casa e de suas Comissões serão tomadas por maioria dos votos, presente a maioria absoluta de seus membros.

◆ **Maioria absoluta**

A **maioria absoluta** é a maioria do total dos parlamentares da Casa Legislativa, ou seja, nela não se leva em consideração o número de parlamentares presentes, mas sim o seu número **total**. Assim, como a Câmara dos Deputados é formada atualmente por 513 deputados, a maioria absoluta dos deputados é de 257. Já o Senado, que é formado por 81 membros, tem como maioria absoluta 41.

A maioria absoluta somente será exigida se **houver previsão expressa** no texto constitucional ou no regimento interno da Casa Legislativa. Dessa forma, por exemplo, o art. 69 de nossa Constituição afirma explicitamente que as leis complementares deverão ser aprovadas por maioria absoluta.

• **Maioria qualificada**

A **maioria qualificada** é qualquer **outra** maioria exigida que não seja nem simples (maioria dos parlamentares presentes) nem absoluta (maioria do total de membros) e normalmente é calculada sobre o total de membros.

Um exemplo de maioria qualificada é aquela exigida para a aprovação de emendas constitucionais, que devem ser aprovadas por 3/5 (três quintos) ou mais dos deputados e senadores. Outro exemplo que pode ser citado é a autorização para instauração de processo contra o Presidente ou o Vice-Presidente da República, que somente pode ser dada por 2/3 (dois terços) de seus membros.

Assim, em se tratando de maioria qualificada, o texto constitucional, legal ou regimental **deve dizer qual o percentual** que será utilizado.

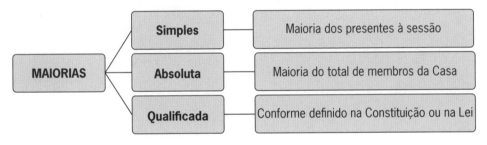

Breve histórico das Constituições brasileiras

5.1. INTRODUÇÃO

O Brasil teve, ao longo de sua história, **sete** Constituições, cujas datas de promulgação foram: 1824, 1891, 1934, 1937, 1946, 1967 e 1988, sendo que cada uma foi produzida em determinado momento como resultado de mudanças ocorridas no sistema político.

Esse número elevado de Constituições em um período relativamente curto de tempo – menos de **200 anos** – reflete, de certa forma, as instabilidades que historicamente rondaram o Estado brasileiro, com idas e vindas em sua busca por um regime democrático efetivo, passando por épocas de pré-democracia ou democracia meramente formal – como podemos chamar o período imperial e a República Velha –, épocas em que o direito ao voto e a participação política em geral eram bastante restritos, com a maior parte da população de fato alijada das decisões importante para a nação – fenômeno que se iniciou, podemos dizer assim, em 1946, sendo interrompido com o golpe militar de 1964 e sendo retomada após a redemocratização, em 1985.

Apresentaremos a seguir algumas **características gerais** de cada uma delas junto com seu contexto histórico, para que se possa ter uma ideia da evolução das Constituições brasileiras, sem, obviamente, entrar em detalhes sobre cada uma, o que exigiria muito mais espaço e provavelmente uma obra à parte, além de afastar de nossos objetivos.

5.2. CONSTITUIÇÃO DE 1824

O **movimento constitucionalista** que surge na segunda metade do século XVIII e rapidamente se espalha pelas colônias europeias nas Américas também produziu efeitos aqui no Brasil, embora inicialmente menos intensos do que nos domínios ingleses e franceses em parte devido à menor força dessas ideias em Portugal e Espanha.

No entanto, um dos movimentos claramente inspirados nesses ideais foi a chamada **Conjuração Mineira** ou Inconfidência Mineira, que pregava uma tentativa de revolução nas regiões de Minas Gerais, a fim de instalar-se ali uma república, nos moldes da recém-criada norte-americana, também com clara inspiração nas ideias iluministas e republicanas que circulavam na América do Norte e na Europa.

72 Direito Constitucional Decifrado

Como se sabe, esse movimento foi abortado pela ação da Coroa Portuguesa, justamente em 1789, ano da Revolução Francesa.

Em 1808, a **vinda da família real** ao Brasil, por conta das ameaças representadas pelo avanço napoleônico na Europa, e as consequentes melhorias nas condições de vida da população e na representação política da colônia ajudaram a reduzir, pelo menos por um período, as ideias republicanas e constitucionalistas por aqui.

No entanto, o **retorno da corte** a Portugal, em 1821, e as tentativas do parlamento português de reverter os avanços políticos obtidos durante o período da estadia do reino no Brasil ocasionaram grande insatisfação por parte dos brasileiros, o que levou Dom Pedro I, em 7 de setembro de 1822, sob forte influência de José Bonifácio de Andrada e Silva, a declarar **a Independência do Brasil**, o que foi de fato consolidado em 2 de julho de 1823 com a expulsão das últimas tropas lusitanas do território nacional.

Consumada a independência do Brasil em relação a Portugal, era imprescindível organizar-se o ordenamento jurídico pátrio de acordo com as aspirações e necessidades de seus nacionais e com os ideais então vigentes, representando-se na verdade, a fundação de um novo Estado, agora independente e soberano.

Diante disso, foi convocada por Dom Pedro I, ainda em 1822, uma Assembleia Nacional Constituinte, a qual funcionou de maio a novembro de 1823, mas que, devido a divergências internas ocasionadas pelas grandes discrepâncias das regiões nacionais e ainda por conflitos com o próprio Imperador, não conseguiu elaborar a esperada Constituição.

Dom Pedro I, então, em **1824**, especialmente diante da tendência excessivamente liberal que entendia que o texto constitucional estava seguindo, resolve dissolver a Assembleia Nacional Constituinte e **outorgar nossa primeira Constituição.**

A Constituição de 1824, para o então **Império do Brasil**, elaborada sob grande influência de Benjamin Constant, previa um **governo monarquista constitucional** e hereditário, adotando um modelo de **quatro poderes:** Executivo, Legislativo, Judiciário e Moderador, tendo este último a função de resolver os conflitos que surgissem entre os outros três e sendo exercido, assim como o Executivo, pelo Imperador.

O **Poder Legislativo** era exercido por meio da Assembleia Geral, a qual, ao lado do próprio Imperador, representava o povo. A Assembleia Geral era dividida em duas Casas: **Câmara dos Deputados e Senado**, e podia ser dissolvida pelo Imperador, no exercício do Poder Moderador.

O **Poder Judiciário** – chamado de Poder Judicial pela Constituição de 1824 – **não se apresentava como de fato independente**, uma vez que se subordinavam seus órgãos às disposições da Secretaria de Estado dos Negócios da Justiça, além de ser conferido ao imperador o direito de **suspender** e **remover** magistrados, bem como perdoar ou moderar as penas impostas nas sentenças e conceder anistia.

A Constituição de 1824 previa o **voto censitário**, ou seja, só poderia votar quem possuísse um valor mínimo de renda anual e adotava o catolicismo como **religião oficial**, somente tolerando, em relação às demais religiões, os cultos domésticos, sem a construção de templos, embora proibisse expressamente a perseguição por motivos religiosos.

Os membros da Câmara dos Deputados eram eleitos para um mandato temporário. Já o Senado era composto por **membros vitalícios**.

Quanto à sua alteração, era **semirrígida**, pois seu art. 178 expressamente afirmava: "É só Constitucional o que diz respeito aos limites, e attribuições respectivas dos Poderes Politicos, e aos Direitos Politicos, e individuaes dos Cidadãos. Tudo, o que não é Constitucional, póde ser alterado sem as formalidades referidas, pelas Legislaturas ordinárias", permitindo, assim, que os dispositivos que não tratassem de assunto materialmente constitucionais fossem alterados por meio do processo legislativo ordinário.

Sob o ponto de vista de distribuição do poder político, tal Constituição era bastante **centralizadora**, o que pode ser justificado tanto pelo ponto de vista da administração centralizada que caracterizou o domínio português no Brasil como pela insegurança em relação à manutenção da integridade nacional no período da independência, o que exigia um governo central mais forte como forma de coibir movimentos separatistas.

Em 1834, durante o período da Regência Trina, foi aprovado o **Ato Adicional**, o qual buscou atender às aspirações federalistas defendidas pelas diversas províncias. Através dele, foi garantida **maior autonomia às províncias** brasileiras, com o reconhecimento de Assembleias Legislativas locais, apesar de ter sido mantida a figura do Presidente de Província, indicado pelo governo central. Além disso, foi extinto o Conselho de Estado, órgão importante na concentração política de poder nas mãos do Imperador, e foi **extinta também a regência trina**, sendo substituída por uma regência una, com mandato de quatro anos.

Diversos movimentos separatistas ocorridos durante a década de 1830, no entanto, levaram a um **retrocesso** no movimento federalista no Império brasileiro, o que de certa forma se manteria até a Proclamação da República, embora a personalidade conciliadora de Dom Pedro II tenha contribuído para amenizar essa centralização.

A Constituição de 1824, apesar de parecer em alguns pontos como autoritária para os padrões de hoje, em alguns aspectos era considerada avançada para a época, com a previsão expressa de diversos **direitos e garantias fundamentais** importantes, tendo sido a que perdurou por maior período em nossa história, vigorando por **quase 67 anos**.

Decifrando a prova

(Procurador do Trabalho – MPT – 2020 – Adaptada) Com o Ato Adicional de 1834 foi aberto o precedente para a descentralização política e o federalismo no Brasil, visto que promoveu mudanças no contexto da representação parlamentar no âmbito das províncias, aumentando o número de membros e fixando os referidos corpos legislativos como intermediários entre o cidadão e os governos provinciais.

( ) Certo ( ) Errado

Gabarito comentado: como vimos, o Ato Adicional de 1834 representou um avanço importante à época, no que se refere à descentralização política no Brasil, transformando os Conselhos Gerais de Província em Assembleias Legislativas, sendo seus membros escolhidos em eleições censitárias, para o mandato de dois anos. Portanto, a assertiva está certa.

5.3. CONSTITUIÇÃO DE 1891

Em 15 de novembro de 1889, ocorre a **Proclamação da República**, com a consequente deposição do poder real no Brasil.

Diante dessa mudança tão profunda, acompanhada também de alterações na economia nacional, então fortemente baseada na exportação de café, surgiu a necessidade da elaboração de uma nova Constituição.

Em 1890 foram convocadas eleições, pelo Presidente Deodoro da Fonseca, para uma Assembleia Nacional Constituinte, a qual conclui seus trabalhos em fevereiro de **1891**.

A Constituição de 1891 era fortemente **influenciada pela Constituição e jurisprudência norte-americanas** e seus valores liberais, tanto que o nome oficial do país passou a ser "Estados Unidos do Brazil". Além disso, exerceu forte influência sobre ela a Constituição argentina, de 1853.

Essa Constituição, entre outras disposições importantes, adotou o **federalismo** como forma de Estado, a **República** como forma de governo e o **Presidencialismo** como sistema de governo. Além disso, **aboliu o poder moderador, ampliou o direito de voto** a todos os homens, embora excluindo os analfabetos e as mulheres, além de ter instituído a **separação entre Estado e Igreja**, extinguindo, assim, a previsão de uma religião oficial para o país.

A adoção da forma federativa de Estado permitiu às ex-províncias, agora transformadas em Estados-membros, gozar de uma autonomia muito maior do que a que lhe fora concedida até então pela Constituição Imperial.

Foram também **extintos os títulos de nobreza** e proibido o uso de brasões e símbolos nobiliárquicos.

Outra importante disposição foi a previsão do **ensino primário obrigatório**, o qual deveria ser laico e gratuito.

Interessante observar que o art. 3º do texto constitucional já reservava à União, na região do **planalto central**, uma zona de 144.400 quilômetros quadrados, a ser oportunamente marcada para o estabelecimento da **Capital Federal**, o que somente ocorreu efetivamente em 1960, com a transferência da sede política do país do Rio de Janeiro para Brasília.

Entre os direitos e garantias fundamentais previstos, vale destacar a previsão expressa do *habeas corpus*, por influência direta do jurista Ruy Barbosa.

Sofreu **somente uma emenda**, a de 1926, a qual, porém, apesar de única, trouxe **profundas alterações** no texto constitucional, com uma intenção claramente **centralizada** das atribuições na União, como forma de se contrapor a movimentos regionais de autonomia que surgiram em diversos estados brasileiros.

Marcelo Alexandrino e Vicente Paulo (2019) a classificam, quanto à sua correspondência com a realidade, como uma **Constituição nominativa**, uma vez que, de fato, as disposições constitucionais, bastante avançadas para a sociedade brasileira da época, acabaram não sendo aplicadas em todo o seu vigor na prática, o que acabou por fazer com que muitas de suas determinações se tornassem letra morta.

Capítulo 5 ◆ Breve histórico das Constituições brasileiras **75**

> ### 🧩 Decifrando a prova
>
> **(Procurador do Estado – PGE/AM – FCC – 2010 – Adaptada)** A primeira Constituição brasileira que previu a forma federativa de Estado foi a de 1891, ainda que não se tenha, na ocasião, garantido aos Municípios autonomia de ente federativo.
> ( ) Certo   ( ) Errado
> **Gabarito comentado:** a Constituição de 1891 – a segunda Constituição brasileira – passou a prever a forma federativa de Estado, em contraposição ao modelo unitarista da Constituição de 1824. Portanto, a assertiva está certa.

5.4. CONSTITUIÇÃO DE 1934

Em 1930 **acaba a chamada "República Velha"**, com o golpe liderado por Getúlio Vargas, que impede o presidente então eleito, Júlio Prestes, de tomar posse, depondo o presidente em final de mandato Washington Luís.

Em 1932 eclode a Revolução Constitucionalista, em São Paulo, que tinha como um de seus objetivos a convocação de uma Assembleia Nacional Constituinte, o que foi feito em 1933.

Apesar de muitos a considerarem como uma forma de legitimação do golpe perpetrado por Getúlio Vargas, a Constituição de **1934** trouxe diversas alterações e inegáveis avanços em relação a suas antecessoras.

Foi, por exemplo, a primeira Constituição brasileira a falar em **direitos sociais**, inspirada na Constituição de Weimar, de 1919 na Alemanha, especialmente **direitos trabalhistas**, como delimitação da carga horária de trabalho de oito horas diárias, repouso semanal, férias remuneradas e indenização ao trabalhador dispensado sem justa causa.

Instituiu a obrigatoriedade da instituição de **planos de previdência social** aos trabalhadores, mediante contribuição igual da União, do empregador e do empregado, a favor da velhice, da invalidez, da maternidade e nos casos de acidentes de trabalho ou de morte.

Além disso, apresentou notáveis avanços no sentido de **equiparação de direitos entre homens e mulheres**, instituindo o voto feminino e proibindo a diferenciação de salários por motivo de gênero.

Também foi a primeira Constituição brasileira a prever o **voto secreto**, o qual passou a permitir maior liberdade de voto do cidadão, que poderia exercer o sufrágio sem medo de eventuais represálias.

A Constituição de 1934 também criou a **Justiça Eleitoral**, a **Justiça do Trabalho**, o **Ministério Público** e o **Tribunal de Contas**, além de ser a primeira a prever expressamente as figuras do **mandado de segurança** e da **ação popular**.

Em relação à estrutura do Estado, porém, não apresentou grandes alterações, tendo sido mantidas a forma federativa, a forma republicana de governo e o regime presidencialista.

Foi a Constituição brasileira de **mais curta duração**, tendo sido substituída em 1937, vigorando por pouco mais de **três anos**.

76 Direito Constitucional Decifrado

> ### 🧩 Decifrando a prova
>
> **(Procurador – Prefeitura de São José dos Campos-SP – Vunesp – 2017 – Adaptada)** O voto secreto e o voto feminino foram assentados, pela primeira vez, em base constitucional no país, pela Constituição Brasileira de 1937.
>
> ( ) Certo ( ) Errado
>
> **Gabarito comentado:** como vimos, o voto secreto e o voto feminino foram previstos pela primeira vez no Brasil pela Constituição de 1934. Portanto, a assertiva está errada.

5.5. CONSTITUIÇÃO DE 1937

A Constituição de **1937** foi uma das mais **autoritárias** que o país já teve, sendo considerada por muitos o mais grave retrocesso constitucional que o país já teve.

Getúlio Vargas, cujo mandato terminaria em 1938, aproveita-se do contexto político da época, especialmente o conflito com ideais comunistas, para alegar a necessidade de fortalecimento de seu poder e extensão de seu mandato, dissolvendo a Câmara e o Senado e outorgando a referida Constituição, a qual foi feita **sem qualquer participação popular**.

Essa Constituição teve inspiração claramente **fascista**, especialmente no regime italiano e na Constituição polonesa de 1935, sendo por isso também chamada pelos seus opositores de "**Constituição polaca**". Politicamente foi utilizada para a consolidação do chamado "**Estado Novo**" de Vargas.

Estabeleceu **a eleição indireta** com mandato de nada menos do que **seis anos** para o Presidente da República.

Instituiu a **pena de morte** para diversos crimes, inclusive para alguns claramente políticos, além de **suprimir** diversos **direitos individuais e coletivos**, como por exemplo o mandado de segurança.

Defendia a **forte intervenção do Estado** na economia e **restrição a direitos políticos**, tendo inclusive **extinguido os partidos políticos** então existentes, bem como **a própria Justiça Eleitoral**. Além disso, também **extinguiu o Poder Legislativo** nas esferas estadual e municipal, determinando que na esfera federal as eleições para o Parlamento seriam feitas após a realização de um **plebiscito** que deveria ser convocado para a confirmação popular da nova Constituição, sendo que o mandato do Presidente da República perduraria até esse ato. Tal plebiscito, porém, nunca foi realizado, fazendo com que Getúlio Vargas permanecesse no poder até sua morte, em 1945.

A Constituição de 1937 também **retirou** a previsão, em seu texto, da **ação popular** e do **mandado de segurança**, sendo que o próprio habeas corpus **foi suspenso** pelo Decreto nº 10.358/1942.

A referida Constituição é um exemplo claro de como uma ditadura pode procurar se utilizar do texto constitucional para legitimar sua existência.

Capítulo 5 ♦ Breve histórico das Constituições brasileiras **77**

A Constituição de 1937 acabou sendo bastante desfigurada pela **EC nº 9/1945**, que já deixava vislumbrar as mudanças que viriam com a Constituição seguinte.

🧩 Decifrando a prova

(Procurador –PG-DF – Cespe – 2013) A Constituição de 1937 dissolveu a Câmara dos Deputados, o Senado Federal, as assembleias legislativas e as câmaras municipais.

( ) Certo ( ) Errado

Gabarito comentado: o art. 178 da Constituição de 1937 estabelecia o seguinte: "são dissolvidos nesta data a Câmara dos Deputados, o Senado Federal, as Assembleias Legislativas dos Estados e as Câmaras Municipais. As eleições ao Parlamento nacional serão marcadas pelo Presidente da República, depois de realizado o plebiscito". Ocorre que esse plebiscito – na verdade, um referendo, que seria convocado para confirmar a nova Constituição, a qual, seria assim, cesarista – deveria ser regulamentado pelo próprio Presidente da República, o que nunca ocorreu. Portanto, a assertiva está certa.

5.6. CONSTITUIÇÃO DE 1946

A Constituição de **1946** buscava adaptar o Brasil novamente ao **regime democrático**, após a ditadura de Getúlio Vargas, tendo sido elaborada por uma **Assembleia Constituinte**, convocada em fevereiro daquele ano.

Representou uma clara **reação** aos retrocessos democráticos da Constituição anterior e uma tentativa de retomada das disposições da Constituição de 1934, sendo que, entre outros pontos, reintroduziu as **liberdades de manifestação de pensamento e de associação**; restabeleceu o **equilíbrio entre os poderes**; ampliou a **autonomia político-administrativa para Estados e Municípios**; e reforçou os **direitos e garantias individuais**, inclusive extinguindo a pena de morte, de banimento e de confisco.

Apesar de diversos avanços liberais, retomando direitos que haviam sido suprimidos, a Constituição de 1946 manteve algumas características da Constituição de 1937, especialmente no que se refere à **possibilidade de interferência governamental nos sindicatos**, e na **restrição ao direito de greve**, uma vez que determinava que sua regulamentação fosse feita por lei.

Além disso, apesar de manter os direitos trabalhistas garantidos na Constituição anterior, não os estendia aos trabalhadores rurais.

Retirou das atribuições do Presidente da República a possibilidade de expedição de **decretos-leis** – autorizados a égide da Constituição anterior – e passou a prever que o **mandato** presidencial seria de **cinco anos**.

Interessante observar que, durante a vigência da Constituição de 1946, o Brasil teve uma **breve experiência parlamentarista**, tendo o Ato Adicional, de 2 de setembro de 1961, instituído tal regime, após a renúncia do Presidente Jânio Quadros, com o claro objetivo de reduzir os poderes de seu sucessor, João Goulart.

78 Direito Constitucional Decifrado

A Emenda nº 6, de janeiro de 1963, porém, baseada em um plebiscito popular que decidiu pelo restabelecimento do presidencialismo, revogou o parlamentarismo, o qual vigorou, assim, por menos de dois anos. Sinal da instabilidade política da época é o fato de que, durante esse breve período, o Brasil teve nada menos do que três primeiros-ministros: Tancredo Neves, Brochado da Rocha e Hermes Lima.

Por fim, também é digna de nota a EC nº 16, de 26 de novembro de 1965, a qual, já estando o país sob o governo militar, instituiu uma grande reforma no Poder Judiciário nacional, instituindo entre outras regras, pela primeira vez em nossa história constitucional, o controle concentrado de constitucionalidade de lei ou ato de natureza normativa, federal ou estadual, a cargo do Supremo Tribunal Federal, mas que somente podia ser provocado pelo Procurador-Geral da República.

🧩 Decifrando a prova

(Juiz Federal Substituto – TRF-3ª Região – 2016 – Adaptada) Os direitos fundamentais foram expressamente previstos pela primeira vez na Constituição de 1946, a qual sobreveio após a queda do Estado Novo.

( ) Certo ( ) Errado

Gabarito comentado: todas as Constituições brasileiras, em maior ou menor grau, desde a primeira, de 1824, previam direitos e garantias individuais. Portanto, a assertiva está errada.

5.7. CONSTITUIÇÃO DE 1967

Em 1964 ocorre o **golpe militar** que depõe o presidente João Goulart e inicia o regime militar, que duraria 21 anos, golpe este apoiado, de forma velada, pelo governo norte-americano, que buscava combater a ação de grupos comunistas no Brasil.

Os militares exerceram um governo de fato, tendo expedido diversos atos normativos sem base constitucional e muitas vezes casuísticos, normalmente sob o pretexto de garantia da ordem e da segurança, denominados **Atos Institucionais**.

A Constituição de 1946 já não atendia aos interesses dos militares, os quais entendiam que o país precisava de um novo ordenamento jurídico.

Diante disso, determinou-se a adoção de uma nova Constituição para o Brasil, a qual foi finalizada em **1967**, tendo sofrido posteriormente uma alteração significativa pela **EC nº 1, de 1969**. Tão significativa, aliás, que muitos consideram que EC nº 1/1969 merece ser classificada como uma nova **Constituição de fato**, embora essa não seja a posição da maioria dos doutrinadores e da própria história oficial do país, a qual somente reconhece **sete** Constituições oficiais.

A EC nº 1/1969 incorporou diversas disposições do **Ato Institucional nº 5, de 1968**, e acabou sendo a principal responsável por dar à Constituição de 1967 o caráter antidemocrático que passou a ser-lhe atribuída pela historiografia nacional.

Capítulo 5 ◆ Breve histórico das Constituições brasileiras **79**

Para maior clareza e tendo em vista o objeto desta obra no particular, que é de dar uma visão geral sobre as Constituições brasileiras, analisaremos aqui a Constituição de 1967 já com as alterações realizadas pela EC nº 1/1969.

Assim como a Constituição de 1937 – na qual buscou clara inspiração –, a Constituição de 1967 – especialmente após a EC nº 1/1969 – também possuía um viés claramente **autoritário** e de **restrição das liberdades individuais**, tendo sido elaborada pelo Congresso Nacional, transformado em Assembleia Constituinte por ato do então Presidente Castelo Branco, tendo a outorga de uma nova Constituição o claro objetivo de legitimar o governo militar, que assumira o poder em 1964 alegando ser uma situação provisória.

Demonstração disso foi o fato de que a Constituição de 1967 ratificou e incorporou os Atos Institucionais nºs 1, 2 e 3, que representam uma clara quebra do ordenamento jurídico então vigente.

O processo de apresentação e votação de propostas e emendas foi extremamente atropelado, com a imposição de **prazos exíguos** pelo governo militar aos parlamentares para deliberação e decisão, o que motivou uma das mais pitorescas e bizarras histórias de exercício do poder constituinte brasileiro, conhecida como "**episódio dos relógios**".

O Ato Institucional nº 4 determinava que a votação das emendas ao projeto de Constituição deveria encerrar-se no dia 20 de janeiro. A noite do dia 20 avançava inflexível rumo à madrugada do dia 21, quando o presidente do Congresso, Auro de Moura Andrade, determinou ao secretário-geral da Mesa que **paralisasse os três relógios** existentes à época no Plenário nove minutos antes da meia-noite, apresentando depois a justificativa de que "o Congresso possuía seu próprio tempo".

Forjado dentro do contexto e da lógica da **Guerra Fria**, o texto constitucional privilegiava temas como a **segurança nacional**, o **aumento dos poderes** da União e do Presidente da República. Entre suas disposições, trazia uma nova **centralização de poderes** na União e uma **redução dos direitos individuais**, embora os direitos trabalhistas tenham sido ampliados.

O **Presidente da República** passou a ser eleito de forma **indireta**, por um Colégio Eleitoral, em sessão pública, para um mandato de quatro anos, também sendo indireta as eleições para **governadores** e **prefeitos**. **Restabeleceu** ao Presidente da República – por meio do Ato Institucional nº 2 – a possibilidade de expedição de **decretos-leis**, proibindo, porém, sua previsão nas Constituições Estaduais.

Embora proibisse as penas de morte, prisão perpétua, banimento e confisco, a Emenda nº 1/69 passou a abrigar exceção no caso de "guerra externa, psicológica adversa, ou revolucionária ou subversiva, nos termos que a lei determinar".

Estendeu à **Justiça Militar** a competência para **julgamento de civis**, nos casos expressos em lei, para repressão de crimes contra a segurança nacional, ou às instituições militares.

Durante sua vigência, sofreu diversas alterações por meio da já citada EC nº 1/1969 e de Atos Institucionais e Complementares, sendo o mais conhecido e drástico deles o Ato Institucional nº 5, o AI-5, de 13 de dezembro de 1968, o qual, entre outras disposições, determinou o **fechamento do Congresso** Nacional, **supressão de direitos** individuais, a **imposição de censura** aos meios de comunicação e artistas em geral, a autorização para **intervenção**

80 Direito Constitucional Decifrado

federal em Estados e Municípios sem necessidade de autorização do Congresso Nacional e a suspensão do *habeas corpus* para crimes políticos.

> ### 🧩 Decifrando a prova
>
> **(Juiz Substituto – TJ-SP – Vunesp – 2018 – Adaptada)** Carta de 1967, cujo projeto foi elaborado pelo governo e que muitos consideram outorgada e não promulgada, manteve a prerrogativa que a Carta de 1946 conferiu ao Presidente da República para expedir Decretos-leis.
> ( ) Certo   ( ) Errado
> **Gabarito comentado:** a primeira parte da afirmação está certa, mas a segunda, não. Isso porque a Constituição de 1946 não previa a possibilidade de o Presidente da República expedir decretos-leis, o que era previsto anteriormente somente na Constituição de 1937. Portanto, a assertiva está errada.

5.8. CONSTITUIÇÃO DE 1988

Já no final da década de 1970, com o arrefecimento da guerra fria e com o governo militar bastante desgastado no Brasil, inicia-se um lento e paulatino processo de **abertura política**, iniciando-se um período de transição para o regime democrático. Exemplo claro disso foi a aprovação da Lei nº 6.683/1979, conhecida como "Lei da Anistia", que concedeu tal benefício a todos os que haviam cometido crimes políticos, o que permitiu inclusive o retorno de diversos brasileiros que se encontravam exilados no exterior por razões de perseguição política.

Na década de 1980, começa a aumentar a pressão da sociedade pelo retorno do **regime democrático no Brasil**, o que originou o movimento chamado "**Diretas Já**", que pretendia o retorno do voto direto para eleições presidenciais, inspirado por uma proposta de emenda constitucional apresentada em 1983 pelo deputado Dante de Oliveira, a qual, se aprovada, determinava que eleições deveriam ser realizadas em 1985.

Após a apresentação da proposta de emenda, várias manifestações se seguiram, sendo a mais expressiva a de 16 de abril de 1984, data próxima da data marcada para a votação no Congresso Nacional, que reuniu uma multidão estimada em **1.500.000 pessoas**, um recorde absoluto até então, no Vale do Anhangabaú, em São Paulo, em um evento que foi convocado com o nome de "Diretas Já".

A proposta de eleições diretas imediatas foi **rejeitada pelo Congresso**, acossado pelo regime militar. No entanto, a expressiva **pressão popular** levou à eleição, ainda que indireta, de Tancredo Neves, **o primeiro Presidente da República civil do Brasil desde 1964**, embora este tenha **falecido** antes de sua posse após internação em um hospital, assumindo o seu vice, José Sarney.

Em 1987 foi convocada uma **Assembleia Nacional Constituinte**, que elaborou e aprovou nossa Constituição atual, promulgada em **5 de outubro de 1988**. A convocação dessa

Capítulo 5 ◆ Breve histórico das Constituições brasileiras **81**

Assembleia permitiu uma participação popular sem precedentes no processo de elaboração do texto da Carta Magna, após longos 21 anos de governo militar. Também se permitiu, de forma inédita, que fossem apresentadas "emendas populares", desde que reunido um mínimo de assinaturas, e também a apresentação de sugestões individuais às diversas comissões por meio do serviço postal.

A Constituição Federal de 1988, produzida após um ano e oito meses de trabalho da Assembleia Constituinte, reintroduziu e **ampliou imensamente os direitos individuais e políticos**, inclusive estendendo o direito de **voto aos analfabetos e aos maiores de dezesseis anos**, tendo também uma grande preocupação com os **aspectos sociais**, sendo por isso cognominada de "**Constituição Cidadã**", além de prever direitos fundamentais de **terceira geração**, como o direito a um meio ambiente equilibrado.

Reforçou também significativamente a **independência** e a **capacidade de ação do Ministério Público e dos Tribunais de Contas**.

Redesenhou o chamado "pacto federativo", **garantindo diversas atribuições aos Estados e Municípios** e redistribuindo as **competências tributárias**, procurando promover maior **descentralização** política e financeira entre os Entes da Federação, embora ainda mantendo a União como a detentora das principais competências.

Houve também uma grande preocupação – justificada pelo período ditatorial que a antecedeu – de **limitação da ação do Poder Executivo** por parte do poder constituinte originário e do próprio Poder Legislativo, estabelecendo uma série de disposições a serem observadas pela Administração Pública Direta e Indireta, impedindo até mesmo que qualquer decreto fosse editado pelo Presidente da República sem lei prévia que o autorizasse, até mesmo no que se referia à organização do Poder Executivo, excesso que somente foi corrigido com a EC nº 32/2001, que passou a permitir que o Presidente da República disponha, mediante decreto, sobre a organização e funcionamento da administração federal, quando não implicar aumento de despesa nem criação ou extinção de órgãos públicos, e sobre a extinção de funções ou cargos públicos, quando vagos.

A Constituição de 1988 **extinguiu os três territórios** então existentes: **Roraima, Amapá** e **Fernando de Noronha**, transformando os dois primeiros em Estados e reincorporando o terceiro ao Estado de Pernambuco, embora permitindo, por lei complementar federal, a criação de novos territórios. Criou também o Estado do **Tocantins**, a partir da divisão do Estado de Goiás.

Uma curiosidade da nossa atual Constituição é que, devido à Proclamação da República ter sido feita por meio de um golpe de Estado, sem participação popular, a Assembleia Constituinte resolveu determinar que, em **7 de setembro de 1993** – tendo sido antecipado para **21 de abril** do mesmo ano – fosse realizado um referendo sobre a forma e sistema de governo que deveria ser adotado no Brasil, podendo os cidadãos optar entre uma república presidencialista, uma república parlamentarista ou uma monarquia constitucional, tendo a maioria optado por manter a situação então e até hoje vigente: o da **república presidencialista**. Essa foi uma forma interessante de o Estado brasileiro pagar uma dívida histórica que possuía em relação à sua população, no que se refere à escolha da forma e do sistema de governo.

82   Direito Constitucional Decifrado

Enfim, a Constituição de 1988 **reformulou** profundamente **o Estado brasileiro**, buscando adaptar-se aos novos tempos e corrigir os desmandos ocorridos durante o período de ditadura militar.

Por outro lado, a preocupação do poder constituinte em entrar em detalhes sobre diversos assuntos levou a Constituição atual a ser bastante **prolixa**, alcançando 250 artigos em seu corpo e mais 120 artigos em seu ADCT, sendo o **mais extenso texto constitucional** que o país já teve, o que se reflete claramente no grande número de emendas feitas a seu texto original.

Decifrando a prova

(Procurador Municipal – Prefeitura de Rio Largo – 2010 – Adaptada) A Constituição Federal brasileira de 1988 foi elaborada por uma Assembleia Nacional Constituinte, composta por representantes do Poder Legislativo Federal e, posteriormente, aprovada por referendo popular.

( ) Certo   ( ) Errado

Gabarito comentado: o erro do item é que a Constituição de 1988 não se sujeitou a um referendo popular, tendo sido promulgada diretamente pela Assembleia Nacional Constituinte e passando a produzir efeitos a partir de sua publicação. Portanto, a assertiva está errada.

6 Interpretação das normas constitucionais

6.1. CONCEITO DE INTERPRETAÇÃO JURÍDICA

Toda norma, assim como toda manifestação de pensamento humano, precisa ser interpretada. **Interpretar** significa **extrair** da norma seu verdadeiro **significado**, aquilo que deve ser aplicado no caso concreto.

Os romanos possuíam o brocardo *in claris cessat interpretatio*, que significava que a lei clara não necessitaria de interpretação. No entanto, atualmente entende-se que **toda norma jurídica**, como expressão da vontade humana que é, precisa ser interpretada. O que ocorre é que normas claras, sem ambiguidades, tenderão a gerar interpretações idênticas.

Sendo assim, a interpretação da lei é fundamental à sua correta **aplicação**, o mesmo valendo para as normas constitucionais, sendo que uma interpretação mal realizada pode subverter seu conteúdo e até mesmo distorcer completamente a vontade do poder constituinte.

A interpretação deve ser feita tanto pelo aplicador imediato da norma constitucional, normalmente o Poder **Executivo**, como também pelo Poder **Judiciário**, ao resolver os conflitos que lhe são submetidos, e ainda pelo Poder **Legislativo**, que ao legislar deve tomar cuidado para seguir as determinações constitucionais.

A interpretação de normas constitucionais também é importante para dirimir **aparentes contradições** que possam constar das diversas partes do texto constitucional, o que é bastante comum em **Constituições ecléticas**, como a nossa atual, que busca conciliar diversas ideologias e correntes de pensamento.

Ao conjunto de princípios e técnicas de interpretação das normas constitucionais dá-se o nome de **hermenêutica constitucional**.

6.2. CORRENTES INTERPRETATIVISTAS E NÃO INTERPRETATIVISTAS

Vicente Paulo e Marcelo Alexandrino (2019), citando Canotilho, destacam que existem duas vertentes no exercício da interpretação constitucional, surgidas de amplos debates feitos no Direito norte-americano: as correntes interpretativistas e as correntes não interpretativistas.

As **correntes** interpretativistas adotam uma posição mais **restritiva** da ação do intérprete, determinando que ele – especialmente o Poder Judiciário –, ao buscar o significado da norma jurídica para aplicá-la ou para verificar a validade de uma norma infraconstitucional perante a Constituição, deve fazê-lo utilizando-se basicamente dos conceitos constitucionais **explícitos** ou, pelo menos, **claramente implícitos**, não admitindo elementos externos à Constituição nessa interpretação.

Nas palavras dos autores citados (PAULO, ALEXANDRINO, 2019, p. 68), os interpretativistas consideram que o "controle judicial dos atos legislativos tem dois limites claros: o da própria Constituição escrita e o da vontade do poder político democrático" ou, nas palavras de Canotilho, "a textura semântica e a vontade do legislador", entendendo que as leis só podem ser declaradas inválidas mediante um processo dedutivo que tenha como premissa norma claramente identificável na Constituição.

Assim, pode-se dizer que os interpretativistas buscam a "interpretação da Constituição pela própria Constituição".

Já os adeptos das correntes **não interpretativistas** entendem que o juiz, ao interpretar o texto constitucional e ao verificar a validade das leis em geral, não deve simplesmente ater-se ao texto e valores explícitos ou claramente implícitos da Constituição, sendo que seus defensores advogam que a interpretação da Constituição deve também utilizar-se dos chamados "**valores substantivos**", como justiça, igualdade e liberdade, ainda que não haja uma base constitucional imediata, uma vez que consideram que esses valores devem nortear a aplicação da Constituição no caso concreto.

Assim, as correntes não interpretativistas claramente concedem uma **autonomia maior** ao juiz ao interpretar a norma, permitindo maior protagonismo do Poder Judiciário na conformação do ordenamento jurídico.

As correntes não interpretativistas, apesar de serem muitas vezes criticadas por darem azo ao exercício de um demasiado **ativismo judicial** – dando origem ao que alguns chamam de "jurisprudência de valores" –, têm ganhado muito espaço no Direito Constitucional contemporâneo, como reflexo da consolidação do **neoconstitucionalismo** e do **pós-positivismo**.

(Procurador Federal – AGU – Cespe – 2007) As correntes interpretativistas defendem a possibilidade e a necessidade de os juízes invocarem e aplicarem valores e princípios substantivos,

Capítulo 6 ◆ Interpretação das normas constitucionais **85**

> como princípios de liberdade e justiça, contra atos de responsabilidade do Poder Legislativo que não estejam em conformidade com o projeto da CF. As posições não interpretativistas, por outro lado, consideram que os juízes, ao interpretarem a CF, devem limitar-se a captar o sentido dos preceitos nela expressos ou, pelo menos, nela claramente explícitos.
>
> ( ) Certo ( ) Errado
>
> **Gabarito comentado:** a questão inverteu os dois conceitos, pois, conforme vimos os interpretativistas defendem que os juízes somente devem interpretar a Constituição, de acordo com suas normas explícitas ou claramente implícitas. Já os não interpretativistas defendem uma liberdade maior ao julgador, o qual deve se utilizar de valores e princípios substantivos, ainda que não estejam diretamente relacionados ao texto constitucional. Portanto, a assertiva está errada.

6.3. MÉTODOS DE INTERPRETAÇÃO

A **interpretação das normas constitucionais** e jurídicas, em geral, pode se dar por **vários métodos**, que podem ser utilizados de forma individual ou conjunta, devendo o intérprete utilizar no caso concreto aquele que considerar mais adequado.

A **hermenêutica constitucional** apresenta diversas especificidades em relação à hermenêutica legal (das leis em geral). O renomado jurista português, J. J. Canotilho (1993), que costuma ser citado como referência nesse assunto, identifica seis métodos existentes de interpretação constitucional, os quais podem ser utilizados de **forma integrada** e **complementar**.

Nenhum dos métodos de interpretação é perfeito, todos encontrando deficiências e qualidades, pelo que é essencial que, no caso concreto, procure-se a sua **composição**.

Para Canotilho, os métodos de interpretação constitucional podem ser os determinados a seguir.

6.3.1. Método jurídico

Também denominado de método **hermenêutico clássico**, o método **jurídico** entende a **Constituição como uma lei**, embora em posição hierárquica superior a todas as outras, e assim busca interpretar a Constituição utilizando os **mesmos critérios** utilizados na interpretação das **leis em geral**, entre os quais destacam-se:

◆ **Critério literal ou gramatical**

Por meio dela, faz-se uma **análise linguística**, buscando-se simplesmente entender o **significado semântico** exato do que o constituinte disse, entendendo o sentido de cada vocábulo e a conexão entre eles, sem ater-se a outros critérios. É feito buscando-se o significado de cada palavra e sua forma de aplicação no campo jurídico. Embora seja um critério importante e de fácil aplicação, na maioria das vezes **não é tomado isoladamente**, sendo normalmente combinado com outros critérios, por se entender que a interpretação mera-

Direito Constitucional Decifrado

mente literal de um texto constitucional é por demais simplista, além de não permitir, ou limitar severamente, a utilização dos princípios de hermenêutica.

Entende-se que o **texto constitucional**, na verdade, representa **ideias** ou **valores** que dificilmente se poderiam reter totalmente dentro das palavras usadas pela Constituição, a qual, como acontece com os textos legais em geral, normalmente é lacônica.

Ademais, a utilização somente da interpretação literal pode levar a uma **dificuldade de aplicação** da norma em situações específicas, não previstas por ela, além de dificultar a adaptação da interpretação às mudanças ocorridas nos valores da sociedade.

- ♦ **Critério lógico**

Assim como o critério gramatical, o critério **lógico** não se utiliza de nenhum elemento externo ao texto, buscando extrair o significado da norma a partir de sua **simples análise** lógica de suas afirmações. Na verdade, é mais usado para solucionar eventuais problemas de sintaxe do texto.

A interpretação lógica pretende retirar o sentido da norma utilizando-se de **silogismos** concatenados para se chegar a uma conclusão (MAXIMILIANO, 1996). Esse método de interpretação busca aplicar na hermenêutica constitucional as técnicas de precisão matemática, usando a lógica formal e **premissas** para se chegar a uma **conclusão**.

- ♦ **Critério histórico**

Pelo critério **histórico**, procura-se avaliar as **circunstâncias exteriores** que envolveram a criação da norma pelo constituinte, levando-se em conta os **fatores políticos**, **sociais**, **econômicos**, entre outros, que motivaram o legislador a criar tal lei, regra, não se atendo somente ao sentido literal da norma.

É muito usado na interpretação constitucional porque as normas jurídicas estão sempre intimamente ligadas ao contexto histórico de sua elaboração, podendo-se dizer que o Direito, na verdade, representa – ou deve representar – sempre os valores e anseios da sociedade sua contemporânea.

- ♦ **Critério teleológico**

O critério **teleológico** busca entender qual a **finalidade**, o **objetivo** da norma jurídica, levando em consideração valores como a exigência do bem comum, o ideal de justiça, a ética, a liberdade, a igualdade e redução de desigualdades regionais e sociais.

Na interpretação teleológica, a norma constitucional é vista como um **instrumento de ação** importante para a produção de efeitos benéficos para a coletividade. A norma constitucional, por esse método de interpretação, é vista como um meio que o constituinte utilizou para produzir determinado resultado.

A interpretação teleológica pode ser objetiva ou subjetiva. A interpretação teleológica **objetiva** busca entender os fins pretendidos pela **norma constitucional** – a chamada *mens legis*, ou mais especificamente, a *mens constitutionis*. A interpretação teleológica **subjetiva** busca entender a intenção do **constituinte** ao elaborar determinada norma – a *mens legislatoris*.

Capítulo 6 ♦ Interpretação das normas constitucionais **87**

> ### 🔍 **Jurisprudência destacada**
>
> A prevalência do interesse público e do interesse social na manutenção da segurança pública, da ordem e da paz social sobre o interesse individual de determinada categoria dos servidores públicos – na espécie, as carreiras policiais –, excluindo a possibilidade do exercício do direito de greve, é plenamente compatível com a interpretação teleológica do texto constitucional, em especial dos artigos 9º, § 1º, e 37, VII (STF, ARE nº 654.432, Rel. Designado Min. Alexandre de Moraes, j. 05.04.2017).

♦ **Critério sistemático**

O critério **sistemático** considera que o ordenamento jurídico é um sistema, e assim as normas jurídicas devem ser interpretadas levando-se em consideração **todo o sistema**, e não só consideradas individualmente. Assim, ao utilizar-se desse método, o intérprete recorre também à análise de outras normas, verificando a inter-relação entre elas.

Além disso, na interpretação sistemática também se leva em consideração a **posição do dispositivo** em relação aos demais – regra **topológica**. Assim, se determinado comando constitucional ou legal se encontra em um parágrafo de um artigo, considera-se que suas disposições somente aplicam-se à situação prevista no *caput* daquele artigo, e não aos demais artigos da Constituição ou da lei.

♦ **Critério axiológico**

O método **axiológico** tem como fundamento a apreensão dos **valores** consagrados pela norma constitucional e pelo texto constitucional como um todo, de tal forma que venha a prevalecer o valor de patamar superior.

Nesse método, o intérprete analisa o texto da norma constitucional sob o prisma dos valores e princípios adotados pela Constituição Federal, buscando fazer que os mesmos sejam reforçados e aplicados ao máximo no caso concreto.

É uma linha de interpretação bastante usada pelos adeptos das correntes **não interpretativistas**, sendo característico do chamado neoconstitucionalismo.

6.3.2. Método tópico-problemático

No método de interpretação constitucional **tópico-problemático**, o processo de raciocínio jurídico obedece a um esquema básico, que é o do **raciocínio por exemplos**, conforme definido por Manuel Atienza (2006). É um raciocínio feito do **particular** para o **particular**, que não parte de regras fixas, e sim de regras que mudam de um caso para outro, havendo reformulação em cada um dos casos particulares.

Assim, a Constituição não seria um sistema fechado, e sim um **sistema aberto**, de regras e princípios, o que permite **diferentes interpretações** e que um problema concreto admite mais de uma resposta.

Dessa forma, por meio desse método, parte-se de um **problema concreto para a norma constitucional**, conferindo-se à interpretação um caráter **prático** na tentativa de solução dos problemas concretizados.

De acordo com Marcelo Alexandrino e Vicente Paulo (2019), o método tópico-problemático parte das seguintes premissas: (1) a interpretação constitucional deve ter um caráter prático, buscando resolver problemas concretos; (2) as normas constitucionais têm caráter fragmentário (não abrangem todas as situações passíveis de ocorrer na realidade social, mas somente as mais relevantes) e indeterminado (possuem elevado grau de abstração e generalidade); (3) as normas constitucionais são abertas, por isso não podem ser aplicadas mediante mera aplicação de subsunção (enquadramento direto de casos concretos nas hipóteses descritas na Constituição), o que implica ser dada preferência à discussão do problema.

Esse método, no entanto, recebe **severas críticas** da doutrina, sendo que o próprio Canotilho (1993, p. 52), embora o coloque como um dos métodos utilizados na hermenêutica constitucional, admite que ele:

> (...) merece sérias reticências. Além de poder conduzir a um casuísmo sem limites, a interpretação não deve partir do problema para a norma, mas desta para os problemas. A interpretação é uma atividade normativamente vinculada, constituindo a *constitutio scripta* um limite ineliminável (Hesse), que não admite o sacrifício da primazia da norma em prol da prioridade do problema (F. Muller).

Decifrando a prova

(Procurador Federal – AGU – Cespe – 2010) O método hermenêutico-concretizador caracteriza-se pela praticidade na busca da solução dos problemas, já que parte de um problema concreto para a norma.
( ) Certo   ( ) Errado
Gabarito comentado: conforme vimos, o método que parte do problema concreto para a norma é o método tópico-problemático. O método hermenêutico-concretizador parte da norma constitucional para o problema. Portanto, a assertiva está errada.

6.3.3. Método hermenêutico-concretizador

O método **hermenêutico-concretizador**, ao contrário do anterior, parte **da norma constitucional para o problema**. O ponto de **partida** para a interpretação é o **texto constitucional**. Segundo os defensores desse método, a leitura das normas constitucionais se inicia com a **pré-compreensão** do intérprete sobre a norma constitucional, cabendo a ele concretizar tal norma a partir de determinada situação histórica, que "outra coisa não é senão o ambiente em que o problema é posto a seu exame, para que ele o resolva à luz da Constituição e não segundo critérios pessoais de justiça" (MENDES, COELHO, BRANCO, 2007, p. 163).

Por isso, quanto mais informado estiver o julgador a respeito da coisa de que trata o conteúdo da norma, em todas as perspectivas possíveis dos campos do saber (social, política, econômica), melhor será sua pré-compreensão, aumentando a qualidade do resultado do processo interpretativo.

Capítulo 6 ◆ Interpretação das normas constitucionais **89**

A ideia, então, é concretizar a norma, não admitindo a superioridade de problema prático sobre a norma, mas também não se prendendo cegamente ao texto legal.

Também se relaciona a esse método a figura do chamado "**círculo hermenêutico**" ou "**espiral hermenêutica**", criada pelo jurista alemão Konrad Hesse, pela qual o método concretizador implica "idas e vindas" mentais do intérprete, alterando entre o texto legal – cuja interpretação é afetada por sua pré-compreensão – e a seus conceitos próprios – que são afetados pela leitura e interpretação da norma. Assim, ao mesmo tempo que o **intérprete atua na norma** – definindo sua interpretação a partir de seus conceitos predeterminados – também a **norma atua no intérprete**, fazendo-o mudar sua visão de mundo.

Uma analogia pode ser feita, por exemplo, com a mudança de mentalidade que costuma ocorrer com estudantes de direito – e também estudantes de outras áreas –, que tendem a modificar a sua visão de mundo que possuíam antes do ingresso na faculdade, a partir dos conceitos e das próprias normas jurídicas estudadas. Por outro lado, são esses estudantes que, após tornarem-se operadores do direito, passarão a aplicar as normas jurídicas e a definir sua interpretação.

Interessante citar a posição de Luís Roberto Barroso (2010, p. 302) sobre tal método, em que o autor entende que o método concretizador:

> Procura o equilíbrio necessário entre a criatividade do intérprete, o sistema jurídico e a realidade subjacente. Destaca, assim, a importância da pré-compreensão do agente da interpretação, seu ponto de observação e sua percepção dos fenômenos sociais, políticos e jurídicos. Igualmente significativa é a realidade objetiva existente, "os fatores reais do poder", na expressão clássica de Ferdinand Lassalle. E por fim, não menos relevante, é o sistema jurídico, "a força normativa da Constituição", com sua pretensão de conformar a realidade – o ser – ao dever-ser constitucional. A Constituição não pode ser adequadamente apreendida observando-se apenas o texto normativo: também a realidade social subjacente deve ser integrada ao seu conceito. Por outro lado, a Constituição não é mero reflexo da realidade, por ser dotada de capacidade de influir sobre ela, de afetar o curso dos acontecimentos. O papel do intérprete é compreender esse condicionamento recíproco, produzindo a melhor solução possível para o caso concreto, dentro das possibilidades oferecidas pelo ordenamento.

🧩 Decifrando a prova

(Procurador do Município – Foz do Iguaçu-PR – Fafipa – 2019 – Adaptada) A espiral hermenêutica, criada por Konrad Hesse, pertence ao método hermenêutico-concretizador de interpretação das normas constitucionais.

( ) Certo   ( ) Errado

Gabarito comentado: a espiral ou círculo hermenêutico, de fato, é uma construção de Konrad Hesse, aplicável ao método hermenêutico-concretizador de interpretação da Constituição, em que ocorre uma mútua influência entre o intérprete e a norma, levando a uma evolução contínua. Portanto, a assertiva está certa.

90 Direito Constitucional Decifrado

6.3.4. Método científico-espiritual

Também chamado de método **científico-realista**, busca integrar o conceito jurídico da Constituição ao seu **conceito sociológico**, integrando o texto constitucional à realidade social, buscando evitar que a interpretação dada à Constituição fique descolada das necessidades do "**espírito**" da sociedade.

A Constituição é vista como um fenômeno jurídico-social, concretizadora de valores importantes à sociedade, devendo ser lida a partir do contexto social.

O método científico-espiritual é visto como uma forma de tentativa de **integração do Direito a outras ciências humanas**, como a sociologia, permitindo maior fluidez do significado extraído da norma, de acordo com a realidade do momento.

6.3.5. Método normativo-estruturante

O método **normativo-estruturante** parte da **distinção** realizada **entre norma jurídica e texto normativo**, devendo, no entanto, haver relação entre eles. Para ele, o texto jurídico possui apenas validade, sendo que a norma jurídica é que possuirá, de fato, normatividade.

Assim, **não é** propriamente **o texto que produz a normatividade**, sendo esta resultado entre a **confluência do texto e os fatores sociais**. O texto são as palavras usadas na Constituição, sendo que a norma está ligada a elementos extratextuais, relacionados com a realidade social. Dessa forma, a norma jurídica constrói-se a partir da sua conformação com a realidade concreta, incorporando outros elementos, como normas infraconstitucionais e costumes.

Segundo o método normativo-estruturante, se o texto constitucional não for interpretado de forma mais ampla, corre-se o risco de virar "letra morta", e não produzir efeitos jurídicos no mundo real.

Portanto, para esse método a interpretação constitucional é **concretização**, ou seja, o conteúdo da norma interpretada só se torna completo com sua interpretação mediante a **incorporação da realidade**, considerando-se aquilo que não aparece expressamente no texto da Constituição, não podendo realizar-se apenas nas disposições textuais contidas nas normas.

> **⟊ Decifrando a prova**
>
> **(Juiz Substituto – TJ-SC – Cespe – 2019)** A busca das pré-compreensões do intérprete para definir o sentido da norma caracteriza a metódica normativo-estruturante.
>
> ( ) Certo   ( ) Errado
>
> **Gabarito comentado:** o método hermenêutico que envolve as pré-compreensões ou pré-conceitos do intérprete e sua relação com a aplicação da norma é o método hermenêutico concretizador. O método normativo-estruturante preocupa-se com a relação entre o texto legal ou constitucional e a norma jurídica propriamente dita. Portanto, a assertiva está errada.

6.3.6. Método da comparação constitucional

O método da **comparação constitucional**, ou interpretação comparativa, busca extrair o significado que deve ser dado à norma constitucional a partir da comparação com **ordenamentos jurídicos de outros Estados**, identificando semelhanças e diferenças e buscando solução a ser aplicada no caso concreto, a partir inclusive de erros e acertos que se considera ocorridos em outros países.

6.4. PRINCÍPIOS DA HERMENÊUTICA CONSTITUCIONAL

Os constitucionalistas defendem a existência de alguns **princípios** que devem ser levados em consideração na **interpretação do texto da Constituição**, os quais normalmente são denominados **princípios de hermenêutica constitucional**. Tais princípios devem ser respeitados quando o intérprete aplica o texto constitucional no caso concreto ou quando se busca entender o significado ou alcance das normas constitucionais, independentemente do método de interpretação adotado.

Importante observar que tais princípios **não possuem hierarquia entre si**, sendo que se deve procurar respeitar a todos na maior extensão possível, embora no caso concreto possa-se privilegiar um em detrimento do outro para a melhor resolução da questão.

Embora não haja um número certo desses princípios, é muito comum seguir-se o magistério de Canotilho, o qual identifica cinco deles: princípios da unidade constitucional, da harmonização, da justeza, do efeito integrador e da máxima efetividade.

6.4.1. Princípio da unidade constitucional

Pelo princípio da **unidade constitucional**, a Constituição deve ser vista como um produto **único** e **integrado**, e todas as suas normas devem ser interpretadas em **conjunto**, de forma sistêmica e coerente. Isso é especialmente verdade no caso das Constituições escritas e dogmáticas, como foram todas as nossas brasileiras, uma vez que o momento de produção do texto constitucional foi um só.

Mesmo no caso de redações trazidas por **emendas constitucionais**, deve-se aplicar este princípio, de forma a conferir a todo o texto constitucional uma unidade lógica e jurídica, não devendo as disposições acrescentadas posteriormente serem consideradas de alguma forma hierarquicamente inferiores às normas originárias.

Assim, a Constituição deve ser vista como um conjunto de **regras interconectadas**, não podendo suas normas serem vistas de forma isolada, devendo ser tratadas de forma integrada com as demais, preservando-se os valores constitucionais.

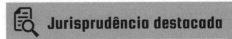

Os postulados que informam a teoria do ordenamento jurídico e lhe dão o substrato doutrinário assentam-se na premissa fundamental de que o sistema de direito positivo, além de caracterizar

92 Direito Constitucional Decifrado

> uma unidade institucional, constitui um complexo de normas que devem manter entre si um vínculo de essencial coerência (STF, RE nº 153.366, Rel. Min. Celso de Mello, j. 22.05.2002).

Decifrando a prova

(Delegado de Polícia – PC-BA/2018 – Vunesp – Adaptada) Em suas decisões, o Supremo Tribunal Federal afirma que as normas constitucionais originárias não possuem hierarquia entre si, assentando a premissa fundamental de que o sistema positivo constitucional constitui um complexo de normas que deve manter entre si um vínculo de coerência; em síntese, em caso de confronto entre as normas constitucionais, devem ser apaziguados os dispositivos constitucionais aparentemente conflitantes. Tal interpretação decorre de um princípio específico de interpretação constitucional, denominado princípio da unidade da Constituição.

( ) Certo   ( ) Errado

Gabarito comentado: o princípio da unidade da Constituição, conforme vimos, determina que a Constituição deve ser vista como um produto jurídico único e integrado, cujas normas devem ser interpretadas guardando-se coerência entre as mesmas. Portanto, a assertiva está certa.

6.4.2. Princípio da harmonização

Também chamado de princípio da **concordância prática** e, de certa forma, decorrente do princípio da unidade constitucional, o princípio da **harmonização** determina que, na Constituição, todas as normas jurídicas devem ser interpretadas de **forma harmônica com as demais**, não havendo **nenhuma delas** que seja **dispensável**.

Assim, no caso de um **aparente conflito** de normas constitucionais, deve ser adotada uma solução que **não implique o sacrifício total** de uma norma em detrimento de outras, buscando-se uma solução intermediária e conciliatória, ainda que uma ou outra não seja aplicada em toda a sua força.

Por exemplo, a Constituição, ao mesmo tempo que coloca a livre-iniciativa como um dos fundamentos da República e da ordem econômica, também prevê expressamente que o Estado deverá proteger o consumidor em suas relações comerciais. Ambas as disposições devem ser obedecidas, devendo, no caso concreto, buscar-se respeitar a ambas, defendendo o consumidor nas relações em que for hipossuficiente, ao mesmo tempo que não se deve impor regras demais ao mercado, de forma a podar a iniciativa econômica.

6.4.3. Princípio da justeza ou exatidão funcional

Pelo princípio da **exatidão funcional**, também chamado de **princípio da conformidade**, a interpretação da Constituição **não** pode ser feita de modo a **desobedecer** ou **ignorar** a sistemática de organização e **repartição das competências entre os poderes**.

Capítulo 6 ◆ Interpretação das normas constitucionais **93**

Isso porque, embora o poder estatal seja uno e indivisível, está ele dividido em três funções, Legislativa, Executiva e Judiciária, além de órgãos que, por possuírem autonomia, gravitam em torno deles, como o Ministério Público e os Tribunais de Contas. Essa divisão feita pela Constituição visa evitar o acúmulo exacerbado de poder nas mãos de uma só pessoa ou instituição, prejudicando o funcionamento democrático do Estado.

Por esse princípio, por exemplo, o Poder Judiciário deve **respeitar a independência** do Poder Legislativo, ainda que os juízes, individualmente, não concordem com o teor de suas leis. Além disso, não pode o Poder Judiciário substituir-se ao Poder Legislativo na definição de regras gerais que devem ser colocadas por lei. Da mesma forma, o Poder Executivo, ao aplicar a lei, deve fazê-lo nos exatos termos definidos pelo Legislativo, respeitando-se eventuais manifestação do Judiciário.

Assim, ao interpretar-se o texto constitucional, deve-se respeitar essa distribuição de competências feita pela Constituição, **evitando-se** incidir no chamado "**ativismo judiciário**", expressão usada para indicar quando o Poder Judiciário extrapola os limites de suas atribuições, invadindo a esfera de competência de outro poder.

> ### 🧩 Decifrando a prova
>
> **(Delegado de Polícia – PC-RJ/2012 – Funcab – Adaptada)** Com base nas lições de Canotilho, os princípios de interpretação constitucional foram desenvolvidos a partir do método hermenêutico-concretizador e se tornaram referência obrigatória da teoria da interpretação constitucional. Segundo a Doutrina, há um princípio que tem por finalidade impedir que o intérprete-concretizador da Constituição modifique aquele sistema de repartição e divisão das funções constitucionais, para evitar que a interpretação constitucional chegue a resultados que perturbem o esquema organizatório-funcional nela estabelecido, como é o caso da separação dos poderes. A definição exposta corresponde ao Princípio da Harmonização.
>
> ( ) Certo   ( ) Errado
>
> **Gabarito comentado:** o princípio da harmonização determina que na Constituição todas as normas jurídicas devem ser interpretadas de forma harmônica com as demais, não havendo nenhuma delas que seja dispensável, evitando-se o sacrifício total de uma para aplicação de outra.
>
> O princípio citado no enunciado da questão refere-se ao princípio da exatidão funcional, também chamado de princípio da justeza, que se preocupa com o respeito às competências dos poderes e órgãos definidas pela Constituição. Portanto, a assertiva está errada.

6.4.4. Princípio do efeito integrador

Pelo princípio do **efeito integrador**, a interpretação das normas constitucionais deve ser feita de forma a **preservar** e **favorecer** a **integração política e social do país**, sendo a Constituição uma das guardiãs dessa unidade nacional. Tanto é assim que o art. 1º do texto constitucional estipula que a República Federativa do Brasil é formada pela União indissolúvel dos Estados e Municípios.

Assim, por exemplo, devem ser **evitadas interpretações** que possam gerar **discriminações** ou **tratamentos diferenciados** injustificáveis entre os **entes da Federação**.

Esse princípio assume especial relevância em um país gigantesco e repleto de diferenças regionais, como ocorre com o Brasil, sendo que o exercício de distinções arbitrárias na aplicação da norma constitucional poderia levar a insatisfações que favoreceriam **movimentos separatistas**.

6.4.5. Princípio da força normativa ou máxima efetividade

O princípio da **força normativa**, também chamado de princípio da **máxima efetividade**, estabelece que as **normas constitucionais** devem ser interpretadas de forma a permitir-lhes a **máxima eficácia, não havendo disposições inúteis** na Constituição. Por outro lado, deve-se sempre ter em mente que as normas constitucionais possuem caráter genérico e sintético, cabendo à legislação infraconstitucional preencher os detalhes do ordenamento jurídico.

O princípio da máxima efetividade aplica-se **especialmente** à interpretação de normas constitucionais que tratem de **direitos e garantias fundamentais**.

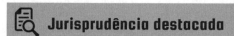

Jurisprudência destacada

Para conferir o máximo de eficácia ao inciso XL do seu art. 5º, a Constituição não se refere à lei penal como um todo unitário de normas jurídicas, mas se reporta, isto sim, a cada norma que se veicule por dispositivo embutido em qualquer diploma legal (STF, RE nº 596.152, Rel. Designado Min. Ayres Britto, j. 13.10.2011).

A manutenção de decisões das instâncias ordinárias divergentes da interpretação adotada pelo STF revela-se afrontosa à força normativa da Constituição e ao princípio da máxima efetividade da norma constitucional (STF, RE nº 328.812 ED/AM, Rel. Min. Gilmar Mendes, j. 06.03.2008).

6.5. MUTAÇÃO CONSTITUCIONAL

Na análise da **interpretação constitucional**, deve-se citar o fenômeno da **mutação constitucional**, que alguns autores preferem chamar de mutação constitucional **informal**, em contraposição à mutação constitucional formal, que ocorre por meio de emendas e revisões constitucionais.

A mutação constitucional é definida pelos doutrinadores como a **alteração informal** do conteúdo do **texto constitucional** por meio da mudança de sua **interpretação**. Dessa forma, a letra do dispositivo constitucional permanece a mesma, porém sua extensão, significado ou alcance são alterados por meio da mudança de sua interpretação.

Capítulo 6 • Interpretação das normas constitucionais **95**

Isso porque, por exemplo, expressões como "liberdade", "cidadania", "igualdade" e "dignidade da pessoa humana" têm seu significado alterado ao longo do tempo, devido, entre outros fatores, à própria evolução da sociedade.

Seu efeito é **semelhante** ao das **emendas constitucionais**, mas **sem haver alteração formal** do **texto constitucional**, mas somente de sua interpretação e aplicação.

Justamente por acompanharem as mudanças sociais, essas alterações e conteúdo do significado das normas ocorrem de forma gradual e contínua, normalmente não se conseguindo determinar com precisão o momento em que isso ocorre, o que faz com que somente sejam perceptíveis após um longo período de tempo, ao se comparar interpretações feitas em momentos distintos.

Nota-se, dessa forma, que a mutação constitucional é resultado da **relação entre as normas da Constituição e a realidade do momento**. A norma é criada para acomodar a realidade segundo os **valores presentes** na sociedade, e conforme a sociedade evolui, evoluem os valores desta e consequentemente o seu direito. Nem sempre haverá a necessidade de se adequar formalmente o texto constitucional a esta mudança, bastando muitas vezes uma mudança de interpretação.

Como exemplo de mutação constitucional podemos citar a mudança da posição do Supremo Tribunal Federal sobre o art. 5º, XLVI, que determina a obrigação de **individualização da pena**. Em 1993, no julgamento do HC 69.657-1/SP, nossa Suprema Corte decidiu que o texto constitucional **não impedia a proibição de progressão** de pena aplicada aos crimes hediondos pela Lei nº 8.072/1990, entendendo que a necessidade de individualização se aplicava somente à fase de fixação da pena, e não à sua execução posterior.

No entanto, em 2006, no julgamento do HC nº 82.959/SP, o Supremo Tribunal Federal **mudou sua posição**, entendendo que a obrigação de individualização da pena aplica-se, sim, à fase de execução.

Para maior clareza, veja-se um excerto daquele julgado:

> O *Habeas Corpus* nº 69.657 foi julgado em 1993, relativamente pouco tempo depois da entrada em vigor da Lei 8.072, de junho de 1990. A realidade agora é outra, totalmente diferente (...). Alguns, entre nós, afirmam, ao eventualmente alterar posição de um determinado texto normativo, que 'evoluíram'. Mudanças nas pessoas certamente ocorrem, mas o que se dá de modo mais frequente é a mudança na própria realidade, determinando a convolação do que era constitucional em inconstitucional; e mesmo o contrário – convolação do que era inconstitucional em constitucional – poderá, em tese, vir a ocorrer.

Outro exemplo muito claro de mutação constitucional, este do Direito Comparado, ocorreu na mudança de interpretação da 14ª Emenda à Constituição norte-americana.

No ano de 1896, a **Suprema Corte norte-americana**, interpretando o princípio da igualdade expressa pela 14ª Emenda, considerou constitucional a **segregação racial** oficial que então existia, no caso Plessy *versus* Ferguson. Porém, em 1954, o mesmo princípio foi utilizado por aquela Corte para fundamentar a supressão da segregação nas escolas e determinar a integração racial nessas instituições, o que decorreu claramente da mudança do que deveria ser entendido como "igualdade".

Por fim, não se deve confundir o fenômeno da mutação constitucional com a chamada **interpretação conforme**. Isso porque o primeiro instituto, como vimos, representa uma alteração do sentido do texto constitucional, e o segundo representa uma **alteração do sentido da norma infraconstitucional**, não se aplicando às normas da Constituição.

Jurisprudência destacada

A questão dos processos informais de mutação constitucional e o papel do Poder Judiciário: a interpretação judicial como instrumento juridicamente idôneo de mudança informal da Constituição. A legitimidade da adequação, mediante interpretação do Poder Judiciário, da própria Constituição da República, se e quando imperioso compatibilizá-la, mediante exegese atualizadora, com as novas exigências, necessidades e transformações resultantes dos processos sociais, econômicos e políticos que caracterizam, em seus múltiplos e complexos aspectos, a sociedade contemporânea (STF, HC nº 93.361, Rel. Min. Celso de Mello, j. 23.09.2008).

Decifrando a prova

(Delegado de Polícia – PC-SP/2018 – Vunesp – Adaptada) Ao julgar o RE nº 251.445/GO, o Supremo Tribunal Federal decidiu que o termo "casa", resguardado pela inviolabilidade conferida pelo art. 5º, inciso XI, da Constituição Federal e antes restrito a domicílio e residência, revela-se abrangente, devendo, portanto, se estender também a qualquer compartimento privado onde alguém exerça profissão ou atividade. Essa fixação de novo entendimento pelo Supremo Tribunal Federal que acarretou num processo de alteração do sentido da norma constitucional, sem alteração do texto, é denominada pela hermenêutica constitucional de mutação constitucional informal.
( ) Certo   ( ) Errado
Gabarito comentado: de fato, o julgamento representou uma situação em que houve uma alteração no sentido da norma constitucional, ou seja, em como o STF encarava seu conteúdo, sem que tenha havido uma alteração textual na Constituição, consistindo exatamente no que a doutrina denomina mutação constitucional informal ou simplesmente mutação constitucional. Portanto, a assertiva certa.

- **Resumo dos princípios de hermenêutica constitucional**

O quadro a seguir resume as diversas características dos princípios hermenêuticos que podem ser utilizados na interpretação da Constituição:

7

Controle de constitucionalidade

7.1. CONSIDERAÇÕES INICIAIS

O **controle de constitucionalidade** consiste na verificação da **conformidade** ou não de uma lei ou ato normativo com a **Constituição**, buscando verificar se a norma harmoniza-se com as disposições constitucionais ou, de algum modo, as contradiz.

O controle de constitucionalidade é característico de **Constituições rígidas, semirrígidas ou imutáveis**. Isso porque, nessas Constituições, a aprovação de alterações do texto constitucional ou não são possíveis – Constituições **imutáveis** – ou submetem-se a um processo legislativo diferenciado do aplicado às leis em geral, o que leva à impossibilidade lógica e jurídica de que uma simples lei possa alterar o texto constitucional – no caso das semirrígidas, deve-se observar, esse controle somente é possível em relação às normas **materialmente** constitucionais, uma vez que essas não podem ser alteradas por uma simples lei.

Isso, aliado ao princípio da **supremacia da Constituição**, leva à conclusão de que toda lei e ato normativo deve respeitar as disposições constitucionais, sob pena de invalidade.

Assim, pode-se considerar o controle de constitucionalidade como uma forma de **proteção da própria Constituição** e seus valores e princípios, uma vez que impede as disposições constitucionais sejam contrariadas e abafadas por normas de hierarquia inferior, garantindo que a posição soberana da Constituição seja de fato respeitada.

A **inconstitucionalidade** representa o **mais grave vício** que uma norma pode conter, uma vez que afronta a própria norma fundamental do Estado, não podendo tal defeito ser convalidado pelo decurso do tempo.

Deve-se observar que as Constituições **flexíveis não permitem** o controle de constitucionalidade porque, sendo as mesmas alteráveis da mesma forma que as demais leis, se determinada lei é aprovada contrariando disposições constitucionais, considera-se que houve uma revogação dessas disposições, da mesma forma que uma lei posterior revoga ou derroga[1] uma lei anterior quando lhe contradisser.

---

[1]   A derrogação consiste na revogação apenas parcial de determinada norma.

Inicialmente, deve-se sempre ter em mente que toda lei ou ato normativo goza da **presunção relativa de constitucionalidade.**[2] Assim, até declaração em contrário do próprio Estado, considera-se que os mesmos são válidos e estão de acordo com a Constituição. No entanto, no caso concreto, pode ocorrer de ser editada uma lei ou ato normativo que, de forma direta ou indireta, contradiga o texto constitucional. Nesse caso, tal diploma legal deverá ser declarado inconstitucional.

A **declaração de inconstitucionalidade** de uma lei ou ato normativo produz, normalmente, efeitos *ex tunc* ou *ab ovo*, isto é, **gera efeitos retroativos** até a data de publicação da norma inconstitucional. Dessa forma, quando uma lei ou ato normativo é considerado inconstitucional, o mesmo é declarado nulo e tudo transcorre, via de regra, como se o mesmo nunca tivesse existido, exceto nos casos excepcionais em que o Poder Judiciário exercer a chamada "modulação dos efeitos da declaração de inconstitucionalidade", a qual será vista adiante.

Além disso, a declaração de inconstitucionalidade também provoca a **repristinação** de normas que tenham sido revogadas pela norma declarada inconstitucional.

A repristinação nada mais é do que a **volta à vigência** de uma lei ou ato normativo que tenha sido revogado por outra lei ou ato normativo. No plano infraconstitucional, ela não é automática. Assim, por exemplo, se a lei A for revogada pela lei B e a lei C revogar a lei B, a lei A não retorna automaticamente a vigorar simplesmente porque a lei B, que a revogou, também foi revogada.

No entanto, se a lei B, ao invés de ser revogada, for considerada inconstitucional, haverá, sim, a repristinação da lei A anteriormente revogada pela lei B,[3] e isso decorre dos efeitos retroativos da declaração de inconstitucionalidade, uma vez que tudo acontecerá como se a lei B **nunca tivesse sido editada**.

Embora possa se falar em **atos privados inconstitucionais**, porque ferem alguma disposição constitucional – como por exemplo, ações de particulares que venham a ofender a dignidade humana – o estudo do controle de constitucionalidade – especialmente em sua modalidade direta – será visto sempre tendo como **objeto uma norma**, que pode ser uma lei ou outro ato normativo, como um decreto, uma portaria, uma instrução normativa, entre outros.

Como já colocado, controle de constitucionalidade decorre do princípio da supremacia da Constituição, que afirma que a **Constituição** é a norma fundamental que rege a organi-

---

[2]   Essa presunção de constitucionalidade decorre tanto de um aspecto teórico, baseado no fato de que a norma foi elaborada por representantes do povo em relação aos quais presume-se, ainda que de forma relativa, que seus atos sejam válidos, como de um aspecto prático, uma vez que seria motivo de desordem e ineficiência do ordenamento jurídico se a constitucionalidade das normas tivesse que ser provada, o que poderia levar inclusive ao descumprimento desarrazoado da norma sob a alegação de que ela possuiria aparência de inconstitucionalidade.

[3]   Os efeitos repristinatórios decorrentes da declaração de inconstitucionalidade são referidos em vários julgados, como por exemplo no RE nº 968.519/PR, Rel. Min. Roberto Barroso, j. 01.02.2017.

Capítulo 7 • Controle de constitucionalidade **101**

zação de um Estado, encontrando-se acima de todas as outras leis e consistindo no **cânon de aferição da validade** delas. Tudo aquilo que estiver em desacordo com a vontade do constituinte deve ser expurgado do ordenamento jurídico.

Por outro lado, é inegável que a declaração de inconstitucionalidade é um fato que se reveste de **gravidade**, uma vez que, através dela, declara-se que uma norma produzida por determinado poder é inválida, devendo ser exercida com cautela.

Por essas razões, é essencial que a própria Constituição defina **mecanismos** de análise de normas alegadamente inconstitucionais,[4] incluindo os órgãos responsáveis por isso e as pessoas habilitadas a provocá-lo.

Alguns autores colocam a proteção dos **direitos fundamentais** como o principal objetivo do controle de constitucionalidade, uma vez que o respeito às disposições constitucionais está intimamente ligado à garantia desses direitos.

Nesse sentido, leciona Alexandre de Moraes (2003, p. 578) que:

> O controle de constitucionalidade configura-se, portanto, como garantia de supremacia dos direitos e garantias fundamentais previstos na constituição que, além de configurarem limites ao poder do Estado, são também uma parte da legitimação do próprio Estado, determinando seus deveres e tornando possível o processo democrático em um Estado de Direito.

7.2. INCONSTITUCIONALIDADE MATERIAL E FORMAL

O vício de inconstitucionalidade de normas é dividido pela doutrina e jurisprudência em inconstitucionalidade material e inconstitucionalidade formal.

A inconstitucionalidade **material** decorre da invalidade do **conteúdo** da norma, ou seja, o texto ou sentido da norma contraria as disposições constitucionais, ainda que seu rito de elaboração tenha sido fielmente seguido.

Assim, por exemplo, se alguma lei viesse a prever no Brasil um regime de segregação racial, em que se buscasse legitimar um tratamento desigual e discriminatório – como vigorava na África do Sul durante o *apartheid* ou em muitos Estados norte-americanos na primeira metade do século XX – tal lei seria materialmente inconstitucional, por ferir disposições constitucionais expressas como a dignidade da pessoa humana (art. 1º, III) e a igualdade entre as pessoas (art. 5º, *caput*).

Já a inconstitucionalidade **formal** advém da inobservância de disposições constitucionais relativas ao **processo de elaboração** da norma, independentemente de seu conteúdo ser ou não constitucional.

Assim, por exemplo, uma lei ordinária federal cujo projeto fosse aprovado somente na Câmara dos Deputados e não fosse apreciado pelo Senado, e que logo a seguir recebesse a

---

[4] As normas que tratam de controle de constitucionalidade são classificadas, segundo o magistério de José Afonso da Silva, em elementos de estabilização constitucional.

sanção presidencial, seria formalmente inconstitucional, pois não obedeceu à disposição constitucional de que toda lei deve ser aprovada nas duas Casas Legislativas federais.

Da mesma forma, seria formalmente inconstitucional um decreto expedido por um Ministro de Estado diretamente para regulamentação da lei, uma vez que tal atribuição é conferida pela Constituição Federal ao Presidente da República (art. 84, IV), não estando nem mesmo entre as hipóteses de delegação previstas no parágrafo único do mesmo artigo.

Também haverá inconstitucionalidade **formal** de lei quando ela for elaborada por **ente da Federação diferente** daquele que recebeu competência da Constituição para legislar sobre aquele assunto, ou ainda quando não forem obedecidas as disposições constitucionais quanto à natureza da norma a ser expedida – como no caso de lei ordinária que trate de assunto reservado a lei complementar.

7.3. INCONSTITUCIONALIDADE DIRETA E INDIRETA

Costuma-se diferenciar a inconstitucionalidade direta da inconstitucionalidade indireta.

A inconstitucionalidade **direta** ocorre entre as chamadas **normas primárias** e a Constituição. Normas primárias são aquelas que retiram seu fundamento de existência da própria Constituição, como as leis e os tratados internacionais.

Assim, a inconstitucionalidade direta resulta do confronto entre a norma infraconstitucional e a própria Constituição, como ocorre, por exemplo, no caso de uma lei elaborada em desacordo com as disposições constitucionais, uma vez que a lei retira seu fundamento de validade diretamente do texto constitucional.

Já a inconstitucionalidade **indireta**, também chamada de **reflexa**, ocorre quando há um confronto entre uma **norma secundária** – assim entendido como aquela que retira seu fundamento de existência da Lei, e não da Constituição – e as disposições constitucionais.

Assim, por exemplo, em se tratando de um decreto presidencial que, tendo sido expedido para fiel execução da lei, acaba por extrapolar as disposições legais, temos uma inconstitucionalidade indireta, pois a validade do decreto será primeiramente avaliada em relação à lei, embora decretos que extrapolem o poder regulamentar também possam ser considerados inconstitucionais, pois desobedecem ao disposto na parte final do art. 84, IV, de nossa Carta Magna.

Deve-se observar que decretos excepcionalmente podem ter sua constitucionalidade direta avaliada se tratarem de organização e funcionamento da administração federal – desde que não impliquem aumento de despesa ou criação de órgão público – ou de extinção de funções ou cargos públicos vagos, uma vez que, neste caso, a Constituição, em seu art. 84, VI, prevê que esses não necessitam de lei anterior a que estejam subordinados.

Essa distinção entre inconstitucionalidade direta e indireta é importante no controle de constitucionalidade, pois, como veremos, o Supremo Tribunal Federal equipara a inconstitucionalidade **indireta à ilegalidade**, não sendo passível de apreciação por meio de controle concentrado.

Capítulo 7 ♦ Controle de constitucionalidade **103**

Conforme bem observado por Marcelo Alexandrino e Vicente Paulo (2019), não se deve confundir a inconstitucionalidade indireta com a inconstitucionalidade **derivada**, também chamada de inconstitucionalidade por arrastamento, a qual estudaremos adiante.

7.4. INCONSTITUCIONALIDADE POR AÇÃO E POR OMISSÃO

A inconstitucionalidade pode ocorrer por ação ou omissão do Poder Público.

Como o nome indica, a inconstitucionalidade **por ação** decorre de um ato positivo, **comissivo**, praticado pelo Estado, como a edição de uma lei ou ato normativo em desacordo com a Constituição, sendo o tipo de inconstitucionalidade mais questionado.

Já a ação **por omissão** ocorre quando há **ausência de agir** do Poder Público diante da norma constitucional. Nesse caso, há um dever estabelecido pela Constituição de emissão de um comando normativo – lei ou ato infralegal normativo –, e tal providência não é adotada pelo Poder competente. A inconstitucionalidade por omissão aplica-se no caso de normas de **eficácia limitada**.

A possibilidade de questionamento da inconstitucionalidade por omissão é prevista no art. 103, § 2º, da Constituição Federal, o qual determina que **"declarada a inconstitucionalidade por omissão** de medida para tornar efetiva norma constitucional, será dada ciência ao Poder competente para a adoção das providências necessárias e, em se tratando de órgão administrativo, para fazê-lo em trinta dias".

Interessante observar que posicionamentos mais recentes do Supremo Tribunal Federal têm admitido a propositura de ação direta de inconstitucionalidade por omissão no caso também da ausência de **providências administrativas** – e não só atos normativos – relacionadas a políticas públicas determinadas pela Constituição e não executadas.[5]

A omissão que pode dar azo à declaração de inconstitucionalidade por ser total ou parcial.

Na omissão **total**, também chamada de absoluta, o Poder Público **deixa de elaborar** a norma exigida pela Constituição, como ocorre por exemplo com a falta de regulamentação, na esfera federal, do inciso X do art. 37 do texto constitucional, que prevê um reajuste anual uniforme para todos os servidores públicos, de forma a compensar as perdas inflacionárias.

Já na omissão **parcial**, a norma requerida pela Constituição até é elaborada, mas de forma **incompleta**, de forma que não se atende plenamente ao pretendido pelo constituinte.

A inconstitucionalidade parcial por sua vez desdobra-se, segundo a doutrina, em relativa e parcial propriamente dita. Na inconstitucionalidade **parcial relativa**, tem-se prejudicado o **princípio da isonomia**, uma vez que o legislador exclui do benefício certo grupo de pessoas que também teriam direito, estabelecendo uma distinção não aceitável. Na omissão **parcial propriamente dita**, o legislador elabora a lei, mas **não** o faz de **maneira suficiente e eficaz**, inviabilizando a concretização plena do mandamento constitucional, não permitindo que ele produza todos os efeitos pretendidos pelo constituinte.

---

[5] STF, ADI nº 1.698, Rel. Min. Cármen Lúcia, j. 25.02.2010.

104 Direito Constitucional Decifrado

> ### 📑 Jurisprudência destacada
>
> O desrespeito à Constituição tanto pode ocorrer mediante ação estatal quanto mediante inércia governamental. A situação de inconstitucionalidade pode derivar de um comportamento ativo do Poder Público, seja quando este vem a fazer o que o estatuto constitucional não lhe permite, seja, ainda, quando vem a editar normas em desacordo, formal ou material, com o que dispõe a Constituição. Essa conduta estatal, que importa em um *facere* (atuação positiva), gera a inconstitucionalidade por ação. Se o Estado, no entanto, deixar de adotar as medidas necessárias à realização concreta dos preceitos da Constituição, abstendo-se, em consequência, de cumprir o dever de prestação que a própria Carta Política lhe impôs, incidirá em violação negativa do texto constitucional. Desse *non facere* ou *non praestare*, resultará a inconstitucionalidade por omissão, que pode ser total (quando é nenhuma a providência adotada) ou parcial (quando é insuficiente a medida efetivada pelo Poder Público) (STF, ADI nº 1.484/DF, Rel. Min. Celso de Mello, j. 21.08.2001).

7.5. INCONSTITUCIONALIDADE TOTAL E PARCIAL

No caso de **atos comissivos**, a declaração de inconstitucionalidade também pode ser total ou parcial.

Será **total** quando atingir toda a lei ou ato normativo, e **parcial** quando abranger somente parte deles.

Como exemplos de inconstitucionalidade total, temos os casos da Lei Federal nº 5.250/1967, a chamada Lei da Imprensa, que o Supremo Tribunal Federal considerou inconstitucional em seu conjunto[6] por conta da incompatibilidade da norma com a extensão do direito de expressão assegurado pela Constituição de 1988, e da Lei Estadual Paulista nº 10.894/2001, que foi declarada totalmente inconstitucional por conta de vício de iniciativa.[7]

Já a inconstitucionalidade parcial ocorre quando o Judiciário afastar a aplicação de **somente parte** do texto da norma, reconhecendo a validade dos demais trechos.

Nesse ponto, importante observar que o Poder Judiciário pode declarar a inconstitucionalidade parcial de **fração** de artigo, parágrafo, inciso, alínea ou até mesmo sobre uma única palavra ou expressão do ato normativo, **não se aplicando**, de forma analógica, a disposição do art. 66, § 2º, da Constituição Federal, que exige que o veto presidencial de projeto de lei recaía sobre pelo menos um dispositivo integral (artigo, parágrafo, inciso ou alínea).

Assim, por exemplo, no julgamento do Recurso Extraordinário nº 661.702, o Supremo Tribunal Federal declarou a inconstitucionalidade da expressão "das multas, preços públicos e demais encargos", constante do § 7º do art. 28 da Lei Distrital Lei nº 239/1992, reconhecendo a validade do restante do texto.[8]

---

6   STF, ADPF nº 130, Rel. Min. Ayres Britto, j. 30.04.2009.

7   STF, ADI nº 3.156/SP, Rel. Min. Celso de Mello, j. 01.08.2018.

8   STF, RE nº 661.702, Rel. Min. Marco Aurélio, j. 04.05.2020.

7.6. INCONSTITUCIONALIDADE ORIGINÁRIA E SUPERVENIENTE

Quanto ao aspecto temporal, a inconstitucionalidade de lei ou ato normativo pode ser originária ou superveniente.

A inconstitucionalidade **originária** é aquela que surge juntamente com a norma. Ou seja, a lei ou ato normativo já **surge inconstitucional**.

Para reconhecimento da inconstitucionalidade originária faz-se o confronto entre a norma e a Constituição vigente no momento de sua produção.

A inconstitucionalidade **superveniente** ocorre quando a norma nasce válida, mas alguma **alteração futura** no texto constitucional ou mesmo a elaboração de uma **nova Constituição** a torna incompatível com as disposições constitucionais.

Importante observar que o Supremo Tribunal Federal **não admite**, em nosso ordenamento, a ocorrência da inconstitucionalidade superveniente. Para nossa Suprema Corte, a superveniência de texto constitucional incompatível com a norma provoca a **revogação** desta, e não sua inconstitucionalidade.[9]

Embora isso possa parecer uma mera discussão semântica, produz efeitos jurídicos importantes. Isso porque a declaração de inconstitucionalidade, como já vimos, gera efeitos retroativos, sendo que a revogação da norma, não.

7.7. RECEPÇÃO CONSTITUCIONAL

A entrada em vigor de uma nova Constituição também **inaugura** um novo **ordenamento jurídico** do ponto de vista estrutural, mas exceto se for a primeira Constituição de um país, haverá diversas leis anteriores, promulgadas sob a égide da Constituição anterior.

Nesse caso, como o Direito Constitucional lida com essa questão?

Primeiramente, as leis que **contradisserem** o novo texto constitucional serão consideradas **revogadas**, não devendo mais produzir efeitos. Se somente parte da lei estiver em desacordo com a nova Constituição, somente essa parte será considerada inválida.

As demais leis **continuarão em vigor**, por meio de um instituto jurídico denominado **recepção constitucional**. Assim, por exemplo, quando a Constituição de 1988 foi promulgada, a maior das leis então existentes foi recepcionada pela nova Constituição, permanecendo em vigor.

A recepção constitucional, aliás, é **presumida**, o que significa que até declaração oficial de inconstitucionalidade, as leis anteriores à Constituição devem continuar sendo obedecidas.

Pode ocorrer, porém, uma **transmutação na natureza** da norma infraconstitucional, dependendo da forma como a nova Constituição determinar a regulação da matéria.

Assim, por exemplo, se uma lei ordinária, anterior à nova Constituição, trate de assunto que o novo texto constitucional reserve à regulamentação por lei complementar, essa lei, se estiver materialmente de acordo com a Constituição, será recepcionada como **lei complementar**, somente podendo ser revogada ou alterada por lei dessa mesma natureza.

---

[9] STF, ADI nº 2, Rel. Min. Paulo Brossard, j. 06.02.1992; e AgR nº 491.825/MG, Rel. Min. Roberto Barroso, j. 09.04.2017.

Nesse sentido, por exemplo, o Supremo Tribunal Federal já decidiu que a Lei nº 5.172/1966[10] (Código Tributário Nacional), embora formalmente lei ordinária, possui o *status* de lei complementar.

Da mesma forma, um decreto ou decreto-lei pode vir a ser recepcionado como **lei ordinária** pela Constituição, se não apresentar inconstitucionalidade em seu conteúdo.

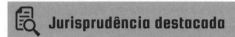

A jurisprudência do Supremo Tribunal Federal é firme no sentido de que o Decreto-Lei nº 395/1938 foi recepcionado como lei ordinária pela ordem constitucional vigente, de modo que a ANP (Agência Nacional do Petróleo) e o DNC (Departamento Nacional de Combustíveis) podem autuar e aplicar multa (STF, ARE nº 1.039.542, Rel. Min. Roberto Barroso, j. 26.10.2018).

Assim como a declaração de inconstitucionalidade pode se dar parcialmente, o mesmo ocorre com a recepção, quando somente uma parte da lei anterior à Constituição for compatível com ela.

7.8. SISTEMAS DE CONTROLE DE CONSTITUCIONALIDADE

Quando se fala em sistemas de controle de constitucionalidade, está se referindo ao órgão que tem a competência para realizá-lo, o que é definido pela Constituição de cada país, e pode ser judicial, político ou misto.

No **controle judicial**, originário do Direito norte-americano, a competência para a declaração de inconstitucionalidade é do **Poder Judiciário**.

No **controle político**, quem pode declarar a inconstitucionalidade de lei ou ato normativo é um órgão que **não** integra a estrutura **do Poder Judiciário**, sendo, em regra, especialmente criado para esse fim, possuindo autonomia em relação aos Poderes do Estado. Como exemplo, temos o Conselho Constitucional, na frança, o qual tem como função fiscalizar a aplicação da Constituição francesa.

Já o **controle misto** é adotado por aqueles países em que **algumas normas** têm sua constitucionalidade apreciada pelo **Poder Judiciário** e **outras** por **órgão político**. É o caso da Suíça, em que as leis de caráter federal são submetidas a um controle político, pela Assembleia Nacional, e as leis locais têm sua constitucionalidade apreciada pelo Poder Judiciário.

O Brasil adotou como regra o controle judicial, embora admita-se o controle político em algumas situações, como veremos a seguir. Por isso, diversos autores e juristas preferem considerar que nosso ordenamento jurídico adotou o sistema misto.[11]

---

[10] STF, RE nº 556.664/RS, Rel. Min. Gilmar Mendes, j. 12.06.2008.
[11] Nesse sentido, por exemplo, o Ministro Moreira Alves, na relatoria da ADI nº 221-MC (j. 16.09.1993), afirma que o Brasil adotou o sistema misto.

7.9. CONTROLES PREVENTIVO E REPRESSIVO DE CONSTITUCIONALIDADE

Quanto ao **momento** em que é exercido, o controle de constitucionalidade pode ser classificado como preventivo ou repressivo.

No **controle preventivo** busca-se **evitar** que uma lei inconstitucional venha a ser **criada** e que entre em vigor, abortando seu processo de formação antes que produza efeitos. Já no controle **repressivo** busca-se **retirar** do ordenamento jurídico uma lei inconstitucional que já tenha sido promulgada e publicada.

7.9.1. Controle preventivo

No ordenamento jurídico brasileiro, o controle preventivo é exercido principalmente pelos **Poderes Legislativo e Executivo**.

No **Poder Legislativo**, é praticado especialmente por meio da atuação das **Comissões de Constituição e Justiça (CCJ)**, de cada Casa Legislativa, que possuem entre suas atribuições a análise da constitucionalidade de projetos de leis apresentados, por meio da análise feita por parlamentares assessorados por um corpo técnico. Tanto a Câmara dos Deputados como o Senado Federal possuem suas próprias Comissões de Constituição e Justiça. Na Câmara, inclusive, o parecer da CCJ possui caráter terminativo.

Já o **Poder Executivo** exerce o controle preventivo por meio do chamado **veto jurídico**, que ocorre quando o Presidente da República veta determinada lei ou dispositivo legal alegando a sua inconstitucionalidade, baseado no disposto no art. 66, § 1º, da Constituição Federal.

Deve ser observado, porém, que como ocorre com os vetos em geral, o veto jurídico pode ser **derrubado** por decisão da **maioria absoluta** do Congresso Nacional, conforme previsto no art. 66, § 4º, da Constituição.

Já o controle preventivo pelo **Poder Judiciário** é objeto de **polêmica**, não encontrando posição pacífica sequer dentro do próprio Supremo Tribunal Federal. No entanto, precedentes antigos de nosso Tribunal Excelso entendem possível o controle preventivo feito de **forma reduzida** e **excepcional**, somente podendo ser exercido quando, durante o processo legislativo, verifica-se flagrante desrespeito às normas que o regem, o que pode motivar a intervenção do Judiciário, sempre por provocação de alguém, como um parlamentar.

Nesse sentido, já decidiu o Supremo Tribunal Federal, antes mesmo da vigência da Constituição de 1988 sobre o assunto, reconhecendo a possibilidade de o Judiciário declarar preventivamente a inconstitucionalidade de projeto de lei:

> (...) em hipóteses em que a vedação constitucional se dirige ao próprio processamento da lei ou da emenda, vedando a sua apresentação (como é o caso previsto no parágrafo único do art. 57 [da então vigente Constituição Federal de 1967]) ou a sua deliberação (como na espécie). Nesses casos, a inconstitucionalidade diz respeito ao próprio andamento do processo legislativo, e isso porque a Constituição não quer – em face da gravidade dessas deliberações, se consumadas – que sequer se chegue à deliberação,

108 Direito Constitucional Decifrado

proibindo-a taxativamente. A inconstitucionalidade, se ocorrente, já existe antes de o projeto ou de a proposta se transformar – em lei ou em emenda constitucional, porque o próprio processamento já desrespeita, frontalmente, a Constituição.[12]

O controle preventivo tem a vantagem de ser prévio à vigência da lei, evitando que uma norma inconstitucional venha a gerar efeitos no plano jurídico.

7.9.2. Controle repressivo

Quando o controle preventivo de constitucionalidade falha, pode ser acionado o controle **repressivo**, o qual é exercido normalmente através dos **juízes** e **cortes judiciais**, quando provocados por quem de direito, uma vez que, de forma geral, não cabe ao Judiciário agir de ofício.

Esse controle repressivo pelo Judiciário no Brasil, conforme veremos, pode ser exercido de forma **concentrada** ou **difusa**.

Além do Judiciário, a Constituição Federal prevê três hipóteses em que o **controle repressivo** de constitucionalidade poderá ser feito pelo **Legislativo** sobre atos normativos do Executivo.

A primeira ocorre no caso de o **decreto** do Poder Executivo **extrapolar** os limites do **poder regulamentar**.

Isso porque nossa Constituição, de forma geral, determina que os decretos do Executivo têm a função primordial de regulamentar e complementar as leis aprovadas pelo Legislativo, **não podendo**, por exemplo, criar obrigações ou impor proibições, conforme previsto no art. 5º, II, o qual dispõe que "ninguém será obrigado a fazer ou deixar de fazer alguma coisa senão em virtude de lei".[13] Se o decreto ultrapassar esse poder regulamentar, o Legislativo, assim como o Judiciário, pode alegar sua inconstitucionalidade e sustá-lo. O instrumento para esse tipo de intervenção é o **decreto legislativo**, editado pelo Congresso Nacional, na esfera federal.

A segunda hipótese ocorre quando **lei delegada** elaborada pelo Poder Executivo **ultrapassar** os **limites** da delegação concedida pelo Legislativo.

A lei delegada, de rara utilização no Brasil, é aquela elaborada pelo Presidente da República, nos termos do art. 68 da Constituição Federal, após um ato de delegação do Congresso Nacional, sendo que tal ato – também consubstanciado por um decreto legislativo – deverá estabelecer o conteúdo e os termos que devem ser obedecidos pelo Chefe do Executivo. Se,

---

[12] STF, MS nº 20.257, Rel. Min. Décio Miranda, j. 08.10.1980.

[13] Existem somente duas situações em que a Constituição Federal permite a edição de decretos autônomos pelo Presidente da República, ou seja, que não estejam relacionados à regulamentação de lei: para organização da administração pública federal, desde que não haja aumento de despesas nem criação ou extinção de órgãos públicos; e para extinção de cargos públicos vagos.

ao elaborar tal lei, o Presidente da República desrespeitar tais limites, a mesma será considerada inconstitucional, podendo o Congresso declará-lo por si mesmo, sem a necessidade de recorrer ao Poder Judiciário.

A competência do Poder Legislativo para **sustar** os atos normativos do Poder Executivo que exorbitem do poder regulamentar ou dos limites de delegação legislativa está prevista expressamente no art. 49, V, da Constituição Federal.

Deve-se ressaltar que o termo "sustar" utilizado pela Constituição Federal indica que os efeitos **não serão retroativos**, havendo na verdade a suspensão da eficácia da norma.

A terceira situação em que o Poder Legislativo poderá exercer um controle repressivo de constitucionalidade sobre atos do Executivo ocorre quando da **apreciação de medidas provisórias** editadas pelo Presidente da República. Isso porque, uma vez encaminhada a medida provisória ao Congresso Nacional, cabe a este, principalmente por meio de suas Comissões de Constituição e Justiça, verificar a constitucionalidade do diploma legal. Nesse caso, diferentemente do que ocorre com a análise dos projetos de lei, o controle é **repressivo**, porque a medida provisória já está incorporada ao ordenamento jurídico, uma vez que produz efeitos desde a sua edição.

Diante disso, se a referida comissão considerar que a medida provisória é inconstitucional, ocorrerá sua rejeição pelo Congresso Nacional.

O esquema abaixo representa o que acabamos de ver:

Espécies de Controle de Constitucionalidade	
a) Controle Preventivo O controle preventivo de constitucionalidade visa impedir que um ato ou lei inconstitucional venha a existir, a adquirir eficácia. É exercido pelos poderes Executivo (através do chamado veto jurídico) e Legislativo (principalmente através da atuação das Comissões de Constituição e Justiça), durante o processo de elaboração da lei e antes de sua publicação. Excepcionalmente, o Judiciário também o exerce quando do descumprimento de normas constitucionais relativas ao processo legislativo.	**b) Controle Repressivo** Tem o objetivo de retirar do ordenamento jurídico uma norma vigente que se encontra em desacordo com a Constituição. É exercido, via de regra, pelo Poder Judiciário, porém, nossa Constituição prevê três hipóteses em que este controle pode ser feito pelo Poder Legislativo: no caso de o Poder Executivo exorbitar seu poder regulamentar, no caso de o Poder Executivo extrapolar os limites de delegação legislativa e no caso de apreciação de Medida Provisória editada pelo Executivo.

110 Direito Constitucional Decifrado

7.10. DESCUMPRIMENTO DE LEI CONSIDERADA INCONSTITUCIONAL PELO PODER EXECUTIVO

Questão interessante é a possibilidade ou não de o **Chefe do Poder Executivo** poder ou não **deixar de cumprir** uma norma que considere inconstitucional.

Embora parte considerável da doutrina atual defenda o contrário, historicamente o Supremo Tribunal Federal tem se posicionado **favoravelmente** à possibilidade de o Chefe do Executivo ordenar a seus subordinados que não cumpram uma lei pretensamente inconstitucional.

Anteriormente à promulgação da EC nº 16/1965, que criou a representação de inconstitucionalidade, a **jurisprudência do Supremo Tribunal Federal** havia se consolidado no sentido de **admitir** que o Executivo deixasse de aplicar uma lei por entendê-la inconstitucional. Após o surgimento do controle abstrato, o Tribunal discutiu longamente a questão por ocasião do MS nº 15.886. No referido julgamento, o relator, Ministro Victor Nunes Leal, proferiu voto no sentido de que o Executivo não poderia se furtar do cumprimento da lei alegando inconstitucionalidade, por haver no sistema meio rápido e eficaz para sanar o vício: a representação de inconstitucionalidade. Tal entendimento foi acompanhado por alguns Ministros, mas, no final, o relator foi vencido, restando afirmada a posição histórica do Tribunal.

Sob a vigência da Constituição de 1988, o Supremo Tribunal Federal ainda não se posicionou devidamente sobre o tema. Na ADI nº 221, de relatoria do Ministro Moreira Alves,[14] a ementa trouxe o seguinte trecho:

> Em nosso sistema jurídico, não se admite declaração de inconstitucionalidade de lei ou de ato normativo com força de lei por lei ou por ato normativo com força de lei posteriores. O controle de constitucionalidade da lei ou dos atos normativos é da competência exclusiva do Poder Judiciário. Os Poderes Executivo e Legislativo, por sua Chefia – e isso mesmo tem sido questionado com o alargamento da legitimidade ativa na ação direta de inconstitucionalidade – podem tão-só determinar aos seus órgãos subordinados que deixem de aplicar administrativamente as leis ou atos com força de lei que considerem inconstitucionais.

Entretanto, tal tema **não foi discutido** no mérito da ação, pelo que deve ser considerado apenas como *obiter dictum* (coisa dita de passagem), não refletindo, necessariamente, a posição do Tribunal.

Já o **Superior Tribunal de Justiça** tem adotado uma posição mais claramente **a favor** de reconhecer esse poder ao Chefe do Executivo.[15]

Os críticos a essa possibilidade levantam a questão de que, diferentemente do que ocorria anteriormente, a Constituição de 1988 ampliou significativamente o rol de legitimados a provocar o controle concentrado de constitucionalidade, além do que a apreciação de in-

---

[14] STF, ADI nº 221/DF, Rel. Min. Moreira Alvez, j. 16.09.1993.
[15] STJ, REsp nº 23.121-1/GO, Rel. Min. Humberto Gomes, j. 06.10.1993.

Capítulo 7 ◆ Controle de constitucionalidade **III**

constitucionalidade pelo Poder Executivo posteriormente à elaboração da norma não encontraria guarida constitucional.

De qualquer forma, tem-se que, ainda que admita a possibilidade de negativa de cumprimento de lei considerada inconstitucional pelo Poder Executivo, tal faculdade **somente** é conferida ao **Chefe** desse Poder em cada esfera governamental, ou seja, ao Presidente da República, Governadores de Estado e Prefeitos Municipais, não podendo seus subalternos nem mesmo seus auxiliares diretos exercerem tal julgamento.

7.II. POSSIBILIDADE DE CONTROLE DE CONSTITUCIONALIDADE PELOS TRIBUNAIS DE CONTAS

A Constituição Federal determina que cabe aos **Tribunais de Contas** auxiliar os Poderes Legislativos Federal, Estadual e Municipal no exercício do **controle externo** dos atos do Poder Executivo quanto a diversos aspectos, inclusive a legalidade.

Assim, de uma forma majoritária entende-se que, no exercício dessa competência e desde que relacionado à boa gestão dos recursos públicos, **pode declarar** determinada lei ou ato como inconstitucional, negando-lhe validade, desde que isso seja feito por **maioria absoluta** de votos, em respeito à cláusula de reserva de plenário, prevista no art. 97 da Constituição Federal.

Nesse sentido, tem-se a **Súmula nº 347** do Supremo Tribunal Federal, que determina que: "O Tribunal de Contas, no exercício de suas atribuições, pode apreciar a constitucionalidade das leis e dos atos do Poder Público".

Assim, enquanto não revogado tal verbete, essa deve ser tomada como a posição oficial de nossa Corte Suprema, embora atualmente alguns ministros tenham questionado essa posição, alegando que a súmula foi editada em 1963, em um ordenamento jurídico sujeito a uma Constituição diferente, e que atualmente nossa Carta Magna não comportaria o reconhecimento de tal atribuição aos Tribunais de Contas.[16]

Esse controle de constitucionalidade pelos Tribunais de Contas é feito sempre de **forma incidental**, ou seja, no julgamento de contas envolvendo um caso concreto, sem gerar efeitos a terceiros não envolvidos, e sempre pode ser posteriormente submetido ao controle pelo Poder Judiciário.

7.I2. INTERPRETAÇÃO CONFORME A CONSTITUIÇÃO

Sempre que possível, a lei deve ser interpretada de forma que seja mantida a vontade do constituinte e, ao mesmo tempo, não ocorra conflito com a Constituição Federal.

Esta é a chamada "**interpretação conforme a Constituição**", que somente é admissível quando a norma apresentar **diversas interpretações** possíveis. Na situação, porém, em que

---

[16] MS nº 32.410-MC, Min. Alexandre de Moraes, Decisão Monocrática em 15.12.2017; MS nº 25.888-MC, Min. Gilmar Mendes, Decisão Monocrática em 22.03.2006.

o dispositivo legal permitir somente uma interpretação, e esta for considerada em desacordo com a Constituição, deverá ser declarada a inconstitucionalidade do dispositivo.

Existem **duas** hipóteses que podem ocorrer quando se aplica a interpretação conforme a Constituição: interpretação conforme com redução do texto e interpretação conforme sem redução do texto.

A interpretação **conforme sem redução do texto**, muito usada na prática, é aplicada no caso em que seja possível adotar uma interpretação para a norma que não venha a ferir a Constituição, sem que seja necessário suprimir qualquer palavra de seu texto. Assim, o Judiciário não precisa declarar a nulidade nem "mutilar" a norma, mas simplesmente manifestar-se sobre como deve ou não ser interpretada.

Aí ocorrem duas possibilidades: ou o Poder Judiciário define qual a interpretação que deve ser dada à norma, excluindo quaisquer outras, ou então define quais interpretações não podem ser admitidas, permitindo quaisquer outras que lhes sejam diferentes.

Dessa forma, vê-se que na interpretação sem redução de texto o Judiciário **não afasta a norma**, nem mesmo parte dela, do ordenamento jurídico, mas simplesmente define quais interpretações são possíveis ou são vedadas.

Um exemplo importante de aplicação dessa técnica foi visto no julgamento da ADI nº 4.277,[17] em que o Supremo Tribunal Federal reconheceu as uniões homoafetivas como entidades familiares, quando atribuiu ao art. 1.723 do Código Civil interpretação conforme a Constituição para dele "excluir qualquer significado que impeça o reconhecimento da união contínua, pública e duradoura entre pessoas do mesmo sexo como entidade familiar".

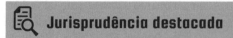

> Interpretação conforme a Constituição, no sentido de que a expressão "seu subsídio", definidora do teto indenizatório pelo exercício da função de magistério, constante do § 1º ao art. 167 do Decreto nº 12.118/2006, diz respeito ao subsídio de Delegado de Polícia (inciso IV do dispositivo), independentemente da carreira originária daquele que exercer a função de magistério (STF, ADI nº 6.012, Rel. Min. Alexandre de Moraes, j. 26.09.2019).

Por outro lado, a interpretação **conforme com redução do texto** é realizada quando **não for possível** encontrar uma interpretação que **mantenha a letra da lei** na sua integralidade, mas que, por outro lado, em virtude da redação do texto impugnado, seja possível declarar a inconstitucionalidade de determinada **expressão**, possibilitando, com a supressão desse termo, uma interpretação que não ofenda à Carta Magna. O objetivo é não eliminar todo o dispositivo legal questionado, mas somente a parte que se considera inconstitucional, preservando a vontade do legislador em relação as demais partes da norma.

---

[17] STF, ADI nº 4.277, Rel. Min. Ayres Britto, j. 05.05.2011.

Capítulo 7 • Controle de constitucionalidade **113**

Exemplo de aplicação dessa técnica foi dada pelo Supremo Tribunal Federal ao julgar a ADI nº 1.127-8,[18] em que nossa Corte Máxima excluiu a expressão *"desacato"* da leitura do posteriormente revogado art. 7º, § 2º, da Lei nº 8.906/1994 (Estatuto da Advocacia), que concedia imunidade profissional ao advogado no desempenho de suas funções. Assim, embora o texto literal do dispositivo legal estipulasse que "o advogado tem imunidade profissional, não constituindo injúria, difamação ou desacato puníveis qualquer manifestação de sua parte, no exercício de sua atividade, em juízo ou fora dele, sem prejuízo das sanções disciplinares perante a OAB, pelos excessos que cometer", o Supremo Tribunal Federal entendeu que a norma era válida, exceto quanto ao desacato. Dessa forma, tal dispositivo legal deveria ser aplicado – até sua revogação posterior – como se a expressão "ou desacato" não constasse de seu texto, excluindo-se a responsabilidade do advogado somente quanto a manifestação que poderiam caracterizar injúria ou difamação.

7.13. DECLARAÇÃO PARCIAL DE INCONSTITUCIONALIDADE SEM REDUÇÃO DO TEXTO

A Lei nº 9.868/1999, em seu art. 28, parágrafo único, faz distinção entre a interpretação conforme a Constituição e a **declaração parcial de inconstitucionalidade sem redução do texto**, uma vez que as coloca como espécies distintas.[19]

Nesse sentido, na interpretação conforme a Constituição, como visto acima, o Poder Judiciário autoriza ou proíbe a adoção de determinada interpretação do texto constitucional.

Já na declaração parcial de inconstitucionalidade sem redução do texto, o que haveria seria o **afastamento da aplicação** de um dispositivo legal a um **grupo** de pessoas ou **situações**, sendo que, em relação a outros grupos de pessoas ou situações, a norma se aplicaria normalmente.

A declaração parcial de inconstitucionalidade sem redução do texto é uma técnica utilizada para impedir determinadas hipóteses de aplicação ou incidência da norma que aparentemente seriam factíveis, mas que a levaria a uma inconstitucionalidade, sem proceder a qualquer alteração do seu texto normativo. Aqui, diferentemente da interpretação conforme, **não se está afastando meros sentidos** interpretativos da norma, mas **subtraindo** do campo de incidência da norma determinadas **situações ou pessoas**, à qual ela em tese se aplicaria.

Exemplo de aplicação dessa técnica pode ser vista no julgamento da ADI 1.946,[20] na qual nossa Suprema Corte declarou a inconstitucionalidade parcial sem redução de texto do

---

[18] STF, ADI nº 1.127, Rel. Min. Marco Aurélio, j. 17.05.2006.

[19] "Art. 28. Dentro do prazo de dez dias após o trânsito em julgado da decisão, o Supremo Tribunal Federal fará publicar em seção especial do Diário da Justiça e do Diário Oficial da União a parte dispositiva do acórdão.
Parágrafo único. A declaração de constitucionalidade ou de inconstitucionalidade, inclusive a interpretação conforme a Constituição e a declaração parcial de inconstitucionalidade sem redução de texto, têm eficácia contra todos e efeito vinculante em relação aos órgãos do Poder Judiciário e à Administração Pública federal, estadual e municipal."

[20] STF, ADI nº 1.946, Rel. Min. Sydney Sanches, j. 03.04.2003.

Direito Constitucional Decifrado

art. 14 da EC nº 20/1998, que instituiu o teto para os benefícios previdenciários do Regime Geral da Previdência Social, para excluir sua aplicação ao benefício do salário-maternidade, que segundo o STF deve ser pago sem sujeição a teto e sem prejuízo do emprego e do salário, conforme o art. 7º, XVIII, da CF, conforme se verifica do excerto de sua ementa que segue:

> Estando preenchidos os requisitos da plausibilidade jurídica da ação ("fumus boni iuris") e do "periculum in mora", é de ser deferida a medida cautelar. Não, porém, para se suspender a eficácia do art. 14 da EC nº 20/98, como, inicialmente, pretende o autor. Mas, como alternativamente pleiteado, ou seja, para lhe dar, com eficácia "ex tunc", interpretação conforme à Constituição, no sentido de que tal norma não abrange a licença-gestante, prevista no art. 7º, inc. XVIII, da CF/88, durante a qual continuará percebendo o salário que lhe vinha sendo pago pelo empregador, que responderá também pelo "quantum" excedente a R$ 1.200,00, por mês, e o recuperará da Previdência Social, na conformidade da legislação vigente.

7.14. CONTROLE DE CONSTITUCIONALIDADE DE NORMAS ORIGINÁRIAS E DERIVADAS

De acordo com nosso sistema jurídico, **não existe a possibilidade** da declaração de **inconstitucionalidade** das normas constitucionais **originárias**, ou seja, aquelas que constam da constituição desde sua promulgação.[21]

As normas constitucionais **derivadas**, ou seja, produzidas por emendas constitucionais, podem ter sua constitucionalidade questionada, mas de forma restrita. Isso porque tais emendas podem ser declaradas inconstitucionais somente se ferirem alguma **cláusula pétrea**, ou se forem produzidas sem obediência ao **rito previsto** ou ainda se forem promulgadas em **épocas em que isso é vetado**, como em períodos de intervenção federal, ou seja, as normas constitucionais derivadas serão inconstitucionais se não obedecerem aos requisitos materiais, formais ou temporais impostos ao poder constituinte derivado reformador.[22]

Assim, estando uma emenda constitucional formal e temporalmente em ordem, e não tendo ferido cláusula pétrea, seu conteúdo presume-se constitucional, e ela será recebida pelo ordenamento jurídico em **pé de igualdade** com as normas originárias. Eventuais contradições aparentes entre o texto de uma alteração constitucional e outras disposições constitucionais deverão ser superadas por meio das **técnicas de hermenêutica**, assim como ocorre com os conflitos aparentes entre normas originárias.

7.15. MODELOS DE CONTROLE DE CONSTITUCIONALIDADE PELO JUDICIÁRIO

No Direito Constitucional Comparado, identificam-se dois modelos de controle repressivo de constitucionalidade pelo Judiciário: o controle difuso, que também recebe os nomes

---

[21] STF, ADI nº 815-3, Rel. Min. Moreira Alves, j. 28.03.1996.
[22] STF, ADI nº 1.946, Rel. Min. Sydney Sanches, j. 29.04.1999.

Capítulo 7 ◆ Controle de constitucionalidade **115**

de indireto, concreto, aberto, incidental ou por via de defesa; e o controle concentrado, também chamado de direto, abstrato ou fechado.

O controle **difuso** ou **aberto** foi o primeiro a surgir e é característico do **sistema judicial norte-americano**, lá recebendo o nome de *judicial review*, e estabelece que a apreciação de constitucionalidade das normas pode ser feita por **qualquer juiz de direito** regularmente investido, na análise do caso concreto a ele submetido, podendo ser invocada por qualquer pessoa que esteja tendo um direito ameaçado ou ferido por alguma norma que considere inconstitucional.

Esse modelo é uma construção jurisprudencial da Suprema Corte Americana, uma vez que não há sua previsão expressa na Constituição norte-americana, e tem como marco o famoso caso Marbury *versus* Madison,[23] de 1803, embora alguns autores defendam que existissem alguns precedentes em julgamentos de tribunais locais.

No caso Marbury *versus* Madison, a Suprema Corte americana, sob a presidência de John Marshall, estabeleceu que o Poder Judiciário poderia deixar de aplicar uma lei aos casos concretos a ele submetidos, por entendê-la inconstitucional.

O controle **concentrado, reservado, direto** ou **abstrato**, originário da **Europa**, caracteriza-se pelo fato de o controle de constitucionalidade ser realizado privativamente e de forma abstrata por uma **Corte Constitucional** – no nosso caso, o Supremo Tribunal Federal cumpre esta função –, não podendo ser exercido, em sua forma pura, pelos juízes inferiores. Nesse caso, para evitar-se a multiplicação descontrolada de processos no Tribunal Constitucional, costuma-se restringir o número de pessoas que podem provocá-lo, ou seja, a legitimidade para apresentar o questionamento de inconstitucionalidade é restrita.

A primeira Constituição a adotar o sistema direto de controle de constitucionalidade foi a da Áustria, de 1920, cujo texto foi elaborado pelo jurista alemão Hans Kelsen. Tal Constituição criou um tribunal específico, o Tribunal Constitucional, com a atribuição exclusiva de controle de constitucionalidade, excluindo-se a competência dos demais juízos e tribunais para sua apreciação, tratando-se, assim, de um **controle político**.

O controle abstrato característico do modelo concentrado faz com que **não haja necessidade** de um **caso concreto** para que se discuta a constitucionalidade de uma norma, sendo isso feito de forma genérica, devendo a decisão do Tribunal Constitucional ser aplicada por todos os tribunais do Poder Judiciário.

---

[23] O caso Marbury *versus* Madison nasceu a partir de uma querela política ocasionada pela revogação, pelo Secretário de Estado do Presidente Thomas Jefferson, James Madison, da nomeação de juízes de paz feita pelo presidente anterior, John Adams. Na verdade, John Marshall, o presidente da Suprema Corte Americana, para evitar conflitos políticos, sequer chegou a julgar o mérito da questão, sob o argumento jurídico bem construído de que a competência originária da Suprema Corte, prevista na Constituição Norte-Americana, havia sido indevidamente alterada por uma lei (o *Judiciary Act*, de 1789), o que não seria possível, uma vez que a Constituição somente poderia ser alterada por meio de uma emenda constitucional, sendo esta a primeira vez – pelo menos de forma relevante – em que se invocou a ideia da superioridade da Constituição em relação às demais normas do ordenamento jurídico.

116 Direito Constitucional Decifrado

O quadro a seguir resume as diferenças básicas entre o controle concentrado e o controle difuso de constitucionalidade:

Concentrado ou direto	Difuso ou indireto
Origem: Europa Continental.	Origem: EUA.
Controle abstrato (não trabalha com casos concretos).	Controle feito com base em casos concretos.
Objetivo é a própria declaração de inconstitucionalidade.	A alegação de inconstitucionalidade é meio para a obtenção de outro objetivo.
Exercido por meio de ações próprias para isso.	Exercido de forma incidental, dentro de um processo judicial comum.
Realizado somente pela Suprema Corte.	Realizado também pelos juízes singulares e pelos tribunais inferiores.
Eficácia do julgamento: *erga omnes* (vale para todas as pessoas).	Eficácia do julgamento: *inter partes* (só vale para as partes do processo).
Rol restrito de legitimados.	Pode ser provocado por qualquer pessoa.

O controle difuso de constitucionalidade foi instituído no Brasil pela Constituição de 1891, com inspiração clara no modelo norte-americano, permitindo-se o questionamento da constitucionalidade de leis em face da Constituição Federal.

Já o controle concentrado foi adotado no Brasil a partir da EC nº 16, de 26 de novembro de 1965,[24] a qual passou a outorgar ao Supremo Tribunal Federal a competência para o julgamento da ADI de normas federais e estaduais em face da Constituição Federal, a qual, porém, somente podia ser proposta pelo Procurador-Geral da República.

Desde então e até os dias de hoje, o ordenamento jurídico nacional prevê a **coexistência**, no Brasil, de **ambos** os modelos de controle. Assim, em nosso país, a constitucionalidade de uma lei tanto pode ser apreciada diretamente pelo Supremo Tribunal Federal, de forma abstrata, como também no caso concreto, pelo juiz oficiante em cada caso, sendo que no caso do controle difuso a questão pode chegar ao Supremo Tribunal Federal, mas somente por meio de recurso.

Como, além de exercer o controle constitucional, o Supremo Tribunal Federal também atua como um típico tribunal judiciário, julgando ações penais, por exemplo, costuma-se dizer que o mesmo tem dupla natureza: **Corte Constitucional** – embora não exerça o con-

---

[24] Embora o controle concentrado de constitucionalidade somente tenha sido previsto no Brasil pela Emenda Constitucional nº 16/1965, deve ser observado que a Constituição de 1934 previa a possibilidade de atribuição de efeitos gerais à declaração de inconstitucionalidade incidental, desde que necessariamente por meio da ação do Senado Federal, o qual poderia conceder eficácia *erga omnes* a uma decisão proferida pelo Poder Judiciário reconhecendo a inconstitucionalidade de determinada lei.

Capítulo 7 • Controle de constitucionalidade **117**

trole constitucional com exclusividade, uma vez que também é admitido o controle difuso – e **Corte Judicial**.

Deve-se lembrar que, uma vez declarada a inconstitucionalidade de uma norma pelo Poder Judiciário (seja pelo controle difuso, seja pelo controle concentrado), via de regra exceto se houver modulação em sentido contrário –, tal decisão gera **efeitos** *ex tunc*, ou seja, retroativos, sendo que se desconsiderarão quaisquer efeitos gerados pela norma questionada, pois tal sentença ou acórdão tem natureza meramente **declaratória**.

Assim, por exemplo, se alguém entra com uma ação judicial questionando a inconstitucionalidade de um tributo e vem a ganhar o processo, os valores que eventualmente recolheu a título desse mesmo tributo devem ser-lhes devolvidos, uma vez que, retroagindo a decisão judicial, tudo ocorrerá como se a norma nunca tivesse existido e, portanto, os pagamentos são indevidos.

Vejamos mais especificamente as características e formas de exercício dos dois tipos de controle.

7.16. CONTROLE DIFUSO OU ABERTO DE CONSTITUCIONALIDADE

O controle **difuso**, que recebe diversos outros nomes, como incidental, *incidenter tantum,* aberto ou indireto, é o controle exercido por qualquer juiz ou tribunal, quando submetido a sua apreciação algum **caso concreto**, em que o autor ou o réu, para defender sua tese, alega a inconstitucionalidade de lei ou ato administrativo.

Assim, diferentemente do que ocorre no controle concentrado, em que o autor da ação pretende exatamente a declaração de inconstitucionalidade ou de constitucionalidade de uma lei ou ato, no controle difuso a declaração de inconstitucionalidade é um **objetivo secundário**, e não primário, uma vez que o pretendido pelo autor, na verdade, é uma autorização judicial para isentá-lo, de fato, do cumprimento da lei ou ato que considera incompatível com a Constituição Federal. Por isso o controle difuso também é chamado de controle por **via de exceção** ou de defesa.

Por conta disso, pode-se dizer que, no controle difuso, a declaração de inconstitucionalidade integra a **causa de pedir**, e não o pedido da ação.

No Brasil, pelo controle difuso, qualquer juiz pode reconhecer a inconstitucionalidade de uma lei ou ato, o que é feito nos próprios autos da ação em questão, sem a necessidade de um procedimento especial. Nessa hipótese, o caso pode chegar até o Supremo Tribunal Federal, mas **por meio de recurso**.

O controle difuso introduzido no Brasil pela Constituição Federal de 1891, que foi fortemente influenciada, em vários aspectos, pelo Direito norte-americano, especialmente em sua construção jurisprudencial.

Na Constituição de 1988, a permissão para o exercício do controle difuso encontra-se prevista de **forma implícita**. Assim, por exemplo, entre as competências do Supremo Tribunal Federal está a de julgar o recurso extraordinário quando a decisão recorrida declarar a inconstitucionalidade de tratado ou lei federal (art. 102, III, *b*). Além disso, o art. 97, ao determinar que somente pelo voto da maioria absoluta de seus membros ou dos membros do respectivo órgão especial poderão os tribunais declarar a inconstitucionalidade de lei ou

Direito Constitucional Decifrado

ato normativo do Poder Público, acaba por reconhecer a possibilidade desse controle por tribunais inferiores.

Assim, o controle difuso de constitucionalidade permite que **qualquer pessoa** questione a constitucionalidade de uma lei ou ato normativo para que defenda determinado direito seu. Nesse sentido, não somente as partes, mas também os intervenientes no processo e o representante do Ministério Público, podem levantar a questão da inconstitucionalidade de norma.

Aliás, o **próprio juiz** do processo pode declarar de ofício a inconstitucionalidade de norma, sem necessidade de provocação. Na verdade, essa capacidade constitui-se em verdadeiro poder--dever do magistrado, uma vez que deve zelar pela correta aplicação das regras constitucionais.

Deve-se observar que, diferentemente do que ocorre no controle concentrado, no controle difuso a **revogação** da norma **não põe fim à ação** judicial, uma vez que, como já dito, a declaração de inconstitucionalidade no modelo difuso é vista somente como um meio de defesa das alegações da parte, havendo que se deixar claro, no caso concreto, os efeitos decorrentes da sua invalidação.

Outra diferença importante é que, no controle incidental é perfeitamente **admissível a desistência** da ação, diante justamente do fato de que o objeto da mesma não é a declaração de inconstitucionalidade, como ocorre no controle abstrato.

Além disso, diferentemente do que ocorre no controle concentrado, em que a lei ou ato normativo tem sua validade discutida de forma abstrata, sem relação com nenhum caso concreto, o controle difuso desenvolve-se justamente a partir da discussão de um caso concreto.

Assim, por exemplo, uma empresa pode entrar com uma ação judicial pretendendo a obtenção de autorização judicial para não pagamento de um tributo, alegando que ele foi criado em desobediência às normas constitucionais. Nesse caso, o núcleo da ação é justamente a obrigação da entidade pagar ou não o tributo, sendo que a inconstitucionalidade da norma é alegada como escusa jurídica para o seu não cumprimento.

Por fim, outra diferença importante para o controle abstrato de constitucionalidade é que **não há necessidade** de que o ato declarado inconstitucional possua qualquer **conteúdo normativo**, uma vez que não se trata de uma decisão com efeito abstrato e genérico, podendo assim serem questionados atos de efeitos concretos. Em se tratando de lei, obviamente, o conteúdo normativo é intrínseco.

Decifrando a prova

(Delegado de Polícia – PC-RN – Cespe/2009) É possível em determinadas situações a utilização da ação civil pública como instrumento de fiscalização incidental de constitucionalidade pela via difusa.

( ) Certo   ( ) Errado

Gabarito comentado: em se tratando de controle difuso de constitucionalidade, é plenamente possível seu exercício por meio de ação civil pública, assim como por qualquer outra ação judicial, desde que a declaração de constitucionalidade conste da causa de pedir, e não do pedido. Portanto, a assertiva está certa.

Capítulo 7 ◆ Controle de constitucionalidade   **119**

7.16.1. Abrangência do controle difuso

A abrangência do controle difuso de constitucionalidade é bastante **ampla**, em termos de normas passíveis de serem submetidas a seu escrutínio. Na verdade, **qualquer lei ou ato, público ou privado**, pode ter sua incompatibilidade com a Constituição declarada de forma incidental em uma ação judicial.

Assim, por exemplo, diferentemente do que ocorre com a ADI, no controle difuso não há necessidade de que o ato tenha conteúdo normativo, podendo ser um ato público de efeitos concretos – como a nomeação de um servidor sem concurso público ou a negativa de autorização para construir, por exemplo – ou mesmo um ato privado, como um contrato de adesão.

Além disso, o controle difuso também permite analisar a constitucionalidade de **norma municipal** em face da Constituição Federal; de norma já **revogada** e de norma em vigor em face de **Constituição anterior** à atual, situações que não são admitidas no controle concentrado de constitucionalidade por meio de ADI.

7.16.2. Efeitos da declaração de inconstitucionalidade incidental

O reconhecimento da inconstitucionalidade por meio incidental somente gera **efeitos entre as partes** (*inter pars*), não afetando terceiros que não participaram da relação processual. Isso significa que a norma não é retirada do ordenamento jurídico, continuando a produzir plenos efeitos em relação a terceiros, ainda que esses se encontrem em situação análoga à de alguma das partes envolvidas.

Assim, por exemplo, se uma empresa entra na justiça com um mandado de segurança com o objetivo de não pagar um tributo e obtém uma decisão favorável com base na declaração judicial de primeira instância da inconstitucionalidade da lei, as demais empresas não ficam desobrigadas ao pagamento do tributo, tendo que continuar a realizá-lo, exceto se também obtiverem provimento jurisdicional que justifique a desobediência ao comando legal.

Da mesma forma, a declaração de inconstitucionalidade por meio do controle difuso **não dispõe de efeito vinculante**, mesmo quando confirmada por decisão do Supremo Tribunal Federal em sede de julgamento de recurso extraordinário, exceto se estendido os seus efeitos por ato do Senado Federal ou se editada súmula vinculante que determine a adoção do entendimento pelos juízes e tribunais inferiores.[25]

Em relação ao **aspecto temporal**, a declaração incidental de inconstitucionalidade produz efeitos *ex tunc*, ou seja, **retroativos**. Isso porque, como já visto, a inconstitucionalidade de uma lei ou ato normativo é considerada uma verdadeira aberração, que deve ser extirpada do ordenamento jurídico, sendo que seus efeitos devem ser anulados desde sua origem.

---

[25]   Deve-se notar, porém, que atualmente o art. 927 do Código Processo Civil determina que os juízes e tribunais deverão observar, entre outras decisões do STF, os acórdãos de resolução de demandas repetitivas e em julgamento de recursos extraordinário e especial repetitivos e os enunciados das súmulas (ainda que não vinculantes) do Supremo Tribunal Federal em matéria constitucional e do Superior Tribunal de Justiça em matéria infraconstitucional.

No entanto, o STF, baseado no art. 27 da Lei nº 9.868/1999 – que trata do rito das ações de controle de constitucionalidade concentrado – admite a possibilidade, em situações excepcionais, de **modulação dos efeitos** da decisão declaratória de inconstitucionalidade, ainda que por meio incidental.[26] Essa modulação pode se dar tanto em relação ao aspecto temporal – retirando seus efeitos retroativos ou restringindo-os – como em relação aos efeitos materiais da decisão.

Nesse sentido, inclusive, atualmente a **legislação processual**[27] prevê expressamente a possibilidade de modulação de efeitos da decisão que determine alteração de jurisprudência dominante do Supremo Tribunal Federal e dos tribunais superiores ou daquela oriunda de julgamento de casos repetitivos, desde que no interesse social e no da segurança jurídica.

7.16.3. Cláusula de reserva de plenário

A Constituição Federal, em seu art. 97, preceitua que, num tribunal, a **inconstitucionalidade** de qualquer lei ou ato normativo somente pode ser declarada pelo **voto da maioria de seus membros** ou, onde houver, **da maioria dos integrantes do respectivo órgão especial**, sob pena de nulidade da decisão emanada do órgão fracionário. Essa é a chamada **cláusula de reserva de plenário**, e vale para todos os tribunais, via controle difuso, e para o STF, no controle difuso e no concentrado.

Órgãos fracionários são as diversas **divisões** de cada tribunal onde são feitos julgamentos de recursos ou ações. São as chamadas **turmas**, **câmaras** ou **seções**, cuja denominação e número variam de tribunal para tribunal. Isso porque, para permitir que os tribunais julguem um número maior de processos e garantir maior celeridade, cada processo, via de regra, não é julgado por todos os integrantes do tribunal, mas sim por determinado grupo de componentes, que pode ser em número de três, cinco etc.

Já o **plenário** é o conjunto de **todos os membros** de um determinado tribunal, o qual, possuindo mais de 25 membros, pode delegar atribuições – inclusive julgamento sobre constitucionalidade – ao chamado **órgão especial**, de acordo com o art. 93, XI, da Constituição.[28] Para que o órgão especial possa apreciar incidentes de inconstitucionalidade, porém, deve haver **delegação** do plenário, o que normalmente ocorre no próprio regimento interno do tribunal.

---

[26] STF, RE nº 197.917, Rel. Min. Maurício Corrêa, j. 24.03.2004.

[27] Art. 927, § 3º, do Código de Processo Civil.

[28] Art. 93, XI, da CF: "nos tribunais com número superior a vinte e cinco julgadores, poderá ser constituído órgão especial, com o mínimo de onze e o máximo de vinte e cinco membros, para o exercício das atribuições administrativas e jurisdicionais delegadas da competência do tribunal pleno, provendo-se metade das vagas por antiguidade e a outra metade por eleição pelo tribunal pleno".

Capítulo 7 ◆ Controle de constitucionalidade **121**

Assim, se o órgão fracionário, em sua análise, considerar que determinada lei ou ato normativo pode ser inconstitucional, e **não tendo sido tal questão analisada anteriormente pelo plenário ou órgão especial**, deverá remeter à questão a estes, que se manifestarão pela constitucionalidade ou não.

Nesse sentido, interessante observar o que dispõe a Súmula Vinculante nº 10, do STF, proibindo o que seria uma declaração "implícita" de inconstitucionalidade de lei ou ato normativo por órgão fracionário de tribunal. Segundo tal verbete, "viola a cláusula de reserva de plenário (CF, artigo 97) a decisão de órgão fracionário de tribunal que, embora não declare expressamente a inconstitucionalidade de lei ou ato normativo do Poder Público, afasta sua incidência, no todo ou em parte".

Tal apreciação pelo plenário ou órgão especial somente é necessária se não houver decisão anterior do plenário do próprio tribunal[29] ou do Supremo Tribunal Federal,[30] nesse caso, mesmo que em controle difuso, caso em que o órgão fracionário se limitará **a aplicar a decisão** anteriormente tomada por esses órgãos.

Também o STF considera que não viola a cláusula de reserva de plenário a decisão de órgão fracionário que afasta a incidência de **ato de efeitos concretos**, sem conteúdo normativo.[31]

Um ponto que deve ser observado é que **não haverá necessidade** de remessa do processo ao plenário ou órgão especial se o órgão fracionário considerar a lei ou ato normativo **constitucional**, ainda que sua constitucionalidade esteja sendo questionada por uma das partes. Assim, se o autor entra com uma ação afirmando a inconstitucionalidade de uma lei, mas a turma responsável pelo julgamento considera que a alegação não procede, não haverá razão para levar o caso ao plenário ou órgão especial, pois isso somente é necessário no caso de declaração de inconstitucionalidade.

A cláusula de reserva de plenário deve ser observada por **todos os tribunais**, inclusive pelo próprio Supremo Tribunal Federal, que somente pode declarar a inconstitucionalidade de lei ou ato normativo pela maioria de seus Ministros. No entanto, nossa Suprema Corte não exige sua observância no caso de apreciação de liminar por decisão monocrática,[32] nem no caso de decisão de turmas recursais de Juizado Especial.[33]

Por outro lado, os **juízes de primeira instância** são livres para decidir de forma monocrática, ou seja, individual, sobre a inconstitucionalidade das leis ou atos normativos, uma vez que não julgam de forma colegiada, podendo, porém, sua decisão ser levada ao tribunal competente por meio de recurso.[34]

---

[29] STF, RE nº 876.067-AgR, Rel. Min. Cármen Lúcia, j. 12.05.2015; *vide* também art. 949, parágrafo único, do Código de Processo Civil.

[30] STF, RE nº ARE 784.441, Rel. Min. Roberto Barroso, j. 15.02.2016.

[31] STF, Rcl nº 18.165-AgR, Rel. Min. Teori Zavascki, j. 18.10.2016.

[32] STF, Rcl nº 17.288-AgR, Rel. Min. Dias Toffoli, j. 25.06.2014.

[33] STF, ARE nº 792.562-AgR, Rel. Min. Teori Zavascki, j. 18.03.2014.

[34] STF, Rcl nº 14.889-MC, Min. Joaquim Barbosa, Decisão Monocrática, j. 13.11.2012.

122 Direito Constitucional Decifrado

> ### ⚡ Decifrando a prova
>
> **(Juiz Substituto – TJ-RO – Vunesp – 2019 – Adaptada)** Suponha que o Estado de São Paulo tenha, mediante a Lei Estadual Z, aprovado o reajuste da cobrança do Imposto X, de sua competência. Matteo, por entender que a mencionada lei viola a Constituição Federal, ajuíza uma ação ordinária com pedido de devolução de todos os valores pagos a título do Imposto X perante a Fazenda Pública do Estado de São Paulo em desfavor do Estado, defendendo como causa de pedir a inconstitucionalidade da lei. Ao analisar o pedido inicial, o Juiz de primeiro grau entendeu que a Lei Estadual Z respeitou os ditames estabelecidos pela Constituição Estadual e julgou improcedentes os pedidos iniciais. Inconformado com a questão, Matteo interpõe recurso de apelação perante o Tribunal de Justiça do Estado, pedindo a revisão do julgado. A partir desse caso hipotético, caso entenda pela constitucionalidade da norma, a Câmara ou Turma do Tribunal pode dispensar a aplicação da cláusula da reserva de plenário.
>
> ( ) Certo   ( ) Errado
>
> **Gabarito comentado:** a aplicação da cláusula de plenário somente é necessária no caso de declaração de inconstitucionalidade de lei ou ato normativo. Se o órgão fracionário entende que a norma é constitucional, não há por que remeter o caso ao plenário, uma vez que se mantém a presunção de constitucionalidade da norma impugnada. Portanto, a assertiva está certa.

7.16.4. Recurso extraordinário

Declarada a inconstitucionalidade de lei ou ato normativo por meio do **controle difuso** por juízes e tribunais inferiores, pode a discussão ser submetida, em grau de recurso, ao Supremo Tribunal Federal, uma vez que é o **guardião da Constituição**, devendo dar a última palavra sobre assuntos que a envolvam.

Isso é feito por meio de **recurso extraordinário (RE)**, o qual, em verdade, de acordo com o art. 102, III, apresenta quatro hipóteses de cabimento.

Assim, dispõe o referido dispositivo que compete ao Supremo Tribunal Federal julgar, mediante recurso extraordinário, as causas decididas em **única ou última instância**, quando a **decisão recorrida**:

a. contrariar dispositivo da Constituição Federal;
b. declarar a inconstitucionalidade de tratado ou lei federal;
c. julgar válida lei ou ato de governo local contestado em face da Constituição Federal; ou
d. julgar válida lei local contestada em face de lei federal.

As três primeiras hipóteses tratam diretamente de **conflito** envolvendo a **Constituição Federal**, o que legitima a intervenção do Supremo Tribunal Federal, quando provocado por meio de recurso extraordinário.

Já a quarta hipótese (decisão que julgar válida lei local contestada em face de lei federal) foi uma competência retirada do Superior Tribunal de Justiça pela EC nº 45/2004, diante do

Capítulo 7 ◆ Controle de constitucionalidade **123**

fato do reconhecimento de que o **conflito entre lei local** – estadual, municipal ou distrital – e lei federal possui nítido **interesse constitucional**, especialmente no que se refere à discussão das competências legislativas na Federação brasileira.

Aqui, porém, cabe uma observação importante. Será questionável por meio de recurso extraordinário ao **Supremo Tribunal Federal** a decisão que julgar válida **lei** local contestada em face de lei federal. Em se tratando, por outro lado, de **ato de governo** local contestado em face da Constituição Federal, a competência continuará a ser do **Superior Tribunal de Justiça** – que apreciará recurso especial –, nos termos do art. 105, III, *b*, da própria Constituição.

A jurisprudência do STF tem admitido a impetração de recurso extraordinário não só contra decisões de mérito, mas também contra decisões interlocutórias, desde que preenchidos os requisitos legais para seu conhecimento.[35]

Para que o recurso extraordinário seja conhecido pelo Supremo Tribunal Federal, porém, não basta a demonstração da ocorrência de uma das hipóteses vistas cima. Além disso, de acordo com o § 3º do art. 102 da Constituição, deverá o recorrente demonstrar a **repercussão geral** das questões constitucionais discutidas no caso, nos termos da lei, a fim de que o Tribunal examine a admissão do recurso, somente podendo recusá-lo pela manifestação de dois terços de seus membros.

E o art. 1.035 do Código de Processo Civil (Lei nº 13.105/2015) **regulamenta** a questão, complementado pelo Regimento Interno do Supremo Tribunal Federal.

O citado artigo do Código de Processo Civil estabelece que, para efeito de repercussão geral, deverá ser considerada a **existência ou não de questões relevantes** do ponto de vista econômico, político, social ou jurídico **que ultrapassem os interesses subjetivos** do processo.

Assim, além de a questão submetida ao STF em sede de recurso extraordinário ser relevante – econômica, política, social ou juridicamente –, também deve possuir o atributo da **transcendência**, ou seja, ultrapassar os interesses subjetivos das partes envolvidas no processo.

Isso é importante para **evitar** que questões de **menor importância** ou que **só interessem às partes** do processo venham a tomar o lugar, na pauta de nossa Suprema Corte, de assuntos que interessem de fato à coletividade. Em outras palavras, busca-se evitar que "brigas de vizinho" venham a ser apreciadas por nossa Suprema Corte.

O § 3º do art. 1.035 do Código de Processo Civil prevê **duas hipóteses** em que se presume a repercussão geral – não afastando, obviamente outros casos assim considerados pelo STF. São elas: (a) quando o acórdão recorrido contrariar súmula ou jurisprudência dominante do próprio STF; e (b) quando o acórdão reconhecer a inconstitucionalidade de tratado ou de lei federal, desde que a questão tenha sido previamente analisada pelo órgão especial ou plenário do tribunal respectivo.

---

[35] STF, RE nº 157.903/ES, Rel. Min. Moreira Alves, j. 16.09.2000.

124 Direito Constitucional Decifrado

> ### ⧉ Decifrando a prova
>
> **(Delegado de Polícia – PC-PB – Cespe – 2009)** No âmbito do controle difuso, mesmo que preenchidos os demais requisitos legais, não é cabível recurso extraordinário contra acórdão que resolve apenas uma questão incidental ao processo.
>
> ( ) Certo ( ) Errado
>
> **Gabarito comentado:** o STF tem admitido, sim, como visto, a impetração de recurso extraordinário contra decisões interlocutórias. Portanto, a assertiva está errada.

7.16.5. Possibilidade de extensão dos efeitos da declaração incidental de inconstitucionalidade pelo Senado Federal

Como já vimos, o Supremo Tribunal Federal pode, **incidentalmente** e por **maioria absoluta**, declarar a inconstitucionalidade de lei ou ato normativo do Poder Público, que a ele chegar por meio de recurso.

Nesse caso, embora a decisão tenha sido proferida pela nossa Corte Suprema, **não produzirá** efeitos *erga omnes*, uma vez que prolatada no exercício do controle difuso de constitucionalidade.

A Constituição Federal, porém, em seu art. 52, X, coloca entre as competências privativas do **Senado Federal** "suspender a execução, no todo ou em parte, de lei declarada inconstitucional por decisão definitiva do Supremo Tribunal Federal."

Desta forma, nossa Carta Magna permite que o Senado conceda efeitos *erga omnes* a uma decisão declaratória de inconstitucionalidade do Supremo Tribunal Federal proferida em sede de controle difuso, desde que ela já tenha **transitado em julgado**.[36]

Essa possibilidade de suspensão pelo Senado não está restrita a leis **federais**, estendendo-se também a leis **estaduais**, **municipais** ou **distritais**.

O instrumento normativo utilizado pelo Senado para eventual suspensão de lei declarada inconstitucional pelo Supremo Tribunal Federal é a **resolução**.

O Regimento Interno do Senado, regulamentando a questão, em seu art. 386 prevê que a Casa poderá conhecer da declaração proferida em decisão definitiva do Supremo Tribunal Federal de inconstitucionalidade, de **três formas**:

a. comunicação do Presidente do próprio Supremo Tribunal Federal;
b. representação do Procurador-Geral da República; ou
c. projeto de resolução de iniciativa da comissão de constituição, justiça e cidadania.

---

[36] Assim, por exemplo, a Resolução nº 10/2016 do Senado Federal suspendeu a execução do inciso IV do art. 22 da Lei nº 8.212, de 24 de julho de 1991, declarado inconstitucional por decisão definitiva proferida pelo Supremo Tribunal Federal nos autos do Recurso Extraordinário nº 595.838.

Capítulo 7 • Controle de constitucionalidade **125**

A comunicação, a representação e o projeto previstos acima deverão ser instruídos com o **texto da lei** cuja execução se deva suspender, do **acórdão** do Supremo Tribunal Federal, do **parecer** do Procurador-Geral da República e da **versão do registro taquigráfico** do julgamento.

No caso de comunicação do STF e de representação do Procurador-Geral da República, deverão ser **lidas em plenário** e depois encaminhadas à **Comissão de Constituição, Justiça e Cidadania**, a qual formulará projeto a respeito, cabendo a essa mesma Comissão decidir sobre o assunto, uma vez que o inciso II do art. 91 do Regimento Interno do Senado dispensa o envio ao Plenário dessa matéria.

Deve-se observar que o Senado tem **discricionariedade** para decidir sobre a suspensão da lei[37] – o que é feito, como já visto, pela Comissão de Constituição, Justiça e Cidadania –, não sendo obrigado a tal, ainda que tenha o STF encaminhado a comunicação ou o Procurador-Geral da República feita a representação. Uma vez, porém, decidido pela suspensão da lei, no todo ou em parte, tal decisão é **irrevogável**.

Também **não há prazo** prescricional ou decadencial para o exercício dessa faculdade pelo Senado, podendo ser feita imediatamente ou muito tempo depois da ciência da decisão do Supremo Tribunal Federal.

Quanto ao aspecto temporal, a suspensão decretada pelo Senado **não possui efeitos retroativos**, aplicando-se somente a partir da publicação da resolução respectiva, até por conta da expressão "suspensão" utilizada pelo texto constitucional.

7.16.6. Súmulas vinculantes

Ao lado da já analisada suspensão de lei pelo Senado Federal, outra possível forma de **extensão**, contra todos, dos efeitos de declaração de inconstitucionalidade feita de forma incidental é a edição de **súmula vinculante** pelo Supremo Tribunal Federal.

O art. 103-A da Constituição Federal, incluído pela EC nº 45/2004, estabelece que o Supremo Tribunal Federal poderá, **de ofício** ou por **provocação**, aprovar súmula que, a partir de sua publicação na imprensa oficial, terá **efeito vinculante** em relação aos demais órgãos do **Poder Judiciário** e à **Administração Pública** direta e indireta, nas esferas **federal**, **estadual** e **municipal**.

Essas são as chamadas súmulas vinculantes, as quais, diferentemente das súmulas comuns – que simplesmente representam a posição dominante nos tribunais respectivos em relação a questões específicas –, devem ter seu entendimento **necessariamente seguido** pelas instâncias inferiores do Poder Judiciário e pelo Poder Executivo nas três esferas de governo. Veja-se que não se fala de vinculação do Poder Legislativo porque tal não será possível no nosso sistema jurídico, em que cabe a elaboração das leis deve obedecer somente às disposições constitucionais, as quais são produzidas com a presunção de constitucionalidade.

O objetivo da previsão de edição das súmulas vinculantes é o de permitir uma **uniformização** das decisões judiciais, a partir de **entendimentos consolidados** do Supremo

---

[37] STF, MI nº 460-MC, Rel. Min. Celso de Mello, j. 10.06.1994.

126 Direito Constitucional Decifrado

Tribunal Federal, além de buscar maior celeridade no trâmite dos processos e uma redução da litigiosidade, diante da maior previsibilidade da resposta do Poder Judiciário.

Atualmente, a edição, a revisão e o cancelamento de súmulas vinculantes são disciplinados pela Lei nº 11.417/2006.

Para sua aprovação, porém, de acordo com o texto da Constituição, é necessário haver **reiteradas decisões** do Supremo Tribunal Federal sobre a **matéria constitucional** de que trata a súmula, devendo ela receber parecer favorável de pelo menos de **dois terços** dos membros de nossa Suprema Corte, ou seja, oito Ministros. Esse mesmo quórum é exigido para a revisão ou cancelamento de súmula vinculante.

De acordo com o § 1º do citado art. 103-A, a súmula deve ter por objetivo a validade, a interpretação e a eficácia de **normas determinadas**, acerca das quais haja **controvérsia** atual entre órgãos judiciários ou entre esses e a Administração Pública que acarrete grave insegurança jurídica e relevante multiplicação de processos sobre questão idêntica.

Resumindo, assim, temos os seguintes requisitos para a edição de uma súmula vinculante pelo Supremo Tribunal Federal:

a. **matéria constitucional**, sobre a qual haja **reiteradas decisões** do Supremo Tribunal Federal;

b. existência de **controvérsia** atual entre órgãos judiciários ou entre esses e a Administração Pública;

c. ocorrência, em virtude dessa controvérsia, de grave **insegurança jurídica** e relevante **multiplicação de processos**;

d. aprovação por pelo menos **oito Ministros** do Supremo Tribunal Federal.

A aprovação, revisão ou cancelamento de súmula pode ser feita de ofício ou provocada por terceiro legitimado, sendo que o § 2º do art. 103-A da Constituição determina que, além daqueles autorizados em lei, podem propor a edição, revisão ou cancelamento de súmula vinculante aqueles autorizados a propor a **ação de direta de inconstitucionalidade**.[38]

Diante disso, a Lei nº 11.417/2006 prevê, em seu art. 3º, os terceiros legitimados a propor ao STF a edição, revisão ou cancelamento de súmula vinculante:

> Art. 3º São legitimados a propor a edição, a revisão ou o cancelamento de enunciado de súmula vinculante:
>
> I – o Presidente da República;
>
> II – a Mesa do Senado Federal;
>
> III – a Mesa da Câmara dos Deputados;
>
> IV – o Procurador-Geral da República;
>
> V – o Conselho Federal da Ordem dos Advogados do Brasil;
>
> VI – o Defensor Público-Geral da União;

---

[38] Os autorizados a propor a ação direta de inconstitucionalidade estão elencados no art. 103 da Constituição Federal.

Capítulo 7 ◆ Controle de constitucionalidade **127**

VII – partido político com representação no Congresso Nacional;

VIII – confederação sindical ou entidade de classe de âmbito nacional;

IX – a Mesa de Assembleia Legislativa ou da Câmara Legislativa do Distrito Federal;

X – o Governador de Estado ou do Distrito Federal;

XI – os Tribunais Superiores, os Tribunais de Justiça de Estados ou do Distrito Federal e Territórios, os Tribunais Regionais Federais, os Tribunais Regionais do Trabalho, os Tribunais Regionais Eleitorais e os Tribunais Militares.

Além desses legitimados, o art. 3º, § 1º, da Lei nº 11.417/2006 estipula que os **Municípios** poderão propor, **incidentalmente** ao curso de processo em que sejam parte, a edição, a revisão ou o cancelamento de enunciado de súmula vinculante, o que, porém, **não autoriza** a suspensão do processo.

Verifica-se que assim, diferentemente dos demais legitimados, os Municípios **não podem** propor diretamente ao Supremo Tribunal Federal a edição, revisão ou cancelamento de súmula vinculante, mas somente poderá fazê-lo de forma incidental, em processo de que seja parte.

O Regimento Interno do STF determina que a proposta de edição, revisão ou cancelamento de súmula tramitará sob a forma eletrônica, e as informações correspondentes ficarão disponíveis aos interessados no *site* do STF.[39]

O **Procurador-Geral da República**, nas propostas que não houver formulado, deverá se manifestar previamente à edição, revisão ou cancelamento de enunciado de súmula vinculante.

O art. 3º, § 2º, da Lei nº 11.417/2006 dispõe que, no procedimento de edição, revisão ou cancelamento de enunciado da súmula vinculante, o relator poderá admitir, por decisão irrecorrível, a **manifestação de terceiros** na questão, nos termos do Regimento Interno do Supremo Tribunal Federal. Nesse sentido, o art. 354-B do regimento estipula que a Secretaria Judiciária do STF deverá publicar edital no *site* do tribunal e no *Diário da Justiça Eletrônico*, para ciência e manifestação de interessados no prazo de cinco dias, encaminhando a seguir os autos ao Procurador-Geral da República para sua manifestação.

Se, após a publicação da súmula, sobrevier algum ato administrativo ou decisão judicial que a contrariar ou que a aplicar indevidamente, caberá a impetração de **reclamação** junto ao próprio Supremo Tribunal Federal, o qual, julgando-a procedente, deverá anular o ato administrativo ou cassar a decisão judicial reclamada, e determinar que outra seja proferida com ou sem a aplicação da súmula, conforme o caso.[40]

No entanto, a reclamação pela não observância de súmula vinculante não é suficiente para a rediscussão de objeto de decisão judicial transitada em julgado, conforme Súmula

---

[39] Art. 354-G do Regimento Interno do STF.

[40] Art. 103-A, § 3º, da Constituição Federal.

nº 734, do próprio Supremo Tribunal Federal.[41] **Dessa forma, havendo discussão sobre o não cumprimento de súmula vinculante por juiz ou tribunal judiciário, deve a reclamação ser apresentada no decurso da própria ação judicial, antes de seu trânsito em julgado.**

7.17. CONTROLE CONCENTRADO OU DIRETO DE CONSTITUCIONALIDADE

O controle **concentrado** no Brasil, conforme já dissemos, é exercido diretamente pelo **Supremo Tribunal Federal**, normalmente de **forma abstrata**, em tese, ou seja, sem vinculação a um caso concreto, sendo também chamado de controle objetivo. Nesse caso, a decisão proferida pela Suprema Corte tem **efeitos** erga omnes – do latim "*contra todos*" –, ou seja, deve ser obedecida por todas as pessoas, mesmo que não tenham feito parte do processo, obrigando os tribunais inferiores a seguirem a orientação da Suprema Corte.

Nesse modelo é **dispensável**, como regra geral,[42] a comprovação de um **interesse jurídico particular** para requerer a ação do Poder Judiciário, pois o objetivo em si é a preservação da ordem constitucional, considerada como matéria de interesse público, de acordo com as ideias de Hans Kelsen.

Apesar de se tratar de matéria de ordem pública, questões práticas, como evitar o acúmulo de ações no Supremo Tribunal Federal, levam à **limitação no número de pessoas** que podem provocar o exercício desse controle, embora nossa Constituição Federal atual preveja um rol relativamente extenso de legitimados.

Como já visto, o controle concentrado de constitucionalidade foi introduzido pela primeira vez em nosso ordenamento jurídico pela EC nº 16/1965, tendo, no entanto, a Constituição de 1988 **ampliado as formas** para sua provocação ao Judiciário, como a possibilidade da propositura de ação direta de inconstitucionalidade por omissão (ADO) – e não só por ação, como ocorria anteriormente –, a criação da ação declaratória de constitucionalidade (ADC) e ação de descumprimento de preceito fundamental (ADPF).

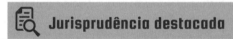

Reclamação. Reconhecimento de legitimidade ativa "ad causam" de todos que comprovem prejuízo oriundo de decisões dos órgãos do Poder Judiciário, bem como da Administração Pública de todos os níveis, contrárias ao julgado do Tribunal. Ampliação do conceito de parte interessada (Lei nº 8.038/1990, art. 13). Reflexos processuais da eficácia vinculante do acórdão a ser preservado (STF, Rcl-AgR nº 1.880, Rel. Min. Maurício Corrêa, j. 07.11.2002).

---

41 Súmula nº 734 do STF: "Não cabe reclamação quando já houver transitado em julgado o ato judicial que se alega tenha desrespeitado decisão do Supremo Tribunal Federal".

42 A exceção fica por conta da exigência de comprovação de pertinência, nos casos previstos pelo STF e que são vistos no tópico sobre legitimação ativa para a propositura da ação direta de inconstitucionalidade (ADI).

7.17.1. Ações cabíveis para a provocação do controle concentrado

Atualmente nosso ordenamento jurídico prevê as seguintes **ações** aptas a provocar o **controle concentrado** de constitucionalidade pelo Supremo Tribunal Federal:

* ação direta de inconstitucionalidade (ADI ou ADIN);
* ação direta de inconstitucionalidade por omissão (ADO);
* ação direta de inconstitucionalidade interventiva (ADI Interventiva)[43];
* ação declaratória de constitucionalidade (ADC ou Adecon);
* arguição de descumprimento de preceito fundamental (ADPF).

Falemos um pouco sobre essas ações, especialmente sobre a ADI, uma vez que o seu rito serve de **base** para as demais e sua análise nos permitirá discutir vários assuntos importantes relacionados ao controle direto de constitucionalidade.

7.17.2. Ação direta de inconstitucionalidade (ADI)

A **ação direta de inconstitucionalidade (ADI ou ADIN)**, é o principal meio processual para o questionamento da constitucionalidade de lei ou ato normativo federal ou estadual perante a Constituição Federal, também tendo sido a primeira ação de controle abstrato prevista em nosso ordenamento jurídico, pela EC nº 16/1965, sob o nome de "representação contra a inconstitucionalidade".

Atualmente é prevista no art. 102, I, *a*, da Constituição Federal, que determina também que a competência para seu julgamento é do Supremo Tribunal Federal.

Sua regência infraconstitucional é feita pela Lei nº 9.868/1999.

* **Objeto**

O controle de constitucionalidade direto por meio de ADI pode ser feito em face de **leis** ou **atos normativos federais** ou **estaduais**.

O controle concentrado de constitucionalidade abrange não só as espécies normativas previstas no art. 59 da Constituição Federal – emendas constitucionais (somente quanto ao aspecto formal e de respeito às cláusulas pétreas), leis complementares, leis ordinárias, leis delegadas, medidas provisórias, decretos legislativos e resoluções do Poder Legislativo, mas **todos os atos que possuem conteúdo normativo**, como por exemplo resoluções administrativas de tribunais.[44]

Também os textos das **Constituições Estaduais** estão sujeitos ao controle de constitucionalidade perante a Constituição Federal, uma vez que, de acordo com o art. 25 do texto constitucional, devem obedecer aos princípios nele estabelecidos.

---

[43] Deve-se observar que, como será visto adiante, há discussão sobre a natureza do controle de constitucionalidade exercido na ADI interventiva.

[44] STF, ADI nº 1.352-1-MC, Min. Moreira Alves, Decisão Monocrática, j. 05.10.1995.

• **Decretos do Poder Executivo**

Quanto aos **decretos** expedidos pelo Poder Executivo, via de regra, **não podem** ser objeto de **controle direto**, uma vez que na maioria dos casos são normas jurídicas secundárias. Isso porque, após a Constituição de 1988,[45] os decretos passaram a estar subordinados à lei, tendo como função a sua regulamentação, o seu detalhamento, no exercício do poder regulamentar, não podendo mais inovar no mundo jurídico, ou seja, não podendo impor obrigações ou proibições, o que somente pode ser feito por lei, de acordo com o art. 5º, II, da CF.

Diante disso, com a subordinação dos decretos às leis, seu conteúdo normativo acaba por ser o mesmo das leis que regulamentam, e nesse caso, o que deve ser do controle direto é a própria lei, e não o decreto.

Quando o **decreto**, a pretexto de regulamentar a lei, **extrapola o poder regulamentar** concedido ao Chefe do Poder Executivo, indo além do que foi autorizado por aquela, entende o Supremo Tribunal Federal que não cabe ADI, pelo fato de se tratar, na verdade de **ilegalidade** – desrespeito à lei – e não diretamente de inconstitucionalidade.[46]

Em síntese, o decreto regulamentar em desconformidade com a lei que regulamenta será *contra legem* – ou seja, contrariando a lei – e, em consequência, estará eivado de vício de legalidade, não sendo cabível ação direta de constitucionalidade perante o Supremo Tribunal Federal.

Jurisprudência destacada

> Tem razão o Governador, enquanto sustenta que esta Corte não admite, em ADI, impugnação de normas de Decreto meramente regulamentar, pois considera que, nesse caso, se o Decreto exceder os limites da Lei, que regulamenta, estará incidindo, antes, em ilegalidade (STF, ADI nº 2.155/PR, Rel. Min. Sydney Sanches, j. 01.06.2001).

Assim, resumindo o que foi dito sobre o controle concentrado de constitucionalidade de decretos, temos:

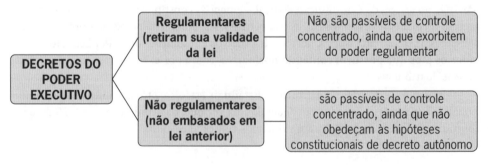

---

[45] Art. 84, inciso IV, da Constituição Federal.
[46] STF, ADI nº 2.387, Rel. Min. Marco Aurélio, j. 21.02.2001.

Capítulo 7 ◆ Controle de constitucionalidade **131**

> ### Decifrando a prova
>
> **(Delegado de Polícia Federal – Cespe – 2018)** Dada a concretude regulamentar de decreto do Poder Executivo que verse sobre a liberdade de reunião em manifestação pública, sua suspensão não pode ser pleiteada mediante ação direta de inconstitucionalidade.
> ( ) Certo ( ) Errado
> **Gabarito comentado:** o STF tem admitido, excepcionalmente, o controle concentrado da constitucionalidade de decretos se estes inovarem no mundo jurídico, porque, nesse caso, em tese deveriam retirar sua validade diretamente da Constituição Federal. Portanto, a assertiva está errada.

◆ **Atos sem efeitos normativos**

Como o objetivo da ADI é exercer o controle abstrato de constitucionalidade, em um contexto que assim deve interessar a toda a coletividade, **não pode** a referida ação ter por objeto de ADI atos de **efeito concreto**,[47] ou seja, que não produzem efeitos normativos, mas sim individuais, como as licenças, autorizações e portarias de nomeação para cargos públicos.

De mesma forma, de acordo com o entendimento do Supremo Tribunal Federal, não podem ser objeto de ADI as **súmulas** dos tribunais[48] e as **respostas do Tribunal Superior Eleitoral**[49] às consultas que lhe forem formuladas em tese, nos termos do art. 23, XII, do Código Eleitoral, pelo fato de que, em ambas as situações, não há caráter normativo.

◆ **Leis e atos municipais e distritais**

Quanto a lei e atos **municipais**, entende-se que eles **não podem** ter sua constitucionalidade questionada frente à Constituição Federal por meio de **ação direta de inconstitucionalidade**, diante do texto expresso do art. 102, I, da Constituição Federal, que prevê a competência do Supremo Tribunal Federal somente para julgamento de ADI e ADC contra leis ou atos normativos federais ou estaduais. Esse entendimento também é pacífico no seio de nossa Suprema Corte.[50]

Assim, o questionamento de leis e atos municipais perante a Constituição Federal somente pode ser feito por meio do **controle difuso** ou ainda por intermédio de **ação de descumprimento de preceito fundamental (ADPF)**, se esta for cabível.

No caso de leis e atos **distritais**, ou seja, produzidos pelo Distrito Federal, tem-se que levar em consideração que ele pode exercer, de forma geral, tanto a competência estadual como a competência municipal, diante do disposto no art. 32, § 1º, da Constituição Federal.

---

[47] STF, ADI nº 4.040/DF, Rel. Min. Cármen Lúcia, j. 19.06.2013.

[48] STF, ADI nº 594/DF, Rel. Min. Carlos Velloso, j. 19.02.1992.

[49] STF, ADI nº 1.805/DF-MC, Rel. Min. Néri da Silveira, j. 26.03.1998.

[50] Veja-se, por exemplo, as seguintes decisões do STF: ADI nº 1.803, Rel. Min. Moreira Alves, j. 19.03.1998; ADI nº 2.172-MC, Rel. Min. Celso de Mello, j. 16.03.2000; ADI nº 4.651 MC, Min. Gilmar Mendes, Decisão Monocrática, j. 15.09.2011.

Assim, se a lei ou ato normativo distrital for produzido no exercício da **competência estadual**, poderá ser questionada sua constitucionalidade de forma abstrata perante a Constituição Federal. Por outro lado, tratando-se de lei ou ato de conteúdo municipal, somente poderá ser exercido o controle incidental.

Esse entendimento, inclusive, está sedimentado na Súmula nº 642 do Supremo Tribunal Federal.[51]

Deve ser observado, porém, que por expressa disposição constitucional[52] existe a possibilidade de **controle concentrado** de lei ou ato **municipal** perante as **Constituições Estaduais**, por meio da chamada ação declaratória de inconstitucionalidade estadual, a qual deve ser prevista na própria Constituição Estadual e cuja competência é do Tribunal de Justiça respectivo, sendo que a legitimação para sua propositura deve ser plural, ou seja, deve ser concedida a mais de um órgão.

Tal competência do Tribunal de Justiça inclusive independe de previsão expressa na Constituição Estadual, conforme já decidiu nossa Suprema Corte.[53]

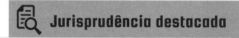

Em se tratando de lei municipal, o controle de constitucionalidade se faz pelo sistema difuso – e não concentrado –, ou seja, apenas no julgamento de casos concretos, com eficácia *inter partes*, e não *erga omnes*, quando confrontado o ato normativo local com a CF. O controle de constitucionalidade concentrado, nesse caso, somente será possível, em face da Constituição dos Estados, se ocorrente a hipótese prevista no § 2º do art. 125 da CF (STF, ADI nº 209, Rel. Min. Sydney Sanches, j. 20.05.1998).

Por outro lado, o Supremo Tribunal Federal também admite o controle abstrato de constitucionalidade de leis **municipais** pelos Tribunais de Justiça utilizando-se diretamente como **parâmetro** normas da **Constituição Federal** – e não da Constituição Estadual – desde que se trate de normas de **reprodução obrigatória** pelos Estados,[54] conforme veremos adiante.

Lei ou ato normativo anterior à Constituição Federal

Segundo a jurisprudência assente do Supremo Tribunal Federal, somente existe a possibilidade de impetração de ADI ou ADC contra lei ou ato normativo **editado posteriormente** à entrada em vigor de nossa **Constituição atual**, qual seja, 5 de outubro de 1988.[55]

---

[51] Súmula nº 642: "Não cabe ação direta de inconstitucionalidade de lei do Distrito Federal derivada da sua competência legislativa municipal".
[52] Art. 125, § 2º, da Constituição Federal.
[53] STF, RE nº 598.016 AgR, Rel. Min. Eros Grau, j. 20.10.2009.
[54] RE nº 650.998/RS. Rel. Designado Min. Roberto Barroso, j. 01.02.2017.
[55] STF, ADI nº 2/DF, Rel. Min. Paulo Brossard, j. 06.02.1992.

Capítulo 7 • Controle de constitucionalidade **133**

Isso porque se uma lei for compatível com a nova Constituição, ela será **recepcionada** por esta. Por outro lado, se não houver compatibilidade, tudo ocorrerá como se houvesse a simples **revogação** de uma lei anterior por uma lei posterior, que no caso, seria a Constituição Federal.

Assim, não se pode dizer que uma lei anterior à Constituição é inconstitucional, mas sim que é incompatível com ela, e que, portanto, foi revogada, e essa compatibilidade deve ser analisada no caso concreto, pelos órgãos inferiores do Judiciário.

Por essa razão não admite o Supremo Tribunal Federal ADI ou ADC contra lei ou ato normativo anterior à Constituição Federal vigente.

Deve-se destacar, no entanto, que se pode utilizar de **ADPF** para o questionamento da constitucionalidade de leis e atos normativos produzidos **anteriormente** à Constituição, uma vez que existe previsão expressa para tanto, no que se refere a essa ação (art. 1º, parágrafo único, I, da Lei nº 9.882/1999).

♦ **Tratados internacionais**

Quanto ao controle concentrado de **tratados internacionais**, primeiramente temos que entender os diversos níveis que ele pode assumir no ordenamento jurídico nacional.

Cabe ao **Presidente da República** ou alguém que dele receba delegação **celebrar** os tratados ou convenções internacionais em nome do Brasil, devendo depois, porém, serem **aprovados** pelo **Congresso Nacional**, retornando então ao Poder Executivo para promulgação e publicação.

Se o tratado ou convenção internacional **não tiver** como objeto normas relativas a direitos humanos, ele deverá ser aprovado por **maioria simples** do Congresso. Nesse caso, após promulgado e publicado, passa a integrar nossa ordem jurídica com o *status* de **lei ordinária.** E tendo o nível de lei ordinária, pode ter sua constitucionalidade questionada por meio do controle direto[56].

Por outro lado, se esse tratado ou convenção disser respeito a **direitos humanos**, podem ocorrer duas situações. Se forem aprovados pelo Congresso por **maioria simples**, terão o *status* de **norma supralegal**, de acordo com o entendimento do Supremo Tribunal Federal,[57] e poderão ser objeto de controle concentrado de constitucionalidade, uma vez que, embora estejam acima das leis ordinárias, devem obediência aos ditames constitucionais.

Mas o art. 5º, § 3º, da Constituição Federal permite que os tratados ou convenções internacionais sobre direitos humanos sejam aprovados pelo Congresso seguindo-se o mesmo **rito das emendas constitucionais** (aprovação em dois turnos de votação, tanto na Câmara e no Senado, por três quintos dos respectivos membros).

Nesse caso, de acordo com o mesmo dispositivo, tais tratados ou convenções serão **equivalentes às emendas constitucionais**, o que somente permite a análise de sua constitucionalidade nos mesmos termos aplicáveis a essas, quais sejam, conformidade às limitações materiais, formais e temporais impostas pelo constituinte originário.

---

56   STF, ADI nº 1.480-MC, Rel. Min. Celso de Mello, j. 04.09.2001.

57   STF, RE nº 349.703/RS, Rel. designado Min. Gilmar Mendes, j. 03.12.2008.

Assim, **resumindo**: os tratados e convenções internacionais aprovados pelo Congresso Nacional por maioria simples sujeitam-se plenamente ao controle de constitucionalidade, não importando o seu conteúdo. Já os tratados e convenções internacionais sobre direitos humanos que forem aprovados em dois turnos de votação na Câmara e no Senado, por três quintos dos respectivos membros, sujeitam-se ao controle de constitucionalidade da mesma forma que as emendas constitucionais, ou seja, somente quanto ao aspecto formal e quanto ao respeito às cláusulas pétreas e limitações temporais.

Por fim, os tratados e convenções internacionais sobre direitos humanos incorporados ao ordenamento jurídico com a força de emenda constitucional podem ser utilizados como **parâmetro** para a verificação da constitucionalidade de leis e atos normativos federais e estaduais, por meio do controle concentrado e difuso, uma vez que passam a integrar a Constituição Federal. Assim, pode-se declarar a inconstitucionalidade de uma lei ou ato normativo por violar um tratado internacional sobre direitos humanos que tenha sido aprovado nos termos do art. 5º, § 3º, da Constituição Federal.

+ **Leis e atos normativos não mais vigentes**

Diferentemente do que ocorre no controle difuso, em que a declaração de inconstitucionalidade é somente um meio de se obter um outro fim, que é o verdadeiro objeto da ação (não pagamento de imposto, não cumprimento de determinada obrigação legal etc.), o **objeto da ADI**, impetrada diretamente no Supremo Tribunal Federal, é a **declaração de inconstitucionalidade** de lei ou ato normativo federal ou estadual, sendo a análise da Corte feita de forma abstrata.

Por conta disso o Supremo Tribunal Federal somente admite a propositura de ADI contra lei ou ato normativo **vigente**,[58] **não** podendo ser utilizada para questionamento de lei ou ato **revogado** ou cuja eficácia já tenha se **exaurido** – neste último caso, como leis de vigência limitada ou medidas provisórias não convertidas em lei –, porque isso transformaria a ADI em meio de defesa de direitos pessoais e concretos.

Mas e se a revogação ou exaurimento da lei ou ato normativo ocorrer **após a impetração** da ação direta, mas antes do julgamento desta? Nesse caso, o Supremo Tribunal Federal entende que a mesma deve ser **extinta sem julgamento do mérito**, por perda do objeto.

Nesse sentido, veja-se a ementa da ADI nº 4.365, de relatoria do Ministro Dias Toffoli, publicada em 08.05.2015:

> Ação direta de inconstitucionalidade. Medida provisória convertida em lei. Crédito extraordinário. Eficácia da norma. Exaurimento. Prejudicialidade.
>
> 1. A Medida Provisória nº 477, de 29 de dezembro de 2009, convertida na Lei nº 12.240/2010, abre crédito extraordinário, em favor de diversos órgãos e entidades do Poder Executivo e reduz o orçamento de investimento de diversas empresas. Os créditos dessa natureza têm vigência temporalmente limitada ao exercício finan-

---

[58] STF, ADI nº 612-QO, Rel. Min. Celso de Mello, j. 03.06.1993.

Capítulo 7 ♦ Controle de constitucionalidade **135**

ceiro para os quais foram autorizados, salvo se editados nos últimos quatros meses desse exercício, circunstância em que sua realização é postergada para o exercício financeiro seguinte.

2. Como a medida provisória objeto desta ação foi publicada em 29 de dezembro de 2009, verifica-se que a utilização do crédito extraordinário ali constante limitava-se, impreterivelmente, ao exercício financeiro correspondente ao ano de 2010. É possível concluir que os créditos previstos ou já foram utilizados ou perderam sua vigência. Portanto, não subsistem situações passíveis de correção no presente, na eventualidade de se reconhecer a sua inconstitucionalidade. Há, desse modo, perda superveniente do objeto, considerado o exaurimento da eficácia jurídico-normativa do ato hostilizado.

3. A jurisprudência do STF é pacífica quanto à prejudicialidade da ação direta de inconstitucionalidade por perda superveniente de objeto, a qual tanto pode decorrer da revogação pura e simples do ato impugnado como do exaurimento de sua eficácia. Precedentes.

4. Ação direta julgada extinta sem julgamento de mérito.

No entanto, a **falta de comunicação** ao Supremo Tribunal Federal da revogação da lei impugnada **não prejudica** a validade de julgamento realizado sem o conhecimento dessa informação.[59]

Também o Supremo tem admitido a continuidade do julgamento de ADI se ficar caracterizado que a revogação da norma foi feita de **forma fraudulenta**, como meio de evitar o julgamento da ação pelo STF e a consequente declaração de nulidade dos atos por ela produzidos.[60]

Deve-se observar, por fim, que embora o controle de constitucionalidade de atos revogados ou exauridos não possa se dar por meio de ADI, esse controle pode se dar, no entendimento do próprio Supremo, por meio do controle difuso ou por meio de **ADPF**.

♦ **Regimentos internos de tribunais**

Os **regimentos dos tribunais** do Poder Judiciário também **estão sujeitos** ao controle concentrado de constitucionalidade, uma vez que também retiram seus pressupostos de validade diretamente da Constituição Federal,[61] possuindo natureza de lei material,[62] com denso caráter normativo.

O mesmo também se aplica aos regimentos do **Tribunais de Contas da União** e das **Casas Legislativas**.

---

[59] STF, ADI nº 951/SC, Rel. Min. Joaquim Barbosa, j. 18.11.2004.

[60] STF, ADI nº 3.306/DF, Rel. Min. Gilmar Mendes, j. 17.03.2011.

[61] Art. 96, I, *a*, da CF: "Compete privativamente: I – aos tribunais: a) eleger seus órgãos diretivos e elaborar seus regimentos internos, com observância das normas de processo e das garantias processuais das partes, dispondo sobre a competência e o funcionamento dos respectivos órgãos jurisdicionais e administrativos".

[62] STF, ADI nº 1.105-MC, Rel. Min. Paulo Brossard, j. 03.08.1994.

136 Direito Constitucional Decifrado

> ### 🔍 Jurisprudência destacada
>
> Estão sujeitos ao controle de constitucionalidade concentrado os atos normativos, expressões da função normativa, cujas espécies compreendem a função regulamentar (do Executivo), a função regimental (do Judiciário) e a função legislativa (do Legislativo). Os decretos que veiculam ato normativo também devem sujeitar-se ao controle de constitucionalidade exercido pelo Supremo Tribunal Federal. O Poder Legislativo não detém o monopólio da função normativa, mas apenas de uma parcela dela, a função legislativa (STF, ADI nº 2.950, Rel. Min. Eros Grau, j. 06.10.2004).

♦ **Leis orçamentárias**

Em relação às **leis orçamentárias**, o Supremo Tribunal Federal **alterou** seu posicionamento histórico anterior e tem **admitido** o controle abstrato de constitucionalidade de leis orçamentárias, afirmando inclusive que a sua incompatibilidade com as disposições da LC nº 101/2000 – Lei de Responsabilidade Fiscal, não se resume a uma questão de legalidade, mas que "leis orçamentárias que materializem atos de aplicação primária da Constituição Federal podem ser submetidas a controle de constitucionalidade em processos objetivos".[63]

♦ **Decretos legislativos que suspendam a vigência de decreto ou de lei delegada**

Já falamos que os **decretos legislativos** em geral estão sujeitos ao controle direto de constitucionalidade, uma vez que se trata de normas primárias.

Questão, porém, que poderia ser levantada, refere-se à possibilidade de propositura de ADI tendo por objeto decreto legislativo que, nos termos do art. 49, V, da Constituição Federal, **sustem atos normativos do Poder Executivo** que exorbitem do poder regulamentar ou dos limites de delegação legislativa. Isso porque se trataria de um "controle de constitucionalidade do controle de constitucionalidade", uma vez que essa sustação se caracteriza como uma forma de controle preventivo.

Nesse sentido, tanto a doutrina como a jurisprudência do Supremo Tribunal Federal[64] entendem que esse controle é **plenamente possível**, uma vez que realiza função normativa o ato estatal que exclui, extingue ou suspende a validade ou eficácia de uma outra norma jurídica.

Assim, pode o Supremo Tribunal Federal, no julgamento do mérito de ADI respectiva, reanalisar, após a verificação feita pelo Poder Legislativo, se os atos normativos emanados do Executivo realmente não se ajustam aos limites do poder regulamentar ou aos da delegação legislativa.

♦ **Legitimação ativa para a propositura de ADI**

Quando se fala de **legitimação ativa**, está a se falar de quem pode propor a ADI, ou seja, quem pode ser **autor** de uma ADI.

---

[63] STF, ADI nº 5.449-MC, Rel. Min. Teori Zavascki, j. 10.03.2016.

[64] STF, ADI nº 748-MC, Rel. Min. Celso de Mello, j. 01.07.1992.

Diversamente do que ocorre no controle difuso, em que qualquer pessoa pode provocar o Judiciário para a obtenção da declaração de inconstitucionalidade de uma norma, no caso do controle **concentrado** essa **legitimação é restrita**, até para evitar o acúmulo excessivo de ações no Supremo Tribunal Federal.

A nossa Constituição atual previu **legitimação concorrente** para a propositura da ADI perante o Supremo Tribunal Federal, ou seja, previu que várias pessoas ou entidades podem propor tal ação, quebrando o sistema que vigia anteriormente, de monopólio da ação pelo Procurador-Geral da República.

O art. 103 da Constituição Federal é que traz as partes consideradas legítimas para a propositura da ADI na esfera federal, que são as seguintes:

- Presidente da República;
- Mesa do Senado Federal;
- Mesa da Câmara dos Deputados;
- Mesa da Assembleia Legislativa ou Câmara Legislativa do DF;
- Governador do Estado ou Distrito Federal;
- Procurador-Geral da República;
- Conselho Federal da Ordem dos Advogados do Brasil;
- Partido político com representação no Congresso Nacional;
- Confederação sindical ou entidade de classe de âmbito nacional.

De acordo com o Supremo Tribunal Federal, esse rol é **taxativo**,[65] ou seja, não admite ampliação pela legislação infraconstitucional. Nesse sentido, por exemplo, foi declarada a **ilegitimidade** ativa dos **Municípios**, dos **Prefeitos** Municipais e da Defensoria Pública da União para a propositura de ADI.[66]

Além disso, deve-se destacar que a ilegitimidade para a propositura da ação acarreta também a ilegitimidade para apresentação de **recurso**.[67]

Recurso interposto por terceiro prejudicado. Não cabimento. Precedentes. Embargos de declaração opostos pela OAB. Legitimidade. Questão de ordem resolvida no sentido de que é incabível a interposição de qualquer espécie de recurso por quem, embora legitimado para a propositura da ação direta, nela não figure como requerente ou requerido (STF, ADI nº 1.105, Rel. Min. Maurício Correa, j. 23.08.2001).

---

[65] STF, ADPF nº 75 AgR, Rel. Min. Ricardo Lewandowski, j. 03.05.2006.
[66] STF, ADI nº 4.654, Rel. Min. Gilmar Mendes, j. 28.11.2011; ADPF nº 148 AgR, Rel. Min. Cezar Peluso, j. 03.12.2008 e ACO nº 3.061-AgR, Rel. Min. Roberto Barroso, j. 11.09.2018.
[67] STF, ADI-AgRg nº 2.130/SC, Rel. Min. Celso de Mello, j. 03.10.2001.

Vejamos a seguir algumas considerações sobre os legitimados:

♦ **Mesa do Senado Federal e Mesa da Câmara dos Deputados**

De acordo com os regimentos internos do Senado e da Câmara, suas respectivas mesas são formadas: pelo presidente da Casa, dois vice-presidentes e quatro secretários, eleitos pelos parlamentares respectivos.

Deve-se observar que as Mesas do Senado e da Câmara são **órgãos distintos** da Mesa do Congresso Nacional, a qual não possui legitimidade para propositura da ADI, o mesmo ocorrendo com os parlamentares.

♦ **Mesa da Assembleia Legislativa ou Câmara Legislativa**

As mesas das Assembleias Legislativas dos diversos Estados são compostas na forma de seus respectivos **regimentos internos** ou na forma determinada na **Constituição Estadual**.

No caso do **Distrito Federal**, sua Casa Legislativa recebe um nome diferente da Assembleia dos Estados – é chamada de **Câmara Legislativa** –, e sua Mesa também possui legitimidade para apresentar ADI perante o Supremo Tribunal Federal.[68]

♦ **Conselho Federal da Ordem dos Advogados do Brasil**

A **Ordem dos Advogados do Brasil (OAB)** é uma entidade que ocupa uma **posição peculiar** dentro do Direito nacional. Isso porque, embora tenha atribuições típicas de conselho de fiscalização profissional, supervisionando a atuação dos advogados, suas atribuições vão muito além disso, gozando de regulamentação específica, tanto que excluída expressamente, pelo art. 58, § 9º, da Lei nº 9.649/1998, das regras aplicáveis aos demais conselhos de classe. Da mesma forma, possui legitimidade para a propositura de ADI, diversamente dos demais conselho de fiscalização profissionais.

Entre as atribuições da OAB previstas na Lei nº 8.906/1994 – o chamado Estatuto da Advocacia – estão as de "defender a Constituição, a ordem jurídica do Estado democrático de direito, os direitos humanos, a justiça social, e pugnar pela boa aplicação das leis, pela rápida administração da justiça e pelo aperfeiçoamento da cultura e das instituições jurídicas".

Diante disso, de fato acertou bem a Constituição ao colocar a OAB como uma das legitimadas a propor a ADI.

Deve-se observar, porém, que, pelo texto constitucional, somente a **representação federal** da OAB, ou seja, seu Conselho Federal, pode provocar o controle concentrado, sendo que suas seccionais, que são suas representações locais em cada Estado não estão autorizadas a tanto.

♦ **Partidos políticos**

A Lei nº 9.096/1995, conhecida como Lei dos Partidos Políticos, estipula que os partidos se destinam a assegurar, no interesse do regime democrático, a autenticidade do **sistema representativo** e a defender os **direitos fundamentais** definidos na Constituição Federal. Isso justifica sua escolha como um dos legitimados a provocar o controle direto de constitucionalidade no Brasil.

---

[68] STF, ADI nº 3.756, Rel. Min. Ayres Britto, j. 21.06.2007.

Capítulo 7 ◆ Controle de constitucionalidade **139**

No entanto, de acordo com o art. 103 da Constituição, somente partidos políticos com **representação no Congresso Nacional** podem propor a ADI, entendendo-se como possuindo representação aquele partido que contar com pelo menos **1 (um) deputado federal** ou **1 (um) senador** eleito no momento da propositura da ação.

Em caso de **perda da representação** pelo partido posteriormente ao protocolo da ADI – caso em que, por exemplo, o único deputado ou senador eleito pelo partido é expulso ou muda de sigla –, o Supremo Tribunal Federal entende que isso **não é causa para a extinção** da ação, a qual prosseguirá até seu julgamento final, uma vez que a aferição da legitimidade deve ser realizada no momento de propositura da ação.[69]

Por fim, deve-se observar que o partido, na petição inicial da ADI, deve estar representado pelo seu **diretório nacional**, não se permitindo que a ação seja apresentada por diretório estadual ou municipal, ainda que o objeto impugnado tenha sua amplitude normativa limitada ao Estado ou Município do qual se originou.[70]

◆ **Confederação sindical ou entidade de classe de âmbito nacional**

As **confederações sindicais** são entidades associativas profissionais nacionais que congregam três ou mais federações sindicais, as quais, por sua vez, reúnem cinco ou mais sindicatos. Representam o nível máximo na hierarquia das entidades sindicais, representando seus filiados a nível nacional.

Entre as entidades sindicais, somente as confederações estão legitimadas a provocar o controle direto de constitucionalidade, o que não ocorre com as federações sindicais, nem com os sindicatos.

As próprias **centrais sindicais**, apesar de atualmente serem reconhecidas pela Lei nº 11.648/2008 e possuírem também abrangência nacional, **não podem propor** ADI.[71] Isso porque as centrais não se confundem com as confederações sindicais, uma vez que essas representam sempre os interesses de uma categoria específica, ao passo que aquelas reúnem entidades sindicais de categorias distintas.

As confederações, como toda entidade sindical, devem estar devidamente **inscritas** junto ao **órgão público competente**, uma vez que o registro dos atos constitutivos no Ofício do Registro Civil das Pessoas Jurídicas não basta, só por si, para conferir personalidade de direito sindical à entidade para tal fim constituída, pois prevalece, nessa matéria, a exigência do duplo registro.[72]

Em relação às entidades de classe de âmbito nacional não basta, de acordo com o Supremo Tribunal Federal, que as mesmas autodeclarem seus atos constitutivos como tal, sendo necessário que tenham representação em, pelo menos, **nove Estados** brasileiros.[73] Essa exigência foi

---

[69]   STF, ADI nº 2.618-AgR-AgR, Rel. Min. Carlos Velloso, j. 12.08.2004.

[70]   STF, ADI nº 5.697, Min. Luiz Fux, Decisão Monocrática, j. 28.11.2017.

[71]   STF, ADI nº 1.442, Rel. Min. Celso de Mello, j. 03.11.2004.

[72]   STF, ADI nº 4.380, Min. Celso de Mello, Decisão Monocrática, j. 22.03.2017.

[73]   STF, ADI nº 3.617-AgR, Rel. Min. Cezar Peluso, j. 25.05.2011.

definida usando-se, por analogia, o art. 7º da Lei nº 9.096/1995, que determina que a constituição de um partido político deve ser precedida da coleta de assinaturas distribuídas em pelo menos um terço dos Estados brasileiros, como forma de garantir-lhe o caráter nacional.

Além disso, para a legitimação dessas entidades de classe, tem também nossa Suprema Corte exigido o requisito da **homogeneidade da representação**, ou seja, que a entidade, em seus estatutos, esteja constituída para atuar na defesa dos interesses e prerrogativas dos membros de **categoria específica** e bem definida.[74]

Por fim, ainda em relação às entidades de classe de âmbito nacional, tem o Supremo também exigido que elas **não representem somente uma parcela** ou fração de categoria, e sim a sua integralidade.[75]

De observar-se que nossa Corte Suprema considera que os **conselhos de fiscalização profissional**, como o Conselho Federal de Medicina, o Conselho Federal de Contabilidade, dentre outros, **não estão legitimados** a propor ADI, pelo fato de possuírem personalidade jurídica de direito público e integrarem – na forma de autarquias – a Administração Pública, não podendo ser enquadrados como entidades de classe.[76]

♦ **Exigência de pertinência temática**

Deve-se observar que, para alguns dos legitimados pelo art. 103 da Constituição, o Supremo Tribunal Federal, apesar de divergências internas expostas recentemente, exige a presença da chamada **pertinência temática**, definida como a correspondência lógica direta entre o objeto da ação e os interesses ou objetivos de existência do legitimado. Em outras palavras, pela construção jurisprudencial de nossa Suprema Corte, alguns dos legitimados a propor a ADI deverão, para que a ação seja conhecida, demonstrar seu **interesse de agir** – ou de seus representados – no caso concreto.

Assim, não são todas as pessoas ou entidades autorizadas pela Constituição a apresentar a ADI que poderão propor a referida ação contra qualquer lei ou ato normativo, havendo aqueles que possuem **legitimação universal** – podendo apresentar ADI contra qualquer lei ou ato normativo – e aqueles que deverão demonstrar a pertinência temática de suas atribuições com o objeto da ação.

De acordo com o entendimento do STF, presume-se de forma **absoluta** a pertinência temática para os seguintes legitimados – os quais possuirão, assim, legitimação ativa universal –, tendo em vista suas próprias atribuições institucionais:

a. Presidente da República;
b. Mesa do Senado Federal e da Câmara dos Deputados;
c. Procurador-Geral da República;
d. Partido político com representação no Congresso Nacional;
e. Conselho Federal da OAB.

---

[74] STF, ADI nº 408/DF, Min. Luiz Fux, Decisão Monocrática, j. 17.10.2017.
[75] STF, ADI nº 1.875-AgR, Rel. Min. Celso de Mello, j. 20.06.2011.
[76] STF, ADI nº 3.993/RJ, Rel. Min. Ellen Grace, j. 23.05.2008.

Capítulo 7 • Controle de constitucionalidade **141**

Dessa forma, essas pessoas e instituições não necessitam provar a coerência entre seus objetivos institucionais e o objeto da ADI.

Por outro lado, a Mesa da Assembleia Legislativa (ou Câmara Legislativa, no caso do DF), o Governador do Estado ou DF e as confederações sindicais ou entidades de âmbito nacional – denominados legitimados especiais – **precisam demonstrar** a tal pertinência temática, conforme decidido de forma reiterada pelo Supremo Tribunal Federal:

> A legitimidade ativa da confederação sindical, entidade de classe de âmbito nacional, mesas das assembleias legislativas e governadores, para a ação direta de inconstitucionalidade, vincula-se ao objeto da ação, pelo que deve haver pertinência da norma impugnada com os objetivos do autor da ação. Precedentes do STF: ADI nº 305/RN (*RTJ* 153/428); ADI nº 1.151/MG (*DJ* de 19.05.1995); ADI nº 1.096/RS (*Lex-JSTF*, 211/54); ADI nº 1.519/AL, julgamento em 06.11.1996; ADI nº 1.464/RJ, *DJ* de 13.12.1996. Inocorrência, no caso, de pertinência das normas impugnadas com os objetivos da entidade de classe autora da ação direta) (ADI nº 1.507 MC-AgR, Rel. Carlos Velloso, j. 06.06.1997).

Assim, por exemplo, uma ADI impetrada por uma hipotética Confederação Nacional dos Motoristas de Ônibus que visasse questionar a constitucionalidade do aumento da alíquota do Imposto de Renda pago por instituições financeiras não seria conhecida, ou seja, aceita para julgamento pelo Supremo Tribunal Federal, uma vez que inexiste qualquer relação próxima entre os objetivos de existência do sindicato e o objeto da ação. Por outro lado, se esse mesmo sindicato questionasse por meio de uma ADI uma norma estadual que impusesse restrições aos motoristas de ônibus que o sindicato considerasse inconstitucionais, tal ação seria aceita para julgamento pela Suprema Corte.

Da mesma forma, não seria conhecida uma ADI impetrada por Governador de Estado que questionasse a validade de uma medida provisória do Presidente da República que concedesse reajuste aos servidores públicos federais, mas poderia ser conhecida se fosse impetrada pelo mesmo Governador para questionar uma lei federal que mudasse os repasses de recursos aos seu Estado.

⚡ Decifrando a prova

(Delegado de Polícia – PC-PE – Cespe – 2016) Se o governador de um estado da Federação ajuizar ADI – Ação Direta de Inconstitucionalidade, contra lei editada por outro estado, a ação não deverá ser conhecida pelo STF, pois governadores de estado somente dispõem de competência para ajuizar ações contra leis e atos normativos federais e de seu próprio estado.

( ) Certo   ( ) Errado

Gabarito comentado: os governadores de estado têm legitimidade para ajuizar ADI desde que comprovem a pertinência temática, ou seja, interesse no caso, não sendo condição para tal que a lei ou ato normativo seja oriundo de seu próprio estado. Assim, por exemplo, um governador pode questionar por meio de ADI uma lei federal ou mesmo de outro estado, desde que comprove algum risco ou prejuízo que possa vir a ser causado ao estado que representa. Portanto, a assertiva está errada.

* Capacidade postulatória

A **capacidade postulatória** é a capacidade, concedida pela legislação processual, de apresentar **requerimentos** e provocar a **atuação** do Poder **Judiciário**. Via de regra, a capacidade postulatória é concedida somente a advogados ou servidores públicos que tenham atribuições jurídicas para atuar como parte ou representando alguém, como membros do Ministério Público, procuradores de Estados e Municípios ou defensores públicos.

No entanto, de acordo com entendimento adotado pelo Supremo Tribunal Federal, de todos os legitimados a provocar o controle direto de constitucionalidade listados no art. 103 da Constituição, somente os **partidos políticos, as confederações sindicais e as entidades de classe** necessitam de advogado para a propositura da ação, sendo que os demais podem apresentá-la sem necessidade de representação por advogado, além de poderem praticar todos os atos que, no decorrer da ação, seriam privativos de advogados, podendo inclusive impetrar recursos, se forem os autores da ação.[77]

Assim, por exemplo, o Presidente da República pode propor uma ADI **sem necessidade de advogado** – normalmente é ele representado, nesses casos, pelo Advogado-Geral da União –, sendo que, em caso de cabimento de recurso – por negativa de medida cautelar, por exemplo –, também poderá ele apresentá-lo, também sem necessitar de advogado. No caso citado, porém, um Governador de Estado não poderia apresentar o recurso, uma vez que a ação foi proposta pelo Presidente da República.

Em sendo o caso de intervenção de advogado, devem os autores da ação direta apresentar **procuração com poderes especiais** para a instauração do pertinente processo de controle normativo perante o STF, inclusive com a indicação da lei ou ato normativo impugnado.

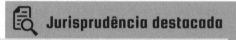

> Descabe confundir a legitimidade para a propositura da ação direta de inconstitucionalidade com a capacidade postulatória. Quanto ao governador do Estado, cuja assinatura é dispensável na inicial, tem-na o procurador-geral do Estado (STF, ADI nº 2.906, Rel. Min. Marco Aurélio, j. 01.06.2011).

* Desistência

Devido à natureza e finalidade especial da ADI, o art. 5º da Lei nº 9.868/1999 e o próprio Supremo Tribunal Federal **não admitem** a possibilidade de **desistência** da mesma pelo seu autor.[78] Assim, uma vez proposta a ADI, ela deverá ser conduzida até seu desfecho. Se o autor abandonar a ação, será ela conduzida de ofício pelo Supremo Tribunal Federal com o auxílio do Ministério Público.

---

[77] STF, ADI nº 127-MC-QO, Rel. Min. Celso de Mello, j. 20.11.1989.
[78] STF, ADI nº 1.971, Rel. Min. Celso de Mello, j. 01.08.2011.

Capítulo 7 ♦ Controle de constitucionalidade **143**

Embora não se admita a desistência, poderá ocorrer a **extinção do processo sem julgamento do mérito**, como ocorre no caso de petição inicial inepta ou no caso de revogação do ato normativo cuja constitucionalidade está sendo questionada, por exemplo.

Cabe observar também que a **posição histórica** do Supremo tem sido a de não aceitar a desistência inclusive de pedido de **medida cautelar** apresentado pelo autor da ADI, embora com divergências internas, sendo deferidos, de forma monocrática, alguns pedidos nesse sentido. Assim, por exemplo, em 25 de abril de 2018, o Ministro Marco Aurélio homologou pedido de desistência em relação a reiteração de pedido de liminar, baseado na ideia de que a indisponibilidade da ADI é característica da ação como um todo, e não de eventual liminar pleiteada.

Decifrando a prova

(Juiz Substituto – TJ-AL – FCC/2019 – Adaptada) Quanto ao controle concentrado de constitucionalidade exercido por via da ação direta de inconstitucionalidade de competência originária do Supremo Tribunal Federal, é admitida a desistência, desde que ouvido o Advogado-Geral da União, a quem compete defender o ato ou texto impugnado.

( ) Certo   ( ) Errado

Gabarito comentado: conforme vimos, o STF e a própria Lei nº 9.868/1999 não permitem a desistência de uma ADI, em virtude do interesse público envolvido. Portanto, a assertiva está errada.

♦ **Prazo decadencial**

Não existe **prazo decadencial ou prescricional** para a propositura da ADI, pois os atos inconstitucionais não se convalidam com o decurso do tempo, sendo sua nulidade matéria de interesse público.[79]

Tal entendimento do Supremo Tribunal Federal está sedimentado em sua Súmula nº 360, a qual, embora anterior à Constituição de 1988, permanece plenamente válida.[80]

Isso quer dizer que **não existe um prazo máximo** para a propositura da ADI, podendo ser apresentada até mesmo muitos anos depois da edição do ato questionado, desde que ele ainda esteja vigente, ou seja, não tenha sido revogado ou se exaurido.

Somente dois cuidados devem ser tomados quando da análise temporal da norma para fins de conhecimento de ADI: (1) se ela é **posterior à Constituição** de 1988; e (2) se **continua vigente**, uma vez que se esses requisitos não forem obedecidos, não haverá possibilidade de julgar-se a ADI, de acordo com entendimento do STF.

---

[79] STF, ADI nº 3.920, Rel. Min. Marco Aurélio, j. 05.02.2015.

[80] Súmula nº 360 do STF: "Não há prazo de decadência para a representação de inconstitucionalidade prevista no art. 8º, parágrafo único, da Constituição Federal".

Direito Constitucional Decifrado

♦ **Medida cautelar em ADIN**

O art. 102, I, *p*, da Constituição Federal, prevê a possibilidade de solicitação de **medida cautelar** nas ADIs, a qual poderá ser deferida de forma liminar pelo relator ou pelo plenário do Supremo Tribunal Federal.

Nesse caso, observe-se que a liminar concedida **não terá efeito de antecipação de tutela**, ou seja, não poderá antecipar o pedido do autor, declarando de pronto a inconstitucionalidade do diploma questionado – até em obediência à cláusula de reserva de plenário, que será vista adiante –, mas terá a natureza de medida cautelar, ou seja, simplesmente buscará **garantir a eficácia ou utilidade do provimento final**, podendo assim, como ocorre na maioria das vezes em que é concedida, suspender a vigência da lei ou ato normativo em questão.

Por ser uma decisão que pode ser revista ao longo do processo, tal medida cautelar tem, via de regra, efeitos *ex nunc*, ou seja, não gerando efeitos retroativos, podendo, porém, excepcionalmente, produzir efeitos *ex tunc*, se o Relator ou Tribunal assim o decidir. Por outro lado, produzirá efeitos *erga omnes*, ou seja, afetará até mesmo quem não foi parte na ação, e vinculante em relação aos demais órgãos do Poder Judiciário e à Administração Pública.

Além disso, a concessão da medida cautelar para a suspensão da lei ou ato normativo questionado causa a **repristinação** – ou seja, o retorno da vigência – da legislação anterior acaso existente e que tenha sido revogada pela norma suspensa.[81]

Uma vez apresentado o pedido de medida cautelar, tem o Supremo entendido que não pode haver desistência da solicitação, conforme visto acima.

A Lei nº 9.868/1999 estabelece que, como regra, deverá ser **ouvida, previamente** ao julgamento da medida cautelar, a autoridade da qual **emanou** a lei ou ato impugnado. No entanto, seu art. 10, § 3º, estabelece a possibilidade de concessão da cautelar sem a oitiva da referida autoridade em caso de excepcional **urgência**.

Questão **problemática** tem sido a concessão de medida **cautelar** por **decisões monocráticas** do relator da ADI, prática cada vez mais comum, mas que, segundo muitos, viola disposições legais e até mesmo constitucionais, apesar de encontrar guarida no texto do Regimento Interno do Supremo Tribunal Federal.[82]

Isso porque a Lei nº 9.868/1999, em seu art. 10, somente permite a concessão de medida cautelar por decisão da **maioria absoluta** dos membros do STF, devendo estar presentes pelo menos oito Ministros à sessão, abrindo exceção a essa regra somente no período de **recesso** do Tribunal.

Também apresenta um problema de índole constitucional porque parece ferir a **cláusula de reserva de plenário**, prevista no art. 97 da Constituição Federal e que determina que a declaração de inconstitucionalidade somente poderá ser feita pela maioria absoluta dos membros de um Tribunal. E ainda que se argumente que não se trate de declaração de

---

[81] Rcl nº 2.256/RN, Rel. Min. Gilmar Mendes, j. 11.09.2003.

[82] O art. 21, V, do Regimento Interno do STF coloca entre as atribuições do relator determinar, em caso de urgência, as medidas do inciso anterior, *ad referendum* do Plenário ou da Turma.

inconstitucionalidade propriamente dita, pois não há uma antecipação da tutela, é evidente que, no caso de suspensão da norma por medida liminar, os efeitos são bem semelhantes.

Assim, ainda que se alegue que a prolação de medidas cautelares de forma monocrática tenha por objetivo ajudar a desafogar o Supremo Tribunal Federal, e mesmo sendo referendadas por decisões posteriores do Plenário, é indiscutível que tal prática de decisões individuais em matéria tão importante pode ser considerada como colidente com toda a cautela do constituinte em relação à decretação de inconstitucionalidade de leis e atos normativos. No entanto, como já dito, a prolação de decisões monocráticas sobre medidas cautelares, mesmo fora do período de recesso, é aceita pelo próprio **Regimento do STF**.

Assim como ocorre no controle difuso, a impetração de ação direta no Supremo Tribunal Federal, pode levar o mesmo a decretar, a pedido ou de ofício, a **suspensão dos processos** que tramitem em instâncias inferiores que também questionem, de forma difusa, a constitucionalidade da lei ou ato normativo objeto da ação direta, até que seja ela julgada. Isso é importante para garantir uma solução jurídica **uniforme** e **estável**, por parte do Poder Judiciário.

> ### 🔎 Jurisprudência destacada
>
> A concessão de medida cautelar nas ações de jurisdição constitucional concentrada exige a comprovação de perigo de lesão irreparável, uma vez que se trata de exceção ao princípio segundo o qual os atos normativos são presumidamente constitucionais (...).
>
> A análise dos requisitos do *fumus boni iuris* e do *periculum in mora*, para sua concessão, admite maior discricionariedade por parte do Supremo Tribunal Federal, com a realização de verdadeiro juízo de conveniência política da suspensão da eficácia (...), pelo qual deverá ser verificada a conveniência da suspensão cautelar da lei impugnada (...), permitindo, dessa forma, uma maior subjetividade na análise da relevância do tema, bem assim em juízo de conveniência, ditado pela gravidade que envolve a discussão, bem como da plausibilidade inequívoca e dos evidentes riscos sociais ou individuais, de várias ordens, que a execução provisória da lei questionada gera imediatamente (...) ou, ainda, das prováveis repercussões pela manutenção da eficácia do ato impugnado, da relevância da questão e da relevância da fundamentação da arguição de inconstitucionalidade, além da ocorrência de periculum in mora, tais os entraves à atividade econômica, social ou política (STF, ADI 6.357-MC, Rel. Min. Alexandre de Moraes, prolatada em 29.03.2020).

♦ **Advogado-Geral da União**

Cabe ao **Advogado-Geral da União**, nas ADI, a **defesa** da norma legal ou ato normativo impugnado, sejam eles federais ou estaduais, pois atua como **curador** do princípio da **presunção de constitucionalidade** das leis e atos administrativos, sendo que o Supremo Tribunal Federal entende que, neste caso, está ele exercendo um papel diferente daquele previsto no art. 131 da Constituição Federal, qual seja, o de representante da União.[83]

---

[83] ADI nº 97-QO, Rel. Min. Moreira Alves, j. 22.11.1989.

A intervenção do Advogado-Geral da União nas ADI está expressa no art. 103, § 3º, de nossa Carta Magna, que assim dispõe: "quando o Supremo Tribunal Federal apreciar a inconstitucionalidade, em tese, de norma legal ou ato normativo, citará, previamente, o Advogado-Geral da União, que defenderá o ato ou texto impugnado".

Historicamente, a posição do Supremo Tribunal Federal era a de que tal dispositivo deveria ser aplicado **literalmente** em todas as situações, ou seja, o Advogado-Geral da União seria sempre **obrigado** a defender a constitucionalidade da norma impugnada, até como forma de estabelecer-se um contraponto à petição inicial.

No entanto, esse entendimento foi **evoluindo**, especialmente diante de casos em que a inconstitucionalidade da lei ou ato normativo era evidente, fazendo com que a atuação do Advogado-Geral da União, nessas situações, fosse meramente formal e protocolar.

Essa evolução resultou em uma **alteração** no posicionamento de nossa Suprema Corte, de forma que esta passou, majoritariamente, a permitir que o Advogado-Geral **deixe de defender**, a todo custo, a constitucionalidade de norma questionada.[84]

Ademais, o Supremo também tem se posicionado pela **desnecessidade** de oitiva do Advogado-Geral da União nas **ações declaratórias de constitucionalidade (ADC)**, continuando, porém, sua participação sendo obrigatória nas ações diretas de inconstitucionalidade e nas ações de descumprimento de preceitos fundamentais.

A dispensa da oitiva do Advogado-Geral nas ADC justifica-se, segundo o STF, porque nesse caso **não existe** lei ou ato impugnado, não havendo contraditório que justifique a sua necessidade de intervenção.

♦ **Procurador-Geral da República**

O Procurador-Geral da República, além de ser um dos legitimados a propor a ADI perante o Supremo Tribunal Federal, também exerce um papel essencial nas ações de controle abstrato de constitucionalidade, na condição de **chefe do Ministério Público da União**.

Tanto é assim que o art. 103, § 1º, da Constituição determina a **obrigatoriedade** de sua oitiva, não só em todas as ações de inconstitucionalidade, como também em todos os processos de competência do Supremo Tribunal Federal.

Sua manifestação, nas ADI, deverá ser **formal** e poderá tanto ser pela **procedência** como pela **improcedência** do pedido. Essa manifestação, prévia ao julgamento pelos Ministros, ocorre até mesmo nas ADI **por ele propostas**, podendo até mesmo opinar em sentido contrário ao formulado no pedido por ele mesmo ou seu antecessor, em virtude do princípio da **independência funcional** que rege a atuação dos membros do Ministério Público.

Porém, como ocorre com os outros autores de ADI, **não é permitido** ao Procurador-Geral da República **desistir** da ação, que será conduzida pelo STF até sua finalização.[85]

---

[84] Foi o que ocorreu, por exemplo, no julgamento da ADI nº 3.916, de relatoria do Min. Eros Grau, em 03.02.2010.

[85] STF, ADI nº 387-MC, Rel. Min. Celso de Mello, j. 01.03.1991.

Assim, quando não age como autor da ação que tramita no STF, opera ele como **fiscal da Constituição**, devendo agir com plena independência a fim de defender e preservar o ordenamento constitucional, devendo manifestar-se sempre formalmente nos autos, embora seu parecer não vincule a decisão dos Ministros.

- ◆ ***Amicus curiae***

A Lei nº 9.868/1999 prevê a possibilidade de que **terceiros** que não tenham legitimação para a propositura de ADI requeiram ao relator para manifestar-se sobre a questão levada à Corte,[86] tratando-se de uma verdadeira intervenção de terceiros no processo abstrato de controle de constitucionalidade.

Esse terceiro autorizado a manifestar-se no processo é normalmente denominado de *animus curiae*, que significa "amigo da corte", o qual não possui a qualidade de parte, e sua intervenção no processo deve ser autorizada pelo relator, por despacho **irrecorrível**, no qual deverá levar em consideração (a) a **relevância** da matéria e (b) a **representatividade** dos postulantes.

A ideia da participação do *amicus curiae* é a de permitir a colaboração de **pontos de vista diferentes** sobre o assunto, especialmente de entidades representativas de pessoas que possam vir a ser afetadas pela decisão, jogando luz em aspectos que poderiam passar despercebidos sem sua intervenção.

Conforme observado por Marcelo Alexandrino e Vicente Paulo (2019, p. 880), "a instituição do *amicus curiae*, embora não chegue a conferir caráter contraditório ao processo, sem dúvida colabora para aumentar a participação dos setores organizados da sociedade, tornando mais democrático e pluralista o controle abstrato em nosso país".

Sua intervenção no processo, porém, deve ser autorizada pelo relator, decisão da qual não cabe recurso,[87] sendo que a jurisprudência do STF tem estabelecido um **limite temporal** para o requerimento de ingresso como *amicus curiae*, que é o da **inclusão do processo na pauta** de julgamento do Tribunal.[88]

Embora normalmente entenda-se que a manifestação do *amicus curiae* deva ser formal e por escrito, o Supremo Tribunal Federal tem admitido a possibilidade de que realize **sustentação oral**, sendo que atualmente essa previsão está consubstanciada no próprio Regimento do Tribunal.[89]

Além de manifestar-se oralmente, pode também o *amicus curiae* fazer pedidos de **informações adicionais**, solicitar **perícias** e pedir que sejam feitas **audiências**, embora não possa, por não ser parte, apresentar recursos ou pretender ampliar os limites da demanda.[90]

---

[86] Art. 7º, § 2º, da Lei nº 9.868/1999: "O relator, considerando a relevância da matéria e a representatividade dos postulantes, poderá, por despacho irrecorrível, admitir, observado o prazo fixado no parágrafo anterior, a manifestação de outros órgãos ou entidades".

[87] STF, RE nº 602.584-AgR, Rel. Designado Min. Luiz Fux, j. 17.10.2018.

[88] ADI nº 2.435-AgR, Rel. Min. Cármen Lúcia, j. 26.11.2015.

[89] RISTF, art. 130, § 3º.

[90] ADPF nº 187, Rel. Min. Celso de Mello, j. 15.06.2011.

148 Direito Constitucional Decifrado

Por fim, em relação ao assunto, destacar-se que o atual Código de Processo Civil, em seu art. 138, passou a prever a possibilidade de admissão do *amicus curiae* nos processos em geral, o que poderá mudar a posição do Supremo em relação a questões pontuais envolvendo essa forma de intervenção no processo.

+ **Petição inicial**

De acordo com o art. 3º da Lei nº 9.868/1999, a **petição inicial** da ADI deverá apresentar o **dispositivo da lei ou do ato** normativo impugnado e os **fundamentos jurídicos** do pedido em relação a cada uma das impugnações, e o **pedido**, com suas especificações.

Em caso de ser subscrita por advogado, é obrigatória a apresentação de procuração com **poderes específicos** para a propositura da ADI.

A petição inicial inepta, não fundamentada e a manifestamente improcedente serão **liminarmente indeferidas** pelo relator, cabendo, porém, agravo dessa decisão.

Importante observar que, embora esteja o Supremo Tribunal Federal **adstrito ao pedido** formulado na inicial, não podendo declarar a inconstitucionalidade de outra lei ou ato normativo que não tenha sido indicado pelo autor, **não** está a Corte **vinculada aos fundamentos jurídicos** apresentados pelo autor.[91]

Assim, pode o STF atender o pedido do autor, declarando a inconstitucionalidade da norma questionada por ele, por **parâmetros constitucionais diversos** dos apresentados na petição inicial.

Isso é o que a doutrina costuma chamar de "**causa de pedir aberta**". Tal faculdade, porém, não exime o autor da obrigação de apresentar os fundamentos jurídicos de seu pedido na petição, como vimos.

+ **Procedimento**

O procedimento da ADI inicia-se com a apresentação da petição inicial, que pode ser subscrita por um dos legitimados ou por advogado que os represente, mediante procuração.

Após isso, deverá haver a **distribuição aleatória** da inicial entre um dos dez ministros, que será seu relator. O Presidente do Tribunal, e o Vice quando no exercício da Presidência, não recebem processos para relatar. O art. 77-B do Regimento Interno do STF, porém, faz a ressalva que se aplica a regra de distribuição por **prevenção** quando haja **coincidência** total ou parcial **de objetos**. Isso quer dizer que, se já houver ingressado uma outra ADI tendo como o mesmo objeto de outra, a segunda será distribuída ao relator da primeira ação, por uma questão de economia e celeridade processual.

Conforme vimos, se a petição inicial for inepta, não fundamentada ou manifestamente improcedente será liminarmente indeferida pelo relator, cabendo agravo ao plenário do Tribunal desta decisão.

Aceita a petição inicial, o relator pedirá **informações** à autoridade que produziu o ato, a qual deverá fornecê-las no prazo de 30 dias.

---

[91] ADPF nº 139, Rel. Min. Cezar Peluso, j. em 30.04.2008.

Capítulo 7 • Controle de constitucionalidade **149**

Deve-se observar, no entanto, que, se houver pedido de medida cautelar pelo autor, o relator deverá, assim que receber a petição inicial, determinar o fornecimento dessas informações no prazo de **apenas cinco dias**, sendo que, após o julgamento da cautelar serão novamente prestadas informações, que agora serão prestadas em 30 dias. Esse segundo pedido de informações é importante por duas razões: (a) pela exiguidade do prazo concedido quando há pedido de medida cautelar; e (b) pela possibilidade de que, ao proferir decisão sobre a medida cautelar, o Tribunal precisar de informações diferentes do que aquelas que utilizará no julgamento do mérito.

Prestadas ou não as informações, o **Advogado-Geral da União** se manifestará, após o que os autos serão remetidos ao **Procurador-Geral da República** para sua manifestação.

O julgamento da ADIN, então, será feito pelo plenário do Supremo Tribunal Federal, sendo exigido o quórum mínimo de **oito ministros** para a instauração da sessão.

Em relação à possibilidade de alegação de impedimento ou suspeição de Ministros do Supremo Tribunal Federal em ADI, deve-se observar que a jurisprudência do STF **não tem admitido** a arguição de suspeição de ministros nos processos de controle direto de constitucionalidade, em razão da natureza objetiva e abstrata da ação.[92] No entanto, considera **possível** a alegação de impedimento nos casos em que o ministro tenha **atuado anteriormente** no processo como Procurador-Geral da República, Advogado-Geral da União, requerente ou requerido.

Para que o julgamento seja concluído, deverão manifestar-se pela constitucionalidade ou inconstitucionalidade da norma a maioria absoluta dos membros do STF, ou seja, ao menos **seis ministros**. Assim, estando presentes somente oito ministros na primeira sessão e tendo quatro votado pela constitucionalidade e quatro pela inconstitucionalidade, deverá o julgamento prosseguir em outra sessão com a manifestação de ministros que não se encontravam presentes à sessão anterior, até que o número de seis votos a favor ou contra a constitucionalidade seja alcançado.

Em caso de o Supremo Tribunal Federal estar com menos de 11 ministros, por vacância de algum cargo, como ocorre na aposentadoria ou morte de algum deles, e estando o julgamento empatado após a manifestação dos demais – por exemplo, em cinco a cinco –, o julgamento ficará **suspenso** até a nomeação dos ministros faltantes.

Os ministros que já votaram e, diante dos argumentos apresentados por seus pares, acharem por bem modificar sua posição, podem fazê-lo até o **final do julgamento**.

Se a ADI for julgada **procedente**, a norma será considerada **inconstitucional** e nula para todos os efeitos, causando inclusive a revalidação das normas por ela revogadas, expressa ou tacitamente. Se, por outro lado, for julgada **improcedente**, a norma será considerada **constitucional**, fazendo coisa julgada material.

Assim, verifica-se que o julgamento da ADI com apreciação do **mérito** necessariamente produzirá **coisa julgada** em relação à declaração de constitucionalidade ou não da lei ou ato normativo envolvido.

---

[92] STF, ADI nº 2.321-MC, Rel. Min. Celso de Mello, j. 25.10.2000.

150 Direito Constitucional Decifrado

Eventuais questões incidentais havidas no julgamento da ação, como, por exemplo, a admissão de *amicus curiae*, devem ser resolvidas pelo **relator**, o qual poderá também requisitar informações adicionais, designar perito ou comissão de peritos para emissão de parecer, marcar audiências públicas para oitiva de pessoas com experiência e autoridade na matéria e solicitar informações aos demais Tribunais acerca da aplicação da norma impugnada em suas respectivas jurisdições.

Deve-se observar que atualmente o STF tem realizado sessões virtuais, mas isso não altera o rito de julgamento das ADI, o qual é estabelecido majoritariamente pela Lei nº 9.868/1999.

♦ **Possibilidade da modulação dos efeitos da decisão**

Tratando-se de controle concentrado de constitucionalidade, a decisão proferida em ADI tem efeitos *erga omnes*, ou seja, produzirá resultado vinculante em relação a todas as pessoas sujeitas ao ordenamento jurídico brasileiro. Ademais, produzirá efeitos *ex tunc*, ou seja, retroativos, para que tudo ocorra como se norma impugnada nunca tivesse existido, além de provocar a **repristinação** (retorno à vigência) de eventuais normas revogadas pela lei ou ato normativo declarado inconstitucional.

Esses efeitos decorrem da gravidade da nulidade causada pela inconstitucionalidade da lei ou ato normativo.

No entanto, o art. 27 da Lei nº 9.868/1999 permite, em situações excepcionais, que o Supremo Tribunal Federal **restrinja** tais efeitos, estipulando que:

> (...) ao declarar a inconstitucionalidade de lei ou ato normativo, e tendo em vista razões de segurança jurídica ou de excepcional interesse social, poderá o Supremo Tribunal Federal, por maioria de dois terços de seus membros, restringir os efeitos daquela declaração ou decidir que ela só tenha eficácia a partir de seu trânsito em julgado ou de outro momento que venha a ser fixado.

Isso é o que se chama de **modulação** de efeitos da decisão de inconstitucionalidade, o que, na verdade, é uma relativização ou restrição de seus efeitos, o que poderá ser feito, em **cada caso** concreto, na forma estabelecida pela Suprema Corte e de forma devidamente justificada por razões de **segurança jurídica** ou por excepcional **interesse social**.

Além disso, o quórum exigido para a modulação dos efeitos é de **dois terços** do Supremo, ou seja, **oito ministros**, o qual é maior do que o exigido para a simples declaração de inconstitucionalidade, que é de seis ministros.

Outro ponto importante é que, embora a Lei nº 9.868/1999 trate somente do controle direto, nossa Suprema Corte tem entendido que a modulação dos efeitos da decisão também pode ser feita no âmbito do **controle difuso**,[93] no que inclusive é de certa forma referendada atualmente pelo art. 927, § 3º, do atual Código de Processo Civil.[94]

---

[93] STF, RE nº 197.917, Rel. Maurício Corrêa, j. 06.06.2002.

[94] Art. 927, § 3º, do CPC: "Na hipótese de alteração de jurisprudência dominante do Supremo Tribunal Federal e dos tribunais superiores ou daquela oriunda de julgamento de casos repetitivos, pode haver modulação dos efeitos da alteração no interesse social e no da segurança jurídica".

Como exemplo de modulação de decisão de inconstitucionalidade pelo Supremo Tribunal Federal podemos citar a ADI nº 3.022/RS, de relatoria do Ministro Joaquim Barbosa, em que foi declarada a inconstitucionalidade do art. 45 da Constituição Estadual do Rio Grande do Sul, mas que os efeitos de tal decisão somente seriam aplicados de **forma prospectiva,** ou seja, não retroativa, para o fim de garantir a segurança jurídica em relação aos envolvidos.

Outro caso que pode ser citado é o enfrentado na ADI nº 2.797, relatada pelo Ministro Sepúlveda Pertence, em que foi declarada a **supressão do direito de foro privilegiado** a ex-ocupantes de cargos públicos e ex-detentores de mandatos eletivos, previsto pela Lei nº 10.628/2002. Para preservar os atos processuais praticados durante a vigência da lei e evitar eventual anulação dos processos pendentes e os já finalizados, decidiu nossa Suprema Corte que os efeitos da declaração de inconstitucionalidade excepcionalmente seriam não retroativos.

7.17.3. Ação direta de inconstitucionalidade por omissão (ADO)

A Lei nº 12.063/2009 alterou a Lei nº 9.868/1999 para regulamentar a chamada **ação direta de inconstitucionalidade por omissão (ADO)**, instrumento utilizado para provocar o controle concentrado quando a inconstitucionalidade decorrer da omissão do dever constitucional de **legislar** ou quanto à adoção de providência de **índole administrativa**.

Isso porque, muitas vezes, a inconstitucionalidade ocorre justamente por conta da **inação** do Poder Legislativo ou do Poder Público em efetivar disposições constitucionais.

Aliás, a possibilidade de impetração de ADO decorre diretamente de previsão da Constituição Federal, a qual, em seu art. 103, § 2º, estabelece que "declarada a inconstitucionalidade por omissão de medida para tornar efetiva norma constitucional, será dada ciência ao Poder competente para a adoção das providências necessárias e, em se tratando de órgão administrativo, para fazê-lo em trinta dias".

Jurisprudência destacada

> O desrespeito à Constituição tanto pode ocorrer mediante ação estatal quanto mediante inércia governamental. A situação de inconstitucionalidade pode derivar de um comportamento ativo do poder público, que age ou edita normas em desacordo com o que dispõe a Constituição, ofendendo-lhe, assim, os preceitos e os princípios que nela se acham consignados. Essa conduta estatal, que importa em um *facere* (atuação positiva), gera a inconstitucionalidade por ação. Se o Estado deixar de adotar as medidas necessárias à realização concreta dos preceitos da Constituição, em ordem a torná-los efetivos, operantes e exequíveis, abstendo-se, em consequência, de cumprir o dever de prestação que a Constituição lhe impôs, incidirá em violação negativa do texto constitucional. Desse non *facere* ou non *praestare*, resultará a inconstitucionalidade por omissão, que pode ser total, quando é nenhuma a providência adotada, ou parcial, quando é insuficiente a medida efetivada pelo poder público (STF, ADI nº 1.458-MC, Rel. Min. Celso de Mello, j. 23.05.1996).

Os **legitimados** para propor a ADO são os **mesmos** elencados como capazes de propor a **ADI genérica**, ou seja, aqueles previstos no art. 103 da Constituição, já citados, também se aplicando as mesmas regras de exigência de comprovação de **pertinência temática** entre seus objetivos institucionais e o objeto da ação, para aqueles que não possuírem legitimação universal.

A ADO será proposta contra os órgãos ou autoridades **responsáveis** por adotar as **medidas** constitucionalmente exigidas e que não foram materializadas. Desta forma, pode apresentar como requerido um órgão legislativo ou administrativo.

Assim, por exemplo, se a omissão consistir na ausência de lei federal, a ADO deverá solicitar providências por parte do Congresso Nacional. Em se tratando de lei estadual, a requerida será a Assembleia Legislativa respectiva. Se, por outro lado, a omissão decorrer da ausência de regulação administrativa – como a expedição de um decreto – deverá ser proposta contra o órgão administrativo omisso.

Em se tratando de **ausência de lei**, porém, deve ser observada a **iniciativa** para a apresentação do projeto respectivo. Dessa forma, se a ausência é de uma lei cuja iniciativa compete privativamente ao Presidente da República, e, se este não tiver apresentado o projeto correspondente, a ADO deve colocar o próprio Presidente como requerido, e não o Congresso Nacional, uma vez que os parlamentares e nem mesmo o Chefe do Legislativo Federal podem apresentar projeto de lei de iniciativa privativa do Presidente da República, sob pena de inconstitucionalidade.

Assim como ocorre com a ADI, somente se admite a propositura de ADO perante o **Supremo Tribunal Federal** em se tratando de ausência de norma regulamentadora **federal ou estadual**, sendo que no caso de leis e atos municipais – incluindo os distritais, no exercício da competência **municipal** – a omissão poderá ser questionada por meio de ADO no **Tribunal de Justiça** local, na forma da respectiva Constituição Estadual.

Assim como ocorre na ADI genérica, na ADO também pode ser concedida **medida cautelar**, desde que por maioria absoluta de seus membros.

Diferentemente do que ocorre na ADI, em que a oitiva do Advogado-Geral é **obrigatória**, o art. 12-E, § 2º, da Lei nº 9.868/1999 estipula que o relator **poderá** solicitar sua manifestação, não apresentando o ato como uma obrigação.

A participação do **Procurador-Geral da República**, por sua vez, é obrigatória, assim como na ADI, por força do disposto no art. 12-E, § 3º, da mesma lei, o qual, porém, determina que o Procurador-Geral não será ouvido, se for o próprio autor da ADO.

Como definido na Constituição, sendo reconhecida a inconstitucionalidade por omissão, deve ser dada **ciência ao Poder competente** para a adoção das providências necessárias, sendo que no caso de omissão imputável a órgão administrativo deve ser previsto um **prazo** para isso, que seria de **30 dias**. O § 1º do art. 12-H da Lei nº 9.868/1999, porém, admite que, excepcionalmente e tendo em vista as circunstâncias específicas do caso e o interesse público envolvido, seja concedido prazo diverso pelo STF, desde que razoável diante da situação concreta.

E o que ocorre se não for cumprida a determinação de nossa Corte Suprema quanto a eventual prazo estabelecido?

Capítulo 7 • Controle de constitucionalidade **153**

Nesse sentido, a doutrina possui algumas correntes distintas, algumas adotando uma posição chamada **concretista** – a qual defende que a decisão do STF já deveria produzir efeitos concretos, regulamentando temporariamente a questão, até a supressão da omissão normativa pelo órgão competente – e a outra uma outra vertente, chamada de **não concretista** – pela qual, em respeito à divisão de poderes, caberia somente ao STF declarar a omissão, especialmente em se tratando de omissão legislativa.

O Supremo Tribunal Federal, até o momento, tem adotado a segunda corrente, ou seja, a não concretista, ainda que algumas vezes tenha fixado prazo para ação do Poder Legislativo.[95] O fato é que, não cumprido esse prazo, nossa Corte Suprema tem entendido que **não cabe** ao Judiciário suprir a omissão legislativa.[96]

Por fim, é importante diferenciar o âmbito de atuação da ADO e o do **mandado de injunção**, embora ambos possuam notáveis semelhanças, uma vez que tanto uma como o outro têm por objetivo suprir omissão que prejudique a aplicação plena de norma constitucional.

Nas duas ações judiciais – ADO e mandado de injunção – busca-se provimento jurisdicional a fim de garantir direito que esteja sob obstado por ausência de ação normativa de órgão governamental. Ocorre, porém, que possuem naturezas distintas. No mandado de injunção busca-se a proteção a um **direito subjetivo** do autor, que esteja sendo impedido por omissão normativa, tomando por base e procurando resolver um caso concreto submetido ao Poder Judiciário. Tanto é assim que qualquer pessoa que for prejudicada pela falta de norma regulamentadora, que torne inviável o exercício dos direitos e liberdades constitucionais e das prerrogativas inerentes à nacionalidade, à soberania e à cidadania, poderá se valer do mandado de injunção.

A ADO, por sua vez, configura um meio de exercício do controle concentrado de inconstitucionalidade, não estando condicionada à existência de um caso concreto, fazendo com que a situação seja analisada de **forma abstrata** pelo Judiciário. Diante disso, a legitimação para sua propositura é restrita, sendo concedida somente àquelas pessoas e entidades que também podem propor a ADI, e que estão elencadas no art. 103 da Constituição Federal.

Outra diferença importante é que, justamente por se tratar de controle abstrato de constitucionalidade, a competência para julgamento da ADO em face da Constituição Federal é **privativa** do Supremo Tribunal Federal, ao passo que a competência para conhecimento e julgamento do mandado de injunção é deferida pela Constituição Federal a **diversos órgãos** do Poder Judiciário, de acordo com a atribuição para editar a norma regulamentadora.

Por conta dessas diferenças, não é possível a **conversão** do mandado de injunção em ADO.[97]

---

[95] Por exemplo, no julgamento da ADO nº 3.682, relatada pelo Min. Gilmar Mendes e julgada em 09.05.2007, foi concedido o prazo de 18 (dezoito) meses para a regulamentação, pelo Congresso Nacional, do art. 18, § 4º, da Constituição Federal.

[96] STF, ADI nº 1484-DF, Rel. Min. Celso de Mello, j. 21.08.2001.

[97] STF, MI nº 395-QO, Rel. Min. Moreira Alves, j. 27.05.1992.

7.17.4. Ação declaratória de constitucionalidade (ADC)

A **ação declaratória de constitucionalidade (ADC ou Adecon)** foi acrescentada ao rol de ações para provocação do controle concentrado de constitucionalidade pela EC nº 3/1993, sendo regulamentada pela mesma lei aplicável à ADI, qual seja, a Lei nº 9.868/1999.

O objetivo da ADC é obter uma declaração formal do Supremo Tribunal Federal de que determina lei ou ato normativo federal **não padece de vício** de inconstitucionalidade, ou seja, que é constitucional.

À primeira vista, pode até parecer que a ADC é desprovida de utilidade, uma vez que todas as leis e atos normativos possuem a presunção de constitucionalidade. No entanto, ela configura um instrumento jurídico importante e eficiente de resolver **conflitos** sobre a constitucionalidade de normas, levando ao STF demandas que tramitam em instâncias inferiores, para que se possa **uniformizar** a solução e impor à decisão de nossa Corte Máxima a todos os órgãos do Poder Judiciário, uma vez que o julgamento da ADC, assim como o da ADI, tem efeito vinculante.

Assim, o que se visa com a ADC é a **pacificação** de demandas sobre a constitucionalidade de leis e atos normativos que estejam sendo questionados na Justiça.

Pode-se dizer que a ADC é uma ação **"oposta"**, em seus efeitos, à ADI, uma vez que uma busca a afirmação da constitucionalidade e a outra busca a declaração de inconstitucionalidade de determinada norma, sendo que a procedência da ADC gera os mesmos efeitos que a improcedência da ADI, e vice-versa.[98]

Aliás, costuma-se dizer, com acerto, que a ADC e a ADI possuem a **mesma natureza**, embora com objetivos distintos, tanto que se aplicarão à ADC a maioria das regras relativas à ADI. Isso leva essas ações a serem consideradas entre si como dúplices, ambivalentes ou ainda de **"sinais trocados"**.

No entanto, deve-se observar que, enquanto a ADI pode ser proposta contra lei ou ato normativo federal ou estadual, a ADC **somente é admitida** para a defesa de lei ou ato normativo **federal**, ou seja, não se admite a propositura de ADC perante o Supremo Tribunal Federal buscando a declaração da constitucionalidade de lei ou ato normativo estadual e muito menos municipal frente à Constituição Federal.

* **Objeto**

O **objeto** da ADC é a declaração da **constitucionalidade** de uma lei ou ato normativo federal, com o objetivo de afastar-se a **insegurança jurídica** ou o estado de **incerteza** sobre ele. Como já dito, leis e atos normativos estaduais e municipais não podem ser objeto de ADC perante o Supremo Tribunal, podendo, porém, sê-lo perante o Tribunal de Justiça

---

[98] É que dispõe, em outras palavras, o art. 24 da Lei nº 9.868/1999: "Art. 24. Proclamada a constitucionalidade, julgar-se-á improcedente a ação direta ou procedente eventual ação declaratória; e, proclamada a inconstitucionalidade, julgar-se-á procedente a ação direta ou improcedente eventual ação declaratória".

Capítulo 7 • Controle de constitucionalidade **155**

local, em relação à Constituição Estadual, na forma prevista na própria Carta Estadual, segundo o entendimento da maioria da doutrina.[99]

Somente podem ser objeto da ADC, porém, a lei ou ato normativo federal que seja matéria de **questionamento judicial**, sendo necessário que existam diversas ações em andamento em que a constitucionalidade da lei ou ato normativo seja questionada. Isso porque, como já visto, como a lei tem presunção de constitucionalidade, somente faz sentido a impetração de ADC se tal atributo está sendo questionado no Poder Judiciário, servindo o controle concentrado, neste caso, para decretar uma solução uniforme no caso.

Tanto é assim que o art. 14 da Lei nº 9.868/1999 determina que a petição inicial da ADC deverá indicar, além do dispositivo da lei ou do ato normativo questionado, dos fundamentos jurídicos do pedido do próprio pedido, também "a existência de controvérsia judicial relevante sobre a aplicação da disposição objeto da ação declaratória".

Nesse sentido também tem sido a posição do Supremo Tribunal Federal, que exige a demonstração de tal controvérsia relevante para o conhecimento de ADC,[100] sendo **insuficiente** que haja somente uma ou outra ação envolvendo tal discussão.[101]

◆ **Legitimados**

Os **legitimados** para propor a ADC são os **mesmos** autorizados a impetrar a **ADI** e a **ADO**, ou seja, aqueles previstos no art. 103 da Constituição Federal, segundo a redação atual do próprio dispositivo constitucional. Deve-se observar que o art. 13 da Lei nº 9.868/1999 traz um rol mais restrito de pessoas e entidades com capacidade para propor a ADC, pois a referida lei foi elaborada em uma época em que vigorava, no particular, a EC nº 3/1993, que previa um número menor de legitimados. No entanto, a redação dada atualmente ao art. 103 da Constituição pela EC nº 45/2004 **equiparou** os legitimados para a ADC e para ADI.

Aplicam-se a esses legitimados as mesmas regras relativas à necessidade de comprovação da **pertinência temática** entre os objetivos institucionais da entidade e o objeto da ação, exceto para os que a possuem de forma universal, conforme visto.

◆ **Procedimento**

O rito da ADC é, em sua essência, o mesmo da ADI. Na ADC, porém, **não existe** a necessidade de manifestação do Advogado-Geral da União, uma vez que a declaração da

---

[99] Embora o art. 125, § 2º, da CF somente preveja expressamente aos Estados a instituição de representação de inconstitucionalidade de leis ou atos normativos estaduais ou municipais em face da Constituição Estadual, parece-nos que a possibilidade de previsão de ADC Estadual nas Constituições locais é consequência lógica dessa previsão expressa para a ADI Estadual, diante da ambivalência de ambas as ações. Além disso, o art. 125, § 2º, da CF em sua redação original não poderia de fato prever a ADC Estadual, uma vez que própria ADC Federal somente passou a ter previsão constitucional posteriormente.

[100] STF, ADC nº 8-MC, Rel. Min. Celso de Mello, j. 13.10.1999.

[101] STF, ADI nº 40-AgR, Rel. Min. Dias Toffoli, j. 06.06.2018.

constitucionalidade é o objetivo da ação, não havendo, assim, a necessidade de defesa do ato legal em questão,[102] tanto que a Lei nº 9.868/1999 não prevê sua manifestação.[103]

A exemplo da ADI, **não se admite desistência** da ADC,[104] em virtude do fato de que a verificação da constitucionalidade de uma lei ou ato normativo é matéria de interesse público.

O quórum para seu julgamento é o mesmo da ADI, também havendo necessidade de manifestação de **seis** dos 11 ministros pela procedência ou pela improcedência da ação.

Assim como ocorre com a ADI, a Lei nº 9.868/1999 prevê também a possibilidade de concessão de **medida cautelar** na ADC, pela decisão da maioria absoluta dos ministros do STF.[105] No entanto, o art. 21 da referida lei parece delimitar expressamente o alcance de tal decisão, ao estipular que a mesma deverá consistir "na determinação de que os juízes e os Tribunais suspendam o julgamento dos processos que envolvam a aplicação da lei ou do ato normativo objeto da ação até seu julgamento definitivo".

Outra diferença entre a medida cautelar na ADI e na ADC é que a lei determina que, uma vez concedida nesta segunda, deverá o STF proceder ao julgamento da ação no prazo de 180 dias, sob pena de **perda de sua eficácia**.

Julgada procedente a ação pelo Plenário do STF, a norma será considerada constitucional. Se for julgada improcedente, a lei ou ato normativo federal será considerado inconstitucional. Reforça-se, assim, o fato já anotado de que a **procedência da ADC** produz o mesmo efeito jurídico que a **improcedência da ADI, e vice-versa**.

Também a decisão de mérito da ADC, em se tratando de exercício pelo STF do controle concentrado de constitucionalidade, produz efeitos *erga omnes* e *ex tunc*, vinculando o Poder Judiciário e a Administração Pública.

7.17.5. Arguição de descumprimento de preceito fundamental (ADPF)

Outra forma de exercício do controle concentrado de constitucionalidade é a **arguição de descumprimento de preceito fundamental (ADPF)**, sendo essa também uma inovação ao controle de constitucionalidade concentrado trazida pela Constituição de 1988.[106]

---

[102] STF, ADC nº 1-QO, Rel. Min. Moreira Alves, j. 27.10.1993.

[103] Oportuno destacar que, não obstante o texto legal e própria posição do STF pela desnecessidade de manifestação do Advogado-Geral da União nos processos de ADC, parte da doutrina considera – sendo essa inclusive a posição pessoal do Min. Marco Aurélio – que a ausência do defensor máximos dos interesses jurídicos da União pode ser prejudicial, uma vez que, como já vimos, a improcedência da ADC gera os mesmos efeitos da procedência de uma ADI, e se na ADI é exigida, inclusive por determinação constitucional, a manifestação do Advogado-Geral, também, por simetria, deveria sê-lo na ADC.

[104] Art. 16 da Lei nº 9.868/1999.

[105] Nesse sentido, restou superada, tanto pela expressa previsão legal como pela jurisprudência do STF, a dúvida se caberia ou não medida cautelar em ADC, por falta de expressa previsão legal, como ocorrente com o ADI (art. 102, I, *p*, da CF).

[106] Dispõe o art. 102, § 1º, da CF: "A arguição de descumprimento de preceito fundamental, decorrente desta Constituição, será apreciada pelo Supremo Tribunal Federal, na forma da lei".

Capítulo 7 • Controle de constitucionalidade **157**

A grande utilidade da ADPF é que a mesma pode ser utilizada para provocação do controle concentrado de constitucionalidade em diversas situações em que **não são cabíveis** ADI ou ADC, conforme veremos, dando a esse tipo de controle uma larga **amplitude**, nunca antes prevista no ordenamento jurídico brasileiro.

Atualmente, a ADPF é regulamentada por uma lei própria, distinta da aplicável as demais ações de controle direto, a **Lei nº 9.882/1999**.

◆ **Objeto**

O objeto da ADPF é definido pelo art. 1º da Lei nº 9.882/1999:

> Art. 1º A arguição prevista no § 1º do art. 102 da Constituição Federal será proposta perante o Supremo Tribunal Federal, e terá por objeto evitar ou reparar lesão a preceito fundamental, resultante de ato do Poder Público.
>
> Parágrafo único. Caberá também arguição de descumprimento de preceito fundamental:
>
> I – quando for relevante o fundamento da controvérsia constitucional sobre lei ou ato normativo federal, estadual ou municipal, incluídos os anteriores à Constituição;
>
> II – (Vetado).

Assim, fica claro que o **objetivo** da previsão da ADPF é prover um meio jurídico para evitar ou reparar **lesão a preceito fundamental**, resultante de ato do Poder Público, embora a lei não venha a definir exatamente o que seja "preceito fundamental".

Na falta de uma definição legal sobre o tema, a doutrina tem considerado como preceitos fundamentais os **princípios e os direitos e garantias individuais**, inclusive aqueles implícitos, e para alguns autores abrangeria também as normas relativas à organização do Estado.

Em relação à extensão dos preceitos fundamentais, o Supremo Tribunal Federal decidiu que:

> (...) a lesão a preceito fundamental não se configurará apenas quando se verificar possível afronta a um **princípio fundamental**, tal como assente na ordem constitucional, mas também a disposições que confiram densidade normativa ou significado específico a esse princípio. Tendo em vista as interconexões e interdependências dos princípios e regras, talvez não seja recomendável proceder-se a uma distinção entre essas duas categorias, fixando-se um conceito extensivo de preceito fundamental, abrangente das normas básicas contidas no texto constitucional.[107] (Grifo nosso.)

No entanto, não existe ainda um conceito claramente definido sobre o tema, nem mesmo dentro do Supremo Tribunal Federal, que tem considerado **caso a caso** o que seria uma lesão a um preceito fundamental. Assim, nossa Suprema Corte expressamente entendeu que cabe a ela mesma decidir, no sistema constitucional brasileiro, o que seria um preceito fundamental.[108]

Exige-se, em qualquer caso, que haja **interesse público** na questão, especialmente tendo em vista poder ser o caso submetido ao controle concentrado de constitucionalidade,[109] e

---

[107] STF, ADPF nº 33-MC, Rel. Min. Gilmar Mendes, j. 29.10.2003.
[108] STF, ADPF nº 1/RJ, Rel. Min. Néri da Silveira, j. 03.02.2000.
[109] STF, ADPF nº 33-MC, Rel. Min. Gilmar Mendes, j. 29.10.2003.

que a lesividade **não possa ser suprida de outra forma** efetiva, diante do caráter subsidiário que a lei concedeu ao instituto.

O ato do Poder Público que pode ser questionado pela ADPF pode ser **comissivo** ou **omissivo**, com conteúdo normativo ou não, sendo que o parágrafo único do art. 1º da Lei nº 9.882/1999 transcrito acima deixa claro que a ADPF, diferentemente da ADI, também pode ser usada para questionar, perante o STF, **ato municipal**, bem como os atos federais, estaduais e municipais **anteriores à nossa Constituição** atual, desde que desse ato ou omissão redunde ameaça ou lesão a preceito fundamental.

Por outro lado, o STF **não tem admitido** ADPF para discutir o conteúdo de **súmula vinculante**[110] ou de **súmulas outras** da própria Corte,[111] além de atos de **conteúdo político**, em respeito à independência dos poderes.[112] Na verdade, de forma geral, a ADPF não pode ser utilizada para a desconstituição de atos jurisdicionais.[113]

Também **não tem conhecido** de ADPF que questione ato que **não retire seu fundamento** de validade diretamente **da Constituição Federal**, mas da legislação infraconstitucional, uma vez que nesse caso a inconstitucionalidade seria apenas reflexa, uma ilegalidade, o que seria incompatível com o modelo de controle concentrado.[114]

Jurisprudência destacada

Agravo regimental na arguição de descumprimento de preceito fundamental. Alegada ofensa ao texto constitucional que, se existente, apenas se mostraria de forma reflexa e indireta. Impossibilidade de sua análise no controle concentrado de constitucionalidade. Necessária análise da legislação estadual atinente à matéria. Providência descabida neste momento processual. Precedentes. Agravo regimental a que se nega provimento (STF, ADPF-AgR nº 192/RN, Rel. Min. Luiz Fux, j. 19.08.2015).

O Supremo Tribunal Federal também **não tem admitido** ADPF contra norma já **revogada** ou cujos efeitos já tenham se **exaurido**, uma vez que, nesse caso, não haveria mais interesse do autor em obter o provimento jurisdicional.[115]

Como bem observado por Marcelo Alexandrino e Vicente Paulo (2019, p. 937), porém, o descabimento de ADPF em face de norma pós-constitucional revogada:

> (...) **não se confunde** com a aferição de controvérsia sobre a **revogação (ou recepção) de norma pré-constitucional** em face da Constituição Federal de 1988. Neste caso – discus-

---

[110] STF, ADPF nº 147-AgR, Rel. Min. Cármen Lúcia, j. 24.03.2011.
[111] STF, ADPF nº 80-AgR, Rel. Min. Eros Grau, j. 12.09.2006.
[112] STF ADPF nº 1/RJ, Rel. Min. Néri da Silveira, j. 03.02.2000.
[113] STF, ADPF nº 288-MC, Rel. Min. Celso de Mello, j. 21.10.2013.
[114] STF, ADPF nº 192-AgR/RN, Rel. Min. Luiz Fux, j. 19.08.2015.
[115] STF, ADPF nº 63-AgR/AP, Rel. Min. Dias Toffoli, j. 12.02.2010.

Capítulo 7 ◆ Controle de constitucionalidade **159**

são sobre a validade de norma pré-constitucional (editada na vigência de Constituições pretéritas) em face da Constituição Federal de 1988 –, o objeto da ação é, precisamente, examinar se a norma pré-constitucional foi, ou não, revogada pela Constituição atual, demanda plenamente cabível em sede de ADPF, que, conforme vimos, pode ter por objeto lei ou ato normativo federal, estadual ou municipal 'anteriores à Constituição', desde que o fundamento da controvérsia constitucional seja relevante. (Grifo nosso.)

Nesse sentido também tem sido a orientação adotada pelo Supremo Tribunal Federal.[116]

◆ **Possibilidade de propositura de ADPF perante a Constituição Estadual**

Observa-se que, embora a Constituição Federal, em seu art. 125, § 2º, ao tratar do controle concentrado de constitucionalidade pelos Estados, faz referência somente à representação de inconstitucionalidade, e é **plenamente possível** – por aplicação do princípio da simetria – que as Constituições Estaduais prevejam a interposição de ADPF com relação às suas disposições, cujo julgamento deverá competir ao respectivo Tribunal de Justiça.

◆ **Legitimados**

De acordo com o art. 2º da Lei nº 9.882/1999, os **legitimados** para propor a ADPF são os **mesmos** autorizados a propor a **ADI** e a **ADC**, ou seja, aqueles previstos no art. 103 da Constituição Federal.

O **particular** ou qualquer outra pessoa que, não estando no rol do art. 103 da Constituição Federal, sentir-se lesado ou ameaçado em algum preceito fundamental poderá ou propor ação própria alegando, se for o caso, a inconstitucionalidade do ato por **via incidental**, ou representar ao **Procurador-Geral da República**, o qual decidirá sobre a propositura ou não da ADPF.[117]

Curioso observar que o projeto original da Lei nº 9.882/1999, em seu art. 2º, II, conforme aprovado pelo Congresso Nacional, **previa** a possibilidade de que **qualquer pessoa** lesada ou ameaçada por ato do Poder Público pudesse impetrar a ADPF, o que, porém, acabou **vetado** pelo então Presidente da República, sob o argumento de que a "admissão de um acesso individual e irrestrito é incompatível com o controle concentrado de legitimidade dos atos estatais".

◆ **Subsidiariedade da ação de descumprimento de preceito fundamental (ADPF)**

A ADPF tem **caráter subsidiário**, somente devendo ser proposta quando não houver outro meio jurídico efetivo para sanar a lesão ou ameaça a preceito fundamental, nos termos do disposto no art. 4º, § 1º, da Lei nº 9.882/1999.

A ideia é que, havendo a possibilidade de utilização de **outro meio** processual eficaz para a defesa do direito ou cessação da ameaça, deverá este outro meio **ser utilizado**, ao invés da ADPF, a qual deve ser reservada como um "último recurso" a sanar a lesividade. Assim, por exemplo, sendo cabível a impetração de *habeas corpus* para resolver a questão,

---

[116] STF, ADPF nº 33, Rel. Min. Gilmar Mendes, j. 07.12.2005.
[117] STF, ADPF nº 11, Rel. Min. Carlos Velloso, Decisão Monocrática, j. 30.01.2001.

160 Direito Constitucional Decifrado

a impetração de ADPF levaria ao seu não conhecimento por parte do Supremo Tribunal Federal.

No entanto, não se deve interpretar o citado § 1º do art. 4º com estrita literalidade, pois isso, como observa Marcelo Alexandrino, pode **despir a ADPF de aplicabilidade**, uma vez que quase sempre se encontrará algum remédio jurídico que poderia também ser aplicado ao caso. O que se deve fazer, no caso concreto, é verificar se existe outro meio realmente efetivo de sanar de forma plena a lesividade trazida pela parte, antes de afastar a aplicação da ADPF.

Nesse sentido, o Supremo Tribunal Federal, em diversas situações, tem adotado a posição de que, ainda que haja outros meios processuais que possam ser aplicados ao caso trazido na ADPF, ela poderá ser conhecida **se não houver outra ação objetiva** – ou seja, relacionada ao controle concentrado – que possa sanar de forma efetiva a lesividade, uma vez que os efeitos decorrentes da decisão em uma ADPF – especialmente o de fazer a solução *erga omnes* – não são observados nas ações judiciais em geral que não sejam de controle concentrado.[118]

Em algumas situações, mesmo quando vislumbrada a possibilidade da aplicação de alguma outra ação de natureza objetiva, em vez de não conhecer da ADPF, tem o STF aplicado o **princípio da fungibilidade** e, por economia processual, admitido sua **conversão** em outras ações de controle concentrado, como ADI ou ADO.[119]

◆ **Procedimento**

O procedimento da ADPF é regulamentado pela Lei nº 9.882/1999, a qual determina que a **petição inicial** deverá ser apresentada em duas vias, contendo a indicação do **preceito fundamental** que se considera violado, a indicação do **ato questionado**, a prova da **violação** do preceito fundamental, o **pedido**, com suas especificações e, se for o caso, a comprovação da existência de **controvérsia judicial** relevante sobre a aplicação do preceito fundamental que se considera violado.

A petição inicial deverá ser **indeferida** liminarmente, pelo relator, quando não for o caso de ADPF, faltar algum dos **requisitos** prescritos na Lei nº 9.882/1999, ou for **inepta**.[120] Sendo indeferida a petição inicial, cabe agravo, que deverá ser interposto no prazo de cinco dias.

Assim como nos demais meios de controle concentrado, poderá ser deferida, por decisão da maioria dos Ministros do STF, **medida liminar** requerida pelo autor, sendo que, em caso de extrema urgência ou perigo de lesão grave e em períodos de recesso, prevê a lei que pode o relator conceder a liminar por **decisão monocrática**, *ad referendum*, do Plenário.

---

[118] STF, ADPF nº 33, Rel. Min. Gilmar Mendes, j. 07.12.2005; ADPF nº 99/PE, Rel. Min. Ricardo Lewandowski, Decisão Monocrática em 26.02.2010.

[119] STF, ADI nº 72-QO, Rel. Min. Ellen Gracie, j. 01.06.2005.

[120] De acordo com o art. 330, § 1º, do Código de Processo Civil, considera-se inepta a petição inicial quando: "I – lhe faltar pedido ou causa de pedir; II – o pedido for indeterminado, ressalvadas as hipóteses legais em que se permite o pedido genérico; III – da narração dos fatos não decorrer logicamente a conclusão; ou IV – contiver pedidos incompatíveis entre si".

Capítulo 7 ◆ Controle de constitucionalidade **161**

O relator deverá pedir **informações** às autoridades responsáveis pela prática ou omissão do ato questionado, a serem prestadas em dez dias.

A Lei nº 9.882/1999 permite ainda ao relator, se entender necessário, **ouvir as partes** nos processos que ensejaram a arguição, requisitar **informações adicionais**, designar **perito** ou comissão de peritos para que emita parecer sobre a questão, ou ainda fixar data para declarações, em **audiência pública**, de pessoas com experiência e autoridade na matéria.

Além disso, poderão ser autorizadas, também a critério do relator, **sustentação oral** e juntada de **memoriais**, por requerimento dos interessados no processo, admitindo-se, por analogia ao prevista na Lei nº 9.868/1999, a intervenção de *amicus curiae*.[121]

A participação do **Procurador-Geral** é obrigatória, assim como também ocorre na ADI e na Ação Declaratória de Constitucionalidade. Também como ocorre naquelas ações, **não se admite desistência** na ADPF.[122]

Assim como ocorre nas demais ações de controle concentrado de constitucionalidade, exige a lei que estejam presentes pelo menos **oito Ministros**, devendo, por força do art. 97 da Constituição Federal – que dispõe sobre a chamada cláusula de reserva de plenário –, pelo menos **seis Ministros** manifestarem-se pela inconstitucionalidade de lei ou ato normativo para que a declaração seja considerada válida.

Interessante observar que o art. 10, § 1º, da Lei nº 9.882/99 determina que, em caso de ação julgada procedente, o presidente do Tribunal determinará o **imediato cumprimento da decisão**, lavrando-se o acórdão posteriormente. Assim diferentemente das demais ações de controle concentrado, que produzem efeitos a partir da publicação do acórdão, os efeitos da ADPF são imediatos.

Tratando-se de exercício de controle direto de constitucionalidade, a decisão proferida na ADPF tem efeitos erga omnes, tendo eficácia contra todos e vinculando os demais tribunais e órgãos do Poder Executivo.

Tal decisão, porém, assim como ocorre na ADI, poderá ser **modulada**, por razões de segurança jurídica ou de excepcional interesse social, por decisão de pelo menos dois terços dos STF, restringindo-se os efeitos da declaração de inconstitucionalidade ou decidindo que ela só tenha eficácia a partir de seu trânsito em julgado ou de outro momento que venha a ser fixado.

🧩 Decifrando a prova

(Procurador do Município – Prefeitura de Guaratinguetá-SP – Vunesp/2019 – Adaptada) Considerando o sistema de controle de constitucionalidade vigente no Brasil, na hipótese

---

[121] STF, ADPF nº 73, Min. Eros Grau, Decisão Monocrática proferida em 01.08.2005.
[122] STF, ADPF nº 572, Min. Edson Fachin, Decisão Monocrática proferida em 03.06.2020.

> de Lei municipal editada anteriormente à Constituição e com ela incompatível, cabe arguição de descumprimento de preceito fundamental.
>
> ( ) Certo   ( ) Errado
>
> **Gabarito comentado:** de fato, a ação arguição de descumprimento de preceito fundamental (ADPF) é cabível, por expressa previsão legal – art. 1º, § 1º, I, da Lei nº 9.882/1999. A ADPF pode ser impetrada contra lei ao ato normativo municipal anterior à Constituição atual. Portanto, a assertiva está certa.

7.17.6. Ação direta de inconstitucionalidade interventiva (ADI interventiva)

Por fim, como última modalidade de provocação do exercício concentrado de constitucionalidade a ser analisada, temos a **ação direta de inconstitucionalidade interventiva**, prevista no art. 36, III, da Constituição Federal e regulamentada atualmente pela Lei nº 12.562/2011.

Dá-se o nome de ADI interventiva, ou ainda **representação interventiva**, ao procedimento de julgamento, pelo Supremo Tribunal Federal, de representação feita pelo Procurador-Geral da República para a determinação de intervenção federal, pelo Presidente da República, nos Estados ou no Distrito Federal, conforme veremos.

Pode-se colocar que o objetivo da ADI interventiva é de legitimar, atendidos os requisitos constitucionais, a **intervenção federal** em Estados ou dos Estados em Municípios.

Deve-se assinalar, porém, que embora a ADI interventiva possa ser colocada, especialmente para fins didáticos, entre os mecanismos de provocação do controle direto de constitucionalidade, sua natureza não pode ser exatamente classificada como de controle abstrato, uma vez o objetivo da ação, na maioria das vezes, é o questionar um **ato concreto** ou uma **omissão pontual**. Além disso, não possui a característica de se impor *erga omnes*, pois sua procedência leva, como veremos, a uma exigência de ação concreta especificamente por parte do Poder Executivo.

A intervenção, seja ela estadual ou federal, é **medida extrema**, que representa uma suspensão ou grave redução do regime federativo de Estado, que é considerado cláusula pétrea. Sendo assim, sua decretação – especialmente quando for involuntária – deve ser feita com grande cautela e sempre com severa observância aos ditames constitucionais, não se admitindo uma interpretação extensiva de suas hipóteses.[123]

Assim, a Constituição prevê, no art. 34, as hipóteses **taxativas** de intervenção federal nos Estados, e, no art. 35, as de intervenção estadual nos Municípios.

---

[123] STF, IF nº 114, Rel. Min. Celso de Mello, j. 13.03.1991.

Capítulo 7 ◆ Controle de constitucionalidade **163**

> ### 🔍 Jurisprudência destacada
>
> O objetivo textual da intervenção é proteger a estrutura constitucional federativa contra atos destrutivos de unidades federadas. Visa à preservação da soberania e unidade do Estado e, em *ultima ratio*, das próprias autonomias da União, dos Estados, do Distrito Federal e dos Municípios. A legitimidade jurídico-política da intervenção sustenta-se na ideia de que a autonomia se contrapõe ao arbítrio, à "autossuficiência desmedida". Nesse sentido, a intervenção é também antídoto contra o abuso de poder e a ilegalidade (STF, IF nº 5.179, Rel. Min. Cezar Peluso, j. 30.06.2010).

Deve-se observar que a Constituição Federal não prevê a intervenção direta da União nos Municípios, exceto quando estes estiverem localizados em Território Federal. Assim, fora essa última hipótese, os Municípios somente sofrerão **intervenção estadual**.

Em dois dos casos de decretação de intervenção federal – ou seja, da União nos Estados ou no DF – exige a Constituição que haja a manifestação prévia do **Supremo Tribunal Federal**, a partir de representação apresentada pelo **Procurador-Geral da República**. Esses dois casos são:

a. recusa de cumprimento de **lei federal**, **ordem** ou **decisão judicial** (art. 34, VI, da CF); e

b. para assegurar a observância aos chamados **princípios constitucionais sensíveis** (art. 34, VII, CF), que são os seguintes:

   ◇ forma republicana de governo, sistema representativo e regime democrático;

   ◇ direitos da pessoa humana;

   ◇ autonomia municipal;

   ◇ prestação de contas da Administração Pública, direta e indireta;

   ◇ aplicação do mínimo exigido da receita resultante de impostos estaduais, compreendida a proveniente de transferências, na manutenção e desenvolvimento do ensino e nas ações e serviços públicos de saúde.

Os princípios constitucionais sensíveis são assim denominados pela doutrina justamente por causarem um efeito institucional grave, que é justamente a **possibilidade de intervenção** da União nos Estados e no Distrito Federal.

Nesse caso, porém, assim como no descumprimento de lei federal, ordem ou decisão judicial, antes da decretação da intervenção deve haver a **autorização prévia** concedido pelo Supremo, por meio do julgamento da ADI interventiva, que nada mais é do que a representação apresentada pelo Procurador-Geral da República.

Havia discussão na doutrina sobre a **vinculação** ou não do Presidente da República à decisão do STF que julgar procedente a representação interventiva, ou seja, discutia-se se, uma vez acatado pelo STF o pedido elaborado pelo Procurador-Geral da República, se a intervenção deveria ser decretada pelo Presidente da República ou se simplesmente lhe seria deferida essa faculdade, ficando a decisão a seu critério.

Apesar de respeitáveis entendimentos ao contrário, tal celeuma parece ter restado superada com o advento da Lei nº 12.562/2011, a qual dispõe textualmente em seu art. 11 que:

> Julgada a ação, far-se-á a comunicação às autoridades ou aos órgãos responsáveis pela prática dos atos questionados, e, se a decisão final for pela procedência do pedido formulado na representação interventiva, o Presidente do Supremo Tribunal Federal, publicado o acórdão, levá-lo-á ao conhecimento do Presidente da República para, no **prazo improrrogável de até 15 (quinze) dias**, dar cumprimento aos §§ 1º e 3º do art. 36 da Constituição Federal. (Grifo nosso.)

Assim, não nos parece haver mais dúvidas de que a decisão do Supremo Tribunal Federal de procedência da representação interventiva **obriga** o Presidente da República a decretá-la, inclusive estabelecendo prazo para que isso seja feito, até para que não haja desmoralização da lei, determinação judicial ou princípio constitucional desobedecidos, **não estando presente**, então, a discricionariedade característica das demais hipóteses de intervenção.[124]

Interessante observar que nos casos de intervenção federal precedidos de ADI interventiva, diferentemente das demais hipóteses, **prescinde-se da apreciação** ulterior do Poder Legislativo, se o decreto de intervenção do Presidente da República limitar-se à **suspensão do ato impugnado**, se isso for suficiente ao restabelecimento da normalidade, nos termos do art. 36, § 3º, da Constituição Federal.

Semelhantemente ao que ocorre com as demais formas de exercício do controle concentrado de constitucionalidade, **não há prazo de decadência** para a representação interventiva.[125]

Tem o Supremo Tribunal Federal admitido, por analogia às demais formas de controle concentrado, a admissão de *amicus curiae*, atendidos os requisitos aplicáveis.[126]

No caso de inexecução de lei, ordem ou decisão judicial pelos **Municípios**, ou no caso de inobservância, por estes, de princípios indicados na Constituição Estadual, caberá a **intervenção estadual**, mas que deve ser precedida de provimento, pelo **Tribunal de Justiça** local, de representação apresentada, nesse sentido, pelo **Procurador-Geral de Justiça** daquele Estado. Essa é a chamada representação interventiva ou ADI interventiva estadual.

Como ocorre, porém, com a intervenção federal, nesse caso cabe ao **Governador** – ou ao Presidente da República, no caso de Município localizado em Território Federal – decretar a intervenção, por meio de decreto.

---

[124] Deve ser observado que tal discricionariedade ocorrente em outras hipóteses de intervenção, na verdade, não é plena, uma vez que, como regra geral, o decreto de intervenção deverá ser submetido à apreciação do Poder Legislativo – art. 36, § 1º, da CF.

[125] Súmula nº 360 do STF.

[126] IF nº 5.215/RJ, Min. Cármen Lúcia, decisão monocrática proferida em 12.06.2017.

Capítulo 7 ◆ Controle de constitucionalidade **165**

Assim, resumindo os diversos casos de possibilidade de ADI interventiva, temos:

Situação	Providência	Representação	Julgamento
Descumprimento de lei, ordem ou decisão judicial por Estado ou DF	Intervenção Federal	PGR – Procurador--Geral da República	STF
Desobediência a princípios sensíveis previstos na CF	Intervenção Federal	PGR – Procurador--Geral da República	STF
Desobediência a princípios sensíveis previstos em Constituição Estadual	Intervenção Estadual	PGJ – Procurador--Geral de Justiça	TJ

No caso de decisão do Tribunal de Justiça sobre a representação interventiva estadual **não cabe recurso** ao Supremo Tribunal Federal questionando a decisão, segundo entendimento do próprio STF.[127]

7.17.7. Fungibilidade das ações de controle concentrado

Já vimos que existem pelo menos quatro formas – sem considerar a ADI interventiva – de exercício de controle concentrado de constitucionalidade: ação direta de inconstitucionalidade (ADI), ação direta de inconstitucionalidade por omissão (ADO), ação declaratória de constitucionalidade (ADC) e ação de descumprimento de preceito fundamental (ADPF).

Essas ações são muito **semelhantes** entre si, seja quanto ao seu objeto, seja quanto ao seu rito, sendo todas de competência originária e exclusiva do Supremo Tribunal Federal, além de possuírem os mesmos legitimados ativos e, em princípio, produzirem os mesmos efeitos.

Por conta disso, tem nossa Suprema Corte adotado o **princípio da fungibilidade** entre ações, o que significa que a propositura de uma delas pode levar ao conhecimento do pleito pelo STF, mas com a **conversão** em outra espécie de ação de controle concentrado de constitucionalidade.

Assim, por exemplo, o STF já decidiu conhecer de ADI como ADPF,[128] de ADPF como ADI[129] e de ADI como ADO e vice-versa.[130]

Para que a fungibilidade seja reconhecida, porém, é fundamental que estejam presentes os **requisitos de admissibilidade** da ação substituta – ou seja, da ação na qual a

---

[127] Súmula nº 637 do STF.

[128] STF, ADI nº 4.180 REF-MC, Rel. Min. Cezar Peluso, j. 10.03.2020.

[129] STF, ADPF nº 178/DF, Min. Gilmar Mendes, decisão monocrática proferida em 21.07.2009.

[130] STF, ADI nº 875/DF, Rel. Min. Gilmar Mendes, j. 24.02.2010.

Direito Constitucional Decifrado

original será convolada – e que não ocorra **erro grosseiro**, segundo entendimento do Supremo Tribunal Federal.

> ### ⚡ Decifrando a prova
>
> **(Juiz Substituto – TJ-MS – FCC – 2020 – Adaptada)** Considerado seu caráter subsidiário, não pode a ADPF ser conhecida como ação direta de inconstitucionalidade, acaso manejada em hipótese de cabimento desta, sendo inaplicável o princípio da fungibilidade entre ações de controle concentrado.
> ( ) Certo ( ) Errado
> **Gabarito comentado:** conforme vimos, é admita a fungibilidade entre as ações de controle concentrado de constitucionalidade, desde que sejam preenchidos os requisitos de admissibilidade da ação substituta. Portanto, a assertiva está errada.

7.17.8. Declaração de inconstitucionalidade por arrastamento

A teoria da inconstitucionalidade por **arrastamento**, também conhecida como inconstitucionalidade **derivada**, por atração ou **consequencial**, deriva de uma construção jurisprudencial do Supremo Tribunal Federal.

E no que ela consiste?

No controle concentrado de constitucionalidade, o Supremo Tribunal Federal está adstrito ao princípio do pedido ou da **congruência**, o que significa que somente poderá se manifestar sobre a constitucionalidade da lei ou ato normativo questionado **expressamente** na petição inicial, não podendo estender a análise a outras leis ou atos normativos não citados na ADI ou na ADC.[131]

No entanto, quando houver correlação lógica, de **dependência** entre um ato normativo e outro, mesmo que o pedido de declaração de inconstitucionalidade tenha recaído somente sobre um deles, chamado de principal, o tribunal poderá, por arrastamento ou atração, declarar a inconstitucionalidade de outro dele dependente.

Isso porque, declarada insubsistente a norma **principal**, a **dependente** perde sua fonte de validade, devendo também ser retirada do ordenamento jurídico.

Assim, por exemplo, imaginemos que o Presidente da República tenha editado um decreto para regulamentar determinada lei, e que esta lei venha a ser declarada inconstitucional pelo Supremo Tribunal Federal. Nesse caso, poderá o Tribunal declarar a inconstitucionalidade também do decreto, ainda que isso não tenha sido solicitado, uma vez que, sem a lei, o decreto perde sua base jurídica.

---

[131] O princípio da congruência, porém, não impede que o STF declare a inconstitucionalidade da lei ou ato normativo questionado com base em fundamentação diversa da apresentada pelo autor da ação.

Nesse sentido, por exemplo, o Supremo Tribunal Federal declarou inconstitucional por arrastamento o Decreto estadual paulista nº 52.780/2008 por conta do reconhecimento da inconstitucionalidade da Lei estadual nº 12.787/2007, na qual ele se baseava.[132]

A inconstitucionalidade por arrastamento também é declarada quando, requerida a declaração de inconstitucionalidade de determinada **parte** da lei ou ato normativo, as demais que restarem ficam sem utilidade pela **desfiguração** da norma.

Nesse sentido, imagine-se que em uma ADI requer-se a declaração de inconstitucionalidade de alguns artigos específicos de determinada lei. Se os artigos, cuja inconstitucionalidade foi arguida e reconhecida, forem tão relevantes para a lei que sem eles ela perde completamente o sentido e força normativa, poderá o Supremo, por arrastamento, declará-la integralmente inconstitucional, mesmo sem pedido expresso nesse sentido.

Pedro Lenza (2006) observa que a declaração por inconstitucionalidade pode ocorrer em outro processo posterior, se em um processo precedente a inconstitucionalidade da norma principal foi declarada, mas o STF não declarar a inconstitucionalidade da norma derivada – por exemplo, pelo fato de desconhecer sua existência. Se, após isso, foi questionada a norma dependente, a declaração de sua invalidade impõe-se, por uma questão de coerência.

Decifrando a prova

(Procurador do Município – PGE-AM – Cespe – 2018) Se a inconstitucionalidade de uma norma atinge outra, tem-se a denominada inconstitucionalidade consequencial ou por arrastamento.

( ) Certo   ( ) Errado

Gabarito comentado: a inconstitucionalidade por arrastamento ou consequencial ou ainda derivada ocorre quando é declarada a inconstitucionalidade de uma norma e a mesma possui outras normas dela dependentes. Assim, considerada inconstitucional a norma principal, as demais que dela provierem também o serão. Portanto, a assertiva está certa.

7.17.9. Controle concentrado pelos Tribunais de Justiça

♦ **Conceito e objeto**

Embora já tenhamos tratado do tema de forma diluída quando tratamos sobre as diversas ações de controle concentrado, faremos aqui uma análise sistemática do **controle concentrado** de constitucionalidade pelos **Tribunais de Justiça** dos Estados, especialmente diante do fato de que há diversas regras aplicáveis a todas as espécies de ações de controle direto.

Devemos lembrar que, no âmbito do controle difuso, qualquer juízo ou tribunal possui a prerrogativa de declarar a inconstitucionalidade de lei ou ato normativo. Mas em relação ao controle concentrado?

---

[132] STF, ADI nº 5.747, Rel. Min. Luiz Fux, j. 15.04.2020.

168 Direito Constitucional Decifrado

A única referência concreta ao controle de constitucionalidade pelos Tribunais de Justiça consta do **art. 125, § 2º, da Constituição Federal**, o qual estabelece que "cabe aos Estados a instituição de representação de inconstitucionalidade de leis ou atos normativos estaduais ou municipais em face da Constituição Estadual, vedada a atribuição da legitimação para agir a um único órgão".

Uma interpretação literal desse dispositivo levaria à conclusão de que somente admitir-se-ia o controle concentrado de constitucionalidade pelos Estados por meio de uma ADI estadual. No entanto, admite-se perfeitamente que as Constituições Estaduais prevejam os **demais mecanismos** de controle direto de normas estaduais e municipais,[133] o que nos parece ser, aliás, decorrência direta do poder constituinte derivado decorrente concedido aos Estados, além de estar de acordo com o princípio da simetria constitucional.

O controle direto de constitucionalidade exercido pelos Tribunais de Justiça estende-se também às **leis e atos municipais** – sempre os cotejando com a **Constituição Estadual** local – diferentemente do controle concentrado exercido pelo Supremo Tribunal Federal, o qual, como vimos, exceto em sede de ADPF, exclui as leis e atos municipais.

Já em relação ao controle concentrado de leis e atos normativos frente às **Leis Orgânicas dos Municípios**, o entendimento do Supremo Tribunal Federal é de que ele **não é possível**, nem mesmo pelos Tribunais de Justiça, por inexistência de previsão constitucional.[134] No caso de lei municipal que venha a ferir disposições da Lei Orgânica respectiva, deve ela ser declarada **ilegal** – e não inconstitucional – pelo fato de invadir competência reservada às Leis Orgânicas, as quais possuem inclusive quórum de aprovação diferenciado, conforme definido no art. 29 da Constituição Federal.

Assim, o controle de constitucionalidade concentrado feito pelos Estados deve ater-se tão somente à apreciação da validade de leis e atos normativos estaduais e municipais perante as normas estabelecidas na Constituição Estadual.

♦ **Competência para julgamento**

A **competência** para julgamento de ações estaduais objetivando o controle concentrado de constitucionalidade é privativa dos respectivos **Tribunais de Justiça**, uma vez que estes representam o órgão máximo da Justiça Estadual.

Deve-se observar que, por força do art. 97 da Constituição Federal, a decretação da inconstitucionalidade de lei ou ato normativo em face da Constituição Estadual deve ser reconhecida pela **maioria absoluta** do plenário ou órgão especial do Tribunal de Justiça.

♦ **Legitimados**

O referido art. 125, § 2º, da Constituição Federal imputa **a cada Estado** a atribuição de definir o rol de pessoas e entidades legitimadas a provocar o controle concentrado de consti-

---

[133] Diversos constitucionalistas entendem que mesmo no silêncio da Constituição Estadual em relação à ADO e ADPF, o julgamento dessas ações pelo Tribunal de Justiça local – quando alegado desrespeito à Constituição Estadual – seria plenamente possível, em virtude do princípio da simetria constitucional, podendo a previsão constar simplesmente dos regimentos internos respectivos de cada TJ.

[134] STF, RE nº 175.087/SP, Rel. Min. Néri da Silveira, j. 19.03.2002.

tucionalidade, somente colocando como exigência que tal legitimação seja concedida **a mais de um órgão**. Dessa forma, não pode a Constituição Estadual determinar, por exemplo, que o único capaz de apresentar uma ADI perante o Tribunal de Justiça seja o Procurador-Geral de Justiça.

De forma geral, os Estados têm adotado legitimados correspondentes, na esfera estadual, àqueles estabelecidos no art. 103 da Constituição Federal, utilizando-se do princípio da **simetria**. O Supremo Tribunal Federal tem entendido, por outro lado, que não há problema em que os Estados **ampliem** o rol de legitimados em relação àqueles previstos na Constituição Federal, legitimando órgãos que não tenham correspondência com os previstos no art. 103 da Carta da República.[135]

Como bem observado por Marcelo Alexandrino e Vicente Paulo (2019), questão controversa é a possibilidade de as Constituições Estaduais preverem um rol de legitimados **mais restrito** do que o previsto no art. 103 da Constituição Federal, entendendo os renomados autores que isso não seria possível.

Com a devida vênia, porém, parece-nos perfeitamente **possível** a previsão de uma lista de legitimados para provocar o controle concentrado de constitucionalidade estadual mais restrita do que a prevista para a esfera federal. Isso porque a única condição que o art. 125, § 2º, da Constituição Federal coloca é que não seja atribuída a legitimação a um único órgão. Dessa forma, quisesse o poder constituinte que houvesse correspondência com o art. 103 da mesma Constituição Federal, tê-lo-ia feito de forma expressa, não deixando subtendido algo que teve oportunidade de dizê-lo explicitamente. Ademais, tal posição prestigia a autonomia dos Estados, o que parece estar mais de acordo com o espírito Federativo tão caro ao nosso modelo político.

Esse entendimento, inclusive, foi o adotado pelo STF, ao decidir que:

> (...) não é inconstitucional norma da Constituição do Estado que atribui ao procurador da assembleia legislativa ou, alternativamente, ao procurador-geral do Estado, a incumbência de defender a constitucionalidade de ato normativo estadual questionado em controle abstrato de constitucionalidade na esfera de competência do tribunal de justiça. Previsão que não afronta a CF, já que **ausente o dever de simetria** para com o modelo federal, que impõe **apenas a pluralidade** de legitimados para a propositura da ação.[136] (Grifo nosso.)

♦ **Paradigma de controle**

Enquanto o controle difuso de constitucionalidade de leis e atos normativos pode ser exercido pelos juízes estaduais e Tribunais de Justiça tanto em relação à Constituição Estadual como em relação à Constituição Federal, no controle de constitucionalidade **concentrado** pelos Tribunais de Justiça o **parâmetro** é sempre a **Constituição Estadual**, uma vez que o Supremo Tribunal Federal detém o monopólio do exercício de controle concentrado em face da Constituição Federal.

---

[135] STF, ADI nº 558-MC/RJ, Rel. Min. Sepúlveda Pertence, j. 16.08.1991.

[136] STF, ADI nº 119/RO, Rel. Min. Dias Toffoli, j. 19.02.2014.

170 Direito Constitucional Decifrado

🔍 Jurisprudência destacada

É pacífica a jurisprudência do STF, antes e depois de 1988, no sentido de que não cabe a tribunais de justiça estaduais exercer o controle de constitucionalidade de leis e demais atos normativos municipais em face da CF (STF, ADI nº 347, Rel. Min. Joaquim Barbosa, j. 20.10.2006).

No entanto, deve-se observar que pode ocorrer de a lei ou ato normativo estadual ou municipal estar tendo sua constitucionalidade questionada em face de norma de **reprodução obrigatória** pelos Estados – norma que consta da Constituição Federal e que obrigatoriamente deve constar da Constituição Estadual –, como ocorre por exemplo com as regras relativas às eleições, perda de mandato e imunidade parlamentares. Nesse caso, de forma **reflexa**, estará o Tribunal de Justiça exercendo o controle de constitucionalidade também em relação à Constituição Federal, hipótese em que isso será excepcionalmente admitido.[137]

Nessa situação – controle de constitucionalidade em relação a norma constitucional estadual de reprodução obrigatória – é admitida, de forma excepcional, a interposição de **recurso extraordinário** para o Supremo Tribunal Federal contra a decisão, em sede de controle concentrado, do Tribunal de Justiça sobre a constitucionalidade da lei ou ato normativo.[138] Isso porque, como visto, em última análise trata de exame de constitucionalidade da norma perante a Constituição Federal, de quem o STF é o guardião. Deve-se observar que nesse caso o julgamento do recurso extraordinário produzirá efeitos *erga omnes* e em todo o território nacional, conforme externado pelo STF no julgamento do RE 187.142/RJ.[139]

Já em se tratando de normas que não sejam de reprodução obrigatória pela Constituição Estadual – conhecidas como "**normas autônomas**" –, a decisão do Tribunal de Justiça em sede de controle concentrado será **definitiva**.

Importante pontuar que ficam **excluídos** do controle concentrado de constitucionalidade estadual, por uma questão de previsão constitucional e de coerência jurídica, as leis e atos normativos **federais**.

Por uma questão de **previsão constitucional** porque a Constituição Federal expressamente fala de "leis ou atos normativos estaduais ou municipais", excluindo os federais. E por uma questão de **coerência jurídica** porque as leis federais não devem obediências às Constituições Estaduais, e sim à Constituição Federal. Se uma lei da União invade indevidamente a esfera de competência dos Estados, é ela inconstitucional perante a própria Constituição Federal, devendo ser declarada como tal pelo Supremo Tribunal Federal, e não por Tribunal de Justiça.

Vê-se assim que:

---

[137] STF, RE nº 650.898, Rel. Min. Roberto Barroso, j. 01.02.2017.

[138] STF, RE nº 599.633-AgR, Rel. Min. Eros Grau, j. 23.11.2009.

[139] STF, RE nº 187.142, Rel. Min. Ilmar Galvão, j. 13.08.1998.

Capítulo 7 • Controle de constitucionalidade **171**

a. as leis e atos normativos **federais** somente se submetem ao controle concentrado de constitucionalidade perante a **Constituição Federal**, exercido pelo **Supremo Tribunal Federal**;

b. as leis e atos normativos **municipais** somente se submetem ao controle concentrado de constitucionalidade perante a **Constituição Estadual**, exercido pelos **Tribunais de Justiça** dos Estados.

E as leis e atos normativos **estaduais**? Esses podem ter sua constitucionalidade examinada por controle direto **tanto** em relação à Constituição Federal – pelo STF –, **como** em relação à Constituição Estadual – pelo Tribunal de Justiça local.

Diante disso, pode ocorrer a **simultaneidade** de ações diretas, uma apresentada no STF e outra no Tribunal de Justiça, se a lei ou ato normativo estadual vier a ferir ao mesmo tempo a Constituição Federal e a Constituição Estadual.

Ocorrendo essa duplicidade, deve-se verificar que, em qualquer hipótese, deve **prevalecer** a decisão prolatada pelo Supremo Tribunal Federal, até porque, seja de forma direta ou reflexa, trata-se de análise de constitucionalidade perante a **Constituição Federal**. Assim, se o dispositivo da Constituição Estadual pretensamente ferido pela lei ou ato normativo estadual for de **reprodução obrigatória**, entende o STF que a ação direta que tramita no Tribunal de Justiça deve ser **suspensa**,[140] sendo que, se o mérito da mesma for julgado pela nossa Suprema Corte, tal decisão vinculará – na verdade, mais do que isso, tornará inócua – a ação que corre na esfera estadual.

Por outro lado, em não se tratando de norma de reprodução obrigatória pelos Estados, ou seja, se estiver envolvida **norma autônoma**, poderão ambas as ações tramitar **paralelamente**, uma vez que o parâmetro de controle não é o mesmo.

> ### Decifrando a prova
>
> **(Delegado de Polícia – PC-ES – Cespe – 2011)** Considere que o tribunal de justiça do estado tenha julgado procedente ação direta de inconstitucionalidade que teve por objeto lei municipal, sob o fundamento de afronta a dispositivo inserto na Constituição Estadual, o qual se limitou a reproduzir preceito da CF de observância obrigatória pelos estados. Nessa hipótese, segundo entendimento do STF, não é viável a utilização de qualquer espécie recursal contra a referida decisão para fins de submissão do tema à jurisdição da corte suprema, por tratar-se de decisão proferida no âmbito do controle abstrato de normas e por ter tido como objeto lei municipal.
>
> ( ) Certo   ( ) Errado
>
> **Gabarito comentado:** em se tratando de norma da Constituição Federal de reprodução obrigatória pelas Constituições Estaduais, é cabível a impetração de recurso extraordinário contra decisão do Tribunal de Justiça que declarou a inconstitucionalidade da norma, ainda que municipal. Portanto, a assertiva está errada.

---

140   STF, ADI nº 1.423-MC, Rel. Min. Moreira Alves, j. 20.06.1996.

PARTE II

DIREITO CONSTITUCIONAL POSITIVO

Preâmbulo e princípios fundamentais

8

8.1. PREÂMBULO DA CONSTITUIÇÃO

O **preâmbulo** da Constituição é o texto que antecede os seus dispositivos, sendo assim, anterior ao seu art. 1º, e que funciona como uma **introdução** ao texto constitucional. Apesar de não ser obrigatório do ponto de vista jurídico, todas as Constituições brasileiras o trouxeram, embora com diferentes redações, demonstrando uma tradição do Direito Constitucional pátrio.

Nossa Constituição atual é precedida pelo seguinte preâmbulo:

> Nós, representantes do povo brasileiro, reunidos em Assembleia Nacional Constituinte para instituir um Estado Democrático, destinado a assegurar o exercício dos direitos sociais e individuais, a liberdade, a segurança, o bem-estar, o desenvolvimento, a igualdade e a justiça como valores supremos de uma sociedade fraterna, pluralista e sem preconceitos, fundada na harmonia social e comprometida, na ordem interna e internacional, com a solução pacífica das controvérsias, promulgamos, sob a proteção de Deus, a seguinte CONSTITUIÇÃO DA REPÚBLICA FEDERATIVA DO BRASIL.

De acordo com o lecionado por Alexandre de Moraes (2003, p. 48-49), o:

> Preâmbulo de uma Constituição pode ser definido como documento de intenções do diploma, e consiste em uma certidão de origem e legitimidade do novo texto e uma proclamação de princípios, demonstrando a ruptura com o ordenamento constitucional anterior e o surgimento jurídico de um novo Estado.

Apesar de não fazer parte do texto constitucional propriamente dito e não possuir força normativa, segundo o entendimento do Supremo Tribunal Federal,[1] o preâmbulo acaba por trazer disposições importantes acerca das **intenções e valores** do corpo constituinte, que reproduzem aqueles vigentes na sociedade na época em que a Constituição foi elaborada, podendo ser usado como elemento para a interpretação, aplicação e integração das normas

---

[1] STF, ADI nº 2.076, Rel. Min, Carlos Velloso, j. 15.08.2002.

176 Direito Constitucional Decifrado

jurídicas. Situa-se, segundo entendimento do próprio STF, mais no campo da política do que propriamente do Direito.

Diante disso, pode-se dizer – como normalmente é feito – que o preâmbulo não possui relevância jurídica. No entanto, não é raro que ele seja citado como elemento de argumentação jurídica e até mesmo como um fundamento adicional de decisões judiciais,[2] enquadrando-se no conceito de interpretação valorativa muito utilizada atualmente, muito embora somente o texto do preâmbulo não seja suficiente para embasamento jurídico pleno.

De certa forma, o preâmbulo pode ser comparado às mensagens de exposição de motivos de lei que normalmente acompanham os projetos de lei de iniciativa do Poder Executivo, os quais, embora não possuam nenhuma força normativa, são utilizados para externar ao Legislativo e à sociedade as intenções do proponente e as razões que levaram à iniciativa da apresentação do projeto. Lendo o preâmbulo de nossa Constituição já ficam claros alguns valores que nortearam a ação do poder constituinte originário, permitindo vislumbrar pelo menos parte da *mens constitutionis*.

8.2. PRINCÍPIOS FUNDAMENTAIS

Os **princípios fundamentais** da República são tratados logo no Título I de nossa Constituição Federal (arts. 1º a 4º), trazendo disposições de suma importância para a interpretação e integração das demais normas constitucionais e formando um arcabouço de valores e ideais que deverão **nortear a interpretação e aplicação** de toda a Constituição. O próprio nome escolhido pelo constituinte originário – princípios fundamentais – já denota a importância que essas disposições possuíam quando foram aprovadas pela Constituinte.

Apesar de sua relevância, os princípios fundamentais devem ser sempre interpretados e aplicados em consonância com as demais disposições constitucionais, **não estando em posição superior**, uma vez que, como já visto, nosso ordenamento jurídico não admite a hierarquia entre normas da Constituição.

🧩 Decifrando a prova

(Procurador do Estado-MS – PGE-MS – 2014 – Adaptada) Princípios constitucionais, em razão de sua dimensão de peso axiológico, são normas dotadas de maior relevância que as regras constitucionais, estruturadas segundo a lógica do tudo ou nada.

( ) Certo ( ) Errado

Gabarito comentado: como colocado acima, embora os princípios constitucionais representem normas essenciais, e que devem ser levadas em consideração quando da interpretação e aplicação das demais normas constitucionais, não estão eles em posição superior às demais disposições da Constituição. Portanto, a assertiva está errada.

---

[2] Como exemplo, veja-se a ementa do HC nº 94.163/RS, Min. Rel. Ayres Britto, j. 02.12.2008.

De acordo com a classificação utilizada em nossa Constituição, os princípios fundamentais abrangem:

a. os fundamentos da República, tratados no art. 1º;
b. os princípios referentes aos poderes da União, assunto do art. 2º;
c. os objetivos fundamentais da República, expressos no art. 3º; e
d. os princípios que devem reger as relações internacionais do Brasil, elencados no art. 4º.

8.2.1. Fundamentos da República

Os **fundamentos** da República Federativa do Brasil são os pilares de sua organização, a sua base ideológica, sem os quais ela não pode existir tal como foi concebida pelo poder constituinte originário. Todo o arcabouço constitucional e legal deve obedecer a esses fundamentos.

Nas palavras de José Afonso da Silva (2010, p. 40):

> (...) se é fundamento é porque se constitui num valor supremo, num valor fundante da República, da Federação, do País, da Democracia e do Direito. Portanto, não é apenas um princípio da ordem jurídica, mas o é também da ordem política, social, econômica e cultural. Daí sua natureza de valor supremo, porque está na base de toda vida nacional.

Diferentemente dos objetivos, os fundamentos da República não representam metas a serem atingidas, mas sim valores já alcançados e que devem ser respeitados a todo o momento, embora sempre sejam passíveis de aperfeiçoamento.

Vejamos o que diz sobre eles o art. 1º de nossa Constituição:

> **Art. 1º** A República Federativa do Brasil, formada pela união indissolúvel dos Estados e Municípios e do Distrito Federal, constitui-se em Estado Democrático de Direito e tem como fundamentos:
>
> I – a soberania;
>
> II – a cidadania;
>
> III – a dignidade da pessoa humana;
>
> IV – os valores sociais do trabalho e da livre iniciativa;
>
> V – o pluralismo político.
>
> Parágrafo único. Todo o poder emana do povo, que o exerce por meio de representantes eleitos ou diretamente, nos termos desta Constituição.

Analisemos cada um deles:

a. Soberania

Como já visto quando da análise dos elementos do Estado, a **soberania** pode ser abordada do ponto de vista interno e externo.

Do ponto de vista interno, a soberania implica a **exclusividade**, por parte das instituições estatais, **do exercício do poder dentro do território nacional**, sem qualquer ingerência externa por parte de outros Estados.

Do ponto de vista externo, a soberania implica o **reconhecimento da independência do Brasil** em relação a outros países, seu tratamento igualitário em relação às demais nações no cenário internacional.

A observância do princípio da cidadania é fundamental para que o Brasil possa, de fato, conseguir defender os interesses dos brasileiros, uma vez que é natural e esperado que cada nação busque atender aos interesses de seus nacionais.

Importante observar, no entanto, que a submissão de nosso país a regras constantes de acordos internacionais não fere, em princípio, sua soberania, uma vez que essa submissão é voluntária e o acordo pode ser denunciado, ou seja, rescindido pelo Brasil. Aliás, a própria legislação, algumas vezes, admite que o direito estrangeiro seja aplicado aqui no Brasil em situações específicas, normalmente por conta de tratados ou convenções internacionais.

b. Cidadania

O conceito de **cidadania** pode ser entendido em sentido mais restrito e em um sentido mais amplo.

No sentido restrito, a cidadania envolve o direito à **plena participação política**, nas suas diversas manifestações, não se limitando somente ao exercício do voto. Isso porque, sendo o Brasil um Estado democrático, é essencial que seus nacionais possam influenciar o seu próprio futuro e o da nação, não só através da escolha de seus representantes nos Poderes Legislativo e Executivo, mas também por meio de outras formas de exercício da cidadania, como o acesso livre à informação, a cobrança de resultados por parte dos governantes, a manifestação direta popular por meio de plebiscitos, referendos, projetos de leis de iniciativa popular, manifestações públicas e outras formas de expressão pública, formais e informais.

Em sentido amplo, a cidadania abrange, além dos direitos de participação política, a possibilidade de **acesso a tudo o que seja necessário para garantir uma existência digna**, como o acesso a serviços básicos de educação, saúde e trabalho, além de oportunidades econômicas.

O exercício da cidadania está intimamente ligado à existência do Estado Democrático de Direito. Assim, o Brasil não só deve permitir a cidadania, mas deve, principalmente, incentivar o seu exercício por parte dos nacionais.

Em relação à cidadania, a Constituição considera, por exemplo, como cláusula pétrea o voto direto, secreto, universal e periódico, além de determinar que sejam gratuitos os atos necessários ao exercício da cidadania.

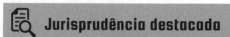

A Lei nº 8.899/1994 é parte das políticas públicas para inserir os portadores de necessidades especiais na sociedade e objetiva a igualdade de oportunidades e a humanização das relações sociais, em cumprimento aos fundamentos da República de cidadania e dignidade da pessoa

> humana, o que se concretiza pela definição de meios para que eles sejam alcançados (STF, ADI nº 2.649, Rel. Min. Cármen Lúcia, j. 08.05.2006).

c. Dignidade da pessoa humana

Tendo sido promulgada logo após o final de um longo período ditatorial em que foi notório o desrespeito contínuo e impune aos direitos humanos, nossa Constituição atual preocupa-se com o tratamento digno que deve ser dado a todas as pessoas, brasileiros ou estrangeiros.

O **princípio da dignidade da pessoa humana** nos lembra que é o **Estado que existe em função das pessoas**, e não o contrário, sendo que qualquer norma ou comportamento que venha a ferir o respeito ao próximo deve ser imediatamente rechaçado pelo ordenamento jurídico nacional, observado que todos são merecedores de tratamento digno, não só pelo Estado, mas também pelos demais cidadãos.

Assim, nessa linha, proíbe a Constituição, por exemplo, toda forma de tratamento desumano ou degradante, bem como toda forma de discriminação preconceituosa, em diversos de seus dispositivos.

A dignidade da pessoa humana é um fundamento da República do qual decorrem muitas outras disposições constitucionais e diversos direitos fundamentais, como o direito à liberdade, à intimidade, à segurança, à propriedade, à participação política, dentre tantos outros. Por conta disso, é um princípio comumente invocado pelo Supremo Tribunal Federal e outros tribunais para a defesa de diversos outros direitos.

Assim, por exemplo, o STF tem citado a dignidade da pessoa humana, ainda que conjuntamente com outros argumentos, para fundamentar decisões das mais diversas, tais como: a inadmissibilidade da condução coercitiva de investigados ou réus;[3] a característica de pública incondicionada da ação relativa a lesão corporal resultante de violência doméstica;[4] a concessão de passe livre às pessoas com deficiência no sistema de transporte coletivo interestadual;[5] desnecessidade do uso de algemas em réus;[6] a impossibilidade de cancelamento de registro civil por inexistência de filiação, no caso em que o declarante foi o próprio pai;[7] reconhecimento da união homoafetiva como entidade familiar.[8]

---

[3] STF, ADPF nº 395, Rel. Min. Gilmar Mendes, j. 14.06.2018.

[4] STF, ADI nº 4.424, Rel. Min. Marco Aurélio.

[5] STF, ADI nº 2.649, Rel. Min. Cármen Lúcia, j. 08.05.2008.

[6] STF, Súmula Vinculante nº 11.

[7] STF, AgR nº 708.130/RS, Rel. Min. Edson Fachin, j. 28.06.2016

[8] STF, RE nº 477.554 AgR, Rel. Min. Celso de Mello, j. 16.08.2011.

I80 Direito Constitucional Decifrado

Decifrando a prova

(Delegado da Polícia Civil-RJ – Ceperj – 2009 – Adaptada) O princípio da dignidade humana é norma programática, ou seja, sua eficácia é limitada e consiste em inspirar os programas estatais, inclusive à atividade legislativa relativamente ao processo penal.

( ) Certo   ( ) Errado

Gabarito comentado: o princípio da dignidade humana não é norma programática porque possui aplicação imediata – até mesmo diante do exposto no art. 5º, parágrafo único, da Constituição Federal. Mais do que isso, é considerado por muitos como um supraprincípio, que deve permear os outros dispositivos constitucionais e nortear sua interpretação e aplicação. Portanto, a assertiva está errada.

---

d. Valores sociais do trabalho e da livre-iniciativa

O Brasil reconhece a importância do trabalho individual e coletivo para o desenvolvimento econômico e social da nação, o qual deve ser exercido mediante condições mínimas de segurança, conforto e dignidade. Com esse princípio, fica implicitamente definido o **capitalismo** como sistema econômico adotado pelo Brasil, uma vez que somente nele é garantida plenamente a livre-iniciativa, que é a possibilidade de que os próprios agentes econômicos e os trabalhadores definam onde irão alocar seus recursos produtivos e sua mão de obra.

A **livre-iniciativa** é fundamental para permitir o crescimento econômico sólido do país e decorre diretamente da liberdade concedida a cada indivíduo para exercer a atividade econômica que lhe aprouver.

O reconhecimento desse fundamento, porém, não impede que o Estado venha a regulamentar a atividade econômica, estabelecer normas de proteção ao consumidor e até mesmo proibir determinadas ocupações, em proveito da coletividade, mas devendo tudo ser feito de forma justificada e com amparo legal.[9]

Por outro lado, ao falar em "valores sociais", a Constituição deixa claro que o aumento da riqueza produzida deve, de alguma forma, beneficiar a todos, e que o crescimento econômico deve trazer benefícios a toda a sociedade. É nesse aspecto que entra a chamada função distributiva do Estado, através da qual o mesmo, principalmente da tributação, retira recursos dos mais ricos e os repassa, em parte, aos mais pobres, através de serviços públicos ou mesmo de programas de distribuição de renda.

e. O pluralismo político

O **pluralismo político** é a base de qualquer democracia, e significa a possibilidade da **representação política simultânea de múltiplas ideias, de pensamentos**, abrangendo, mas

---

[9]   STF, RE nº 349.686, Min. Ellen Gracie, j. 14.06.2005.

Capítulo 8 • Preâmbulo e princípios fundamentais **181**

indo muito além, do chamado pluripartidarismo, que é a possibilidade da coexistência de diversos partidos políticos.

No caso do Brasil, o pluralismo político assume especial importância, diante da multiplicidade étnica, social e de origem da nossa população, sendo mister que todos os setores da sociedade possam, de forma efetiva, sentirem-se ouvidos e representados.

Assim, o Brasil não deve impedir ou embaraçar a manifestação política das pessoas, as quais devem ser livres para expor seus diferentes pontos de vista. Da mesma forma, o Estado não deve adotar um doutrinamento político ou filosófico, permitindo que as diversas vertentes de pensamento tenham voz, desde que, obviamente, não venham a ferir os direitos de outras pessoas.

♦ **Demais disposições do art. 1º**

Da análise do *caput* do art. 1º e de seu parágrafo único, podemos extrair ainda que:

a. A **forma de Estado** adotada pelo Brasil foi a de **Federação**, ou seja, em nosso país devem ser respeitadas as autonomias dos Estados e dos Municípios, sendo essa inclusive uma cláusula pétrea, de acordo com o art. 60, § 4º, I, não podendo a forma federativa de Estado ser abolida por emenda constitucional. A Federação brasileira, como ocorre na maioria dos outros países que adotam essa forma de Estado, é indissolúvel, ou seja, não se admite que um Estado ou Município declare sua independência do restante do país, sob pena de decretação de intervenção federal ou estadual.

b. A **forma de governo** escolhida pela nossa Constituição foi a **República**, ou seja, o Brasil será dirigido por um Presidente com um mandato fixo, eleito a cada quatro anos. Deve-se observar, no entanto, que para a maioria da doutrina, a forma republicana de governo não é uma cláusula pétrea, o que permitiria sua substituição por outra forma de governo, mediante emenda constitucional, desde que respeitados: a forma federativa de Estado, o voto direto, secreto, universal e periódico e a separação dos poderes.

c. Os **Municípios**, ao lado dos Estados e do Distrito Federal, **também são componentes da Federação brasileira**, sendo garantida sua autonomia, o que é reforçado pelo art. 18 da Constituição: nossa Carta Magna, de forma singular, consagra aos Municípios a posição de ente federativo. Assim, não são eles simplesmente subdivisões administrativas dos Estados-membros, como ocorre em muitos países, mas verdadeiras unidades autônomas, não obstante se submetam à legislação federal e estadual.

d. O Brasil é um **Estado Democrático de Direito**: de forma simples, a expressão "Estado de Direito" significa um Estado que baseia o seu funcionamento nas leis, com seus poderes limitados, em contraposição ao "Estado Absoluto", em que o poder do soberano não encontra limitações jurídicas.

Nesse sentido, José Afonso da Silva (2006, p. 113) coloca que o clássico Estado de Direito abrange três características: submissão dos governantes e dos cidadãos ao império da lei; separação de poderes; e garantia dos direitos fundamentais.

Direito Constitucional Decifrado

Já "Estado Democrático" indica que o poder emana do povo, o qual têm a prerrogativa inalienável não só de eleger seus representantes periodicamente, mas também de participar ativamente do processo político a todo momento, respeitando-se as disposições constitucionais.

> ### Decifrando a prova
>
> **(Delegado da Polícia Civil-GO – UEG – 2013 – Adaptada)** O *caput* do art. 1º da Constituição Federal, ao dispor que a "República Federativa do Brasil, formada pela união indissolúvel dos Estados e Municípios e do Distrito Federal, constitui-se em Estado democrático de direito...", consagra o princípio do estado democrático de direito, que se traduz em princípio nuclear, que implica o pluralismo político, a separação de poderes e a legalidade.
>
> ( ) Certo   ( ) Errado
>
> **Gabarito comentado:** o conceito de estado democrático de direito está intimamente relacionado ao respeito à legalidade e à separação de poderes – que o caracteriza como de direito – e à vontade popular – o que o caracteriza como democrático. Esse respeito à soberania popular necessariamente envolve o pluralismo político, entendido como a possibilidade de cultivo e manifestação de ideias distintas. Portanto, a assertiva está certa.

Uma das grandes alterações teóricas trazidas pelo movimento constitucionalista, ainda no século XVIII, foi a gradual substituição de uma etérea vontade divina, que legitimava, até então, o poder concedido aos monarcas europeus, pela vontade popular, passando-se assim a ser o homem – como indivíduo e como componente de um grupo social – a base para a organização do Estado.

Como vimos, nossa Constituição determina que, além de ser um Estado de Direito, a República brasileira também deve ser um Estado Democrático.

O parágrafo único do art. 1º da Constituição estipula que, no Brasil, como nas democracias em geral, considera-se que o **titular do poder é o povo**, devendo sempre ser exercido de acordo com os valores defendidos pelos nacionais e em seu benefício. No entanto, como a participação de todos os brasileiros em todos os atos políticos e legislativos seria absolutamente inviável, o exercício desse poder é delegado, conforme determina a Constituição, pelo povo aos seus representantes, os quais devem ser eleitos na forma da lei para um mandato temporário, para que esses o exerçam em nome do próprio povo, caracterizando a democracia, no Brasil, como sendo da modalidade indireta – como ocorre também em todos ou praticamente todos os outros países democráticos.

Em algumas situações específicas a Constituição permite o **exercício direto do poder** pelos cidadãos, como ocorre – além do próprio processo de escolha dos representantes políticos – nos **plebiscitos, referendos e apresentação de projetos de lei de iniciativa popular**, o que deve ser feito na forma estabelecida pela própria Constituição, uma vez que o desempenho cego e desregulamentado de uma pretensa "vontade popular" poderia dar pretexto a desrespeito a grupos minoritários ou com reduzida capacidade de manifestação.

Capítulo 8 ◆ Preâmbulo e princípios fundamentais **183**

Essa opção do constituinte originário pelo regime democrático é considerada uma cláusula pétrea, e permeia todos os dispositivos constitucionais.

No entanto, deve-se ter em mente que um regime democrático não implica somente a possibilidade de o povo eleger seus representantes, mas também a possibilidade de participação direta ou indireta da população nas decisões políticas, o que inclui, entre outros direitos, o de expressão, de manifestação pública, de acesso à informação e de ser ouvido pelos seus representantes.

Além disso, também não se trata a democracia de um regime em que é feito, de forma automática e incondicional, a vontade da maioria, devendo, pelo contrário, sempre respeitar-se os direitos individuais de grupos minoritários, sob pena de um alegado regime democrático transformar-se em uma forma de legitimação da opressão de grupos menos numerosos.

Decifrando a prova

(Delegado da Polícia Federal – Cespe – 2018) A possibilidade de um direito positivo supraestatal limitar o Poder Legislativo foi uma invenção do constitucionalismo do século XVIII, inspirado pela tese de Montesquieu de que apenas poderes moderados eram compatíveis com a liberdade. Mas como seria possível restringir o poder soberano, tendo a sua autoridade sido entendida ao longo da modernidade justamente como um poder que não encontrava limites no direito positivo? Uma soberania limitada parecia uma contradição e, de fato, a exigência de poderes políticos limitados implicou redefinir o próprio conceito de soberania, que sofreu uma deflação.

COSTA, Alexandre. O poder constituinte e o paradoxo da soberania limitada. *Teoria & Sociedade*, nº 19, 2011, p. 201 (com adaptações).

Considerando o texto precedente, julgue o item a seguir, a respeito de Constituição, classificações das Constituições e poder constituinte.

A concepção de "soberania limitada", citada no texto, implica a divisão da titularidade do poder constituinte entre o povo e a assembleia constituinte que o representa.

( ) Certo   ( ) Errado

Gabarito comentado: o constitucionalismo defende o respeito ao regime democrático, no qual a titularidade do poder constituinte é exclusiva do povo, o qual pode delegar seu exercício – e não sua titularidade – a um grupo específico, chamado de Assembleia Constituinte. A questão da "soberania limitada" refere-se a uma limitação do poder do Estado. Portanto, a assertiva está errada.

8.2.2. Divisão de poderes

A **divisão de poderes** é um dos pilares do Estado Democrático de Direito, sendo também um ponto que sempre foi de concordância entre os teóricos do constitucionalismo, como uma forma de redução do poder do governante, permitindo maior controle sobre seus atos.

Em relação a esse tema, dispõe o art. 2º de nossa Constituição:

> **Art. 2º** São poderes da União, independentes e harmônicos entre si, o Legislativo, o Executivo e o Judiciário.

Primeiramente, deve-se observar que a expressão "poderes da União" não é tecnicamente adequada, porque o Poder estatal, na verdade, é **uno e indivisível**, conforme preconizado pela doutrina do Direito Constitucional. O mais correto, na verdade, seria falar em "funções do poder estatal", o que deixaria claro a unicidade desse poder do Estado. No entanto, como a expressão "poderes" do Estado está consagrada historicamente e pelo uso cotidiano, acabou sendo esse o termo utilizado pela nossa Constituição.

O que existem, na verdade, são funções distintas do poder estatal exercidas por determinados órgãos, cuja independência é necessária para evitar-se a concentração de poder nas mãos de uma ou poucas pessoas e os perigos que disso adviria.

Essa ideia de separação das funções estatais é antiga, sendo primeiramente atribuída a Aristóteles e posteriormente retomada de forma sistemática por Montesquieu, elencando-se tradicionalmente três divisões: função legislativa, consistente em elaborar as diversas leis, que devem ser seguidas tanto pelo Estado como pelos particulares; função executiva, que tem como atribuição administrar o Estado, buscando o bem comum, e sempre com obediência às leis aprovadas; e função judiciária, cujo principal objetivo é resolver os conflitos que surjam na sociedade, através da aplicação da lei aos casos concretos, além de garantir a aplicação das disposições constitucionais e legais.

Todas as Constituições brasileiras adotaram também essa tríplice divisão, com exceção de nossa primeira, a de 1824, que previa, por influência do estadista francês Benjamin Constant, um quarto poder, o Moderador, responsável pela resolução de conflitos que surgissem entre os outros três. Como na prática o Poder Moderador era exercido pelo Imperador, isso causava um desequilíbrio entre o Executivo e os demais poderes, pelo que, a partir de nossa segunda Constituição, passou-se a adotar o modelo tradicional de "três poderes".

Ao prever a separação de poderes, a Constituição brasileira preenche um dos requisitos do conceito ideal de Constituição.

Deve-se observar, porém, que essa **separação de funções não é absoluta**, sendo que os órgãos de cada poder exercerão cada um deles mais de uma função, embora tenham uma como primordial ou típica. Ou seja, na prática, cada Poder tem uma função principal, mas também exerce, de forma atípica, funções de outros poderes.

Assim, por exemplo, embora o Congresso Nacional seja detentor precipuamente da atividade legislativa, também exerce ele as atividades administrativas, como no caso de contratação de empresas para atividades-meio e pagamento de pessoal, e de julgamento, como ocorre nos casos de *impeachment* do Presidente da República e de Ministros do STF, por exemplo.

Da mesma forma, o Presidente da República tem como função típica administrar o país, exercendo o Poder Executivo; no entanto, ele também participa do processo legislativo, como ao apresentar projetos de lei ou sancionar ou vetar projetos aprovados pelo Legislativo, assim como também pode o Executivo exercer a atividade de julgamento de servidores por ilícitos administrativos.

E o Poder Judiciário, embora tenha por função típica julgar, também participa, de forma atípica, do processo legislativo, quando por exemplo apresenta projetos de lei, além de também exercer secundariamente a função de administrar, que faz quando, por exemplo, realiza concursos públicos ou contrata empresas para fazer a limpeza e segurança dos prédios dos diversos tribunais.

Assim, a tabela a seguir resume as funções típicas e atípicas dos três Poderes:

Poder	Função típica	Funções atípicas
Legislativo	Legislar	Administrar e julgar
Executivo	Administrar	Legislar e julgar
Judiciário	Julgar	Legislar e administrar

Considera-se que, de forma geral, as ações desempenhadas no exercício da função típica de cada um dos poderes não podem ser objeto de revisão por parte de outro poder, exceto quando houver claro desrespeito a determinações constitucionais ou legais. Assim, por exemplo, o Poder Judiciário não entrará no mérito sobre a escolha, pelo Presidente da República, de um Ministro de Estado, exceto se este houver sido nomeado sem obedecer às regras constitucionais. Da mesma forma, o Poder Legislativo não pode sustar um decreto do Poder Executivo que não tenha claramente exorbitado os limites impostos pela lei. Especialmente no caso do Poder Executivo, esses atos que não podem ter seu mérito atingido por decisões judiciais são chamados de atos políticos.

Além de **independentes**, os três poderes precisam ser **harmônicos** entre si, cada um exercendo seu papel e respeitando a competência dos outros, buscando manter o equilíbrio institucional. Deve-se observar, por outro lado, que essa convivência harmônica entre os poderes não quer dizer que os mesmos não poderão ter divergências ou conflitos, mas sim que estes deverão ser resolvidos de acordo com as regras previstas na Constituição. Assim, ainda que os diversos poderes não concordem sobre determinado ponto, devem eles aterem-se às suas atribuições constitucionais e respeitarem a esfera de atribuições dos demais.

Por exemplo, não é pelo fato de os Ministros do Supremo Tribunal Federal não concordarem com determinado texto constitucional que eles poderão deixar de aplicá-lo, assim como a concordância do Poder Legislativo com determinada decisão externada pelo Poder Judiciário é irrelevante para fins da obrigatoriedade de seu cumprimento.

Um dos principais objetivos da separação dos poderes é permitir o **controle recíproco** de seus atos, sendo que cada um deles tem a função de fiscalizar e controlar os outros, na forma estabelecida pela Constituição, no que a doutrina constitucional convencionou chamar de mecanismos de "**pesos e contrapesos**", cuja origem vem da expressão norte-americana *check and balances*.

Assim, por exemplo, o Poder Executivo exerce controle sobre o processo legislativo quando veta projetos de lei e exerce certo controle sobre o Judiciário quando nomeia os Ministros que comporão o Supremo Tribunal Federal.

Por sua vez, o Poder Legislativo deve fiscalizar os atos do Poder Executivo, com o auxílio do Tribunal de Contas, e elaborar as leis que deverão ser seguidas tanto pelo Executivo como

Direito Constitucional Decifrado

pelo Judiciário, além de poder destituir o Chefe do Executivo e a cúpula do Poder Judiciário em caso de crime de responsabilidade. Isso sem falar na faculdade de alterar e aprovar o orçamento de cada um dos poderes e demais órgãos.

Quanto ao Poder Judiciário, exerce ele o controle da constitucionalidade e legalidade dos atos do Executivo e do Legislativo, podendo decretar a invalidade de atos que tenham sido produzidos em desacordo com as normas estabelecidas pela Constituição, além de julgar os conflitos que a ele são submetidos, ainda quando envolvam os demais poderes.

Esse controle recíproco entre os poderes, porém, deve sempre ser exercido nos limites e na forma estabelecida pela própria Constituição Federal, para que não haja interferência indevida de um poder em outro, devendo sempre ser respeitada a esfera de atuação de cada um. Nesse sentido, por exemplo, o Supremo Tribunal Federal já decidiu que "as restrições impostas ao exercício das competências constitucionais conferidas ao Poder Executivo, incluída a definição de políticas públicas, importam em contrariedade ao princípio da independência e harmonia entre os Poderes".[10]

Jurisprudência destacada

A fiscalização legislativa da ação administrativa do Poder Executivo é um dos contrapesos da CF à separação e independência dos Poderes: cuida-se, porém, de interferência que só a Constituição da República pode legitimar. Do relevo primacial dos "pesos e contrapesos" no paradigma de divisão dos poderes, segue-se que à norma infraconstitucional – aí incluída, em relação à federal, a constituição dos Estados-membros –, não é dado criar novas interferências de um Poder na órbita de outro que não derive explícita ou implicitamente de regra ou princípio da Lei Fundamental da República. O poder de fiscalização legislativa da ação administrativa do Poder Executivo é outorgado aos órgãos coletivos de cada câmara do Congresso Nacional, no plano federal, e da assembleia legislativa, no dos Estados; nunca aos seus membros individualmente, salvo, é claro, quando atuem em representação (ou presentação) de sua Casa ou comissão (STF, ADI nº 3.046, Rel. Min. Sepúlveda Pertence, j. 15.04.2004).

Por fim, deve-se observar que, além dos três poderes, existem também alguns **órgãos** que, de forma independente, gravitam em seu entorno, **não estando subordinados a nenhum dos poderes**, pois possuem autonomia administrativa, orçamentária e financeira, exercendo outras funções de interesse público, inclusive de cunho fiscalizatório. É o caso do Ministério Público, da Defensoria Pública e dos Tribunais de Contas, os quais exercem atividades típicas do Estado, compondo inclusive a Administração Pública direta, mas não estando inseridos em nenhum dos três poderes clássicos.

8.2.2.1. Poderes nos diversos entes da Federação

Na estrutura federativa brasileira, a União e os Estados, incluindo o Distrito Federal, adotam a tripartição de seus poderes. Assim, tanto na esfera federal, como estadual, temos

---

[10] ADI nº 4.102/RJ, Rel. Min. Cármen Lúcia, j. 30.10.2014.

Capítulo 8 ◆ Preâmbulo e princípios fundamentais **187**

o Poder Legislativo, o Poder Executivo e o Poder Judiciário, além do Ministério Público e outros órgãos auxiliares, como os tribunais de contas. No caso do Distrito Federal, seu Poder Judiciário e Ministérios são organizados e mantidos pela União, por expressa determinação constitucional.

Já nos Municípios não existe o Poder Judiciário nem Ministério Público, mas somente o Legislativo e o Executivo.

Importante observar que **não há qualquer vinculação hierárquica entre os poderes federais e seus correspondentes estaduais e municipais**, em virtude da autonomia política dos entes da Federação. O que a Constituição faz, para evitar conflitos, é definir a competência de cada um deles. Assim, por exemplo, a Carta Magna define expressamente as ações e recursos cujo julgamento competem à Justiça Federal, sendo que os demais casos serão de alçada da Justiça Estadual. Da mesma forma, define ela as competências legislativas e administrativas dos três níveis de governo.

A desobediência a competências jurisdicionais, administrativas e legislativas pode ser questionada perante o Poder Judiciário, podendo a questão, em último caso, chegar ao Supremo Tribunal Federal.

Na União, o Poder Executivo é exercido pelo Presidente da República e seus auxiliares, especialmente os Ministros de Estado. Nos Estados, o Poder Executivo é exercido pelos Governadores e, nos municípios, pelos Prefeitos, que são assessorados pelos secretários estaduais e municipais.

Os auxiliares diretos do Chefe do Poder Executivo compõem, justamente com este, o primeiro escalão do governo em cada ente da Federação, sendo considerados agentes políticos.

O Poder Legislativo Federal brasileiro é desempenhado pelo Congresso Nacional, formado pela Câmara dos Deputados e pelo Senado, em um sistema bicameral, semelhante ao norte-americano. Já o Poder Legislativo em cada Estado é exercido pela Assembleia Legislativa, que especificamente no Distrito Federal recebe o nome de Câmara Legislativa, onde atuam os deputados estaduais e, no caso do Distrito Federal, os distritais. Já o Poder Legislativo Municipal é exercido pelos vereadores, que compõem a Câmara de Vereadores ou Câmara Municipal.

O Poder Judiciário é exercido pelos Tribunais e Juízes Federais, no caso da União, e pelos Tribunais de Justiça e Juízes de Direito, nos Estados e Distrito Federal, conforme estabelecido na Constituição Federal.

E no que se refere ao Ministério Público, temos o Ministério Público da União, chefiado pelo Procurador-Geral da República, que atua especialmente junto à Justiça Federal – aqui em seu sentido amplo, incluindo a Justiça do Trabalho e a Eleitoral –, e o Ministério Público dos Estados, que atua na Justiça Estadual e é chefiado, em cada Estado, pelo Procurador-Geral de Justiça.

Deve-se observar que os Estados e Municípios devem obedecer, de forma simétrica, as disposições que a Constituição Federal traz em relação à organização dos poderes federais, naquilo em que a mesma não trouxer comando específico aos Estados e Municípios.

188 Direito Constitucional Decifrado

> ### 🧩 Decifrando a prova
>
> **(Procurador do Estado-SC – Fepese – 2014 – Adaptada)** São Poderes da União, dos Estados e dos Municípios, independentes e harmônicos entre si, o Legislativo, o Executivo e o Judiciário.
> ( ) Certo ( ) Errado
> **Gabarito comentado:** os Municípios não possuem Poder Judiciário, mas somente Legislativo e Executivo. Portanto, a assertiva está errada.

8.2.3. Objetivos fundamentais da República brasileira

Os **objetivos fundamentais** da República Federativa do Brasil trazem alvos, fins que devem ser perseguidos pelo Estado brasileiro como um todo, com a ação conjunta dos três poderes, nas diversas esferas governamentais, e também pela própria sociedade civil. São metas colocadas de forma intencionalmente abertas pelo constituinte, como forma de garantir maior abrangência possível, devendo a lei e a Administração Pública promover os meios necessários para sua efetiva implementação.

Diferentemente do que ocorre com os fundamentos, que são considerados até mesmo como preexistentes à Constituição, sendo apenas reconhecidos por esta, os objetivos fundamentais representam **situações ideais que ainda não foram atingidas** plenamente no Brasil, exigindo, portanto, ações do Estado nesse sentido. Talvez por isso mesmo tenham sido colocados na forma de verbos pelo constituinte, como maneira de denotar a necessidade de atuação do Poder Público e da sociedade.

Ao colocar tais objetivos como fundamentais, a Constituição Federal realça a sua importância, e que sua busca não exime o Estado de definir também outros objetivos a serem definidos.

Os objetivos fundamentais da República Federativa do Brasil estão elencados no art. 3º de nossa Constituição:

> **Art. 3º** Constituem objetivos fundamentais da República Federativa do Brasil:
>
> I – construir uma sociedade livre, justa e solidária;
>
> II – garantir o desenvolvimento nacional;
>
> III – erradicar a pobreza e a marginalização e reduzir as desigualdades sociais e regionais;
>
> IV – promover o bem de todos, sem preconceitos de origem, raça, sexo, cor, idade e quaisquer outras formas de discriminação.

Os objetivos fundamentais estão relacionados especialmente à busca da igualdade e do bem-estar da população como um todo, em linha com os fundamentos da República, constantes do art. 1º, com o da dignidade da pessoa humana e o da cidadania. Como os demais princípios fundamentais, servem como paradigmas importantes no momento de se interpretar e aplicar a legislação e o próprio texto constitucional.

Capítulo 8 ◆ Preâmbulo e princípios fundamentais **189**

Analisemos cada um desses objetivos:

a. **Construir uma sociedade livre, justa e solidária:** esse objetivo é claramente inspirado no lema iluminista da "liberdade, igualdade e fraternidade".

Uma sociedade **livre** é aquela em que todos os seus integrantes possam usufruir da liberdade em todos os seus sentidos: para se expressar, para professar sua fé, para exercerem a atividade profissional ou econômica que desejarem etc.

Uma sociedade **justa** é aquela que propicie a todos oportunidades para seu crescimento e desenvolvimento e possam recorrer ao Estado em pé de igualdade.

E uma sociedade **solidária** é aquela em que os mais favorecidos colaborem com os menos privilegiados e que os ganhos sejam também, tanto quanto possível, repartidos entre todos, embora levando-se em consideração sua participação na obtenção dos resultados.

b. **Garantir o desenvolvimento nacional:** o desenvolvimento nacional aqui não deve ser visto somente do ponto de vista econômico, mas também social, cultural, educacional, entre outros, o que implica também a busca do chamado desenvolvimento sustentável, em suas diversas vertentes, como a ambiental.[11]

c. **Erradicar a pobreza a e marginalização e reduzir as desigualdades sociais e regionais:** a palavra "marginalização" aqui tem o sentido de exclusão, a qual pode se dar em vários sentidos, como a econômica, a cultural, a política, entre outras.

Veja-se que o art. 3º fala em reduzir as desigualdades sociais e regionais, e não em extingui-las, porque, de fato, desigualdades sempre existirão e podem, em determinado ponto, ser até consideradas justas, para premiar o esforço individual de cada um. No entanto, o que não se pode ter é uma desigualdade extrema, em que os menos favorecidos não tenham acesso ao básico a uma vida digna, devendo-se garantir, outrossim, que todos tenham igualdade de oportunidades.

Deve-se observar que a redução das desigualdades regionais – além da óbvia obrigação moral envolvida – acaba por beneficiar não somente as regiões mais pobres, mas também as mais ricas, que deixam, por exemplo, de receber em massa migrantes de outras regiões, os quais muitas vezes acabam por não encontrar circunstâncias favoráveis nos locais para onde migraram, causando fenômenos bem conhecidos como a favelização e uma maior pressão por assistência social.

d. **Promover o bem de todos, sem preconceitos de origem, raça, sexo, cor, idade e quaisquer outras formas de discriminação:** é o Estado que deve existir para atender aos indivíduos, e não o oposto. Assim, a existência daquele somente tem sentido se seus cidadãos estiverem sendo devidamente protegidos, amparados e tiverem garantidos seus direitos básicos.

---

[11] ADI nº 3.540/MC, Rel. Min. Celso de Mello, j. 01.09.2005.

Direito Constitucional Decifrado

A proibição do preconceito e da discriminação, que se justifica por si só, é especialmente importante no caso do Brasil, em virtude de sua diversidade étnica, de origem e cultural, e se estende para as diversas outras áreas, como as de posicionamento político ou de orientação sexual.

Não só deve o Estado tratar os indivíduos de forma igualitária e justa, como também deve desestimular e até mesmo punir comportamentos individuais que promovam a discriminação.

Deve-se observar que tal objetivo fundamental não impede o tratamento diferenciado dado a determinados grupos, especialmente os minoritários, se isto contribuir para a redução das desigualdades.

Decifrando a prova

(Procurador Legislativo-AM – Isae – 2011 – Adaptada) Constituem objetivos fundamentais da República Federativa do Brasil: construir uma sociedade livre, justa e solidária; garantir o desenvolvimento nacional; erradicar a pobreza e a marginalização e reduzir as desigualdades sociais e regionais; promover o bem de todos, sem preconceitos de origem, raça, sexo, cor, idade e quaisquer outras formas de discriminação.

( ) Certo   ( ) Errado

Gabarito comentado: de fato, todas as ações citadas caracterizam objetivos fundamentais da República Federativa do Brasil, conforme art. 3º da Constituição Federal. Portanto, a assertiva está certa.

8.2.4. Princípios de relações internacionais

As relações do Brasil com outros estados estrangeiros, além de definir a forma como nosso país será visto, também podem trazer consequências importantes no âmbito interno, tanto militar, como comercial, turísticas, entre outras.

Por conta da importância do assunto, a Constituição Federal, em seu art. 4º, traz os **princípios que deverão nortear a política externa brasileira**, no seu trato com os demais países.

Dispõe o art. 4º de nossa Constituição:

> **Art. 4º** A República Federativa do Brasil rege-se nas suas relações internacionais pelos seguintes princípios:
>
> I – independência nacional;
>
> II – prevalência dos direitos humanos;
>
> III – autodeterminação dos povos;
>
> IV – não-intervenção;
>
> V – igualdade entre os Estados;
>
> VI – defesa da paz;

Capítulo 8 • Preâmbulo e princípios fundamentais **191**

VII – solução pacífica dos conflitos;

VIII – repúdio ao terrorismo e ao racismo;

IX – cooperação entre os povos para o progresso da humanidade;

X – concessão de asilo político.

Parágrafo único. A República Federativa do Brasil buscará a integração econômica, política, social e cultural dos povos da América Latina, visando à formação de uma comunidade latino-americana de nações.

Deve-se observar que esses princípios trazem normas de caráter geral que devem ser observadas pelos dirigentes e pela população do país, mas que, como ocorre com os princípios em geral, não são absolutos, podem ser relativizados em situações que o justifique. Até porque podem ocorrer situações concretas em que ocorra um aparente conflito entre dois ou mais desses comandos, devendo então os mesmos serem conciliados, de forma a evitar-se o sacrifício total de um deles em prol de outro.

Analisemos cada um deles desses princípios de relações internacionais:

a. **Independência nacional:** esse princípio decorre da própria soberania – ela mesma colocada pela Constituição como um dos fundamentos da República –, e determina que o Brasil deve manter, em suas relações internacionais, uma posição independente frente a outros países, nunca subordinando os interesses nacionais aos estrangeiros, até porque, se o Brasil não buscar os interesses de seu povo, não será outro país que o fará. Assim, mesmo a celebração de acordos com outras nações nunca deve contrariar os interesses dos nacionais.

b. **Prevalência dos direitos humanos:** corolário do fundamento da dignidade da pessoa humana, esse princípio estipula que, em suas relações internacionais, nosso país deve sempre respeitar e fazer respeitar os direitos humanos contra qualquer violação por parte de Estados ou particulares, não sobrepondo a esse respeito qualquer interesse econômico ou político.

c. **Autodeterminação dos povos e não intervenção:** assim como o Brasil deseja ser respeitado como um país soberano, também deve respeitar a soberania (autodeterminação) das demais nações, que têm o direito de traçar seu próprio destino, desde que não invadam a esfera de influência da soberania brasileira e de outros países, especialmente em se tratando de regimes democráticos. Assim, a intervenção não autorizada do Brasil em assuntos internos de outros países é rechaçada pelo nosso ordenamento jurídico. O princípio da não intervenção, porém, não impede que, havendo justificadas aceitas pelo Direito Internacional, o Brasil venha a participar de missões organizadas pela ONU, por exemplo, ou que venha a intervir em outros países para resguardar os interesses dos cidadãos brasileiros.

d. **Igualdade entre os Estados:** diante do Estado Brasil, todas as outras nações são iguais, merecendo, em princípio, o mesmo tratamento e respeito, não havendo quaisquer Estados "naturalmente" merecedores de tratamento especial em relação a outros. Porém, assim como o princípio da igualdade aplicado aos nacionais, esse conceito admite relativização, seja pela reciprocidade, seja pela observância dos direitos

192 Direito Constitucional Decifrado

humanos nos mais diversos países, seja por razões econômicas, que podem fazer com que o Brasil dê tratamento econômico mais benéfico a alguns países, por exemplo.

e. **Defesa da paz e solução pacífica dos conflitos:** o Brasil deve sempre pautar-se pela manutenção e imposição da paz e busca de soluções pacíficas para os conflitos. Nosso país inclusive é reconhecido internacionalmente pela sua habilidade diplomática. É verdade que muitas vezes os conflitos armados são inevitáveis, mas, sempre que possível, devem-se preferir as soluções negociadas.

f. **Repúdio ao terrorismo e ao racismo:** nosso país deve deixar claro, em suas relações internacionais, que repudia qualquer forma de terrorismo e racismo, rejeitando qualquer acordo internacional que os estimule de qualquer forma, devendo deixar sua discordância das políticas de países que tolerem tais práticas, além de dever participar de iniciativas que combatam essas práticas.

g. **Cooperação dos povos para o progresso da humanidade:** a Constituição brasileira entende que o Brasil deve ter cooperação com as demais nações nos diversos aspectos (econômico, tecnológico, militar, ambiental etc.), buscando o bem-estar e progresso da raça humana. É princípio de larga abrangência e mostra a disposição do Brasil em colaborar com a busca de um mundo melhor.

h. **Concessão de asilo político:** asilo político é o acolhimento de estrangeiro em virtude de perseguição sofrida por ele por parte de seu próprio ou de terceiro país. O objetivo é proteger alguém que se acha injustamente acusado ou restringido em seus direitos.

Entre as causas da perseguição que podem dar motivação ao pedido de asilo político, podemos citar: dissidência política, manifestação de pensamento ou crimes relacionados à segurança do Estado e que não configurem delitos no direito penal comum, perseguição por conta de religião professada, entre outras.

O asilo pode ser concedido ao estrangeiro que ingressar nas fronteiras do Brasil – ou em uma de suas representações no exterior – e o solicitar.

A concessão do asilo, porém, é ato de soberania estatal, discricionário e de competência do Presidente da República, e o Supremo Tribunal Federal já decidiu que a concessão anterior de asilo político não impede uma posterior extradição, desde que não se trate de acusação de crime político ou de opinião.[12] Isso porque, muitas vezes, o asilo é concedido de forma emergencial, e o Estado interessado pode vir a demonstrar posteriormente que o mesmo não deveria ter sido concedido.

⌗ Decifrando a prova

(Delegado da Polícia Civil-MG – Fumarc – 2011 – Adaptada) O asilo político consiste no acolhimento de estrangeiro por parte de um Estado que não o seu, em virtude de perseguição política por ele sofrida e praticada por seu próprio país ou por terceiro. Assim sendo, é correto

---

[12] STF, Ext nº 524, Rel. Min. Celso de Mello, j. 31.10.1990.

> afirmar que o asilo político se constitui como ato de soberania estatal, de competência exclusiva do Congresso Nacional, passível de controle de legalidade pelo Supremo Tribunal Federal.
> ( ) Certo   ( ) Errado
> **Gabarito comentado:** o erro da afirmação está em colocar a concessão do asilo político como ato de competência exclusiva do Congresso Nacional, uma vez que se trata de ato de competência do Presidente da República. Portanto, a assertiva está errada.

◆ **Integração da América Latina (parágrafo único do art. 4º)**

Nossa Constituição, no parágrafo único do art. 4º, coloca expressamente como uma das metas de nossa República a busca da integração latino-americana, culminando com a criação de uma comunidade de nações, talvez nos moldes do que é hoje a União Europeia.

Embora no aspecto econômico isso seja um pouco mais factível, especialmente no que se refere ao contexto alfandegário, em relação aos demais aspectos essa integração apresenta-se como uma realidade bastante distante, senão utópica, diante das grandes assimetrias e interesses distintos dentro do grande continente ibero-americano. Não obstante isso, o Brasil tem sido um dos países da região que mais têm engendrado esforços nesse sentido, como podemos observar na iniciativa de criação e desenvolvimento do Mercosul, Unasul e outros.

A norma insculpida no parágrafo único do art. 4º da Constituição Federal, por outro lado, não afasta a necessidade de aplicação dos mecanismos institucionais de recepção, pelo ordenamento jurídico pátrio, de tratado internacional de integração, devendo ele passar por todas as fases exigidas dos demais tratados e convenções internacionais em geral, conforme entendimento expresso do Supremo Tribunal Federal ao julgar questão envolvendo acordo celebrado no âmbito do Mercosul.[13]

---

[13]   STF, CR nº 8.279 AgR, Rel. Min. Celso de Mello, j. 17.06.1998.

Teoria geral dos direitos e garantias fundamentais

9

9.1. CONCEITO E EVOLUÇÃO HISTÓRICA DOS DIREITOS FUNDAMENTAIS

O surgimento do que veio a se chamar de direitos fundamentais ocorreu juntamente com a origem das Constituições escritas, na esteira do movimento constitucionalista moderno.

Aliás, o chamado conceito ideal de constituição, forjado pelos constitucionalistas no início do século XIX, previa que uma Constituição, para ser considerada como tal, deveria prever os direitos de defesa do indivíduo contra o poder do Estado, que ficaram conhecidos como direitos fundamentais. A concepção de direitos fundamentais, porém, evoluiu significativamente com o tempo, sendo que modernamente se admite que eles vão muito além dessa limitação à atuação do Estado, abarcando diversos aspectos antes considerados como não essenciais, como o direito a uma vida digna e com plena participação na vida política da nação, de proteção a um meio ambiente equilibrado, entre outros.

Os direitos fundamentais são entendidos como aqueles direitos mais básicos de todos os cidadãos, e que devem ser promovidos e respeitados pelo Estado, por estarem ligados à dignidade da pessoa humana.

Ao analisar a evolução histórica dos direitos fundamentais, costuma-se identificar diversas gerações – também chamadas de dimensões –, as quais foram sucessivamente expandindo a sua abrangência, de forma que os direitos de uma geração abarcam os de gerações anterior, ampliando-os.

Embora alguns falem de direitos fundamentais de até sexta geração, a doutrina tradicionalmente identifica três gerações ou dimensões de direitos fundamentais, de acordo com sua evolução histórica, baseando-se na "Teoria das Gerações dos Direitos Fundamentais" aventada pelo professor e jurista alemão Karel Vasak.

A partir da quarta geração, começa a haver divergência entre os constitucionalistas, seja sobre sua existência, seja sobre seu conteúdo. Ainda assim, apresentam-se as quatro primeiras gerações ou dimensões:

196 Direito Constitucional Decifrado

a. **direitos de primeira geração:** os direitos fundamentais de primeira geração são os direitos civis e políticos, também chamados de liberdades clássicas, formais ou negativas. Foram o primeiro tipo de direito fundamental previsto nas Constituições, na segunda metade do século XVIII, sendo que muitos colocam como seu marco inicial no direito positivo a redação original da Declaração Universal dos Direitos do Homem, proclamada na época da Revolução Francesa em 1789.

Essa era uma época em que se buscava combater o absolutismo do Estado, com base nas ideias iluministas, e por isso tais direitos estão ligados basicamente a liberdades clássicas ou formais, como a liberdade de expressão, religiosa e econômica, constituindo limites à ingerência do Estado na vida privada. Também são chamados de direitos fundamentais negativos ou de defesa, e sua ideia era basicamente limitar o poder de ingerência do Estado na vida do cidadão, permitindo que ele escolhesse sua religião, sua profissão ou atividade econômica, pudesse administrar suas propriedades e participar da vida política, elegendo seus representantes.

No Brasil, esses direitos fundamentais de primeira geração estiveram presentes em todas as nossas Constituições desde a primeira de 1824.

b. **direitos de segunda geração:** os direitos fundamentais de segunda geração estão intimamente ligados às lutas sociais da segunda metade do século XIX e início do século XX, quando, uma vez consolidados os direitos de primeira geração, passam os cidadãos a reclamar que o Estado passe também a garantir o acesso a alguns direitos que então começaram a ser considerados básicos.

Esses direitos de segunda geração são os chamados direitos econômicos, sociais e culturais, que surgem quando se começa a entender que o Estado não só deveria respeitar as liberdades individuais dos cidadãos – relacionadas aos direitos fundamentais de primeira geração –, como também deveria oferecer serviços públicos adequados, especialmente àqueles que não têm condições de pagar por eles, visando garantir uma vida digna a todos, por isso também sendo chamados de direitos positivos ou de bem-estar ou ainda liberdades positivas.

Assim, enquanto os direitos de primeira geração estão associados à liberdade, os de segunda estão relacionados à igualdade entre os cidadãos, em relação a qual passa-se a entender ser o Estado o seu principal garantidor.

Costuma-se indicar como o grande marco do surgimento dos direitos sociais a Constituição de Weimar, de 1919, da Alemanha pós-Primeira Guerra, em que se buscou garantir alguns direitos básicos aos trabalhadores, embora houvesse precedentes na Constituição soviética de 1918 e na Constituição mexicana de 1917.

No Brasil, os direitos fundamentais de segunda geração passam a gozar de previsão constitucional a partir da Constituição de 1934, sendo que a nossa Constituição atual é pródiga em relação a eles, dedicando-lhes um capítulo com seu nome (Capítulo II do Título II – Dos Direitos Sociais) – embora nesta parte trate ela quase que somente de direitos trabalhistas – e trazendo dois títulos que tratam de assuntos claramente identificados com os direitos sociais: o Título VII – Da Ordem Econômica e Financeira e o Título VIII – Da Ordem Social.

Capítulo 9 ◆ Teoria geral dos direitos e garantias fundamentais **197**

c. **direitos de terceira geração:** os direitos fundamentais de terceira geração, com previsão constitucional especialmente a partir da década de 1960, materializam poderes de titularidade coletiva, cujo exercício e benefício não se atêm ao bem do indivíduo somente, mas de toda a coletividade ou de um grupo grande de pessoas, ou seja, servem para defender os chamados interesses difusos e coletivos, como, por exemplo, direito a um meio ambiente saudável, à proteção do patrimônio público histórico e cultural e à moralidade administrativa.

Por não tutelarem direitos individuais nem de uma coletividade específica, estão ligados ao ideal de solidariedade ou fraternidade.

Daí tem-se que, de acordo com teoria das três gerações de Vasak, pode-se associar o núcleo de cada uma das gerações dos direitos fundamentais a cada uma das palavras do lema da Revolução Francesa: liberdade para os de primeira geração; igualdade para os de segunda e fraternidade para os de terceira.

Essa classificação tricotômica dos direitos fundamentais quanto à sua evolução é reconhecida pela nossa Suprema Corte, conforme podemos denotar, entre outras, da seguinte decisão:

> Enquanto os direitos de primeira geração (direitos civis e políticos) – que compreendem as liberdades clássicas, negativas ou formais – realçam o princípio da liberdade e os direitos de segunda geração (direitos econômicos, sociais e culturais) – que se identifica com as liberdades positivas, reais ou concretas – acentuam o princípio da igualdade, os direitos de terceira geração, que materializam poderes de titularidade coletiva atribuídos genericamente a todas as formações sociais, consagram o princípio da solidariedade e constituem um momento importante no processo de desenvolvimento, expansão e reconhecimento dos direitos humanos, caracterizados, enquanto valores fundamentais indisponíveis, pela nota de uma essencial inexauribilidade (MS nº 22.164, Rel. Min. Celso de Mello, j. 30.10.1995).

d. **direitos de quarta geração:** em relação aos direitos de quarta geração, como já dito, começam a ocorrer divergências na doutrina sobre sua exata abrangência. Para uns – como Paulo Bonavides (2006) –, compreendem os direitos à democracia, informação e pluralismo, e para outros – como Norberto Bobbio (1992, p. 14) – os direitos relativos à biotecnologia e manipulação genética.

Deve-se relembrar os direitos fundamentais de determinada geração abrangem os das gerações anteriores, expandindo-os, fazendo com que a lista de direitos fundamentais cresça continuamente com o tempo. Assim, pode-se entender que a esfera dos direitos fundamentais está inserida na esfera mais ampla dos direitos de segunda geração, e que esta, por sua vez, está inserida na esfera dos direitos de terceira geração, naquilo que é chamado de "teoria dos círculos concêntricos", deixando claro a contínua expansão do rol de direitos fundamentais.

O fato é que, independentemente do número de gerações de direitos fundamentais que se considere existir, o que se nota claramente é uma contínua ampliação em sua abrangência, conforme direitos antes conquistados vão se consolidando, fazendo com que o Estado seja o principal garante do bem-estar de toda a coletividade.

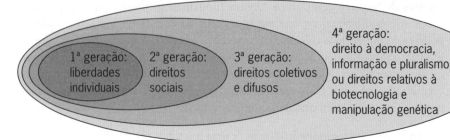

Jurisprudência destacada

Enquanto os direitos de primeira geração (direitos civis e políticos) – que compreendem as liberdades clássicas, negativas ou formais – realçam o princípio da liberdade, e os direitos de segunda geração (direitos econômicos, sociais e culturais) – que se identificam com as liberdades positivas, reais ou concretas – acentuam o princípio da igualdade, os direitos de terceira geração, que materializam poderes de titularidade coletiva atribuídos genericamente a todas as formações sociais, consagram o princípio da solidariedade e constituem um momento importante no processo de desenvolvimento, expansão e reconhecimento dos direitos humanos, caracterizados, enquanto valores fundamentais indisponíveis, pela nota de uma essencial inexauribilidade (STF, MS nº 22.164, Rel. Min. Celso de Mello, j. 30.10.1995).

Decifrando a prova

(Defensor Público – DPE-MA – FCC – 2018 – Adaptada) Podem ser considerados exemplos de direitos humanos de terceira geração o direito ao meio ambiente, ao desenvolvimento e à autodeterminação dos povos.
( ) Certo   ( ) Errado
Gabarito comentado: de fato, os direitos a um meio ambiente equilibrado, ao desenvolvimento e à autodeterminação dos povos são considerados direitos humanos ou fundamentais de terceira geração, uma vez que estão relacionados aos chamados direitos de fraternidade ou solidariedade – basicamente direitos coletivos e difusos. Portanto, a assertiva está certa.

9.2. DISTINÇÃO ENTRE DIREITOS FUNDAMENTAIS E DIREITOS HUMANOS

Embora haja autores que não distingam os dois conceitos, a maioria da doutrina considera que os direitos fundamentais e os direitos humanos não se confundem – não obstante estarem ligados entre si e em muitos sentidos trazendo disposições semelhantes –, distinguindo-se basicamente em função do plano jurídico em que estão previstos.

Os direitos humanos são aqueles direitos considerados básicos para uma existência digna e que estão previstos no plano do direito internacional, como declarações de direitos ou tratados internacionais. Ou seja, são direitos que podem ser considerados universais, encontrando sua validade especialmente na ética e em princípios jusnaturalistas, e estando previstos em documentos como a Declaração Universal dos Direitos Humanos e acordos internacionais em geral que visem à proteção da condição humana.

Já os direitos fundamentais são aqueles direitos básicos previstos na Constituição de cada país, de acordo com os critérios e escolhas políticas de cada um, no exercício do poder constituinte.

Assim, nem todos os direitos humanos serão considerados fundamentais em todos os Estados. Da mesma forma, as Constituições podem prever direitos fundamentais que não sejam – pelo menos por enquanto – ainda considerados direitos humanos. No caso da Constituição brasileira, por exemplo, são previstos direitos fundamentais que não são reconhecidos por todos como sendo direitos humanos.

Assim como ocorre com os direitos fundamentais, também o rol de direitos humanos vem sofrendo constante ampliação ao longo das décadas, sendo que, inclusive em função de maior conscientização das pessoas em relação ao bem-estar dos animais, muitos têm estendido a estes também diversos desses direitos, pelo que até mesmo o termo "direitos humanos" em breve pode tornar-se obsoleto, em razão da ideia de que tais direitos somente seriam aplicáveis à espécie humana.

9.3. DIFERENCIAÇÃO ENTRE DIREITOS E GARANTIAS FUNDAMENTAIS

A doutrina também costuma fazer diferenciação entre os direitos fundamentais e as garantias fundamentais, afirmando que aqueles, de ordem material, preveem a proteção do indivíduo contra o arbítrio estatal ou as obrigações a que o Estado está obrigado, ao passo que as garantias – de ordem adjetiva ou processual – buscam prover meios ao exercício desses direitos, mormente quando violados, tendo assim um caráter assecuratório e secundário. Na verdade, as garantias também são direitos, mas possuem um caráter instrumental e derivam dos direitos fundamentais, cuja eficácia buscam garantir.

Assim, por exemplo, o *habeas corpus* seria uma garantia fundamental, que visa garantir o direito fundamental à liberdade. Da mesma forma, o acesso garantido ao Judiciário é garantia fundamental para o exercício de direitos fundamentais.

9.4. EFICÁCIAS VERTICAL E HORIZONTAL DOS DIREITOS HUMANOS

Embora historicamente houvesse o entendimento de que os direitos fundamentais se aplicavam somente à relação Estado-indivíduo, atualmente a doutrina e a jurisprudência reconhecem de forma praticamente unânime a eficácia vertical e a eficácia horizontal dos direitos fundamentais.

Pela eficácia vertical, os direitos fundamentais aplicam-se às relações entre o Estado e os indivíduos, impondo proibições ou obrigações àquele. Está relacionada à abordagem clássica dos direitos fundamentais, dirigidos que são historicamente aos governantes e ao Estado.

Pela eficácia horizontal, os direitos fundamentais são aplicáveis também às relações entre os particulares. Assim, por exemplo, as normas constitucionais que proíbem tratamentos discriminatórios devem ser respeitadas não só pelo Estado brasileiro (eficácia vertical), como também pelos indivíduos que se submetem às leis pátrias, sejam brasileiros, sejam estrangeiros aqui residentes ou de passagem.

De qualquer forma, deve-se observar que cabe ao Estado ser o garantidor e fiscalizador do respeito aos direitos fundamentais também no que se refere à sua aplicação entre os particulares, zelando pela sua plena eficácia horizontal e colocando à disposição do cidadão meios efetivos para sua preservação.

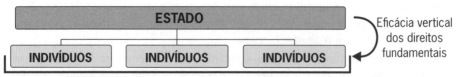

No que se refere à eficácia horizontal dos direitos fundamentais, existem duas teorias: a teoria da aplicação mediata e a teoria da aplicação imediata.

Pela teoria da aplicação mediata, também chamada de indireta, os direitos fundamentais não se aplicam nas relações entre os particulares imediatamente, havendo a necessidade de intermediação do Poder Legislativo, por meio de leis de direito privado elaborados com o objetivo de determinar a forma como esses direitos fundamentais se aplicariam nas relações entre os particulares. Assim, por essa teoria, os direitos fundamentais não teriam por função precípua solver conflitos de direito privado, devendo a sua aplicação realizar-se mediante os meios colocados à disposição pelo próprio sistema jurídico, servindo os direitos fundamentais como mecanismo de interpretação e aplicação dessas normas infraconstitucionais.

Para a teoria da aplicação imediata ou direta, por sua vez, os direitos fundamentais são invocáveis, sim, nas relações entre particulares, sem a necessidade de que haja norma infraconstitucional determinando como isso será feito, sendo que na ausência dela, cabe ao Poder Judiciário decidir como a questão será resolvida, podendo mesmo estender essa solução a outros casos semelhantes.

A maioria da doutrina entende que nossa Constituição adotou a teoria da aplicação imediata ou direta dos direitos fundamentais nas relações entre os particulares.

> **Decifrando a prova**
>
> **(Juiz Substituto – TJ-SC – Cespe – 2019 – Adaptada)** A respeito da eficácia mediata dos direitos fundamentais, de acordo com a doutrina e a jurisprudência do STF, nas relações privadas a eficácia dos direitos fundamentais é necessariamente mediata.
> ( ) Certo   ( ) Errado
> **Gabarito comentado:** como vimos, entende-se que no Brasil foi adotada a teoria da aplicação imediata ou direta dos direitos fundamentais nas relações entre particulares. E, ainda que houvesse dúvidas quanto a isso, muitos defendem, como visto, a teoria da aplicação imediata. Portanto, a assertiva está errada.

Capítulo 9 ◆ Teoria geral dos direitos e garantias fundamentais **201**

9.5. TRATADOS INTERNACIONAIS SOBRE DIREITOS HUMANOS

A preocupação especial de nossa Constituição e Poder Judiciário com os direitos humanos manifesta-se no tratamento diferenciado concedido aos tratados internacionais sobre o assunto.

Assim, o art. 5º, § 3º, da Constituição Federal permite que os tratados internacionais sobre direitos humanos sejam incorporados ao ordenamento jurídico como norma constitucional – desde que sejam aprovados pelo mesmo rito que são aprovadas as emendas constitucionais – deferência que não é concedida a tratados internacionais que tratem de outras questões. Essa constitucionalização de um tratado internacional, inclusive, faz com que o mesmo possa ser utilizado como parâmetro de aferimento da constitucionalidade de leis e atos normativos, uma vez que integrará o texto constitucional em pé de igualdade com as demais disposições, compondo o que se costuma denominar de "bloco de constitucionalidade", que é concebido como um conjunto normativo que contém disposições, princípios e valores que são materialmente constitucionais, ainda que estejam fora do texto constitucional formal.[1]

E, mesmo quando aprovados segundo o mesmo procedimento aplicável aos tratados em geral – por maioria simples do Congresso Nacional –, os acordos internacionais que versem sobre direitos humanos serão internalizados, segundo entendimento externado em diversas oportunidades pelo próprio Supremo Tribunal Federal, como normas supralegais, estando, assim, em um plano superior ao das demais leis, embora inferiores à Constituição.[2]

⬆ Decifrando a prova

(Delegado de Polícia – PC-SP – Vunesp – 2018 – Adaptada) Os tratados internacionais sobre direitos humanos que forem aprovados por maioria absoluta em cada casa do Congresso Nacional, em dois turnos, serão equivalentes às emendas constitucionais.
( ) Certo   ( ) Errado
Gabarito comentado: para serem equivalentes às emendas constitucionais, os tratados internacionais sobre direitos humanos devem ser aprovados nas duas casas do Congresso Nacional, em dois turnos, por três quintos de seus respectivos membros. Portanto, a assertiva está errada.

9.6. RELATIVIDADE DOS DIREITOS FUNDAMENTAIS

Embora seja reconhecida a essencialidade dos direitos fundamentais, estes, como os direitos em geral, não são absolutos, sofrendo limitações em função de outros direitos fundamentais, tudo para o bem dos indivíduos e da própria sociedade. Essa relativização também

---

[1] HC nº 87.585/TO, Rel. Min. Marco Aurélio, j. 03.12.2008.

[2] Veja-se, por exemplo: STF, ADI nº 5.240, Rel. Min. Luiz Fux, j. 20.08.2015.

202 Direito Constitucional Decifrado

é importante para que, no caso concreto, possa-se muitas vezes resolver conflitos aparentes entre direitos igualmente previstos na Constituição.

Assim, por exemplo, a Constituição prevê o direito à liberdade de locomoção, mas esse direito pode ser restringido em relação a quem esteja cumprido pena de prisão, ou em caso de decretação de estado de sítio, ou ainda em caso de penhora judicial para pagamentos de dívidas.

O próprio direito à vida, considerado o mais importante de todos, porque sem ele os demais não podem ser exercidos, não é absoluto, podendo, por exemplo, alguém ter sua vida tirada de forma legal se atentar injustamente contra a vida de outrem e aquele agir em legítima defesa, ou mesmo no caso da decretação da pena de morte, admitida excepcionalmente pelo art. 5º, XLVII, *a*, em caso de guerra declarada.

Da mesma forma, não se admite que práticas ilícitas sejam acobertadas pelo pretenso exercício de um direito fundamental.

Nesse sentido, confira-se o excerto do julgamento do Supremo Tribunal Federal no RMS 23.452/RJ, de relatoria do Ministro Celso de Mello:

> Não há, no sistema constitucional brasileiro, direitos ou garantias que se revistam de caráter absoluto, mesmo porque razões de relevante interesse público ou exigências derivadas do princípio de convivência das liberdades legitimam, ainda que excepcionalmente, a adoção, por parte dos órgãos estatais, de medidas restritivas das prerrogativas individuais ou coletivas, desde que respeitados os termos estabelecidos pela própria Constituição. O estatuto constitucional das liberdades públicas, ao delinear o regime jurídico a que estas estão sujeitas – e considerado o substrato ético que as informa – permite que sobre elas incidam limitações de ordem jurídica, destinadas, de um lado, a proteger a integridade do interesse social e, de outro, a assegurar a coexistência harmoniosa das liberdades, pois nenhum direito ou garantia pode ser exercido em detrimento da ordem pública ou com desrespeito aos direitos e garantias de terceiros.

No entanto, deve-se sempre observar que os direitos fundamentais devem ser restringidos o mínimo possível, a fim de garantir-se a sua máxima efetividade, e sempre se respeitando os princípios da razoabilidade e da proporcionalidade.

Além disso, de acordo com a chamada "teoria da proteção do núcleo essencial" dos direitos fundamentais, o legislador, ao restringir os direitos fundamentais, não pode ultrapassar determinada fronteira, isto é, não pode esvaziá-los de efeitos. Em outras palavras: o legislador é autorizado a restringir os direitos fundamentais; não pode, contudo, restringi-los tanto que os torne inócuos ou vazios.

Assim, por exemplo, o Supremo Tribunal Federal já decidiu que a exigência de diploma de jornalista para exercer tal profissão é exagerada, violando o próprio núcleo essencial do direito, apesar de nossa Constituição, em seu art. 5º, XIII, permitir expressamente que a lei estabeleça qualificações profissionais ao exercício de determinadas profissões.

Deve-se observar que diversos doutrinadores entendem que podem ser identificados alguns poucos direitos fundamentais que seriam absolutos, como, por exemplo, a proibição constitucional da tortura e a exigência de tratamento digno a todos os indivíduos, os quais não apresentariam exceção razoável do ponto de vista jurídico.

Capítulo 9 ◆ Teoria geral dos direitos e garantias fundamentais **203**

Por fim, deve-se ter em mente que não existe hierarquia entre os direitos fundamentais, ou seja, não existe direitos fundamentais mais importantes do que outros, devendo-se, atendendo-se às peculiaridades de cada caso concreto, buscar dar-se a máxima efetividade a todos, evitando-se o sacrifício total de um direito fundamental em benefício de outro.

9.7. CARACTERÍSTICAS DOS DIREITOS FUNDAMENTAIS

Os direitos fundamentais possuem algumas características em comum, algumas que lhe são específicas, outras que também estão presentes em outros direitos.

As principais características dos direitos fundamentais reconhecidas pelos estudiosos do Direito Constitucional são:

a. **Historicidade:** os direitos fundamentais são uma construção histórica, isto é, a concepção sobre quais são os direitos considerados fundamentais varia de época para época e de lugar para lugar, conforme já analisado acima. Em sua origem, por exemplo, os direitos fundamentais envolviam quase que somente as liberdades individuais, sendo que hoje, especialmente nos países ocidentais, seu alcance é muito maior, buscando garantir uma existência digna e plena às pessoas.

b. **Imprescritibilidade:** os direitos fundamentais não prescrevem, ou seja, não deixam de existir com a passagem do tempo, não havendo prazo que seus titulares os exerçam. Essa é uma regra geral, porém, que admite algumas exceções, normalmente em defesa de direitos individuais de outros, como ocorre, por exemplo, no caso da perda da propriedade por usucapião, em que o proprietário pode perder determinado bem por não exercer os direitos de dono, se outro exercer em seu lugar, preenchidos os requisitos legais.

c. **Inalienabilidade:** os direitos fundamentais são intransferíveis, não podendo ser vendidos ou transferidos a título gratuito. Assim, por exemplo, a liberdade de alguém não pode ser comprada. A alienabilidade somente é admitida, em caráter excepcional, no caso dos direitos fundamentais que possuam caráter nitidamente econômico, como ocorre com os direitos do autor sobre sua obra ou da propriedade de bens em geral, mesmo que aí se possa argumentar que não se trata da alienação do direito fundamental à propriedade, mas somente de um bem ou direito que está sendo individualmente transacionado. Assim, não se admite que transfira, de forma definitiva e abstrata, a capacidade de exercício de um direito fundamental a outrem.

d. **Indisponibilidade ou irrenunciabilidade:** via de regra, não se pode abrir mão dos direitos fundamentais, renunciando-se definitivamente ao seu exercício. Também aqui há exceções, como o direito a renunciar à intimidade, expondo voluntariamente sua vida privada. No entanto, entende-se que essa renúncia pode ser feita, em algumas situações, de forma temporária e revogável, e sempre relacionada a um caso concreto.

Deve-se ter em mente que a irrenunciabilidade não impede alguém de não exercer um direito fundamental que possua. Assim, por exemplo, alguém pode não recorrer ao Poder Judiciário, embora tenha o direito de fazê-lo; ou ainda entregar suas propriedades voluntariamente a outrem. O que não se admite é que o indivíduo abra mão permanentemente de algum direito fundamental, não podendo mais reavê-lo pelo resto de sua vida.

e. **Relatividade:** conforme já visto, os direitos individuais, como quaisquer outros direitos não são absolutos, podendo ser relativizados para garantir a efetividade de outros direitos fundamentais.

f. **Universalidade:** os direitos fundamentais, justamente por seu caráter essencial, de forma geral devem abranger todas as pessoas, independentemente de sua nacionalidade, crença, sexo, etnia ou qualquer outro critério de diferenciação. No entanto, deve-se observar que pode haver exceções em relação à garantia desses direitos diretamente pelo Estado, como ocorre, por exemplo, com a assistência jurídica gratuita pelo Estado, que só é garantida aos que comprovarem insuficiência de recursos.

g. **Aplicação imediata:** as normas que tratam sobre direitos fundamentais são de aplicação imediata, sendo que ausência de eventual regulamentação que prejudique a produção de seus efeitos plenos deve ser suprida pelo próprio Judiciário, se for o caso e mediante solicitação do interessado, de forma a garantir a pronta eficácia dos direitos fundamentais. Nesse sentido dispõe expressamente o art. 5º, § 1º, de nossa Constituição que "as normas definidoras dos direitos e garantias fundamentais têm aplicação imediata".

🧩 Decifrando a prova

(Procurador – Prefeitura de São Bernardo do Campo/SP – Vunesp – 2018 – Adaptada)
Historicidade, universalidade, ilimitabilidade, irrenunciabilidade e imprescritibilidade são algumas das características dos direitos fundamentais.
( ) Certo   ( ) Errado
Gabarito comentado: a palavra que torna o item errado é "ilimitabilidade", uma vez que os direitos fundamentais podem ser limitados, conforme vimos, diante de sua relatividade. Portanto, a assertiva está errada.

9.8. *STATUS* DO CIDADÃO PERANTE O ESTADO – TEORIA DE JELLINEK

Como já visto, quando tratamos sobre as gerações de direitos fundamentais, estes possuem diversas funções a tratar da relação entre o Estado e os cidadãos, fazendo com que estes assumam diferentes posições em relação àquele, ora como protegidos da interferência estatal, ora como titulares de direitos positivos em relação ao Estado. Além disso, não podemos nos esquecer de que o nacional também possui o dever de submeter-se às regras legítimas estabelecidas pelo Estado.

Com base nisso, o jurista alemão George Jellinek elaborou sua "teoria dos *status* do cidadão perante o Estado". De maneira sumária, para ele, o indivíduo, como vinculado a determinado Estado, encontra sua posição relativamente a este moldada por quatro espécies de situações jurídicas, seja como sujeito de deveres, seja como titular de direitos.

Sendo assim, Jellinek dizia que são quatro os *status* jurídicos que o indivíduo pode assumir em relação ao Estado: passivo, negativo, positivo e ativo.

No âmbito do *status* passivo (*status subjectionis*), o indivíduo estaria subordinado aos poderes estatais, sendo, nesse contexto, meramente detentor de deveres, de modo que o Estado possui a competência de vincular o cidadão juridicamente por meio de mandamentos e proibições. Ou seja, por esse aspecto, o indivíduo é sujeito passivo das exigências estatais. Assim, por exemplo, todo nacional deve obedecer às leis de seu país.

Já o *status* negativo (*status negativus*) consiste numa esfera individual de liberdade imune à ingerência do Estado, que, na verdade, é poder juridicamente limitado. Essa condição do cidadão é protegida por meio de suas liberdades negativas, que protegem a esfera da vida privada do indivíduo contra a ação arbitrária por parte do Estado.

O terceiro é o *status* positivo (*status civitatis*), no qual ao indivíduo é assegurada juridicamente a possibilidade de utilizar-se das instituições estatais e de exigir do Estado determinadas ações positivas. Está ligado especialmente aos direitos sociais.

Por fim temos o *status* ativo (*status activus*), no qual o cidadão passa a ser considerado titular de competências que lhe garantem a possibilidade de participar ativamente da formação da vontade estatal, como, por exemplo, pelo direito de voto.

Essas quatro posições do indivíduo em relação ao Estado são exercidas de forma concomitante. Assim, ao mesmo tempo, por exemplo, que temos obrigações para com o Estado, também podemos exigir do mesmo que preste serviços públicos adequados ou que respeite nossa privacidade, sendo que o que ocorre em uma esfera pode repercutir na outra, como acontece com alguém que, desobedecendo à lei penal – descumprindo sua obrigação decorrente do *status* passivo –, pode ter sua liberdade cerceada de forma legítima pelo Estado – interferindo-se, assim, no *status* negativo.

9.9. DESTINATÁRIOS DOS DIREITOS E GARANTIAS FUNDAMENTAIS

Quando de se fala em destinatários dos direitos e garantias fundamentais está a se falar de quem se visa proteger, quem são os seus titulares.

Os direitos fundamentais previstos na Constituição Federal são destinados a todas as pessoas, brasileiras ou não, que estejam no território brasileiro ou de qualquer forma sob a sua jurisdição.

Assim, não obstante nossa Constituição, em seu art. 5º, *caput*, afirmar textualmente que os direitos e garantias fundamentais são assegurados "ao brasileiro e ao estrangeiro residente no Brasil", o Supremo Tribunal Federal já decidiu que essa titularidade dos direitos deve ser ampliada para abarcar a todos, inclusive o estrangeiro não residente em trânsito pelo território nacional – *vide*, por exemplo:

O fato de o paciente ostentar a condição jurídica de estrangeiro e de não possuir domicílio no Brasil não lhe inibe, só por si, o acesso aos instrumentos processuais de tutela da liberdade nem lhe subtrai, por tais razões, o direito de ver respeitadas, pelo Poder Público, as prerrogativas de ordem jurídica e as garantias de índole constitucional que o ordenamento positivo brasileiro confere e assegura a qualquer pessoa que sofra persecução penal instaurada pelo Estado (STF, HC nº 94016 MC/SP, Rel. Min. Celso de Mello, j. 07.04.2008).

Da mesma forma, embora os direitos fundamentais tenham surgido pensando-se nas pessoas naturais, ou seja, pessoas físicas, atualmente também se considera que se aplicam às pessoas jurídicas, tanto de direito público como de direito privado, no que couber, evidentemente, uma vez que determinados direitos são privativos de pessoas naturais.

Nesse sentido, por exemplo, nossa Suprema Corte já decidiu que as pessoas jurídicas têm direito à proteção de sua propriedade, honra e até mesmo o acesso à justiça gratuita. Por outro lado, o Supremo não confere às pessoas jurídicas o direito de figurar como paciente em *habeas corpus*, uma vez que elas não possuem o direito de locomoção tal como a citada ação visa defender.[3]

Assim, vê-se que os destinatários dos direitos e garantias são não só os brasileiros e estrangeiros residentes no Brasil, mas também os estrangeiros em trânsito pelo território nacional e as pessoas jurídicas, sendo que, nestes dois últimos, no entanto, a extensão desses direitos pode ser eventualmente restringida em função da sua situação jurídica – estrangeiro não residente – e de sua natureza – pessoa jurídica.

9.10. NÃO TAXATIVIDADE DOS DIREITOS FUNDAMENTAIS

O rol dos direitos fundamentais previstos expressamente em nossa Constituição não é taxativo, ou seja, além daqueles citados no texto constitucional, existem outros, que podem estar implícitos ou que sejam decorrentes de acordos ou tratados internacionais assinados pelo Brasil.

Nesse sentido, dispõe o art. 5º, § 2º, da Constituição que "os direitos e garantias expressos nesta Constituição não excluem outros decorrentes do regime e dos princípios por ela adotados, ou dos tratados internacionais em que a República Federativa do Brasil seja parte".

Esse caráter exemplificativo da lista dos direitos fundamentais previstos na Constituição decorre da natureza destes, os quais estão em constante evolução e aperfeiçoamento. Assim, por exemplo, o Supremo Tribunal Federal considera que o sigilo bancário é um direito fundamental implícito, decorrente da proteção concedida à privacidade dos indivíduos, embora, como todo direito, possa ser relativizado em algumas situações.[4] Também da mesma forma nossa Suprema Corte considerou que o Pacto de San Jose da Costa Rica ampliou o rol de direitos fundamentais no Brasil.

---

[3] HC nº 92.921/BA, Rel. Min. Ricardo Lewandowski, j. 19.08.2008.
[4] AgR RE nº 61.287/DF, Rel. Min. Roberto Barroso, j. 27.10.2017.

9.11. EFICÁCIA DAS NORMAS CONSTITUCIONAIS QUE TRATAM DE DIREITOS FUNDAMENTAIS

Em virtude da essencialidade dos direitos fundamentais, e para evitar que a inércia do Estado pudesse levar à sua inaplicabilidade na prática, nossa Constituição Federal, em seu art. 5º, § 1º, estabelece que as normas que consubstanciam direitos fundamentais são de eficácia imediata. Sendo assim, o impedimento de seu exercício por falta de norma regulamentadora – em se tratando de norma constitucional de eficácia limitada – enseja a impetração de mandado de injunção ou de ADPF, a fim de garantir sua pronta efetividade.

Deve ser observado que a eficácia imediata dos direitos fundamentais não se confunde com sua aplicação imediata, como visto anteriormente, quando falamos sobre a eficácia horizontal dos direitos fundamentais.

9.12. RESTRIÇÕES E SUSPENSÕES TEMPORÁRIAS DOS DIREITOS FUNDAMENTAIS

A nossa Constituição permite, em casos, excepcionais, a restrição ou suspensão temporária de diversos direitos fundamentais nos casos de decretação de estado de defesa e de estado de sítio.

São, porém, situações anômalas e que sempre vigoram somente por determinado período de tempo, necessário para o restabelecimento da ordem, sendo que, durante a vigência desses institutos, os direitos fundamentais poderão ser restringidos ou suspensos, nos termos definidos pela Constituição Federal em seus arts. 136 e 137, sem necessidade de decisão do Poder Judiciário nesse sentido, havendo somente a participação do Executivo e do Legislativo.

A restrição ou suspensão de alguns direitos individuais nessas situações justifica-se pela necessidade de prevalência do interesse coletivo, e somente podem ser realizadas nos termos definidos pela Constituição Federal, a qual determina, de antemão, quais medidas poderão ser adotadas pelo Estado nesse sentido, não podendo ser adotadas outras além das especificadas.

9.13. CATEGORIZAÇÃO DOS DIREITOS FUNDAMENTAIS SEGUNDO A NOSSA CONSTITUIÇÃO

A nossa Constituição Federal optou por categorizar os direitos e garantias fundamentais – assunto de seu Título II – em cinco espécies:

a. **direitos e deveres individuais e coletivos:** tratados no art. 5º, tratam especialmente dos direitos de primeira geração, relacionados à personalidade, como a vida, a liberdade, a intimidade, a dignidade e o direito à associação, embora também tragam alguns de terceira geração, como o direito à ação popular.

b. **direitos sociais:** previstos nos arts. 6º a 11, são relacionados aos direitos positivos. O art. 6º traz o seu rol (educação, saúde, alimentação, trabalho, moradia, transporte, lazer, segurança, previdência social, proteção à maternidade e à infância, assistência aos desamparados), sendo que os arts. 7º a 11 falam basicamente dos direitos trabalhistas e relacionados à organização sindical, que historicamente foram um dos primeiros sociais a serem reconhecidos. Outros direitos sociais – além dos relacionados à organização do trabalho – acabam sendo abordados pela Constituição em outros artigos, mais à frente, especialmente ao tratar da chamada ordem social.

c. **direitos de nacionalidade:** regulamentados nos arts. 12 e 13, tratam basicamente do vínculo jurídico entre o Estado brasileiro e seus cidadãos, definindo e trazendo algumas distinções entre brasileiros natos e naturalizados.

d. **direitos políticos:** constantes dos arts. 14 a 16, tratam sobre a participação política dos cidadãos na vida política do país, envolvendo direitos e deveres relacionados ao processo eleitoral e à propositura de leis pela população em geral.

e. **direitos relacionados à existência e organização dos partidos políticos:** por fim, o art. 17 traz normas relacionadas aos partidos políticos no Brasil, como os critérios para sua criação e funcionamento.

10 Direitos e deveres individuais e coletivos

Uma das características distintivas de nossa Constituição foi a grande preocupação mostrada pelo poder constituinte com os direitos e garantias individuais e coletivos, o que em parte pode ser explicado com uma reação jurídica ao período ditatorial que a antecedeu.

Os direitos e garantias individuais são tratados especificamente no art. 5º da Constituição – o mais longo de todo o texto constitucional, com 79 incisos –, embora haja diversos outros espalhados pela Constituição. Constituem o núcleo principal de proteção aos direitos fundamentais, especialmente àqueles relacionados à personalidade e às liberdades individuais.

O texto constitucional enumera primeiramente cinco grandes direitos, no *caput* do art. 5º, colocando os outros como um desdobramento destes: direito à vida, à liberdade, à igualdade, à segurança e à propriedade, embora os diversos incisos do art. 5º também tratem de outros direitos, como o da proteção à intimidade.

Buscando dar certa sistemática à enumeração dos direitos individuais e coletivos, o art. 5º busca, sempre que possível, separá-los por grupos. Assim, por exemplo, os direitos relativos à liberdade de crença ou convicção estão nos incisos VI a VIII; os relacionados à liberdade de associação, nos incisos XVII a XXI; os afetos à propriedade, nos incisos XXII a XXVI.

10.1. DIREITO À VIDA

O direito à vida é essencial porque, obviamente, é condição necessária para o exercício dos demais direitos fundamentais, sendo, sem dúvida, um dos mais importantes bens jurídicos protegidos pelo Direito.

Tanto o Estado deve respeitar o direito à vida de seus cidadãos e estrangeiros que se encontrem sob sua jurisdição, como também deve garantir que os demais indivíduos também o respeitem, buscando prevenir e punir os atos atentatórios contra a vida humana.

Embora juridicamente se considere que a vida comece com o nascimento, nosso ordenamento jurídico protege também a vida e os direitos do nascituro, assim entendido como o ser humano já concebido, embora ainda esteja no útero materno.

Nesse sentido, dispõe o art. 2º do Código Civil que "a personalidade civil da pessoa começa do nascimento com vida; mas a lei põe a salvo, desde a concepção, os direitos do nascituro".

Também a legislação penal considera como crime a realização do aborto, exceto nos casos de estupro ou quando não houver outro meio de salvar a vida da gestante.

Em relação a isso é importante observar que, em 2012, nossa Suprema Corte decidiu, no julgamento da ADPF 54/DF, de relatoria do Ministro Marco Aurélio Mello, pela legalidade do aborto também no caso de feto anencéfalo, que é o portador de uma anomalia genética que ocasiona a ausência total do encéfalo e da caixa craniana. Tal decisão decorreu especialmente da inexistência de expectativa de vida para o feto. Deve-se observar que a permissão do aborto decida no julgamento se restringiu à situação específica de fetos anencéfalos, não se estendendo a outras situações de má formação cerebral, como microcefalia, por exemplo.

Ainda no que se refere à análise das disposições constitucionais do direito à vida, nossa Suprema Corte decidiu, no julgamento da ADI nº 3.510/DF, relatada pelo Ministro Ayres Britto, pela inexistência de violação do direito à vida no caso de pesquisas com células-tronco embrionárias oriundas de embriões humanos concebidos em laboratório e não utilizados no processo de fertilização. Muito sábia, aliás, essa decisão, uma vez que a alternativa à não utilização em pesquisas seria o mero descarte desses embriões.

Por fim, de destacar-se que, como ocorre com qualquer outro direito, o direito à vida não é absoluto, conforme aliás, vemos das hipóteses admitidas do aborto. Outros exemplos dessa relatividade é a permissão jurídica de que alguém tire a vida de seu semelhante no caso de legítima defesa comprovada e a possibilidade de decretação de pena de morte no caso de guerra declarada.

10.2. PRINCÍPIO DA IGUALDADE

O *caput* do art. 5º afirma que todos são iguais perante a lei, sem qualquer distinção:

> **Art. 5º** Todos são iguais perante a lei, sem distinção de qualquer natureza, garantindo-se aos brasileiros e aos estrangeiros residentes no País a inviolabilidade do direito à vida, à liberdade, à igualdade, à segurança e à propriedade, nos termos seguintes:

A igualdade é a base de um sistema jurídico justo, sendo por isso destacada logo no *caput* do principal artigo constitucional que trata sobre os direitos individuais, além de ser também ressaltada em diversos outros dispositivos constitucionais. A busca pela igualdade, aliás, foi um dos grandes impulsionadores das ideias constitucionalistas e republicanas do século XVIII, as quais defendiam que "todos os homens nascem iguais", em clara oposição ao sistema de castas e privilégios que vigorava como regra no mundo até então.

O respeito à igualdade impede que o Estado eleja determinado grupo de pessoas para conceder-lhes privilégios injustificados ou para persegui-los de alguma maneira, devendo agir de forma equânime em relação a todos os cidadãos.

Deve ser observado, porém, que essa igualdade deve ser vista em termos relativos, no sentido de que situações semelhantes devem ser tratadas de forma igual e situações distintas devem ser tratadas também distintamente, na medida de sua desigualdade, de acordo com

Capítulo 10 ♦ Direitos e deveres individuais e coletivos **211**

a máxima aristotélica de que "os iguais devem ser tratados de forma igual, e os desiguais, de forma desigual, na medida de sua desigualdade". Isso porque o tratamento igualitário a grupos que se encontram em situações diferentes pode levar a uma perpetuação dessa desigualdade.

Assim, admite-se que seja concedido tratamento diferenciado a determinado grupo de pessoas como forma de reduzir uma desigualdade existente ou por razões de interesse público.

O que se veda é a discriminação arbitrária e injustificada. Dessa forma, se houver justificativa razoável para um tratamento diferenciado, porque alguém se encontra em uma situação diferenciada, isso é aceito e até mesmo incentivado pela norma constitucional. Desse modo, por exemplo, não é inconstitucional prever-se tratamento prioritário para pessoas que se encontram em uma maior situação de vulnerabilidade, cotas para deficientes em concursos públicos ou ainda o pagamento de determinados benefícios da Assistência Social somente para os reconhecidamente pobres, por exemplo.

As políticas públicas de tratamento diferenciado aos menos favorecidos, especialmente às minorias, são normalmente denominadas ações afirmativas, sendo vistas normalmente como temporárias, mas importantes para reduzir pontualmente desigualdades, especialmente de oportunidades.

Embora essas ações afirmativas possam gerar críticas, pelo fato de poderem, se não aplicadas com cuidado, gerar uma discriminação odiosa e até mesmo um sentimento de inferioridade dos grupos que por elas são beneficiados, têm sido tais políticas cada vez mais comuns, diante de sua produção imediata de efeitos, e têm muitas vezes recebido a chancela de constitucionalidade concedida pelo Supremo Tribunal Federal.[1]

10.3. IGUALDADE ENTRE HOMENS E MULHERES

Dispõe o inciso I do art. 5º:

> I – homens e mulheres são iguais em direitos e obrigações, nos termos desta Constituição;

Embora o *caput* do art. 5º consagre a igualdade genérica entre todos os brasileiros "sem distinção de qualquer natureza", o que tornaria tal dispositivo formalmente desnecessário, nossa Constituição achou por bem reforçar, em virtude das históricas injustiças contra o sexo feminino, a igualdade entre homens e mulheres, a qual, se há tempos é reconhecida pela Direito, nem sempre é observada na prática.

Note-se que a expressão "nos termos dessa Constituição" indica que o texto constitucional pode estabelecer distinções que, a princípio, não serão julgadas à luz desse princípio, como é o caso, por exemplo, da isenção do serviço militar às mulheres.

Já a legislação infraconstitucional somente pode estabelecer as distinções que concretamente visem o estabelecimento da igualdade, segundo o princípio de tratar desigualmente

---

[1] Vejam-se, por exemplo, os seguintes julgados do STF nesse sentido: ADI nº 186/DF, Rel. Min. Ricardo Lewandowski, j. 26.04.2012; ADI nº 3.330/DF, Rel. Min. Ayres Britto, j. 03.05.2012, e ADC nº 41/DF, Rel. Min. Roberto Barroso, j. 08.06.2017.

212 Direito Constitucional Decifrado

os desiguais, na medida de sua desigualdade. Nesse sentido, por exemplo, o Supremo Tribunal Federal considerou constitucional a adoção de critérios distintos para a promoção de integrantes masculinos e femininos das forças armadas, em virtude das evidentes diferenças biológicas entre os sexos,[2] bem como considerou constitucionais dispositivos da Lei Maria da Penha que dão à mulher especial proteção, em virtude de sua maior vulnerabilidade.[3]

Veja que a igualdade entre homens e mulheres, nos termos constitucionais, aplica-se não só aos direitos, mas também às obrigações.

10.4. PRINCÍPIO DA LEGALIDADE

O inciso II do art. 5º de nossa Constituição traz uma disposição conhecida como princípio da legalidade ampla ou da legalidade constitucional, trazendo a versão mais genérica deste princípio:

> II – ninguém será obrigado a fazer ou deixar de fazer alguma coisa senão em virtude de lei;

A ideia é que os particulares podem fazer tudo aquilo que a lei não proíbe e não são obrigados a fazer nada que a lei não exige.

Sendo o Brasil Estado democrático de direito, a lei encontra-se acima dos particulares e do próprio Estado – o chamado império da lei –, sendo que a exigência de comando legal para a imposição de obrigações ou de proibições se caracteriza como a principal garantia do cidadão contra o arbítrio estatal e também contra a opressão por parte de outros particulares.

Isso porque a lei é produzida pelo Poder que, em tese, melhor representa a população, que é o Poder Legislativo, onde se encontram pessoas eleitas pelos mais diversos setores da sociedade.

Deve-se entender que a palavra "lei" aqui deve ser entendida no sentido de norma jurídica primária, abrangendo todas as espécies normativas previstas no art. 59 de nossa Constituição Federal: normas constitucionais originárias e derivadas, leis complementares, leis ordinárias, leis delegadas, medidas provisórias, decretos legislativos e resoluções, cada uma em sua esfera de aplicação.

Por outro lado, os decretos presidenciais e outros atos administrativos não podem, por si só, impor obrigações ou criar proibições, uma vez que se caracterizam como normas jurídicas secundárias e, com exceção daqueles que disponham sobre organização da Administração Pública e extinção de cargos públicos vagos, são sempre dependentes de lei anterior que lhe confira validade.

Nesse sentido, o Supremo Tribunal Federal, por exemplo, decidiu por declarar inconstitucional a possibilidade do estabelecimento de sanção por parte do Conselho Nacional de Trânsito (Contran), prevista no art. 161, *caput*, do Código de Trânsito Brasileiro (Lei nº 9.503/1997), antes da nova redação trazida ao dispositivo pela Lei nº 14.071/2020.[4]

---

[2] AI nº 443.315 AgR, Rel. Min. Cármen Lúcia, j. 13.12.2006.

[3] ADC nº 19/DF, Rel. Min. Marco Aurélio, j. 09.02.2012.

[4] ADI nº 2.998, Rel. designado Min. Ricardo Lewandowski, j. 10.04.2019.

Capítulo 10 ◆ Direitos e deveres individuais e coletivos **213**

> ### 📑 Jurisprudência destacada
>
> Nenhum ato regulamentar pode criar obrigações ou restringir direitos, sob pena de incidir em domínio constitucionalmente reservado ao âmbito de atuação material da lei em sentido formal (STF, AC nº 1.033 AgR-QO, Rel. Min. Celso de Mello, j. 25.05.2006).

Evidentemente, para que a lei possa impor obrigações ou restringir direitos, deve ser elaborada de acordo com as regras do processo legislativo e ser materialmente compatível com as normas constitucionais, pois as leis declaradas inconstitucionais pelo Poder Judiciário devem ser consideradas como não produtoras de qualquer efeito.

Em relação à Administração Pública, especificamente, mais à frente nosso ordenamento jurídico traz uma disposição ainda mais restritiva do que a do inciso ora tratado, estabelecendo que – ao contrário do particular – o Poder Público e seus servidores somente podem fazer aquilo que a lei permite.

Cabe destacar que, não obstante a disposição constitucional acima, não ofende a Constituição a instituição das chamadas agências reguladoras criadas por lei – como, por exemplo, a Agência Nacional de Aviação Civil (Anac), a Agência Nacional de Telecomunicações (Anatel), a Agência Nacional do Petróleo (ANP), e dentro de suas atribuições, estabeleçam regras de observância obrigatória pelas pessoas sujeitas à sua disciplina normativa.

Assim, por exemplo, pode a Anac estabelecer regras que devam ser obedecidas pelas companhias aéreas, sem necessidade de lei que as preveja especificamente, desde que tais normas estejam dentro de sua esfera de regulamentação técnica.

Na verdade, os únicos órgãos reguladores que possuem expressa previsão constitucional são a Anatel (art. 21, XI) e a citada ANP (art. 177, § 2º, III), sendo as demais decorrentes de construção legislativa.

De qualquer forma, o poder normativo das agências reguladoras deve ser feito em obediência à lei que as instituiu, a qual deve claramente definir as áreas de atuação e a forma como tal poder de regulação será exercido.

Esse fenômeno de delegação da lei às agências reguladoras da atividade de normatização técnica tem sido chamado, dentro do Direito Administrativo, de deslegalização, sendo característico do chamado modelo gerencial de Administração Pública.

10.4.1. Diferenciação entre o princípio da legalidade e o princípio da reserva legal

Embora muitos utilizem os conceitos como sinônimos, outros, como Alexandre de Moraes e José Afonso da Silva, os distinguem.

De acordo com eles, o princípio da legalidade seria mais amplo, e envolveria todas as espécies normativas previstas na Constituição, conforme vimos, e incide de forma genérica, determinando que todos os atos, sejam do Estado ou dos particulares, não devem desobedecer às disposições normativas estabelecidas no ordenamento jurídico.

Já o princípio da reserva legal incide de forma específica, caso a caso, e ocorre quando a Constituição reserva o tratamento de determinada matéria à disciplina de lei formal, requerendo o texto constitucional lei – ordinária ou complementar – para a regulamentação de algum conteúdo específico. Como exemplo, temos o inciso XXXIX do art. 5º:

> XXXIX – não há crime sem lei anterior que o defina, nem pena sem prévia cominação legal;

A doutrina costuma identificar, ainda, duas espécies de reserva legal: a absoluta e a relativa.

A reserva legal é absoluta quando a disciplina de determinada matéria é reservada, pela Constituição, à lei em sentido estrito, excluindo normas infralegais, como decretos, por exemplo. Na grande maioria das vezes, quando a Constituição estabelece a reserva legal, o faz de forma absoluta, exigindo lei no sentido estrito.

A reserva legal relativa ocorre quando a Constituição admitir a regulamentação de determinado assunto por outra fonte normativa diversa da lei, sob a condição de que a lei indique as bases em que aquela deva produzir-se validamente. Ou seja, são os casos nos quais a Constituição prevê a prática de ato infralegal sobre determinada matéria, impondo, no entanto, obediência a requisitos ou condições reservados à lei. José Afonso exemplifica com as hipóteses em que é facultado ao Executivo a edição de decretos que alterem as alíquotas dos impostos sobre importação e exportação, desde que atendidas as condições e os limites estabelecidos em lei.

10.5. PROIBIÇÃO DA TORTURA

Do ponto de vista jurídico, seria desnecessário que a Constituição fizesse qualquer menção expressa à proibição da tortura ou do tratamento desumano ou degradante, uma vez que tal decorre automaticamente do princípio da dignidade da pessoa humana, um dos fundamentos de nossa República.

No entanto, claramente temerosa pelos excessos do regime ditatorial que lhe antecedeu, em que a tortura por vezes era utilizada como instrumento comum para obtenção de depoimentos ou como forma de buscar reprimir determinados comportamentos – embora nunca tenha havido lei autorizando-a –, o inciso III do art. 5º de nossa Constituição prevê a inadmissibilidade da tortura – tanto física como psicológica – e do tratamento desumano ou degradante:

> III – ninguém será submetido a tortura nem a tratamento desumano ou degradante;

Deve-se observar que essa proibição não comporta exceção de qualquer natureza quanto à justificativa e alcança a todos indistintamente, nacionais ou não, até mesmo os criminosos e os que representem sérios riscos à sociedade, os quais devem ser neutralizados e punidos, todavia sem a utilização da tortura e do tratamento indigno ou cruel.

A norma do inciso III é complementada pelo comando do inciso XLIII:

> XLIII – a lei considerará crimes inafiançáveis e insuscetíveis de graça ou anistia a prática da tortura, o tráfico ilícito de entorpecentes e drogas afins, o terrorismo e os definidos como crimes hediondos, por eles respondendo os mandantes, os executores e os que, podendo evitá-los, se omitirem;

Tal dispositivo, por tratar de norma de direito penal, é de eficácia limitada e é regulamentado, no que se refere à tortura, pela Lei nº 9.455/1997, definindo a tortura como sendo o ato de constranger alguém com emprego de violência ou grave ameaça, causando-lhe sofrimento físico ou mental, ou ainda submeter alguém, sob sua guarda, poder ou autoridade, com emprego de violência ou grave ameaça, a intenso sofrimento físico ou mental, como forma de aplicar castigo pessoal ou medida de caráter preventivo, sendo prevista a pena base de dois a oito anos de reclusão.

Jurisprudência destacada

> O policial militar que, a pretexto de exercer atividade de repressão criminal em nome do Estado, inflige, mediante desempenho funcional abusivo, danos físicos a menor momentaneamente sujeito ao seu poder de coerção, valendo-se desse meio executivo para intimidá-lo e coagi-lo à confissão de determinado delito, pratica, inequivocamente, o crime de tortura (STF, HC nº 70.389, Rel. Min. Celso de Mello, j. 23.06.1994).

10.6. LIBERDADE DE PENSAMENTO E DIREITO DE RESPOSTA

Sobre a liberdade de expressão do pensamento, em suas mais diversas formas, dispõem os incisos IV e IX do art. 5º:

> IV – é livre a manifestação do pensamento, sendo vedado o anonimato;
>
> IX – é livre a expressão da atividade intelectual, artística, científica e de comunicação, independentemente de censura ou licença;

A manifestação do pensamento tem o significado de exteriorização de ideias, seja ela feita de forma individual, de forma coletiva ou de forma institucional – como através de órgãos de imprensa – e abrange todas as formas de comunicação, não podendo o Estado, conforme deixa claro o texto constitucional, impor censura ou exigir licença prévia. O Estado não pode proibir a expressão do pensamento, porém, uma vez exteriorizado, será possível sempre o controle de sua legalidade, através do Poder Judiciário, a fim de se evitar abusos.

A liberdade de manifestação de pensamento é um dos grandes pilares e uma das bases sagradas de qualquer democracia, a qual não existe se os cidadãos não possuírem o direito de expressar publicamente as suas ideias, inclusive aquelas que forem contrárias às do grupo que ocupa temporariamente o poder ou mesmo às da maioria da população, podendo tal

216 Direito Constitucional Decifrado

liberdade ser invocada inclusive para questionar a persecução penal a determinadas condutas, como ocorrido com a chamada "Marcha da Maconha", em que o STF reconheceu a constitucionalidade do movimento em que se requeria a descriminalização do comércio e consumo da substância ilegal. [5]

Aliás, a sociedade somente evolui pelo confronto entre ideias distintas, sob pena de eternizarmos determinadas ideias e comportamentos sociais. Sem a liberdade de expressão não teríamos, por exemplo, a queda dos regimes autoritários que vigoraram no mundo até a idade contemporânea ou o reconhecimento da igualdade entre as pessoas, o que nem sempre foi aceito.

Com base na liberdade de expressão, por exemplo, o STF considerou não recepcionada a chamada "Lei de Imprensa" (Lei nº 5.250/1967), por considerá-la em desacordo com as disposições de nossa Constituição atual.[6]

Não obstante a essencialidade da liberdade de expressão, porém, tal direito não é absoluto, podendo e devendo ser coibido pelo Poder Judiciário eventuais excessos ocorridos no exercício desse direito. Por conta disso, a liberdade de expressão está condicionada à identificação do autor, para que se evitem manifestações levianas que ofendam terceiros e para que se possa responsabilizar aqueles que a fizerem. Assim, no Brasil, todos são livres para expressar o que pensam, desde que se identifiquem.

Tal exigência, porém, não impede que o jornalista guarde o sigilo de suas fontes, respondendo ele, porém, no caso de optar por esse sigilo, por declarações injuriosas, difamatórias ou caluniosas sem base fática.

Além disso, a exigência de identificação do autor da expressão também não impede que sejam acatadas denúncias anônimas por órgãos de investigação ou fiscalização, como a polícia ou tribunais de contas, por exemplo, uma vez que, nesse caso, não se trata de manifestação pública de pensamento, mas sim de uma notícia de ato em princípio ilícito e que deve ser verificado.

O inciso IX do art. 5º, conforme visto, proíbe expressamente a exigência de licença ou imposição de censura na expressão das atividades intelectuais, artísticas, científicas e de comunicação. A licença pode ser conceituada como a necessidade de autorização prévia do Estado para a realização de determinada atividade, ou seja, antecede à produção da obra. Já a censura é a proibição, por parte do mesmo Estado, da divulgação de determinada informação ou obra artística, científica ou intelectual já existente, sendo, portanto, posterior.

Se eventualmente houver algum abuso praticado no exercício dessas atividades, o Estado, por meio da atuação do Poder Judiciário, poderá intervir, mas não poderá exigir licença ou exercer a censura.

O Supremo Tribunal Federal possui jurisprudência ampla e consolidada de defesa da liberdade de expressão. Não obstante, como qualquer direito fundamental, a liberdade de expressão comporta restrições, desde que previstas em lei, proporcionais e respeitadoras do seu núcleo essencial.[7]

---

[5] STF. ADPF nº 187, Rel. Min. Celso de Mello, j. 15.06.2011.

[6] STF. ADPF nº 130, Rel. Min. Ayres Britto, j. 30.04.2009.

[7] STF, ADPF nº 496, Rel. Min. Luís Roberto Barroso, j. 21.06.2020.

Capítulo 10 ◆ Direitos e deveres individuais e coletivos **217**

A classificação indicativa de idade, exibida em filmes e programas de TV, não representa censura, podendo ser exercida pela União, a quem o art. 21, XVI, da Constituição confere a competência para tal, tendo tal classificação caráter pedagógico, com o propósito de alertas aos pais e responsáveis sobre os produtos audiovisuais que são ou não adequados a seus filhos. No entanto, não pode a União impor um horário específico para a veiculação de programas, podendo, no máximo, recomendar ou desaconselhar a exibição em determinados horários.

No entanto, o Supremo Tribunal Federal tem entendido que não se pode obrigar os veículos de radiodifusão a transmitirem seu conteúdo de acordo com o horário estabelecido pela classificação, porque isso caracterizaria espécie de licença, vedada pela Constituição. Nesse sentido, pedindo-se previamente escusas pela extensão do excerto, veja-se a ementa da ADI nº 2.404/DF, de relatoria do Ministro Dias Toffoli, j. 31.08.2016:

> Ação direta de inconstitucionalidade. Expressão "em horário diverso do autorizado", contida no art. 254 da Lei nº 8.069/1990 (Estatuto da Criança e do Adolescente). Classificação indicativa. Expressão que tipifica como infração administrativa a transmissão, via rádio ou televisão, de programação em horário diverso do autorizado, com pena de multa e suspensão da programação da emissora por até dois dias, no caso de reincidência. Ofensa aos arts. 5º, inciso IX; 21, inciso XVI; e 220, *caput* e parágrafos, da Constituição Federal. Inconstitucionalidade.
>
> 1. A própria Constituição da República delineou as regras de sopesamento entre os valores da liberdade de expressão dos meios de comunicação e da proteção da criança e do adolescente. Apesar da garantia constitucional da liberdade de expressão, livre de censura ou licença, a própria Carta de 1988 conferiu à União, com exclusividade, no art. 21, inciso XVI, o desempenho da atividade material de "exercer a classificação, para efeito indicativo, de diversões públicas e de programas de rádio e televisão" A Constituição Federal estabeleceu mecanismo apto a oferecer aos telespectadores das diversões públicas e de programas de rádio e televisão as indicações, as informações e as recomendações necessárias acerca do conteúdo veiculado. É o sistema de classificação indicativa esse ponto de equilíbrio tênue, e ao mesmo tempo tenso, adotado pela Carta da República para compatibilizar esses dois axiomas, velando pela integridade das crianças e dos adolescentes sem deixar de lado a preocupação com a garantia da liberdade de expressão.
>
> 2. A classificação dos produtos audiovisuais busca esclarecer, informar, indicar aos pais a existência de conteúdo inadequado para as crianças e os adolescentes. O exercício da liberdade de programação pelas emissoras impede que a exibição de determinado espetáculo dependa de ação estatal prévia. A submissão ao Ministério da Justiça ocorre, exclusivamente, para que a União exerça sua competência administrativa prevista no inciso XVI do art. 21 da Constituição, qual seja, classificar, para efeito indicativo, as diversões públicas e os programas de rádio e televisão, o que não se confunde com autorização. Entretanto, essa atividade não pode ser confundida com um ato de licença, nem confere poder à União para determinar que a exibição da programação somente se dê nos horários determinados pelo Ministério da Justiça, de forma a caracterizar uma imposição, e não uma recomendação. Não há horário autorizado, mas horário recomendado. Esse caráter autorizativo, vinculativo e compulsório conferido pela norma

218 Direito Constitucional Decifrado

questionada ao sistema de classificação, *data venia*, não se harmoniza com os arts. 5º, IX; 21, inciso XVI; e 220, § 3º, I, da Constituição da República.

3. Permanece o dever das emissoras de rádio e de televisão de exibir ao público o aviso de classificação etária, antes e no decorrer da veiculação do conteúdo, regra essa prevista no parágrafo único do art. 76 do ECA, sendo seu descumprimento tipificado como infração administrativa pelo art. 254, ora questionado (não sendo essa parte objeto de impugnação). Essa, sim, é uma importante área de atuação do Estado. É importante que se faça, portanto, um apelo aos órgãos competentes para que reforcem a necessidade de exibição destacada da informação sobre a faixa etária especificada, no início e durante a exibição da programação, e em intervalos de tempo não muito distantes (a cada quinze minutos, por exemplo), inclusive, quanto às chamadas da programação, de forma que as crianças e os adolescentes não sejam estimulados a assistir programas inadequados para sua faixa etária. Deve o Estado, ainda, conferir maior publicidade aos avisos de classificação, bem como desenvolver programas educativos acerca do sistema de classificação indicativa, divulgando, para toda a sociedade, a importância de se fazer uma escolha refletida acerca da programação ofertada ao público infanto-juvenil.

4. Sempre será possível a responsabilização judicial das emissoras de radiodifusão por abusos ou eventuais danos à integridade das crianças e dos adolescentes, levando-se em conta, inclusive, a recomendação do Ministério da Justiça quanto aos horários em que a referida programação se mostre inadequada. Afinal, a Constituição Federal também atribuiu à lei federal a competência para "estabelecer meios legais que garantam à pessoa e à família a possibilidade de se defenderem de programas ou programações de rádio e televisão que contrariem o disposto no art. 221" (art. 220, § 3º, II, CF/1988).

5. Ação direta julgada procedente, com a declaração de inconstitucionalidade da expressão "em horário diverso do autorizado" contida no art. 254 da Lei nº 8.069/1990.

O inciso V do art. 5º, por sua vez, assegura o direito de resposta, sem prejuízo da indenização por dano material ou moral:

> V – é assegurado o direito de resposta, proporcional ao agravo, além da indenização por dano material, moral ou à imagem;

Direito de resposta é o direito que qualquer pessoa tem de ver publicado ou veiculado seu ponto de vista e argumentos sempre que alguma notícia ou informação pública lhe disser respeito, especialmente quando atingir sua honra, imagem ou vida privada, sem que não lhe tenha sido dada a oportunidade de se manifestar previamente à publicação ou veiculação do informe.

Deve-se observar que, não obstante a previsão constitucional do direito de resposta, não tem nossa Carta Maior a intenção de limitar a ação dos órgãos de imprensa, essenciais que são em uma democracia, mas sim garantir que a pessoa envolvida nos fatos noticiados possa expressar com efetividade sua opinião e expor os seus argumentos, evitando-se seu linchamento moral desmerecido.

Nesse sentido, o Supremo Tribunal Federal entende que a liberdade de imprensa, enquanto projeção das liberdades de comunicação e de manifestação do pensamento, reveste-se de conteúdo abrangente, por compreender, entre outras prerrogativas relevantes que lhe são inerentes, o direito de informar, o direito de buscar a informação, o direito de opinar e o direito de criticar, sendo que a crítica que os meios de comunicação social dirigem às pessoas públicas, por mais dura e veemente que possa ser, deixa de sofrer, quanto ao seu concreto exercício, as limitações externas que ordinariamente resultam dos direitos de personalidade.[8]

Aliás, embora normalmente se associe o direito de resposta a notícias veiculadas por órgãos de imprensa, esse direito pode ser exercido sempre que houver uma manifestação pública que envolva a imagem ou honra de alguém, como em publicações publicitárias, panfletárias ou programas de entretenimento.

A expressão "proporcional ao agravo" utilizada no dispositivo constitucional indica que deve ser dado à vítima o direito de resposta no mesmo veículo de comunicação e com o mesmo espaço dado à notícia injuriosa. Assim, por exemplo, se a informação indevida foi publicada com destaque na primeira página do jornal de domingo, a resposta não pode ser reproduzida como uma pequena nota de rodapé da penúltima página da edição de quarta--feira. Além disso, quanto mais grave a veiculação afrontosa, mais espaço deve ser dado ao ofendido para apresentação de seus argumentos.

No exercício do direito de resposta, deve o agravado somente se ater a apresentar seu ponto de vista, argumentos ou fatos que julgar pertinentes, não podendo utilizá-lo para, em um "contra-ataque", atingir a honra ou imagem do meio de comunicação.

Embora a Lei de Imprensa (Lei nº 5.250/1967) que regulamentava o direito de resposta junto aos jornais, periódicos e transmissão de radiodifusão de sons e imagens tenha sido julgada inconstitucional pelo Supremo Tribunal Federal,[9] a própria Corte já definiu que o direito de resposta deve continuar a ser concedido por esses meios de comunicação, com base diretamente na Constituição Federal.[10]

Por fim, deve ser observado que a retratação espontânea por parte do autor da ofensa não afasta, por si só, a possibilidade de exercício do direito de resposta nem eventual pedido de indenização.[11]

10.7. LIBERDADE DE CONSCIÊNCIA E CRENÇA RELIGIOSA, CONVICÇÃO FILOSÓFICA OU POLÍTICA

Dispõe o inciso VI do art. 5º:

VI – é inviolável a liberdade de consciência e de crença, sendo assegurado o livre exercício dos cultos religiosos e garantida, na forma da lei, a proteção aos locais de culto e a suas liturgias;

---

[8]   STF, AI nº 705.630 AgR, Rel. Min. Celso de Mello, j. 22.03.2011.
[9]   STF, ADPF nº 130, Rel. Min. Ayres Britto, j. 30.04.2009.
[10]   STF, RE nº 683.751, Rel. Min. Celso de Mello, j. 24.06.2015.
[11]   STF, ADIs nºs 5.415, 5.418 e 5.436, Rel. Min. Dias Toffoli, j. 11.03.2021.

O Brasil é um Estado laico ou leigo, mas não ateu, tanto que Deus é referido no preâmbulo de nossa Constituição Federal, a qual inclusive dispensa especial proteção às atividades e entidades religiosas. O Estado brasileiro, inclusive por força de norma constitucional – art. 19, I – não pode subvencionar privilegiar ou perseguir qualquer segmento religioso, mas deve respeitar e proteger todas as convicções religiosas.

O direito à liberdade religiosa, aliás, é um dos mais importantes direitos fundamentais, estando na origem da discussão das liberdades individuais e sendo sua defesa um dos catalisadores do movimento constitucionalista.

Nossa Constituição atual garante tanto a liberdade de consciência e de crença como a liberdade de culto, mas isso nem sempre foi assim. Nossa primeira Constituição, de 1824, por exemplo, embora tolerasse as diversas religiões, somente permitia que o Catolicismo Romano – adotado como religião oficial – tivesse templos especialmente dedicados à prática religiosa, sendo que os demais segmentos só poderiam realizar os seus serviços em casas particulares.

Enquanto a liberdade de crença refere-se à convicção íntima do indivíduo, àquilo que se passa em sua mente, a liberdade de culto refere-se à exteriorização dessa crença, ou seja, ao serviço religioso propriamente dito.

E não se contenta a Carta Magna em somente permitir a liberdade de culto, mas também garante a proteção dos locais de culto e às suas liturgias contra a ação de terceiros, inclusive outros grupos religiosos rivais. Isso porque as religiões em geral tanto podem ser fonte de sublimes e altruístas sentimentos, como, infelizmente, muitas vezes podem também estimular ações contrárias aos demais grupos. Além disso, o direito à liberdade religiosa não pode acobertar práticas de incitação ao ódio ou à intolerância.[12] Assim, o Estado deve agir para evitar que o eventual fanatismo venha a impedir ou dificultar o exercício das diversas religiões.

Outro exemplo de proteção constitucional às entidades religiosas é a imunidade que elas possuem ao pagamento de impostos, conforme art. 150, VI, *b*, o que busca evitar eventual "sufocamento" de grupos religiosos pela ação estatal, travestida de cobrança de impostos.

Obviamente que, assim como ocorre com os outros direitos fundamentais, a liberdade religiosa pode ser exercida plenamente, mas não pode ser utilizada para acobertar práticas ilícitas, embora tais limites nem sempre sejam tão claros, especialmente no que se refere a práticas que podem resvalar ou caracterizar ilícitos como o curandeirismo ou discriminação.

Assim, por exemplo, o STF reconhece que a repressão à prática da homotransfobia não alcança nem restringe ou limita o exercício da liberdade religiosa, qualquer que seja a denominação confessional professada, a cujos fiéis e Ministros é assegurado o direito de pregar e de divulgar, livremente, pela palavra, pela imagem ou por qualquer outro meio, o seu pensamento e de externar suas convicções de acordo com o que se contiver em seus livros

---

[12] STF, RHC nº 146.303, Rel. Min. Edson Fachin, j. 06.03.2018.

Capítulo 10 ◆ Direitos e deveres individuais e coletivos **221**

e códigos sagrados, bem assim o de ensinar segundo sua orientação doutrinária, desde que tais manifestações não configurem discurso de ódio, assim entendidas aquelas exteriorizações que incitem a discriminação, a hostilidade ou a violência contra pessoas em razão de sua orientação sexual ou de sua identidade de gênero.[13]

Outro exemplo de como essa questão pode ser espinhosa e polêmica foi a decisão de nossa Suprema Corte considerando constitucional lei estadual que autoriza e regulamentava o sacrifício de animais e rituais religiosos, desde que a morte não seja cruel,[14] situação em que foi sopesado o direito à vida dos seres em geral e a proibição de sua submissão a maus-tratos e o direito à liberdade religiosa.

> ## 🔍 Jurisprudência destacada
>
> O direito à liberdade religiosa é, em grande medida, o direito à existência de uma multiplicidade de crenças/descrenças religiosas, que se vinculam e se harmonizam – para a sobrevivência de toda a multiplicidade de fés protegida constitucionalmente – na chamada tolerância religiosa. Há que se distinguir entre o discurso religioso (que é centrado na própria crença e nas razões da crença) e o discurso sobre a crença alheia, especialmente quando se faça com intuito de atingi-la, rebaixá-la ou desmerecê-la (ou a seus seguidores). Um é tipicamente a representação do direito à liberdade de crença religiosa; outro, em sentido diametralmente oposto, é o ataque ao mesmo direito (STF, RHC nº 146.303, j. 06.03.2018).

Nessa mesma linha de defesa da liberdade religiosa, temos o inciso VII do art. 5º da Constituição:

> VII – é assegurada, nos termos da lei, a prestação de assistência religiosa nas entidades civis e militares de internação coletiva;

Sendo o direito à religiosidade um direito fundamental do cidadão, o Estado deve garantir o exercício desse direito àqueles que estiverem custodiados sob sua responsabilidade ou de terceiros, como ocorre em presídios, hospitais, casernas, manicômios e afins, uma vez que, nesses casos, o indivíduo não tem condições de dirigir-se a um local específico para o exercício de sua religião.

Assim, ainda que haja capelão da mesma religião do assistido no local, tem ele o direito de receber um sacerdote ou representante de sua religião de sua confiança.

Veja-se, porém, que a expressão "nos termos da lei" indica tratar-se de norma de eficácia limitada, devendo a lei regulamentar o exercício deste direito, a fim de evitar abusos e preservar os direitos dos demais internos.

Também relacionado à liberdade de crença e de convicção, temos ainda o inciso VIII:

---

[13] STF, ADO nº 26, Rel. Min. Celso de Mello, j. 13.09.2019.

[14] STF, RE nº 494.601, Rel. designado Min. Edson Fachin, j. 28.03.2019.

VIII – ninguém será privado de direitos por motivo de crença religiosa ou de convicção filosófica ou política, salvo se as invocar para eximir-se de obrigação legal a todos imposta e recusar-se a cumprir prestação alternativa, fixada em lei;

O dispositivo diz claramente que ninguém pode ser penalizado, prejudicado, em virtude de sua crença religiosa, convicção filosófica ou política.

Existe somente uma hipótese em que isso pode ocorrer: recusa ao cumprimento de obrigação a todos imposta. Mesmo nesse caso, porém, deve-se dar ao indivíduo a oportunidade de cumprir prestação alternativa prevista em lei, e, somente se este se recusar a cumprir tal prestação, é que poderá sofrer a restrição de direitos. E aqui o objetivo nunca é de punir a pessoa por conta da sua convicção ou crença, mas ela está sendo penalizada, na verdade, por recusar-se a fazer algo que todos têm de cumprir, tendo ainda se negado a obedecer a uma obrigação alternativa.

Exemplo de aplicação desse dispositivo é a recusa de determinadas pessoas em cumprir o tempo de serviço militar obrigatório por convicção filosófica, devendo cumprir a prestação alternativa prevista na Lei nº 8.239/1991. Se não o fizer, poderá ser privado de determinados direitos, por não conseguir obter o certificado de reservista.

Outro exemplo ocorre com o voto, que é uma obrigação legal a todos imposta e que apresenta uma prestação alternativa que é o pagamento da multa, visto que a justificativa, na verdade, não seria uma opção, mas deveria ser usada somente no caso de impossibilidade de votar. Se o cidadão não vota nem justifica, deve pagar a multa. Se não o fizer, não estará em dia com a Justiça Eleitoral e poderá ter alguns direitos restringidos, como o de votar (se for omisso em três eleições) ou de tomar posse em cargos públicos.

Assim, vê-se que, para que alguém possa sofrer alguma restrição de direito, não lhe sendo possível alegar a escusa de consciência, devem concorrer três requisitos:

a. recusa a cumprir obrigação que todos devem atender;
b. previsão em lei de conduta alternativa compatível com a restrição de consciência alegada;
c. recusa ao cumprimento dessa prestação alternativa.

De forma geral, porém, deve o Estado procurar garantir, sempre que possível e razoável, a compatibilidade entre as exigências feitas e os preceitos religiosos, de forma que não haja prejuízo ao devoto. Nesse sentido, o Supremo Tribunal Federal decidiu que:

> (...) nos termos do art. 5º, VIII, da Constituição Federal é possível a realização de etapas de concurso público em datas e horários distintos dos previstos em edital, por candidato que invoca escusa de consciência por motivo de crença religiosa, desde que presentes a razoabilidade da alteração, a preservação da igualdade entre todos os candidatos e que não acarrete ônus desproporcional à Administração Pública, que deverá decidir de maneira fundamentada.[15]

---

[15] STF, RE nº 611.874, Rel. Min. Dias Toffoli, j. 26.11.2020.

10.8. DIREITO À PRIVACIDADE, À PRESERVAÇÃO DA HONRA E À IMAGEM

Sobre o direito à privacidade, à preservação da honra e da imagem, dispõe o inciso X do art. 5º:

> X – são invioláveis a intimidade, a vida privada, a honra e a imagem das pessoas, assegurado o direito a indenização pelo dano material ou moral decorrente de sua violação;

A proteção à privacidade é considerada um dos mais importantes direitos fundamentais, sendo consubstanciada, no direito norte-americano, na ideia do *right to be alone*, ou seja, o direito de o indivíduo preservar do conhecimento públicos aspectos de sua vida particular, ocultando-os dos olhos dos seus pares.

A Constituição Federal, no citado inciso X do art. 5º trata, em sua primeira parte, justamente dessa proteção, fazendo distinção entre a intimidade e a vida privada.

A intimidade diz respeito às relações subjetivas e de trato íntimo da pessoa, suas relações familiares e de amizade, em relação às quais, em princípio, nem mesmo o Estado tem o direito de se imiscuir, não havendo qualquer interesse público em que a sociedade as conheça.

Já a vida privada abrange os demais relacionamentos humanos, inclusive os que envolvem relações não íntimas, como relações comerciais, de trabalho, mas que em princípio dizem respeito somente ao cidadão e aos demais diretamente envolvidos. Envolve tudo aquilo que se entende ser direito do indivíduo preservar do conhecimento público, embora algumas vezes o Estado possa ter interesse legítimo em obter tal informação, para fins de preservação da segurança coletiva ou fiscalizações em geral. Assim, podemos dizer que fazem parte da vida privada informações como o endereço, número de telefone, remuneração profissional, entre outros.

No particular interessante citar a teoria dos círculos concêntricos, por vezes cobrada em provas e baseada na doutrina alemã, a qual estabelece, na sua forma mais difundida, conforme preconizado por Heinrich Henkel, quatro níveis gradativos de proteção à vida privada.

No primeiro círculo temos a chamada privacidade, que é a circunferência externa e de maior amplitude, envolvendo informações e fatos que a pessoa pode até desejar ocultar do conhecimento público, mas cujo conhecimento por terceiros não lhe causa grandes prejuízos, como ocorre, por exemplo, com a imagem, costumes e hábitos, como o horário que a pessoa costuma acordar, o que gosta de comer etc., desde que esses costumes e hábitos não sejam recriminados pela sociedade, pois nesse caso seu conhecimento público poderia causar sérios danos à pessoa.

No segundo círculo, intermediário, temos a chamada intimidade, a qual abrange informações e fatos que normalmente se considera que as pessoas, em geral, desejam proteger do conhecimento público, e que normalmente são compartilhadas somente em seus círculos de amigos ou familiares, como o endereço, renda e comunicações pessoais.

No terceiro círculo, o mais interno e restrito, temos o segredo, que corresponde àquelas informações mais íntimas, e que titular não deseja dividi-las, apenas em algumas situações e com poucas pessoas, como pode ocorrer com a orientação sexual, especialmente no caso daqueles que tenham algum receio de discriminação, e para algumas pessoas, suas convicções filosóficas e religiosas.

224 Direito Constitucional Decifrado

Do direito à privacidade decorrem diversos outros. Assim, por exemplo, o Supremo Tribunal Federal entende que o sigilo bancário, por proteger informações referentes à vida privada do cidadão – como sua renda e hábitos de consumo – decorre desse direito à privacidade,[16] o qual, porém, não é absoluto, podendo o Estado requerer informações relacionadas à vida privada do cidadão nos casos admitidos em lei ou sempre que presente razões fundadas o interesse público.

Nesse sentido, Marcelo Alexandrino e Vicente Paulo (2019, p. 139) identificam quatro hipóteses em que o Supremo Tribunal Federal tem admitido, de forma excepcional, a quebra do sigilo bancário:

a. no caso de determinação judicial;

b. por determinação de Comissão Parlamentar de Inquérito (CPI).[17] Deve-se observar, porém, que para a doutrina e jurisprudência majoritárias, somente possuem poderes para a quebra de sigilo bancário as CPIs federais, estaduais e distritais, sendo que tal poder não se estenderia às municipais;

c. por determinação de autoridades tributárias e agentes fiscais tributários, no caso de processo administrativo ou procedimento fiscal em curso e se verificada a indispensabilidade das informações bancárias;[18]

d. por determinação do Tribunal de Contas da União (TCU) e do Ministério Público, no caso de operações em que estejam envolvidos recursos públicos.[19]

🧩 Decifrando a prova

(Delegado de Polícia – PC-GO – UEG/2018 – Adaptada) O sigilo bancário pode ser levantado independentemente de autorização judicial, mas de forma devidamente regulamentada, pela Receita Federal, pelo Fisco Estadual e pela CPI federal, estadual ou distrital, pelo Delegado de Polícia e pelo membro do Ministério Público.

( ) Certo   ( ) Errado

Gabarito comentado: dentre os citados na questão, estão autorizados a terem acesso aos dados bancários dos contribuintes, mesmo sem sua autorização: a Receita Federal, os Fiscos Estaduais, CPI federal, estadual ou distrital. Delegados de Polícia e membros do Ministério Público não podem determinar a quebra do sigilo fiscal sem autorização judicial, exceção, em relação aos membros do *Parquet*, quando se tratar de investigação de órgãos e entidades públicas, com o fim de proteger o patrimônio público. Portanto, a assertiva está errada.

---

[16] STF, RE nº 601.314, Rel. Min. Edson Fachin, j. 24.02.2016.

[17] Art. 4º, § 1º, da Lei Complementar nº 105/2001.

[18] Art. 6º da Lei Complementar nº 105/2001, julgados constitucionais pela ADI nº 2.390/DF, relatada pelo Min. Dias Toffoli e julgada em 24.02.2016.

[19] STF, MS nº 33.340, Rel. Min. Luiz Fux, j. 26.05.2015.

Da mesma forma do que ocorre com a proteção ao sigilo bancário, do direito à privacidade decorre a inviolabilidade do domicílio e das comunicações, os quais são tratados pela Constituição em outros dispositivos que veremos à frente.

Deve-se observar, porém, que o direito à privacidade é relativizado quando se tratar das chamadas pessoas públicas, ou seja, pessoas que, devido ao seu ofício ou condição, estão sujeitas a maior exposição, como ocorre com artistas, políticos, entre outros. Essas pessoas, embora tenham direito, sim, à proteção de sua intimidade e vida privada, sua posição faz com que a guarida constitucional seja menos abrangente do que o das demais pessoas, seja por necessidade de fiscalização da sociedade, seja pela própria exposição à mídia que a atividade propicia. No entanto, tais pessoas podem recorrer ao Poder Judiciário sempre que houver ofensas desproporcionais ou sem qualquer nexo causal com a atividade profissional.

O art. 5º, X, prosseguindo em seu texto, trata também sobre o direito à proteção da honra e da imagem.

A honra está relacionada ao sentimento de dignidade de toda pessoa que deve ser respeitado, sendo que a doutrina e, algumas vezes, a própria legislação costuma dividi-la em honra subjetiva, que trata do próprio juízo valorativo que a pessoa faz de si mesmo – forma como a pessoa se percebe como indivíduo –, e honra objetiva, que diz respeito à reputação que a coletividade dedica a alguém, ou seja, a forma como a sociedade a enxerga, especialmente no que se refere aos valores morais.

A proteção constitucional à honra abrange tanto a subjetiva como a objetiva, inclusive podendo configurar crime sua violação, como ocorre na calúnia, injúria e difamação.

A imagem, outro conceito citado pelo inciso X do art. 5º, envolve o conceito público que cada indivíduo possui, a forma como ele é visto por terceiros e pela sociedade em geral, abrangendo, mas indo além da honra objetiva. Assim, por exemplo, a perícia profissional de alguém, em princípio, não está relacionada à sua honra, mas faz parte de sua imagem.

A Constituição garante indenização tanto por dano material como por dano moral causados pela violação indevida da privacidade, honra e imagem das pessoas, resolvendo definitivamente um dissenso que anteriormente havia sobre a possibilidade de indenização por dano moral, diante de sua difícil avaliação.

Nossos tribunais superiores têm entendido que as pessoas jurídicas também gozam da proteção constitucional concedida à privacidade, bem como à proteção de sua imagem e honra, tendo sido editada pelo STJ inclusive a Súmula nº 227, a qual dispõe que "a pessoa jurídica pode sofrer dano moral".

Ao falar-se da proteção à privacidade, também não se pode deixar de falar sobre o chamado "direito ao esquecimento", o qual, embora de natureza controversa, tem ganhado cada vez mais adeptos, inclusive com o reconhecimento em tribunais, com especial destaque a julgados recentes do Superior Tribunal de Justiça.

O direito ao esquecimento pode ser definido como o direito que as pessoas possuem – especialmente as físicas – de que as informações sobre elas não sejam indefinidamente expostas, ainda que haja um interesse público em sua exposição inicial. Assim, por exemplo, imagine-se o caso de alguém que tenha sido vítima de um crime violento, e cuja notícia tenha sido divulgada pela imprensa. Não há dúvidas de que existe um interesse público imediato na divulgação dessa notícia – até como forma de se buscar prevenir outros eventos semelhantes. No entanto, se muitos anos após, os veículos voltarem a repercutir aquela notícia de forma detalhada e contínua, inclusive buscando entrevistas e depoimentos de familiares, pode ser caraterizado o desrespeito a esse princípio.

Da mesma forma, pode-se alegar ofensa do direito ao esquecimento a publicação na mídia em geral de informações antigas sobre crimes praticados por alguém – especialmente se de menor gravidade – e cuja pena respectiva já tenha sido cumprida.

A proteção ao direito ao esquecimento tem sido frequentemente invocada pelos tribunais como forma de se evitar a exposição intempestiva e desmesurada de assuntos que possam ferir a sensibilidade de terceiros, especialmente na época em que vivemos, em que tanto o acesso como a publicação de informações são muito facilitados, para o bem e para o mal.

Apesar disso, o Supremo Tribunal Federal, quanto instado a se manifestar sobre a questão, não reconheceu a existência do direito ao esquecimento, declarando-o como incompatível com a liberdade de expressão assegurada pela Constituição Federal.[20]

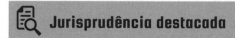

> É incompatível com a Constituição a ideia de um direito ao esquecimento, assim entendido como o poder de obstar, em razão da passagem do tempo, a divulgação de fatos ou dados verídicos e licitamente obtidos e publicados em meios de comunicação social analógicos ou digitais. Eventuais excessos ou abusos no exercício da liberdade de expressão e de informação devem ser analisados caso a caso, a partir dos parâmetros constitucionais – especialmente os relativos à proteção da honra, da imagem, da privacidade e da personalidade em geral – e das expressas e específicas previsões legais nos âmbitos penal e cível (STF, RE nº 1.010.606/RJ, Rel. Min. Dias Toffoli, j. 11.02.2021).

10.9. INVIOLABILIDADE DO DOMICÍLIO

Decorrência natural e inafastável da proteção à privacidade, a inviolabilidade do domicílio é prevista expressamente pela nossa Constituição Federal, conforme disposto no inciso XI de seu art. 5º:

> XI – a casa é asilo inviolável do indivíduo, ninguém nela podendo penetrar sem consentimento do morador, salvo em caso de flagrante delito ou desastre, ou para prestar socorro, ou, durante o dia, por determinação judicial;

A proteção constitucional à inviolabilidade do domicílio justifica-se porque esse é o recôndito maior de nossa privacidade, local onde exercemos de forma mais plena nossa intimidade e o abrigo de nossos segredos e confidências. Não se pode falar em proteção à

---

[20] STF, RE nº 1.010.606/RJ, Rel. Min. Dias Toffoli, j. 11.02.2021.

Capítulo 10 ◆ Direitos e deveres individuais e coletivos **227**

privacidade sem falar-se em proteção ao domicílio contra a entrada e permanência de pessoas não autorizadas.

No que se refere à extensão dessa inviolabilidade, é importante observar que o Supremo Tribunal Federal faz há muito tempo já uma interpretação extensiva da palavra "casa", citada no inciso XI do art. 5º da Constituição, abrangendo, segundo nossa Suprema Corte, não só a residência propriamente dita, mas todo local, devidamente delimitado e separado do espaço de convivência comum, de acesso controlado e que alguém ocupa com exclusividade, o que inclui, além das residências, locais de exercício profissional, como escritórios de advocacia, de contabilidade, ateliês de artistas, consultórios médicos, entre outros.[21]

Também os chamados *trailers*, as barracas, barcos e quartos de hotel, quando utilizados como residência, são invioláveis,[22] ninguém podendo neles entrar, em princípio, sem concordância do morador ou hóspede. No entanto, as áreas de acesso público dos estabelecimentos, como o *hall* de um hotel ou a recepção de uma clínica médica, não estão abarcados, até porque seria incompatível com sua natureza de estar acesso ao público em geral.

Nessa mesma linha, o proprietário de um imóvel alugado também precisa da autorização de seu locatário para entrar no imóvel, uma vez que o que se visa proteger é a privacidade das pessoas, não tendo ligação com a relação jurídica entre o local e a pessoa.

Por outro lado, não se aplica a proteção constitucional do domicílio aos automóveis, de forma geral, exceto se os mesmos forem utilizados como residência, ainda que provisória, como ocorre com as boleias de caminhões, por exemplo. No entanto, importante observar que o Superior Tribunal de Justiça adotou o entendimento de que a boleia do caminhão, embora protegida pela inviolabilidade do domicílio, não se insere no conceito de "casa" para fins penais, considerando que a arma apreendida no local sem que o motorista possua porte de arma configura crime.[23]

Delimitada a abrangência do conceito de "casa", vejamos as disposições do art. 5º, XI, da Constituição.

De acordo com tal dispositivo, ninguém pode, salvo nas exceções por ele trazidas, entrar no domicílio residencial ou profissional de alguém sem seu consentimento, o que se aplica inclusive às autoridades públicas.

O morador não só deve conceder a permissão para a entrada, como também para a permanência. Assim, ainda que a entrada de alguém em uma casa seja autorizada, tal pessoa somente poderá ficar pelo período consentido pelo morador, de forma expressa ou tácita. Nesse sentido, considera o Código Penal, em seu art. 150, como crime, punível com detenção de um a três meses ou multa, "entrar ou permanecer, clandestina ou astuciosamente, ou contra a vontade expressa ou tácita de quem de direito, em casa alheia ou em suas dependências".

No entanto, o dispositivo constitucional traz três exceções à inviolabilidade do domicílio, ou seja, situações em que se poderá entrar no domicílio de alguém sem a sua concordância ou mesmo contra sua vontade.

---

[21] STF, RE nº 251.445/GO, Rel. Min. Celso de Mello, j. 21.06.2000.

[22] STF, RHC nº 117.767/DF, Rel. Min. Teori Zavascki, j. 11.10.2016.

[23] STJ, AgRg no REsp nº 1.362.124/MG, j. 19.03.2013.

A primeira é no caso de flagrante delito, entendido como tal a situação em que alguém é pego durante a prática do ato criminoso – caso do chamado flagrante próprio, como no caso de um traficante que é surpreendido vendendo drogas, ou no caso de alguém que é preso espancando uma criança em casa –, ou logo após sua execução, é surpreendido em circunstâncias que levem a inferir que o mesmo foi o autor do delito aplica-se ao crime que está sendo praticado – flagrante impróprio, que é que ocorre, por exemplo, no caso de alguém que, alguns minutos após a prática de um furto a residência, é avistado pela polícia no mesmo quarteirão e estando em seu poder os bens furtados, e que, ao ver os policiais, corre para dentro de sua residência.

Nesse sentido, inclusive, o Supremo Tribunal Federal decidiu que os agentes policiais podem entrar em uma residência sem consentimento de seu morador quando houver fundadas razões para acreditar que um crime lá esteja sendo cometido.[24] No entanto, ainda de acordo com o referido julgado, a entrada forçada sem que haja indícios veementes pode levar à responsabilização disciplinar, civil e penal dos agentes envolvidos e à nulidade dos atos praticados.

A segunda exceção prevista no texto constitucional ocorre no caso de desastre ou para prestar socorro: neste caso, a "invasão" ao domicílio se justifica pela necessidade de proteção a um bem maior. Assim, por exemplo, se um vizinho entra na casa de outro para proteger seus bens que estão sendo ameaçados por uma inundação, não está cometendo violação de domicílio. O mesmo ocorre com terceiros que invadem a residência de alguém que está tendo uma convulsão, ou que tenha tentado suicídio, para lhe prestar socorro.

Por fim, prevê a Constituição que a inviolabilidade do domicílio não se aplica no caso de haver determinação judicial, ou seja, um mandado expedido por um juiz ou tribunal, que esteja a ser cumprido pela chamada polícia judiciária, exercida pelas polícias civil e federal.

Nesta última exceção – por determinação judicial –, é necessário que a entrada da polícia na residência seja feita durante o dia, a fim de tentar reduzir-se a possibilidade de ocorrência de abusos, uma vez que o menor movimento de pessoas e a menor luminosidade da noite facilitam o acobertamento de eventuais ilicitudes. Além disso, pode-se dizer que a exigência de cumprimento de mandado durante o dia também se justifica como forma de mitigar a violação da intimidade, procurando-se reduzir a chance de que o morador seja despertado de seu sono, por exemplo.

Mas o que seria exatamente "durante o dia"? Não existe uma unanimidade sobre o assunto, havendo aquele que consideram como dia o período em que o sol está no céu e outros que defendem um critério mais objetivo, como sendo o horário que vai das 6h às 18h. A maioria dos doutrinadores tem se inclinado pela primeira posição, adotando o chamado critério físico-astronômico para a definição do período diurno, ou seja, deve-se considerar como dia o período em que houver luz solar, ainda que, em razão das estações do ano, haja variação na sua duração.

---

[24] STF, RE nº 603.616/RO, Rel. Min. Gilmar Mendes, j. 05.11.2015.

Capítulo 10 ◆ Direitos e deveres individuais e coletivos

No caso das outras duas exceções – flagrante delito ou em caso de desastre ou para prestar socorro –, a entrada pode ser feita durante o dia ou a noite, até porque não seria cabível do ponto de vista lógico que só pudessem ocorrer durante o dia.

Deve-se também saber que, além dessas hipóteses de afastamento da inviolabilidade do domicílio, previstas no art. 5º, a Constituição Federal, mais à frente, traz mais uma, que ocorre no caso de decretação de estado de sítio. Isso porque o art. 139, V, da Constituição permite que no caso de decretação dessa situação excepcional – o que somente pode ocorrer após autorização do Congresso – podem ser realizadas buscas e apreensões em domicílios, prescindindo de autorização judicial para tanto.

Assim, resumindo, temos as seguintes situações que permitem a entrada no domicílio de alguém sem sua autorização: flagrante delito, desastre ou para prestar socorro, ordem judicial e decretação de estado de sítio.

Por fim, deve-se observar que o STF considerou como não violadora da garantia constitucional da inviolabilidade do domicílio decisão judicial que autorizou agente policial a ingressar em recinto profissional durante a noite com o fim de instalação de escutas ambientais, sob a alegação de que sua realização durante o dia frustraria o objetivo da ação, pelo conhecimento do investigado.[25]

🔍 Jurisprudência destacada

A cláusula constitucional da reserva de jurisdição – que incide sobre determinadas matérias, como a busca domiciliar (CF, art. 5º, XI), a interceptação telefônica (CF, art. 5º, XII) e a decretação da prisão de qualquer pessoa, ressalvada a hipótese de flagrância (CF, art. 5º, LXI) – traduz a noção de que, nesses temas específicos, assiste ao Poder Judiciário, não apenas o direito de proferir a última palavra, mas, sobretudo, a prerrogativa de dizer, desde logo, a primeira palavra, excluindo-se, desse modo, por força e autoridade do que dispõe a própria Constituição, a possibilidade do exercício de iguais atribuições, por parte de quaisquer outros órgãos ou autoridades do Estado (STF, MS nº 23.452, Rel. Min. Celso de Mello, j. 16.09.1999).

10.10. INVIOLABILIDADE DAS COMUNICAÇÕES

Dispõe o inciso XII do art. 5º da Constituição Federal:

> XII – é inviolável o sigilo da correspondência e das comunicações telegráficas, de dados e das comunicações telefônicas, salvo, no último caso, por ordem judicial, nas hipóteses e na forma que a lei estabelecer para fins de investigação criminal ou instrução processual penal;

O objetivo do inciso XII é, ao final das contas, proteger a confidencialidade das comunicações privadas, ou seja, aquelas feitas entre duas ou mais pessoas específicas – dife-

---

[25] STF, Inq nº 2.424, Rel. Min. Cezar Peluso, j. 20.06.2007.

renciando-se das comunicações públicas, como as realizadas por agências de publicidade e propaganda e estabelecimentos comerciais.

Isso porque a proteção ao sigilo das comunicações é consequência natural e inarredável da proteção à vida privada dos cidadãos. Assim, protegendo as comunicações privadas, está a Constituição protegendo o próprio direito à intimidade e à privacidade.

Apesar de o dispositivo constitucional fazer referência a meios específicos de comunicação, a doutrina e a jurisprudência entendem de forma uníssona que essa inviolabilidade abrange os meios de comunicação modernos, os quais ainda não existiam à época da promulgação da Constituição, como *e-mails*, mensagens eletrônicas, mensagens por SMS, entre outras.

Essa extensão é importante porque a cada dia surgem novas formas de se comunicar, sendo que o princípio por traz da determinação constitucional é, na verdade, proteger a privacidade e a intimidade das pessoas.

Pelo texto do dispositivo, verifica-se que somente as comunicações telefônicas é que estão autorizadas a serem interceptadas, desde que autorizadas por um juiz, para fins de investigação criminal ou instrução processual penal e na forma da lei.

Assim, somente no caso da suspeita da prática de um crime é que pode o juiz – e ninguém mais – autorizar o chamado "grampo telefônico" – e sempre na forma que a lei estabelecer, desde que haja suspeita fundada da prática de crime.

Atualmente, a lei que rege a matéria é a Lei nº 9.296/1996, a qual estabelece somente será admitida a interceptação de comunicações telefônicas quando:

a. houver indícios razoáveis da autoria ou participação em infração penal;

b. a prova não puder ser feita por outros meios disponíveis; e

c. o fato investigado constituir infração penal punida com pena de reclusão – se a pena prevista for de detenção, não poderá ser decretada a quebra de sigilo.

Deve-se observar, porém, que a jurisprudência do STF tem admitido a utilização de prova encontrada fortuitamente através de interceptação telefônica licitamente conduzida, ainda que o crime descoberto, conexo ao que foi objeto da interceptação, seja punido com detenção.[26] Isso quer dizer que, tendo sido autorizada judicialmente a escuta telefônica por conta da suspeita da prática de crime punido com reclusão, pode eventual prova da prática de crime apenado com detenção ser utilizada para que o acusado responda por esse segundo crime.

Atualmente, a mesma Lei nº 9.296/1996 prevê a possibilidade da captação ambiental de sinais eletromagnéticos, ópticos ou acústicos – a chamada "escuta ambiental", desde que a prova não puder ser feita por outros meios disponíveis e igualmente eficazes e houver elementos probatórios razoáveis de autoria e participação em infrações criminais cujas penas máximas sejam superiores a quatro anos ou em infrações penais conexas.

Deve-se observar que o Supremo Tribunal Federal tem adotado o entendimento da possibilidade da quebra de sigilo de outras formas de comunicação, como a telemática – como

---

[26] STF, AI nº 626.214 AgR, Rel. Min. Joaquim Barbosa, j. 21.09.2010.

Capítulo 10 • Direitos e deveres individuais e coletivos **231**

aquela por meio de *e-mails* ou mensagens eletrônicas –, em razão do princípio de que os direitos fundamentais não são absolutos, e que não podem ser invocados para justificar a prática ou a ocultação da prática de atividades criminosas.[27]

Na mesma linha, o Supremo Tribunal Federal reconhece a possibilidade da quebra do sigilo de correspondência enviada por presidiários pelo diretor do estabelecimento prisional.[28]

Questão polêmica é a possibilidade de utilização em outros processos, inclusive administrativos, provas obtidas por meio de interceptações telefônicas autorizadas pela Justiça em processos penais, através do chamado "empréstimo de provas", não havendo consenso na doutrina, tendo, porém, o Supremo Tribunal Federal entendido tal possibilidade como constitucional.[29]

Embora o inciso XII somente admita a quebra do sigilo telefônico no caso de investigações criminais ou processos penais, a jurisprudência, inclusive do próprio Supremo Tribunal Federal, vem admitindo-a, embora este seja um tema ainda polêmico na doutrina.

E quanto a conversas gravadas por uma das partes sem conhecimento da outra? A posição do Supremo Tribunal Federal tem sido de aceitá-las como provas em processos cíveis, desde que ausente causa legal de sigilo ou de reserva da conversação,[30] e rejeitá-la em se tratando de processos criminais, especialmente quando utilizada para fins acusatórios.[31]

Por fim, destaca-se que, também de acordo com a orientação de nossa Suprema Corte, a inviolabilidade das comunicações não impede o acesso aos dados armazenados em dispositivos eletrônicos, desde que autorizado por ordem judicial, uma vez que existentes diferenças entre o sigilo da comunicação e o acesso a registros eletrônicos. Assim, de acordo com o seu entendimento, a proteção dada pelo inciso XII do art. 5º da Constituição Federal não se aplica aos dados armazenados, por exemplo, em computadores ou celulares, podendo o juiz decretar o acesso da polícia ou do Ministério Público a essas informações.

Jurisprudência destacada

Inadmissibilidade, como prova, de laudos de degravação de conversa telefônica e de registros contidos na memória de microcomputador, obtidos por meios ilícitos (art. 5º, LVI, da CF); no primeiro caso, por se tratar de gravação realizada por um dos interlocutores, sem conhecimento do outro, havendo a degravação sido feita com inobservância do princípio do contraditório, e utilizada com violação à privacidade alheia (art. 5º, X, da CF); e, no segundo caso, por estar-se diante de microcomputador que, além de ter sido apreendido com violação de domicílio, teve a memória nele contida desgravada ao arrepio da garantia da inviolabilidade da intimidade das pessoas (art. 5º, X e XI, da CF) (STF, AP nº 307, Rel. Min. Ilmar Galvão, j. 13.12.1994).

---

[27] STF, RHC nº 132.115, Rel. Min. Dias Toffoli, j. 06.02.2018.

[28] STF, HC nº 70.814/SP, Rel. Min. Celso de Mello, j. 01.03.1994.

[29] STF, Inq nº 2.424, Rel. Min. Cezar Peluso, j. 20.06.2007.

[30] STF, AI nº 578.858 AgR, Re. Min. Ellen Gracie, j. 04.08.2009.

[31] STF, AP nº 307, Rel. Min. Ilmar Galvão, j. 13.12.1994.

10.11. LIBERDADE DO EXERCÍCIO PROFISSIONAL

A liberdade de exercício profissional é uma das mais básicas do cidadão, uma vez que, em última instância, está relacionada à sua subsistência e também à sua realização pessoal. Sobre ela, dispõe o inciso XIII do art. 5º:

> XIII – é livre o exercício de qualquer trabalho, ofício ou profissão, atendidas as qualificações profissionais que a lei estabelecer;

O que a norma nos traz é que, *a priori*, o exercício de qualquer trabalho, ofício ou profissão é livre, não havendo a necessidade do preenchimento de qualquer requisito especial ou de autorização do Poder Público, o que está de acordo com o fundamento dos valores sociais do trabalho e da livre iniciativa, apresentado no art. 1º da Constituição Federal.

Assim, se a lei não exigir expressamente a comprovação de qualificação profissional, qualquer pessoa poderá livremente exercer qualquer atividade econômica ou profissional.

No entanto, trata-se de norma de eficácia contida, uma vez que, como o próprio texto constitucional determina, a lei pode exigir o preenchimento de determinados requisitos de qualificação profissional para o desempenho de determinadas atividades, sempre que o interesse público o recomendar, normalmente em virtude da potencialidade lesiva do exercício dessas atividades sem a necessária fiscalização e comprovação da capacidade profissional.

Assim, por exemplo, a lei exige formação em Direito e aprovação no exame da OAB para o desempenho da advocacia, uma vez que o patrocínio de uma causa em juízo por alguém que não possui a devida habilitação pode ocasionar prejuízos irreparáveis à parte representada.

Da mesma forma, a lei exige que o interessado possua diploma universitário e inscrição no conselho competente o exercício da medicina, pois o exercício da medicina sem o necessário conhecimento e prática pode trazer sérios riscos à saúde e bem-estar dos atendidos.

No entanto, quando a lei fizer exigências para o exercício de atividade profissional, devem estas ser razoáveis e justificáveis em cada caso, podendo inclusive ser objeto de questionamento no Poder Judiciário se forem desarrazoadas, uma vez que se trata de restrição de direito fundamental. Nesse sentido, por exemplo, já decidiu o Supremo Tribunal Federal que prescinde de regulamentação e inscrição em conselho de fiscalização profissional o exercício da atividade de músico,[32] por ausência de interesse público, bem como que é desnecessária a exigência de formação universitária para o exercício da profissão de jornalista, sendo também incabível a criação de órgão regulatório para o exercício dessa profissão.[33]

---

[32] STF, ADPF nº 183, Rel. Min. Alexandre de Moraes, j. 27.09.2019.
[33] STF, RE nº 511.961, Rel. Min. Gilmar Mendes, j. 17.06.2009.

Capítulo 10 ◆ Direitos e deveres individuais e coletivos **233**

🔍 Jurisprudência destacada

As limitações ao livre exercício das profissões serão legítimas apenas quando o inadequado exercício de determinada atividade possa vir a causar danos a terceiros e desde que obedeçam a critérios de adequação e razoabilidade, o que não ocorre em relação ao exercício da profissão de músico, ausente qualquer interesse público na sua restrição. A existência de um conselho profissional com competências para selecionar, disciplinar e fiscalizar o exercício da profissão de músico (art. 1º), para proceder a registros profissionais obrigatórios, para expedir carteiras profissionais obrigatórias (arts. 16 e 17) e para exercer poder de polícia, aplicando penalidades pelo exercício ilegal da profissão (arts. 18, 19, 54 e 55), afronta as garantias da liberdade de profissão e de expressão artística (STF, ADPF nº 183, j. 27.09.2019).

🧩 Decifrando a prova

(Delegado de Polícia – PC-SP – Vunesp – 2018 – Adaptada) Ao dispor sobre os direitos e garantias fundamentais, a Constituição Federal de 1988 dispõe que é livre o exercício de qualquer trabalho, ofício ou profissão, atendidas as qualificações profissionais que o respectivo órgão de classe estabelecer.

( ) Certo   ( ) Errado

Gabarito comentado: somente a lei – e não o órgão de classe – pode estabelecer as qualificações profissionais exigidas para o desempenho de determinado trabalho, ofício ou profissão. Portanto, a assertiva está errada.

10.12. DIREITO À INFORMAÇÃO

O direito à informação é previsto no inciso XIV do art. 5º da Constituição Federal:

> XIV – é assegurado a todos o acesso à informação e resguardado o sigilo da fonte, quando necessário ao exercício profissional;

Esse dispositivo, em sua primeira parte, trata do direito de todas as pessoas de obter informações sobre os assuntos mais diversos e provenientes das mais diversas fontes. O direito à informação é essencial em uma democracia e para o exercício das liberdades individuais, devendo ser garantido de forma plena pelo Estado.

Assim, seria inconstitucional, por exemplo, uma lei que vedasse o acesso das pessoas a determinada fonte de informações, restringido o acesso a *sites* da internet, a jornais, a revistas, ou permitindo que o Poder Público "filtrasse" o que pode vir ao conhecimento dos cidadãos, o que ocorre em diversos países de governo de cunho autoritário.

Isso porque, em uma democracia, entende-se que o Estado não pode dizer a quais informações e provenientes de quais fontes o cidadão terá acesso, pois isso equivaleria a um ato de censura.

Esse direito de acesso à informação garante também, de forma reflexa, o direito ao livre exercício dos órgãos de imprensa e de pesquisas, os quais não podem ser cerceados, em virtude do interesse público de sua atividade.

Nesse sentido, por exemplo, já decidiu o STF ser inconstitucional lei que proibia a divulgação de pesquisas eleitorais 15 dias antes do pleito, por ferir o direito à informação.[34]

Mas a Constituição garante também o direito ao sigilo da fonte, sempre que necessário ao exercício profissional. Dessa forma, um jornalista não precisa revelar qual a fonte de suas informações, porque isso poderia, além de em algumas situações colocar em risco o informante, impedir a obtenção de informações futuras por parte dela ou de outras pessoas, que poderiam temer represálias.

Obviamente, o direito à informação não impede que informações de interesse íntimo e privado de alguém sejam protegidas do conhecimento público, em respeito ao direto à privacidade. Assim, por exemplo, a Lei de Acesso à Informação – Lei nº 12.527/2011 – garante a confidencialidade das chamadas informações pessoais, definidas como aquelas relacionadas à pessoa natural identificada ou identificável, protegendo-as do acesso do público em geral.

10.13. DIREITO À LOCOMOÇÃO DENTRO DO TERRITÓRIO NACIONAL

Sobre o direito à locomoção, dispõe o art. 5º, XV, da Constituição Federal:

> XV – é livre a locomoção no território nacional em tempo de paz, podendo qualquer pessoa, nos termos da lei, nele entrar, permanecer ou dele sair com seus bens;

Em uma Federação considera-se que não deve haver barreiras à livre circulação de pessoas e bens, o que somente se justifica no trânsito internacional. Diante disso, o inciso XV do art. 5º deixa claro que não pode haver qualquer limitação à movimentação de pessoas dentro do território nacional.

Assim, um Estado-membro não pode, por exemplo, impor uma "taxa de entrada" para um viajante que venha de outro Estado da Federação brasileira, nem pode exigir um "visto interno" ou qualquer tipo de autorização para isso.

Por outro lado, tal disposição constitucional não impede que sejam cobrados pedágios em vias conservadas pelo poder público e seus concessionários, conforme disposto expressamente no art. 150, V, da Constituição Federal, quando trata sobre o princípio tributário da liberdade de tráfego de pessoas e bens.

O dispositivo constitucional deixa claro, porém, que essa liberdade plena de trânsito somente se aplica em tempos de paz. A expressão "tempos de paz" deve ser entendida aqui como um estado de normalidade institucional, podendo haver restrição a esse direito em casos de guerra declarada ou no caso da decretação de estado de sítio – ambos após autorização do Congresso, se houver necessidade para tal, conforme previsto expressamente do art.

---

[34] STF, ADI nº 3.741, Rel. Min. Ricardo Lewandowski, j. 06.09.2006.

139, I, da Constituição. Nesses casos, porém, assim que celebrada a paz ou cessado o estado de sítio, deverá imediatamente ser restaurado o direito de locomoção.

Deve-se observar que nem mesmo a decretação do estado de defesa autoriza a suspensão do direito à locomoção, uma vez que tal medida não se encontra entre as passíveis de serem adotadas pela Presidente, conforme art. 136, § 1º, da Constituição Federal, podendo haver, no entanto, restrição ao direito de reunião.

No que se refere ao ingresso de alguém de fora no território nacional, porém, a norma constitucional acima é de eficácia contida, podendo a lei estabelecer condições para alguém aqui ingressar, aqui permanecer ou daqui sair com seus bens, tendo em vista a segurança e os interesses nacionais, e normalmente obedecendo-se ao princípio da reciprocidade nas relações internacionais.

É o caso, por exemplo, de quando o Brasil exige visto de um não brasileiro para adentrar ao território nacional. Uma vez que aqui tenha ingressado de forma legal, porém, tem o estrangeiro plena liberdade de locomoção, dentro do prazo de validade de sua permanência.

10.14. DIREITO DE REUNIÃO

O direito à reunião é essencial em qualquer democracia, uma vez que uma das formas de expressão da vontade popular coletiva é através de manifestações públicas, sendo a restrição a esse direito uma das mais comuns características de regimes ditatoriais. O próprio movimento de redemocratização do Brasil tem como um de seus marcos, aliás, uma grande reunião realizada em um local público, que foi o último comício do movimento "Diretas Já", ocorrido em 16 de abril de 1984, no Vale do Anhangabaú, em São Paulo, e que reuniu até então o maior contingente de pessoas em um só local.

No plano do Direito Comparado, a liberdade de reunião foi contemplada pela primeira vez no direito positivo na Declaração de Direitos, de 1776, do recém-criado Estado da Pensilvânia, que, na esteira do movimento de independência das 13 colônias britânicas da América do Norte, assegurava ao povo, em seu art. 16, "o direito de se reunir, de deliberar o bem comum, de dar instruções a seus representantes e de solicitar à legislatura, por meio de mensagens, de petições ou de representações, a emenda dos erros que considere por ela praticados".[35]

Além do mais, deve-se considerar que locais abertos ao público são aqueles de uso de comum da coletividade, pertencendo à população como um todo, defluindo daí natural-

---

[35] No plano do Direito Internacional, pode-se destacar ainda a referência ao direito de reunião na Declaração Universal dos Direitos dos Homens, de 1948, que estipula que "todo homem tem direito à liberdade de reunião e associação pacíficas", e no Pacto Internacional dos Direitos Civis e Políticos, de 1966, no qual consta que "o direito de reunião pacífica será reconhecido. O exercício desse direito estará sujeito apenas às restrições previstas em lei e que se façam necessárias, em uma sociedade democrática, no interesse da segurança nacional, da segurança ou da ordem pública, ou para proteger a saúde ou a moral pública ou os direitos e as liberdades das demais pessoas".

mente a possibilidade de que grupos de pessoas possam se utilizar desses espaços para a realização de reuniões, qualquer que seja sua finalidade, como uma manifestação ou um comício político.

Sobre o direito de reunião em locais públicos estipula o art. 5º, XVI, de nossa Constituição:

> XVI – todos podem reunir-se pacificamente, sem armas, em locais abertos ao público, independentemente de autorização, desde que não frustrem outra reunião anteriormente convocada para o mesmo local, sendo apenas exigido prévio aviso à autoridade competente;

A Constituição, assim, garante expressamente que todos podem reunir-se em locais abertos ao público sem necessidade de solicitar qualquer autorização ao ente público. A expressão "locais abertos ao público" indica que não se inclui no direito de reunião o ajuntamento em locais que, ainda que possam se enquadrar no conceito de bens públicos, têm o acesso limitado e controlado, como ocorre com os bens de uso especial, como um prédio de uma repartição pública.

O direito de reunião em locais abertos ao público apresenta algumas condições para seu exercício, de acordo com o texto constitucional.

Primeiramente, a reunião deve ser pacífica. Significa que, além de se declarar pacífico, o ajuntamento deve de fato o ser. Assim, por exemplo, a polícia pode impedir que duas torcidas organizadas rivais, com todos os seus associados, se reúnam na praça logo após o jogo de futebol entre as duas equipes, mesmo que elas aleguem que a reunião é pacífica, uma vez que é previsível que o encontro resulte em violência.

Outra condição imposta é que os manifestantes não portem armas. A restrição abrange tanto as armas de fogo, como as chamadas "armas brancas", como facas, espadas e também outros objetos que possam ser usados como instrumento para agressão, como pedaços de madeira. A reunião, porém, só poderá ser impedida, nesse caso, se os participantes de forma geral estiverem armados, não justificando sua dissolução o fato de um ou outro somente estar portando o objeto letal. Nesta última situação, devem as forças de segurança solicitar a retirada do indivíduo armado ou requerer que o mesmo a entregue temporariamente.

A reunião também não deve frustrar outra manifestação anteriormente convocada para o mesmo local. Dessa forma, se um grupo de pessoas já havia comunicado que se reuniria em determinado local em determinada data e hora, outros grupos estão impedidos de também fazê-lo no mesmo lugar e momento. Tal disposição assume especial importância quando se sabe que, especialmente diante de temas polêmicos, é comum que um grupo queira obstar ou impedir a reunião de outro, justamente marcando sua reunião para o mesmo local e horário, além da possibilidade de se gerar conflitos.

Por fim, a última exigência imposta pela Constituição é que, em reuniões em locais públicos, deve haver aviso prévio à autoridade competente. Aqui não se trata de um requerimento de autorização, mas simplesmente de uma comunicação, tanto para que a autoridade competente verifique se já não há uma outra reunião agendada para o mesmo horário e local, como para tomar as providências para garantir a segurança dos manifestantes e para reduzir o impacto no trânsito de pessoas e veículos, além de verificar o caráter pacífico da reunião. Por outro lado, justamente por esse objeto instrumental do aviso previsto na Constituição, já decidiu o STF que a ausência de notificação prévia não implica necessariamente a ilegalidade da reunião, especialmente diante da importância do direito de reunião para o exercício pleno da democracia.[36]

Como consequência também do direito da liberdade de expressão, as manifestações podem ser utilizadas para os mais diversos propósitos, inclusive para requerer a descriminalização de condutas penais, como ocorreu, por exemplo, com a chamada "marcha da maconha", em que os participantes defendiam a liberalização do comércio e consumo dessa substância, e que foi considerada legítima pelo Supremo Tribunal Federal.[37]

Como todo direito, no entanto, o direito de reunião não é absoluto. Assim, por exemplo, a própria Constituição Federal autoriza sua suspensão nos casos de estado de defesa ou estado de sítio.

Da mesma forma, o Poder Público pode agir para garantir outros direitos, sempre se utilizando do bom senso, levando-se em consideração a proporcionalidade entre os direitos envolvidos. Como exemplo, imagine-se uma situação em que um grupo de 20 pessoas ocupe o leito carroçável de uma avenida, impedindo o trânsito de veículos, ou ainda que essas mesmas 20 pessoas coloquem-se bem em frente a um portão de saída de ambulâncias de um hospital. Nesse caso, as forças de segurança podem agir requerendo que as pessoas realizem sua reunião na calçada, de forma a não impedir a circulação dos automóveis, ou que se retirem da frente do portão. Por outro lado, em se tratando de uma reunião de milhares de pessoas, obviamente não há como se evitar reflexos no trânsito local, não podendo a autoridade impedir a realização do ato.

Por outro lado, nossa Suprema Corte decidiu que é inconstitucional a vedação da utilização de carros, aparelhos e objetos sonoros em locais públicos, desde que não isso não seja feito próximo de hospitais.[38]

10.15. DIREITO DE ASSOCIAÇÃO

Assim como o direito de reunião, o direito de associação também é inseparável do exercício da democracia e também está amparado não só no direito brasileiro, como também no direito internacional. No Brasil, o direito de associação é garantido desde a nossa primeira Constituição republicana, a de 1891.

O direito de associação pode ser entendido como o direito que um grupo de pessoas tem de reunir esforços e recursos em prol de um objetivo comum. As associações podem ter objetivos diversos, como econômicos, políticos, religiosos, educacionais ou

---

[36] STF, RE nº 806.339, Rel. designado Min. Edson Fachin, j. 14.12.2020.

[37] STF, ADPF nº 187, Rel. Min. Celso de Mello, j. 15.06.2011.

[38] STF, ADI nº 1.969, Rel. Ricardo Lewandowski, j. 28.06.2007.

238 Direito Constitucional Decifrado

de solidariedade, entre outros, podendo ou não estar inscrita no órgão de registro competente.

Sobre o direito de associação, dispõem os incisos XVII a XXI do art. 5º da Constituição:

> XVII – é plena a liberdade de associação para fins lícitos, vedada a de caráter paramilitar;

Quando a Constituição diz que é plena a liberdade de associação, está a dizer que as pessoas podem se associar para os fins que desejarem, não podendo o Estado definir previamente quais podem ser os objetivos dessas organizações, nem em princípio, a forma como será organizada.

O texto constitucional exige, porém, como não podia deixar de ser, que a associação deve ter sempre fins lícitos, ou seja, objetivos que não sejam ilegais. Assim, por exemplo, não seria admitida a existência de uma associação que possua como objetivo a prática de crimes.

Outra vedação expressa às associações é a de que possuam caráter paramilitar, o que, aliás, já a caracterizaria como ilegais.

Uma associação possuirá caráter paramilitar quando for criada para exercer uma atividade que rivaliza com a função das forças armadas, possuindo uma organização armada hierarquizada. Isso porque, em um Estado de Direito, somente o Poder Público tem a prerrogativa de utilizar-se da força militar. Muitos citam como exemplos de organizações paramilitares as chamadas milícias – criadas para aplicar uma espécie de justiça paralela à do Estado – e os exércitos particulares mantidos por traficantes em determinados lugares, para manter o controle sobre os pontos de vendas e até mesmo para manter a ordem, evitando a entrada da polícia na localidade.

Do direito à associação, inclusive, decorre o direito à não associação, assim entendido como a possibilidade de que as pessoas, mesmo possuindo objetivos comuns, resolverem não se associar, e exercer seus direitos ou reivindicações de forma individual, não podendo a lei obrigar a criação forçada de associações.

Em relação à criação de associações e de cooperativas, dispõe o inciso XVIII do art. 5º da Constituição:

> XVIII – a criação de associações e, na forma da lei, a de cooperativas, independem de autorização, sendo vedada a interferência estatal em seu funcionamento;

O Estado não pode interferir nas associações e cooperativas, as quais têm o direito de se organizarem conforme bem entenderem.

No caso das associações em geral, essa proibição de intervenção do Estado é absoluta – desde que seus objetivos sejam lícitos –, não podendo ser exigida autorização para sua criação.

Aliás, o Poder Público sequer pode exigir o registro das associações como condição para que possam exercer suas atividades. O que ocorre é que, sem o registro, a associação não possuirá personalidade jurídica, e assim não poderá adquirir bens ou exercer direitos em seu próprio nome, além de não poder subscrever determinadas petições, o que deverá ser feito, se for o caso, em nome de um ou mais dos associados.

Capítulo 10 ◆ Direitos e deveres individuais e coletivos **239**

> ### Decifrando a prova
>
> **(Delegado de Polícia – PF – Cespe – 2013)** O exercício do direito de associação e a incidência da tutela constitucional relativa à liberdade de associação estão condicionados à prévia existência de associação dotada de personalidade jurídica.
>
> ( ) Certo ( ) Errado
>
> **Gabarito comentado:** a constituição formal de uma associação não é condição necessária para o exercício dos direitos de associação previstos na Constituição Federal. Portanto, a assertiva está errada.

Deve-se, no entanto, observar que, especificamente para a criação de sindicatos – que são associações criadas com o fim determinado de representar os integrantes de determinada categoria profissional ou econômica –, estipula a Constituição Federal, em seu art. 8º, a obrigatoriedade de seu registro junto ao órgão competente, até para garantir o respeito ao princípio da unicidade sindical em determinada base territorial.

Independentemente de seu registro, porém, as associações possuem direitos e deveres em relação a seus associados, conforme estabelecido em seu estatuto ou na lei. Dessa forma, por exemplo, para a expulsão de um associado, deve este ter direito ao contraditório e à ampla defesa, conforme previsto em nosso Código Civil.

No que se refere às entidades cooperativas, porém, o art. 5º, XVIII, é de eficácia contida, podendo ser estabelecidas condições para sua criação. Assim, por exemplo, no caso das cooperativas de crédito, exige-se que possuam autorização do Banco Central para operar. Além disso, todas as cooperativas, para serem reconhecidas como tal, devem ser registradas na Organização das Cooperativas do Brasil. Atualmente, a Lei nº 5.764/1971 é que estabelece regras para a criação de cooperativas.

Sobre a suspensão e dissolução compulsória de associações, dispõe o inciso XIX do art. 5º da Constituição:

> XIX – as associações só poderão ser compulsoriamente dissolvidas ou ter suas atividades suspensas por decisão judicial, exigindo-se, no primeiro caso, o trânsito em julgado;

Suspensão é a interrupção temporária das atividades da associação, por tempo predeterminado ou não. Já a dissolução implica o encerramento definitivo das atividades da associação.

Tanto para que ocorra a suspensão como a dissolução contra a vontade dos associados, deve haver decisão judicial, sendo que, no caso da dissolução, exige-se o trânsito em julgado, ou seja, de que decisão não caiba mais nenhum recurso.

Assim, por exemplo, se o Ministério Público detectar que determinada associação foi criada para permitir ou facilitar a prática de atos ilícitos, poderá ele entrar com uma medida judicial com pedido de liminar pleiteando a imediata suspensão das atividades da entidade. A extinção definitiva da associação, porém, somente será decretada após esgotarem-se os seus recursos na esfera judicial, para garantir seu adequado direito de defesa.

Direito Constitucional Decifrado

> **Jurisprudência destacada**
>
> Cabe enfatizar, neste ponto, que as normas inscritas no art. 5º, XVII a XXI, da atual CF, protegem as associações, inclusive as sociedades, da atuação eventualmente arbitrária do legislador e do administrador, eis que somente o Poder Judiciário, por meio de processo regular, poderá decretar a suspensão ou a dissolução compulsórias das associações. Mesmo a atuação judicial encontra uma limitação constitucional: apenas as associações que persigam fins ilícitos poderão ser compulsoriamente dissolvidas ou suspensas. Atos emanados do Executivo ou do Legislativo, que provoquem a compulsória suspensão ou dissolução de associações, mesmo as que possuam fins ilícitos, serão inconstitucionais (STF, ADI nº 3.045, j. 10.08.2005).

XX – ninguém poderá ser compelido a associar-se ou a permanecer associado;

Assim como é garantido o direito de associação, também se garante o de direito de não se associar ou de desassociar-se a qualquer momento. Assim, é inconcebível que não se respeite a vontade do associado, obrigando-o a permanecer na associação.

Havendo violência ou grave ameaça para obrigar alguém a participar ou deixar de participar de sindicato ou associação profissional, configurar-se-á o crime previsto no art. 199 do Código Penal, que prevê pena de detenção, de um mês a um ano, e multa, além da pena correspondente à violência.

Nem mesmo a lei pode determinar a filiação compulsória a associação. Nesse sentido, decidiu que o STF que viola os princípios constitucionais da liberdade de associação a norma legal que condiciona, ainda que indiretamente, o recebimento do benefício do seguro-desemprego à filiação do interessado a colônia de pescadores de sua região.[39]

No entanto, é importante observar que, via de regra, as associações podem negar a entrada de novos membros, se houver justificativa para tal, devendo o ato de recusa ser devidamente motivado e não estar baseado em critérios que denotem preconceitos ou discriminações arbitrárias.

Em relação à representação de seus membros pelas associações, dispõe o inciso XXI do art. 5º da Constituição:

XXI – as entidades associativas, quando expressamente autorizadas, têm legitimidade para representar seus filiados judicial ou extrajudicialmente;

Verifica-se, assim, que o texto constitucional permite às associações representar seus filiados perante terceiros e perante o próprio Judiciário, propondo ações judiciais ou apresentando requerimentos administrativos, exigindo-se, porém, que elas sejam expressamente autorizadas para isso. Essa legitimação é importante sob vários aspectos, como por exemplo, reduzir o número de ações em trâmite no Poder Judiciário (uma vez que diversas ações, uma

---

[39] STF, ADI nº 3.464, Rel. Min. Menezes Direito, j. 29.10.2008.

Capítulo 10 ♦ Direitos e deveres individuais e coletivos **241**

para cada associado, podem ser substituídas por uma única) e permitir que os associados possam se quotizar e contratar uma melhor assessoria e representação jurídica.

Essa autorização de seus membros deve ser dada de forma expressa pelos associados, seja individualmente por escrito ou por assembleia geral, não se admitindo permissão genérica constante do estatuto da entidade, de acordo com o posicionamento atual do Supremo Tribunal Federal, externado em sede de repercussão geral.[40]

> ### 🧩 Decifrando a prova
>
> **(Delegado de Polícia – PC-SP – Vunesp – 2018 – Adaptada)** Ao dispor sobre os direitos e garantias fundamentais, a Constituição Federal de 1988 dispõe que após o registro dos filiados, as entidades associativas têm legitimidade automática para representá-los judicial ou extrajudicialmente.
>
> ( ) Certo   ( ) Errado
>
> **Gabarito comentado:** a representação judicial e extrajudicial de filiados por entidades representativas depende de sua autorização expressa, exceção feita à impetração de mandado de segurança coletivo, que prescinde de tal autorização. Portanto, a assertiva está errada.

O STF também exige que, para que seja beneficiado por eventual processo judicial proposto pela associação, deve o filiado ostentar essa condição antes do ajuizamento da ação e constar de lista de associados que deve ser apresentada pela entidade representante juntamente com a petição inicial.[41]

Importante notar que, no caso de mandado de segurança coletivo, não há necessidade de que a associação obtenha essa autorização específica, pela expressa previsão constitucional do art. 5º, LXX, *b*, conforme preceitua a Súmula nº 629 do Supremo Tribunal Federal,[42] uma vez que, nesse caso, trata-se de legitimação ativa extraordinária.

10.16. DIREITO DE PROPRIEDADE

Sobre o direito de propriedade, temos os incisos XXII e XXIII:

XXII – é garantido o direito de propriedade;

XXIII – a propriedade atenderá a sua função social;

A Constituição reconhece o direito de propriedade, estando este inclusive subentendido em um dos princípios fundamentais da República, o da livre-iniciativa, uma vez que esta pressupõe a propriedade privada dos bens.

---

[40] STF, RE nº 573.232, Rel. Min. Ricardo Lewandowski, j. 14.05.2014.

[41] STF, RE nº 612.043, Rel. Min. Marco Aurélio, j. 10.05.2017.

[42] Súmula nº 629 do STF: "a impetração de mandado de segurança coletivo por entidade de classe em favor dos associados independe da autorização destes".

242 Direito Constitucional Decifrado

O direito de propriedade é normalmente definido como o direito de usar, fruir e dispor da coisa (*jus utendi, jus fruendi* e *jus abutendi*), permitindo assim que seu titular se utilize da coisa como bem lhe aprouver, obtenha e usufrua de seus frutos e ainda possa repassá-la a outrem, a título oneroso ou gratuito.

No entanto, o direito de propriedade, como os outros, não é absoluto, podendo encontrar restrições impostas de forma voluntária pelo proprietário, como a imposição, ao seu sucessor, de cláusula de usufruto do bem, ou pela própria lei, como algumas servidões obrigatórias.

Além disso, a Constituição Federal também determina expressamente que a propriedade deve atender à sua função social, entendendo-se como tal que o direito de propriedade não pode ser exercido em prejuízo da sociedade, como ocorre, por exemplo, com a manutenção de uma grande propriedade rural improdutiva, enquanto muitos não possuem terra para plantar, ou no caso de um imóvel urbano que é utilizado causando prejuízos aos vizinhos. Nesses casos de não respeito a sua função social, pode ocorrer até mesmo a desapropriação do bem.

A teoria da função social da propriedade parte do princípio de que, sendo a propriedade exclusiva e impedindo outros de se utilizarem do bem sem a permissão de seu dono, é importante que este a utilize de forma a produzir algum benefício, ainda que indireto, para a coletividade, ou que ao menos essa não seja prejudicada pelo uso que o proprietário dá aos seus bens.

Em se tratando a função social de interferência em um direito tão importante, a Constituição Federal estabelece expressamente as condições para que as propriedades urbanas e rurais atendam sua função social, tantos dos imóveis urbanos como rurais, respectivamente em seus arts. 182 e 186:

> **Art. 182.** A política de desenvolvimento urbano, executada pelo Poder Público municipal, conforme diretrizes gerais fixadas em lei, tem por objetivo ordenar o pleno desenvolvimento das funções sociais da cidade e garantir o bem-estar de seus habitantes.
>
> (...)
>
> § 2º A propriedade urbana cumpre sua função social quando atende às exigências fundamentais de ordenação da cidade expressas no plano diretor.
>
> **Art. 186.** A função social é cumprida quando a propriedade rural atende, simultaneamente, segundo critérios e graus de exigência estabelecidos em lei, aos seguintes requisitos:
>
> I – aproveitamento racional e adequado;
>
> II – utilização adequada dos recursos naturais disponíveis e preservação do meio ambiente;
>
> III – observância das disposições que regulam as relações de trabalho;
>
> IV – exploração que favoreça o bem-estar dos proprietários e dos trabalhadores.

O art. 182, § 4º, da Constituição permite a desapropriação do imóvel urbano que não cumpra sua função social. Deve-se observar, porém, que, de acordo com tal dispositivo, a desapropriação do imóvel urbano não edificado, subutilizado ou não utilizado somente pode ser feita respeitando-se quatro requisitos:

- existência de lei específica;
- que a área onde está o imóvel esteja incluída no plano diretor;
- descumprimento de obrigação imposta de parcelamento ou edificação compulsória; e
- aplicação de imposto sobre a propriedade predial e territorial urbana progressivo no tempo.

Presentes essas condições, poderá o imóvel urbano ser desapropriado por descumprimento de sua função social, caso em deverá ser paga indenização ao proprietário mediante títulos da dívida pública de emissão previamente aprovada pelo Senado Federal, com prazo de resgate de até dez anos, em parcelas anuais, iguais e sucessivas, assegurados o valor real da indenização e os juros legais.

Em relação ao imóvel rural, vê-se que o art. 186 da Constituição traz várias exigências, sendo que o descumprimento de uma delas, nos termos da lei, levará a considerar-se que o imóvel não está cumprindo sua função social, o que pode acarretar sua desapropriação com sua destinação a programas de reforma agrária.

Em relação a esse tema, aliás, é interessante observar que o art. 243 da Constituição determina que as propriedades rurais e urbanas onde forem localizadas culturas ilegais de plantas psicotrópicas ou a exploração de trabalho escravo serão expropriadas e destinadas à reforma agrária e a programas de habitação popular, sem qualquer indenização ao proprietário e sem prejuízo de outras sanções previstas em lei. Isso porque, nesse caso, não está havendo um mero descumprimento da função social da propriedade, mas sim a prática de crimes, sendo que, nesse caso, de acordo com o entendimento do STF, o confisco independe de demonstrar-se a habitualidade, reiteração do uso do bem para tal finalidade, a sua modificação para dificultar a descoberta do local do acondicionamento da droga ou qualquer outro requisito além daqueles previstos expressamente no texto constitucional.[43]

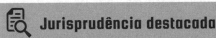

Jurisprudência destacada

O direito de propriedade não se reveste de caráter absoluto, eis que, sobre ele, pesa grave hipoteca social, a significar que, descumprida a função social que lhe é inerente (CF, art. 5º, XXIII), legitimar-se-á a intervenção estatal na esfera dominial privada, observados, contudo, para esse efeito, os limites, as formas e os procedimentos fixados na própria Constituição da República. O acesso à terra, a solução dos conflitos sociais, o aproveitamento racional e adequado do imóvel rural, a utilização apropriada dos recursos naturais disponíveis e a preservação do meio ambiente constituem elementos de realização da função social da propriedade (STF, ADI nº 2.213 MC, Rel. Min. Celso de Mello, j. 04.04.2002).

---

[43] STF, RE nº 638.491, Rel. Min. Luiz Fux, j. 17.05.2017.

10.17. DESAPROPRIAÇÃO

Desapropriação é o ato administrativo pelo qual a União, o Estado, o Distrito Federal ou o Município retira a propriedade de alguém, passando o bem a ser considerado público, o que deve ser feito, obviamente, respeitando-se as disposições legais.

A desapropriação é considerada uma forma originária de aquisição da propriedade, uma vez que independe da existência de título de propriedade anterior e de comprovação da legitimidade do proprietário, o que somente cabe para fins de definição de quem receberá indenização correspondente.

Como se trata de ato de inegável gravidade, atingindo o direito fundamental à propriedade, traz a Constituição, em seu art. 5º, XXIV, algumas regras que devem ser obedecidas no processo de desapropriação:

> XXIV – a lei estabelecerá o procedimento para desapropriação por necessidade ou utilidade pública, ou por interesse social, mediante justa e prévia indenização em dinheiro, ressalvados os casos previstos nesta Constituição;

Primeiramente, fica claro que se trata de norma de eficácia limitada, devendo a lei estabelecer a forma como a desapropriação será feita. Atualmente, diversas leis cumprem esse papel, como o Decreto-lei nº 3.365, de 21 de junho de 1941, e a Lei nº 4.132, de 10 de setembro de 1962. Embora possa aplicar-se a qualquer tipo de bem de propriedade privada, normalmente a desapropriação ocorre sobre imóveis.

A Constituição Federal, no dispositivo citado acima, traz três hipóteses que justificam a desapropriação: necessidade pública, utilidade pública e interesse social.

Na necessidade pública, de pouca utilização na prática, entende-se que a administração está diante de uma situação urgente e inadiável, que representa um risco iminente à coletividade ou a pessoas específicas, sendo a desapropriação a única ou pelo menos a melhor forma de eliminar esse risco. Como exemplo, podemos citar o caso de desapropriação de imóveis que estejam em área de risco. Como o Decreto-lei nº 3.365/1941 somente traz as hipóteses de utilidade e necessidade pública, sem diferenciá-las, alguns consideram que a utilidade pública seja gênero, do qual a necessidade é espécie. A Constituição, porém, como visto, distingue as duas situações.

Já na utilidade pública, embora não haja a urgência e os riscos presentes na necessidade, a desapropriação é conveniente ao atendimento do interesse público, como ocorre, por exemplo, com a desapropriação de imóveis para o alargamento de avenidas ou para a construção de um hospital ou de uma estação do metrô. É a hipótese mais alegada nas desapropriações em geral, devendo ser antecedida de decreto do Chefe do Poder Executivo, declarando a utilidade pública do imóvel.

Por fim, o interesse social envolve a realização de uma ação para a redução das desigualdades sociais. De acordo com o renomado administrativista Hely Lopes Meirelles (2007):

> (...) o interesse social ocorre quando as circunstâncias impõem a distribuição ou o condicionamento da propriedade para seu melhor aproveitamento, utilização ou produtividade em benefício da coletividade ou de categorias sociais merecedoras de amparo específico do Poder Público.

Capítulo 10 ◆ Direitos e deveres individuais e coletivos **245**

Exemplo de desapropriação por interesse social ocorre quando a propriedade rural é destinada à reforma agrária, o que somente pode ser realizada pela União, ou o terreno urbano é desapropriado para ser destinado à construção de moradias populares. Aliás, o art. 2º da Lei nº 4.132/1962 estabelece o que deve ser entendido como interesse social.

A desapropriação, como indica a própria Constituição Federal, deve ser, via de regra, compensada financeiramente ao proprietário, a fim de evitar-se que o mesmo seja injustamente desfalcado em seu patrimônio, sendo que tal indenização deverá obedecer a três condições.

Primeiramente, deverá ser em dinheiro. Assim, não se pode pagar o proprietário com títulos públicos ou com a entregue de um outro imóvel, por exemplo, exceto se houver autorização expressa do desapropriado ou em hipóteses previstas na própria Constituição, como no caso de desapropriação para fins de reforma agrária ou de imóvel urbano que não cumpra sua função social.

Além disso, a indenização deve ser prévia, ou seja, antes de o desapropriado ser obrigado a deixar seu imóvel, deve ele receber o valor da indenização para que possa utilizar esse dinheiro para adquirir um novo imóvel.

Por fim, deverá o valor da indenização ser justo, ou seja, deve corresponder ao valor de mercado do imóvel, ainda que o valor venal utilizado pelos entes públicos para fins de cobrança de tributos seja diferente. A ideia é que, como já dito, que o desapropriado não sofra prejuízo financeiro com a perda da propriedade do bem. No caso concreto, não havendo acordo entre a Administração Pública e o desapropriado sobre o valor que seria justo – situação bastante comum –, cabe ao Poder Judiciário resolver a questão, o que normalmente faz com que a desapropriação acabe tendo uma fase administrativo e uma fase judicial.

Se o proprietário não concordar com o valor da indenização, poderá a Administração Pública imitir-se provisoriamente na posse, desde que obtenha autorização judicial e efetue o depósito prévio de valor mínimo determinado pelo Poder Judiciário. Apesar da aparente incongruência entre esse instituto – previsto no art. 15 do Decreto-Lei nº 3.365/1941 – e a exigência constitucional de indenização prévia e justa, o STF considerou como válida tal disposição, tendo inclusive editado súmula consolidando essa posição: a de número 652.[44]

Deve-se notar, porém, que a Constituição traz algumas exceções às regras sobre a indenização vistas acima. Assim, por exemplo, a desapropriação de imóvel urbano que não cumpra sua função social não será nem em dinheiro nem prévia, uma vez que o valor poderá ser pago em dez anos, com títulos da dívida pública. Da mesma forma, imóveis urbanos e rurais poderão ser desapropriados sem pagamento de indenização, nos casos de serem utilizadas para culturas ilegais de plantas psicotrópicas ou para a exploração de trabalho escravo.

Em relação a esta última hipótese – expropriação pelo cultivo de substâncias psicotrópicas –, o Supremo Tribunal Federal adotou o entendimento, em sede de repercussão geral, de que ela pode não ser aplicada no caso de a cultura não ter sido realizada pelo proprietário e haver demonstração de que ele não agiu com culpa no episódio.[45]

---

[44] Súmula nº 652 do STF: "Não contraria a Constituição o art. 15, § 1º, do Decreto-lei nº 3.365/1941 (Lei da Desapropriação por Utilidade Pública)".

[45] STF, RE nº 635.336/PE, Rel. Min. Gilmar Mendes, j. 14.12.2016.

Deve-se observar que a competência para legislar sobre desapropriação é privativa da União, nos termos do art. 22, II, da Constituição Federal, somente podendo os Estados e Municípios legislarem sobre o assunto se houver delegação da União por meio de lei complementar, nos termos do parágrafo único do mesmo artigo.

A desapropriação especificamente para a realização de reforma agrária também é ato privativo da União, nos demais casos, Estados, Distrito Federal e Municípios poderão realizá-la, ainda que por interesse social.

A execução da desapropriação – e não sua regulamentação –, ou seja, a realização dos procedimentos materiais para sua efetivação, como adoção das medidas administrativas e judiciais, bem como o pagamento da indenização, pode ser feita

O Decreto-lei nº 3.365/1941 permite também a desapropriação de bens públicos, mas estabelecendo uma hierarquia entre os entes da Federação: a União pode desapropriar bens estaduais e municipais, e os Estados podem desapropriar bens municipais, desde que, em qualquer caso, haja autorização legislativa do Congresso Nacional ou da Assembleia Legislativa.

Por fim, deve-se destacar a possibilidade da chamada desapropriação indireta, aquela que não é feita formalmente, mas que, na prática, gera os mesmos efeitos da desapropriação propriamente dita. Nesse sentido, leciona Maria Sylvia Di Pietro (2000, p. 171) que:

> Às vezes, a Administração não se apossa diretamente do bem, mas lhe impõe limitações ou servidões que impedem totalmente o proprietário de exercer sobre o imóvel os poderes inerentes ao domínio; neste caso, também se caracterizará a desapropriação indireta, já que as limitações e servidões somente podem, licitamente, afetar em parte o direito de propriedade.

Havendo a desapropriação indireta, deverá ser paga a indenização correspondente, nos mesmos termos que a Constituição estabelece: prévia, justa e em dinheiro.

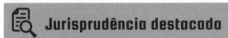

Verificada a insuficiência do depósito prévio na desapropriação por utilidade pública, a diferença do valor depositado para imissão na posse deve ser feita por meio de precatório, na forma do art. 100 da Constituição do Brasil/1988 (STF, RE nº 598.678, Rel. Min. Eros Grau, j. 01.12.2009).

10.18. REQUISIÇÃO ADMINISTRATIVA

Sobre a chamada requisição administrativa, dispõe o art. 5º, XXV, da Constituição Federal:

> XXV – no caso de iminente perigo público, a autoridade competente poderá usar de propriedade particular, assegurada ao proprietário indenização ulterior, se houver dano;

A requisição administrativa, assim como a desapropriação, implica uma interferência do Estado na propriedade privada, mas deste se difere pelo fato de não haver a transferência de propriedade, ou seja, na requisição administrativa, diferentemente do que ocorre na desapropriação, o proprietário do bem não perde essa condição.

Trata-se, na verdade, de poder conferido à Administração Pública federal, estadual e municipal de utilizar-se compulsoriamente, mas temporariamente, de um imóvel particular sem necessidade de intervenção do Poder Judiciário, o que, porém, somente pode ser feito – no caso da requisição civil – em caso de iminente perigo público.

Outra diferença em relação ao instituto da desapropriação é que no caso de requisição administrativa somente haverá o pagamento de indenização se ocorrer algum dano constatado posteriormente. Esse dano tanto pode ser efetivo, real, como a deterioração do imóvel, por exemplo, como abrange também valores que o proprietário tenha deixado de auferir por conta de não poder se utilizar do imóvel naquele período, como os chamados lucros cessantes.

De acordo com o art. 22, III, da Constituição Federal, compete à União legislar sobre "requisições civis e militares, em caso de iminente perigo e em tempos de guerra". Assim, deixa claro o texto constitucional que a requisição administrativa se divide em duas modalidades: requisição civil, que pode ser feita em caso de iminente perigo público, conforme exposto também no art. 5º; e requisição militar, que pode ser feita em tempos de guerra.

Exemplo de aplicação da requisição administrativa ocorreu quando da pandemia de Covid-19, em que a Lei nº 13.979/2020 regulamentou a requisição de bens e serviços de pessoas naturais e jurídicas como medida para enfrentamento da emergência de saúde pública.

Outro exemplo seria a utilização compulsória, pela prefeitura, de imóveis que não estejam sendo utilizados como residência ou como estabelecimento comercial para temporariamente abrigar as pessoas atingidas por um desastre natural.

No caso de a requisição administrativa recair sobre imóveis, muitas vezes é denominada de ocupação temporária.

A Constituição, em seu art. 22, III, prevê a competência da União para legislar sobre requisição administrativa, civil ou militar. A requisição civil é determinada no caso de iminente perigo público, conforme visto acima. Já a requisição militar pode ser feita em tempos de guerra.

10.19. IMPENHORABILIDADE DO PEQUENO IMÓVEL RURAL

O art. 5º, XXVI, estabelece a impenhorabilidade do pequeno imóvel rural:

> XXVI – a pequena propriedade rural, assim definida em lei, desde que trabalhada pela família, não será objeto de penhora para pagamento de débitos decorrentes de sua atividade produtiva, dispondo a lei sobre os meios de financiar o seu desenvolvimento;

Penhora é o ato judicial através do qual é tomada a propriedade de um bem, por determinação de um magistrado, para posterior leilão e pagamento de alguma dívida reclamada em juízo.

O referido inciso XXVI proíbe que a pequena propriedade rural, cuja definição cabe à lei, desde que seja trabalhada pela família, ou seja, sem utilização contínua de mão de obra de terceiros, sofra penhora para quitar débitos decorrentes de sua própria atividade produtiva.

O art. 4º, II, da Lei nº 4.504/1964 (Estatuto da Terra) define a pequena propriedade rural, chamando-a de "propriedade familiar", da seguinte forma:

(...) o imóvel rural que, direta e pessoalmente explorado pelo agricultor e sua família, lhes absorva toda a força de trabalho, garantindo-lhes a subsistência e o progresso social e econômico, com área máxima fixada para cada região e tipo de exploração, e eventualmente trabalho com a ajuda de terceiros.

Por sua vez, o art. 4º da Lei nº 8.629/1993 determina que a pequena propriedade rural deverá ter área de até quatro módulos fiscais, respeitada a fração mínima de parcelamento. O tamanho de cada módulo rural, por sua vez, é fixado pelo Instituto Nacional de Colonização e Reforma Agrária (Incra), para cada município, variando, dependendo da localidade, de 5 a 110 hectares.

O objetivo do comando constitucional é evitar que, não conseguindo o pequeno produtor rural pagar um empréstimo feito para financiar sua produção, venha o banco a tomar a sua propriedade, o que poderia levar a um agravamento da concentração fundiária no país e desestimular a tomada de crédito pelo pequeno produtor rural.

Por outro lado, essa disposição ocasiona uma redução na garantia de recebimento pelo credor, o que pode levar ao desestímulo da concessão de crédito ao pequeno produto rural. Por conta disso é que o texto constitucional determina que deve a lei dispor sobre meios de financiar o desenvolvimento da atividade produtiva, oferecendo, por exemplo, incentivos aos bancos para alocarem recursos em linhas de crédito voltadas aos pequenos produtores rurais ou mesmo por meio da abertura de crédito custeado com recursos públicos.

> ### Decifrando a prova
>
> **(Delegado de Polícia – PC-DF – Funiversa – 2015 – Adaptada)** No que diz respeito aos direitos e às garantias fundamentais, é correto afirmar que as propriedades rurais não serão objeto de penhora para pagamento de débitos decorrentes de sua atividade produtiva.
> ( ) Certo   ( ) Errado
> **Gabarito comentado:** somente são protegidas pela impenhorabilidade prevista na Constituição as pequenas propriedades rurais, conforme definido em lei. A afirmação, portanto, está errada, ao estender tal proteção a todas as propriedades rurais. Portanto a assertiva está errada.

10.20. DIREITOS DO AUTOR E DE PARTICIPAÇÃO EM OBRAS COLETIVAS

Os incisos XXVII e XXVIII do art. 5º da Constituição Federal tratam sobre os direitos dos autores – os chamados direitos autorais – e dos participantes em obras coletivas:

XXVII – aos autores pertence o direito exclusivo de utilização, publicação ou reprodução de suas obras, transmissível aos herdeiros pelo tempo que a lei fixar;

XXVIII – são assegurados, nos termos da lei:

Capítulo 10 ◆ Direitos e deveres individuais e coletivos

a) a proteção às participações individuais em obras coletivas e à reprodução da imagem e voz humanas, inclusive nas atividades desportivas;

b) o direito de fiscalização do aproveitamento econômico das obras que criarem ou de que participarem aos criadores, aos intérpretes e às respectivas representações sindicais e associativas.

O inciso XXVII aplica-se aos criadores de obras literárias e artísticas, os quais possuirão direito perpétuo sobre suas criações, podendo ou não decidir sobre sua forma utilização, publicação ou reprodução, podendo ainda repassar esse direito a terceiros. Assim, quem escreve um livro, pinta um quadro ou compõe uma música, por exemplo, pode decidir sobre a publicação, exposição ou reprodução de sua obra, o que somente pode ser feito com sua expressa autorização, especialmente para fins comerciais.

Além disso, os herdeiros desses autores também terão esses mesmos direitos, porém, nesse caso, por tempo limitado, conforme prazo estabelecido em lei ordinária. Após esse período, a obra cairá em domínio público, podendo qualquer um utilizar-se da mesma ou reproduzi-la sem precisar de autorização prévia.

Mesmo após a concessão de autorização de uso pelo autor, pode ele, de acordo com a lei, retirar de circulação a obra ou suspender qualquer forma de utilização, quando a circulação ou utilização implicarem afronta à sua reputação e imagem.

No caso de obras musicais e literomusicais, atualmente a arrecadação e distribuição dos direitos autorais correspondentes são feitas de forma centralizada pelo Escritório Central de Arrecadação e Distribuição (Ecad), associação de gestão coletiva cuja existência e função baseia-se no art. 99 da Lei nº 9.610/1998, cuja constitucionalidade foi atestada pelo Supremo Tribunal Federal.[46]

O inciso XXVIII, por sua vez, garante a participação econômica nas obras coletivas, bem como o direito de fiscalização desse aproveitamento econômico. Esse direito de fiscalização é especialmente importante para a verificação do correto pagamento das participações, quando estas forem proporcionais ao valor auferido com a exploração econômica da obra. No entanto, a participação também pode se dar por meio do recebimento de um valor único e fixo – o chamado cachê.

🔍 Jurisprudência destacada

O fato de a fotografia estar acessível mediante pesquisa em mecanismo de busca disponibilizado na internet não priva seu autor dos direitos assegurados pela legislação de regência, tampouco autoriza a presunção de que ela esteja em domínio público, haja vista tais circunstâncias não consubstanciarem exceções previstas na lei (STJ, REsp nº 1.822.619/SP, Rel. Min. Nancy Andrighi, j. 18.02.2020).

---

[46] STF, ADI nº 2.054, Rel. Min. Ilmar Galvão, j. 02.04.2003.

10.21. DIREITOS DO INVENTOR E PROTEÇÃO DA MARCA

O inciso XXIX do art. 5º trata acerca dos direitos do inventor e proteção das criações industriais, marcas, nomes de empresas e outros signos distintivos:

> XXIX – a lei assegurará aos autores de inventos industriais privilégio temporário para sua utilização, bem como proteção às criações industriais, à propriedade das marcas, aos nomes de empresas e a outros signos distintivos, tendo em vista o interesse social e o desenvolvimento tecnológico e econômico do país;

Diferentemente dos autores das obras de cunho intelectual, cultural ou artístico, que possuem direitos perpétuos sobre suas obras, os autores de inventos industriais – os chamados inventores – têm titularidade temporária sobre os direitos da criação, que durará durante o prazo de vigência da patente. Essa limitação temporal do direito de exclusividade visa permitir que a indústria nacional possa se beneficiar mais rapidamente das inovações tecnológicas desenvolvidas, evitando a formação de monopólios de longo prazo.

Ademais, o referido inciso também prevê proteção às marcas, aos nomes de empresas e outros signos distintivos, como *slogans* e logotipos, proteção essa que deve levar em conta não somente o interesse dos titulares, mas também os do país. Essa proteção, no entanto, depende do registro nos órgãos próprios, exceto no caso das chamadas marcas notórias.

A proteção concedida às marcas, nomes de empresas e outros signos distintivos justifica-se tanto do ponto de vista moral, evitando que alguém de forma ardilosa se aproveite ilicitamente do renome de uma empresa ou produto, como do ponto de vista econômico, propiciando uma maior probabilidade de que o empresário tenha retorno de seus investimentos realizados.

10.22. DIREITOS RELATIVOS À SUCESSÃO *CAUSA MORTIS*

Os incisos XXX e XXXI tratam dos direitos relativos à sucessão *causa mortis*, que consiste na transferência de propriedade dos bens de alguém pela sua morte:

> XXX – é garantido o direito de herança;
>
> XXXI – a sucessão de bens de estrangeiros situados no País será regulada pela lei brasileira em benefício do cônjuge ou dos filhos brasileiros, sempre que não lhes seja mais favorável a lei pessoal do *de cujus*;

A expressão *de cujus* refere-se ao falecido, ou seja, ao autor da herança, aquele que morreu e deixou bens a serem repartidos entre seus herdeiros. Os herdeiros são aqueles que a legislação civil assim define – herdeiros legais – e também aqueles definidos por testamento – herdeiros testamentários. Trata-se, assim de norma de eficácia limitada, conforme reconhecido pelo STF.[47]

Entre os herdeiros legais temos os herdeiros necessários, que são aqueles que têm direito à chamada parte legítima do legado, que são os descendentes, os ascendentes e o cônjuge.

---

[47] STF, ADI nº 1.715 MC, Rel. Min. Maurício Corrêa, j. 21.05.1998.

Capítulo 10 ◆ Direitos e deveres individuais e coletivos **251**

A parte legítima corresponde a 50% do valor da herança. Dessa forma, o herdeiro somente pode dispor livremente – por meio de testamento – de metade de sua herança.

Além de garantir o direito de herança, nossa Constituição Federal também estabelece que, no caso de um estrangeiro que tiver bens no Brasil vier a falecer, para regular a sucessão desses bens situados no Brasil serão aplicadas as leis brasileiras, no que se refere aos direitos dos filhos ou cônjuge brasileiros, a não ser que lhes seja mais favorável a lei do país do falecido.

O seguinte exemplo deve ajudar a ilustrar o exposto acima:

Imagine-se que um estrangeiro tenha como primogênito um brasileiro e mais dois outros filhos, também estrangeiros, e que venha a falecer, deixando entre seus bens uma fazenda localizada aqui no Brasil. Considere-se que a lei de seu país estabeleça que o primogênito tenha direito à metade da herança do pai.

Nesse caso, a lei estrangeira é mais favorável ao filho brasileiro, uma vez que pela nossa legislação o mesmo teria direito somente a um terço da fazenda. Sendo assim, aquela será aplicada em lugar da lei da lei brasileira.

Agora, por outro lado, imagine-se que, no lugar de um filho, o estrangeiro tivesse uma filha brasileira, e que a lei de seu país determine que somente os filhos homens possam herdar. Nesse caso, será aplicada a lei brasileira na divisão da fazenda, uma vez que esta é mais favorável à brasileira.

10.23. DIREITOS DO CONSUMIDOR

O art. 5º, XXXII, trata sobre a proteção dos direitos do consumidor:

XXXII – o Estado promoverá, na forma da lei, a defesa do consumidor;

Nossa Constituição prevê que o Estado deve tutelar os direitos do consumidor, visto como hipossuficiente em relação às empresas, especialmente os grandes conglomerados, tendo mais dificuldades de defender seus interesses e direitos, seja pelo menor conhecimento acerca do negócio, seja por seu menor poderio econômico.

Mais à frente, a Constituição volta a este assunto, colocando, em seu art. 170, V, a defesa do consumidor como um dos princípios da ordem econômica.

Trata-se de norma de eficácia limitada, regulamentada por leis como o Código de Defesa do Consumidor (Lei nº 8.078/1990) e o Estatuto do Torcedor (Lei nº 10.671/2003).

Hoje, o principal diploma que promove a proteção ao consumidor é o Código de Defesa do Consumidor, nome dado à Lei nº 8.078/1990.

10.24. DIREITO À OBTENÇÃO DE INFORMAÇÕES DE ÓRGÃOS PÚBLICOS

Dispõe o art. 5º, XXXIII, da Constituição Federal:

XXXIII – todos têm direito a receber dos órgãos públicos informações de seu interesse particular, ou de interesse coletivo ou geral, que serão prestadas no prazo da lei, sob

252 Direito Constitucional Decifrado

pena de responsabilidade, ressalvadas aquelas cujo sigilo seja imprescindível à segurança da sociedade e do Estado;

A transparência é um dos pilares do regime democrático, sendo colocada como um dos fundamentos da Administração Pública, sob o nome de princípio da publicidade. Em decorrência disso, a Constituição determina expressamente que o Estado forneça aos cidadãos todas as informações solicitadas por ele que sejam de seu interesse particular ou de interesse público ou geral.

Atualmente, esse dispositivo da Constituição é regulamentado pela Lei nº 12.527/2011, conhecida como Lei de Acesso à Informação, a qual somente permite que seja negado conhecimento dos cidadãos às informações que tenham caráter sigiloso – conforme classificação que deve ser realizada formalmente – ou que se refiram a informações pessoais de terceiros.

Como regra geral, então, as informações produzidas ou custodiadas pelas entidades e órgãos públicos devem respeitar o princípio da publicidade. E isso deve ocorrer ainda que a divulgação dessas informações possa pontualmente invadir a esfera da privacidade de alguns, desde que o interesse público assim o determine. Dessa forma, o Supremo Tribunal Federal entendeu, por exemplo, que é legítima a publicação, inclusive em sítio eletrônico mantido pela Administração Pública, dos nomes dos seus servidores e do valor dos correspondentes vencimentos e vantagens pecuniárias.[48] Da mesma forma, nossa Suprema Corte também considerou que as verbas indenizatórias para exercício da atividade parlamentar têm natureza pública, não havendo razões de segurança ou de intimidade que justifiquem genericamente seu caráter sigiloso.[49]

A Constituição estabelece que, para que uma informação que poderia ser de interesse público ou particular do requerente seja considerada sigilosa, seu conhecimento público deve colocar, de alguma forma, em risco a sociedade ou o Estado.

Assim, por exemplo, se alguém apresentar requerimento perguntando quais operações a Polícia Federal pretende desenvolver em futuro próximo, tal informação lhe poderá ser negada, sob o argumento de que sua divulgação pode trazer prejuízos à sociedade em geral. Por outro lado, se o questionamento for, por exemplo, quantos agentes atualmente possui aquele órgão, deverá ser respondido, uma vez que a divulgação de tal dado não traz qualquer risco à coletividade.

Por fim, o dispositivo em comento determina que as informações que não sejam consideradas sigilosas devem ser fornecidas no prazo determinado por lei, sob pena de responsabilidade.

Nesse sentido, a lei de acesso à informação estabelece que, de uma forma geral, o prazo de prestação das informações pelos órgãos públicos é de 20 dias, prorrogáveis por mais dez, isso se a informação não puder ser fornecida imediatamente. Outras leis podem estabelecer prazos diferentes deste para situações específicas. Assim, por exemplo, o Código Tributário Nacional estabelece que a certidão indicativa da situação fiscal do contribuinte deve ser expedida no prazo de dez dias, contados da entrada do requerimento na repartição.

---

[48] STF, ARE nº 652.777, Rel. Min. Teori Zavascki, j. 23.04.2015.

[49] STF, MS nº 28.178, Rel. Min. Roberto Barroso, j. 04.03.2015.

10.25. DIREITO DE PETIÇÃO E OBTENÇÃO DE CERTIDÕES

O inciso XXXIV do art. 5º da Constituição trata do direito de petição de obtenção de certidões:

XXXIV – são a todos assegurados, independentemente do pagamento de taxas:

a) o direito de petição aos Poderes Públicos em defesa de direitos ou contra ilegalidade ou abuso de poder;

b) a obtenção de certidões em repartições públicas, para defesa de direitos e esclarecimento de situações de interesse pessoal;

O direito de petição pode ser definido como o direito de invocar a atenção do Poder Público sobre uma questão ou situação, requerendo alguma ação específica. Esse direito traz como consequência lógica a exigência de obtenção de resposta em um prazo razoável, sendo que, em caso de descumprimento dessa exigência, cabe recorrer ao Poder Judiciário, que deverá estabelecer prazo para a resposta da Administração Pública.

Todos têm o direito de peticionar ao Poder Público, visando a defesa de seus direitos ou para denunciar qualquer ilegalidade ou abuso de poder, não sendo permitida a exigência do pagamento de qualquer valor para o exercício desse direito.

Também se inclui no direito de petição o direito de apresentar recursos contra decisões administrativas que de alguma forma impactem a esfera jurídica do indivíduo, o qual, porém, deverá ser exercido nos termos da lei. Nesse sentido, aliás, importante citar a Súmula Vinculante nº 21 do Supremo Tribunal Federal: "é inconstitucional a exigência de depósito ou arrolamento prévios de dinheiro ou bens para admissibilidade de recurso administrativo".

A reclamação, procedimento cabível no caso de descumprimento de decisão judicial, embora dirigida ao Poder Judiciário, também é considerada pelo Supremo Tribunal Federal como forma de exercício do direito de petição, não tendo natureza de ação nem de recurso.[50]

A Constituição Federal também garante, no mesmo inciso XXXIV de seu art. 5º, o direito à obtenção de certidões. A certidão pode ser definida como uma declaração de um órgão público ou de quem lhe faça sobre um fato determinado constante de seus registros oficiais. Assim, por exemplo, quando alguém requer uma certidão de antecedentes criminais, será a mesma emitida dizendo se consta ou não nos registros dos órgãos de segurança pública informação sobre a prática de crime. Da mesma forma, na certidão negativa de débitos constará uma declaração de que, até aquele momento, não consta nos registros do Fisco nenhum valor em aberto contra o contribuinte.

Em linha do que determina a Constituição, o Supremo julgou inconstitucional taxa cobrada pelo Estado do Amazonas denominada de "taxa de segurança pública", por entender que se aplicaria a uma situação que envolveria esclarecimento de situação de interesse pessoal.[51]

---

[50] STF, ADI nº 2.212, Rel. Min. Ellen Gracie, j. 02.10.2003.

[51] STF, ADI nº 2.969, Rel. Min. Carlos Britto, j. 29.03.2007.

254 Direito Constitucional Decifrado

A certidão, porém, em princípio não será fornecida se disser respeito a informações de terceiros, em função da necessária proteção ao direito da privacidade, exceto, é claro, se o requerente possuir uma procuração para representar a pessoa a quem a certidão se refere ou for seu representante legal.

Segundo entendimento majoritário, não há necessidade de indicação da finalidade específica da certidão para sua obtenção, sendo que, no entanto, a garantia de sua gratuita depende de ela ser requerida "para defesa de direitos e esclarecimento de situações de interesse pessoal", conforme o texto constitucional. Em relação a isso, porém, o STF já decidiu que essas finalidades são presumidas quando a certidão pleiteada for concernente ao próprio requerente, sendo desnecessária, nessa hipótese, expressa e fundamentada demonstração dos fins e das razões do pedido. Já quando o pedido tiver como objeto interesse indireto ou de terceiros, mostra-se imprescindível a explicitação das finalidades do requerimento.[52]

Embora haja dissenso na doutrina, o entendimento majoritário é de que não há necessidade de indicação, pelo requerente, da finalidade da certidão. No entanto, sendo que a expressão usada pela Constituição: "para defesa de direitos e esclarecimento de situações de interesse pessoal", indica somente que as informações devem referir-se ao próprio requerente.

Por fim, deve-se observar que, no caso de não apresentação da certidão requerida no prazo estabelecido em lei, cabe a impetração de mandado de segurança, e não de *habeas data,* sendo admitida também a propositura de ação civil pública.[53]

10.26. APRECIAÇÃO DE LESÃO OU AMEAÇA DE LESÃO PELO PODER JUDICIÁRIO

O inciso XXXV do art. 5º da Constituição estipula a impossibilidade de a lei restringir o acesso ao Poder Judiciário em caso de lesão ou ameaça a direitos:

> XXXV – a lei não excluirá da apreciação do Poder Judiciário lesão ou ameaça a direito;

Assim, segundo a Constituição, nenhuma lei pode impedir o Judiciário de apreciar uma alegada lesão ou ameaça de lesão a direito, desde que submetida a ele pelo legitimado e atendidos os demais pressupostos processuais, em respeito ao princípio da inafastabilidade da prestação jurisdicional.

Essa disposição decorre diretamente da independência entre os poderes da República – pois, se não fosse assim, o Legislativo poderia por meio de lei restringir a atuação dos juízes – e também serve para garantir a possibilidade de os cidadãos defenderem seus interesses legítimos sempre que necessário junto ao Poder Judiciário.

Também em decorrência dessa disposição, os juízes não podem se furtar de cumprir sua função jurisdicional, sempre julgando os casos que lhes são submetidos, desde que cumpridos os requisitos para o conhecimento da demanda.

O acesso ao Poder Judiciário, porém, não é indiscriminado, devendo obedecer às dispo-

---

[52] STF, ADI nº 2.259, Rel. Min. Dias Toffoli, j. 14.02.2020.
[53] STF, RE nº 472.489, Rel. Min. Celso de Mello, j. 29.04.2008.

Capítulo 10 ◆ Direitos e deveres individuais e coletivos **255**

sições legais que o regem, desde que as mesmas sejam razoáveis e não inviabilizem a busca pela prestação jurisdicional, como ressaltou o Ministro Maurício Corrêa no julgamento do AI nº 152.676-AgR:

> Os princípios constitucionais que garantem o livre acesso ao Poder Judiciário, o contraditório e a ampla defesa, não são absolutos e hão de ser exercidos, pelos jurisdicionados, por meio das normas processuais que regem a matéria, não se constituindo negativa de prestação jurisdicional e cerceamento de defesa a inadmissão de recursos quando não observados os procedimentos estatuídos nas normas instrumentais.

Além disso, existem determinados atos que, por sua natureza, não estão sujeitos ao controle de mérito pelo Poder Judiciário, em relação aos quais os juízes normalmente só poderão analisar aspectos externos, como a competência, as formalidades ou eventuais exigências legais.

Entre essas ações insuscetíveis de apreciação pelo Poder Judiciário, temos os chamados atos políticos dos demais poderes, que são aqueles praticados com total discricionariedade e que devem obediência direta à Constituição, normalmente sendo privativos do Poder Executivo. Como exemplos desses atos políticos temos: a nomeação de um embaixador, a celebração de um acordo internacional e a extradição de um criminoso.

Também não estão sujeitos à apreciação de sua essência os atos privativos dos Poderes Legislativo e Executivo, o que, aliás, também decorre diretamente do princípio da separação dos poderes, evitando-se que o Poder Judiciário adentre a esferas que não lhe cabe atuar.

Somente se admite a intervenção judicial sobre os atos políticos e privativos de outros poderes quando estes forem praticados de forma inconstitucional, ilegal ou imotivada ou ainda quando, especialmente no caso de atos do Poder Executivo, forem manifestamente desproporcionais ou desarrazoados. Nesse sentido, por exemplo, o Supremo já decidiu que cabe àquela Corte controlar a regularidade do processo de *impeachment*, para impedir a violação dos direitos do acusado.[54]

No que se refere ao questionamento de procedimentos administrativos, via de regra, inexiste a obrigatoriedade de prévio acionamento ou mesmo esgotamento da via administrativa para que a parte possa acessar o Judiciário. Ou seja, aquele que se sentir lesado em seus direitos pode recorrer ao Poder Judiciário ainda que caiba também requerimento ou recurso administrativo. Nesse caso, normalmente se considera que, ao recorrer ao Judiciário, desistiu implicitamente o requerente do questionamento administrativo. Isso por conta de economia processual, pois, sendo uma mesma questão submetida à esfera administrativa e judicial, é esta última que irá, ao final das contas, prevalecer, não havendo em sentido em prosseguir com o trâmite do processo administrativo.

Nesse sentido, decidiu o Supremo Tribunal Federal que a renúncia tácita à via administrativa, eventualmente prevista pela legislação, ao optar-se pela via judicial, não apresenta afronta à Constituição.[55]

---

[54] STF, MS nº 21.564-0, Rel. Carlos Velloso, j. 23.09.1992.
[55] STF, RE nº 233.582/RJ, Rel. Min. Joaquim Barbosa, j. 16.08.2007.

Há situações, no entanto, em que se considera legítimo exigir-se que o interessado recorra à via administrativa antes de recorrer à judicial, como ocorre, por exemplo, no caso do *habeas data*, em que é necessário ter-se previamente feito o requerimento de acesso aos dados ou sua retificação pela via administrativa. Outro exemplo são as ações envolvendo questões desportivas, as quais somente poderão ser propostas ao Poder Judiciário depois de esgotadas as instâncias da Justiça Desportiva, que é, em essência, um órgão administrativo, embora de organização privada.

O acesso ao Judiciário também não pode ser negado indiretamente, por meio da exigência de depósito prévio ou pagamento de valores desproporcionais ou que não tenham como único objetivo atender às despesas processuais. Nesse sentido, por exemplo, o Supremo Tribunal Federal editou a Súmula Vinculante nº 28, a qual estabelece que "é inconstitucional a exigência de depósito prévio como requisito de admissibilidade de ação judicial na qual se pretenda discutir a exigibilidade de crédito tributário".

O acesso ao Judiciário pode exigir, nos termos da lei, o pagamento de taxas judiciárias. No entanto, a Súmula nº 667 do Supremo Tribunal Federal estipula que "viola a garantia constitucional de acesso à jurisdição a taxa judiciária calculada sem limite sobre o valor da causa". Assim, a taxa até pode ser cobrada sobre o valor da causa, mas deve existir um limite máximo. Isso porque a taxa é cobrada para remunerar o Poder Judiciário dos custos advindos da prestação jurisdicional, sendo que a inexistência de limite máximo pode quebrar essa proporcionalidade, além de poder impossibilitar o livre acesso dos cidadãos à prestação jurisdicional.

Deve-se observar, por outro lado, que não se proíbe que os particulares, ao invés de submeterem a questão ao Judiciário, voluntariamente acordem por delegar a resolução da questão a terceiro, que é a chamada cláusula de arbitragem. A arbitragem de conflitos, com a renúncia prévia das partes do direito de recorrer ao Poder Judiciário, é atualmente regulamentada pela Lei nº 9.307/1996 (chamada de Lei da Arbitragem), a qual foi considerada constitucional pelo Supremo Tribunal Federal.[56] Deve-se ter em mente, porém, que não se admite a cláusula de arbitragem em contratos de adesão, que são aqueles cujo conteúdo é preestabelecido por uma das partes, não podendo a outra alterá-lo.

Jurisprudência destacada

Exame e avaliação de candidato com base em critérios subjetivos, como, por exemplo, a verificação sigilosa sobre a conduta, pública e privada, do candidato, excluindo-o do concurso sem que sejam fornecidos os motivos. Ilegitimidade do ato, que atenta contra o princípio da inafastabilidade do conhecimento do Poder Judiciário de lesão ou ameaça a direito. É que, se a lesão é praticada com base em critérios subjetivos, ou em critérios não revelados, fica o Judiciário impossibilitado de prestar a tutela jurisdicional, porque não terá como verificar o acerto ou o desacerto de tais critérios. Por via oblíqua, estaria sendo afastada da apreciação do Judiciário lesão a direito (STF, RE nº 125.556, Rel. Min. Carlos Velloso, j. 27.03.1992).

---

[56] STF, SE nº 5.206 AgR, Rel. Min. Sepúlveda Pertence, j. 12.12.2001.

10.27. DIREITO ADQUIRIDO, ATO JURÍDICO PERFEITO E COISA JULGADA

O art. 5º, XXXVI, trata de três institutos importantes para a preservação da segurança jurídica:

> XXXVI – a lei não prejudicará o direito adquirido, o ato jurídico perfeito e a coisa julgada;

O respeito ao direito adquirido, ao ato jurídico perfeito e à coisa julgada é a base da chamada "segurança jurídica". Se eles não fossem respeitados, ficaríamos à mercê de alterações legislativas que poderiam atingir situações jurídicas já consolidadas sob a égide das leis anteriores.

Cabe então conceituar o que vem a ser o direito adquirido, o ato jurídico perfeito e a coisa julgada.

Direito adquirido pode ser definido como o direito que já se incorporou ao patrimônio de seu detentor pelo cumprimento de seus requisitos, mesmo que ainda não tenha sido exercido. Exemplo: a lei prevê que se alguém possuir a posse mansa e pacífica de um imóvel urbano de até 250 m², agindo como dono do mesmo, pelo prazo de cinco anos, adquirirá a propriedade do mesmo por usucapião. Ao preencher tais requisitos, a pessoa tem direito a solicitar a declaração de propriedade, ainda que posteriormente tais exigências venham a ser alteradas, pois a mesma já havia adquirido o direito. Da mesma forma, se alguém preenche os requisitos estabelecidos por lei para se aposentar, já adquiriu o direito, ainda que não tenha requerido a aposentadoria, não sendo afetado por alterações legais posteriores.

Ato jurídico perfeito é aquele que se aperfeiçoou, que reuniu todos os elementos necessários à sua formação. Como exemplo podemos citar um contrato válido e assinado por ambas as partes que tenha sido feito com duas testemunhas conforme exigido por lei. Se, depois de celebrado o contrato, o número de testemunhas exigido for alterado, o contrato permanece juridicamente válido. Da mesma forma, se alguém elabora um testamento que preenche os requisitos legais e posteriormente a lei altera essas condições, o testamento feito originalmente permanece válido.

Coisa julgada é o objeto da decisão judicial transitada em julgado, ou seja, da qual não caiba mais qualquer recurso, estando a questão definitivamente resolvida pelo Poder Judiciário. Para ilustrar, imagine-se que alguém entra com uma ação judicial pretendendo não pagar determinado tributo, alegando ser isento, e que venha a perder a ação definitivamente, sendo assim obrigado a recolher o tributo como os demais contribuintes. Se, algum tempo depois, a lei for alterada tornando essa pessoa isenta, os valores que ela recolheu anteriormente não lhe serão restituídos, pois a cobrança foi considerada válida pelo Poder Judiciário. Em relação a isso deve-se destacar, porém, que, se o processo ainda não tiver transitado em julgado, deverá o julgador levar em consideração o direito superveniente ao julgar, especialmente nas instâncias ordinárias, ou seja, primeira e segunda.

Em relação à aplicação da coisa julgada no âmbito dos juizados especiais criminais, dispõe a Súmula Vinculante nº 35 que:

258 Direito Constitucional Decifrado

A homologação da transação penal prevista no art. 76 da Lei nº 9.099/1995 não faz coisa julgada material e, descumpridas suas cláusulas, retoma-se a situação anterior, possibilitando-se ao Ministério Público a continuidade da persecução penal mediante oferecimento de denúncia ou requisição de inquérito policial.

De acordo com a Súmula nº 239 do STF, "decisão que declara indevida a cobrança do imposto em determinado exercício não faz coisa julgada em relação aos posteriores". Situação distinta se apresentará, porém, se a decisão se referir à cobrança do tributo também em relação a exercícios futuros, pois aí a eficácia da coisa julgada se estenderá também aos períodos vindouros.

Interessante observar que o princípio da segurança jurídica não garante ao servidor público a imutabilidade de seu regime jurídico. Isso porque, diferentemente do que ocorre com o empregado celetista, que é contratado por meio de um contrato, o servidor estatutário possui com a Administração Pública uma relação que decorre diretamente da lei, não tendo, assim, direito adquirido à manutenção das regras que determinam sua relação com o Estado, desde que sua remuneração não seja reduzida.[57] No entanto, se no caso concreto o servidor já preencheu os requisitos legais para a obtenção de determinada vantagem, esta deverá ser-lhe garantida.

Como exemplo para ilustrar essa situação, pensemos na extinção, ocorrida em dezembro de 1997, da chamada "licença-prêmio" na esfera federal, a qual previa que, a cada quinquênio (cinco anos), o servidor teria direito a três meses de licença de prêmio por assiduidade. Os servidores que já haviam completado o período aquisitivo puderam ainda gozar dos períodos de licença a que tinham direito, não podendo, porém, adquirir novos períodos. Por outro lado, os servidores que estavam no serviço público há menos de cinco anos não tiveram direito a nenhum período de licença.

Tanto o direito adquirido como o ato jurídico perfeito e a coisa julgada não são passíveis de serem alterados pela lei e por qualquer outro ato infraconstitucional, não importando sua natureza, se de direito público ou privado, ou se de ordem pública ou dispositiva, segundo o entendimento do STF.[58]

No entanto, questão polêmica diz respeito à possibilidade de que emendas constitucionais venham a retirar direitos adquiridos, uma vez que o texto constitucional traz somente a expressão "lei", sendo que parte considerável da doutrina pende para o lado de que mesmo as emendas constitucionais devem respeitar os direitos adquiridos, o que, por outro lado, não se aplicaria no caso de elaboração de uma nova Constituição, uma vez que o poder constituinte originário é inicial e ilimitado.

No entanto, é importante destacar que o STF, em relação a esse tema, já decidiu em sentido contrário, ao estabelecer, em sede de controle concentrado, que as vedações impostas pelo art. 5º, XXXVI, da Constituição Federal não se aplicam às próprias disposições constitucionais, pois "a supremacia jurídica das normas inscritas na Carta Federal não permite,

---

[57] STF, RE nº 238.122/SC-AgR, Rel. Min. Celso de Mello, j. 04.08.2000.
[58] STF, ADI nº 493-0, Rel. Min. Moreira Alves, j. 25.06.1992.

ressalvadas as eventuais exceções proclamadas no próprio Texto Constitucional, que contra elas seja invocado o direito adquirido".[59]

Jurisprudência destacada

As normas constitucionais federais é que, por terem aplicação imediata, alcançam os efeitos futuros de fatos passados (retroatividade mínima), e se expressamente o declararem podem alcançar até fatos consumados no passado (retroatividades média e máxima). Não assim, porém, as normas constitucionais estaduais que estão sujeitas à vedação do art. 5º, XXXVI, da Carta Magna Federal, inclusive a concernente à retroatividade mínima que ocorre com a aplicação imediata delas (STF, AI nº 258.337, Rel. Min. Moreira Alves, j. 06.06.2000).

Decifrando a prova

(Delegado de Polícia – PC-DF – Funiversa – 2015 – Adaptada) A garantia constitucional de que a lei não prejudicará o direito adquirido, o ato jurídico perfeito e a coisa julgada se aplica a qualquer lei infraconstitucional, sem qualquer distinção entre lei de direito público e lei de direito privado, ou entre lei de ordem pública e lei dispositiva.
( ) Certo   ( ) Errado
Gabarito comentado: conforme vimos, a impossibilidade de a norma jurídica desfazer os efeitos do direito adquirido, do ato jurídico perfeito e da coisa julgada aplica-se às leis e demais atos infraconstitucionais em geral, independentemente da natureza dessa lei ou ato, conforme o entendimento do STF exposto no julgamento da ADI 493-0. Portanto, a assertiva está certa.

10.28. PROIBIÇÃO DE JUÍZO DE EXCEÇÃO E PRINCÍPIO DO JUIZ NATURAL

Dispõe o inciso XXXVII do art. 5º:

XXXVII – não haverá juízo ou tribunal de exceção;

Esse dispositivo é complementado pelo inciso LIII do mesmo art. 5º:

LIII – ninguém será processado nem sentenciado senão pela autoridade competente;

A origem do movimento constitucionalista sempre teve como um de seus esteios o combate ao absolutismo e aos desmandos estatais, os quais muitas vezes eram apresentados sob a proteção de uma disfarçada legalidade, como forma de lhes garantir legitimidade, como num processo kafkaniano, sendo um dos grandes pleitos dos constitucionalistas justamente

---

[59] STF, ADI nº 248-1, Rel. Min. Celso de Mello, j. 18.11.1993.

Direito Constitucional Decifrado

o estabelecimento de regras claras para julgamento dos cidadãos, inclusive no que se refere à definição da autoridade judiciária competente.

Assim, uma das maiores garantias que um cidadão pode ter em relação à preservação de suas liberdades individuais é o respeito ao princípio do chamado "juiz natural", o qual determina que os acusados em geral somente poderão ser julgados e eventualmente condenados pela autoridade judiciária estabelecida previamente pela lei, de forma imparcial.

Assim, cabe à Constituição Federal e, mais detalhadamente, à lei, definir a competência interna de cada órgão do Poder Judiciário, a qual deve ser obedecida, sob pena de nulidade do processo, o que se aplica inclusive no caso de distribuição injustificada de processo a determinado juízo.[60]

Por outro lado, nada impede que determinados atos processuais sejam praticados por juízes diversos daquele que conduz o processo, como ocorre no caso de expedição de cartas precatórias ou delegação de atos pelas cortes superiores a tribunais inferiores ou a juízes.[61]

A Constituição também proíbe a criação de juízos ou tribunais de exceção. Juízo ou tribunal de exceção é aquele criado especialmente para julgamento de determinados crimes ou pessoas, após a prática daqueles, fora da estrutura judiciária normal do país. É proibido pela Constituição porque contraria o princípio do juiz natural, e normalmente, nesses casos, o julgamento tende a ser tendencioso.

Assim, o réu, além de saber de antemão que determinado ato é crime e qual é a pena imputada, também deve ter previamente definido juízo que será competente para julgá-lo, buscando-se evitar perseguições e julgamentos injustos.

Os juízos de exceção são muito utilizados em movimentos revolucionários, em que o grupo que toma o poder entende que não pode confiar nos antigos ocupantes do Poder Judiciário e acabam por instaurar um tribunal próprio.

O mais famoso tribunal de exceção foi o Tribunal de Nuremberg, instalado pelos aliados após o final da Segunda Guerra Mundial para julgamento dos nazistas acusados de crimes. Apesar de a instalação da corte se justificar à época, pela evidente falta de imparcialidade dos juízes que deveriam originalmente atuar no caso – especialmente juízes alemães, nomeados por políticos nazistas –, tratou-se, não há como negar, de um tribunal de exceção.

Importante observar que a Súmula nº 704 do Supremo Tribunal Federal dispõe que:

> Súmula nº 704: Não viola as garantias do juiz natural, da ampla defesa e do devido processo legal a atração por continência ou conexão do processo do corréu ao foro por prerrogativa de função de um dos denunciados.

Ou seja, se um dos réus está sendo julgado em um determinado tribunal por conta de seu cargo público – o comumente denominado "foro privilegiado" –, os demais corréus podem responder ao processo também nesse tribunal, sem que isso configure desrespeito ao princípio do juiz natural.

---

[60]   STF, AI nº 548.203, Rel. Min. Cezar Peluso, j. 12.02.2008.

[61]   STF, AP nº 470-QO, Rel. Min. Joaquim Barbosa, j. 06.12.2007.

Também o Supremo decidiu, em sede de controle concentrado de constitucionalidade, que "o princípio do juiz natural não resta violado na hipótese em que lei estadual atribui a vara especializada competência territorial abrangente de todo o território da unidade federada".[62] Assim, a criação de varas especializadas para tratar de determinados assuntos ou julgar determinados crimes, dentro da própria estrutura da justiça, não ofende o princípio do juiz natural.

Por fim, também o STF também decidiu que a convocação excepcional de juízes de primeiro grau para atuarem temporariamente na segunda instância – ainda que estejam em maioria no órgão julgador – não viola a Constituição Federal.[63]

Jurisprudência destacada

Tema do juiz natural assume relevo inegável no contexto da extradição, uma vez que o pleito somente poderá ser deferido se o Estado requerente dispuser de condições para assegurar julgamento com base nos princípios básicos do Estado de Direito, garantindo que o extraditando não será submetido a qualquer jurisdição excepcional (STF, Ext nº 986, Rel. Eros Grau, j. 15.08.2007).

10.29. JÚRI POPULAR

Sobre o instituto do júri popular, dispõe o art. 5º, XXXVIII:

XXXVIII – é reconhecida a instituição do júri, com a organização que lhe der a lei, assegurados:

a) a plenitude de defesa;

b) o sigilo das votações;

c) a soberania dos veredictos;

d) a competência para o julgamento dos crimes dolosos contra a vida;

O júri consiste em um Tribunal formado por pessoas comuns do povo, denominados jurados, que julgarão alguém, fazendo as vezes de juízes. Devido ao seu caráter democrático e também ao fato de que normalmente a competência do júri é destinada a casos de maior gravidade – embora em alguns países o júri também seja utilizado para algumas questões menores, inclusive cíveis –, é um dos órgãos do Poder Judiciário que mais desperta o interesse popular.

Pode-se dizer que o júri, em sua essência, é muito mais antigo do que o próprio Poder Judiciário. Isso porque, nas comunidades antigas, a forma mais comum de julgar-se alguém pela

---

[62] STF, ADI nº 4.414, Rel. Min. Luiz Fux, julgada em 31.05.2012.
[63] STF, RE nº 597.133, Rel. Min. Ricardo Lewandowski, j. 17.11.2010.

prática de um crime era através de um julgamento coletivo feito por membros da coletividade, muito antes que houvesse a designação de juízes profissionais ou legalmente estabelecidos.

Embora o júri tenha suas evidentes desvantagens e riscos, como a possibilidade de que os jurados sejam mais facilmente influenciados pela retórica do advogado ou membro do Ministério Público, em função do sua menor experiência e menor conhecimento das leis do que os juízes togados, é ele, sem dúvida, uma forma importante de manifestação da vontade popular e de participação da coletividade no exercício do poder estatal.

A Constituição, ao falar sobre o júri, o reconhece como uma instituição e determina que cabe à lei definir sua organização. Atualmente quem cumpre esse papel é o Código de Processo Penal.

No Brasil, de acordo com a lei, o júri é formado por sete cidadãos, que decidem de forma conjunta, mas independente e sigilosa, sobre o caso que lhes é submetido. Ao juiz togado cabe presidir o processo e as sessões de julgamento e aplicar a pena de acordo com a decisão dos jurados, não podendo nela intervir.

Nossa Constituição Federal garante uma competência mínima para o júri, que é o julgamento dos crimes dolosos contra a vida, sendo que a maioria da doutrina entende que essa competência pode ser ampliada, nos termos da lei. Atualmente, o Código de Processo Penal somente assegura ao júri, de fato, essa competência mínima, sendo que o Código Penal define quais são os crimes contra a vida em seus arts. 121 a 128.

Crime doloso é aquele no qual o autor age com intenção de produzir o resultado (o chamado dolo direto) ou, pelo menos, age com indiferença em relação a este (o chamado dolo eventual). Assim, por exemplo, comete um homicídio doloso quem atira contra alguém com a intenção de matá-lo e vem a produzir o resultado esperado. Também age com dolo, nesse caso, eventual, quem, precisando passar com seu veículo em um local onde está sendo realizada uma manifestação, atira com uma arma de fogo na direção da multidão visando dispersá-la, porque, ao atirar contra uma multidão, obviamente o agente está assumindo o risco de vir a atingir mortalmente alguém.

Destaca-se que, mesmo que o crime doloso contra a vida não venha a se consumar por circunstâncias alheias à vontade do agente – a chamada tentativa –, isso não afasta a competência do júri.

Por outro lado, se alguém, por imprudência, imperícia ou negligência, vem a tirar a vida de outrem, não será julgado pelo júri, porque nesse caso agiu com culpa, e não com dolo. Como exemplo, imagine alguém que, ao se distrair na direção de seu veículo, vem a atropelar outra pessoa e causar-lhe a morte. Nesse caso, o acusado será julgado por um juiz togado, e não pelo tribunal do júri.

A jurisprudência tem-se inclinado a considerar que age como dolo eventual quem vem a matar alguém participando de corridas de veículos não autorizadas em vias públicas – os chamados "rachas" – e também quem se põe na direção de veículo automotor em estado de evidente embriaguez, mas neste último caso sempre se considerando as evidências do caso concreto.

No caso do crime de latrocínio – roubo seguido de morte –, a competência não é do tribunal do júri, mas sim do juiz togado, conforme consolidado pelo Supremo Tribunal Federal em sua Súmula nº 603:

Súmula nº 603: A competência para o processo e julgamento de latrocínio é do juiz singular e não do tribunal do júri.

Isso porque o latrocínio é considerado crime contra o patrimônio, e não contra a vida. No latrocínio, o que o agente intenta inicialmente é roubar, e não matar.

Em relação a eventual conflito entre a competência do tribunal do júri e a competência definida por foro especial (foro por prerrogativa de função, também chamado de privilegiado), prevalecerá a primeira, se o foro especial for definido pela Constituição Federal. Assim, por exemplo, se o Presidente da República for acusado de um homicídio, será julgado pelo Supremo Tribunal Federal, e não pelo tribunal do júri.

No entanto, deve-se observar que se o foro especial tiver sido definido somente pela Constituição Estadual de determinado ente da Federação, neste caso a competência do júri é que prevalecerá, de acordo com a Súmula Vinculante nº 45:

> Súmula Vinculante nº 45: A competência constitucional do tribunal do júri prevalece sobre o foro por prerrogativa de função estabelecido exclusivamente pela Constituição Estadual.

Assim, por exemplo, se a Constituição de determinado Estado estipular que uma pessoa será julgada diretamente pelo Tribunal de Justiça – silenciando-se a Constituição Federal a respeito –, especificamente no caso da prática de crime doloso contra a vida, tal pessoa deverá ser julgada pelo tribunal do júri, e não pelo Tribunal de Justiça.

A Constituição Federal determina que deve ser assegurada a plenitude de defesa ao acusado de crimes julgados pelo júri, o que pode parecer desnecessário, uma vez que, de acordo com seu art. 5º, LV, a todos os acusados, independentemente de serem julgado pelo júri ou por um juiz togado, devem ser assegurados o contraditório e a ampla defesa. No entanto, o objetivo claro da Constituição aqui é reforçar esse preceito no que se refere aos julgamentos do júri, uma vez que nesses casos a repercussão pública costuma ser maior e as penas aplicadas também costumam ser mais severas, justamente por se tratar de crimes dolosos contra a vida, devendo-se então ter-se um cuidado ainda maior com o direito à defesa do acusado.

No modelo de júri adotado no Brasil, as decisões dos jurados são sigilosas, ou seja, não se sabe o que cada jurado decidiu, sendo que os mesmos não devem sequer conversar entre si, durante o julgamento sobre o assunto que o crime que está sendo julgado. A decisão dos jurados é apurada por meio de votação para cada quesito que lhes é apresentado, sendo que a resposta de cada um é dada por meio de cédulas, uma representando o "sim" e a outra representando o "não", devendo o juiz, ao apreciar os votos de cada quesito, contar os votos correspondentes até que seja atingido a maioria (ou seja, o número de quatro) para o sim ou para o não. Os quesitos podem ser propostos pelo juiz ou pelas partes, sendo que alguns deles são obrigatórios, como os que se referem à classificação do crime e à existência de circunstância atenuante, sendo que ausência configura nulidade absoluta, conforme a Súmula nº 156 do STF.[64]

---

[64] Súmula nº 156 do STF: "É absoluta a nulidade do julgamento, pelo júri, por falta de quesito obrigatório".

264 Direito Constitucional Decifrado

A Constituição Federal coloca como uma das garantias do júri a soberania de seus veredictos. Isso significa que, em princípio, as decisões do júri não podem ser alteradas por outro juiz ou tribunal.

O máximo que pode ocorrer é a anulação do julgamento por nulidade ou quando a decisão dos jurados for manifestamente contrária à prova dos autos, e isso para que seja realizado novo julgamento pelo júri, desta vez composto por outros jurados. Também se admite apelação nos casos de erro imputável ao juiz presidente do júri, na fixação da pena ou na elaboração da sentença, mas aí não se trata de questionamento à decisão dos jurados em si.

O Supremo Tribunal Federal considera possível também a propositura de revisão criminal contra decisão do júri, podendo o tribunal competente absolver o acusado que tenha sido condenado pelo júri, desde que atendidos os requisitos legais para o conhecimento da revisão (ARE nº 674.151/MT, Rel. Min. Celso de Mello, j. 15.10.2013).

10.30. PRINCÍPIO DA RESERVA LEGAL PENAL OU PRINCÍPIO DA LEGALIDADE DO DIREITO PENAL

O princípio da reserva legal penal ou da legalidade do Direito Penal está previsto no inciso XXXIX do art. 5º:

> XXXIX – não há crime sem lei anterior que o defina, nem pena sem prévia cominação legal;

A primeira parte do inciso XXXIX trata do chamado princípio da tipicidade do Direito Penal, o qual estabelece que todo crime – e isso se aplica também às contravenções – deve estar previamente definido em lei como uma conduta antijurídica. Assim, para que um agente seja condenado por um crime, é indispensável que a conduta ilícita praticada por ele tenha sido descrita na norma penal antes da prática do ato. Isso é, de certa forma, consequência do princípio da irretroatividade da lei penal, referido no próximo inciso.

A segunda parte estabelece que, além de descrever exatamente a conduta considerada criminosa, deve a lei, também antes da prática do ato, estabelecer quais as penas aplicáveis, a fim de se evitar abusos por parte do Estado no seu poder-dever de punir os infratores, não deixando ao livre-arbítrio do julgador estabelecer o tipo de reprimenda e a quantidade da sanção a ser aplicada. Nesse sentido, já decidiu o STF que "não pode o julgador, por analogia, estabelecer sanção sem previsão legal, ainda que para beneficiar o réu, ao argumento de que o legislador deveria ter disciplinado a situação de outra forma".[65]

Importante observar, porém, que isso não impede que o juiz, dentro dos limites estabelecidos pela lei, gradue a pena de forma justificada, de acordo com as peculiaridades do caso concreto.

---

[65] STF, HC nº 92.626, Rel. Min. Ricardo Lewandowski, j. 25.03.2008.

Veja que embora Constituição trate em vários dispositivos sobre normas de Direito Penal, em nenhum momento define as condutas criminosas ou lhe prevê exatamente as penas, deixando isso a cargo da lei ordinária, sendo inclusive vedada a edição de medida provisória sobre esse tema, a teor do art. 62, § 1º, de nossa Carta Magna. Sendo esse instituto chamado de princípio da reserva legal.

A competência para a definição de crimes e suas respectivas penas é da União, pois cabe a ela legislar sobre Direito Penal.

10.31. PRINCÍPIO DA IRRETROATIVIDADE DA LEI PENAL

Está previsto no inciso XL:

> XL – a lei penal não retroagirá, salvo para beneficiar o réu;

Via de regra, a lei penal, assim como ocorre com as leis em geral, não retroagem, o que quer dizer que, uma vez em vigor, a lei penal somente produzirá efeitos para as situações que ocorrerem dali em diante.

Existe, porém, uma exceção: a lei retroagirá se a alteração trazida pela lei ocorrer em benefício do réu (a chamada *novatio legis in melius*).

Esse benefício pode ocorrer, por exemplo, pelo fato de a conduta deixar de ser considerada crime (*abolitio criminis)*, pelo abrandamento do tipo de penalidade aplicável ou pela redução do montante da pena.

Como exemplo de retroação benéfica da norma temos a extinção do crime de adultério, que ocorreu por meio da Lei nº 11.106, a qual entrou em vigor dia 29.03.2005. Assim, a partir desse dia, até mesmo aqueles que já haviam sido condenados e cumpriam pena pelo delito tiveram sua pena extinta, sendo que a *abolitio criminis* trazida pela lei fez com que tudo ocorresse como se o crime nunca tivesse existido.

Se a superveniência da lei mais benéfica ocorrer após o trânsito em julgado de sentença penal condenatória, sua aplicação compete ao Juízo de execução penal.[66]

No caso de alteração da norma penal que em parte beneficie e em parte prejudique o acusado, deverá a lei retroagir somente na parte que lhe for benéfica.

Como exemplo, imagine que alguém tenha praticado um crime de furto e que, seis meses depois, tenha entrado em vigor uma lei que aumenta a pena do crime de furto – o que não beneficia o réu –, mas também altera a forma de prisão, de reclusão para detenção – o que beneficia o acusado, uma vez que a detenção é tratada de forma mais branda pela lei penal.

Nesse caso, o acusado teria direito à pena de detenção, mas sem aumento em sua quantidade.

Deve-se observar, porém, que essa aplicação parcial da lei penal ao mesmo tempo mais benéfica e mais prejudicial somente é possível se não houver uma contradição por conta da característica unitária da alteração legislativa.

---

[66] Súmula nº 611 do STF.

Como exemplo disso podemos citar a Lei nº 9.271/1996, que, modificando a redação do art. 366 do Código de Processo Penal, determinou que, quando o réu, citado por edital, não comparecesse em juízo nem constituísse advogado, ficariam suspensos o processo e o prazo prescricional. Assim, enquanto a parte relativa à suspensão do processo é favorável ao réu, por implicar aumento de garantia, já que a redação original do art. 366 previa o prosseguimento do feito no caso de citação por edital e revelia, a parte alusiva à suspensão do prazo de prescrição lhe era prejudicial, pois antes a prescrição corria normalmente. Nesse caso, a combinação de normas é impossível, uma vez que a suspensão do prazo prescricional pressupõe logicamente a suspensão do processo. Daí ter decidido o STF que a reforma introduzida pela Lei nº 9.271/1996 era irretroativa, visto que no todo era prejudicial aos interesses do acusado.

Por fim, é importante frisar que a retroação da lei mais benéfica somente se aplica à lei penal, não se aplicando à lei processual penal, uma vez que alterações no processo possuem, em princípio, aplicação imediata, sejam favoráveis ou não ao acusado.

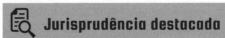

> A lei penal mais grave aplica-se ao crime continuado ou ao crime permanente, se a sua vigência é anterior à cessação da continuidade ou da permanência (Súmula nº 711 do STF).

10.32. ATENTADO AOS DIREITOS E LIBERDADES FUNDAMENTAIS

Dispõe o art. 5º, XLI, da Constituição Federal:

> XLI – a lei punirá qualquer discriminação atentatória dos direitos e liberdades fundamentais;

O dispositivo deixa claro que, para o constituinte, não basta que o Estado brasileiro respeite os direitos e liberdades fundamentais: ele deve, além disso, punir aqueles que não os respeitam e fazem discriminações que os ofendam.

Isso decorre do que a doutrina e a jurisprudência denominam de "eficácia horizontal dos direitos fundamentais", no sentido de que estes não só se aplicam às relações Estado-indivíduo, mas também às relações entre os próprios indivíduos.

Veja-se que, pelo princípio da reserva legal, cabe à lei em sentido estrito definir quando ocorrerá essa discriminação atentatória, que pode ser, por exemplo, por motivo de raça, sexo, origem, condição social etc.

Nesse sentido, por exemplo, o STF, ao julgar a ADO 26, sob a relatoria do Ministro Celso de Mello, reconhecendo a mora do Congresso Nacional em editar lei que criminalize os atos de homofobia e transfobia, decidiu que

> (...) até que sobrevenha lei emanada do Congresso Nacional destinada a implementar os mandados de criminalização definidos nos incisos XLI e XLII do art. 5º da

Constituição da República, as condutas homofóbicas e transfóbicas, reais ou supostas, que envolvem aversão odiosa à orientação sexual ou à identidade de gênero de alguém, por traduzirem expressões de racismo, compreendido este em sua dimensão social, ajustam-se, por identidade de razão e mediante adequação típica, aos preceitos primários de incriminação definidos na Lei nº 7.716, de 08.01.1989, constituindo, também, na hipótese de homicídio doloso, circunstância que o qualifica, por configurar motivo torpe.

Veja-se que, no caso, não se tratou de criminalizar conduta não tipificada em lei, mas sim de interpretar a lei já existente de forma a abranger também as condutas homofóbicas e transfóbicas.

10.33. RACISMO, TORTURA, TRÁFICO DE DROGAS, TERRORISMO, CRIMES HEDIONDOS E ATENTADO CONTRA A ORDEM CONSTITUCIONAL E O ESTADO DEMOCRÁTICO

Os incisos XLII, XLIII e XLIV trazem disposições sobre alguns crimes específicos, dizendo que todos eles são inafiançáveis e trazendo outras disposições:

XLII – a prática do racismo constitui crime inafiançável e imprescritível, sujeito à pena de reclusão, nos termos da lei;

XLIII – a lei considerará crimes inafiançáveis e insuscetíveis de graça ou anistia a prática da tortura, o tráfico ilícito de entorpecentes e drogas afins, o terrorismo e os definidos como crimes hediondos, por eles respondendo os mandantes, os executores e os que, podendo evitá-los, se omitirem;

XLIV – constitui crime inafiançável e imprescritível a ação de grupos armados, civis ou militares, contra a ordem constitucional e o Estado Democrático;

Dizer que um crime é inafiançável significa afirmar que não se admite o pagamento de fiança para que o réu responda em liberdade ao processo. No entanto, parte da doutrina e da jurisprudência (embora com posicionamentos pontuais contrários do STF) tem admitido a fiança por um juiz nos casos em que estejam presentes os requisitos para a concessão da liberdade provisória.

Por outro lado, dispõe a Súmula nº 697 do STF que "a proibição de liberdade provisória nos processos por crimes hediondos não veda o relaxamento da prisão processual por excesso de prazo", quando o processo criminal se prolongar de forma excessiva e injustificada.

Dizer que um crime é imprescritível significa afirmar que o mesmo não prescreve, ou seja, que seu autor poderá ser processo enquanto estiver vivo.

Deve ser observado, aqui, que o STF entende que pode a lei trazer outras hipóteses de crimes inafiançáveis e imprescritíveis, pois a Constituição Federal somente teria destacado alguns crimes em relação aos quais não deveria se aplicar os institutos da fiança e da prescrição.[67] Além disso, o STF também decidiu que a injúria racial é crime equiparado ao racismo, devendo ser considerada um desdobramento deste, sendo, portanto, também imprescritível.[68]

Dizer que um crime é insuscetível de graça ou anistia significa dizer que seus autores não poderão ser beneficiados com esses institutos. A anistia é o perdão de um crime, feito por lei federal, uma vez que compete à União concedê-la (art. 21, XVII, da CF). Já a graça, também chamada de indulto individual, é o perdão de um crime concedido pelo Presidente da República, por meio de decreto, baseado no art. 84, XII, da CF, podendo tal competência ser delegada aos Ministros de Estado (art. 84, parágrafo único, da CF). Diferentemente da anistia, a graça não ilide os efeitos da reincidência.

A tabela abaixo resume as características dos crimes citados nos incisos XLII a XLIV:

Crimes	É afiançável?	Pode prescrever?	Autor pode receber graça ou anistia?
Racismo	NÃO	NÃO	SIM
Ação contra a ordem constitucional e o Estado Democrático	NÃO	NÃO	SIM
Tortura, tráfico de drogas, terrorismo e crimes hediondos	NÃO	SIM	NÃO

Por fim, cabe destacar que o STF, mesmo antes da aprovação da Lei nº 11.464/2007, que alterou o art. 1º da Lei nº 8.072/1990, já havia consolidado a tese, exposta na Súmula Vinculante nº 26, de que até mesmo os condenados por crimes hediondos possuiriam direito à progressão da pena.[69]

 Decifrando a prova

(Delegado de Polícia – PC-GO – UEG – 2018 – Adaptada) O racismo e os crimes hediondos constituem, segundo a Constituição (CRFB), ambos crimes inafiançáveis e insuscetíveis de graça ou anistia.

---

[67] STF, RE nº 460.971, Rel. Min. Sepúlveda Pertence, j. 13.02.2007.
[68] STF, HC nº 154.248, Rel. Min. Edson Fachin, j. 28.10.2021.
[69] Súmula Vinculante nº 26 do STF: "Para efeito de progressão de regime no cumprimento de pena por crime hediondo, ou equiparado, o juízo da execução observará a inconstitucionalidade do art. 2º da Lei nº 8.072, de 25.07.1990 [antes da alteração trazida pela Lei nº 11.464/2007], sem prejuízo de avaliar se o condenado preenche, ou não, os requisitos objetivos e subjetivos do benefício, podendo determinar, para tal fim, de modo fundamentado, a realização de exame criminológico".

Capítulo 10 ◆ Direitos e deveres individuais e coletivos **269**

> ( ) Certo ( ) Errado
>
> **Gabarito comentado:** conforme vimos, de acordo com a Constituição Federal, o racismo é um crime inafiançável e imprescritível, e os crimes hediondos são inafiançáveis e insuscetíveis de graça ou anistia. Portanto, a assertiva está errada.

10.34. INTRANSFERIBILIDADE DA PENA

O inciso XLV trata sobre a impossibilidade de transferência da pena criminal:

> XLV – nenhuma pena passará da pessoa do condenado, podendo a obrigação de reparar o dano e a decretação do perdimento de bens ser, nos termos da lei, estendidas aos sucessores e contra eles executadas, até o limite do valor do patrimônio transferido;

Esse inciso traz o princípio de que a pena não pode ultrapassar a pessoa do apenado. Ou seja, ninguém, nem mesmo os sucessores do condenado, deve responder pelos crimes executados por outrem. Essa é uma garantia importantíssima para os cidadãos em geral, evitando que sofram as consequências de atos praticados por outrem, como ocorria na Antiguidade, em que muitas vezes, por exemplo, os filhos eram punidos por atos praticados por seus pais.

A intransferibilidade da pena aplica-se inclusive no caso em que alguém, voluntariamente, se dispõe a cumprir a pena no lugar de outrem.[70]

No entanto, conforme bem ressalta o texto constitucional, não se eximem os herdeiros da obrigação de reparar o dano e da decretação da perda de bens, que podem ser estendidas a estes, mas somente até o valor da herança. Isso porque entende-se que não é justo que os herdeiros tenham um acréscimo patrimonial enquanto outros sofrem prejuízo causado pelo autor da herança. Nessa situação, porém, não se trata de transferência da pena, mas sim de fazer com que o patrimônio do condenado falecido responda pelas dívidas por ele deixadas.

10.35. INDIVIDUALIZAÇÃO E TIPOS DE PENAS

O art. 5º, XLVI, trata sobre as penas criminais previstas em nosso ordenamento jurídico:

> XLVI – a lei regulará a individualização da pena e adotará, entre outras, as seguintes:
>
> a) privação ou restrição da liberdade;
>
> b) perda de bens;
>
> c) multa;
>
> d) prestação social alternativa;
>
> e) suspensão ou interdição de direitos;

---

[70] STF, HC nº 68.309, Rel. Min. Celso de Mello, j. 27.11.1990.

A Constituição exige que a quantidade da pena e sua execução sejam individualizados, ou seja, que sejam adaptadas de acordo com a personalidade e idade do apenado, circunstâncias do crime, entre outros fatores, de forma a tornar a sanção penal a mais justa e adequada possível ao caso concreto. Atualmente, a individualização da pena é regulamentada especialmente pelos arts. 59 a 76 do Código Penal.

Essa individualização deve ser devidamente motivada, seja quanto à definição da pena a ser aplicada, quando a lei permitir tal discricionariedade do julgador, seja quanto à quantidade da reprimenda, seja quando ao regime de início de cumprimento, quando se tratar de pena restritiva de liberdade.[71]

A individualização da pena aplica-se inclusive à fase de execução, que também deverá observar as características individuais do apenado, inclusive para fins de progressão do cumprimento da pena. Nesse sentido, por exemplo, o STF já decidiu que a falta de estabelecimento penal adequado não autoriza a manutenção do condenado em regime prisional mais gravoso.[72]

Após falar sobre a individualização da penal, o mesmo dispositivo constitucional lista exemplos de penas que deverão ser adotadas pela lei, e que deverão ser impostas de acordo com o caso concreto, seguindo-se os critérios que devem ser estabelecidos pela lei.

10.36. PENAS PROIBIDAS

Ao contrário do inciso o antecede, que trata das penas aplicáveis no Direito Penal brasileiro, o XLVII traz as penas proibidas em nosso país:

XLVII – não haverá penas:

a) de morte, salvo em caso de guerra declarada, nos termos do art. 84, XIX;

b) de caráter perpétuo;

c) de trabalhos forçados;

d) de banimento;

e) cruéis;

Há uma tradição nas Constituições brasileiras, desde a nossa segunda, de 1891 (somente havendo uma breve interrupção entre 1938 e 1946, em plena ditadura Vargas), de proibir-se a aplicação da pena de morte, exceto em tempos de guerra, o que foi mantido pela Constituição de 1988. Para que a pena de morte seja aplicável no Brasil, é necessário que tenha sido declarada formalmente guerra contra Estado estrangeiro – não sendo suficiente a decretação de estado de defesa ou estado de sítio –, devendo ainda a imposição da pena

---

[71] STF, Súmula nº 719: "A imposição do regime de cumprimento mais severo do que a pena aplicada permitir exige motivação idônea".

[72] Súmula Vinculante nº 56: "A falta de estabelecimento penal adequado não autoriza a manutenção do condenado em regime prisional mais gravoso, devendo-se observar, nessa hipótese, os parâmetros fixados no RE nº 641.320/RS".

capital ser feita estritamente nos termos trazidos por lei, a fim de se evitar qualquer discricionariedade por parte do julgador.

Também é vedada a aplicação de penas de caráter perpétuo, entendendo-se como tal qualquer reprimenda de caráter penal que o condenado tenha que cumprir pelo resto da vida, seja de prisão ou de outra natureza. Nesse sentido, o art. 75 do Código Penal, com a redação que lhe foi dada pela Lei nº 13.964/2019, determina que tempo de cumprimento das penas privativas de liberdade não pode ser superior a 40 anos.

A proibição da pena de trabalhos forçados decorre do princípio da dignidade da pessoa humana, a fim de evitar-se abusos que outrora foram muito praticados contra condenados, que eram sujeitos a cargas de trabalho insuportáveis, e que, não por poucas vezes, levavam à morte.

Atualmente também não se admite a pena de banimento, também chamada de exílio ou degredo, que é aquela pela qual o condenado é expulso do país, não podendo ao mesmo retornar, temporária ou definitivamente. Sua vedação decorre do fato de que isso poderia expor a pessoa a uma situação de grande vulnerabilidade, uma vez que não estaria mais sob a proteção do Estado brasileiro, além de possuir o óbvio inconveniente de ter que se encontrar algum outro país que aceitasse receber o degredado.

Por fim, proíbe a Constituição a imposição de pena cruel, que é aquele que infringe sofrimento físico ou mental, equiparando-se à tortura.

10.37. DIREITOS DOS CONDENADOS

Os incisos XLVIII a L do art. 5º trazem alguns direitos garantidos aos condenados por crimes:

> XLVIII – a pena será cumprida em estabelecimentos distintos, de acordo com a natureza do delito, a idade e o sexo do apenado;
>
> XLIX – é assegurado aos presos o respeito à integridade física e moral;
>
> L – às presidiárias serão asseguradas condições para que possam permanecer com seus filhos durante o período de amamentação;

Embora os condenados devam pagar por seus delitos, é função do Estado fazer com que sejam apenados nos termos da lei, responsabilizando-se por sua integridade física e moral. Aliás, a manutenção de um sistema carcerário em condições adequadas é algo que interessa a toda a coletividade, uma vez que só assim pode-se impedir o nascimento de máfias e outras organizações criminosas dentro dos presídios, como ocorreu com diversos grupos que ainda hoje atuam no Brasil.

Para isso, é importante, conforme preceitua a Constituição, que presos de diferentes características e personalidades devem ser segregados, de forma a proteger os mais vulneráveis e, além disso, evitar que os menos perigosos sejam "contaminados" pelos mais perigosos, fazendo com que saiam do estabelecimento prisional piores do que entraram.

Em relação ao direito das presidiárias de amamentarem, o objetivo principal é proteger quem menos tem culpa na situação, que é a criança envolvida involuntariamente no caso.

272 Direito Constitucional Decifrado

> **🔎 Jurisprudência destacada**
>
> Considerando que é dever do Estado, imposto pelo sistema normativo, manter em seus presídios os padrões mínimos de humanidade previstos no ordenamento jurídico, é de sua responsabilidade, nos termos do art. 37, § 6º, da Constituição, a obrigação de ressarcir os danos, inclusive morais, comprovadamente causados aos detentos em decorrência da falta ou insuficiência das condições legais de encarceramento (STF, RE nº 580.252, Rel. Min. Gilmar Mendes, j. 16.02.2017).

10.38. EXTRADIÇÃO

O inciso LI trata sobre a possibilidade de extradição de brasileiro:

> LI – nenhum brasileiro será extraditado, salvo o naturalizado, em caso de crime comum, praticado antes da naturalização, ou de comprovado envolvimento em tráfico ilícito de entorpecentes e drogas afins, na forma da lei;

Extradição é instituto jurídico de direito internacional pelo qual ocorre o envio a país estrangeiro de pessoa que lá tenha cometido crime, para que seja julgado e punido. Em relação ao nosso país, é denominada de ativa quando é o Brasil que a solicita a outro Estado, e passiva quando outro país a solicita ao Brasil. O inciso LI aplica-se à extradição passiva.

A extradição é um ato político do Presidente da República, que pode ou não a conceder ao país solicitante, independentemente da existência ou não de acordo de extradição. No entanto, antes da extradição, cabe ao Supremo Tribunal Federal verificar a possibilidade de sua ocorrência, podendo estabelecer condições para que ela seja efetivada, como por exemplo a não aplicação de penas cruéis ou limitação da prisão ao período máximo permitido no Brasil.

O dispositivo constitucional deixa claro que o brasileiro nato nunca será extraditado, conforme previsão expressa constitucional. No entanto, deve-se observar que o Supremo Tribunal Federal admite a possibilidade de extradição de brasileiro nato que venha a perder a nacionalidade brasileira pela aquisição de outra nacionalidade e que venha se homiziar no Brasil após a prática de crime no exterior.[73]

Assim, se um brasileiro nato pratica um crime no exterior e retorna ao Brasil, deverá ser aqui julgado e aqui responder pelo ato criminoso, não sendo remetido ao país onde o ilícito foi praticado.

O brasileiro naturalizado, por outro lado, em princípio também não será extraditado, mas a Constituição prevê duas hipóteses em que isso pode ocorrer, havendo solicitação de outro país:

a. no caso de comprovada participação em tráfico de drogas realizado no exterior; ou
b. no caso de crime comum praticado antes da naturalização. Crime comum aqui deve ser entendido como aquele que não é crime político nem de opinião.

---

[73] STF, Ext nº 1462/DF, Rel. Min. Roberto Barroso, j. 28.03.2017.

Capítulo 10 • Direitos e deveres individuais e coletivos **273**

Quando da análise de pedido de extradição de brasileiro naturalizado, deverá o Estado solicitante demonstrar a ocorrência de uma das hipóteses acima, não podendo se tratar de mera suspeita, podendo o STF, inclusive, examinar de forma excepcional o mérito da ação penal.[74]

Importante observar que a Súmula nº 421 do STF dispõe que não impede a extradição a circunstância de ser o extraditando casado com brasileira ou ter filho brasileiro.

Ainda sobre o tema extradição, temos o inciso LII do art. 5º da CF:

LII – não será concedida extradição de estrangeiro por crime político ou de opinião;

A determinação constitucional é de que ninguém será extraditado, seja estrangeiro, seja brasileiro naturalizado, por crime político ou de opinião, que são aqueles crimes que só são considerados como tal por decisão política de quem está no poder, e que não causam violação ou risco e nenhum bem jurídico relevante. Importante observar que nenhum país normalmente define qualquer crime como sendo político ou de opinião, o que será verificado a partir da análise, pelo Supremo Tribunal Federal, do caso concreto que lhe for submetido, antes da decisão política do Presidente da República.[75]

10.39. DISPOSIÇÕES PROCESSUAIS

Os incisos LIII a LVI do art. 5º da Constituição trazem diversas disposições de cunho processual:

LIII – ninguém será processado nem sentenciado senão pela autoridade competente;

Esse dispositivo já foi analisado quando tratamos sobre o inciso XXXVII, falando sobre o princípio do juiz natural.

LIV – ninguém será privado da liberdade ou de seus bens sem o devido processo legal;

O devido processo legal é um conceito aberto, mas que pode ser resumido como um processo justo, em que as partes tenham direito ao contraditório, ampla defesa, que seja conduzido por um juiz competente e que respeite as prescrições legais.

Para que alguém seja preso ou tenha seus bens confiscados, é necessário que haja respeito ao devido processo legal, para evitar-se, inclusive, que os procedimentos judiciais sejam utilizados simplesmente para legitimar abusos e ilegalidades. Assim, por exemplo, as Súmulas nos 70 e 323 do STF dispõem que são inadmissíveis a interdição de estabelecimento ou a apreensão de mercadorias como meios coercitivos para pagamento de tributos.

Por outro lado, é importante observar que o devido processo legal não implica necessariamente a garantia de duplo grau de jurisdição, especialmente naqueles casos em que a própria Constituição determina jurisdição única.[76]

---

[74] STF, Ext nº 1.082, Rel. Min. Celso de Mello, j. 19.06.2008.

[75] STF, Ext nº 615, Rel. Min. Paulo Brossard, j. 19.10.1994.

[76] Veja-se, por exemplo, RE nº 976.178/PR, Rel. Min, Dias Toffoli, j. 09.12.2016; RE nº 169.077/MG, Rel. Octávio Gallotti, j. 27.03.1998.

LV – aos litigantes, em processo judicial ou administrativo, e aos acusados em geral são assegurados o contraditório e ampla defesa, com os meios e recursos a ela inerentes;

Litigantes são as partes de um processo judicial. A Constituição prevê que não somente em um processo judicial, mas também nos administrativos e nos processos em geral, ainda que tramitem em organizações privadas – como por exemplo exclusão de sócio de clube acusado de ter praticado um ato indevido –, as partes têm direito garantido ao contraditório, que é o direito de conhecer e rebater os argumentos e provas trazidos pela parte contrária, e à ampla defesa, que é a possibilidade de produzir todas as provas que julgarem necessárias e que forem pertinentes.

Nesse sentido, o STF decidiu que é inconstitucional, sob o ângulo da liberdade fundamental do exercício da profissão e do devido processo legal, preceito normativo a versar previsão de cancelamento automático do registro em conselho profissional, ante a inadimplência da anuidade, ausente prévia oitiva do associado.[77]

Também nossa Suprema Corte editou a Súmula Vinculante nº 21, que determina ser inconstitucional a exigência de depósito ou arrolamento prévios de dinheiro ou bens para admissibilidade de recurso administrativo.

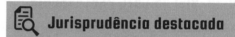

Jurisprudência destacada

É direito do defensor, no interesse do representado, ter acesso amplo aos elementos de prova que, já documentados em procedimento investigatório realizado por órgão com competência de polícia judiciária, digam respeito ao exercício do direito de defesa (STF, Súmula Vinculante nº 14).

LVI – são inadmissíveis, no processo, as provas obtidas por meios ilícitos;

O processo judicial é uma expressão solene do poder estatal de dirimir conflitos que ocorram entre os cidadãos ou entre esses e o próprio Estado, o que deve ser feito obedecendo-se cuidadosamente às disposições legais. Assim, não seria realmente admissível que provas obtidas por meios ilegais pudessem ser aceitas em um processo judicial, sob pena de chancelar-se um verdadeiro "vale-tudo", com graves riscos a direitos fundamentais.

Na esfera no cível esse princípio é praticamente considerado absoluto, sendo que na esfera criminal admite raras exceções, como no caso em que é utilizada no exercício da legítima defesa.[78]

Por outro lado, o Supremo Tribunal Federal considera lícita a gravação de conversa,[79] ou a prova consistente em gravação ambiental,[80] realizadas por um dos interlocutores sem o conhecimento do outro.

---

[77] STF, RE nº 808.424, Rel. Min. Marco Aurélio, j. 19.12.2019.
[78] STF, RE nº 212.081, Rel. Min. Octavio Gallotti, j. 05.12.1997.
[79] STF, RE nº 453.562, Rel. Min. Joaquim Barbosa, j. 23.09.2008.
[80] STF, RE nº 583.937-QO, Rel. Min. Cezar Peluso, j. 19.11.2009.

Capítulo 10 ◆ Direitos e deveres individuais e coletivos **275**

O Supremo Tribunal Federal inclusive considera como válida e aplica a chamada "Teoria da Árvore Envenenada", segundo a qual as provas exclusivamente produzidas a partir de uma prova ilícita também são consideradas ilícitas. Ou seja, a ilegalidade de uma prova transmite-se às provas produzidas a partir da mesma.[81]

10.40. PRESUNÇÃO DE INOCÊNCIA

Dispõe o art. 5º, inciso LVII:

> LVII – ninguém será considerado culpado até o trânsito em julgado de sentença penal condenatória;

O princípio da presunção de inocência, trazido pelo inciso acima, estabelece que, até prova cabal e definitiva em contrário, consubstanciada na decisão judicial da qual não caiba mais recurso, todos são considerados inocentes.

A atribuição do estigma de culpado por um crime a alguém e a consequente inclusão de seu nome no rol dos culpados somente podem ser realizados após o término de um processo no qual tenha sido dada oportunidade de ampla defesa ao acusado.

Importante observar que o princípio da presunção de inocência não impede que seja decretada a prisão preventiva do réu, nos casos excepcionais previstos em lei.

Interessante nesse ponto observar que, no julgamento das ADC nos 43, 44 e 54, realizadas em 07.11.2019, o STF mudou seu entendimento no que se refere à possibilidade de decretação da prisão após decisão condenatória em segunda instância, ainda que não estejam presentes os requisitos da prisão cautelar, passando a entender que a prisão do acusado somente está autorizada após o trânsito em julgado da decisão condenatória.

10.41. VEDAÇÃO DE IDENTIFICAÇÃO CRIMINAL AO CIVILMENTE IDENTIFICADO

O inciso LVIII estabelece sobre a proibição da identificação criminal ao civilmente identificado:

> LVIII – o civilmente identificado não será submetido a identificação criminal, salvo nas hipóteses previstas em lei;

Civilmente identificado é aquele que possuir um documento de identidade reconhecido por lei emitido pelo órgão competente, como por exemplo, carteira de identificação (RG) expedida pelo órgão estadual ou forças armadas; carteira de trabalho e previdência social, carteira profissional ou passaporte.

Se alguém suspeito de algum crime apresentar um desses documentos, em regra não será submetido à identificação criminal na delegacia. Ou seja, não precisará tirar foto, imprimir as digitais etc.

---

[81] STF, HC nº 72.588, Rel. Min. Maurício Corrêa, j. 12.09.1996.

276 Direito Constitucional Decifrado

Porém, trata-se de norma de eficácia contida, conforme se extrai da expressão "salvo nas hipóteses previstas em lei", significa que a lei pode estabelecer hipóteses em que o civilmente identificado deverá submeter-se à identificação criminal.

Atualmente, a Lei nº 12.037/2009 dispõe sobre as hipóteses em que isso ocorrerá, como no caso de o documento apresentar rasura ou indício de falsificação, for insuficiente para identificar cabalmente o indiciado, ou quando constar de registros policiais o uso de outros nomes ou diferentes qualificações.

> ### 🧩 Decifrando a prova
>
> **(Delegado de Polícia – PC-PE – Cespe – 2016 – Adaptada)** Acerca dos direitos e garantias fundamentais previstos na CF, é correto afirmar que, conforme o texto constitucional, o civilmente identificado somente será submetido à identificação criminal se a autoridade policial, a seu critério, julgar que ela é essencial à investigação policial.
>
> ( ) Certo ( ) Errado
>
> **Gabarito comentado:** de acordo com o texto constitucional, cabe à lei – e não à autoridade policial – estabelecer as hipóteses em que o civilmente identificado deverá submeter-se à identificação criminal. Portanto, a assertiva está errada.

10.42. AÇÃO PENAL PRIVADA SUBSIDIÁRIA

O art. 5º, LIX, dispõe sobre a possibilidade de ação privada nos crimes de ação pública:

> LIX – será admitida ação privada nos crimes de ação pública, se esta não for intentada no prazo legal;

Crimes de ação penal pública são aqueles em que o réu em princípio somente pode ser acusado e processado por iniciativa do Ministério Público, que apresenta a denúncia. Atualmente, quase todos os crimes são de ação penal pública, tanto que essa é a regra geral, conforme estabelece o art. 100 do Código Penal.[82] A ação penal pública pode ser incondicionada, quando não depender de representação do ofendido ou condicionada, quando a lei exigir tal representação.

Já os crimes de ação penal privada são aqueles em que o processo somente pode ser instituído por iniciativa do particular, que apresenta a queixa-crime, como ocorre, por exemplo, nos crimes de calúnia, injúria e difamação.

O que o inciso LIX do art. 5º da CF está a dizer é que, no caso de ação penal pública, se o Ministério Público permanecer inerte: a) não apresentando a denúncia; b) não pedindo

---

[82] Art. 100, *caput*, do Código Penal: "A ação penal é pública, salvo quando a lei expressamente a declara privativa do ofendido".

o arquivamento ou c) não solicitando diligências, no prazo estabelecido na lei, o particular ofendido poderá apresentar queixa-crime no lugar da denúncia, de forma subsidiária, para que o acusado não seja beneficiado pela inação do órgão acusador.

Se o Ministério Público, porém, adotar qualquer das providências acima, não cabe a ação penal privada subsidiária da pública, uma vez que a mera discordância da parte em relação à conduta do membro do *Parquet* não justifica a substituição processual.[83]

10.43. PUBLICIDADE DOS ATOS PROCESSUAIS

Sobre a publicidade dos atos processuais, dispõe o inciso LX do art. 5º:

> LX – a lei só poderá restringir a publicidade dos atos processuais quando a defesa da intimidade ou o interesse social o exigirem;

Sendo o processo um ato de manifestação estatal, via de regra, todos os atos nele praticados deverão ser abertos ao conhecimento de todos os interessados, o que quer dizer que qualquer pessoa poderá, por exemplo, assistir a audiências e pedir para ter vistas do processo. Além disso, todas as decisões tomadas pelo juiz serão publicadas no *Diário Oficial*.

No entanto, a Constituição estabelece a possibilidade excepcional de restrição dessa publicidade no caso de defesa da intimidade ou do interesse social, como ocorre, por exemplo, em ações de separação litigiosa, estupro com violência, casos em que estejam envolvidos segredos militares etc.

Nesse caso, poderá ser declarado o chamado segredo de justiça, fazendo com que o processo somente seja acessível às partes e seus procuradores habilitados.

Jurisprudência destacada

> A publicidade assegurada constitucionalmente (arts. 5º, LX, e 93, IX, da CF) alcança os autos do processo, e não somente as sessões e audiências, razão pela qual padece de inconstitucionalidade disposição normativa que determine abstratamente segredo de justiça em todos os processos em curso perante vara criminal (STF, ADI nº 4.414, Rel. Min. Luiz Fux, j. 31.05.2012).

10.44. HIPÓTESES DE PRISÃO

O inciso LXI traz as hipóteses de prisão admitidas atualmente:

> LXI – ninguém será preso senão em flagrante delito ou por ordem escrita e fundamentada de autoridade judiciária competente, salvo nos casos de transgressão militar ou crime propriamente militar, definidos em lei;

---

[83] HC nº 74.276, Rel. Min. Celso de Mello, j. 03.09.1996.

278 Direito Constitucional Decifrado

Assim, verifica-se que, no caso dos civis, ou seja, dos não militares, nossa Constituição somente admite que alguém seja levado à prisão em duas hipóteses: se a pessoa for pega em flagrante ou se houver uma ordem judicial para isso, ou seja, um mandado de prisão. Em complemento a essa disposição constitucional, o art. 283 do Código de Processo Penal, cuja redação foi julgada constitucional pelo STF no bojo das ADC nº 44, 45 e 54, estipula que o mandado de prisão somente será expedido se justificada a prisão cautelar ou no caso de condenação criminal transitada em julgado.

Interessante observar que nossa Constituição, dessa forma, afastou a possibilidade da chamada "prisão para averiguação", muito praticada na época ditatorial, e que era realizada pelo delegado de polícia, sem necessidade de mandado judicial.

Para os militares, porém, que possuem na hierarquia e disciplina os dois pilares de sua organização, admite-se a prisão administrativa, que se dá por ordem de um superior, no caso de uma infração militar.

10.45. DIREITOS DO DETIDO

O art. 5º, LXII, da CF traz alguns direitos de quem vier a ser detido:

> LXII – a prisão de qualquer pessoa e o local onde se encontre serão comunicados imediatamente ao juiz competente e à família do preso ou à pessoa por ele indicada;

Não podem existir "prisões secretas" no Brasil. Assim, sempre que alguém for preso, tanto o ato da prisão como o local onde a pessoa está detida deverão ser imediatamente comunicados:

a. à família do acusado ou àquele que ele indicar, para que ele possa ter a assistência necessária, como a contratação de advogado, recebimento de visitas etc. No entanto, não ocorre descumprimento da Constituição quando o preso, voluntariamente, não indica pessoa a ser comunicada da sua prisão;[84]

b. ao juiz competente, para que este possa apreciar a legalidade da prisão, com base nos elementos que lhe forem apresentados. Se o juiz concluir que a prisão é ilegal, deverá mandar soltar imediatamente o acusado, conforme dispõe o inciso LXV:

> LXV – a prisão ilegal será imediatamente relaxada pela autoridade judiciária;

Atualmente, inclusive o Código de Processo Penal prevê a realização de audiência de custódia quando da realização de prisão em flagrante, no prazo máximo de 24 horas após a realização da prisão. Mas não somente no ato da prisão, mas a qualquer momento do processo em que for verificado pelo juiz que o acusado está indevidamente detido, deverá ser ele colocado imediatamente em liberdade, ainda que não haja requisição da defesa nesse sentido.

---

[84] STF, HC nº 69.630, Rel. Min. Paulo Brossard, j. 20.10.1992.

Capítulo 10 ◆ Direitos e deveres individuais e coletivos **279**

O inciso LXIII do art. 5º dispõe:

> LXIII – o preso será informado de seus direitos, entre os quais o de permanecer calado, sendo-lhe assegurada a assistência da família e de advogado;

Imediatamente à prisão do acusado, a autoridade policial, ou seja, o delegado de polícia, deverá informá-lo a respeito de seus direitos, os quais incluem, mas não se resumem a esses:

a. direito a permanecer calado: pelo princípio da autodefesa, ninguém pode ser obrigado a produzir prova contra si mesmo.[85] O preso tem o direito de ficar calado perante o delegado e perante o juiz, se preferir não se manifestar, sendo nula a audiência para sua oitiva realizada sem que este tenha sido informado desse direito.[86] Também não tem a obrigação de dizer a verdade, diferentemente do que ocorre com as testemunhas e vítima. Por outro lado, o princípio constitucional da autodefesa não alcança aquele que atribui falsa identidade perante autoridade policial com o intento de ocultar maus antecedentes, podendo, assim, responder pelo crime de falsa identidade;[87]

b. assistência da família: essa assistência se estende durante todo o período em que o acusado estiver sob custódia do Estado, não podendo ser negados aos familiares o direito de visita e de obter informações sobre o detido;

c. assistência de um advogado: ninguém pode responder a um processo criminal sem ser representado por um advogado, ainda que voluntariamente alegue abrir mão desse direito. No caso de não indicação de advogado, deverá o Estado nomear um defensor dativo para conduzir a causa em nome do acusado.

Decifrando a prova

(Delegado de Polícia – PC-SP – Vunesp – 2014 – Adaptada) Quanto às garantias constitucionais e à privação da liberdade, é correto afirmar que o preso deverá ser informado de seus direitos, dentre os quais o de permanecer calado, sendo-lhe assegurada a remoção para estabelecimento perto de sua família.

( ) Certo   ( ) Errado

Gabarito comentado: a norma constitucional, conforme vimos, não assegura ao preso o direito à remoção para estabelecimento penal próximo da residência de sua família. Portanto, a assertiva está errada.

---

[85] Além da previsão constitucional, o referido princípio também consta da Convenção Americana sobre Direitos Humanos – mais conhecido como Pacto de San José da Costa Rica – do qual o Brasil é signatário.

[86] STF, HC nº 82.463, Rel. Min. Ellen Gracie, j. 05.11.2002.

[87] STF, RE nº 640.139, Rel. Min. Dias Toffoli, j. 22.09.2011.

Ainda tratando sobre os direitos do detido, temos o inciso LXIV do art. 5º:

> LXIV – o preso tem direito à identificação dos responsáveis por sua prisão ou por seu interrogatório policial;

A garantia de que o preso tenha conhecimento de quem o prendeu ou interrogou tem o objetivo de permitir que ele possa representar contra eventuais abusos cometidos, o que contribui para coibir a prática desses atos.

No entanto, esse direito não é absoluto, podendo ser preservada a identidade dos policiais envolvidos no caso em que sua revelação possa envolver graves e comprovados riscos a esses, como, por exemplo, no caso de prisão de chefes de grandes organizações criminosas.

> LXVI – ninguém será levado à prisão ou nela mantido, quando a lei admitir a liberdade provisória, com ou sem fiança;

A regra geral é a de que a pessoa responda ao processo criminal em liberdade, somente sendo presa após o trânsito em julgado da decisão judicial ou após a condenação em segunda instância, pelo menos.

A liberdade provisória é a concessão, ao preso em flagrante, de liberdade, o que sempre deve ser feito se não estiverem presentes os requisitos da prisão preventiva. Isso ocorre porque existem muitos casos que, embora a pessoa tenha sido presa em flagrante, não se justifica a manutenção dessa prisão provisória, por não estarem presentes os requisitos da prisão preventiva, como ocorre com alguém que é preso em flagrante por furtar uma galinha de um vizinho, sendo primário e de bons antecedentes, por exemplo.

Assim, sempre que não estiverem presentes os requisitos da prisão preventiva, ninguém deverá ser ou permanecer preso.

🔍 Jurisprudência destacada

Aquele que foi preso em flagrante, embora formalmente perfeito o auto respectivo (CPP, arts. 304 a 306) e não obstante tecnicamente caracterizada a situação de flagrância (CPP, art. 302), tem, mesmo assim, direito subjetivo à obtenção da liberdade provisória (...), desde que não se registre, quanto a ele, qualquer das hipóteses autorizadoras da prisão preventiva, a significar que a prisão em flagrante somente deverá subsistir se se demonstrar que aquele que a sofreu deve permanecer sob a custódia cautelar do Estado, em razão de se verificarem, quanto a ele, os requisitos objetivos e subjetivos justificadores da prisão preventiva. (...) Constitui situação de injusto constrangimento ao *status libertatis* do indiciado ou do réu a decisão judicial que, sem indicar fatos concretos que demonstrem, objetivamente, a imprescindibilidade da manutenção da prisão em flagrante, denega ao paciente a liberdade provisória (...) (STF, HC nº 94.157, Rel. Min. Celso de Mello, j. 10.06.2008).

Capítulo 10 ◆ Direitos e deveres individuais e coletivos **281**

10.46. PRISÃO CIVIL

O inciso LXVII traz as hipóteses de prisão civil previstas na Constituição:

LXVII – não haverá prisão civil por dívida, salvo a do responsável pelo inadimplemento voluntário e inescusável de obrigação alimentícia e a do depositário infiel;

Via de regra, uma pessoa somente pode ser presa pelo fato de ter cometido um crime. Ou seja, ninguém será preso por dívidas, sendo que a Constituição traz duas exceções expressas:

a. inadimplemento voluntário e inescusável de obrigação alimentícia, ou seja, o não pagamento injustificado de pensão alimentícia judicialmente estabelecida ou homologada;

b. depositário infiel: depositário infiel é alguém que tem a responsabilidade pela guarda de um objeto de outrem e dolosamente não o devolve ou o destrói.

No entanto, o STF decidiu que atualmente não é mais possível a prisão do depositário infiel. Isso porque o Brasil é signatário do Pacto de San José da Costa Rica, o qual somente prevê a possibilidade de prisão por dívida no caso de não pagamento injustificado de pensão alimentícia. Como tal pacto foi recepcionado como norma supralegal – por tratar de direitos humanos – e a norma constitucional em análise é de eficácia limitada – precisa ser regulamentada por lei –, nossa Suprema Corte entendeu que, como não pode a lei contradizer o que diz o Pacto de San José, a regulamentação da disposição constitucional no que se refere ao depositário infiel não é possível, pelo que o inciso LXVII do art. 5º somente possui possibilidade de aplicação na prática no que se refere ao inadimplemento voluntário e inescusável de obrigação alimentícia.[88]

Tal entendimento de nossa Suprema Corte hoje apresenta-se inclusive consolidado na Súmula Vinculante nº 25.[89]

Decifrando a prova

(Delegado de Polícia – PC-RO – Funcab – 2013 – Adaptada) Com relação ao tema "direitos individuais e coletivos" na Constituição Federal de 1988, é correto afirmar que é ilícita a prisão civil de depositário infiel, qualquer que seja a modalidade do depósito.

( ) Certo   ( ) Errado

Gabarito comentado: conforme vimos, é o que dispõe a Súmula Vinculante nº 25 do STF, uma vez que a partir da incorporação das disposições do Pacto de San José ao ordenamento jurídico brasileiro tornou-se inviável a prisão civil do depositário infiel. Portanto, a assertiva está certa.

---

[88] STF, RE nº 349.703, Rel. Min. Gilmar Mendes e HC nº 87.585, Rel. Min. Marco Aurélio, ambos julgados em 03.12.2008.

[89] Súmula Vinculante nº 25: "É ilícita a prisão civil de depositário infiel, qualquer que seja a modalidade do depósito".

10.47. REMÉDIOS CONSTITUCIONAIS

Os incisos LXVIII a LXXIII do art. 5º tratam dos chamados "remédios constitucionais", que nada mais são que ações judiciais específicas que visam oferecer meios processuais rápidos e eficientes para defesa de direitos fundamentais.

Via de regra, porém, os remédios constitucionais não costumar ser a única forma processual possível de preservação dos direitos que defendem, mas, por possuírem um rito mais célere de tramitação, costumam ser preferidos em relação às demais ações, sempre que podem ser impetrados.

Os remédios constitucionais previstos atualmente em nosso ordenamento jurídico são cinco: *habeas corpus,* mandado de segurança, mandado de injunção, *habeas data* e ação popular, dos quais trataremos a seguir, seguindo a ordem estabelecido pelos incisos do art. 5º de nossa Carta Magna.

10.47.1. *Habeas corpus*

> LXVIII – conceder-se-á "habeas-corpus" sempre que alguém sofrer ou se achar ameaçado de sofrer violência ou coação em sua liberdade de locomoção, por ilegalidade ou abuso de poder;

A expressão *habeas corpus* é latina, e vem de *habeas corpus ad subjiciendum,* que era uma fórmula utilizada pelos magistrados para determinar que fosse trazido a sua presença algum detido. Posteriormente, passou a ser utilizada a expressão para iniciar as petições de soltura de acusados.

O *habeas corpus* é o mais antigo remédio constitucional previsto no Brasil, tendo inicialmente surgido na Constituição de 1891, nossa segunda Constituição e a primeira republicana.

O que o *habeas corpus* tutela é a liberdade de locomoção do indivíduo, ou seja, seu direito de ir, vir e permanecer, em qualquer circunstância, e ainda que a mesma esteja sendo ameaçada indiretamente.

É uma das mais democráticas medidas judiciais previstas em nosso ordenamento jurídico, pois pode ser impetrado por qualquer um, em defesa da liberdade de qualquer pessoa, seja dela própria ou de terceiro, e não necessitando sequer de advogado para sua propositura.

Aliás, o *habeas corpus* pode ser concedido até mesmo de ofício pelo juiz, sem provocação, desde que caracterizada a violação ilegal ao direito de locomoção.

Observe-se que somente se pode utilizar do *habeas corpus* para corrigir alguma inidoneidade que implique em coação direta ou indireta à liberdade de locomoção. Dessa forma, não se conhecerá do mesmo se seu objetivo for, por exemplo, questionar pena pecuniária imposta ou que possa vir a ser imposta ao acusado[90] ou sobre o ônus das

---

[90] Súmula nº 693 do STF.

Capítulo 10 ♦ Direitos e deveres individuais e coletivos **283**

custas judiciais,[91] além de não poder ser invocado quando já extinta a pena privativa de liberdade.[92]

Também por conta disso não cabe *habeas corpus* contra a imposição da pena de exclusão de militar ou de perda de patente ou de função pública.[93]

Por outro lado, pode ser impetrado *habeas corpus* contra qualquer pessoa que esteja limitando de forma ilegítima o direito de locomoção de outrem, ainda que o coator não seja autoridade pública.

O *habeas corpus* pode ser preventivo, também chamado de salvo-conduto, ou repressivo. O *habeas corpus* preventivo visa evitar que uma ameaça à liberdade de locomoção se concretize. Assim, por exemplo, pode impetrar esse tipo de ação alguém que, mesmo estando solto, esteja sendo processado por um crime que já está prescrito, uma vez que nesse caso existe a ameaça de que ele possa a vir a ser preso indevidamente.

Já o *habeas corpus* repressivo ou liberatório é aquele utilizado para combater uma coação ilegal à liberdade de locomoção que já esteja ocorrendo, como por exemplo, alguém que esteja sendo mantido preso indevidamente.

> ### 🔎 Jurisprudência destacada
>
> O *habeas corpus*, ademais, em que pese configurar remédio constitucional de largo espectro, não pode ser utilizado como sucedâneo da revisão criminal, salvo em situações nas quais se verifique flagrante nulidade processual, seja na sentença condenatória, seja no acórdão que a tenha confirmado (STF, HC nº 101.542, Rel. Min. Ricardo Lewandowski, j. 04.05.2010).

10.47.2. Mandado de segurança

> LXIX – conceder-se-á mandado de segurança para proteger direito líquido e certo, não amparado por *habeas-corpus* ou *habeas-data*, quando o responsável pela ilegalidade ou abuso de poder for autoridade pública ou agente de pessoa jurídica no exercício de atribuições do Poder Público;

A previsão do mandado de segurança consta de nossas Constituições desde a de 1934, sendo que, antes de ser positivado no texto constitucional, fazia as suas vezes, em algumas situações, o *habeas corpus*, numa interpretação extensiva de sua aplicação, o que era possível diante da redação original da Constituição de 1891.

---

[91] Súmula nº 395 do STF.
[92] Súmula nº 695 do STF.
[93] Súmula nº 694 do STF.

Atualmente, de acordo com o texto da Constituição de 1988, o mandado de segurança é meio processual que pode ser utilizado para a defesa de direito líquido e certo que não possa ser amparado por *habeas corpus* nem por *habeas data.*

Direito certo é aquele que está determinado, que não necessita de mais provas, que é induvidoso diante dos elementos que o impetrante apresenta juntamente com sua petição inicial. Por exigir direito certo é que não se admite a produção de provas no mandado de segurança, devendo aquele que o impetra trazer toda a prova do que alegar. Se houver necessidade de se produzir provas, não se poderá utilizar do mandado de segurança.[94]

Liquidar é atribuir um valor, deixar claro os limites de um direito. Assim, direito líquido é aquele que já tem seu valor definido, que não precisa de averiguações para se verificar sua extensão econômica. Deve-se observar que determinado direito pode ser certo, mas não líquido, como ocorre, por exemplo, com alguém ganha uma ação de indenização, mas o valor dessa indenização será definido somente posteriormente. Até lá o direito é certo, mas não líquido.

Para que o mandado de segurança possa ser conhecido, ambos os requisitos, certeza e liquidez do direito, devem estar preenchidos.

Por outro lado, a controvérsia que impede a utilização do mandado de segurança é unicamente a sobre fatos, uma vez que controvérsia sobre matéria de direito não impede a concessão da ordem.[95]

Além disso, para que caiba mandado de segurança, o direito alegado não pode ser amparado nem por *habeas corpus* nem por *habeas data.* Se puder ser defendido por um desses remédios, o interessado deverá socorrer-se deles, e não do mandado de segurança.

Por fim, somente cabe mandado de segurança se a ilegalidade ou abuso de poder tiver sido cometido por uma autoridade pública ou por um agente de pessoa jurídica no exercício de atribuições do Poder Público, ou seja, o mandado de segurança é instrumento de defesa dos direitos individuais do cidadão perante o Estado e seus representantes. Assim, vê-se que não cabe tal ação contra particular, a não ser que este aja por delegação do poder público.

A exemplo do *habeas corpus,* o mandado de segurança pode ser repressivo, quando visa combater uma ilegalidade já cometida, ou preventivo, quando o impetrante demonstrar justo receio de sofrer uma violação de direito líquido e certo por parte da autoridade impetrada.

A existência de discussão administrativa não impede que o interessado opte por discutir a questão por meio do mandado de segurança, sendo que, segundo entendimento consolidado do STF, a existência de recurso administrativo com efeito suspensivo não impede o uso do mandado de segurança contra omissão da autoridade.[96]

---

[94] STF, RMS nº 26.744, Rel. Min. Marco Aurélio, j. 13.10.2009.

[95] Súmula nº 625 do STF.

[96] Súmula nº 429 do STF.

Capítulo 10 ♦ Direitos e deveres individuais e coletivos **285**

O mandado de segurança, porém, está sujeito a prazo decadencial para sua impetração, estabelecido em lei, que atualmente é de 120 dias, contados da ciência, pelo interessado, do ato impugnado,[97] restrição temporal essa considerada constitucional pela nossa Suprema Corte,[98] a qual considera ainda que o pedido de reconsideração na via administrativa não interrompe tal prazo.[99]

Nossa jurisprudência, incluindo a do STF, não tem admitido o mandado de segurança contra atos judiciais, como sucedâneo recursal, ou seja, em substituição a recurso contra decisão judicial,[100] numa forma de interpretação extensiva da Súmula nº 268 do STF, que dispõe que "não cabe mandado de segurança contra decisão judicial com trânsito em julgado", até porque entendimento em contrário poderia levar a uma subversão das regras do direito processual.

O inciso LXX do art. 5º, complementando o anterior, traz a possibilidade de impetração de mandado de segurança coletivo:

> LXX – o mandado de segurança coletivo pode ser impetrado por:
>
> a) partido político com representação no Congresso Nacional;
>
> b) organização sindical, entidade de classe ou associação legalmente constituída e em funcionamento há pelo menos um ano, em defesa dos interesses de seus membros ou associados;

A finalidade do mandado de segurança coletivo é permitir que certas pessoas jurídicas defendam o interesse de seus membros ou associados, ou ainda da sociedade em geral, como é o caso dos partidos políticos, evitando-se a multiplicidade de processos judiciais que tratem do mesmo assunto.

As condições materiais para a interposição do mandado de segurança coletivo são as mesmas aplicáveis ao individual. Destarte, o mandado de segurança coletivo também somente pode ser impetrado para a defesa de direito líquido e certo, não amparado por *habeas corpus* ou *habeas data*, quando o responsável pela ilegalidade ou abuso de poder for autoridade pública ou agente de pessoa jurídica no exercício de atribuições do Poder Público.

Importante observar que a impetração de um mandado de segurança individual impede que o impetrante seja beneficiado por mandado de segurança coletivo apresentado por entidade da qual seja associado,[101] para evitar-se a tramitação de ações idênticas na Justiça.

A legitimação ativa para sua propositura, porém, é restrita, uma vez que a Constituição somente a defere aos partidos políticos com representação no Congresso Nacional, às organizações sindicais, às entidades de classe e às associações legalmente constituídas e em funcionamento há pelo menos um ano.

---

[97] Art. 23 da Lei nº 12.016/2009.

[98] Súmula nº 632 do STF.

[99] Súmula nº 430 do STF.

[100] MS nº 26.767-AgR, Rel. Min. Ricardo Lewandowski, j. 30.11.2007.

[101] STF, MS nº 32.832-AgR, Rel. Min. Rosa Weber, j. 24.02.2015.

286 Direito Constitucional Decifrado

No caso dos partidos políticos, para que possam impetrar.o mandado de segurança, exige-se que tenham pelo menos um deputado federal ou senador eleito. E podem os partidos defender, por meio do remédio constitucional, os interesses de quaisquer pessoas, ainda que não filiadas.

Já no que concerne às organizações sindicais, entidades de classe ou associações, somente podem tais entidades impetrar mandado de segurança para defender direitos de seus próprios membros ou associados, não estando legitimadas a defender, por meio do mandado de segurança coletivo, interesses de terceiros não filiados a elas. Além disso, devem demonstrar que o alegado ato ilegal da autoridade prejudicou direito subjetivo, líquido e certo da própria entidade impetrante ou de seus representados.[102]

No caso das associações, exige-se ainda que essas entidades estejam devidamente registradas há pelo menos um ano.

Diferentemente do que ocorre com os demais casos de representação judicial ou extrajudicial, não se exige autorização expressa, seja no estatuto, seja em assembleia geral, para que a entidade possa impetrar mandado de segurança, uma vez que o dispositivo constitucional nada fala a respeito.[103]

Além disso, de acordo com a Súmula nº 630 do STF, as entidades de classe têm legitimação para o mandado de segurança ainda quando a pretensão veiculada interesse apenas a uma parte das respectivas categorias.

10.47.3. Mandado de injunção

Dispõe o inciso LXXI do art. 5º de nossa Constituição:

> LXXI – conceder-se-á mandado de injunção sempre que a falta de norma regulamentadora torne inviável o exercício dos direitos e liberdades constitucionais e das prerrogativas inerentes à nacionalidade, à soberania e à cidadania;

O mandado de injunção tem sua inspiração no direito anglo-saxão, passando a ser previsto no nosso ordenamento jurídico a partir da Constituição de 1988.

Pela redação constitucional do art. 5º, LXXI, fica claro que o mandado de injunção é o instrumento previsto para combater a inércia do Poder Público na regulamentação de direitos e liberdades constitucionais e aqueles relacionados à nacionalidade, à soberania e à cidadania.

Assim, visa ele combater a falta de efetividade das normas constitucionais de eficácia limitada, relacionada àqueles assuntos, quando não houver a regulamentação pretendida pelo constituinte.

---

[102] STF, RMS nº 22.350, Rel. Min. Sydney Sanches, j. 03.09.1996.
[103] Súmula nº 629, STF.

Capítulo 10 ♦ Direitos e deveres individuais e coletivos **287**

> ### 🔍 Jurisprudência destacada
>
> Não há norma constitucional que imponha ao legislador o dever de regulamentar os direitos do nascituro. Como se infere do art. 5º, LXXI, da CRFB/1988, o mandado de injunção tem lugar quando a falta de norma regulamentadora impedir o exercício de direitos e liberdades constitucionais e das prerrogativas inerentes à nacionalidade, à soberania e à cidadania. Nesse passo, inexistente a previsão do direito na Constituição Federal, tampouco do dever de regulamentação, não há que se falar em omissão legislativa que possa ser imputada às autoridades impetradas (STF, MI nº 6.591-AgR, Rel. Min. Luiz Fux, j. 16.06.2016).

O Supremo Tribunal Federal, aliás, decidiu pela autoaplicabilidade do inciso LXXI do art. 5º da Constituição, independentemente de edição de lei regulamentando o mandado de injunção, tendo em vista o art. 5º, § 1º, que determina que as normas definidoras dos direitos e garantias fundamentais têm aplicação imediata. Atualmente, o mandado de injunção é regulamentado pela Lei nº 13.300/2016.

A referida lei prevê, seguindo a orientação da jurisprudência consolidada do STF, a possibilidade de impetração de mandado injunção coletivo, enumerando, em seu art. 12, os seguintes legitimados para sua propositura:

a. o Ministério Público, quando a tutela requerida for especialmente relevante para a defesa da ordem jurídica, do regime democrático ou dos interesses sociais ou individuais indisponíveis;

b. os partidos políticos com representação no Congresso Nacional, para assegurar o exercício de direitos, liberdades e prerrogativas de seus integrantes ou relacionados com a finalidade partidária;

c. as organizações sindicais, entidades de classe ou associações legalmente constituídas e em funcionamento há pelo menos um ano, para assegurar o exercício de direitos, liberdades e prerrogativas em favor da totalidade ou de parte de seus membros ou associados, na forma de seus estatutos e desde que pertinentes a suas finalidades, dispensada, para tanto, autorização especial; e

d. a Defensoria Pública, quando a tutela requerida for especialmente relevante para a promoção dos direitos humanos e a defesa dos direitos individuais e coletivos dos necessitados.

Vê-se, assim, que a legitimação ativa para a impetração de mandado de injunção coletivo é mais ampla do que a do mandado de segurança coletivo.

> ### 🧩 Decifrando a prova
>
> **(Delegado de Polícia – PC-PA – Ibade – 2018 – Adaptada)** Acerca dos instrumentos de tutela das liberdades, previstos na CRFB/88, afirma-se corretamente que o mandado de injunção pode ser ajuizado coletivamente, embora inexista previsão expressa na CRFB/88.
>
> ( ) Certo ( ) Errado

288 Direito Constitucional Decifrado

> **Gabarito comentado:** conforme vimos, tanto a jurisprudência do STF como atualmente a lei permitem a impetração de mandado de injunção coletivo, trazendo a Lei nº 13.300/2016 os legitimados a propô-lo. Portanto, a assertiva está correta.

Embora o mandado de injunção normalmente seja apresentado para sanar omissão de ordem legislativa, também pode ser utilizado alegando-se falta de ato administrativo, de caráter regulamentar, que impeça a fruição de direito e liberdade constitucional e de prerrogativas inerentes à nacionalidade, à soberania e à cidadania.

E uma vez reconhecida, no julgamento do mandado de injunção, a mora do Poder, órgão ou autoridade responsável pela elaboração da norma regulamentadora, qual deve ser o papel do Judiciário? Em resposta a essa pergunta, existem duas grandes correntes:

a. **Corrente não concretista:** o Judiciário deve somente reconhecer a inércia do Legislativo, não podendo expedir norma que permita ao impetrante exercer imediatamente seu direito, uma vez que não cabe ao Judiciário legislar, suprindo a omissão do Parlamento.

b. **Corrente concretista:** o Judiciário deve não só reconhecer a inércia do Legislativo como deve permitir o exercício imediato do direito obstado pela falta da norma, dizendo qual solução deve ser aplicada ao caso em questão. É a corrente a que se tem filiado atualmente o Supremo Tribunal Federal.

A corrente concretista, por sua vez, subdivide-se em três:

b.1. Concretista individual: o Judiciário estabelece como o impetrante poderá exercer o direito prejudicado pela falta da norma, mas os efeitos da decisão só valem para o impetrante.

b.2. Concretista geral: o Judiciário estabelece como a ausência da norma será suprida, e essa decisão terá efeitos *"erga omnes"*, podendo ser aproveitada por todos que se encontrarem na mesma situação, até que seja editada a norma faltante.

b.3. Concretista intermediária: nela, primeiramente o Poder Judiciário comunica a mora ao órgão responsável pela normatização, estabelecendo um prazo razoável para que ela supra a omissão. Expirado o prazo e permanecendo a inércia, cabe ao órgão jurisdicional suprir a lacuna, viabilizando o exercício do direito constitucional questionado, de maneira *erga omnes* ou *inter partes*, a depender das circunstâncias da decisão.

Exemplo de utilização do mandado de injunção ocorreu em relação ao art. 37, VII, que garante o direito de greve ao servidor público, mas nos termos e nos limites definidos em lei específica. Como essa lei ainda não havia sido aprovada, diversos sindicatos de servidores ingressaram com mandados de injunção alegando a omissão legislativa que impedia seus associados de exercerem o direito constitucional de greve, tendo o STF decidido que, enquanto não aprovada a lei a que se refere o dispositivo constitucional citado, aplica-se, no que couber, a lei de greve vigente no setor privado.[104]

---

[104] STF, MI nº 670, Rel. designado Min. Gilmar Mendes, j. 25.10.2007.

10.47.4. Habeas data

Dispõe o inciso LXXII do art. 5º da Constituição Federal:

LXXII – conceder-se-á *habeas-data*:

a) para assegurar o conhecimento de informações relativas à pessoa do impetrante, constantes de registros ou bancos de dados de entidades governamentais ou de caráter público;

b) para a retificação de dados, quando não se prefira fazê-lo por processo sigiloso, judicial ou administrativo;

O *habeas data*, assim como o mandado de injunção, foi uma inovação trazida pela Constituição de 1988, inspirado na legislação europeia e, posteriormente, na norte-americana. Atualmente, é regulamentado no Brasil pela Lei nº 9.507/1997, a qual estabelece condições para sua impetração e o rito de sua tramitação.

Pode-se definir o *habeas data* como o remédio constitucional de que podem se valer todas as pessoas para solicitar judicialmente a exibição dos registros públicos ou privados de caráter público, nos quais estejam incluídos seus dados pessoais, para que deles tome conhecimento e se necessário for requerer sua retificação. Assim, serve ele para conhecimento e eventual retificação de informação relativa à pessoa do impetrante, constante de bancos de dados estatais o de caráter público.

A retificação dos registros abrange a possibilidade de supressão de informações indevidamente registradas, de alteração ou ainda de complementação das mesmas.

A expressão "registros ou bancos de dados de caráter público" engloba todos os repositórios de informações que terceiros possam consultar, como, por exemplo, as informações do impetrante constantes do cadastro de entidades de proteção ao crédito.

Porém, de acordo com a Lei nº 9.507/1997, o impetrante deve provar que seu pedido foi negado administrativamente, para que possa recorrer ao *habeas data*, sob pena de extinção da ação sem julgamento do mérito, por falta de comprovação do interesse de agir, entendimento esse externado pelo STF antes mesmo da edição da lei que atualmente regulamenta o *habeas data*.[105]

O remédio constitucional do *habeas data* poderá ser impetrado tanto por pessoa física como por pessoa jurídica, brasileira ou estrangeira.

Somente poderão ser requeridas informações relativas ao próprio impetrante, nunca de terceiros, embora a jurisprudência tenha admitido que os sucessores de um falecido possam impetrar *habeas data* em nome do mesmo.

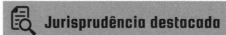

A ação de *habeas data* visa à proteção da privacidade do indivíduo contra abuso no registro e/ou revelação de dados pessoais falsos ou equivocados. O *habeas data* não se revela meio

---

[105] STF, RHD nº 22, Rel. designado Min. Celso de Mello, j. 19.09.1991.

290 Direito Constitucional Decifrado

> idôneo para se obter vista de processo administrativo (STF, HD nº 90-AgR, Rel. Min. Ellen Gracie, j. 18.02.2010).

Por fim, no que se refere à obtenção de certidão em repartições públicas, o remédio adequado é o mandado de segurança, e não o *habeas data*, uma vez que se trata de defender o direito líquido e certo à expedição do documento pela repartição pública.

Decifrando a prova

(Delegado de Polícia – PC-PA – Ibade/2018 – Adaptada) Acerca dos instrumentos de tutela das liberdades, previstos na CRFB/88, afirma-se corretamente que a repartição pública que obstruir o direito de certidão deverá ser compelida, mediante *habeas data*, a concedê-lo, sob pena de os seus titulares serem responsabilizados civil e criminalmente.
( ) Certo   ( ) Errado
Gabarito comentado: o direito à obtenção de certidões em repartições públicas é passível de defesa por meio de mandado de segurança, e não de *habeas data*. Portanto, a assertiva está errada.

10.47.5. Ação popular

Dispõe o art. 5º, LXXIII, da Constituição Federal:

> LXXIII – qualquer cidadão é parte legítima para propor ação popular que vise a anular ato lesivo ao patrimônio público ou de entidade de que o Estado participe, à moralidade administrativa, ao meio ambiente e ao patrimônio histórico e cultural, ficando o autor, salvo comprovada má-fé, isento de custas judiciais e do ônus da sucumbência;

A ação popular é um importante instrumento processual que a sociedade tem para a defesa dos interesses difusos e coletivos. É um instrumento de operacionalização da democracia e que pode ser exercido por qualquer cidadão brasileiro.

É regulada pela Lei nº 4.717/1965, sendo, assim, anterior à própria Constituição Federal de 1988. Na verdade, consta a previsão de ação popular – embora com escopo reduzido, aplicando-se somente aos casos de "suborno, peita, peculato, e concussão" – desde a Constituição de 1824.

A Lei nº 4.717/1965 estabelece que:

> Qualquer cidadão será parte legítima para pleitear a anulação ou a declaração de nulidade de atos lesivos ao patrimônio da União, do Distrito Federal, dos Estados, dos Municípios, de entidades autárquicas, de sociedades de economia mista (...), de sociedades mútuas de seguro nas quais a União represente os segurados ausentes, de empresas públicas, de serviços sociais autônomos, de instituições ou fundações para cuja criação ou custeio o tesouro público haja concorrido ou concorra com mais de cinquenta por cento

Capítulo 10 ♦ Direitos e deveres individuais e coletivos **291**

do patrimônio ou da receita anual, de empresas incorporadas ao patrimônio da União, do Distrito Federal, dos Estados e dos Municípios, e de quaisquer pessoas jurídicas ou entidades subvencionadas pelos cofres públicos.

O âmbito de aplicação da ação popular, é bastante amplo, abrangendo, além das hipóteses previstas na Constituição (ato lesivo ao patrimônio público, à moralidade administrativa, ao meio ambiente e ao patrimônio histórico e cultural), também se presta à defesa dos bens e direitos de valor econômico, estético, artístico e turístico, conforme prevê o § 1º do art. 1º da Lei nº 4.717/1965.

Para a propositura da ação popular, é necessário que o autor seja um cidadão, sendo considerado como tal, nesse caso aquele que esteja apto a votar e a ser votado, ou seja, com seus direitos políticos em dia. A prova da cidadania, segundo doutrina e jurisprudência assente, se faz com a apresentação do título de eleitor. Por conta disso, o STF não admite a propositura de ação popular por pessoa jurídica.[106]

Diferentemente do que ocorre com outros remédios constitucionais, na ação popular não se preveem instâncias diferenciadas para seu julgamento, conforme a autoridade envolvida, sendo que a competência para julgar ação popular contra ato de qualquer autoridade, até mesmo do Presidente da República, é, via de regra, do juízo competente de primeiro grau.[107]

10.48. ASSISTÊNCIA JURÍDICA

Sobre o assunto assistência jurídica pelo Estado, estipula o inciso LXXIV do art. 5º da nossa Constituição:

> LXXIV – o Estado prestará assistência jurídica integral e gratuita aos que comprovarem insuficiência de recursos;

Todos têm direito a um advogado, seja para defendê-los em processos criminais, cíveis e outros, seja para propor ações em defesa de seus direitos nessas mesmas áreas. Nossa Constituição determina que aqueles que não puderem pagar por um advogado deverão ter um indicado e pago pelo Estado, desde que a pessoa comprove não ter condições de arcar com os honorários.

Atualmente, esse papel de auxílio jurídico aos menos favorecidos é exercido especialmente pelas Defensorias Públicas, tanto estaduais, como a federal, sendo complementado, quando necessário, por convênios celebrados com as unidades locais da Ordem dos Advogados do Brasil (OAB).

A Constituição deixa claro que a assistência jurídica oferecida pelo Estado aos carentes, além de ser gratuita, deve ser integral, o que significa que deve abranger a indicação de advogados tanto para a defesa dos representados em ações contra eles movidas, como também

---

[106] Súmula nº 365 do STF: "Pessoa jurídica não tem legitimidade para propor ação popular".
[107] STF, AO nº 859-QO, Rel. designado Maurício Corrêa, j. 11.10.2001.

Direito Constitucional Decifrado

para a propositura de ações por eles, quando seus direitos forem violados, além de assessoria em assuntos extrajudiciais, como esclarecimento de direitos.

Além da assistência jurídica, o Estado também deve conceder a gratuidade de custas judiciais àqueles que não tiverem condições de com elas arcar, devendo ser outorgada a todos que, independentemente de preencherem os requisitos para se beneficiarem do trabalho da Defensoria Pública, não puderem recolher tais custas sem o prejuízo da assistência própria ou da família, não tenha condições de recolhê-las.[108]

10.49. INDENIZAÇÃO POR ERRO JUDICIÁRIO

O inciso LXXV do art. 5º trata sobre erro judiciário e prisão além do tempo determinado:

> LXXV – o Estado indenizará o condenado por erro judiciário, assim como o que ficar preso além do tempo fixado na sentença;

É sabido que, apesar de o formalismo que envolve os processos que nele tramitam, bem como a garantia da ampla defesa e do contraditório, o Poder Judiciário está sujeito a cometer erros, podendo vir, em um processo criminal, a condenar injustamente alguém que era inocente.

No caso de condenação de alguém que não deveria sê-lo, prevê nossa Constituição a possibilidade de indenização dessa pessoa. Para evitar a reversão de tais situações, é regulamentada, no ordenamento infraconstitucional, a figura da revisão criminal, ação que pode ser utilizada para, preenchidos os requisitos de sua admissibilidade, desconstituir decisão penal transitada em julgado.

Também que aqueles que ficarem presos mais tempo do que o devido (circunstância, aliás, relativamente comum, resultado da falta de assistência jurídica de muitos condenados) poderão exigir do Estado essa compensação, uma vez que a prisão que exceder o tempo fixado pelo Judiciário é indevida, ensejando indenização.

De acordo com a posição do STF, a necessidade de indenização no caso de erro judiciário e de prolongamento indevido de prisão são hipóteses exemplificativas ensejadoras de pagamento de indenização pelo Estado, e que decorrem da responsabilidade objetiva deste, prevista no art. 37, § 6º, da Constituição Federal.[109]

10.50. GRATUIDADES

O art. 5º, LXXVI e LXXVII, dispõem acerca de gratuidades:

> LXXVI – são gratuitos para os reconhecidamente pobres, na forma da lei:
> a) o registro civil de nascimento;
> b) a certidão de óbito;

---

[108] STF, ADI nº 3.658, Rel. Min. Marco Aurélio, j. 10.10.2019.
[109] STF, RE nº 505.393, Rel. Min. Sepúlveda Pertence, j. 26.06.2007.

Capítulo 10 ◆ Direitos e deveres individuais e coletivos **293**

LXXVII – são gratuitas as ações de *habeas-corpus* e *habeas-data*, e, na forma da lei, os atos necessários ao exercício da cidadania;

Pelo menos para aqueles que comprovarem não possuírem condições financeiras, o Estado deverá proceder gratuitamente ao registro dos nascimentos e dos óbitos. Isso é importante porque, além de envolver um direito individual, é de interesse do próprio Estado o correto registro desses eventos.

Tratando-se de norma de eficácia limitada, cabe à lei estabelecer quem deve ser considerado pobre para fins de obtenção da gratuidade.

Importante observar que atualmente a Lei de Registros Públicos prevê a gratuidade desses registros para todas as pessoas, independentemente de sua condição econômica, mas constitucionalmente somente é garantida a isenção de cobrança para os reconhecidamente pobres.

O inciso LXXVII do art. 5º estabelece que também são gratuitas as ações de *habeas corpus* e *habeas data*, bem como os atos necessários ao exercício da cidadania.

Quanto à gratuidade de *habeas corpus* e *habeas data,* refere-se ela às custas judiciais, não abrangendo os honorários advocatícios, que deverão ser pagos normalmente ao profissional contratado, observado que, como já visto, se a pessoa não tiver condições de pagar por um poderá, preenchidos os requisitos da lei, solicitar a assistência jurídica do Estado.

Em relação à expressão "atos necessários ao exercício da cidadania", entende-se que o termo "cidadania" deve ser entendido em seu sentido amplo, abarcando não só o registro eleitoral, mas também a obtenção de documentos básicos em geral necessários para que o cidadão possa ter atendidos seus direitos básicos, como a Carteira de Trabalho e Previdência Social, cuja obtenção é indispensável para que seja usufruído o direito ao trabalho.

Nesse sentido, o STF decidiu que a Lei nº 12.687/2012, que institui a gratuidade da primeira emissão da carteira de identidade em todo o país, está de acordo com a disposição constitucional do art. 5º, LXXVII.[110]

10.51. RAZOÁVEL DURAÇÃO DO PROCESSO

A EC nº 45/2004 acrescentou ao art. 5º o inciso LXXVIII, que trata sobre a duração de processos judiciais e administrativos:

LXXVIII – a todos, no âmbito judicial e administrativo, são assegurados a razoável duração do processo e os meios que garantam a celeridade de sua tramitação.

Existe um binômio que precisa ser levado em consideração na prestação jurisdicional: justiça-celeridade.

---

[110] STF, ADI nº 4.825, Rel. Min. Edson Fachin, j. 15.12.2016.

A justiça relaciona-se à busca da resolução do conflito da forma mais equânime possível dentro dos parâmetros legais, observando-se sempre as peculiaridades do caso concreto. A celeridade é o mesmo que rapidez, pois o processo, seja ele judicial ou administrativo, não pode demorar demasiadamente para ser concluído, pois, nas eternas palavras de Ruy Barbosa, "Justiça atrasada não é Justiça, senão injustiça qualificada e manifesta".

Essas duas características que devem estar presentes no processo – busca da justiça e celeridade –, a princípio antagônicas (pois, quanto mais rápido um processo, com menos recursos e possibilidades de manifestação das partes, maior a chance de ele ser injusto), precisam ser combinadas de forma que se busquem decisões justas, que respeitem o direito ao contraditório, ampla defesa e possibilidade de recursos e que, ao mesmo tempo, não sejam por demais tardias.

A Constituição não define o que seja razoável duração do processo, até porque, de acordo com o STF, o excesso de prazo não resulta de simples operação aritmética. No caso de processos criminais, a complexidade do processo, o retardamento justificado, os atos procrastinatórios da defesa e o número de réus envolvidos são fatores que, analisados em conjunto ou separadamente, é que indicarão ser, ou não, razoável o prazo para o encerramento da instrução criminal.[111]

Porém, a definição do que vem a ser razoável duração do processo, em cada caso, está ligada ao binômio visto acima, ou seja, deve-se procurar que o processo seja o mais rápido possível, porém não tão rápido de forma a prejudicar a busca da justiça, valendo o mesmo para os processos administrativos.

Na esfera judicial, o Conselho Nacional de Justiça tem procurado estabelecer critérios para identificar processos que estariam tramitando de forma demasiadamente lenta, buscando dar efetividade a esse comando constitucional.

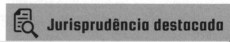
Jurisprudência destacada

> Ressalte-se que a prestação jurisdicional firmou-se como um verdadeiro direito público subjetivo do cidadão na Constituição da República. Assim, o Poder Judiciário não é fonte de justiça segundo suas próprias razões, como se fosse um fim e a sociedade um meio. O Judiciário foi criado pela sociedade para fazer justiça, para que os cidadãos tenham convivência harmoniosa. Portanto, é dever do Judiciário dar a resposta buscada pelo cidadão no prazo razoável. A justiça humana se presta aos vivos e em prol da vida que se julga (STF, AR nº 1.244-EI, Rel. Min. Cármen Lúcia, j. 22.09.2016).

10.52. PROTEÇÃO DOS DADOS PESSOAIS

A EC nº 115/2022 acrescentou o inciso LXXIX ao art. 5º de nossa Carta Magna, o qual dispõe:

---

[111] STF, HC nº 97.461, Rel. Min. Eros Grau, j. 12.05.2009.

LXXIX – é assegurado, nos termos da lei, o direito à proteção dos dados pessoais, inclusive nos meios digitais.

Esse adendo ao texto constitucional retrata, de forma evidente, a preocupação atual com os dados pessoais. Isso é especialmente importante em uma época, como a atual, em que nossos dados podem ser armazenados, alterados e repassados de uma forma como nunca antes na história da humanidade, tendo em vista os avanços tecnológicos que facilitam o tratamento das informações. Exemplo dessa preocupação também se vê no plano infraconstitucional, com a edição de diplomas legais como a Lei nº 13.709/2018, que possui como epíteto "Lei Geral de Proteção de Dados – LGPD".

A proteção constitucional aos dados pessoais se justifica porque a proteção destes interessa à defesa da intimidade, devendo cada um ter ingerência sobre as informações por ele ou a partir dele geradas.

Questão interessante, a ser enfrentada no futuro pelos nossos tribunais, é se tal dispositivo se aplica também às pessoas jurídicas, uma vez que a LGPD somente considera como dados pessoais àqueles relacionados às pessoas naturais, conforme seu art. 5º, I, que os define, para seus fins, como a "informação relacionada a pessoa natural identificada ou identificável". No entanto, nada impede que seja aplicado esse comando constitucional também às pessoas jurídicas em algumas situações, especialmente diante da tradição de nossa Suprema Corte de aplicar a essas todos os direitos e garantias individuais que não sejam incompatíveis com sua natureza, embora com restrições, pois pode ser de interesse público algumas informações dessas entidades, como quadro societário, objeto social, entre outras.

10.53. DISPOSIÇÕES GERAIS

Os parágrafos do art. 5º da Constituição trazem uma série de disposições gerais aplicáveis aos direitos e garantias individuais e coletivos, conforme veremos:

§ 1º As normas definidoras dos direitos e garantias fundamentais têm aplicação imediata.

Já vimos que uma das características dos direitos e garantias fundamentais é sua aplicabilidade imediata, não podendo deixar de serem observados por alegada falta de regulamentação. Havendo eventualmente a necessidade de norma regulamentadora para lhe dar plena eficácia, pode ser impetrado mandado de injunção, de forma a assegurar seu pleno exercício.

§ 2º Os direitos e garantias expressos nesta Constituição não excluem outros decorrentes do regime e dos princípios por ela adotados, ou dos tratados internacionais em que a República Federativa do Brasil seja parte.

Pelo princípio da não taxatividade, o rol de direitos e garantias fundamentais não são somente aqueles previstos expressamente no art. 5º ou em outros da Constituição Federal, mas abrangem outros, como aqueles implícitos – que decorrem do regime dos princípios adotados pela Constituição, podendo ainda a relação ser ampliada por tratados internacionais celebrados pelo Brasil.

Direito Constitucional Decifrado

§ 3º Os tratados e convenções internacionais sobre direitos humanos que forem aprovados, em cada Casa do Congresso Nacional, em dois turnos, por três quintos dos votos dos respectivos membros, serão equivalentes às emendas constitucionais.

Os tratados e convenções internacionais sobre direitos humanos celebrados pelo Presidente da República podem ser aprovados por dois quóruns diferentes pelo Congresso Nacional:

a. por maioria simples, como ocorre com os tratados internacionais em geral: nesse caso, terão, eles, força de norma supralegal, de acordo com o entendimento do Supremo Tribunal Federal;

b. por três quintos dos membros de cada Casa do Congresso Nacional, em dois turnos de votação em cada: nesse caso, pelo fato de estarem sendo aprovados da mesma maneira que as emendas constitucionais (art. 60, § 2º, da CF), terão força de norma constitucional. Exemplo de tratado que foi aprovado dessa segunda forma foi a Convenção Internacional sobre os Direitos das Pessoas com Deficiência e seu Protocolo Facultativo, passando as suas disposições, assim, a ter *status* constitucional, apesar de posteriormente serem consolidadas em uma lei, a Lei nº 13.146/2015.

Decifrando a prova

(Delegado de Polícia – PC-SP – Vunesp – 2018 – Adaptada) Ao dispor sobre os direitos e garantias fundamentais, a Constituição Federal de 1988 dispõe que os tratados internacionais sobre direitos humanos que forem aprovados por maioria absoluta em cada casa do Congresso Nacional, em dois turnos, serão equivalentes às emendas constitucionais.

( ) Certo   ( ) Errado

Gabarito comentado: o quórum exigido para que um tratado internacional sobre direitos humanos seja aprovado pelo Congresso com força de emenda constitucional é de três quintos em cada casa do Congresso, e não maioria absoluta. Portanto, a assertiva está errada.

§ 4º O Brasil se submete à jurisdição de Tribunal Penal Internacional a cuja criação tenha manifestado adesão.

Se nosso país manifestar adesão à criação de um Tribunal Penal Internacional (TPI), deverá obviamente se submeter aos seus julgamentos, sem que isso seja considerado como ofensivo à soberania nacional, até porque tal adesão decorre de ato voluntário da República Federativa brasileira. Como exemplo, de TPI a que o Brasil aderiu, temos o Tribunal Internacional de Haia, criado em 2002, o qual tem competência para julgar os responsáveis por crimes de guerra, genocídios e crimes contra a humanidade, quando os tribunais nacionais não puderem ou não quiserem processar os criminosos.

II | Direitos sociais

II.I. INTRODUÇÃO

Disposições típicas dos chamados direitos fundamentais de segunda geração, os direitos sociais visam basicamente garantir uma existência digna aos cidadãos, sendo decorrência do princípio da igualdade, pelo qual exige-se que todos devam ter oportunidade de acesso aos direitos essenciais. Além disso, constituem-se em instrumentos importantes para a consagração da dignidade da pessoa humana, alçada pela nossa Constituição e um dos fundamentos da República brasileira. Representam eles um indiscutível progresso histórico dos direitos fundamentais, avançando além da mera proteção às liberdades individuais que caracterizava os direitos de primeira geração.

Os direitos sociais são ações positivas, concretas, que podem ser exigidas do Estado, obviamente dentro de suas possibilidades reais de oferecimento, pois deve-se sempre respeitar a chamada "reserva do possível", que pode ser invocada pelo Poder Público para impedir exigências desarrazoadas e desproporcionais, especialmente tendo em vista limitações orçamentárias.[1] Tal reserva, porém, segundo a doutrina e a jurisprudência, não exime o Poder Público de buscar atender ao chamado "mínimo existencial", que pode ser definido como o básico para que o cidadão possa ter uma existência digna e condições de lutar por uma vida melhor.

Assim, os direitos sociais, segundo a jurisprudência, estão constitucionalmente consagrados em normas programáticas que, embora sejam destituídas de certo grau de efetividade, servem de fundamento para a exigência em juízo de prestações positivas do Estado, em caso de não atendimento ou atendimento insatisfatório das determinações constitucionais. Por conta disso, é comum que os interessados ou o próprio Ministério Público impetrem

---

[1] A teoria da reserva do possível foi inicialmente desenvolvida na Alemanha, em 1972, no julgamento de uma ação que requeria a garantia, pelo Estado, de que todos os interessados tivessem acesso a cursar curso de medicina, o que foi negado pelo Tribunal.

ações contra o Poder Público exigindo, por exemplo, que sejam disponibilizadas vagas em creches para atendimento à população.

Nesse sentido, por exemplo, o STF já decidiu que o direito a segurança – colocado um dos direitos sociais – é prerrogativa constitucional indisponível, garantido mediante a implementação de políticas públicas, impondo ao Estado a obrigação de criar condições objetivas que possibilitem o efetivo acesso a tal serviço, sendo possível ao Poder Judiciário determinar a implementação pelo Estado, quando inadimplente, de políticas públicas constitucionalmente previstas, desde que haja ingerência em questão que envolve o poder discricionário do Poder Executivo.[2]

O art. 6º de nossa Constituição, com a redação que lhe foi dada pela EC nº 90/2015 e o parágrafo único acrescido pela EC nº 114/2021, define quais são os direitos sociais no Brasil:

> **Art. 6º** São direitos sociais a educação, a saúde, a alimentação, o trabalho, a moradia, o transporte, o lazer, a segurança, a previdência social, a proteção à maternidade e à infância, a assistência aos desamparados, na forma desta Constituição.
>
> Parágrafo único. Todo brasileiro em situação de vulnerabilidade social terá direito a uma renda básica familiar, garantida pelo poder público em programa permanente de transferência de renda, cujas normas e requisitos de acesso serão determinados em lei, observada a legislação fiscal e orçamentária.

Embora os direitos sociais sejam bastante amplos, conforme se verifica acima, em seu "Capítulo II – Direitos Sociais", a Constituição Federal trata basicamente dos direitos trabalhistas, que regem as relações entre patrões e empregados. Outros direitos sociais são abordados em dispositivos diferentes da Constituição Federal, especialmente em seu Título VIII – Da Ordem Social.

O parágrafo único do art. 6º, acrescentado pela EC nº 114/2021, elevou ao nível constitucional o "direito à renda mínima", discutido há várias décadas no Brasil e inspirado em iniciativas já adotadas por outros países, especialmente daqueles adeptos do chamado *Welfare State*. Trata-se, porém, de norma de eficácia limitada, como deixa expresso o texto constitucional, uma vez que as normas e requisitos de acesso a esses programas dependem de regulamentação por lei.

O art. 7º da Constituição Federal traz, assim, os principais direitos trabalhistas, os quais em sua maioria já eram previstos na Consolidação das Leis do Trabalho (CLT), sendo que nem todos se aplicam aos servidores públicos, que são regidos por estatutos próprios e são referenciados no art. 37 da Constituição, e aos empregados domésticos, por força do parágrafo único do art. 7º.

Deve-se observar que esses são direitos mínimos assegurados aos trabalhadores, sendo que a lei pode conceder outros direitos ou ampliar aqueles previstos no texto constitucional, conforme orientação do Supremo Tribunal Federal.[3]

---

[2]   STF, RE nº 559.646-AgR, Rel. Min. Ellen Gracie, j. 07.06.2011.

[3]   STF, ADI nº 639, Rel. Min. Joaquim Barbosa, j. 02.06.2005.

11.2. DIREITOS DOS TRABALHADORES URBANOS E RURAIS

Dispõe o art. 7º de nossa Constituição:

Art. 7º São direitos dos trabalhadores urbanos e rurais, além de outros que visem à melhoria de sua condição social:

A Constituição de 1988 estendeu aos trabalhadores rurais uma série de direitos que antes eram exclusivos de trabalhadores urbanos, uma vez que essa distinção, além de injusta, também contribuía para que o trabalho nas cidades fosse visto como mais atrativo, o que era mais um estímulo ao êxodo rural.

Para maior clareza e didática, veremos os incisos do art. 7º de forma individual, e que serão vistos com ênfase nas próprias disposições constitucionais, uma vez que não é objetivo desta obra enveredar-se pela seara do Direito Trabalhista.

11.2.1. Proteção contra despedida sem justa causa

I – relação de emprego protegida contra despedida arbitrária ou sem justa causa, nos termos de lei complementar, que preverá indenização compensatória, dentre outros direitos;

Essa lei complementar até o momento ainda não foi aprovada pelo Congresso. Diante disso, ainda está em vigor o disposto no art. 10 do ADCT, o qual dispõe:

Art. 10. Até que seja promulgada a lei complementar a que se refere o art. 7º, I, da Constituição:

I – fica limitada a proteção nele referida ao aumento, para quatro vezes, da porcentagem prevista no art. 6º, "caput" e § 1º, da Lei nº 5.107/66;

II – fica vedada a dispensa arbitrária ou sem justa causa:

a) do empregado eleito para cargo de direção de comissões internas de prevenção de acidentes, desde o registro de sua candidatura até um ano após o final de seu mandato;

b) da empregada gestante, desde a confirmação da gravidez até cinco meses após o parto.

O servidor público estatutário não possui tal direito, uma vez que, em princípio, não pode ser exonerado sem justa causa.

11.2.2. Seguro-desemprego

II – seguro-desemprego, em caso de desemprego involuntário;

O seguro-desemprego é atualmente disciplinado pela Lei nº 7.998/1990, sendo considerado como um benefício da Previdência Social, pois exige contribuição prévia do usuário. Visa amparar temporariamente o trabalhador, em virtude de despedida sem justa causa, enquanto esse busca sua recolocação no mercado de trabalho, embora seja concedido por um prazo limitado de tempo. O seguro-desemprego é considerado importante tanto individualmente, como forma de mitigar a vulnerabilidade do cidadão causada pela ausência de fonte de renda, como também coletivamente, pois acaba reduzindo o impacto de crises de desemprego na demanda de bens e serviços na economia.

II.2.3. FGTS

III – fundo de garantia do tempo de serviço;

Trata-se do FGTS, poupança que o empregador é obrigado a fazer em nome do empregado, depositando o valor equivalente a aproximadamente um salário por ano em conta específica, e que pode ser sacado pelo beneficiário em hipóteses determinadas pela lei, como despedida sem justa causa, aposentadoria ou aquisição de imóvel próprio. A partir da Constituição de 1988 o regime do FGTS passou a ser obrigatório para todos os trabalhadores.

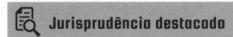
Jurisprudência destacada

O FGTS, ao contrário do que sucede com as cadernetas de poupança, não tem natureza contratual, mas, sim, estatutária, por decorrer da lei e por ela ser disciplinado. Assim, é de aplicar-se a ele a firme jurisprudência desta Corte no sentido de que não há direito adquirido a regime jurídico (STF, RE nº 226.855, Rel. Min. Moreira Alves, j. 31.08.2000).

II.2.4. Salário mínimo

IV – salário mínimo, fixado em lei, nacionalmente unificado, capaz de atender a suas necessidades vitais básicas e às de sua família com moradia, alimentação, educação, saúde, lazer, vestuário, higiene, transporte e previdência social, com reajustes periódicos que lhe preservem o poder aquisitivo, sendo vedada sua vinculação para qualquer fim;

O salário mínimo deveria garantir um valor mínimo para a existência digna para uma família com dois filhos. Sabe-se que, na verdade, atualmente está muito longe disso. No entanto, essa norma deve ser vista como programática, indicando um objetivo a ser alcançado no longo prazo, uma vez que um aumento repentino e substancial no salário mínimo traria consequências extremamente negativas para a economia, como por exemplo demissões em massa, falta de recursos para pagamento de benefícios da Previdência Social, entre outras. Por conta disso, entende-se que o governo deve fazer é aumentar paulatinamente o valor do salário mínimo, até que ele atenda a todas as necessidades previstas no texto constitucional.

De acordo com o inciso IV do art. 7º, o salário mínimo também deve ser:

a. fixado em lei: a lei deve prever expressamente o valor do salário mínimo ou pelo menos prever critérios objetivos e claros para sua definição, quando da elaboração

Capítulo 11 ◆ Direitos sociais **301**

do orçamento, ainda que a definição exata do valor anual seja feita e publicada por decreto, levando-se em consideração as disposições legais;[4]

b. nacionalmente unificado: a ideia é que esse mínimo seja garantido em todo país, não impedindo, porém, que haja salários mínimos regionais, desde que esses não sejam inferiores ao nacional;

c. reajustado periodicamente: esse reajuste periódico normalmente é anual, e visa combater os efeitos deletérios da inflação sobre o poder de compra do salário mínimo;

d. proibido de vinculação para qualquer fim: o objetivo aqui é tanto não criar "amarras" ao aumento do salário mínimo, como também impedir o aumento automático do salário-mínimo quando outros índices forem majorados.

Nesse sentido dispõe a Súmula Vinculante nº 4: "Salvo nos casos previstos na Constituição, o salário mínimo não pode ser usado como indexador de base de cálculo de vantagem de servidor público ou de empregado, nem ser substituído por decisão judicial".

O servidor público civil também possui direito ao salário mínimo, conforme determinado no art. 39, § 3º, da Constituição Federal, mas nesse caso o que não pode ser menor do que o salário-mínimo é o total da remuneração, e não simplesmente o salário-base ou vencimento do cargo.[5]

Por outro lado, em relação ao militar, entende o STF que a garantia do salário-mínimo não lhes foi estendida constitucionalmente, pelo que as praças prestadoras de serviço militar inicial, podendo esses receber soldo inferior ao valor do salário mínimo.[6]

II.2.5. Piso salarial

V – piso salarial proporcional à extensão e à complexidade do trabalho;

Além do salário mínimo, a Constituição exige que haja também pisos salariais, que são salários mínimos aplicáveis especificamente a determinadas categorias de trabalhadores, em função da extensão e complexidade do trabalho. Esses pisos salariais podem ser estabelecidos pela lei ou por negociações coletivas entre os sindicatos dos trabalhadores e o das empresas. Obviamente, os valores dos pisos salariais não podem ser inferiores ao valor do salário mínimo.

II.2.6. Irredutibilidade do salário

VI – irredutibilidade do salário, salvo o disposto em convenção ou acordo coletivo;

---

4   STF, ADI nº 4.568, Rel. Min. Cármen Lúcia, j. 03.11.2011.

5   Súmula Vinculante nº 16.

6   STF, Súmula Vinculante nº 6 e RE nº 570.177, Rel. Min. Ricardo Lewandowski, j. 30.04.2008.

302 Direito Constitucional Decifrado

Uma vez estabelecido o valor de salário no contrato de trabalho, ele não pode ser reduzido, salvo se isso for feito por negociação em que esteja envolvida a entidade sindical respectiva.

Cabe aqui distinguir entre convenção e acordo coletivos.

A convenção coletiva é um pacto firmado entre os sindicatos patronais e dos trabalhadores, valendo para ambas as categorias, profissional e patronal. Já o acordo coletivo é assinado por uma ou mais empresas e o sindicato dos trabalhadores, sendo válido somente para os trabalhadores das empresas envolvidas.

A irredutibilidade do salário busca garantir que o empregado não seja pressionado a aceitar a redução de seu salário pelo empregador – exceto havendo concordância expressa de seu sindicato, conforme visto acima –, e aplica-se inclusive ao funcionário público que compulsoriamente, por força de lei, tiver que mudar de regime, de estatutário para celetista, não podendo, assim, seu salário total ser reduzido,[7] embora seja admissível a diminuição ou supressão de vantagens, desde que não haja redução salarial.[8]

II.2.7. Salário mínimo para os que recebem remuneração variável

> VII – garantia de salário, nunca inferior ao mínimo, para os que percebem remuneração variável;

Existem alguns profissionais que não recebem um salário fixo por mês. Isso ocorre, por exemplo: com garçons, que recebem, além do salário, gorjetas; com os vendedores, que normalmente recebem comissões sobre suas vendas; com aqueles que têm seus salários atrelados a metas de desempenho. Nesses casos, a Constituição Federal garante que eles venham a receber pelo menos um salário mínimo todos os meses, independentemente de quaisquer outros fatores.

II.2.8. Décimo terceiro salário

> VIII – décimo terceiro salário com base na remuneração integral ou no valor da aposentadoria;

O décimo terceiro salário, também chamado de gratificação natalina, é uma verba de natureza remuneratória que deve ser paga ao trabalhador, pela legislação, até o final do ano, podendo ser dividido em duas parcelas, sendo a primeira paga até dia 30 de novembro e a segunda até dia 20 de dezembro. O valor do décimo terceiro deve corresponder ao valor do salário ou proventos de dezembro.

De observar-se que, de acordo com a Súmula nº 207 do STF, a gratificação natalina e outras gratificações habituais consideram-se implicitamente constantes do contrato de tra-

---

[7]   STF, RE nº 212.131, Rel. Min. Ilmar Galvão, j. 03.08.1999.

[8]   STF, RE nº 599.618-ED, Rel. Min. Cármen Lúcia, j. 01.02.2011.

Capítulo 11 ◆ Direitos sociais **303**

balho, compondo o salário do trabalhador,[9] o que faz com que haja também a incidência de contribuição previdenciária e de imposto de renda sobre elas.

II.2.9. Adicional noturno

> IX – remuneração do trabalho noturno superior à do diurno;

O ser humano, via de regra, tem hábitos diurnos. Por isso, nossa Constituição entendeu que quem trabalha durante o período noturno trabalha fora de seu horário natural e que, portanto, deve receber uma compensação.

De acordo com a Consolidação das Leis do Trabalho (CLT), o trabalho noturno urbano estende-se das 22h de um dia às 5h do outro, ao passo que o rural vai das 21h de um dia às 5h do dia seguinte, na lavoura, e das 20h de um dia às 4h horas do seguinte, na atividade pecuária.

II.2.10. Proteção do salário

> X – proteção do salário na forma da lei, constituindo crime sua retenção dolosa;

O salário do trabalhador é o seu sustento, sendo que o empregado conta com ele para o atendimento de suas necessidades básicas. Por isso, a lei deverá protegê-lo, inclusive considerando crime sua retenção intencional por parte do empregador. Veja que a utilização da expressão "retenção dolosa" deixa claro que não será considerado crime o não pagamento do salário por circunstâncias alheias, não imputáveis ao empregador.

Trata-se, porém, como todo dispositivo constitucional que define crimes, de norma de eficácia limitada, uma vez que a tipificação de crimes e a imputação das respectivas penas devem ser feitas unicamente por meio de lei.

II.2.11. Participação nos lucros e resultados

> XI – participação nos lucros, ou resultados, desvinculada da remuneração, e, excepcionalmente, participação na gestão da empresa, conforme definido em lei;

A Constituição estabelece que o trabalhador deve ter participação nos lucros da empresa, conforme definido em lei, além de haver a possibilidade – excepcional – de participação na gestão da própria empresa.

Essa é uma norma de eficácia limitada, necessitando, portanto, de complementação normativa por lei, sendo que a primeira parte do dispositivo, referente à participação nos lucros e resultados, foi regulamentada pela Lei nº 10.101/2000.

---

[9] Súmula nº 207 do STF: "As gratificações habituais, inclusive a de Natal, consideram-se tacitamente convencionadas, integrando o salário".

304 Direito Constitucional Decifrado

> **📑 Jurisprudência destacada**
>
> Participação dos empregados na gestão da empresa: admitida, com base no art. 7º, XI, CF, parece que, na eleição do representante, o sufrágio deve ser concedido apenas aos empregados em atividade, não aos inativos (STF, ADI nº 2.296-MC, Rel. Min. Sepúlveda Pertence, j. 16.11.2000).

II.2.I2. Salário-família

XII – salário-família pago em razão do dependente do trabalhador de baixa renda nos termos da lei;

O salário-família tem a função de auxiliar o trabalhador de baixa renda a sustentar sua família, embora o valor seja bastante baixo. Cabe à lei regulamentá-lo. Atualmente, é paga uma cota para cada filho menor de 14 anos.

A redação original da Constituição previa o pagamento do salário-família a todos os trabalhadores urbanos e rurais, sendo que a EC nº 20/1998 passou a garanti-lo apenas aos trabalhadores de baixa renda, tendo o STF, no entanto, decidido que aqueles que já o recebiam antes da EC nº 20/1998 mantiveram o direito de continuar a recebê-lo.[10]

II.2.I3. Jornada de trabalho

XIII – duração do trabalho normal não superior a oito horas diárias e quarenta e quatro semanais, facultada a compensação de horários e a redução da jornada, mediante acordo ou convenção coletiva de trabalho;

No Brasil a duração da jornada semanal de trabalho é de, no máximo, 44 horas semanais e oito diárias. O que passar disso deve ser pago como hora extra, com os acréscimos legais.

A Constituição, porém, permite a compensação de horários e a redução da jornada, mediante negociação que envolva o sindicato da categoria profissional. Assim, por exemplo, o STF já decidiu que a jornada de 12 horas de trabalho por 36 horas de descanso não afronta o art. 7º, XIII, da Constituição da República, pois encontra-se respaldada na faculdade, conferida pela norma constitucional, de compensação de horários.[11]

XIV – jornada de seis horas para o trabalho realizado em turnos ininterruptos de revezamento, salvo negociação coletiva;

---

[10] STF, RE nº 657.989, Rel. Min. Marco Aurélio, j. 16.06.2020.
[11] STF, ADI nº 4.842, Rel. Min. Edson Fachin, j. 14.09.2016.

Turno interrupto de revezamento é aquele no qual o trabalhador é obrigado a trabalhar hora de dia, hora de noite, não tendo um turno fixo. Como essa troca de horários pode ser prejudicial à saúde do trabalhador, a Constitucional estabelece que a jornada normal máxima será de seis horas, salvo negociação coletiva.

Sendo assim, o trabalhador que estiver sujeito a turno interrupto de revezamento e que trabalhar por oito horas consecutivas tem direito a receber a sétima e a oitava horas com o acréscimo devido às horas extras.[12]

Ainda de acordo com o entendimento do STF, consubstanciado em sua Súmula nº 675, os intervalos estabelecidos para descanso e alimentação durante a jornada de seis horas não descaracterizam o sistema de turnos ininterruptos de revezamento.

11.2.14. Descanso semanal

XV – repouso semanal remunerado, preferencialmente aos domingos;

Todo trabalhador tem direito a pelo menos um dia de descanso remunerado na semana. Esse dia, de acordo com a Constituição, deve ser, preferencialmente, o domingo como forma especial de conciliar o descanso do trabalhador com o de outros membros de sua família, podendo, no entanto, ser estabelecido outro dia, se houver necessidade do empregador.

Nesse sentido, decidiu o STF que a Constituição Federal "apesar de encorajar o repouso semanal aos domingos, não exige que o descanso nele aconteça", devendo, porém, o empregador assegurar ao trabalhador ao menos um dia de repouso em um período de sete dias, além de permitir que o descanso recaia em um domingo, pelo menos, a cada quatro semanas e que pagar em dobro ao trabalhador quando este tiver que laborar aos domingos.[13]

> ### Decifrando a prova
>
> **(Procurador do Estado/SC – Fepese – 2014 – Adaptada)** São direitos dos trabalhadores urbanos e rurais, além de outros que visem à melhoria de sua condição social, participação nos lucros, ou resultados, vinculada à remuneração percebida na empresa e repouso semanal remunerado aos domingos.
>
> ( ) Certo ( ) Errado
>
> **Gabarito comentado:** há dois erros na assertiva. O primeiro é que, de acordo com o texto constitucional, a participação nos lucros ou resultados deve ser desvinculada da remuneração e o segundo é que a Constituição estipula que o descanso semanal deve ser preferencialmente aos domingos, não impondo, porém, obrigatoriedade de que isso ocorra. Portanto, a assertiva está errada.

---

[12] STF, AI nº 543.614, Rel. Min. Marco Aurélio, j. 18.10.2005.

[13] STF, ADI nº 4.027 e 3.975, Rel. Min. Gilmar Mendes, j. 15.06.2020.

II.2.15. Horas extras

XVI – remuneração do serviço extraordinário superior, no mínimo, em cinquenta por cento à do normal;

O inciso XVI do art. 7º trata das chamadas horas extras, as quais devem ser remuneradas em, pelo menos, 50% a mais do que o valor da hora normal. É comum, porém, que determinadas categorias profissionais consigam acréscimo maior em função de negociação coletiva.

O servidor público também é alcançado por essa garantia constitucional, conforme o art. 39, § 3º, da Constituição, sendo tal disposição inclusive imediatamente aplicável, independentemente de norma regulamentadora.[14]

II.2.16. Férias anuais e respectivo adicional

XVII – gozo de férias anuais remuneradas com, pelo menos, um terço a mais do que o salário normal;

O dispositivo constitucional acima trata do chamado adicional de férias, garantido ao trabalhador para que este possa de fato usufruir de suas férias, passeando, viajando ou praticando outras atividades de lazer com sua família.

O valor recebido a título de adicional de férias é considerado verba remuneratória, estando, portanto, sujeito à incidência de contribuição previdenciária, tanto de responsabilidade do empregador, como a do empregado.[15]

O adicional de férias também é extensivo aos servidores públicos, sendo que os membros da magistratura e do ministério público, que gozam de 60 dias de férias por ano, têm direito a que esse valor seja calculado sobre dois salários mensais.[16]

> **Jurisprudência destacada**
>
> O direito individual às férias é adquirido após o período de doze meses trabalhados, sendo devido o pagamento do terço constitucional independente do exercício desse direito. A ausência de previsão legal não pode restringir o direito ao pagamento do terço constitucional aos servidores exonerados de cargos comissionados que não usufruíram férias. O não pagamento do terço constitucional àquele que não usufruiu o direito de férias é penalizá-lo duas vezes: primeiro por não ter se valido de seu direito ao descanso, cuja finalidade é preservar a saúde física e psíquica do trabalhador; segundo por vedar-lhe o direito ao acréscimo financeiro que teria recebido se tivesse usufruído das férias no momento correto (STF, RE nº 570.908, Rel. Min. Cármen Lúcia, j. 16.09.2009).

---

[14] STF, AI nº 642.528-AgR, Rel. Min. Dias Toffoli, j. 25.09.2012.

[15] STF, RE nº 1.072.485, Rel. Min. Marco Aurélio, j. 29.08.2020.

[16] STF, ADI nº 2.964, Rel. Min. Gilmar Mendes, j. 09.05.2019.

11.2.17. Licença-maternidade

XVIII – licença à gestante, sem prejuízo do emprego e do salário, com a duração de cento e vinte dias;

Trata-se da chamada licença-maternidade. Embora a Constituição preveja a duração de 120 dias, atualmente, a lei incentiva as empresas a estenderem sua duração até seis meses.

Durante a licença-gestante, o empregador paga o salário da empregada normalmente, como se ela estivesse trabalhando, mas é reembolsado pela União, com a compensação do valor pago com o valor a ser recolhido à previdência social.

O objetivo da licença-maternidade é principalmente proteger o recém-nascido, permitindo o contato com a mãe durante um período mínimo, o que é importante tanto pelo aspecto emocional da criança, como também para que ela possa ser devidamente amamentada com leite materno.

Atualmente, também possui direito à licença a empregada que adotar ou obtiver guarda judicial para fins de adoção de criança, pelo mesmo prazo concedido à empregada gestante, recebendo o afastamento o nome de licença-adotante. Nesse sentido, o STF já decidiu que:

(...) os prazos da licença-adotante não podem ser inferiores aos prazos da licença-gestante, o mesmo valendo para as respectivas prorrogações. Em relação à licença-adotante, não é possível fixar prazos diversos em função da idade da criança adotada.[17]

Além da licença, a trabalhadora gestante também tem direito à estabilidade no emprego desde a confirmação da gravidez até cinco meses após o parto, conforme previsto no art. 10, II, *b*, do ADCT.

A licença-gestante é um direito que também se estende às servidoras públicas, por conta do disposto no art. 39, § 3º, da Constituição Federal.

11.2.18. Licença-paternidade

XIX – licença-paternidade, nos termos fixados em lei;

O inciso XIX é uma norma de eficácia limitada, ou seja, exige lei para sua regulamentação. Enquanto tal lei não for aprovada, vale o disposto no art. 10, § 1º, do ADCT, que prevê o prazo de cinco dias de afastamento, contados do dia do nascimento da criança, que podem ser estendidos para até 20, no caso de empresas que aderirem ao programa Empresa Cidadã, nos termos da Lei nº 13.257/2016.

A licença-paternidade também é garantida ao servidor público.

---

[17] STF, RE nº 778.889, Rel. Min. Roberto Barroso, j. 10.03.2016.

II.2.19. Proteção ao mercado de trabalho feminino

XX – proteção do mercado de trabalho da mulher, mediante incentivos específicos, nos termos da lei;

Essa disposição constitucional visa combater a histórica desigualdade entre gêneros no mercado de trabalho, determinando que a lei preveja mecanismos de proteção à mulher no mercado de trabalho. Atualmente isso é feito especialmente pelo Capítulo III do Título III da CLT.

II.2.20. Aviso prévio

XXI – aviso prévio proporcional ao tempo de serviço, sendo no mínimo de trinta dias, nos termos da lei;

Aviso prévio é o intervalo de tempo entre a comunicação da intenção da ruptura do contrato de trabalho por uma das partes e sua efetiva rescisão, a fim de que a outra parte possa se preparar para essa ruptura.

No caso de a iniciativa da rescisão partir do empregador, ele deve avisar o empregado com um prazo que vai de 30 dias a 90 dias de antecedência, dependendo do número de anos que o empregado trabalhou na empresa. Se preferir não o fazer, deverá pagar o salário correspondente a esses dias, no momento da rescisão.

Se a iniciativa da rescisão partir do empregado, por outro lado, ele não será proporcional ao tempo de serviço, tendo o funcionário a obrigação de avisar o empregador com 30 dias de antecedência. Se não o fizer, terá descontado de suas verbas rescisórias o valor correspondente.

II.2.21. Redução dos riscos do trabalho

XXII – redução dos riscos inerentes ao trabalho, por meio de normas de saúde, higiene e segurança;

A legislação deve cuidar de proteger o trabalhador contra os acidentes e demais riscos no trabalho, como prejuízo à saúde, por exemplo. Toda atividade profissional envolve riscos, umas mais, outras menos, mas a obrigação do Estado é procurar reduzi-los, principalmente através de normas dirigidas ao empregador e estímulos à adoção de boas práticas de saúde, higiene e segurança.

Nesse sentido, é importante conhecer o teor da Súmula nº 736 do STF, que dispõe que "compete à Justiça do Trabalho julgar as ações que tenham como causa de pedir o descumprimento de normas trabalhistas relativas à segurança, higiene e saúde dos trabalhadores".

II.2.22. Adicionais de penosidade, insalubridade e periculosidade

XXIII – adicional de remuneração para as atividades penosas, insalubres ou perigosas, na forma da lei;

A Constituição prevê que tanto as atividades penosas como as insalubres e as perigosas devem ensejar o recebimento de um adicional pelo trabalhador que as exerce.

Atividades penosas são as tarefas árduas, difíceis, cansativas, que ocasionam um grande desgaste físico ou mental para o trabalhador. Como exemplos dessas atividades podemos citar aquelas exercidas sem possibilidade de descanso ou que sujeitem o trabalhador a intempéries. Infelizmente, até hoje tal adicional ainda não foi regulamentado pela lei no que se refere ao trabalhador celetista, havendo, porém, diversos estatutos que preveem o pagamento de tal adicional a servidores públicos.

Atividades insalubres são aquelas que causam prejuízo à saúde do trabalhador, como ocorre, por exemplo, com os aqueles que trabalham em minas no subsolo ou que manuseiam produtos nocivos à saúde.

Já as atividades perigosas causam risco imediato à vida ou integridade física. Como, exemplo, pode-se citar o caso de trabalhadores que fazem manutenção de redes de alta tensão ou que tenham que lidar com produtos inflamáveis.

Por conta do dano ou do perigo a que os trabalhadores estão sujeitos a exercer tais atividades, prevê a Constituição o pagamento dos adicionais previstos no inciso XXIII do art. 5º, como uma forma de compensação aos empregados. Deve-se observar, porém, que o pagamento dos adicionais devidos não exime o empregador de procurar reduzir os riscos e danos a que estão sujeitos seus trabalhadores.

11.2.23. Aposentadoria

XXIV – aposentadoria;

Aposentadoria é o direito que o trabalhador que preencheu os requisitos legais de tempo de contribuição e/ou de idade tem de receber do estado um auxílio para o seu sustento. É oferecida pela Previdência Social, desde que cumprido o período de carência estabelecido.

No que se refere aos trabalhadores celetistas, o art. 201 da Constituição é que estipula as regras aplicáveis à sua aposentadoria. No caso do servidor público, tais disposições são trazidas pelo art. 40.

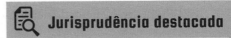
Jurisprudência destacada

Viola a garantia constitucional o acórdão que, partindo de premissa derivada de interpretação conferida ao art. 453, *caput*, da CLT (redação alterada pela Lei nº 6.204/1975), decide que a aposentadoria espontânea extingue o contrato de trabalho, mesmo quando o empregado continua a trabalhar na empresa após a concessão do benefício previdenciário. A aposentadoria espontânea pode ou não ser acompanhada do afastamento do empregado de seu trabalho: só há readmissão quando o trabalhador aposentado tiver encerrado a relação de trabalho e posteriormente iniciado outra; caso haja continuidade do trabalho, mesmo após a aposentadoria espontânea, não se pode falar em extinção do contrato de trabalho e, portanto, em readmissão (STF, RE nº 449.420, Rel. Min. Sepúlveda Pertence, j. 16.08.2005).

II.2.24. Assistência em creches e pré-escolas

XXV – assistência gratuita aos filhos e dependentes desde o nascimento até 5 (cinco) anos de idade em creches e pré-escolas;

Atualmente, a partir dos seis anos, a criança deve ser matriculada no ensino fundamental. Antes dessa idade, porém, o Poder Público deve garantir assistência às crianças em creches e pré-escolas, seja para que os pais possam trabalhar, seja para garantir o desenvolvimento apropriado da cognição e das habilidades de convivência em grupo das crianças.

O art. 208, IV, da Constituição Federal incumbe especialmente aos Estados a obrigação de prover vagas adequadas em creches e pré-escolas às crianças de até cinco anos.

No entanto, diante da notória falta de vagas nesses estabelecimentos, a legislação trabalhista determina que as empresas que possuam mais de 30 mulheres com mais de 16 anos forneçam essa assistência diretamente ou local apropriado ou por meio de convênio.

II.2.25. Reconhecimento das convenções e acordos coletivos

XXVI – reconhecimento das convenções e acordos coletivos de trabalho;

As negociações efetuadas entre os empregadores e os sindicatos representantes das categorias profissionais, sejam convenções, sejam acordos coletivos, têm força de lei entre as partes, desde que não desrespeitem os limites impostos pela legislação. O seu cumprimento, inclusive, pode ser exigido junto à Justiça do Trabalho.

De acordo com o Supremo Tribunal Federal, a celebração de convenções e acordos coletivos de trabalho constitui direito reservado exclusivamente aos trabalhadores da iniciativa privada. Isso porque a negociação coletiva demanda a existência de partes detentoras de ampla autonomia negocial, o que não se realiza no plano da relação estatutária existente entre os servidores e a Administração Pública, a qual é vinculada pelo princípio da legalidade.[18]

II.2.26. Proteção face à automação

XXVII – proteção em face da automação, na forma da lei;

Automação é a substituição da mão de obra humana pela mecanizada. Essa automação, embora inevitável e necessária para o desenvolvimento da indústria e da economia, trazendo maior competitividade às empresas e até mesmo aprimorando o bem-estar dos trabalhadores, pode causar prejuízos ao nível de emprego no curto prazo. Por isso a Constituição determina que a lei deverá proteger os empregados dos efeitos nocivos dessa automação, o que pode ser feito, por exemplo, providenciando cursos de atualização e mecanismos de realocação desses empregados em outras atividades.

---

[18] STF, ADI nº 559, Rel. Min. Eros Grau, j. 15.02.2006.

II.2.27. Seguro contra acidentes de trabalho

XXVIII – seguro contra acidentes de trabalho, a cargo do empregador, sem excluir a indenização a que este está obrigado, quando incorrer em dolo ou culpa;

A lei deve instituir seguro que indenize o trabalhador em caso de acidente laboral, sendo que o prêmio desse seguro deve ser pago pelo empregador. O pagamento da indenização pela seguradora ao empregado independente das causas do acidente ou de o empregador ter agido com dolo ou culpa. Porém, se o acidente ocorrer por dolo ou culpa do empregador – que não forneceu os equipamentos de segurança obrigatórios ou não treinou adequadamente seus empregados, por exemplo –, o trabalhador, além de receber da seguradora, também poderá cobrar na Justiça indenização do empregador.

Atualmente esse seguro é administrado pela União, que cobra dos empregadores uma contribuição destinada a esse fim, incidente sobre a folha de salários e cuja alíquota depende do risco da atividade exercida pelo empregado, que é a chamada contribuição ao Seguro de Acidente de Trabalho (SAT).

II.2.28. Ações trabalhistas

XXIX – ação, quanto aos créditos resultantes das relações de trabalho, com prazo prescricional de cinco anos para os trabalhadores urbanos e rurais, até o limite de dois anos após a extinção do contrato de trabalho;

Esse inciso trata da chamada ação trabalhista, a qual pode ser utilizada pelo trabalhador sempre que forem desrespeitadas as determinações da legislação do trabalho. A Constituição estabelece, porém, dois prazos prescritivos, que devem ser observados na reinvindicação de direitos na Justiça.

O primeiro é o prazo para o trabalhador entrar com a ação, o qual é estabelecido em no máximo dois anos após a extinção do contrato de trabalho. Assim, tendo sido o trabalhador demitido – a grande maioria das ações trabalhistas são intentadas após o desligamento do funcionário –, começa a correr o prazo de dois anos para que seja ajuizada a ação. Passado esse período, a ação não pode mais ser proposta.

O outro prazo refere-se à prescrição de cada um dos direitos reclamados na ação, o qual é de cinco anos contados retroativamente a partir do ajuizamento. Ou seja, o trabalhador somente pode pleitear na Justiça os direitos referentes aos últimos cinco anos.

Assim, por exemplo, imagine-se que um trabalhador tenha sido demitido em 04.02.2021. Nesse caso, ele terá até 03.02.2023 para entrar com eventual ação contra seu ex-empregador, sendo que poderá cobrar os direitos trabalhistas relativos ao período de 05.02.2016 até a data de sua demissão.

A redação atual do inciso XXIX do art. 7º foi dada pela EC nº 28/2000, que unificou os prazos prescricionais para os trabalhadores urbanos e rurais.

De observar-se que o STF atualmente entende que o prazo de prescrição quinquenal se aplica também aos valores devidos ao Fundo de Garantia por Tempo de Serviço

312 Direito Constitucional Decifrado

(FGTS), embora a legislação relativa fale em prazo de 30 anos para a cobrança judicial desses valores.[19]

No caso de conversão de regime estatutário para celetista, nossa Suprema Corte entende que o prazo prescricional de dois anos para a propositura da ação começa a correr com a vigência do ato de conversão, ainda que não haja solução de continuidade no vínculo entre o governo e o ex-servidor, agora empregado público.[20]

II.2.29. Proibição de discriminação profissional

Os incisos XXX a XXXII do art. 7º, atentando ao princípio da igualdade, tantas vezes invocado em nossa Constituição, dispõem sobre proibições de discriminação profissional, sob diversos aspectos:

> XXX – proibição de diferença de salários, de exercício de funções e de critério de admissão por motivo de sexo, idade, cor ou estado civil;

O dispositivo em comento proíbe a discriminação profissional arbitrária entre os profissionais, evitando injustiças por preconceitos relativos a gênero, idade, cor ou estado civil.

Esse inciso aplica-se também aos servidores público, tendo o STF inclusive sumulado entendimento de que "o limite de idade para a inscrição em concurso público só se legitima em face do art. 7º, XXX, da Constituição, quando possa ser justificado pela natureza das atribuições do cargo a ser preenchido".[21]

Por outro lado, também de acordo com nossa Corte Suprema, a adoção do tempo de serviço para fins de escalonamento dos subsídios de servidores públicos não ofende o disposto no art. 7º, XXX, da Constituição Federal.[22]

Embora o texto constitucional somente afaste expressamente a discriminação por motivo de sexo, idade, cor ou estado civil, o dispositivo deve ser interpretado de forma mais ampla, de forma a impedir tratamentos diferenciados injustificados por qualquer razão. Nesse sentido, o STF considerou que o empregador não pode estabelecer discriminação decorrente de nacionalidade para seus empregados, tratando-os de maneira distinta por conta dessa peculiaridade.[23]

> XXXI – proibição de qualquer discriminação no tocante a salário e critérios de admissão do trabalhador portador de deficiência;

A intenção do constituinte é proteger a pessoa com deficiência da discriminação profissional, não olvidado que tais pessoas naturalmente já encontram desafios maiores no seu cotidiano do que as demais, não podendo ser objeto de tratamento diferenciado, exceto se

---

[19] STF, ARE nº 709.212, Rel. Min. Gilmar Mendes, j. 13.11.2014.

[20] STF, RE nº 317.660, Rel. Min. Ilmar Galvão, j. 06.02.2002.

[21] Súmula nº 683 do STF.

[22] STF, ADI nº 5.400, Rel. Min. Luiz Fux, j. 21.02.2020.

[23] STF, RE nº 161.243, Rel. Min. Carlos Velloso, j. 29.10.1996.

Capítulo 11 ◆ Direitos sociais **313**

este for realizado em seu favor, como uma ação afirmativa. No que se refere a critérios de admissão, porém, essa regra não é absoluta, uma vez que existem determinadas funções que dificilmente podem ser exercidas por deficientes, como um salva-vidas, por exemplo. Porém, não havendo restrições, o deficiente não deve sofrer discriminação, seja na hora da contratação, seja no salário.

Atualmente tem-se verificado uma grande preocupação, não só do constituinte, mas também do legislador ordinário, com a questão, outrora ignorada, das dificuldades de adaptação das pessoas com deficiência a um mundo que, de maneira geral, foi concebido por e para pessoas que não sofrem limitações. Essa preocupação verifica-se, por exemplo, na aprovação do Estatuto da Pessoa com Deficiência, o qual, entre outras disposições, traz regras importantes para a promoção da igualdade no ambiente de trabalho entre as pessoas sem e com deficiência.

> XXXII – proibição de distinção entre trabalho manual, técnico e intelectual ou entre os profissionais respectivos;

Esse inciso, evidentemente, não proíbe que se paguem diferentes salários em função da complexidade do trabalho, o que inclusive é determinado pela Constituição no já analisado inciso V do próprio art. 7º, sendo que o que se veda é a diferenciação discriminatória em razão do tipo de trabalho.

É uma disposição dirigida não só aos empregadores, mas também aos próprios legisladores, para que estes não criem leis que privilegiam determinadas categorias de trabalhadores, em detrimento de outras, criando "castas profissionais". Assim, se determinado benefício é concedido aos trabalhadores que exercem uma atividade mais intelectual, o mesmo deve ser concedido aos que exercem atividades manuais.

11.2.30. Idade mínima para o trabalho

> XXXIII – proibição de trabalho noturno, perigoso ou insalubre a menores de dezoito e de qualquer trabalho a menores de dezesseis anos, salvo na condição de aprendiz, a partir de quatorze anos;

Analisemos com atenção esse dispositivo.

A intenção do legislador é que o menor de 14 anos não venha a trabalhar, em nenhuma hipótese, pois esse é um período em que o adolescente deve estar integralmente dedicado aos estudos, sendo inconcebível comparações com épocas anteriores, em que as pessoas começavam a trabalhar muito cedo, mas o mercado de trabalho também pouco exigia em termos de conhecimento técnico e qualificação profissional.

A partir dos 14 anos de idade e até 16, o adolescente somente pode trabalhar como aprendiz, obedecidas as disposições legais que regulamentam esse regime de trabalho.

Acima de 16 anos, pode o jovem trabalhar normalmente, sendo, porém, vedadas atividades profissionais durante trabalho noturno, bem como as perigosas ou insalubres.

A partir de 18 anos, não há restrições constitucionais ao trabalho do empregado.

314 Direito Constitucional Decifrado

> **📑 Jurisprudência destacada**
>
> Trabalhadora rural. Menor de dezesseis anos de idade. Concessão de salário-maternidade. (...) Nos termos da jurisprudência do STF, o art. 7º, XXXIII, da Constituição "não pode ser interpretado em prejuízo da criança ou adolescente que exerce atividade laboral, haja vista que a regra constitucional foi criada para a proteção e defesa dos trabalhadores, não podendo ser utilizada para privá-los dos seus direitos" (STF, RE nº 600.616-AgR, Rel. Min. Roberto Barroso, j. 26.08.2014).

II.2.31. Trabalhador avulso

> XXXIV – igualdade de direitos entre o trabalhador com vínculo empregatício permanente e o trabalhador avulso.

Trabalhador avulso é aquele que não tem vínculo empregatício com o tomador de seu serviço, sendo semelhante a um trabalhador autônomo, mas cuja contratação, por exigência de lei, deve ser realizada por meio do sindicato da categoria ou do chamado Órgão Gestor de Mão de Obra (Ogmo). É o caso, por exemplo, dos estivadores, que trabalham em portos, e de alguns trabalhadores rurais.

A Constituição Federal de 1988 passou a garantir aos trabalhadores avulsos os mesmos direitos do trabalhador com vínculo permanente, sendo de responsabilidade do sindicato ou órgão gestor de mão de obra o cumprimento das condições que seriam exigidas do empregador.

II.2.32. Trabalhador doméstico

A EC nº 72/2013 estendeu significativamente os direitos trabalhistas aplicáveis aos empregados domésticos, alterando a redação do parágrafo único do art. 7º, e praticamente equiparando esses trabalhadores aos demais:

> Parágrafo único. São assegurados à categoria dos trabalhadores domésticos os direitos previstos nos incisos IV, VI, VII, VIII, X, XIII, XV, XVI, XVII, XVIII, XIX, XXI, XXII, XXIV, XXVI, XXX, XXXI e XXXIII e, atendidas as condições estabelecidas em lei e observada a simplificação do cumprimento das obrigações tributárias, principais e acessórias, decorrentes da relação de trabalho e suas peculiaridades, os previstos nos incisos I, II, III, IX, XII, XXV e XXVIII, bem como a sua integração à previdência social.

Assim, atualmente, o trabalhador doméstico possui os seguintes direitos:

* proteção contra despedida arbitrária;
* seguro-desemprego;
* FGTS;
* salário mínimo, inclusive para os que percebem remuneração variável;

Capítulo 11 • Direitos sociais **315**

- irredutibilidade do salário;
- décimo terceiro salário;
- adicional noturno;
- proteção ao salário;
- salário-família;
- jornada de trabalho normal de no máximo 44 horas;
- repouso semanal remunerado;
- horas extras;
- férias anuais e adicional;
- licença-maternidade;
- licença-paternidade;
- aviso prévio;
- redução dos riscos do trabalho;
- aposentadoria;
- assistência gratuita em creches e pré-escolas;
- reconhecimento das convenções e acordos coletivos;
- seguros contra acidentes de trabalho;
- proibição de discriminação profissional;
- idade mínima de 16 anos para o trabalho, sendo proibido o trabalho noturno, perigoso ou insalubre para os menores de 18 anos.

Em relação a isso, a Lei Complementar nº 150/2015 traz o conceito de empregado doméstico, definindo-o como aquele que presta serviços de forma contínua, subordinada, onerosa e pessoal e de finalidade não lucrativa à pessoa ou à família, no âmbito residencial destas, por mais de dois dias por semana. Assim, enquadram-se nessa categoria, por exemplo, além da chamada "empregada doméstica" propriamente dita, as babás, os motoristas particulares contratados por pessoas físicas com exclusividade e os caseiros de propriedades rurais.

II.3. ASSOCIAÇÃO PROFISSIONAL E SINDICAL

A Constituição Federal não só permite, como também incentiva e protege a associação profissional e sindical, sendo que tanto os trabalhadores como os empregadores possuem o direito de formar sindicatos, para a defesa de seus direitos.

Os sindicatos dos trabalhadores são denominados de sindicatos profissionais, e os dos empregadores, de sindicatos de categoria econômica.

Os sindicatos profissionais são essenciais para a defesa e conquista de direitos por parte dos trabalhadores, sendo notório que o desenvolvimento dos direitos sociais mundo afora deu-se de forma inseparável do crescimento e fortalecimento dos sindicatos.

Do lado do empregador, seus sindicatos são importantes para uniformizar o tratamento dados aos trabalhadores, especialmente por meio das convenções coletivas, e também para fortalecer os empresários em suas reinvindicações junto ao Poder Público.

Sobre os sindicatos, dispõe o art. 8º da Constituição Federal:

Art. 8º É livre a associação profissional ou sindical, observado o seguinte:

I – a lei não poderá exigir autorização do Estado para a fundação de sindicato, ressalvado o registro no órgão competente, vedadas ao Poder Público a interferência e a intervenção na organização sindical;

II – é vedada a criação de mais de uma organização sindical, em qualquer grau, representativa de categoria profissional ou econômica, na mesma base territorial, que será definida pelos trabalhadores ou empregadores interessados, não podendo ser inferior à área de um Município;

III – ao sindicato cabe a defesa dos direitos e interesses coletivos ou individuais da categoria, inclusive em questões judiciais ou administrativas;

IV – a assembleia geral fixará a contribuição que, em se tratando de categoria profissional, será descontada em folha, para custeio do sistema confederativo da representação sindical respectiva, independentemente da contribuição prevista em lei;

V – ninguém será obrigado a filiar-se ou a manter-se filiado a sindicato;

VI – é obrigatória a participação dos sindicatos nas negociações coletivas de trabalho;

VII – o aposentado filiado tem direito a votar e ser votado nas organizações sindicais;

VIII – é vedada a dispensa do empregado sindicalizado a partir do registro da candidatura a cargo de direção ou representação sindical e, se eleito, ainda que suplente, até um ano após o final do mandato, salvo se cometer falta grave nos termos da lei.

Parágrafo único. As disposições deste artigo aplicam-se à organização de sindicatos rurais e de colônias de pescadores, atendidas as condições que a lei estabelecer.

Assim, vemos que temos uma série de disposições constitucionais importantes sobre o assunto.

II.3.I. Independência dos sindicatos

Os sindicatos, além de sua importância vital para a proteção dos direitos dos trabalhadores e para a promoção de maior justiça social, também costumam assumir papéis de destaque na discussão e representação política nas democracias em geral.

Por conta disso, a Constituição Federal estabelece que, no Brasil, não é necessária e nem pode ser exigida a autorização do Estado para a criação de sindicatos, sejam profissionais ou patronais. Também não pode haver ingerência do governo no funcionamento dessas organizações. A única exigência é o registro no órgão competente, o que é importante, entre outras razões, para que se verifique a obediência ao princípio da unicidade sindical.

Capítulo 11 ◆ Direitos sociais **317**

> ### 🧩 Decifrando a prova
>
> **(Procurador do Estado-SC – Fepese – 2014 – Adaptada)** É livre a associação profissional ou sindical, observando-se que a lei poderá exigir autorização do Estado para a fundação de sindicato, vedadas ao Poder Público, porém, a interferência e a intervenção na organização sindical.
> ( ) Certo   ( ) Errado
> **Gabarito comentado:** a Constituição prevê expressamente que a lei não poderá exigir autorização prévia do Estado para a criação de sindicatos, sendo exigido somente o seu registro no órgão competente. Portanto, a assertiva está errada.

II.3.2. Unicidade sindical

O art. 8º, II, por sua vez, consagra o princípio da unicidade sindical no Brasil, estabelecendo que somente pode haver um sindicato representativo de categoria profissional ou econômica no mesmo território. Assim, por exemplo, não podem ser criados dois sindicatos de motoristas de ônibus do Município X ou dois sindicatos dos produtores de soja do Estado Y. A ideia é facilitar a negociação entre empregadores e trabalhadores, além de fortalecer as representações profissionais e econômicas.

A extensão territorial da atuação do sindicato é definida pelos trabalhadores ou empregadores no ato de constituição do sindicato, mas nunca pode ser inferior à área de um município. Assim, um sindicato pode ter abrangência municipal, regional, estadual ou nacional, mas não poderá ter sua circunscrição limitada a alguns bairros ou qualquer outra porção de um município.

Atualmente, o Decreto-Lei nº 1.402/1939 regula a organização sindical no Brasil, reconhecendo três instâncias representativas: os sindicatos, propriamente ditos; as Federações, que devem congregar ao menos cinco sindicatos de um mesmo setor, podendo ter abrangência regional ou nacional; e as confederações nacionais, entidades formadas pela reunião de pelo menos três Federações que representem um mesmo segmento. A Lei nº 11.648/2008 regulamentou também a figura da central sindical, que possui atuação similar à das Federações, mas representando os interesses de sindicatos de diferentes segmentos.

II.3.3. Possibilidade de cobrança de contribuição dos filiados

Como qualquer associação, os sindicatos necessitam de recursos para o exercício de suas atividades. Diante disso, a Constituição permite que seja cobrada a chamada "contribuição cooperativa", visando o custeio do sistema confederativo da representação sindical respectiva. Tal contribuição, porém, de acordo com o entendimento sumulado do STF, somente pode ser cobrada dos trabalhadores sindicalizados.[24]

---

[24] Súmula Vinculante nº 40: "A contribuição confederativa de que trata o art. 8º, IV, da CF só é exigível dos filiados ao sindicato respectivo".

II.3.4. Voluntariedade da participação em sindicatos

O inciso V do art. 8º deixa claro que ninguém poderá ser obrigado a participar de sindicato, podendo a coação a tal ato ser punido como crime, conforme prevê o art. 199 do Código Penal:

> **Art. 199.** Constranger alguém, mediante violência ou grave ameaça, a participar ou deixar de participar de determinado sindicato ou associação profissional:
>
> **Pena** – detenção, de um mês a um ano, e multa, além da pena correspondente à violência.

II.3.5. Obrigatoriedade da participação dos sindicatos profissionais nas negociações coletivas

A Constituição estabelece que é obrigatória a participação dos sindicatos – entenda-se que dos trabalhadores – nas negociações coletivas de trabalho. Ou seja, a celebração de acordos ou convenções coletivas de trabalho deve ser feita por meio de sindicatos profissionais. Isso porque a Constituição entende que o trabalhador, sozinho, pode ser objeto de pressões e não tem o mesmo poder de negociação do que os sindicatos.

II.3.6. Estabilidade do dirigente sindical

Visando garantir maior independência e tranquilidade dos trabalhadores no desempenho de mandatos sindicais, o inciso VIII do art. 8º da Constituição proíbe a demissão sem justa causa do empregado sindicalizado, a partir do momento de registro de sua candidatura a cargo de direção ou representação sindical. Essa estabilidade se estenderá, se o trabalhador for eleito, até um ano após o final de seu mandato no sindicato. Tal garantia, aplica-se, inclusive, aos eleitos suplentes.

Obviamente, no caso de cometer falta grave, configurando-se a justa causa, nos termos da legislação, pode o trabalhador ser demitido.

II.4. DIREITO DE GREVE

A palavra "greve" origina-se do topônimo *Place de Grèv*, praça em Paris que anteriormente era local de reunião, inicialmente de desempregados em busca de emprego posteriormente de trabalhadores descontentes com as condições de trabalho, e se tornou, no século XIX, símbolo de reinvindicações trabalhistas.

O art. 9º da Constituição Federal estabelece que é assegurado aos trabalhadores o direito de greve, competindo aos mesmos decidir sobre a oportunidade de exercê-lo e sobre os interesses que devam por meio dele defender.

Assim, trabalhadores que participarem de movimento grevista não poderão ser demitidos pelo empregador alegando justa causa, embora possam ser descontados de seus salários os dias não trabalhados.[25]

---

[25] Súmula nº 316 do STF: "A simples adesão à greve não constitui falta grave".

Como ocorre, porém, com todos os outros direitos, o de greve também não é ilimitado, sendo que, no caso de eventual abuso do direito de greve, poderá a Justiça do Trabalho intervir, declarando o movimento ilegal ou abusivo e impondo medidas como a imposição de multa diária ao sindicato que a organiza.

No caso de serviços ou atividades essenciais, deve a lei estabelecer condições e limites ao direito de greve, buscando evitar que a comunidade seja injustamente penalizada pelo movimento paredista.

Por fim, deve-se registrar que, no Brasil, somente os trabalhadores podem fazer greve, não sendo admitida a chamada "greve patronal" ou *lockout*, que ocorre quando o empregador proíbe os trabalhadores de exercer suas atividades, não pagando o dia correspondente.

II.5. OUTRAS DISPOSIÇÕES

O art. 10 da Constituição estipula que é assegurada a participação dos trabalhadores e empregadores nos colegiados dos órgãos públicos em que seus interesses profissionais ou previdenciários sejam objeto de discussão e deliberação. A intenção é permitir que tanto os trabalhadores como os empregadores possam ter voz ativa nesses órgãos coletivos, expondo suas posições e defendendo seus interesses.

Por sua vez, o art. 11 determina que, nas empresas de mais de 200 empregados, é assegurada a eleição de um representante destes com a finalidade exclusiva de promover-lhes o entendimento direto com os empregadores. Essa disposição visa garantir que, em grandes empresas, possam os trabalhadores possuir alguém que tenha contato direto com a direção da entidade, facilitando a comunicação entre empregador e empregados.

Direitos de nacionalidade

12.1. INTRODUÇÃO

O art. 12 da Constituição Federal traz várias disposições sobre os chamados direitos de nacionalidade, que dizem respeito ao *status* do indivíduo em relação ao Estado, sendo a nacionalidade o primeiro e o mais forte vínculo que as pessoas possuem em relação ao Estado.

A nacionalidade pode ser definida como a relação jurídica existente entre determinado Estado e seus súditos, envolvendo direitos e deveres recíprocos.

O conceito de nacionalidade como conhecemos hoje nasce com o surgimento dos Estados modernos, em que se procede à substituição da ideia de identificação dos indivíduos pela lealdade a um soberano ou dinastia, ou mesmo a determinada crença, pela de ligação com a própria nação. Cabe a cada país estabelecer os critérios de aquisição da nacionalidade, bem como os direitos e deveres advindos dela, respeitando-se, claro, os direitos humanos reconhecidos internacionalmente.

12.2. NACIONAIS E ESTRANGEIROS

Em relação à sua nacionalidade, o indivíduo pode assumir duas condições: nacional ou estrangeiro. Nacional é quem possui a cidadania daquele Estado, sendo formalmente seu súdito, já o estrangeiro é aquele que possui outra nacionalidade ou não possui nenhuma – o denominado apátrida –, mas que deve submeter-se à lei do país onde se encontra enquanto ali estiver.

Por sua vez, o nacional pode ser nato ou naturalizado.

É considerado um cidadão nato quem já nasce com aquela nacionalidade ou é equiparado a tal para todos os efeitos. Tem o que se chama de nacionalidade originária.

Já o naturalizado é aquele indivíduo que possuía outra nacionalidade originária, mas optou, em determinado momento e na forma da lei, por tornar-se nacional daquele país. Sua nacionalidade diz-se derivada.

No Direito Comparado, existem dois grandes critérios utilizados para se definir a nacionalidade originária, os quais podem ser utilizados de forma isolada – o que é bastante raro hoje em dia – ou conjunta – que é o mais comum:

a. **critério territorial** (*ius solis*): segundo esse critério, é nacional quem nasce no território daquele Estado, independentemente da nacionalidade dos pais. Esse critério é muito utilizado por países que tradicionalmente recebem ou receberam imigrantes, pois essa é a forma pela qual permite-se a integração de seus filhos à cidadania local;
b. **critério sanguíneo** (*ius sanguinis*): segundo ele, será nacional somente quem for descendente de nacionais.

No Brasil, como regra geral, adotou-se o critério do *ius solis* para definição da nacionalidade brasileira, havendo, porém, também aplicação do *ius sanguinis* em algumas situações previstas no próprio texto constitucional.

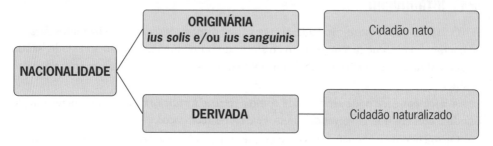

Vejamos o que o art. 12 da Constituição Federal dispõe sobre os direitos de nacionalidade.

12.3. BRASILEIROS NATOS

O art. 12, I, da Constituição Federal estipula quem será considerado brasileiro nato, estabelecendo três situações distintas em suas alíneas. Vejamos.

Art. 12. São brasileiros:

I – natos:

a) os nascidos na República Federativa do Brasil, ainda que de pais estrangeiros, desde que não estejam a serviço de seu país; (...)

O inciso I do art. 12 traz a forma mais comum de aquisição da nacionalidade brasileira originária, tratando-se da aplicação pura do critério do *ius solis*. Assim, como regra geral, serão brasileiros todos aqueles nascidos no território nacional, independentemente da nacionalidade de seus pais. O texto constitucional apresenta somente uma exceção: se um de seus pais estiverem aqui a serviço de seu próprio país, que é o que ocorre, por exemplo, com embaixadores e cônsules. Nesse caso, a criança aqui nascida não será considerada cidadão brasileiro.

Capítulo 12 ◆ Direitos de nacionalidade **323**

E se os estrangeiros estiverem aqui a serviço de um terceiro país, que não o seu de origem? Nesse caso, aplica-se a regra geral, ou seja, seus filhos aqui nascidos serão considerados brasileiros natos. Assim, por exemplo, em se tratando de um austríaco, que esteja no Brasil a serviço da república francesa, e que venha a ter um filho nascido aqui, será a criança considerada cidadã brasileira nata.

Por território nacional entenda-se o conceito jurídico do termo, que engloba a extensão terrestre do país, seu espaço aéreo, suas ilhas e alcança também os navios e aeronaves de bandeira brasileira quando estejam navegando ou sobrevoando território não pertencente a nenhum país, como ocorre no alto-mar.

> b) os nascidos no estrangeiro, de pai brasileiro ou mãe brasileira, desde que qualquer deles esteja a serviço da República Federativa do Brasil;

Aqui, é o outro lado da moeda da exceção vista na alínea anterior do mesmo inciso. Via de regra, se alguém nascer no exterior, será estrangeiro. Porém, tratando-se de filho de brasileiro que esteja no exterior a serviço do Brasil, a criança será considerada brasileira, como se aqui tivesse nascida. Essa situação ocorre, por exemplo, com os filhos de embaixadores, cônsules ou militares que estejam no exterior a serviço do Brasil. Tal concessão é vista como um reconhecimento ao representante brasileiro e uma proteção aos seus descendentes, os quais têm garantida pelo menos a cidadania brasileira, nada impedindo, por outro lado, que eles também tenham nacionalidade originária do país em que nasceram, se a legislação local o conceder.

> c) os nascidos no estrangeiro de pai brasileiro ou de mãe brasileira, desde que sejam registrados em repartição brasileira competente ou venham a residir na República Federativa do Brasil e optem, em qualquer tempo, depois de atingida a maioridade, pela nacionalidade brasileira;

Objeto de duas alterações desde a promulgação da Constituição de 1988 e com sua redação atual sendo determinada pela EC nº 54/2007, a alínea *c* do inciso I do art. 12 da Constituição trata da única hipótese de brasileiro nato que não nasce já brasileiro.

Trata-se de filho de brasileiro, que, mesmo nascido no exterior e não estando nenhum de seus pais a serviço do Brasil, será considerado brasileiro nato, o que ocorre em duas hipóteses:

◆ se o nascido for registrado em repartição brasileira competente, como um consulado ou embaixada; ou

◆ se o nascido vier posteriormente a residir aqui no Brasil e optar, após os 18 anos, pela nacionalidade brasileira. Essa opção, porém, de acordo com o entendimento do próprio STF, não é de forma livre, mas deve ser feita em juízo, em processo de jurisdição voluntária. O reconhecimento da nacionalidade brasileira originária somente é feito após a finalização desse trâmite.[1]

---

[1] STF, AC nº 70-QO, Rel. Min. Sepúlveda Pertence, j. 25.09.2003.

Dessa forma, verifica-se que o art. 12, I, *c*, da Constituição traz duas condições suspensivas para o reconhecimento da nacionalidade originária em benefício do filho de brasileiro nascido no estrangeiro, sendo que, uma delas sendo cumprida, será o indivíduo considerado brasileiro nato.

> ### 📑 Jurisprudência destacada
>
> O brasileiro nato, quaisquer que sejam as circunstâncias e a natureza do delito, não pode ser extraditado, pelo Brasil, a pedido de governo estrangeiro, pois a Constituição da República, em cláusula que não comporta exceção, impede, em caráter absoluto, a efetivação da entrega extradicional daquele que é titular, seja pelo critério do jus soli, seja pelo critério do jus sanguinis, de nacionalidade brasileira primária ou originária (STF, HC nº 83.113-QO, Rel. Min. Celso de Mello, j. 26.06.2003).

12.4. BRASILEIROS NATURALIZADOS

O art. 12, II, da Constituição Federal, em suas alíneas *a* e *b*, trata da aquisição da nacionalidade brasileira derivada, ou seja, indica as formas como alguém pode tornar-se brasileiro naturalizado:

> **Art. 12.** São brasileiros: (...)
>
> II – naturalizados:
>
> a) os que, na forma da lei, adquiram a nacionalidade brasileira, exigidas aos originários de países de língua portuguesa apenas residência por um ano ininterrupto e idoneidade moral; (...)

Essa é uma norma de eficácia limitada, ou seja, depende de regulamentação pela lei, a qual deverá estabelecer os critérios exigidos para a naturalização do estrangeiro.[2] No entanto, a Constituição Federal determina que, no caso dos estrangeiros oriundos de países lusófonos, ou seja, que falam português, como Portugal, Angola e Moçambique, somente será exigida residência aqui por um ano ininterrupto e idoneidade moral.

> b) os estrangeiros de qualquer nacionalidade, residentes na República Federativa do Brasil há mais de quinze anos ininterruptos e sem condenação penal, desde que requeiram a nacionalidade brasileira.

Os estrangeiros que aqui viverem há mais de 15 anos e que não tenham condenação criminal poderão solicitar sua nacionalização, tratando-se da chamada naturalização extraordinária, a qual é um instituto tradicional em nossas Constituições. A redação original da Constituição de 1988 exigia o prazo de 30 anos de residência, sendo reduzido para 15 pela EC nº 3/1994.

---

[2] Atualmente, esses critérios são estabelecidos pela Lei nº 13.445/2017.

Capítulo 12 ♦ Direitos de nacionalidade **325**

Observe-se que nossa Constituição, porém, expressamente determinou que a naturalização depende de solicitação do interessado. Assim, se o estrangeiro estiver no Brasil há mais de 15 anos e não tiver condenação criminal, mas não solicitar sua naturalização, continuará sendo estrangeiro. Por outro lado, a portaria de reconhecimento da naturalização, expedida pelo Ministro de Estado da Justiça, é de caráter meramente declaratório, o que faz com que seus efeitos retroajam à data do requerimento do interessado.[3]

Decifrando a prova

(Delegado de Polícia-PE – Cespe – 2016) Será considerado brasileiro nato o indivíduo nascido no estrangeiro, filho de pai brasileiro ou de mãe brasileira, que for registrado em repartição brasileira competente ou que venha a residir no Brasil e opte, em qualquer tempo, depois de atingida a maioridade, pela nacionalidade brasileira.

( ) Certo   ( ) Errado

Gabarito comentado: a afirmação está de acordo com o art. 12, I, *c*, da Constituição Federal, que prevê a aplicação do critério do *ius sanguinis* nesse caso, concedendo a nacionalidade brasileira originária ao filho de brasileiro que nasça no exterior e venha a ser registrado na repartição competente ou que, se isso não ocorrer, venha a residir no Brasil e opte, depois de atingida a maioridade, pela nacionalidade brasileira. Portanto, a assertiva está certa.

12.5. EQUIPARAÇÃO ENTRE O BRASILEIRO E O PORTUGUÊS RESIDENTE NO BRASIL

O § 1º do art. 12 da Constituição traz uma disposição que se aplica especificamente ao português que resida no Brasil, e que é baseada em acordos internacionais firmados com a República Portuguesa:

> § 1º Aos portugueses com residência permanente no País, se houver reciprocidade em favor de brasileiros, serão atribuídos os direitos inerentes ao brasileiro, salvo os casos previstos nesta Constituição.

Esse dispositivo equipara os direitos de um tipo específico de estrangeiro, o português, ao brasileiro, desde que presentes os seguintes requisitos:

a. o português seja residente no país;

b. haja reciprocidade nesse tratamento diferenciado em relação aos brasileiros residentes em Portugal;

---

[3]   RE nº 264.848, Rel. Min. Ayres Britto, j. 29.06.2005.

326 Direito Constitucional Decifrado

c. haja respeito às diferenciações trazidas pela própria Constituição. Essas distinções referem-se às diferenças estabelecidas pela nossa Carta Magna em relação aos brasileiros natos e naturalizados, uma vez que, embora o texto constitucional não diga expressamente, o português aqui residente pode ser equiparado ao brasileiro naturalizado, e não ao nato.

Essa equiparação de direitos é chamada pela doutrina de "quase nacionalidade", e depende de requerimento do cidadão português, o qual deverá ser atendido pelo Estado brasileiro.[4] Observe-se que, nesse caso, o cidadão português mantém sua condição de estrangeiro, não obtendo a nacionalidade brasileira, mas poderá usufruir dos mesmos direitos dos brasileiros, se os brasileiros residentes em Portugal também o possuírem.

12.6. PROIBIÇÃO DE DIFERENCIAÇÃO ENTRE BRASILEIROS NATOS E NATURALI-ZADOS

Sobre eventuais diferenciações entre os brasileiros natos e naturalizados, dispõe o art. 12, § 2º, da Constituição Federal:

§ 2º A lei não poderá estabelecer distinção entre brasileiros natos e naturalizados, salvo nos casos previstos nesta Constituição.

Assim, verifica-se que, a teor do texto constitucional, o único diploma que pode fazer diferenciação entre os brasileiros natos e naturalizados é a própria Constituição Federal, sendo que nem a lei, e muito menos o Poder Público, pode criar diferenciações entre os brasileiros, independentemente da forma de aquisição de sua nacionalidade, se originária ou derivada.

Atualmente, a Constituição estabelece as seguintes diferenças entre brasileiros natos e naturalizados:

a. alguns cargos somente podem ser ocupados por brasileiros natos, o que se verá no próximo tópico;

b. o brasileiro nato nunca pode ser extraditado. Já o brasileiro naturalizado pode ser extraditado no caso da prática de crime anteriormente à naturalização ou na hipótese de envolvimento em tráfico internacional de drogas;

c. brasileiros naturalizados há menos de dez anos não podem ser proprietários de empresa jornalística e de radiodifusão de sons e imagens, nem podem ser sócios com mais de 30% do capital total e votante dessas empresas.

12.7. CARGOS EXCLUSIVOS DE BRASILEIROS NATOS

O § 3º do art. 12 da Constituição traz uma relação de cargos públicos que somente podem ser ocupados por brasileiros natos:

---

4   Ext nº 890, Rel. Min. Celso de Mello, j. 05.08.2004.

Capítulo 12 ◆ Direitos de nacionalidade **327**

§ 3º São privativos de brasileiro nato os cargos:

I – de Presidente e Vice-Presidente da República;

II – de Presidente da Câmara dos Deputados;

III – de Presidente do Senado Federal;

IV – de Ministro do Supremo Tribunal Federal;

V – da carreira diplomática;

VI – de oficial das Forças Armadas.

VII – de Ministro de Estado da Defesa.

Determinados cargos públicos são considerados vitais para a segurança ou interesse do país e foram reservados, pela Constituição, somente a brasileiros natos.

Assim, para evitar qualquer conflito de interesses prejudicial ao país, o Presidente da República e todos aqueles que podem eventualmente substituí-lo (autoridades citadas nos incisos I a III) devem possuir a nacionalidade brasileira originária.

Veja-se que não se impede que um brasileiro naturalizado seja candidato a deputado federal ou senador. O que ele não poderá é ser candidato a Presidente da Câmara dos Deputados ou do Senado.

Além dos cargos especificados nos incisos I a III do § 3º de seu art. 12, a Constituição também impede que estrangeiros ou brasileiros naturalizados ocupem os cargos de Ministro do Supremo Tribunal Federal; da carreira diplomática, como embaixadores; de oficial das formas armadas e Ministro de Estado da Defesa.

Veja que, embora vede o acesso a cargo da carreira diplomático ao brasileiro naturalizado, a Constituição silencia-se quanto ao cargo de Ministro das Relações Exteriores, pelo que deve ser entendido, até eventual pronunciamento em contrário do Supremo Tribunal Federal, que esse cargo pode ser ocupado por quem possui a nacionalidade brasileira derivada.

O art. 89, VI, da Constituição traz ainda outra hipótese de cargo que deve ser ocupado exclusivamente por brasileiro, que é o de membro do Conselho da República escolhido pelo Senado ou pela Câmara.

Foram os casos citados, todos os outros cargos públicos no Brasil são acessíveis tanto aos brasileiros natos como aos naturalizados.

Decifrando a prova

(Juiz de Direito Substituto – TRF-1ª Região – 2015) Os cargos de ministro de Estado da Defesa e o de ministro das Relações Exteriores, entre outros, são privativos de brasileiros natos.

( ) Certo ( ) Errado

Gabarito comentado: conforme dito acima, a Constituição não impõe a obrigatoriedade de que o Ministro das Relações Exteriores seja brasileiro nato, não estando esse cargo entre as hipóteses do art. 12, § 3º, da CF, mas somente o de Ministro de Estado da Defesa. Portanto, a assertiva está errada.

12.8. PERDA DA NACIONALIDADE BRASILEIRA

O § 4º do art. 12 prevê duas hipóteses de perda da nacionalidade brasileira:

§ 4º Será declarada a perda da nacionalidade do brasileiro que:

I – tiver cancelada sua naturalização, por sentença judicial, em virtude de atividade nociva ao interesse nacional;

II – adquirir outra nacionalidade, salvo nos casos:

a) de reconhecimento de nacionalidade originária pela lei estrangeira;

b) de imposição de naturalização, pela norma estrangeira, ao brasileiro residente em estado estrangeiro, como condição para permanência em seu território ou para o exercício de direitos civis.

A primeira hipótese trata especificamente do brasileiro naturalizado, que poderá ter sua naturalização cancelada por praticar atividade nociva ao interesse nacional. Nesse caso, porém, a perda somente poderá ocorrer por decisão judicial, não podendo ser realizado administrativamente.[5]

A segunda hipótese de perda aplica-se tanto aos brasileiros natos como naturalizados: adquirindo o brasileiro outra nacionalidade, deixará ele de ser brasileiro, exceto em duas situações:

a. de reconhecimento de nacionalidade originária pela lei estrangeira: quer dizer que o país em relação ao qual o brasileiro está se nacionalizando o considerará como um nacional nato e não naturalizado, como ocorre, por exemplo, com descendentes de italianos que adquirem a cidadania daquele país;

b. de imposição de naturalização, pela norma estrangeira, ao brasileiro residente em estado estrangeiro, como condição para permanência em seu território ou para o exercício de direitos civis: nesse caso, o brasileiro não tem opção, ou seja, a naturalização não foi totalmente voluntária. Assim, para não o prejudicar, a Constituição admite que ele acumule as duas nacionalidades.

Ocorrendo uma dessas duas situações, a Constituição excepcionalmente permite que o brasileiro mantenha sua nacionalidade, acumulando-a com a outra, passando a ser polipátrida, ou seja, portador de mais uma nacionalidade.

A perda da nacionalidade brasileira permite a extradição para um país estrangeiro, ainda que anteriormente o cidadão ostentasse a nacionalidade brasileira originária. Nesse sentido, o Supremo Tribunal Federal permitiu a extradição aos Estados Unidos de uma mulher nascida brasileira, mas que adquiriu posteriormente a nacionalidade americana, o que fez com que a mesma perdesse a condição de cidadã brasileira.[6]

---

[5]   STF, RMS nº 27.840, Rel. Min. Ricardo Lewandowski, j. 07.02.2013.

[6]   STF, Ext nº 1.462, Rel. Min. Roberto Barroso, j. 28.03.2017.

Interessante observar que o art. 76 da Lei nº 13.445/2017 dispõe que:

> O brasileiro que, em razão do previsto no inciso II do § 4º do art. 12 da Constituição Federal, houver perdido a nacionalidade, uma vez cessada a causa, poderá readquiri-la ou ter o ato que declarou a perda revogado, na forma definida pelo órgão competente do Poder Executivo.

A análise do texto leva à conclusão de que, uma vez decretada a perda da nacionalidade brasileira por aquisição de cidadania de outro país, se esta última for revogada, poderá o envolvido requerer o restabelecimento de sua condição de nacional. Sobre o assunto, porém, há posições divergentes na doutrina, especialmente no que se refere àquele que ostentava a condição de brasileiro nato: se ele voltaria a ter a nacionalidade brasileira ou se passaria a ser considerado brasileiro naturalizado.[7]

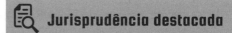

> A Constituição Federal, ao cuidar da perda da nacionalidade brasileira, estabelece duas hipóteses: (i) o cancelamento judicial da naturalização, em virtude da prática de ato nocivo ao interesse nacional, o que, por óbvio, só alcança brasileiros naturalizados (art. 12, § 4º, I); e (ii) a aquisição de outra nacionalidade, o que alcança, indistintamente, brasileiros natos e naturalizados. Nesta última hipótese – a de aquisição de outra nacionalidade –, não será perdida a nacionalidade brasileira em duas situações que constituem exceção à regra: (i) tratar-se não de aquisição de outra nacionalidade, mas do mero reconhecimento de outra nacionalidade originária, considerada a natureza declaratória deste reconhecimento (art. 12, § 4º, II, *a*); e (ii) ter sido a outra nacionalidade imposta pelo Estado estrangeiro como condição de permanência em seu território ou para o exercício de direitos civis (STF, MS nº 33.864/DF, Rel. Min. Roberto Barroso, j. 19.04.2016).

Por fim, deve-se notar que as hipóteses de perda da nacionalidade brasileira são unicamente as duas estabelecidas na Constituição e analisadas acima, não podendo o legislador ordinário ou tratados internacionais estabelecerem outras hipóteses.[8]

12.9. IDIOMA OFICIAL E SÍMBOLOS DA REPÚBLICA FEDERATIVA DO BRASIL

O art. 13 de nossa Constituição estabelece o idioma oficial de nosso país e os seus símbolos:

Art. 13. A língua portuguesa é o idioma oficial da República Federativa do Brasil.

---

[7] Assim, para ilustrar, temos que Osvaldo Aranha Bandeira de Melo (1949) defende que a requisição se dará na condição de brasileiro nato. Já Francisco Xavier da Silva (2001) entende que a reaquisição da nacionalidade se dará na forma derivada, uma vez que rompido o vínculo anteriormente existente entre a pessoa e o Estado brasileiro.

[8] STF, HC nº 83.113-QO, Rel. Min. Celso de Mello, j. 26.03.2003.

§ 1º São símbolos da República Federativa do Brasil a bandeira, o hino, as armas e o selo nacionais.

§ 2º Os Estados, o Distrito Federal e os Municípios poderão ter símbolos próprios.

Desde o período colonial, o idioma trazido pelos portugueses foi um dos principais elementos de identificação dos brasileiros em um país tão vasto e com tantas disparidades, cujo sentimento de nação somente aflorou recentemente.

Diante disso, a Constituição houve por bem dispor expressamente que a língua portuguesa é o idioma oficial de nosso país.

Dizer que a língua portuguesa é o idioma oficial não proíbe, obviamente, de que se falem outras línguas em território nacional. O que a Constituição está a dizer é que o idioma português deverá ser ensinado em todas as escolas e que todas as leis e documentos oficiais devem estar em português.

Nesse sentido, o STF já decidiu que a imprescindibilidade do uso do idioma nacional nos atos processuais, além de corresponder a uma exigência que decorre de razões vinculadas à própria soberania nacional, constitui projeção concretizadora da norma constitucional ora analisada.[9]

Quanto aos símbolos da República, além da bandeira e do hino nacional, prevê a Constituição que também o são as armas e os selos nacionais, representados abaixo:

Armas Nacionais — Selo Nacional

A Constituição permite ainda, em respeito à autonomia concedida aos entes da Federação, que os Estados e Municípios tenham seus próprios bandeiras e hinos.

---

[9] STF, HC nº 72.391-QO, Rel. Min. Celso de Mello, j. 08.03.1995.

13 Direitos políticos

13.1. INTRODUÇÃO

Os direitos políticos podem ser definidos como a possibilidade de o indivíduo participar do processo político de seu Município, Estado ou do país, elegendo seus representantes ou sendo votado. São elencados entre os direitos fundamentais mais básicos, compondo os chamados direitos de primeira geração, embora recentemente, especialmente na segunda metade do século XX, tenham sido ampliados, com a ideia de se tornarem realmente efetivos.

O gozo e exercícios dos direitos políticos pelos súditos do Estado é a base para a existência de um regime democrático de fato.

Aquele que está no gozo de seus direitos políticos é chamado de "cidadão" pela Constituição e pela legislação eleitoral.

Em seus arts. 14 a 16, a Constituição Federal trata sobre os direitos políticos dos brasileiros, estabelecendo seu alcance, forma de exercício e também hipóteses de sua restrição.

13.2. EXERCÍCIO DA SOBERANIA POPULAR

Sobre isso, dispõe o art. 14 da Constituição:

> **Art. 14.** A soberania popular será exercida pelo sufrágio universal e pelo voto direto e secreto, com valor igual para todos, e, nos termos da lei, mediante:
>
> I – plebiscito;
>
> II – referendo;
>
> III – iniciativa popular.

O *caput* do art. 14, ao se referir à soberania popular, retoma o disposto no art. 1º, parágrafo único, da nossa Constituição, que estabelece que todo o poder emana do povo, que o exerce por meio de representantes eleitos ou diretamente, nos termos da própria Constituição. A expressão "sufrágio" indica o direito de votar, o qual é materializado no ato do voto.

Assim, a regra geral é que o poder será exercido por pessoas escolhidas pelo povo, e não diretamente por ele, uma vez que o exercício direto do poder pela população em todas as situações seria absolutamente inviável, o que caracteriza a República brasileira – como ocorre, aliás, com as repúblicas em geral – como uma democracia indireta. Note-se que dos três poderes da União, em dois, o Executivo e o Legislativo, há eleições para escolha dos representantes do povo.

A forma de escolha desses representantes deverá ser a do voto direto e secreto e de caráter universal, ou seja, todos os capazes poderão votar, observadas as restrições impostas pela Constituição. Essa disposição é tão importante que o art. 60, § 4º, da Constituição coloca como cláusula pétrea o voto direto, secreto, universal e periódico.

Jurisprudência destacada

O princípio do sufrágio universal vem conjugado, no art. 14 da Constituição, à exigência do sigilo do voto: não o ofende, portanto, a decisão que entende nula a cédula assinalada de modo a poder identificar o eleitor (STF, AI nº 133.468/DF, Rel. Min. Sepúlveda Pertence, j. 15.02.1990).

Em relação ao sistema de votação a Constituição é silente, cabendo à legislação regulamentar a questão, podendo ser adotado mecanismo manual ou eletrônico de captação de votos, desde que garantida a lisura do processo e o sigilo da escolha. Nesse sentido, o STF chancelou o sistema eletrônico de votação, considerando ainda inconstitucional o art. 59-A da Lei nº 9.504/1997, incluído pela Lei nº 13.165/2015, que determinava a impressão do voto após a sua coleta eletrônica, considerando nossa Suprema Corte que isso colocaria em risco o segredo do voto.[1]

Nossa Suprema Corte também já decidiu que a determinação do voto secreto tem por destinatário específico e exclusivo o eleitor comum, no exercício de suas prerrogativas inerentes ao direito de eleição de seus representantes, sendo que essa regra não se aplica ao membro do Poder Legislativo no desempenho de sua função parlamentar, uma vez que nessa atividade deve prevalecer, como regra, a exigência da votação aberta, como forma de garantir publicidade às deliberações dos representações do povo.[2]

Decifrando a prova

(Delegado de Polícia-RS – Fundatec – 2018 – Adaptada) A cláusula tutelar inscrita no art. 14, *caput*, da Constituição, que traz a obrigatoriedade do voto secreto, tem por destinatário específico e exclusivo o eleitor comum, no exercício das prerrogativas inerentes ao *status activae civitatis*. Essa norma de garantia não se aplica, todavia, ao membro do Poder Legisla-

---

[1] STF, ADI nº 5.889-MC, Rel. designado Min. Alexandre de Moraes, j. 06.06.2018.
[2] STF, ADI nº 1.057, Rel. Min. Celso de Mello, j. 30.04.1994.

Capítulo 13 ♦ Direitos políticos **333**

> tivo nos procedimentos de votação parlamentar, em cujo âmbito predomina, como regra, o postulado da deliberação ostensiva ou aberta.
>
> ( ) Certo   ( ) Errado
>
> **Gabarito comentado:** conforme visto acima, a afirmação da questão está de acordo com o entendimento externado pelo STF no julgamento da ADI 1.057. Portanto, a assertiva está certa.

13.3. PLEBISCITO, REFERENDO E INICIATIVA POPULAR

Além de determinar que caberá ao povo eleger seus governantes, a Constituição Federal estabelece que, em situações específicas, será permitida a participação direta da população nas decisões políticas, através de três institutos: plebiscito, referendo e iniciativa popular de projeto de lei. Esses institutos são manifestações do que se costuma denominar de democracia direta.

O plebiscito consiste em uma consulta à população sobre determinado assunto que ainda não foi votado pelo Legislativo. É prévio, antes da decisão do Legislativo, e pode permitir uma entre várias respostas, como ocorreu, por exemplo, no plebiscito de 1993, sobre a forma e o regime de governo no Brasil, ou pode ser apresentado na forma de quesito, devendo ser respondido simplesmente "sim" ou "não", que ocorre, por exemplo, nos plebiscitos sobre a criação de novos Estados.

O referendo, por sua vez, consiste em uma consulta à população para ratificação ou não de decisão já tomada pelo Legislativo. Assim, diferentemente do que ocorre no plebiscito, no referendo a participação popular é posterior à aprovação da norma, e a consulta será feita na forma de quesito, devendo ser respondido "sim" ou "não", como ocorreu, por exemplo, no referendo sobre a proibição de venda de armas no Brasil, em 2005, no qual o "não" venceu e impediu que o art. 35 do Estatuto do Desarmamento (Lei nº 10.826/2003) que vedava a comercialização de armas de fogo e munições, entrasse em vigor.

De acordo com o art. 49, XV, da Constituição Federal, compete exclusivamente ao Congresso Nacional convocar plebiscitos e referendos. Por simetria, admite-se que as Assembleias Legislativas e Câmaras de Vereadores os convoquem também, respectivamente nas esferas estadual e municipal.

A iniciativa popular, por sua vez, consiste na apresentação de proposta de lei ordinária ou complementar diretamente pela população.

De acordo com o art. 61, § 2º, da Constituição, para que o projeto de lei de iniciativa popular seja aceito, deve:

a. ser subscrito por, no mínimo, 1% do eleitorado nacional;

b. tais subscritores devem estar distribuídos por no mínimo cinco Estados;

c. em cada um desses Estados, devem ser colhidas as assinaturas de pelo menos 0,3% dos eleitores locais.

A propositura de projeto de lei por iniciativa popular não implica sua aprovação automática, mas somente a obrigatoriedade de a questão ser apreciada e votada pelo Poder Le-

334 Direito Constitucional Decifrado

gislativo, que poderá alterá-la ou até mesmo rejeitá-la. Deve-se observar que a Constituição não prevê, por outro lado, a possibilidade de apresentação, por iniciativa popular, de proposta de emenda constitucional, restringindo-se essa forma de democracia direta somente às normas infraconstitucionais.

13.4. CAPACIDADE ELEITORAL ATIVA E PASSIVA

Capacidade eleitoral ativa é a possibilidade jurídica de eleger representantes junto aos Poderes Executivo e Legislativo, bem como de participar de referendos e plebiscitos. Ou seja, é a possibilidade de votar.

Já a capacidade eleitoral passiva é a possibilidade de ser votado, ou seja, de ser candidato a um cargo público eletivo.

Nem todo brasileiro tem necessariamente capacidade eleitoral ativa e passiva, sendo que a Constituição Federal traz os requisitos para que a fruição desses direitos, começando pela capacidade eleitoral ativa.

13.5. ALISTAMENTO ELEITORAL E DEVER DE VOTAR

Os §§ 1º e 2º do art. 14 da Constituição Federal tratam sobre a capacidade eleitoral ativa, mais especificamente sobre o alistamento eleitoral, que é a inscrição como eleitor, popularmente chamada de "tirar o título de eleitor", e sobre o direito e obrigatoriedade do voto.

Vejamos o que diz o § 1º:

§ 1º O alistamento eleitoral e o voto são:

I – obrigatórios para os maiores de dezoito anos;

II – facultativos para:

a) os analfabetos;

b) os maiores de setenta anos;

c) os maiores de dezesseis e menores de dezoito anos.

Os brasileiros naturalizados podem votar e ser votados, somente não podendo ser candidatos a Presidente da República e Vice-Presidente da República.

A Constituição Federal estabeleceu dois tipos de eleitores: os obrigatórios e os facultativos.

a. **Eleitores obrigatórios:** devem alistar-se eleitoralmente e votar em todas as eleições. De acordo com nossa Constituição, o voto é um poder-dever do cidadão, que deve exercê-lo. No entanto, o Código Eleitoral permite que, em vez de votar, o eleitor justifique ou pague multa. São eleitores obrigatórios, em regra, todos os brasileiros com mais de 18 anos.
   O não exercício do poder-dever de voto ou de suas alternativas (justificativa ou multa) implica diversas restrições previstas em lei, como o impedimento de ocupar cargos públicos e de tirar passaporte.

Capítulo 13 ◆ Direitos políticos **335**

O Código Eleitoral estipula que aquele que não votar, não justificar e não pagar a multa correspondente por três eleições consecutivas terá o seu título cancelado, não podendo votar enquanto não regularizar sua situação.

Deve-se atentar para o fato de que o voto obrigatório não é cláusula pétrea, podendo ser aprovada emenda constitucional que implemente a sua facultatividade para todos os cidadãos.

b. **Eleitores facultativos:** são os cidadãos que não precisam alistar-se eleitoralmente e, mesmo que o façam, não são obrigados a votar em todas as eleições. De acordo com a Constituição, são eleitores facultativos os analfabetos, quem tem mais de 70 anos e quem tem entre 16 e 18 anos.

O Código Eleitoral dispensa também da obrigatoriedade do voto os eleitores que se encontrem foram do país (que deverão justificar sua ausência quando de seu retorno) e os chamados "inválidos", termo que hoje deve ser entendido como a pessoa com deficiência grave, que impossibilite ou dificulte excessivamente o seu deslocamento à sessão de votação, devendo a dispensa ser concedida pelo Juiz Eleitoral.

13.5.1. Proibidos de votar

O § 2º do art. 14 apresenta duas situações em que o indivíduo está impedido de votar:

§ 2º Não podem alistar-se como eleitores os estrangeiros e, durante o período do serviço militar obrigatório, os conscritos.

Estrangeiros não podem votar aqui no Brasil, pois o exercício dos direitos políticos é compatível somente com a condição de nacional. Obviamente, se se naturalizem brasileiros, deixarão de ser estrangeiros e poderão votar. A exceção ocorre com os portugueses residentes aqui no Brasil se os brasileiros residentes em Portugal lá puderem votar.

Conscrito deve ser interpretado aqui como aquele que esteja prestando o serviço militar obrigatório. Veja-se, assim, que o militar incorporado pode votar normalmente.

13.6. REQUISITOS PARA SER CANDIDATO

O § 3º do art. 14 da Constituição Federal traz os requisitos para que alguém seja candidato:

§ 3º São condições de elegibilidade, na forma da lei:

I – a nacionalidade brasileira;

II – o pleno exercício dos direitos políticos;

III – o alistamento eleitoral;

IV – o domicílio eleitoral na circunscrição;

V – a filiação partidária;

VI – a idade mínima de:

a) trinta e cinco anos para Presidente e Vice-Presidente da República e Senador;

b) trinta anos para Governador e Vice-Governador de Estado e do Distrito Federal;

336 Direito Constitucional Decifrado

c) vinte e um anos para Deputado Federal, Deputado Estadual ou Distrital, Prefeito, Vice-Prefeito e juiz de paz;

d) dezoito anos para Vereador.

Vejamos cada um deles:

I – a nacionalidade brasileira: estrangeiro não pode votar nem ser votado. Brasileiro naturalizado pode votar e ser votado, somente não podendo concorrer aos cargos privativos de brasileiro nato, previstos no art. 12, § 3º, da Constituição, mas, daqueles, os únicos cargos para os quais há eleição direta são os de Presidente e Vice-Presidente da República;

II – o pleno exercício dos direitos políticos: aquele que perder seus direitos políticos ou os tiver suspensos, na forma do art. 15 da Constituição não poderá ser candidato. Além disso, o candidato deverá ter votado, ou justificado, ou pago a multa, em todas as eleições anteriores;

III – o alistamento eleitoral: para ser candidato, é necessário estar alistado na Justiça Eleitoral, ou seja, deve-se possuir título de eleitor;

IV – o domicílio eleitoral na circunscrição: domicílio eleitoral é o município onde o eleitor vota. O candidato deve estar domiciliado eleitoralmente no local cujo cargo pleiteia. Assim, candidato a vereador de Manaus deve estar alistado em Manaus, candidato a governador de São Paulo deve estar alistado em Município deste Estado, candidato a deputado federal por Minas Gerais deve ter o seu título domiciliado em um município mineiro, e assim por diante. Já o candidato a Presidente ou Vice-Presidente da República pode ter seu domicílio eleitoral em qualquer município do país;

V – a filiação partidária: no Brasil, todo candidato deve estar vinculado a um partido político. Não existe, assim, aqui, a possibilidade dos chamados "candidatos independentes", ou seja, sem filiação partidária;

VI – a idade mínima de:

a) trinta e cinco anos para Presidente e Vice-Presidente da República e Senador;

b) trinta anos para Governador e Vice-Governador de Estado e do Distrito Federal;

c) vinte e um anos para Deputado Federal, Deputado Estadual ou Distrital, Prefeito, Vice-Prefeito e juiz de paz;

d) dezoito anos para Vereador.

Quanto ao requisito da idade mínima, deve ele estar preenchido no momento da posse, somente, exceto em relação ao cargo de vereador, quando deverá o candidato já ter 18 anos no momento do pedido de registro de candidatura.

O STF entende que os requisitos do domicílio eleitoral e da filiação partidária podem ser regulamentados pela legislação ordinária – a qual inclusive estabelece um prazo para que esses requisitos estejam preenchidos antes da realização do pleito, uma vez que os requisitos de elegibilidade não se confundem, no plano jurídico-conceitual, com as hipóteses de inelegibilidade, cuja definição – além das situações já previstas diretamente pelo próprio texto constitucional – só pode ser realizada por norma inscrita em lei complementar.[3]

---

[3]   STF, ADI nº 1.063-MC, Rel. Min. Celso de Mello, j. 18.05.1994.

Capítulo 13 • Direitos políticos 337

Decifrando a prova

(Delegado de Polícia-SP – Vunesp – 2018 – Adaptada) Suponha que Joseph, brasileiro naturalizado e atualmente com 20 anos de idade, decida se candidatar ao cargo de Deputado Federal. Nesse caso, é correto afirmar que ele poderá se candidatar, pois o cargo é elegível tanto para brasileiros natos como naturalizados e a idade mínima exigida é 18 anos.

( ) Certo   ( ) Errado

Gabarito comentado: embora o fato de Joseph ser brasileiro naturalizado não seja óbice para que ele seja candidato ao cargo de deputado federal – somente não poderá ser, se eleito, candidato a Presidente da Câmara –, a idade mínima exigida pela Constituição é de 21 anos, e não 18, o que impede a sua candidatura, devendo-se notar que a questão em nenhum momento deu a entender que Joseph completaria 21 anos até a data de sua posse. Portanto, a assertiva está errada.

13.7. CONDIÇÕES DE ELEGIBILIDADE

Os §§ 4º e 5º do art. 14 trazem algumas condições adicionais para que alguém seja candidato, trazendo hipóteses de inelegibilidade, que são casos em que a pessoa não poderá ser candidato.

§ 4º São inelegíveis os inalistáveis e os analfabetos.

Inalistável é aquele não pode ser eleitor. Assim, quem não pode votar não pode também ser votado. Os analfabetos podem votar, mas não podem ser candidatos.

§ 5º O Presidente da República, os Governadores de Estado e do Distrito Federal, os Prefeitos e quem os houver sucedido, ou substituído no curso dos mandatos poderão ser reeleitos para um único período subsequente.

A Constituição Federal permite que o ocupante de um cargo eletivo do Executivo concorra apenas uma vez à reeleição.

Se reeleito, somente poderá ser candidato a outro cargo eletivo, não ao mesmo. Mas poderá concorrer de novo ao cargo desde que aguarde o período de um mandato.

Tal restrição se aplica , p. 171 não somente ao ocupante efetivo do cargo, mas também àqueles que o houverem sucedido, em qualquer momento do mandato, observado que suceder é assumir o lugar do titular definitivamente, até o final do mandato. Já substituir é assumir o lugar do titular apenas temporariamente.

Assim, por exemplo, se vagar o cargo de Presidente e o Vice-Presidente assumir o seu lugar, este poderá disputar a próxima eleição para Presidente, mas não poderá concorrer à reeleição para Presidente na eleição subsequente, uma vez que exerceu o cargo de Presidente como titular no mandato anterior.

Mas e se o Vice-Presidente somente substituir temporariamente o Presidente? Nesse caso, de acordo com a Resolução TSE 20.889:

338 Direito Constitucional Decifrado

a. se a substituição ocorrer nos últimos seis meses do mandato ele poderá disputar a próxima eleição para Presidente, mas não poderá disputar a reeleição no pleito seguinte;

b. se a substituição ocorrer antes dos seis meses finais do mandato, ele poderá disputar a próxima eleição para Presidente e também poderá concorrer à reeleição no pleito seguinte.

§ 6º Para concorrerem a outros cargos, o Presidente da República, os Governadores de Estado e do Distrito Federal e os Prefeitos devem renunciar aos respectivos mandatos até seis meses antes do pleito.

Além de não poderem se reeleger para o mesmo cargo mais de uma vez, os ocupantes de cargos eletivos do Executivo, se quiserem concorrer a outros cargos (como senadores, deputados, vereadores), precisam se desincompatibilizar do cargo que ocupam em até seis meses antes da data da eleição.

Essa restrição não se aplica ao Vice-Presidente, aos Vice-Governadores nem aos Vice-Prefeitos, desde que não tenham sucedido ou substituído o titular nos seis meses anteriores à eleição (Lei Complementar nº 64/1990).

§ 7º São inelegíveis, no território de jurisdição do titular, o cônjuge e os parentes consanguíneos ou afins, até o segundo grau ou por adoção, do Presidente da República, de Governador de Estado ou Território, do Distrito Federal, de Prefeito ou de quem os haja substituído dentro dos seis meses anteriores ao pleito, salvo se já titular de mandato eletivo e candidato à reeleição.

O § 7º do art. 14 trata da chamada inelegibilidade reflexa.

Essa disposição visa impedir que os ocupantes de cargos se utilizem de sua influência para eleger seus cônjuges ou parentes até o segundo grau, consanguíneos e afins (pais, filhos, avós, netos, irmãos, sogros, genros e cunhados).

Veja-se que a restrição se aplica somente ao território de jurisdição do titular. Assim, por exemplo, o filho do Governador do Estado não pode concorrer à prefeitura de um município localizado naquele Estado, mas pode ser candidato a Prefeito de município de outra Unidade da Federação.

O texto abre somente uma exceção: se o parente ou cônjuge já for titular de mandato eletivo, ele pode concorrer à reeleição.

No particular deve-se destacar o entendimento do STF consubstanciado na Súmula Vinculante nº 18, a qual dispõe que "a dissolução da sociedade ou do vínculo conjugal, no curso do mandato, não afasta a inelegibilidade prevista no § 7º do art. 14 da Constituição Federal", a qual foi editada como forma de evitar fraudes ao processo eleitoral decorrente de divórcios forjados que tinham como único objetivo permitir que o cônjuge pudesse ser candidato na jurisdição do político. Tal regra, porém, não se aplica, segundo entende o próprio STF, nos casos de extinção do vínculo conjugal pela morte de um dos cônjuges.[4]

---

4   STF, RE nº 758.461, Rel. Min. Teori Zavascki, j. 22.05.2014.

Capítulo 13 ◆ Direitos políticos **339**

§ 8º O militar alistável é elegível, atendidas as seguintes condições:

I – se contar menos de dez anos de serviço, deverá afastar-se da atividade;

II – se contar mais de dez anos de serviço, será agregado pela autoridade superior e, se eleito, passará automaticamente, no ato da diplomação, para a inatividade.

Se o militar puder votar também poderá ser candidato, exigindo, porém, a Constituição, que os que tiverem menos de dez anos de atividade, deverão afastar-se da atividade. Já os que tiverem mais de dez anos de serviço somente passarão para a inatividade se forem eleitos, ficando, durante o período da eleição, em licença.

§ 9º Lei complementar estabelecerá outros casos de inelegibilidade e os prazos de sua cessação, a fim de proteger a probidade administrativa, a moralidade para exercício de mandato considerada vida pregressa do candidato, e a normalidade e legitimidade das eleições contra a influência do poder econômico ou o abuso do exercício de função, cargo ou emprego na administração direta ou indireta.

Além das hipóteses de inelegibilidade previstas nos §§ 4º a 8º do art. 14 da Constituição Federal, pode lei complementar estabelecer outras hipóteses. Atualmente, quem cumpre esse papel é a Lei Complementar nº 64, de 18 de maio de 1990, cujo texto foi significativamente alterado pela Lei Complementar nº 135/2010, mais conhecida como "Lei da Ficha Limpa".

> ### 🧩 Decifrando a prova
>
> **(Delegado de Polícia-AC – Ibade – 2017 – Adaptada)** Maristela era casada com o prefeito Alcides Ferreira do município X, falecido em um acidente de avião em setembro de 2015, no curso de seu segundo mandato. O vice-prefeito de Alcides Ferreira assumiu o cargo. Nas eleições de 2016, Maristela concorreu à prefeitura do Município X e ganhou a eleição. Considerando o entendimento jurisprudencial do STF, Maristela poderia ser elegível, vez que a inelegibilidade prevista no § 7º do art. 14 da CRFB/88 não se aplica aos casos de extinção do vínculo conjugal pela morte de um dos cônjuges.
>
> ( ) Certo   ( ) Errado
>
> **Gabarito comentado:** a questão trouxe o entendimento do STF de que a Súmula Vinculante nº 18, que determina que a dissolução da sociedade ou do vínculo conjugal, no curso do mandato, não afasta a inelegibilidade reflexa, não se aplica aos casos de extinção por falecimento do cônjuge. Assim, não sendo aplicável a hipótese de inelegibilidade prevista no art. 14, § 7º, da CF, poderia Maristela ser candidata na circunscrição em que governava seu finado marido. Portanto, a assertiva está certa.

13.8. IMPUGNAÇÃO DE MANDATO

Os §§ 10 e 11 do art. 14 falam sobre a possibilidade de impugnação de mandato:

§ 10. O mandato eletivo poderá ser impugnado ante a Justiça Eleitoral no prazo de quinze dias contados da diplomação, instruída a ação com provas de abuso do poder econômico, corrupção ou fraude.

340 Direito Constitucional Decifrado

Diplomação é o ato formal pelo qual a Justiça Eleitoral reconhece os candidatos eleitos e seus suplentes, entregando-lhes um certificado, chamado de diploma, e que formalmente lhes dá o direito de tomarem posse no cargo eletivo. A diplomação, assim, é um ato administrativo-jurisdicional que sucede à eleição e antecede a posse dos candidatos, podendo ser questionada perante a própria Justiça Eleitoral.

A Ação de Impugnação de Mandato Eletivo (Aime) tem por finalidade a impugnação da diplomação e consequente destituição do mandato eletivo – se o candidato já tiver tomado posse – no caso de prática de abuso de poder econômico, corrupção ou fraude.

De acordo com o Tribunal Superior Eleitoral (TSE), fraude, para fins de cabimento da Aime, é aquela tendente a comprometer a legitimidade do pleito eleitoral, tendo reflexos na votação ou na apuração dos votos, mas não se restringindo ao momento da votação ou apuração, abrangendo qualquer ardil que possa influenciar o voto do eleitor.

Também de acordo com o TSE, são legitimados a propor a Aime: candidato, partido político, coligação e o Ministério Público.

> § 11. A ação de impugnação de mandato tramitará em segredo de justiça, respondendo o autor, na forma da lei, se temerária ou de manifesta má-fé.

O objetivo do sigilo e da responsabilização do autor leviano ou mal-intencionado da ação é evitar que haja o uso político da ação de impugnação de mandato.

13.9. CONSULTAS POPULARES SOBRE QUESTÕES LOCAIS

O art. 14, § 12, da Constituição Federal, acrescido pela EC nº 111/2021, determina que serão realizadas concomitantemente às eleições municipais as consultas populares sobre questões locais aprovadas pelas Câmaras Municipais e encaminhadas à Justiça Eleitoral até 90 dias antes da data das eleições, observados os limites operacionais relativos ao número de quesitos.

A ideia é aproveitar as eleições municipais para realização de plebiscitos e referendos de interesse local.

As manifestações favoráveis e contrárias a essas questões submetidas às consultas deverão ocorrer durante as campanhas eleitorais, sem a utilização de propaganda gratuita no rádio e na televisão (art. 12, § 13, da Constituição Federal).

13.10. PERDA E SUSPENSÃO DOS DIREITOS POLÍTICOS

O art. 15 da Constituição Federal traz as situações em que os direitos políticos dos brasileiros podem ser perdidos ou suspensos:

> **Art. 15.** É vedada a cassação de direitos políticos, cuja perda ou suspensão só se dará nos casos de:
>
> I – cancelamento da naturalização por sentença transitada em julgado;
>
> II – incapacidade civil absoluta;
>
> III – condenação criminal transitada em julgado, enquanto durarem seus efeitos;

IV – recusa de cumprir obrigação a todos imposta ou prestação alternativa, nos termos do art. 5º, VIII;

V – improbidade administrativa, nos termos do art. 37, § 4º.

O dispositivo constitucional inicia dizendo que é proibida a cassação de direitos políticos no Brasil. A cassação de direitos políticos era um ato de competência do Poder Executivo – em conjunto ou não com o Poder Legislativo – que retirava as elegibilidades ativa e passiva de alguém cidadão, sendo considerado um ato político e, assim, insuscetível de apreciação pelo Poder Judiciário, tendo sido amplamente utilizada durante a ditadura militar para a perseguição de desafetos políticos dos governantes de plantão.

A Constituição de 1988 peremptoriamente eliminou esse odioso instituto, mas passou a prever cinco hipóteses em que pode ocorrer a perda ou suspensão dos direitos políticos, sempre havendo a possibilidade de recurso ao Poder Judiciário, quando não for ele mesmo o competente para a declaração da perda ou suspensão.

A diferenciação entre essas duas situações – embora irrelevantes do ponto de vista constitucional, uma vez que são tratadas da mesma forma – é que a suspensão opera seus efeitos durante um prazo certo, determinado, findo o qual os direitos são automaticamente restabelecidos. Já na perda, a eliminação dos direitos políticos se dá por prazo indeterminado, sendo necessário, para seu eventual restabelecimento, uma declaração formal do Estado de que a causa da perda não mais subsiste.

Embora o próprio texto constitucional estipule que as hipóteses de perda ou suspensão somente são aquelas por ele citadas, além dessas situações expressas, existe outra, implícita, que é a da perda da nacionalidade em geral, que se aplica inclusive ao brasileiro nato, no caso de aquisição de outra nacionalidade, exceto nas situações permitidas pela Constituição Federal. Isso ocorre porque, como já visto anteriormente, para possuir direitos políticos no Brasil é necessário ser brasileiro. Assim, a perda da nacionalidade gera também a perda dos direitos políticos.

A suspensão dos direitos políticos por conta de condenação criminal transitada em julgado efetiva-se de forma automática, de acordo com entendimento do STF, e independe da natureza da pena imposta ao condenado, se houve ou não substituição por pena restritiva de direitos e ainda que o condenado tenha sido beneficiado com a suspensão condicional da pena.[5]

Já a suspensão por conta de condenação por ato de improbidade, por outro lado, depende de sua declaração expressa no ato condenatório, até porque este deve estabelecer qual o prazo da suspensão, uma vez que a Lei nº 8.429/1992 (Lei de Improbidade Administrativa) estabelece uma margem discricionária para a aplicação do prazo pelo juiz.

Em relação à perda de direitos políticos sofrida pelo absolutamente incapaz, deve-se observar que a definição de quem se encontra nessa situação compete à legislação infraconstitucional e, em relação a isso, a Lei nº 13.146/2015 trouxe uma relevante alteração no art. 3º do Código Civil, que trata sobre a capacidade civil. Anteriormente à citada alteração, eram

---

[5] STF, RE nº 601.182, Rel. designado Alexandre de Moraes, j. 08.05.2019.

considerados absolutamente incapazes: os menores de 16 anos; os que, por enfermidade ou deficiência mental, não tivessem o necessário discernimento para a prática desses atos; e os que, mesmo por causa transitória, não pudessem exprimir sua vontade.

No entanto, a partir da vigência da Lei nº 13.146/2015 passaram a ser considerados como absolutamente incapazes somente os menores de 16 anos, os quais, de acordo com a Constituição, ainda não adquiram os direitos políticos. Isso significa que o dispositivo constitucional que determina a perda dos direitos políticos do absolutamente incapaz não produz efeitos atualmente.

Decifrando a prova

(Procurador da República – PGR – 2012 – Adaptada) A suspensão dos direitos políticos em virtude de condenação criminal transitada em julgado só ocorre quando a sentença condenatória expressamente a declarar não constituindo seu efeito automático.
( ) Certo   ( ) Errado
Gabarito comentado: a suspensão dos direitos políticos por condenação criminal ocorre de forma automática após o trânsito em julgado da mesma, não havendo necessidade de expressa declaração nesse sentido na decisão condenatória. Portanto, a assertiva está errada.

Jurisprudência destacada

"O indeferimento de registro de candidato por deficiência de documentação exigida por lei não implica suspensão de direitos políticos: a titularidade plena dos direitos políticos não o dispensava do registro de sua candidatura por partido ou coligação e esse, da prova documentada dos pressupostos de elegibilidade, entre eles, o pleno exercício dos mesmos direitos políticos (CF, art. 14, § 3º, II): negar o registro por falta de prova oportuna desse pressuposto não equivale obviamente a negar-lhe a realidade, mas apenas a afirmá-la não comprovada" (STF, AI nº 231.917-AgR, Rel. Min. Sepúlveda Pertence, j. 15.02.1990).

13.11. PRINCÍPIO DA ANTERIORIDADE ELEITORAL

O princípio da anterioridade eleitoral, também chamado de princípio da anualidade eleitoral, é definido pelo art. 16 de nossa Constituição:

> **Art. 16.** A lei que alterar o processo eleitoral entrará em vigor na data de sua publicação, não se aplicando à eleição que ocorra até um ano da data de sua vigência.

Assim, de acordo com o dispositivo constitucional, havendo alteração nas regras do processo eleitoral, tal mudança somente será válida para as eleições que ocorrerem após um ano da data da vigência da lei que as decretou.

Tal norma demonstra uma salutar preocupação em dar maior segurança jurídica ao

Capítulo 13 ◆ Direitos políticos **343**

processo eleitoral, impedindo alterações politicamente mal-intencionadas de última hora. No entanto, o STF entende que pequenas mudanças nos procedimentos eleitorais, visando aperfeiçoá-los, sem alteração do processo eleitoral em si, não se submete à exigência da anterioridade anual prevista na Constituição,[6] o mesmo ocorrendo com a criação de novos municípios em ano eleitoral.[7]

Por outro lado, as decisões do Tribunal Superior Eleitoral que, no curso do pleito eleitoral, ou logo após o seu encerramento, impliquem mudança de jurisprudência, e assim repercutam sobre a segurança jurídica, não têm aplicabilidade imediata ao caso concreto e somente terão eficácia sobre outros casos no pleito eleitoral posterior.[8]

---

[6] STF, ADI nº 3.741, Rel. Min. Ricardo Lewandowski, j. 06.09.2006.

[7] STF, ADI nº 718, Rel. Min. Sepúlveda Pertence, j. 05.11.1998.

[8] STF, RE nº 637.485, Rel. Min. Gilmar Mendes, j. 01.08.2012.

14   Partidos políticos

14.1. INTRODUÇÃO

Os partidos políticos – sejam oficialmente considerados como tal, sejam assim entendidos como um grupo que comunga das mesmas ideias políticas – são essenciais em um regime democrático. Até por conta disso, a Constituição Federal traz diversas disposições a eles relativas em seu art. 17.

Mas, antes de analisarmos o texto constitucional, devemos saber o que são os partidos políticos.

Entre as várias definições que podemos adotar, uma das mais diretas e, ao mesmo tempo, completa é aquela que diz que "partido político é um grupo organizado, legalmente formado, com base em formas voluntárias de participação numa associação orientada para influenciar ou ocupar o poder político". Ou seja, os partidos políticos são associações que têm por objetivo influenciar no processo político e que são organizadas de acordo com a legislação específica. No entanto, sua importância e atuação vão muito além da participação no processo eleitoral, podendo exercer outras atribuições diversas, inclusive na defesa de direitos difusos e coletivos.

Nesse sentido, a Lei nº 9.096/1995, conhecida como Lei dos Partidos Políticos, embora não os defina, estabelece, em seu art. 1º, que "o partido político, pessoa jurídica de direito privado, destina-se a assegurar, no interesse do regime democrático, a autenticidade do sistema representativo e a defender os direitos fundamentais definidos na Constituição Federal".

Nossa própria Constituição defere aos partidos políticos prerrogativas que vão muito além da atuação eleitoral e parlamentar, permitindo que os mesmos, por exemplo, impetrem mandados de segurança coletivos e proponham ações diretas de inconstitucionalidade.

No Brasil, todo partido político, para ser considerado como tal, deve ser registrado no Tribunal Superior Eleitoral (TSE), conforme exigência constitucional, sendo que antes disso, o mesmo possui o *status* de uma associação comum.

Para um melhor aproveitamento de nosso estudo, vejamos o que a Constituição Federal dispõe sobre os partidos políticos:

14.2. CRIAÇÃO, FUSÃO, INCORPORAÇÃO E EXTINÇÃO DE PARTIDOS POLÍTICOS

Dispõe o art. 17 da Constituição:

> **Art. 17.** É livre a criação, fusão, incorporação e extinção de partidos políticos, resguardados a soberania nacional, o regime democrático, o pluripartidarismo, os direitos fundamentais da pessoa humana e observados os seguintes preceitos:
>
> I – caráter nacional;
>
> II – proibição de recebimento de recursos financeiros de entidade ou governo estrangeiros ou de subordinação a estes;
>
> III – prestação de contas à Justiça Eleitoral;
>
> IV – funcionamento parlamentar de acordo com a lei.

Vê-se assim, que é permitida pela Constituição Federal a livre criação de partidos, sendo que, inclusive, uma das principais formas de manifestação do pluralismo político, que é um dos fundamentos da nossa República, é justamente o chamado pluripartidarismo, que consiste na possibilidade de criação de novos partidos políticos.

E a liberdade política não pode se dar à parte da liberdade para a criação de partidos, liberdade essa que se estende também à possibilidade de sua fusão, incorporação e extinção.

No entanto, todo partido político precisa respeitar, em seu programa, e na prática, quatro coisas: a soberania nacional, o regime democrático, o pluripartidarismo e os direitos fundamentais da pessoa humana.

Assim, não seria admitido o funcionamento de um partido, por exemplo, que defendesse e lutasse pela implantação de uma ditadura no Brasil, porque não haveria respeito ao regime democrático, ou que pregasse a existência de um partido único, porque isso violaria a exigência de respeito ao pluripartidarismo, que é, como já dito, consectário do pluralismo político.

Respeitada, porém, a exigência de respeito à soberania nacional, ao regime democrático, ao pluripartidarismo e aos direitos fundamentais, cada partido é livre para defender quaisquer outras ideias, desde que, obviamente, não sejam criminosas.

De acordo com o art. 17 da Constituição Federal, os partidos políticos no Brasil são todos de abrangência nacional, não se admitindo a criação de partidos estaduais, por exemplo, como já foi permitido anteriormente em nosso sistema político. Por isso que todo partido regulamente registrado no TSE pode lançar candidatos a qualquer cargo público, respeitadas as exigências constitucionais e legais.

Também de acordo com o mesmo dispositivo, os partidos não podem receber recursos vindos do exterior, nem se subordinar a entidades estrangeiras. O objetivo aqui é resguardar a soberania nacional e os interesses do povo brasileiro, que poderiam ser ameaçados se um partido controlado por estrangeiros assumisse cargos importantes na nação, por exemplo.

Por fim, todo partido deve atuar de acordo com o disposto em lei. Atualmente, a lei que rege os partidos políticos é a Lei nº 9.096/1995.

Capítulo 14 ◆ Partidos políticos **347**

14.3. AUTONOMIA DOS PARTIDOS POLÍTICOS

Dispõe o art. 17, § 1º, da Constituição:

> § 1º É assegurada aos partidos políticos autonomia para definir sua estrutura interna e estabelecer regras sobre escolha, formação e duração de seus órgãos permanentes e provisórios e sobre sua organização e funcionamento e para adotar os critérios de escolha e o regime de suas coligações nas eleições majoritárias, vedada a sua celebração nas eleições proporcionais, sem obrigatoriedade de vinculação entre as candidaturas em âmbito nacional, estadual, distrital ou municipal, devendo seus estatutos estabelecer normas de disciplina e fidelidade partidária.

A redação atual da Constituição Federal assegura aos partidos autonomia para se auto-organizar, não podendo o governo intervir internamente nos mesmos, sob qualquer pretexto. Essa distinção entre partidos e governos é essencial para assegurar a alternância de poder e a pluralidade política.

No entanto, deve-se observar que a lei pode e deve regulamentar a criação e funcionamento dos partidos em linhas gerais, que é o que a Lei nº 9.096/1995 faz atualmente. Nesse mesmo sentido, o STF entende que são consideradas constitucionais as normas legais pelas quais se fortaleça o controle quantitativo e qualitativo dos partidos, com regras relativas à sua fusão e incorporação, desde que não haja afronta ao princípio da igualdade ou ingerência no funcionamento interno.[1] Também se permite que a lei estabeleça critérios de utilização de recursos do fundo partidário na redução de desigualdades na participação política.[2]

O dispositivo constitucional acima, com a redação que lhe foi dada pela EC nº 97/2017, também isenta os partidos políticos de seguirem o mesmo critério, nas coligações, para as eleições federais, estaduais e municipais – acabando com a chamada "verticalização" das coligações, que havia sido determinada pelo Tribunal Superior Eleitoral e referendada pelo STF.

Por outro lado, proíbe coligações em eleições proporcionais, somente permitindo-as nas eleições majoritárias. Eleições proporcionais são aquelas realizadas para deputado federal, deputado estadual e vereador. Já as eleições majoritárias são aquelas para Presidente da República, governador, prefeito e senador.

14.4. OBRIGATORIEDADE DE REGISTRO NO TSE

> § 2º Os partidos políticos, após adquirirem personalidade jurídica, na forma da lei civil, registrarão seus estatutos no Tribunal Superior Eleitoral.

Somente os partidos devidamente registrados no TSE – que verificará o cumprimento dos requisitos legais – é que são reconhecidos como tal para fins de participação no processo

---

[1] STF, ADI nº 5.311, Rel. Min. Cármen Lúcia, j. 04.03.2020.

[2] STF, ADI nº 5.617, Rel. Min. Edson Fachin, j. 15.03.2018.

político. Esse registro é feito após a aquisição de personalidade jurídica, na forma prevista na legislação civil – ou seja, com a devida inscrição no cartório civil do local da sua sede. Assim, primeiramente o partido deve ser registrado no cartório civil para após requerer o registro no TSE, sendo que entre essas duas etapas deverá comprovar possuir o apoiamento popular mínimo, o qual se formaliza com a obtenção do número mínimo de assinaturas de eleitores determinado pela lei.

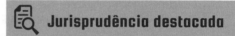

"O procedimento de registro partidário, embora formalmente instaurado perante órgão do Poder Judiciário (TSE), reveste-se de natureza materialmente administrativa. Destina-se a permitir ao TSE a verificação dos requisitos constitucionais e legais que, atendidos pelo partido político, legitimarão a outorga de plena capacidade jurídico-eleitoral à agremiação partidária interessada. A natureza jurídico-administrativa do procedimento de registro partidário impede que este se qualifique como causa para efeito de impugnação, pela via recursal extraordinária, da decisão nele proferida" (STF, RE nº 164.458-AgR, Rel. Min. Celso de Mello, j. 27.04.1995).

14.5. CLÁUSULA DE BARREIRA

A EC nº 97/2017 alterou o § 3º do art. 14 da Constituição Federal, criando a chamada "cláusula de barreira", com o objetivo de tentar reduzir o excessivo número de partidos políticos existentes no país, muitos deles inclusive sem coerência ideológica, provocando uma mercantilização dos partidos.

Tal disposição exige um desempenho mínimo dos partidos nas eleições – o que demonstra que possuem um mínimo de apoio popular – para que os mesmos possam ter acesso a recursos do fundo partidário e acesso gratuito ao rádio e à televisão.

Sua atual redação é a seguinte:

> § 3º Somente terão direito a recursos do fundo partidário e acesso gratuito ao rádio e à televisão, na forma da lei, os partidos políticos que alternativamente:
>
> I – obtiverem, nas eleições para a Câmara dos Deputados, no mínimo, 3% (três por cento) dos votos válidos, distribuídos em pelo menos um terço das unidades da Federação, com um mínimo de 2% (dois por cento) dos votos válidos em cada uma delas; ou
>
> II – tiverem elegido pelo menos quinze Deputados Federais distribuídos em pelo menos um terço das unidades da Federação.

No entanto, tal disposição somente produzirá os efeitos nela expressos a partir de 2030, porque, como forma de redução do impacto da medida, foi estabelecida uma regra de transição para as eleições de 2018 a 2026, da seguinte forma:

Só terá direito ao fundo e ao tempo de propaganda a partir de 2019 o partido que tiver recebido ao menos 1,5% dos votos válidos nas eleições de 2018 para a Câmara dos Deputados, distribuídos em pelo menos 1/3 das unidades da Federação, com um mínimo de 1% dos votos válidos em cada uma delas. Se não conseguir cumprir esse parâmetro, o partido poderá ter acesso também se tiver elegido pelo menos nove deputados federais, distribuídos em um mínimo de nove unidades da Federação.

Na legislatura seguinte às eleições de 2022, a exigência será maior: somente terão acesso aos recursos do fundo partidário e à propaganda gratuita no rádio e na televisão os partidos políticos que obtiverem, nas eleições para a Câmara dos Deputados, no mínimo, 2% dos votos válidos, distribuídos em pelo menos um terço das unidades da Federação, com um mínimo de 1% dos votos válidos em cada uma delas; ou tiverem elegido pelo menos 11 Deputados Federais distribuídos em pelo menos um terço das unidades da Federação.

Na legislatura subsequente, após as eleições de 2026 terão acesso aos recursos do fundo partidário e à propaganda gratuita no rádio e na televisão os partidos políticos que obtiverem, nas eleições para a Câmara dos Deputados, no mínimo, 2,5% dos votos válidos, distribuídos em pelo menos um terço das unidades da Federação, com um mínimo de 1,5% dos votos válidos em cada uma delas; ou tiverem elegido pelo menos 13 Deputados Federais distribuídos em pelo menos um terço das unidades da Federação.

O § 5º do art. 17 garante ao eleito por partido político que não preencher os requisitos da cláusula de barreira o exercício do mandato e faculta a filiação, sem perda do mandato, a outro partido que os tenha atingido, não sendo essa filiação, porém, considerada para fins de distribuição dos recursos do fundo partidário e de acesso gratuito ao tempo de rádio e de televisão.

🧩 Decifrando a prova

(Delegado de Polícia-SP – Vunesp – 2018 – Adaptada) Suponha que o Partido X lhe consulte sobre quais são os requisitos constitucionais para que um partido político tenha acesso aos recursos do fundo partidário e acesso gratuito ao tempo de rádio e televisão. Nesse sentido, segundo o disposto na Constituição Federal de 1988, após a reforma dada pela EC nº 97/2017, é correto afirmar que o acesso a tais benefícios ocorrerá somente se obtiver, nas eleições para a Câmara dos Deputados, no mínimo, 3% dos votos válidos, distribuídos em pelo menos 1/3 das unidades da Federação, com um mínimo de 2% dos votos válidos em cada uma delas, ou se elegerem pelo menos 15 deputados distribuídos em pelo menos 1/3 das unidades da Federação.

( ) Certo   ( ) Errado

Gabarito comentado: a assertiva está de acordo com o que dispõe o art. 14, § 3º, da CF em sua redação atual, ao definir a chamada "cláusula de barreira". Portanto, a assertiva está certa.

14.6. PROIBIÇÃO DE VINCULAÇÃO A ENTIDADES PARAMILITARES

É vedada a utilização pelos partidos políticos de organização paramilitar, como ocorre, aliás, com outras associações, que também não podem se consorciar a tais grupos armados. Se o partido político desobedecer a tal disposição, será o registro do partido cassado pelo TSE.

14.7. PERDA DE MANDATO POR TROCA DE PARTIDO

O § 6º do art. 17 da Constituição Federal, incluída pela EC nº 111/2021, dispõe que os Deputados Federais, os Deputados Estaduais, os Deputados Distritais e os Vereadores que se desligarem do partido pelo qual tenham sido eleitos perderão o mandato, salvo nos casos de anuência do partido ou de outras hipóteses de justa causa estabelecidas em lei, não computada, em qualquer caso, a migração de partido para fins de distribuição de recursos do fundo partidário ou de outros fundos públicos e de acesso gratuito ao rádio e à televisão.

A intenção do constituinte derivado foi, claramente, de fortalecer a fidelidade partidária, evitando-se a mudança desmotivada – ou motivada por interesses meramente econômicos ou de outra natureza – de filiação partidária.

14.8. INVESTIMENTO NA PARTICIPAÇÃO POLÍTICA FEMININA

Visando incentivar a participação feminina na política, a EC nº 117/2022 incluiu os §§ 7º e 8º ao art. 17 da Constituição.

O § 7º estabelece a obrigatoriedade de os partidos políticos aplicarem no mínimo 5% dos recursos do fundo partidário na criação e na manutenção de programas de promoção e difusão da participação política das mulheres, de acordo com os interesses intrapartidários.

Já o § 8º, buscando também uma distribuição mais equânime de recursos entre os candidatos dos dois gêneros, estipula que o montante do Fundo Especial de Financiamento de Campanha e da parcela do fundo partidário destinada a campanhas eleitorais, bem como o tempo de propaganda gratuita no rádio e na televisão a ser distribuído pelos partidos às respectivas candidatas, deverão ser de no mínimo 30%, proporcional ao número de candidatas, sendo que a distribuição deve ser realizada conforme critérios definidos pelos respectivos órgãos de direção e pelas normas estatutárias, considerados a autonomia e o interesse partidário.

Da organização político-administrativa

15.1. INTRODUÇÃO

A Constituição de um país deve ter por um de seus principais objetivos estabelecer regras claras sobre a organização do Estado, com a definição clara dos poderes e papéis esperados de cada ente da Federação, tanto para garantir segurança jurídica como para evitar potenciais conflitos políticos. E nossa Constituição, em seu Título III, trata especialmente sobre a organização político-administrativa da União, Estados, Distrito Federal e Municípios.

A organização político-administrativa do Brasil diz respeito à divisão dos bens públicos, e às competências administrativas e legislativas entre os entes da Federação, bem como às regras gerais de organização desses entes, visando garantir harmonia entre as esferas federal, estaduais e municipais.

Quando se fala em competências administrativas, está a se referir àquelas que se relacionam à gestão, aos atos administrativos, e que normalmente são expedidos pelo Poder Executivo.

Já as competências legislativas dizem respeito aos assuntos sobre os quais o ente pode elaborar leis, relacionando-se assim, às competências do Poder Legislativo.

As competências administrativas e legislativas estão nos arts. 18 a 31 de nossa Constituição Federal.

15.2. REGRAS GERAIS ACERCA DA ORGANIZAÇÃO POLÍTICO-ADMINISTRATIVA

O art. 18 da Constituição Federal traz regras gerais relacionadas à organização de nossa República:

> **Art. 18.** A organização político-administrativa da República Federativa do Brasil compreende a União, os Estados, o Distrito Federal e os Municípios, todos autônomos, nos termos desta Constituição.

O art. 18 da Constituição retoma o disposto em seu art. 1º, o qual determina que a República Federativa do Brasil é formada pela União indissolúvel dos Estados, Distrito Federal e Municípios.

Pela lógica constitucional, os entes da Federação são autônomos, o que significa que não há relação hierárquica entre eles. O que existe são regras de competência legislativa e administrativa estabelecidas pela Constituição a fim de delimitar as atribuições da União, dos Estados, dos Municípios e do Distrito Federal.

Assim, a União não pode interferir na esfera de competências dos Estados e Municípios, nem os Estados na dos Municípios, embora seja claro que os Estados devam obedecer às leis federais, e os Municípios às federais e estaduais, se estas forem regulamente produzidas, respeitando-se as disposições constitucionais. Nesse sentido, o STF já decidiu que "a observância das regras federais não fere autonomia estadual".[1]

Embora não haja uma vinculação hierárquica entre os entes da Federação, no modelo constitucional brasileiro existe uma evidente concentração, na prática, de competências na União, o que faz com que nossa Federação seja bastante centralizada. Essa centralização decorre especialmente de fatores históricos, uma vez que nossa Federação pode ser classificada como centrífuga, pois foi formada a partir de um Estado com características unitárias – especialmente no período colonial e imperial – que posteriormente concedeu autonomia às suas diversas regiões internas.

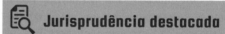

A lei estadual não pode impor o comparecimento de representante de uma entidade federal, no caso, a Ordem dos Advogados do Brasil, para integrar órgão da Administração Pública estadual, sob pena de ofensa à autonomia dos entes federativos (art. 18 da Constituição Federal) (STF, ADI nº 4.579, Rel. Min. Luiz Fux, j. 13.02.2020).

O § 1º de nossa Constituição define textualmente que Brasília é a capital federal do Brasil:

§ 1º Brasília é a Capital Federal.

Nesse particular, não se deve confundir Distrito Federal com Brasília. Na verdade, Brasília é uma das divisões administrativas e a sede do Distrito Federal, o qual também abrange outras divisões, como as chamadas "cidades satélites". Importante observar, no entanto, que tanto Brasília como essas tais cidades satélites não são Municípios, uma vez que o art. 32 de nossa Constituição veda expressamente a divisão do Distrito Federal em Municípios.

15.2.1. Territórios federais

Dispõe o art. 18, § 2º, da Constituição:

§ 2º Os Territórios Federais integram a União, e sua criação, transformação em Estado ou reintegração ao Estado de origem serão reguladas em lei complementar.

---

[1] STF, ADI nº 1.546, Rel. Min. Nelson Jobim, j. 03.12.1998.

Capítulo 15 ◆ Da organização político-administrativa **353**

Atualmente não existem mais territórios federais no Brasil, mas eles podem ser criados por lei complementar. Os territórios federais são regiões do país que devem ficar sob tutela da União até o momento em que, após o desenvolvimento da estrutura adequada, puderem ser transformados em Estados, constituindo o que Hely Lopes Meirelles denomina de "autarquias territoriais" da União.

Os Estados de Rondônia, Roraima e Amapá, por exemplo, foram criados a partir de territórios federais. Deve-se observar, porém, que criação de um território federal não significa necessariamente que o mesmo deverá ser transformado em Estado, podendo haver a reincorporação ao Estado que lhe deu origem, como aconteceu com o antigo território de Fernando de Noronha, por exemplo, que foi reincorporado ao Estado de Pernambuco pelo art. 15 do ADCT.

15.2.2. Criação, incorporação, fusão, subdivisão e desmembramento de Estados e Municípios

Os §§ 3º e 4º do art. 18 da Constituição tratam sobre a criação, incorporação, fusão, subdivisão e desmembramento de Estados e Municípios:

> § 3º Os Estados podem incorporar-se entre si, subdividir-se ou desmembrar-se para se anexarem a outros, ou formarem novos Estados ou Territórios Federais, mediante aprovação da população diretamente interessada, através de plebiscito, e do Congresso Nacional, por lei complementar.

A Constituição permite o reordenamento da divisão política interna do país, com a criação, divisão e incorporação de Estados-Membros entre si. Isso é importante para que a organização interna possa acompanhar as necessidades da Administração Pública.

Assim, de acordo com o dispositivo constitucional acima, havendo manifestação da população interessada por meio de plebiscito, os Estados podem juntar-se ou dividir-se, desde que haja aprovação pelo Congresso Nacional, por meio de lei complementar federal. A consulta popular deve ser feita a toda a população interessada, o que inclui, de acordo com o posicionamento do STF, tanto a população do território a ser desmembrado quanto a do território remanescente.[2]

> § 4º A criação, a incorporação, a fusão e o desmembramento de Municípios, far-se-ão por lei estadual, dentro do período determinado por Lei Complementar Federal, e dependerão de consulta prévia, mediante plebiscito, às populações dos Municípios envolvidos, após divulgação dos Estudos de Viabilidade Municipal, apresentados e publicados na forma da lei.

Enquanto o parágrafo anterior trata sobre os Estados, o § 4º trata sobre a criação, a incorporação, a fusão e o desmembramento de Municípios, impondo três passos para que isso seja feito:

a. Publicação de Estudos de Viabilidade Municipal, que tem por finalidade o exame e a comprovação da existência das condições que permitam a consolidação e de-

---

2   STF, ADI nº 2.650, Rel. Min. Dias Toffoli, j. 24.08.2011.

senvolvimento dos Municípios envolvidos. Esses estudos devem ser apresentados e publicados na forma prevista em lei.
b. Plebiscito envolvendo as populações dos Municípios abrangidos. Esse plebiscito, como todos os outros, tem caráter vinculante, obrigando, assim, a Assembleia Legislativa local a acatar a decisão popular, sendo que, assim como ocorre com a criação de Estados, devem ser ouvidos tanto os habitantes da área do município sobre cuja criação a consulta versa, como aqueles residentes no território remanescente.
c. Edição de lei estadual criando, incorporando, fundindo ou desmembrando os Municípios, o que deve ser feito respeitando-se os períodos em que isso pode ser feito, de acordo com o definido em lei complementar federal, a qual ainda não foi aprovada, o que faz com que a criação de novos municípios esteja suspensa atualmente, por impossibilidade de atendimento de todos os requisitos constitucionais, até que haja a edição da lei complementar citada. Em relação a isso, o STF decidiu, no julgamento da ADI nº 3.682,[3] declarar o Congresso Nacional em mora quanto à sua obrigação de regulamentar o assunto e determinar o prazo de 18 meses para a adoção das medidas legislativas necessárias à edição da referida lei complementar, a qual, no entanto, não foi aprovada até hoje.

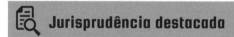

Pesquisas de opinião, abaixo-assinados e declarações de organizações comunitárias, favoráveis à criação, à incorporação ou ao desmembramento de Município, não são capazes de suprir o rigor e a legitimidade do plebiscito exigido pelo § 4º do art. 18 da Carta Magna (art. 18 da Constituição Federal) (STF, ADI nº 3.615, Rel. Min. Ellen Gracie, j. 30.08.2006).

Decifrando a prova

(Delegado de Polícia-SP – Vunesp – 2018 – Adaptada) Considere que o Estado X, em função da diversidade cultural constatada em sua região, decida desmembrar-se para formação de dois novos Estados. Nessa hipótese, é correto afirmar que tal desmembramento será constitucional se aprovada diretamente pela população interessada, por meio de referendo, e do Congresso Nacional, por meio de lei ordinária.
( ) Certo   ( ) Errado
Gabarito comentado: há dois erros na assertiva. O primeiro é que a aprovação da população se dá por meio de plebiscito, e não referendo. O segundo é que a aprovação pelo Congresso deve se dar por meio de lei complementar, e não lei ordinária. Portanto, a assertiva está errada.

---

[3] STF, ADI nº 3.682, Rel. Min. Gilmar Mendes, j. 09.05.2007.

15.2.3. Regras especiais aplicáveis à criação de Estado

Os arts. 234 e 235 da Constituição Federal, já em seu Título IX, que trata das disposições constitucionais gerais, trazem outras disposições acerca da criação de Estados:

Art. 234. É vedado à União, direta ou indiretamente, assumir, em decorrência da criação de Estado, encargos referentes a despesas com pessoal inativo e com encargos e amortizações da dívida interna ou externa da administração pública, inclusive da indireta.

Art. 235. Nos dez primeiros anos da criação de Estado, serão observadas as seguintes normas básicas:

I – a Assembleia Legislativa será composta de dezessete Deputados se a população do Estado for inferior a seiscentos mil habitantes, e de vinte e quatro, se igual ou superior a esse número, até um milhão e quinhentos mil;

II – o Governo terá no máximo dez Secretarias;

III – o Tribunal de Contas terá três membros, nomeados, pelo Governador eleito, dentre brasileiros de comprovada idoneidade e notório saber;

IV – o Tribunal de Justiça terá sete Desembargadores;

V – os primeiros Desembargadores serão nomeados pelo Governador eleito, escolhidos da seguinte forma:

a) cinco dentre os magistrados com mais de trinta e cinco anos de idade, em exercício na área do novo Estado ou do Estado originário;

b) dois dentre promotores, nas mesmas condições, e advogados de comprovada idoneidade e saber jurídico, com dez anos, no mínimo, de exercício profissional, obedecido o procedimento fixado na Constituição;

VI – no caso de Estado proveniente de Território Federal, os cinco primeiros Desembargadores poderão ser escolhidos dentre juízes de direito de qualquer parte do País;

VII – em cada Comarca, o primeiro Juiz de Direito, o primeiro Promotor de Justiça e o primeiro Defensor Público serão nomeados pelo Governador eleito após concurso público de provas e títulos;

VIII – até a promulgação da Constituição Estadual, responderão pela Procuradoria-Geral, pela Advocacia-Geral e pela Defensoria-Geral do Estado advogados de notório saber, com trinta e cinco anos de idade, no mínimo, nomeados pelo Governador eleito e demissíveis "ad nutum";

IX – se o novo Estado for resultado de transformação de Território Federal, a transferência de encargos financeiros da União para pagamento dos servidores optantes que pertenciam à Administração Federal ocorrerá da seguinte forma:

a) no sexto ano de instalação, o Estado assumirá vinte por cento dos encargos financeiros para fazer face ao pagamento dos servidores públicos, ficando ainda o restante sob a responsabilidade da União;

b) no sétimo ano, os encargos do Estado serão acrescidos de trinta por cento e, no oitavo, dos restantes cinquenta por cento;

356 Direito Constitucional Decifrado

X – as nomeações que se seguirem às primeiras, para os cargos mencionados neste artigo, serão disciplinadas na Constituição Estadual;

XI – as despesas orçamentárias com pessoal não poderão ultrapassar cinquenta por cento da receita do Estado.

15.3. VEDAÇÕES

O art. 19 da Constituição Federal impõe algumas proibições à União, Estados, DF e Municípios:

> **Art. 19.** É vedado à União, aos Estados, ao Distrito Federal e aos Municípios:
>
> I – estabelecer cultos religiosos ou igrejas, subvencioná-los, embaraçar-lhes o funcionamento ou manter com eles ou seus representantes relações de dependência ou aliança, ressalvada, na forma da lei, a colaboração de interesse público;
>
> II – recusar fé aos documentos públicos;
>
> III – criar distinções entre brasileiros ou preferências entre si.

O objetivo do inciso I é garantir que a República brasileira seja de fato laico, ou seja, que não possua nenhuma preferência religiosa, tratando a todas as crenças de mesma forma e respeitando a separação entre Estado e Igreja, não devendo promover ou perseguir qualquer grupo religioso específico. Nesse sentido, por exemplo, o Supremo Tribunal Federal decidiu que:

> (...) a oficialização da Bíblia como livro-base de fonte doutrinária para fundamentar princípios, usos e costumes de comunidades, igrejas e grupos no Estado de Rondônia implica inconstitucional discrímen entre crenças, além de caracterizar violação da neutralidade exigida do Estado pela Constituição Federal.[4]

Veja-se que essa separação não impede que sejam estabelecidos acordos de colaboração de interesse público. Assim, por exemplo, uma entidade religiosa que presta serviços de assistência social e de saúde pode receber recursos do Estado para colaborar em sua manutenção, pois nesse caso o intuito não é promover determinada religião, mas sim colaborar com a prestação de um serviço de interesse público.

O inciso II proíbe que os Entes da Federação recusem fé a documentos públicos. Isso significa que eles devem aceitar como verdadeiras as informações dos documentos oficiais produzidos uns pelos outros, devendo assumi-los como expressão da verdade, exceto, é óbvio, se houver indícios de falsificação ou de dolo.

Por fim, o inciso III exige que tanto a União, como os Estados, como os Municípios devem tratar os brasileiros de maneira igual, independentemente de sua origem ou domicílio, evitando-se preferências ou perseguições. Assim, por exemplo, foi considerada incons-

---

4   STF, ADI nº 5.257, Rel. Min. Dias Toffoli, j. 20.09.2018.

Capítulo 15 ◆ Da organização político-administrativa **357**

titucional pelo STF, por ferir o disposto no art. 19, III, da Constituição, disposição de lei estadual baiana que determinava como critério de desempate em concurso público o tempo de serviço prestado ao Estado da Bahia.[5] Da mesma forma, foi considerada inconstitucional dispositivo da Lei nº 13.959/2005, do Município de São Paulo, que exigia que os veículos utilizados para atender contratos estabelecidos com a Administração Municipal, Direta e Indireta, deveriam, obrigatoriamente, ter seus respectivos Certificados de Registro de Veículos expedidos no Município paulistano.

Essa disposição constitucional, obviamente, não impede eventuais tratamentos diferenciados visando promover o desenvolvimento de regiões menos favorecidos, até porque a redução das desigualdades regionais é um dos objetivos da República Federativa do Brasil.

15.4. DA UNIÃO

A União é um dos componentes da Federação, juntamente com os Estados, Distrito Federal e Municípios, e representa o poder estatal exercido sobre todo o território nacional, sendo uma pessoa jurídica de direito público interno, com competências e responsabilidades definidas na Constituição Federal.

A figura da União não deve ser confundida com a República, pois esta última pode ser entendida o Estado Federal do Brasil como um todo, incluindo os Estados, o Distrito Federal e os Municípios. O que ocorre é que, nas relações internacionais, cabe à União representar a República Federativa do Brasil.

O Supremo Tribunal Federal, inclusive, reconhece a distinção entre a União, como pessoa jurídica de direito público interno, e a República Federativa do Brasil, pessoa jurídica de direito público externo, como ficou claro quando aquela Corte considerou constitucional a concessão de isenções de tributos estaduais e municipais por meio de tratado internacional assinados pela República Federativa do Brasil. Isso porque o STF entendeu que, apesar de haver proibição imposta à União à concessão de isenção de tributos estaduais e municipais – a chamada isenção heterônoma –, tal vedação não se aplica à República Federativa do Brasil, enquanto pessoa jurídica de direito público externo.[6]

Os arts. 20 a 24 de nossa Constituição trazem diversas regras aplicáveis à organização da União.

15.4.1. Bens da União

O art. 20 da Constituição Federal determina quais bens pertencerão à União. Antes de vermos seu conteúdo, porém, deve-se atentar para o fato de que os bens públicos, de acordo com o direito civil, podem ser três tipos: bens de uso comum do povo, bens de uso especial e bens dominiais.

---

[5]   STF, ADI nº 5.776, Rel. Min. Alexandre de Moraes, j. 19.12.2018.

[6]   STF, RE nº 543.943-AgR, Rel. Min. Celso de Mello, j. 30.11.2010.

358 Direito Constitucional Decifrado

Os bens de uso comum do povo são aqueles que não estão destinados pelo Poder Público a nenhuma finalidade específica, podendo, via de regra, ser livremente utilizados pelas pessoas, como os rios, mares, estradas, ruas e praças.

Os bens de uso especial são aqueles afetados a alguma atividade ou órgão estatal, inviabilizando o seu uso indiscriminado pela população, como ocorre, por exemplo, com a maioria dos edifícios e veículos públicos.

Já os bens dominiais são aqueles que constituem o patrimônio das pessoas jurídicas de direito público, como objeto de direito pessoal ou real de cada uma dessas entidades. Somente os bens dominiais podem ser alienados a terceiros.

Quando a Constituição trata dos bens de cada ente da Federação, ela o faz especialmente em relação aos bens de uso comum. Isso quer dizer que, ao estabelecer cada bem como "propriedade" de um ente da Federação, o que faz a Constituição, na verdade, é definir quem será responsável pela gestão e proteção desses bens.

Vejamos o que diz o art. 20 da Constituição, ao tratar sobre os bens da União:

> **Art. 20.** São bens da União:
>
> I – os que atualmente lhe pertencem e os que lhe vierem a ser atribuídos;
>
> II – as terras devolutas indispensáveis à defesa das fronteiras, das fortificações e construções militares, das vias federais de comunicação e à preservação ambiental, definidas em lei;

Terras devolutas são as sem destinação pelo Poder Público e que não entregam o patrimônio de um particular. Ou seja, são terras "sem dono". Se forem indispensáveis à defesa da fronteira, de instalações militares, vias federais de comunicação ou à preservação ambiental, conforme definido pela lei, pertencerão à União, caso contrário, integrarão o patrimônio dos Estados, conforme art. 26, IV, da Constituição.

Nesse sentido, dispõe a Súmula nº 477, do STF, que "as concessões de terras devolutas situadas na faixa de fronteira, feitas pelos Estados, autorizam, apenas, o uso, permanecendo o domínio com a União, ainda que se mantenha inerte ou tolerante, em relação aos possuidores".

> III – os lagos, rios e quaisquer correntes de água em terrenos de seu domínio, ou que banhem mais de um Estado, sirvam de limites com outros países, ou se estendam a território estrangeiro ou dele provenham, bem como os terrenos marginais e as praias fluviais;

As águas em domínio da União, que banhem mais de um Estado, que estejam na fronteira ou se dirijam a outros países ou dele provenham, pertencem à União, bem como os terrenos das margens e as praias fluviais desses locais. A propriedade da União, nesses casos, se justifica pela importância estratégica desses cursos e locais, e também para que se evitem conflitos entre os Estados acerca da utilização de cursos d'água.

Reconhecendo a propriedade da União sobre os terrenos marginais fluviais, dispõe a Súmula nº 479 do STF que "as margens dos rios navegáveis são de domínio público, insuscetíveis de expropriação e, por isso mesmo, excluídas de indenização".

> IV – as ilhas fluviais e lacustres nas zonas limítrofes com outros países; as praias marítimas; as ilhas oceânicas e as costeiras, excluídas, destas, as que contenham a sede

de Municípios, exceto aquelas áreas afetadas ao serviço público e a unidade ambiental federal, e as referidas no art. 26, II;

As ilhas de rios e as de lagos (lacustres) localizadas nas fronteiras pertencem à União, bem como as ilhas marítimas, exceto aquelas que contenham a sede de Município (como ocorre com Florianópolis, por exemplo, capital do Estado de Santa Catarina que se localiza em uma ilha), que nesse caso pertencerão ao próprio Município, exceto se forem destinadas ao serviço público, a unidade ambiental federal, ou forem de propriedade dos Estados (art. 26, II).

V – os recursos naturais da plataforma continental e da zona econômica exclusiva;

Plataforma continental é um conceito geográfico, sendo definida como a porção dos fundos marinhos que começa na linha de costa e desce com um declive suave até o talude continental, tendo normalmente de 70 a 90 km de distância da costa. A água que cobre a plataforma continental possui vida marinha em abundância e grande parte da pesca mundial se realiza nessa região.

Já zona econômica exclusiva é uma faixa situada para além das águas territoriais, sobre a qual cada país costeiro tem prioridade para a utilização dos recursos naturais do mar, vivos ou não, e responsabilidade na sua gestão ambiental. Estabelecida por tratados internacionais, a Zona Econômica Exclusiva se estende por até 200 milhas náuticas, o que equivale a aproximadamente 370 km.

Os recursos naturais dessas regiões pertencem à União, ainda que estejam em águas internacionais, ou seja, fora do chamado mar territorial.

No entanto, isso não impede, segundo entendimento do STF, que os Estados incluam em suas Constituições locais, para fins tributários, porções do mar territorial, da plataforma continental e da zona econômica em seu território, uma vez que o conceito de propriedade, cujo direito nessas áreas pertence à União, não se confunde com o de jurisdição ou circunscrição. Assim, podem os Estados e Municípios cobrar tributos sobre fatos geradores ocorridos em terrenos de marinha, no mar territorial, na plataforma continental e na zona econômica exclusiva constantes seus territórios ou de suas projeções sobre o mar[7].

VI – o mar territorial;

O mar territorial é definido como uma faixa de águas costeiras que alcança 12 milhas náuticas (um pouco mais de 22 km) a partir do litoral de um país, sendo considerado parte do território soberano daquele Estado Nacional. Ou seja, o mar territorial é considerado território nacional, assim também como o espaço acima dele e seu solo marinho.

VII – os terrenos de marinha e seus acrescidos;

Os terrenos de marinha são aqueles localizados na linha da costa, mais especificamente, na faixa de 33 metros para o continente ou para o interior das ilhas costeiras com sede de

---

[7] STF, ADI nº 2.080, Rel. Min. Gilmar Mendes, j. 18.10.2019.

360 Direito Constitucional Decifrado

município, contados da linha da maré alta, medida em 1831, definição encontrada no art. 2º do Decreto-lei nº 9.760/1946.

VIII – os potenciais de energia hidráulica;

Os potenciais de energia hidráulica devem ser entendidos como as quedas d'água que apresentem a possibilidade de geração de energia mecânica ou elétrica. Assim, para construção de hidrelétricas, por exemplo, deve-se ter autorização federal, ainda que o curso d'água não pertença à União.

IX – os recursos minerais, inclusive os do subsolo;

Os recursos minerais todos pertencem à União, mesmo aqueles que estejam no subsolo. Assim, para que alguém possa explorar recursos minerais, ainda que em um terreno de sua propriedade, deve obter autorização da União.

X – as cavidades naturais subterrâneas e os sítios arqueológicos e pré-históricos;

As "cavidades naturais subterrâneas" nada mais são do que as cavernas. Sendo assim, no Brasil, todas as cavernas pertencem à União, bem como os sítios arqueológicos e pré-históricos, sendo o Governo Federal, dessa forma, o principal responsável por sua preservação.

XI – as terras tradicionalmente ocupadas pelos índios.

A ideia de que as terras tradicionalmente ocupadas pelos indígenas pertencem à União, e não aos silvícolas, tem o objetivo de protegê-los, evitando que, por exemplo, os mesmos negociem essas terras e sejam desalojados. A ideia é que nesses locais sejam criadas reservas indígenas.

Esse inciso deve ser interpretado em consonância com o disposto no art. 231 da Constituição, o qual estipula que as terras tradicionalmente ocupadas pelos indígenas se destinam a sua posse permanente, cabendo-lhes o usufruto exclusivo das riquezas do solo, dos rios e dos lagos nelas existentes. Assim, embora essas terras pertençam à União, o direito de sua utilização é dos indígenas que a ocupam.

Além disso, também de acordo com o texto constitucional, o aproveitamento dos recursos hídricos, incluídos os potenciais energéticos, a pesquisa e a lavra das riquezas minerais em terras indígenas só podem ser efetivados com autorização do Congresso Nacional, ouvidas as comunidades afetadas, ficando-lhes assegurada participação nos resultados da lavra, na forma da lei.

As terras tradicionalmente ocupadas pelos indígenas são ainda inalienáveis e indisponíveis, e os direitos sobre elas, imprescritíveis, sendo vedada a remoção dos grupos indígenas de suas terras, salvo, com a ratificação do ato pelo Congresso Nacional, em caso de catástrofe ou epidemia que ponha em risco sua população, ou no interesse da soberania do país, garantindo-se o retorno imediato logo que cesse o risco (art. 231, § 5º, da Constituição Federal).

Para que, porém, uma determinada região seja considerada como tradicionalmente ocupada pelos indígenas é necessário um procedimento administrativo de demarcação dessas terras pela União.

Por fim, deve-se atentar para a Súmula nº 560 do STF, a qual determina que a propriedade da União não alcança terras de aldeamentos extintos, ainda que ocupadas por indígenas em passado remoto.

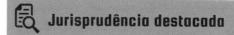

"A importância jurídica da demarcação administrativa homologada pelo presidente da República – ato estatal que se reveste de presunção juris tantum de legitimidade e de veracidade – reside na circunstância de que as terras tradicionalmente ocupadas pelos índios, embora pertencentes ao patrimônio da União (CF, art. 20, XI), acham-se afetadas, por efeito de destinação constitucional, a fins específicos voltados, unicamente, à proteção jurídica, social, antropológica, econômica e cultural dos índios, dos grupos indígenas e das comunidades tribais" (STF, RE nº 183.188, Rel. Min. Celso de Mello, j. 10.12.1996).

O § 1º do art. 20, com a redação que lhe foi dada pela EC nº 102/2019, trata dos direitos de participação da União, dos Estados, do DF e dos Municípios, nos resultados da exploração de petróleo, gás natural, recursos hídricos e minerais. São os chamados *royalties*:

§ 1º É assegurada, nos termos da lei, à União, aos Estados, ao Distrito Federal e aos Municípios a participação no resultado da exploração de petróleo ou gás natural, de recursos hídricos para fins de geração de energia elétrica e de outros recursos minerais no respectivo território, plataforma continental, mar territorial ou zona econômica exclusiva, ou compensação financeira por essa exploração.

Assim, ainda que os recursos da plataforma continental, mar territorial e da zona econômica exclusiva pertençam à União, é garantido aos Estados, Distrito Federal e Municípios o recebimento de *royalties* em relação à exploração desses recursos, até como uma forma de compensação pelos ônus ambientais que normalmente advêm dessas atividades.

O § 2º, por sua vez, define o que deve ser considerado como faixa de fronteira, considerando-a como essencial para a defesa do território nacional, devendo por isso sua ocupação e utilização serem reguladas por lei:

§ 2º A faixa de até cento e cinquenta quilômetros de largura, ao longo das fronteiras terrestres, designada como faixa de fronteira, é considerada fundamental para defesa do território nacional, e sua ocupação e utilização serão reguladas em lei.

15.4.2. Competências administrativas da União

O art. 21 da Constituição trata sobre as competências administrativas da União, as quais são exercidas especialmente pelo Poder Executivo, mas algumas delas também sendo desempenhadas pelos Poderes Legislativo e Judiciário.

362 Direito Constitucional Decifrado

Para maior clareza, vejamos o texto do art. 21:

Art. 21. Compete à União:

I – manter relações com Estados estrangeiros e participar de organizações internacionais;

II – declarar a guerra e celebrar a paz;

III – assegurar a defesa nacional;

IV – permitir, nos casos previstos em lei complementar, que forças estrangeiras transitem pelo território nacional ou nele permaneçam temporariamente;

V – decretar o estado de sítio, o estado de defesa e a intervenção federal;

VI – autorizar e fiscalizar a produção e o comércio de material bélico;

VII – emitir moeda;

VIII – administrar as reservas cambiais do País e fiscalizar as operações de natureza financeira, especialmente as de crédito, câmbio e capitalização, bem como as de seguros e de previdência privada;

IX – elaborar e executar planos nacionais e regionais de ordenação do território e de desenvolvimento econômico e social;

X – manter o serviço postal e o correio aéreo nacional;

XI – explorar, diretamente ou mediante autorização, concessão ou permissão, os serviços de telecomunicações, nos termos da lei, que disporá sobre a organização dos serviços, a criação de um órgão regulador e outros aspectos institucionais;

XII – explorar, diretamente ou mediante autorização, concessão ou permissão:

a) os serviços de radiodifusão sonora, e de sons e imagens;

b) os serviços e instalações de energia elétrica e o aproveitamento energético dos cursos de água, em articulação com os Estados onde se situam os potenciais hidroenergéticos;

c) a navegação aérea, aeroespacial e a infraestrutura aeroportuária;

d) os serviços de transporte ferroviário e aquaviário entre portos brasileiros e fronteiras nacionais, ou que transponham os limites de Estado ou Território;

e) os serviços de transporte rodoviário interestadual e internacional de passageiros;

f) os portos marítimos, fluviais e lacustres;

XIII – organizar e manter o Poder Judiciário, o Ministério Público do Distrito Federal e dos Territórios e a Defensoria Pública dos Territórios;

XIV – organizar e manter a polícia civil, a polícia penal, a polícia militar e o corpo de bombeiros militar do Distrito Federal, bem como prestar assistência financeira ao Distrito Federal para a execução de serviços públicos, por meio de fundo próprio;

XV – organizar e manter os serviços oficiais de estatística, geografia, geologia e cartografia de âmbito nacional;

XVI – exercer a classificação, para efeito indicativo, de diversões públicas e de programas de rádio e televisão;

XVII – conceder anistia;

Capítulo 15 ◆ Da organização político-administrativa **363**

XVIII – planejar e promover a defesa permanente contra as calamidades públicas, especialmente as secas e as inundações;

XIX – instituir sistema nacional de gerenciamento de recursos hídricos e definir critérios de outorga de direitos de seu uso;

XX – instituir diretrizes para o desenvolvimento urbano, inclusive habitação, saneamento básico e transportes urbanos;

XXI – estabelecer princípios e diretrizes para o sistema nacional de viação;

XXII – executar os serviços de polícia marítima, aeroportuária e de fronteiras;

XXIII – explorar os serviços e instalações nucleares de qualquer natureza e exercer monopólio estatal sobre a pesquisa, a lavra, o enriquecimento e reprocessamento, a industrialização e o comércio de minérios nucleares e seus derivados, atendidos os seguintes princípios e condições:

a) toda atividade nuclear em território nacional somente será admitida para fins pacíficos e mediante aprovação do Congresso Nacional;

b) sob regime de permissão, são autorizadas a comercialização e a utilização de radioisótopos para pesquisa e uso agrícolas e industriais;

c) sob regime de permissão, são autorizadas a produção, a comercialização e a utilização de radioisótopos para pesquisa e uso médicos;

d) a responsabilidade civil por danos nucleares independe da existência de culpa;

XXIV – organizar, manter e executar a inspeção do trabalho;

XXV – estabelecer as áreas e as condições para o exercício da atividade de garimpagem, em forma associativa.

XXVI – organizar e fiscalizar a proteção e o tratamento de dados pessoais, nos termos da lei.

Em relação a essas disposições, cabe destacar alguns posicionamentos pontuais, mas importantes, de nossa Suprema Corte:

◆ De acordo com o STF, a competência privativa da União para "autorizar e fiscalizar a produção e o comércio de material bélico" também engloba outros aspectos inerentes ao material bélico, como sua circulação em território nacional e a regulamentação atinente ao registro e ao porte de arma,[8] bem como a destinação de armas apreendidas em situação irregular.[9]

◆ A competência delegada pela Constituição à União para a manutenção do serviço postal impede que Estados e Municípios legislem sobre o assunto, ainda que somente estabeleçam horários para sua realização.[10]

◆ É vedado aos Estados, por invadir competência concedida pela Constituição à União, estabelecer normas em geral que tratem sobre os serviços de telecomunica-

---

8   STF, ADI nº 2.729, Rel. designado Min. Gilmar Mendes, j. 19.06.2013.

9   STF, ADI nº 3.258, Rel. Min. Joaquim Barbosa, j. 06.04.2005.

10   STF, ADPF nº 222, Rel. Min. Cármen Lúcia, j. 13.09.2019.

364 Direito Constitucional Decifrado

ção, ainda que somente para determinação de instalação e manutenção de bloqueadores de sinais de radiocomunicações nos estabelecimentos penais,[11] para impor hipóteses de cancelamento de multa contratual[12] ou para definir regras acerca do detalhamento de contas telefônicas.[13]

♦ É inconstitucional norma estadual ou municipal que estabeleça hipóteses de isenção no pagamento de contas de energia elétrica ou de água, pois isso deve ser feito exclusivamente pela União.[14]

♦ De acordo com a Súmula Vinculante nº 39, compete privativamente à União legislar sobre vencimentos dos membros das Polícias Civil e Militar e do Corpo de Bombeiros Militar do Distrito Federal, sendo inconstitucional lei distrital que estabeleça gratificação especial a esses profissionais.[15]

♦ A classificação indicativa realizada pela União em relação a diversões públicas e de programas de rádio e televisão possui caráter de recomendação, e não impositivo, sendo inconstitucional a exigência de autorização prévia para exibição dessas diversões e programas, qualquer que seja o horário.[16]

♦ A exclusividade concedida à União para a concessão de anistia somente se aplica à anistia de crimes, sendo que Estados e Municípios estão autorizados a, por lei local, conceder anistia de ilícitos administrativos praticados por seus servidores.[17]

15.4.3. Competências legislativas da União

Enquanto ao art. 21 trata das competências administrativas da União, o art. 22 da Constituição Federal dispõe sobre suas competências legislativas exclusivas, ou seja, quais assuntos devem ser regulados por leis federais, não podendo ser objeto de leis estaduais ou municipais, exceto em questões pontuais, se houver autorização por lei complementar federal.

Sua redação segue abaixo:

Art. 22. Compete privativamente à União legislar sobre:

I – direito civil, comercial, penal, processual, eleitoral, agrário, marítimo, aeronáutico, espacial e do trabalho;

II – desapropriação;

III – requisições civis e militares, em caso de iminente perigo e em tempo de guerra;

---

[11] STF, ADI nº 5.253, Rel. Min. Dias Toffoli, j. 03.08.2016.

[12] STF, ADI nº 4.908, Rel. Min. Rosa Weber, j. 11.04.2019.

[13] STF, ADI nº 5.380, Rel. Min. Luiz Fux, j. 30.08.2019.

[14] STF, ADI nº 2.299, Rel. Min. Roberto Barroso, j. 23.08.2019.

[15] STF, ADI nº 3.791, Rel. Min. Ayres Britto, j. 16.06.2010.

[16] STF, ADI nº 2.404, Rel. Min. Dias Toffoli, j. 31.08.2016.

[17] STF, ADI nº 104, Rel. Min. Sepúlveda Pertence, j. 04.09.2007.

Capítulo 15 ♦ Da organização político-administrativa **365**

IV – águas, energia, informática, telecomunicações e radiodifusão;

V – serviço postal;

VI – sistema monetário e de medidas, títulos e garantias dos metais;

VII – política de crédito, câmbio, seguros e transferência de valores;

VIII – comércio exterior e interestadual;

IX – diretrizes da política nacional de transportes;

X – regime dos portos, navegação lacustre, fluvial, marítima, aérea e aeroespacial;

XI – trânsito e transporte;

XII – jazidas, minas, outros recursos minerais e metalurgia;

XIII – nacionalidade, cidadania e naturalização;

XIV – populações indígenas;

XV – emigração e imigração, entrada, extradição e expulsão de estrangeiros;

XVI – organização do sistema nacional de emprego e condições para o exercício de profissões;

XVII – organização judiciária, do Ministério Público do Distrito Federal e dos Territórios e da Defensoria Pública dos Territórios, bem como organização administrativa destes;

XVIII – sistema estatístico, sistema cartográfico e de geologia nacionais;

XIX – sistemas de poupança, captação e garantia da poupança popular;

XX – sistemas de consórcios e sorteios;

XXI – normas gerais de organização, efetivos, material bélico, garantias, convocação, mobilização, inatividades e pensões das polícias militares e dos corpos de bombeiros militares;

XXII – competência da polícia federal e das polícias rodoviária e ferroviária federais;

XXIII – seguridade social;

XXIV – diretrizes e bases da educação nacional;

XXV – registros públicos;

XXVI – atividades nucleares de qualquer natureza;

XXVII – normas gerais de licitação e contratação, em todas as modalidades, para as administrações públicas diretas, autárquicas e fundacionais da União, Estados, Distrito Federal e Municípios, obedecido o disposto no art. 37, XXI, e para as empresas públicas e sociedades de economia mista, nos termos do art. 173, § 1º, III;

XXVIII – defesa territorial, defesa aeroespacial, defesa marítima, defesa civil e mobilização nacional;

XXIX – propaganda comercial;

XXX – proteção e tratamento de dados pessoais.

O parágrafo único do mesmo art. 22, por outro lado, estipula que lei complementar federal pode autorizar os Estados a legislar sobre questões específicas das matérias vistas acima. Assim, havendo autorização da União por meio de lei complementar, podem os Estados dispor de maneira pontual sobre esses assuntos.

A análise do número de competências legislativas exclusivas da União nos indica o quão centralizada é a Federação brasileira, o que, se por um lado traz a vantagem de uniformizar, em todo o território nacional, as regras aplicáveis a diversas matérias, por outro reduz a possibilidade de adaptar-se a legislação às peculiaridades locais de cada Estado ou Município.

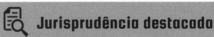

> A definição de regras de competência, na medida em que estabelece limites e organiza a prestação da atividade jurisdicional pelo Estado, é um dos componentes básicos do ramo processual da ciência jurídica, cuja competência legislativa foi atribuída, pela CF de 1988, privativamente à União (art. 22, I, CF/1988). (...) A fixação da competência dos juizados especiais cíveis e criminais é matéria eminentemente processual, de competência privativa da União, não se confundindo com matéria procedimental em matéria processual, essa, sim, de competência concorrente dos Estados-membros (STF, ADI nº 1.807, Rel. Min. Dias Toffoli, j. 30.10.2014).

Decifrando a prova

(Juiz de Direito Substituto/PA – Cespe – 2019) De acordo com o texto constitucional, a competência legislativa para tratar de trânsito é concorrente da União, dos Estados e do Distrito Federal.
( ) Certo   ( ) Errado
Gabarito comentado: a Constituição Federal, em seu art. 22, XI, dispõe que é competência privativa da União legislar sobre trânsito e transporte. As competências concorrentes entre a União e os Estados estão no art. 24. Portanto, a assertiva está errada.

15.4.4. Competências administrativas comuns à União, Estados, DF e Municípios

O art. 23 da Constituição dispõe sobre as competências comuns da União, Estados, DF e Municípios. Ou seja, são atribuições administrativas que devem ser exercidas de forma conjunta por todos os entes da Federação. Aqui, diferentemente do que ocorre com a competência legislativa concorrente entre a União e os Estados, em que a Constituição estabelece uma divisão de atribuições, com a União definindo regras gerais e os Estados complementando-a, não há essa divisão hierárquica. A ideia é que haja uma cooperação efetiva mútua entre os mesmos, na forma prevista em lei complementar, conforme parágrafo único do citado artigo:

> Art. 23. É competência comum da União, dos Estados, do Distrito Federal e dos Municípios:

Capítulo 15 ◆ Da organização político-administrativa **367**

I – zelar pela guarda da Constituição, das leis e das instituições democráticas e conservar o patrimônio público;

II – cuidar da saúde e assistência pública, da proteção e garantia das pessoas portadoras de deficiência;

III – proteger os documentos, as obras e outros bens de valor histórico, artístico e cultural, os monumentos, as paisagens naturais notáveis e os sítios arqueológicos;

IV – impedir a evasão, a destruição e a descaracterização de obras de arte e de outros bens de valor histórico, artístico ou cultural;

V – proporcionar os meios de acesso à cultura, à educação, à ciência, à tecnologia, à pesquisa e à inovação;

VI – proteger o meio ambiente e combater a poluição em qualquer de suas formas;

VII – preservar as florestas, a fauna e a flora;

VIII – fomentar a produção agropecuária e organizar o abastecimento alimentar;

IX – promover programas de construção de moradias e a melhoria das condições habitacionais e de saneamento básico;

X – combater as causas da pobreza e os fatores de marginalização, promovendo a integração social dos setores desfavorecidos;

XI – registrar, acompanhar e fiscalizar as concessões de direitos de pesquisa e exploração de recursos hídricos e minerais em seus territórios;

XII – estabelecer e implantar política de educação para a segurança do trânsito.

Parágrafo único. Leis complementares fixarão normas para a cooperação entre a União e os Estados, o Distrito Federal e os Municípios, tendo em vista o equilíbrio do desenvolvimento e do bem-estar em âmbito nacional.

15.4.5. Competências legislativas concorrentes entre a União, Estados e DF

O art. 24 da Constituição, por sua vez, apresenta os assuntos que deverão ser regulados de forma concorrente por leis federais e estaduais. Ou seja, assuntos sobre os quais podem versar tanto leis da União, como dos Estados.

Deve-se evitar o termo "comuns" quando se tratar dessas atribuições legislações concomitantes, e utilizar-se a expressão "concorrentes", uma vez que, quando se fala em competência comum, normalmente está a se referir às competências administrativas compartilhadas entre União, Estados, DF e Municípios.

Nesses casos de competência legislativa concorrente, de acordo com o § 1º do artigo, cabe à União estabelecer regras gerais, que podem ser suplementadas pelos Estados e pelo DF. Embora a Constituição Federal refira-se somente à competência concorrente entre a União e os Estados e Distrito Federal, os Municípios também estão autorizados a complementar essas legislações, de acordo com o disposto no art. 30, II, da Constituição, não obstante não possuam formalmente competência concorrente com a União e os Estados.

368 Direito Constitucional Decifrado

> ### 📑 Jurisprudência destacada
>
> É inconstitucional lei estadual, distrital ou municipal, que verse sobre normas gerais de defesa do consumidor, por ofender o art. 24, VIII e § 1°, do texto constitucional. A lei não pode estabelecer diferenças nos serviços de cadastro de dados de proteção ao crédito que não sejam compatíveis com o Código de Defesa do Consumidor (norma geral) (STF, ADI n° 3.623, Rel. Min. Ricardo Lewandowski, j. 11.10.2019).

Se não houver lei federal estabelecendo regras gerais, os Estados ficam livres para legislar, exercendo a chamada competência legislativa plena, e em caso de posterior aprovação de lei federal trazendo normas gerais sobre o assunto, ela suspenderá a eficácia da lei estadual, no que lhe for contrária. Veja que no caso de superveniência de lei federal, não se tratará propriamente de revogação da lei estadual anterior, uma vez que a União não pode fazê-lo, mas sim de perda de força normativa, naquilo em que a lei estadual contradisser a lei federal.[18]

Diz o art. 24:

> **Art. 24.** Compete à União, aos Estados e ao Distrito Federal legislar concorrentemente sobre:
>
> I – direito tributário, financeiro, penitenciário, econômico e urbanístico;
>
> II – orçamento;
>
> III – juntas comerciais;
>
> IV – custas dos serviços forenses;
>
> V – produção e consumo;
>
> VI – florestas, caça, pesca, fauna, conservação da natureza, defesa do solo e dos recursos naturais, proteção do meio ambiente e controle da poluição;
>
> VII – proteção ao patrimônio histórico, cultural, artístico, turístico e paisagístico;
>
> VIII – responsabilidade por dano ao meio ambiente, ao consumidor, a bens e direitos de valor artístico, estético, histórico, turístico e paisagístico;
>
> IX – educação, cultura, ensino, desporto, ciência, tecnologia, pesquisa, desenvolvimento e inovação;
>
> X – criação, funcionamento e processo do juizado de pequenas causas;
>
> XI – procedimentos em matéria processual;
>
> XII – previdência social, proteção e defesa da saúde;
>
> XIII – assistência jurídica e Defensoria pública;
>
> XIV – proteção e integração social das pessoas portadoras de deficiência;

---

[18] STF, ADI n° 903, Rel. Min. Dias Toffoli, j. 22.05.2013.

Capítulo 15 ♦ Da organização político-administrativa **369**

XV – proteção à infância e à juventude;

XVI – organização, garantias, direitos e deveres das polícias civis.

§ 1º No âmbito da legislação concorrente, a competência da União limitar-se-á a estabelecer normas gerais.

§ 2º A competência da União para legislar sobre normas gerais não exclui a competência suplementar dos Estados.

§ 3º Inexistindo lei federal sobre normas gerais, os Estados exercerão a competência legislativa plena, para atender a suas peculiaridades.

§ 4º A superveniência de lei federal sobre normas gerais suspende a eficácia da lei estadual, no que lhe for contrário.

🧩 Decifrando a prova

(Delegado de Polícia-PE – Cespe –2018) Compete à União estabelecer normas gerais sobre a organização das polícias civis.

( ) Certo ( ) Errado

Gabarito comentado: conforme previsto no art. 24, XVI, da CF, compete à União, Estados e Distrito Federal legislarem concorrentemente sobre organização, garantias, direitos e deveres das polícias civis. Portanto, a assertiva está errada.

15.5. DOS ESTADOS

Em uma Federação, é essencial que sejam estabelecidas regras em relação à organização dos Estados-Membros, embora esses possuam autonomia administrativa e legislativa, podendo até mesmo exercer o poder constituinte derivado decorrente, elaborando suas próprias constituições.

Os arts. 25 a 28 da Constituição Federal trazem regras aplicáveis à organização e competência dos Estados da Federação.

> **Art. 25.** Os Estados organizam-se e regem-se pelas Constituições e leis que adotarem, observados os princípios desta Constituição.
>
> § 1º São reservadas aos Estados as competências que não lhes sejam vedadas por esta Constituição.
>
> § 2º Cabe aos Estados explorar diretamente, ou mediante concessão, os serviços locais de gás canalizado, na forma da lei, vedada a edição de medida provisória para a sua regulamentação.
>
> § 3º Os Estados poderão, mediante lei complementar, instituir regiões metropolitanas, aglomerações urbanas e microrregiões, constituídas por agrupamentos de municípios limítrofes, para integrar a organização, o planejamento e a execução de funções públicas de interesse comum.

Embora os Estados possuam competência para se organizarem na forma de suas respectivas Constituições, a Constituição Federal estabelece que devem ser obedecidos os princípios por ela estabelecidos, que são classificados pela doutrina em: sensíveis, cuja desobediência pode levar à intervenção federal; estabelecidos, que são aqueles previstos expressamente na Constituição quando esta se refere à organização dos Estados-membros e extensíveis, que são aqueles que, mesmo sendo dirigidos pela Constituição Federal textualmente à União, são de obediência obrigatória pelos Estados, por respeito ao chamado "princípio da simetria", o qual, por outro lado, deve ser invocado com cuidado para não se ferir a autonomia estadual.

> ### 🔍 Jurisprudência destacada
>
> No desate de causas afins, recorre a Corte, com frequência, ao chamado princípio ou regra da simetria, que é construção pretoriana tendente a garantir, quanto aos aspectos reputados substanciais, homogeneidade na disciplina normativa da separação, independência e harmonia dos poderes, nos três planos federativos. Seu fundamento mais direto está no art. 25 da CF e no art. 11 de seu ADCT, que determinam aos Estados-membros a observância dos princípios da Constituição da República. Se a garantia de simetria no traçado normativo das linhas essenciais dos entes da Federação, mediante revelação dos princípios sensíveis que moldam a tripartição de poderes e o pacto federativo, deveras protege o esquema jurídico-constitucional concebido pelo poder constituinte, é preciso guardar, em sua formulação conceitual e aplicação prática, particular cuidado com os riscos de descaracterização da própria estrutura federativa que lhe é inerente. (...) Noutras palavras, não é lícito, senão contrário à concepção federativa, jungir os Estados-membros, sob o título vinculante da regra da simetria, a normas ou princípios da Constituição da República cuja inaplicabilidade ou inobservância local não implique contradições teóricas incompatíveis com a coerência sistemática do ordenamento jurídico, com severos inconvenientes políticos ou graves dificuldades práticas de qualquer ordem, nem com outra causa capaz de perturbar o equilíbrio dos poderes ou a unidade nacional. A invocação da regra da simetria não pode, em síntese, ser produto de uma decisão arbitrária ou imotivada do intérprete (STF, ADI nº 4.298-MC, Rel. Min. Cezar Peluso, j. 07.10.2009).

A necessidade de obediência aos princípios constantes da Constituição Federal pelas constituições estaduais decorre da característica de limitado do poder constituinte derivado decorrido, e sua inobservância faz com que o dispositivo da Constituição Estadual irregular seja considerado inconstitucional.

Os Estados possuem competência residual de acordo com o art. 25, § 1º, ou seja, possuem eles as atribuições que não forem reservadas pela Constituição privativamente à União ou aos Municípios. Por conta disso, cuidou o texto constitucional em definir claramente as competências legislativas federal e municipal, sendo que a estadual é definida por exclusão. Assim, por exemplo, com base no dispositivo constitucional citado, considerou o STF que é competência dos Estados regulamentar a prestação de serviços de transporte intermunicipal.[19]

---

[19] STF, ADI nº 2.349, Rel. Min. Eros Grau, j. 31.08.2005.

Capítulo 15 • Da organização político-administrativa **371**

Buscando maior eficiência na gestão pública, o § 2º do art. 25 permite aos Estados instituir regiões metropolitanas, aglomerações urbanas e microrregiões, para integrar a organização, o planejamento e a execução de funções públicas de interesse comum.

As regiões metropolitanas constituem-se em agrupamentos de municípios limítrofes, que constituem uma conurbação, ou seja, que apresentam continuidade em suas zonas urbanas, não sendo possível distinguir-se onde acaba um município e onde o outro começa estando os municípios componentes sob a influência de um principal, chamado de metrópole.

As aglomerações urbanas são definidas pela Lei nº 13.089/2015, conhecida como Estatuto da Metrópole, como unidades territoriais urbanas constituídas pelo agrupamento de dois ou mais Municípios limítrofes e caracterizadas por complementaridade funcional e integração das dinâmicas geográficas, ambientais, políticas e socioeconômicas.

Por fim, as microrregiões são regiões especiais, definidas para fins administrativos, formadas por grupos de Municípios limítrofes que apresentam certa homogeneidade e problemas administrativos comuns. Nas microrregiões, as sedes dos Municípios não são unidas por continuidade urbana, não constituindo uma conurbação.

Deve ficar claro que a definição de regiões metropolitanas, aglomerações urbanas e microrregiões é feita para fins administrativos, não afetando a autonomia dos Municípios envolvidos, os quais continuam com suas competências constitucionais plenamente preservadas.

E essas definições de regiões metropolitanas, aglomerações urbanas e microrregiões são feitas por lei complementar estadual, não havendo a participação dos Municípios envolvidos.[20]

Decifrando a prova

(Juiz Substituto-BA – Cespe –2004) A Constituição da República prevê a possibilidade de os estados-membros, por meio de leis complementares, instituírem regiões metropolitanas, constituídas por agrupamentos de municípios limítrofes, com a finalidade de integrar a organização, o planejamento e a execução de funções públicas de interesse comum; não obstante, em respeito à autonomia política, administrativa e financeira dos municípios, decorrente da estrutura tridimensional do federalismo brasileiro, a eficácia dessas leis complementares está condicionada à aprovação da população dos municípios envolvidos, nos termos da respectiva lei orgânica.

( ) Certo   ( ) Errado

Gabarito comentado: a definição de regiões metropolitanas dá-se exclusivamente por lei complementar estadual, não havendo previsão de realização de consulta direta à população para sua eficácia. Portanto, a assertiva está errada.

---

[20] STF, ADI nº 1.841, Rel. Min. Carlos Velloso, j. 01.08.2002.

15.5.1. Bens dos Estados

Assim como faz o art. 20 em relação à União, o art. 26 da Constituição Federal dispõe a respeito de alguns bens que pertencerão aos Estados:

> **Art. 26.** Incluem-se entre os bens dos Estados:
>
> I – as águas superficiais ou subterrâneas, fluentes, emergentes e em depósito, ressalvadas, neste caso, na forma da lei, as decorrentes de obras da União;
>
> II – as áreas, nas ilhas oceânicas e costeiras, que estiverem no seu domínio, excluídas aquelas sob domínio da União, Municípios ou terceiros;
>
> III – as ilhas fluviais e lacustres não pertencentes à União;
>
> IV – as terras devolutas não compreendidas entre as da União.

A utilização do termo "incluem-se" deixa claro que o rol apresentado pela Constituição é exemplificativo, trazendo somente uma lista mínima, podendo ser previstos outros bens estaduais na legislação infraconstitucional.

15.5.2. Disposições sobre os deputados estaduais

O art. 27 da Constituição Federal trata sobre o número de deputados estaduais que comporão a Assembleia Legislativa de cada Estado:

> **Art. 27.** O número de Deputados à Assembleia Legislativa corresponderá ao triplo da representação do Estado na Câmara dos Deputados e, atingido o número de trinta e seis, será acrescido de tantos quantos forem os Deputados Federais acima de doze.

Assim, se o Estado eleger até 12 deputados federais, o número de deputados estaduais que devem ser eleitos naquele Estado será de três vezes o número de deputados federais. Se o Estado eleger mais de 12 deputados federais, o número de deputados estaduais será calculado somando-se 36 (três vezes 12) ao número de deputados federais que exceder 12.

Como exemplo, tomemos o Estado de São Paulo, que elege atualmente 70 deputados federais. Assim, o número de deputados estaduais em São Paulo será de 36 mais 58 (70 menos 12), o que corresponde a 94 deputados estaduais.

O § 1º do art. 27, por sua vez, dispõe acerca do mandato dos deputados estaduais:

> § 1º Será de quatro anos o mandato dos Deputados Estaduais, aplicando-se-lhes as regras desta Constituição sobre sistema eleitoral, inviolabilidade, imunidades, remuneração, perda de mandato, licença, impedimentos e incorporação às Forças Armadas.

Sobre a remuneração dos deputados estaduais, temos o § 2º do mesmo dispositivo:

> § 2º O subsídio dos Deputados Estaduais será fixado por lei de iniciativa da Assembleia Legislativa, na razão de, no máximo, setenta e cinco por cento daquele estabelecido, em espécie, para os Deputados Federais, observado o que dispõem os arts. 39, § 4º, 57, § 7º, 150, II, 153, III, e 153, § 2º, I.

Capítulo 15 ◆ Da organização político-administrativa **373**

Assim, a remuneração dos deputados estaduais é determinada por lei estadual, cuja proposta cabe à própria Assembleia Legislativa, mas não poderá exceder a 75% do que recebem os deputados federais.

15.5.3. Disposições sobre os governadores de Estados

O art. 28 da Constituição Federal dispõe acerca dos Governadores de Estado:

> **Art. 28.** A eleição do Governador e do Vice-Governador de Estado, para mandato de 4 (quatro) anos, realizar-se-á no primeiro domingo de outubro, em primeiro turno, e no último domingo de outubro, em segundo turno, se houver, do ano anterior ao do término do mandato de seus antecessores, e a posse ocorrerá em 6 de janeiro do ano subsequente, observado, quanto ao mais, o disposto no art. 77 desta Constituição.
>
> § 1º Perderá o mandato o Governador que assumir outro cargo ou função na administração pública direta ou indireta, ressalvada a posse em virtude de concurso público e observado o disposto no art. 38, I, IV e V.
>
> § 2º Os subsídios do Governador, do Vice-Governador e dos Secretários de Estado serão fixados por lei de iniciativa da Assembleia Legislativa (...).

A eleição para Governador ocorre juntamente com a eleição para deputado estadual e cargos federais, sendo realizado segundo turno de votação sempre que o candidato mais votado não alcançar mais de 50% dos votos válidos.

O Governador eleito não pode acumular nenhum outro cargo, exceto se for servidor concursado, caso em que, de acordo com o art. 38, I, da Constituição, deverá ficar licenciado do cargo efetivo durante o mandato.

A EC nº 111/2021, ao dar nova redação ao *caput* do art. 28, alterou a data de posse dos Governadores e Vices, estabelecendo que a mesma deve ser realizada no dia 6 de janeiro do ano subsequente ao da eleição, e não mais no dia 1º de janeiro, como anteriormente ocorria.

15.6. DOS MUNICÍPIOS

A Constituição, assim como faz em relação à União e aos Estados, também traz diversas regras aplicáveis aos Municípios.

15.6.1. Leis orgânicas

Cada Município deve possuir sua Lei Orgânica, que trará as disposições básicas acerca de sua organização, funcionando, na prática, como uma "Constituição Municipal", embora essa expressão não seja usada pela Carta Magna e não reconhecida pela doutrina.

Aliás, questão controversa na doutrina é se os Municípios, a partir da Constituição de 1988, passaram a poder exercer o poder constituinte derivado decorrente, ou se o mesmo somente pode ser exercido pelos Estados. A corrente majoritária, porém, considera que não.

Nesse particular, porém, de destacar-se decisão do STF que reconheceu que a Lei Orgânica do Distrito Federal constitui-se em expressão do poder constituinte derivado decorrente.[21]

A Lei Orgânica de cada Município deve respeitar os princípios estabelecidos na Constituição Federal, na Constituição do respectivo Estado e ainda as disposições do art. 29 de nossa Carta Federal, que traz uma série de regras de cunho obrigatório:

> **Art. 29.** O Município reger-se-á por lei orgânica, votada em dois turnos, com o interstício mínimo de dez dias, e aprovada por dois terços dos membros da Câmara Municipal, que a promulgará, atendidos os princípios estabelecidos nesta Constituição, na Constituição do respectivo Estado e os seguintes preceitos:
>
> I – eleição do Prefeito, do Vice-Prefeito e dos Vereadores, para mandato de quatro anos, mediante pleito direto e simultâneo realizado em todo o País;
>
> II – eleição do Prefeito e do Vice-Prefeito realizada no primeiro domingo de outubro do ano anterior ao término do mandato dos que devam suceder, aplicadas as regras do art. 77, no caso de Municípios com mais de duzentos mil eleitores;
>
> III – posse do Prefeito e do Vice-Prefeito no dia 1º de janeiro do ano subsequente ao da eleição;
>
> IV – para a composição das Câmaras Municipais, será observado o limite máximo de: (...)
>
> V – subsídios do Prefeito, do Vice-Prefeito e dos Secretários Municipais fixados por lei de iniciativa da Câmara Municipal, observado o que dispõem os arts. 37, XI, 39, § 4º, 150, II, 153, III, e 153, § 2º, I;
>
> VI – o subsídio dos Vereadores será fixado pelas respectivas Câmaras Municipais em cada legislatura para a subsequente, observado o que dispõe esta Constituição, observados os critérios estabelecidos na respectiva Lei Orgânica e os seguintes limites máximos:
>
> a) em Municípios de até dez mil habitantes, o subsídio máximo dos Vereadores corresponderá a vinte por cento do subsídio dos Deputados Estaduais;
>
> b) em Municípios de dez mil e um a cinquenta mil habitantes, o subsídio máximo dos Vereadores corresponderá a trinta por cento do subsídio dos Deputados Estaduais;
>
> c) em Municípios de cinquenta mil e um a cem mil habitantes, o subsídio máximo dos Vereadores corresponderá a quarenta por cento do subsídio dos Deputados Estaduais;
>
> d) em Municípios de cem mil e um a trezentos mil habitantes, o subsídio máximo dos Vereadores corresponderá a cinquenta por cento do subsídio dos Deputados Estaduais;
>
> e) em Municípios de trezentos mil e um a quinhentos mil habitantes, o subsídio máximo dos Vereadores corresponderá a sessenta por cento do subsídio dos Deputados Estaduais;
>
> f) em Municípios de mais de quinhentos mil habitantes, o subsídio máximo dos Vereadores corresponderá a setenta e cinco por cento do subsídio dos Deputados Estaduais;
>
> VII – o total da despesa com a remuneração dos Vereadores não poderá ultrapassar o montante de cinco por cento da receita do Município;

---

[21] STF, ADC nº 52-MC, Rel. Min. Celso de Mello, j. 04.05.2018.

VIII – inviolabilidade dos Vereadores por suas opiniões, palavras e votos no exercício do mandato e na circunscrição do Município;

IX – proibições e incompatibilidades, no exercício da vereança, similares, no que couber, ao disposto nesta Constituição para os membros do Congresso Nacional e na Constituição do respectivo Estado para os membros da Assembleia Legislativa;

X – julgamento do Prefeito perante o Tribunal de Justiça;

XI – organização das funções legislativas e fiscalizadoras da Câmara Municipal;

XII – cooperação das associações representativas no planejamento municipal;

XIII – iniciativa popular de projetos de lei de interesse específico do Município, da cidade ou de bairros, através de manifestação de, pelo menos, cinco por cento do eleitorado;

XIV – perda do mandato do Prefeito, nos termos do art. 28, parágrafo único.

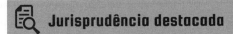

Já assentou a Suprema Corte que a norma do art. 29, V, da CF é autoaplicável. O subsídio do prefeito é fixado pela Câmara Municipal até o final da legislatura para vigorar na subsequente (STF, RE nº 204.889, Rel. Min. Menezes Direito, j. 26.02.2008).

Em relação ao inciso XIV, deve-se observar que a Constituição Federal, no seu art. 28, § 1º (aplicável aos prefeitos pela disposição do art. 29, XIV) – e atualmente também no art. 29-A, § 3º –, estabelece as hipóteses de perda de mandato de prefeito e vice-prefeito. As constituições estaduais e leis orgânicas dos Municípios não podem ampliar esse elenco, conforme entendimento do STF.[22]

15.6.2. Despesa total dos legislativos municipais

O art. 29-A da Constituição Federal, incluído pela Emenda nº 25/2000 e cuja redação atual foi definida pela EC nº 109/2021, traz limites máximos para as despesas dos poderes legislativos municipais, calculados sobre a receita de tributos e transferências constitucionais recebidas pelos Municípios. Trata-se de salutar disposição que visa combater os desequilíbrios econômicos que ocorrem em diversos Municípios em função da assunção irresponsável de gastos pelos Poderes Legislativos locais:

Art. 29-A. O total da despesa do Poder Legislativo Municipal, incluídos os subsídios dos Vereadores e os demais gastos com pessoal inativo e pensionistas, não poderá ultrapassar os seguintes percentuais, relativos ao somatório da receita tributária e das transferências previstas no § 5º do art. 153 e nos arts. 158 e 159 desta Constituição, efetivamente realizado no exercício anterior:

---

[22] STF, ADI nº 336/SE, Rel. Min. Eros Grau, j. 10.02.2010.

I – 7% (sete por cento) para Municípios com população de até 100.000 (cem mil) habitantes;

II – 6% (seis por cento) para Municípios com população entre 100.000 (cem mil) e 300.000 (trezentos mil) habitantes;

III – 5% (cinco por cento) para Municípios com população entre 300.001 (trezentos mil e um) e 500.000 (quinhentos mil) habitantes;

IV – 4,5% (quatro inteiros e cinco décimos por cento) para Municípios com população entre 500.001 (quinhentos mil e um) e 3.000.000 (três milhões) de habitantes;

V – 4% (quatro por cento) para Municípios com população entre 3.000.001 (três milhões e um) e 8.000.000 (oito milhões) de habitantes;

VI – 3,5% (três inteiros e cinco décimos por cento) para Municípios com população acima de 8.000.001 (oito milhões e um) habitantes.

§ 1º A Câmara Municipal não gastará mais de setenta por cento de sua receita com folha de pagamento, incluído o gasto com o subsídio de seus Vereadores.

§ 2º Constitui crime de responsabilidade do Prefeito Municipal:

I – efetuar repasse que supere os limites definidos neste artigo;

II – não enviar o repasse até o dia vinte de cada mês; ou

III – enviá-lo a menor em relação à proporção fixada na Lei Orçamentária.

§ 3º Constitui crime de responsabilidade do Presidente da Câmara Municipal o desrespeito ao § 1º deste artigo.

15.6.3. Competências dos Municípios

O art. 30 da Constituição Federal apresenta as competências legislativas e administrativas dos Municípios:

Art. 30. Compete aos Municípios:

I – legislar sobre assuntos de interesse local;[23]

II – suplementar a legislação federal e a estadual no que couber;

III – instituir e arrecadar os tributos de sua competência, bem como aplicar suas rendas, sem prejuízo da obrigatoriedade de prestar contas e publicar balancetes nos prazos fixados em lei;

IV – criar, organizar e suprimir distritos, observada a legislação estadual;

V – organizar e prestar, diretamente ou sob regime de concessão ou permissão, os serviços públicos de interesse local, incluído o de transporte coletivo, que tem caráter essencial;

VI – manter, com a cooperação técnica e financeira da União e do Estado, programas de educação infantil e de ensino fundamental;

---

[23] Baseado nesse dispositivo constitucional, por exemplo, o STF editou sua Súmula nº 645, que dispõe que "é competente o Município para fixar o horário de funcionamento de estabelecimento comercial".

VII – prestar, com a cooperação técnica e financeira da União e do Estado, serviços de atendimento à saúde da população;

VIII – promover, no que couber, adequado ordenamento territorial, mediante planejamento e controle do uso, do parcelamento e da ocupação do solo urbano;

IX – promover a proteção do patrimônio histórico-cultural local, observada a legislação e a ação fiscalizadora federal e estadual.

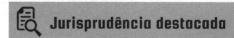

Súmula Vinculante nº 38: "É competente o Município para fixar o horário de funcionamento de estabelecimento comercial".

15.6.4. Fiscalização dos Municípios

O art. 31 da Constituição Federal, por sua vez, dispõe a respeito da fiscalização dos Municípios, determinando, por simetria com os seus arts. 71 e 74, que o Município está sujeito a controle externo, exercido pelo Poder Legislativo com auxílio dos Tribunais de Contas, e que o Poder Executivo Municipal também deve possuir mecanismos de controle interno:

> Art. 31. A fiscalização do Município será exercida pelo Poder Legislativo Municipal, mediante controle externo, e pelos sistemas de controle interno do Poder Executivo Municipal, na forma da lei.

Uma das funções mais importantes do Poder Legislativo, nas três esferas de governo, é a fiscalização das contas do Poder Executivo. Esse controle, porém, deve ser exercido com apoio de sistema de controle interno do próprio Poder Executivo.

> § 1º O controle externo da Câmara Municipal será exercido com o auxílio dos Tribunais de Contas dos Estados ou do Município ou dos Conselhos ou Tribunais de Contas dos Municípios, onde houver.
>
> § 2º O parecer prévio, emitido pelo órgão competente sobre as contas que o Prefeito deve anualmente prestar, só deixará de prevalecer por decisão de dois terços dos membros da Câmara Municipal.

O julgamento de contas é um processo técnico-político. Técnico porque passa pelo crivo do tribunal de contas respectivo, o qual emite um parecer com base na análise de aspectos não só legais, mas também outros, como eficácia, eficiência e efetividade dos programas de governo. E político porque tal parecer não é terminativo, podendo não ser aprovado pela Câmara de Vereadores, embora para que isso ocorra sejam necessários votos de dois terços do total de vereadores.

378 Direito Constitucional Decifrado

§ 3º As contas dos Municípios ficarão, durante sessenta dias, anualmente, à disposição de qualquer contribuinte, para exame e apreciação, o qual poderá questionar-lhes a legitimidade, nos termos da lei.

§ 4º É vedada a criação de Tribunais, Conselhos ou órgãos de Contas Municipais.

Os Municípios que já possuíam Tribunais de Contas Municipais quando da promulgação da Constituição de 1988 – que, na ocasião, eram somente dois: São Paulo e do Rio de Janeiro – puderam mantê-los, mas a Constituição veda a criação de novos Tribunais de Contas Municipais. Essa vedação justifica-se, além da questão de economia, pela perigosa proximidade que há nos Municípios, entre o Poder Executivo e os demais órgãos municipais, o que poderia inviabilizar, especialmente nas menores unidades políticas, o pleno exercício das atribuições dos tribunais de contas municipais.

Os Estados devem obrigatoriamente possuir Tribunais de Contas Estaduais, os quais devem auxiliar tanto a Assembleia Legislativa no exercício do controle externo sobre os atos do Governador, como também as Câmaras Municipais no controle externo dos atos dos Prefeitos em sua circunscrição. Podem, porém, os Estados determinarem, em suas Constituições Estaduais, a criação de um órgão estadual específico para prestar esse auxílio às Câmaras Municipais, que é o chamado Tribunal de Contas dos Municípios.

Decifrando a prova

(Delegado de Polícia-RS – Fundatec – 2018 – Adaptada) Segundo a CF/88, a fiscalização do Município será exercida pelo Poder Legislativo Municipal, mediante controle externo, e pelos sistemas de controle interno do Poder Executivo Municipal, na forma da lei. Ainda, segundo dispõe o mesmo diploma legal, o controle externo da Câmara Municipal será exercido com o auxílio dos Tribunais de Contas dos Estados ou do Município ou dos Conselhos ou Tribunais de Contas dos Municípios, onde houver. Assim sendo, pode-se afirmar que a CF não proíbe a extinção de tribunais de contas dos Municípios. O legislador constituinte permitiu a experimentação institucional dos entes federados, desde que não fossem criados conselhos ou tribunais municipais, devendo ser observado o modelo federal, com ao menos um órgão de controle externo. É possível, portanto, a extinção de tribunal de contas responsável pela fiscalização dos Municípios por meio da promulgação de Emenda à Constituição estadual, pois a CF não proibiu a supressão desses órgãos.

( ) Certo   ( ) Errado

Gabarito comentado: a assertiva encontra-se totalmente correta, uma vez que o controle externo sobre os Municípios deverá ser feito pela Câmara Municipal – com exceção dos Municípios de São Paulo e Rio de Janeiro, que possuíam Tribunal de Contas Municipal antes da promulgação da Constituição de 1988 – com o auxílio de órgão estadual. Nesse caso, cabe ao Tribunal de Contas do Estado, ou nos Estados que o tiverem criado, ao Tribunal de Contas dos Municípios, ambos órgãos estaduais, auxiliar as Câmaras de Vereadores no exercício de sua função fiscalizadora. Por outro lado, como também é colocado na questão, a Constituição Federal não obsta a extinção de Tribunais de Contas dos Municípios, desde que o Tribunal de Contas do Estado assuma a obrigação de auxílio aos edis municipais.

15.7. DO DISTRITO FEDERAL

O Distrito Federal constitui-se em uma Unidade Federativa *sui generis*, funcionando como sede dos órgãos da União, mas possuindo autonomia em relação a esta. Juridicamente, não é Estado nem Município, embora esteja mais próximo de um Estado do que de um Município.

A ideia da criação de um território neutro para abrigar os órgãos federais, a exemplo do que ocorre com o distrito de Columbia, nos Estados Unidos, remonta à nossa segunda Constituição, a de 1891, onde já se definia que ficaria pertencendo à União, no planalto central da República, uma zona de 14.400 quilômetros quadrados, que deveria ser oportunamente demarcada para que nela se estabelecesse a futura capital federal, função que então era exercida pelo Rio de Janeiro, numa clara iniciativa para permitir uma ocupação do então despovoado interior do país. No entanto, somente em 21 de junho de 1960 é que finalmente Brasília, a sede do Distrito Federal, foi inaugurada.

O Distrito Federal é a menor das unidades da Federação, possuindo uma área de aproximadamente 5.800 km² (bem menor do que a originalmente prevista na Constituição de 1891), mas possui, em compensação, a maior renda *per capita* dentre elas.

O art. 32 da Constituição Federal veda a divisão do Distrito Federal em Municípios, sendo que suas divisões internas são estabelecidas para fins meramente administrativos, não existindo, por conta disso, prefeitos em seu território.

A Constituição determina que o Distrito Federal será regido por Lei Orgânica, votada em dois turnos com intervalo mínimo de dez dias entre eles e aprovada por dois terços dos deputados distritais. A Lei Orgânica do Distrito Federal, porém, possui *status* de constituição estadual, de acordo com entendimento do STF.[24]

Pelo fato de não poder se dividir em municípios, o Distrito Federal acaba por acumular as competências legislativas reservadas aos Estados e Municípios, conforme previsto no art. 32, § 1º, da Constituição Federal.

Diferentemente do que ocorre com os Estados, porém, compete à União organizar e manter o Poder Judiciário, o Ministério Público, a polícia civil, a polícia penal, a polícia militar e o corpo de bombeiros militar do Distrito Federal, conforme previsto no art. 21, XIII e XIV da Constituição.[25]

Por conta, disso, dispõe a Súmula nº 647 do STF que "compete privativamente à União legislar sobre vencimentos dos membros das polícias civil e militar do Distrito Federal".

A Constituição estabelece que lei federal deve dispor sobre a utilização, pelo Governo do Distrito Federal, da polícia civil, da polícia penal, da polícia militar e do corpo de bombeiros militar.

O Poder Executivo, no Distrito Federal, é exercido por seu Governador, e o Poder Legislativo por um órgão de nome próprio, que é a Câmara Legislativa, também diferentemente dos Estados, cujos órgãos legislativos são chamados de Assembleias Legislativas.

---

[24] STF, ADI nº 980, Rel. Min. Menezes Direito, j. 06.03.2008.

[25] Cabe ao Distrito Federal, por outro lado, a organização de sua própria Defensoria Pública.

As eleições para Governador e Vice-Governador do Distrito Federal, bem como para deputados distritais, devem ser realizadas na mesma data que as eleições para Presidente da República, Governadores dos Estados, deputados federais e senadores, sendo o mandato também de quatro anos.

O cálculo do número de deputados distritais é feito da mesma forma que o cálculo do número de deputados estaduais.

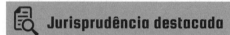

> O Distrito Federal é uma unidade federativa de compostura singular, dado que: a) desfruta de competências que são próprias dos Estados e dos Municípios, cumulativamente (art. 32, § 1º, CF); b) algumas de suas instituições elementares são organizadas e mantidas pela União (art. 21, XIII e XIV, CF); c) os serviços públicos a cuja prestação está jungido são financiados, em parte, pela mesma pessoa federada central, que é a União (art. 21, XIV, parte final, CF) (...) "Conquanto submetido a regime constitucional diferenciado, o Distrito Federal está bem mais próximo da estruturação dos Estados-membros do que da arquitetura constitucional dos Municípios. Isto porque: a) ao tratar da competência concorrente, a Lei Maior colocou o Distrito Federal em pé de igualdade com os Estados e a União (art. 24); b) ao versar o tema da intervenção, a Constituição dispôs que a 'União não intervirá nos Estados nem no Distrito Federal' (art. 34), reservando para os Municípios um artigo em apartado (art. 35); c) o Distrito Federal tem, em plenitude, os três orgânicos Poderes estatais, ao passo que os Municípios somente dois (inciso I do art. 29); d) a Constituição tratou de maneira uniforme os Estados-membros e o Distrito Federal quanto ao número de deputados distritais, à duração dos respectivos mandatos, aos subsídios dos parlamentares etc. (§ 3º do art. 32); e) no tocante à legitimação para propositura de ação direta de inconstitucionalidade perante o STF, a Magna Carta dispensou à Mesa da Câmara Legislativa do Distrito Federal o mesmo tratamento dado às Assembleias Legislativas estaduais (inciso IV do art. 103); f) no modelo constitucional brasileiro, o Distrito Federal se coloca ao lado dos Estados-membros para compor a pessoa jurídica da União; g) tanto os Estados-membros como o Distrito Federal participam da formação da vontade legislativa da União (arts. 45 e 46)" (STF, ADI nº 3.756, Rel. Min. Carlos Britto, j. 21.06.2007).

15.8. DOS TERRITÓRIOS FEDERAIS

Os Territórios Federais são autarquias territoriais da União, ou seja, são subdivisões do território nacional, administradas pela União, sem autonomia política, diferenciando-se, neste aspecto, dos Estados-membros. O objetivo de sua criação é preparar determinada região para, futuramente, ser transformada em um Estado da Federação.

Um território federal pode ou não ser dividido em Municípios, sendo que, se não o for, caberá à União cobrar, além dos impostos federais e estaduais dos contribuintes localizados naquele território, também os municipais. Se for dividido em municípios, esses cobrarão os impostos de sua competência e a União cobrará os tributos federais e os estaduais somente.

Diversos Estados, no Brasil, foram criados a partir de Territórios, como ocorreu com Rondônia, Roraima e Amapá, embora atualmente não exista nenhum.

Capítulo 15 ◆ Da organização político-administrativa **381**

Seu Poder Judiciário, Ministério Público e Defensoria Pública, quando houver, serão mantidos e administrados pela União, sendo seu Governador nomeado pelo Presidente da República após aprovação do nome pelo Senado Federal.

A criação de Territórios, sua transformação em Estado ou reintegração ao Estado de origem devem ser reguladas em lei complementar federal, de acordo com o art. 18, § 2º, da Constituição Federal.

O art. 33 de nossa Carta Magna é que dispõe sobre os Territórios Federais:

> **Art. 33.** A lei disporá sobre a organização administrativa e judiciária dos Territórios.
>
> § 1º Os Territórios poderão ser divididos em Municípios (...).
>
> § 2º As contas do Governo do Território serão submetidas ao Congresso Nacional, com parecer prévio do Tribunal de Contas da União.
>
> § 3º Nos Territórios Federais com mais de cem mil habitantes, além do Governador nomeado na forma desta Constituição, haverá órgãos judiciários de primeira e segunda instância, membros do Ministério Público e defensores públicos federais; a lei disporá sobre as eleições para a Câmara Territorial e sua competência deliberativa.

🧩 Decifrando a prova

(Delegado de Polícia-PA – Funcab – 2019) Nos Territórios Federais, além do Governador nomeado na forma da Constituição Federal, haverá órgãos judiciários, somente de primeira instância, membros do Ministério Público e defensores públicos federais.

( ) Certo   ( ) Errado

Gabarito comentado: conforme art. 33, § 3º, da CF, nos territórios federais com mais de 100.000 habitantes haverá, além do Governador, órgãos judiciários de primeira e segunda instância, membros do Ministério Público e defensores públicos federais. Portanto, a assertiva está errada.

15.9. INTERVENÇÃO

A Constituição garante a autonomia dos entes da Federação. Sendo assim, tanto a União, como os Estados, o Distrito Federal e os Municípios funcionam de forma independente, cada um dentro de suas esferas de atribuições legais e administrativas, conforme visto.

No entanto, em determinadas situações específicas e excepcionais, prevê o texto constitucional a possibilidade de que a União intervenha de forma temporária nos Estados, e de que os Estados intervenham nos Municípios.

A intervenção é uma medida que somente deve ser adotada se realmente necessária e que apenas deverá durar pelo tempo necessário à cessação da sua causa, tendo que ser aprovada pelo Congresso Nacional.

382 Direito Constitucional Decifrado

Deve-se recordar que, justamente devido ao caráter excepcional da intervenção federal, é vedada a alteração do texto constitucional durante a sua vigência.

Desde a promulgação da Constituição de 1988, só houve dois casos de decretação de intervenção federal: no Rio de Janeiro, em fevereiro de 2018, e o de Rondônia, em dezembro do mesmo ano.

15.9.1. Intervenção federal nos Estados

O art. 34 da Constituição traz os casos de intervenção da União nos Estados e no Distrito Federal:

> **Art. 34.** A União não intervirá nos Estados nem no Distrito Federal, exceto para:
>
> I – manter a integridade nacional;
>
> II – repelir invasão estrangeira ou de uma unidade da Federação em outra;
>
> III – pôr termo a grave comprometimento da ordem pública;
>
> IV – garantir o livre exercício de qualquer dos Poderes nas unidades da Federação;
>
> V – reorganizar as finanças da unidade da Federação que:
>
> a) suspender o pagamento da dívida fundada por mais de dois anos consecutivos, salvo motivo de força maior;
>
> b) deixar de entregar aos Municípios receitas tributárias fixadas nesta Constituição, dentro dos prazos estabelecidos em lei;
>
> VI – prover a execução de lei federal, ordem ou decisão judicial;
>
> VII – assegurar a observância dos seguintes princípios constitucionais:
>
> a) forma republicana, sistema representativo e regime democrático;
>
> b) direitos da pessoa humana;
>
> c) autonomia municipal;
>
> d) prestação de contas da administração pública, direta e indireta.
>
> e) aplicação do mínimo exigido da receita resultante de impostos estaduais, compreendida a proveniente de transferências, na manutenção e desenvolvimento do ensino e nas ações e serviços públicos de saúde.

Esse rol é taxativo, ou seja, a intervenção federal somente pode ocorrer nesses casos.

A intervenção é decretada pelo Presidente da República, sendo que o decreto de intervenção deverá especificar a amplitude, o prazo e as condições de execução e quando for o caso, deverá nomeará o interventor. O interventor, se for nomeado, será considerado servidor público federal e terá sua competência e funções definidas pelos limites impostos no decreto interventivo.

O decreto de intervenção, deverá ele ser submetido à apreciação do Congresso Nacional, no prazo de 24 horas após sua publicação. Se o Congresso Nacional estiver em recesso, deverá ser feita convocação extraordinária, no mesmo prazo de 24 horas.

A aprovação do Congresso Nacional é dispensada nos casos dos incisos VI e VII (para prover a execução de lei federal ou decisão judicial e para assegurar a observância dos prin-

Capítulo 15 ◆ Da organização político-administrativa **383**

cípios constitucionais sensíveis), se o decreto de intervenção se limitar a suspender a execução do ato questionado, se essa medida somente bastar ao restabelecimento da normalidade.

O § 4º do art. 36 estabelece que, cessados os motivos da intervenção, as autoridades afastadas de seus cargos a estes voltarão, salvo se houver impedimento legal.

15.9.1.1. Intervenção federal espontânea e provocada

A doutrina costuma diferenciar duas categorias de intervenção: a espontânea e a provocada.

A intervenção espontânea se dá nos casos em que sua efetivação é feita diretamente pelo Poder Executivo, de ofício e a seu critério, sem necessidade de provocação de qualquer outro órgão ou Poder.

As hipóteses de intervenção espontânea são: para manutenção da integridade nacional (inciso I do art. 34); para repelir invasão estrangeira ou de uma unidade da Federação em outra (inciso II do art. 34); para pôr termo a grave comprometimento da ordem pública (inciso III do art. 34) e para reorganizar as finanças públicas do Estado (inciso V do art. 34). Nesses casos, o Presidente da República possui discricionariedade para decretá-la por si mesmo, sem necessidade de provocação, devendo o Congresso referendar ou não o ato, como visto acima.

Nessas situações de intervenção espontânea devem ser ouvidos os Conselhos da República e de Defesa Nacional (arts. 90, I, e 91, § 1º, II, da Constituição Federal).

Por outro lado, algumas das hipóteses de intervenção dependem de solicitação ou requisição de outro Poder ou órgão, não podendo ser decretada de ofício pelo Presidente da República. São os casos citados nos incisos IV, VI e VII do art. 54, e que a doutrina chamada de intervenção provocada, uma vez que o Presidente da República não pode, nesses casos, decidir por si mesmo sem a manifestação prévia de outros órgãos ou Poderes.

No caso de intervenção para garantir o livre exercício dos Poderes (inciso IV), a intervenção dependerá de solicitação prévia do Poder Legislativo ou do Poder Executivo prejudicado, ou de requisição do Supremo Tribunal Federal, se a coação for exercida contra o Poder Judiciário. A doutrina entende que, nesse caso, o Presidente da República não está obrigado a decretar a intervenção, tratando-se de uma solicitação.

Se a hipótese de intervenção for desobediência a ordem ou decisão judicial (segunda parte do inciso VI), dependerá de requisição do Supremo Tribunal Federal, do Superior Tribunal de Justiça ou do Tribunal Superior Eleitoral. Nesses casos, de acordo com entendimento do STF, define-se a competência da requisição pela matéria, cumprindo ao STF o julgamento quando o ato inobservado se lastrear na CF; ao STJ quando envolvida matéria legal e ao TSE em se tratando de matéria de índole eleitoral.[26] Por outro lado, cabe exclusivamente ao STF requisição de intervenção para assegurar a execução de decisões da Justiça do Trabalho ou da Justiça Militar, ainda quando fundadas em direito infraconstitucional.[27]

---

[26]   STF, IF nº 2.792, Rel. Min. Marco Aurélio, j. 04.06.2003.

[27]   STF, IF nº 230, Rel. Min. Sepúlveda Pertence, j. 24.04.1996.

No caso do inciso VII, que visa proteger os chamados "princípios constitucionais sensíveis", e da recusa a prover a execução de lei federal (primeira parte do inciso VI), a intervenção deve ser precedida de provimento, pelo Supremo Tribunal Federal, de representação do Procurador-Geral da República.

Nos casos de requisição – hipóteses citadas nos dois parágrafos anteriores –, a decretação da intervenção é obrigatória pelo Presidente da República.

15.9.2. Intervenção estadual nos Municípios

Enquanto o art. 34 da Constituição trata da intervenção federal nos Estados, o art. 35 traz as hipóteses em que os Estados poderão, excepcionalmente, intervir nos Municípios, permitindo que, também, nesses casos, a União interfira nos Municípios localizados em Território Federal:

> **Art. 35.** O Estado não intervirá em seus Municípios, nem a União nos Municípios localizados em Território Federal, exceto quando:
>
> I – deixar de ser paga, sem motivo de força maior, por dois anos consecutivos, a dívida fundada;
>
> II – não forem prestadas contas devidas, na forma da lei;
>
> III – não tiver sido aplicado o mínimo exigido da receita municipal na manutenção e desenvolvimento do ensino e nas ações e serviços públicos de saúde;
>
> IV – o Tribunal de Justiça der provimento a representação para assegurar a observância de princípios indicados na Constituição Estadual, ou para prover a execução de lei, de ordem ou de decisão judicial.

Não admite a Constituição Federal, assim, exceto no caso de territórios, que a União intervenha diretamente nos Municípios, o que somente pode ser feito pelos Estados respectivos.[28]

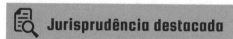

Jurisprudência destacada

> Os Municípios situados no âmbito dos Estados-membros não se expõem à possibilidade constitucional de sofrerem intervenção decretada pela União Federal, eis que, relativamente a esses entes municipais, a única pessoa política ativamente legitimada a neles intervir é o Estado-membro. (...) Por isso mesmo, no sistema constitucional brasileiro, falece legitimidade ativa à União Federal para intervir em quaisquer Municípios, ressalvados, unicamente, os Municípios localizados em Território Federal (STF, IF nº 590-QO, Rel. Min. Celso de Mello, j. 17.09.1998).

---

[28] STF, IF nº 590-QO, Rel. Min. Celso de Mello, j. 17.09.1998.

Capítulo 15 • Da organização político-administrativa **385**

A intervenção estadual é decretada pelo Governador, definindo-se a amplitude, o prazo, as condições de execução e, se for o caso, nomeando-se o interventor, devendo o decreto de intervenção ser encaminhado à Assembleia Legislativa no prazo de 24 horas, para apreciação, sendo que no caso do inciso IV do art. 35, a aprovação do Legislativo é dispensada se o decreto de intervenção se limitar a suspender a execução do ato questionado, se essa medida bastar ao restabelecimento da normalidade.

A Súmula nº 637 do STF estipula que, no caso do art. 35, IV, "não cabe recurso extraordinário contra acórdão de Tribunal de Justiça que deferir pedido de intervenção estadual em Município". Isso se justifica pelo fato de que a intervenção tem natureza político-administrativa, e não judicial.

Ainda de acordo com o posicionamento do STF, é vedada a ampliação ou restrição às hipóteses de intervenção estadual nos municípios, seja pelas constituições estaduais, seja pela legislação ordinária.[29]

> ### 🧩 Decifrando a prova
>
> **(Juiz Substituto-BA – Cespe – 2004)** Não só o desrespeito aos chamados princípios constitucionais sensíveis, inseridos na Constituição da República, permite a decretação de intervenção dos estados nos municípios; também a afronta a princípios da constituição estadual é pressuposto constitucionalmente previsto para essa intervenção.
>
> ( ) Certo ( ) Errado
>
> **Gabarito comentado:** conforme vimos, de acordo com o art. 35, IV, da Constituição Federal, pode ser decretada a intervenção estadual em Município quando o Tribunal de Justiça der provimento a representação para assegurar a observância de princípios indicados na Constituição Estadual. Portanto, a assertiva está correta.

15.9.3. Votação da intervenção

No caso de intervenção federal, o decreto de intervenção deve ser votado na Câmara dos Deputados e no Senado, em sessões separadas.

A maior parte da doutrina entende que cabe somente ao Poder Legislativo aprovar ou rejeitar o decreto, não podendo os parlamentares apresentar emendas, sendo minoritário o entendimento em sentido diverso.

Havendo a rejeição da intervenção pelo Poder Legislativo, deve o Presidente da República ou Governador fazer cessar seus efeitos imediatamente, sob pena de responder por crime de responsabilidade.

---

[29] STF, ADI nº 336, Rel. Min. Eros Grau, j. 10.02.2010.

15.9.4. Controle pelo Poder Judiciário

Embora o ato de intervenção seja considerado político, não cabendo, dessa forma, manifestação do Poder Judiciário sobre seu mérito, exceto nos casos de requisição, cabe sempre àquele poder corrigir eventuais abusos e ilegalidades ocorridos durante a intervenção, a partir de provocação dos interessados, como Ministério Público, entes da Federação ou mesmo particulares.

16 Administração Pública

16.1. INTRODUÇÃO

No seu capítulo sobre Administração Pública, em seus arts. 37 a 43, a Constituição Federal busca trazer regras em relação à organização do Estado brasileiro no que se refere ao seu aspecto orgânico e funcional, estabelecendo regras que devem ser obedecidas pelos gestores e servidores públicos no seu cotidiano, bem como a relação do Poder Público com seus servidores e com a sociedade.

Aliás, a Constituição de 1988 coloca-se como a mais prolixa que já tivemos, em relação à regulamentação da Administração Pública, regulamentando-a com detalhes inéditos, o que muitos enxergam como uma tentativa de redução da discricionariedade, especialmente do Poder Executivo, como reação ao período ditatorial que antecedeu nossa atual Constituição.

Quando se fala das normas relativas à Administração Pública, não se trata das regras relacionadas à condução política do Estado nem sobre a organização superior dos poderes, o que é regulamentado pela Constituição mais à frente.

Na verdade, são disposições típicas de Direito Administrativo, que tanto podem ser cobradas no âmbito do Direito Constitucional como no daquele ramo do Direito.

16.2. ADMINISTRAÇÃO DIRETA E INDIRETA

Antes de entrarmos no texto constitucional, é importante entendermos, ainda que superficialmente, os conceitos de Administração Pública Direta e Indireta.

A expressão "Administração Pública" pode ser tomada em dois sentidos distintos.

O primeiro, conhecida como conceito objetivo, material ou funcional, define-a como a atividade exercida pelo Estado no desempenho de sua função administrativa, a qual se dá pelo desempenho de quatro atividades: prestação de serviços públicos (para atender às necessidades concretas da população, como serviços de saúde, educação e segurança pública); fomento (incentivo ao exercício de determinadas atividades de interesse coletivo, com ações específicas, como concessão de subsídios ou oferecimento de apoio técnico); polícia administrativa (regulamentação e restrições dos exercícios dos direitos individuais em prol da coletividade) e intervenção (ingerência do Estado na propriedade privada, como os atos de tombamento e requisição administrativa).

O segundo conceito de Administração Pública, conhecido como subjetivo, formal ou orgânico, define-a como o conjunto de entidades e órgãos que exercem a atividade de Administração Pública. É nesse segundo sentido que normalmente a Constituição e as leis referem-se à Administração Pública.

Por conta disso, quando se fala em Administração Pública Direta e Indireta está a se pensar no conceito subjetivo de Administração Pública, pelo qual esta constitui-se no conjunto de entidades e órgãos que buscam atender concretamente às necessidades da população, e que está estruturada, no Brasil, em nível federal, estadual e municipal.

A Administração Direta é composta pela União, Estados, Distrito Federal e Municípios, bem como por seus diversos órgãos internos, como Ministérios, Secretarias, Gabinetes etc. Os órgãos da Administração Direta não possuem personalidade jurídica, sendo considerados como meras subdivisões internas na União, Estados, Distrito Federal e Municípios.

A Administração Indireta, por sua vez, é composta por entidades criadas pela Administração Direta para o exercício de determinadas atividades. As entidades da Administração Indireta diferenciam-se dos órgãos da Administração Direta pelo fato de possuírem personalidade jurídica e autonomia.

Personalidade jurídica é a capacidade de uma entidade de ser titular de bens, direitos e obrigações, em outras palavras, de ser uma "pessoa" para o direito, distinta juridicamente de outras entidades. Assim, as entidades da Administração Direta não se confundem com meras subdivisões da Administração Direta, possuindo patrimônio e vida próprios, podendo inclusive demandar e serem demandadas na Justiça pela União, Estados, Distrito Federal e Municípios.

As entidades que tradicionalmente compõem a Administração Indireta no Brasil são as autarquias, as fundações públicas, as sociedades de economia mista e as empresas públicas, as quais podem ser federais, estaduais, distritais ou municipais, dependendo de qual unidade da Federação as institui.[1]

As autarquias – e na maioria das vezes, as fundações – são criadas para exercer atividades típicas de Estado, sendo sujeitas a um regime jurídico semelhante ao da Administração Direta, com as mesmas prerrogativas e restrições, que é o chamado regime jurídico de direito público. São características do regime jurídico de direito público, por exemplo, a possibilidade da entidade por ele regido impor regras de forma unilateral e de realizar desapropriações, se isso estiver entre suas atribuições legais, além de seus bens serem impenhoráveis.

---

[1] A divisão da Administração Pública em Direta e Indireta, bem como a definição das entidades que integram essa última foi feita pelo Decreto-lei nº 200/1967, que ainda se encontra em vigor, embora com diversas alterações. Hoje costuma-se colocar também no rol das entidades da Administração Indireta os consórcios públicos de direito público, por força do disposto no art. 6º, § 1º, da Lei nº 11.107/2005.

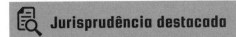

A qualificação de uma fundação instituída pelo Estado como sujeita ao regime público ou privado depende (i) do estatuto de sua criação ou autorização e (ii) das atividades por ela realizadas. As atividades de cunho econômico e as passíveis de delegação, quando definidas como objetos de fundação instituída ou mantida pelo Poder Público, submetem-se ao regime jurídico de direito privado (STF, RE nº 716.378, Rel. Min. Dias Toffoli, j. 07.08.2019).

Já as empresas públicas e as sociedades de economia mista têm normalmente por objetivo o exercício, pelo Poder Público, de atividade típica de particular, estando por conta disso sujeitas ao mesmo regime jurídico das empresas privadas, embora com algumas derrogações específicas previstas pela Constituição. Nesse aspecto, embora a Constituição de 1988 ainda continue admitindo a distinção entre o regime jurídico de direito público e o de direito privado na Administração Pública, o fato é que ela reduziu consideravelmente a diferenciação que antes havia, passando a exigir, por exemplo, a realização de licitações para aquisição de bens e serviços e de concurso público para o provimento dos cargos não só da Administração Direta, como também da Indireta.

O quadro a seguir ajuda a memorizar as entidades que compõem a Administração Pública no Brasil e os regimes jurídicos correspondentes:

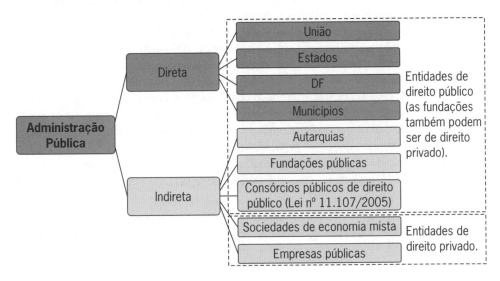

16.3. PRINCÍPIOS DA ADMINISTRAÇÃO PÚBLICA

O art. 37 da Constituição Federal traz várias disposições acerca da Administração Pública. Vejamos o seu *caput*:

390 Direito Constitucional Decifrado

Art. 37. A administração pública direta e indireta de qualquer dos Poderes da União, dos Estados, do Distrito Federal e dos Municípios obedecerá aos princípios de legalidade, impessoalidade, moralidade, publicidade e eficiência e, também, ao seguinte: (...).

A partir do texto constitucional, podemos extrair os cinco princípios expressos que, segunda a Constituição Federal, deverão nortear as ações da Administração Direta e Indireta:

a. **Princípio da Legalidade:** aqui, o princípio da legalidade deve ser entendido como a regra de que a Administração somente pode fazer o que a lei lhe permite, o que é conhecido como princípio da legalidade estrita, diferentemente dos particulares, que se submetem ao princípio da legalidade ampla, podendo fazer tudo o que a lei não proíba (art. 5º, II, da CF).

É do princípio da legalidade estrita que vem o conceito de competência dos agentes públicos, os quais somente podem praticar aqueles atos que estejam abarcados em seu leque de atribuições.

Algumas vezes a lei obriga o agente público a praticar determinada ação, tratando-se de um ato dito vinculado. Outras vezes, a lei apenas permite a atuação, cabendo ao agente público decidir sobre a prática ou não do ato, ou algumas vezes sobre a forma como realizá-lo, sendo o que se chamada de ato discricionário.

O princípio da legalidade implica o poder-dever da Administração Pública de rever seus atos praticados em desacordo com a lei, conforme preceitua a Súmula nº 473 do Supremo Tribunal Federal.[2] Assim, por exemplo, nossa Suprema Corte decidiu, no âmbito de atuação da administração tributária, que a circunstância de não existir previsão específica para a interposição de recurso em favor do sujeito passivo não afasta o poder-dever da administração de examinar a validade do ato administrativo que implica a constituição do crédito tributário, ainda que não provocada, respeitadas a forma e as balizas impostas pelo sistema jurídico.[3] Um cuidado importante que se deve ter, porém, ao anular-se atos ilegais praticados pela Administração Pública, é o de preservar os direitos de quem agiu de boa-fé, com respeito ao princípio da segurança jurídica. Nesse sentido, dispõe o art. 54 da Lei nº 9.784/1999 que "o direito da Administração de anular os atos administrativos de que decorram efeitos favoráveis para os destinatários decai em cinco anos, contados da data em que foram praticados, salvo comprovada má-fé".

Essa obrigação de a Administração Pública rever seus atos ilegais não impede o Poder Judiciário de fazê-lo, pois cabe ao mesmo a análise da legalidade e constitucionalidade dos atos dos três Poderes.[4]

O princípio da legalidade obriga a que a Administração Pública justifique todos os seus atos, como forma de explicitar os fundamentos, não só fáticos, mas também jurídicos de suas ações, a fim de verificar-se sua conformação à lei.

---

[2]   Súmula nº 473 do STF: "A administração pode anular seus próprios atos, quando eivados de vícios que os tornem ilegais, porque deles não se originam direitos, ou revogá-los, por motivo de conveniência ou oportunidade, respeitados os direitos adquiridos e ressalvada, em todos os casos, a apreciação judicial".

[3]   STF, RE nº 462.136-AgR, Rel. Min. Joaquim Barbosa, j. 31.08.2010.

[4]   STF, AI nº 640.272-AgR, Rel. Min. Ricardo Lewandowski, j. 02.10.2007.

b. **Princípio da Impessoalidade:** característico do chamado modelo burocrático ou weberiano de gestão pública, tal princípio estabelece que o administrador público, no exercício de suas funções, deve agir de forma impessoal, ou seja, que deve haver total desvinculação entre o administrador público e o indivíduo que exerce aquela função pública. Assim, não pode ele se utilizar de seu cargo, por exemplo, para obter vantagens pessoais, para si ou para outrem, nem para perseguir desafetos.

Além disso, o princípio da impessoalidade implica que não importa o nome do agente público que praticou o ato administrativo, mas sim que ele tenha competência para praticar o ato. Por isso que se, por exemplo, um Ministro de Estado assinar uma portaria e posteriormente ele for exonerado, o seu sucessor não precisará assinar novamente todos os atos que o exonerado assinou.

c. **Princípio da Moralidade:** "moralidade" aqui deve ser entendida como sinônimo de "ética". Pelo princípio da moralidade, o administrador público deve não só obedecer à lei, mas também agir com ética, de forma a não ferir a moral pública, pois nem tudo que é permitido pela lei necessariamente será também ético.

Costuma-se aceitar que a ética tem um papel de regulamentação da ação humana mais ampla do que o direito, uma vez que este último somente estabelece regras específicas para determinadas ações humanas, ao passo que a ética deve permear todos os nossos atos.

Assim, pelo princípio da moralidade, além de se preocupar em obedecer ao texto da lei – o que se relaciona ao princípio da legalidade –, o agente público deve também preocupar-se em agir de forma a não ferir normas de caráter ético. Nesse sentido, por exemplo, após reiteradas decisões anteriores visando combater práticas de nepotismo na Administração Pública, o Supremo Tribunal Federal editou a Súmula Vinculante nº 13, a qual estipula que a nomeação de parente próximo para cargo de confiança ofende ao princípio constitucional da moralidade, ainda que não haja expressa vedação legal.[5]

 Jurisprudência destacada

> O princípio da moralidade administrativa – enquanto valor constitucional revestido de caráter ético-jurídico – condiciona a legitimidade e a validade dos atos estatais. A atividade estatal, qualquer que seja o domínio institucional de sua incidência, está necessariamente subordinada à observância de parâmetros ético-jurídicos que se refletem na consagração constitucional do princípio da moralidade administrativa. Esse postulado fundamental, que rege a atuação do poder público, confere substância e dá expressão a uma pauta de valores éticos sobre os quais se funda a ordem positiva do Estado (STF, ADI nº 2.661-MC, Rel. Min. Celso de Mello, j. 05.06.2002).

---

[5] Súmula Vinculante nº 13: "A nomeação de cônjuge, companheiro, ou parente, em linha reta, colateral ou por afinidade, até o terceiro grau, inclusive, da autoridade nomeante ou de servidor da mesma pessoa jurídica, investido em cargo de direção, chefia ou assessoramento, para o exercício de cargo em comissão ou de confiança, ou, ainda, de função gratificada na administração pública direta e indireta, em qualquer dos Poderes da União, dos Estados, do Distrito Federal e dos Municípios, compreendido o ajuste mediante designações recíprocas, viola a CF".

392 Direito Constitucional Decifrado

d. **Princípio da Publicidade:** tal princípio estabelece que, via de regra, os atos administrativos devem ser públicos, de conhecimento irrestrito por parte da coletividade, como expressão da transparência que deve nortear as ações na área público e com o fim de permitir um adequado controle social, permitindo que a sociedade possa avaliar a legalidade, oportunidade e conveniência desses atos.

No entanto, deve-se observar que alguns poucos atos administrativos não estão sujeitos à publicidade, quando ferirem a intimidade de alguém ou quando sua revelação colocar em risco a coletividade. Em relação a isso, porém, cabe destacar o posicionamento do STF no julgamento do RE nº 652.777, em que externou o entendimento de que, para garantia da publicidade, é legítima a publicação, inclusive em sítio eletrônico mantido pela Administração Pública, dos nomes dos seus servidores e do valor dos correspondentes vencimentos e vantagens pecuniárias.[6]

Embora seja salutar e recomendada a garantia da publicidade ampla, inclusive com a redundância de publicações na internet em diferentes endereços, entende-se que a simples divulgação no *Diário Oficial* é suficiente para dar publicidade a um ato administrativo, uma vez que este é o meio oficial de divulgação dos atos governamentais.[7] Tal regra, porém, não se aplica aos casos em que a lei expressamente exigir a divulgação por outros meios.

e. **Princípio da Eficiência:** o princípio da eficiência não consta originalmente do rol dos princípios da Administração Pública previstos no art. 37, *caput*, sendo acrescentado pela EC nº 19/1998, na linha de uma busca da modernização da estrutura estatal que norteou a referida emenda. Ser eficiente, aqui, significa realizar o que deve ser feito, atingindo-se os objetivos propostos, utilizando-se da melhor forma possível dos recursos disponíveis. Ou seja, tem a ver com o realizar o máximo possível com aquilo que se tem à mão. Pelo princípio da eficiência não basta que a Administração Pública faça o que deve ser feito, mas ela deve fazê-lo de forma bem-feita e com economia de recursos, inclusive de tempo.

Além desses princípios expressos na Constituição, outros são citados pelas Constituições Estaduais, pela lei e pela doutrina, considerando-se que, embora não sejam citados diretamente pelo texto constitucional, estão implícitos na Carta Magna. Entre esses outros princípios, temos, por exemplo, o princípio da supremacia do interesse público sobre o interesse privado, os princípios da razoabilidade, da proporcionalidade, o da segurança jurídica, o da autotutela, o da exigência de motivação de todos os atos, entre outros, os quais são objeto de estudo da disciplina Direito Administrativo.

A desobediência aos princípios que regem a Administração Pública pode ser considerada inclusive um ato de improbidade administrativa, conforme o art. 11 da Lei nº 8.429/1992,[8] desde que tipificadas uma das figura nele descritas, estando sujeito às

---

[6] STF, ARE nº 652.777, Rel. Min. Teori Zavascki, j. 23.04.2015.

[7] STF, RE nº 390.939, Rel. Min. Ellen Gracie, j. 16.08.2005.

[8] Art. 11 da Lei nº 8.429/1992: "Art. 11. Constitui ato de improbidade administrativa que atenta contra os princípios da administração pública a ação ou omissão dolosa que viole os deveres de honestidade, de imparcialidade e de legalidade".

Capítulo 16 ♦ Administração Pública **393**

seguintes penalidades previstas naquela lei que são: pagamento de multa civil de até 24 vezes o valor da remuneração percebida pelo agente e proibição de contratar com o poder público ou de receber benefícios ou incentivos fiscais ou creditícios, direta ou indiretamente, ainda que por intermédio de pessoa jurídica da qual seja sócio majoritário, pelo prazo não superior a quatro anos.

De acordo com o STF, os princípios gerais da Administração Pública, previstos no art. 37, *caput*, da Constituição, são invocáveis também em relação à administração de pessoal militar, federal ou estadual, salvo no que tenha explícita disciplina em atenção às peculiaridades do serviço militar.[9]

Decifrando a prova

(Delegado de Polícia-GO – Cespe – 2017) Desde a promulgação da CF, não houve, até o presente, inovação a respeito dos princípios constitucionais da Administração Pública por meio de emenda constitucional.

( ) Certo   ( ) Errado

Gabarito comentado: a EC nº 19/1998 alterando o 37, *caput*, da Constituição, acrescentou aos princípios da administração nele expressos o da eficiência, o qual não constava da norma constitucional originária. Portanto, a assertiva está errada.

Vejamos agora os diversos incisos do art. 37, os quais também devem ser obedecidos pelas entidades e órgãos da Administração Direta e Indireta:

16.4. ACESSO AOS CARGOS E EMPREGOS PÚBLICOS

Sobre o acesso aos cargos públicos, dispõe o inciso I do art. 37 da Constituição:

I – os cargos, empregos e funções públicas são acessíveis aos brasileiros que preencham os requisitos estabelecidos em lei, assim como aos estrangeiros, na forma da lei;

A primeira parte do inciso I do art. 37 dispõe que os cargos, empregos e funções públicas são acessíveis aos brasileiros em geral, mas desde que eles cumpram os requisitos estabelecidos em lei. Dessa forma, trata-se, neste trecho, de uma norma de eficácia contida, pois a lei pode estabelecer requisitos para que um brasileiro ocupe um cargo público, como escolaridade mínima, idade máxima ou formação específica.

A segunda parte dispõe que, nos casos e na forma previstos em lei, poderão também os estrangeiros, excepcionalmente, ocupar determinados cargos públicos. Neste trecho final, a forma é de eficácia limitada, pois necessita de regulamentação em cada esfera de governo.

---

9   STF, ADI nº 1.694-MC, Rel. Min. Néri da Silveira, j. 30.10.1997.

Assim, por exemplo, a Lei nº 8.112/1990, que estabelece o estatuto jurídico do servidor público civil da União, permite a contratação de professores e pesquisadores estrangeiros por universidades e instituições de pesquisa federais.

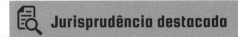

> Estrangeiro. Acesso ao cargo de professor da rede de ensino do Estado de Roraima. Ausência de norma regulamentadora. (...) Por não ser a norma regulamentadora de que trata o art. 37, I, da Constituição do Brasil matéria reservada à competência privativa da União, deve ser de iniciativa dos Estados-membros (STF, AI nº 590.663-AgR, Rel. Min. Eros Grau, j. 15.12.2009).

16.5. CONCURSOS PÚBLICOS

O inciso II do art. 37 trata da investidura em cargos públicos. Investidura é o ato através do qual alguém passa a integrar os quadros da Administração Pública como servidor. Vejamos o que diz o dispositivo constitucional:

> II – a investidura em cargo ou emprego público depende de aprovação prévia em concurso público de provas ou de provas e títulos, de acordo com a natureza e a complexidade do cargo ou emprego, na forma prevista em lei, ressalvadas as nomeações para cargo em comissão declarado em lei de livre nomeação e exoneração;

Aqui a Constituição deixa claro que existem dois tipos de cargos públicos, no que se refere à forma de provimento: cargos efetivos e cargos em comissão, cujas características básicas são:

a. **Cargos efetivos:** seus ocupantes adquirem estabilidade após três anos, se aprovados no estágio probatório. Os cargos efetivos somente podem ser providos por concurso público, e são a regra geral, ou seja, em princípio, todo cargo público deve ser provido por meio de concurso público prévio. Isso porque os concursos públicos apresentam-se como um instrumento de moralização e democratização de acesso aos cargos públicos, permitindo que pessoas que não possuam influência na estrutura do Estado possam ingressar no serviço público.

b. **Cargos em comissão:** os ocupantes desses cargos não possuem estabilidade, sendo nomeados por determinação de determinada autoridade e podendo ser exonerados a qualquer hora, a critério da mesma autoridade. Tais cargos são reservados pela Constituição somente para posições de chefia, assessoramento ou direção, casos em que é necessário haver uma relação de confiança entre o nomeante e o nomeado, além de permitir a substituição do servidor em relação ao qual se tenha perdido essa confiança ou em caso de fraco desempenho, não se mostrando, nesses casos, ser viável a adoção da estabilidade.

O esquema abaixo resume essa divisão:

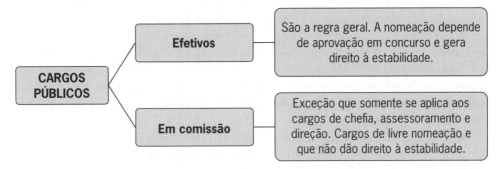

Os concursos públicos para cargos efetivos podem ser de provas ou de provas e títulos, e podem constar de diversas etapas, como provas objetivas, discursivas, de aptidão física e mental, de avaliação psicológica e/ou psicossocial etc.

Em relação ao exame psicotécnico, sua exigência no edital somente será válida se houver previsão legal para tanto, conforme dispõe a Súmula Vinculante nº 44.[10] Além disso, o exame psicotécnico necessita de um grau mínimo de objetividade e de publicidade dos atos em que se procede. A inexistência desses requisitos torna o ato ilegítimo, por não possibilitar o acesso à tutela jurisdicional para a verificação de lesão de direito individual pelo uso desses critérios.[11]

Sobre a perícia médica, exigida em todos os concursos públicos para verificação da capacidade física e mental do candidato para o exercício do cargo, a reprovação do mesmo deve ser feita de forma fundamentada, com base em critérios objetivos que estejam previstos no edital.[12]

Tratando-se de concurso de provas e títulos, a apresentação desses deve ser constituir a última fase, a qual não pode ser eliminatória, mas apenas classificatória, de acordo com entendimento do Supremo Tribunal Federal.[13] Além disso, deve haver razoabilidade na definição dos títulos e de seu peso na avaliação, não podendo isso ser feito de forma arbitrária. Esse foi entendimento do STF ao julgar o RE 205.535-AgR, em que asseverou que "discrepa da razoabilidade norteadora dos atos da Administração Pública o fato de o edital de concurso emprestar ao tempo de serviço público pontuação superior a títulos referentes a pós-graduação".[14]

Os concursos públicos são obrigatórios para o provimento de quaisquer cargos efetivos, e o nomeado somente poderá ocupar cargo na carreira para a qual foi aprovado, exceto

---

[10] Súmula Vinculante nº 44: "Só por lei se pode sujeitar a exame psicotécnico a habilitação de candidato a cargo público".
[11] STF, AI nº 758.533-QO, Rel. Min. Gilmar Mendes, j. 23.06.2010.
[12] STF, AI nº 850.638-AgR, Rel. Min. Ricardo Lewandowski, j. 11.10.2011.
[13] STF, AI nº 194.188-AgR, Rel. Min. Marco Aurélio, j. 30.03.1998.
[14] STF, RE nº 205.535-AgR, Rel. Min. Marco Aurélio, j. 22.05.1998.

se houver sua transformação ou seu aproveitamento, nos termos definidos pela lei. Nesse sentido é a Súmula Vinculante nº 43, editada pelo STF, a qual dispõe que "é inconstitucional toda modalidade de provimento que propicie ao servidor investir-se, sem prévia aprovação em concurso público destinado ao seu provimento, em cargo que não integra a carreira na qual anteriormente investido". Sendo assim, são considerados inconstitucionais os chamados "concursos internos" (dos quais só podiam participar aqueles que já eram servidores ocupantes de determinados cargos) para cargos de carreiras distintas. Esses concursos internos somente são válidos para cargos da mesma carreira ou para provimento de cargos em comissão.

Nesse sentido, citando somente um exemplo, o STF julgou inconstitucional a remoção, por permuta nacional, entre membros do Ministério Público dos Estados e entre esses e membros do Ministério Público do Distrito Federal e Territórios, porque tal ato equivaleria a forma de ingresso em carreira diversa daquela para a qual o servidor público ingressou por concurso.

Após a publicação do edital e no curso do certame, só se admite a alteração das regras do concurso se houver modificação na legislação que disciplina a respectiva carreira.[15]

De acordo também com a posição atual do Supremo Tribunal Federal, a aprovação do candidato dentro do número de vagas previsto no edital gera o direito subjetivo à sua nomeação dentro do período de validade do concurso, sendo que a recusa da Administração Pública em prover cargos públicos deve ser devidamente motivada, e essa motivação é suscetível de apreciação pelo Poder Judiciário.[16] Assim, uma vez publicado o edital do concurso com número específico de vagas, o ato da administração que declara os candidatos aprovados no certame cria um dever de nomeação para a própria administração e, portanto, um direito à nomeação titularizado pelo candidato aprovado dentro desse número de vagas, salvo motivação razoável expressa pela Administração Pública, que estará sujeita à apreciação pelo Poder Judiciário.

Por outro lado, o surgimento de novas vagas ou a abertura de novo concurso para o mesmo cargo, durante o prazo de validade do certame anterior, não gera automaticamente o direito à nomeação dos candidatos aprovados fora das vagas previstas no edital, ressalvadas as hipóteses de preterição arbitrária e imotivada por parte da administração.[17]

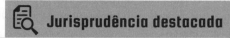

Quando se afirma que a Administração Pública tem a obrigação de nomear os aprovados dentro do número de vagas previsto no edital, deve-se levar em consideração a possibilidade de situações excepcionalíssimas que justifiquem soluções diferenciadas, devidamente motivadas de acordo com o interesse público. Não se pode ignorar que determinadas situações excepcionais

---

[15] STF, MS nº 27.165, Rel. Min. Joaquim Barbosa, j. 18.12.2008.
[16] STF, RE nº 227.480, Rel. designada Min. Cármen Lúcia, j. 16.09.2008.
[17] STF, RE nº 837.311, Tema 784, Rel. Min. Luiz Fux, j. 09.12.2015.

Capítulo 16 ◆ Administração Pública **397**

> podem exigir a recusa da Administração Pública de nomear novos servidores. Para justificar o excepcionalíssimo não cumprimento do dever de nomeação por parte da Administração Pública, é necessário que a situação justificadora seja dotada das seguintes características: a) superveniência: os eventuais fatos ensejadores de uma situação excepcional devem ser necessariamente posteriores à publicação do edital do certame público; b) imprevisibilidade: a situação deve ser determinada por circunstâncias extraordinárias, imprevisíveis à época da publicação do edital; c) gravidade: os acontecimentos extraordinários e imprevisíveis devem ser extremamente graves, implicando onerosidade excessiva, dificuldade ou mesmo impossibilidade de cumprimento efetivo das regras do edital; d) necessidade: a solução drástica e excepcional de não cumprimento do dever de nomeação deve ser extremamente necessária, de forma que a Administração somente pode adotar tal medida quando absolutamente não existirem outros meios menos gravosos para lidar com a situação excepcional e imprevisível. De toda forma, a recusa de nomear candidato aprovado dentro do número de vagas deve ser devidamente motivada e, dessa forma, passível de controle pelo Poder Judiciário (STF, RE nº 598.099, Rel. Min. Gilmar Mendes, j. 10.08.2011).

Na nomeação dos candidatos, deve-se observar estritamente a sua classificação, sendo que o desrespeito à ordem de aprovação gera o direito à nomeação dos candidatos preteridos, conforme dispõe a Súmula nº 15 do STF.[18]

Em relação a limite de idade máximo para participação em concursos públicos, entende o STF que ele somente se justifica se houver previsão legal,[19] em função das atribuições do cargo a ser preenchido, estando esse entendimento consolidado na Súmula nº 683 de nossa Suprema Corte.[20]

Por outro lado, a data para aferição da idade mínima para a nomeação para o cargo é o do momento da inscrição para o concurso,[21] tendo o STF mudado seu entendimento anterior, que considerava como tal o momento da posse.

Ainda em relação a concursos públicos, temos os incisos III e IV do art. 37 da Constituição:

III – o prazo de validade do concurso público será de até dois anos, prorrogável uma vez, por igual período;

IV – durante o prazo improrrogável previsto no edital de convocação, aquele aprovado em concurso público de provas ou de provas e títulos será convocado com prioridade sobre novos concursados para assumir cargo ou emprego, na carreira;

O concurso público terá a validade prevista no edital. Esse prazo será de no máximo dois anos, e será admitida somente uma prorrogação, pelo mesmo prazo inicial.

---

[18] Súmula nº 15 do STF: "Dentro do prazo de validade do concurso, o candidato aprovado tem direito à nomeação, quando o cargo for preenchido sem observância da classificação".

[19] STF, RE nº 559.823-AgR, Rel. Min. Joaquim Barbosa, j. 27.11.2007.

[20] Súmula nº 683 do STF: "Limite de idade para a inscrição em concurso público só se legitima em face do art. 7º, XXX, da Constituição, quando possa ser justificado pela natureza das atribuições do cargo a ser preenchido".

[21] STF, ARE nº 685.870-AgR, Rel. Min. Cármen Lúcia, j. 17.12.2013.

398 Direito Constitucional Decifrado

Embora a prorrogação do concurso seja ato discricionário do órgão realizador, deve haver justificativa razoável para eventual indeferimento do pedido de prorrogação, especialmente se for publicado outro edital com idêntica finalidade.[22]

Assim, se um concurso para determinado cargo tiver o prazo de validade de 12 meses, poderá ser prorrogado uma única vez por mais 12 meses. Se tiver o prazo de validade de seis meses, poderá ser prorrogado uma única vez por mais seis meses.

Além disso, durante o prazo de validade do concurso, inclusive se ocorrer a prorrogação, os aprovados deverão ser chamados antes dos aprovados de outro concurso que foi realizado posteriormente. Após o final do prazo de validade, os aprovados não têm mais o direito de preferência, podendo ser chamados os aprovados em concurso posterior.[23]

Assim, imagine-se que tenha sido realizado concurso para determinado cargo em janeiro de 2021, com prazo de validade de dois anos. Imagine-se ainda que ele seja prorrogado por mais dois anos. Nessa situação, se for realizado outro concurso para o mesmo cargo até janeiro de 2025 (dois anos de validade inicial mais dois anos de prorrogação), os aprovados no concurso de 2021 deverão ser chamados antes dos aprovados no novo concurso.

> V – as funções de confiança, exercidas exclusivamente por servidores ocupantes de cargo efetivo, e os cargos em comissão, a serem preenchidos por servidores de carreira nos casos, condições e percentuais mínimos previstos em lei, destinam-se apenas às atribuições de direção, chefia e assessoramento;

A Constituição Federal distingue dois tipos de cargos não efetivos:[24]

c. **Funções de confiança:** cargos não efetivos que devem ser ocupados exclusivamente por servidores de carreiras, não se admitindo a nomeação de alguém que não seja servidor público efetivo. Embora não seja uma regra absoluta, normalmente as funções de confiança destinam-se aos cargos de chefia de mais baixa hierarquia, onde o conhecimento técnico é muito importante, mais até do que as habilidades gerenciais.

d. **Cargos em comissão:** são aqueles cargos que podem ser ocupados por qualquer pessoa que preencha eventuais requisitos que a lei estabeleça, mesmo que não seja servidor. Normalmente são desse tipo os cargos de direção e de chefias hierarquicamente mais altas, em que as habilidades de gestão normalmente são mais importantes do que o conhecimento técnico propriamente dito.

Note-se que, de acordo com a Constituição Federal, tanto as funções de confiança como os cargos em comissão destinam-se somente às atividades de direção, chefia e assessoramento, devendo essa ser uma situação de fato.

---

[22] STF, RE nº 192.568, Rel. Min. Marco Aurélio, j. 23.04.1996.

[23] STF, RMS nº 23.793, Rel. Min. Moreira Alves, j. 06.11.2001.

[24] Além dessas duas categorias, também existe a figura do servidor temporário, o qual pode ser contratado nas hipóteses previstas em lei.

Assim, a lei não pode criar um cargo de atribuições de execução e estabelecer que se trata de um cargo em comissão, pois não é nem de direção, nem de chefia, nem de assessoramento. Se isso ocorrer, é possível a declaração de sua inconstitucionalidade.[25]

Tal restrição se justifica pelo fato de que os cargos em comissão não são preenchidos por concurso, e assim, devem ser criados de forma excepcional.

16.6. DIREITO DE GREVE E ASSOCIAÇÃO SINDICAL DO SERVIDOR

Os incisos VI e VII do art. 37 tratam acerca do direito de greve e da associação sindical do servidor público civil:

VI – é garantido ao servidor público civil o direito à livre associação sindical;

VII – o direito de greve será exercido nos termos e nos limites definidos em lei específica;

Atualmente, a Constituição Federal permite tanto que o servidor público civil possa se filiar a sindicato como que possa fazer greve, diferentemente da Constituição anterior, que o proibia. Deve-se observar que o servidor público militar continua impedido de sindicalizar--se e fazer greve, uma vez que a permissão somente aplica-se ao servidor civil, vedação essa que, de acordo com o entendimento atual do Supremo Tribunal Federal, se estende também aos policiais civis, em função de sua atuação na área de segurança pública.[26]

Devido, porém, à importância do trabalho do servidor público para a coletividade, a Constituição determina que seja feita lei específica – em sua redação anterior o dispositivo constitucional reclamava lei complementar – para definir como a greve no serviço público poderá ser feita. Ou seja, trata-se de uma norma de eficácia limitada, que necessita da edição de lei regulamentadora, a qual até o momento não foi aprovada.

No entanto, diante da omissão do Legislativo em regulamentar a matéria, o STF julgou procedente mandados de injunção impetrados por representações dos servidores, a fim de determinar que, enquanto não for aprovada a lei específica de que trata o inciso VII do art. 37 da Constituição, devem ser aplicadas à greve no serviço público disposições da Lei nº 7.783/1989, que dispõe sobre o direito de greve do trabalhador celetista que atua em atividades essenciais à coletividade.[27]

O direito de greve garantido ao servidor público impede ainda que seja considerado como falta grave ou fato desabonador da conduta, em termos de avaliação de estágio pro-

---

[25] Nesse sentido, o STF julgou a ADI 3.706, de relatoria do Ministro Gilmar Mendes, onde foi constatado que os cargos em comissão criados pela Lei nº 1.939/1998 do Estado de Mato Grosso do Sul possuíam atribuições meramente técnicas e que, portanto, não apresentavam o caráter de assessoramento, chefia ou direção exigido para tais cargos, tendo sido a ação julgada procedente a fim de declarar a inconstitucionalidade da referida lei.

[26] STF, ARE nº 654.432, Rel. designado Min. Alexandre de Moraes, j. 05.04.2017.

[27] STF, MI nº 708, Rel. Min. Gilmar Mendes, j. 25.10.2007; MI nº 712, Rel. Min. Eros Grau, j. 12.04.2007; MI nº 670, Rel. Min. Maurício Corrêa, j. 25.10.2007.

400 Direito Constitucional Decifrado

batório, a participação do servidor recém-aprovado em concurso público em movimento grevista não abusivo,[28] embora seja sempre permitido à Administração o desconto dos dias não trabalhados, exceto quando a greve tiver sido provocada por conduta ilícita do poder público.[29]

> ### Decifrando a prova
>
> **(Delegado de Polícia-GO – UEG – 2012 – Adaptada)** Sobre a organização administrativa do Estado brasileiro, pode-se afirmar que o direito de greve do servidor público civil será exercido conforme previsão em lei complementar.
> ( ) Certo   ( ) Errado
> **Gabarito comentado:** embora a redação original da Constituição falasse em regulamentação do direito de greve do servidor civil por meio de lei complementar, a EC nº 19/1998 alterou a redação do art. 37, VII, para exigir lei específica, ou seja, lei ordinária que somente trate desse assunto. Portanto, a assertiva está errada.

16.7. PESSOAS COM DEFICIÊNCIA

O art. 37, VIII, traz a exigência de reserva de vagas para pessoas com deficiência nos concursos públicos:

> VIII – a lei reservará percentual dos cargos e empregos públicos para as pessoas portadoras de deficiência e definirá os critérios de sua admissão;

Atualmente, o conceito de pessoa com deficiência é trazido pelo art. 2º da Lei nº 13.146/2015, o qual estipula que:

> Considera-se pessoa com deficiência aquela que tem impedimento de longo prazo de natureza física, mental, intelectual ou sensorial, o qual, em interação com uma ou mais barreiras, pode obstruir sua participação plena e efetiva na sociedade em igualdade de condições com as demais pessoas.

O inciso VIII do art. 37 busca garantir à pessoa com deficiência, seja ela física ou mental, uma maior chance de acesso aos cargos e empregos públicos, como uma ação afirmativa de forma a compensar as dificuldades que tais pessoas possuem em conseguir acesso a empregos, tanto na área público como na privada.

Trata-se de norma de eficácia limitada, sendo que a regulamentação do assunto, inclusive com a quantidade de vagas que será destinada aos candidatos com deficiência pode variar

---

[28] STF, ADI nº 3.235, Rel. designado Min. Gilmar Mendes, j. 04.02.2010.
[29] STF, RE nº 693.456, Rel. Min. Dias Toffoli, j. 27.10.2016.

Capítulo 16 • Administração Pública **401**

conforme a legislação de cada ente da Federação. Na esfera federal, por exemplo, o Decreto nº 9.508/2018 estabelece um percentual mínimo de 5% das vagas que devem ser destinadas a essas pessoas, sendo que a Lei nº 8.112/1990 prevê um percentual máximo de 20%.

Evidentemente, as atribuições do cargo deverão ser compatíveis com as limitações impostas pela deficiência, podendo ser feita perícia ou prova de aptidão física tanto para o fim de verificar-se tal compatibilidade, como para constatar-se além a condição de deficiente de fato.

16.8. CONTRATAÇÕES TEMPORÁRIAS

Sobre a possibilidade de contratações temporárias no serviço, temos o inciso IX do art. 37 da Constituição:

> IX – a lei estabelecerá os casos de contratação por tempo determinado para atender a necessidade temporária de excepcional interesse público;

Verifica-se, assim, que a Constituição Federal permite que, em situações de excepcional interesse público, conforme definidas em lei, possam ser contratados servidores públicos temporários. Tal regulamentação deve ser feita por cada ente da Federação, sendo que, na esfera federal, atualmente o diploma que trata do assunto é a Lei nº 8.745/1993, a qual prevê tal contratação, por exemplo, no caso de necessidade de assistência a situações de calamidade pública, realização de recenseamentos pelo IBGE e admissão de professor substituto e professor visitante.

Nesse caso, eles não terão estabilidade e trabalharão somente pelo prazo determinado, podendo ser dispensada a realização de concurso público para o preenchimento desses cargos, se a situação o exigir, o qual pode ser substituído por um processo seletivo simplificado.

Tais servidores temporários não fazem jus a décimo terceiro salário e férias remuneradas acrescidas do terço constitucional, salvo expressa previsão legal e/ou contratual em sentido contrário, ou comprovado desvirtuamento da contratação temporária pela Administração Pública, em razão de sucessivas e reiteradas renovações e/ou prorrogações.[30]

🔍 Jurisprudência destacada

A regra é a admissão de servidor público mediante concurso público: CF, art. 37, II. As duas exceções à regra são para os cargos em comissão referidos no inciso II do art. 37, e a contratação de pessoal por tempo determinado para atender a necessidade temporária de excepcional interesse público (CF, art. 37, IX). Nessa hipótese, deverão ser atendidas as seguintes condições: a) previsão em lei dos cargos; b) tempo determinado; c) necessidade temporária de interesse público; d) interesse público excepcional (STF, ADI nº 2.229 Rel. Min. Carlos Velloso, j. 09.06.2004).

---

[30] STF, RE nº 1.066.677, Rel. Min. Marco Aurélio, j. 22.05.2020.

16.9. REMUNERAÇÃO DOS SERVIDORES

A Constituição Federal de 1988 preocupou-se sobremaneira em regulamentar a fixação da remuneração dos servidores públicos, dedicando ao assunto os incisos X a XV de seu art. 37, os quais veremos a seguir.

> X – a remuneração dos servidores públicos e o subsídio de que trata o § 4º do art. 39 somente poderão ser fixados ou alterados por lei específica, observada a iniciativa privativa em cada caso, assegurada revisão geral anual, sempre na mesma data e sem distinção de índices;

A Constituição Federal exige que a remuneração dos servidores públicos e dos membros de Poder seja fixada por lei específica, que será proposta pelo Poder pertinente. Dessa forma, dois requisitos decorrem expressamente do texto constitucional para a lei que define a remuneração do servidor público:

a. **lei específica:** ou seja, a lei que fixar ou alterar a remuneração de servidores públicos não deve tratar de outras matérias. O objetivo é evitar a contaminação da discussão do valor da remuneração com outros assuntos. Nesse sentido, cabe destacar o teor da Súmula Vinculante 37, a qual dispõe que "não cabe ao poder Judiciário, que não tem função legislativa, aumentar vencimentos de servidores públicos sob o fundamento de isonomia";

b. **iniciativa privativa de cada Poder:** assim, a remuneração dos servidores do Executivo Federal será proposta pelo Presidente da República, a dos servidores do Judiciário Estadual pelo Presidente do Tribunal de Justiça local etc.

A Constituição também assegura a revisão anual dos valores da remuneração, com o objetivo de proteger a remuneração do servidor dos efeitos da inflação, a qual deveria ser feita sempre na mesma data-base e pelo mesmo índice para todos os servidores. No entanto, tal reposição ainda não é aplicada, pelo menos na esfera federal, por necessidade de regulamentação, sendo que o não encaminhamento do projeto de lei de revisão anual não gera direito subjetivo à indenização.[31]

A Súmula nº 679 do STF dispõe que a fixação de vencimentos dos servidores públicos não pode ser objeto de convenção coletiva.

Por outro lado, a Súmula nº 681, também de nossa Suprema Corte, dispõe que é inconstitucional a vinculação do reajuste de vencimentos de servidores estaduais ou municipais a índices federais de correção monetária.

Decifrando a prova

(Delegado de Polícia-ES – Cespe – 2011) A CF assegura ao servidor público a revisão geral anual de sua remuneração ou subsídio mediante lei específica de iniciativa do chefe do Poder Executivo e estabelece o direito à indenização na hipótese de não cumprimento da referida determinação constitucional.

---

[31] STF, RE nº 565.089, Rel. designado Min. Roberto Barroso, j. 25.09.2019.

Capítulo 16 • Administração Pública **403**

> ( ) Certo   ( ) Errado
> **Gabarito comentado:** há dois erros na assertiva. O primeiro é que o texto da Constituição determina a incidência de iniciativa privativa de cada poder, e não exclusiva do chefe do Poder Executivo. O segundo é que não existe previsão de indenização no caso de descumprimento dessa disposição constitucional. Portanto, a assertiva está errada.

XI – a remuneração e o subsídio dos ocupantes de cargos, funções e empregos públicos da administração direta, autárquica e fundacional, dos membros de qualquer dos Poderes da União, Estados, Distrito Federal e Municípios, dos detentores de mandato eletivo e dos demais agentes políticos e os proventos, pensões ou outra espécie remuneratória, percebidos cumulativamente ou não, incluídas as vantagens pessoais ou de qualquer outra natureza, não poderão exceder o subsídio mensal, dos Ministros do Supremo Tribunal Federal, aplicando-se como limite, nos Municípios, o subsídio do Prefeito, e nos Estados e Distrito Federal, o subsídio do Governador no âmbito do Poder Executivo, o subsídio dos Deputados Estaduais e Distritais no âmbito do Legislativo e o subsídio dos Desembargadores do Tribunal de Justiça, limitado a 90,25% do subsídio mensal, em espécie, dos Ministros do Supremo Tribunal Federal, no âmbito do Judiciário, aplicável este limite aos membros do Ministério Público, Procuradores e Defensores Públicos.

O inciso XI, que é o maior da nossa Constituição, tem por objetivo limitar a remuneração dos servidores e ocupantes de cargos eletivos, estabelecendo um teto e, nos Estados e Municípios, um subteto, de acordo com as seguintes regras:

a. nenhum político ou servidor público, dos três níveis da Federação, pode receber uma remuneração maior do que recebem os Ministros do Supremo Tribunal Federal;

b. nos Municípios, ninguém poderá receber mais do que o Prefeito, o qual, por sua vez, não poderá receber mais que os Ministros do Supremo Tribunal Federal. A exceção são os procuradores municipais, os quais, segundo entendimento do STF, pelo fato de exercerem função essencial à Justiça, devem ter como subteto de remuneração o subsídio dos desembargadores do Tribunal de Justiça, apesar de o cargo ser municipal;

c. nos Estados, a Constituição Federal estabelece subtetos diferentes para os servidores de cada Poder:

   c.1. no Executivo, o limite de remuneração será o subsídio do Governador do Estado, o qual não poderá ganhar mais que um Ministro do STF;

   c.2. no Legislativo, o limite será o subsídio dos Deputados Estaduais, este limitado a 75% do que ganha um deputado federal, de acordo com o que dispõe o art. 27, § 2º, da Constituição;

   c.3. no Judiciário, no Ministério Público, nas Procuradorias e na Defensoria Pública, o limite será o subsídio dos Desembargadores do Tribunal de Justiça, o qual não poderia ser superior a 90,25% do valor recebido pelos Ministros do Supremo.

Direito Constitucional Decifrado

Mas atenção: o próprio STF, no julgamento da ADI 3.854, decidiu que a limitação da remuneração dos desembargadores a 90,25% do que ganham seus Ministros é inconstitucional, em virtude do caráter nacional do Poder Judiciário.[32] Em razão disso, podem os desembargadores, na prática, receber remuneração idêntica a dos componentes de nossa Suprema Corte.

> ### 📑 Jurisprudência destacada
>
> Neste juízo prévio e sumário, estou em que, conquanto essa ostensiva distinção de tratamento, constante do art. 37, XI, da Constituição da República, entre as situações dos membros das magistraturas federal (a) e estadual (b), parece vulnerar a regra primária da isonomia (CF, art. 5º, *caput* e I). Pelas mesmas razões, a interpretação do art. 37, § 12, acrescido pela EC nº 47/2005, ao permitir aos Estados e ao Distrito Federal fixar, como limite único de remuneração, nos termos do inciso XI do *caput*, o subsídio mensal dos desembargadores do respectivo tribunal de justiça, limitado a 90 inteiros e 25 centésimos por cento do valor do subsídio dos ministros desta Corte, também não pode alcançar-lhes os membros da magistratura (STF, ADI nº 3.854-MC, Rel. Min. Cezar Peluso, j. 28.02.2007).

No caso de o servidor receber um valor bruto superior ao teto ou subteto correspondente, sofrerá ele um desconto para adequação do valor a ser recebido, desconto este normalmente chamado de "abate-teto".

O § 12 do art. 37 permite aos Estados e ao Distrito Federal fixar, em seu âmbito, mediante emenda às respectivas Constituições e Lei Orgânica, como limite único para os três poderes estaduais, o subsídio mensal dos desembargadores do respectivo Tribunal de Justiça. Assim, os Estados que o desejarem podem unificar os tetos salariais de seus poderes.

O teto remuneratório previsto no inciso XI não abrange:

a. as verbas indenizatórias, que são aquelas recebidas para recompor algum dano ou prejuízo sofrido;

b. desde a promulgação da EC nº 19/1998, as sociedades de economia mista e empresas públicas e suas subsidiárias, exceto aquelas que receberem recursos da União, dos Estados, do Distrito Federal ou dos Municípios para pagamento de despesas de pessoal ou de custeio em geral. Essa exceção se justifica porque, nesse caso, não há utilização de recursos do erário público para o pagamento de seus servidores e diretores, os quais, ademais, devem receber remuneração condizente com a oferecida pelo mercado, uma vez que essas entidades, via de regra, tem por objetivo exercer atividade econômica.

Deve-se observar que o Supremo Tribunal Federal adota o entendimento de que o teto remuneratório constitucional incide em cada cargo separadamente, nos casos em que é per-

---

[32] STF, ADI nº 3.854, Rel. Min. Cezar Peluso, j. 28.02.2007.

mitida a acumulação.³³ Assim, por exemplo, se um servidor público federal ocupante de um cargo técnico exerce também o cargo de professor em uma universidade federal, a soma das remunerações pode ultrapassar o valor do subsídio de Ministro do STF, desde que a remuneração de cada um dos cargos individualmente não a supere.

Por fim, no cômputo do desconto do imposto de renda e da contribuição previdenciária, deve ser utilizada como base de cálculo o valor total da remuneração deduzido do abate-teto, quando for o caso, para que essas deduções incidam sobre o valor que o servidor tem de fato a receber.³⁴

XII – os vencimentos dos cargos do Poder Legislativo e do Poder Judiciário não poderão ser superiores aos pagos pelo Poder Executivo;

A palavra "vencimentos" de acordo com a Lei nº 8.112/1990 é sinônimo de salário-base, e não de remuneração total. Havendo cargos equivalentes nos diferentes Poderes, o salário-base pago pelo Judiciário e Legislativo não poderá ser maior que o pago pelo Executivo.

Na prática, a grande diferenciação que se observa entre cargos equivalentes nos diferentes poderes deve-se a diversos adicionais acrescidos ao salário-base, uma vez que a definição legal de vencimentos permite essa brecha, reforçada pelo art. 39, § 1º.

XIII – é vedada a vinculação ou equiparação de quaisquer espécies remuneratórias para o efeito de remuneração de pessoal do serviço público;

Os salários dos servidores não devem ser vinculados entre si, salvo as exceções previstas na Constituição Federal, para evitar-se o chamado "efeito cascata", que faria com que o aumento concedido a uma categoria fosse automaticamente estendido a outras, causando problemas nas contas públicas. Essa vinculação é proibida tanto entre cargos do mesmo nível da Federação como entre cargos de esferas distintas. Nesse sentido, por exemplo, considerou o STF inconstitucional a concessão a delegado de polícia estadual do direito ao reajuste sempre de acordo com os percentuais estabelecidos para a remuneração do delegado-geral da Polícia Civil,³⁵ bem como a equiparação de vencimentos entre servidores estaduais e federais.³⁶

Jurisprudência destacada

A jurisprudência desta Corte é firme quanto à inconstitucionalidade da vinculação entre os subsídios dos membros do Ministério Público e da Magistratura, em afronta ao art. 37, XIII, da Constituição (STF, ADI nº 1.756, Rel. Min. Roberto Barroso, j. 07.10.2015).

---

[33] STF, RE nº 602.043, Rel. Min. Marco Aurélio, j. 27.04.2017.
[34] STF, RE nº 675.978, Rel. Min. Cármen Lúcia, j. 15.04.2015.
[35] STF, RE nº 585.303-AgR, Rel. Min. Ricardo Lewandowski, j. 01.06.2010.
[36] STF, ADI nº 196, Rel. Min. Ellen Gracie, j. 15.08.2002.

406 Direito Constitucional Decifrado

A Súmula Vinculante nº 42, com base no art. 37, XIII, proíbe também a vinculação do reajuste de vencimentos de servidores estaduais ou municipais a índices federais de correção monetária.

> XIV – os acréscimos pecuniários percebidos por servidor público não serão computados nem acumulados para fins de concessão de acréscimos ulteriores;

Para evitar-se o efeito chamado de "juros sobre juros" ou "repicão", os acréscimos que o servidor público receber em seu salário não poderão ser considerados no cálculo de acréscimos futuros, sob o mesmo título ou idêntico fundamento.

Assim, por exemplo, se o servidor receber anuênio (acréscimo no salário recebidos anualmente) de 1% no primeiro ano, no segundo ano o aumento seguinte de 1% deverá ser sobre o valor do salário sem o aumento do ano anterior, ou seja, não se deve calcular "anuênios sobre anuênios".

Por outro lado, em se tratando de acréscimos por razões distintas, nada impede que um deles seja incluído na base de cálculo do outro. Dessa forma, por exemplo, o STF decidiu que a gratificação chamada "sexta parte", recebida pelos servidores paulistas após 20 anos de serviço público, não caracterizava gratificação por tempo de serviço, mas melhoria de vencimento alcançada com implemento de condição temporal, integrando-o e servindo de base a outras parcelas.[37]

> XV – o subsídio e os vencimentos dos ocupantes de cargos e empregos públicos são irredutíveis, ressalvado o disposto nos incisos XI e XIV deste artigo e nos arts. 39, § 4º, 150, II, 153, III, e 153, § 2º, I;

Como regra geral, o servidor não poderá ter sua remuneração reduzida. O salário do cargo pode até ser reduzido, mas isso somente valerá para aqueles que forem admitidos posteriormente, sendo que os que já estiverem admitidos não poderão ser afetados pela redução.

As exceções admitidas pelo texto constitucional são as seguintes:

a. ultrapassagem do teto ou subteto respectivo, conforme estabelecido no inciso XI da Constituição Federal;

b. utilização de acréscimo pecuniário recebido pelo servidor como base para o cálculo de outros acréscimos ulteriores, sob o mesmo título ou idêntico fundamento;

c. exclusão, na remuneração do servidor, de gratificações, adicionais, abonos, prêmios, verbas de representação ou outras espécies remuneratórias, no caso de recebimento por subsídio;

d. cobrança de tributos sobre a remuneração.

Além disso, o STF também considera que "cessada a atividade que deu origem à gratificação extraordinária, cessa igualmente a gratificação, não havendo falar em direito adquiri-

---

[37] STF, AI nº 820.974-AgR, Rel. Min. Marco Aurélio, j. 13.12.2011.

do, tampouco, em princípio da irredutibilidade dos vencimentos",[38] o que ocorre, por exemplo, quando um servidor deixa de ocupar uma função comissionada, sendo constitucional a redução remuneratória advinda da supressão da gratificação correspondente.

16.10. ACUMULAÇÃO DE CARGOS PÚBLICOS

Sobre a possibilidade de acumulação de cargos públicos, dispõe o art. 37, XVI, da Constituição:

> XVI – é vedada a acumulação remunerada de cargos públicos, exceto, quando houver compatibilidade de horários, observado em qualquer caso o disposto no inciso XI.
>
> a) a de dois cargos de professor;
>
> b) a de um cargo de professor com outro técnico ou científico;
>
> c) a de dois cargos ou empregos privativos de profissionais de saúde, com profissões regulamentadas;

A regra geral é a de que o servidor somente pode ter um cargo público. Os casos citados no inciso XVI são exceções, que somente se aplicam para dois cargos simultâneos (mais de dois, nunca) e ainda se houver compatibilidade de horários, ou seja, se os horários de trabalho não coincidirem. Mesmo que haja superposição de horários, podem eles ser considerados compatíveis, se a Administração permitir a compensação das horas não trabalhadas.

As hipóteses de acumulação de cargos públicos são as seguintes:

a. **a de dois cargos de professor:** assim, uma mesma pessoa pode ao mesmo tempo acumular o cargo de professor na rede estadual e professor na rede municipal de ensino;

b. **a de um cargo de professor com outro técnico ou científico:** para a jurisprudência majoritária, cargo científico é o cargo de nível superior que trabalha com a pesquisa em determinada área do conhecimento. Já cargo técnico é aquele para cujo exercício sejam exigidos conhecimentos técnicos específicos e habilitação legal, de curso superior ou não. Não se considera cargo técnico, por outro lado, aquele que implique a prática de atividades meramente burocráticas, de caráter repetitivo e que não necessitam de alguma formação específica para seu desempenho;[39]

c. **a de dois cargos ou empregos privativos de profissionais de saúde, com profissões regulamentadas:** antes da EC nº 34/2001, o texto falava somente em dois cargos de médico, sendo alterado para abranger todo cargo ou emprego privativo de profissionais de saúde, com profissões regulamentadas, como médicos, psicólogos, enfermeiros, auxiliares de enfermagem etc.

---

[38] STF, RE nº 338.436, Rel. Min. Menezes Direito, j. 02.09.2008.

[39] STF, RMS nº 28.497, Rel. designado Min. Cármen Lúcia, j. 20.05.2014.

408 Direito Constitucional Decifrado

> ### 🔍 Jurisprudência destacada
>
> Há remansosa jurisprudência desta Corte nesse sentido, afirmando a impossibilidade da acumulação tríplice de cargos públicos, ainda que os provimentos nestes tenham ocorrido antes da vigência da EC nº 20/1998. (...) o art. 11 da EC nº 20/1998 possibilita a acumulação, apenas, de um provento de aposentadoria com a remuneração de um cargo na ativa, no qual se tenha ingressado por concurso público antes da edição da referida emenda, ainda que inacumuláveis os cargos. Em qualquer hipótese, é vedada a acumulação tríplice de remunerações, sejam proventos, sejam vencimentos (STF, ARE nº 848.993, Rel. Min. Gilmar Mendes, j. 06.10.2016).

Essa proibição de acumulação, exceto nos casos permitidos constitucionalmente, também se aplica aos titulares de serventias extrajudiciais, em virtude da natureza pública de sua atividade.[40]

Por outro lado, a autorização dada pela Lei nº 9.292/1996 para que servidores públicos participem de conselhos de administração e fiscal das empresas públicas e sociedades de economia mista, suas subsidiárias e controladas, bem como entidades sob controle direto ou indireto da União, não contraria a vedação à acumulação remunerada de cargos prevista na Constituição, uma vez que essa atuação como conselheiro não representa exercício de cargo ou função pública em sentido estrito.[41]

Em relação à remuneração, é importante observar, como já dito, que o Supremo Tribunal Federal, no julgamento dos Recursos Extraordinários nos 602.043 e 612.975, firmou o entendimento de que o teto remuneratório do inciso XI deve ser aplicado para cada cargo isoladamente, e não para a soma dos dois. Assim, no caso de um servidor que acumule licitamente dois cargos públicos, a soma da remuneração dos dois pode ultrapassar a remuneração dos Ministros do STF, desde que, individualmente, nenhuma delas exceda tal valor.

Também decidiu o STF que a atividade dos assistentes sociais configura cargo privativo de profissional de saúde, podendo haver acumulação deste com outro cargo também de profissional de saúde, como o de enfermeiro, por exemplo.[42]

> ### 🧩 Decifrando a prova
>
> **(Delegado de Polícia Federal – Cespe – 2018)** Havendo compatibilidade de horários, é possível a acumulação remunerada do cargo de delegado de polícia federal com um cargo público de professor.
>
> ( ) Certo   ( ) Errado

---

[40] STF, MS nº 27.955, Rel. Min. Roberto Barroso, j. 17.08.2018.

[41] STF, ADI nº 1.485, Rel. Min. Rosa Weber, j. 21.02.2020.

[42] STF, RE nº 553.670-AgR, Rel. Min. Ellen Gracie, j. 14.09.2010.

Capítulo 16 ♦ Administração Pública **409**

> **Gabarito comentado:** o cargo de delegado de polícia federal é cargo de natureza técnica, uma vez que exige conhecimentos especializados – inclusive formação específica na área jurídica – e tempo de exercício de atividade jurídica ou policial. Portanto, a assertiva está correta.

XVII – a proibição de acumular estende-se a empregos e funções e abrange autarquias, fundações, empresas públicas, sociedades de economia mista, suas subsidiárias, e sociedades controladas, direta ou indiretamente, pelo poder público;

Em complemento ao que dispõe o inciso anterior, esse dispositivo estende a vedação de acumulação de cargos público a todas as entidades da Administração Direta e Indireta, bem como todas as sociedades controladas, direta ou indiretamente, pelo poder público. Assim, por exemplo, um Auditor-Fiscal da Receita Federal não pode acumular seu cargo com o funcionário do Banco do Brasil.

16.11. PRECEDÊNCIA DA ADMINISTRAÇÃO FAZENDÁRIA

Dispõe o inciso XVIII do art. 37 da Constituição:

XVIII – a administração fazendária e seus servidores fiscais terão, dentro de suas áreas de competência e jurisdição, precedência sobre os demais setores administrativos, na forma da lei;

A Administração Fazendária compreende o conjunto dos órgãos responsáveis pela arrecadação e cobrança de tributos, nas esferas federal, estadual e municipal, sendo considerada uma atividade típica de Estado e vital a este, uma vez que permite a obtenção dos recursos que serão utilizados para o atendimento das necessidades da coletividade.

Precedência significa preferência, prioridade. Dessa forma, a Constituição Federal reconhece a citada importância da administração fazendária para o funcionamento do Estado. No entanto, trata-se de uma norma de eficácia limitada, pois a citada precedência deve ser exercida nos termos da lei, a qual ainda não foi editada, pelo menos na esfera federal.

16.12. CRIAÇÃO DE ENTIDADES DA ADMINISTRAÇÃO INDIRETA E SUAS SUBSI-DIÁRIAS

Os incisos XIX e XX do art. 37 da Constituição Federal tratam sobre a criação de entidades da administração direta e suas subsidiárias:

XIX – somente por lei específica poderá ser criada autarquia e autorizada a instituição de empresa pública, de sociedade de economia mista e de fundação, cabendo à lei complementar, neste último caso, definir as áreas de sua atuação;

Já vimos que, de acordo com o Decreto-lei nº 200/1967, as entidades da administração indireta podem ser de quatro tipos: autarquias, sociedades de economia mista, empresas públicas e fundações.

As autarquias são criadas diretamente por lei específica, não havendo necessidade de ato posterior para a formalização de sua existência.

Já as demais entidades da administração indireta – empresas públicas, sociedades de economia mista e fundações – têm sua criação autorizada por lei específica, mas em seguida devem ser criadas por ato do Executivo. Isso porque, juridicamente, tais entidades são criadas da mesma forma que as entidades privadas, ou seja, com o registro no órgão competente.

Em qualquer caso, é exigida a edição de lei específica.

No caso das fundações, além de lei ordinária específica autorizando sua criação, exige--se também a edição de lei complementar definindo as suas áreas de atuação. No caso das demais entidades da administração indireta, suas áreas de atuação podem ser definidas na própria lei que as cria (autarquias) ou que autoriza sua criação (empresas públicas e sociedades de economia mista).

> XX – depende de autorização legislativa, em cada caso, a criação de subsidiárias das entidades mencionadas no inciso anterior, assim como a participação de qualquer delas em empresa privada;

Subsidiária é uma empresa que é controlada por outra. Assim, se qualquer entidade da administração indireta resolver criar uma empresa controlada, ou se for participar do capital de uma empresa privada, deverá antes obter a aprovação dessa operação, por parte do Poder Legislativo.

A alienação do controle acionário de empresas e sociedades de economia mista deve ser precedida de autorização legislativa e licitação pública. No entanto, de acordo com o entendimento do STF, a transferência do controle de subsidiárias e controladas não exige a anuência do Poder Legislativo e pode ser operacionalizada sem processo de licitação pública, desde que garantida a competitividade entre os potenciais interessados e observados os princípios da Administração Pública constantes do art. 37 da Constituição da República.[43]

16.13. LICITAÇÃO

Sobre a exigência de licitação nas contratações públicas, dispõe o art. 37, XXI, da Constituição Federal:

> XXI – ressalvados os casos especificados na legislação, as obras, serviços, compras e alienações serão contratados mediante processo de licitação pública que assegure igualdade de condições a todos os concorrentes, com cláusulas que estabeleçam obrigações de pagamento, mantidas as condições efetivas da proposta, nos termos da lei, o qual somente permitirá as exigências de qualificação técnica e econômica indispensáveis à garantia do cumprimento das obrigações;

---

[43] STF, ADI nº 5.624 MC-Ref., Rel. Min. Ricardo Lewandowski, j. 06.06.2019.

Capítulo 16 ◆ Administração Pública **411**

A regra é que toda contratação pela Administração Pública seja precedida de licitação, a qual deve ser conduzida de acordo com as disposições legais. No entanto, por se tratar de norma constitucional de eficácia contida, pode a lei estabelecer hipóteses em que não haverá necessidade de licitação, que são chamados de casos de dispensa e de inexigibilidade.

A licitação pode ser definida como um procedimento administrativo que busca obter a proposta mais vantajosa para a Administração quando da celebração de um contrato, sendo que, de acordo com o art. 22, XVII, da Constituição Federal, compete à União estabelecer normas gerais sobre licitação e contratação pelo poder público, as quais podem ser complementadas pelos Estados-membros. Atualmente, essas regras gerais são estabelecidas pelas Leis nºs 14.133/2021 e 13.303/2016, a primeira aplicando-se à Administração Direta, autarquias e fundações, e a segunda às empresas públicas e sociedades de economia mista.

De acordo com o dispositivo constitucional, o processo de licitação deve obedecer às seguintes condições:

a. assegurar igualdade de condições a todos os participantes. Dessa forma, a elaboração do edital de licitação e a condução de todo o processo administrativo devem ser feitos de forma a garantir que todos os envolvidos tenham o mesmo tratamento e possam fazer suas propostas em pé de igualdade;

b. o instrumento de convocação deve deixar claro que o pagamento somente será feito ao vencedor se forem mantidas as condições da proposta apresentada;

c. as exigências de qualificação técnica e econômica devem ser as mínimas indispensáveis a garantir o cumprimento do objeto da licitação. Ou seja, o edital de licitação não deve ser muito restritivo, para propiciar o maior número possível de participantes.

A exigência de licitação aplica-se somente à Administração Pública, tanto como direta e indireta, não se estendendo às entidades privadas que atuam em colaboração com aquela, ainda que criadas pelo próprio poder público, como ocorre com as organizações sociais.[44]

🔍 Jurisprudência destacada

A licitação é um procedimento que visa à satisfação do interesse público, pautando-se pelo princípio da isonomia. Está voltada a um duplo objetivo: o de proporcionar à administração a possibilidade de realizar o negócio mais vantajoso – o melhor negócio – e o de assegurar aos administrados a oportunidade de concorrerem, em igualdade de condições, à contratação pretendida pela administração. (...) Procedimento que visa à satisfação do interesse público, pautando-se pelo princípio da isonomia, a função da licitação é a de viabilizar, através da mais ampla disputa, envolvendo o maior número possível de agentes econômicos capacitados, a satisfação do interesse público. A competição visada pela licitação, a instrumentar a seleção da proposta mais vantajosa para a administração, impõe-se seja desenrolada de modo que reste assegurada a igualdade (isonomia) de todos quantos pretendam acesso às contratações da administração. A conversão automática de permissões municipais em

---

[44] STF, ADI nº 1.864, Rel. Min. Joaquim Barbosa, j. 08.08.2007.

> permissões intermunicipais afronta a igualdade – art. 5º –, bem assim o preceito veiculado pelo art. 175 da Constituição do Brasil. (...) Afronta ao princípio da isonomia, igualdade entre todos quantos pretendam acesso às contratações da administração (STF, ADI nº 2.716, Rel. Min. Eros Grau, j. 29.11.2007).

16.14. ESSENCIALIDADE DA ADMINISTRAÇÃO TRIBUTÁRIA

Voltando ao tema da importância da administração tributária para o Estado brasileiro, a Constituição Federal, em complemento ao inciso XVIII do art. 37, novamente trata sobre o assunto no inciso XXII:

> XXII – as administrações tributárias da União, dos Estados, do Distrito Federal e dos Municípios, atividades essenciais ao funcionamento do Estado, exercidas por servidores de carreiras específicas, terão recursos prioritários para a realização de suas atividades e atuarão de forma integrada, inclusive com o compartilhamento de cadastros e de informações fiscais, na forma da lei ou convênio.

Administração tributária é o mesmo que administração fazendária, ou seja, as entidades responsáveis pela arrecadação e cobrança dos tributos.

Como a arrecadação de tributos é essencial para que o governo tenha dinheiro para poder atender às necessidades coletivas, o inciso XXII do art. 37 da Constituição busca garantir que as administrações tributárias tenham sempre recursos para suas atividades, uma vez que a falta de investimentos nessa área pode levar a uma queda na própria arrecadação.

O combate à sonegação também é importante por uma questão de justiça fiscal, evitando que os contribuintes de boa-fé recolham seus tributos regularmente enquanto outros se abstém de cumprir essa obrigação.

É recomendada também a colaboração mútua entre as administrações tributárias federal, estaduais e municipais, visando melhor eficiência arrecadatória e fiscalizatória, podendo ser realizado o compartilhamento de cadastros e informações fiscais, na forma regulamentada por lei ou por convênio entre os entes da Federação envolvidos.

16.15. OUTRAS DISPOSIÇÕES DO ART. 37

Os parágrafos do art. 37 da Constituição Federal trazem outras disposições relativas à Administração Pública, dos quais destacamos as trazidas a seguir.

16.15.1. Publicidade dos atos de governo

Dispõe o § 1º do art. 37 da Constituição:

> § 1º A publicidade dos atos, programas, obras, serviços e campanhas dos órgãos públicos deverá ter caráter educativo, informativo ou de orientação social, dela não podendo

Capítulo 16 ♦ Administração Pública **413**

constar nomes, símbolos ou imagens que caracterizem promoção pessoal de autoridades ou servidores públicos.

A Administração Pública tem a obrigação de manter a população devidamente informada sobre suas ações em geral, com o objetivo de garantir-se uma maior transparência governamental. No entanto, em obediência ao princípio da impessoalidade, que deve permear todos os atos no serviço público, isso deve ser feito de forma isenta e imparcial e de forma a não se mostrar como promoção pessoal, especialmente porque a publicidade oficial é financiada com recursos públicos.

Assim, havendo referência, no ato de publicidade, especificamente a um agente público ou grupo político, diretamente ou por meio de símbolos ou imagens, ele será considerado irregular. Dessa forma, entende o STF que:

> (...) o rigor do dispositivo constitucional que assegura o princípio da impessoalidade vincula a publicidade ao caráter educativo, informativo ou de orientação social é incompatível com a menção de nomes, símbolos ou imagens, aí incluídos *slogans*, que caracterizem promoção pessoal ou de servidores públicos. A possibilidade de vinculação do conteúdo da divulgação com o partido político a que pertença o titular do cargo público mancha o princípio da impessoalidade e desnatura o caráter educativo, informativo ou de orientação que constam do comando posto pelo constituinte dos oitenta.[45]

16.15.2. Participação do usuário na Administração Pública

Dispõe o art. 37, § 3º, da CF:

> § 3º A lei disciplinará as formas de participação do usuário na administração pública direta e indireta, regulando especialmente:
>
> I – as reclamações relativas à prestação dos serviços públicos em geral, asseguradas a manutenção de serviços de atendimento ao usuário e a avaliação periódica, externa e interna, da qualidade dos serviços;
>
> II – o acesso dos usuários a registros administrativos e a informações sobre atos de governo, observado o disposto no art. 5º, X e XXXIII;
>
> III – a disciplina da representação contra o exercício negligente ou abusivo de cargo, emprego ou função na administração pública.

A preocupação do § 3º do art. 37 é permitir maior participação da sociedade em geral na Administração Pública e maior controle dessa mesma sociedade sobre os atos públicos. Tais ações são essenciais para que tenhamos uma democracia efetiva e estável, uma vez que, democracia não é somente um regime em que o povo elege seus representantes, mas, muito mais do que isso, é o regime em que há uma efetiva participação popular nas ações de governo.

---

[45] STF, RE nº 191.668, Rel. Min. Menezes Direito, j. 15.04.2008.

414 Direito Constitucional Decifrado

Assim, a lei deve prever a recepção e adequado tratamento às reclamações apresentadas pelos usuários, além de permitir o acesso dos cidadãos em geral às informações governamentais.

E, por fim, devem ser aplicados projetos de avaliação periódica da qualidade dos serviços públicos, para que a sociedade em geral e os próprios servidores possam manifestar sua opinião sobre os diversos aspectos dessas atividades, como a eficiência, rapidez, cordialidade, completude etc.

16.15.3. Atos de improbidade administrativa

Dispõe o § 4º do art. 37 da Constituição:

> § 4º Os atos de improbidade administrativa importarão a suspensão dos direitos políticos, a perda da função pública, a indisponibilidade dos bens e o ressarcimento ao erário, na forma e gradação previstas em lei, sem prejuízo da ação penal cabível.

Como norma de eficácia limitada, cabe à lei definir os atos de improbidade, bem como a forma de aplicação das sanções previstas da Constituição Federal. Essa função é atualmente exercida pela Lei nº 8.429/1992, conhecida como Lei de Improbidade Administrativa, a qual define e divide os atos de improbidade em quatro categorias:

a. atos que causem prejuízos ao erário público;
b. atos que causem enriquecimento ilícito;
c. atos que decorram de concessão ou aplicação indevida de benefício financeiro ou tributário; e
d. atos que ofendam os princípios constitucionais administrativos.

Embora a palavra "improbidade" seja sinônimo de desonestidade, nem todos os atos de improbidade denotam má-fé do servidor, havendo aqueles que podem ser até mesmo praticados de forma culposa. Aqui, mais do que a intenção, o que busca a lei combater é o resultado danoso à Administração Pública, efetivo ou potencial.

O § 4º do art. 37 da Constituição, como vimos, estipula que a lei deve prever no mínimo as seguintes penalidades para quem os praticar: suspensão dos direitos políticos, perda da função pública – se quem os praticar for agente público, indisponibilidade dos bens e o ressarcimento ao erário. Além dessas penalidades, a lei pode impor outras – a lei de improbidade, por exemplo, também prevê a aplicação da pena de multa.

Por outro lado, a parte final do dispositivo deixa claro a natureza civil da ação de improbidade, ao estipular que a condenação por improbidade não obsta a persecução criminal, se o ato praticado também estiver tipificado como ilícito penal. Por conta disso, não existe foro especial por prerrogativa de função para o julgamento de ações de improbidade, independentemente da autoridade eventualmente envolvida.[46]

---

[46] STF, ADI nº 2.797, Rel. Min. Sepúlveda Pertence, j. 15.09.2005.

Em relação à possibilidade de os agentes políticos responderem simultaneamente por ato de improbidade e por crime de responsabilidade, questão polêmica até então, decidiu o STF que:

> Os agentes políticos, com exceção do Presidente da República, encontram-se sujeitos a um duplo regime sancionatório, de modo que se submetem tanto à responsabilização civil pelos atos de improbidade administrativa, quanto à responsabilização político-administrativa por crimes de responsabilidade. Não há qualquer impedimento à concorrência de esferas de responsabilização distintas, de modo que carece de fundamento constitucional a tentativa de imunizar os agentes políticos das sanções da ação de improbidade administrativa, a pretexto de que estas seriam absorvidas pelo crime de responsabilidade. A única exceção ao duplo regime sancionatório em matéria de improbidade se refere aos atos praticados pelo Presidente da República, conforme previsão do art. 85, V, da Constituição.[47]

Jurisprudência destacada

Atos de improbidade administrativa são aqueles que, possuindo natureza civil e devidamente tipificados em lei federal, ferem direta ou indiretamente os princípios constitucionais e legais da Administração Pública, independentemente de importarem enriquecimento ilícito ou de causarem prejuízo material ao erário; podendo ser praticados tanto por servidores públicos (improbidade própria), quanto por particular – pessoa física ou jurídica – que induzir, concorrer ou se beneficiar do ato (improbidade imprópria) (STF, AO nº 1.833, Rel. Min. Alexandre de Moraes, j. 10.04.2018).

Decifrando a prova

(Promotor de Justiça Substituto-SP – MPE-SP – 2019 – Adaptada) A gravidade das sanções previstas no art. 37, § 4º, da Constituição Federal, reveste a ação de improbidade administrativa de natureza penal, justificando o foro especial por prerrogativa de função previsto na Constituição Federal em relação às infrações penais.
( ) Certo ( ) Errado
Gabarito comentado: conforme visto, a ação de improbidade administrativa possui natureza civil e não penal. Além disso, não se aplica o foro especial por prerrogativa de função ao seu julgamento. Portanto, a assertiva está errada.

---

[47] STF PET nº 3.240-AgR, Rel. designado Roberto Barroso, j. 10.05.2018.

16.15.4. Prescrição de ilícitos administrativos e imprescritibilidade da ação de ressarcimento

Sobre a prescrição de ilícitos administrativos que causem dano ao erário e da respectiva ação de ressarcimento, estipula o art. 37, § 5º:

> § 5º A lei estabelecerá os prazos de prescrição para ilícitos praticados por qualquer agente, servidor ou não, que causem prejuízos ao erário, ressalvadas as respectivas ações de ressarcimento.

A Constituição determina, assim, que a lei deve estabelecer prazos de prescrição para ilícitos administrativos que causem dano ao erário. Assim, tendo o servidor praticado o ato danoso, deve existir um prazo – contado da data da ocorrência do ato ou de algo outro termo inicial – para que o mesmo seja punido por ele na esfera administrativa.

O mesmo dispositivo, por outro lado, em sua parte final, deixa claro que a ação civil para ressarcimento dos cofres públicos pelo dano causado pelo ilícito não prescreverá, ou seja, o valor poderá ser cobrado a qualquer tempo. No entanto, de acordo com o entendimento do STF, a expressão "ilícito" deve ser entendida aqui como aqueles tipificados como atos de improbidade ou ilícitos penais.[48] Assim, a ação de ressarcimento ao erário por danos causados por ilícitos civis prescreve normalmente, até porque a prescrição é a regra no nosso direito, devendo as exceções de imprescritibilidade serem interpretadas de forma restritiva.

Antes da publicação da Lei nº 14.230/2021, que extinguiu a forma culposa dos atos de improbidade, o Supremo Tribunal Federal havia confirmado a imprescritibilidade da ação de ressarcimento ao erário somente no caso de ato doloso, sendo que o dano fosse causado de forma culposa, a ação de ressarcimento deveria ser proposta no prazo então previsto no art. 23 da Lei de Improbidade Administrativa.[49] A Lei nº 14.230/2021, porém, ao eliminar a possibilidade de atos de improbidade culposos, tornou despicienda tal distinção.

16.15.5. Responsabilidade objetiva do Estado

Sobre a responsabilidade civil do Estado e seus concessionários, dispõe o § 6º do art. 37 da Constituição:

> § 6º As pessoas jurídicas de direito público e as de direito privado prestadoras de serviços públicos responderão pelos danos que seus agentes, nessa qualidade, causarem a terceiros, assegurado o direito de regresso contra o responsável nos casos de dolo ou culpa.

Da análise do dispositivo deflui que a Constituição Federal prevê a responsabilidade civil objetiva do Estado por danos causados por seus agentes. No direito civil, diz-se que a responsabilidade é objetiva quando a obrigação de indenizar independe da necessidade de

---

[48] STF, RE nº 669.069, Rel. Min. Teori Zavascki, j. 03.02.2016.

[49] STF, RE nº 852.475, Rel. designado Min. Edson Fachin, j. 08.08.2018.

o lesado comprovar dolo ou culpa por parte do causador do dano, bastando somente que se comprove o dano e o nexo causal deste com a conduta do agente.

Assim, sempre que um servidor, empregado público ou representante de concessionário causar prejuízos a alguém, o Estado será obrigado a pagar a indenização respectiva, independentemente da demonstração de que o referido agente tenha incorrido em dolo ou culpa, bastando-se comprovar a conexão entre a ação da pessoa e o dano causado a terceiro. Exemplo: se na construção de uma estação do metrô, a trepidação causada pelas obras causar estragos nos imóveis vizinhos, o Poder Público é obrigado a indenizar os donos dos imóveis, mesmo que tenha agido com toda a cautela necessária.

Deve-se observar que, se o causador do dano agiu com dolo ou culpa, o Estado também terá que indenizar a vítima, mas aí terá o direito de regresso contra o responsável, ou seja, poderá cobrar do agente o valor que teve que pagar à vítima.

A vítima, por outro lado, somente pode propor a ação de ressarcimento contra o ente público ou concessionário, sendo considerado o agente que causou o ato parte ilegítima para figurar no polo passivo da ação correspondente.[50] Assim, tendo sido causado o dano pelo agente do Estado ou concessionário, o prejudicado deve propor ação contra a pessoa jurídica, sendo que esta pode cobrar do agente, de forma regressiva, se ficar caracterizado seu dolo ou culpa.

Essa responsabilidade civil objetiva do Estado aplica-se no caso de danos, inclusive morais, comprovadamente causados aos detentos em decorrência da falta ou insuficiência das condições legais de encarceramento,[51] bem como na hipótese de danos materiais ocasionados por demora na nomeação de candidatos aprovados em concursos públicos, quando o óbice imposto pela Administração Pública é declarado inconstitucional pelo Poder Judiciário.[52]

Por outro lado, o Supremo Tribunal Federal já assentou que, salvo os casos expressamente previstos em lei, a responsabilidade objetiva do Estado não se aplica aos atos de juízes.[53]

Para finalizar, deve-se observar que a doutrina entende que nosso ordenamento jurídico adotou a teoria do risco administrativo, na qual a responsabilidade civil do Estado é elidida quando presentes determinadas hipóteses, como a força maior, o caso fortuito e a culpa exclusiva da vítima.

 Decifrando a prova

(Delegado de Polícia-MS – Fapems – 2017 – Adaptada) Conforme já pronunciou o STF, é dever do Estado manter em seus presídios os padrões mínimos de humanidade previstos no ordenamento jurídico, sendo de sua responsabilidade, nos termos do art. 37, § 6°, da Consti-

---

[50] STF, RE nº 1.027.633, Rel. Min. Marco Aurélio, j. 14.08.2019.
[51] STF, RE nº 580.252, Rel. Min. Gilmar Mendes, j. 16.02.2017.
[52] STF, RE nº 339.852-AgR, Rel. Min. Ayres Britto, j. 26.04.2011.
[53] STF, RE nº 553.637-ED, Rel. Min. Ellen Gracie, j. 04.08.2009.

418 Direito Constitucional Decifrado

> tuição da República, a obrigação de ressarcir os danos, inclusive morais, comprovadamente causados aos detentos em decorrência da falta ou insuficiência das condições legais de encarceramento.
>
> ( ) Certo ( ) Errado
>
> **Gabarito comentado:** de acordo com o que vimos acima, o poder público pode ser responsabilidade por danos materiais e morais causados aos detentos sob sua custódia e que tenham decorrido de omissão estatal em garantir as condições adequadas de encarceramento. Portanto, a assertiva está correta.

16.15.6. Informações privilegiadas

Dispõe o § 7º do art. 37 da Constituição:

> § 7º A lei disporá sobre os requisitos e as restrições ao ocupante de cargo ou emprego da administração direta e indireta que possibilite o acesso a informações privilegiadas.

O § 7º do art. 37 exige que a lei regulamente a situação do agente público que, por força de suas atribuições, tenha acesso a informações privilegiadas, de forma a evitar conflitos de interesses e o uso indevido dessas informações.

A Lei nº 12.813/2013, que regula o assunto na esfera do Poder Executivo Federal, define informação privilegiada como a que diz respeito a assuntos sigilosos ou que seja relevante ao processo de decisão no âmbito do Poder Executivo Federal que tenha repercussão econômica ou financeira e que não seja de amplo conhecimento público.

Observe-se que essas restrições podem ser aplicadas tanto durante o exercício do cargo, como também após a saída do agente, nesse caso de forma temporária.

16.15.7. Contratos de gestão

A EC nº 19/1998 trouxe substanciais alterações nas disposições constitucionais acerca da Administração Pública, realizando o que se costuma chamar de reforma administrativa. Entre essas alterações, tivemos a inclusão do § 8º do art. 37, que dispõe:

> § 8º A autonomia gerencial, orçamentária e financeira dos órgãos e entidades da administração direta e indireta poderá ser ampliada mediante contrato, a ser firmado entre seus administradores e o poder público, que tenha por objeto a fixação de metas de desempenho para o órgão ou entidade, cabendo à lei dispor sobre:
>
> I – o prazo de duração do contrato;
>
> II – os controles e critérios de avaliação de desempenho, direitos, obrigações e responsabilidade dos dirigentes;
>
> III – a remuneração do pessoal.

Esse dispositivo trata dos chamados "contratos de gestão", que são institutos do direito administrativo que permitem a concessão de maior autonomia aos órgãos da Administração Direta e entidades da Administração Indireta, em troca do atingimento de metas de desempenho. Esses contratos de gestão são um dos instrumentos característicos da chamada administração gerencial, tendência que tem caracterizado o Estado brasileiro desde a EC nº 19/1998, como um contraponto à tendência burocratizante da redação original de nossa Constituição.

16.15.8. Vedação à acumulação de proventos de aposentadoria com a remuneração de cargo

Sobre a possibilidade de acumulação de proventos de aposentadoria por regime próprio do servidor com a remuneração de cargo público, dispõe o § 10 do art. 37 da Constituição:

> § 10. É vedada a percepção simultânea de proventos de aposentadoria decorrentes do art. 40 ou dos arts. 42 e 142 com a remuneração de cargo, emprego ou função pública, ressalvados os cargos acumuláveis na forma desta Constituição, os cargos eletivos e os cargos em comissão declarados em lei de livre nomeação e exoneração.

Vê-se assim, que o dispositivo em comento veda a percepção simultânea de proventos de aposentadoria do regime público com a remuneração de cargo, emprego ou função pública, prevendo somente três exceções:

a. **se os cargos forem acumuláveis na atividade:** são as exceções previstas no art. 37, XVI, da Constituição, quais sejam: dois cargos de professor; um de professor com outro técnico ou científico; dois cargos ou empregos privativos de profissionais de saúde, com profissões regulamentadas;

b. **cargos eletivos:** se o servidor aposentador for eleito para um cargo público, poderá acumular os proventos da aposentadoria com a remuneração do cargo eletivo;

c. **cargos em comissão declarados em lei de livre nomeação e exoneração:** se o servidor aposentado for empossado em um cargo em comissão também poderá acumular a remuneração do cargo com os proventos da aposentadoria.

16.15.9. Readaptação do servidor

A EC nº 103/2019 trouxe alterações ao art. 37 da Constituição, entre as quais a inclusão do § 13 ao art. 37, o qual estipula:

> § 13. O servidor público titular de cargo efetivo poderá ser readaptado para exercício de cargo cujas atribuições e responsabilidades sejam compatíveis com a limitação que tenha sofrido em sua capacidade física ou mental, enquanto permanecer nesta condição, desde que possua a habilitação e o nível de escolaridade exigidos para o cargo de destino, mantida a remuneração do cargo de origem.

Assim, o servidor ocupante de cargo efetivo que, após ter ingressado no serviço público, vem a sofrer alguma limitação em sua capacidade de trabalho, física ou mental, em virtude de acidente, doença ou outra razão, deverá ser, sempre que possível, colocado em outro cargo compatível com sua limitação, mantida a remuneração original do servidor.

Essa é a chamada readaptação, a qual já é garantida no estatuto do servidor público federal (Lei nº 8.112/1990) e em vários estatutos estaduais e municipais, e que a partir da EC nº 103/2019 passou a ter também previsão constitucional. A readaptação justifica-se pela busca de uma maior economia de recursos públicos, uma vez que evita que o servidor seja aposentado por invalidez, mesmo tendo condições de exercer outra atividade no serviço público.

Deve-se observar que, se o servidor não puder ser readaptado, deverá, aí sim, ser aposentado por invalidez.

16.16. SERVIDOR ELEITO PARA CARGO PÚBLICO

O servidor público efetivo pode ser candidato a cargos eletivos sem necessitar deixar o cargo para isso. O art. 38 da Constituição trata questão do afastamento e recebimento de remuneração pelo servidor que for eleito para um cargo público:

> **Art. 38.** Ao servidor público da administração direta, autárquica e fundacional, no exercício de mandato eletivo, aplicam-se as seguintes disposições:
>
> I – tratando-se de mandato eletivo federal, estadual ou distrital, ficará afastado de seu cargo ou emprego;
>
> II – investido no mandato de Prefeito, será afastado do cargo, emprego ou função, sendo-lhe facultado optar pela sua remuneração;
>
> III – investido no mandato de Vereador, havendo compatibilidade de horários, perceberá as vantagens de seu cargo, emprego ou função, sem prejuízo da remuneração do cargo eletivo, e, não havendo compatibilidade, será aplicada a norma do inciso anterior;

A partir de sua análise, verifica-se o seguinte:

No caso de o servidor ser eleito para Presidente da República, Deputado Federal, Senador, Deputado Estadual ou Distrital e Governador, ou seja, para cargos federais e estaduais, ficará ele afastado, sem direito à remuneração do cargo efetivo do qual foi afastado, ou seja, entrará em licença, recebendo somente a remuneração do cargo para o qual foi eleito.

No caso de o servidor ter sido eleito Prefeito Municipal, será afastado do cargo efetivo, mas poderá escolher entre a remuneração do cargo efetivo e a de Prefeito. Isso porque, em muitos municípios, o salário de prefeito é menor do que o de muitos cargos públicos federais e estaduais. Essa regra vale também para servidor eleito para o cargo de Vice-Prefeito.[54]

Por fim, no caso de Vereador de ter sido eleito vereador, duas situações se apresentam.

Havendo compatibilidade de horário entre o período de trabalho como vereador e como servidor, não haverá afastamento do servidor, sendo que o mesmo trabalhará em am-

---

[54] STF, ADI nº 199, Rel. Min. Maurício Corrêa, j. 22.04.1998, alterando entendimento anterior da própria Corte.

bos os cargos e, portanto, perceberá tanto o salário de vereador como o do cargo efetivo. Se, por outro lado, não houver tal compatibilidade, deverá o servidor ser afastado do cargo, podendo escolher qual remuneração receberá, ou seja, aplicar-se-á a mesma regra de que se tivesse sido eleito Prefeito.

O esquema a seguir ajuda a organizar essas regras:

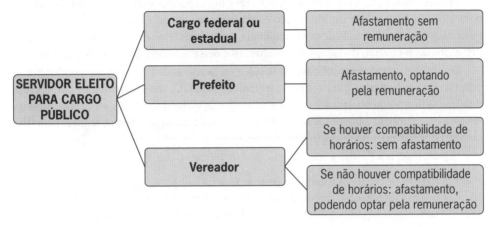

Em caso de afastamento, ao final do mandato eletivo poderá o servidor retornar ao cargo que ocupa na Administração Pública.

Essas disposições somente se aplicam ao servidor efetivo. Os servidores ocupantes de cargo em comissão não terão direito a este afastamento, devendo solicitar a exoneração para que possam tomar posse no cargo para o qual tenham sido eleitos.

Afastado para o exercício de mandato eletivo, o tempo de serviço do servidor será contado para todos os efeitos legais, exceto para promoção por merecimento.

Por fim, o inciso V do art. 38 da Constituição, incluído pela EC nº 103/2019, estabelece que, na hipótese de o servidor eleitor ser segurado de regime próprio de previdência social, permanecerá filiado a esse regime, no ente federativo de origem.

Decifrando a prova

(Promotor de Justiça Substituto-SC – MPE-SC – 2019) Nos casos em que a Constituição da República Federativa do Brasil estabelece o afastamento do servidor público da administração direta, autárquica e fundacional para o exercício de mandato eletivo, o tempo de serviço será contado para todos os efeitos legais, inclusive para promoção por merecimento.
( ) Certo   ( ) Errado
Gabarito comentado: de acordo com o art. 38, IV, da Constituição Federal, em qualquer caso que exija o afastamento do servidor para o exercício de mandato eletivo, seu tempo de serviço será contado para todos os efeitos legais, exceto para promoção por merecimento. Portanto, a assertiva está errada.

422 Direito Constitucional Decifrado

16.17. NORMAS GERAIS APLICÁVEIS AOS SERVIDORES PÚBLICOS

Embora a Constituição Federal já estabeleça várias regras sobre os servidores públicos no art. 37, em seus arts. 39 e 40 traz outras disposições específicas sobre o tratamento que deve ser dispensado a eles.

Primeiramente, deve-se entender que os servidores públicos são pessoas que trabalham para a União, Estado, DF ou Município e cuja relação com esse ente é regida por uma lei específica daquele ente da Federação, chamada normalmente de estatuto. No caso da União, por exemplo, o estatuto do servidor público civil é determinado pela Lei nº 8.112/1990.

Ou seja, os servidores públicos não se sujeitam às regras da CLT, mas são regidos por lei própria. Os funcionários públicos que são regidos pela CLT são chamados de empregados públicos, e normalmente trabalham em sociedades de economia mista e empresas públicas, embora haja também a possibilidade de funcionários de autarquias serem regidos pela CLT, caso em que também serão empregados públicos.

Vejamos o que a CF diz a respeito:

> **Art. 39.** A União, os Estados, o Distrito Federal e os Municípios instituirão, no âmbito de sua competência, regime jurídico único e planos de carreira para os servidores da administração pública direta, das autarquias e das fundações públicas.

O Supremo Tribunal Federal deferiu medida cautelar no bojo da ADI 2.135,[55] a fim de suspender, com efeitos *ex nunc*, a eficácia do art. 39 da CF, na redação dada pela EC nº 19/1998 por conta de vício formal na sua elaboração no que se refere a esse dispositivo,[56] ficando mantida, então, até segunda ordem daquela Corte, a redação original da Constituição Federal, que é a reproduzida acima.

Dispõe o § 1º do mesmo art. 39:

> § 1º A fixação dos padrões de vencimento e dos demais componentes do sistema remuneratório observará:
>
> I – a natureza, o grau de responsabilidade e a complexidade dos cargos componentes de cada carreira;
>
> II – os requisitos para a investidura;
>
> III – as peculiaridades dos cargos.

Conforme já vimos, a remuneração dos servidores públicos é definida por lei de iniciativa privativa de cada um dos poderes. O que o § 1º do art. 39 faz é definir critérios que

---

[55] STF, ADI nº 2.135-4-MC, Rel. designada Min. Ellen Gracie, j. 02.08.2007.

[56] A redação trazida pela EC nº 19/1998, cuja eficácia encontra-se suspensa, é a seguinte: "Art. 39. A União, os Estados, o Distrito Federal e os Municípios instituirão conselho de política de administração e remuneração de pessoal, integrado por servidores designados pelos respectivos Poderes", sendo que a principal alteração trazida seria a extinção do regime jurídico único para os servidores em cada esfera de governo.

devem ser observados na definição desses valores, que devem ser individualizados para cada cargo.

§ 2º A União, os Estados e o Distrito Federal manterão escolas de governo para a formação e o aperfeiçoamento dos servidores públicos, constituindo-se a participação nos cursos um dos requisitos para a promoção na carreira, facultada, para isso, a celebração de convênios ou contratos entre os entes federados.

A preocupação aqui é com o constante aperfeiçoamento e formação dos servidores públicos, o que deve ser propiciado pela Administração Pública, seja através de escolhas próprias, seja pela contratação de instituições privadas, seja por meio de convênios ou contratos para utilização de serviços de escolas de outros entes da Federação.

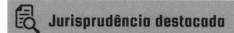

A necessidade de formação e o aprimoramento profissional no âmbito da Administração Pública (art. 39, § 2º, da CF) permite o exercício de atividades de docência por parte dos próprios agentes públicos, os quais passam a desempenhar funções diversas para as quais foram investidos. No caso, a compensação pelo exercício voluntário de função de magistério policial, em Academia de Polícia ou em outra área da segurança Pública do Estado de Mato Grosso do Sul, busca indenizar o exercício de atividade que, em rigor, não está incluída nas atribuições legais do cargo titularizado pelo docente, seja de Delegado ou outro pertencente à Polícia Judiciária Mato-grossense. Definição de único e idêntico limite máximo mensal para a percepção da vantagem, aplicável a todos os profissionais de polícia que desempenhem atividades de ensino na Academia de Polícia, independentemente do cargo que ocupam (STF, ADI nº 6.017, Rel. Min. Alexandre de Moraes, j. 27.09.2019).

16.17.1. Direitos trabalhistas aplicáveis aos servidores públicos

O art. 39, § 3º, da Constituição Federal, enumera os direitos trabalhistas previstos na Constituição que se aplicam aos servidores públicos:

§ 3º Aplica-se aos servidores ocupantes de cargo público o disposto no art. 7º, IV, VII, VIII, IX, XII, XIII, XV, XVI, XVII, XVIII, XIX, XX, XXII e XXX, podendo a lei estabelecer requisitos diferenciados de admissão quando a natureza do cargo o exigir.

De acordo com o dispositivo, são assegurados os seguintes direitos constitucionais aos servidores públicos da União, Estados, Distrito Federal e Municípios:

a. salário mínimo;
b. garantia de salário, nunca inferior ao mínimo, para os que percebem remuneração variável;
c. décimo terceiro salário;
d. remuneração do trabalho noturno superior à do diurno;

424   Direito Constitucional Decifrado

e. salário-família pago em razão dos dependentes, para os servidores de baixa renda;
f. duração do trabalho normal não superior a oito horas diárias e quarenta e quatro semanais;
g. repouso semanal remunerado;
h. remuneração do serviço extraordinário superior, no mínimo, em cinquenta por cento à do normal;
i. gozo de férias anuais remuneradas com, pelo menos, um terço a mais do que o salário normal;
j. licença à gestante;
k. licença-paternidade;
l. proteção do mercado de trabalho da mulher;
m. redução dos riscos inerentes ao trabalho, por meio de normas de saúde, higiene e segurança;
n. proibição de diferença de salários, de exercício de funções e de critério de admissão por motivo de sexo, idade, cor ou estado civil.

Além desses direitos garantidos constitucionalmente, o servidor usufrui também daqueles previstos na legislação infraconstitucional, especialmente em seu estatuto respectivo.

Deve-se observar que, em se tratando de empregados públicos, e não servidores, terão os primeiros exatamente os mesmos direitos previstos no art. 7º da Constituição para todos os trabalhadores urbanos e rurais, uma vez que se submetem ao mesmo regime que os trabalhadores da iniciativa privada.

Em relação ao salário mínimo garantido ao servidor público, deve-se observar que o Supremo Tribunal Federal entende que não deve ser inferior àquele a remuneração total recebida, sendo inconstitucional a vinculação do vencimento básico ao salário mínimo, conforme substanciando na Súmula Vinculante nº 16.[57]

16.17.2. Remuneração por subsídio

O § 4º do art. 39 traz os cargos que devem ser obrigatoriamente remunerados por meio de subsídio:

> § 4º O membro de Poder, o detentor de mandato eletivo, os Ministros de Estado e os Secretários Estaduais e Municipais serão remunerados exclusivamente por subsídio fixado em parcela única, vedado o acréscimo de qualquer gratificação, adicional, abono, prêmio, verba de representação ou outra espécie remuneratória, obedecido, em qualquer caso, o disposto no art. 37, X e XI.

O subsídio consiste em um pagamento mensal único como retribuição ao trabalho desempenhado pelo servidor ou membro de Poder. Assim, quem recebe por subsídio não poderá receber acréscimos mensais ao seu vencimento, evitando-se assim os chamados "penduricalhos".

---

[57] Súmula Vinculante nº 16: "Os arts. 7º, IV, e 39, § 3º (redação da EC nº 19/1998), da Constituição, referem-se ao total da remuneração percebida pelo servidor público".

A ideia é garantir maior transparência sobre os valores efetivamente recebidos pelos agentes públicos.

De acordo com o dispositivo constitucional devem necessariamente receber por meio de subsídio: os membros de Poder – nessa categoria incluem-se o chefe do Poder Executivo, os parlamentares e os magistrados –, os detentores de mandato eletivo, os Ministros de Estado e os Secretários Estaduais e Municipais.

Os demais servidores organizados em carreira podem receber por subsídio, se a lei assim o determinar, conforme dispõe o § 8º do mesmo art. 39, sendo que a instituição do regime de subsídio não pode acarretar redução salarial ao servidor.[58]

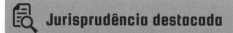

O regime de subsídio é incompatível com outras parcelas remuneratórias de natureza mensal, o que não é o caso do 13º salário e do terço constitucional de férias, pagos a todos os trabalhadores e servidores com periodicidade anual (STF, RE nº 650.898, Rel. designado Min. Roberto Barroso, j. 27.09.2019).

16.17.3. Disposições diversas

O § 6º do art. 39 dispõe sobre a obrigatoriedade de divulgação dos valores das remunerações dos servidores e empregados públicos:

> § 6º Os Poderes Executivo, Legislativo e Judiciário publicarão anualmente os valores do subsídio e da remuneração dos cargos e empregos públicos.

A ideia do dispositivo é garantir maior transparência, para que a sociedade possa saber o quanto recebem os ocupantes de cargos e empregos públicos, uma vez que sua remuneração é custeada pelos cofres públicos.

Essa divulgação pode ser feita por meio da internet, inclusive com a discriminação nominal de cada servidor e o valor por ele recebido.[59]

> § 7º Lei da União, dos Estados, do Distrito Federal e dos Municípios disciplinará a aplicação de recursos orçamentários provenientes da economia com despesas correntes em cada órgão, autarquia e fundação, para aplicação no desenvolvimento de programas de qualidade e produtividade, treinamento e desenvolvimento, modernização, reaparelhamento e racionalização do serviço público, inclusive sob a forma de adicional ou prêmio de produtividade.

---

[58] STF, ADI nº 3.923, Rel. Min. Eros Grau, j. 16.08.2007.
[59] STF, ARE nº 652.777, Rel. Min. Teori Zavascki, j. 23.04.2015.

O que se busca pelo disposto no § 7º é incentivar a economia de recursos públicos, permitindo que o valor reduzido nas despesas correntes seja aplicado nos próprios órgãos ou mesmo revertido em parte para os próprios servidores. Trata-se, porém, de norma de eficácia limitada, requerendo lei para sua aplicação.

> § 9º É vedada a incorporação de vantagens de caráter temporário ou vinculadas ao exercício de função de confiança ou de cargo em comissão à remuneração do cargo efetivo.

A EC nº 103/2019 acrescentou esse parágrafo ao art. 39 da Constituição, proibindo, a partir de sua entrada em vigor, a incorporação de vantagens temporárias ou devidas pelo exercício de função comissionada ou cargo em comissão à remuneração do cargo efetivo.

Na esfera federal, isso já não acontecia desde 1998, mas ainda era muito comum nos Estados e Municípios que um servidor, por exemplo, que ocupasse um cargo de chefia, incorporasse à sua remuneração, depois de um tempo, o valor do adicional que recebia, continuando a recebê-lo mesmo depois que deixasse a função comissionada. A partir da emenda constitucional citada isso não se tornou mais possível. Aqueles servidores, porém, que já possuíam parcelas incorporadas à sua remuneração não podem sofrer redução, devendo ser respeitado seu direito adquirido.

16.18. REGIME DE PREVIDÊNCIA DO SERVIDOR PÚBLICO

O sistema previdenciário no Brasil prevê a existência de dois grandes regimes, embora as diferenças entre eles tenham sido significativamente reduzidas nos últimos anos:

a. o regime geral aplicável aos trabalhadores da iniciativa privada, empregados públicos e servidores ocupantes de cargos em comissão, regulado pelo art. 201 da Constituição Federal;

b. o regime próprio de previdência dos servidores públicos efetivos, regido pelas disposições do art. 40 da Constituição.

Dispõe tal artigo, com a redação dada pela EC nº 103/2019:

> **Art. 40.** O regime próprio de previdência social dos servidores titulares de cargos efetivos terá caráter contributivo e solidário, mediante contribuição do respectivo ente federativo, de servidores ativos, de aposentados e de pensionistas, observados critérios que preservem o equilíbrio financeiro e atuarial.

Somente servidores efetivos aposentam-se por regime próprio. Os ocupantes de cargo em comissão, assim como os empregados públicos, sujeitam-se ao Regime Geral da Previdência Social, administrado pelo Instituto Nacional da Seguridade Social (INSS).[60]

---

[60] Deve-se, porém, atentar para o fato de que nem todos os Municípios, especialmente os menores, possuem uma caixa de previdência organizada. Nesses casos em que o servidor público municipal não está vinculado a regime próprio de previdência, estará ele sujeito ao regime geral, aplicável

Capítulo 16 ◆ Administração Pública **427**

O regime de previdência do servidor público é de contribuição tripartite: ente público (União, Estado, Distrito Federal ou Município), servidores ativos e servidores inativos, incluindo nessa última categoria, os pensionistas.

A contribuição dos servidores inativos e pensionistas, porém, via de regra, somente incidirá sobre o valor que ultrapassar o teto da aposentadoria do regime geral de previdência social ou, se o servidor for portador de doença incapacitante, na forma da lei, sobre o valor que ultrapassar o dobro desse teto. A exceção ocorre no caso de ocorrência de déficit atuarial, uma vez que a EC nº 103/2019 passou a permitir que, nesse caso, a contribuição ordinária dos aposentados e pensionistas incida sobre o valor dos proventos de aposentadoria e de pensões que superar o salário mínimo.

O art. 149, § 1º, da Constituição Federal, com a redação dada pela EC nº 103/2019, permite que as contribuições cobradas dos servidores ativos, dos aposentados e dos pensionistas para o custeio do regime próprio de previdência social tenham alíquotas progressivas, de acordo com o valor da base de contribuição ou dos proventos de aposentadoria e de pensões, semelhantemente, por exemplo, ao que ocorre com o imposto de renda cobrado das pessoas físicas, que possui várias faixas de tributação, de acordo com o valor da renda percebida pelo contribuinte.

Por fim, deve-se destacar que, conforme previsão constitucional e assim como ocorre com o regime geral, o regime de previdência do servidor também é de caráter contributivo e solidário, ou seja, para usufruir do regime, é necessário que o servidor contribua para o mesmo (caráter contributivo), e aqueles que o fazem não formarão um fundo financeiro pessoal, mas suas contribuições serão utilizadas para o pagamento das pensões, aposentadorias e outros benefícios do regime para aqueles que atualmente possuem direito à sua fruição (caráter solidário). A formação de uma reserva pessoal somente se aplica à previdência complementar do servidor.

Jurisprudência destacada

O sistema público de previdência social é fundamentado no princípio da solidariedade (art. 3º, I, da Constituição do Brasil/1988), contribuindo os ativos para financiar os benefícios pagos aos inativos. Se todos, inclusive inativos e pensionistas, estão sujeitos ao pagamento das contribuições, bem como aos aumentos de suas alíquotas, seria flagrante a afronta ao princípio da isonomia se o legislador distinguisse, entre os beneficiários, alguns mais e outros menos privilegiados, eis que todos contribuem, conforme as mesmas regras, para financiar o sistema. Se as alterações na legislação sobre custeio atingem a todos, indiscriminadamente, já que as contribuições previdenciárias têm natureza tributária, não há que se estabelecer discriminação entre os beneficiários, sob pena de violação do princípio constitucional da isonomia (STF, RE nº 450.855-AgR, Rel. Eros Grau, j. 23.08.2005).

---

aos trabalhadores da iniciativa privada, empregados públicos e ocupantes de cargos em comissão, ainda que sua relação com o Município se dê por meio de regime estatutário.

428 Direito Constitucional Decifrado

> ### 🧩 Decifrando a prova
>
> **(Juiz de Direito Substituto-RO – Vunesp – 2019 – Adaptada)** De acordo com a Constituição Federal, aplica-se o regime próprio de previdência social ao servidor ocupante, exclusivamente, de cargo em comissão declarado em lei de livre nomeação e exoneração bem como de outro cargo temporário ou de emprego público.
>
> ( ) Certo ( ) Errado
>
> **Gabarito comentado:** o servidor ocupante, exclusivamente, de cargo em comissão, de outro cargo temporário, inclusive mandato eletivo, ou de emprego público, aplica-se o Regime Geral de Previdência Social, conforme disposto no art. 40, § 13, da Constituição Federal. Portanto, a assertiva está errada.

16.18.1. Categorias de aposentadoria do servidor público

De acordo com a atual redação do § 1º do art. 40 da Constituição Federal, o servidor público pode se aposentar de três formas: por incapacidade permanente, compulsoriamente ou voluntariamente.

A aposentadoria por incapacidade permanente, anteriormente denominada aposentadoria por invalidez, ocorre quando o servidor, por alguma razão, tornar-se inapto física ou mentalmente para o exercício de seu cargo e não for possível readaptá-lo, colocando-o em outra função compatível como a restrição adquirida. Deve-se observar que a incapacidade deve ser permanente, ou seja, sem perspectiva de superação no curto prazo, porque, se isso ocorrer, o servidor deve simplesmente ser licenciado por motivo de saúde.

A EC nº 103/2019 inovou ao exigir que o servidor aposentado por incapacidade passe por avaliações periódicas. Isso porque mesmo o servidor declarado incapaz permanentemente pode eventualmente vir a se recuperar da limitação, recuperando a capacidade de trabalho, caso em que deverá retornar à ativa.

A mesma emenda também retirou a garantia de que os aposentados por invalidez decorrente de acidente em serviço, moléstia profissional ou doença grave recebessem proventos integrais, ou seja, recebessem como aposentados o mesmo valor que recebiam na ativa, ficando essa matéria a ser regulamentada pela legislação infraconstitucional.

A aposentadoria compulsória ocorre quando o servidor alcança determinada idade, e se justifica – embora tal seja discutível – pela presunção de que, a partir de determinado estágio da vida, já não possui mais condições físicas ou mentais de desempenhar suas funções com a mesma desenvoltura e eficiência, devendo ser afastado do serviço público.

De acordo com o art. 40, II, da Constituição, a idade para aposentadoria compulsória seria, via de regra, aos 70 anos, exceto nos casos previstos em lei complementar, em que a aposentadoria se dará aos 75 anos. No entanto, a Lei Complementar nº 152/2015 acabou por transformar a exceção em regra, ao estabelecer que serão aposentados aos 75 anos os servidores titulares de cargos efetivos da União, dos Estados, do Distrito Federal e dos Mu-

Capítulo 16 • Administração Pública **429**

nicípios, incluídas suas autarquias e fundações, bem como os membros do Poder Judiciário, do Ministério Público, das Defensorias Públicas e dos Tribunais e dos Conselhos de Contas, fazendo com que na prática a aposentadoria compulsória se dê aos 75 para todos os servidores públicos efetivos.

A aposentadoria compulsória será proporcional ao tempo de contribuição, se o servidor ainda não contribuir pelo tempo total exigido para a aposentadoria voluntária integral.

Importante observar que a EC nº 103/2019, ao incluir o § 16 no art. 201 da Constituição, estendeu a aposentadoria compulsória aos empregados dos consórcios públicos, das empresas públicas, das sociedades de economia mista e das suas subsidiárias, embora estes sejam celetistas e, assim, estejam obrigatoriamente filiados ao regime geral de previdência social.

A aposentadoria voluntária caracteriza-se pelo fato de ser requerida pelo servidor, diferentemente das outras duas, desde que tenham sido preenchidos os requisitos constitucionais e legais.

Atualmente, a Constituição estabelece idade mínima para a aposentadoria voluntária, exigindo para os servidores federais no mínimo 65 anos, se homem, e 62 anos, se mulher. Diferentemente da redação anterior do art. 40, III, que estabelecia os mesmos critérios para todos os servidores, atualmente o mesmo dispositivo estabelece que, nos Estados e Municípios, a idade mínima de aposentadoria voluntária para os seus servidores deverá ser determinada em suas respectivas Constituições Estaduais e Leis Orgânicas, podendo, assim, ser distinta da adotada pela União.

A Constituição também prevê que, observados os critérios estabelecidos em lei do respectivo ente federativo, o servidor titular de cargo efetivo que tenha completado as exigências para a aposentadoria voluntária e que optar por permanecer em atividade poderá receber um adicional na remuneração – o chamado abono de permanência –, o qual corresponderá, no máximo, ao valor da sua contribuição previdenciária, até completar a idade para aposentadoria compulsória.

16.18.2. Cálculo dos proventos de aposentadoria

Os valores dos proventos de aposentadoria do servidor público atualmente são determinados pela lei, não trazendo mais a Constituição, como fazia, disposições específicas sobre esse cálculo, mas somente estabelecendo que tais proventos não poderão ser inferiores ao valor do salário mínimo nem superiores ao limite máximo estabelecido para o Regime Geral de Previdência Social, o chamado "teto do INSS", deixando a regulamentação do cômputo para as leis de cada ente Federativo (art. 40, § 3º).

Não obstante isso, o § 14 do art. 40 da Constituição estatui que a União, os Estados, o Distrito Federal e os Municípios devem oferecer regime de previdência complementar para servidores públicos ocupantes de cargo efetivo, sendo o mesmo opcional ao servidor que já tiver ingressado no serviço público até a data da publicação do ato de instituição do correspondente regime de previdência complementar.

Também não se deve deixar de citar que a Constituição exige, no § 8º de seu art. 40, que todos os benefícios do regime próprio de previdência do servidor público deverão ser reajustados, na forma da lei, para a preservação permanente de seu valor real, evitando que a inflação venha a aviltá-los.

16.18.3. Aposentadoria especial

A Constituição expressamente veda a adoção de requisitos ou critérios diferenciados para concessão de benefícios no regime próprio de previdência social do servidor públicos, abrindo somente as seguintes exceções, que deverão ser regulamentadas por lei complementar dos respectivos entes federativos:

a. estabelecimento de idade e tempo de contribuição diferenciados para aposentadoria de servidores com deficiência, previamente submetidos a avaliação biopsicossocial realizada por equipe multiprofissional e interdisciplinar;
b. estabelecimento de idade e tempo de contribuição diferenciados para aposentadoria de ocupantes do cargo de agente penitenciário, de agente socioeducativo ou de policial federal, rodoviário federal, ferroviário federal ou civil, bem como de membro da polícia legislativa;
c. estabelecimento de idade e tempo de contribuição diferenciados para aposentadoria de servidores cujas atividades sejam exercidas com efetiva exposição a agentes químicos, físicos e biológicos prejudiciais à saúde, ou associação desses agentes, sendo, porém, vedada a caracterização genérica por categoria profissional ou ocupação.

Por fim, o § 5º do mesmo art. 40 mantém requisitos diferenciados para professores, estabelecendo que aqueles que comprovarem tempo de efetivo exercício das funções de magistério na educação infantil e no ensino fundamental e médio, conforme fixado em lei complementar do respectivo ente federativo, terão idade mínima reduzida em cinco anos em relação aos demais servidores.

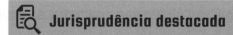
Jurisprudência destacada

Para a concessão da aposentadoria especial de que trata o art. 40, § 5º, da Constituição, conta-se o tempo de efetivo exercício, pelo professor, da docência e das atividades de direção de unidade escolar e de coordenação e assessoramento pedagógico, desde que em estabelecimentos de educação infantil ou de ensino fundamental e médio (STF, RE nº 1.039.644 RG, Rel. Min. Alexandre de Moraes, j. 13.10.2017).

16.18.4. Pensão por morte do servidor

A Constituição estabelece que, quando se tratar da única fonte de renda formal auferida pelo dependente, o benefício de pensão por morte será concedido nos termos de lei do respectivo ente federativo, a qual deverá tratar de forma diferenciada a hipótese de morte dos

Capítulo 16 ♦ Administração Pública **431**

servidores de segurança pública decorrente de agressão sofrida no exercício ou em razão da função.

Em qualquer caso, o valor da pensão por morte não poderá ser inferior ao valor do salário mínimo.

16.18.5. Proibição de contagem de tempo de contribuição fictício

O § 10 do art. 40 proíbe expressamente qualquer forma de contagem de tempo de contribuição fictício, o que ocorria muitas vezes antes da redação atual do dispositivo constitucional (incluído pela EC nº 20/1998) e contribuía para a deterioração da saúde das contas públicas.

16.18.6. Teto de aposentadoria e pensões no serviço público

A Constituição permite que a União, os Estados, o Distrito Federal e os Municípios fixem, para o valor das aposentadorias e pensões a serem concedidas pelo regime de previdência do servidor, o mesmo limite máximo estabelecido para os benefícios do regime geral de previdência social.

Para isso, porém, eles devem instituir regime de previdência complementar, opcional para os servidores, o qual deve ser oferecido por intermédio de entidades fechadas de previdência complementar, de natureza pública, devendo os planos serem somente da modalidade de contribuição definida.

16.18.7. Normas gerais de organização dos regimes próprios de aposentadoria

O § 22 do art. 40 da Constituição veda a instituição de novos regimes próprios de previdência social, estipulando ainda que lei complementar federal deve estabelecer, para os que já existam, normas gerais de organização, de funcionamento e de responsabilidade em sua gestão, dispondo, entre outros aspectos, sobre:

a. requisitos para sua extinção e consequente migração para o Regime Geral de Previdência Social;

b. modelo de arrecadação, de aplicação e de utilização dos recursos;

c. fiscalização pela União e controle externo e social;

d. definição de equilíbrio financeiro e atuarial;

e. condições para instituição, pela União, Estados, Distrito Federal e Municípios de fundos integrados pelos recursos provenientes de contribuições e por bens, direitos e ativos de qualquer natureza, mediante lei que disporá sobre a natureza e administração desses fundos;

f. mecanismos de equacionamento do *déficit* atuarial;

g. estruturação do órgão ou entidade gestora do regime, observados os princípios relacionados com governança, controle interno e transparência;

h. condições e hipóteses para responsabilização daqueles que desempenhem atribuições relacionadas, direta ou indiretamente, com a gestão do regime;
i. condições para adesão a consórcio público; e
j. parâmetros para apuração da base de cálculo e definição de alíquota de contribuições ordinárias e extraordinárias.

16.18.8. Cassação da aposentadoria

Embora a Constituição Federal silencie a respeito, é comum os estatutos de servidores públicos em geral preverem a pena de cassação da aposentadoria, que consiste na perda do direito à aposentadoria, normalmente por infração praticada no período de atividade para o qual a lei preveja a perda do cargo público. Assim, tendo o servidor aposentado, praticado, antes da inatividade, ilícito administrativo punível com demissão, mas que somente seja descoberto após sua aposentadoria, poderá ele perder o direito à mesma. A constitucionalidade da possibilidade de cassação de aposentadoria é referendada pelo Supremo Tribunal Federal.[61]

16.18.9. Tabeliães e oficiais de registros públicos

Em relação aos tabeliães e oficiais de registros públicos, bem como a seus serventuários, entende o STF que eles não devem se aposentar pelo regime próprio dos servidores públicos, devendo se submeter ao regime geral, devido ao fato de não serem servidores públicos e sua remuneração não ser custeada diretamente pelos cofres públicos.[62]

Jurisprudência destacada

A aposentadoria é direito constitucional que se adquire e se introduz no patrimônio jurídico do interessado no momento de sua formalização pela entidade competente. Em questões previdenciárias, aplicam-se as normas vigentes ao tempo da reunião dos requisitos de passagem para a inatividade. Somente os servidores públicos que preenchiam os requisitos estabelecidos na EC nº 20/1998, durante a vigência das normas por ela fixadas, poderiam reclamar a aplicação das normas nela contida, com fundamento no art. 3º da EC nº 41/2003. Os servidores públicos, que não tinham completado os requisitos para a aposentadoria quando do advento das novas normas constitucionais, passaram a ser regidos pelo regime previdenciário estatuído na EC nº 41/2003, posteriormente alterada pela EC nº 47/2005 (STF, ADI nº 3.104, Rel. Min. Cármen Lúcia, j. 26.09.2007).

---

[61] STF, ADPF nº 418, Rel. Min. Alexandre de Moraes, j. 15.04.2020.
[62] STF, ADI nº 575, Rel. Min. Sepúlveda Pertence, j. 25.03.1999.

Capítulo 16 ◆ Administração Pública **433**

16.19. ESTABILIDADE DO SERVIDOR PÚBLICO

A Constituição Federal prevê a estabilidade do servidor público concursado, após três anos de efetivo exercício do cargo. Essa estabilidade, mais do que ser um direito do servidor, é uma garantia de que o Estado e, em especial o serviço público, não será afetado por mudanças de governo, de forma a ser manipulado a favor de objetivos pessoais ou partidários.

É o art. 41 da Constituição que dispõe sobre o assunto:

> **Art. 41.** São estáveis após três anos de efetivo exercício os servidores nomeados para cargo de provimento efetivo em virtude de concurso público.
>
> § 1º O servidor público estável só perderá o cargo:
>
> I – em virtude de sentença judicial transitada em julgado;
>
> II – mediante processo administrativo em que lhe seja assegurada ampla defesa;
>
> III – mediante procedimento de avaliação periódica de desempenho, na forma de lei complementar, assegurada ampla defesa.

Assim, após três anos de exercício de fato – no caso de afastamentos e licenças, sua duração não será computada no prazo –, tem o servidor direito à estabilidade no serviço público.

No entanto, essa estabilidade não é absoluta, sendo que o próprio art. 41 prevê que o servidor estável poderá perder o cargo por:

a. **sentença judicial transitada em julgado:** nesse caso, a demissão do servidor é determinada por uma decisão do Poder Judiciário da qual não cabe mais recurso. Aplica-se nos casos em que a lei determinar como penalidade por alguma infração a perda do cargo público;

b. **processo administrativo em que lhe seja assegurada ampla defesa:** aplica-se às situações na qual o servidor pratique algum ilícito administrativo para o qual a lei preveja a perda do cargo. Aqui, diferentemente do que ocorre no caso anterior, a decisão de desligamento parte da própria Administração Pública que, nos casos previstos em lei, não precisará recorrer ao Judiciário para demitir o servidor. Como em todo processo administrativo, porém, deve ser assegurado ao servidor o contraditório e a ampla defesa, sem os quais a decisão de demissão pode ser anulada;

c. **processo de avaliação periódica de desempenho:** nesse caso, porém, trata-se de norma de eficácia limitada, uma vez que a Constituição prevê a necessidade de lei complementar que estabeleça o procedimento de avaliação periódica dos servidores, sendo que aqueles que apresentassem um desempenho insuficiente poderiam ser desligados. No particular, existe discussão sobre se a tal "lei complementar" a que se refere o art. 41, § 1º, III, da Constituição Federal deveria ser federal – ao menos estabelecendo regras gerais – ou se poderia ser editada em cada Ente da Federação, de forma que, por lei complementar de sua alçada, cada um deles possa regulamentar o assunto.

Parece-nos que a primeira posição é a mais acertada. Isso porque, estabelecendo a Constituição Federal as estritas hipóteses em que o servidor poderá perder o cargo público – o que se aplica a servidores federais, estaduais e municipais –, parece-nos mais razoável que seja também um diploma federal que defina – ao menos em regras gerais – o procedimento e os critérios que devam ser levados em consideração na dita avaliação. Além disso, normalmente quando a Constituição se refere à lei complementar, normalmente está a falar de lei da União, sendo que na maioria das vezes, quando se refere a lei complementar estadual ou municipal, o faz expressamente, o que não ocorre no caso do art. 41, § 1º, III.

De qualquer forma, pelo menos na esfera federal, tal regulamentação ainda não ocorreu, o que não impede, porém, que o servidor seja demitido em caso de manifesta desídia ou grave descumprimento de ordens superiores, se tais penalidades vierem previstas no estatuto respectivo. Nesses casos, porém, a demissão do servidor se dará pela hipótese anterior, ou seja, por conta de um processo administrativo.[63]

Deve-se atentar, porém, que apesar de o texto do art. 41 utilizar a expressão "só" ao se referir às hipóteses de perda do cargo por ela citadas, dando a entender que não poderia haver outras, o art. 169, § 4º, apresenta uma quarta hipótese em que o servidor estável também poderá ser exonerado contra sua vontade: é o caso de estouro do limite máximo de gastos com pessoal, conforme definido em lei complementar, sendo que atualmente quem prevê esse limite é a Lei de Responsabilidade Fiscal – Lei Complementar nº 101/2000.

Para que isso ocorra, porém, de acordo com o próprio constitucional, devem antes terem sido reduzidas em pelo menos 20% as despesas com cargos em comissão e funções de confiança, além de terem sido exonerados todos os servidores não estáveis.

No desligamento do servidor estável por razões orçamentárias, terá ele direito a indenização, que será correspondente a um salário por ano de serviço.

No caso de o servidor conseguir reverter na Justiça sua demissão, qualquer que tenha sido a razão, prevê o § 2º do art. 41 que deverá ser ele reintegrado, e o eventual ocupante da vaga, se estável, será reconduzido ao cargo de origem, sem direito a indenização; aproveitado em outro cargo ou posto em disponibilidade com remuneração proporcional ao tempo de serviço.

Sendo reintegrado por anulação da decisão de demissão, terá o servidor direito a todos os valores e vantagens que deixou de receber no período em que estava desligado do cargo.

Em caso de extinção ou declaração de desnecessidade do cargo ocupado por servidor estável, será ele colocado em disponibilidade, com remuneração proporcional ao tempo de serviço, até seu adequado aproveitamento em outro cargo.

A disponibilidade é uma situação em que o servidor público fica temporariamente sem seu cargo, aguardando para posteriormente ser reaproveitado (recolocado) no mesmo ou em outro cargo semelhante.

---

[63] STF, ADI nº 5.437, Rel. Min. Cármen Lúcia, j. 23.11.2020.

Jurisprudência destacada

Os empregados públicos não fazem jus à estabilidade prevista no art. 41 da CF, salvo aqueles admitidos em período anterior ao advento da EC nº 19/1998. (...) Em atenção, no entanto, aos princípios da impessoalidade e isonomia, que regem a admissão por concurso público, a dispensa do empregado de empresas públicas e sociedades de economia mista que prestam serviços públicos deve ser motivada, assegurando-se, assim, que tais princípios, observados no momento daquela admissão, sejam também respeitados por ocasião da dispensa. A motivação do ato de dispensa, assim, visa a resguardar o empregado de uma possível quebra do postulado da impessoalidade por parte do agente estatal investido do poder de demitir. Recurso extraordinário parcialmente provido para afastar a aplicação, ao caso, do art. 41 da CF, exigindo-se, entretanto, a motivação para legitimar a rescisão unilateral do contrato de trabalho (STF, RE nº 589.998, Rel. Min. Ricardo Lewandowski, j. 20.03.2013).

Interessante observar que o art. 198, § 6º, da Constituição Federal, com a redação dada pela Emenda nº 51/2006, traz ainda uma quinta hipótese de perda de cargo público do servidor estável, a qual se aplica somente àqueles que exerçam funções equivalentes às de agente comunitário de saúde ou de agente de combate às endemias, determinando que os mesmos poderão perder seu cargo no caso de descumprimento dos requisitos específicos, fixados em lei, para o seu exercício:

> § 6º Além das hipóteses previstas no § 1º do art. 41 e no § 4º do art. 169 da Constituição Federal, o servidor que exerça funções equivalentes às de agente comunitário de saúde ou de agente de combate às endemias poderá perder o cargo em caso de descumprimento dos requisitos específicos, fixados em lei, para o seu exercício.

Na verdade, essa hipótese pode melhor ser entendida como uma relativização da hipótese de perda de cargo por conta de avaliação periódica de desempenho, permitindo que, especificamente no caso de agente comunitário de saúde ou de agente de combate às endemias, a regulamentação seja feita por lei ordinária, e não lei complementar.

Decifrando a prova

(Promotor de Justiça Substituto-SC – MPE-SC – 2019) São estáveis após três anos de efetivo exercício os servidores nomeados para cargo de provimento efetivo em virtude de concurso público. Os empregados públicos não fazem jus à referida estabilidade, salvo aqueles admitidos em período anterior ao advento da Emenda Constitucional nº 19/1998, razão pela qual prescinde de motivação a dispensa dos empregados de empresas públicas e sociedades de economia mista que prestam serviços públicos e que ingressaram após a referida emenda.

( ) Certo   ( ) Errado

> **Gabarito comentado:** embora a primeira parte da assertiva esteja correta, a segunda está errada porque a dispensa de empregados públicos requer motivação, uma vez que essa é exigida, como regra geral, para entidades tanto da administração direta como da indireta, de direito público ou privado (STF, RE 589.998). Portanto, a assertiva está errada.

16.19.1. Estágio probatório

Nomeado para um cargo efetivo, estará o servidor sujeito a um período de avaliação de seu desempenho – denominado de estágio probatório –, em que será verificada a sua aptidão e competências específicas para o exercício do cargo público, muitas das quais não são passíveis de avaliação somente por meio do concurso público.

A regulamentação do estágio probatório é de competência de cada ente da Federação, mas o prazo de sua duração é uniforme para as três esferas de governo, sendo atualmente de três anos. Isso porque entende o STF que o prazo do estágio probatório deve ser o mesmo que o exigido para a aquisição da estabilidade.[64]

Uma vez aprovado no estágio probatório do primeiro cargo público, ultrapassado o período de três anos de efetivo exercício, será o servidor considerado estável, somente podendo perder o cargo nas hipóteses vistas acima. Se for reprovado, será exonerado do cargo, devendo, porém, ser garantido o contraditório e ampla defesa. A exoneração pode até ocorrer após o prazo de três anos, desde que as avaliações de desempenho sejam efetuadas dentro desse prazo, uma vez que o ato de exoneração, nesse caso, tem natureza declaratória, e não constitutiva.[65]

Não se deve confundir a estabilidade com o estágio probatório, uma vez que se trata de institutos diferentes.

A estabilidade diz respeito à relação do servidor com o serviço público, e não com um cargo específico. Já o estágio probatório busca verificar as competências e capacidades do servidor para exercer um cargo determinado. A estabilidade é adquirida somente uma vez – exceto se houver rompimento do vínculo que junge o servidor à Administração Pública e posterior reincorporação –, já os estágios probatórios serão tantos quantos os cargos pelos quais o servidor ocupar na área pública.

Assim, se alguém, vindo da iniciativa privada, é aprovado em um concurso público, precisará ser aprovado no estágio probatório e, após sua aprovação, será considerado um servidor estável. Se posteriormente for aprovado em outro concurso público, deverá submeter-se a novo estágio probatório sem, no entanto, perder a sua estabilidade.

16.20. MILITARES

Os militares também são considerados servidores públicos, sendo assim considerados aqueles que integram as forças armadas, na União, e os que, nos Estados, sejam integrantes

---

[64] STF, STA nº 263, Rel. Min. Gilmar Mendes, j. 04.02.2010.
[65] STF, RE nº 805.491-AgR, Rel. Min. Dias Toffoli, j. 23.02.2016.

Capítulo 16 ◆ Administração Pública **437**

de suas polícias militares e de seus corpos de bombeiros militares. Diferentemente do que ocorre com os civis, não existem servidores militares municipais.

Sobre os militares federais, a Constituição dispõe especialmente mais à frente, ao tratar sobre as forças armadas. Em relação aos militares estaduais, é o art. 42 que traz algumas disposições importantes, que devem ser observadas pelas Constituições e leis estaduais:

> **Art. 42.** Os membros das Polícias Militares e Corpos de Bombeiros Militares, instituições organizadas com base na hierarquia e disciplina, são militares dos Estados, do Distrito Federal e dos Territórios.
>
> § 1º Aplicam-se aos militares dos Estados, do Distrito Federal e dos Territórios, além do que vier a ser fixado em lei, as disposições do art. 14, § 8º; do art. 40, § 9º; e do art. 142, §§ 2º e 3º, cabendo a lei estadual específica dispor sobre as matérias do art. 142, § 3º, inciso X, sendo as patentes dos oficiais conferidas pelos respectivos governadores.
>
> § 2º Aos pensionistas dos militares dos Estados, do Distrito Federal e dos Territórios aplica-se o que for fixado em lei específica do respectivo ente estatal.
>
> § 3º Aplica-se aos militares dos Estados, do Distrito Federal e dos Territórios o disposto no art. 37, inciso XVI, com prevalência da atividade militar.

Pela análise do art. 42 e suas remissões a outros constitucionais, observa-se que, em relação aos servidores militares estaduais:

◆ são elegíveis, observado o disposto no art. 14, § 8º, que determina que, se possuírem menos de dez anos de serviço militar, deverão afastar-se da atividade para poderem ser candidatos;

◆ o seu eventual tempo de contribuição federal contado para fins de aposentadoria, e o tempo de serviço correspondente será contado para fins de disponibilidade;

◆ não poderão ser pacientes (beneficiados) em *habeas corpus* que questione punições disciplinares;

◆ submetem-se às mesmas prerrogativas e restrições aplicáveis aos integrantes das Forças Armadas, estabelecidas no art. 142, § 3º, da Constituição Federal, com a diferença de que suas patentes são concedidas pelos Governadores, e não pelo Presidente da República;

◆ devem obedecer às mesmas regras que o servidor civil no que se refere à possibilidade de acumulação de cargos públicos, prevista no art. 37, XVI, da Constituição.

PARTE III

ORGANIZAÇÃO DOS PODERES

17 Poder Legislativo

17.1. INTRODUÇÃO

Como não poderia deixar de ser, estabelece a Constituição uma série de normas relativas à organização e exercício dos poderes, as quais, embora sejam dirigidas especialmente à União, devem muitas delas ser seguidas pelos Estados, Distrito Federal e Municípios, por configurarem princípios extensíveis.

Antes de mais nada, porém, é sempre bom lembrarmos que, para o Direito Constitucional, o poder estatal é uno e indivisível, pois é a expressão da vontade popular, sendo mais adequado falar-se em funções estatais do que em poderes estatais. No entanto, pelo fato de esta segunda expressão estar consagrada pelo seu uso corrente, adotou a Constituição essa terminologia, que também utilizaremos aqui para maior clareza.

O primeiro poder do qual a Constituição trata é o Legislativo, denotando a importância deste em uma democracia, podendo, sem dúvida, ser considerado o mais democrático dos poderes, por conta de sua representatividade. Isso porque, nas eleições legislativas, são eleitos diversos parlamentares em cada esfera de Governo, o que faz com que até mesmo as minorias possam se fazer representadas.

Dá-se o nome de **Poder Legislativo** à função estatal responsável por elaborar as leis que regerão a nação. Além de legislar, também tem a função importante de fiscalizar os demais poderes, especialmente o Executivo, no desempenho de suas funções.

No sistema jurídico brasileiro, também cabe ao Poder Legislativo exercer o poder constituinte derivado reformador, ou seja, alterar a Constituição, através das chamadas emendas, obedecidos os requisitos estabelecidos pelo próprio texto constitucional.

Em virtude da autonomia concedida aos entes da Federação, o Poder Legislativo é representado nas três esferas de Governo, inclusive no Distrito Federal (DF), da seguinte forma:

União	→	Congresso Nacional (Câmara dos Deputados e Senado Federal)
Estados	→	Assembleias Legislativas
DF	→	Câmara Distrital
Municípios	→	Câmaras Municipais ou Câmaras de Vereadores

442 Direito Constitucional Decifrado

Vê-se assim que os órgãos legislativos estaduais recebem o nome de Assembleias Legislativas e os municipais, de Câmara de Vereadores. No entanto, no Distrito Federal, pelo fato de possuir natureza diferenciada, como a de um Estado que não pode dividir-se em Municípios (art. 32 da Constituição), recebeu o órgão legislativo um nome próprio, Câmara Legislativa, a qual, de uma forma geral, poderá exercer as competências legislativas estaduais e municipais.

A Constituição Federal, em seus arts. 44 a 75, traz as normas relativas à organização do Poder Legislativo Federal, embora várias de suas disposições sejam também aplicáveis, por simetria, aos Estados, DF e Municípios.

17.2. CONGRESSO NACIONAL

Na esfera federal, o Poder Legislativo é exercido pelo Congresso Nacional, o qual é organizado de forma bicameral, ou seja, é composto por duas Casas distintas: a Câmara dos Deputados e o Senado Federal. Algumas funções legislativas são exercidas pelo próprio Congresso, em votação conjunta dos deputados e senadores, e outras o são de forma separada pela Câmara e pelo Senado.

A Câmara dos Deputados e o Senado Federal são duas casas que, na maioria das vezes, funcionam de forma independente, mas que, nas atribuições do Congresso Nacional, atuarão de forma conjunta, e na votação de projetos de lei se manifestarão de forma sucessiva, ou seja, primeiro aprova-se o projeto em uma Casa, depois na outra (denominada revisora).

O Congresso Nacional é presidido pelo Presidente do Senado Federal, eleito pelos próprios senadores, cabendo a ele a chefia do Poder Legislativo Federal.

No exercício de sua competência fiscalizadora, permite o art. 50 da Constituição Federal que a Câmara dos Deputados, o Senado Federal e qualquer de suas Comissões possa convocar Ministro de Estado ou quaisquer titulares de órgãos diretamente subordinados à Presidência da República para prestarem, pessoalmente, informações sobre assunto previamente determinado. Também poderão ser encaminhados, pelas Mesas da Câmara dos Deputados e do Senado Federal, pedidos escritos de informações a essas mesmas pessoas, as quais deverão responder no prazo de 30 dias. O não comparecimento em caso de convocação ou a não prestação de informações, ou prestação de informações falsas importarão em crime de responsabilidade.

Além disso, as Mesas da Câmara dos Deputados e do Senado Federal podem encaminhar pedidos escritos de informações também a Ministros de Estado ou a quaisquer titulares de órgãos diretamente subordinados à Presidência da República, importando em crime de responsabilidade a recusa, ou o não atendimento, no prazo de 30 dias, bem como a prestação de informações falsas.

Os arts. 48 e 49 da Constituição Federal trazem as competências do Congresso Nacional, enquanto os arts. 51 e 52 trazem, respectivamente, as competências da Câmara e do Senado.

Capítulo 17 ◆ Poder Legislativo **443**

> ## 🧩 Decifrando a prova
>
> **(Promotor de Justiça/RR – MPE-RR – 2008)** A Constituição Federal prevê que as Mesas da Câmara dos Deputados e do Senado Federal poderão encaminhar, por escrito, pedidos de informação a ministros de Estado, importando em crime de responsabilidade o não atendimento do pedido no prazo de 30 dias, bem como a prestação de informações falsas.
>
> ( ) Certo   ( ) Errado
>
> **Gabarito comentado:** diante do que dispõe o art. 50, § 2°, da Constituição: "As Mesas da Câmara dos Deputados e do Senado Federal poderão encaminhar pedidos escritos de informações a Ministros de Estado ou a qualquer das pessoas referidas no *caput* deste artigo, importando em crime de responsabilidade a recusa, ou o não – atendimento, no prazo de 30 dias, bem como a prestação de informações falsas". Portanto, a assertiva está certa.

17.2.1. Competências legislativas do Congresso Nacional

O art. 48 da Constituição Federal traz, de forma exemplificativa, alguns assuntos que devem ser regulados por meio de lei federal, exigindo-se a aprovação do Congresso e a sanção do Presidente da República.

Como dito, trata-se de um rol exemplificativo, e não taxativo, uma vez que os arts. 21, 22 e 24 da Constituição trazem outros assuntos que também são de competência federal. Essa característica de não taxatividade é reforçada pelo uso da expressão "especialmente" pelo art. 48, quando trata da competência do Congresso.

A competência legislativa não pode ser delegada a outros entes da Federação, embora o art. 24 da Constituição traga competências legislativas concorrentes da União e dos Estados, incluindo o Distrito Federal, situações em que cabe ao Congresso Nacional estabelecer normas gerais, através de leis federais, incumbindo aos Estados e Distrito Federal suplementar as disposições federais.

Vejamos o que dispõe o citado art. 48 da Constituição:

> **Art. 48.** Cabe ao Congresso Nacional, com a sanção do Presidente da República, não exigida esta para o especificado nos arts. 49, 51 e 52, dispor sobre todas as matérias de competência da União, especialmente sobre:
>
> I – sistema tributário, arrecadação e distribuição de rendas;
>
> II – plano plurianual, diretrizes orçamentárias, orçamento anual, operações de crédito, dívida pública e emissões de curso forçado;
>
> III – fixação e modificação do efetivo das Forças Armadas;
>
> IV – planos e programas nacionais, regionais e setoriais de desenvolvimento;
>
> V – limites do território nacional, espaço aéreo e marítimo e bens do domínio da União;

VI – incorporação, subdivisão ou desmembramento de áreas de Territórios ou Estados, ouvidas as respectivas Assembleias Legislativas;

VII – transferência temporária da sede do Governo Federal;

VIII – concessão de anistia;

IX – organização administrativa, judiciária, do Ministério Público e da Defensoria Pública da União e dos Territórios e organização judiciária e do Ministério Público do Distrito Federal;

X – criação, transformação e extinção de cargos, empregos e funções públicas (...);

XI – criação e extinção de Ministérios e órgãos da administração pública;

XII – telecomunicações e radiodifusão;

XIII – matéria financeira, cambial e monetária, instituições financeiras e suas operações;

XIV – moeda, seus limites de emissão, e montante da dívida mobiliária federal;

XV – fixação do subsídio dos Ministros do Supremo Tribunal Federal.

17.2.2. Competências exclusivas do Congresso Nacional

Diferentemente do art. 48, que traz exemplos de competências que o Congresso exercerá com a colaboração do Presidente da República, o art. 49 da Constituição Federal traz as competências exclusivas do Congresso Nacional, ou seja, assuntos em relação aos quais não é exigida a sanção presidencial, sendo regulados de forma privativa pelo Congresso, através da edição de decretos legislativos.

De acordo com o art. 49 da Constituição, são de competência exclusiva do Congresso Nacional:

a. resolver definitivamente sobre tratados, acordos ou atos internacionais que acarretem encargos ou compromissos gravosos ao patrimônio nacional: embora tais tratados e acordos sejam celebrados pelo Presidente da República, devem ser confirmados pelo Congresso para que tenham validade jurídica;

b. autorizar o Presidente da República a declarar guerra, a celebrar a paz, a permitir que forças estrangeiras transitem pelo território nacional ou nele permaneçam temporariamente, ressalvados os casos previstos em lei complementar;

c. autorizar o Presidente e o Vice-Presidente da República a se ausentarem do país, quando a ausência exceder 15 dias: a ausência injustificada do País do Presidente ou do Vice-Presidente da República sem autorização do Congresso Nacional pode ensejar a perda do mandato;

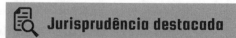

Jurisprudência destacada

(...) o disposto no *caput* do art. 96 da Lei Orgânica do Distrito Federal harmoniza-se perfeitamente com o modelo federal, concedendo ao governador um prazo para as ausências ocasionais dos

> limites do Distrito Federal, sem que careça da prévia autorização da Câmara Legislativa. Existência de conformação entre o princípio da liberdade de locomoção do cidadão com a prerrogativa institucional do Poder Legislativo em fiscalizar os atos e os comportamentos dos governantes (STF, ADI nº 1.172, Rel. Min. Ellen Gracie, j. 19.03.2003).

d. aprovar o estado de defesa e a intervenção federal, autorizar o estado de sítio, ou suspender qualquer uma dessas medidas: por se tratar de situações excepcionais, em que haverá a suspensão temporária da ordem constitucional ordinária, devem tais atos ser aprovados pelo Congresso;

e. sustar os atos normativos do Poder Executivo que exorbitem do poder regulamentar ou dos limites de delegação legislativa: nesse caso, exerce o Poder Legislativo verdadeiro controle de constitucionalidade repressivo, ao retirar do ordenamento jurídico atos do Poder Executivo que ultrapassaram o exercício da regulamentação ou legal os limites para elaboração de lei delegada;

f. mudar temporariamente sua sede;

g. fixar subsídio para os Deputados Federais e os Senadores, os quais deverão ser idênticos para ambos;

h. fixar os subsídios do Presidente e do Vice-Presidente da República e dos Ministros de Estado;

i. julgar anualmente as contas prestadas pelo Presidente da República e apreciar os relatórios sobre a execução dos planos de governo: o julgamento das contas do Presidente da República é precedido de análise e emissão de parecer pelo Tribunal de Contas da União, sendo que cabe a uma comissão mista de deputados e senadores, após o recebimento desse parecer, emitir sua opinião sobre as mesmas, a qual será submetida ao plenário;

j. fiscalizar e controlar, diretamente, ou por qualquer de suas Casas, os atos do Poder Executivo, incluídos os da administração indireta;

k. zelar pela preservação de sua competência legislativa em face da atribuição normativa dos outros Poderes;

l. apreciar os atos de concessão e renovação de concessão de emissoras de rádio e televisão;

m. escolher dois terços dos membros do Tribunal de Contas da União: o outro um terço é escolhido pelo Presidente da República;

n. aprovar iniciativas do Poder Executivo referentes a atividades nucleares;

o. autorizar referendo e convocar plebiscito;

p. autorizar, em terras indígenas, a exploração e o aproveitamento de recursos hídricos e a pesquisa e lavra de riquezas minerais;

q. aprovar, previamente, a alienação ou concessão de terras públicas com área superior a dois mil e quinhentos hectares;

r. decretar o estado de calamidade pública de âmbito nacional previsto nos arts. 167-B, 167-C, 167-D, 167-E, 167-F e 167-G da Constituição Federal.

17.2.3. Câmara dos Deputados

A Câmara dos Deputados é uma das Casas do Congresso Nacional, sendo composta por representantes do povo eleitos por Estado, incluindo o Distrito Federal, em número proporcional à população de cada um. Também é conhecida como Casa do Povo, por conta de sua representação proporcional à distribuição da população brasileira.

Ou seja, os Estados mais populosos elegem mais deputados federais do que os Estados menos populosos, sendo que número exato de deputados por Estado é definido por lei complementar.

No entanto, o art. 45, § 1º, da Constituição Federal determina que nenhum Estado deve eleger menos de oito ou mais de 70 deputados federais. Isso quer dizer o seguinte: o Estado mais populoso da Federação elegerá 70 deputados federais, o menos populoso, oito, sendo que o número de deputados eleitos pelos demais Estados será calculado de forma proporcional à sua população, dentro deste intervalo (8 a 70). A definição do número exato de deputados em cada entidade da Federação exige lei complementar, a teor do dispositivo constitucional.

Nesse particular, deve-se observar que a Lei Complementar nº 78/1993 estabelece que caberia ao TSE proceder ao cálculo, em cada eleição, do número de deputados federais a serem eleitos por cada Estado, verificando a proporção de suas populações, com base em informações divulgadas pelo Instituto Brasileiro de Geografia e Estatística (IBGE). No entanto, o Supremo Tribunal Federal declarou inconstitucional a Resolução nº 23.389/2013 do TSE, que o fez por entender que interpretação da lei complementar que permitiria ao TSE definir o número de deputados federais levaria a uma irregular delegação de competência constitucional. Diante disso, entende-se atualmente que somente lei complementar pode fixar o número de deputados federais por Estado e para o Distrito Federal.

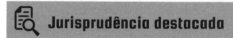

> Resolução nº 23.389/2013 do TSE. Definição da representação dos Estados e do Distrito Federal na Câmara dos Deputados. (...) O art. 45, § 1º, da Constituição da República comanda a definição, por lei complementar do número total de deputados e da representação dos Estados e do Distrito Federal, proporcionalmente à população – e não ao número de eleitores –, respeitados o piso de oito e o teto de setenta cadeiras por ente federado. Tal preceito não comporta a inferência de que suficiente à espécie normativa complementadora – a LC nº 78/1993 –, o número total de deputados. Indispensável, em seu bojo, a fixação da representação dos Estados e do Distrito Federal. A delegação implícita de tal responsabilidade política ao TSE traduz descumprimento do comando constitucional em sua inteireza. Compete ao legislador complementar definir, dentre as possibilidades existentes, o critério de distribuição do número de deputados dos Estados e do Distrito Federal, proporcionalmente à população, observados os demais parâmetros constitucionais. De todo inviável transferir a escolha de tal critério, que necessariamente envolve juízo de valor, ao TSE ou a outro órgão. (...). A renúncia do legislador complementar ao exercício da sua competência exclusiva não legitima o preenchimento da lacuna legislativa por órgão diverso (STF, ADI nº 4.963, Rel. Min. Rosa Weber, j. 01.07.2014).

No caso de existência de Territórios Federais, também terá a população local o direito de eleger deputados federais, só que neste caso somente serão eleitos quatro deputados por Território.

A eleição para a Câmara dos Deputados é feita pelo sistema proporcional, no qual a proporção de cadeiras parlamentares ocupadas por cada partido é diretamente determinada pela proporção de votos obtida por ele, sendo que, para eleger candidatos, cada um dos partidos deve também atingir um número mínimo de votos, que é o chamado quociente partidário. Por conta disso, entende-se que o voto dado pelo eleitor é dirigido ao partido como destinatário final, do que decorrem válidas as regras relativas à chamada fidelidade partidária.[1]

O mandato dos deputados federais é de quatro anos, permitidas reeleições ilimitadas, não fazendo a Constituição nenhuma restrição ao número de mandatos consecutivos que um deputado federal pode exercer de forma sucessiva.

As atribuições privativas da Câmara dos Deputados, ou seja, aquelas que a Casa decide sozinha, sem necessidade de aval do Senado ou do Presidente da República, estão no art. 51 da Constituição Federal.

De acordo com tal artigo, compete privativamente à Câmara dos Deputados:

a. autorizar, por dois terços de seus membros, a instauração de processo contra o Presidente e o Vice-Presidente da República e os Ministros de Estado. Essa autorização é necessária tanto para a abertura de processo por crime comum, como por crime de responsabilidade. No caso dos Estados, porém, não há necessidade de prévia autorização da Assembleia Legislativa para o recebimento de denúncia ou queixa e instauração de ação penal contra Governador de Estado, por crime comum, cabendo ao STJ, no ato de recebimento ou no curso do processo, dispor, fundamentadamente, sobre a aplicação de medidas cautelares penais, inclusive afastamento do cargo;[2]

b. proceder à tomada de contas do Presidente da República, quando não apresentadas ao Congresso Nacional dentro de sessenta dias após a abertura da sessão legislativa;

c. elaborar seu próprio regimento interno;

d. dispor sobre sua organização, funcionamento, polícia, criação, transformação ou extinção dos cargos, empregos e funções de seus serviços, e a iniciativa de lei para fixação da respectiva remuneração, observados os parâmetros estabelecidos na lei de diretrizes orçamentárias;

e. eleger dois dos membros do Conselho da República, nos termos do art. 89, VII, da Constituição Federal.

17.2.4. Senado Federal

Inspirado no modelo norte-americano, o Brasil adota, desde antes da Proclamação da República, a figura do Senado, o qual visa estabelecer um fórum de deliberação em que todos os Estados tenham o mesmo peso.

---

[1]   STF, MS nº 26.604, Rel. Min. Cármen Lúcia, j. 04.10.2007.

[2]   STF, ADI nº 5.540, Rel. Min. Edson Fachin, j. 03.05.2017.

448 Direito Constitucional Decifrado

Atualmente, o Senado Federal é composto por três representantes de cada Estados e do Distrito Federal, independentemente do tamanho de sua população, sendo também eleitos dois suplentes para cada vaga.

A ideia da representação paritária entre os Estados no Senado é permitir que os Estados menos populosos possam fazer um contraponto ao peso maior dos Estados mais populosos na Câmara dos Deputados, buscando fortalecer o modelo federativo adotado pela Constituição brasileira.

Diferentemente do que ocorre com os outros cargos eletivos, que possuem mandato quadrienal, o mandato dos senadores é de oito anos, sendo que a representação de cada Estado e do Distrito Federal é renovada de quatro em quatro anos, alternadamente, por um e dois terços. Ou seja, em uma eleição os eleitores votam para um senador em cada Estado; quatro anos depois, votam em dois senadores para cada Estado; mais quatro anos depois, voltam a votar somente em um senador, e assim sucessivamente.

Assim como ocorre com os deputados federais, os senadores podem ser eleitos para mandatos sucessivos, sem limitação.

As competências privativas do Senado estão previstas no art. 52 da Constituição Federal, que assim dispõe:

> **Art. 52.** Compete privativamente ao Senado Federal:
>
> I – processar e julgar o Presidente e o Vice-Presidente da República nos crimes de responsabilidade, bem como os Ministros de Estado e os Comandantes da Marinha, do Exército e da Aeronáutica nos crimes da mesma natureza conexos com aqueles;
>
> II – processar e julgar os Ministros do Supremo Tribunal Federal, os membros do Conselho Nacional de Justiça e do Conselho Nacional do Ministério Público, o Procurador-Geral da República e o Advogado-Geral da União nos crimes de responsabilidade;
>
> III – aprovar previamente, por voto secreto, após arguição pública, a escolha de:
>
> a) Magistrados, nos casos estabelecidos nesta Constituição;
>
> b) Ministros do Tribunal de Contas da União indicados pelo Presidente da República;
>
> c) Governador de Território;
>
> d) Presidente e diretores do banco central;
>
> e) Procurador-Geral da República;
>
> f) titulares de outros cargos que a lei determinar;
>
> IV – aprovar previamente, por voto secreto, após arguição em sessão secreta, a escolha dos chefes de missão diplomática de caráter permanente;
>
> V – autorizar operações externas de natureza financeira, de interesse da União, dos Estados, do Distrito Federal, dos Territórios e dos Municípios;
>
> VI – fixar, por proposta do Presidente da República, limites globais para o montante da dívida consolidada da União, dos Estados, do Distrito Federal e dos Municípios;
>
> VII – dispor sobre limites globais e condições para as operações de crédito externo e interno da União, dos Estados, do Distrito Federal e dos Municípios, de suas autarquias e demais entidades controladas pelo Poder Público federal;

VIII – dispor sobre limites e condições para a concessão de garantia da União em operações de crédito externo e interno;

IX – estabelecer limites globais e condições para o montante da dívida mobiliária dos Estados, do Distrito Federal e dos Municípios;

X – suspender a execução, no todo ou em parte, de lei declarada inconstitucional por decisão definitiva do Supremo Tribunal Federal;

XI – aprovar, por maioria absoluta e por voto secreto, a exoneração, de ofício, do Procurador-Geral da República antes do término de seu mandato;

XII – elaborar seu regimento interno;

XIII – dispor sobre sua organização, funcionamento, polícia, criação, transformação ou extinção dos cargos, empregos e funções de seus serviços, e a iniciativa de lei para fixação da respectiva remuneração, observados os parâmetros estabelecidos na lei de diretrizes orçamentárias;

XIV – eleger membros do Conselho da República, nos termos do art. 89, VII;

XV – avaliar periodicamente a funcionalidade do Sistema Tributário Nacional, em sua estrutura e seus componentes, e o desempenho das administrações tributárias da União, dos Estados e do Distrito Federal e dos Municípios.

Nos casos de julgamentos feitos de autoridades pelo Senado por crimes de responsabilidade (competências previstas nos incisos I e II do artigo reproduzido acima), funcionará como Presidente da Sessão o Presidente do Supremo Tribunal Federal, limitando-se a condenação, que somente será proferida por dois terços dos votos do Senado Federal, à perda do cargo, com inabilitação, por oito anos, para o exercício de função pública, sem prejuízo das demais sanções judiciais cabíveis.

Em relação a isso, cabe destacar o notável precedente trazido pelo julgamento pelo Senado da ex-presidente Dilma Roussef, cuja decisão final ocorreu em 31 de agosto de 2015.

Isso porque, até então, a doutrina em geral – e a própria jurisprudência do STF – considerava que a deposição do cargo de Presidente República levaria à automática suspensão dos direitos políticos por oito anos, como ocorrera com o ex-presidente Fernando Collor.

No entanto, no julgamento de Dilma Roussef, que culminou na perda de seu cargo, o Ministro Ricardo Lewandowski, que conduzia a sessão, determinou, a pedido de parlamentares, a realização de uma segunda votação, a fim de deliberar-se especificamente sobre a perda dos direitos políticos da ex-mandatária, cindindo, assim, o julgamento do pedido de *impeachment* em duas partes: a primeira decidindo sobre a perda do cargo e a segunda sobre a suspensão dos direitos políticos, sendo que esta segunda resultou favorável a Dilma Roussef, não tendo sido decretada sua inelegibilidade por oito anos.

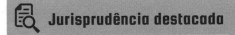
Jurisprudência destacada

Impedimento e suspeição de senadores: inocorrência. O Senado, posto investido da função de julgar o presidente da República, não se transforma, às inteiras, num tribunal judiciário submetido às rígidas regras a que estão sujeitos os órgãos do Poder Judiciário, já que o Se-

450 Direito Constitucional Decifrado

> nado é um órgão político. Quando a Câmara Legislativa – o Senado Federal – se investe de "função judicialiforme", a fim de processar e julgar a acusação, ela se submete, é certo, a regras jurídicas, regras, entretanto, próprias, que o legislador previamente fixou e que compõem o processo político-penal. Regras de impedimento: art. 36 da Lei nº 1.079, de 1950. Impossibilidade de aplicação subsidiária, no ponto, dos motivos de impedimento e suspeição do CPP, art. 252. Interpretação do art. 36 em consonância com o art. 63, ambos da Lei nº 1.079/1950. Impossibilidade de emprestar-se interpretação extensiva ou compreensiva ao art. 36, para fazer compreendido, nas suas alíneas *a* e *b*, o alegado impedimento dos senadores (STF, MS nº 21.623, Rel. Min. Carlos Velloso, j. 17.12.1992).

17.2.5. Quórum para deliberação

De acordo com o art. 47 da Constituição, salvo disposição constitucional em contrário, as deliberações de cada Casa e de suas Comissões serão tomadas por maioria dos votos, presente a maioria absoluta de seus membros. Isso quer dizer que, via de regra, para iniciar-se a sessão de votação, devem estar presentes a maioria do total de parlamentares da Casa.

Estando presentes o número mínimo de deputados ou senadores visto acima, as decisões serão tomadas pela maioria dos presentes (maioria simples).

No entanto, deve-se observar que a Constituição traz uma séria de exceções a essa regra, quando, por exemplo, exige a maioria absoluta para aprovação de leis complementares ou quando exige que a instauração de processo contra o Presidente e o Vice-Presidente da República e os Ministros de Estado seja autorizada por dois terços dos membros da Câmara dos Deputados.

17.2.6. Legislatura, sessão legislativa e período legislativo

Não se deve confundir três institutos distintos definidos pela Constituição: legislatura, sessão legislativa e período legislativo.

A legislatura, definida no art. 44, parágrafo único, da Constituição, possui o período de quatro anos, sendo sua duração coincide com a duração do mandato dos deputados federais.

A sessão legislativa, por sua vez, é o período de trabalho parlamentar durante o ano, dividindo-se em sessão legislativa ordinária e extraordinária.

A sessão legislativa ordinária compreende dois períodos, que são chamados de "períodos legislativos": 2 de fevereiro a 17 de julho e 1º de agosto a 22 de dezembro de cada ano.[3]

Já a sessão legislativa extraordinária é aquela que eventualmente ocorre durante o recesso parlamentar, ou seja, fora do período da sessão legislativa ordinária, em caso de convocação por quem de direito, conforme veremos abaixo.

---

[3] No particular, é importante observar que o art. 57, § 2º, da Constituição determina que a sessão legislativa não será interrompida (para o recesso do meio do ano) sem a aprovação do projeto de lei de diretrizes orçamentárias.

Capítulo 17 ◆ Poder Legislativo **451**

> ## Atenção
>
> Cada **legislatura** dura quatro anos, sendo composta por quatro...
>
> ... **sessões legislativas**, que representam o "ano legislativo", e que são compostas, cada uma, por dois...
>
> ... **períodos legislativos**, sendo o primeiro de 2 de fevereiro a 17 de julho e o segundo de 1º de agosto a 22 de dezembro.

De acordo com o art. 57, § 6º, da Constituição, a convocação extraordinária do Congresso Nacional, ou seja, fora dos períodos legislativos, pode ser feita:

a. pelo Presidente do Senado Federal, em caso de decretação de estado de defesa ou de intervenção federal, de pedido de autorização para a decretação de estado de sítio e para o compromisso e a posse do Presidente e do Vice-Presidente da República;

b. pelo Presidente da República, pelos Presidentes da Câmara dos Deputados e do Senado Federal ou a requerimento da maioria dos membros de ambas as Casas, em caso de urgência ou interesse público relevante, em todas as hipóteses deste inciso com a aprovação da maioria absoluta de cada uma das Casas do Congresso Nacional.

Na sessão legislativa extraordinária, o Congresso Nacional somente deliberará sobre a matéria para a qual foi convocado, excetuando a apreciação de medidas provisórias vigentes, o que será feito em sessão extraordinária, uma vez que ela tenha sido convocada.

O mesmo art. 57, em seu § 2º, estipula que a sessão legislativa não será interrompida sem a aprovação do projeto de lei de diretrizes orçamentárias (LDO). Ou seja, não poderá haverá recesso de meio de ano enquanto o Congresso não aprovar o projeto de LDO encaminhado pelo Executivo.

17.3. DOS DEPUTADOS E SENADORES

Em seus arts. 53 a 56, traz a Constituição Federal disposições sobre os deputados federais e senadores.

17.3.1. Imunidade material e formal dos parlamentares e competência para seu julgamento

Para garantir a independência do Poder Legislativo e permitir que cada deputado e senador possa exercer livremente suas atribuições, sem receio de represálias ou de pressões indevidas, a Constituição Federal concede a eles o que se costuma chamar de imunidade parlamentar, a qual, por seu turno, divide-se conceitualmente em material e formal.

A imunidade material está expressa no art. 53 da Constituição Federal, que estipula que os deputados federais e senadores são invioláveis, civil e penalmente, por quaisquer de suas opiniões, palavras e votos.

Isso quer dizer que os parlamentares, desde que no exercício ou desempenho de suas funções, dentro ou fora da Casa Legislativa não podem ser objeto de ação penal ou cível em razão de suas opiniões, palavras e votos. É o que o Direito norte-americano denomina *freedom of speech*, ou liberdade de fala.

Da mesma forma, aqueles que meramente reproduzem opiniões, palavras e votos de parlamentares, como muitas vezes fazem os veículos de imprensa, por exemplo, são também irresponsáveis civil e penalmente.

Tal inviolabilidade abrange todas as manifestações funcionais do parlamentar, sejam escritas ou orais, desde que sejam no exercício do mandato, ou seja, desde que tenham relação com o exercício do cargo pelo parlamentar, não alcançando os crimes e ilícitos civis praticados pelo parlamentar fora do desempenho de suas funções, que não digam respeito a suas opiniões, palavras e votos ou que não demonstrem nexo entre as ideias expressadas e as atribuições próprias à representação parlamentar, como no caso de corrupção ou ofensas proferidas contra um motorista de um automóvel em um acidente de trânsito, por exemplo.

Também se deve sempre ter em mente que não existe direito absoluto. Isso quer dizer que, se mesmo fazendo uso da tribuna, o parlamentar claramente se exceder, especialmente atingindo terceiros, poderá, pelo menos em tese, haver sim sua responsabilização, uma vez que a imunidade material é concedida para garantir o livre exercício do mandato, e não para fornecer um salvo-conduto para o proferimento indiscriminado de ofensas.[4]

A imunidade formal, por sua vez, divide-se em imunidade processual e imunidade prisional.

A imunidade processual, que se refere às regras sobre o processo envolvendo parlamentares, está prevista no art. 53, §§ 3º a 5º, da Constituição, que assim dispõem:

> **Art. 53.** Os Deputados e Senadores são invioláveis, civil e penalmente, por quaisquer de suas opiniões, palavras e votos. (...)
>
> § 3º Recebida a denúncia contra o Senador ou Deputado, por crime ocorrido após a diplomação, o Supremo Tribunal Federal dará ciência à Casa respectiva, que, por iniciativa de partido político nela representado e pelo voto da maioria de seus membros, poderá, até a decisão final, sustar o andamento da ação.
>
> § 4º O pedido de sustação será apreciado pela Casa respectiva no prazo improrrogável de quarenta e cinco dias do seu recebimento pela Mesa Diretora.
>
> § 5º A sustação do processo suspende a prescrição, enquanto durar o mandato.

Assim, uma vez iniciado um processo contra um deputado federal ou senador, deverá o Supremo Tribunal Federal, que é o foro onde os mesmos são julgados, comunicar à Casa legislativa respectiva, a qual poderá suspender o andamento da ação até o final do mandato.

---

4   STF, PET nº 7.174, Rel. designado Min. Marco Aurélio, j. 10.03.2020.

Capítulo 17 ◆ Poder Legislativo **453**

Essa sustação, porém, não é automática, dependendo de proposta de partido político e de aprovação por maioria absoluta dos membros da Casa.

Se for suspensa a ação, também fica suspenso o prazo prescricional, pelo mesmo período.

Deve-se observar, no entanto, que a imunidade processual somente se aplica aos crimes praticados após a diplomação do parlamentar. Em caso de crime ocorrido anteriormente, o processo terá seu curso normal perante o juiz natural (não necessariamente perante o STF), e não existe a possibilidade de sua sustação pelo Parlamento.

A imunidade prisional, por sua vez, que é a outra face da imunidade formal, está prevista no § 2º do art. 53, o qual dispõe que, desde a expedição do diploma, os membros do Congresso Nacional não poderão ser presos, salvo em flagrante de crime inafiançável.

E continua o dispositivo afirmando que, no caso de prisão em flagrante por crime inafiançável, os autos do processo deverão ser remetidos dentro de 24 horas à Casa respectiva, para que, pelo voto da maioria de seus membros, resolva se autoriza ou não a manutenção da prisão. Atualmente, são inafiançáveis os crimes de racismo, tortura, tráfico ilícito de entorpecentes e drogas afins, terrorismo, crimes hediondos e aqueles cometidos por grupos armados, civis ou militares, contra a ordem constitucional e o Estado Democrático. Por outro lado, de acordo com o entendimento externado pela 2ª Turma do STF quando da decretação da prisão do ex-senador Delcídio do Amaral, também se considera inafiançável um crime quando presentes os requisitos que autorizam a decretação da prisão preventiva (art. 324, IV, do Código de Processo Penal).[5]

🧩 Decifrando a prova

(Promotor de Justiça/SC – MPE-SC – 2013) Assim que eleitos para o Congresso Nacional, seus membros não poderão ser presos, salvo em flagrante de crime inafiançável.

( ) Certo   ( ) Errado

Gabarito comentado: a imunidade prisional dos parlamentares, a teor do que dispõe o art. 53, § 1º, da Constituição, aplica-se a partir do momento de sua diplomação, e não de sua eleição, sendo aquela posterior a esta. Portanto, a assertiva está errada.

Em relação à extensão das imunidades aos parlamentares estaduais e municipais, o entendimento do STF é de que os primeiros possuem as mesmas imunidades materiais e formais dos deputados federais e senadores, por força do que dispõe o art. 27, § 1º, da Constituição Federal,[6] ao passo que os vereadores somente possuem imunidade material, prevista

---

[5]   STF, Ação Cautelar nº 4.039, decisão proferida de forma monocrática em 24.11.2015 e referendada pela 2ª Turma do STF no dia seguinte.

[6]   Art. 27, § 1º, da CF: "Será de quatro anos o mandato dos Deputados Estaduais, aplicando-se-lhes as regras desta Constituição sobre sistema eleitoral, inviolabilidade, imunidades, remuneração, perda de mandato, licença, impedimentos e incorporação às Forças Armadas".

no art. 29, VIII,[7] não sendo aplicável aos edis municipais a imunidade formal usufruída pelos seus congêneres federais e estaduais.[8]

Por outro lado, observa-se que, de acordo com a Súmula nº 245 do STF, ainda em vigor, "a imunidade parlamentar não se estende ao corréu sem essa prerrogativa".

Em relação à competência para julgamento dos parlamentares federais, dispõe o § 1º do art. 53 que, desde a expedição de seus diplomas, devem ser eles submetidos a julgamento – por crimes comuns, entenda-se – perante o Supremo Tribunal Federal, regra que é confirmada pelo art. 102, I, *b*, artigo que traz as competências de nossa Corte Máxima.

Dessa forma, a partir a expedição de seus diplomas pelos Tribunal Regional Eleitoral respectivos, passam os deputados federais e senadores a usufruírem de foro por prerrogativa de função, a qual, porém, se aplica em relação aos crimes comuns somente, uma vez que em relação aos crimes de responsabilidade são eles julgados pelas Casas legislativas a que pertencem.

No particular, relevante saber que, de acordo com o entendimento atual do STF, a renúncia de parlamentar, ocorrida após o final da instrução, não acarreta a perda de competência do STF, mas se a renúncia ocorrer antes da finalização da instrução, a competência passa ao juízo de primeiro grau. Além disso, o foro por prerrogativa de função aplica-se apenas aos crimes cometidos durante o exercício do cargo e relacionados às funções desempenhadas.[9]

De observar que o parlamentar federal mantém o direito ao foro por prerrogativa de função ainda quando licenciado para o desempenho de outro cargo não eletivo, nos termos autorizados pelo art. 56, I, da Constituição Federal.[10]

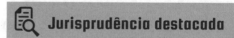

Jurisprudência destacada

> O Poder Judiciário dispõe de competência para impor aos parlamentares, por autoridade própria, as medidas cautelares a que se refere o art. 319 do CPP, seja em substituição de prisão em flagrante delito por crime inafiançável, por constituírem medidas individuais e específicas menos gravosas; seja autonomamente, em circunstâncias de excepcional gravidade. Os autos da prisão em flagrante delito por crime inafiançável ou a decisão judicial de imposição de medidas cautelares que impossibilitem, direta ou indiretamente, o pleno e regular exercício do mandato parlamentar e de suas funções legislativas, serão remetidos dentro de 24 horas a Casa respectiva, nos termos do § 2º do art. 53 da CF para que, pelo voto nominal e aberto da maioria de seus membros, resolva sobre a prisão ou a medida cautelar (STF, ADI nº 5.526, Rel. Min. Alexandre de Moraes, j. 11.10.2017).

---

[7] O art. 29, VII, da CF prevê a "inviolabilidade dos Vereadores por suas opiniões, palavras e votos no exercício do mandato e na circunscrição do Município".
[8] STF, HC nº 94.059, Rel. Min. Ricardo Lewandowski, j. 06.05.2008.
[9] STF, AP nº 937-QO, Rel. Min. Roberto Barroso, j. 03.05.2018.
[10] STF, Inq nº 3.357, Rel. Min. Celso de Mello, j. 25.03.2014.

17.3.2. Outras prerrogativas parlamentares

O art. 53, § 6º, da Constituição Federal estabelece que os Deputados e Senadores não serão obrigados a testemunhar sobre informações recebidas ou prestadas em razão do exercício do mandato, nem sobre as pessoas que lhes confiaram ou deles receberam informações.

Outra prerrogativa parlamentar é a prevista no § 7º do art. 53, o qual dispõe que a incorporação às Forças Armadas de Deputados e Senadores, embora militares e ainda que em tempo de guerra, dependerá de prévia licença da Casa respectiva. Assim, mesmo que o país esteja em guerra, a convocação de um deputado ou senador depende da autorização de sua Casa legislativa respectiva, ainda que o parlamentar seja militar.

Por fim, dispõe a Constituição que as imunidades de Deputados ou Senadores subsistirão durante o estado de sítio, só podendo ser suspensas mediante o voto de dois terços dos membros da Casa respectiva, nos casos de atos praticados fora do recinto do Congresso Nacional, que sejam incompatíveis com a execução da medida.

17.3.3. Restrições aos deputados e senadores

O cargo de parlamentar não envolve somente prerrogativas, mas também traz a submissão a algumas restrições importantes para que o exercício do mandato possa ser feito de forma independente e sempre em prol do bem comum, evitando-se possíveis conflitos de interesse.

Nessa linha, o art. 54 da Constituição Federal traz uma série de exigências que devem ser observadas pelos deputados e senadores, sendo que algumas aplicam-se desde a diplomação e outras desde a posse no cargo:

Vejamos primeiro as restrições que se aplicam desde a diplomação, que estão no inciso I do art. 54:

> **Art. 54.** Os Deputados e Senadores não poderão:
>
> I – desde a expedição do diploma:
>
> a) firmar ou manter contrato com pessoa jurídica de direito público, autarquia, empresa pública, sociedade de economia mista ou empresa concessionária de serviço público, salvo quando o contrato obedecer a cláusulas uniformes;
>
> b) aceitar ou exercer cargo, função ou emprego remunerado, inclusive os de que sejam demissíveis "ad nutum", nas entidades constantes da alínea anterior;

O objetivo aqui é evitar qualquer conflito de interesse do parlamentar. Assim, pela alínea *a*, o deputado ou senador eleito não poderá manter ou assinar qualquer contrato com entidade da administração direta ou indireta ou concessionária de serviço público, com exceção dos contratos que obedeçam a cláusulas uniformes, os chamados contratos de adesão, que são aqueles que são feitos de forma padronizada para todos os contratantes, como, por exemplo, de fornecimento de energia elétrica, de água encanada, de abertura de conta corrente etc.

456 Direito Constitucional Decifrado

A alínea *b* proíbe expressamente que o parlamentar, a partir da diplomação, aceite qualquer cargo em entidades da administração direta ou indireta ou concessionária de serviço público, inclusive em comissão, que são os cargos de demissão *ad nutum*.

O inciso II do art. 54 traz as restrições aplicáveis aos parlamentares desde a posse:

> **Art. 54.** Os Deputados e Senadores não poderão: (...)
>
> II – desde a posse:
>
> a) ser proprietários, controladores ou diretores de empresa que goze de favor decorrente de contrato com pessoa jurídica de direito público, ou nela exercer função remunerada;
>
> b) ocupar cargo ou função de que sejam demissíveis "ad nutum", nas entidades referidas no inciso I, "a";
>
> c) patrocinar causa em que seja interessada qualquer das entidades a que se refere o inciso I, "a";
>
> d) ser titulares de mais de um cargo ou mandato público eletivo.

A primeira restrição é a de ser proprietário, controlador ou diretor de empresa que goze de qualquer benefício decorrente de contrato firmado com entidade de direito público, que são as da administração direta, as autarquias e as fundações de direito público, bem como não poderá exercer qualquer função remunerada nessas empresas.

Também não poderá ocupar cargo em comissão nas entidades citadas na alínea *a* do inciso I (entidades da administração direta ou indireta e concessionárias de serviços públicos).

Deve-se observar, porém, que tal disposição não impede que o parlamentar ocupe um cargo efetivo em entidades públicas, desde que fique afastado do cargo durante o exercício do mandato, de acordo com o que dispõe o art. 38, I, da Constituição Federal.

Não poderá o deputado ou senador patrocinar causa, ou seja, defender interesses, em juízo ou fora dele, das entidades citadas.

Por fim, não poderá ele também ser titular outro cargo eletivo, enquanto exercer o mandato de parlamentar.

17.3.4. Suplentes

Deve-se observar que tanto as prerrogativas[11] como as restrições[12] determinadas pela Constituição em relação aos deputados e senadores não se aplicam aos seus respectivos suplentes, exceto se estiverem exercendo a função parlamentar, substituindo o titular. Assim, por exemplo, a eleição e a posse no mandato de prefeito não acarretam a perda da condição jurídica de suplente, podendo ser legitimamente convocado para substituir o titular, desde que renuncie ao mandato eletivo municipal.

---

[11] STF, AP nº 511, Rel. Min. Celso de Mello, j. 25.11.2009.

[12] STF, MS nº 21.266, Rel. Min. Célio Borja, j. 22.05.1991.

Capítulo 17 • Poder Legislativo **457**

> ### ⚙ Decifrando a prova
>
> **(Delegado de Polícia/BA – Cespe – 2013)** Aos suplentes de senadores e deputados federais são garantidas as mesmas prerrogativas dos titulares, ainda que aqueles não estejam em exercício.
>
> ( ) Certo ( ) Errado
>
> **Gabarito comentado:** conforme vimos, de acordo com o entendimento do STF, tanto as prerrogativas como as restrições previstas para os parlamentares não se aplicam aos seus suplentes, enquanto não estiverem substituindo os titulares eleitos. Portanto, a assertiva está errada.

17.3.5. Perda do mandato de deputado ou senador

O art. 55 da Constituição traz as hipóteses em que o deputado ou senador estará sujeito à pena de perdimento do mandato:

> **Art. 55.** Perderá o mandato o Deputado ou Senador:
>
> I – que infringir qualquer das proibições estabelecidas no artigo anterior;
>
> II – cujo procedimento for declarado incompatível com o decoro parlamentar;
>
> III – que deixar de comparecer, em cada sessão legislativa, à terça parte das sessões ordinárias da Casa a que pertencer, salvo licença ou missão por esta autorizada;
>
> IV – que perder ou tiver suspensos os direitos políticos;
>
> V – quando o decretar a Justiça Eleitoral, nos casos previstos nesta Constituição;
>
> VI – que sofrer condenação criminal em sentença transitada em julgado.

No caso dos incisos I, II e VI, a perda do mandato precisará ser decidida pela Casa respectiva, por maioria absoluta.

Nos demais casos, a perda do mandato será simplesmente declarada pela Mesa da Casa respectiva, mediante provocação de parlamentar ou de partido político representado no Congresso.

Em qualquer caso de perda de mandato, deve sempre ser assegurada a ampla defesa ao deputado ou senador envolvido.

Se, no meio de um processo de cassação ou que possa, de alguma forma, levar a perda do mandato, o parlamentar envolvido requerer sua renúncia, tal ato ficará com seus efeitos suspensos até o final do processo. A ideia é evitar que o deputado ou senador tente escapar da disposição prevista na LC nº 135/2010 que suspende os direitos políticos por oito anos do parlamentar que tenha tido seu mandato cassado.

Importante observar que embora o STF reconheça que a condenação criminal não acarreta a perda automática do cargo, devendo essa questão ser decidida pela respectiva Casa

Legislativa,[13] nossa Suprema Corte também decidiu que, caso a condenação acarrete mais de 120 dias em regime fechado, a perda do mandato é consequência lógica, por conta do fato de que o parlamentar deixará de comparecer à terça parte das sessões ordinárias da Casa Legislativa a que pertencer, nos termos do art. 55, III, da Constituição Federal.[14]

O art. 56 da Constituição, por sua vez, traz situações em que a posse em outro cargo público não levará à perda de mandato:

Art. 56. Não perderá o mandato o Deputado ou Senador:

I – investido no cargo de Ministro de Estado, Governador de Território, Secretário de Estado, do Distrito Federal, de Território, de Prefeitura de Capital ou chefe de missão diplomática temporária;

II – licenciado pela respectiva Casa por motivo de doença, ou para tratar, sem remuneração, de interesse particular, desde que, neste caso, o afastamento não ultrapasse cento e vinte dias por sessão legislativa.

§ 1º O suplente será convocado nos casos de vaga, de investidura em funções previstas neste artigo ou de licença superior a cento e vinte dias.

§ 2º Ocorrendo vaga e não havendo suplente, far-se-á eleição para preenchê-la se faltarem mais de quinze meses para o término do mandato.

§ 3º Na hipótese do inciso I, o Deputado ou Senador poderá optar pela remuneração do mandato.

🔍 Jurisprudência destacada

(...) os direitos inerentes à suplência abrangem, unicamente, (a) o direito de substituição, em caso de impedimento, e (b) o direito de sucessão, na hipótese de vaga. Antes de ocorrido o fato gerador da convocação, quer em caráter permanente (resultante do surgimento de vaga), quer em caráter temporário (decorrente da existência de situação configuradora de impedimento), o suplente dispõe de mera expectativa de direito, não lhe assistindo, por isso mesmo, qualquer outra prerrogativa de ordem parlamentar, pois – não custa enfatizar – o suplente, enquanto tal, não se qualifica como membro do Poder Legislativo (STF, AP nº 511, Rel. Min. Celso de Mello, j. 25.11.2009).

17.4. MESAS DO CONGRESSO NACIONAL, DA CÂMARA E DO SENADO

A expressão "Mesa" indica o conjunto de cargos de direção do Congresso Nacional ou de cada Casa Legislativa, sendo responsável pela direção dos trabalhos legislativos e dos serviços administrativos.

---

13   STF, AP nº 565, Rel. Min. Cármen Lúcia, j. 08.08.2013.
14   STF, AP nº 694, Rel. Min. Rosa Weber, j. 02.05.2017.

As Mesas da Câmara e do Senado serão eleitas no primeiro ano da legislatura, para um mandato de dois anos, vedada a recondução para o mesmo cargo na eleição imediatamente subsequente, conforme previsto expressamente no art. 57, § 4º, da Constituição, tendo o STF rechaçado interpretações que visavam permitir mais de uma eleição consecutiva.[15]

Conforme dispõem seus regimentos internos, tanto na Câmara como no Senado a Mesa é composta por:

a. Presidente da Casa;
b. Primeiro e Segundo Vice-Presidentes;
c. Primeiro, Segundo, Terceiro e Quarto Secretários.

Já a Mesa do Congresso Nacional, de acordo com a Constituição, será presidida pelo Presidente do Senado Federal, e os demais cargos serão exercidos, alternadamente, pelos ocupantes de cargos equivalentes na Câmara dos Deputados e no Senado Federal.

Isso quer dizer o seguinte: o cargo de Presidente do Congresso será exercido pelo Presidente do Senado; o cargo de 1º Vice-Presidente do Congresso será exercido pelo 1º Vice-Presidente da Câmara; o cargo de 2º Vice-Presidente do Congresso será exercido pelo 2º Vice-Presidente do Senado; o cargo de 1º Secretário do Congresso será exercido pelo 1º Secretário da Câmara, e assim sucessivamente, conforme demonstrado a seguir:

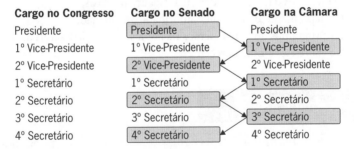

17.5. COMISSÕES

Tanto o Congresso Nacional como cada uma de suas Casas deverão ter comissões permanentes e temporárias, constituídas na forma e com as atribuições previstas no respectivo regimento ou no ato de que resultar sua criação.

As comissões são grupos de parlamentares com determinadas atribuições específicas. Assim, por exemplo, existem a Comissão de Constituição e Justiça, a Comissão de Finanças Públicas, a Comissão de Direitos Humanos e Minorias, a Comissão de Educação, entre muitas outras.

---

[15] STF, ADI nº 6.524, Rel. Min. Gilmar Mendes, j. 06.12.2020.

460 Direito Constitucional Decifrado

Quando a comissão é do Congresso Nacional, é denominada de Comissão Mista, por possuir deputados e senadores.

As comissões permanentes são aquelas que funcionam continuamente, não possuindo período certo de existência. Como exemplos, temos a Comissão de Constituição e Justiça (CCJ), tanto da Câmara, como do Senado, e as comissões de orçamento da Câmara, do Senado e do Congresso Nacional.

Já as comissões temporárias são aquelas com prazo delimitado de existência, como ocorre com as comissões parlamentares de inquérito.

O art. 58, § 1º, da Constituição Federal determina que na formação das comissões deve ser assegurada, tanto quanto possível, a representação proporcional dos partidos ou dos blocos parlamentares que participam da respectiva Casa.

O art. 58, § 2º, da Constituição estipula que às comissões, dentro da matéria de sua competência, cabe:

a. discutir e votar projeto de lei que dispensar, na forma do regimento, a competência do Plenário, salvo se houver recurso de um décimo dos membros da Casa;
b. realizar audiências públicas com entidades da sociedade civil;
c. convocar Ministros de Estado para prestar informações sobre assuntos inerentes a suas atribuições;
d. receber petições, reclamações, representações ou queixas de qualquer pessoa contra atos ou omissões das autoridades ou entidades públicas;
e. solicitar depoimento de qualquer autoridade ou cidadão;
f. apreciar programas de obras, planos nacionais, regionais e setoriais de desenvolvimento e sobre eles emitir parecer.

🧩 Decifrando a prova

(Delegado de Polícia Federal – Cespe – 2013) Cabe à comissão mista permanente de senadores e deputados federais examinar e emitir parecer sobre as contas apresentadas pelo presidente da República.

( ) Certo ( ) Errado

Gabarito comentado: após a emissão de parecer prévio pelo Tribunal de Contas da União sobre as contas do presidente da República, deverão as mesmas ser analisadas pela comissão mista de orçamento, a qual emitirá o seu parecer e o submeterá à apreciação do plenário do Congresso Nacional (art. 166, § 1º, CF). Portanto, a assertiva está certa.

17.5.1. Comissões Parlamentares de Inquérito

As Comissões Parlamentares de Inquérito (CPIs), representam um instrumento importante da ação fiscalizadora e investigatória do Poder Legislativo, sendo de utilização recorrente e tradicional em nosso país.

Capítulo 17 • Poder Legislativo **461**

As CPI podem ser criadas pela Câmara dos Deputados ou pelo Senado Federal, de forma individual, ou de forma conjunta por ambas as Casas, situação em que é denominada de comissão mista, sempre para apuração de fato determinado e por um por prazo certo de tempo, conforme disposto no art. 58, § 3º, da Constituição.

A expressão "fato determinado" indica que a CPI deve se ater a fatos concretos, e não fazer investigações genéricas, não havendo, porém, necessidade de que seja um fato único, desde que o objeto esteja devidamente identificado. Além disso, o STF admite que seja feito o aditamento do objeto inicial da CPI a fim de se investigarem fatos conexos ou que surgirem durante a atuação da comissão.[16]

Já a locução "prazo certo de tempo" indica que toda CPI deve prever o prazo de seu encerramento, o que não impede, porém, prorrogações sucessivas, quando necessário, desde que isso seja feito dentro da mesma legislatura.[17]

As CPIs são criadas por requerimento assinado por pelo menos um terço dos membros de cada Casa ou do Congresso Nacional, não havendo necessidade de aprovação da maioria do plenário, como forma de garantir o exercício de fiscalização das minorias no parlamento.[18]

De acordo com a Constituição, as CPIs terão poderes de investigação próprios das autoridades judiciais, além de outros previstos nos regimentos das respectivas Casas.

Assim, por exemplo, podem as CPIs tomar o depoimento de autoridades públicas, inquirir testemunhas sob compromisso, requerer documentos e informações a órgãos públicos e ter acesso a dados sigilosos, como fiscais e bancários e telefônicos, dos investigados, desde que devidamente motivado.

No entanto, de acordo com o entendimento da doutrina e do próprio STF, e em respeito ao princípio da reserva de jurisdição do Poder Judiciário, não podem as CPIs praticar atos de cunho propriamente jurisdicional, ou seja, exclusivos de juízes, como a expedição de mandados de prisão ou de busca domiciliar, a interceptação de ligações telefônicas (embora possam ter acesso a informações sobre os dados que estejam de posse das companhias de telefonia) ou a decretação de indisponibilidade de bens. Também não pode a CPI quebrar sigilo imposto a processo sujeito a segredo de justiça.[19]

As CPIs, como o próprio nome indica, prestam-se à investigação de fatos, e não à responsabilização de eventuais infratores. Nesse sentido, a Constituição dispõe que suas conclusões, se for o caso, devem ser encaminhadas ao Ministério Público, para que este, sim, no exercício de suas funções institucionais, promova a responsabilidade civil ou criminal dos infratores. Além do Ministério Público, podem as CPIs encaminhar relatório circunstanciado à Advocacia-Geral da União e outros órgãos públicos.[20]

---

[16]   STF, HC nº 71.039, Rel. Min. Paulo Brossard, j. 07.04.1994.

[17]   STF, MS nº 71.231, Rel. Min. Carlos Velloso, j. 05.05.1994.

[18]   STF, MS nº 24.831, Rel. Min. Celso de Mello, j. 22.06.2005.

[19]   STF, MS nº 27.483-MC, Rel. Min. Cezar Peluso, j. 14.08.2008.

[20]   STF, MS nº 35.216-AgR, Rel. Min. Luiz Fux, j. 17.11.2017.

No exercício de suas atribuições investigatórias, devem as CPIs, assim como deve fazer o Judiciário, respeitar as prerrogativas inerentes ao exercício da advocacia, não podendo impor restrições que impeçam o exercício de sua atividade profissional, como não permitir que o acusado seja representado por advogado ou que não autorizar que este protocole petições e tenha acesso a documentos incorporados aos autos.[21]

Além disso, pode o acusado exercer, perante a CPI, o mesmo direito de permanecer em silêncio que possui perante as autoridades judiciais e policiais, não sendo obrigado a se manifestar sobre fato que possa incriminá-lo, nem sendo obrigado a prestar o compromisso de dizer a verdade.[22]

Embora a Constituição, no que se refere às CPIs, somente refira-se ao Congresso Nacional, tais comissões também podem ser criadas nos âmbitos estadual (compostas por deputados estaduais) e municipais (formada por vereadores). No caso das CPIs estaduais, o modelo federal de criação e instauração dessas comissões deve ser compulsoriamente observado, inclusive com a previsão de instauração da comissão com a assinatura de um terço dos parlamentares estaduais, sem a necessidade de aprovação da maioria do plenário.[23]

Em relação às CPIs municipais, porém, existe muita controvérsia em relação a seus poderes, sendo que boa parte da doutrina defende que as mesmas não teriam poder para determinar a quebra sigilo bancário ou fiscal, necessitando, para isso, de autorização judicial.

Deve-se observar que seria inconstitucional uma CPI federal que investigasse fatos exclusivamente relacionados à competência dos Estados, Distrito Federal e Municípios, porque isso representaria uma violação à autonomia desses entes, sendo que tais fatos devem ser investigados, se for o caso, por CPI criada por esses entes da Federação. Isso, porém, não impede que uma CPI federal convoque autoridades estaduais e municipais para prestarem depoimentos relacionados à apuração de fato relativo à competência constitucional da União.

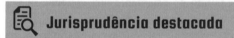
Jurisprudência destacada

(...) além da função contramajoritária fiscalizatória do Poder Executivo, reiteradamente assentada por esta Corte, as CPIs figuram como instrumento essencial das atividades parlamentares como um todo, na medida em que objetivam "reunir dados e informações para o exercício das funções constitucionais conferidas ao Parlamento" (FERRAZ, Anna Cândida da Cunha. Conflito entre poderes. São Paulo: Revista dos Tribunais, 1994. p. 174), de forma que viabilizam a atividade parlamentar em sua plenitude. Em outras palavras, incumbe às Comissões em apreço não apenas as atividades de fiscalização. As CPIs também têm como horizonte instrumentalizar a atividade legiferante do Parlamento, a avaliação da conveniência de alocação de recursos e de financiamento de políticas públicas etc. Nesse cenário, é natural que se confira às CPIs ampla autonomia para o exercício do relevante múnus. (...) Há, portanto, espaço para que o Parlamento se movimente com certa discricionariedade nos quadrantes das diversas possíveis

---

21 STF, MS nº 30.906, Rel. Min. Celso de Mello, j. 05.02.2014.
22 STF, HC nº 100.200, Rel. Min. Joaquim Barbosa, j. 08.04.2010.
23 STF, ADI nº 3.619, Rel. Min. Eros Grau, j. 01.08.2006.

Capítulo 17 • Poder Legislativo **463**

linhas investigativas a serem traçadas. (...) o âmbito de atuação da CPI deve ser compreendido não apenas a partir do destinatário subjetivo da apuração, mas, sobretudo, do âmbito material de investigação à luz das funções essenciais conferidas pela CF ao Congresso Nacional (STF, MS nº 33.751, Rel. Min. Edson Fachin, j. 15.12.2015).

Decifrando a prova

(Juiz de Direito Substituto/MS – FCC – 2020 – Adaptada) A Câmara Municipal de uma Capital estadual pretende instalar Comissão Parlamentar de Inquérito (CPI) para investigar possível ilicitude na conduta de empresas que, embora prestem serviço na Capital, recolhem o Imposto sobre Serviços em Município vizinho, onde tais empresas têm filiais, e no qual a alíquota incidente sobre a base de cálculo do imposto é menor, prática que, entendem os Vereadores, tem redundado em sonegação fiscal vultosa, causadora de prejuízos à Prefeitura da Capital. Nesse caso, considerada a disciplina da matéria na Constituição Federal e a juris-prudência pertinente do Supremo Tribunal Federal, para ser instalada, a CPI dependerá do requerimento de, no mínimo, um terço dos membros da Câmara dos Vereadores, sujeitando--se ainda a eventual aprovação do Plenário, caso assim previsto na Lei Orgânica municipal ou Regimento Interno do órgão legislativo respectivo.

( ) Certo   ( ) Errado

Gabarito comentado: o STF considera que para a abertura de uma CPI, seja federal, estadual ou municipal, não há necessidade de aprovação pelo plenário da Casa legislativa, bastando o reque-rimento de pelo menos um terço dos parlamentares respectivos. Portanto, a assertiva está errada.

17.5.2. Comissão representativa do Congresso Nacional

Dispõe o § 4º do art. 58 que, durante o recesso parlamentar, deverá haver uma Comis-são representativa do Congresso Nacional, eleita por suas Casas na última sessão ordinária do período legislativo, com atribuições definidas no regimento comum, cuja composição reproduzirá, quanto possível, a proporcionalidade da representação partidária.

A ideia é permitir que o Congresso continue a funcionar, ainda que de forma parcial e na forma estabelecida em seu regimento, durante o período de recesso.

17.6. DO PROCESSO LEGISLATIVO

17.6.1. Conceito

A principal função do Poder Legislativo, ao lado de seu papel fiscalizatório, é a de elabo-rar leis em nome do povo. O exercício de tal competência deve ser feito nos termos e limites estabelecidos pela Constituição Federal, a qual, em seus arts. 59 a 69, busca regular essa atividade, estabelecendo regras que deverão ser observadas pelos parlamentares quando da

464 Direito Constitucional Decifrado

alteração do próprio texto constitucional – no exercício do poder constituinte derivado reformador – e da elaboração de leis em geral.

Essa regulamentação é denominada "processo legislativo", cuja inobservância pode levar à declaração da inconstitucionalidade de uma lei ou emenda constitucional, levando-as a sua exclusão do ordenamento jurídico.

Os Estados e Municípios devem seguir procedimentos semelhantes para aprovação de suas respectivas leis, embora suas Constituições Estaduais e Leis Orgânicas possam, de forma pontual, trazer uma regulamentação diversa daquilo que não for essencial, como prazos, por exemplo.

17.6.2. Espécies normativas

O art. 59 da Constituição lista 7 sete espécies normativas, ou seja, de normas primárias, que podem impor, por si mesmas, obrigações ou proibições, sendo assim consideradas "leis" no sentido amplo do termo, conforme citado no art. 5º, II, de nossa Carta Magna, que dispõe que "ninguém será obrigado a fazer ou deixar de fazer alguma coisa senão em virtude de lei".

Assim, de acordo com o art. 59, o processo legislativo envolve a elaboração de:

a. emendas à Constituição;
b. leis complementares;
c. leis ordinárias;
d. leis delegadas;
e. medidas provisórias;
f. decretos legislativos;
g. resoluções.

Em todas essas normas, deve haver a participação do Poder Legislativo, seja elaborando-as por completo, ratificando-as ou concedendo autorização prévia à sua produção, conforme veremos a seguir, ao analisar cada uma dessas espécies normativas.

Sendo assim, não se confundem essas normas com outras produzidas exclusivamente pelo Poder Executivo, como decretos ou portarias, os quais, no que se refere a seus efeitos normativos, normalmente têm somente a função de regulamentar, ou seja, de detalhar, as disposições legais.

Estabelece a Constituição as regras gerais em relação à aprovação das espécies normativas, mas reclama lei complementar que disponha sobre elaboração, redação, alteração e consolidação das leis, sendo que atualmente tal papel é cumprido pela LC nº 95, de 26 de fevereiro de 1998.

a. **Emendas constitucionais**

As emendas constitucionais, como já visto em outra oportunidade, quando abordadas as espécies e características do poder constituinte, são as alterações ao texto constitucional, as quais devem ser feitas seguindo-se estritamente as disposições da Constituição.

O art. 60 da Constituição traz os legitimados a apresentar uma proposta de emenda constitucional (PEC):

Capítulo 17 • Poder Legislativo **465**

Art. 60. A Constituição poderá ser emendada mediante proposta:

I – de um terço, no mínimo, dos membros da Câmara dos Deputados ou do Senado Federal;

II – do Presidente da República;

III – de mais da metade das Assembleias Legislativas das unidades da Federação, manifestando-se, cada uma delas, pela maioria relativa de seus membros.

Diferentemente do que ocorre com as leis, a Constituição não prevê a possibilidade de apresentação de proposta de emenda constitucional pelos cidadãos em geral.

O § 1º do mesmo artigo proíbe a aprovação de emendas durante a vigência de intervenção federal, estado de defesa ou estado de sítio.

Para entrar em vigor, a proposta de emenda precisa ser discutida e votada em cada Casa do Congresso Nacional, em dois turnos, considerando-se aprovada se obtiver, em ambos, três quintos dos votos dos respectivos membros.

Assim, cada PEC é votada quatro vezes: duas na Câmara dos Deputados e duas no Senado, sendo que em todas as votações deve receber o aval de pelo menos três quintos, ou seja, 60%, do total de membros de cada Casa.

Após a sua aprovação na Câmara e no Senado, a emenda é promulgada pelas Mesas da Câmara e do Senado, não havendo necessidade de sanção presidencial.

Deve-se observar que, quando o Congresso Nacional discute e aprova emendas constitucionais, está ele exercendo o chamado poder constituinte derivado reformador.

O § 4º do art. 60 traz o que a doutrina e a jurisprudência denominam de "cláusulas pétreas", estipulando que não será objeto de deliberação a proposta de emenda tendente a abolir:

- ◆ a forma federativa de Estado;
- ◆ o voto direto, secreto, universal e periódico;
- ◆ a separação dos Poderes;
- ◆ os direitos e garantias individuais.

Assim, por exemplo, seria inconstitucional uma emenda que previsse a extinção da autonomia dos Estados e dos Municípios, ou que acabasse com a previsão de fontes de receitas próprias para essas fontes, pois isso na prática aboliria a forma federativa do Estado brasileiro.

Em relação aos direitos e garantias fundamentais, deve-se ter em mente que os mesmos não estão previstos somente no Título II de nossa Constitucional, mas alguns deles estão espalhados pela Constituição. Assim, por exemplo, as limitações constitucionais ao poder de tributar também são consideradas, no geral, como direitos fundamentais.

Veja que emenda constitucional que trate desses assuntos não são proibidas, sendo vedado somente emendas que tenham por objetivo abolir tais direitos dos cidadãos ou características do Estado brasileiro. Dessa forma, por exemplo, pode uma emenda constitucional ampliar os direitos e garantias fundamentais, ou ainda redefinir a competência legislativa e administrativa dos entes da Federação, desde que, neste último caso, não venha a abolir ou restringir drasticamente sua autonomia perante a União.

Rejeitada uma proposta de emenda constitucional, seja pela Câmara, seja pelo Senado, a matéria dela constante somente poderá ser objeto de nova proposta em outra sessão legislativa, ou seja, em outro ano.

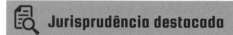 Jurisprudência destacada

> Processo de reforma da Constituição estadual. Necessária observância dos requisitos estabelecidos na CF (art. 60, § 1º a § 5º). Impossibilidade constitucional de o Estado-membro, em divergência com o modelo inscrito na Lei Fundamental da República, condicionar a reforma da Constituição estadual à aprovação da respectiva proposta por 4/5 da totalidade dos membros integrantes da assembleia legislativa. Exigência que virtualmente esteriliza o exercício da função reformadora pelo Poder Legislativo local (...) (STF, ADI nº 486, Rel. Min. Celso de Mello, j. 03.04.1997).

b. **Leis complementares e leis ordinárias**

As leis complementares e as leis ordinárias apresentam muito mais semelhanças do que diferenças entre si. Na verdade, as duas diferenças básicas entre elas são as seguintes:

- enquanto as leis ordinárias são aprovadas por maioria simples, ou seja, maioria dos presentes, as leis complementares devem ser aprovadas pela maioria absoluta, ou seja, maioria do total dos membros de cada Casa Legislativa;
- somente é exigida lei complementar nos casos expressos na Constituição. Assim, por exemplo, a Constituição determina que lei complementar deverá dispor sobre a elaboração, redação, alteração e consolidação das leis, e que lei complementar deverá prever tratamento diferenciado às micro e pequenas empresas. Por outro lado, sempre que o texto constitucional utilizar-se somente da palavra "lei" está se referindo à lei ordinária.

Deve ser observado que existem algumas leis anteriores à Constituição de 1988 que, embora tenham sido aprovadas como leis ordinárias, têm força de lei complementar, pelo fato de tratarem de assunto que atualmente é reservado a esse tipo de lei. Em virtude de tal *status*, essas leis somente podem ser alteradas por meio de outra lei complementar.

Entre os exemplos de leis ordinárias com status de lei complementar temos: o Código Tributário Nacional (Lei nº 5.172/1966), que atualmente regula as disposições do art. 146, I, II e III, alíneas *a* e *b* da Constituição; a Lei nº 4.320/1964, que traz normas sobre orçamento e contabilidade pública, em cumprimento ao disposto no art. 165, § 9º, I, também da Constituição; e a Lei nº 4.595/1964, que regula o sistema financeiro nacional, de acordo com o art. 192 da Carta Magna, sendo que esses três assuntos exige-se lei complementar.

Por outro lado, pode ocorrer o oposto, com uma lei aprovada como complementar possuir atualmente o *status* de ordinária, pelo fato de a Constituição atual não exigir mais maioria absoluta para votação da matéria de que trata.

Lei ordinária não pode dispor de assunto reservado a lei complementar. No entanto, nada impede que matéria reservada a lei ordinária seja regulada por lei complementar, uma vez que esta exige uma maioria ampliada em relação àquela. Ocorre que, tratando uma lei complementar de assunto reservado a lei ordinária, poderá ela ser alterada por uma lei dessa segunda categoria.

Embora alguns defendam a tese de que existiria uma hierarquia entre as leis ordinárias e complementares, estando estas acima daquelas, a posição do Supremo Tribunal Federal é de que tal hierarquia não existe, uma vez que ambas são espécies normativas primárias, que retiram sua validade diretamente da Constituição Federal, havendo somente campos de atuação distintos para cada uma, definidos pela nossa Carta Magna.[24]

Decifrando a prova

(Promotor de Justiça – MPE-GO/2019 – Adaptada) A lei ordinária que destoa da lei complementar é inconstitucional por invadir âmbito normativo que lhe é alheio, e não por ferir o princípio da hierarquia das leis, conforme entendimento do Supremo Tribunal Federal.

( ) Certo   ( ) Errado

Gabarito comentado: de acordo com o posicionamento do STF, não existe hierarquia entre leis ordinárias e complementares, sendo que a lei ordinária que destoa de disposição de lei complementar é inconstitucional por invadir campo de regulamentação que não lhe é próprio. Portanto, a assertiva está certa.

♦ **Iniciativa para apresentação de Projeto de Lei**

De acordo com o art. 61 da Constituição Federal, a iniciativa das leis complementares e ordinárias cabe:

◊ a qualquer membro ou Comissão da Câmara dos Deputados, do Senado Federal ou do Congresso Nacional;

◊ ao Presidente da República;

◊ ao Supremo Tribunal Federal;

◊ aos Tribunais Superiores;

◊ ao Procurador-Geral da República; e

◊ aos cidadãos, na forma de projeto de lei de iniciativa popular.

A iniciativa popular de projeto de lei é exercida pela apresentação à Câmara dos Deputados de projeto de lei que deve ser assinado por, no mínimo, 1% (um por cento) do eleitorado nacional, distribuído pelo menos por cinco Estados, com não menos de 0,3% (três

---

[24] STF, RE nº 377.457, Rel. Min. Gilmar Mendes, j. 17.09.2008.

décimos por cento) dos eleitores de cada um deles, podem versar sobre assunto reservado a lei ordinária ou lei complementar.

Deve-se observar que o preenchimento desses requisitos da iniciativa popular não garante a aprovação do projeto, mas somente obriga à sua discussão pelo Congresso, onde está representado o povo como um todo, até porque a apresentação do projeto pressupõe a concordância de uma apenas uma pequena parcela da população.

Embora haja projetos para simplificar a coleta de assinaturas, permitindo que isso seja feito por meio eletrônico, atualmente isso ainda deve ser feito em papel, o que dificulta – ou até mesmo inviabiliza – a conferência das mesmas.[25] Isso faz com que, nos casos de iniciativa popular que tenha amplo respaldo popular, algum parlamentar acabe por assumir a autoria do projeto, como forma de simplificar sua tramitação e evitar questionamentos de sua constitucionalidade.

Na verdade, todos os projetos de lei aprovados até hoje por "iniciativa popular" foram encampados por algum parlamentar, o que não retira, porém, a importância desse instrumento como forma de manifestação da vontade popular.

Entre projetos de leis importantes apresentados dessa forma, temos a chamada Lei da Ficha Limpa (LC nº 132/2010), que ampliou as hipóteses de inelegibilidade previstas na LC nº 64/1990 e a Lei nº 8.930/1994, que alterou a Lei de Crimes Hediondos (Lei 8.072/1990), incluindo na lista de crimes desse tipo o homicídio qualificado.

De outro lado, o § 1º do art. 61 traz os projetos de leis que são de iniciativa privativa do Presidente da República, ou seja, nesses casos, a proposta da lei respectiva somente pode ser apresentada pelo Presidente da República, sendo que a apresentação por outra pessoa macula o projeto de lei de inconstitucionalidade formal, ainda que haja posterior sanção do Presidente da República:[26]

> § 1º São de iniciativa privativa do Presidente da República as leis que:
>
> I – fixem ou modifiquem os efetivos das Forças Armadas;
>
> II – disponham sobre:
>
> a) criação de cargos, funções ou empregos públicos na administração direta e autárquica ou aumento de sua remuneração;
>
> b) organização administrativa e judiciária, matéria tributária e orçamentária, serviços públicos e pessoal da administração dos Territórios;
>
> c) servidores públicos da União e Territórios, seu regime jurídico, provimento de cargos, estabilidade e aposentadoria;
>
> d) organização do Ministério Público e da Defensoria Pública da União, bem como normas gerais para a organização do Ministério Público e da Defensoria Pública dos Estados, do Distrito Federal e dos Territórios;

---

[25] Os pedidos de assinatura de diversos projetos de lei que tramitam frequentemente na internet não substituem a coleta de assinaturas formal, mas servem como forma de pressão sobre os parlamentares, indicando que o assunto possui alguma base de apoio entre a população.

[26] STF, ADI nº 2.867, Rel. Min. Celso de Mello, j. 03.12.2003.

Capítulo 17 ♦ Poder Legislativo **469**

e) criação e extinção de Ministérios e órgãos da administração pública, observado o disposto no art. 84, VI;

f) militares das Forças Armadas, seu regime jurídico, provimento de cargos, promoções, estabilidade, remuneração, reforma e transferência para a reserva.

Não havendo aumento de despesa, o Poder Legislativo pode emendar projeto de iniciativa privativa do chefe do Poder Executivo, mas esse poder não é ilimitado, não se estendendo ele a emendas que não guardem estreita pertinência com o objeto do projeto encaminhado ao Legislativo pelo Executivo e que digam respeito a matéria que também é da iniciativa privativa daquela autoridade.[27]

Entende o Supremo Tribunal Federal que os Estados devem observar as mesmas regras estabelecidas pela Constituição para a União no que se refere à reserva de iniciativa das leis.[28]

♦ **Rito de aprovação**

Uma vez apresentado o projeto de uma lei ordinária ou complementar, será ele apreciado por ambas as Casas do Congresso, primeiro em uma (denominada Casa Iniciadora), depois na outra (chamada de Casa Revisora), devendo ser aprovado nas duas, com o mesmo texto. Se a segunda casa alterar o texto que veio da primeira, o projeto de lei retorna à Casa original, para que ela verifique se concorda com as alterações.

Normalmente a análise é feita primeiramente na Câmara dos Deputados e depois enviada ao Senado. O Senado somente fará o papel de Casa Iniciadora se o projeto de lei for apresentado por uma comissão sua ou por um senador.

O art. 67 da Constituição Federal determina que a matéria constante de projeto de lei rejeitado somente poderá constituir objeto de novo projeto, na mesma sessão legislativa, mediante proposta da maioria absoluta dos membros de qualquer das Casas do Congresso Nacional.

A aprovação pelo Legislativo segue o envio ao Presidente da República, para que o mesmo, sancione o projeto de lei, podendo vetá-lo no todo ou em parte. Se sancionar totalmente ou vetá-lo somente em parte, fará a promulgação e determinará a publicação da nova lei.

O veto parcial somente pode abranger texto integral de artigo, de parágrafo, de inciso ou de alínea, ou seja, palavras isoladas não podem ser vetadas.

O Presidente tem 15 dias para decidir sobre a sanção ou o veto do projeto de lei, sendo que seu silêncio importa em sanção tácita.

O veto, por sua vez, pode ser feito por razões jurídicas, alegando o Poder Executivo a inconstitucionalidade do projeto de lei, ou por razões políticas, se o Presidente da República entender que sua aprovação não atende ao interesse público, devendo comunicar ao Presidente do Senado a decisão de veto no prazo de 48 horas.

Cabe então, ao Legislativo decidir, em 30 dias, sobre a manutenção ou não do veto, somente podendo derrubá-lo por maioria absoluta do Congresso Nacional. Esgotado esse

---

[27] STF, ADI nº 546, Rel. Min. Moreira Alves, j. 11.03.1999.

[28] STF, ADI nº 637, Rel. Min. Sepúlveda Pertence, j. 25.08.2004.

prazo sem deliberação, dispõe o art. 66, § 6º, da Constituição que o veto será colocado na ordem do dia da sessão imediata, sobrestadas as demais proposições, até sua votação final.

Se o veto for derrubado pelo Congresso, o projeto deve ser enviado, para promulgação, ao Presidente da República, sendo que se a lei não for promulgada pelo mesmo no prazo de 48 horas, cabe ao Presidente do Senado a promulgá-la, e, se este não o fizer em igual prazo, tal incumbência poderá ser exercida pelo Vice-Presidente do Senado.

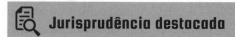

> Não há empecilho constitucional à edição de leis sem caráter geral e abstrato, providas apenas de efeitos concretos e individualizados. Há matérias a cujo respeito a disciplina não pode ser conferida por ato administrativo, demandando a edição de lei, ainda que em sentido meramente formal. É o caso da concessão de pensões especiais. O tratamento privilegiado a certas pessoas somente pode ser considerado ofensivo ao princípio da igualdade ou da moralidade quando não decorrer de uma causa razoavelmente justificada (STF, RE nº 405.386, Rel. designado Min. Teori Zavascki, j. 26.06.2013).

c. **Medidas provisórias**

As medidas provisórias, na Constituição de 1988, vieram a substituir os antigos decretos-leis, previstos na Carta Constitucional anterior, ambos os institutos se prestando a atender situações de necessidade de regulamentação urgente de alguma matéria, em que não seja possível aguardar-se o trâmite de um projeto de lei.

Nessa linha, prevê o art. 62 da Constituição que, em caso de relevância e urgência, pode o Presidente da República adotar medidas provisórias, com força de lei, devendo submetê-las de imediato ao Congresso Nacional.

As medidas provisórias são, assim, atos do Presidente da República, mas que possuem força de norma primária podendo impor obrigações ou proibições. Nisso diferenciam-se dos decretos e outros atos normativos expedidos pelo Chefe do Poder Executivo, que não possuem essa prerrogativa.

Sua expedição representa uma situação atípica, qual seja, a do Poder Executivo produzindo uma lei. Por conta disso, as medidas provisórias somente podem ser utilizadas em casos relevantes e urgentes, conforme prevê o dispositivo constitucional, em que não seja possível aguardar a ação legislativa do Congresso Nacional.

Uma vez editada a medida provisória pelo Presidente da República, deve ele enviá-la imediatamente ao Congresso, que fará sua análise, podendo mantê-la integralmente, alterá-la ou rejeitá-la integralmente. Nos dois primeiros, será ela convertida em lei.

O rito para apreciação das medidas provisórias pelo Poder Legislativo é semelhante ao das leis ordinárias e complementares, começando sua análise sempre pela Câmara dos Deputados, a qual, se aprová-la, com ou sem alterações, a remeterá ao Senado. Uma das poucas diferenças é que a Constituição dispõe que a análise da medida, antes do envio ao plenário da Câmara, será feita por uma comissão mista de Deputados e Senadores, diferentemente do que ocorre com os projetos de lei, que são examinados separadamente tanto por comissões da Câmara como do Senado.

As medidas provisórias deverão ser apreciadas pelo Poder Legislativo em 60 dias, prorrogáveis, uma única vez, por mais 60, após o que, se não aprovadas, perderão eficácia, desde a sua edição, ocorrendo a chamada caducidade, devendo o Congresso Nacional, neste caso, disciplinar, por decreto legislativo, como ficarão as relações jurídicas produzidas durante sua vigência. Se esse decreto legislativo não for editado, considera-se que tais atos e negócios jurídicos serão regidos pelas disposições da medida provisória extinta, em homenagem ao princípio da segurança jurídica.

O prazo para aprovação começa a ser contado da edição da medida, mas fica suspenso durante o recesso parlamentar.

Para buscar evitar a caducidade da medida provisória, dispõe o § 6º do art. 62 da Constituição que se a medida provisória não for apreciada em até 45 dias contados de sua publicação, entrará em regime de urgência, subsequentemente, em cada uma das Casas do Congresso Nacional, ficando sobrestadas, até que se ultime a votação, todas as demais deliberações legislativas da Casa em que estiver tramitando.

Ou seja, após 45 dias de sua edição, a medida provisória "tranca" a pauta da Casa Legislativa onde sua discussão se encontra, até que haja a sua votação.

Importante observar que, de acordo com o entendimento do STF, o trancamento de pauta por conta de medidas provisórias não votadas no prazo de 45 dias – e que, por consequência, entram em regime de urgência – só alcança projetos de lei ordinária que versem sobre temas passíveis de serem tratados por medida provisória. Diante disso, a Casa Legislativa não fica impedida de apreciar as propostas de emenda à Constituição e os projetos de lei complementar, de decreto legislativo, de resolução e, até mesmo, de lei ordinária, estes últimos desde que veiculem matéria de regulamentação vedada por medida provisória (assuntos indicados no art. 62, § 1º, Constituição Federal).[29]

Devido ao seu caráter transitório e precário, a publicação de uma medida provisória não causa a revogação de lei anterior, mas apenas sua suspensão, se for o caso. Isso porque somente após aprovada a medida provisória pela Câmara e pelo Senado é que surge nova lei, a qual, essa sim, terá o efeito de revogar lei antecedente. Caso a medida provisória seja rejeitada expressa ou tacitamente, a lei primeira vigente no ordenamento, e que estava suspensa, volta a ter eficácia.[30]

O art. 62, § 10, da Constituição Federal veda a reedição, na mesma sessão legislativa, de medida provisória que tenha sido rejeitada ou que tenha perdido sua eficácia por decurso de prazo.

Uma vez publicada a medida provisória, não pode ela ser "retirada" pelo Presidente da República, pois sua competência se esgota com a edição do ato, passando-se imediatamente à fase de análise pelo Congresso Nacional. Se entender necessária a revogação da medida, deve o Presidente editar outra medida provisória, sendo que a revogação da medida provisória por

---

[29] STF, MS nº 27.931/DF, Rel. Min. Celso de Mello, j. 29.06.2017.

[30] STF, ADI nº 5.706, Rel. Min. Rosa Weber, j. 27.03.2019.

472 Direito Constitucional Decifrado

outra apenas suspende a eficácia da norma ab-rogada, que voltará a vigorar pelo tempo que lhe reste para apreciação, caso caduque ou seja rejeitada a medida provisória ab-rogante.

Não é qualquer assunto, porém, que pode ser regulado por medida provisória, pois o § 1º do art. 62 traz vedações ao uso deste instituto:

> § 1º É vedada a edição de medidas provisórias sobre matéria:
>
> I – relativa a:
>
> a) nacionalidade, cidadania, direitos políticos, partidos políticos e direito eleitoral;
>
> b) direito penal, processual penal e processual civil;
>
> c) organização do Poder Judiciário e do Ministério Público, a carreira e a garantia de seus membros;
>
> d) planos plurianuais, diretrizes orçamentárias, orçamento e créditos adicionais e suplementares, ressalvado o previsto no art. 167, § 3º [o parágrafo 3º do art. 167 trata da possibilidade de abertura de créditos extraordinários];
>
> II – que vise a detenção ou sequestro de bens, de poupança popular ou qualquer outro ativo financeiro;
>
> III – reservada a lei complementar;
>
> IV – já disciplinada em projeto de lei aprovado pelo Congresso Nacional e pendente de sanção ou veto do Presidente da República.

Interessante observar que o STF já manifestou o entendido de que a inadmissibilidade de medida provisória em matéria penal não compreende a de normas penais benéficas, como as que abolem crimes ou lhes restringem o alcance, extingam ou abrandem penas ou ampliam os casos de isenção de pena ou de extinção de punibilidade.[31]

De forma geral, em observância ao princípio da separação de poderes, os requisitos constitucionais de "relevância" e "urgência" não são passíveis de análise pelo Poder Judiciário, para fins de verificação da validade de medida provisória, exceto em caráter excepcional, em que a ausência desses pressupostos seja evidente.[32] O Poder Legislativo, porém, possui ampla liberdade para efetuar essa análise, uma vez que este lhe é deferido pela Constituição Federal em seu art. 62, § 5º, o qual dispõe que "a deliberação de cada uma das Casas do Congresso Nacional sobre o mérito das medidas provisórias dependerá de juízo prévio sobre o atendimento de seus pressupostos constitucionais".

Embora a Constituição Federal somente trate da edição de medidas provisórias pelo Presidente da República, a posição majoritária da doutrina, avalizada pelo próprio STF, é de os Governadores e Prefeitos também podem produzi-las, desde que haja previsão expressa nas respectivas Constituições Estaduais ou Leis Orgânicas Municipais, devendo-se, no entanto, obedecer ao rito previsto na Constituição Federal.[33]

---

[31] STF, RE nº 254.818, Rel. Min. Sepúlveda Pertence, j. 08.11.2000.

[32] STF, ADI nº 2.527, Rel. Min. Ellen Gracie, j. 16.08.2007.

[33] STF, ADI nº 2.391, Rel. Min. Ellen Gracie, j. 16.08.2006.

Jurisprudência destacada

Os atos regulamentares de medidas provisórias não convertidas em lei não subsistem autonomamente, eis que nelas reside, de modo direto e imediato, o seu próprio fundamento de validade e de eficácia. A ausência de conversão legislativa opera efeitos extintivos radicais e genéricos, de modo a afetar todos os atos que estejam, de qualquer modo, causalmente vinculados a medida provisória rejeitada ou não transformada em lei, especialmente aqueles que, editados pelo próprio poder público, com ela mantinham, ou deveriam manter, estrita relação de dependência normativa e de acessoriedade jurídica, tais como as instruções normativas (STF, ADI nº 365-AgR, Rel. Min. Celso de Mello, j. 07.11.1990).

d. Leis delegadas

De pouco uso na prática em nosso país, as leis delegadas constituem-se em normas primárias elaboradas pelo Presidente da República, a partir de delegação expressa do Congresso Nacional, ou seja, o Presidente recebe a autorização do Congresso para elaborar uma lei.

Diferem das medidas provisórias porque precisam de autorização prévia do Legislativo; não se submetem aos requisitos de relevância e urgência e seu projeto não pode ser alterado pelos parlamentares.

Nas leis delegadas, o Presidente da República solicita a autorização do Congresso, que a concede por meio de resolução,[34] devendo a delegação claramente especificar seu conteúdo e os termos de seu exercício, não podendo ser um "cheque em branco" ao Executivo para legislar sobre determinado assunto. A concessão dessa delegação é ato discricionário do Congresso Nacional, não havendo obrigação de atender ao pedido do Presidente da República.

A resolução que concede a delegação pode determinar ou não que a lei elaborada pelo Presidente deva ser enviada ao Congresso para apreciação antes de sua vigência. O primeiro caso é denominado pela doutrina de delegação atípica, e o segundo, de delegação típica.

Em se tratando de delegação atípica, quando a lei elaborada pelo Presidente da República for enviada ao Congresso para apreciação, este a fará em votação única, vedada qualquer emenda, ou seja, os parlamentares simplesmente aprovarão ou não a lei delegada, não podendo fazer-lhe alterações.

Independentemente de se tratar de delegação típica ou atípica, possui o Congresso Nacional sempre a prerrogativa de sustar, por meio de decreto legislativo, a lei que exorbitar dos limites de delegação, conforme previsto no art. 49, V, da Constituição Federal, exercendo controle constitucional repressivo.

A concessão de delegação ao Presidente da República não o obriga a elaborar a lei, sendo esta uma faculdade sua. Também não impede que o próprio Congresso venha a regulamentar o assunto, especialmente no caso de omissão do Presidente da República.

---

[34] Entende o STF que a delegação legislativa somente pode ocorrer por meio de resolução, não podendo ser realizada por lei (ADI nº 1.296-MC, Rel. Min. Celso de Mello, j. 14.09.1995).

Por fim, o art. 68 da Constituição estipula as matérias que não poderão ser objeto de delegação legislativa:

> § 1º Não serão objeto de delegação os atos de competência exclusiva do Congresso Nacional, os de competência privativa da Câmara dos Deputados ou do Senado Federal, a matéria reservada à lei complementar, nem a legislação sobre:
>
> I – organização do Poder Judiciário e do Ministério Público, a carreira e a garantia de seus membros;
>
> II – nacionalidade, cidadania, direitos individuais, políticos e eleitorais;
>
> III – planos plurianuais, diretrizes orçamentárias e orçamentos.

Admite-se a delegação legislativa nos Estados, Distrito Federal e Municípios, na forma prevista em suas respectivas Constituições estaduais e leis orgânicas, obedecidas as disposições gerais previstas na Constituição Federal em relação à União.

 Decifrando a prova

(Promotor de Justiça/GO – MPE-GO – 2019 – Adaptada) As leis delegadas serão elaboradas pelo Presidente da República, que deverá solicitar a delegação ao Congresso Nacional.
( ) Certo   ( ) Errado
Gabarito comentado: a afirmação está de acordo com o art. 68 da Constituição Federal: "As leis delegadas serão elaboradas pelo Presidente da República, que deverá solicitar a delegação ao Congresso Nacional". Atente-se para a utilização do verbo "deverá", o que indica que a delegação pelo Congresso não pode ser feita sem pedido expresso do Presidente da República. Portanto, a assertiva está certa.

e. **Decretos legislativos e resoluções**

Tanto os decretos legislativos como as resoluções legislativas são normas primárias, ou seja, com força de lei, editados no exercício de atos de competência privativa do Congresso Nacional, ou especificamente do Senado ou da Câmara, de acordo com o caso.

De forma geral, enquanto os decretos legislativos regulamentam as matérias de competência exclusiva do Congresso Nacional, as resoluções servem basicamente à disposição sobre assuntos políticos e administrativos, que não estejam subordinados à reserva de lei.

No entanto, a Constituição Federal traz expressamente diversas situações de utilização de decretos legislativos e resoluções, como por exemplo:

- o art. 62, § 3º, determina que, em caso de caducidade de medida provisória por decurso do prazo para aprovação, deve o Congresso disciplinar, por meio de decreto legislativo, as relações jurídicas delas decorrentes;

Capítulo 17 ♦ Poder Legislativo **475**

- o art. 68, § 2º, estipula que a autorização dada ao Presidente da República para a elaboração de leis delegadas deve se dar por meio de resolução do Congresso Nacional;

- o art. 155, § 2º, V, faculta ao Senado Federal, por meio de resolução, estabelecer alíquotas mínimas de ICMS nas operações internas e também máximas, nas mesmas operações para resolver conflito específico que envolva interesse de Estados.

Deve-se sempre atentar para não se confundir a figura do decreto legislativo com a do decreto executivo, pois este último, além de ser de competência privativa do chefe do Poder Executivo, não representa uma norma primária, não podendo inovar no mundo jurídico, servindo somente para regulamentação da lei (exceto no caso dos decretos autônomos autorizados pela Constituição em seu art. 84, VI). Sempre que a lei ou doutrina utiliza-se simplesmente da expressão "decreto", sem qualquer complemento, entende-se que está a se falar dessa segunda hipótese, ou seja, de um decreto do Poder Executivo.

17.7. DA FISCALIZAÇÃO CONTÁBIL, FINANCEIRA E ORÇAMENTÁRIA

A Constituição Federal prevê a existência, no Brasil, de três poderes independentes e harmônicos entre si, que devem fiscalizar e controlar uns aos outros, em sistema que a doutrina norte-americana denominou *"check and balances"*, ou sistema de pesos e contrapesos. Assim, os atos praticados por um poder estão sujeitos, nos termos da Constituição, a serem eventualmente julgados pelos outros poderes.

Além disso, cada um desses poderes deve ter um sistema organizado de controle interno, que permita identificar falhas e desvios praticados por seus servidores.

Com base nisso, podem-se identificar dois tipos de controle na Administração Pública:

a. **Controle externo:** controle que cada Poder exerce sobre os outros, e que deve ser praticado obedecendo-se às disposições constitucionais, a fim de preservar-se a independência dos Poderes.

b. **Controle interno:** controle que cada Poder deve exercer sobre os atos de seus próprios membros e servidores.

Importante observar que, embora seja essa a classificação doutrinária, nossa Constituição Federal, ao citar o controle externo, normalmente refere-se ao controle que o Poder Legislativo, com o auxílio dos Tribunais de Contas, exerce sobre os atos do Poder Executivo e do Poder Judiciário.

Vejamos o que diz a Constituição sobre o tema, quando trata da "Fiscalização Contábil, Financeira e Orçamentária":

> **Art. 70.** A fiscalização contábil, financeira, orçamentária, operacional e patrimonial da União e das entidades da administração direta e indireta, quanto à legalidade, legitimidade, economicidade, aplicação das subvenções e renúncia de receitas, será exercida pelo Congresso Nacional, mediante controle externo, e pelo sistema de controle interno de cada Poder.

476 Direito Constitucional Decifrado

O art. 70 deixa claro que os controles internos e externo devem se preocupar não só com a fiscalização da legalidade dos atos, mas também com a legitimidade e economicidade, mostrando, assim, grande preocupação com a questão da eficiência administrativa. Além disso, esse controle estende-se às entidades tanto da administração direta como da administração indireta.

> Parágrafo único. Prestará contas qualquer pessoa física ou jurídica, pública ou privada, que utilize, arrecade, guarde, gerencie ou administre dinheiros, bens e valores públicos ou pelos quais a União responda, ou que, em nome desta, assuma obrigações de natureza pecuniária.

Não somente os gestores públicos estão sujeitos aos controles internos e externo, mas qualquer pessoa que, de alguma forma, lide com bens ou dinheiros públicos. Assim, por exemplo, se um particular recebe recursos do governo federal para investir em atividades audiovisuais, poderá e deverá ser fiscalizado, tanto pelo Tribunal de Contas da União, como, nesse caso, pelo órgão de controle interno da União.

17.7.1. Tribunal de Contas da União

Apesar do nome, o Tribunal de Contas da União (TCU) não é um órgão do Poder Judiciário, mas sim um órgão de auxílio do Congresso Nacional na função de exercer o controle externo sobre os demais poderes. Isso porque a fiscalização das contas públicas normalmente exige conhecimentos técnicos e especializados, que via de regra não são detidos pelos deputados federais e senadores.

Deve-se observar que, embora o Tribunal de Contas da União auxilie o Congresso Nacional, possui completa autonomia administrativa, operacional e orçamentária em relação ao Poder Legislativo, semelhantemente ao que ocorre, por exemplo, com o Ministério Público, sendo que seus ministros gozam inclusive de vitaliciedade e possuem as mesmas garantias, prerrogativas, impedimentos, vencimentos e vantagens dos ministros do Superior Tribunal de Justiça. Essa autonomia é importante para que a atuação institucional do Tribunal de Contas não seja influenciada por pressões políticas ou de outras naturezas.

Nesse sentido, entende o STF que:

> (...) os tribunais de contas ostentam posição eminente na estrutura constitucional brasileira, não se achando subordinados, por qualquer vínculo de ordem hierárquica, ao Poder Legislativo, de que não são órgãos delegatários nem organismos de mero assessoramento técnico. A competência institucional dos tribunais de contas não deriva, por isso mesmo, de delegação dos órgãos do Poder Legislativo, mas traduz emanação que resulta, primariamente, da própria Constituição da República.[35]

---

[35] STF, ADI nº 4.190-MC, Rel. Min. Celso de Mello, j. 10.03.2010.

Capítulo 17 ♦ Poder Legislativo **477**

I7.7.I.I. Competências do Tribunal de Contas da União

Os incisos do art. 71 da Constituição trazem as competências do Tribunal de Contas da União, pelas quais se verifica o seu papel vital na fiscalização dos recursos federais:

> **Art. 71.** O controle externo, a cargo do Congresso Nacional, será exercido com o auxílio do Tribunal de Contas da União, ao qual compete:
>
> I – apreciar as contas prestadas anualmente pelo Presidente da República, mediante parecer prévio que deverá ser elaborado em sessenta dias a contar de seu recebimento;
>
> II – julgar as contas dos administradores e demais responsáveis por dinheiros, bens e valores públicos da administração direta e indireta, incluídas as fundações e sociedades instituídas e mantidas pelo Poder Público federal, e as contas daqueles que derem causa a perda, extravio ou outra irregularidade de que resulte prejuízo ao erário público;
>
> III – apreciar, para fins de registro, a legalidade dos atos de admissão de pessoal, a qualquer título, na administração direta e indireta, incluídas as fundações instituídas e mantidas pelo Poder Público, excetuadas as nomeações para cargo de provimento em comissão, bem como a das concessões de aposentadorias, reformas e pensões, ressalvadas as melhorias posteriores que não alterem o fundamento legal do ato concessório;
>
> IV – realizar, por iniciativa própria, da Câmara dos Deputados, do Senado Federal, de Comissão técnica ou de inquérito, inspeções e auditorias de natureza contábil, financeira, orçamentária, operacional e patrimonial, nas unidades administrativas dos Poderes Legislativo, Executivo e Judiciário, e demais entidades referidas no inciso II;
>
> V – fiscalizar as contas nacionais das empresas supranacionais de cujo capital social a União participe, de forma direta ou indireta, nos termos do tratado constitutivo;
>
> VI – fiscalizar a aplicação de quaisquer recursos repassados pela União mediante convênio, acordo, ajuste ou outros instrumentos congêneres, a Estado, ao Distrito Federal ou a Município;
>
> VII – prestar as informações solicitadas pelo Congresso Nacional, por qualquer de suas Casas, ou por qualquer das respectivas Comissões, sobre a fiscalização contábil, financeira, orçamentária, operacional e patrimonial e sobre resultados de auditorias e inspeções realizadas;
>
> VIII – aplicar aos responsáveis, em caso de ilegalidade de despesa ou irregularidade de contas, as sanções previstas em lei, que estabelecerá, entre outras cominações, multa proporcional ao dano causado ao erário;
>
> IX – assinar prazo para que o órgão ou entidade adote as providências necessárias ao exato cumprimento da lei, se verificada ilegalidade;
>
> X – sustar, se não atendido, a execução do ato impugnado, comunicando a decisão à Câmara dos Deputados e ao Senado Federal;
>
> XI – representar ao Poder competente sobre irregularidades ou abusos apurados.

Cabe aqui observar uma importante distinção entre as atribuições previstas nos incisos I e II do art. 70. No caso da análise das contas prestadas pelo Presidente da República (inciso I), compete ao TCU elaborar um parecer prévio, competindo o seu julgamento ao

478 Direito Constitucional Decifrado

Congresso Nacional. Já no caso das contas apresentadas pelos demais administradores de recursos federai (inciso II), compete ao TCU realizar o julgamento propriamente dito. Na segunda hipótese, inclusive, o exercício da competência de julgamento pelo Tribunal de Contas não fica subordinado à análise posterior do Poder Legislativo.[36]

Nesse sentido, costuma-se fazer distinção entre as chamadas contas de governo e as contas de gestão, o que ficou explícito, por exemplo, no voto do Ministro Roberto Barroso no julgamento do recurso extraordinário 848.826.[37] As contas de governo – cuja competência para prestação é privativa do chefe do Poder Executivo – relacionam-se à atuação do Chefe de Governo como agente político e visam demonstrar o cumprimento do orçamento, dos planos e programas de governo, sendo julgadas pelo Congresso após a emissão de parecer prévio pelo Tribunal de Contas da União (entram na hipótese do art. 70, I).

Já as contas de gestão possibilitam o exame, não dos gastos globais, mas de cada ato administrativo que compõe a gestão contábil, financeira, orçamentária, operacional e patrimonial do ente público, quanto à legalidade, legitimidade e economicidade, sendo de natureza eminentemente técnica, e não política, competindo seu julgamento ao TCU, sem interferência do Congresso Nacional (são classificadas no inciso II do art. 70 da Constituição).

Essa distinção entre contas de governo e contas de gestão não se aplica, porém, à prestação de contas do prefeito, estando elas, independentemente de sua natureza, sujeitas ao julgamento pela Câmara Municipal, com o auxílio do Tribunal de Contas competente.

O parecer prévio emitido pelo TCU no caso das contas do Presidente da República – contas de governo – deve ser conclusivo, indicando se as demonstrações contábeis e financeiras apresentadas representam adequadamente a posição financeira, orçamentária e patrimonial da União em 31 de dezembro do exercício em exame e se as operações realizadas seguiram os princípios de contabilidade aplicados à administração pública federal.

Decifrando a prova

(Juiz de Direito Substituto/RJ – Vunesp – 2019 – Adaptada) Considerando a disciplina constitucional acerca do tema da fiscalização contábil, financeira e orçamentária, bem como a distinção entre prestação de contas de gestão e de contas de governo, é correto afirmar que ambas são apreciadas e julgadas pelo Poder Legislativo, com base em parecer do Tribunal de Contas, e este não pode impor sanção diretamente ao administrador, mas faz apenas recomendações por meio de parecer.

( ) Certo ( ) Errado

Gabarito comentado: as contas de governo são julgadas pelo Poder Legislativo, após a expedição de parecer prévio pelo Tribunal de Contas. As contas de gestão são apreciadas e julgadas diretamente pelo Tribunal de Contas, sem atuação do Poder Legislativo, sendo que aquele pode aplicar sanções aos responsáveis, em caso de ilegalidade de despesa ou irregularidade de

---

[36] STF, ADI nº 3.715, Rel. Min. Gilmar Mendes, j. 21.08.2014.

[37] STF, RE nº 848.826, Rel. designado Min. Ricardo Lewandowski, j. 04.08.2016.

> contas, as sanções previstas em lei, que estabelecerá, entre outras cominações, multa proporcional ao dano causado ao erário, de acordo com o art. 71, VIII, da Constituição. Portanto, a assertiva está errada.

No exercício de suas funções institucionais, pode o Tribunal de Contas da União apreciar a constitucionalidade das leis e dos atos do poder público, segundo a Súmula nº 347 do STF, decisão, porém, que deverá ser tomada pela maioria absoluta de seu plenário, por foça do art. 97 da Constituição e que produzirá efeitos *inter partes*, sendo tal decisão passível de apreciação pelo Poder Judiciário.

O controle do TCU à análise da aplicação de quaisquer recursos provenientes dos cofres federais, ainda que repassados aos Estados, Distrito Federal e Municípios, exceto os relativos à repartição das receitas tributárias.

Além disso, o papel atribuído ao TCU não impede que o Congresso Nacional, diretamente, também exerça o controle externo concomitante dos padrões de gestão fiscal, conforme previsto, por exemplo, no art. 59 da Lei de Responsabilidade Fiscal.[38]

No exercício de suas atribuições, pode o TCU exercer o denominado poder geral de cautela, determinando providências que visem resguardar a eficácia de eventual decisão posterior de mérito, como decretar, por exemplo, a indisponibilidade de responsáveis por danos ao erário público, podendo até mesmo, em situações excepcionais, exercer tais medidas *inaudita altera parte*, ou seja, antes de que a parte interessada seja instada a se manifestar.[39] No entanto, não pode o tribunal de contas determinar a penhora de bens ou a prisão de acusados, por serem atos subordinados à reserva constitucional de jurisdição.

Jurisprudência destacada

> O sigilo de informações necessárias para a preservação da intimidade é relativizado quando se está diante do interesse da sociedade de se conhecer o destino dos recursos públicos. Operações financeiras que envolvam recursos públicos não estão abrangidas pelo sigilo bancário a que alude a LC nº 105/2001, visto que as operações dessa espécie estão submetidas aos princípios da administração pública insculpidos no art. 37 da CF. Em tais situações, é prerrogativa constitucional do Tribunal [TCU] o acesso a informações relacionadas a operações financiadas com recursos públicos (STF, MS nº 33.340, Rel. Min. Luiz Fux, j. 26.05.2015).

17.7.1.2. Sustação de contrato administrativo pelo Congresso Nacional

Os §§ 1º e 2º do mesmo art. 71 falam especificamente a respeito da sustação de contrato administrativo celebrado pelo Poder Executivo:

---

[38] STF, ADI nº 2.324, Rel. Min. Alexandre de Moraes, j. 22.08.2019.
[39] STF, ADI nº 33.092, Rel. Min. Gilmar Mendes, j. 24.03.2015.

§ 1º No caso de contrato, o ato de sustação será adotado diretamente pelo Congresso Nacional, que solicitará, de imediato, ao Poder Executivo as medidas cabíveis.

§ 2º Se o Congresso Nacional ou o Poder Executivo, no prazo de noventa dias, não efetivar as medidas previstas no parágrafo anterior, o Tribunal decidirá a respeito.

Nesse caso, diferentemente do que ocorre com os atos administrativos em geral, a competência para a sua sustação não é do TCU, mas sim do próprio Congresso Nacional, o qual, alertado pelo tribunal de contas, deverá solicitar ao Poder Executivo que tome as medidas cabíveis. A sustação de contrato ocorre quando, diante de uma grave irregularidade detectada, verifica-se a necessidade de paralisação da execução do contrato, sob pena de maiores prejuízos.

Se, no entanto, o Congresso Nacional ou o próprio Poder Executivo nada fizerem a respeito após 90 dias da comunicação do TCU, este deverá decidir a respeito, podendo aplicar sanções aos responsáveis pela mora.

17.7.1.3. Eficácia das decisões do TCU que imputarem débito ou multa

Sobre a eficácia das decisões do Tribunal de Contas da União, dispõe o § 3º do art. 71:

§ 3º As decisões do Tribunal de que resulte imputação de débito ou multa terão eficácia de título executivo.

O Tribunal de Contas da União, dentro de sua esfera de fiscalização, pode aplicar multas ou determinar que alguém pague determinado débito, sendo que tais valores, se não forem pagos amigavelmente, deverão ser cobrados diretamente na justiça comum, através de uma ação de execução, que tem um rito bastante célere. Importante observar que, por não ser um Tribunal Judiciário, o TCU não pode coagir o multado a pagar o valor devido, penhorando seus bens, por exemplo, como já dito, devendo sempre o órgão de representação judicial recorrer ao Poder Judiciário em caso de não pagamento do débito ou da multa.

17.7.1.4. Garantia do contraditório nos julgamentos pelo TCU

Nos processos que correm perante o TCU devem ser garantidos o contraditório e a ampla defesa, sempre puder resultar em anulação ou revogação de ato que beneficie a alguém, exceto no que se refere à apreciação da legalidade do ato de concessão de aposentadoria, reforma ou pensão.

É o que dispõe a Súmula Vinculante nº 3:

Nos processos perante o Tribunal de Contas da União asseguram-se o contraditório e a ampla defesa quando da decisão puder resultar anulação ou revogação de ato administrativo que beneficie o interessado, excetuada a apreciação da legalidade do ato de concessão inicial de aposentadoria, reforma e pensão.

17.7.1.5. Relatórios do TCU ao Congresso Nacional

§ 4º O Tribunal encaminhará ao Congresso Nacional, trimestral e anualmente, relatório de suas atividades.

Capítulo 17 ◆ Poder Legislativo **481**

Sendo o TCU órgão auxiliar do Congresso, cabe a este acompanhar as ações do Tribunal de Contas, que deve, trimestralmente a também anualmente, apresentar relatório de suas atividades, os resultados alcançados e propostas de melhoria no sistema de controle. Assim, garante-se que o próprio TCU também esteja submetido a controle.

17.7.I.6. Reprodução pelos demais entes federados das normas aplicáveis ao controle externo

As normas previstas pela Constituição Federal em relação ao controle externo exercido na esfera federal devem ser obedecidas, em sua essência, pelos Estados, Distrito Federal e Municípios. Assim, por exemplo, o STF considerou inconstitucional, por não reproduzir o disposto no art. 71 da Constituição Federal, alteração da Constituição do Mato Grosso que passou a competência para julgamento das contas da Mesa da Assembleia Legislativa para a Assembleia Legislativa, retirando-a do Tribunal de Contas Estadual.

17.7.I.7. Composição do TCU

De acordo com o art. 73 da Constituição Federal, o Tribunal de Contas da União deve ter sede no Distrito Federal e ser integrado por nove Ministros, os quais terão jurisdição em todo o território nacional.

Os Ministros do TCU deverão ser nomeados dentre brasileiros que satisfaçam os seguintes requisitos:

a. possuir mais de 35 e menos de 70 anos de idade;
b. contar com idoneidade moral e reputação ilibada;
c. possuir notórios conhecimentos jurídicos, contábeis, econômicos e financeiros ou de administração pública;
d. contar com mais dez anos de exercício de função ou de efetiva atividade profissional que exija os conhecimentos mencionados no item anterior.

Um terço dos Ministros do TCU (portanto, três), serão escolhidos pelo Presidente da República, com aprovação do Senado Federal, sendo dois alternadamente dentre auditores e membros do Ministério Público junto ao Tribunal, indicados em lista tríplice pelo Tribunal, segundo os critérios de antiguidade e merecimento. Os outros dois terços (os seis restantes) serão escolhidos pelo Congresso Nacional.

Os Ministros do TCU, quando necessário, serão substituídos por auditores do Tribunal, os quais são ocupantes de cargos efetivos.

Quanto à apreciação dos notórios conhecimentos, entende o STF que a qualificação profissional formal não é requisito indispensável à nomeação de membro de tribunal de contas, devendo esse pressuposto de natureza subjetiva ser analisado pelo chefe do Poder Executivo, a seu juízo discricionário.[40]

---

[40] STF, AO nº 476, Rel. Min. Nelson Jobim, j. 16.10.1997.

17.7.1.8. Garantias e prerrogativas dos ministros do TCU

De acordo com o § 3º do art. 73, os Ministros do TCU terão as mesmas garantias, prerrogativas, impedimentos, vencimentos e vantagens dos Ministros do Superior Tribunal de Justiça, aplicando-se a eles, quanto à aposentadoria e pensão, as normas aplicáveis aos juízes e demais servidores, expressas no art. 40 da Constituição.

Já o auditor, quando em substituição a ministro, terá as mesmas garantias e impedimentos do titular e, quando no exercício das demais atribuições da judicatura, as de juiz de Tribunal Regional Federal.

17.7.2. Tribunais de Contas dos Estados e Municípios

O art. 75 da Constituição dispõe sobre os Tribunais de Contas dos Estados e dos Municípios:

> **Art. 75.** As normas estabelecidas nesta seção aplicam-se, no que couber, à organização, composição e fiscalização dos Tribunais de Contas dos Estados e do Distrito Federal, bem como dos Tribunais e Conselhos de Contas dos Municípios.
>
> Parágrafo único. As Constituições estaduais disporão sobre os Tribunais de Contas respectivos, que serão integrados por sete Conselheiros.

Além do Tribunal de Contas da União, responsável por fiscalizar os recursos federais, a Constituição Federal reconhece também:

a. **os Tribunais de Contas Estaduais (TCE):** de criação obrigatória em todos os Estados, sua principal função é auxiliar as Assembleias Legislativas a exercerem o controle externo sobre os Governos Estaduais, fiscalizando a correta aplicação dos recursos estaduais. É um órgão estadual, que auxilia a Assembleia Legislativa, sendo compostos por sete Conselheiros. É de criação obrigatória pelos Estados;

b. **Tribunais ou Conselhos de Contas dos Municípios** (com a palavra "Municípios" no plural): órgão que existe em somente em alguns Estados, pois depende de previsão na Constituição Estadual. Sua principal função é auxiliar as Câmaras Municipais a fiscalizar a correta aplicação dos recursos municipais. Assim como o TCE, é um órgão estadual. Se a Constituição Estadual não previr a existência de Tribunal de Contas dos Municípios, quem auxiliará as Câmaras de Vereadores será o próprio TCE local.

Cabe à Constituição Estadual de cada Unidade da Federação regulamentar o processo e os critérios de escolha de conselheiros de seus respectivos Tribunais de Contas, mas o STF entende que deve ser mantido o critério de parte ser escolhida pelo Poder Executivo e parte pelo Legislativo, bem como as regras gerais estabelecidas pela Constituição Federal em relação ao TCU.

Nesse sentido, dispõe a Súmula nº 653 do STF:

> No Tribunal de Contas estadual, composto por sete conselheiros, quatro devem ser escolhidos pela Assembleia Legislativa e três pelo Chefe do Poder Executivo estadual, cabendo a este indicar um dentre auditores e outro dentre membros do Ministério Público, e um terceiro a sua livre escolha.

Importante observar que a Constituição Federal, em seu art. 31, § 4º, proíbe textualmente a criação de Tribunais, Conselhos ou órgãos de Contas Municipais. Isso se justifica pelo temor de que a proximidade muito grande entre esses tribunais e os poderes locais poderia interferir na eficácia de seu trabalho.

No entanto, embora não possam mais ser criados tribunais desse tipo, aqueles que já existiam à época da promulgação da Constituição, que eram somente dois, relativos aos municípios de São Paulo e Rio de Janeiro, puderam continuar a existir.

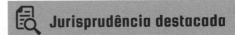

O preceito veiculado pelo art. 73 da Constituição do Brasil aplica-se, no que couber, à organização, composição e fiscalização dos tribunais de contas dos Estados e do Distrito Federal, bem como dos tribunais e conselhos de contas dos Municípios. Imposição do modelo federal nos termos do art. 75 (STF, ADI nº 3.276, Rel. Min. Eros Grau, j. 02.06.2005).

17.7.3. Controles internos dos Poderes

O art. 74 da Constituição Federal dispõe a respeito dos sistemas de controle interno que cada Poder deve estabelecer. A função do controle interno na área pública é funcionar da mesma que um setor de Auditoria Interna atua em uma empresa, estabelecendo normas de controle e fiscalizando seu cumprimento, verificando a ocorrência de eventuais erros e fraudes.

Dispõe o referido artigo:

Art. 74. Os Poderes Legislativo, Executivo e Judiciário manterão, de forma integrada, sistema de controle interno com a finalidade de:

I – avaliar o cumprimento das metas previstas no plano plurianual, a execução dos programas de governo e dos orçamentos da União;

II – comprovar a legalidade e avaliar os resultados, quanto à eficácia e eficiência, da gestão orçamentária, financeira e patrimonial nos órgãos e entidades da administração federal, bem como da aplicação de recursos públicos por entidades de direito privado;

III – exercer o controle das operações de crédito, avais e garantias, bem como dos direitos e haveres da União;

IV – apoiar o controle externo no exercício de sua missão institucional.

§ 1º Os responsáveis pelo controle interno, ao tomarem conhecimento de qualquer irregularidade ou ilegalidade, dela darão ciência ao Tribunal de Contas da União, sob pena de responsabilidade solidária.

§ 2º Qualquer cidadão, partido político, associação ou sindicato é parte legítima para, na forma da lei, denunciar irregularidades ou ilegalidades perante o Tribunal de Contas da União.

Assim, os três poderes devem possuir mecanismos e órgãos de controle interno, os quais devem funcionar de forma integrada, ou seja, esses órgãos de controle interno de cada poder devem agir de forma sinérgica e trocar informações entre si, colaborando uns com os outros.

Embora a Constituição Federal coloque como uma das funções do controle interno auxiliar o controle externo no exercício de sua missão institucional, isso não significa que haja relação de dependência ou hierarquia entre o controle externo e o interno. A disposição se justifica, na verdade, pelo fato de que o controle interno normalmente conhece muito melhor o funcionamento dos órgãos que controla do que o externo, podendo, então, apoiar este último no exercício de suas funções.

No Poder Executivo Federal, o controle interno central é exercido pela Controladoria-Geral da União (CGU), mas cada órgão da Administração Federal pode também criar seus próprios departamentos de controles internos locais.

 Jurisprudência destacada

A Controladoria-Geral da União (CGU) pode fiscalizar a aplicação de verbas federais onde quer que elas estejam sendo aplicadas, mesmo que em outro ente federado às quais foram destinadas. A fiscalização exercida pela CGU é interna, pois feita exclusivamente sobre verbas provenientes do orçamento do Executivo (STF, RMS nº 25.943, Rel. Min. Ricardo Lewandowski, j. 24.11.2010).

Veja-se que a Constituição deixa claro que o controle administrativo, assim como previsto para o controle externo, deve ser o mais amplo possível, não se atendo somente à questão legal.

Poder Executivo

18.1. INTRODUÇÃO

O Poder Executivo tem como sua função principal ou típica administrar, atendendo às necessidades da coletividade da melhor forma possível e nas mais diversas áreas, obedecendo às determinações impostas pela lei.

Em função de suas extensas atribuições, é o Poder com a maior estrutura e o maior número de servidores, sendo representado nas três esferas da Federação, sendo que em cada uma delas é chefiado por determinado representante do povo, eleito diretamente, e que recebe nomes distintos em cada nível político:

União	⟶	Presidente da República
Estados e DF	⟶	Governador
Municípios	⟶	Prefeito Municipal

Nesse sentido, dispõe o art. 76 da Constituição Federal, em relação à União:

> **Art. 76.** O Poder Executivo é exercido pelo Presidente da República, auxiliado pelos Ministros de Estado.

A Constituição, em seus arts. 76 a 91, traz regras aplicáveis ao Poder Executivo Federal, em relação às quais veremos as principais.

18.2. DO PRESIDENTE E DO VICE-PRESIDENTE DA REPÚBLICA

O Poder Executivo Federal é exercido pelo Presidente da República, auxiliado pelos Ministros de Estado por ele escolhidos.

Já ao Vice-Presidente compete:

a. substituir o Presidente, no caso de impedimento, e suceder-lhe, no de vaga;

b. auxiliar o Presidente, sempre que por ele convocado para missões especiais;
c. exercer outras atribuições que lhe forem conferidas por lei complementar.

Assim, vê-se que o Vice-Presidente, em nosso sistema, é mais do que um mero suplente do Presidente da República, podendo possuir atribuições próprias.

(Juiz Substituto/AM – Cespe – 2016) No texto constitucional, a afirmação de que o Poder Executivo é exercido pelo presidente da República, auxiliado pelos ministros de Estado, indica que a função é compartilhada, caracterizando-se o Poder Executivo como colegiado, dependendo o seu chefe da confiança do Congresso Nacional para permanecer no cargo.
( ) Certo   ( ) Errado
Gabarito comentado: há dois erros na assertiva. O primeiro é que o Poder Executivo é exercido de forma una, sendo titularizado pelo Presidente da República, sendo os Ministros de Estado seus auxiliares. O segundo erro é que, no sistema presidencialista, que é o adotado pelo Brasil, o Presidente da República não necessita da confiança do Congresso Nacional para se manter no cargo. Portanto, a assertiva está errada.

18.2.1. Eleição do Presidente e do Vice

A eleição para Presidente e Vice-Presidente da República, via de regra, ocorre juntamente com a eleição para os demais cargos federais e estaduais, no primeiro domingo de outubro do ano anterior ao do término do mandato presidencial vigente, para um mandato de quatro anos.

A eleição para Presidente e Vice ocorre em chapa fechada, ou seja, a eleição do Presidente implicará a do Vice-Presidente com ele registrado.

Se nenhum candidato a Presidente, porém, alcançar a maioria absoluta dos votos válidos (votos válidos são todos os votos registrados, menos os brancos e os nulos), deverá ser feita nova eleição, denominada segundo turno, no último domingo do mesmo mês do primeiro turno.

Participarão do segundo turno os dois candidatos mais votados no primeiro. Se antes de realizado o segundo turno ocorrer morte, desistência ou impedimento legal de candidato, será convocado para participar da segunda votação o terceiro candidato mais votado.

A Constituição determina que, em caso de empate, seja no primeiro, seja no segundo turno, será qualificado o candidato mais idoso.

18.2.2. Posse do Presidente e do Vice

Por ocasião de sua posse, que ocorre perante o Congresso Nacional, o Presidente e o Vice-Presidente da República prestam o compromisso de manter, defender e cumprir a

Constituição, observar as leis, promover o bem geral do povo brasileiro e sustentar a união, a integridade e a independência do Brasil.

A Emenda Constitucional nº 111/2021 alterou a data normal da posse do Presidente e do Vice-Presidente da República, passando-a do dia 1º para o dia 5 do mês de janeiro do ano subsequente ao da eleição, ocasião em que se iniciará de fato seu mandato. Essa alteração – discutida há muito tempo – deveu-se ao fato de considerar-se inconveniente a posse no primeiro dia do ano, o que acabava até mesmo por esvaziar as cerimônias de posse de autoridades estrangeiras.

No entanto, a posse pode ocorrer em até dez dias após esse prazo e, se houver motivo de força maior, até depois. Se a posse não ocorrer no prazo de dez dias, e não for apresentada justificativa, o cargo de Presidente ou de Vice-Presidente será declarado vago.

18.2.3. Substituição do Presidente da República

No particular, é importante ressaltar a distinção entre ausência e vacância.

A ausência do titular de um cargo significa que temporariamente seu ocupante não está exercendo suas funções. Isso ocorre, por exemplo, quando de férias, impedimento legal ou licença para tratamento de saúde. Ou seja, é uma situação momentânea, em que haverá a sua substituição temporária.

Já a vacância do cargo ocorre quando seu titular deixe de ocupá-lo definitivamente, o que ocorre, por exemplo, no caso de morte, renúncia ou deposição. Nesse caso, fala-se em sucessão, e não em mera substituição.

De acordo com o art. 80 da Constituição Federal, o Presidente da República, em suas ausências e impedimentos ocasionais, será substituído primeiramente pelo Vice-Presidente e, após este, pelas seguintes pessoas, na ordem em que citadas: Presidente da Câmara dos Deputados, Presidente do Senado Federal e Presidente do Supremo Tribunal Federal.

Assim, por exemplo, se o Presidente da República viaja ao exterior e o Vice-Presidente encontra-se afastado para tratamento médico, assumirá temporariamente a Chefia do Poder Executivo o Presidente da Câmara. Agora, se este, por exemplo, também estiver em viagem ao exterior, assume o Presidente do Senado e, em caso de impedimento deste, o Presidente do Supremo Tribunal Federal.

Deve-se observar que o STF entende que esses substitutos eventuais do Presidente da República a que se refere o art. 80 da Constituição, caso ostentem a posição de réus criminais perante o Supremo Tribunal Federal, ficarão impossibilitados de exercer a função de Presidente da República, embora possam continuar na chefia do Poder por eles titularizados.[1]

Em caso de vacância do cargo de Presidente, o Vice assume o cargo até o final do mandato respectivo. Já em caso de vacância do cargo de Vice, ninguém lhe sucederá, ficando o cargo vago até ser preenchido na próxima eleição.

---

[1] STF, ADPF nº 402-MC REF, Rel. designado Min. Celso de Mello, j. 07.12.2016.

488 Direito Constitucional Decifrado

E se, ao longo do mandato, ocorrer a vacância de ambos os cargos, Presidente e Vice-Presidente da República?

Nesse caso, chamado pela doutrina de dupla vacância, diz a Constituição Federal que assumirá o substituto seguinte, na ordem que vimos acima, mas que deverão ser realizadas eleições extemporâneas, nos seguintes prazos e da seguinte forma:

a. eleições diretas, em 90 dias, se a vacância do último cargo ocorrer nos dois primeiros anos do mandato (primeira metade);

b. eleições indiretas, pelo Congresso Nacional, em 30 dias, se a vacância do último cargo ocorrer nos dois últimos anos do mandato (segunda metade).

Em qualquer dos casos acima, os eleitos direta ou indiretamente somente deverão completar o mandato dos antecessores, sendo isso o que a doutrina denomina "mandato tampão", sendo que poderão concorrer à próxima eleição para o próprio cargo que ocupam, mas somente uma vez.

Enquanto a eleição direta ou indireta não for realizada, conduzirá temporariamente o país o Presidente da Câmara ou, em sua ausência, sucessivamente os do Senado e do Supremo Tribunal Federal.

No caso dos Estados-membros e Municípios, cabe às Constituições Estaduais e Lei Orgânica respectivas resolverem a questão da dupla vacância, não sendo obrigatória a reprodução da regra prevista na Constituição Federal, de acordo com entendimento do próprio STF.[2] No entanto, o próprio STF considera constitucional, em relação aos Governadores e Prefeitos – mas não em relação ao Presidente da República e Senador –, a norma insculpida no art. 224, § 4º, do Código Eleitoral, que dispõe que, especificamente no caso de serem anulados pela Justiça Eleitoral mais da metade dos votos, deverá ser realizada eleição indireta somente se a vacância ocorrer a menos de seis meses do final do mandato, por caber à União legislar sobre direito eleitoral.[3]

> ### 🧩 Decifrando a prova
>
> **(Promotor de Justiça/SC – MPE-SC – 2019 – Adaptada)** Vagando os cargos de Presidente e Vice-Presidente da República, nos últimos dois anos do período presidencial, a eleição para ambos os cargos será feita trinta dias depois da última vaga, pelo Congresso Nacional, na forma da lei.
>
> ( ) Certo ( ) Errado
>
> **Gabarito comentado:** é a hipótese de eleição indireta prevista no art. 81, § 1º, da Constituição Federal, que se aplica no caso de ficarem vagos, simultaneamente, os cargos de Presidente e Vice-Presidente da República. Portanto, a assertiva está certa.

---

[2] STF, ADI nº 3.549, Rel. Min. Cármen Lúcia, j. 17.09.2007 e ADI nº 1.057, Rel. Min. Celso de Mello, j. 20.04.1994.

[3] STF, ADI nº 5.525, Rel. Min. Roberto Barroso, j. 08.03.2018.

Dessa forma, atualmente tem-se que, para Presidente da República, far-se-ão eleições diretas se vagarem o próprio cargo e o de Vice-Presidente na segunda metade do mandato. Para Governadores e Prefeitos, será feita eleição indireta se houver anulação de mais da metade dos votos por decisão da Justiça Eleitoral, e a dupla vacância (titular e vice) ocorrer nos últimos seis meses do mandato. Já nas demais hipóteses de dupla vacância da chefia do Poder Executivo estadual e municipal, cabe às Constituições Estaduais e Leis Orgânicas tratarem do assunto.

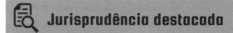

A jurisprudência da Corte fixou-se no sentido de que a disciplina acerca da sucessão e da substituição da chefia do Poder Executivo municipal põe-se no âmbito da autonomia política do Município, por tratar tão somente de assunto de interesse local, não havendo dever de observância do modelo federal (...) (STF, RE nº 65.564-AgR, Rel. Min. Dias Toffoli, j. 11.11.2014).

18.2.4. Das atribuições do Presidente da República

No regime presidencialista de Governo, que é aquele adotado por países como o Brasil, Estados Unidos e Argentina, compete ao Presidente da República tanto exercer a administração interna – chefia de Governo – como também representar a nação em seu relacionamento com outros países – chefia de Estado –, diferentemente do que ocorre no regime parlamentarista, em que tais competências são divididas entre o Primeiro-Ministro e o Presidente da República ou Monarca.

Além disso, o Presidente da República, uma vez empossado regularmente no cargo, somente o perderá, antes do final do mandato, em caso da prática de algum crime de responsabilidade, não podendo o Congresso Nacional, diferentemente do que ocorre no sistema parlamentarista, retirar o Chefe de Governo do cargo por razões meramente políticas.

Em função disso, dispõe o art. 84 da Constituição sobre as competências privativas do Presidente da República. Ao dizer que são privativas, deixa a Constituição claro que tais atribuições são exercidas isoladamente pelo Presidente, cabendo exclusivamente a ele decidir sobre sua prática ou não.

Segue o texto do art. 84:

Art. 84. Compete privativamente ao Presidente da República:

I – nomear e exonerar os Ministros de Estado;

II – exercer, com o auxílio dos Ministros de Estado, a direção superior da administração federal;

III – iniciar o processo legislativo, na forma e nos casos previstos na própria Constituição;

IV – sancionar, promulgar e fazer publicar as leis, bem como expedir decretos e regulamentos para sua fiel execução;

V – vetar projetos de lei, total ou parcialmente;

VI – dispor, mediante decreto, sobre:

a) organização e funcionamento da administração federal, quando não implicar aumento de despesa nem criação ou extinção de órgãos públicos;

b) extinção de funções ou cargos públicos, quando vagos;

VII – manter relações com Estados estrangeiros e acreditar seus representantes diplomáticos;

VIII – celebrar tratados, convenções e atos internacionais, sujeitos a referendo do Congresso Nacional;

IX – decretar o estado de defesa e o estado de sítio;

X – decretar e executar a intervenção federal;

XI – remeter mensagem e plano de governo ao Congresso Nacional por ocasião da abertura da sessão legislativa, expondo a situação do País e solicitando as providências que julgar necessárias;

XII – conceder indulto e comutar penas, com audiência, se necessário, dos órgãos instituídos em lei;

XIII – exercer o comando supremo das Forças Armadas, nomear os Comandantes da Marinha, do Exército e da Aeronáutica, promover seus oficiais-generais e nomeá-los para os cargos que lhes são privativos;

XIV – nomear, após aprovação pelo Senado Federal, os Ministros do Supremo Tribunal Federal e dos Tribunais Superiores, os Governadores de Territórios, o Procurador-Geral da República, o presidente e os diretores do banco central e outros servidores, quando determinado em lei;

XV – nomear, (...), três dos Ministros do Tribunal de Contas da União;

XVI – nomear os magistrados, nos casos previstos nesta Constituição, e o Advogado--Geral da União;

XVII – nomear dois membros do Conselho da República;

XVIII – convocar e presidir o Conselho da República e o Conselho de Defesa Nacional;

XIX – declarar guerra, no caso de agressão estrangeira, autorizado pelo Congresso Nacional ou referendado por ele, quando ocorrida no intervalo das sessões legislativas, e, nas mesmas condições, decretar, total ou parcialmente, a mobilização nacional;

XX – celebrar a paz, autorizado ou com o referendo do Congresso Nacional;

XXI – conferir condecorações e distinções honoríficas;

XXII – permitir, nos casos previstos em lei complementar, que forças estrangeiras transitem pelo território nacional ou nele permaneçam temporariamente;

XXIII – enviar ao Congresso Nacional o plano plurianual, o projeto de lei de diretrizes orçamentárias e as propostas de orçamento previstos nesta Constituição;

XXIV – prestar, anualmente, ao Congresso Nacional, dentro de sessenta dias após a abertura da sessão legislativa, as contas referentes ao exercício anterior;

XXV – prover e extinguir os cargos públicos federais, na forma da lei;

XXVI – editar medidas provisórias com força de lei, (...);

XXVII – exercer outras atribuições previstas na Constituição;

XXVIII – propor ao Congresso Nacional a decretação do estado de calamidade pública de âmbito nacional previsto nos arts. 167-B, 167-C, 167-D, 167-E, 167-F e 167-G desta Constituição.

Seguem algumas observações sobre as competências do Presidente da República.

Esse rol de atribuições é apenas exemplificativo, conforme denotado pelo inciso XXVII, que estipula que compete ao Presidente exercer outras atribuições previstas no texto constitucional.

O inciso VI traz as únicas possibilidades admitidas em nosso ordenamento jurídico de expedição de decretos autônomos, ou seja, decretos que não sejam editados para regulamentação de uma lei. De acordo com o texto constitucional, o Presidente da República pode, sem necessidade de lei anterior que o preveja, expedir decreto que trate sobre organização e funcionamento da administração federal – desde que implique aumento de despesa nem criação ou extinção de órgãos públicos, uma vez que, nesses casos, a regulamentação deverá ser feita por lei – e para extinção de funções ou cargos públicos, quando estes estiverem vagos.

Essas duas hipóteses de decretos autônomos foram trazidas pela EC nº 32/2001, uma vez que até então os decretos presidenciais somente poderiam servir à regulamentação da lei, no exercício da atribuição prevista na parte final do inciso VI, situação em que são proibidos de inovar no mundo jurídico.

Esses decretos autônomos, justamente por inovarem no mundo jurídico e por retirarem seu fundamento diretamente da Constituição Federal, podem inclusive ser objeto de Ação Direta de Inconstitucionalidade, diferentemente dos decretos regulamentares.

Decifrando a prova

(Promotor de Justiça-GO – MPE-GO – 2019 – Adaptada) Cargos e funções, no âmbito do Poder Executivo, somente podem ser criados por lei, mas podem ser extintos por decreto, desde que estejam vagos.

( ) Certo   ( ) Errado

Gabarito comentado: a criação de cargos e funções somente pode ser realizada por meio de lei. No entanto, o art. 84, VI, *b*, da Constituição Federal concede ao Presidente da República competência para extinção, por decreto, de funções ou cargos públicos, quando estes estiverem vagos. Portanto, a assertiva está certa.

Cabe ao Presidente da República celebrar tratados, acordos e atos internacionais, assumindo compromissos em nome do Brasil perante outros países, na função chefe de Estado. No entanto, de acordo com o art. 49, I, da Constituição, compete ao Congresso Nacional resolver definitivamente sobre tratados, acordos ou atos internacionais que acarretem en-

492 Direito Constitucional Decifrado

cargos ou compromissos gravosos ao patrimônio nacional. Assim, a incorporação de um tratado, acordo ou ato internacional do qual decorra obrigações ao Brasil – e praticamente todos o fazem – depende, além da celebração pelo Presidente da República ou pelo seu delegatário, de aprovação do Congresso Nacional, por maioria simples. Na verdade, após esses dois passos, ainda ocorre o ato de ratificação – para produzir efeitos perante a comunidade internacional – e a promulgação e publicação, por meio de decreto, esses últimos dois atos para que o tratado seja definitivamente incorporado ao ordenamento jurídico nacional.

Embora as competências citadas no art. 84 sejam privativas do Presidente da República, algumas delas necessitam de concordância ou confirmação do Congresso Nacional, como ocorre, por exemplo, com a decretação do estado de defesa, estado de sítio e da intervenção federal (incisos IX e X), a declaração de guerra e a celebração da paz (incisos XIX e XX).

Embora esteja entre as atribuições privativas do Presidente enviar ao Congresso Nacional o plano plurianual, o projeto de lei de diretrizes orçamentárias e as propostas de orçamento (inciso XXIII), dispõe o art. 32 da Lei nº 4.320/1964 – no silêncio da Constituição – que, se não receber a proposta orçamentária no prazo fixado, o Poder Legislativo deverá considerar como proposta a lei orçamentária vigente. Nesse caso, porém, poderá o Presidente da República responder por crime de responsabilidade, haja vista a gravidade da omissão.

> ### 🔍 Jurisprudência destacada
>
> O exame da vigente CF permite constatar que a execução dos tratados internacionais e a sua incorporação à ordem jurídica interna decorrem, no sistema adotado pelo Brasil, de um ato subjetivamente complexo, resultante da conjugação de duas vontades homogêneas: a do Congresso Nacional, que resolve, definitivamente, mediante decreto legislativo, sobre tratados, acordos ou atos internacionais (CF, art. 49, I) e a do presidente da República, que, além de poder celebrar esses atos de direito internacional (CF, art. 84, VIII), também dispõe – enquanto chefe de Estado que é – da competência para promulgá-los mediante decreto (STF, ADI nº 1.480, Rel. Min. Celso de Mello, j. 04.09.1997).

* **Competências delegáveis**

O parágrafo único do art. 84 estipula que o Presidente da República pode, se desejar, delegar algumas das atribuições citadas acima aos Ministros de Estado, ao Procurador-Geral da República ou ao Advogado-Geral da União, os quais deverão observar os limites traçados nas respectivas delegações.

As competências que podem ser delegadas são:

◊ dispor, mediante decreto, sobre organização e funcionamento da administração federal e extinção de funções ou cargos públicos, quando vagos;

◊ conceder indulto e comutar penas; e

◊ prover cargos públicos federais, na forma da lei. A competência para extinguir cargos públicos ocupados não é delegável. O STF entende que a competência para exonerar ou demitir servidores também é delegável.

Capítulo 18 ♦ Poder Executivo **493**

Fora essas três competências citadas, todas as outras seriam indelegáveis, ou seja, deveriam ser exercidas pessoalmente pelo Presidente da República.

No entanto, é digno de nota que, por força da tradição, dos costumes internacionais e como uma concessão à conveniência, tem-se admitido a delegação, pelo Presidente da República, também da competência para a celebração de tratados e atos internacionais – tendo sido diversos os que têm sido celebrados dessa maneira[4] – e para a decretação da expulsão de estrangeiros.[5]

♦ **Cargos que necessitam de aprovação pelo Senado**

De acordo com a Constituição Federal, após a indicação pelo Presidente da República, o Senado deve aprovar os ocupantes dos seguintes cargos, além de outros estabelecidos em lei:

◊ Magistrados, nos casos previstos na Constituição, que são os seguintes: Ministros do Supremo Tribunal Federal, do Superior Tribunal de Justiça, do Tribunal Superior do Trabalho, Superior Tribunal Militar e membros do Conselho Nacional de Justiça;

◊ Ministros do Tribunal de Contas da União indicados pelo Presidente da República;

◊ Governador de Território;

◊ Presidente e diretores do Banco Central;

◊ Procurador-Geral da República;

◊ Advogado-Geral da União.

18.2.5. Da responsabilidade do Presidente da República

Uma das características do sistema republicano de Governo é a responsabilidade de seus governantes, o que faz com que estes possam responder política, criminal e civilmente pelos atos praticados no exercício do cargo.

Os arts. 85 e 86 da Constituição tratam da responsabilidade política do Presidente da República, ou seja, da possibilidade das infrações político-administrativas das quais o mesmo pode ser acusado, que são os chamados "crimes de responsabilidade", os quais possuem como penalidade a perda do cargo eletivo, diferenciando-se dos chamados "crimes comuns", que trazem outras consequências, como a perda da liberdade.

A perda do cargo por prática de crime de responsabilidade é o que se chama de *impeachment*, palavra que tem origem no direito norte-americano, e que tem o significado de impedimento legal.

---

[4] Para que alguém seja considerado capacitado para celebrar tratados e atos internacionais em nome do Brasil deve estar habilitado por meio de carta de plenos-poderes, assinada pelo Presidente da República e referendada pelo Ministro das Relações Exteriores. Conforme estabelecido na Convenção de Viena sobre o Direito dos Tratados, de 1969.

[5] STF, HC nº 101.269, Rel. Min. Cármen Lúcia, j. 03.08.2010.

494 Direito Constitucional Decifrado

A responsabilidade político-administrativa do Presidente é independente de sua responsabilidade criminal ou cível. Ou seja, o Presidente pode, por exemplo, ser condenado por um crime de responsabilidade sem que seja considerado culpado por um crime comum; ou ser condenado a pagar uma indenização cível a alguém mesmo que já tenha perdido o cargo público.

Em caso da prática de crime de responsabilidade, o Presidente é julgado pelo Senado. Em caso de crime comum, pelo Supremo Tribunal Federal, em ambos os casos, porém, a abertura do processo depende de autorização concedida para isso pela Câmara dos Deputados, por dois terços de seus membros.

O art. 85 da Constituição nos traz as hipóteses de crimes de responsabilidade do Presidente da República:

> **Art. 85.** São crimes de responsabilidade os atos do Presidente da República que atentem contra a Constituição Federal e, especialmente, contra:
>
> I – a existência da União;
>
> II – o livre exercício do Poder Legislativo, do Poder Judiciário, do Ministério Público e dos Poderes constitucionais das unidades da Federação;
>
> III – o exercício dos direitos políticos, individuais e sociais;
>
> IV – a segurança interna do País;
>
> V – a probidade na administração;
>
> VI – a lei orçamentária;
>
> VII – o cumprimento das leis e das decisões judiciais.

O parágrafo único do mesmo art. 84 estipula que tais crimes serão definidos em lei especial, que deverá também estabelecer as normas de processo e julgamento. Atualmente, esse papel é cumprido pela Lei nº 1.079/1950, sendo que a aplicação subsidiária do Regimento Interno da Câmara dos Deputados e do Senado ao processamento e julgamento do *impeachment* não viola a reserva de lei especial imposta pela Constituição, desde que as normas regimentais sejam compatíveis com os preceitos legais e constitucionais pertinentes, limitando-se a disciplinar questões *interna corporis* da casa legislativa.[6]

Nesse sentido, a Súmula Vinculante nº 46 estipula que é competência privativa da União a definição dos crimes de responsabilidade e de suas normas de processo e julgamento,[7] não podendo os Estados ou Municípios prever outras hipóteses de crimes de responsabilidade, nem mesmo em suas constituições ou leis orgânicas.[8]

---

[6] STF, ADPF nº 378-MC, Rel. designado Min. Roberto Barroso, j. 16.12.2015.

[7] Súmula Vinculante nº 46: "A definição dos crimes de responsabilidade e o estabelecimento das respectivas normas de processo e julgamento são da competência legislativa privativa da União".

[8] STF, ADI nº 4.190-MC, Rel. Min. Celso de Mello, j. 10.03.2010.

Capítulo 18 • Poder Executivo **495**

> ### ⚙ Decifrando a prova
>
> **(Delegado de Polícia/PB – Cespe – 2009)** O Presidente da República responde por crimes comuns e de responsabilidade perante o Senado Federal, depois de autorizado o seu julgamento pela Câmara dos Deputados.
>
> ( ) Certo ( ) Errado
>
> **Gabarito comentado:** embora o julgamento do Presidente da República – seja por crime comum, seja por crime de responsabilidade – dependa da autorização da Câmara dos Deputados, o julgamento por crime comum compete ao Supremo Tribunal Federal e o julgamento por crime de responsabilidade, ao Senado Federal. Portanto, a assertiva está errada.

18.2.6. Processo de *impeachment*

A doutrina e o próprio Supremo Tribunal Federal entendem que o processo de *impeachment* do Presidente da República tem natureza jurídico-política. Jurídica porque somente pode ser iniciado nas hipóteses previstas na Constituição Federal e deve seguir o rito legal, devendo inclusive garantir o contraditório e a ampla defesa, sob pena de decretação de sua anulação. Por outro lado, também possui natureza política, uma vez que o Congresso não é obrigado a abrir um processo de impedimento, ainda que em tese tenha ocorrido alguma de suas hipóteses, além de não haver necessidade de motivação dos votos de cada um dos parlamentares que dele participam; além disso, sua natureza política também se manifesta no fato de ser ele de competência do Congresso Nacional – embora a sessão de julgamento no Senado seja conduzida pelo Presidente do STF – sem possibilidade de revisão do mérito pelo Poder Judiciário.

De acordo com o art. 51, I, da Constituição, cabe inicialmente à Câmara dos Deputados, por dois terços de seus membros, autorizar a abertura do processo de *impeachment*. Essa autorização da Câmara também é necessária para a abertura de processo criminal contra o Presidente, que correrá perante o Supremo Tribunal Federal.

Assim, temos que:

a. cabe à Câmara dos Deputados autorizar, por dois terços de seus membros, a abertura de processo por crime de responsabilidade ou comum contra o Presidente da República;

b. se o julgamento for por crime comum, será o Presidente julgado pelo Supremo Tribunal Federal;

c. se o julgamento for por crime de responsabilidade, o julgamento compete ao Senado Federal, que decidirá sobre a admissibilidade do pedido e realizará os trâmites de condução do processo, que culminará com a votação do impedimento pelos senadores, em sessão conduzida pelo Presidente do Supremo Tribunal Federal.

É a Lei nº 1.079/1950 que define os crimes de responsabilidade e regula o processo de impedimento do Presidente da República ou Ministros de Estado, contra os Ministros do Supremo Tribunal Federal ou contra o Procurador-Geral da República.

496 Direito Constitucional Decifrado

Qualquer cidadão é parte legítima para fazer uma denúncia de prática de crime de responsabilidade pelo Presidente ou Vice-Presidente da República. A denúncia, assinada pelo denunciante e com firma reconhecida, deverá ser acompanhada de documentos que a comprovem ou da declaração de impossibilidade de apresentá-los, com indicação do local onde possam ser encontrados, bem como, se for o caso, do rol das testemunhas, em número de cinco, no mínimo.

Cabe ao Presidente da Câmara decidir sobre o recebimento da denúncia. Se ela for recebida, é formada uma comissão especial da qual devem participar representantes de todos os partidos, observada a respectiva proporção de seus assentos no plenário.

Após isso, o acusado é instado a se manifestar no prazo de dez sessões, elaborando a comissão especial parecer, no prazo de cinco sessões, que será submetido à votação pelo plenário da Casa, a qual somente poderá autorizar a abertura do processo pelo voto de dois terços dos deputados federais.

Autorizada, pela Câmara, a abertura do processo de impedimento, cabe ao Senado Federal decidir, por maioria simples, sobre a instalação ou não do procedimento, realizando uma nova análise da admissibilidade do pedido de *impeachment*.

Caso seja acatada a abertura do processo, será formada uma comissão, constituída por um quarto da composição do Senado, obedecida a proporcionalidade das representações partidárias ou dos blocos parlamentares, e que ficará responsável pelo processo. A partir desse momento, o Presidente da República é afastado de suas funções, mas pelo prazo máximo de 180 dias. Se o processo não for concluído nesse prazo, cessará o afastamento, embora o processo continue o seu trâmite.

A comissão processante encerra seu trabalho com o fornecimento do libelo acusatório, que deve ser anexado ao processo e entregue ao Presidente do Senado Federal, para remessa, em original, ao Presidente do Supremo Tribunal Federal, com a comunicação do dia designado para o julgamento.

No dia designado, deverá o acusado comparecer e fazer a sua defesa, procedendo-se, ato contínuo à votação do *impeachment*, o qual, para ocorrer, deverá ser aprovado por dois terços dos senadores, em votação pública.

O Senado, porém, tem o prazo de 180 dias para proferir sua decisão no processo de *impeachment*; se não o fizer nesse prazo, cessará o afastamento do Presidente, embora o processo continue.

Como já dito em outro ponto desta obra, o processo de *impeachment* da ex-presidente Dilma Roussef acabou por abrir um precedente importante, ao permitir que fosse decretada a deposição do cargo sem a inabilitação para o exercício de mandato eletivo pelo prazo de oito anos, a teor do que dispõe o art. 52, parágrafo único, da Constituição, uma vez que até então, inclusive no entendimento do STF (por exemplo, MS nº 21.689, j. 16.12.1993), a perda do cargo levaria automaticamente à inelegibilidade pelo prazo citado. Atualmente, então, entende-se que o Senado, ao julgar o processo de *impeachment*, também deve, ato contínuo, julgar a questão da inabilitação, de forma separada.

No caso da prática de crime comum – em que o Presidente será julgado pelo Supremo Tribunal Federal –, a Constituição estipula que o Presidente da República ficará suspenso de

Capítulo 18 ◆ Poder Executivo **497**

suas funções desde o momento em que recebida a denúncia ou queixa-crime pelo Supremo Tribunal Federal.

Deve-se observar que as mesmas regras gerais definidas para a Constituição Federal e a lei para o impedimento do Presidente da República também devem ser observadas pelos Estados e Municípios. Nesse sentido, por exemplo, decidiu o STF que o quórum de dois terços para a declaração de procedência do processo de *impeachment* também deve ser observado no julgamento dos Governadores de Estado pelas Assembleias Legislativas.[9]

Por outro lado, como já citado em outro momento, descabe exigência de autorização da Assembleia Legislativa para julgamento de Governador de Estado pelo Superior Tribunal de Justiça.[10]

> ### ⚡ Decifrando a prova
>
> **(Promotor de Justiça/RS – MPE-RS/2016 – Adaptada)** O afastamento do Presidente poderá ser prorrogado para o regular prosseguimento do processo de *impeachment*, se, decorrido o prazo de 180 dias, o julgamento não estiver concluído.
>
> ( ) Certo ( ) Errado
>
> **Gabarito comentado:** o afastamento do Presidente da República do cargo por 180 dias, no caso de instauração de processo de *impeachment* pelo Senado, não admite prorrogação, ainda que o processo não tenha sido finalizado. Portanto, a assertiva está errada.

18.2.7. Prisão do Presidente da República

De acordo com o art. 86, § 3º, da Constituição Federal, enquanto não sobrevier sentença condenatória, nas infrações comuns, o Presidente da República não estará sujeito a prisão. Dessa forma, o Presidente da República não pode ser preso nem em flagrante, nem por decretação de prisão temporária ou preventiva, mas somente por uma decisão de mérito condenatória, embora a Constituição não exija seu trânsito em julgado.

Essa prerrogativa, que a doutrina denomina imunidade à prisão cautelar, é privativa do Presidente da República, não podendo ser estendida pelas Constituições Estaduais aos Governadores, nem pelas Leis Orgânicas aos Prefeitos.[11]

A Constituição também determina que o Presidente da República, na vigência de seu mandato, somente pode ser responsabilizado por atos relacionados ao exercício de suas funções, o que o impede, assim, de ser julgado, durante seu mandato, por crime

---

[9] STF, ADI nº 1.634-MC, Rel. Min. Néri da Silveira, j. 17.09.1997.

[10] STF, ADI nº 5.540, Rel. Min. Edson Fachin, j. 03.05.2017.

[11] STF, ADI nº 1.028, Rel. designado Celso de Mello, j. 19.10.1995.

anteriormente cometido. Isso não significa, porém, que não poderá ele responder por esses atos criminosos, mas sim que o processo ficará suspenso – ou não terá sua instauração temporariamente impedida – durante o curso do mandato, podendo ser retomado após o seu final. Durante esse período, o prazo prescricional também fica suspenso.

Essa prerrogativa de imunidade temporária do Presidente da República também lhe é exclusiva, não se estendendo aos Governadores e Prefeitos, de acordo com o entendimento do STF.[12]

18.3. DOS MINISTROS DE ESTADO

Os Ministros de Estado são os auxiliares do Presidente da República em áreas específicas do Governo. São de livre nomeação e exoneração pelo Presidente, que não necessita da concordância do Senado Federal para tais atos.

Não se deve confundir o cargo de Ministro de Estado, o qual faz parte da estrutura do Poder Executivo, com os cargos de Ministros de Tribunais Superiores, os quais fazem parte do Poder Judiciário.

Assim como o cargo de Presidente da República, o cargo de Ministro de Estado é considerado um cargo político, não sendo seus ocupantes classificados como servidores públicos, no sentido estrito do termo. E, também assim como ocorre com o Presidente, os Ministros de Estado podem ser afastados pelo Senado de seus cargos por crimes de responsabilidade.

A Constituição Federal determina que os Ministros de Estado deverão ser escolhidos dentre brasileiros maiores de 21 anos e no exercício dos direitos políticos.

As competências constitucionais dos Ministros de Estado constam do art. 87 da Constituição:

> **Art. 87.** Os Ministros de Estado serão escolhidos dentre brasileiros maiores de vinte e um anos e no exercício dos direitos políticos.
>
> Parágrafo único. Compete ao Ministro de Estado, além de outras atribuições estabelecidas nesta Constituição e na lei:
>
> I – exercer a orientação, coordenação e supervisão dos órgãos e entidades da administração federal na área de sua competência e referendar os atos e decretos assinados pelo Presidente da República;
>
> II – expedir instruções para a execução das leis, decretos e regulamentos;
>
> III – apresentar ao Presidente da República relatório anual de sua gestão no Ministério;
>
> IV – praticar os atos pertinentes às atribuições que lhe forem outorgadas ou delegadas pelo Presidente da República.

---

[12] STF, ADI nº 1.021, Rel. designado Celso de Mello, j. 19.10.1995.

> **Jurisprudência destacada**
>
> Para efeito de definição da competência penal originária do STF, não se consideram ministros de Estado os titulares de cargos de natureza especial da estrutura orgânica da Presidência da República, malgrado lhes confira a lei prerrogativas, garantias, vantagens e direitos equivalentes aos dos titulares de ministérios: é o caso do secretário de Comunicação Social da Presidência da República (STF, PET nº 1.199-AgR, Rel. Min. Sepúlveda Pertence, j. 05.05.1999).

18.4. DOS CONSELHOS DA REPÚBLICA E DE DEFESA NACIONAL

Os Conselhos da República e de Defesa Nacional são órgãos de consulta do Presidente da República, não possuindo capacidade decisória. Ambos se reúnem por convocação do Presidente da República, sempre que este entender necessário ou nas hipóteses previstas na Constituição Federal.

18.4.1. Conselho da República

O Conselho da República, regulado pela Lei nº 8.041/1990, é composto pelas seguintes pessoas (art. 89, CF/1988):

I – o Vice-Presidente da República;

II – o Presidente da Câmara dos Deputados;

III – o Presidente do Senado Federal;

IV – os líderes da maioria e da minoria na Câmara dos Deputados;

V – os líderes da maioria e da minoria no Senado Federal;

VI – o Ministro da Justiça; e

VII – seis cidadãos brasileiros natos, com mais de trinta e cinco anos de idade, sendo dois nomeados pelo Presidente da República, dois eleitos pelo Senado Federal e dois eleitos pela Câmara dos Deputados, todos com mandato de três anos, vedada a recondução.

Além desses, pode o Presidente da República poderá convocar também Ministro de Estado para participar da reunião do Conselho, quando constar da pauta questão relacionada com o respectivo Ministério, o qual, porém, não terá direito a voto.

De acordo com a Lei nº 8.041/1990, a participação no Conselho da República é considerada atividade relevante e não remunerada.

O art. 90 da Constituição Federal dispõe que compete ao Conselho da República pronunciar-se sobre:

a. intervenção federal, estado de defesa e estado de sítio;
b. as questões relevantes para a estabilidade das instituições democráticas.

500 Direito Constitucional Decifrado

> ### 🧩 Decifrando a prova
>
> **(Delegado de Polícia/SP – Vunesp – 2018 – Adaptada)** É correto afirmar dentre as competências constitucionais do Conselho da República está a de opinar nas hipóteses de declaração de guerra e de celebração de paz.
> ( ) Certo   ( ) Errado
> **Gabarito comentado:** a Constituição não prevê tal atribuição para o Conselho da República, mas sim para o Conselho de Defesa Nacional (art. 91, § 1º, I, CF). Portanto, a assertiva está errada.

18.4.2. Conselho de Defesa Nacional

O Conselho de Defesa Nacional é um órgão de consulta do Presidente da República nos assuntos relacionados com a soberania nacional e a defesa do estado democrático, sendo regulamentado pela Lei nº 8.183/1991.

De acordo com o art. 91, § 1º, da Constituição Federal, compete ao Conselho de Defesa Nacional:

a. opinar nas hipóteses de declaração de guerra e de celebração da paz, nos termos da Constituição;

b. opinar sobre a decretação do estado de defesa, do estado de sítio e da intervenção federal;

c. propor os critérios e condições de utilização de áreas indispensáveis à segurança do território nacional e opinar sobre seu efetivo uso, especialmente na faixa de fronteira e nas relacionadas com a preservação e a exploração dos recursos naturais de qualquer tipo;

d. estudar, propor e acompanhar o desenvolvimento de iniciativas necessárias a garantir a independência nacional e a defesa do Estado democrático.

Quanto à sua composição, o art. 91 da Constituição estabelece que participam do Conselho Nacional como membros natos:

I – o Vice-Presidente da República;

II – o Presidente da Câmara dos Deputados;

III – o Presidente do Senado Federal;

IV – o Ministro da Justiça;

V – o Ministro de Estado da Defesa;

VI – o Ministro das Relações Exteriores;

VII – o Ministro do Planejamento;

VIII – os Comandantes da Marinha, do Exército e da Aeronáutica.

Em relação a esses, sua presença é garantida no Conselho, sendo este o significado da expressão "membros natos".

Além desses membros natos, também poderão ser designados, pelo Presidente da República, membros eventuais para as reuniões do Conselho, conforme a matéria a ser apreciada.

A exemplo do que ocorre com o Conselho da República, a lei determina que a participação no Conselho de Defesa Nacional é considerada serviço público relevante e seus membros não poderão receber remuneração.

 Jurisprudência destacada

A manifestação do Conselho de Defesa Nacional não é requisito de validade da demarcação de terras indígenas, mesmo daquelas situadas em região de fronteira (STF, MS n° 25.483, Rel. Min. Ayres Brito, j. 04.06.2007).

19 Poder Judiciário

19.1. INTRODUÇÃO

A Constituição Federal, em seu Título III, Capítulo III, traz a organização do Poder Judiciário, definindo sua estrutura, composição e competência de seus órgãos.

O Poder Judiciário é um dos três poderes da República, sendo destes o único cujos membros não são eleitos por voto popular, sendo seus membros empossados por concurso público ou nomeação política pelo chefe do Poder Executivo.

Sua principal função é aplicar a lei aos casos concretos, resolvendo conflitos que surjam entre o Estado e seus súditos ou entre os particulares entre si, cuja independência é essencial para a existência de um regime democrático. Não é por outra razão que diversos direitos fundamentais individuais previstos no art. 5º relacionam-se, diretamente ou indiretamente, à atuação do Poder Judiciário.

No Brasil, adotou-se o sistema de unicidade de jurisdição – também chamado de sistema inglês –, no qual os conflitos que envolvam questões administrativas também são apreciados e julgados pelo Poder Judiciário, diferentemente do que ocorre nos países que adotam o sistema francês ou de dualidade de jurisdição, nos quais as lides que envolvam aspectos administrativos são julgadas somente por instâncias da própria administração pública, sem possibilidade de recorrer-se ao Poder Judiciário.

Em nosso ordenamento jurídico, tratando-se de atos do Poder Executivo, via de regra, o Judiciário só não exercerá julgamento se os mesmos puderem ser classificados como políticos ou se se tratar de aspecto estrita e exclusivamente relacionado à atribuição de administração do Poder Executivo, como ocorre, normalmente, com o chamado mérito do ato administrativo, assim entendido como a análise dos requisitos de conveniência e oportunidade. Mesmo em relação a esses, porém, poderá haver intervenção do Judiciário se não observada algum limite ou formalidade legal ou se forem manifestamente desarrazoados ou desproporcionais.

Apesar de sua importância, o Poder Judiciário somente é constituído na esfera federal e estadual, refletindo o modelo tradicional de Federação, de dois níveis. Assim, embora no Brasil os Municípios também sejam considerados entidades da Federação, não possuem os mesmos Poder Judiciário próprio. Já o Poder Judiciário do Distrito Federal e dos Territórios deve ser organizado pela União, de acordo com o que dispõe o art. 21, XIII, da Constituição Federal.

19.2. ÓRGÃOS DO PODER JUDICIÁRIO

O art. 92 da Constituição Federal traz os órgãos que compõem o Poder Judiciário, cujas atribuições e composição são detalhadas mais a frente:

> **Art. 92.** São órgãos do Poder Judiciário:
> I – o Supremo Tribunal Federal;
> I-A – o Conselho Nacional de Justiça;
> II – o Superior Tribunal de Justiça;
> II-A – o Tribunal Superior do Trabalho;
> III – os Tribunais Regionais Federais e Juízes Federais;
> IV – os Tribunais e Juízes do Trabalho;
> V – os Tribunais e Juízes Eleitorais;
> VI – os Tribunais e Juízes Militares;
> VII – os Tribunais e Juízes dos Estados e do Distrito Federal e Territórios.

Deve-se ter em mente que, além desses de existência obrigatória previstos no art. 92 atualmente existem outros, em relação aos quais a Constituição permite sua criação, como os Juizados Especiais Cíveis e Criminais e órgãos da Justiça Militar Estadual. Além disso, o art. 118 da própria Constituição e o Código Eleitoral (Lei nº 4.737/1965) colocam as juntas eleitorais como órgãos da Justiça Eleitoral, mas cuja não colocação no rol constitucional se justifica pela sua efêmera existência, pois são criadas apenas em períodos eleitorais, e pela sua competência reduzida, prestando-se basicamente à apuração das eleições e diplomação de eleitos para cargos municipais.

Os órgãos do Judiciário dividem-se inicialmente em dois grandes ramos: Justiça Estadual e Justiça Federal. No sentido amplo do termo, são enquadrados nesta segunda categoria todos os órgãos do Judiciário que não sejam estaduais, os quais são regulados por leis federais. No sentido estrito, a Justiça Federal abrange somente os juízes federais e os Tribunais Regionais Federais.

O esquema abaixo representa uma das formas pelas quais esses órgãos podem ser representados:

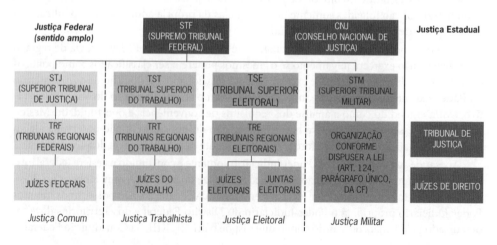

Capítulo 19 ◆ Poder Judiciário **505**

Cabem ser tecidas algumas considerações importantes sobre esses órgãos, à luz das disposições constitucionais.

Primeiramente, deve-se observar que embora o Conselho Nacional de Justiça (CNJ), seja considerado um órgão do Poder Judiciário pela Constituição, não possui ele atribuições jurisdicionais – ou seja, não julga processos judiciais como os órgãos do Judiciário em geral, sendo, na verdade, um órgão de controle administrativo, exercendo essa atribuição tanto sobre os órgãos da Justiça Federal como da Justiça Estadual.

Deve-se observar que o STF e o STJ também julgam recursos oriundos da Justiça Estadual, possuindo, assim, mais caráter nacional do que federal.

O Supremo Tribunal Federal (STF), o Superior Tribunal de Justiça (STJ), o Tribunal Superior do Trabalho (TST), o Tribunal Superior Eleitoral (TSE), e o Superior Tribunal Militar (STM), compõem os chamados Tribunais Superiores.

Na Justiça Federal, os Juízes Federais, os Tribunais Regionais Federais e o Superior Tribunal de Justiça compõem a chamada "Justiça Federal Comum". Já os demais ramos da Justiça Federal, cada um encabeçado por um Tribunal Superior, são denominados de "Justiça Federal Especializada", as quais atualmente são em número de três: Justiça do Trabalho, Justiça Eleitoral e Justiça Militar.

A organização da Justiça Militar não é determinada pela Constituição, que a delega à lei, sendo que, por isso, não é cobrada em provas de Direito Constitucional.

A Justiça Estadual é composta somente por duas instâncias, na primeira temos os juízes de direito (a expressão somente é usada para juízes estaduais) e na segunda os Tribunais de Justiça de cada Estado. Deve-se observar que a Constituição permite a criação também de Justiças Militares Estaduais, para julgamento de policiais militares por infrações militares.

O § 1º do art. 92 estipula que o Supremo Tribunal Federal (STF), o Conselho Nacional de Justiça (CNJ) e os Tribunais Superiores têm sede na Capital Federal, possuindo jurisdição em todo o território nacional, ou seja, podendo atuar em casos de todo o Brasil.

🔍 Jurisprudência destacada

(...) a Constituição não arrola as turmas recursais entre os órgãos do Poder Judiciário, (...) É por essa razão que, contra suas decisões, não cabe recurso especial ao STJ, a teor da Súmula nº 203 daquela Corte, mas tão somente recurso extraordinário ao STF, nos termos de sua Súmula nº 640. Isso ocorre, insisto, porque elas constituem órgãos recursais ordinários de última instância relativamente às decisões dos juizados especiais, mas não tribunais, requisito essencial para que se instaure a competência especial do STJ (STF, RE nº 590.409, Rel. Min. Ricardo Lewandowski, j. 26.08.2009).

19.3. LEI ORGÂNICA DA MAGISTRATURA

O art. 93 da Constituição Federal dispõe acerca da chamada Lei Orgânica da Magistratura Nacional (Loman) (atualmente a Lei Complementar nº 35, de 14 de março de 1979),

506 Direito Constitucional Decifrado

que deve definir, em regras gerais, a organização do Poder Judiciário no Brasil, trazendo este artigo constitucional algumas disposições que a referida Lei Orgânica deve conter.

A iniciativa para a propositura e alteração da Lei Orgânica da Magistratura é privativa do Supremo Tribunal Federal. Assim, qualquer alteração em seu texto deve vir de proposta da nossa suprema Corte.

Analisemos o texto do art. 93:

> **Art. 93.** Lei complementar, de iniciativa do Supremo Tribunal Federal, disporá sobre o Estatuto da Magistratura, observados os seguintes princípios:
>
> I – ingresso na carreira, cujo cargo inicial será o de juiz substituto, mediante concurso público de provas e títulos, com a participação da Ordem dos Advogados do Brasil em todas as fases, exigindo-se do bacharel em direito, no mínimo, três anos de atividade jurídica e obedecendo-se, nas nomeações, à ordem de classificação;

O ingresso na carreira de juiz deve se dar por meio de concurso público de provas e de títulos, sendo o primeiro cargo ocupado pelo integrante o de juiz substituto, tanto na esfera federal, como na estadual. Desse concurso deve participar, como forma de lhe dar maior transparência, a Ordem dos Advogados do Brasil.

Com o tempo o juiz substituto pode pleitear sua promoção a juiz titular, mas nada impede que continue como substituto, o que, quando ocorre, normalmente se dá por conveniência de não ter que se deslocar para outra comarca ou circunscrição judiciária.

Para prestar concurso como juiz, é necessário que o candidato seja formado em Direito e possua, no mínimo, três anos de atividade jurídica, cabendo ao Conselho Nacional de Justiça definir o que pode ser considerado como tal, como por exemplo a atividade de advocacia, a exclusiva de bacharel em Direito e o exercício de cargo que exija a utilização preponderante de conhecimento jurídico, sendo que a comprovação de atividade jurídica, pode considerar o tempo de exercício em cargo não privativo de bacharel em Direito, desde que, ausentes dúvidas acerca da natureza eminentemente jurídica das funções desempenhadas.[1]

De acordo com o entendimento do STF, a atividade jurídica deve ser exercida após a conclusão do curso de Direito e o período de três anos deve estar completo até a inscrição no concurso.[2]

> (...) II – promoção de entrância para entrância, alternadamente, por antiguidade e merecimento, atendidas as seguintes normas:
>
> a) é obrigatória a promoção do juiz que figure por três vezes consecutivas ou cinco alternadas em lista de merecimento;
>
> b) a promoção por merecimento pressupõe dois anos de exercício na respectiva entrância e integrar o juiz a primeira quinta parte da lista de antiguidade desta, salvo se não houver com tais requisitos quem aceite o lugar vago;

---

[1] STF, MS nº 28.226, Rel. Min. Luiz Fux, j. 04.08.2015.

[2] STF, ADI nº 3.460, Rel. Min. Carlos Britto, j. 31.08.2006.

Capítulo 19 • Poder Judiciário **507**

c) aferição do merecimento conforme o desempenho e pelos critérios objetivos de produtividade e presteza no exercício da jurisdição e pela frequência e aproveitamento em cursos oficiais ou reconhecidos de aperfeiçoamento;

d) na apuração de antiguidade, o tribunal somente poderá recusar o juiz mais antigo pelo voto fundamentado de dois terços de seus membros, conforme procedimento próprio, e assegurada ampla defesa, repetindo-se a votação até fixar-se a indicação;

e) não será promovido o juiz que, injustificadamente, retiver autos em seu poder além do prazo legal, não podendo devolvê-los ao cartório sem o devido despacho ou decisão;

III – o acesso aos tribunais de segundo grau far-se-á por antiguidade e merecimento, alternadamente, apurados na última ou única entrância; (...)

Para entender os incisos II e III do art. 93, é necessário distinguir entre instância e entrância judiciárias.

A instância representa o grau de jurisdição na hierarquia do Poder Judiciário, sendo cada uma representada, no esquema que apresentamos acima, por uma linha do organograma. Com exceção daqueles que se submetem ao foro privilegiado, os processos se iniciam na primeira instância ou primeiro grau, sendo que, por conta de recursos, podem ser remetidos às instâncias superiores. No Brasil, são reconhecidas quatro instâncias de julgamento, embora nem todos os processos tenham que passar por todas elas até o seu trânsito em julgado.

Na Justiça Estadual, a primeira instância é representada pelos Juízes de Direito e Tribunal do Júri e a segunda, pelos Tribunais de Justiça de cada Estado. Já na Justiça Federal, na primeira instância, temos os Juízes Federais (Justiça Federal Comum), os Juízes do Trabalho (Justiça do Trabalho), os Juízes e as Juntas Eleitorais (na Justiça Eleitoral) e, de acordo com a legislação, as Auditorias Militares (Justiça Militar), na segunda instância, os TRFs, os TRTs, os TREs, e assim sucessivamente.

Os juízes de primeira instância atuam nas chamadas "varas". Via de regra, é na primeira instância que os processos se iniciam, daí o seu nome, embora alguns processos possam ser iniciados nos tribunais, nas situações previstas na Constituição Federal ou, no caso da Justiça Estadual, nas Constituições estaduais.

Por outro lado, as entrâncias são divisões da primeira instância do Poder Judiciário. As comarcas, que podem apresentar uma ou mais varas, podem ser classificadas como de primeira ou segunda entrância, além da comarca de entrância especial. A comarca de primeira entrância é aquela de menor porte, que tem apenas uma vara instalada. Já a comarca de segunda entrância seria de tamanho intermediário, enquanto a comarca de entrância especial seria aquela que possui cinco ou mais varas, incluindo os juizados especiais, atendendo a uma população igual ou superior a 130 mil habitantes. É comum que comarcas de primeira entrância abarquem cidades do interior e possuam apenas uma vara, enquanto comarcas de entrância especial ou de terceira entrância estejam situadas na capital ou metrópoles. Não há, no entanto, hierarquia entre as entrâncias, ou seja, uma entrância não está subordinada a outra.

Na Justiça Federal, a primeira instância é formada por uma única entrância.

O esquema a seguir nos ajuda a entender melhor esses conceitos:

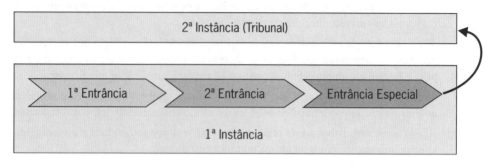

Na Justiça Estadual, o juiz começa sua carreira de titular em comarcas de entrância inicial ou primeira entrância, podendo buscar depois a transferência para comarcas de entrância intermediária e por fim para comarcas de entrância final, para só depois poder pleitear sua promoção para a segunda instância.

A transferência de uma entrância para outra dentro da primeira instância é denominada de movimentação horizontal ou remoção. Já a promoção da primeira para a segunda instância é denominada de promoção ou movimentação vertical.

No Poder Judiciário, a remoção e a promoção se dão alternadamente por Antiguidade e merecimento. Quer dizer que se a última vaga foi preenchida por Antiguidade, a próxima será por merecimento, e assim por diante.

Pelo critério de antiguidade, será removido ou promovido o juiz mais antigo na entrância que manifestar interesse na promoção, uma vez que o juiz pode não se inscrever para tal. Se o critério utilizado for o de Antiguidade, o Tribunal de segunda instância somente pode recusar a promoção do juiz mais antigo pelo voto fundamentado de dois terços de seus membros, garantindo-se a ampla defesa ao magistrado.

Quando, na remoção ou promoção, for a vez de utilizar-se o critério de merecimento, é feita uma análise dos méritos de cada juiz que a pleiteia, conforme o desempenho e pelos critérios de produtividade e presteza (rapidez) no exercício da jurisdição e pela frequência e aproveitamento em cursos oficiais ou reconhecidos de aperfeiçoamento.

Os juízes mais bem avaliados comporão uma lista, que terá dois nomes a mais do que o número de vagas a preencher. Como normalmente há uma vaga somente a ser preenchida, ela costuma receber o nome de lista tríplice. A partir desta lista, é escolhido o nome do promovido ou removido.

Para concorrer à promoção por merecimento, porém, deve o juiz contar com dois anos de exercício na respectiva entrância e integrar a primeira quinta parte da lista de antiguidade (ou seja, estar entre os 20% mais antigos), salvo se não houver com tais requisitos quem aceite o lugar vago.

A Constituição determina que é obrigatória a promoção do juiz que figure por três vezes consecutivas ou cinco alternadas em lista de merecimento. Isso é importante para evitar que determinado juiz com bom desempenho seja prejudicado por não possuir boas relações políticas, por exemplo.

Em relação às turmas recursais, seu ato de composição não caracteriza promoção de magistrado para outra entrância ou mesmo de remoção, porém de mera designação para integrar órgão de primeiro grau, não havendo necessidade, por isso, de observância dos critérios de merecimento ou antiguidade. Nessa linha, a definição dos critérios para composição da turma recursal é feita pelo respectivo tribunal.³

Jurisprudência destacada

É inconstitucional a cláusula constante de ato regimental, editado por tribunal de justiça, que estabelece, como elemento de desempate nas promoções por merecimento, o fator de ordem temporal – a antiguidade na entrância –, desestruturando, desse modo, a dualidade de critérios para acesso aos tribunais de segundo grau, consagrada no art. 93 da Lei Fundamental da República (STF, ADI nº 189, Rel. Min. Celso de Mello, j. 09.10.1991).

Por fim, a alínea *e* do inciso determina que, para que seja efetivada a promoção de um juiz, é necessário que seu trabalho esteja em dia, não podendo ele, de forma injustificada, reter processos consigo além do prazo legal ou devolvê-los ao cartório sem a devida decisão. A ideia é que o juiz que chegue para ficar em seu lugar não encontre um passivo de processos em seu gabinete.

Decifrando a prova

(Juiz Substituto-PI – FCC – 2015 – Adaptada) A promoção dos juízes de entrância para entrância será feita alternadamente, por antiguidade e merecimento, observando-se que é obrigatória a promoção do juiz que figure por pelo menos duas vezes consecutivas ou quatro alternadas em lista de merecimento.
( ) Certo   ( ) Errado
Gabarito comentado: de acordo com o art. 93, II, *a*, da CF, é obrigatória a promoção do juiz que figure por três vezes consecutivas (e não duas, como diz a questão) ou cinco alternadas (e não quatro) em lista de merecimento. Portanto, a assertiva está errada.

IV – previsão de cursos oficiais de preparação, aperfeiçoamento e promoção de magistrados, constituindo etapa obrigatória do processo de vitaliciamento a participação em curso oficial ou reconhecido por escola nacional de formação e aperfeiçoamento de magistrados;

A intenção é que os magistrados sejam submetidos a constante aperfeiçoamento e capacitação formal. Vitaliciamento é o ato através do qual o juiz torna-se vitalício, passando a somente poder ser demitido por meio de um processo judicial.

---

³ STF, MS nº 28.254-AgR, Rel. Min. Ricardo Lewandowski, j. 24.03.2011.

510 Direito Constitucional Decifrado

V – o subsídio dos Ministros dos Tribunais Superiores corresponderá a noventa e cinco por cento do subsídio mensal fixado para os Ministros do Supremo Tribunal Federal e os subsídios dos demais magistrados serão fixados em lei e escalonados, em nível federal e estadual, conforme as respectivas categorias da estrutura judiciária nacional, não podendo a diferença entre uma e outra ser superior a dez por cento ou inferior a cinco por cento, nem exceder a noventa e cinco por cento do subsídio mensal dos Ministros dos Tribunais Superiores, obedecido, em qualquer caso, o disposto nos arts. 37, XI, e 39, § 4º;

Embora a Constituição proíba a vinculação de remuneração para os servidores públicos, ela o determina em relação aos membros da Magistratura, os quais, por sinal, são considerados membros de poder, e não servidores públicos, não se lhes aplicando, funcionalmente, o disposto no art. 37 da Constituição.

É essa vinculação entre as remunerações dos membros do Poder Judiciário que causa o chamado "efeito cascata", quando o subsídio dos Ministros do Supremo Tribunal Federal é reajustado.

VI – a aposentadoria dos magistrados e a pensão de seus dependentes observarão o disposto no art. 40;

O art. 40 trata da aposentadoria do servidor público. Diversamente do que ocorria antes, atualmente os juízes não possuem mais aposentadoria especial, devendo, para obter o benefício, cumprir os mesmos requisitos dos servidores públicos.

VII – o juiz titular residirá na respectiva comarca, salvo autorização do tribunal;

Via de regra, o juiz deve residir na própria comarca onde exerce a jurisdição. Isso por duas razões. Primeiro para que o magistrado possa conhecer de fato a realidade local, o que ele deve sempre levar em consideração quando de seus julgamentos. A segunda razão é para que ele seja mais facilmente localizável, quando for necessário, inclusive pelas partes e seus advogados, uma vez que o juiz pode ser procurado para tomar alguma decisão urgente até mesmo fora de seu horário de expediente, especialmente onde não houver plantão judiciário local.

O tribunal a que o juiz está vinculado, no entanto, poderá excepcionalmente, permitir que ele resida fora da comarca.

VIII – o ato de remoção ou de disponibilidade do magistrado, por interesse público, fundar-se-á em decisão por voto da maioria absoluta do respectivo tribunal ou do Conselho Nacional de Justiça, assegurada ampla defesa;

Aqui trata-se da remoção ou de colocação em disponibilidade do magistrado contra a sua vontade (é isso que significa a expressão "por interesse público"). Nesse caso, tais atos dependerão de decisão da maioria absoluta do tribunal a que está vinculado o juiz ou do Conselho Nacional de Justiça, devendo sempre ser ouvido o juiz, que poderá apresentar eventuais argumentos contra a remoção ou colocação em disponibilidade.

VIII-A – a remoção a pedido ou a permuta de magistrados de comarca de igual entrância atenderá, no que couber, ao disposto nas alíneas *a*, *b*, *c* e *e* do inciso II;

A remoção a pedido ou permuta de magistrados de comarcas de mesma entrância, feita por merecimento, deverá obedecer às mesmas regras da promoção ou remoção de uma entrância para outra, as quais vimos acima, quando falamos do inciso II.

IX – todos os julgamentos dos órgãos do Poder Judiciário serão públicos, e fundamentadas todas as decisões, sob pena de nulidade, podendo a lei limitar a presença, em determinados atos, às próprias partes e a seus advogados, ou somente a estes, em casos nos quais a preservação do direito à intimidade do interessado no sigilo não prejudique o interesse público à informação;

A regra geral é que os julgamentos do Poder Judiciário, em todas as instâncias, sejam públicos. Assim, os despachos, sentenças e outras decisões deverão ser publicados nos meios oficiais, como forma de a sociedade saber e controlar o trabalho dos magistrados.

Também se exige que todas as decisões judiciais sejam fundamentadas, isto é, motivadas, justificadas, sob pena de serem consideradas nulas. Isso é importante para dar uma satisfação às partes sobre o porquê de cada decisão, permitindo inclusive que elas possam recorrer adequadamente, rebatendo a linha de raciocínio do magistrado ou tribunal. No entanto, a fundamentação pode ser sucinta,[4] sendo que no caso de acórdão – decisão de Tribunal –, pode este adotar os fundamentos da sentença de primeiro grau como razão de decidir.[5]

No caso de processos criminais, a decisão judicial deve analisar todas as questões suscitadas pela defesa do réu. De acordo com o STF, "reveste-se de nulidade o ato decisório, que, descumprindo o mandamento constitucional que impõe a qualquer juiz ou tribunal o dever de motivar a sentença ou o acórdão, deixa de examinar, com sensível prejuízo para o réu, fundamento relevante em que se apoia a defesa técnica do acusado".[6]

Também os atos judiciais, como as audiências, as inquirições de testemunhas, de peritos, e outros também devem ser de conhecimento público, de forma geral. No entanto, o dispositivo permite que a lei, em situações excepcionais, restrinja a presença, em determinados atos, somente às partes ou seus advogados, naquelas situações em que isto for necessário para preservar o direito à intimidade.

Exemplo dessa situação excepcional são os atos judiciais praticados em um processo de divórcio litigioso, ou em situações que envolvam menores de idade, casos em que será decretado o chamado "segredo de justiça".

Por fim, deve-se observar que a necessidade de fundamentação não alcança as decisões do Conselho de Sentença, no Tribunal do Júri, uma vez que a Constituição Federal, em seu art. 5º, XXXVIII, *b*, garante o sigilo das suas votações. Por outro lado, a sentença elaborada

---

4   STF, HC nº 105.349-AgR, Rel. Min. Ayres Britto, j. 23.11.2020.
5   STF, HC nº 98.814, Rel. Min. Ellen Gracie, j. 23.06.2009.
6   STF, HC nº 74.073, Rel. Min. Celso de Mello, j. 20.05.1997.

pelo juiz presidente do Tribunal de Júri, com base na decisão dos jurados, deve ser motivada, especialmente quanto à dosimetria da pena.

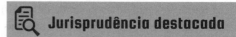 **Jurisprudência destacada**

> A publicidade assegurada constitucionalmente (art. 5º, LX, e 93, IX, da CRFB) alcança os autos do processo, e não somente as sessões e audiências, razão pela qual padece de inconstitucionalidade disposição normativa que determine abstratamente segredo de justiça em todos os processos em curso perante vara criminal (STF, ADI nº 4.414, Rel. Min. Luiz Fux, j. 31.05.2012).

X – as decisões administrativas dos tribunais serão motivadas e em sessão pública, sendo as disciplinares tomadas pelo voto da maioria absoluta de seus membros;

Aqui trata-se das decisões administrativas dos tribunais. Isso porque, embora a principal função do Poder Judiciário seja expedir decisões judiciais, os tribunais também exercem funções administrativas, como contratação de empresas para prestação de serviços, realização de concursos públicos, nomeação de servidores, aplicação de penalidades, entre outras.

No caso das decisões administrativas, sempre deverão ser motivadas e feitas em sessão pública, e no caso de ser aplicada alguma sanção disciplinar a magistrados, deverá ela ser aprovada por maioria absoluta do tribunal.

XI – nos tribunais com número superior a vinte e cinco julgadores, poderá ser constituído órgão especial, com o mínimo de onze e o máximo de vinte e cinco membros, para o exercício das atribuições administrativas e jurisdicionais delegadas da competência do tribunal pleno, provendo-se metade das vagas por antiguidade e a outra metade por eleição pelo tribunal pleno;

Todo tribunal tem o seu Plenário, que é formado por todos os juízes que o compõem e que originariamente é responsável por tomar muitas das decisões administrativas e judiciais em nome do tribunal. Ocorre, porém, que alguns tribunais possuem muitas dezenas, chegando alguns a centenas, de membros, o que dificulta muito a discussão das matérias.

Por conta disso, a Constituição permite que, nos tribunais com mais de 25 julgadores, seja criado uma espécie de comissão, chamada de órgão especial, o qual poderá exercer todas as atribuições que lhe forem repassadas pelo Plenário. A ideia é tornar as decisões que envolveriam a totalidade dos membros mais célere e simples, uma vez que as discussões são feitas envolvendo menos pessoas.

A delegação de atribuições do Tribunal Pleno ao Órgão Especial é feita na forma prevista no regimento interno de cada Tribunal.

Esse órgão especial será formado por 11 a 25 juízes, sendo que metade das vagas serão preenchidas por Antiguidade e a outra metade por eleição, podendo participar do pleito os outros membros menos antigos.

Capítulo 19 • Poder Judiciário   513

📄 Jurisprudência destacada

O órgão especial age por delegação do plenário, que é o órgão maior dos tribunais, conforme prevê o art. 93, XI, da CF, na redação conferida pela EC 45/2004 (...). Incumbindo ao plenário, de modo facultativo, a criação do órgão especial, compete somente a ele definir quais são as atribuições que delega ao referido órgão, que, por expressa disciplina do art. 93, XI, da Constituição, exerce as atribuições administrativas e jurisdicionais da competência do pleno que lhes sejam, por esse, delegadas (STF, MS nº 26.411, Rel. designado Min. Teori Zavascki, j. 26.11.2015).

XII – a atividade jurisdicional será ininterrupta, sendo vedado férias coletivas nos juízos e tribunais de segundo grau, funcionando, nos dias em que não houver expediente forense normal, juízes em plantão permanente;

A partir da Emenda Constitucional nº 45/2004, ficou vedada a prática de férias coletivas nos juízos de primeira instância e nos tribunais de segundo grau. As férias coletivas eram períodos em que os juízos e tribunais ficavam fechados, atendendo somente em regime de plantão casos urgentes. Em relação aos tribunais superiores, por outro lado, incluindo o Supremo Tribunal Federal, não há vedação para férias coletivas.

Nos períodos em que não houver expediente judiciário normal, como nos finais de semana, deve haver juízes em plantão permanente, para que possam ser atendidas situações emergenciais.

🧩 Decifrando a prova

(Delegado de Polícia/BA – Vunesp – 2018 – Adaptada) De acordo com a Constituição Federal, a atividade jurisdicional será ininterrupta, sendo vedadas férias coletivas nos juízos de duplo grau de jurisdição e tribunais superiores, funcionando, nos dias em que não houver expediente forense normal, juízes em plantão permanente.
( ) Certo   ( ) Errado
Gabarito comentado: o art. 96, XII, da Constituição somente veda as férias coletivas nos juízos e tribunais de segundo grau, não havendo proibição de férias coletivas nos tribunais superiores. Portanto, a assertiva está errada.

XIII – o número de juízes na unidade jurisdicional será proporcional à efetiva demanda judicial e à respectiva população;

Uma prestação jurisdicional de qualidade envolve, entre outras coisas, um número apropriado de juízes. A Constituição estabelece que, na determinação do número de magistrados em cada comarca ou circunscrição judiciária, deve-se levar em conta tanto a demanda efetiva, ou seja, o número de processos, como também a demanda potencial, representada pela população local.

514 Direito Constitucional Decifrado

XIV – os servidores receberão delegação para a prática de atos de administração e atos de mero expediente sem caráter decisório;

A intenção é que o juiz possa se concentrar em cumprir sua função principal, que é a de decidir, deixando os atos de administração do cartório e aqueles rotineiros, que não tenham conteúdo decisório, para serem executados pelos servidores.

XV – a distribuição de processos será imediata, em todos os graus de jurisdição.

Todo processo ou recurso, ao dar entrada em um tribunal ou ao ser iniciado na primeira instância, deve ser destinado a um relator ou juiz oficiante. Antigamente, ao abrirem-se novos processos ou feitos, era comum que eles ficassem aguardando distribuição futura, sendo liberados aos poucos aos magistrados de acordo com uma cota mensal estabelecida pela Administração do Tribunal. Atualmente, isso não pode mais ocorrer, sendo que, ao ser protocolizada a petição inicial de um processo, deve ela ser imediatamente destinada a um juiz, que deverá determinar as providências cabíveis.

19.4. QUINTO CONSTITUCIONAL

Objeto de polêmicas, especialmente entre os magistrados, trata o art. 94 da Constituição Federal do chamado "quinto constitucional", o qual determina que um quinto, ou seja, 20%, das vagas de determinados tribunais sejam preenchidas por oriundos da classe dos advogados e do Ministério Público.

A ideia da exigência é permitir que os tribunais sejam enriquecidos com a visão e experiência desses profissionais. Seus críticos, no entanto, alegam que o instituto acaba por criar duas classes magistrados nos tribunais onde aplicado: os juízes de carreira, com larga experiência na atividade judicante e os juízes ingressantes pelo quinto constitucional, que embora profissionais experientes nas suas áreas de origem, não possuem experiência como magistrados.

Sobre o quinto constitucional, dispõe o art. 94 da Constituição:

> **Art. 94.** Um quinto dos lugares dos Tribunais Regionais Federais, dos Tribunais dos Estados, e do Distrito Federal e Territórios será composto de membros, do Ministério Público, com mais de dez anos de carreira, e de advogados de notório saber jurídico e de reputação ilibada, com mais de dez anos de efetiva atividade profissional, indicados em lista sêxtupla pelos órgãos de representação das respectivas classes.
>
> Parágrafo único. Recebidas as indicações, o tribunal formará lista tríplice, enviando-a ao Poder Executivo, que, nos vinte dias subsequentes, escolherá um de seus integrantes para nomeação.

Mais à frente, em seus arts. 111-A e 115, determina a Constituição que também o Tribunal Superior do Trabalho e os Tribunais Regionais do Trabalho obedeçam a essa proporcionalidade.

Assim, por esta regra, um quinto do número de membros dos TRFs (Tribunais Regionais Federais), dos TJs (Tribunais de Justiça), do TST (Tribunal Superior do Trabalho) e dos TRT (Tribunais Regionais do Trabalho) deverá ser composto por membros da classe dos advogados e do Ministério Público, em número igual, ou seja, se em um Tribunal de Justiça, por exemplo, houver 50 desembargadores, 10 deles serão nomeados pelo instituto do quinto constitucional, sendo cinco advogados e cinco membros do Ministério Público.

Se o número total de sua composição não for divisível por cinco, arredonda-se a fração restante (seja superior ou inferior à metade) para o número inteiro seguinte, a fim de alcançar-se a quantidade de vagas destinadas ao quinto constitucional.[7]

E se esse número de vagas reservadas ao quinto constitucional for ímpar? Nesse caso, uma das vagas será "mista", sendo ocupada alternadamente por um membro do Ministério Público e por um advogado. Dessa forma, por exemplo, se o Tribunal de Justiça contar com 55 desembargadores, serão 11 vagas destinadas ao quinto constitucional, sendo cinco reservadas a membros do Ministério Público, cinco a advogados e a última vaga poderia ser ocupada inicialmente por um membro do Ministério Público, e quando este se retirasse do tribunal, seria ocupada por um advogado, e assim sucessivamente.

Para serem nomeados pelo quinto constitucional, tanto os advogados como os membros do Ministério Público devem possuir mais de dez anos de efetiva atividade na área, sendo que aos primeiros também se exige que possuam notório saber jurídico e reputação ilibada.

Esses membros do Ministério Público e da Advocacia são indicados em lista sêxtupla pelos órgãos de representação de suas classes e, uma vez recebidas essas indicações, o Tribunal elabora uma lista tríplice, como os três mais votados pelos magistrados, enviando-a ao Poder Executivo, que, nos 20 dias subsequentes, escolhe um de seus integrantes para nomeação.

A votação pelos tribunais que comporá a lista tríplice a ser encaminhada ao Executivo deve ser feita de forma aberta, nominal e fundamentada, como forma de conferir maior transparência ao processo.[8]

Deve-se observar que a reserva de vagas para o quinto constitucional somente existe para os tribunais citados, não se aplicando aos Tribunais Superiores, com exceção do TST, nem aos Tribunais Regionais Eleitorais.

Os demais quatro quintos dos juízes desses tribunais, ou seja, aqueles que não ingressaram por meio do quinto constitucional, são normalmente denominados "juízes de carreira". Os juízes de carreira ingressam nos tribunais por promoção por antiguidade e merecimento.

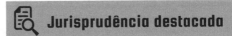

Jurisprudência destacada

Conflita com a CF norma da Carta do Estado que junge à aprovação da assembleia legislativa a escolha de candidato à vaga do quinto em tribunal (STF, ADI nº 4.150, Rel. Min. Marco Aurélio, j. 25.02.2015).

---

[7] STF, AO nº 493, Rel. Min. Octavio Gallotti, j. 06.06.2000.
[8] STF, MS nº 31.923-MC, Rel. Min. Celso de Mello, j. 17.04.2013.

516 Direito Constitucional Decifrado

19.5. GARANTIAS DOS JUÍZES

A fim de garantir a independência e imparcialidade do Poder Judiciário, a Constituição Federal concede a seus membros determinadas garantias ou prerrogativas, previstas em seu art. 95:

> **Art. 95.** Os juízes gozam das seguintes garantias:
>
> I – vitaliciedade, que, no primeiro grau, só será adquirida após dois anos de exercício, dependendo a perda do cargo, nesse período, de deliberação do tribunal a que o juiz estiver vinculado, e, nos demais casos, de sentença judicial transitada em julgado;
>
> II – inamovibilidade, salvo por motivo de interesse público, na forma do art. 93, VIII;
>
> III – irredutibilidade de subsídio, ressalvado o disposto nos arts. 37, X e XI, 39, § 4º, 150, II, 153, III, e 153, § 2º, I.

Essas garantias são concedidas aos magistrados não como privilégios pessoais, mas como proteções necessárias para que o mesmo possa exercer suas funções de forma isenta, sem receio de represálias ou perseguições.

Vejamos cada uma delas:

19.5.1. Vitaliciedade

O juiz de carreira entra na magistratura como juiz substituto não vitalício. Após dois anos de exercício, sendo aprovado no curso de formação, adquire o magistrado a chamada vitaliciedade. Por meio dela, o juiz somente perderá o cargo por meio de decisão judicial transitada em julgado, não podendo ser demitido por mero processo administrativo.

Antes da obtenção da vitaliciedade, pode o juiz perder o cargo tanto por decisão judicial como por decisão administrativa.

Em qualquer caso, porém, é garantida a ampla defesa, nos termos no art. 5º, inciso LV, da Constituição Federal.

De certa forma, a vitaliciedade dos juízes assemelha-se à estabilidade dos servidores públicos, porém desta se diferencia pelo fato de que somente admite uma hipótese de rescisão, qual seja, decisão judicial transitada em julgado, ao passo que a estabilidade do servidor público pode ser perdida nas três hipóteses do art. 41 da Constituição, além de se admitir a possibilidade de exoneração do servidor que a possui em caso de desrespeito aos limites de gastos com pessoal (art. 169, § 4º, CF).

19.5.2. Inamovibilidade

Pela prerrogativa da inamovibilidade, não pode o juiz ser realocado do local onde trabalha contra sua vontade. Por local de trabalho deve ser entendido não só o *locus* geográfico, territorial, de atuação do magistrado, mas também a sua localização dentro da estrutura do Poder Judiciário, o que impede também sua transferência involuntária, por exemplo, de vara ou de câmara onde atue.

O objetivo é evitar que os membros do Poder Judiciário sejam transferidos por razões políticas ou outras razões escusas, o que poderia prejudicar a independência de sua atuação. Assim, via de regra, a mudança de local de trabalho de um magistrado depende de sua solicitação.

No entanto, por razões de interesse público, como por exemplo, a instalação de uma nova vara judicial, pode haver a transferência compulsória. No entanto, tal providência depende da aprovação da maioria absoluta do Tribunal respectivo ou do Conselho Nacional de Justiça.

A garantia da inamovibilidade estende-se também ao juiz substituto, o qual possui o direito de exercer a sua função dentro da comarca ou da circunscrição judiciária para a qual foi designado, também somente podendo ser removido para outra a pedido ou por razões de interesse público.[9]

19.5.3. Irredutibilidade do subsídio

Os juízes recebem por subsídio em parcela única, de acordo com o art. 39, § 4º, da Constituição Federal e, assim como ocorre com os servidores, sua remuneração também não pode ser reduzida, embora deva ela submeter-se ao teto estabelecido na Constituição Federal.

No entanto, o STF tende que não há direito líquido e certo à percepção de vencimentos constantes de tabela vinculada a dispositivo legal alcançado por declaração de inconstitucionalidade proferida pela própria Suprema Corte.[10]

19.6. VEDAÇÕES AOS JUÍZES

Enquanto o *caput* do art. 95 traz as garantias da magistratura, seu parágrafo único traz vedações impostas aos juízes, as quais devem ser vistos como garantia de independência ao Judiciário e de que seus membros se dedicarão integralmente a suas funções:

(...) Aos juízes é vedado:

I – exercer, ainda que em disponibilidade, outro cargo ou função, salvo uma de magistério;

II – receber, a qualquer título ou pretexto, custas ou participação em processo;

III – dedicar-se à atividade político-partidária;

IV – receber, a qualquer título ou pretexto, auxílios ou contribuições de pessoas físicas, entidades públicas ou privadas, ressalvadas as exceções previstas em lei;

V – exercer a advocacia no juízo ou tribunal do qual se afastou, antes de decorridos três anos do afastamento do cargo por aposentadoria ou exoneração.

---

[9]   STF, MS nº 27.958, Rel. Min. Ricardo Lewandowski, j. 17.05.2012.

[10]   STF, RE nº 137.797, Rel. Min. Menezes Direito, j. 08.04.2008.

Assim, verifica-se que não podem os juízes:

a. exercer qualquer outra função, exceto uma de professor: essa restrição aplica-se inclusive ao magistrado que se encontrar em disponibilidade;
b. receber qualquer participação no processo: tal vedação justifica-se pela necessidade de o magistrado manter sua independência e equidistância das partes;
c. dedicar-se à atividade político-partidária: a atividade jurisdicional e atividade política são consideradas incompatíveis pela Constituição, tanto que os juízes não são eleitos, como ocorre com os representantes do povo nos Poderes Legislativo e Judiciário;
d. receber auxílios ou contribuições de outras pessoas, físicas ou jurídicas, exceto nos casos previstos em lei: para a garantia de sua imparcialidade, não pode o juiz receber valores de outras pessoas, ainda que jurídicas. A lei, no entanto, pode trazer exceções, como por exemplo, recebimento de benefícios de planos de previdência privada;
e. exercer a advocacia no juízo ou tribunal do qual se afastou, antes de três anos do afastamento: a ideia aqui é evitar que o magistrado recém-saído de um juízo ou tribunal represente clientes junto a seus ex-colegas, o que poderia propiciar tráfico de influência ou concorrência desleal com outros advogados. No entanto, passado o período de três anos, fica afastada esta restrição.

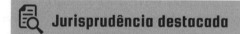

Jurisprudência destacada

As vedações formais impostas constitucionalmente aos magistrados objetivam, de um lado, proteger o próprio Poder Judiciário, de modo que seus integrantes sejam dotados de condições de total independência e, de outra parte, garantir que os juízes dediquem-se integralmente, às funções inerentes ao cargo, proibindo que a dispersão com outras atividades deixe em menor valia e cuidado o desempenho da atividade jurisdicional, que é função essencial do Estado e direito fundamental do jurisdicionado. O art. 95, parágrafo único, I, da Constituição da República vinculou-se a uma proibição geral de acumulação do cargo de juiz com qualquer outro, de qualquer natureza ou feição, salvo uma de magistério (STF, MS nº 25.938, Rel. Min. Cármen Lúcia, j. 24.04.2008).

19.7. COMPETÊNCIAS PRIVATIVAS DOS TRIBUNAIS

O art. 96 da Constituição Federal traz algumas competências privativas dos Tribunais. Ao falar em competências privativas, deixa o texto constitucional claro que as mesmas deverão ser exercidas exclusivamente por cada tribunal, no que lhe disser respeito, não podendo ser praticadas por qualquer outro órgão do Poder Judiciário.

Embora as disposições do art. 96 sejam dirigidas aos tribunais do Poder Judiciário, algumas delas também são estendidas, no que couber, ao Tribunal de Contas da União e ao Ministério Público (arts. 73 e 134, § 4º, da CF).

Ao definir as competências privativas dos tribunais, a Constituição busca garantir a independência funcional e administrativa dos diversos escalões do Poder Judiciário, mesmo em relação aos Tribunais Superiores.

Dispõe o referido artigo:

Art. 96. Compete privativamente:

I – aos tribunais:

a) eleger seus órgãos diretivos e elaborar seus regimentos internos, com observância das normas de processo e das garantias processuais das partes, dispondo sobre a competência e o funcionamento dos respectivos órgãos jurisdicionais e administrativos;

b) organizar suas secretarias e serviços auxiliares e os dos juízos que lhes forem vinculados, velando pelo exercício da atividade correicional respectiva;

c) prover, na forma prevista nesta Constituição, os cargos de juiz de carreira da respectiva jurisdição;

d) propor a criação de novas varas judiciárias;

e) prover, por concurso público de provas, ou de provas e títulos, (...) os cargos necessários à administração da Justiça, exceto os de confiança assim definidos em lei;

f) conceder licença, férias e outros afastamentos a seus membros e aos juízes e servidores que lhes forem imediatamente vinculados;

II – ao Supremo Tribunal Federal, aos Tribunais Superiores e aos Tribunais de Justiça propor ao Poder Legislativo respectivo (...):

a) a alteração do número de membros dos tribunais inferiores;

b) a criação e a extinção de cargos e a remuneração dos seus serviços auxiliares e dos juízos que lhes forem vinculados, bem como a fixação do subsídio de seus membros e dos juízes, inclusive dos tribunais inferiores, onde houver;

c) a criação ou extinção dos tribunais inferiores;

d) a alteração da organização e da divisão judiciárias;

III – aos Tribunais de Justiça julgar os juízes estaduais e do Distrito Federal e Territórios, bem como os membros do Ministério Público, nos crimes comuns e de responsabilidade, ressalvada a competência da Justiça Eleitoral.

Com relação a essas disposições, cabe destacar alguns pontos importantes, considerando-se o entendimento do Supremo Tribunal Federal.

♦ Os regimentos internos de cada Tribunal podem ser objeto de controle direto de constitucionalidade, e não só incidental, uma vez que retiram sua validade jurídica diretamente do texto constitucional, possuindo conteúdo normativo primário.[11]

---

[11] STF, ADI nº 1.105-MC, Rel. Min. Paulo Brossard, j. 03.08.1994.

520 Direito Constitucional Decifrado

- Somente podem votar na eleição para os órgãos diretivos do Tribunal os seus próprios integrantes, não sendo permitido que juízes de primeira instância, ainda que vitalícios, participem da escolha.[12]
- O provimento do cargo de desembargador, mediante promoção de juiz de carreira, é ato privativo do tribunal de justiça, por conta do disposto no art. 96, I, sendo inconstitucional disposição de constituição estadual que atribua a autoridade outra, como o Governador de Estado, o provimento de tal cargo.[13]
- Insere-se na competência privativa dos Tribunais de Justiça a proposita de leis que disponham tanto sobre as serventias judiciais (cartórios das varas, distribuidores, contadores, avaliadores e inventariantes judiciais, entre outros) como sobre as extrajudiciais (cartórios de serviços notariais e de registro).[14]

19.8. JUIZADOS ESPECIAIS E DE PAZ

Dispõe o art. 98 da Constituição Federal:

> **Art. 98.** A União, no DF e nos Territórios, e os Estados criarão:
>
> I – juizados especiais, providos por juízes togados, ou togados e leigos, competentes para conciliação, julgamento e execução de causas cíveis de menor complexidade e infrações penais de menor potencial ofensivo, mediante procedimentos oral e sumariíssimo, permitidos, nas hipóteses da lei, a transação e o julgamento de recursos por turmas de juízes de primeiro grau;
>
> II – justiça de paz, remunerada, composta de cidadãos eleitos pelo voto direto, universal e secreto, com mandato de quatro anos e competência para, na forma da lei, celebrar casamentos, verificar, de ofício ou em face de impugnação, o processo de habilitação e exercer atribuições conciliatórias, sem caráter jurisdicional, além de outras previstas na legislação.
>
> § 1º Lei federal disporá sobre a criação de juizados especiais no âmbito da Justiça Federal.

Visando uma prestação jurisdicional mais célere e eficiente para casos de menor complexidade, no caso dos processos cíveis, ou de menor gravidade, no caso dos processos penais, a Constituição Federal prevê a criação de juizados especiais, tanto na Justiça Federal como nas Justiças Estaduais, inclusive com a participação de juízes leigos, ou seja, que não são juízes de fato, mas que auxiliarão na prestação da Justiça, fazendo conciliações, por exemplo.

A intenção é de descongestionar a chamada "justiça comum", permitindo que o trabalho do Poder Judiciário seja mais efetivo, inclusive com a redução de custos para a partes.

---

[12] STF, ADI nº 2.012, Rel. Min. Ricardo Lewandowski, j. 27.10.2011.

[13] STF, ADI nº 314, Rel. Min. Carlos Velloso, j. 04.09.1991.

[14] STF, ADI nº 3.773, Rel. Min. Menezes Direito, j. 04.03.2009.

Os juizados especiais são regulamentados pela Lei nº 9.099/1996, sendo que, no âmbito da Justiça Federal, foram criados pela Lei nº 10.259/2001.

Entre as vantagens da criação desses juizados especiais estão: maior rapidez no julgamento, uma vez que o rito de julgamento é sumaríssimo, e menor burocracia para acesso à Justiça pelo cidadão, sendo que, em determinados casos cíveis, o autor da ação nem sequer precisa constituir advogado.

Os recursos das decisões proferidas pelos juizados especiais são julgados pelas chamadas turmas recursais, compostas por três juízes de primeira instância.

Além dos juizados especiais, prevê a Constituição Federal também a figura dos Juizados de Paz, que possuem a incumbência de celebrar matrimônios, além de servirem como instâncias de conciliação – daí seu nome. Em substituição ao sistema de nomeação pelo Governador, atualmente prevê a Constituição que os juízes de paz sejam cidadãos eleitos pelo povo, com mandato de quatro anos, o que porém, ainda não ocorre em diversos Estados por falta de regulamentação.

De acordo com o Conselho Nacional de Justiça, cabe a cada Estado da Federação regulamentar a instituição, eleição e funcionamento dos juizados de paz, por meio de lei cuja iniciativa compete ao Tribunal de Justiça respectivo.

Os juízes de paz são agentes públicos, e sua remuneração deve ser estabelecida por lei, devendo ser fixa e predeterminada, não admitindo o STF que tal seja calculado como forma de participação ao que é recolhido aos cofres públicos.[15] Além disso, nossa Suprema Corte também entende como obrigatória a filiação partidária dos juízes de paz, por decorrência do sistema eleitoral adotado no Brasil.[16]

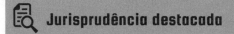

Jurisprudência destacada

As turmas recursais são órgãos recursais ordinários de última instância relativamente às decisões dos juizados especiais, de forma que os juízes dos juizados especiais estão a elas vinculados no que concerne ao reexame de seus julgados. Competente a turma recursal para processar e julgar recursos contra decisões de primeiro grau, também o é para processar e julgar o mandado de segurança substitutivo de recurso. Primazia da simplificação do processo judicial e do princípio da razoável duração do processo (STF, RE nº 586.789, Rel. Min. Ricardo Lewandowski, j. 16.11.2011).

19.9. CUSTAS E EMOLUMENTOS

O § 2º do art. 98 da Constituição dispõe que as custas e emolumentos serão destinados exclusivamente ao custeio dos serviços afetos às atividades específicas da Justiça.

---

[15] STF, ADI nº 954, Rel. Min. Gilmar Mendes, j. 24.02.2011.
[16] STF, ADI nº 2.938, Rel. Min. Eros Grau, j. 09.06.2005.

As custas e emolumentos cobrados por Poder Judiciário – e também pelos cartórios extrajudiciais – possuem a natureza de taxa, devendo, por conta disso, ter os seus valores definidos por lei e submetendo-se às demais regras aplicáveis aos tributos em geral.

As custas judiciais designam a soma de despesas ou dispêndios que se tem no andamento de um processo, exigidas pelo Poder Judiciário, ou seja, são as despesas do processo ou encargos diretamente decorrentes dele, desde que fixados ou tarifados em lei. Os emolumentos representam retribuições pecuniárias concedidas a uma pessoa, além do que fixamente percebe pelo exercício de seu cargo ou ofício.

As custas como os emolumentos arrecadados pelo Poder Judiciário devem ser destinadas a manter as atividades da Justiça, o que, inclui, além da conservação dos serviços do Poder Judiciário, custeio de escolas de aperfeiçoamento de magistrados e servidores e manutenção do serviço extrajudicial prestado pelos cartórios de notas e de registro, não podendo, por outro lado, ter parte de sua arrecadação destinada a entidades privadas, como associações de juízes ou caixas de assistência de advogados.[17]

Por outro lado, entende o STF que parte da arrecadação das custas e emolumentos pode ser destinada ao Ministério Público, por ser ele uma função essencial à Justiça, sem a qual o exercício da jurisdição não seria possível em muitas situações.[18]

19.10. AUTONOMIA DO PODER JUDICIÁRIO

Conforme já vimos, os três poderes, de acordo com o art. 2º de nossa Constituição Federal, são independentes e harmônicos entre si, sendo essa separação uma cláusula pétrea e seu desrespeito, no caso dos Estados, motivo para decretação de intervenção federal.

A autonomia pressupõe liberdade auto-organização, obedecidas as disposições constitucionais e legais, quando for o caso, que é a chamada autonomia administrativa.

E para que essa liberdade de cada poder seja realmente efetiva, é importante que haja autonomia financeira e administrativa de cada um deles.

E é justamente sobre tal autonomia, relativamente ao Poder Judiciário, que dispõe o art. 99 da Constituição:

> **Art. 99.** Ao Poder Judiciário é assegurada autonomia administrativa e financeira.
>
> § 1º Os tribunais elaborarão suas propostas orçamentárias dentro dos limites estipulados conjuntamente com os demais Poderes na lei de diretrizes orçamentárias.
>
> § 2º O encaminhamento da proposta, ouvidos os outros tribunais interessados, compete:
>
> I – no âmbito da União, aos Presidentes do Supremo Tribunal Federal e dos Tribunais Superiores, com a aprovação dos respectivos tribunais;

---

[17] STF, ADI nº 1.378, Rel. Min. Celso de Mello, j. 30.11.1995.
[18] STF, ADI nº 3.028, Rel. Min. Ayres Britto, j. 26.05.2010.

II – no âmbito dos Estados e no do Distrito Federal e Territórios, aos Presidentes dos Tribunais de Justiça, com a aprovação dos respectivos tribunais.

§ 3º Se os órgãos referidos no § 2º não encaminharem as respectivas propostas orçamentárias dentro do prazo estabelecido na lei de diretrizes orçamentárias, o Poder Executivo considerará, para fins de consolidação da proposta orçamentária anual, os valores aprovados na lei orçamentária vigente, ajustados de acordo com os limites estipulados na forma do § 1º deste artigo.

§ 4º Se as propostas orçamentárias de que trata este artigo forem encaminhadas em desacordo com os limites estipulados na forma do § 1º, o Poder Executivo procederá aos ajustes necessários para fins de consolidação da proposta orçamentária anual.

O orçamento público é um só. No entanto, cabe a cada Poder – no caso do Poder Judiciário, ao Supremo Tribunal Federal e a cada Tribunal Superior – encaminhar anualmente suas propostas de gastos, as quais serão consolidadas pelo Poder Executivo, que encaminhará um projeto de lei unificado ao Poder Legislativo, para apreciação e votação. Essa proposta orçamentária deve estar de acordo com as disposições da Lei de Diretrizes Orçamentárias, sendo que, em caso de incompatibilidade com esta, caberá ao Poder Executivo efetuar os ajustes necessários.

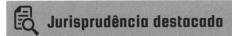

Jurisprudência destacada

Poder Judiciário: independência, autogoverno e controle. A administração financeira do Judiciário não está imune ao controle, na forma da Constituição, da legalidade dos dispêndios dos recursos públicos; sujeita-se, não apenas à fiscalização do Tribunal de Contas e do Legislativo, mas também às vias judiciais de prevenção e repressão de abusos, abertas não só aos governantes, mas a qualquer do povo, incluídas as que dão acesso à jurisdição do Supremo Tribunal (CF, art. 102, I, *n*). O que não admite transigências é a defesa da independência de cada um dos Poderes do Estado, na área que lhe seja constitucionalmente reservada, em relação aos demais, sem prejuízo, obviamente, da responsabilidade dos respectivos dirigentes pelas ilegalidades, abusos ou excessos cometidos (STF, ADI nº 691-MC, Rel. Min. Sepúlveda Pertence, j. 22.04.1992).

19.11. PRECATÓRIOS

As entidades de direito público em geral (União, Estados, Distrito Federal e suas autarquias e fundações de direito público) apresentam, como parte do regime jurídico a que estão submetidas, a prerrogativa da impenhorabilidade de seus bens, o que fez com que mesmo o Poder Judiciário não possa decretar a penhora de seus bens para pagamento de dívidas, como é feito com as entidades de direito privado.

Essa característica é importante para resguardar o interesse público – pois a penhora de bens dessas entidades poderia comprometer o seu funcionamento normal e o atendimento das necessidades da coletividade.

524 Direito Constitucional Decifrado

Dessa forma, quando ocorre o trânsito em julgado de decisões judiciais contra a Administração Pública, com a condenação de pagamento, ocorre a emissão de um precatório, que é uma requisição de pagamento expedida pelo Poder Judiciário, em favor do autor da ação, para que o montante correspondente seja incluído no orçamento do ente público para a quitação da obrigação.

O regime de precatórios não se aplica às sociedades de economia mista e às empresas públicas, pelo fato de estas se submeterem ao regime jurídico de direito privado, exceto se prestadoras de serviços públicos, como acontece com os Correios[19] e a Casa da Moeda.[20]

O art. 100 da Constituição Federal traz as regras referentes aos precatórios, de forma minuciosa. A seguir apresentamos os dispositivos mais importantes desse artigo, suprimindo alguns parágrafos, seja por terem sido declarados inconstitucionais, como veremos adiante, seja por trazerem regras assaz específicas:

> **Art. 100.** Os pagamentos devidos pelas Fazendas Públicas Federal, Estaduais, Distrital e Municipais, em virtude de sentença judiciária, far-se-ão exclusivamente na ordem cronológica de apresentação dos precatórios e à conta dos créditos respectivos, proibida a designação de casos ou de pessoas nas dotações orçamentárias e nos créditos adicionais abertos para este fim.
>
> § 1º Os débitos de natureza alimentícia compreendem aqueles decorrentes de salários, vencimentos, proventos, pensões e suas complementações, benefícios previdenciários e indenizações por morte ou por invalidez, fundadas em responsabilidade civil, em virtude de sentença judicial transitada em julgado, e serão pagos com preferência sobre todos os demais débitos, exceto sobre aqueles referidos no § 2º deste artigo.
>
> § 2º Os débitos de natureza alimentícia cujos titulares, originários ou por sucessão hereditária, tenham 60 (sessenta) anos de idade, ou sejam portadores de doença grave, ou pessoas com deficiência, assim definidos na forma da lei, serão pagos com preferência sobre todos os demais débitos, até o valor equivalente ao triplo fixado em lei para os fins do disposto no § 3º deste artigo, admitido o fracionamento para essa finalidade, sendo que o restante será pago na ordem cronológica de apresentação do precatório.
>
> § 3º O disposto no *caput* deste artigo relativamente à expedição de precatórios não se aplica aos pagamentos de obrigações definidas em leis como de pequeno valor que as Fazendas referidas devam fazer em virtude de sentença judicial transitada em julgado.
>
> § 4º Para os fins do disposto no § 3º, poderão ser fixados, por leis próprias, valores distintos às entidades de direito público, segundo as diferentes capacidades econômicas, sendo o mínimo igual ao valor do maior benefício do regime geral de previdência social.
>
> § 5º É obrigatória a inclusão no orçamento das entidades de direito público de verba necessária ao pagamento de seus débitos oriundos de sentenças transitadas em julgado constantes de precatórios judiciários apresentados até 2 de abril, fazendo-se o pagamento até o final do exercício seguinte, quando terão seus valores atualizados monetariamente. (...)

---

[19] STF, RE nº 220.906, Rel. Min. Maurício Corrêa, j. 16.11.2000.

[20] STF, RE nº 1.009.828-AgR, Rel. Min. Roberto Barroso, j. 24.08.2018.

Capítulo 19 • Poder Judiciário **525**

§ 8° É vedada a expedição de precatórios complementares ou suplementares de valor pago, bem como o fracionamento, repartição ou quebra do valor da execução para fins de enquadramento de parcela do total ao que dispõe o § 3° deste artigo. (...)

§ 11. É facultada ao credor, conforme estabelecido em lei do ente federativo devedor, com autoaplicabilidade para a União, a oferta de créditos líquidos e certos que originalmente lhe são próprios ou adquiridos de terceiros reconhecidos pelo ente federativo ou por decisão judicial transitada em julgado para:

I – quitação de débitos parcelados ou débitos inscritos em dívida ativa do ente federativo devedor, inclusive em transação resolutiva de litígio, e, subsidiariamente, débitos com a administração autárquica e fundacional do mesmo ente;

II – compra de imóveis públicos de propriedade do mesmo ente disponibilizados para venda;

III – pagamento de outorga de delegações de serviços públicos e demais espécies de concessão negocial promovidas pelo mesmo ente;

IV – aquisição, inclusive minoritária, de participação societária, disponibilizada para venda, do respectivo ente federativo; ou

V – compra de direitos, disponibilizados para cessão, do respectivo ente federativo, inclusive, no caso da União, da antecipação de valores a serem recebidos a título do excedente em óleo em contratos de partilha de petróleo.

§ 12. A partir da promulgação desta Emenda Constitucional [EC n° 62/2009], a atualização de valores de requisitórios, após sua expedição, até o efetivo pagamento, independentemente de sua natureza, será feita pelo índice oficial de remuneração básica da caderneta de poupança, e, para fins de compensação da mora, incidirão juros simples no mesmo percentual de juros incidentes sobre a caderneta de poupança, ficando excluída a incidência de juros compensatórios. (*Vide* ADI n° 4.425)

§ 13. O credor poderá ceder, total ou parcialmente, seus créditos em precatórios a terceiros, independentemente da concordância do devedor, não se aplicando ao cessionário o disposto nos §§ 2° e 3°.

§ 14. A cessão de precatórios, observado o disposto no § 9° deste artigo, somente produzirá efeitos após comunicação, por meio de petição protocolizada, ao Tribunal de origem e ao ente federativo devedor. (...)

§ 16. A seu critério exclusivo e na forma de lei, a União poderá assumir débitos, oriundos de precatórios, de Estados, Distrito Federal e Municípios, refinanciando-os diretamente.

19.11.1. Resumo sobre precatórios

Para um melhor entendimento do leitor, a partir do texto constitucional e das decisões do STF sobre assunto – especialmente na ADI 4.425 e outras correlatas –, destacam-se algumas informações sobre os precatórios:

a. Ordem de pagamento

A ordem de pagamento dos precatórios deve seguir a ordem cronológica de sua apresentação, sendo proibida a designação de casos ou de pessoas nas dotações orçamentárias e nos créditos adicionais abertos para esse fim. Ou seja, os valores reservados no orçamento todo ano para pagamento de precatórios não devem trazer os nomes dos beneficiários, uma vez que os mesmos serão apurados posteriormente, de acordo com a ordem cronológica de apresentação.

No entanto, o mesmo art. 100 da Constituição traz algumas exceções à ordem cronológica de pagamento de precatórios:

♦ **créditos de pequeno valor:** tais créditos não se sujeitam ao regime de precatórios, podendo ser pagos, a princípio, dentro do próprio ano. No entanto, é proibido o fracionamento do valor da execução para fins de enquadramento de parcela do total ao pequeno valor. Atualmente, considera-se de pequeno valor o débito que não exceda a 60 salários mínimos;

♦ **maiores de 60 anos, portadores de doença grave e pessoas com deficiência (créditos de natureza alimentícia):** essas pessoas terão preferência sobre todos os demais débitos, desde que seu crédito tenha natureza alimentícia e até o montante equivalente ao triplo daquele considerado como de pequeno valor, admitido o fracionamento para essa finalidade, sendo que o restante será pago na ordem cronológica de apresentação do precatório. Essa situação é denominada pela doutrina e jurisprudência como "superpreferência";

A definição do que vem a ser doença grave para fins de prioridade no recebimento de precatórios deve ser feita por lei, sendo que atualmente quem regula o assunto é a Lei nº 7.713/1988, com a redação dada pela Lei nº 11.052/2004: tuberculose ativa, alienação mental, esclerose múltipla, neoplasia maligna, cegueira, hanseníase, paralisia irreversível e incapacitante, cardiopatia grave, doença de Parkinson, espondiloartrose anquilosante, nefropatia grave, hepatopatia grave, estados avançados da doença de Paget (osteíte deformante), contaminação por radiação e Aids.

Deve-se observar que, em relação a essa situação, o STF julgou, na ADI nº 4.425, como inconstitucional a expressão "na data de expedição do precatório", trazida ao § 2º do art. 100 da Constituição pela EC nº 62/2009 – e posteriormente suprimida pela EC nº 94/2016 –, que determinava que era nesse momento que o beneficiário deveria ser sexagenário para usufruir da preferência, por considerar que a redação discriminava, sem qualquer fundamento, aqueles que viessem a alcançar a idade de sessenta anos não na data da expedição do precatório, mas sim posteriormente, enquanto pendente este e ainda não ocorrido o pagamento, desrespeitando, assim, direitos fundamentais e ferindo cláusula pétrea constitucional.[21]

---

[21] STF, ADI nº 4.425, Rel. designado Min. Luiz Fux, j. 14.03.2013.

Capítulo 19 • Poder Judiciário **527**

◆ **débitos de natureza alimentícia:** são aqueles decorrentes de salários, vencimentos, proventos, pensões e suas complementações, benefícios previdenciários e indenizações por morte ou por invalidez, fundadas em responsabilidade civil, em virtude de sentença judicial transitada em julgado, os quais serão pagos com preferência sobre todos os demais débitos, exceto sobre aqueles referidos no item anterior.

Decifrando a prova

(Juiz Federal Substituto/TRF-4ª Região – TRT-4ª Região – 2016 – Adaptada) Os débitos de natureza alimentícia que compreendem aqueles decorrentes de salários, vencimentos, proventos, pensões e suas complementações, benefícios previdenciários e indenizações por morte ou por invalidez, fundados em responsabilidade civil, em virtude de sentença judicial transitada em julgado, serão sempre pagos, independentemente da condição subjetiva do titular do crédito, com preferência sobre todos os demais débitos.

( ) Certo ( ) Errado

Gabarito comentado: a questão refere-se à chamada "superpreferência" de precatórios alimentares, a qual se aplica, sim, em função da condição subjetiva do titular do crédito, o qual deve ser maior de 60 anos, portador de doença grave ou pessoa com deficiência para usufruir do benefício de prioridade. Portanto, a assertiva está errada.

b. Correção monetária dos valores e juros de mora

Dispõe o § 12 do art. 100 da Constituição que atualmente a atualização de valores dos precatórios, após sua expedição, até o efetivo pagamento, independentemente de sua natureza, será feita pelo índice oficial de remuneração básica da caderneta de poupança (atualmente a Taxa Referencial – TR), incidindo ainda juros simples no mesmo percentual de juros incidentes sobre a caderneta de poupança, sem outros acréscimos.

No entanto, mais uma vez no julgamento da ADI nº 4.425, o STF entendeu que a pelo índice oficial de remuneração da caderneta de poupança violava o direito fundamental de propriedade, por ser manifestamente incapaz de preservar o valor real do crédito de que é titular o cidadão, além de ser calculado.

Por conta disso, atualmente adota-se para correção monetária dos precatórios o Índice de Preços ao Consumidor Amplo (IPCA), divulgado pelo Instituto Brasileiro de Geografia e Estatística (IBGE).

Mas, além da correção monetária, podem incidir também os juros moratórios, como forma de compensar o credor pela demora da Fazenda Pública em fazer o pagamento devido, que sofre um regramento específico.

Em relação a isso, o STF aprovou a Súmula Vinculante nº 17, que assenta o entendimento de que não são devidos juros moratórios no período compreendido entre a data de expedição do precatório e a data do seu efetivo pagamento, se este ocorrer no prazo constitucionalmente estabelecido, pelo fato de não caracterização, na espécie, de inadimplemento por parte do Poder Público.[22]

Em caso de inadimplemento do prazo constitucional, os juros moratórios passam a incidir a partir do primeiro dia do exercício financeiro seguinte ao que deveria ter sido pago o precatório.[23]

No entanto, julgados posteriores do STF, inclusive em sede de repercussão geral, têm admitido a incidência de juros de mora entre a data de realização dos cálculos e a da requisição (expedição) do precatório.[24]

Assim, temos que:

- entre a data de realização dos cálculos do valor do precatório e sua expedição pelo Poder Judiciário, incidem juros moratórios;
- entre a data de expedição do precatório e seu pagamento não incidem juros moratórios, se o pagamento for feito no prazo previsto na Constituição – máximo de 18 meses;
- se o pagamento for feito após o prazo constitucional, os juros incidirão a partir do primeiro dia do ano seguinte ao que deveria ter sido pago o precatório.

c. Inclusão no orçamento

Se o precatório for apresentado até o dia 2 de abril, deverá ser incluída no orçamento do ano seguinte a verba necessária ao seu pagamento, com a devida correção monetária do valor.

Se o precatório for apresentado após o dia 2 de abril, entende a Constituição que não haveria tempo para inclusão do valor para pagamento no orçamento do ano seguinte, ficando então o pagamento para o ano subsequente.

Deve-se que também no julgamento da ADI nº 4.425, o STF considerou inconstitucional o § 15 do art. 100 da Constituição – incluído pela EC nº 62/2009, o qual permitia à lei complementar estabelecer um regime especial para pagamento de precatórios pelos Estados, Distrito Federal e Municípios, por entender que tal disposição feria o funcionamento do próprio Estado de Direito, o princípio da separação de Poderes, o postulado da isonomia, a garantia do acesso à justiça e a efetividade da tutela jurisdicional, bem como o direito adquirido e à coisa julgada.

Por outro lado, a Emenda Constitucional nº 109/2021 permitiu aos Estados, Distrito Federal e Municípios efetuarem o pagamento, até 31 de dezembro de 2029, de seus precatórios que se encontravam atrasados em 25 de março de 2015 e os que venceram e também não

---

[22] Súmula Vinculante nº 17: "Durante o período previsto no parágrafo 1º do artigo 100 da Constituição, não incidem juros de mora sobre os precatórios que nele sejam pagos". A referência ao § 1º do art. 100 da Constituição corresponde atualmente ao § 5º do art. 100, conforme redação dada pela EC nº 62/2009.

[23] STF, RE nº 940.236-AgR, Rel. Min. Roberto Barroso, j. 06.06.2017.

[24] STF, RE nº 579.431, Rel. Min. Marco Aurélio, j. 19.04.2017.

foram pagos nesse período, prorrogando o prazo anteriormente concedido pela Emenda Constitucional nº 99/2017 que previa a quitação até o final de 2024.

Por fim, o § 2º do art. 100, incluído pela Emenda Constitucional nº 94/2016, permite que, em precatórios cujo valor ultrapasse a 15% do valor total dos precatórios, seja pago no exercício seguinte somente o percentual de 15% desse precatório, e que o restante seja parcelado em até cinco exercícios.

d. Inconstitucionalidade da compensação com créditos da Fazenda Pública

Os §§ 9º e 10º do art. 100 determinam textualmente que, sem que haja interrupção no pagamento do precatório e mediante comunicação da Fazenda Pública ao Tribunal, o valor correspondente aos eventuais débitos inscritos em dívida ativa contra o credor do requisitório e seus substituídos deverá ser depositado à conta do juízo responsável pela ação de cobrança, que decidirá pelo seu destino definitivo, devendo a Fazenda Pública, para que isso seja feito, manifestar-se no prazo de 30 dias sobre a existência de débitos contra o credor do precatório.

e. Cessão e uso de créditos de precatórios

O credor de um precatório poderá ceder seu direito a um terceiro, total ou parcialmente, independentemente da concordância da Fazenda Pública devedora. Nesse caso, porém, deverá o credor comunicar o tribunal de origem e a própria Fazenda Pública acerca da cessão.

No caso de cessão, porém, não se transmite eventual direito de preferência que o cedente possua por ter mais de 60 anos, portar doença grave ou ser deficiente, por conta do caráter personalíssimo do benefício.[25]

O credor do precatório, se preferir, ao invés de aguardar o pagamento, poderá utilizá-lo para uma das seguintes finalidades:

- ♦ quitação de débitos parcelados ou débitos inscritos em dívida ativa do ente federativo devedor, inclusive em transação resolutiva de litígio, e, subsidiariamente, débitos com a administração autárquica e fundacional do mesmo ente;
- ♦ compra de imóveis públicos de propriedade do mesmo ente disponibilizados para venda;
- ♦ pagamento de outorga de delegações de serviços públicos e demais espécies de concessão negocial promovidas pelo mesmo ente;
- ♦ aquisição, inclusive minoritária, de participação societária, disponibilizada para venda, do respectivo ente federativo; ou
- ♦ compra de direitos, disponibilizados para cessão, do respectivo ente federativo, inclusive, no caso da União, da antecipação de valores a serem recebidos a título do excedente em óleo em contratos de partilha de petróleo.

Por outro lado, de acordo com o § 21 do art. 100, acrescentado pela EC nº 113/2021, se o credor for uma pessoa jurídica de direito público – União, Estado, Distrito Federal, Mu-

---

[25] Nesse sentido é o art. 42 da Resolução CNJ nº 303/2019.

530 Direito Constitucional Decifrado

nicípio, autarquia ou fundação de direito público – poderá o ente da Federação devedor do precatório, se houver concordância da outra parte – utilizar o valor para amortizar dívidas, vencidas ou vincendas:

> I – nos contratos de refinanciamento cujos créditos sejam detidos pelo ente federativo que figure como devedor;
>
> II – nos contratos em que houve prestação de garantia a outro ente federativo;
>
> III – nos parcelamentos de tributos ou de contribuições sociais; e
>
> IV – nas obrigações decorrentes do descumprimento de prestação de contas ou de desvio de recursos.

19.12. SUPREMO TRIBUNAL FEDERAL

Previsto em nossas Constituições desde a de 1891, o STF é, ao mesmo tempo, uma corte constitucional e uma corte suprema, isso porque, além de ser um guardião da Constituição, zelando pelo cumprimento de suas normas, também compete a ele julgar determinados casos e apreciar recursos, funcionando também como um tribunal de conhecimento e de apelação, em casos específicos previstos na Constituição.

Dessa forma, em nosso ordenamento jurídico o STF apresenta dupla natureza: Corte constitucional – exercendo por essa função o controle concentrado de constitucionalidade – e Corte suprema – julgando processos e recursos, nos casos especificados na Constituição.

Na hierarquia do Poder Judiciário, ocupa o STF a posição mais alta, até mesmo acima do Conselho Nacional de Justiça,[26] o qual possui atribuições jurisdicionais, ou seja, de julgamento de processos.

Embora o regimento do Supremo Tribunal Federal preveja que seu presidente será eleito pelos próprios Ministros, em votação secreta, por tradição, os membros do tribunal sempre elegem como presidente o ministro mais antigo que ainda não tenha exercido a presidência, e como vice-presidente o ministro que deverá ser o presidente no mandato seguinte.

19.12.1. Composição do STF

O art. 101 de nossa Constituição dispõe acerca da composição do Supremo Tribunal Federal:

> **Art. 101.** O Supremo Tribunal Federal compõe-se de onze Ministros, escolhidos dentre cidadãos com mais de trinta e cinco e menos de setenta anos de idade, de notável saber jurídico e reputação ilibada.
>
> Parágrafo único. Os Ministros do Supremo Tribunal Federal serão nomeados pelo Presidente da República, depois de aprovada a escolha pela maioria absoluta do Senado Federal.

---

[26] STF, ADI nº 3.367, Rel. Min. Cezar Peluso, j. 13.04.2005.

Os juízes do STF são denominados Ministros, e são em número de onze. Para ser Ministro do STF, é necessário preencher os seguintes requisitos:

a. ser brasileiro nato, por força do que dispõe o art. 12, § 3º, IV, da Constituição Federal;

b. ter notável saber jurídico e reputação ilibada, ou seja, reconhecida idoneidade moral, integridade;

c. ter mais de 35 e menos de 70 anos de idade;

d. ser indicado pelo Presidente da República e ter o seu nome aprovado por maioria absoluta do Senado Federal.

Assim, a nomeação de alguém como Ministro do Supremo Tribunal Federal é um ato complexo, pois depende da indicação pelo Presidente da República e da aprovação pelos senadores. A participação dos poderes Executivo e Legislativo na nomeação dos ministros do STF é um dos exemplos de mecanismos de freios e contrapesos previstos na Constituição, visando o controle mútuo entre os poderes.

Veja-se que não é necessário que o nomeado ao Supremo Tribunal Federal seja juiz de carreira, podendo ser um advogado ou membro do Ministério Público, por exemplo. Aliás, já houve o caso de um Ministro do STF que sequer era formado em Direito, que foi o médico Cândido Barata Ribeiro, nomeado em 1893, embora isso tenha ocorrido em uma época em que o exercício da advocacia não exigia o diploma de bacharel em Direito.

O Supremo Tribunal Federal, como os tribunais em geral, organiza-se na forma de seu regimento interno, o qual divide os ministros em duas turmas (1ª e 2ª Turmas) cada uma delas integrada por cinco ministros (o Presidente do Tribunal não integra nenhuma das duas).

Decifrando a prova

(Delegado de Polícia/PI – Nucepe/2014 – Adaptada) Um quinto dos lugares do Supremo Tribunal Federal será composto de membros, do Ministério Público, com mais de dez anos de carreira, e de advogados de notório saber jurídico e de reputação ilibada, com mais de dez anos de efetiva atividade profissional, indicados em lista sêxtupla pelos órgãos de representação das respectivas classes.

( ) Certo   ( ) Errado

Gabarito comentado: o instituto do quinto constitucional não se aplica ao STF nem aos tribunais superiores, com exceção do TST, devendo ser observado na composição dos Tribunais de Justiça, Tribunais Regionais Federais, Tribunais Regionais do Trabalho e, como dito, ao Tribunal Superior do Trabalho. Portanto, a assertiva está errada.

19.12.2. Competências do STF

Antes de examinarmos as competências do Supremo Tribunal Federal previstas na Constituição Federal, convém entendermos os conceitos de competência originária e de competência recursal, que todos os tribunais possuem.

532 Direito Constitucional Decifrado

As competências originárias representam as ações que devem ser propostas e que tramitarão diretamente no tribunal. Ou seja, nesses casos, o tribunal funciona como primeira instância de julgamento dos processos. No caso do STF, além de primeira, será também a única instância de julgamento dos seus processos de competência originária, uma vez que não existe outro tribunal que julgue seus recursos.

As competências recursais estão relacionadas a atribuições do tribunal para julgamento de recursos impetrados contra decisões de tribunais inferiores. Normalmente, a maior parte dos feitos julgados por um tribunal decorrem da sua competência recursal.

O art. 102 da Constituição Federal enumera as competências originárias e recursais do Supremo Tribunal Federal.

Vejamos o que diz o 102 da Constituição Federal sobre tais atribuições:

19.12.2.1. Competências originárias do STF

Art. 102. Compete ao Supremo Tribunal Federal, precipuamente, a guarda da Constituição, cabendo-lhe:

I – processar e julgar, originariamente:

a) a ação direta de inconstitucionalidade de lei ou ato normativo federal ou estadual e a ação declaratória de constitucionalidade de lei ou ato normativo federal;

b) nas infrações penais comuns, o Presidente da República, o Vice-Presidente, os membros do Congresso Nacional, seus próprios Ministros e o Procurador-Geral da República;

c) nas infrações penais comuns e nos crimes de responsabilidade, os Ministros de Estado e os Comandantes da Marinha, do Exército e da Aeronáutica, ressalvado o disposto no art. 52, I, os membros dos Tribunais Superiores, os do Tribunal de Contas da União e os chefes de missão diplomática de caráter permanente;

d) o *habeas-corpus*, sendo paciente qualquer das pessoas referidas nas alíneas anteriores; o mandado de segurança e o *habeas-data* contra atos do Presidente da República, das Mesas da Câmara dos Deputados e do Senado Federal, do Tribunal de Contas da União, do Procurador-Geral da República e do próprio Supremo Tribunal Federal;

e) o litígio entre Estado estrangeiro ou organismo internacional e a União, o Estado, o Distrito Federal ou o Território;

f) as causas e os conflitos entre a União e os Estados, a União e o Distrito Federal, ou entre uns e outros, inclusive as respectivas entidades da administração indireta;

g) a extradição solicitada por Estado estrangeiro;

h) Revogado pela EC nº 45/2004

i) o *habeas corpus*, quando o coator for Tribunal Superior ou quando o coator ou o paciente for autoridade ou funcionário cujos atos estejam sujeitos diretamente à jurisdição do Supremo Tribunal Federal, ou se trate de crime sujeito à mesma jurisdição em uma única instância;

j) a revisão criminal e a ação rescisória de seus julgados;

Capítulo 19 ◆ Poder Judiciário **533**

l) a reclamação para a preservação de sua competência e garantia da autoridade de suas decisões;

m) a execução de sentença nas causas de sua competência originária, facultada a delegação de atribuições para a prática de atos processuais;

n) a ação em que todos os membros da magistratura sejam direta ou indiretamente interessados, e aquela em que mais da metade dos membros do tribunal de origem estejam impedidos ou sejam direta ou indiretamente interessados;

o) os conflitos de competência entre o Superior Tribunal de Justiça e quaisquer tribunais, entre Tribunais Superiores, ou entre estes e qualquer outro tribunal;

p) o pedido de medida cautelar das ações diretas de inconstitucionalidade;

q) o mandado de injunção, quando a elaboração da norma regulamentadora for atribuição do Presidente da República, do Congresso Nacional, da Câmara dos Deputados, do Senado Federal, das Mesas de uma dessas Casas Legislativas, do Tribunal de Contas da União, de um dos Tribunais Superiores, ou do próprio Supremo Tribunal Federal;

r) as ações contra o Conselho Nacional de Justiça e contra o Conselho Nacional do Ministério Público;

Cabem aqui algumas considerações importantes sobre essas competências originárias, observado que em relação ao controle de constitucionalidade pelo STF, já tratamos o tema em capítulo específico desta obra.

As competências originárias do STF elencadas no texto constitucional acima representam um rol taxativo, ou seja, não pode a lei ou regimento interno do próprio tribunal ampliar essas hipóteses.[27]

Os Ministros do STF, bem como o Presidente e o Vice-Presidente da República, os deputados federais, os senadores e o Procurador-Geral da República somente serão julgados pelo STF no caso de crime comum, sendo que no caso de crime de responsabilidade, deverão ser julgados pelo Senado.

🔍 Jurisprudência destacada

(i) O foro por prerrogativa de função aplica-se apenas aos crimes cometidos durante o exercício do cargo e relacionados às funções desempenhadas; e (ii) Após o final da instrução processual, com a publicação do despacho de intimação para apresentação de alegações finais, a competência para processar e julgar ações penais não será mais afetada em razão de o agente público vir a ocupar cargo ou deixar o cargo que ocupava, qualquer que seja o motivo (STF, AP nº 937-QO, Rel. Min. Roberto Barroso, j. 03.05.2018).

Os Ministros de Estado e os Comandantes da Marinha, do Exército e da Aeronáutica são julgados pelo STF tanto no caso de crime comum, como no de crime de responsabilida-

---

[27] STF, PET nº 1.738, Rel. Min. Celso de Mello, j. 01.09.1999.

534 Direito Constitucional Decifrado

de, exceto, nesta última situação, em se tratando de crime de responsabilidade conexo com um crime também de responsabilidade praticado pelo Presidente e o Vice-Presidente da República, situação em que serão julgados pelo Senado (art. 52, I, CF). A lógica é a seguinte: como cabe ao Senado julgar o Presidente da República e o Vice por crimes de responsabilidade, em se tratando de crime de mesma natureza praticado por Ministro de Estado ou Comandante de Força Armada que seja conexo, também deverá o Senado aproveitar e julgar essas autoridades.

O STF também julgará, tanto por crimes comuns como de responsabilidade, os membros dos Tribunais Superiores, os do Tribunal de Contas da União e os chefes de missão diplomática de caráter permanente.

A expressão "crimes comuns", utilizada no texto constitucional, indica naquele contexto, todos os crimes que não sejam de responsabilidade, abrangendo a todas as modalidades de infrações penais, estendendo-se aos delitos eleitorais e alcançando, até mesmo, as próprias contravenções penais.[28]

No caso de condenação por crime de responsabilidade, pode o STF também, como consequência, determinar a perda do cargo ou a suspensão de direitos políticos dos agentes envolvidos.

E no caso de haver mais de um réu em um mesmo processo, sendo que um deles possui foro de prerrogativa de função? Nesse caso, pode haver o desmembramento do processo, o que deve ser feito sempre que viável. Se isso, porém, não for possível, como no caso delitos praticados em concurso de agentes ou quando o desmembramento possa provocar prejuízo ao esclarecimento dos fatos, deverão os corréus serem julgados pelo tribunal competente para julgar aquele que possui prerrogativa de foro.[29]

Compete ao STF processar e julgar, em sede originária, mandados de segurança e *habeas corpus* impetrados contra Comissões Parlamentares de Inquérito (CPIs), constituídas no âmbito do Congresso Nacional ou no de qualquer de suas Casas.[30]

Em se tratando de mandado de segurança conta ato omissivo ou comissivo praticado pela Mesa da Câmara ou do Senado, a competência é do STF. No entanto, compete à Justiça Federal de primeira instância conhecer do mandado de segurança, se o mesmo for impetrado contra o presidente da Câmara dos Deputados ou do Senado, uma vez que tal caso não se enquadra nas competências constitucionais do STF.[31]

O STF tem competência para julgar os conflitos que envolvam Estado estrangeiro ou organização internacional, de um lado, e a União, o Estado, o Distrito Federal ou o Território, do outro. Se o conflito for entre Estado estrangeiro ou organização internacional e

---

[28] STF, Rcl nº 511, Rel. Min. Celso de Mello, j. 09.02.1995.

[29] Nesse sentido, dispõe a Súmula nº 704 do STF que "não viola as garantias do juiz natural, da ampla defesa e do devido processo legal a atração por continência ou conexão do processo do corréu ao foro por prerrogativa de função de um dos denunciados".

[30] STF, MS nº 23.452, Rel. Min. Celso de Mello, j. 16.09.1999.

[31] STF, MS nº 23.977, Rel. Min. Cezar Peluso, j. 12.05.2010.

Capítulo 19 ◆ Poder Judiciário **535**

Município ou pessoa domiciliada no país, a competência será da justiça federal de primeira instância, ou seja, de um juiz federal, a teor do art. 109, II, da Constituição.

Em se tratando de causa ou conflito entre a União e os Estados, a União e o Distrito Federal, ou entre uns e outros, inclusive as respectivas entidades da administração indireta (art. 102, I, *f*, da CF), o STF entende que somente será competente para julgar a questão originariamente se o litígio tiver o potencial de causar instabilidade no equilíbrio federativo ou ocasionar a ruptura da harmonia entre as entidades integrantes do Estado Federal.[32] Dessa forma, a contrário do que possa parecer pela leitura literal do dispositivo constitucional, a intervenção do STF nessas questões, como tribunal originário, somente ocorrerá em situações excepcionais, de evidente gravidade.

No que se refere à extradição, não cabe ao STF concedê-la, mas somente verificar a sua legalidade e procedência. O ato de extradição em si é um ato político, de competência do Presidente da República, o qual somente fica vinculado à decisão do STF quando reconhecida a impossibilidade jurídica ou alguma irregularidade no processo extradicional.[33] Assim, no processo de extradição, pode o STF impedir ou autorizá-la, sendo que, no segundo caso, a decisão sobre sua realização ou não compete ao Presidente da República.

No caso de ação rescisória,[34] a competência para seu julgamento não será do Supremo Tribunal Federal quando a questão federal, apreciada no recurso extraordinário ou no agravo de instrumento, for diversa da que foi suscitada no pedido rescisório.[35] Ou seja, se a questão alegada na ação rescisória for diversa da que foi invocada quando o STF exerceu o julgamento do recurso extraordinário ou do agravo de instrumento, a competência não será do STF, mas sim do último tribunal que se manifestou sobre a questão suscitada. Também não será de competência do STF julgar a ação rescisória quando o recurso impetrado não for conhecido pela Suprema Corte, exceto se a mesma tiver apreciado a questão federal controvertida.[36]

Em relação à competência para julgar os conflitos de competência entre o Superior Tribunal de Justiça e quaisquer tribunais, entre Tribunais Superiores, ou entre estes e qualquer outro tribunal (art. 102, I, *o*), entende o STF que não é possível tal conflito especificamente entre o STJ, e Tribunais de Justiça – ou Tribunais Regionais Federais –, uma vez que o STJ coloca-se em posição de proeminência em relação a essas cortes locais, fazendo com que

---

[32] STF, ACO nº 359-QO, Rel. Min. Celso de Mello, j. 04.08.1993.

[33] STF, Rcl nº 11.243, Rel. designado Min. Luiz Fux, j. 08.09.2011.

[34] A ação rescisória é o meio processual utilizado para a rediscussão de matéria transitada em julgado, nos excepcionais casos que a lei o permitir.

[35] Súmula nº 515 do STF: "A competência para a ação rescisória não é do Supremo Tribunal Federal, quando a questão federal, apreciada no recurso extraordinário ou no agravo de instrumento, seja diversa da que foi suscitada no pedido rescisório".

[36] Súmula nº 249 do STF: "É competente o Supremo Tribunal Federal para a ação rescisória, quando, embora não tendo conhecido do recurso extraordinário, ou havendo negado provimento ao agravo, tiver apreciado a questão federal controvertida".

a decisão do STJ prevaleça.[37] Por outro lado, compete ao STF o julgamento de conflito de competência quando envolver tribunal superior e juiz de primeira instância que a ele não esteja vinculado, como ocorre, por exemplo, entre o Tribunal Superior do Trabalho e juiz de direito.[38]

A competência do STF para julgar as ações contra o CNJ (art. 102, I, *r*, CF) não se aplica quando a discussão versar sobre deliberação do CNJ que não afete, direta e especialmente, membros e órgãos a ele diretamente subordinados, como ocorre com demandas envolvendo regras aplicáveis à serventia extrajudicial (cartórios de notas e de registro).[39]

Também em relação aos processos envolvendo o CNJ e o Conselho Nacional do Ministério Público (CNMP), deve-se ter em mente que não é qualquer ação que impugne seus atos que será objeto de julgamento pelo STF, mas somente naquelas que puderem de fato ser propostas contra tal órgão, como mandados de segurança, *habeas corpus*, *habeas data* e mandado de injunção. Isso porque o CNJ, como órgão da Administração Direta que é, não possui personalidade jurídica, não podendo ser demandado em algumas ações, como a ação ordinária, por exemplo, em que quem deve constar no polo passivo da demanda é a União, o que não atrai, em princípio, a competência do STF.[40]

O STF não tem competência para julgar ações ordinárias que impugnem atos do Tribunal de Contas da União, mas somente mandados de segurança contra ele impetrados, sendo que o julgamento de ações que questionem atos do TCU deve ser realizado, como regra, pela primeira instância da justiça federal.[41] Também não possui o STF competência para julgamento de ações de improbidade, independentemente de quem seja o réu.[42]

No caso de pedido de suspensão de segurança,[43] a determinação da competência do STF para seu exame se dá em face da existência, ou não, de tema de índole constitucional na causa principal, a ensejar, em tese, a futura interposição de recurso extraordinário. Ou seja, se o processo em que foi proferida a liminar tratar de assunto em relação ao qual caberia possível interposição de recuso ao STF, a questão será julgada por ele, caso contrário, a competência não será da Suprema Corte.[44]

---

[37] STF, CC nº 7.594-AgR, Min. Celso de Mello, j. 22.06.2011.

[38] STF, CC nº 7.242, Rel. Min. Eros Grau, j. 18.09.2008.

[39] STF, Rcl nº 24.563, Rel. Min. Dias Toffoli, j. 13.12.2016.

[40] STF, AO 1.706-AgR, Rel. Min. Celso de Mello, j. 18.12.2013.

[41] STF, AC nº 2.404-ED, Rel. Min. Roberto Barroso, j. 25.02.2014.

[42] STF, PET nº 3.230, Rel. designado Min. Roberto Barroso, j. 10.05.2018.

[43] Sobre a suspensão de segurança, dispõe o art. 297 do Regimento Interno do STF: "Pode o Presidente, a requerimento do Procurador-Geral, ou da pessoa jurídica de direito público interessada, e para evitar grave lesão à ordem, à saúde, à segurança e à economia pública, suspender, em despacho fundamentado, a execução de liminar, ou da decisão concessiva de mandado de segurança, proferida em única ou última instância, pelos tribunais locais ou federais".

[44] STF, SS nº 2.504-AgR, Rel. Min. Ellen Gracie, j. 17.03.2008.

Capítulo 19 ♦ Poder Judiciário **537**

 Jurisprudência destacada

(...) o Plenário do STF tem reiteradamente advertido que atos emanados dos órgãos de direção das Casas do Congresso Nacional, quando praticados nos estritos limites da competência da autoridade apontada como coatora e desde que apoiados em fundamentos exclusivamente regimentais, sem qualquer conotação de índole jurídico-constitucional, revelam-se imunes ao judicial review, pois – não custa enfatizar – a interpretação incidente sobre normas de índole meramente regimental, por qualificar-se como típica matéria *interna corporis*, suscita questão que se deve resolver, exclusivamente, no âmbito do Poder Legislativo, sendo vedada sua apreciação pelo Judiciário (...) (STF, MS nº 23.920, Rel. designado Min. Celso de Mello, decisão monocrática em 28.03.2001).

19.12.2.2. Competências recursais do STF

Após enumerar as competências originárias do Supremo Tribunal Federal, o art. 102 da Constituição, em seus incisos II e III, traz as competências recursais da Suprema Corte, ou seja, as situações em que a ela cabem recursos contra decisões proferidas por instâncias inferiores:

> **Art. 102.** Compete ao Supremo Tribunal Federal, precipuamente, a guarda da Constituição, cabendo-lhe: (...)
>
> II – julgar, em recurso ordinário:
>
> a) o "habeas-corpus", o mandado de segurança, o "habeas-data" e o mandado de injunção decididos em única instância pelos Tribunais Superiores, se denegatória a decisão;
>
> b) o crime político;
>
> III – julgar, mediante recurso extraordinário, as causas decididas em única ou última instância, quando a decisão recorrida:
>
> a) contrariar dispositivo desta Constituição;
>
> b) declarar a inconstitucionalidade de tratado ou lei federal;
>
> c) julgar válida lei ou ato de governo local contestado em face desta Constituição.
>
> d) julgar válida lei local contestada em face de lei federal.

O inciso II trata do chamado "recurso ordinário constitucional", ao passo que o inciso III trata do "recurso extraordinário".

♦ **Recurso Ordinário Constitucional (ROC)**

O Recurso Ordinário Constitucional (ROC) será julgado pelo STF sempre que forem atendidos os requisitos que todo recurso deve apresentar e desde que incidente uma das duas hipóteses previstas na Constituição, quais sejam: denegação de *habeas corpus*, mandado de segurança, *habeas data* e mandado de injunção, quando essa decisão for proferida em única instância pelos Tribunais Superiores; e no caso de crime político.

538 Direito Constitucional Decifrado

Veja que, para cabimento do recurso ordinário no primeiro caso, é necessário que o *habeas corpus*, o mandado de segurança, o *habeas data* ou o mandado de injunção tenham disso denegados (ou seja, a pretensão do impetrante não foi atendida) em decisão única proferida por Tribunal Superior (STJ, TST, TSE ou STM).

Assim, por exemplo, se um Tribunal Regional Federal denega a ordem a um mandado de segurança, e o impetrante entra com recurso, que acaba sendo conhecido, mas negado pelo STJ, não caberá recuso ordinário ao STF dessa última decisão, uma vez que não proferida a decisão em instância única pelo STJ.

Da mesma forma, se concedida a ordem em um mandado de segurança impetrado diretamente no STJ, não caberá recurso ordinário ao STF, por não ser a decisão recorrida denegatória. Por outro lado, entende o STF que é cabível o recurso ordinário de decisão que, ao invés de denegatória, não conhece de impetração de mandado de segurança, ou seja, que não o aceita para julgamento.[45]

A segunda hipótese de cabimento do recurso ordinário constitucional é no caso de crime político. A expressão "crime político", aqui, não possui o mesmo significado que lhe é atribuído pelo art. 5º da Constituição, que proíbe a extradição por crime político ou de opinião. De acordo com o STF, para os fins do art. 102, II, *b*, da CF, crimes políticos são aqueles dirigidos, subjetiva e objetivamente, de modo imediato, contra o Estado como unidade orgânica das instituições políticas e sociais e, por conseguinte, definidos na Lei de Segurança Nacional.

Interessante observar que o art. 109, IV, da Constituição Federal estipula que cabe aos juízes federais de primeira instância julgarem os crimes políticos. Assim, proferida a decisão pelo juiz federal singular e interposto recurso, será o mesmo apreciado diretamente pelo STF, e não pelo TRF respectivo, como normalmente ocorre nesses casos.

♦ **Recurso extraordinário**

Diferentemente do que ocorre com o recurso ordinário, no caso do recurso extraordinário ao STF não basta estarem presentes as hipóteses constitucionais e atender o recurso os requisitos gerais de admissão, mas deve também estar presente a característica da repercussão geral, conforme exigido pelo § 3º do art. 102 da Constituição, acrescentado pela EC nº 45/2004. Essa exigência adicional ao recurso extraordinário – repercussão geral – é o que justifica seu nome e visa restringir a análise do STF aos processos que de fato tenham interesse coletivo.

E, de acordo com o texto constitucional, somente caberá recurso extraordinário ao STF quando a decisão recorrida:

a. contrariar dispositivo da própria Constituição;
b. declarar a inconstitucionalidade de tratado ou lei federal;
c. julgar válida lei ou ato de governo local contestado em face desta Constituição;
d. julgar válida lei local contestada em face de lei federal.

---

45 STF, RMS nº 25.424, Rel. Min. Cezar Peluso, j. 12.08.2008.

A expressão "lei local" deve ser entendida como toda lei não federal, ou seja, estadual, distrital ou municipal. Em relação a isso, deve-se atentar para o fato de que, em se tratando de lei ou ato de governo local questionado diante da Constituição Federal, a competência será do STF. No entanto, no caso de questionamento em face de lei federal (e não da Constituição Federal), a competência somente será do STF se o que estiver sendo impugnado é uma lei local. Se o que estiver sendo questionado perante lei federal foi um ato de governo local, a competência será do STJ, a teor do que dispõe o art. 105, III, *b*, da CF).

O juízo de admissibilidade do recurso extraordinário é realizado pelo tribunal que proferiu a decisão recorrida – também chamado de tribunal *a quo* –, cabendo agravo da decisão que indeferir o seu prosseguimento.

Uma vez presentes as hipóteses constitucionais de cabimento do recurso extraordinário (art. 102, III, *a* a *d*), reconhecida a repercussão geral e presentes os demais requisitos comuns aos recursos em geral (tempestividade, legitimidade, regularidade formal etc.), somente poderá o STF recusar-se ao julgamento do recurso extraordinário por dois terços de seus membros.

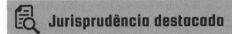

Jurisprudência destacada

(...) De igual forma, não há vulneração do art. 8º, item 2, *h*, do Pacto de São José da Costa Rica, que prevê o "direito de recorrer da sentença para juiz ou tribunal superior". O tratado em questão foi promulgado no Brasil pelo Decreto 678, de 6-11-1992. O direito fundamental ali previsto deve ser adequadamente compreendido. Garante-se o direito de revisão de uma sentença criminal por um juiz ou tribunal superior a fim de prevenir condenações equivocadas. Entretanto, se a competência originária para julgamento já é atribuída ao um tribunal superior, o mesmo objetivo, prevenir condenações equivocadas, já é obtido de uma forma mais direta. Se o tribunal superior é o órgão que se encontra no ápice do sistema Judiciário, é de todo evidente a inviabilidade de garantir um juízo revisional por outro órgão (STF, Inq nº 3.412-ED, Rel. Min. Rosa Weber, j. 11.09.2014).

19.13. CONSELHO NACIONAL DE JUSTIÇA

O Conselho Nacional de Justiça (CNJ), instituído pela Emenda Constituição nº 45/2004, e instituído em 2005, é um órgão de controle interno do Poder Judiciário, possuindo atribuições administrativas e não jurisdicionais, ou seja, o CNJ não julga ações judiciais nem recursos contra decisões de juízes ou tribunais.

A criação do CNJ visou conceder uma maior eficiência e transparência ao Poder Judiciário. Sediado em Brasília, exerce controle tanto os órgãos da justiça federal como da justiça estadual, com exceção do Supremo Tribunal Federal, o qual, como órgão máximo do Poder Judiciário, pode exercer o controle jurisdicional sobre os atos do próprio CNJ.

O art. 103-B determina como o CNJ será composto:

Art. 103-B. O Conselho Nacional de Justiça compõe-se de 15 (quinze) membros com mandato de 2 (dois) anos, admitida 1 (uma) recondução, sendo:

I – o Presidente do Supremo Tribunal Federal;

II – um Ministro do Superior Tribunal de Justiça, indicado pelo respectivo tribunal;

III – um Ministro do Tribunal Superior do Trabalho, indicado pelo respectivo tribunal;

IV – um desembargador de Tribunal de Justiça, indicado pelo Supremo Tribunal Federal;

V – um juiz estadual, indicado pelo Supremo Tribunal Federal;

VI – um juiz de Tribunal Regional Federal, indicado pelo Superior Tribunal de Justiça;

VII – um juiz federal, indicado pelo Superior Tribunal de Justiça;

VIII – um juiz de Tribunal Regional do Trabalho, indicado pelo Tribunal Superior do Trabalho;

IX – um juiz do trabalho, indicado pelo Tribunal Superior do Trabalho;

X – um membro do Ministério Público da União, indicado pelo Procurador-Geral da República;

XI – um membro do Ministério Público estadual, escolhido pelo Procurador-Geral da República dentre os nomes indicados pelo órgão competente de cada instituição estadual;

XII – dois advogados, indicados pelo Conselho Federal da Ordem dos Advogados do Brasil;

XIII – dois cidadãos, de notável saber jurídico e reputação ilibada, indicados um pela Câmara dos Deputados e outro pelo Senado Federal.

A Presidência do Conselho Nacional de Justiça compete ao Presidente do Supremo Tribunal Federal, e nas suas ausências e impedimentos ao Vice-Presidente do Supremo Tribunal Federal. Já a função de Ministro-Corregedor do CNJ é exercida pelo Ministro do Superior Tribunal de Justiça.

Se as indicações dos membros não forem feitas no prazo legal, determina a Constituição que a escolha competirá ao Supremo Tribunal Federal.

Compete ao CNJ o controle da atuação administrativa e financeira do Poder Judiciário e do cumprimento dos deveres funcionais dos juízes, cabendo-lhe, além de outras atribuições que lhe forem conferidas pelo Estatuto da Magistratura:

a. zelar pela autonomia do Poder Judiciário e pelo cumprimento do Estatuto da Magistratura, podendo expedir atos regulamentares, no âmbito de sua competência, ou recomendar providências;

b. zelar pela observância do art. 37 da Constituição Federal e apreciar, de ofício ou mediante provocação, a legalidade dos atos administrativos praticados por membros ou órgãos do Poder Judiciário, podendo desconstituí-los, revê-los ou fixar prazo para que se adotem as providências necessárias ao exato cumprimento da lei, sem prejuízo da competência do Tribunal de Contas da União;

c. receber e conhecer das reclamações contra membros ou órgãos do Poder Judiciário, inclusive contra seus serviços auxiliares, serventias e órgãos prestadores de serviços notariais e de registro que atuem por delegação do poder público ou oficializados, sem prejuízo da competência disciplinar e correicional dos tribunais, podendo avo-

Capítulo 19 • Poder Judiciário **541**

car processos disciplinares em curso, determinar a remoção ou a disponibilidade e aplicar outras sanções administrativas, assegurada ampla defesa;

d. representar ao Ministério Público, no caso de crime contra a administração pública ou de abuso de autoridade;

e. rever, de ofício ou mediante provocação, os processos disciplinares de juízes e membros de tribunais julgados há menos de um ano;

f. elaborar semestralmente relatório estatístico sobre processos e sentenças prolatadas, por unidade da Federação, nos diferentes órgãos do Poder Judiciário;

g. elaborar relatório anual, propondo as providências que julgar necessárias, sobre a situação do Poder Judiciário no País e as atividades do Conselho, o qual deve integrar mensagem do Presidente do Supremo Tribunal Federal a ser remetida ao Congresso Nacional, por ocasião da abertura da sessão legislativa.

A Constituição determina que deverão oficiar junto ao CNJ o Procurador-Geral da República e o Presidente do Conselho Federal da Ordem dos Advogados do Brasil. Sua ausência às sessões do Conselho, porém, não importa em nulidade delas.[46]

Qualquer pessoa é parte legítima para representar ilegalidades perante o CNJ, uma vez que apuração de ilegalidades praticadas por membros e servidores do Poder Judiciário é de interesse público.[47] Nesse sentido, dispõe o art. 103-B, § 7º, da Constituição que "a União, inclusive no Distrito Federal e nos Territórios, criará ouvidorias de justiça, competentes para receber reclamações e denúncias de qualquer interessado contra membros ou órgãos do Poder Judiciário, ou contra seus serviços auxiliares, representando diretamente ao Conselho Nacional de Justiça".

Por ser órgão de controle interno do Poder Judiciário, o CNJ não dispõe de competência para deliberar sobre situações que alcancem ou que atinjam resoluções e manifestações emanadas de órgãos e autoridades vinculados a outros Poderes do Estado, por serem estranhos ao âmbito de suas atribuições institucionais. Nesse sentido, decidiu o STF que o CNJ não poderia afastar desembargador nomeado pela regra do quinto constitucional e que fora escolhido para compor a lista tríplice por voto secreto dos membros do tribunal, e não por votação aberta, como exigido pelo próprio STF. Isso porque o ato de nomeação de magistrado pelo quinto constitucional é ato complexo, do qual participa também o chefe do Poder Executivo, o que afasta a competência do CNJ a qual, de acordo com a Constituição, cinge-se à análise da "legalidade dos atos administrativos praticados por membros ou órgãos do Poder Judiciário".[48]

Apesar de ser órgão do Poder Judiciário, como o CNJ somente possui atribuições de natureza administrativa, não pode ele apreciar a constitucionalidade dos atos administrativos praticados por tribunais, magistrados e servidores do Judiciário, mas somente sua legalidade.[49]

---

[46] STF, MS nº 25.879-AgR, Rel. Min. Sepúlveda Pertence, j. 23.08.2006.

[47] STF, MS nº 28.620, Rel. Min. Dias Toffoli, j. 23.09.2014.

[48] STF, MS nº 27.033, Rel. Min. Celso de Mello, j. 30.06.2015.

[49] STF, MS nº 28.872, Rel. Min. Ricardo Lewandowski, j. 24.02.2011.

De observar-se que a Súmula nº 649 do STF proíbe a criação, na esfera estadual, de órgão semelhante ao do Conselho Nacional de Justiça, com participação de representantes externos ao Poder Judiciário, por entender que isso poderia ferir a independência do Poder Judiciário.[50]

Jurisprudência destacada

São constitucionais as normas que, introduzidas pela EC nº 45, de 08.12.2004, instituem e disciplinam o CNJ, como órgão administrativo do Poder Judiciário nacional. Poder Judiciário. Caráter nacional. Regime orgânico unitário. Controle administrativo, financeiro e disciplinar. Órgão interno ou externo. Conselho de Justiça. Criação por Estado-membro. Inadmissibilidade. Falta de competência constitucional. Os Estados-membros carecem de competência constitucional para instituir, como órgão interno ou externo do Judiciário, conselho destinado ao controle da atividade administrativa, financeira ou disciplinar da respectiva Justiça. Poder Judiciário. CNJ. Órgão de natureza exclusivamente administrativa. Atribuições de controle da atividade administrativa, financeira e disciplinar da magistratura. Competência relativa apenas aos órgãos e juízes situados, hierarquicamente, abaixo do STF. Preeminência deste, como órgão máximo do Poder Judiciário, sobre o Conselho, cujos atos e decisões estão sujeitos a seu controle jurisdicional. Inteligência dos arts. 102, *caput*, I, *r*, e 103-B, § 4º, da CF. O CNJ não tem nenhuma competência sobre o STF e seus ministros, sendo este o órgão máximo do Poder Judiciário nacional, a que aquele está sujeito (STF, ADI nº 3.367, Rel. Min. Cezar Peluso, j. 13.04.2005).

Decifrando a prova

(Juiz de Direito Substituto-TJDFT – CESPE – 2014 – Adaptada) Compete ao CNJ receber e conhecer das reclamações contra os membros do Poder Judiciário, podendo esse conselho avocar processos disciplinares em curso e determinar a remoção, a disponibilidade, a aposentadoria com proventos proporcionais, a perda do cargo ou a cassação de aposentadoria do magistrado.
( ) Certo ( ) Errado
Gabarito comentado: o CNJ não determina a cassação de aposentadoria nem a perda de cargo do magistrado, o que somente pode ser feito por meio de processo judicial. Portanto, a assertiva está errada.

---

[50] Súmula nº 649 do STF: "É inconstitucional a criação, por Constituição estadual, de órgão de controle administrativo do Poder Judiciário do qual participem representantes de outros Poderes ou entidades".

19.14. SUPERIOR TRIBUNAL DE JUSTIÇA

Também denominado informalmente de "Tribunal da Cidadania", pode-se considerar que o Superior Tribunal de Justiça (STJ) é o tribunal superior da justiça federal comum, ou seja, da Justiça Federal não especializada. Além disso, também possui competência para julgar recursos provenientes da Justiça Estadual, nos casos de recurso especial.

De certa forma, assim como o STF é o guardião da Constituição Federal, o STJ é o guardião das leis federais, conforme ficará claro especialmente quando examinarmos sua competência recursal.

Previsto com esse nome somente na Constituição de 1988, sucedeu ao antigo Tribunal Federal de Recursos (TFR), ao mesmo tempo em que ocorreu a descentralização das atribuições da justiça federal comum, com a criação dos Tribunais Regionais Federais.

Assim como todos os outros tribunais superiores, possui sede em Brasília e jurisdição em todo o território nacional.

19.14.1. Composição do STJ

O art. 104 da Constituição Federal determina que o STJ deverá ser formado por, no mínimo, 33 Ministros, nomeados pelo Presidente da República, dentre brasileiros com mais de 35 e menos de 70 anos, de notável saber jurídico e reputação ilibada, depois de aprovada a escolha pela maioria absoluta do Senado Federal, sendo:

a. um terço escolhido dentre juízes dos Tribunais Regionais Federais, sendo a indicação dos Ministros feita pelo próprio Tribunal;

b. um terço dentre desembargadores dos Tribunais de Justiça, também sendo a indicação feita pelo próprio Tribunal; e

c. um terço, em partes iguais, dentre advogados e membros do Ministério Público Federal, Estadual, do Distrito Federal e Territórios, alternadamente. Assim, diferentemente do que ocorre nos Tribunais de Justiça e nos Tribunais Regionais Federais, em que um quinto de seus juízes devem ser originários do Ministério Público e da Advocacia, no STJ essa proporção é de um terço.

19.14.2. Competências do STJ

As competências originárias e recursais do STJ estão elencadas no art. 105 da Constituição.

19.14.2.1. Competências originárias

Art. 105. Compete ao Superior Tribunal de Justiça:

I – processar e julgar, originariamente:

a) nos crimes comuns, os Governadores dos Estados e do Distrito Federal, e, nestes e nos de responsabilidade, os desembargadores dos Tribunais de Justiça dos Estados e do

Distrito Federal, os membros dos Tribunais de Contas dos Estados e do Distrito Federal, os dos Tribunais Regionais Federais, dos Tribunais Regionais Eleitorais e do Trabalho, os membros dos Conselhos ou Tribunais de Contas dos Municípios e os do Ministério Público da União que oficiem perante tribunais;

b) os mandados de segurança e os *habeas data* contra ato de Ministro de Estado, dos Comandantes da Marinha, do Exército e da Aeronáutica ou do próprio Tribunal;

c) os *habeas corpus*, quando o coator ou paciente for qualquer das pessoas mencionadas na alínea "a", ou quando o coator for tribunal sujeito à sua jurisdição, Ministro de Estado ou Comandante da Marinha, do Exército ou da Aeronáutica, ressalvada a competência da Justiça Eleitoral;

d) os conflitos de competência entre quaisquer tribunais, ressalvado o disposto no art. 102, I, "o", bem como entre tribunal e juízes a ele não vinculados e entre juízes vinculados a tribunais diversos;

e) as revisões criminais e as ações rescisórias de seus julgados;

f) a reclamação para a preservação de sua competência e garantia da autoridade de suas decisões;

g) os conflitos de atribuições entre autoridades administrativas e judiciárias da União, ou entre autoridades judiciárias de um Estado e administrativas de outro ou do Distrito Federal, ou entre as deste e da União;

h) o mandado de injunção, quando a elaboração da norma regulamentadora for atribuição de órgão, entidade ou autoridade federal, da administração direta ou indireta, excetuados os casos de competência do Supremo Tribunal Federal e dos órgãos da Justiça Militar, da Justiça Eleitoral, da Justiça do Trabalho e da Justiça Federal;

i) a homologação de sentenças estrangeiras e a concessão de *exequatur* às cartas rogatórias;

Tecem-se agora alguns comentários sobre as competências descritas.

Assim como ocorre com o STF, a Constituição Federal traz uma lista taxativa de competências do STJ, que não pode ser ampliada por lei nem admite interpretação extensiva.[51]

Os Governadores de Estado e do Distrito Federal são julgados pelo STJ somente em caso de crime comum – assim entendido todo aquele que não seja de responsabilidade. Em caso de crime de responsabilidade, devem ser julgados pelas Assembleias Legislativas ou Câmara Legislativa.

No que se refere a mandados de segurança contra atos de tribunais, o STJ possui competência para julgar somente aqueles impetrados contra seus próprios atos. Os mandados de segurança impetrados contra atos de tribunal devem ser julgados, originariamente, no âmbito do próprio tribunal, com os recursos cabíveis.[52]

---

[51] STF, RMS nº 26.413, Rel. Min. Cármen Lúcia, j. 26.04.2011.

[52] STF, MS nº 20.969-AgR, Rel. Min. Carlos Velloso, j. 09.08.1990.

Capítulo 19 ◆ Poder Judiciário **545**

No caso de *habeas corpus* impetrado contra tribunal judiciário, a competência, via de regra, será do STJ, exceto quando a autoridade apontada como coatora Tribunal Superior – sendo nesse caso, a competência do STF –, ressalvada ainda a competência da Justiça Eleitoral e do Superior Tribunal Militar.[53]

Embora seja da competência do STJ o julgamento de *habeas corpus*, quando a autoridade coatora apontada for Ministro de Estado (art. 105, I, *c*, CF), compete ao STF processar e julgar originalmente o *habeas corpus* quando impetrado contra o Ministro da Justiça, se o objetivo for impedir a instauração de processo extradicional contra súdito estrangeiro. Isso porque, nesse caso, a eventual concessão da ordem pelo STJ poderia restringir ou obstar o exercício, pelo STF, dos poderes que lhes foram outorgados com exclusividade, em sede de extradição passiva.[54]

É da competência do STJ o julgamento de conflitos de competência entre quaisquer tribunais ou entre tribunal e juízes a eles não vinculados (exemplo: entre TST e Juiz Federal) e entre juízes vinculados a tribunais diversos (exemplo: entre juiz federal e juiz do trabalho), incluindo conflitos envolvendo turmas recursais integrante do sistema de juizados especiais.[55] A exceção ocorrerá, porém, se o conflito de competência envolver algum Tribunal Superior, pois nesse caso a competência será do STF, conforme dispõe o art. 102, I, *o*, da Constituição.

A expressão "*exequatur*", utilizada no art. 105, I, *i*, provém do termo latino para "cumpra-se", sendo entendida como a determinação dada pelo Superior Tribunal de Justiça para que uma solicitação de uma autoridade judiciária estrangeira, formalizada por meio de carta rogatória, seja cumprida aqui no Brasil. Através do *exequatur*, o STJ aceita a solicitação estrangeira e determina que o tribunal ou juízo competente tome as providências cabíveis.

Originalmente, a competência para a homologação das sentenças estrangeiras e para a concessão do *exequatur* às cartas rogatórias era do STF, atribuição que foi transferida ao STJ pela Emenda Constitucional nº 45/2004. Embora a redação atual da Constituição não faça mais – como fazia – referência à possibilidade de sua concessão por decisão monocrática, entende o STF que a previsão no regimento do STJ de deferimento do *exequatur* por decisão do relator da causa é plenamente constitucional.[56]

Quanto à homologação de sentença estrangeira, dispõe a Súmula nº 420 do STF que ela não será homologada sem prova de seu trânsito em julgado.

19.14.2.2. Competências recursais

Enquanto o inciso I do art. 105 da Constituição enumera as competências originárias do STJ, o inciso II traz as recursais:

---

[53] STF, HC nº 78.416-QO, Rel. Min. Maurício Corrêa, j. 22.03.1999.

[54] STF, HC nº 83.113-QO, Rel. Min. Celso de Mello, j. 26.06.2003.

[55] STF, CC nº 7.090, Rel. Min. Celso de Mello, j. 11.09.2002.

[56] STF, RE nº 634.595, Rel. Min. Dias Toffoli, j. 03.04.2018.

546 Direito Constitucional Decifrado

Art. 105. Compete ao Superior Tribunal de Justiça: (...)

II – julgar, em recurso ordinário:

a) os "habeas-corpus" decididos em única ou última instância pelos Tribunais Regionais Federais ou pelos tribunais dos Estados, do Distrito Federal e Territórios, quando a decisão for denegatória;

b) os mandados de segurança decididos em única instância pelos Tribunais Regionais Federais ou pelos tribunais dos Estados, do Distrito Federal e Territórios, quando denegatória a decisão;

c) as causas em que forem partes Estado estrangeiro ou organismo internacional, de um lado, e, do outro, Município ou pessoa residente ou domiciliada no País;

III – julgar, em recurso especial, as causas decididas, em única ou última instância, pelos Tribunais Regionais Federais ou pelos tribunais dos Estados, do Distrito Federal e Territórios, quando a decisão recorrida:

a) contrariar tratado ou lei federal, ou negar-lhes vigência;

b) julgar válido ato de governo local contestado em face de lei federal;

c) der a lei federal interpretação divergente da que lhe haja atribuído outro tribunal.

Assim como faz em relação ao STF, a Constituição também diferencia os recursos julgados pelo STJ em duas categorias: recurso ordinário e recurso especial.

O recurso ordinário ao STJ é previsto em três situações:

a. no caso de *habeas corpus* negados em única ou última instância por Tribunal Regional Federal (TRF), ou por Tribunal de Justiça (TJ). Aqui, não importa se o *habeas corpus* foi impetrado diretamente no TRF ou no TJ ou se estes negaram provimento a recurso que o solicitou: se a decisão desses tribunais de segunda instância for desfavorável ao paciente, caberá recurso ao STJ;

b. no caso de mandados de segurança julgados em instância única e negados por TRF ou TJ. Assim, no caso de mandado de segurança, o STJ somente conhecerá do recurso ordinário se ele tiver sido impetrado diretamente no tribunal de segunda instância e a decisão foi denegatória;

c. nos processos que envolverem como partes Estado estrangeiro ou organismo internacional, de um lado, e, do outro, Município ou pessoa residente ou domiciliada no país. Nesse caso, a competência originária para o julgamento do processo é dos juízes federais, analisando o STJ eventual recurso interposto. Deve-se observar que nas causas que envolvam Estado estrangeiro ou organismo internacional, de um lado, e a União, Estado, Distrito Federal ou Território Federal, de outro, a competência originária para julgamento será do STF, conforme art. 102, I, *e*, da Constituição, não cabendo, assim, por razões óbvias, recurso ao STJ.

O recurso especial ao STJ, por sua vez, somente será admitido se a decisão recorrida:

a. contrariar tratado ou lei federal, ou negar-lhes vigência. Assim, cabe ao STJ julgar os recursos em que a parte demonstra que pode haver violação a tratado internacional ou lei federal. No caso de tratados internacionais, o STJ somente será competen-

te se o mesmo não foi incorporado ao ordenamento jurídico brasileiro com força de emenda constitucional, nos termos do art. 5º, § 3º, da Constituição, porque, se isso ocorrer, a competência será do STF;
b. julgar válido ato de governo local contestado em face de lei federal. A competência do STJ somente está presente se se tratar de questionamento de ato de governo local (estadual, distrital ou municipal) contestado em face de lei federal. Se a questão envolver lei local contestada em face de lei federal, ou lei ou ato de governo local contestado em face da Constituição Federal, a competência será do STF;
c. der a lei federal interpretação divergente da que lhe haja atribuído outro tribunal. O objetivo aqui é permitir que o STJ uniformize a jurisprudência em casos de decisões divergentes dadas por tribunais judiciários a respeito da interpretação da legislação federal.

A Emenda Constitucional nº 125/2022 passou a prever expressamente que, para que o recurso especial seja conhecido – ou seja, aceito para julgamento –, o recorrente deve demonstrar a relevância das questões de direito federal infraconstitucional discutidas no caso, nos termos da lei, a fim de que a admissão do recurso seja examinada pelo Tribunal, o qual, por outro lado, somente pode dele não conhecer com base nesse motivo pela manifestação de 2/3 (dois terços) dos membros do órgão competente para o julgamento.

O próprio texto constitucional, por sua vez, presume a presença da relevância das questões de direito federal infraconstitucional nos seguintes casos, além de outros que podem ser previstos pela lei:

I – ações penais;

II – ações de improbidade administrativa;

III – ações cujo valor da causa ultrapasse 500 (quinhentos) salários mínimos;

IV – ações que possam gerar inelegibilidade;

V – hipóteses em que o acórdão recorrido contrariar jurisprudência dominante do Superior Tribunal de Justiça.

Segundo entendimento do STF, a interposição de recursos extraordinário e especial ao mesmo tempo não impede que o STJ julgue o recurso especial ou aguarde a decisão do STF no recurso extraordinário, desde que observe os limites de sua competência.[57]

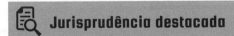

Jurisprudência destacada

O termo "causa" empregado no art. 105, III, da Constituição compreende qualquer questão federal resolvida em única ou última instância, pelos tribunais regionais federais ou pelos tribunais dos Estados, Distrito Federal e Territórios, ainda que mediante decisão interlocutória (STF, RE nº 153.831, Rel. Min. Ellen Gracie, j. 03.12.2002).

---

[57] STF, Rcl nº 6.882, Rel. Min. Cármen Lúcia, j. 24.03.2011.

19.14.2.3. Comparativo entre as competências do STF e do STJ

Para maior clareza, apresentamos abaixo dois quadros comparando as competências constitucionais do STF e do STJ:

♦ **Competências para julgamento por crimes comuns e de responsabilidade:**

Agente público	Prática de crimes comuns	Prática de crimes de responsabilidade
Presidente da República e Vice	STF	Senado
Membros do Congresso Nacional	STF	Senado
Procurador-Geral da República	STF	Senado
Ministros do STF	STF	Senado
Ministros do STJ, TSE, TST e STM	STF	STF
Ministros de Estado	STF	STF(*)
Comandantes das Forças Armadas	STF	STF
Ministros do TCU	STF	STF
Chefes de Missão Diplomática Permanente	STF	STF
Governadores de Estado	STJ	Assembleia Legislativa
Desembargadores de Tribunal de Justiça	STJ	STJ
Membros dos TCE	STJ	STJ
Membros dos TRF, TRE e TRT	STJ	STJ
Membros do MPU (2ª instância)	STJ	STJ

(*) Exceto nos casos de crime de responsabilidade conexo com crime de responsabilidade praticado pelo Presidente da República, em que o julgamento será feito pelo Senado.

♦ **Competências para julgamento de *habeas corpus*, mandado de segurança e *habeas data***

Habeas corpus	Pacientes	Presidente da República e Vice	STF
		Membro do Congresso	STF
		Ministro do STF	STF
		Procurador-Geral da República	STF

Capítulo 19 ◆ Poder Judiciário **549**

Habeas corpus	Pacientes	Governador de Estado	STJ
		Desembargador do Tribunal de Justiça	STJ
		Membro dos TCE	STJ
		Membro do TRF, TRT e TRE	STJ
		Membro do MPU (2ª instância)	STJ
	Coator	Governador de Estado	STJ
		Desembargador do Tribunal de Justiça	STJ
		Membro dos TCE	STJ
		Membro do TRF, TRT e TRE	STJ
		TRF e TJ	STJ
		Ministro de Estado	STJ
		Comandante das Forças Armadas	STJ
Mandado de Segurança	Coator	Presidente da República	STF
		Mesa da Câmara ou do Senado	STF
		TCU	STF
		Procurador Geral da República	STF
		STF	STF
		Ministro de Estado	STJ
		Comandante das Forças Armadas	STJ
		STJ	STJ
Habeas data	Coator	Presidente da República	STF
		Mesas da Câmara e do Senado	STF
		TCU	STF
		Procurador Geral da República	STF
		STF	STF
		Ministro de Estado	STJ
		Comandante das Forças Armadas	STJ
		STJ	STJ

19.14.2.4. Escola Nacional de Formação e Aperfeiçoamento de Magistrados e Conselho da Justiça Federal

O § 1º do art. 105 da Constituição estipula que deverão funcionar junto ao Superior Tribunal de Justiça:

a. Escola Nacional de Formação e Aperfeiçoamento de Magistrados, a qual, entre as suas funções a de regulamentar os cursos oficiais para o ingresso e promoção na carreira de juiz federal; e
b. o Conselho da Justiça Federal, ao qual cabe exercer, na forma da lei, a supervisão administrativa e orçamentária da Justiça Federal de primeiro e segundo graus, como órgão central do sistema e com poderes correicionais, cujas decisões terão caráter vinculante, ou seja, deverão ser seguidas pelos Tribunais Regionais Federais e pelos juízes federais. Não se deve confundir o Conselho da Justiça Federal com o Conselho Nacional de Justiça, sobre o qual já falamos, embora ambos apresentem competências concorrentes.

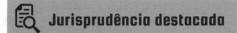
Jurisprudência destacada

Não procede a alegação de inconstitucionalidade material, ao argumento de que restaria ao Conselho da Justiça Federal somente competência disciplinar em face dos servidores, e não dos magistrados. Com o advento da EC nº 45/2004, a competência correcional do Poder Judiciário federal passou a ser compartilhada entre as corregedorias dos tribunais, o CNJ, e o CJF (ADI 4.638-MC-Ref, Rel. Min. Marco Aurélio). O texto constitucional estabelece expressamente poderes correcionais a este Conselho, cujas decisões possuem caráter vinculante (art. 105, parágrafo único, II).[58] Ao assim dispor, a Constituição não fez qualquer restrição, no sentido de que a competência limitar-se-ia aos servidores (STF, ADI nº 4.610, Rel. Min. Roberto Barroso, j. 11.11.2019).

19.15. TRIBUNAIS REGIONAIS FEDERAIS E JUÍZES FEDERAIS

Os Tribunais Regionais Federais (TRFs) e os Juízes Federais compõem o que é chamado de "Justiça Federal" em sentido estrito pela Constituição Federal, em seu art. 106. Na verdade, essas duas instâncias formam a Justiça Federal Comum, em contraponto às chamadas justiças especializadas, que são a eleitoral, a trabalhista e a militar.

No sentido amplo do termo, conforme já vimos, a Justiça Federal abrange todos os tribunais e juízes pertencentes à União, inclusive os especializados.

---

[58] Atualmente o art. 105 não possui mais um único parágrafo, uma vez que a EC nº 125/2022 acrescentou ao dispositivo os §§ 2º e 3º.

A Justiça Federal foi criada antes mesmo da nossa primeira constituição republicana, logo após a extinção da monarquia, pelo Decreto nº 848, de 11 de outubro de 1890, claramente inspirada no modelo norte-americano, em que também convivem duas esferas judiciais: a estadual e a federal.

O art. 106 da Constituição nos traz os órgãos da Justiça Federal:

> **Art. 106.** São órgãos da Justiça Federal:
>
> I – os Tribunais Regionais Federais;
>
> II – os Juízes Federais.

Os Tribunais Regionais Federais (TRFs) formam a segunda instância da Justiça Federal, sendo a primeira formada pelos Juízes Federais, que atuam nas chamadas Varas Federais. Os TRFs estão distribuídos pelo território nacional.

Embora tecnicamente não seja um termo adequado, pois o termo "desembargador", em sua origem, seja específico para membros dos Tribunais de Justiça Estaduais, é muito comum os juízes componentes dos Tribunais Regionais Federais serem chamados de "desembargadores federais".

O número de Tribunais Regionais Federais existentes no Brasil é determinado por meio de lei federal, sendo sua competência definida territorialmente, sendo que cada TRF é responsável pelo julgamento dos processos de determinados Estados, pois, diferentemente do que ocorre com os Tribunais de Justiça ou Tribunais Regionais Eleitorais, não é necessário que cada estado seja sede de um TRF.

19.15.1. Composição dos Tribunais Regionais Federais

O art. 107 da Constituição estipula que os Tribunais Regionais Federais serão compostos de, no mínimo, sete juízes, escolhidos, sempre que possível, na respectiva região e nomeados pelo Presidente da República dentre brasileiros com mais de 30 e menos de 70 anos:

> **Art. 107.** Os Tribunais Regionais Federais compõem-se de, no mínimo, sete juízes, recrutados, quando possível, na respectiva região e nomeados pelo Presidente da República dentre brasileiros com mais de trinta e menos de setenta anos de idade, sendo:
>
> I – um quinto dentre advogados com mais de dez anos de efetiva atividade profissional e membros do Ministério Público Federal com mais de dez anos de carreira;
>
> II – os demais, mediante promoção de juízes federais com mais de cinco anos de exercício, por antiguidade e merecimento, alternadamente.

Em relação ao limite de idade de 70 anos, porém, decidiu o STF – embora o tenha feito quando vigorava o limite anterior à alteração promovida pela Emenda Constitucional nº 122/2022 –, que o mesmo somente se aplica aos juízes nomeados pelo quinto constitucional, sendo que juízes de carreira podem ser promovidos com idade maior do que esta, desde que

552 Direito Constitucional Decifrado

estejam em atividade, porque entendimento em contrário poderia inviabilizar a promoção para juízes de carreira.[59]

Na promoção dos juízes de carreira também é necessária a observância do requisito previsto no art. 93, II, *b*, da Constituição, que é o de, na promoção por merecimento, possuir o juiz dois anos de exercício na respectiva entrância e integrar a primeira quinta parte da lista de antiguidade desta, seja porque a Constituição simplesmente exige o tempo de cinco anos de exercício, seja porque a Justiça Federal não está dividida em entrâncias.[60]

Deve-se observar que não há necessidade de aprovação do Senado para os indicados ao cargo de juiz de TRF pelo Presidente da República.

Assim como ocorre nos Tribunais de Justiça, nos TRFs também deve-se respeitar a regra do quinto constitucional. Dessa forma, um quinto de seus membros devem ser escolhidos dentre advogados com mais de dez anos de efetiva atividade profissional e dentre membros do Ministério Público Federal com mais de dez anos de carreira.

As demais vagas devem ser preenchidas mediante promoção de juízes federais com mais de cinco anos de exercício, por antiguidade e merecimento, alternadamente.

A Constituição prevê que os Tribunais Regionais Federais instalem a chamada justiça itinerante para processos da primeira instância, com a realização de audiências e demais funções da atividade jurisdicional, nos limites territoriais da respectiva jurisdição, servindo-se de equipamentos públicos e comunitários.

Os Tribunais Regionais Federais podem também funcionar descentralizadamente, constituindo Câmaras regionais, a fim de assegurar o pleno acesso do jurisdicionado à Justiça em todas as fases do processo. Aqui, a ideia é descentralizar a segunda instância, permitindo que os TRFs constituam subsedes, onde também haverá juízes em segunda instância que julgarão recursos.

Tanto no caso da justiça itinerante como das Câmaras regionais, a intenção é que os juízes federais, tanto de primeira como de segunda instância, sejam levados para mais próximo da população, ampliando o acesso à Justiça.

19.15.2. Competência dos Tribunais Regionais Federais

O art. 108 da Constituição Federal nos traz a competência dos Tribunais Regionais Federais, ou seja, definindo tanto sua competência originária (inciso I) como a recursal (inciso II):

> **Art. 108.** Compete aos Tribunais Regionais Federais:
>
> I – processar e julgar, originariamente:
>
> a) os juízes federais da área de sua jurisdição, incluídos os da Justiça Militar e da Justiça do Trabalho, nos crimes comuns e de responsabilidade, e os membros do Ministério Público da União, ressalvada a competência da Justiça Eleitoral;

---

[59] STF, MS nº 33.939, Rel. Min. Luiz Fux, j. 13.04.2018.

[60] STF, MS nº 21.631, Rel. Min. Ilmar Galvão, j. 09.06.1993.

Capítulo 19 • Poder Judiciário **553**

b) as revisões criminais e as ações rescisórias de julgados seus ou dos juízes federais da região;

c) os mandados de segurança e os "habeas-data" contra ato do próprio Tribunal ou de juiz federal;

d) os "habeas-corpus", quando a autoridade coatora for juiz federal;

e) os conflitos de competência entre juízes federais vinculados ao Tribunal;

II – julgar, em grau de recurso, as causas decididas pelos juízes federais e pelos juízes estaduais no exercício da competência federal da área de sua jurisdição.

Em relação a essas competências, algumas observações importantes devem ser feitas.

A primeira é que, em se tratando de membro do Ministério Público da União que atue junto a Tribunal, a competência para seu julgamento é do Superior Tribunal de Justiça, a teor do disposto no art. 105, I, *a*, da Constituição. Os membros do MPU que atuam na primeira instância é que serão julgados pelo Tribunal Regional Federal respectivo, ressalvada a competência da Justiça Eleitoral.

No que se refere à competência recursal dos TRFs, além de julgarem os recursos das decisões proferidas pelos juízes federais na sua circunscrição judiciária, também julgarão os recursos de decisões prolatadas por juízes estaduais, quando estes agirem no exercício da competência federal – o que pode ocorrer em comarcas onde não houver juízes federais na região.

De acordo com o entendimento do STF, o Tribunal Regional Federal é competente para processar e julgar ação penal em que se imputa a deputado estadual a prática de crimes conexos a delitos de competência da Justiça Federal.[61] Ou seja, se um deputado federal estiver sendo acusado de um crime de competência da Justiça Federal (que cause lesão aos cofres federais, por exemplo), a competência para seu julgamento será do TRF do respectivo Estado.

Decifrando a prova

(Delegado de Polícia/ES – Funcab/2013 – Adaptada) Se um Deputado Estadual cometer crime federal, será competente para o processo e julgamento o Superior Tribunal de Justiça.

(   ) Certo   (   ) Errado

Gabarito comentado: se um deputado federal cometer um crime de competência da justiça federal – na verdade, a expressão "crime federal" usada pela questão é inadequada, uma vez que no Brasil todos os crimes são definidos por leis federais – deverá ele ser julgado perante o TRF do respectivo Estado, e não pelo STJ. Portanto, a assertiva está errada.

---

[61] STF, HC nº 91.266, Rel. Min. Cezar Peluso, j. 02.03.2020.

19.15.3. Competência dos juízes federais

Os juízes federais compõem a primeira instância da Justiça Federal comum, estando, assim, no mesmo nível dos juízes de Direito, embora estes pertençam à Justiça Estadual.

Eles atuam nas Varas Federais, sendo que cada uma delas pertence a uma circunscrição judiciária – o termo "circunscrição judiciária" é utilizado para designar a área territorial de competência de um juiz federal, estando para a Justiça Federal assim como o termo "comarca" está para a Estadual. Todas as varas federais estão subordinadas a algum Tribunal Regional Federal.

Assim como os juízes estaduais, os juízes federais ingressam na magistratura por meio de concurso público, o qual é realizado pelo Tribunal Regional Federal respectivo.

A Constituição Federal traz-nos a competência dos juízes federais em rol taxativo, o qual, assim, não pode ser ampliado por lei.[62]

Sobre isso dispõe o art. 109 da Constituição:

> **Art. 109.** Aos juízes federais compete processar e julgar:
>
> I – as causas em que a União, entidade autárquica ou empresa pública federal forem interessadas na condição de autoras, rés, assistentes ou oponentes, exceto as de falência, as de acidentes de trabalho e as sujeitas à Justiça Eleitoral e à Justiça do Trabalho;
>
> II – as causas entre Estado estrangeiro ou organismo internacional e Município ou pessoa domiciliada ou residente no País;
>
> III – as causas fundadas em tratado ou contrato da União com Estado estrangeiro ou organismo internacional;
>
> IV – os crimes políticos e as infrações penais praticadas em detrimento de bens, serviços ou interesse da União ou de suas entidades autárquicas ou empresas públicas, excluídas as contravenções e ressalvada a competência da Justiça Militar e da Justiça Eleitoral;
>
> V – os crimes previstos em tratado ou convenção internacional, quando, iniciada a execução no País, o resultado tenha ou devesse ter ocorrido no estrangeiro, ou reciprocamente;
>
> V-A – as causas relativas a direitos humanos a que se refere o § 5º deste artigo;
>
> VI – os crimes contra a organização do trabalho e, nos casos determinados por lei, contra o sistema financeiro e a ordem econômico-financeira;
>
> VII – os "habeas-corpus", em matéria criminal de sua competência ou quando o constrangimento provier de autoridade cujos atos não estejam diretamente sujeitos a outra jurisdição;
>
> VIII – os mandados de segurança e os "habeas-data" contra ato de autoridade federal, excetuados os casos de competência dos tribunais federais;
>
> IX – os crimes cometidos a bordo de navios ou aeronaves, ressalvada a competência da Justiça Militar;

---

[62] STF, ADI nº 2.473-MC, Rel. Min. Néri da Silveira, j. 13.09.2001.

Capítulo 19 ♦ Poder Judiciário **555**

X – os crimes de ingresso ou permanência irregular de estrangeiro, a execução de carta rogatória, após o "exequatur", e de sentença estrangeira, após a homologação, as causas referentes à nacionalidade, inclusive a respectiva opção, e à naturalização;

XI – a disputa sobre direitos indígenas.

Vejamos alguns pontos importantes sobre a competência dos juízes federais.

Na hipótese de concurso de infrações penais de jurisdições originárias diversas, a competência da Justiça Federal para uma delas atrai, por conexão ou continência, a competência para o julgamento das demais.[63] Assim, imagine-se, por exemplo, que alguém tenha, em uma mesma situação fática, praticado um crime contra a organização do trabalho – de competência da Justiça Federal – e outro contra o patrimônio de uma pessoa física – de competência da Justiça Estadual, sendo os casos conexos entre si. Neste caso, caberá a Justiça Federal o julgamento por ambos os crimes.

Conforme o inciso I do art. 109, cabe aos juízes federais julgar as causas em que a União, entidade autárquica ou empresa pública federal forem interessadas na condição de autoras, rés, assistentes ou oponentes, exceto as de falência, as de acidentes de trabalho e as sujeitas à Justiça Eleitoral e à Justiça do Trabalho. No caso das sociedades de economia mista, a Justiça Federal somente será competente para julgar a causa quando a União intervier como assistente ou opoente, a teor do que dispõe as Súmulas nos 517 e 556 do STF.[64]

Cabe aos juízes federais julgar os processos judiciais entre Estado estrangeiro ou organismo internacional e Município ou pessoa domiciliada ou residente no País, sendo que o recurso eventualmente interposto será julgado pelo STJ (art. 105, II, c, CF). Se a causa envolver Estado estrangeiro ou organismo internacional, de um lado, e a União, Estado, Distrito Federal ou Território, a competência originária para o julgamento da causa será do STF (art. 102, I, e, CF).

Assim, quando a Constituição dispõe que compete à justiça federal julgar "as causas fundadas em tratado ou contrato da União com Estado estrangeiro ou organismo internacional", está a falar de processos que não oponham Estado estrangeiro ou organismo internacional e a União, Estado, DF ou Território, porque, nesse caso, como visto, a competência será do STF. Trata-se de ações propostas por terceiro em que este alega como fundamento tratado ou contrato da União com esses entes estrangeiros.

Compete à Justiça Federal o julgamento dos crimes de tráfico internacional de drogas, com base no art. 109, V, da Constituição, cabendo o julgamento dos crimes de tráfico de drogas cometidos dentro do país à Justiça Estadual.[65] Deve-se atentar para o fato que nem o

---

[63] STF, RHC nº 96.713, Rel. Min. Joaquim Barbosa, j. 07.12.2010.

[64] Súmula nº 517 do STF: "As sociedades de economia mista só têm foro na Justiça Federal, quando a União intervém como assistente ou opoente".
Súmula nº 556 do STF: "É competente a Justiça comum para julgar as causas em que é parte sociedade de economia mista".

[65] Súmula nº 522 do STF: "Salvo ocorrência de tráfico com o exterior, quando, então, a competência será da Justiça Federal, compete à Justiça dos Estados o processo e o julgamento dos crimes relativos a entorpecentes".

simples fato de alguns corréus serem estrangeiros nem a eventual origem externa da droga,[66] bem como o fato de ser transportada por via aérea, desde que nesse caso, tenha sido a droga apreendida em solo,[67] são motivos suficientes para o deslocamento da competência para a Justiça Federal, devendo haver a presença da transnacionalidade do comércio ilegal para que isso ocorra.

Deve-se observar, porém, que se o crime for cometido a bordo de navios ou aeronaves, estejam essas últimas em terra ou em ar, a competência será da Justiça Federal, ressalvada a competência da Justiça Militar, independentemente do sujeito passivo do delito.[68]

Em relação à competência dos juízes federais para julgamento dos direitos indígenas, a mesma se verificará quando de se tratar de situações de interesse coletivo dos povos silvícolas, não bastando seja aquele imputado a indígena, nem que este lhe seja vítima e, tampouco, que haja sido praticado dentro de reserva.[69] Nesse sentido, o STF ainda decidiu que "somente os processos que versarem sobre questões diretamente ligadas à cultura indígena, aos direitos sobre suas terras, ou, ainda, a interesses constitucionalmente atribuíveis à União Federal competiriam à Justiça Federal".[70]

Decifrando a prova

(Delegado de Polícia/DF – Funiversa – 2015 – Adaptada) Suponha-se que um silvícola tenha cometido crime de homicídio contra outro silvícola, por motivos de ciúmes, dentro de uma reserva indígena. Nesse caso, conforme entendimento do STF, a competência para julgar esse crime será da Justiça Estadual.
( ) Certo   ( ) Errado
Gabarito comentado: conforme vimos, a competência da Justiça Federal para julgamento de causas que envolvam silvícolas somente se justifica quando se tratar de direitos indígenas, ou seja, direitos que digam respeito, direta ou indiretamente, à coletividade ou pelo menos uma comunidade indígena local. No caso citado na questão, trata-se de uma causa que deverá ser julgada pela Justiça Estadual. Portanto, a assertiva está certa.

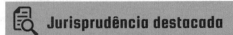

Juntas comerciais. Órgãos administrativamente subordinados ao Estado, mas tecnicamente à autoridade federal, como elementos do sistema nacional dos Serviços de Registro do Comércio.

---

[66] STF, HC nº 103.945, Rel. Min. Dias Toffoli, j. 26.04.2011.
[67] STF, RE nº 463.500, Rel. Min. Marco Aurélio, j. 04.12.2007.
[68] STF, RHC nº 86.998, Rel. designada Min. Cármen Lúcia, j. 13.02.2007.
[69] STF, RE nº 419.528, Rel. Min. Marco Aurélio, j. 03.08.2006.
[70] STF, HC nº 91.121, Rel. Min. Gilmar Mendes, j. 06.11.2007.

> Consequente competência da Justiça Federal para o julgamento de mandado de segurança contra ato do presidente da junta, compreendido em sua atividade-fim (STF, RE nº 199.793, Rel. Min. Octavio Gallotti, j. 04.04.2000).

O § 1º do art. 109 dispõe que as causas em que a União for autora serão aforadas (ou seja, protocoladas) na seção judiciária onde tiver domicílio a outra parte. Esse dispositivo visa facilitar a defesa do réu, que não precisará, assim, deslocar-se demasiadamente para oferecer sua defesa.

Por outro lado, tratando-se de causas em que a União for ré, poderão as ações serem propostas na seção judiciária, a critério do autor:

a. em que for domiciliado o autor;
b. em que houver ocorrido o ato ou fato que deu origem à demanda;
c. onde esteja situada a coisa; ou, ainda,
d. no Distrito Federal.

O § 3º do art. 109 da Constituição, com a redação dada pela EC nº 103/2019, dispõe que a lei poderá autorizar que as causas de competência da Justiça Federal em que forem parte instituição de previdência social e segurado possam ser processadas e julgadas na justiça estadual quando a comarca do domicílio do segurado não for sede de vara federal. Tal disposição visa facilitar o acesso ao Judiciário do segurado da previdência social em defesa de seus direitos, uma vez que a Justiça Estadual é muito mais capilarizada do que a Federal. Nesse caso, o recurso cabível será sempre para o Tribunal Regional Federal na área de jurisdição do juiz de primeiro grau.

A Emenda Constitucional nº 45/2004 trouxe inovação importante, ao acrescentar o § 5º no art. 109, dispondo que, nas hipóteses de grave violação de direitos humanos, o Procurador-Geral da República, com a finalidade de assegurar o cumprimento de obrigações decorrentes de tratados internacionais de direitos humanos dos quais o Brasil seja parte, poderá suscitar, perante o Superior Tribunal de Justiça, em qualquer fase do inquérito ou processo, incidente de deslocamento de competência para a Justiça Federal.

Ou seja, a partir de tal emenda, passou-se a permitir que o Procurador-Geral da República requisite a transferência de casos da Justiça Estadual para a Federal, nos casos de hipóteses de grave violação de direitos humanos. Essa disposição visou evitar casos de impunidade pelo não julgamento de casos do tipo por omissão das autoridades administrativas e judiciais locais.

19.16. TRIBUNAIS E JUÍZES DO TRABALHO

A Justiça do Trabalho ou Justiça Trabalhista foi criada no Brasil em 1941, pelo então Presidente Getúlio Vargas, tendo sido mantida desde então. Sua principal função é justamente resolver conflitos entre empregadores e empregados que envolvam a aplicação da legislação trabalhista.

558 Direito Constitucional Decifrado

É, ao lado da Justiça Eleitoral e da Justiça Militar, uma das justiças especializadas federais.

De acordo com o art. 111 da Constituição, a Justiça do Trabalho está organizada em três instâncias: o Tribunal Superior do Trabalho, os Tribunais Regionais do Trabalho e os Juízes do Trabalho.

19.16.1. Tribunal Superior do Trabalho (TST)

O Tribunal Superior do Trabalho (TST), com sede em Brasília e jurisdição em todo o território nacional, atualmente é composto por 27 Ministros, escolhidos dentre brasileiros com mais de 35 anos e menos de 70 anos, de notável saber jurídico e reputação ilibada, nomeados pelo Presidente da República após aprovação pela maioria absoluta do Senado Federal.

A Constituição estipula que no TST deve ser obedecida a regra do quinto constitucional, ou seja, dos escolhidos para o Tribunal, um quinto deve ser advogados com mais de dez anos de efetiva atividade profissional e membros do Ministério Público do Trabalho com mais de dez anos de efetivo exercício, sendo os demais nomeados dentre juízes dos Tribunais Regionais do Trabalho, oriundos da magistratura de carreira, indicados pelo próprio Tribunal Superior.

A Constituição estabelece que a competência do TST deve ser estabelecida por lei, sendo atualmente o assunto regulamento pela Lei nº 7.701/1988.

O § 2º do art. 111-A, de forma análoga ao que diz em relação ao STJ, estipula que deverão funcionar junto ao Tribunal Superior do Trabalho:

a. Escola Nacional de Formação e Aperfeiçoamento de Magistrados do Trabalho, cabendo-lhe, dentre outras funções, regulamentar os cursos oficiais para o ingresso e promoção na carreira de juiz do trabalho;

b. Conselho Superior da Justiça do Trabalho, cabendo-lhe exercer, na forma da lei, a supervisão administrativa, orçamentária, financeira e patrimonial da Justiça do Trabalho de primeiro e segundo graus, como órgão central do sistema, cujas decisões terão efeito vinculante.

19.16.2. Tribunais Regionais do Trabalho (TRT)

Os Tribunais Regionais do Trabalho (TRT) compõem a segunda instância da justiça trabalhista, estando localizados, na estrutura do Poder Judiciário, entre o TST e os juízes do trabalho.

O art. 115 da Constituição Federal dispõe que os Tribunais Regionais do Trabalho serão compostos de, no mínimo, sete juízes, selecionados, quando possível, na respectiva região, e nomeados pelo Presidente da República dentre brasileiros com mais de 30 e menos de 70 anos.

Assim como ocorre com o TST, os TRTs devem obedecer à regra do quinto constitucional, de aplicação obrigatória a esses tribunais desde a promulgação da EC nº 45/2004.

Também deverão os Tribunais Regionais do Trabalho, da mesma forma que ocorre com os Tribunais Regionais Federais, instalar a Justiça do Trabalho itinerante, além de poderem funcionar de forma descentralizada, com a criação de Câmaras regionais.

19.16.3. Juízes do Trabalho

Os juízes do trabalho ou juízes trabalhistas compõem a primeira instância da Justiça do Trabalho, ocupando cada um deles uma Vara do Trabalho, estando cada uma dessas varas, por sua vez, subordinada a um Tribunal Regional do Trabalho.

Assim como ocorre com os juízes federais e de direito, os juízes trabalhistas são nomeados após aprovação em concurso público de provas e títulos.

As varas trabalhistas são criadas por lei, sendo que nas comarcas não abrangidas pela jurisdição da Justiça do Trabalho, a lei pode atribuir tal competência aos juízes de direito – juízes estaduais – locais, sendo o recurso, no entanto, julgado pelo Tribunal Regional do Trabalho que jurisdiciona a região.

19.16.4. Competência da Justiça Trabalhista

A competência da Justiça do Trabalho é determinada pelo art. 114 da Constituição Federal:

> **Art. 114.** Compete à Justiça do Trabalho processar e julgar:
>
> I – as ações oriundas da relação de trabalho, abrangidos os entes de direito público externo e da administração pública direta e indireta da União, dos Estados, do Distrito Federal e dos Municípios;
>
> II – as ações que envolvam exercício do direito de greve;
>
> III – as ações sobre representação sindical, entre sindicatos, entre sindicatos e trabalhadores, e entre sindicatos e empregadores;
>
> IV – os mandados de segurança, *habeas corpus* e *habeas data*, quando o ato questionado envolver matéria sujeita à sua jurisdição;
>
> V – os conflitos de competência entre órgãos com jurisdição trabalhista, ressalvado o disposto no art. 102, I, *o*;
>
> VI – as ações de indenização por dano moral ou patrimonial, decorrentes da relação de trabalho;
>
> VII – as ações relativas às penalidades administrativas impostas aos empregadores pelos órgãos de fiscalização das relações de trabalho;
>
> VIII a execução, de ofício, das contribuições sociais previstas no art. 195, I, "a", e II, e seus acréscimos legais, decorrentes das sentenças que proferir;
>
> IX – outras controvérsias decorrentes da relação de trabalho, na forma da lei.

Deve ser observado que não cabe à Justiça do Trabalho julgar processos criminais, ainda que tenham alguma relação com ofensa a leis trabalhistas ou sejam classificados como contra a organização do trabalho, hipótese em que deverão ser julgados pela Justiça Federal comum (art. 109, VI, CF).

A Justiça do Trabalho não é competente para o julgamento de questões envolvendo servidores públicos estatutários e o ente da Federação para o qual exercem suas funções, sendo o julgamento de atribuição da justiça federal, em se tratando de servidor da União, suas autarquias e fundações de direito público, ou da justiça estadual, na hipótese de servidor estadual ou municipal. Por outro lado, em se tratando de empregados públicos, ou seja, pessoal contratadas pela administração direta ou indireta para trabalharem sob as regras da CLT, a competência será da Justiça do Trabalho.

No caso de transposição de empregado público para regime estatutário, a competência para julgamento de ações relativas às verbas trabalhistas referentes a período em que o servidor mantinha vínculo celetista com a administração é da Justiça do Trabalho.[71]

No que se refere aos Estados estrangeiros, embora não possuam eles imunidade automática de jurisdição, podendo ser demandados por causas de natureza trabalhista, conforme decorre da análise do inciso I do art. 114 da Constituição,[72] o ajuizamento de tal demanda não será possível se houver acordo prevendo essa imunidade devidamente internalizado no ordenamento jurídico nacional.[73]

O § 1º do mesmo artigo faculta a eleição de árbitros no caso de frustação de negociação coletivo. Essa arbitragem terá o mesmo efeito de uma decisão judicial.

Se alguma das partes recusar-se à negociação coletiva ou à arbitragem, é permitido às mesmas, de comum acordo, ajuizar dissídio coletivo de natureza econômica, podendo a Justiça do Trabalho decidir o conflito, respeitadas as disposições mínimas legais de proteção ao trabalho, bem como as convencionadas anteriormente pelas próprias partes.

Em caso de greve em atividade essencial, com possibilidade de lesão do interesse público, o Ministério Público do Trabalho poderá ajuizar dissídio coletivo, competindo à Justiça do Trabalho decidir o conflito. Nesse caso, se a greve for considerada ilegal ou abusiva, deverá a Justiça do Trabalho determinar a suspensão do movimento, normalmente impondo multa diária ao sindicato que a organiza.

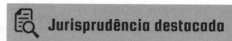
Jurisprudência destacada

A definição da competência decorre da ação ajuizada. Tendo como causa de pedir relação jurídica regida pela CLT e pleito de reconhecimento do direito a verbas nela previstas, cabe à Justiça do Trabalho julgá-la (STF, CC nº 7.950, Rel. Min. Marco Aurélio, j. 14.09.2016).

---

[71] STF, ARE nº 1.001.075-AgR, Rel. Min. Gilmar Mendes, j. 08.12.2016.
[72] STF, RE nº 222.368-AgR, Rel. Min. Celso de Mello, j. 30.04.2002.
[73] STF, RE nº 1.034.840-RG, Rel. Min. Luiz Fux, j. 01.06.2017.

Capítulo 19 ◆ Poder Judiciário **561**

19.17. TRIBUNAIS E JUÍZES ELEITORAIS

Os arts. 118 a 121 da Constituição Federal tratam da organização da Justiça Eleitoral. Criada em 1932, este ramo especializado da Justiça Federal é responsável, basicamente, pelo julgamento de causas que envolvam eleições, partidos políticos e direitos políticos, sendo essencial ao bom funcionamento do estado democrático brasileiro.

Diferentemente do que ocorre com a Justiça Trabalhista, a Justiça Eleitoral também possui competência criminal, podendo julgar os chamados crimes eleitorais.

A Justiça Eleitoral apresenta uma peculiaridade em relação aos demais ramos da Justiça. Isso porque, diferentemente deles, a Justiça Eleitoral não possui magistrados exclusivos permanentes, pois seus membros ou possuem um mandato fixo ou são juízes que acumulam a função eleitoral. Isso se justifica pelo fato de que, embora funcione permanentemente – com exceção das Juntas Eleitorais –, o trabalho da Justiça Eleitoral concentra-se especialmente nos períodos eleitorais. Também por conta disso, é facultado à Justiça Eleitoral requisitar servidores públicos, inclusive de outros poderes, para o exercício temporário de funções eleitorais.

O art. 118 da Constituição nos diz quais são os órgãos que compõem a Justiça Eleitoral:

> **Art. 118.** São órgãos da Justiça Eleitoral:
>
> I – o Tribunal Superior Eleitoral;
>
> II – os Tribunais Regionais Eleitorais;
>
> III – os Juízes Eleitorais;
>
> IV – as Juntas Eleitorais.

19.17.1. Tribunal Superior Eleitoral (TSE)

O TSE é o órgão máximo da Justiça Eleitoral, tendo sede no Distrito Federal e jurisdição em todo o país.

A Constituição determina que são irrecorríveis as decisões do TSE, salvo as que contrariarem a própria Constituição e as denegatórias de *habeas corpus* ou mandado de segurança, casos em que caberá recurso ao STF.

De acordo com o art. 119 da Constituição Federal, o TSE será composto por, no mínimo, sete membros, chamados de Ministros, e que devem ser escolhidos da seguinte forma:

a. três juízes devem ser nomeados dentre os Ministros do Supremo Tribunal Federal, escolhidos pelo próprio STF, mediante eleição, por voto secreto;

b. dois juízes devem ser nomeados dentre os Ministros do Superior Tribunal de Justiça, escolhidos pelo próprio STJ, mediante eleição, por voto secreto;

c. dois juízes deverão ser nomeados pelo Presidente da República, dentre seis advogados de notável saber jurídico e idoneidade moral, indicados pelo Supremo Tribunal Federal. Na verdade, o que a Constituição quer dizer é que devem ser reservadas duas vagas para advogados no TSE, e que para o preenchimento de cada uma delas

562 Direito Constitucional Decifrado

deve ser elaborada uma lista tríplice pelo STF, que a encaminhará ao Presidente da República, para que este escolha um dos nomes para a vaga.

Os nomes dos advogados escolhidos pelo Presidente da República não precisam ser aprovados pelo Senado.

Os Ministros do TSE, salvo motivo justificado, servirão por dois anos, no mínimo, e nunca por mais de dois biênios consecutivos.

O parágrafo único do mesmo art. 119 estipula que o TSE elegerá seu Presidente e o Vice-Presidente dentre os Ministros do Supremo Tribunal Federal, e o Corregedor Eleitoral dentre os Ministros do Superior Tribunal de Justiça.

De acordo com a Constituição, cabe à lei complementar estabelecer a organização e competência dos tribunais, dos juízes de direito e das juntas eleitorais, o que é feito em boa parte pelo Código Eleitoral (Lei nº 4.737/1965), o que faz com que seus dispositivos que tratem sobre esses assuntos possuam o *status* de lei complementar.

19.17.2. Tribunais Regionais Eleitorais (TRE)

Os TRE representam a segunda instância da Justiça Eleitoral, possuindo, entre outras atribuições, a de julgar recursos das decisões proferidas pelos juízes e juntas eleitorais.

De acordo com o art. 120 da Constituição, deve haver um TRE na Capital de cada Estado e no Distrito Federal.

Os Tribunais Regionais Eleitorais são compostos por sete membros (algumas vezes chamados de desembargadores eleitorais), da seguinte forma:

a. dois juízes devem ser nomeados dentre desembargadores do Tribunal de Justiça local, escolhidos pelo próprio Tribunal de Justiça, mediante votação secreta;
b. dois juízes devem ser nomeados dentre juízes de Direito (juízes estaduais de primeira instância), também escolhidos pelo próprio Tribunal de Justiça, mediante votação secreta;
c. um juiz será oriundo do Tribunal Regional Federal local (desembargador federal), se o Estado for sede de TRF, ou, se não o for, dentre os juízes federais de primeira instância. Tanto em um caso como ou em outro, a escolha será feira pelo TRF respectivo;
d. dois juízes serão nomeados, pelo Presidente da República, dentre advogados de notável saber jurídico e idoneidade moral, a partir de lista tríplice para cada vaga, a qual será formada pelo Tribunal de Justiça local, não havendo necessidade, de acordo com o entendimento do STF, de participação da OAB na elaboração dessa lista, diferentemente do que ocorre em relação ao quinto constitucional.[74]

O § 2º do art. 120 estipula que cada TRE elegerá seu Presidente e Vice-Presidente dentre os desembargadores que os compõem. Como em cada TRE temos dois desembargadores,

---

[74] STF, MS nº 21.073, Rel. Min. Paulo Brossard, j. 29.11.1990.

Capítulo 19 • Poder Judiciário **563**

necessariamente um deles será o Presidente e o outro o Vice, de acordo com a eleição feita em cada tribunal.

Assim como ocorre com os Ministros do TSE, os juízes do TRE, salvo motivo justificado, servirão por dois anos, no mínimo, e nunca por mais de dois biênios consecutivos.

Visando evitar o acúmulo de processos a serem julgados pelo TSE, a Constituição determina que das decisões dos Tribunais Regionais Eleitorais somente caberá recurso quando:

a. forem proferidas contra disposição expressa da Constituição ou de lei;
b. ocorrer divergência na interpretação de lei entre dois ou mais tribunais eleitorais;
c. versarem sobre inelegibilidade ou expedição de diplomas nas eleições federais ou estaduais;
d. anularem diplomas ou decretarem a perda de mandatos eletivos federais ou estaduais; e
e. denegarem *habeas corpus*, mandado de segurança, *habeas data* ou mandado de injunção.

19.17.3. Juízes e juntas eleitorais

Outra especificidade da Justiça Eleitoral em relação aos demais ramos do Poder Judiciário é que sua primeira instância é composta por dois órgãos: juízes eleitorais e juntas eleitorais. A lei determina que os juízes eleitorais serão nomeados pelos Tribunais Regionais Eleitorais locais dentre os juízes de Direito do Estado. Assim, os juízes eleitorais exercem ao mesmo tempo este cargo e o de Juiz de Direito.

Já as juntas eleitorais são órgãos temporários, criados em época de eleição, compostos, de acordo com o Código Eleitoral, por um juiz de Direito – que será o presidente da junta – e de dois ou quatro cidadãos de notória idoneidade, tendo entre suas atribuições resolver as impugnações e demais incidentes verificados durante os trabalhos da contagem e da apuração de votos nas eleições, bem como expedir diploma aos candidatos eleitos para cargos municipais.

Das decisões dos juízes e juntas eleitorais cabe recurso ao TRE respectivo.

19.18. DOS TRIBUNAIS E JUÍZES MILITARES

À Justiça Militar, também chamada de justiça castrense, compete processar e julgar os crimes militares definidos em lei, sendo prevista constitucional desde nossa primeira Constituição Republicana, a de 1891.

A Constituição atual não traz muitas disposições acerca da organização da Justiça Militar, delegando essa atribuição à lei, em seu art. 124, parágrafo único.

O art. 122 da Constituição determina que são órgãos da Justiça Militar:

a. o Superior Tribunal Militar (STM);
b. os Tribunais e Juízes Militares instituídos por lei.

O Superior Tribunal Militar é composto por 15 Ministros vitalícios, nomeados pelo Presidente da República, depois de aprovada a indicação pelo Senado Federal, sendo três dentre oficiais-generais da Marinha, quatro dentre oficiais-generais do Exército, três dentre oficiais-generais da Aeronáutica, todos da ativa e do posto mais elevado da carreira, e cinco dentre civis.

Os Ministros civis devem ser escolhidos pelo Presidente da República dentre brasileiros maiores de 35 e menos de 70 anos, sendo:

a. três dentre advogados de notório saber jurídico e conduta ilibada, com mais de dez anos de efetiva atividade profissional;
b. dois, por escolha paritária, dentre juízes auditores (magistrados de primeira instância da justiça militar) e membros do Ministério Público da Justiça Militar.

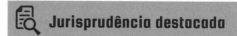

Para a investidura no cargo de ministro do STM, não é invocável a norma do art. 93, IV, da Constituição, que limita em 65 anos a idade do nomeado, pois tal norma tem por escopo estabelecer o tempo mínimo do exercício da judicatura para efeito de aposentadoria facultativa aos trinta anos. O art. 123 da Carta não reproduz a norma, em relação ao STM (STF, MS nº 7.950, Rel. Min. Carlos Madeira, j. 29.06.1989).

19.19. TRIBUNAIS E JUÍZES DOS ESTADOS

Até aqui falamos somente de juízos e tribunais federais, ou seja, aqueles pertencentes à União. Além desses, porém, que compõem o que podemos chamar de Justiça Federal no sentido amplo do termo, temos a chamada Justiça Estadual, organizada no âmbito de cada Estado.

Possui ela duas instâncias: na primeira atuam os chamados juízes de Direito, ou juízes estaduais, que ingressam por meio de concurso público de provas e títulos. Já na segunda instância temos os chamados desembargadores, que compõem o chamado Tribunal de Justiça (TJ). Um quinto dos desembargadores, de acordo com a Constituição, devem ser oriundos da advocacia e do Ministério Públicos e os restantes são nomeados por promoção de juízes de Direito.

Em nosso sistema, possui a justiça estadual competência residual, ou seja, poderá julgar todas as ações que não sejam de competência da justiça federal, seja a comum, seja a especializada.

De acordo com o art. 125 da Constituição Federal, os Estados deverão organizar cada um a sua Justiça, observando os princípios estabelecidos na Carta Magna. A competência dos tribunais estaduais (segunda instância) deve ser definida na Constituição de cada Estado, sendo a lei de organização judiciária estadual de iniciativa do Tribunal de Justiça.

Especificamente em relação ao Distrito Federal, porém, estabelece o art. 21, XIII, da Constituição Federal que compete à União organizar e manter seu Poder Judiciário, por meio do Tribunal de Justiça do Distrito Federal e Territórios(TJDFT).

De acordo com o § 2º do art. 125, cabe aos Estados a instituição de representação de inconstitucionalidade de leis ou atos normativos estaduais ou municipais em face da Constituição Estadual, vedada a atribuição da legitimação para agir a um único órgão.

Assim, enquanto as ações diretas de inconstitucionalidade em face da Constituição Federal são julgadas pelo STF, aquelas ajuizadas em face da Constituição Estadual são julgadas pelo Tribunal de Justiça local. Ou seja, assim como o STF é o guardião da Constituição Federal, o TJ é o guardião da Constituição Estadual.

19.19.1. Julgamento de prefeito pelos Tribunais de Justiça

O art. 29, X, da Constituição prevê que o julgamento dos prefeitos pelos Tribunais de Justiça locais. Porém, isso deve ser visto com mais cuidado. Isso porque o prefeito somente é julgado pelo Tribunal de Justiça se a acusação for de prática de crime de competência da Justiça Eleitoral. Nesse sentido, dispõe a Súmula nº 702 do STF.[75]

No caso de crime de competência da Justiça Federal, deverá o prefeito ser julgado pelo Tribunal Regional Federal territorialmente competente. E, no caso de crime eleitoral, o julgamento deverá ser feito pelo Tribunal Regional Eleitoral do Estado.

Por fim, no caso de julgamento por crime doloso contra a vida, em que a competência normalmente é do júri, no caso do prefeito será ele julgado também pelo Tribunal de Justiça, não se aplicando a Súmula Vinculante nº 45, uma vez que esta refere-se à prevalência do Tribunal do Júri sobre foro especial definido em Constituição Estadual, e a competência do Tribunal de Justiça para julgamento de prefeito é definida pela Constituição Federal.[76]

19.19.2. Justiça Militar Estadual

A Constituição permite que seja criada, por meio de lei estadual, a partir de proposta do Tribunal de Justiça, a Justiça Militar estadual, a qual deverá ser constituída, em primeiro grau, pelos juízes de direito e pelos Conselhos de Justiça e, em segundo grau, pelo próprio Tribunal de Justiça, ou por Tribunal de Justiça Militar nos Estados em que o efetivo militar seja superior a 20 mil integrantes.

Nos Estados em que for criada, compete à Justiça Militar estadual processar e julgar os militares dos Estados, nos crimes militares definidos em lei e as ações judiciais contra atos

---

[75] Súmula nº 702 do STF: "A competência do Tribunal de Justiça para julgar prefeitos restringe-se aos crimes de competência da justiça comum estadual; nos demais casos, a competência originária caberá ao respectivo tribunal de segundo grau".

[76] Súmula Vinculante nº 45: "A competência constitucional do tribunal do júri prevalece sobre o foro por prerrogativa de função estabelecido exclusivamente pela Constituição".

566 Direito Constitucional Decifrado

disciplinares militares, ressalvada a competência do júri quando a vítima for civil, cabendo ao tribunal competente decidir sobre a perda do posto e da patente dos oficiais e da graduação das praças.

Uma vez instalada a Justiça Militar estadual, compete aos juízes de direito do juízo militar processar e julgar, singularmente, os crimes militares cometidos contra civis e as ações judiciais contra atos disciplinares militares, cabendo ao Conselho de Justiça, sob a presidência de juiz de direito, processar e julgar os demais crimes militares.

19.19.3. Outras disposições

O art. 125, § 6º, da Constituição Federal dispõe que os Tribunais de Justiça poderão funcionar descentralizadamente, constituindo Câmaras regionais, a fim de assegurar o pleno acesso do jurisdicionado à justiça em todas as fases do processo.

Também determina a Carta Magna que, em cada Estado, deverá o Tribunal de Justiça local instalar a justiça itinerante, com a realização de audiências e demais funções da atividade jurisdicional, nos limites territoriais da respectiva jurisdição, servindo-se de equipamentos públicos e comunitários.

O art. 126 da Constituição Federal estatui que nos Estados em que isso se mostrar necessário, poderá o Tribunal de Justiça propor a criação de varas especializadas em conflitos fundiários, devendo nesses casos, sempre que necessário à eficiente prestação jurisdicional, o juiz fazer-se presente no local do litígio.

20 Funções essenciais à Justiça

20.1. INTRODUÇÃO

A Constituição Federal, em seu Título IV, Capítulo IV, trata das chamadas funções essenciais à Justiça, referindo-se aos órgãos e pessoas capazes de postular direitos, apresentar defesas jurídicas ou provocar, de qualquer forma, o Judiciário para sua atuação.

São consideradas essenciais à Justiça porque, sem elas, o Judiciário não tem como exercer a jurisdição de forma plena, uma vez que este Poder se rege, no geral, pelo princípio da inércia, pelo qual os juízes e Tribunais, para preservar sua imparcialidade, somente agem se forem provocados para tanto.

Deve-se destacar que as funções essenciais à Justiça não integram o Poder Judiciário, embora sua atuação se dê basicamente junto aos juízes e tribunais.

De acordo com a Constituição, são funções essenciais à Justiça: o Ministério Público, a Advocacia Pública, a Advocacia Privada e a Defensoria Pública.

20.2. MINISTÉRIO PÚBLICO

A principal razão de existência do Ministério Público é funcionar como um defensor dos direitos e interesse da coletividade como um todo. Por isso, pode ser chamado de "advogado dos interesses da sociedade", além disso, também exerce um papel importante na fiscalização da aplicação da lei e na defesa dos direitos individuais indisponíveis.

Assim, por exemplo, compete ao Ministério Público provocar o julgamento de pessoas acusadas de crime, exceto nos casos de ação penal privada; propor ações em defesa de interesses coletivos e difusos; zelar pela correta aplicação das leis, entre outras atribuições que veremos adiante.

Muitas vezes, o Ministério Público é chamado de *Parquet*, palavra francesa que significa "piso" ou "assoalho". Há duas teorias para explicar a utilização desse termo ao referir-se ao Ministério Público. A primeira é a de que, na França da Idade Moderna, os procuradores e advogados do rei não ficavam no mesmo estrado elevado onde ficavam os juízes, mas sobre o assoalho da sala de audiência, como as partes e seus representantes. Outra teoria afirma que a expressão *Parquet* viria de *petit parc*, que significaria um pequeno cercado onde normalmente ficavam os procuradores do rei durante as audiências.

Outro nome pelo qual o Ministério Público costuma ser referido, especialmente em decisões judiciais, é "órgão ministerial".

20.2.1. Autonomia do Ministério Público

A Constituição de 1988 ampliou consideravelmente as atribuições e a autonomia do Ministério Público, e devido a isso passou a instituição a possuir características que o levam a ser considerado atualmente como um órgão separado dos demais poderes, recebendo muitas vezes a denominação extrajurídica de "quarto poder da República", embora não se possa adotar tal denominação como tecnicamente correta, seja porque a Constituição somente reconhece a existência de três poderes, em seu art. 2º, seja porque, na verdade, o Ministério Público atua mais como fiscal e peticionante, não possuindo competências que permitam classificá-lo como um poder à parte.

A exemplo do que ocorre com o Poder Judiciário, ao Ministério Público é assegurada a autonomia funcional e administrativa, podendo propor ao Poder Legislativo a criação e extinção de seus cargos e serviços auxiliares, provendo-os por concurso público de provas ou de provas e títulos, bem como dispor sobre a política remuneratória e os planos de carreira de seus cargos, o que inclui a competência de propor a fixação dos respectivos vencimentos, bem como a sua revisão.[1]

Todos os anos, deve o Ministério Público elaborar sua proposta orçamentária dentro dos limites estabelecidos na lei de diretrizes orçamentárias. Mas se o Ministério Público não encaminhar a respectiva proposta orçamentária dentro do prazo estabelecido na lei de diretrizes orçamentárias, o Poder Executivo considerará, para fins de consolidação da proposta orçamentária anual, os valores aprovados na lei orçamentária vigente, ajustados de acordo com os limites estipulados na própria lei de diretrizes orçamentárias.

Apesar de o Ministério Público possuir ampla autonomia, não possui ele personalidade jurídica, integrando-se à Administração Direta da União ou dos Estados, assim como ocorre com os poderes Executivo, Legislativo e Judiciário.

Veremos agora os principais dispositivos constitucionais que tratam da organização e atribuições do Ministério Público.

Jurisprudência destacada

A alta relevância jurídico-constitucional do Ministério Público – qualificada pela outorga, em seu favor, da prerrogativa da autonomia administrativa, financeira e orçamentária – mostra-se tão expressiva, que essa instituição, embora sujeita à fiscalização externa do Poder Legislativo,

---

[1] STF, ADI nº 63, Rel. Min. Ilmar Galvão, j. 13.10.1993.

Capítulo 20 ◆ Funções essenciais à Justiça **569**

com o auxílio do respectivo tribunal de contas, dispõe de uma esfera própria de atuação administrativa, livre da ingerência de órgãos do Poder Executivo, aos quais falece, por isso mesmo, competência para sustar ato do procurador-geral de justiça praticado com apoio na autonomia conferida ao Parquet. A outorga constitucional de autonomia, ao Ministério Público, traduz um natural fator de limitação dos poderes dos demais órgãos do Estado, notadamente daqueles que se situam no âmbito institucional do Poder Executivo. A dimensão financeira dessa autonomia constitucional – considerada a instrumentalidade de que se reveste – responde à necessidade de assegurar-se ao Ministério Público a plena realização dos fins eminentes para os quais foi ele concebido, instituído e organizado. (...) Sem que disponha de capacidade para livremente gerir e aplicar os recursos orçamentários vinculados ao custeio e à execução de suas atividades, o Ministério Público nada poderá realizar, frustrando-se, desse modo, de maneira indevida, os elevados objetivos que refletem a destinação constitucional dessa importantíssima instituição da República, incumbida de defender a ordem jurídica, de proteger o regime democrático e de velar pelos interesses sociais e individuais indisponíveis. O Ministério Público – consideradas as prerrogativas constitucionais que lhe acentuam as múltiplas dimensões em que se projeta a sua autonomia – dispõe de competência para praticar atos próprios de gestão, cabendo-lhe, por isso mesmo, sem prejuízo da fiscalização externa, a cargo do Poder Legislativo, com o auxílio do tribunal de contas, e, também, do controle jurisdicional, adotar as medidas que reputar necessárias ao pleno e fiel desempenho da alta missão que lhe foi outorgada pela Lei Fundamental da República, sem que se permita ao Poder Executivo, a pretexto de exercer o controle interno, interferir, de modo indevido, na própria intimidade dessa instituição, seja pela arbitrária oposição de entraves burocráticos, seja pela formulação de exigências descabidas, seja, ainda, pelo abusivo retardamento de providências administrativas indispensáveis, frustrando-lhe, assim, injustamente, a realização de compromissos essenciais e necessários à preservação dos valores cuja defesa lhe foi confiada (STF, ADI nº 2.513-MC, Rel. Min. Celso de Mello, j. 03.04.2002).

20.2.2. Características gerais

O art. 127 da Constituição Federal estipula que "o Ministério Público é instituição permanente, essencial à função jurisdicional do Estado, incumbindo-lhe a defesa da ordem jurídica, do regime democrático e dos interesses sociais e individuais indisponíveis".

Dessa forma, o referido artigo delimita as três áreas de atuação institucional do Ministério Público, desdobradas depois pelo art. 129:

a. **defesa da ordem jurídica**: o Ministério Público exerce a função importante de "fiscal da lei" ou *custos legis*", zelando para que as normas constitucionais e legais sejam devidamente respeitadas e, se for o caso, solicitando providências para que o sejam. Isso é feito tanto dentro dos processos que tratem de temas de interesse coletivo, como também institucionalmente, podendo o Ministério Público, por exemplo, provocar o Judiciário para defesa do ordenamento jurídico e firmar termos de ajuste de conduta com o Poder Executivo;

b. **defesa do regime democrático:** o regime democrático é considerado uma característica inegociável do Estado brasileiro, e o Ministério Público, como representante

570 Direito Constitucional Decifrado

dos interesses da sociedade, tem a função constitucional importante de defendê-lo, provocando o Poder Judiciário para que aja nesse sentido, sempre que necessário;

c. **defesa dos interesses sociais e individuais indisponíveis:** na defesa dos interesses sociais, age o Ministério Público como verdadeiro advogado da sociedade em geral, buscando proteger os interesses coletivos. Direitos indisponíveis são aqueles que, sendo individuais, não pode seu titular abrir mão, como o direito à vida, à liberdade, à dignidade, especialmente quando pertencentes a menores de idade ou incapazes.

A organização do Ministério Público é estabelecida por leis complementares federal e estaduais, de iniciativa do Procurador-Geral da República, no caso da União, e dos Procuradores-Gerais de Justiça, no caso dos Estados.

20.2.3. Princípios institucionais

O art. 127, § 1º, da Constituição dispõe que são princípios institucionais do Ministério Público a unidade, a indivisibilidade e a independência funcional.

Esses princípios são estabelecidos para garantir a adequada estruturação e funcionamento do órgão, permitindo que o mesmo possa agir com eficiência e independência.

Vejamos cada um deles:

a. **Princípio da unidade:** por esse princípio, a instituição Ministério Público é uma só, assim como ocorre com a Justiça, sendo suas divisões meramente orgânicas ou funcionais. Nesse sentido, normalmente considera-se que sua divisão em federal e estadual e as diversas subdivisões internas servem somente para um mais eficiente exercício de suas competências constitucionais.[2] No entanto, em sentido oposto a isso, por outro lado já decidiu o STF em determinada ocasião que "essa unidade somente existe dentro de cada Ministério Público, não havendo unidade entre o Ministério Público de um Estado e o de outro, nem entre esses e os diversos ramos do Ministério Público da União".[3]

b. **Princípio da indivisibilidade:** por meio desse princípio, decorre a possibilidade de um membro do Ministério Público ser substituído ou representado por outro, sem nenhum prejuízo para o processo, sendo que cada membro do Ministério Público age em nome do órgão como um todo. De certa forma, é semelhante ao que ocorre na Justiça, quando um juiz pode ser substituído por outro durante o processo sem que o mesmo precise ser reiniciado.

c. **Princípio da independência funcional:** esse princípio possui duas acepções. A primeira refere-se ao próprio órgão, o qual deve possuir independência em relação aos

---

[2] Nesse sentido, preleciona José Afonso da Silva (2016): "a instituição do Ministério Público abrange todos os Ministérios Públicos ali indicados. Realmente, a pretensão da unidade nesse sentido já constava na Exposição de Motivos da comissão elaboradora dos estudos e do anteprojeto de que resultou a LC nº 40/1981, segundo o qual o Ministério Público é, em seus lineamentos básicos, uma só instituição, que atue no plano federal, junto à justiça comum ou especial, quer no plano dos Estados, Distrito Federal e Territórios".

[3] STF, ADPF nº 482, Rel. Min. Alexandre de Moraes, j. 03.03.2020.

demais órgãos e entidades públicos. Mas também se costuma aplicar internamente tal princípio, no sentido de que cada membro do Ministério Público tem autonomia em sua atuação, para agir de acordo com a lei e com sua consciência. Esse princípio, no entanto, não impede a existência de uma hierarquia administrativa, que visa uma melhor organização da entidade, mas que não interfere no trabalho de cada membro do Ministério Público, que sempre deve agir de acordo com as leis e sua consciência. Além disso, também não impede que sejam expedidas normas pelos órgãos competentes, como o Conselho Nacional do Ministério Público, para a uniformização e maior eficiência nos trabalhos do Ministério Público.

Essa independência funcional de cada membro do Ministério Público manifesta-se, por exemplo, no fato de que a pretensão de um órgão do Ministério Público não vincula os demais, garantindo-se a legitimidade para recorrer de decisão que acatar pedido de outro membro do órgão ministerial.[4]

Deve-se observar que a doutrina em geral considera que, além desses princípios explícitos na Constituição, também deve ser observado o chamado "princípio do promotor natural", o qual, de forma analógica ao que ocorre com os magistrados do Poder Judiciário, visa evitar indicações casuísticas ou retiradas arbitrárias de promotores em casos importantes de forma a orientar o resultado de determinadas ações. Assim, deve haver critérios objetivos de designação de membros do Ministério Público para acompanhar os casos de competência do órgão ministerial, assim como é exigido em relação aos juízes. De acordo com o STF, porém, tal princípio não se aplica ao inquérito policial, onde ocorre, pelo Ministério Público, o simples pleito de diligências para elucidar dados relativos à prática criminosa.[5]

Jurisprudência destacada

A consagração constitucional do princípio do Promotor Natural significou o banimento de manipulações casuísticas ou designações seletivas efetuadas pela Chefia da Instituição (STF, HC nº 71.429, Rel. Min. Celso de Mello, j. 06.09.1995).

Decifrando a prova

(Promotor de Justiça/CE – FCC – 2009) O princípio do promotor natural está ligado à persecução criminal, mas também alcança o inquérito policial, quando já ocorre pleito de diligências para elucidar dados relativos à prática criminosa.
( ) Certo   ( ) Errado

---

[4] STF, ARE nº 725.491, Rel. Min. Luiz Fux, j. 26.05.2015.
[5] STF, RHC nº 93.247, Rel. Min. Marco Aurélio, j. 18.03.2008.

572 Direito Constitucional Decifrado

> **Gabarito comentado:** conforme visto, o princípio do juiz natural não se aplica aos atos requeridos pelo Ministério Público no âmbito de inquérito policial. Portanto, a assertiva está errada.

20.2.4. Estrutura do Ministério Público

Assim como acontece com o Poder Judiciário, o Ministério Público também atua de forma independente nas esferas federal (denominado de Ministério Público da União – MPU) e estadual (MPE), não havendo vinculação hierárquica entre eles, mas somente competências distintas.

Embora o Ministério Público seja regido pelo princípio da unidade, possuem eles diversas divisões internas, as quais possuem atribuições específicas e atuam junto também a juízes e tribunais específicos.

O Ministério Público da União (MPU) abrange, de acordo com o art. 128 da Constituição Federal:

a. **Ministério Público Federal:** membros do MPU que atuam em todos os Tribunais Federais, exceto na Justiça Trabalhista, Militar e do Distrito Federal e Território.

b. **Ministério Público do Trabalho:** membros do MPU que atuam junto à Justiça do Trabalho, em suas três instâncias.

c. **Ministério Público Militar:** é composto pelos membros do MPU que atuam junto aos Juízes e Tribunais Militares.

d. **Ministério Público do Distrito Federal e Territórios**: membros do MPU que atuam junto aos Tribunais de Justiça do Distrito Federal e Territórios. Apesar de ter atuação local, o Ministério Público do Distrito Federal e Territórios compõem o Ministério Público da União pelo fato de esses Tribunais serem por ela organizados, de acordo com o art. 21, XIII, da Constituição Federal.

Já os Ministérios Públicos dos Estados são organizados por cada Unidade da Federação, de acordo com lei complementar local, cuja competência para propositura é do Procurador--Geral de Justiça.

O Ministério Público da União tem por chefe o Procurador-Geral da República, que é nomeado pelo Presidente da República dentre integrantes da carreira, maiores de 35 anos, após a aprovação de seu nome pela maioria absoluta dos membros do Senado Federal, para mandato de dois anos, permitida a recondução.

A destituição do Procurador-Geral da República, por iniciativa do Presidente da República, deve ser precedida de autorização da maioria absoluta do Senado Federal.

O Chefe do Ministério Público Estadual é o Procurador-Geral de Justiça, que é nomeado pelo Governador do Estado, a partir de lista tríplice dentre os integrantes da carreira, para um mandato de dois anos, permitida somente uma recondução.

Os Procuradores-Gerais nos Estados e no Distrito Federal e Territórios podem ser destituídos por deliberação da maioria absoluta do Poder Legislativo, na forma da lei complementar respectiva.

Capítulo 20 • Funções essenciais à Justiça **573**

> ### ⊞ Decifrando a prova
>
> **(Delegado de Polícia/PA – Uepa – 2013 – Adaptada)** O Ministério Público da União tem por chefe o Procurador-Geral da República, livremente nomeado pelo Presidente da República, o qual poderá destituí-lo a qualquer tempo, *ad nutum*.
>
> ( ) Certo   ( ) Errado
>
> **Gabarito comentado:** tanto a nomeação como a destituição do Procurador-Geral da República dependem de aprovação pelo Senado Federal. Isso retira o caráter tanto da livre nomeação como da destituição *ad nutum*, a qual somente pode ser empregada quando o agente com competência para exonerar o faz sem necessidade de aprovação de outrem. Portanto, a assertiva está errada.

20.2.5. Ministério Público de Contas

Por fim, é importante fazer-se referência ao Ministério Público de Contas, o qual é citado pela Constituição em seus arts. 73, § 2º, I – que afirma que parte dos ministros do TCU deverá ser composta por membros do Ministério Público junto ao Tribunal – e 130 – que dispõe que aos membros do Ministério Público junto aos Tribunais de Contas aplicam-se as disposições pertinentes a direitos, vedações e forma de investidura do Ministério Público em geral.

O Ministério Público de Contas atua junto aos Tribunais de Contas, contribuindo para um melhor controle das contas públicas. De acordo com o STF, o Ministério Público de Contas apresenta natureza específica, configurando-se como um "Ministério Público Especial", distinto do Ministério Público da União e do dos Estados, que compõem o chamado "Ministério Público Comum",[6] encontrando-se consolidado na "intimidade estrutural" do Tribunal de Contas em relação ao qual atua, sendo que sua organização, a discriminação de suas competências e a definição de seu estatuto podem ser feitas por lei ordinária, diferentemente do Ministério Público Comum (MPU e MPE), que deve ser regulamentado por lei complementar.[7]

20.2.6. Ministério Público Eleitoral

Junto à Justiça Eleitoral atua o chamado Ministério Público Eleitoral, o qual, porém, não apresenta categoria diversa dos órgãos do "Ministério Público Comum", estando nele integrado. Sua especificidade, porém, se caracteriza pela área de atuação e pelo fato de que, assim como ocorre com a Justiça Eleitoral, não possuir estrutura própria, sendo composto por membros do Ministério Público Estadual e do Ministério Público Federal.

---

6   STF, ADI nº 2.068-MC, Rel. Min. Marco Aurélio, j. 15.12.1999.

7   STF, ADI nº 789, Rel. Min. Celso de Mello, j. 26.05.1994.

574 Direito Constitucional Decifrado

20.2.7. Garantias e vedações

Aos membros do Ministério Público aplicam-se basicamente as mesmas garantias e vedações atribuídas aos membros do Poder Judiciário, e que foram vistas em tópico próprio.

Assim, possuem eles as prerrogativas de vitaliciedade, após dois anos de exercício; de inamovibilidade, salvo por motivo de interesse público; e de irredutibilidade do subsídio.

Por outro lado, assim como ocorre com os juízes, não podem, por exemplo, receber honorários, percentagens ou custas processuais; exercer, ainda que em disponibilidade, qualquer outra função pública, salvo uma de magistério; e exercer a advocacia no juízo ou tribunal do qual se afastou, antes de decorridos três anos do afastamento do cargo por aposentadoria ou exoneração. Em relação a esse assunto, porém, de destacar-se que, embora não possa o membro do Ministério Público exercer outra função pública, além do magistério, o entendimento do STF é de que pode ele ser nomeado para o exercício de cargo de administração superior do próprio Ministério Público.[8]

20.2.8. Atribuições do Ministério Público

As atribuições do Ministério Público são trazidas pelo art. 129 da Constituição Federal.

Deve-se observar que é um rol não taxativo, ou seja, podem ser associadas ao Ministério Público outras atribuições, conforme deixa claro o inciso IX do artigo citado:

Art. 129. São funções institucionais do Ministério Público:

I – promover, privativamente, a ação penal pública, na forma da lei;

II – zelar pelo efetivo respeito dos Poderes Públicos e dos serviços de relevância pública aos direitos assegurados nesta Constituição, promovendo as medidas necessárias a sua garantia;

III – promover o inquérito civil e a ação civil pública, para a proteção do patrimônio público e social, do meio ambiente e de outros interesses difusos e coletivos;

IV – promover a ação de inconstitucionalidade ou representação para fins de intervenção da União e dos Estados, nos casos previstos nesta Constituição;

V – defender judicialmente os direitos e interesses das populações indígenas;

VI – expedir notificações nos procedimentos administrativos de sua competência, requisitando informações e documentos para instruí-los, na forma da lei complementar respectiva;

VII – exercer o controle externo da atividade policial, na forma da lei complementar mencionada no artigo anterior;

VIII – requisitar diligências investigatórias e a instauração de inquérito policial, indicados os fundamentos jurídicos de suas manifestações processuais;

---

[8]   STF, ADI nº 3.574, Rel. Min. Ricardo Lewandowski, j. 16.05.2007.

IX – exercer outras funções que lhe forem conferidas, desde que compatíveis com sua finalidade, sendo-lhe vedada a representação judicial e a consultoria jurídica de entidades públicas.

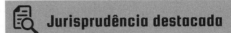

O Ministério Público, nas ações penais públicas condicionadas, não está vinculado à qualificação jurídica dos fatos constantes da representação ou da requisição de que lhe haja sido dirigida. A vinculação do Ministério Público à definição jurídica que o representante ou requisitante tenha dado aos fatos é nenhuma. A formação da *opinio delicti* compete, exclusivamente, ao Ministério Público, em cujas funções institucionais se insere, por consciente opção do legislador constituinte, o próprio monopólio da ação penal pública (CF, art. 129, I). Dessa posição de autonomia jurídica do Ministério Público, resulta a possibilidade, plena, de, até mesmo, não oferecer a própria denúncia (STF, HC nº 68.242, Rel. Min. Celso de Mello, j. 06.11.1990).

De acordo com o § 1º do art. 129, a legitimação do Ministério Público para as ações civis previstas neste artigo não impede a de terceiros, nas mesmas hipóteses, segundo o disposto na Constituição Federal e nas leis.

As funções do Ministério Público só podem ser exercidas por integrantes da carreira, que deverão residir na comarca da respectiva lotação, salvo autorização do chefe da instituição.

Decifrando a prova

(Delegado de Polícia-TO – Cespe – 2008 – Adaptada) Entre as funções institucionais do Ministério Público, estão o controle da atividade policial e a requisição de diligências investigatórias e da instauração de inquérito policial, indicados os fundamentos jurídicos de suas manifestações processuais.
( ) Certo   ( ) Errado
Gabarito comentado: tais atribuições constam do rol de competências do Ministério Público, trazido pelo art. 129 da Constituição. A primeira encontra-se no inciso VII e a segunda no inciso VIII. Em relação à abertura de inquérito policial, a competência é privativa do Delegado de Polícia, mas o Ministério Público pode requisitar a sua instauração. Portanto, a assertiva está certa.

20.2.9. Ingresso na carreira

De acordo com o art. 129, § 3º, da Constituição, assim como ocorre com os magistrados, o ingresso na carreira do Ministério Público deve ser feito mediante concurso público de provas e títulos, assegurada a participação da Ordem dos Advogados do Brasil em sua

576 Direito Constitucional Decifrado

realização, exigindo-se do bacharel em direito, no mínimo, três anos de atividade jurídica e observando-se, nas nomeações, a ordem de classificação.

Assim como ocorre com o Conselho Nacional de Justiça em relação aos concursos para ingresso na magistratura, cabe ao Conselho Nacional do Ministério Público, quando a lei não o fizer, especificar o que se enquadra como atividade jurídica para fins de habilitação ao concurso, devendo tal requisito estar preenchido no momento da data de inscrição para o concurso.[9]

20.2.10. Equiparação ao Poder Judiciário

Dispõe o § 4º do art. 129 da Constituição Federal que se aplica ao Ministério Público, no que couber, o disposto no art. 93. O art. 93 da Constituição é o que trata sobre a Lei Orgânica da Magistratura, trazendo uma série de disposições que devem ser seguidas pelo Poder Judiciário. Dessa forma, acabou a Constituição por equiparar, em muitos aspectos, a organização do Ministério Público à organização do Judiciário.

Essa equiparação, porém, não se aplica à remuneração dos membros do Ministério Público, pois a jurisprudência do STF é firme quanto à inconstitucionalidade da vinculação entre os subsídios dos membros do Ministério Público e da Magistratura.[10]

20.2.11. Conselho Nacional do Ministério Público

Assim como faz com o Conselho Nacional de Justiça (CNJ), a Constituição também prevê a criação do Conselho Nacional do Ministério Público (CNMP), competindo a este o controle da atuação administrativa e financeira do Ministério Público e do cumprimento dos deveres funcionais de seus membros, de forma semelhante ao que faz o CNJ, tendo essencialmente as mesmas atribuições, só que direcionadas à atividade de controle do Ministério Público.

De acordo com o art. 130-A da Constituição Federal, o Conselho Nacional do Ministério Público será composto de 14 membros nomeados pelo Presidente da República, depois de aprovada a escolha pela maioria absoluta do Senado Federal, para um mandato de dois anos, admitida uma recondução, sendo:

a. o Procurador-Geral da República, que o preside;

b. quatro membros do Ministério Público da União, assegurada a representação de cada uma de suas carreiras (Ministério Público Federal, do Trabalho, Militar e do Distrito Federal e Territórios);

c. três membros do Ministério Público dos Estados;

d. dois juízes, indicados um pelo Supremo Tribunal Federal e outro pelo Superior Tribunal de Justiça;

e. dois advogados, indicados pelo Conselho Federal da Ordem dos Advogados do Brasil;

---

9   STF, MS nº 26.681, Rel. Min. Menezes Direito, j. 26.11.2008.
10   STF, ADI nº 1.756, Rel. Min. Roberto Barroso, j. 07.10.2015.

f. dois cidadãos de notável saber jurídico e reputação ilibada, indicados um pela Câmara dos Deputados e outro pelo Senado Federal.

Os membros do Conselho oriundos do Ministério Público devem ser indicados pelos respectivos Ministérios Públicos, na forma da lei.

De acordo com o art. 130-A da Constituição, compete ao Conselho Nacional do Ministério Público o controle da atuação administrativa e financeira do Ministério Público e do cumprimento dos deveres funcionais de seus membros, cabendo-lhe:

a. zelar pela autonomia funcional e administrativa do Ministério Público, podendo expedir atos regulamentares, no âmbito de sua competência, ou recomendar providências;
b. zelar pela observância do art. 37 da Constituição e apreciar, de ofício ou mediante provocação, a legalidade dos atos administrativos praticados por membros ou órgãos do Ministério Público da União e dos Estados, podendo desconstituí-los, revê-los ou fixar prazo para que se adotem as providências necessárias ao exato cumprimento da lei, sem prejuízo da competência dos Tribunais de Contas;
c. receber e conhecer das reclamações contra membros ou órgãos do Ministério Público da União ou dos Estados, inclusive contra seus serviços auxiliares, sem prejuízo da competência disciplinar e correicional da instituição, podendo avocar processos disciplinares em curso, determinar a remoção ou a disponibilidade e aplicar outras sanções administrativas, assegurada ampla defesa;
d. rever, de ofício ou mediante provocação, os processos disciplinares de membros do Ministério Público da União ou dos Estados julgados há menos de um ano;
e. elaborar relatório anual, propondo as providências que julgar necessárias sobre a situação do Ministério Público no País e as atividades do Conselho, o qual deve integrar a mensagem presidencial encaminhada anualmente ao Congresso, por ocasião da abertura da sessão legislativa.

O CNMP deve escolher, em votação secreta, um Corregedor nacional, dentre os membros do Ministério Público que o integram, vedada a recondução, competindo-lhe, além das atribuições que lhe forem conferidas pela lei, as seguintes:

a. receber reclamações e denúncias, de qualquer interessado, relativas aos membros do Ministério Público e dos seus serviços auxiliares;
b. exercer funções executivas do Conselho, de inspeção e correição geral;
c. requisitar e designar membros do Ministério Público, delegando-lhes atribuições, e requisitar servidores de órgãos do Ministério Público.

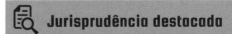

O Conselho Nacional do Ministério Público (CNMP) possui capacidade para a expedição de atos normativos autônomos (CF, art. 130-A, § 2º, I), desde que o conteúdo disciplinado na norma editada se insira no seu âmbito de atribuições constitucionais (STF, ADI nº 5.454, Rel. Min. Alexandre de Moraes, j. 15.04.2020).

578 Direito Constitucional Decifrado

A Constituição ainda estabelece que leis da União e dos Estados deverão criar ouvidorias do Ministério Público, competentes para receber reclamações e denúncias de qualquer interessado contra membros ou órgãos do Ministério Público, inclusive contra seus serviços auxiliares, representando diretamente ao Conselho Nacional do Ministério Público.

> ### Decifrando a prova
>
> **(Promotor de Justiça/CE – Cespe – 2020)** Segundo a Constituição Federal, o Conselho Nacional do Ministério Público (CNMP) pode rever, desde que mediante provocação, processos disciplinares de membros do Ministério Público.
> ( ) Certo ( ) Errado
> **Gabarito comentado:** o erro da assertiva está em condicionar a revisão de processos administrativos pelo CNMP à provocação por terceiro, uma vez que, de acordo com a Constituição, tal atribuição também pode ser exercida de ofício. Portanto, a assertiva está errada.

20.3. ADVOCACIA PÚBLICA

A advocacia pública compreende ações de representação judicial e assessoramento jurídico das entidades públicas. Assim, a advocacia pública defende e promove os interesses públicos da União, dos Estados, do Distrito Federal e dos Municípios, bem como das entidades da administração indireta de direito público.

Na esfera federal, a advocacia pública é exercida pela Advocacia-Geral da União e, nas questões tributárias, pela Procuradoria-Geral da Fazenda Nacional. Já nas esferas estaduais e municipais são exercidas pelos Procuradores dos Estados e dos Municípios, respectivamente.

Nas autarquias e fundações públicas pode haver também um órgão específico de representação judicial e assessoramento específico, que são as procuradorias de cada uma dessas entidades. Em relação a isso, dispõe a Súmula nº 644 do STF que "ao titular do cargo de procurador de autarquia não se exige a apresentação de instrumento de mandato para representá-la em juízo", o mesmo valendo para o exercício das atribuições de advogado da União e de procuradores dos Estados e dos Municípios em juízo.[11]

O art. 131 da Constituição Federal dispõe sobre a Advocacia-Geral da União:

> **Art. 131.** A Advocacia-Geral da União é a instituição que, diretamente ou através de órgão vinculado, representa a União, judicial e extrajudicialmente, cabendo-lhe, nos termos da lei complementar que dispuser sobre sua organização e funcionamento, as atividades de consultoria e assessoramento jurídico do Poder Executivo.

---

[11] STF, RE nº 121.856-ED, Rel. Min. Paulo Brossard Aurélio, j. 24.04.1990.

A Advocacia-Geral da União tem como chefe o Advogado-Geral da União, de livre nomeação pelo Presidente da República dentre cidadãos maiores de 35 anos, de notável saber jurídico e reputação ilibada. A nomeação e a destituição, a qualquer tempo, do Advogado-Geral é ato privativo do Presidente da República, não dependendo de autorização ou confirmação pelo Poder Legislativo. Tal regra também vale para os Procuradores-Gerais dos Estados, em relação aos Governadores.[12]

O ingresso nas classes iniciais das carreiras da Advocacia-Geral da União é feito mediante concurso público de provas e títulos.

O art. 132 trata sobre os Procuradores dos Estados e do Distrito Federal:

> **Art. 132.** Os Procuradores dos Estados e do Distrito Federal, organizados em carreira, na qual o ingresso dependerá de concurso público de provas e títulos, com a participação da Ordem dos Advogados do Brasil em todas as suas fases, exercerão a representação judicial e a consultoria jurídica das respectivas unidades federadas.
>
> Parágrafo único. Aos procuradores referidos neste artigo é assegurada estabilidade após três anos de efetivo exercício, mediante avaliação de desempenho perante os órgãos próprios, após relatório circunstanciado das corregedorias.

A disposição constitucional exige, assim, a existência do cargo de procurador do Estado nas diversas entidades da Federação, o qual deverá ser provido por meio de concurso público, sendo inconstitucional norma que autorize a ocupante de cargo em comissão o desempenho das atribuições de assessoramento jurídico ao Poder Executivo.[13]

20.4. ADVOCACIA

Dispõe o art. 133 da Constituição:

> **Art. 133.** O advogado é indispensável à administração da justiça, sendo inviolável por seus atos e manifestações no exercício da profissão, nos limites da lei.

No art. 133, a Constituição Federal não está falando da Advocacia Pública, instituição pública da qual trata nos arts. 131 e 132, conforme vimos acima, mas sim da Advocacia Privada, ou seja, do ofício dos advogados.

A atividade do advogado é indispensável ao funcionamento regular do Poder Judiciário, possuindo aquele a chamada capacidade postulatória, ou seja, a possibilidade de ingressar com ações judiciais ou responder a estas, representando seus clientes. Assim, para que alguém entre com alguma ação judicial, ou mesmo para que se defenda adequadamente em juízo, é necessário que seja representado por um advogado, salvo raríssimas exceções. Isso é importante para evitar que as pessoas sejam prejudicadas por falta de conhecimento jurídico e se sujeitem a injustiças ao propor ou responder a uma ação judicial.

---

[12] STF, ADI nº 291, Rel. Min. Joaquim Barbosa, j. 07.04.2010.

[13] STF, ADI nº 4.261, Rel. Min. Ayres Britto, j. 02.08.2010.

No Brasil, para habilitar-se ao exercício da advocacia, além da obtenção do grau de bacharel em Direito, deve o interessado estar inscrito junto à Ordem dos Advogados do Brasil, após aprovação em exame por ela aplicado, como demonstração de que possui os conhecimentos mínimos para o exercício adequado da profissão, sendo constitucional tal exigência.[14]

São nulos, de pleno direito, os atos processuais que, privativos de advogado, venham a ser praticados por quem não dispõe de capacidade postulatória, assim considerado também aquele cuja inscrição na OAB se acha suspensa.[15]

Ao dizer a Constituição Federal que o advogado é inviolável por seus atos e manifestações no exercício da profissão, está a afirmar que um advogado, em princípio, não pode ser responsabilizado por suas ações e palavras, quando feitas para a defesa dos interesses de seus clientes. No entanto, como qualquer direito, tal prerrogativa não pode ser utilizada para perpetração de abusos. Nesse sentido, por exemplo, já decidiu o STF que a imunidade profissional do advogado não lhe permite desacatar um juiz, ainda que no exercício da representação judicial de seus clientes.[16] Isso não impede, porém, que o advogado expresse críticas duras, veementes e severas, ainda que contra o magistrado, desde que não possam ser caracterizadas como desacato.[17]

Atualmente, a atividade da advocacia é regulamentada pela Lei nº 8.906/1994, conhecida como Estatuto da Advocacia.

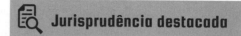

É direito do defensor, no interesse do representado, ter acesso amplo aos elementos de prova que, já documentados em procedimento investigatório realizado por órgão com competência de polícia judiciária, digam respeito ao exercício do direito de defesa (Súmula Vinculante nº 14).

20.5. DEFENSORIA PÚBLICA

O art. 134 da Constituição Federal trata sobre a Defensoria Pública, definindo-a como uma instituição permanente, essencial à função jurisdicional do Estado, incumbindo-lhe, como expressão e instrumento do regime democrático, fundamentalmente, a orientação jurídica, a promoção dos direitos humanos e a defesa, em todos os graus, judicial e extrajudicial, dos direitos individuais e coletivos, de forma integral e gratuita, aos necessitados, na forma do art. 5º, LXXIV.

---

[14] STF, RE nº 603.583, Rel. Min. Marco Aurélio, j. 26.10.2011.
[15] STF, RHC nº 104.270, Rel. Min. Celso de Mello, j. 06.09.2011.
[16] STF, ADI nº 1.127, Rel. designado Min. Ricardo Lewandowski, j. 17.05.2006.
[17] STF, HC nº 98.237, Rel. Min. Celso de Mello, j. 15.12.2009.

Capítulo 20 ♦ Funções essenciais à Justiça **581**

Os defensores públicos são servidores, nomeados pelo Estado, através de concurso público, para atuar como advogados daqueles que não possuem recursos para pagar um patrono particular.

Isso porque o art. 5º, LXXIV, da Constituição determina que o Estado preste assistência jurídica integral e gratuita aos que comprovarem insuficiência de recursos, ou seja, o Poder Público tem o dever legal de disponibilizar advogado para aqueles que não tiverem condições de pagar por um.

No caso de insuficiência de defensores públicos, poderá ser firmado convênio com a Ordem dos Advogados do Brasil (OAB), para que esta indique advogados interessados em representar aqueles que não possuem recursos para pagar por um, sendo seus honorários pagos pelo Poder Público. No entanto, entende o STF que a criação de defensorias é uma obrigação dos Estados, cuja omissão pode ser questionada por meio de ação direta de inconstitucionalidade por omissão.[18]

Por outro lado, é inconstitucional atribuir à Defensoria Pública do Estado a defesa judicial de servidores públicos processados civil ou criminalmente, uma vez que isso extrapola as atribuições constitucionais do órgão.[19]

De acordo com a legislação, quem ganha abaixo do limite de isenção do Imposto de Renda Pessoa Física é considerado como não tendo condições de pagar um advogado. Para os que recebem acima desse valor, devem demonstrar que o pagamento de um advogado comprometeria seu sustento ou de sua família.

Eles não só devem atuar em causas criminais, defendendo réus, mas também devem dar todo tipo de assistência jurídica àqueles que necessitam, tanto consultiva, como representantes dos necessitados em juízo.

Além disso, podem agir também na proteção de interesses difusos. Nesse sentido, por exemplo, o STF já decidiu que a Defensoria Pública possui legitimidade concorrente com o Ministério Público para a propositura de ação civil pública.[20]

Existem a Defensoria Pública da União e as Defensorias Públicas dos Estados. O Distrito Federal, desde a promulgação da Emenda Constitucional nº 69/2012, é competente também para organizar sua própria defensoria pública, muito embora seu Poder Judiciário e Ministério Público sejam organizados e mantidos pela União.

Deve ser observado que, embora não exista previsão constitucional para a criação de Defensorias Públicas municipais, o STF já decidiu que os Municípios podem criar serviços de assistência jurídica a hipossuficientes, não havendo monopólio da Defensoria Pública para o exercício dessa atividade.[21] Ocorre que, nesses casos, o órgão municipal que a exercer será parte integrante do Poder Executivo local, não gozando da autonomia garantida à Defensoria Pública.

---

[18] STF, ADI nº 3.892, Rel. Min. Joaquim Barbosa, j. 14.03.2012.

[19] STF, ADI nº 3.022, Rel. Min. Joaquim Barbosa, j. 02.08.2004.

[20] STF, ADI nº 3.943. Rel. Min. Cármen Lúcia, j. 07.05.2015.

[21] STF, ADPF nº 279, Rel. Min. Cármen Lúcia, j. 03.11.2021.

De acordo com a Constituição, a Defensoria Pública deve ser organizada na forma de lei complementar, e deve estar estruturada em cargos de carreira, sendo garantidas sua autonomia funcional e administrativa e a iniciativa de sua proposta orçamentária. Atualmente, a lei que regulamenta a Defensoria Pública é a Lei Complementar nº 80/1994, a qual dispõe sobre a organização da Defensoria Pública da União e do Distrito Federal, que prescreve normas gerais para sua organização nos estados-membros.

A autonomia orçamentária, funcional e administrativa das Defensorias Públicas visa aumentar a independência de seus integrantes, de forma que não possam exercer sua função de forma livre, não tendo medo, por exemplo, de enfrentar interesses de integrantes do Poder na defesa daqueles que representam. Essa autonomia reflete-se, por exemplo, na atribuição à Defensoria Pública da iniciativa privativa para fixação da remuneração de seus membros.

Também para garantir a independência de atuação dos defensores públicos, é garantido a eles a prerrogativa da inamovibilidade. Por outro lado, a Constituição proíbe que exerçam a advocacia de forma paralela às suas atividades.

Assim como ocorre com o Ministério Público, a Defensoria Pública também tem como princípios institucionais a unidade, a indivisibilidade e a independência funcional.

O chefe da Defensoria Pública da União é denominado de Defensor Público-Geral Federal e, de acordo com a LC nº 80/1994, sua nomeação é feita pelo Presidente da República, entre membros estáveis da Carreira e maiores de 35 anos, escolhidos em lista tríplice formada pelo voto direto, secreto, plurinominal[22] e obrigatório de seus membros, após a aprovação de seu nome pela maioria absoluta dos membros do Senado Federal, para mandato de dois anos, permitida uma recondução, precedida de nova aprovação do Senado Federal.

Nos Estados, o chefe da Defensoria normalmente é chamado de Defensor Público-Geral do Estado, e sua nomeação pelo Governador independe de aprovação pela Assembleia Legislativa.[23]

Por fim, determina a Constituição que se apliquem aos defensores públicos, no que couber, as disposições relativas aos membros do Poder Judiciário e do Ministério Público.

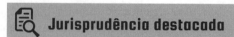

> A relação entre a atuação da Defensoria Pública e a defesa do Estado Democrático de Direito, ademais, deflui da interpretação sistemático-teleológica das cláusulas da inafastabilidade da jurisdição e do devido processo legal em sua acepção substancial, eis que, por meio da Defensoria Pública, reafirma-se a centralidade da pessoa humana na ordem jurídico-constitucional contemporânea, deixando-se claro que todo ser humano é digno de obter o amparo do ordenamento jurídico brasileiro (STF, ADO nº 2, Rel. Min. Luiz Fux, j. 30.04.2020).

---

[22] *Voto plurinominal* é aquele em que os eleitores podem votar em um número de candidatos igual ao número de vagas em disputa, ganhando aquele que obtiver um número maior de votos. No caso, como a lista é tríplice, cada defensor público pode votar em três nomes.

[23] STF, ADI nº 2.167, Rel. designado Min. Alexandre de Moraes, j. 03.06.2020.

Decifrando a prova

(Delegado de Polícia-MG – Fumarc – 2018 – Adaptada) A Constituição Federal atribui à Defensoria Pública a iniciativa legislativa quanto à fixação de subsídios dos defensores públicos.

( ) Certo   ( ) Errado

Gabarito comentado: conforme vimos, a Defensoria Pública possui autonomia orçamentária e financeira e competência para a proposta de projeto de lei para fixação da remuneração dos defensores públicos, conforme dispõe o art. 134, §§ 2º e 3º, da Constituição Federal. Portanto, a assertiva está certa.

21

Defesa do Estado e das instituições democráticas

21.1. INTRODUÇÃO

Em um Estado de Direito, compete ao Poder Público o monopólio do uso da força, seja para a solução de conflitos deflagrados, seja para garantir a paz social. Isso, no entanto, deve ser feito de forma a respeitar as disposições constitucionais e legais e as funções das instituições, preservando os valores estabelecidos pelo constituinte originário.

E é sobre esse papel do Estado, de que trata o Título V da Constituição Federal, que estudaremos a seguir.

21.2. DO ESTADO DE DEFESA E DO ESTADO DE SÍTIO

21.2.1. Disposições gerais

Tanto no estado de defesa como no estado de sítio, tem-se uma situação de anormalidade, que demanda ações excepcionais por parte das autoridades públicas, podendo ser restringidos temporariamente determinados direitos individuais, fazendo vigorar o que se costuma denominar de Estado de exceção.

São considerados mecanismos de estabilização constitucional, os quais podem ser utilizados, de forma excepcional e temporária, para enfrentamento de situações de crise que poderiam levar a risco a estabilidade do Estado ou das instituições democráticas, e somente pelo tempo necessário ao restabelecimento da normalidade. Após a promulgação da Constituição de 1988, ainda não houve a decretação de estado de defesa ou de sítio.

Tanto o estado de defesa como o estado de sítio exigem a prévia manifestação do Conselho da República e do Conselho de Defesa Nacional.

Durante a vigência do estado de defesa e do estado de sítio, a Constituição não pode ser emendada e, mesmo durante a vigência desses institutos, poderá o Poder Judiciário ser acionado para verificação de eventuais abusos ou desrespeito aos limites constitucionais.

O art. 141 da Constituição determina que, cessado o estado de defesa ou o estado de sítio, cessarão também seus efeitos, podendo, porém, serem apurada posteriormente a res-

586 Direito Constitucional Decifrado

ponsabilidade pelos ilícitos cometidos por seus executores ou agentes. Ademais, logo que cesse o estado de defesa ou o estado de sítio, as medidas aplicadas em sua vigência devem ser relatadas pelo Presidente da República, em mensagem ao Congresso Nacional, com especificação e justificação das providências adotadas, com relação nominal dos atingidos e indicação das restrições aplicadas no período.

Falaremos agora um pouco individualmente sobre o estado de defesa e o estado de sítio.

> ## 🧩 Decifrando a prova
>
> **(Juiz de Direito Substituto – Cespe – 2019)** É viável o controle judicial da legalidade dos atos praticados por agentes públicos na vigência de estado de sítio.
>
> ( ) Certo   ( ) Errado
>
> **Gabarito comentado:** a decretação do estado de defesa e do estado de sítio não interfere nas atribuições do Poder Judiciário e não impede o controle judicial dos atos praticados pelos agentes públicos, os quais deverão respeitar os limites constitucionais e os específicos estabelecidos no ato de decretação, sendo possível sua responsabilização por excessos cometidos. Portanto, a assertiva está certa.

21.2.2. Estado de defesa

De acordo com o art. 136 da Constituição Federal, o estado de defesa pode ser decretado pelo Presidente da República, após consulta ao Conselho da República e ao Conselho de Defesa Nacional, com o objetivo de preservar ou prontamente restabelecer, em locais restritos e determinados, a ordem pública ou a paz social ameaçadas por grave e iminente instabilidade institucional ou atingidas por calamidades de grandes proporções na natureza.

O decreto que instituir o estado de defesa deverá determinar o tempo de sua duração, especificar as áreas do território nacional que serão atingidas pela medida e indicar, nos termos e limites da lei, as medidas de coerção que irão vigorar, sendo que somente são admitidas as seguintes:

a. restrições aos direitos de reunião, ainda que exercida no seio das associações;
b. restrições aos sigilos de correspondência e/ou de comunicação telegráfica e telefônica;
c. ocupação e uso temporário de bens e serviços públicos, na hipótese de calamidade pública, respondendo a União pelos danos e custos decorrentes.

Decretado o estado de defesa ou sua prorrogação, o Presidente da República deverá, dentro de 24 horas, submeter o ato com as devidas justificativas ao Congresso Nacional, que decidirá por maioria absoluta.

Capítulo 21 ♦ Defesa do Estado e das instituições democráticas **587**

Se o Congresso Nacional estiver em recesso, deverá ser convocado, extraordinariamente, no prazo de cinco dias, devendo apreciar o decreto dentro de dez dias contados de seu recebimento e continuando a funcionar enquanto vigorar o estado de defesa.

Se o decreto de estado de defesa for rejeitado pelo Congresso, as medidas coercitivas determinadas serão cessadas de imediato.

O estado de defesa deve ser decretado por no máximo 30 dias, podendo, no entanto, ser prorrogado uma vez, por igual período, se persistirem as razões que justificaram a sua decretação. Se, após a prorrogação, ainda permanecerem as razões que fundamentaram a decretação do estado de defesa, poderá o Presidente requerer ao Congresso autorização para decretação do estado de sítio.

A Constituição determina que na vigência do estado de defesa:

a. a prisão por crime contra o Estado, determinada pelo executor da medida, será por este comunicada imediatamente ao juiz competente, que a relaxará, se não for legal, facultado ao preso requerer exame de corpo de delito à autoridade policial;

b. a comunicação será acompanhada de declaração, pela autoridade, do estado físico e mental do detido no momento de sua autuação;

c. a prisão ou detenção de qualquer pessoa não poderá ser superior a dez dias, salvo quando autorizada pelo Poder Judiciário;

d. é vedada a incomunicabilidade do preso.

21.2.3. Estado de sítio

O estado de sítio é reservado para situações ainda mais graves do que as que justificam o estado de defesa, tanto que, diferentemente daquele, exige autorização prévia do Congresso Nacional.

De acordo com o art. 137 da Constituição Federal, o Presidente da República pode, ouvidos o Conselho da República e o Conselho de Defesa Nacional, solicitar ao Congresso Nacional autorização para decretar o estado de sítio nos casos de:

a. comoção grave de repercussão nacional ou ocorrência de fatos que comprovem a ineficácia de medida tomada durante o estado de defesa;

b. declaração de estado de guerra ou resposta a agressão armada estrangeira.

A decisão do Congresso sobre a solicitação de decretação de estado de sítio também deve ser tomada por maioria absoluta.

No caso de comoção grave de repercussão nacional ou ocorrência de fatos que comprovem a ineficácia de medida tomada durante o estado de defesa, o estado de sítio deverá ser decretado por no máximo 30 dias, podendo, no entanto, ser sucessivamente prorrogado, pelo mesmo período, havendo autorização prévia do Congresso Nacional a cada dilação.

Já na hipótese de declaração de estado de guerra ou resposta a agressão armada estrangeira, as medidas excepcionais poderão ser decretadas por todo o tempo que perdurar a situação de perigo.

Se a solicitação da autorização para a decretação do estado de sítio ocorrer durante o recesso parlamentar, o Presidente do Senado Federal, de imediato, assim como ocorre no estado de defesa, deverá convocar extraordinariamente o Congresso Nacional para se reunir dentro de cinco dias, a fim de apreciar o ato, devendo o Congresso Nacional permanecer em funcionamento até o término das medidas coercitivas.

Para evitar abusos, a Constituição Federal determina que, na vigência do estado de sítio decretado por conta de comoção grave de repercussão nacional ou ocorrência de fatos que comprovem a ineficácia do estado de defesa (hipóteses do art. 137, I, CF), só poderão ser tomadas contra as pessoas as seguintes medidas:

a. obrigação de permanência em localidade determinada;
b. detenção em edifício não destinado a acusados ou condenados por crimes comuns;
c. restrições relativas à inviolabilidade da correspondência, ao sigilo das comunicações, à prestação de informações e à liberdade de imprensa, radiodifusão e televisão, na forma da lei, não se incluindo na restrição, porém, a difusão de pronunciamentos de parlamentares efetuados em suas Casas Legislativas, desde que liberada pela respectiva Mesa;
d. suspensão da liberdade de reunião;
e. busca e apreensão em domicílio, sem necessidade de autorização judicial;
f. intervenção nas empresas de serviços públicos;
g. requisição de bens.

No caso de decretação de estado de sítio por motivo de guerra declarada ou invasão armada estrangeira (art. 137, II, CF), não traz a Constituição restrições às medidas que poderão ser adotadas, em virtude da gravidade da situação.

É obrigação constitucional do Congresso Nacional acompanhar e fiscalizar a execução das medidas referentes ao estado de defesa e ao estado de sítio, através de comissão formada por cinco de seus membros e designada por sua Mesa, ouvidos os líderes partidários, conforme prevê o art. 140 da Constituição Federal.

Não se deve confundir intervenção federal com medidas de Garantia da Lei e da Ordem (GLO), baseadas no art. 142 da Constituição Federal, as quais podem ser decretadas temporariamente pelo Presidente da República, concedendo ao exército o poder de polícia, principalmente quando há o esgotamento das forças de segurança pública, em situações de crise, por exemplo.

Decifrando a prova

(Promotor de Justiça/SC – MPE-SP – 2019) Para a decretação do estado de sítio, ao contrário do que ocorre com o estado de defesa, deverá haver prévia solicitação do Presidente da República de autorização do Congresso Nacional, que se manifestará pela maioria relativa de seus membros.
( ) Certo ( ) Errado

Capítulo 21 ◆ Defesa do Estado e das instituições democráticas **589**

> **Gabarito comentado:** o erro da afirmação está em dizer que a autorização para decretação do estado de sítio é concedida pelo Congresso por maioria relativa, pois tanto em relação ao estado de sítio como de defesa, a decisão deve ser tomada por maioria absoluta, segundo o texto constitucional. Portanto, a assertiva está errada.

Para ilustrar melhor, o quadro a seguir traz as principais diferenças entre o estado de defesa e o estado de sítio:

	Estado de defesa	Estado de sítio
Hipóteses de decretação	◆ Instabilidade institucional. ◆ Calamidade da natureza.	◆ Comoção grave de repercussão nacional. ◆ Ineficácia de ações tomadas no estado de defesa. ◆ Declaração de guerra ou agressão armada estrangeira.
Manifestação do Congresso	◆ Posterior, após decretação do Presidente da República.	◆ Prévia, antes da decretação pelo Presidente da República
Duração	◆ 30 dias, prorrogável, uma vez, por igual período.	◆ Exceto no caso de guerra, 30 dias, podendo ser prorrogada quantas vezes for necessário. ◆ No caso de guerra ou agressão armada estrangeira, poderá vigorar pelo prazo necessário.
Medidas de exceção que podem ser adotadas	◆ Restrições aos direitos de reunião. ◆ Restrições aos sigilos de correspondência e comunicação. ◆ Ocupação e uso temporário de bens e serviços públicos, na hipótese de calamidade pública.	Exceto no caso de guerra, somente poderão ser adotadas as seguintes medidas: ◆ Obrigação de permanência em localidade determinada. ◆ Detenção em edifício não destinado a acusados ou condenados por crimes comuns. ◆ Restrições da inviolabilidade da correspondência, do sigilo das comunicações, da prestação de informações e da liberdade de imprensa, radiodifusão e televisão. ◆ Suspensão da liberdade de reunião. ◆ Busca e apreensão em domicílio.

	Estado de defesa	Estado de sítio
		◆ Intervenção nas empresas de serviços públicos. ◆ Requisição de bens. No caso de guerra (art. 137, II, CF), não existem restrições às medidas que podem ser adotadas.
Abrangência territorial	◆ Locais restritos e determinados.	Pode ser decretado em locais determinados ou em todo o território nacional.

21.3. DAS FORÇAS ARMADAS

De acordo com o art. 142 da Constituição Federal, as forças armadas destinam-se à defesa da Pátria, à garantia dos poderes constitucionais e, por iniciativa de qualquer destes, da lei e da ordem.

São constituídas pela Marinha, pelo Exército e pela Aeronáutica, sendo instituições nacionais permanentes e regulares e devendo ser organizadas com base na hierarquia e na disciplina, sob a autoridade suprema do Presidente da República, embora se submetam também ao Ministro da Defesa ou equivalente.

Os membros das Forças Armadas são denominados militares, sendo considerados servidores públicos, embora sob regime jurídico diverso dos servidores civis.

Diferentemente do que ocorre com os civis, os militares estão sujeitos, além da prisão em flagrante e à prisão por ordem judicial, também podem ser detidos por punições disciplinares militares, sendo que, neste caso, de acordo com a Constituição, não cabe *habeas corpus* para defesa do direito de locomoção.[1]

Diferentemente dos servidores públicos civis em geral, os militares não podem formar sindicatos, fazer greve nem estar, enquanto na ativa, filiados a partidos políticos.[2]

A Constituição estipula que as patentes, com prerrogativas, direitos e deveres a elas inerentes, devem ser conferidas pelo Presidente da República e asseguradas em plenitude aos oficiais da ativa, da reserva ou reformados, sendo-lhes privativos os títulos e postos militares e, juntamente com os demais membros, o uso dos uniformes das Forças Armadas. No

---

[1] Embora constitucionalmente seja possível a prisão administrativa de militares, incluindo policiais militares e bombeiros, a Lei nº 13.967/2019 extinguiu a pena de prisão disciplinar para as polícias militares e os corpos de bombeiros militares dos Estados e do Distrito Federal.

[2] O militar com mais de dez anos de serviço pode ser candidato sem precisar desligar-se das forças armadas ou da polícia militar, de acordo com o art. 14, § 8º, da CF. Como o art. 142, V, por sua vez, proíbe sua filiação partidária, a posição do STF e do TSE é a de que não se aplica ao candidato militar da ativa o requisito de prévia filiação a partido político, previsto no art. 14, § 3º, V, da CF.

caso dos policiais militares, cabe ao Governador praticar os atos que a Constituição Federal atribui ao Presidente da República.

A perda do posto e patente de oficial somente ocorrerá se ele for julgado indigno do oficialato ou com ele incompatível, por decisão de tribunal militar de caráter permanente, em tempo de paz, ou de tribunal especial, em tempo de guerra, sendo que o oficial condenado na justiça comum a pena privativa de liberdade superior a dois anos, por sentença transitada em julgado, deverá ser submetido a esse julgamento.

O art. 143 da Constituição Federal determina a obrigatoriedade do serviço militar, nos termos da lei, excetuados, em tempos de paz, as mulheres e os eclesiásticos, os quais, porém, estão sujeitos a outros encargos que a lei pode lhes atribuir.

O § 1º do mesmo artigo, porém, permite que seja atribuído, nos termos da lei, serviço alternativo aos que, em tempo de paz, após alistados, alegarem imperativo de consciência, entendendo-se como tal o decorrente de crença religiosa e de convicção filosófica ou política, para se eximirem de atividades de caráter essencialmente militar. Atualmente a lei que regulamenta o serviço militar alternativo é a Lei nº 8.239/1991.

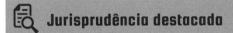

Súmula Vinculante nº 6. Não viola a Constituição o estabelecimento de remuneração inferior ao salário mínimo para as praças prestadoras de serviço militar inicial.

21.4. DA SEGURANÇA PÚBLICA

A Constituição Federal coloca a segurança pública como dever do Estado e direito e responsabilidade de todos, e que deve ser exercida para a preservação da ordem pública e da incolumidade das pessoas e do patrimônio.

A atividade de segurança pública é uma das mais antigas atribuídas ao Estado, e uma das que mais afetam diretamente o cotidiano das pessoas. É exercida através de ações repressivas, relacionadas à apuração, combate e punição de crimes praticados, e preventivas, voltadas para buscar evitar que tais crimes ocorram.

As atividades de segurança pública costumam ser divididas em duas grandes áreas: polícia judiciária e polícia ostensiva.

A polícia judiciária tem por objetivo apurar crimes cometidos e cumprir mandados judiciais, atuando especialmente de forma repressiva e, muitas vezes, sigilosa. Como exemplos desse tipo de atuação, temos a condução dos inquéritos policiais e o cumprimento de mandados de prisão e de busca e apreensão.

Já a polícia ostensiva é exercida de forma a tornar os agentes policiais o mais visível possível, especialmente com o objetivo de desestimular a prática de crimes pela presença da força pública, sendo também importante na realização de prisões em flagrante. Exemplos de ações de policiamento ostensivo são a realização de rondas e a colocação de policiais em locais estratégicos, onde há grande fluxo de pessoas.

21.4.1. Órgãos de segurança pública

O art. 144 da Constituição Federal traz o rol de órgãos que exercem a atividade de segurança pública no Brasil, sendo ele taxativo, segundo entendimento do Supremo Tribunal Federal.[3]

De acordo com o referido artigo, a atividade de segurança pública é exercida pelos seguintes órgãos:

a. Polícia Federal;
b. Polícia Rodoviária Federal;
c. Polícia Ferroviária Federal;
d. Polícias Civis;
e. Polícias Militares e Corpos de Bombeiros Militares;
f. Polícias Penais federal, estaduais e distrital.

Deve-se observar que, também de acordo com a posição de nossa Suprema Corte, os servidores que trabalham diretamente na área de segurança pública, ainda quando sejam civis, não podem realizar movimento grevista.[4]

Deve-se observar que, em situações especiais, admite-se também a atuação das Forças Armadas em ações de segurança públicas, nas operações denominadas GLO – Garantia da Lei da Ordem, sendo essa atuação avalizada pelo STF, mas somente em "situações concretas de grave violação à segurança púbica, por prazo limitado".[5] Essa atuação das Forças Armadas na segurança pública, porém, é excepcional e somente se justifica quando verificada a impossibilidade ou dificuldade de ação das forças regulares de segurança pública, previstas no art. 144 da Constituição.

Vejamos agora como a Constituição trata cada um dos órgãos de segurança pública.

21.4.1.1. Polícia Federal

A Polícia Federal, instituída por lei como órgão permanente, organizado e mantido pela União e estruturado em carreira, tem por objetivos, de acordo com o texto constitucional:

a. apurar infrações penais contra a ordem política e social ou em detrimento de bens, serviços e interesses da União ou de suas entidades autárquicas e empresas públicas, assim como outras infrações cuja prática tenha repercussão interestadual ou internacional e exija repressão uniforme, segundo se dispuser em lei;
b. prevenir e reprimir o tráfico ilícito de entorpecentes e drogas afins, o contrabando e o descaminho, sem prejuízo da ação fazendária e de outros órgãos públicos nas respectivas áreas de competência;

---

[3] STF, ADI nº 1.182, Rel. Min. Eros Grau, j. 24.11.2005.
[4] STF, ARE nº 654.432, Rel. designado Min. Alexandre de Moraes, j. 05.04.2017.
[5] STF, ADI nº 6.457-MC, Rel. Min. Luiz Fux, decisão monocrática proferida em 12.06.2020.

Capítulo 21 ◆ Defesa do Estado e das instituições democráticas **593**

c. exercer as funções de polícia marítima, aeroportuária e de fronteiras;
d. exercer, com exclusividade, as funções de polícia judiciária da União, ou seja, é a Polícia Federal que, via de regra, investiga os crimes cujo julgamento compete à Justiça Federal e cumpre seus mandados.

Decifrando a prova

(Delegado de Polícia Federal – Cespe – 2018) A Polícia Federal tem competência para apurar infrações penais que causem prejuízos aos interesses da União, ressalvadas aquelas que atinjam órgãos da administração pública indireta no âmbito federal.

( ) Certo   ( ) Errado

Gabarito comentado: de acordo com o art. 144, § 1º, I, da CF, cabe à Polícia Federal, entre outras atribuições, apurar infrações penais em detrimento de bens, serviços e interesses da União ou de suas entidades autárquicas e empresas públicas, sendo que essas duas últimas compõem a administração indireta federal. Portanto, a assertiva está errada.

21.4.1.2. Polícia Rodoviária Federal

De acordo com a Constituição, a Polícia Rodoviária Federal, órgão permanente, organizado e mantido pela União e estruturado em carreira, destina-se, na forma da lei, ao patrulhamento ostensivo das rodovias federais.

Diferentemente da Polícia Federal, a Polícia Rodoviária Federal não tem por objetivo cumprir mandados judiciais, exceto se estiverem relacionados à sua atividade de policiamento ostensivo (por exemplo, um policial rodoviário federal aborda um veículo cujo condutor tem expedido contra si um mandado de prisão: nesse caso, poderá o policial efetuar a prisão).

A Polícia Rodoviária Federal patrulha as rodovias federais. O policialmente ostensivo nas rodovias estaduais compete aos Estados, os quais podem criar, como divisão da Polícia Militar, departamentos com essa finalidade.

21.4.1.3. Polícia Ferroviária Federal

Prevista no art. 144, § 3º, da Constituição, como órgão permanente, organizado e mantido pela União e estruturado em carreira e destinado ao patrulhamento ostensivo das ferrovias federais, a Polícia Ferroviária Federal ainda não efetivada instalada, não tendo sido realizado ainda nenhum concurso para provimento de seus cargos. Deve-se observar que os chamados "agentes de segurança ferroviários", contratados por muitas concessionárias de ferrovias não são considerados agentes policiais.

21.4.1.4. Polícias Civis e Militares

As Polícias Civis e Militares são mantidas e organizadas pelos Estados.

Às Polícias Civis, dirigidas por delegados de polícia de carreira, incumbem, ressalvada a competência da União, as funções de polícia judiciária e a apuração de infrações penais, exceto as militares. Assim, praticado um crime que não seja de competência da Polícia Federal investigar, deverá a apuração ser feita pela Polícia Civil do respectivo Estado. Também cabe à Polícia Civil cumprir os mandados expedidos pela Justiça Estadual.

Às Polícias Militares, por sua vez, cabem a polícia ostensiva e a preservação da ordem pública. Assim, são os policiais militares que fazem o policiamento ostensivo nas vias públicas, além de atuarem na repressão a tumultos e desordens, como ocorre com a chamada tropa de choque, por exemplo.

Além das Polícias Civis e Militares, os Estados também são responsáveis por organizar os respectivos Corpos de Bombeiros Militares, aos quais incumbe, entre outras atribuições, a execução de atividades de defesa civil, como combate a incêndios e auxílio a vítimas de acidentes e desastres.

Decifrando a prova

(Delegado de Polícia/SE – Cespe – 2018) Incumbem às polícias civis a função de polícia judiciária e a apuração de infrações penais contra a ordem política e social, excetuadas as infrações de natureza militar.

( ) Certo   ( ) Errado

Gabarito comentado: a apuração de infrações contra a ordem política e social incumbe à polícia federal, de acordo com o art. 144, § 1º, I, da CF, e não à polícia civil. Portanto, a assertiva está errada.

A Constituição Federal afirma que as Polícias Militares e Corpos de Bombeiros Militares são forças auxiliares e reserva do Exército, e que se subordinam, juntamente com as Polícias Civis, aos Governadores dos Estados, do Distrito Federal e dos Territórios.

21.4.1.5. Polícias Penais

A Emenda Constitucional nº 104/2019 incluiu na lista dos órgãos de segurança pública as Polícias Penais Federal, Estaduais e Distrital, as quais, vinculadas ao órgão administrador do sistema penal da unidade federativa a que pertencem, cabe a segurança dos estabelecimentos penais. Dessa forma, a referida emenda conferiu aos agentes penitenciários o *status* de força policial.

A Polícia Penal Federal exerce suas funções nas penitenciárias federais, ao passo que as Polícias Penais Estaduais e Distrital exercem essa função nos estabelecimentos prisionais administrados pelos Estados e pelo Distrito Federal, respectivamente.

21.5. GUARDAS MUNICIPAIS

A Constituição estipula que os Municípios poderão constituir Guardas Municipais destinadas à proteção de seus bens, serviços e instalações, conforme dispuser a lei.

Deve-se ressaltar que as Guardas Municipais não são consideradas forças policiais, embora exerçam um papel importante na segurança pública, especialmente por meio da vigilância ostensiva e das prisões em flagrante que realizam, lembrando que não é necessário ser agente policial para realizar esse tipo de prisão, o qual pode ser feito por qualquer pessoa do povo, inclusive.

Ademais, o STF tem corroborado a atribuição, à guarda municipal, do exercício do poder de polícia de trânsito, inclusive para imposição de multas legalmente previstas.[6]

Além disso, reconheceu o direito de porte de arma de fogo para seus integrantes em todos os municípios brasileiros, independentemente do tamanho de sua população, considerando inválida restrição do Estatuto do Desarmamento que só deferia tal direito às Guardas Civis de municípios acima de determinado número de habitantes.[7]

21.6. SEGURANÇA VIÁRIA

A Emenda Constitucional nº 82/2014 inclui disposições sobre a segurança viária, no capítulo sobre a segurança pública. Atualmente, assim, a Constituição destaca o papel importante dessa atividade estatal, a qual deve ser exercida para a preservação da ordem pública e da incolumidade das pessoas e do seu patrimônio nas vias públicas, compreendendo a educação, engenharia e fiscalização de trânsito, além de outras atividades previstas em lei, que assegurem ao cidadão o direito à mobilidade urbana eficiente.

A segurança viária compete, no âmbito dos Estados, do Distrito Federal e dos Municípios, aos respectivos órgãos ou entidades executivos e seus agentes de trânsito, podendo ser firmados convênios com outros, como polícia militar e guardas civis municipais.

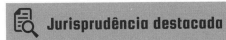

Jurisprudência destacada

> O direito à segurança é prerrogativa constitucional indisponível, garantido mediante a implementação de políticas públicas, impondo ao Estado a obrigação de criar condições objetivas que possibilitem o efetivo acesso a tal serviço. É possível ao Poder Judiciário determinar a implementação pelo Estado, quando inadimplente, de políticas públicas constitucionalmente previstas, sem que haja ingerência em questão que envolve o poder discricionário do Poder Executivo (STF, RE nº 559.646, Rel. Min. Ellen Gracie, j. 07.06.2011).

---

[6] STF, RE nº 658.570, Rel. designado Min. Roberto Barroso, j. 06.08.2015.
[7] STF, ADI nº 5948-MC, Rel. Min. Alexandre de Moraes, j. 29.06.2018.

596 Direito Constitucional Decifrado

Decifrando a prova

(Delegado de Polícia-SE – Cespe – 2018) O poder constituinte originário, ao tratar da segurança pública no ordenamento constitucional vigente, fez menção expressa à segurança viária, atividade exercida para a preservação da ordem pública, da incolumidade das pessoas e de seu patrimônio nas vias públicas.

( ) Certo   ( ) Errado

Gabarito comentado: o errado da afirmação está em dizer que foi o poder constituinte originário quem dispôs sobre a segurança viária. Na verdade, esse assunto foi acrescentado ao texto constitucional posteriormente, pela EC nº 82/2014. Portanto, a assertiva está errada.

22 Sistema Tributário Nacional

22.1. INTRODUÇÃO

É de compreensão de todos que, para atendimento das necessidades da coletividade, o Estado necessita angariar recursos, o que se dá de diversas formas, mas principalmente por meio da tributação.

Por outro lado, devido ao caráter coercitivo dessa atividade, estabelece a Constituição Federal uma série de regras que devem ser obedecidas pela União, Estados e Municípios quando da cobrança de tributos, de forma a resguardar os direitos fundamentais dos contribuintes e cidadãos em geral, e também dos próprios entes da Federação, de forma que possa ser respeitada a forma federativa de Estado, a qual não subsiste se não houver fontes de recursos específicas para cada ente.

A Constituição trata sobre as normas relacionadas à instituição e cobrança de tributos em seu Título VI, Capítulo I, intitulado "Do Sistema Tributário Nacional".

Observa-se que assim serão vistas quase que exclusivamente as disposições constitucionais mais relevantes para provas de Direito Constitucional, uma vez que os demais aspectos da legislação são estudados de forma mais aprofundada pelo Direito Tributário.

Antes de mais nada, porém, é importante entender o que é um tributo, cuja definição consta do art. 3º do Código Tributário Nacional, o qual dispõe que "tributo é toda prestação pecuniária compulsória, em moeda ou cujo valor nela se possa exprimir, que não constitua sanção de ato ilícito, instituída em lei e cobrada mediante atividade administrativa plenamente vinculada".

Assim, de uma maneira mais simples, podemos dizer que tributos são os recursos arrecadados pelo Poder Público, de forma coercitiva, ou seja, compulsória, por força de lei, e que não se caracterizam como multa.

Existem duas grandes teorias sobre o número de tributos. Há alguns tributaristas, fiéis à concepção original do Código Tributário Nacional, que defendem que os mesmos se dividem em três categorias: impostos, taxas e contribuições de melhoria. Essa posição é denominada teoria tripartite ou tripartida ou tricotômica.

Já outros defendem a chamada teoria pentapartite, também chamada de pentapartida ou quinquipartite, pela qual, além dos impostos, taxas e contribuições de melhoria, podem os tributos ser classificados como contribuições especiais ou empréstimos compulsórios. Essa é a posição atualmente adotada pelo Supremo Tribunal Federal[1] e pela maior parte da doutrina, que é a posição que aqui será seguida.

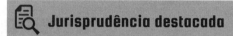

> Os tributos, nas suas diversas espécies, compõem o Sistema Constitucional Tributário brasileiro, que a Constituição inscreve nos seus arts. 145 a 162. Tributo, sabemos todos, encontra definição no art. 3º do CTN, definição que se resume, em termos jurídicos, no constituir ele uma obrigação que a lei impõe às pessoas, de entrega de uma certa importância em dinheiro ao Estado. As obrigações são voluntárias ou legais. As primeiras decorrem da vontade das partes, assim, do contrato; as legais resultam da lei, por isso são denominadas obrigações *ex lege* e podem ser encontradas tanto no direito público quanto no direito privado. A obrigação tributária, obrigação ex lege, a mais importante do direito público, "nasce de um fato qualquer da vida concreta, que antes havia sido qualificado pela lei como apto a determinar o seu nascimento" (...). As diversas espécies tributárias, determinadas pela hipótese de incidência ou pelo fato gerador da respectiva obrigação (CTN, art. 4º), são a) os impostos (CF, art. 145, I; arts. 153, 154, 155 e 156), b) as taxas (CF, art. 145, II), c) as contribuições, que são c.1) de melhoria (CF, art. 145, III), c.2) sociais (CF, art. 149), que, por sua vez, podem ser c.2.1) de seguridade social (CF, art. 195; CF, 195, § 4º) e c.2.2) salário educação (CF, art. 212, § 5º) e c.3) especiais: c.3.1) de intervenção no domínio econômico (CF, art. 149) e c.3.2) de interesse de categorias profissionais ou econômicas (CF, art. 149). Constituem, ainda, espécie tributária, d) os empréstimos compulsórios (CF, art. 148) (STF, ADI nº 447, Rel. Min. Octavio Gallotti, voto do Min. Carlos Velloso, j. 05.06.1991).

Neste capítulo, por uma questão de didática, optou-se por fazer uma análise das disposições constitucionais em uma ordem que fosse a mais lógica possível, não seguindo necessariamente a adotada pela Constituição.

22.2. CARACTERÍSTICAS DE CADA ESPÉCIE DE TRIBUTO

Antes de passarmos às disposições constitucionais propriamente ditas, é essencial que entendamos as características de cada espécie tributária, ainda que de forma resumida.

a. Impostos

Os impostos são tributos cuja exigência não depende de nenhuma atividade estatal que esteja sendo exercida em relação ao contribuinte, ou seja, são cobrados pelo Estado sem

---

[1] Assim, por exemplo, no julgamento do RE nº 111.954, antes mesmo da promulgação da atual Constituição, em 01.06.1988, o STF reconheceu a autonomia do empréstimo compulsório como espécie tributária, o mesmo ocorrendo com as contribuições especiais, como se pode verificar do julgamento do AI-AgR nº 658.576, de relatoria do Ministro Ricardo Lewandowski, realizado em 27.11.2007.

Capítulo 22 ◆ Sistema Tributário Nacional **599**

que este apresente qualquer contrapartida imediata ao cidadão e sem que esteja exercendo qualquer ação específica. Os impostos podem tributar o patrimônio, a renda ou o consumo ou determinadas operações cotidianas do contribuinte.

A Constituição Federal divide a competência para a criação dos impostos entre a União, os Estados e os Municípios, sendo que o Distrito Federal, pelo fato de não poder se dividir em Municípios (art. 32 da Constituição), pode cobrar em seu território tanto os impostos estaduais como os municipais.

O produto da arrecadação dos impostos, via de regra, não pode ser vinculado, ou seja, não deve ser destinado pela lei a nenhuma despesa, órgão ou fundo, exceto nos casos que a própria Constituição autorizar, conforme o art. 167, IV, da CF. Os casos em que se permite a vinculação são os seguintes:

- ◆ parcelas repassadas aos Estados e Municípios a título de repartição de impostos federais e estaduais;
- ◆ destinação de recursos mínimos para ações de saúde, conforme determinado pelo art. 198, § 2º, da Constituição Federal;
- ◆ destinação de recursos para a manutenção e desenvolvimento do ensino, conforme art. 212 da Constituição Federal;
- ◆ destinação de recursos específicos para realização da administração tributária, a qual deve ser considerada prioritária, de acordo com o art. 37, XXII, da Constituição;
- ◆ prestação de garantias às operações de crédito por antecipação de receita, que são empréstimos feitos para atender a insuficiências de caixa dentro do próprio exercício financeiro;
- ◆ prestação de garantia ou contragarantia à União e para pagamento de débitos para com esta;
- ◆ destinação de recursos aos Fundos de Participação dos Estados e dos Municípios, bem como a programas de desenvolvimento do Norte, Nordeste e Centro-Oeste, exceção esta prevista no art. 159, I, da Constituição Federal.

b. Taxas

As taxas são tributos que podem ser cobrados pelo poder público em função de duas atividades por ele praticadas:

- ◆ exercício regular do poder de polícia, que é a competência que os entes públicos possuem de restringir os direitos individuais em prol do bem comum, especialmente através da exigência de autorizações e licenças; ou
- ◆ prestação ou oferecimento de serviço público específico e divisível. Um serviço público específico é aquele determinado, diferenciado, para que se saiba qual atividade estatal está sendo financiada pela cobrança da taxa. Um serviço público divisível é aquele em que se conseguem identificar os beneficiários diretos, para que estes sejam taxados. Nesse sentido, por exemplo, o STF firmou entendimento de que o serviço de iluminação pública não pode ser custeado por meio de taxa, uma vez que

600 Direito Constitucional Decifrado

se configura como indivisível, diante da impossibilidade de se identificar de forma exata os seus beneficiários diretos.[2] Por outro lado, é plenamente constitucional a cobrança de taxa em razão dos serviços públicos de coleta, remoção e tratamento ou destinação de lixo ou resíduos provenientes de imóveis.[3]

As taxas podem ser cobradas pela União, Estados, Distrito Federal e Município, dentro de suas respectivas esferas de atribuições. Assim, por exemplo, se a autorização e a fiscalização do exercício de determinada atividade competem à União, esta está apta a cobrar a taxa correspondente; se forem os Municípios, estes que poderão cobrá-la.

Por fim, não se deve confundir as taxas com preços públicos, uma vez que aquelas são tributos, cobrados assim de forma coercitiva pelo Estado, e esses são tarifas pagas pela utilização de serviços públicos não compulsórios, oferecidos diretamente pelo Poder Público ou mediante concessão.[4]

c. Contribuições de melhoria

As contribuições de melhoria são tributos que podem ser cobrados pelo poder público quando houver uma obra pública, ou seja, financiada com recursos do erário federal, estadual ou municipal, e da qual decorra valorização imobiliária para os contribuintes cobrados, sendo essa valorização condição imprescindível para a imposição da referida contribuição.[5]

A ideia da contribuição de melhoria é de que o beneficiado pela valorização de um imóvel seu decorrente de uma obra pública ressarça, ao menos em parte, os cofres públicos, não podendo o valor do tributo ser maior do que o ganho imobiliário obtido.

Podem ser cobrados tanto pela União, como pelos Estados, Distrito Federal ou Municípios, de acordo com quem esteja financiando a obra pública.

d. Contribuições especiais

Também chamadas de contribuições parafiscais, as contribuições especiais normalmente não estão relacionadas a nenhuma atividade estatal específica, sendo nesse aspecto semelhantes aos impostos. No entanto, diferente desses, tem o produto de sua arrecadação destinado a financiar alguma atividade estatal específica ou a atender a algum órgão ou fundo, conforme previsão constitucional. Exemplos de contribuições especiais são as contribuições sociais, previstas nos arts. 149, § 1º, e 195 da Constituição Federal, destinadas a atender as necessidades de financiamento da seguridade social, como as da previdência social, e as contribuições de intervenção no domínio econômico, referenciadas no art. 149, *caput.*

---

[2] Súmula Vinculante nº 41: "O serviço de iluminação pública não pode ser remunerado mediante taxa".

[3] Súmula Vinculante nº 19: "A taxa cobrada exclusivamente em razão dos serviços públicos de coleta, remoção e tratamento ou destinação de lixo ou resíduos provenientes de imóveis não viola o art. 145, II, da CF".

[4] STF, RE nº 556.854, Rel. Min. Cármen Lúcia, j. 30.06.2011.

[5] STF, RE nº 114.069, Rel. Min. Carlos Velloso, j. 15.04.1994.

Para se ter uma ideia de sua relevância, as contribuições especiais hoje representam a maior parcela dos recursos arrecadados pela União.

e. Empréstimos compulsórios

Os empréstimos compulsórios caracterizam-se por serem tributos restituíveis, ou seja, o contribuinte é obrigado a pagá-los, quando criados por lei complementar federal, mas deverá receber o valor de volta posteriormente, no prazo e na forma estabelecida na mesma lei.

De destacar-se que ultrapassada a Súmula nº 418 do Supremo Tribunal Federal, editada sob a égide de constituição anterior e que não reconhecia os empréstimos compulsórios como tributos.[6]

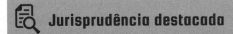

A jurisprudência do STF firmou orientação no sentido de que as custas judiciais e os emolumentos concernentes aos serviços notariais e registrais possuem natureza tributária, qualificando-se como taxas remuneratórias de serviços públicos, sujeitando-se, em consequência, quer no que concerne à sua instituição e majoração, quer no que se refere à sua exigibilidade, ao regime jurídico-constitucional pertinente a essa especial modalidade de tributo vinculado, notadamente aos princípios fundamentais que proclamam, entre outras, as garantias essenciais (a) da reserva de competência impositiva, (b) da legalidade, (c) da isonomia e (d) da anterioridade (STF, ADI nº 1.378, Rel. Min. Celso de Mello, j. 30.11.1995).

22.3. PRINCÍPIOS GERAIS DO SISTEMA TRIBUTÁRIO NACIONAL

22.3.1. Competência para instituição dos tributos

Para evitar conflitos entre os entes da Federação, a Constituição Federal determina a competência de cada um deles para a criação e cobrança de tributos.

A competência tributária é considerada indelegável, salvo atribuição das funções de arrecadar ou fiscalizar tributos, ou de executar leis, serviços, atos ou decisões administrativas em matéria tributária, conforme prevê o art. 7º do Código Tributário Nacional.

Apesar de ser considerada facultativa, pois em princípio não há obrigação jurídica do ente autorizado de instituir e cobrar os tributos de sua competência, a Lei de Responsabilidade Fiscal (LC nº 101/2000), em seu art. 11, estabelece que "constituem requisitos essenciais da responsabilidade na gestão fiscal a instituição, previsão e efetiva arrecadação de todos os tributos da competência constitucional do ente da Federação", além de, proibir, no parágrafo único do mesmo artigo, a realização de transferências voluntárias para o ente da Federação que não criar pelo menos os impostos dos quais possui competência.

---

[6] STF, ADI nº 447, Rel. Min. Octávio Galloti e Carlos Velloso, j. 05.06.1991.

22.3.I.I. Impostos, taxas e contribuições de melhoria

O art. 145 da Constituição estipula que tanto a União como os Estados, o Distrito Federal e os Municípios poderão instituir impostos, taxas e contribuições de melhoria:

> **Art. 145.** A União, os Estados, o Distrito Federal e os Municípios poderão instituir os seguintes tributos:
>
> I – impostos;
>
> II – taxas, em razão do exercício do poder de polícia ou pela utilização, efetiva ou potencial, de serviços públicos específicos e divisíveis, prestados ao contribuinte ou postos a sua disposição;
>
> III – contribuição de melhoria, decorrente de obras públicas.

Em relação aos impostos, porém, a Constituição diz mais à frente exatamente quais impostos podem ser cobrados por cada ente da Federação, conforme veremos adiante.

Sobre as taxas, o § 2º do art. 145 estipula que elas não poderão ter base de cálculo própria de impostos. Assim, por exemplo, não pode um Estado cobrar uma taxa sobre o valor venal dos veículos, uma vez que este é base de cálculo do IPVA; da mesma forma, não é inconstitucional cobrança de taxa municipal de conservação de estradas de rodagem cuja base de cálculo seja idêntica à do imposto territorial rural.[7] Por outro lado, é permitida a adoção, no cálculo do valor de taxa, de um ou mais elementos da base de cálculo própria de determinado imposto, desde que não haja integral identidade entre uma base e outra.[8]

22.3.I.2. Contribuições especiais

As contribuições especiais, via de regra, somente poderão ser criadas pela União, que pode instituí-las, de acordo com o art. 149 da Constituição, sob a forma de:

- ◆ **contribuições sociais:** destinadas ao financiamento da seguridade social, que abrange as áreas da saúde, previdência e assistência social. Além disso, o art. 212, § 5º, da Constituição estipula que o salário-educação pago pelas empresas também será considerado uma contribuição social. Outros exemplos de contribuições sociais são a contribuição previdenciária cobrada dos trabalhadores e a contribuição patronal pelas empresas sobre a folha de salários, destinadas à manutenção da previdência social; e a Contribuição Social sobre o Lucro Líquido (CSLL), cobrada das pessoas jurídicas que auferirem lucro no período de apuração;
- ◆ **contribuições de intervenção no domínio econômico (Cide):** cobradas com o objetivo de conceder à União uma forma de intervir na economia, sempre que necessário. Assemelham-se aos chamados impostos extrafiscais, que também possuem tal objetivo, mas que, diferentemente das Cide, não possuem destinação certa para

---

[7] Súmula nº 595 do STF.

[8] Súmula Vinculante nº 29.

Capítulo 22 • Sistema Tributário Nacional **603**

o produto de sua arrecadação. Exemplo desse tipo de contribuição é a Cide-Combustíveis, que incide sobre a importação e comercialização de diversos combustíveis, e cuja arrecadação deve ser destinada ao pagamento de subsídios ao preço de combustíveis e ao financiamento de projetos ambientais e de programas de infraestrutura de transportes;

♦ **contribuições de interesse das categorias profissionais e econômicas:** contribuições especiais cuja arrecadação é destinada ao custeio de entidades sindicais patronais ou profissionais, e que são de pagamento compulsório. Exemplos dessa categoria são as contribuições que as empresas pagam para custeio do Sesi, do Sesc e do Sebrae;

♦ **contribuição para custeio dos serviços de iluminação pública:** pode ser cobrada pelos Municípios e DF para custear os serviços de iluminação de vias públicas.

Embora, via de regra, somente a União possa cobrar contribuições especiais, o texto constitucional abre duas exceções:

a. tanto a União, como os Estados, como o Distrito Federal e os Municípios poderão cobrar contribuição social dos seus próprios servidores para custeio dos respectivos sistemas de previdência, sendo que os Estados, DF e Municípios não poderão cobrar, de seus servidores, uma alíquota menor do que a cobrada pela União dos seus servidores efetivos;

b. os Municípios e o Distrito Federal – e somente eles – poderão instituir contribuição para o custeio do serviço de iluminação pública, a qual poderá ser cobrada na fatura de consumo de energia elétrica.

22.3.1.3. Empréstimos compulsórios

Os empréstimos compulsórios, de acordo com a Constituição, somente poderão ser instituídos pela União, através de lei complementar, e desde que ocorra uma das seguintes situações:

♦ para atender a despesas extraordinárias, decorrentes de calamidade pública, de guerra externa ou sua iminência; ou

♦ no caso de investimento público de caráter urgente e de relevante interesse nacional.

Decifrando a prova

(Juiz de Direito Substituto/MT – Vunesp – 2018 – Adaptada) A União, os Estados e o Distrito Federal podem instituir contribuições sociais, de intervenção no domínio econômico e de interesse das categorias profissionais ou econômicas, como instrumento de sua atuação nas respectivas áreas.

( ) Certo   ( ) Errado

604 Direito Constitucional Decifrado

> **Gabarito comentado:** via de regra, somente a União pode instituir contribuições especiais (que é gênero ao qual pertencem as contribuições sociais, as de intervenção no domínio econômico e as de interesse das categorias profissionais ou econômicas). Há somente duas exceções: a) Estados, DF e Municípios também podem – assim como a União – instituir contribuições sociais de seus próprios servidores para manutenção de regime próprio de previdência; b) contribuição para custeio do serviço de iluminação pública, a qual somente pode ser cobrada pelos Municípios e pelo DF. Portanto, a assertiva está errada.

22.3.2. Caráter pessoal dos impostos

O art. 145, § 1º, da Constituição dispõe que, sempre que possível, os impostos deverão ter caráter pessoal, ou seja, devem levar em consideração a situação econômica dos contribuintes, e deverão ser graduados de acordo com sua capacidade de pagamento. A ideia é que um sistema tributário justo cobre mais de quem ganhe mais.

Por conta disso, a Constituição permite que a administração tributária possa identificar, respeitados os direitos individuais e nos termos da lei, o patrimônio, os rendimentos e as atividades econômicas de cada contribuinte.

A expressão "sempre que possível" indica que nem sempre tal ocorrerá. E de fato, é que acontece, por exemplo, nos impostos sobre o consumo, como o ICMS, em que a tributação ocorre da mesma forma, independentemente se quem está adquirindo o bem ou serviço é rico ou pobre, ou se a empresa é grande ou pequena.

22.3.3. Exigência de lei complementar

O *caput* do art. 146 da Constituição Federal exige lei complementar para a regulamentação de uma série de situações:

> **Art. 146.** Cabe à lei complementar:
>
> I – dispor sobre conflitos de competência, em matéria tributária, entre a União, os Estados, o Distrito Federal e os Municípios;
>
> II – regular as limitações constitucionais ao poder de tributar;
>
> III – estabelecer normas gerais em matéria de legislação tributária, especialmente sobre:
>
> a) definição de tributos e de suas espécies, bem como, em relação aos impostos discriminados nesta Constituição, a dos respectivos fatos geradores, bases de cálculo e contribuintes;
>
> b) obrigação, lançamento, crédito, prescrição e decadência tributários;
>
> c) adequado tratamento tributário ao ato cooperativo praticado pelas sociedades cooperativas;
>
> d) definição de tratamento diferenciado e favorecido para as microempresas e para as empresas de pequeno porte, inclusive regimes especiais ou simplificados no caso do imposto previsto no art. 155, II, das contribuições previstas no art. 195, I e §§ 12 e 13, e da contribuição a que se refere o art. 239.

Capítulo 22 ♦ Sistema Tributário Nacional **605**

Essas hipóteses, com exceção das previstas nas alíneas *c* e *d* do inciso III, são todas regulamentadas pelo Código Tributário Nacional (CTN), o qual, por isso mesmo, possui *status* de lei complementar, de acordo com o STF, embora formalmente tenha sido aprovado na forma de lei ordinária – Lei nº 5.172/1966.[9] Assim, qualquer alteração no CTN deve necessariamente se dar por meio de lei complementar.

A Emenda Constitucional nº 42/2003 acrescentou também outra previsão de lei complementar, ao acrescentar o art. 146-A ao texto constitucional, o qual dispõe:

> **Art. 146-A.** Lei complementar poderá estabelecer critérios especiais de tributação, com o objetivo de prevenir desequilíbrios da concorrência, sem prejuízo da competência de a União, por lei, estabelecer normas de igual objetivo.

22.4. LIMITAÇÕES CONSTITUCIONAIS AO PODER DE TRIBUTAR

Devido à coercibilidade dos tributos, e tendo em vista que a cobrança dos mesmos acaba por invadir a esfera patrimonial privada, além de poder interferir na relação entre os entes da Federação, traz a Constituição Federal uma série de limitações ao poder de tributação do Estado, as quais se dividem em duas grandes categorias: imunidades e princípios constitucionais tributários.

No geral, tais limitações são consideradas atualmente, tanto pela doutrina como pelo próprio STF,[10] como direitos fundamentais dos cidadãos, uma vez que os protegem contra o arbítrio estatal na exigência de tributos, não podendo, assim, ser suprimidas por emenda constitucional. No entanto, entende-se que nem todas as imunidades são cláusulas pétreas: algumas, previstas de forma esparsa no texto constitucional, não estão ligadas à estrutura federativa e tampouco a direitos fundamentais, podendo ser excepcionadas ou revogadas pelo poder constituinte derivado.

22.4.1. Imunidades tributárias

As imunidades são proibições impostas aos entes públicos no que se refere a tributação de determinadas pessoas ou situações. Assemelham-se às isenções, mas diferentemente delas, que são previstas por lei e representam mera dispensa do pagamento de tributo, as imunidades estão previstas no próprio texto constitucional.

A maioria dos doutrinadores defende que as imunidades tributárias são hipóteses de não incidência tributária, diferenciando-se da isenção porque esta é prevista pela lei, ao passo que as imunidades são previstas no texto constitucional.

Quanto à sua classificação, existem as imunidades genéricas, que se aplicam a todos os impostos, e que estão previstas no art. 150, VI, da Constituição; e as imunidades específicas, que se aplicam somente a alguns tributos.

---

[9] STF, RE nº 560.626, Rel. Min. Cármen Lúcia, j. 12.06.2008.

[10] STF, ADI nº 939, Rel. Min. Sydney Sanches, j. 15.12.1993.

606 Direito Constitucional Decifrado

Além disso, as imunidades podem ser subjetivas ou objetivas. As subjetivas são aquelas que são concedidas em razão da pessoa a quem são conferidas, como ocorre com a imunidade concedida à União, às entidades religiosas, aos partidos políticos e às autarquias. Já as imunidades objetivas referem-se a determinadas coisas ou operações, como a imunidade dos livros, jornais e periódicos e do ouro instrumento cambial ou ativo financeiro.

Vejamos as imunidades previstas no texto constitucional, começando pelas imunidades genéricas previstas no art. 150, VI, da Constituição Federal, as quais aplicam-se, conforme veremos, a todos os impostos – e somente a estes, não abrangendo as demais espécies tributárias, como taxas e contribuições especiais.

a. Imunidade recíproca entre os entes federativos

O art. 150, VI, *a*, da Constituição Federal estabelece a chamada imunidade recíproca entre os entes federativos:

> **Art. 150.** Sem prejuízo de outras garantias asseguradas ao contribuinte, é vedado à União, aos Estados, ao Distrito Federal e aos Municípios: (...)
>
> VI – instituir impostos sobre:
>
> a) patrimônio, renda ou serviços, uns dos outros;

Isso significa que nenhum Município, pode, por exemplo, cobrar IPTU de um prédio da União nem do Estado; a União não pode cobrar ITR de imóveis rurais pertencentes aos Estados; os Estados não podem cobrar IPVA de veículos da União e dos Municípios, e assim por diante.

O principal objetivo da imunidade recíproca, cuja ideia surgiu originalmente nos Estados Unidos, ainda no início de seu processo de independência, é preservar a autonomia dos Entes da Federação, impedindo que sejam sufocados ou restringidos em sua atuação pela instituição de impostos.

A imunidade recíproca abrange somente os impostos e, assim, não alcança as taxas, contribuições de melhoria ou contribuições especiais.[11] Dessa forma, o Município pode, sim, cobrar taxa de coleta de lixo de um estabelecimento da União, por exemplo. A mesma imunidade não impede a imposição de obrigação acessória por um ente da Federação a outro.[12]

Essa imunidade estende-se também às autarquias e às fundações instituídas e mantidas pelo Poder Público, no que se refere ao seu patrimônio, renda e serviços, desde que esses sejam vinculados a suas finalidades essenciais ou às delas decorrentes, exigência

---

[11] STF, RE nº 831.381, Rel. Min. Roberto Barroso, j. 09.03.2018.

[12] No Direito Tributário, obrigação acessória é toda obrigação de fazer ou não fazer impostas pela legislação tributária, que não seja o pagamento de tributos, como, por exemplo, a obrigação de apresentação de declarações ao Fisco ou de realizar retenção de valores de tributos quando do pagamento de terceiros.

essa que não se estende às entidades da administração direta, que a possuem automaticamente, sem necessidade de comprovação da utilização de seu patrimônio em suas finalidades essenciais.[13]

Tal imunidade recíproca, de acordo com o art. 150, § 3º, da Constituição, não se aplica ao patrimônio, à renda e aos serviços relacionados com exploração de atividades econômicas regidas pelas normas aplicáveis a empreendimentos privados, como ocorre normalmente com as sociedades de economia mista e as empresas públicas, uma vez que essas entidades, apesar de estatais, devem se submeter ao mesmo regime jurídico das empresas privadas. Assim, o Município pode cobrar IPTU e o Estado IPVA de bens da Petrobrás ou do Banco do Brasil, por exemplo.

Assim, via de regra, a imunidade recíproca abrange somente as entidades de direito público, quais sejam: as entidades da administração direta (União, Estados, Distrito Federal e Municípios) e suas autarquias e fundações de direito público, não abrangendo as empresas públicas e sociedades de economia mista, uma vez que essas duas últimas exercem atividade tipicamente privada, normalmente concorrendo com empresas particulares.

No entanto, o Supremo Tribunal Federal tem estendido a imunidade recíproca a entidades públicas de direito privado que prestem serviços públicos, como, entre vários exemplos que poderiam ser citados, a Empresa Brasileira de Correios e Telégrafos,[14] a Infraero[15] e a Casa da Moeda,[16] devendo elas ser, assim, no aspecto tributário, tratadas como se autarquias fossem.

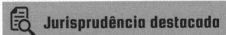

Jurisprudência destacada

> A imunidade tributária gozada pela OAB é da espécie recíproca (art. 150, VI, a, da Constituição), na medida em que a OAB desempenha atividade própria de Estado (defesa da Constituição, da ordem jurídica do Estado Democrático de Direito, dos direitos humanos, da justiça social, bem como a seleção e controle disciplinar dos advogados). A imunidade tributária recíproca alcança apenas as finalidades essenciais da entidade protegida. O reconhecimento da imunidade tributária às operações financeiras não impede a autoridade fiscal de examinar a correção do procedimento adotado pela entidade imune. Constatado desvio de finalidade, a autoridade fiscal tem o poder-dever de constituir o crédito tributário e de tomar as demais medidas legais cabíveis. Natureza plenamente vinculada do lançamento tributário, que não admite excesso de carga (STF, RE nº 259.976, Rel. Min. Joaquim Barbosa, julgado em 23.03.2010).

---

[13] STF, RE nº 635.012, Rel. Min. Dias Toffoli, j. 07.02.2013.
[14] STF, RE nº 601.392, Rel. designado Min. Gilmar Mendes, j. 28.02.2013.
[15] STF, ARE nº 638.315, Rel. Min. Cezar Peluso, j. 09.06.2010.
[16] STF, RE nº 650.517, Rel. Min. Celso de Mello, j. 03.06.2014.

608 Direito Constitucional Decifrado

> ### 🧩 Decifrando a prova
>
> **(Promotor de Justiça-AC – Cespe – 2013 – Adaptada)** Incorrerá em inconstitucionalidade a lei estadual que criar taxa incidente sobre o patrimônio, renda ou serviços de municípios, visto que, na CF, é prevista, para esse caso, a limitação constitucional ao poder de tributar denominada imunidade recíproca.
>
> ( ) Certo   ( ) Errado
>
> **Gabarito comentado:** a imunidade recíproca, assim como todas as outras imunidades genéricas previstas no art. 150, VI, da CF aplica-se somente aos impostos, e não às demais espécies tributárias, como as taxas. Portanto, a assertiva está errada.

b. Imunidade dos templos de qualquer culto

O art. 150, VI, *b*, do texto constitucional estabelece que:

> **Art. 150.** Sem prejuízo de outras garantias asseguradas ao contribuinte, é vedado à União, aos Estados, ao Distrito Federal e aos Municípios: (...)
>
> VI – instituir impostos sobre: (...)
>
> b) templos de qualquer culto;

Assim como acontece com a imunidade recíproca e com todas as outras baseadas no art. 150, VI, da Constituição, também aqui deve-se observar que essa imunidade só se aplica aos impostos. Assim, o Município pode, por exemplo, cobrar taxa de fiscalização de estabelecimento ou de coleta de lixo das instituições religiosas.

A imunidade prevista no art. 150, VI, *b,* da Constituição, ao contrário do que pode denotar a expressão "templos de qualquer culto", aplica-se não somente ao local físico onde são realizados os serviços religiosos, mas compreende também o patrimônio, a renda e os serviços das instituições religiosas em geral, desde que – isso é condição fundamental prevista na própria Constituição – sejam relacionados com as finalidades essenciais dessas entidades. O objetivo é evitar que, de alguma forma, os tributos sejam usados como um instrumento de perseguição religiosa.

Assim, a União não pode cobrar imposto de renda sobre os valores entregues pelos fiéis às instituições religiosas, nem os Estados ou os Municípios podem cobrar IPVA ou IPTU dos bens das Igrejas, desde que essas rendas e bens sejam utilizados nas atividades essenciais dessas instituições.

Essa utilização do bem em suas atividades finalísticas não é algo que cabe ser provado pela entidade religiosa, mas, ao contrário, compete à administração tributária demonstrar que isso não ocorre, para fins de cobrança de eventuais impostos.[17]

---

[17] STF, ARE nº 800.395, Rel. Min. Roberto Barroso, j. 28.10.2014.

Capítulo 22 ♦ Sistema Tributário Nacional **609**

Deve-se entender que a utilização dos bens em suas atividades religiosas não pressupõe necessariamente seu uso no serviço litúrgico, sendo suficiente que sejam destinados, de forma direta ou indireta, aos fins aos quais a entidade se dedica. Nesse sentido, por exemplo, o STF considerou como inconstitucional a cobrança de IPTU de cemitério que consubstancie extensão de entidade de cunho religioso.[18]

Da mesma forma, podem tais bens serem alugados para terceiros pela entidade religiosa, que ainda assim a mesma não poderá ser cobrada de impostos, desde que a renda obtida seja utilizada em suas atividades.[19]

Por outro lado, é interessante observar que o STF já decidiu que as lojas maçônicas não têm direito a usufruir da imunidade para templos de qualquer culto, uma vez que estes não se dedicam à profissão de qualquer religião.[20]

Por fim, deve ser observado que a imunidade em questão é de natureza subjetiva, beneficiando somente a entidade religiosa, e não terceiros que eventualmente utilizem-se de seu patrimônio. Dessa forma, por exemplo, se a entidade religiosa aluga imóvel seu a terceiro que não possua direito a alguma imunidade subjetiva, poderá ele ser cobrado do IPTU relativo ao imóvel, na condição de possuidor.

c. Imunidade dos partidos políticos, sindicatos e entidades filantrópicas

O art. 150, VI, *c*, da Constituição estabelece que:

> **Art. 150.** Sem prejuízo de outras garantias asseguradas ao contribuinte, é vedado à União, aos Estados, ao Distrito Federal e aos Municípios: (...)
>
> VI – instituir impostos sobre: (...)
>
> c) patrimônio, renda ou serviços dos partidos políticos, inclusive suas fundações, das entidades sindicais dos trabalhadores, das instituições de educação e de assistência social, sem fins lucrativos, atendidos os requisitos da lei;

Vê-se assim que a Constituição estendeu a imunidade de impostos também aos partidos políticos e suas fundações, bem como às entidades sindicais dos trabalhadores e às instituições de educação e de assistência social sem fins lucrativos.

A imunidade dos partidos políticos e suas fundações, bem como das entidades sindicais, visa garantir sua liberdade de atuação, impedindo que o governo possa prejudicá-los pela imposição de impostos que possam estorvar ou inviabilizar seu funcionamento, especialmente no caso de partidos políticos que não estejam alinhados ideologicamente com o governante.

Já a imunidade dada às instituições de educação e assistência social sem fins lucrativos – entidades filantrópicas – justifica-se pela importância de seu trabalho para a coletividade, buscando a Constituição incentivar sua criação e desenvolvimento.

---

[18] STF, RE nº 578.562, Rel. Min. Eros Grau, j. 21.05.2008.

[19] STF, RE nº 325.822, Rel. designado Min. Gilmar Mendes, j. 18.12.2002.

[20] STF, RE nº 562.351, Rel. Min. Ricardo Lewandowski, j. 04.09.2012.

A imunidade conferida aos partidos políticos, suas fundações e entidades sindicais é uma norma de eficácia plena, ou seja, tem aplicação imediata, não necessitando de regulamentação, já no que se refere às entidades filantrópicas, trata-se de norma de eficácia limitada, uma vez que o texto constitucional afirma que a lei estabelecerá requisitos para sua fruição.

Nesse sentido, é oportuno destacar que, de acordo com o entendimento do STF, especificamente em relação a entidades fechadas de previdência social, mesmo que não tenham fins lucrativos, somente se aplicará a imunidade se não houver contribuição dos beneficiários, conforme consubstanciado na Súmula nº 730 daquela corte.[21]

A imunidade em questão alcança somente o patrimônio, a renda e os serviços relacionados com as finalidades essenciais dessas entidades, assim como ocorre com os templos religiosos. Assim, por exemplo, o STF considerou que não se aplicava a imunidade à colônia de férias de sindicato, por falta de ligação com suas finalidades essenciais.[22] Por outro lado, a comprovação de que os bens não estão sendo utilizados nas atividades essenciais da entidade compete ao Fisco.

Como também ocorre com os templos religiosos, podem os bens dos partidos, suas fundações e entidades sindicais e filantrópicas serem alugados para terceiros, que ainda assim tais entidades não poderão ser cobradas dos impostos correspondentes, desde que a renda obtida seja utilizada em suas atividades.[23]

Por fim, destaca-se que tal imunidade – assim como todas as outras previstas no art. 150, VI, da Constituição – somente se aplica aos impostos, não alcançando as demais categorias de tributos.

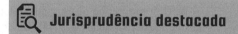

Súmula nº 583 do STF: Promitente-comprador de imóvel residencial transcrito em nome de autarquia é contribuinte do IPTU.

d. Imunidade dos livros, jornais e periódicos

A imunidade dos livros, jornais e periódicos está prevista no art. 150, VI, *d*, de nossa Constituição:

---

[21] Súmula nº 730 do STF: "A imunidade tributária conferida a instituições de assistência social sem fins lucrativos pelo art. 150, VI, *c*, da Constituição, somente alcança as entidades fechadas de previdência social privada se não houver contribuição dos beneficiários".
[22] STF, RE nº 245.093-AgR, Rel. Min. Sepúlveda Pertence, j. 14.11.2006.
[23] Súmula Vinculante nº 52: "Ainda quando alugado a terceiros, permanece imune ao IPTU o imóvel pertencente a qualquer das entidades referidas pelo art. 150, VI, 'c', da Constituição Federal, desde que o valor dos aluguéis seja aplicado nas atividades para as quais tais entidades foram constituídas".

Art. 150. Sem prejuízo de outras garantias asseguradas ao contribuinte, é vedado à União, aos Estados, ao Distrito Federal e aos Municípios: (...)

VI – instituir impostos sobre: (...)

d) livros, jornais, periódicos e o papel destinado a sua impressão;

Os livros, jornais, periódicos, bem como o papel utilizado na sua produção são imunes quanto aos impostos. Assim, quem vende um livro, por exemplo, não paga IPI ou ICMS sobre o valor da venda.

O fim é de facilitar o acesso ao conhecimento e a manifestação do pensamento, especialmente numa época em que a circulação das ideias se fazia mais por meio de veículos impressos, como era em 1988, quando a Constituição foi promulgada.

No entanto, deve-se observar que a fruição da imunidade independe do conteúdo do veículo de informação, se possui matéria cultural ou intelectual relevante ou não, de acordo com o entendimento do STF, que decidiu que o benefício se aplica até mesmo a álbuns de figurinhas,[24] o que se justifica plenamente pelo fato de que seria temerário condicionar o reconhecimento da imunidade ao parecer de alguém sobre a relevância do conteúdo das publicações, o que poderia ser influenciado por razões ideológicas ou políticas.

No que se refere aos insumos para a produção do livro, jornal ou periódico, a imunidade alcança somente o papel, não abarcando a tinta, por exemplo, mas alcança, de acordo com a Súmula nº 657 do STF, os filmes e papéis fotográficos necessários à publicação de jornais e periódicos.[25]

Também o STF entende, em uma interpretação teleológica e reconhecendo a mudança ocorrida modernamente na forma de obtenção das informações, que os livros eletrônicos e os equipamentos eletrônicos criados especialmente para sua leitura também são alcançados pela imunidade tributária, não pagando, assim, impostos, conforme assentado na Súmula Vinculante nº 57.[26]

Nessa mesma linha, também nossa Suprema Corte já decidiu que a imunidade alcança também componentes eletrônicos, quando destinados, exclusivamente, a integrar a unidade didática com fascículos periódicos impressos.[27]

Por fim, deve-se observar que, diferentemente das imunidades vistas anteriormente, a relativa a livros, jornais e periódicos e dos papéis destinados à sua impressão é objetiva. Assim, a editora, a livraria, a empresa jornalística e outras deverão pagar Imposto de Renda, IPTU, IPVA e os demais impostos que não incidam diretamente sobre os livros, jornais e periódicos.

---

[24] STF, RE nº 221.239, Rel. Min. Ellen Gracie, j. 25.05.2004.

[25] Súmula nº 657 do STF: "A imunidade prevista no art. 150, VI, *d*, da CF abrange os filmes e papéis fotográficos necessários à publicação de jornais e periódicos".

[26] Súmula Vinculante nº 57: "A imunidade tributária constante do art. 150, VI, *d*, da CF/1988 aplica-se à importação e comercialização, no mercado interno, do livro eletrônico (*e-book*) e dos suportes exclusivamente utilizados para fixá-los, como leitores de livros eletrônicos (*e-readers*), ainda que possuam funcionalidades acessórias".

[27] STF, RE nº 595.676, Rel. Min. Marco Aurélio, j. 08.03.2017.

612 Direito Constitucional Decifrado

> ### Jurisprudência destacada
>
> A imunidade tributária prevista no art. 150, VI, *d*, da CF não abrange os serviços prestados por empresas que fazem a distribuição, o transporte ou a entrega de livros, jornais, periódicos e do papel destinado a sua impressão. Precedentes. O STF possui entendimento no sentido de que a imunidade em discussão deve ser interpretada restritivamente (STF, RMS nº 24.283-AgR-segundo, Rel. Min. Joaquim Barbosa, j. 21.09.2010).

e. **Imunidade dos fonogramas e videofonogramas produzidos no Brasil e contendo obras músicas compostas ou interpretadas por brasileiros**

Tal imunidade tem sua previsão no art. 150, VI, *e*, da Constituição, incluído pela Emenda Constitucional nº 75/2013:

> **Art. 150.** Sem prejuízo de outras garantias asseguradas ao contribuinte, é vedado à União, aos Estados, ao Distrito Federal e aos Municípios: (...)
>
> VI – instituir impostos sobre: (...)
>
> e) fonogramas e videofonogramas musicais produzidos no Brasil contendo obras musicais ou literomusicais de autores brasileiros e/ou obras em geral interpretadas por artistas brasileiros bem como os suportes materiais ou arquivos digitais que os contenham, salvo na etapa de replicação industrial de mídias ópticas de leitura a laser.

O objetivo desta imunidade é proteger e incentivar a indústria fonográfica nacional, observado que fonogramas e videofonogramas são arquivos de áudio e de áudio e vídeo, respectivamente.

De acordo com o texto constitucional, serão imunes de impostos os fonogramas e videofonogramas que preencham os seguintes requisitos:

- ◆ contenham obra musicais, sejam na forma sonora somente, ou de música e vídeo (videoclipes);
- ◆ sejam produzidos no Brasil;
- ◆ trate-se de músicas compostas ou interpretadas por autores ou artistas brasileiros.

A imunidade também é estendida aos suportes materiais ou arquivos digitais onde as músicas estão gravadas. Assim, tanto a música como o CD ou DVD que a comportam estão livres de impostos.

A única exceção é a etapa de replicação industrial de mídias ópticas de leitura a laser. Assim, quem praticar tal atividade, sofrerá tributação de impostos. Tal exceção se justifica pelo fato de que se buscou proteger as indústrias do tipo localizadas na Zona Franca de Manaus, uma vez que, se não houvesse a tributação dessa atividade, elas sofreriam uma concorrência mais acirrada das demais empresas e perderiam a vantagem da isenção que recebem por estarem instaladas na Amazônia.

Capítulo 22 ◆ Sistema Tributário Nacional **613**

f. Imunidades específicas

Além das imunidades genéricas, que acabamos de ver, existem diversas imunidades específicas previstas na Constituição Federal, normalmente de forma esparsa. Somente a título de exemplo, podemos citar:

- ◆ o IPI (imposto sobre produtos industrializados) e o ICMS (imposto sobre operações relativas à circulação de mercadorias e sobre prestações de serviços de transporte interestadual e intermunicipal e de comunicação) não incidirão sobre produtos industrializados destinados ao mercado externo (arts. 153, § 3º, III, e 155, § 2º, X, *a*);
- ◆ o ICMS não será cobrado sobre operações que destinem a outros Estados petróleo, inclusive lubrificantes, combustíveis líquidos e gasosos dele derivados, e energia elétrica, bem como sobre as prestações de serviço de comunicação nas modalidades de radiodifusão sonora e de sons e imagens de recepção livre e gratuita (art. 155, § 2º, X, *b* e *d*);
- ◆ o ITR (imposto territorial rural) não incidirá sobre pequenas glebas rurais, definidas em lei, quando as explore o proprietário que não possua outro imóvel (art. 153, § 4º; II);
- ◆ o ITBI (imposto sobre transmissão *inter vivos*, a qualquer título, por ato oneroso, de bens imóveis, por natureza ou acessão física, e de direitos reais sobre imóveis) não incidirá sobre os direitos reais de garantia incidentes sobre imóveis (art. 156, II, parte final).

22.4.2. Princípios constitucionais tributários

Ao lado das imunidades, os princípios constitucionais tributários são um dos pilares das limitações constitucionais ao poder de tributar.

Esses princípios são regras gerais, que devem ser seguidos pelo legislador, autoridades tributárias e juízes, quando da criação, aplicação e interpretação das leis tributárias.

Alguns dos princípios admitem exceções, conforme veremos adiante. Porém, essas exceções têm que ser previstas expressamente na Constituição.

São considerados verdadeiros direitos fundamentais do cidadão, e assim, segundo a maioria da doutrina, não podem ser extintos por emenda constitucional.

a. Princípio da legalidade

O princípio da legalidade está previsto no art. 150, I, da Constituição Federal, e estabelece que os tributos somente devem ser criados ou majorados, ou seja, aumentados, por meio de lei:

> **Art. 150.** Sem prejuízo de outras garantias asseguradas ao contribuinte, é vedado à União, aos Estados, ao Distrito Federal e aos Municípios:
>
> I – exigir ou aumentar tributo sem lei que o estabeleça;

614 Direito Constitucional Decifrado

Os tributos devem ser sempre criados por meio de lei, não podendo ser instituídos, por exemplo, por decreto do Poder Executivo. Mas qual o tipo de lei que pode instituir um tributo?

Normalmente, os tributos são criados por lei ordinária ou por medida provisória, exceptuados os casos em que a Constituição exige lei complementar, como no caso dos empréstimos compulsórios e do imposto sobre grandes fortunas.

A lei que criar um tributo deve trazer todos os seus elementos essenciais, como o fato gerador, a base de cálculo, a alíquota etc.

Em relação a isso, porém, é de observar-se que o STF tem caminhado recentemente para uma certa relativização do princípio da legalidade, permitindo que a lei estabeleça os elementos essenciais determinantes para a incidência do tributo, mas permitindo complementação por parte de regulamentos. Nesse sentido:

> Na jurisprudência atual da Corte, o princípio da reserva de lei não é absoluto. Caminha-se para uma legalidade suficiente, sendo que sua maior ou menor abertura depende da natureza e da estrutura do tributo a que se aplica. No tocante às taxas cobradas em razão do exercício do poder de polícia, por força da ausência de exauriente e minuciosa definição legal dos serviços compreendidos, admite-se o especial diálogo da lei com os regulamentos na fixação do aspecto quantitativo da regra matriz de incidência. A lei autorizadora, em todo caso, deve ser legitimamente justificada e o diálogo com o regulamento deve-se dar em termos de subordinação, desenvolvimento e complementariedade (...) No RE nº 343.446/SC, alguns critérios foram firmados para aferir a constitucionalidade da norma regulamentar: 'a) a delegação pode ser retirada daquele que a recebeu, a qualquer momento, por decisão do Congresso; b) o Congresso fixa standards ou padrões que limitam a ação do delegado; c) razoabilidade da delegação.'[28]

🔍 Jurisprudência destacada

As Leis nos 7.787/1989, art. 3º, II, e 8.212/91, art. 22, II, definem, satisfatoriamente, todos os elementos capazes de fazer nascer a obrigação tributária válida. O fato de a lei deixar para regulamento a complementação dos conceitos de "atividade preponderante" e "grau de risco leve, médio e grave" não implica ofensa ao princípio da legalidade genérica (STF, RE nº 343.446, Rel. Min. Carlos Velloso, j. 20.03.2003).

Importante observar que o art. 97, § 2º, do Código Tributário Nacional estipula que a simples correção monetária da base de cálculo do tributo não constitução majoração para fins de aplicação do princípio da legalidade. Assim, a atualização monetária – reposição da inflação, entenda-se – da base de cálculo dos tributos pode ser feita pelo Poder Executivo,

---

[28] STF, RE nº 838.284, Rel. Min. Dias Toffoli, j. 19.10.2016.

sem necessidade de autorização legal, sendo inconstitucional somente a majoração em percentual superior aos índices oficiais de aumento do custo de vida.[29]

• **Exceções ao princípio da legalidade**

Em relação à criação de tributos, o princípio da legalidade é absoluto. Isso quer dizer que em nenhuma hipótese se admitirá a criação de tributo que não seja feita por lei.

Por outro lado, a Constituição Federal traz várias exceções no que se refere ao aumento dos tributos, permitindo que alguns deles sejam aumentados por simples atos do Poder Executivo, respeitados os limites estabelecidos em lei.

Essas exceções estão previstas nos arts. 153, § 3º, 155, § 4º, e 177, § 4º, I, b, e aplicam-se aos seguintes tributos:

a. Imposto de importação (II);
b. Imposto de exportação (IE);
c. Imposto sobre produtos industrializados (IPI);
d. Imposto sobre operações financeiras (IOF).
e. CIDE-Combustíveis – nesse caso, o Poder Executivo pode reduzir e restabelecer a alíquota da contribuição, mas sempre obedecendo o limite máximo previsto pela lei.

As exceções justificam-se por se tratar de tributos extrafiscais, que são aqueles cujo principal objetivo de sua instituição não é prover arrecadação para o Governo, mas, sim, prover meios do mesmo intervir na economia. Nesses casos, a necessidade de ação do Estado normalmente precisa ser rápida, e os aumentos não poderiam esperar por decisões do Legislativo, que muitas vezes demoram para serem tomadas.

Além dessas exceções, aplicáveis aos tributos federais, a Constituição também permite que sejam aumentadas por meio de convênio entre os Estados, sem necessidade de lei, as alíquotas do ICMS incidentes sobre combustíveis, quando a tributação recaia unicamente em apenas uma operação da cadeia produtiva, que é o chamado ICMS Combustíveis de tributação monofásica, obedecido o limite máximo estabelecido em lei (art. 155, § 4º, IV).

Complementando o que diz o art. 150, I, e o § 6º do mesmo artigo determina que qualquer subsídio ou isenção, redução de base de cálculo, concessão de crédito presumido, anistia ou remissão, relativos a impostos, taxas ou contribuições, só poderá ser concedido mediante lei específica, federal, estadual ou municipal.

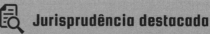

A instituição dos emolumentos cartorários pelo tribunal de justiça afronta o princípio da reserva legal. Somente a lei pode criar, majorar ou reduzir os valores das taxas judiciárias (STF, ADI nº 1.709, Rel. Min. Maurício Corrêa, j. 10.02.2000).

---

[29] STF, RE nº 648.245, Rel. Min. Gilmar Mendes, j. 01.08.2013.

616 Direito Constitucional Decifrado

> ### ⚡ Decifrando a prova
>
> **(Juiz de Direito Substituto-MS – FCC – 2020 – Adaptada)** Mostra-se compatível com as normas constitucionais que regem o Sistema Tributário Nacional a edição de lei que, ao instituir taxa pelo exercício de poder de polícia, fixa-lhe o limite máximo e prescreve que o respectivo valor será definido em regulamento a ser editado pelo Poder Executivo estadual, em proporção razoável com os custos da atuação estatal.
>
> ( ) Certo   ( ) Errado
>
> **Gabarito comentado:** a afirmação está de acordo com o entendimento atual do STF de relativizar o princípio da legalidade, concebendo o chamado princípio da legalidade genérica, permitindo que atos infralegais complementem a lei para atribuir eficácia à norma tributária que institui tributos, desde que a lei tenha definido de forma adequada os limites à ação regulamentar do Poder Executivo. O texto da questão foi retirado explicitamente do voto do relator no RE 838.284/SC. Portanto, a assertiva está certa.

b. Princípio da anterioridade

Associado também ao chamado princípio da "não surpresa", o princípio da anterioridade desdobra-se em dois: o princípio da anterioridade comum e o princípio da anterioridade nonagesimal, e visa evitar que o contribuinte seja surpreendido com a imposição imediata de tributo novo ou de aumento de alíquota.

O princípio da anterioridade comum, previsto no art. 150, III, *b*, da Constituição Federal, estipula que é vedado à União, aos Estados ao Distrito Federal e aos Municípios cobrar tributos no mesmo exercício financeiro em que haja sido publicada a lei que os instituiu ou aumentou. No Brasil, o exercício financeiro coincide com o ano civil. Assim, publicada uma lei que cria ou aumenta tributo, deve ser aguardado o próximo ano para que o novo valor possa ser cobrado.

No caso de tributo criado ou majorado por medida provisória, a cobrança do tributo só produzirá efeitos no exercício financeiro seguinte ao que a medida provisória houver sido convertida em lei, de acordo com o disposto no art. 62, § 2º, da Constituição.

Já o princípio da anterioridade nonagesimal, também denominado princípio da anterioridade mitigada ou ainda noventena, está previsto no art. 150, III, *c*, da Constituição, incluído pela Emenda Constitucional nº 42/2003, e proíbe que sejam cobrados tributos antes de decorridos 90 dias da data em que haja sido publicada a lei que os instituiu ou aumentou.

Os princípios da anterioridade comum e o da anterioridade nonagesimal devem ser obedecidos simultaneamente. Ou seja, além de não poder cobrar o tributo recém-criado ou aumentado no mesmo ano de sua instituição ou majoração, o ente público não poderá cobrá-lo antes do prazo de 90 dias, contados da publicação da lei que criou o aumentou.

No caso de tributo criado ou aumentado por medida provisória, a mesma só produzirá efeitos no exercício financeiro seguinte se houver sido convertida em lei até o último dia daquele em que foi editada. Se a conversão em lei ocorrer no exercício seguinte ao da sua edição, será somente no ano subsequente à conversão em lei que a mesma poderá produzir

Capítulo 22 ◆ Sistema Tributário Nacional **617**

efeitos. Exemplo: o Presidente da República aumenta a alíquota do Imposto Territorial por medida provisória em novembro de ano X1. Se a conversão em lei ocorrer ainda em X1, a nova alíquota poderá ser cobrada já em X2, respeitada a noventena. No entanto, se a conversão da medida provisória em lei pelo Congresso se der somente em fevereiro de X2, a nova alíquota somente poderá ser cobrada no ano de X3.

Por outro lado, de acordo com o STF, a contagem do prazo de 90 dias inicia-se com a publicação da medida provisória, e não da sua conversão em lei.[30]

◆ **Exceções aos princípios da anterioridade comum e nonagesimal**

Importante observar, no entanto, que a própria Constituição traz várias exceções aos princípios da anterioridade comum e nonagesimal: o imposto de importação, o imposto de exportação, o imposto sobre operações financeiras, os impostos de impostos extraordinários de guerra e os empréstimos compulsórios instituídos para atender a despesas extraordinárias de guerra ou calamidade pública não se submetem nem ao princípio da anterioridade comum nem ao princípio da anterioridade nonagesimal.

No que se refere aos empréstimos compulsório, deve-se recordar que, de acordo com o art. 148 da Constituição Federal, são duas as hipóteses para sua instituição pela União:

a. para atender a despesas extraordinárias, decorrentes de calamidade pública, de guerra externa ou sua iminência;

b. no caso de investimento público de caráter urgente e de relevante interesse nacional;

Somente no primeiro caso não há necessidade de obedecer-se aos princípios da anterioridade comum e nonagesimal. Na segunda hipótese, ambos os princípios devem ser obedecidos.

c. o imposto sobre produtos industrializados, a Cide-Combustíveis, o ICMS Combustíveis – incidência monofásica e as contribuições sociais não se submetem ao princípio da anterioridade comum, sujeitando-se apenas ao princípio da anterioridade nonagesimal;

d. o Imposto de Renda e o aumento das bases de cálculo do IPTU e do IPVA não se submetem ao princípio da anterioridade nonagesimal, mas somente ao princípio da anterioridade comum.

O quadro a seguir resume essas exceções:

Tributo	Anterioridade Comum	Anterioridade Nonagesimal
Imposto de Importação	não se submete	não se submete
Imposto de Exportação	não se submete	não se submete

---

[30] STF, RE nº 568.503, Rel. Min. Cármen Lúcia, j. 12.02.2014.

Tributo	Anterioridade Comum	Anterioridade Nonagesimal
Imposto sobre Operações Financeiras	não se submete	não se submete
Impostos Extraordinários de Guerra	não se submete	não se submete
Empréstimos Compulsórios – Calamidade ou Guerra	não se submete	não se submete
Imposto sobre Produtos Industrializados	não se submete	submete-se
Cide Combustíveis	não se submete	submete-se
ICMS Combustíveis Monofásico	não se submete	submete-se
Contribuições Sociais	não se submete	submete-se
Imposto de Renda	submete-se	não se submete
Aumento da Base de Cálculo do IPVA e do IPTU	submete-se	não se submete

Por fim, deve-se também saber que a mera alteração do prazo de pagamento do tributo não precisa se submeter ao princípio da anterioridade, conforme dispõe a Súmula Vinculante nº 50.[31]

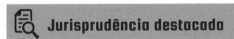

Revogada a isenção, o tributo torna-se imediatamente exigível. Em caso assim, não há que se observar o princípio da anterioridade, dado que o tributo já é existente (STF, RE nº 204.062, Rel. Min. Carlos Velloso, j. 27.06.1996).

Decifrando a prova

(Delegado de Polícia-PE – Cespe – 2016 – Adaptada) Em razão do princípio da irretroatividade tributária, a cobrança de tributo não pode ser feita no mesmo exercício financeiro em que fora publicada a lei que os instituiu ou aumentou.
( ) Certo ( ) Errado
Gabarito comentado: o princípio que proíbe a cobrança de tributo no mesmo exercício financeiro em que publicada a lei que os instituiu ou aumentou é chamado de princípio da anterioridade, e não da irretroatividade. Portanto, a assertiva está errada.

---

[31] STF, Súmula Vinculante nº 50: "Norma legal que altera o prazo de recolhimento de obrigação tributária não se sujeita ao princípio da anterioridade".

Capítulo 22 ♦ Sistema Tributário Nacional **619**

c. Princípio da irretroatividade

Previsto no art. 150, III, *a*, da Constituição Federal, o princípio da irretroatividade estabelece que a União, os Estados, o DF e os Municípios não podem cobrar tributos em relação a fatos geradores ocorridos antes do início da vigência da lei que os houver instituído ou aumentado:

> **Art. 150.** Sem prejuízo de outras garantias asseguradas ao contribuinte, é vedado à União, aos Estados, ao Distrito Federal e aos Municípios: (...)
>
> III – cobrar tributos:
>
> a) em relação a fatos geradores ocorridos antes do início da vigência da lei que os houver instituído ou aumentado;

Em outras palavras, a lei que instituir ou aumentar um tributo não retroagirá, não se aplicará a fatos que ocorreram antes da sua vigência.

Assim, por exemplo, se a alíquota do Imposto de Importação para um determinado produto importado for aumentada, aqueles produtos que já tiverem sido importados pagarão a alíquota antiga, sendo submetido ao novo valor somente os produtos importados após a vigência da nova alíquota.

Oportuno destacar que bastante polêmica a já ultrapassada Súmula nº 584 do STF, que dispunha: "ao imposto de renda calculado sobre os rendimentos do ano-base, aplica-se a lei vigente no exercício financeiro em que deve ser apresentada a declaração", uma vez que feria frontalmente o princípio da irretroatividade, tanto que sua aplicação não vinha sendo realizada pelo STJ, mesmo durante seu período de vigência. Por conta disso, a referida súmula acabou sendo cancelada posteriormente pelo STF.

Deve-se observar que o que veda a Constituição é a retroação da lei tributária para fins de cobrança de tributo. Isso quer dizer que podem ser editadas leis tributárias com efeito retroativo, desde que não haja cobrança de tributos retrógrada – nesse sentido, por exemplo, o CTN prevê hipóteses de aplicação *ex tunc* da lei tributária, como quando é expressamente interpretativa, por exemplo.[32]

d. Princípio da igualdade e da capacidade contributiva

O art. 150, II, da Constituição Federal, proíbe à União, aos Estados, ao DF e aos Municípios instituir tratamento desigual entre contribuintes que se encontrem em situação equivalente, proibida qualquer distinção em razão de ocupação profissional ou função por eles exercida, independentemente da denominação jurídica dos rendimentos, títulos ou direitos.

Assim, não se admite que duas pessoas que percebam os mesmos rendimentos e que se encontrem na mesma situação sejam tratadas de forma diferenciada pela legislação tributária, uma pagando imposto de renda e outra não, por exemplo.

Porém, se houver alguma situação que as diferencie, esse tratamento desigual pode ser justificado, diante da máxima do princípio da igualdade de que "os iguais devem ser trada-

---

[32] STF, ADI nº 605-MC, Rel. Min. Celso de Mello, j. 23.10.1991.

dos igualmente e os desiguais, de forma desigual, na medida de sua desigualdade". Assim, por exemplo, a lei prevê que o aposentado portador de doença grave, conforme definida em lei, é isento do pagamento do imposto de renda. Da mesma forma, quem recebe até determinado valor de rendimentos, também está isento do mesmo imposto.

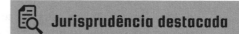

A lei complementar estadual que isenta os membros do Ministério Público do pagamento de custas judiciais, notariais, cartorárias e quaisquer taxas ou emolumentos fere o disposto no art. 150, II, da Constituição do Brasil. O Texto Constitucional consagra o princípio da igualdade de tratamento aos contribuintes (STF, ADI nº 3.260, Rel. Min. Eros Grau, j. 29.03.2007).

Além disso, a Constituição traz o princípio da capacidade contributiva, segundo o qual, sempre que possível, os impostos devem ter caráter pessoal e ser graduados de acordo com a capacidade econômica do contribuinte.

e. **Princípio da progressividade**

Derivado do princípio da capacidade contributiva, esse princípio admite que o ente público crie alíquotas diferenciadas, de acordo com a base de cálculo, fazendo com que, quanto maior esta, maior a alíquota.

A Constituição determina que o imposto de renda, por exemplo, deve ser progressivo (art. 153, § 2º, I). Por isso existem diversas alíquotas para o Imposto de Renda Pessoa Física (IRPF), que vão aumentando conforme aumenta a renda do contribuinte.

Essa progressividade é baseada no princípio econômico da utilidade marginal decrescente das rendas, segundo o qual, conforme crescem os rendimentos de alguém, menos essenciais eles se tornam, uma vez que começam a ser utilizados para atividades cada vez mais supérfluas. Assim, por exemplo, se o IRPF possuísse uma única alíquota, de digamos, 15%, aplicável a todas as pessoas, isso faria com que os mais pobres, embora pagassem menos em termos absolutos, tivessem que fazer um sacrifício maior, pois o valor de sua renda consumida pelo imposto lhe faria mais falta do que o retirado dos mais ricos.

Além do Imposto de Renda, a Constituição também determina que o Imposto Territorial Rural deverá ser progressivo, permitindo ainda que o Imposto sobre a Propriedade Predial e Territorial Urbana (IPTU), também o seja, em cada Município.

f. **Princípio do não confisco**

Esse princípio, previsto no art. 150, IV, da CF, proíbe que a União, os Estados, o DF e os Municípios utilizem-se do tributo com efeito de confisco:

> **Art. 150.** Sem prejuízo de outras garantias asseguradas ao contribuinte, é vedado à União, aos Estados, ao Distrito Federal e aos Municípios: (...)
> IV – utilizar tributo com efeito de confisco;

Confiscar significa espoliar, retirar os bens, a propriedade de alguém. Assim, a Constituição determina que os tributos não podem ser utilizados pelo Estado com o objetivo de expropriar os contribuintes.

Entende-se como confiscatório o tributo que, por seu alto valor, consome grande parte da propriedade ou inviabiliza o exercício da atividade econômica.

Como não há um limite estabelecido pela Constituição, cabe ao Judiciário decidir, no caso concreto, se o tributo possui caráter confiscatório ou não, podendo ser instado para tanto por meio dos controles concentrado e difuso de constitucionalidade.

Jurisprudência destacada

A norma inscrita no art. 150, IV, da Constituição encerra uma cláusula aberta, veiculadora de conceito jurídico indeterminado, reclamando, em consequência, que os Tribunais, na ausência de "uma diretriz objetiva e genérica, aplicável a todas as circunstâncias" (DÓRIA, Antônio Roberto Sampaio. *Direito constitucional tributário e* due process of law. 2. ed. Forense, 1986. p. 196, item 62) – e tendo em consideração as limitações que derivam do princípio da proporcionalidade –, procedam à avaliação dos excessos eventualmente praticados pelo Estado. (...) não há uma definição constitucional de confisco em matéria tributária. Trata-se, na realidade, de um conceito aberto, a ser utilizado pelo juiz, com apoio em seu prudente critério, quando chamado a resolver os conflitos entre o poder público e os contribuintes (STF, ARE nº 712.285-AgR, Rel. Celso de Mello, j. 23.04.2013).

De acordo com a maior parte da doutrina, o princípio da vedação do confisco não se aplica aos tributos extrafiscais, uma vez que, nesse caso, o principal objetivo não é arrecadar, mas sim intervir na economia, e isso muitas vezes exige um tributo de valor elevado.

No caso de multas tributárias, a posição do STF é de que as mesmas somente se apresentarão como confiscatórias se ultrapassarem o montante correspondente a cem por cento do valor do tributo.[33]

O princípio do não confisco não impede, por outro lado, a apreensão de mercadorias que tenham sido importadas com desrespeito das normas aduaneiras, nem a penhora judicial de bens, decretada no âmbito de execução fiscal, para pagamento de crédito tributário.

No entanto, é vedado pela Súmula nº 323 do STF a apreensão de mercadorias como meio coercitivo para o pagamento de tributos.[34] Assim, a apreensão de mercadorias pelo Fisco com o objetivo exclusivo de compelir o contribuinte ao pagamento de tributos é considerada inconstitucional.

---

[33] STF, AI nº 851.038, Rel. Min. Roberto Barroso, j. 10.02.2015.

[34] Súmula nº 323 do STF: "É inadmissível a apreensão de mercadorias como meio coercitivo para pagamento de tributos".

622 Direito Constitucional Decifrado

⚡ Decifrando a prova

(Juiz de Direito Substituto/AM – Cespe – 2016 – Adaptada) Para o STF, é constitucional a apreensão de mercadorias como forma de obrigar o devedor a pagar os tributos devidos.
( ) Certo   ( ) Errado
Gabarito comentado: a Súmula nº 323 do STF, como visto, proíbe a apreensão de mercadorias como meio coercitivo para o pagamento de tributos. Portanto, a assertiva está errada.

---

g. Princípio da liberdade de tráfego das pessoas e bens

Previsto no art. 150, V, da CF, proíbe que se crie tributos que tenham como fato gerador especificamente o trânsito intermunicipal ou interestadual de pessoas ou bens:

> **Art. 150.** Sem prejuízo de outras garantias asseguradas ao contribuinte, é vedado à União, aos Estados, ao Distrito Federal e aos Municípios: (...)
>
> V – estabelecer limitações ao tráfego de pessoas ou bens, por meio de tributos interestaduais ou intermunicipais, ressalvada a cobrança de pedágio pela utilização de vias conservadas pelo Poder Público;

Assim, por exemplo, determinado Estado da Federação não pode criar tributo a ser pago por todos que entrarem em seu território, vindos de outros Estados, e que não seja cobrado em movimentações internas no território do próprio Estado. Isso é importante porque, numa federação, não pode haver obstáculos à livre circulação de pessoas e bens.

Por expressa disposição constitucional, esse princípio não impede a cobrança de impostos sobre a circulação de mercadorias, o ICMS, nem afasta a cobrança de pedágio em vias conservadas pelo Poder Público ou concessionários, uma vez que, além de não se tratar de tributo, mas de preço público, tal cobrança visa viabilizar a manutenção da via da qual o usuário se utiliza, e não impor restrições à circulação.

h. Princípio da uniformidade tributária

Também chamado de princípio da uniformidade geográfica, esse princípio, previsto no art. 151, I, da Constituição, é dirigido especificamente à União, e proíbe que ela institua tributo que não seja uniforme em todo o território nacional ou que implique distinção ou preferência em relação a Estado, ao DF ou a Municípios, em detrimento de outros.

Ou seja, assim como os contribuintes devem ser tratados de forma isonômica, pelo princípio da igualdade, os Estados e Municípios também devem ser tratados de forma igualitária pela União.

A Constituição admite, porém, a concessão de incentivos fiscais destinados a promover o equilíbrio do desenvolvimento socioeconômico entre as diversas regiões do país, justamente para combater as desigualdades regionais. Assim, por exemplo, a União pode dar

Capítulo 22 ◆ Sistema Tributário Nacional **623**

incentivos fiscais consistentes na redução da alíquota de tributos especificamente para empresas que se instalarem em regiões mais pobres ou menos povoadas do território nacional, sendo este um ato que se insere na discricionariedade do Poder Judiciário, observada a exigência de previsão legal para sua implementação.[35]

De maneira semelhante ao que dispõe o art. 151, I, da Constituição, temos o art. 152, o qual proíbe aos Estados, ao Distrito Federal e aos Municípios estabelecer diferença tributária entre bens e serviços, de qualquer natureza, em razão de sua procedência ou destino, sendo inconstitucional, por exemplo, a fixação de reserva de mercado a prestadores domiciliados em determinado Estado-membro como requisito para a fruição de regime tributário favorecido e de acesso a investimentos públicos.[36]

> ### 🔍 Jurisprudência destacada
>
> A isonomia tributária e a vedação constitucional à discriminação segundo a procedência ou o destino de bens e serviços (artigos 150, II, e 152 da CRFB/88) tornam inválidas as distinções em razão do local em que se situa o estabelecimento do contribuinte ou em que produzida a mercadoria, máxime nas hipóteses nas quais, sem qualquer base axiológica no postulado da razoabilidade, se engendra tratamento diferenciado (STF, ADI 3.984, Rel. Min. Luiz Fux, j. 30.08.2019).

Por fim, deve-se observar que o art. 151, III, da Constituição Federal proíbe que a União conceda isenção de tributos da competência dos Estados ou Municípios, medida que é chamada de isenção heterotópica ou heterônoma. No entanto, em relação a tal proibição existem duas exceções previstas na própria Constituição:

- ◆ exclusão da incidência do ICMS sobre serviços e produtos exportados, por meio de lei complementar federal (art. 155, § 2º, XII, *e*); e
- ◆ exclusão da incidência do ISS sobre serviços exportados, também por meio de lei complementar federal (art. 156, § 3º, II).

Além disso, o STF entende que a proibição de concessão de isenções heterônomas pela União somente se aplica no plano jurídico interno, sendo constitucional a isenção de tributos estaduais ou municipais por conta de acordos internacionais celebrados pela República Federativa do Brasil. Isso porque, ao assinar um tratado internacional, não age o Presidente da República como Chefe do Poder Executivo da União, mas sim como Chefe de Estado, representante do Brasil perante outros países, em relação aos quais pode assumir compromissos em nome de todo o País.[37]

---

[35] STF, AI nº 630.997-AgR, Rel. Min. Eros Grau, j. 24.04.2007.

[36] STF, ADI nº 5.472, Rel. Min. Edson Fachin, j. 01.08.2018.

[37] STF, RE nº 543.943-AgR, Rel. Min. Celso de Mello, j. 30.11.2010.

624 Direito Constitucional Decifrado

22.5. COMPETÊNCIA PARA CRIAÇÃO DE IMPOSTOS

Como já dito anteriormente, a Constituição Federal permite que a União, os Estados, o Distrito Federal e os Municípios instituam impostos, taxas e contribuições e melhoria. Em relação aos impostos, porém, o texto constitucional determina quais deles poderão ser cobrados por quais entes da Federação, concentrando a maior parte deles na competência da União, conforme veremos.

O Distrito Federal, pelo fato de não poder se dividir em Municípios, pode cobrar tanto os impostos estaduais como os municipais.

No caso da existência de territórios federais, cabe à União instituir e arrecadar neles os impostos estaduais, e se o território não for divido em Municípios, poderá ainda cobrar os impostos municipais, conforme dispõe o art. 147 da Constituição Federal.

Vejamos quais são os impostos de competência federal, estadual e municipal, observado que o estudo mais aprofundado do assunto, com as características de cada um deles, é matéria afeta ao Direito Tributário.

22.5.1. Impostos da União

O art. 153 da Constituição Federal nos traz quais são os impostos que podem ser instituídos e cobrados pela União:

> **Art. 153.** Compete à União instituir impostos sobre:
>
> I – importação de produtos estrangeiros;
>
> II – exportação, para o exterior, de produtos nacionais ou nacionalizados;
>
> III – renda e proventos de qualquer natureza;
>
> IV – produtos industrializados;
>
> V – operações de crédito, câmbio e seguro, ou relativas a títulos ou valores mobiliários;
>
> VI – propriedade territorial rural;
>
> VII – grandes fortunas, nos termos de lei complementar.

Dos impostos da lista acima, o único ainda não instituído pela União até o presente é o Imposto sobre Grandes Fortunas, o qual, de acordo com a Constituição, deve ser criado por lei complementar.

Além de todos esses impostos, a União é a única que pode criar outros, de acordo com o art. 154, I, da Constituição Federal, no exercício do que se convencionou chamar de competência residual para criação de impostos.

No entanto, estabelece o mesmo dispositivo condições para a criação destes novos impostos:

a. devem ser instituídos por meio de lei complementar;

b. devem ser não cumulativos;

c. não podem ter fato gerador ou base de cálculo próprios de impostos previstos na Constituição; e

d. do produto de sua arrecadação, 20% (vinte por cento) devem ser repassados aos Estados e Distrito Federal.

Além da competência residual para a criação de novos impostos, a Constituição também permite, em seu art. 154, II, que a União cobre os chamados impostos extraordinários de guerra, na iminência ou no caso de guerra externa, os quais deverão serão suprimidos, gradativamente, cessadas as causas de sua criação.

22.5.2. Impostos dos Estados

De acordo com a Constituição, os Estados e o Distrito Federal podem cobrar três impostos: o imposto sobre transmissão *causa mortis* e doação (ITCMD); o imposto sobre a circulação de mercadorias e prestação de serviços de transporte interestadual, intermunicipal e de comunicação; e o imposto sobre a propriedade de veículos automotores (IPVA). Isto está no art. 155:

> **Art. 155.** Compete aos Estados e ao Distrito Federal instituir impostos sobre:
>
> I – transmissão *causa mortis* e doação, de quaisquer bens ou direitos;
>
> II – operações relativas à circulação de mercadorias e sobre prestações de serviços de transporte interestadual e intermunicipal e de comunicação, ainda que as operações e as prestações se iniciem no exterior;
>
> III – propriedade de veículos automotores.

Para evitar conflitos entre os Estados, a Constituição determina que cabe ao Senado Federal, onde os Estados possuem representação paritária:

a. estabelecer as alíquotas máximas do ITCMD;
b. estabelecer as alíquotas do ICMS aplicáveis às operações interestaduais e de exportação;
c. definir alíquotas mínimas para o IPVA.

Além disso, pode também o Senado – neste caso é uma faculdade, e não uma obrigação:

a. estabelecer alíquotas mínimas de ICMS nas operações internas, ou seja, nas operações dentro de cada Estado, mediante resolução de iniciativa de um terço e aprovada pela maioria absoluta de seus membros;
b. fixar alíquotas máximas nas mesmas operações para resolver conflito específico que envolva interesse de Estados, mediante resolução de iniciativa da maioria absoluta e aprovada por dois terços de seus membros.

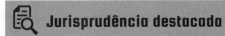

Jurisprudência destacada

Súmula Vinculante nº 32: "O ICMS não incide sobre alienação de salvados de sinistro pelas seguradoras".

22.5.3. Impostos dos Municípios

Assim, como os Estados, os Municípios e o Distrito Federal podem cobrar três impostos: o imposto sobre a propriedade predial e territorial urbana (IPTU); o imposto sobre a cessão onerosa (compra e venda) de imóveis e de direitos reais sobre imóveis (ITBI); e o imposto sobre serviços de qualquer natureza (ISS), também chamado de ISSQN.

É o que dispõe o art. 156 da Constituição:

> **Art. 156.** Compete aos Municípios instituir impostos sobre:
>
> I – propriedade predial e territorial urbana;
>
> II – transmissão *inter vivos*, a qualquer título, por ato oneroso, de bens imóveis, por natureza ou acessão física, e de direitos reais sobre imóveis, exceto os de garantia, bem como cessão de direitos a sua aquisição;
>
> III – serviços de qualquer natureza, não compreendidos no art. 155, II, definidos em lei complementar.

A Constituição determina que o IPTU poderá – é uma faculdade, não uma imposição aos Municípios:

a. ser progressivo em razão do valor do imóvel; e
b. ter alíquotas diferentes de acordo com a localização e o uso do imóvel.

Por outro lado, a Súmula nº 589 do STF considera que é inconstitucional a fixação de adicional progressivo do IPTU em função do número de imóveis do contribuinte.

A Emenda Constitucional nº 116/2022 acrescentou o § 1º-A ao art. 156, o qual, baseado em jurisprudência anterior do STF, passou a prever expressamente que o IPTU não deve incidir sobre templos de qualquer culto, ainda que a entidade religiosa respectiva seja apenas locatária do bem imóvel.

Em relação ao ITBI, a Constituição determina que o mesmo não incidirá sobre a transmissão de bens ou direitos incorporados ao patrimônio de pessoa jurídica em realização de capital, nem sobre a transmissão de bens ou direitos decorrente de fusão, incorporação, cisão ou extinção de pessoa jurídica, salvo se, nesses casos, a atividade preponderante do adquirente for a compra e venda desses bens ou direitos, locação de bens imóveis ou arrendamento mercantil.

Em relação ao ISS, cabe à lei complementar definir quais são os serviços sujeitos ao mesmo, o que atualmente é feito pela Lei Complementar nº 116/2003, observado que a Súmula Vinculante nº 31 proíbe sua cobrança sobre operações de locações de imóveis.[38]

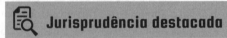

Súmula nº 656 do STF: "É inconstitucional a lei que estabelece alíquotas progressivas para o Imposto de Transmissão *Inter Vivos* de Bens Imóveis (ITBI) com base no valor venal do imóvel."[39]

---

[38] Súmula Vinculante nº 31: "É inconstitucional a incidência do Imposto sobre Serviços de Qualquer Natureza – ISS sobre operações de locação de bens móveis".

[39] Não obstante o teor da citada súmula, posteriormente o STF já manifestou entendimento diferente, admitindo a progressividade das alíquotas do ITBI em função do valor venal do imóvel, tendo

Decifrando a prova

(Promotor de Justiça-SC – MPE-SC – 2016) Estabelecendo divisão de tributos entre os entes federativos, a Constituição Federal conferiu aos Municípios a instituição de imposto sobre a propriedade predial e territorial urbana, permitindo sua progressividade em razão do valor do imóvel, bem como a diferenciação de alíquotas de acordo com a localização e o uso do imóvel.
( ) Certo   ( ) Errado
Gabarito comentado: a Constituição Federal, em seu art. 156, I, e § 1º, concede aos Municípios o direito à cobrança do IPTU, permitindo que o mesmo seja progressivo em razão do valor do imóvel e que sejam adotadas alíquotas diferentes de acordo com a localização e o uso do imóvel. Portanto, a assertiva está certa.

Para ficar mais fácil memorizar a competência de cada ente da Federação para a instituição de impostos, basta lembrar que os Estados podem cobrar três: ICMS, IPVA e ITCMD; os Municípios, outros três: IPTU, ITBI e ISS; e a União, os demais, podendo esta última também criar outros, além dos previstos expressamente na Constituição (lembrando ainda que o Distrito Federal pode cobrar os tributos estaduais e municipais):

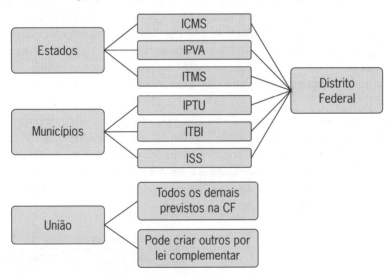

em vista o disposto no art. 145, § 1º, da Constituição Federal que determina que "sempre que possível, os impostos terão caráter pessoal e serão graduados segundo a capacidade econômica do contribuinte". No entanto, até o presente momento, a súmula que prevê entendimento em sentido contrário permanece em vigor.

22.6. REPARTIÇÃO DAS RECEITAS TRIBUTÁRIAS

Visando equilibrar um pouco mais a distribuição das receitas tributárias entre os entes da Federação, a Constituição determina que a União deverá repassar parte da arrecadação de determinados tributos federais aos Estados, Distrito Federal e Municípios, e que os Estados deverão repassar parte da arrecadação de determinados tributos estaduais aos Municípios.

Esses repasses são chamados de transferências obrigatórias ou transferências constitucionais e podem ser feitos de forma direta aos Estados e Municípios, ou indiretamente, por meio de fundos, que depois distribuem os recursos aos Estados e Municípios, de acordo com os critérios estabelecidos em lei.

A Constituição Federal trata sobre a repartição da receita tributária em seus arts. 157 a 162, sendo que os tributos que não forem tratados nesses artigos não terão seus recursos repartidos com outros entes da Federação.

De acordo com o art. 157 da Constituição, pertencem aos Estados e Distrito Federal:

a. o produto da arrecadação do imposto da União sobre renda e proventos de qualquer natureza, incidente na fonte, sobre rendimentos pagos, a qualquer título, por eles, suas autarquias e pelas fundações que instituírem e mantiverem;

Assim, por exemplo, se um Estado faz um pagamento a alguém, e houver necessidade de retenção na fonte de valor de Imposto de Renda, esse valor ficará com o próprio Estado, não precisando repassá-lo à União. Essa regra não se aplicará, porém, se o pagamento for feito por sociedades de economia mista e empresas públicas estaduais, situação em que deverá a referida estatal repassar os recursos retidos à União, não cabendo interpretação ampliativa ao dispositivo, de acordo com o entendimento do STF.[40]

b. 20% do produto da arrecadação do imposto que a União eventualmente instituir no exercício da competência residual que lhe é atribuída pelo art. 154, I, da Constituição Federal. A União pode, por meio de lei complementar, de acordo com o referido dispositivo, criar outros impostos além dos já atribuídos a ela pela Constituição. Se o fizer, porém, deverá repassar 20% do produto de sua arrecadação aos Estados e ao Distrito Federal.

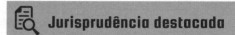
Jurisprudência destacada

A *vexata quaestio*, desta feita, cinge-se à definição da competência para julgar a controvérsia quanto ao imposto de renda retido na fonte, a teor do disposto no art. 157, I, da CF, que preconiza pertencer "aos Estados e ao Distrito Federal o produto da arrecadação do imposto da União sobre renda e proventos de qualquer natureza, incidente na fonte, sobre os rendimentos pagos, a qualquer título, por eles, suas autarquias e pelas fundações que instituírem e

---
[40] STF, ACO nº 571-AgR, Rel. Min. Dias Toffoli, j. 07.03.2017.

Capítulo 22 ♦ Sistema Tributário Nacional **629**

> mantiverem". Registro que a jurisprudência desta Corte alinha-se no sentido de que, no caso, não há interesse da União, motivo pelo qual prevalece a competência da justiça comum (STF, RE nº 684.169, Rel. Min. Luiz Fux, j. 30.08.2012).

O art. 158 da Constituição, por sua vez, estipula que pertencem aos Municípios:

a. o produto da arrecadação do imposto da União sobre renda e proventos de qualquer natureza, incidente na fonte, sobre rendimentos pagos, a qualquer título, por eles, suas autarquias e pelas fundações que instituírem e mantiverem. Semelhantemente ao que ocorre com os Estados e Distrito Federal;

b. 50% por cento do produto da arrecadação do imposto da União sobre a propriedade territorial rural (ITR), relativamente aos imóveis neles situados. No entanto, se o Município optar por celebrar convênio com a Receita Federal, assumindo a fiscalização e cobrança do referido imposto, ficará com a totalidade de sua receita;

c. 50% do produto da arrecadação do imposto do Estado sobre a propriedade de veículos automotores (IPVA), licenciados em seus territórios;

d. 25% do produto da arrecadação do imposto do Estado sobre operações relativas à circulação de mercadorias e sobre prestações de serviços de transporte interestadual e intermunicipal e de comunicação (ICMS).

De acordo com o parágrafo único do art. 157, com a redação dada pela Emenda Constitucional nº 108/2020, esse repasse do ICMS pelos Estados aos seus Municípios deve se dar da seguinte forma:

♦ 65%, no mínimo, na proporção do valor adicionado nas operações relativas à circulação de mercadorias e nas prestações de serviços, realizadas em seus territórios;

♦ até 35% de acordo com o que dispuser lei estadual, observada, obrigatoriamente, a distribuição de, no mínimo, dez pontos percentuais com base em indicadores de melhoria nos resultados de aprendizagem e de aumento da equidade, considerado o nível socioeconômico dos educandos.

Por fim, o art. 159 da Constituição Federal estipula que a União deve entregar:

a. do produto da arrecadação dos impostos sobre renda e proventos de qualquer natureza e sobre produtos industrializados, 50%, na seguinte forma:

♦ 21,5% ao Fundo de Participação dos Estados e do Distrito Federal;

♦ 22,5% ao Fundo de Participação dos Municípios; e

♦ 3%, para aplicação em programas de financiamento ao setor produtivo das Regiões Norte, Nordeste e Centro-Oeste, através de suas instituições financeiras de caráter regional, de acordo com os planos regionais de desenvolvimento, ficando assegurada ao semiárido do Nordeste a metade dos recursos destinados à Região, na forma que a lei estabelecer;

630 Direito Constitucional Decifrado

- ◆ 3% adicional também para o Fundo de Participação dos Municípios, valor do qual um terço deve ser entregue no primeiro decêndio do mês de julho, outro terço no primeiro decêndio do mês de setembro e o último terço no primeiro decêndio do mês de dezembro de cada ano de cada ano de cada ano. Veja-se assim que o Fundo de Participação dos Municípios recebe então, no total, 25,5% do valor do imposto de renda e do imposto sobre produtos industrializados (22,5% pelo art. 159, I, *b* e outros 2% pelas alíneas *d, e* e *f* do mesmo dispositivo);

- **b.** do produto da arrecadação do imposto sobre produtos industrializados (IPI), dez por cento aos Estados e ao Distrito Federal, proporcionalmente ao valor das respectivas exportações de produtos industrializados. Nenhum Estado, porém, poderá receber mais de 20% do valor total de IPI a ser repassado.

  Desse valor recebido, os Estados devem repassar 25% aos seus Municípios, seguindo os mesmos critérios para repasse do ICMS.

- **c.** do produto da arrecadação da contribuição de intervenção no domínio econômico relativa às atividades de importação ou comercialização de petróleo e seus derivados, gás natural e seus derivados e álcool combustível – Cide-Combustíveis, 29% para os Estados e o Distrito Federal.

Desse valor, os Estados devem repassar 25% a seus Municípios, distribuídos na forma da lei.

A tabela a seguir resume essas transferências determinadas pela Constituição Federal:

Tributo	Repartição
Imposto de Renda retido pelos Estados, DF e Municípios sobre rendimentos pagos por eles a seus servidores e demais pessoas físicas por eles contratadas.	O próprio Estado, DF ou Município que reteve o imposto na fonte fica com seu valor, não precisando entregá-lo à União.
ITR	50% para o Município onde está localizado o imóvel (o Município ficará com 100%, caso aceite arrecadar, fiscalizar e cobrar o ITR dos imóveis situados em seu território).
IPVA	50% para o Município no qual está licenciado o veículo.
IR e IPI	a) 21,5% para o Fundo de Participação dos Estados (FPE). b) 22,5% para o Fundo de Participação dos Municípios (FPM). c) 3% para financiamento ao setor produtivo do Nordeste, Norte e Centro-Oeste.

Capítulo 22 ◆ Sistema Tributário Nacional **631**

Tributo	Repartição
IPI	10% para os Estados e DF, proporcionalmente ao valor das exportações. Do valor recebido, cada Estado deve repartir 25% com seus Municípios.
Impostos novos criados pela União no desempenho de sua competência residual	20% para os Estados e o DF.
Cide Combustível	29% para os Estados e o DF, sendo que cada Estados deve repartir 25% do valor recebido com seus Municípios.
ICMS	25% para os Municípios.
IOF incidente sobre ouro como ativo financeiro ou instrumento cambial	30% para o Estado de origem e 70% para o Município de origem.

A Constituição veda a retenção ou qualquer restrição à entrega e ao emprego dos recursos a serem repartidos aos Estados, ao DF e aos Municípios, com as seguintes exceções:

a. atrasos no pagamento de dívidas dos Estados, DF ou Municípios perante a União ou atraso no pagamento de dívidas dos Municípios com os Estados;

b. não cumprimento, pelos Estados e Municípios, do percentual mínimo de aplicação de recursos na área da saúde.

Para maior transparência, a União, os Estados, o Distrito Federal e os Municípios devem divulgar, até o último dia do mês subsequente ao da arrecadação, os montantes de cada um dos tributos arrecadados, os recursos recebidos, os valores de origem tributária entregues e a entregar e a expressão numérica dos critérios de rateio. Os dados divulgados pela União devem ser discriminados por Estado e por Município, e os dos Estados, por Município.

◆ **Vedação à retenção dos recursos repartidos**

O art. 160 da Constituição Federal veda a retenção ou qualquer restrição à entrega e ao emprego dos recursos que devem ser repartidos com os Estados, Distrito Federal e Municípios, neles compreendidos adicionais e acréscimos relativos a impostos.

O dispositivo constitucional, porém, abre duas exceções em seu § 1º, acrescentado pela Emenda Constitucional nº 29/2000 e alterado pela Emenda Constitucional nº 113/2021, ao determinar que tal vedação não impede a União e os Estados de condicionarem a entrega de recursos:

a. o pagamento de seus créditos, inclusive de suas autarquias;

b. ao cumprimento da exigência constitucional de aplicação de recursos mínimos estaduais e municipais em ações e serviços públicos de saúde.

E também a Emenda Constitucional nº 113/2021 passou a prever que, nos contratos, acordos, ajustes, convênios, parcelamentos ou renegociações de débitos de qualquer espécie, inclusive tributários, firmados pela União com os entes federativos, conste cláusulas para autorizar a dedução dos valores devidos dos montantes a serem repassados relacionados às respectivas cotas nos Fundos de Participação ou aos precatórios federais.

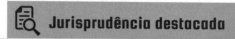

Jurisprudência destacada

É vedado ao Estado impor condições para entrega aos Municípios das parcelas que lhes compete na repartição das receitas tributárias, salvo como condição ao recebimento de seus créditos ou ao cumprimento dos limites de aplicação de recursos em serviços de saúde (CF, art. 160, parágrafo único, I e II). Município em débito com o recolhimento de contribuições previdenciárias descontadas de seus servidores. Retenção do repasse da parcela do ICMS até a regularização do débito. Legitimidade da medida, em consonância com as exceções admitidas pela CF (STF, ADI nº 1.106, Rel. Min. Maurício Corrêa, j. 05.06.2002).

Decifrando a prova

(Juiz de Direito Substituto/ES – CESPE – 2011 – Adaptada) É vedada de forma absoluta, pela CF, a retenção, a qualquer título, dos valores que devam ser transferidos, por previsão constitucional, aos estados, ao DF e aos municípios na repartição das receitas tributárias.
( ) Certo   ( ) Errado
Gabarito comentado: embora, como regra geral, essa retenção seja vedada, a Constituição admite duas exceções que já vimos, o que faz com que a expressão "de forma absoluta" torne a afirmação incorreta. Portanto, a assertiva está errada.

23 Finanças públicas

23.1. INTRODUÇÃO E CONCEITO DE ORÇAMENTO

Em seu Título VI, Capítulo II, trata a Constituição basicamente sobre normas de Direito Financeiro, trazendo regras que devem ser observadas quando da elaboração, aprovação e execução do orçamento público.

Esses assuntos são estudados com mais detalhes pelo Direito Financeiro ou ainda pela disciplina Administração Financeira e Orçamentária, sendo que aqui veremos somente as disposições constitucionais mais importantes, após termos nos familiarizado com alguns conceitos utilizados pela Constituição Federal.

Antes de mais nada, é importante entender o que é o orçamento público. O orçamento público pode ser definido como o "ato através do qual são previstas as receitas a serem arrecadadas pelo Estado em um determinado período e autorizadas as despesas a serem realizadas, após aprovação do Poder Legislativo".[1]

Assim, o orçamento de um lado traz a receita que o Governo espera arrecadar, e de outro indica onde esses recursos serão utilizados, que são as despesas públicas.

Hoje o orçamento é visto como um instrumento importante, não só de planejamento de gastos, mas também de atingimentos de objetivos e metas estabelecidos.

No Brasil, o período de vigência do orçamento é chamado de exercício financeiro, o qual, de acordo com a Lei nº 4.320/1964, deve coincidir com o ano civil, estendendo-se, portanto, de 1º de janeiro a 31 de dezembro de cada ano. Isso faz com que o orçamento tenha que ser aprovado até o final do ano anterior, para ter vigência durante o ano a que se refere.

Em virtude da autonomia concedida aos entes da Federação, cada um deles é responsável pela elaboração, aprovação, execução e controle de seu próprio orçamento. A propositura da lei orçamentária anual é de responsabilidade do Chefe do Poder Executivo e sua aprovação, do Poder Legislativo, o que, como visto, deve ser feito até o final do ano.

---

[1] Recomenda-se a leitura de Muzy (2020, p. 10) para maior aprofundamento sobre o tema.

Após sua aprovação, o orçamento é executado, a partir do início do ano seguinte, com a arrecadação das receitas previstas e realização das despesas autorizadas, o que é feito especialmente pelo Poder Executivo.

Ao final e ao longo do exercício financeiro, o orçamento também é acompanhado e avaliado, tanto pelo próprio Poder Executivo – por meio de seu sistema de controle interno – como pelo Poder Legislativo, com o auxílio do Tribunal de Contas.

23.2. PRINCÍPIOS ORÇAMENTÁRIOS

Para um melhor entendimento das normas constitucionais, é importante que se entenda que o orçamento público está sujeito a algumas regras gerais que devem ser observadas quando de sua elaboração e execução, que são os chamados princípios orçamentários.

Esses princípios são estabelecidos especialmente pela doutrina e algumas vezes seu número e definições apresentam pequenas divergências de autor para autor. Aqui falaremos somente daqueles mais importantes para a compreensão das disposições constitucionais e utilizaremos os conceitos mais propícios para isso.

a. **Princípio da legalidade:** estabelece que o orçamento deve ser aprovado sempre por lei, a qual é denominada de Lei Orçamentária Anual (LOA). A exigência de aprovação pelo Poder Legislativo busca garantir maior transparência e representatividade popular, além de ser um instrumento de aplicação dos freios e contrapesos constitucionais.

A lei orçamentária apresenta algumas especificidades em relação às demais leis, sendo as principais as seguintes:

- a iniciativa para sua propositura é privativa do chefe do Poder Executivo, cuja omissão configura crime de responsabilidade;
- na esfera federal, sua aprovação é em sessão conjunta do Congresso Nacional;
- durante seu trâmite na Casa Legislativa, passa por somente duas instâncias: comissão de orçamento e plenário;
- é sempre uma lei temporária, válida por um exercício financeiro;
- importante destacar que a lei orçamentária está sujeita ao controle concentrado de constitucionalidade, podendo assim ser questionada por meio de ação direta de inconstitucionalidade, conforme entendimento do STF.[2]

Jurisprudência destacada

Orçamento anual. Competência privativa. Por força de vinculação administrativo-constitucional, a competência para propor orçamento anual é privativa do chefe do Poder Executivo (STF, ADI 882, Rel. Min. Maurício Corrêa, j. 19.02.2004).

---

[2] STF, ADI nº 4.048-MC, Rel. Min. Gilmar Mendes, j. 14.05.2008.

Capítulo 23 ◆ Finanças públicas **635**

b. **Princípio da unidade:** também chamado de princípio da totalidade, estabelece que a cada exercício financeiro deve haver um só orçamento em cada ente da Federação, sendo proibida sua multiplicidade. Assim, todos os anos deve haver um só orçamento federal; um só orçamento em cada Estado; um só orçamento em cada Município.

Por conta disso, o orçamento deve trazer as despesas de todos os poderes daquele ente da Federação, incluindo as entidades da administração indireta que recebam recursos públicos.

c. **Princípio da universalidade:** estabelece que o orçamento deve procurar prever todas as receitas que o ente público espera arrecadar e autorizar todas as despesas em que essas receitas serão aplicadas. A Constituição proíbe a realização de despesas que não estejam previstas no orçamento.

d. **Princípio da periodicidade ou anualidade:** determina que o orçamento deve ser sempre aprovado para valer durante um período certo, o qual no Brasil, como já vimos, corresponde ao exercício financeiro.

e. **Princípio da exclusividade:** esse princípio, previsto no art. 165, § 8º, da Constituição Federal, estabelece que a lei orçamentária não poderá conter dispositivo estranho à previsão da receita e à fixação da despesa. Ou seja, o orçamento deve ser uma lei específica, somente podendo prever as receitas e autorizar as despesas para o exercício seguinte, evitando-se a introdução de outros assuntos.

No entanto, o próprio texto constitucional traz duas exceções, permitindo que o orçamento, além de receitas e despesas, traga também:

◆ autorização para abertura de créditos suplementares;[3] e

◆ autorização para contratação de operações de crédito, ou seja, para a assunção de empréstimos pelo Poder Executivo.

f. **Princípio do equilíbrio:** estabelece que, no orçamento, o total de receitas deve ser igual as de despesas. Isso ocorre pelo fato de que as despesas são definidas como todas as aplicações, ou seja, destinações, das receitas públicas. Como toda receita prevista no orçamento deve ter alguma destinação, disso decorre que o total de receitas será igual ao das despesas. Alguns definem o princípio do equilíbrio como sendo a regra de que, no orçamento, o total de despesas não pode ultrapassar o de receitas, o que porém é decorrência do fato de que esses valores sempre devem ser iguais.

g. **Princípio da especificação:** princípio que recebe vários outros nomes, como do detalhamento, da discriminação ou da especialização, determina que as receitas e despesas devem ser devidamente discriminadas, ou seja, detalhadas, no orçamento de forma a permitir a perfeita identificação das fontes de receitas e de suas aplicações.

---

3 Os créditos suplementares são autorizações dadas pelo Poder Legislativo para que o Poder Executivo possa gastar com determinada despesa além do que foi autorizado no orçamento.

636 Direito Constitucional Decifrado

h. **Princípio da publicidade:** determina que a peça orçamentária deve ser de conhecimento público. Embora a própria natureza do orçamento como lei já garanta sua publicidade, atualmente a legislação preocupa-se em garantir sua publicidade efetiva, inclusive com sua divulgação na internet e outros meios de divulgação.

i. **Princípio da não afetação:** também chamado de princípio da não vinculação, determina que as receitas de impostos não devem ser predestinadas pela lei a nenhuma despesa específica, exceto nos casos autorizados na Constituição, os quais foram vistos quando tratamos sobre os impostos, no capítulo sobre o Sistema Tributário Nacional.

> ### 🧩 Decifrando a prova
>
> **(Promotor de Justiça/RS – MPE-RS – 2014 – Adaptada)** O princípio da não afetação enuncia a vedação constitucional, dirigida ao legislador, de vincular a receita pública a certas despesas, e apresenta como exceções somente a destinação de recursos para a educação e para a saúde.
>
> ( ) Certo   ( ) Errado
>
> **Gabarito comentado:** a questão apresenta dois erros. O primeiro é que o princípio da não afetação se aplica, não à receita pública em geral, mas especificamente à receita de impostos. O segundo é que existem diversas exceções previstas na Constituição além da destinação de recursos para a educação e saúde. Portanto, a assertiva está errada.

j. **Princípio da programação:** estipula que, no orçamento, as despesas estejam atreladas a programas de governo, os quais devem possuir metas e objetivos a serem alcançados. Esse princípio permite uma melhor análise da eficiência dos gastos públicos.

k. **Princípio da unidade de caixa:** também chamado de princípio da unidade de tesouraria, determina que, salvo exceções, os recursos públicos arrecadados devem ingressar por meio de uma única conta bancária em cada ente da Federação, a chamada "conta única do tesouro".

Na esfera federal, a conta única do Tesouro Nacional deve ser mantida no Banco Central do Brasil, sendo operacionalizada pelo Banco do Brasil. No caso dos Estados e Municípios, suas respectivas contas únicas devem ser mantidas em bancos públicos.

23.3. CRÉDITOS ADICIONAIS

A Constituição, ao tratar sobre o orçamento público, refere-se por diversas vezes aos créditos adicionais. Os créditos adicionais nada mais são do que alterações da lei orçamentária anual, após a sua aprovação. São autorizações para gastos não previstos originalmente no orçamento ou previstos com valor insuficiente, e podem ser de três espécies:

a. **créditos suplementares:** utilizados para aumentar o valor de uma despesa prevista no orçamento, mas cujo montante revelou-se insuficiente.
b. **créditos especiais:** usados para custear uma despesa não prevista na lei orçamentária anual, ou seja, inclui uma nova despesa no orçamento.
c. **créditos extraordinários:** utilizados somente para o caso de despesas urgentes e imprevisíveis, tais como as decorrentes de guerra, comoção interna ou calamidade pública.

Como o orçamento, como visto, é aprovado pelo Congresso por meio de lei, sua alteração também deve ser feita por meio de lei ou instrumento equivalente. No caso dos créditos suplementares e especiais, eles devem ser previamente autorizados por lei e somente após isso é que o Poder Executivo pode abri-los, por meio de decreto. Além disso, quando da solicitação dos créditos suplementares e especiais, devem ser indicadas as fontes de recursos para seu atendimento, dentre as hipóteses previstas em lei.

Já os créditos extraordinários, diante de sua urgência, são autorizados e abertos por meio de medida provisória expedida pelo Presidente da República, sendo a análise feita posteriormente pelo Congresso, como sempre ocorre com as medidas provisórias. No caso de créditos extraordinários não há necessidade da indicação prévia dos recursos necessários para sua abertura.

Os créditos suplementares têm sua vigência restrita ao exercício financeiro em que foram autorizados. Já os créditos especiais e extraordinários também em princípio o serão, mas se forem autorizados nos últimos quatro meses do ano terão sua vigência prorrogada para o exercício seguinte, de acordo com o art. 167, § 2º, da Constituição.

No caso dos Estados, Distrito Federal e Municípios, as regras são as mesmas, somente observado que, se não houver previsão, na Constituição Estadual ou na Lei Orgânica, da possibilidade de edição de medida provisória pelo Governador ou Prefeito, poderão eles utilizar-se de decreto para a abertura de créditos extraordinários.

Jurisprudência destacada

Além dos requisitos de relevância e urgência (art. 62), a Constituição exige que a abertura do crédito extraordinário seja feita apenas para atender a despesas imprevisíveis e urgentes. Ao contrário do que ocorre em relação aos requisitos de relevância e urgência (art. 62), que se submetem a uma ampla margem de discricionariedade por parte do presidente da República, os requisitos de imprevisibilidade e urgência (art. 167, § 3º) recebem densificação normativa da Constituição. Os conteúdos semânticos das expressões "guerra", "comoção interna" e "calamidade pública" constituem vetores para a interpretação/aplicação do art. 167, § 3º, c/c o art. 62, § 1º, I, *d*, da Constituição. "Guerra", "comoção interna" e "calamidade pública" são conceitos que representam realidades ou situações fáticas de extrema gravidade e de consequências imprevisíveis para a ordem pública e a paz social, e que dessa forma requerem, com a devida urgência, a adoção de medidas singulares e extraordinárias. A leitura atenta e a análise interpretativa do texto e da exposição de motivos da MP 405/2007 demonstram que os créditos abertos são destinados a prover despesas correntes, que não estão qualificadas pela imprevisibilidade ou pela urgência. A edição da MP 405/2007 configurou um patente desvirtuamento dos parâmetros constitucionais que permitem a edição de medidas provisórias para a abertura de créditos extraordinários (STF, ADI nº 4.048, Rel. Min. Gilmar Mendes, j. 14.05.2008).

23.4. RECEITAS E DESPESAS CORRENTES E DE CAPITAL

Também várias vezes, o texto constitucional faz referência a receitas e despesas correntes e despesas de capital, não as explicando, deixando sua definição para a legislação infraconstitucional.

Basicamente, as receitas correntes são receitas efetivas, ou seja, valores que o ente público arrecada e que de fato aumentam seu patrimônio, pois não são acompanhados da venda de um bem ou da assunção de uma obrigação. Como exemplos, temos as receitas com tributos e com transferências constitucionais ou voluntárias recebidas de outros entes da Federação.

As receitas de capital, por sua vez, representam valores que o ente público arrecada, mas que não lhe trazem ganho patrimonial, pois são acompanhadas da entrega de um bem ou da baixa de um direito a receber, ou ainda da assunção de uma obrigação. Como exemplos, temos as receitas de operações de crédito (empréstimos contraídos) e as receitas da alienação de bens.

As despesas públicas também podem ser correntes ou de capital. As correntes, também chamadas de despesas de custeio, são aquelas realizadas para manutenção do patrimônio e dos serviços públicos, trazendo, via de regra, uma redução na riqueza patrimonial, uma vez que não são compensadas com o recebimento de um bem ou direito ou com a extinção ou redução de uma obrigação. Como exemplos, temos as despesas com pagamento de pessoal e os juros da dívida pública.

A ideia da Constituição é que as despesas correntes sejam custeadas somente com receitas correntes, e não com receitas de capital, exceto se houver autorização do Poder Legislativo por maioria absoluta.

Por fim, as despesas de capital são aquelas que, apesar de representarem saídas de recursos dos cofres públicos, não causam uma redução patrimonial, porque são acompanhadas da apropriação de um bem ou direito ou da redução ou extinção de uma dívida. Como exemplos, temos as despesas com investimentos, com a aquisição de bens públicos e o pagamento do principal da dívida pública.

23.5. REGULAMENTAÇÃO DO ORÇAMENTO POR ESTADOS, DISTRITO FEDERAL E MUNICÍPIOS

A Constituição Federal, ao trazer as disposições aplicáveis ao orçamento público, o faz quase sempre em relação à União. No entanto, segundo entendimento do próprio Supremo Tribunal Federal, as normas sobre o processo legislativo são de reprodução obrigatória pelos Estados, Distrito Federal e Municípios, por aplicação do princípio da simetria.[4]

Assim, de forma geral, devem os Estados, Distrito Federal e Municípios seguir as regras gerais previstas na Constituição sobre o assunto. Além disso, tratando-se de matéria

---

4   STF, ADI nº 6.308-MC REF, Rel. Min. Roberto Barroso, j. 29.06.2020.

de competência legislativa concorrente entre a União, Estados e Distrito Federal (art. 24, II, CF), cabe à primeira estabelecer regras gerais – o que é feito em sua maior parte por lei complementar –, podendo os Estados e o Distrito Federal complementá-las e aos Municípios exercer sua competência suplementar, nos termos do art. 30, II, da Constituição.

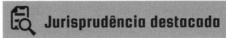

As normas da CF/1988 sobre o processo legislativo das leis orçamentárias são de reprodução obrigatória pelo constituinte estadual. Aplicabilidade do princípio da simetria na espécie (STF, ADI nº 6.308-MC REF, Rel. Min. Roberto Barroso, j. 29.06.2020).

23.6. DISPOSIÇÕES CONSTITUCIONAIS GERAIS

Antes de entrar na questão específica dos orçamentos, a Constituição traz regras gerais sobre finanças públicas em seus arts. 163 e 164.

23.6.1. Matérias reservadas à lei complementar

O art. 163 da Constituição Federal traz os assuntos que deverão ser objeto de lei complementar, no que se refere ao Direito Financeiro:

Art. 163. Lei complementar disporá sobre:

I – finanças públicas;

II – dívida pública externa e interna, incluída a das autarquias, fundações e demais entidades controladas pelo Poder Público;

III – concessão de garantias pelas entidades públicas;

IV – emissão e resgate de títulos da dívida pública;

V – fiscalização financeira da administração pública direta e indireta;

VI – operações de câmbio realizadas por órgãos e entidades da União, dos Estados, do Distrito Federal e dos Municípios;

VII – compatibilização das funções das instituições oficiais de crédito da União, resguardadas as características e condições operacionais plenas das voltadas ao desenvolvimento regional.

VIII – sustentabilidade da dívida, especificando:

a) indicadores de sua apuração;

b) níveis de compatibilidade dos resultados fiscais com a trajetória da dívida;

c) trajetória de convergência do montante da dívida com os limites definidos em legislação;

d) medidas de ajuste, suspensões e vedações;

e) planejamento de alienação de ativos com vistas à redução do montante da dívida.

Parágrafo único. A lei complementar de que trata o inciso VIII do *caput* deste artigo pode autorizar a aplicação das vedações previstas no art. 167-A desta Constituição.

Vários desses pontos são regulamentados pela Lei Complementar nº 101/2000, mais conhecida como Lei de Responsabilidade Fiscal, e pela Lei nº 4.320/1964, a qual, embora aprovada como lei ordinária, possui *status* de lei complementar por regular assuntos que hoje são reservados a essa espécie normativa.

📑 Jurisprudência destacada

O fato de ter se referido à lei complementar no singular, e não no plural não significa que todas as matérias referidas nos incisos do art. 163 devessem ser disciplinadas por um mesmo diploma legislativo, mas sim a imposição constitucional de uma espécie normativa específica para regulamentar as matérias previstas nesse artigo. A exigência constitucional em estatuir que a regulamentação das matérias compreendidas em finanças públicas há de fazer-se necessariamente pela espécie normativa "lei complementar" foi observada pelo Congresso Nacional, tendo, portanto, sido respeitada a reserva legal absoluta, existente, como na presente hipótese, quando a norma constitucional exige, para sua integral regulamentação, a edição de lei formal, entendida como ato normativo emanado do Congresso Nacional elaborado de acordo com o devido processo legislativo constitucional. Observe-se, ainda, não ser razoável exigir, sem previsão constitucional explícita, que a disciplina geral das finanças públicas seja formalizada mediante lei única, restringindo a legítima atuação legiferante do Congresso Nacional, pois tal regime não decorre do teor do art. 163, tampouco do art. 30 da EC 19/1998, que teve por escopo apenas estabelecer um prazo máximo para a iniciativa do Executivo na matéria (STF, ADI nº 2.238, Rel. Min. Alexandre de Moraes, j. 24.06.2020).

A Emenda Constitucional nº 108/2020 acrescentou o art. 163-A, o qual determina à União, aos Estados, ao Distrito Federal e aos Municípios que disponibilizem suas informações e dados contábeis, orçamentários e fiscais, conforme periodicidade, formato e sistema estabelecidos pelo órgão central de contabilidade da União, de forma a garantir a rastreabilidade, a comparabilidade e a publicidade dos dados coletados, os quais deverão ser divulgados em meio eletrônico de amplo acesso público.

23.6.2. Banco Central do Brasil

O Banco Central do Brasil (Bacen) é uma autarquia federal, responsável, entre outras coisas, por autorizar a emissão de moeda, autorizar e fiscalizar o funcionamento das instituições financeiras, emprestar recursos aos bancos comerciais e controlar o fluxo de capitais estrangeiros no país.

O art. 164 da Constituição determina que a emissão moeda, que é competência da União, deve ser feita unicamente pelo Banco Central.

O § 3º do art. 164 determina que as disponibilidades de caixa da União devem ser depositadas no Banco Central do Brasil, na chamada "Conta Única do Tesouro Nacional". Já as disponibilidades de caixa dos Estados, do Distrito Federal e dos Municípios devem ser mantidas em instituições financeiras oficiais, ressalvados os casos previstos em lei, a qual deve ser federal e não local, de acordo com o entendimento do STF.[5] Essa exigência de manutenção das disponibilidades de caixa dos Estados e Municípios em banco oficial, porém, não impede que o depósito dos pagamentos dos servidores seja feito em instituição privada, uma vez que nesse caso não se trata mais de recursos do ente público.[6]

> ### 🧩 Decifrando a prova
>
> **(Promotor de Justiça/PA – FCC – 2014 – Adaptada)** Será incompatível com as diretrizes constitucionais referentes às finanças públicas o crédito da folha de pagamento de servidores públicos estaduais ou municipais em banco privado.
> ( ) Certo ( ) Errado
> **Gabarito comentado:** conforme vimos, o STF entende que o crédito da folha de pagamento de servidores estaduais ou municipais em banco privado não ofende o art. 164, § 3º, da CF, uma vez que ao depositá-los, os recursos passam a ser dos próprios servidores, e não mais do Estado ou Município. Portanto, a assertiva está errada.

Embora funcione como "caixa" da União, a Constituição proíbe ao Banco Central conceder, direta ou indiretamente, empréstimos ao Tesouro Nacional e a qualquer órgão ou entidade que não seja instituição financeira.

Por ser uma autarquia, e não um banco comercial, o Banco Central não possui fins lucrativos, não estando, assim, obrigado a ser rentável, como ocorre com as instituições financeiras. No entanto, se tiver resultado positivo (lucro), esse valor será repassado aos cofres da União. Da mesma forma, eventual resultado negativo (prejuízo) deverá ser assumido pelo Tesouro Nacional.

O art. 164-A da Constituição, incluído pela Emenda Constitucional nº 109/2021, determina que a União, os Estados, o Distrito Federal e os Municípios devem conduzir suas políticas fiscais de forma a manter a dívida pública em níveis sustentáveis, na forma da lei complementar referida no inciso VIII do *caput* do art. 163, e que a elaboração e a execução de planos e orçamentos devem refletir a compatibilidade dos indicadores fiscais com a sustentabilidade da dívida.

23.7. DOS ORÇAMENTOS

O art. 165 da Constituição Federal estabelece que o processo orçamentário no Brasil envolve a elaboração e a aprovação de 3 (três) leis distintas:

---

5 STF, ADI nº 2.661-MC, Rel. Min. Celso de Mello, j. 05.06.2002.
6 STF, AI nº 837.677-AgR, Rel. Min. Rosa Weber, j. 03.04.2012.

Art. 165. Leis de iniciativa do Poder Executivo estabelecerão:

I – o plano plurianual;

II – as diretrizes orçamentárias;

III – os orçamentos anuais.

Essas três leis permitem formar o que se chama de orçamento-programa, que é o tipo de orçamento em que há uma interligação entre os orçamentos anuais e o planejamento governamental.

A ideia é de que o planejamento estatal, que se refletirá no orçamento, deve ser um ciclo de quatro anos, começando com o Plano Plurianual (PPA) e terminando na Lei Orçamentária Anual (LOA), passando pela Lei de Diretrizes Orçamentárias (LDO).

O PPA, a LDO e a LDO, bem como suas alterações, são aprovados, na esfera federal, em sessão conjunta do Congresso Nacional, e não em votações separadas na Câmara dos Deputados e no Senado, como acontece com as demais leis. Antes da votação no plenário do Congresso, porém, devem receber parecer de uma comissão mista de deputados e senadores.

A elaboração da proposta das três leis orçamentárias cabe ao Poder Executivo, que deve encaminhá-las ao Legislativo nos prazos previstos.

Vejamos o que a Constituição traz sobre o PPA, a LDO e a LOA.

23.7.1. Plano Plurianual (PPA)

O Plano Plurianual (PPA) tem validade de quatro anos, traçando um planejamento de médio prazo para as ações da Administração Pública. Nele são previstos os programas de governo para o período, com suas ações e objetivos esperados.

De acordo com o art. 165, § 1º, da Constituição Federal, a lei que instituir o plano plurianual deverá estabelecer, de forma regionalizada, as diretrizes, objetivos e metas da administração pública federal para as despesas de capital e outras delas decorrentes e para as relativas aos programas de duração continuada.

Assim, o PPA estabelecerá as diretrizes, objetivos e metas da administração pública para os quatro anos seguintes, o que orientará a elaboração das leis de diretrizes orçamentárias do quadriênio.

Ao estabelecer que as diretrizes, objetivos e metas sejam estabelecidas de forma regionalizada, o que pretende a Constituição é que o Poder Público leve em conta as diferenças que ocorrem nas diversas regiões brasileiras, permitindo um planejamento que atenda também às necessidades locais. De observar-se que esse planejamento regionalizado não necessariamente precisa levar em consideração a divisão clássica do País em cinco regiões (Norte, Nordeste, Centro-Oeste, Sudeste e Sul), mas poderá adotar outros critérios, de acordo com as necessidades de cada programa.

Além disso, o dispositivo constitucional determina que tais diretrizes, objetivos e metas devem ser estabelecidos para as despesas de capital e outras delas decorrentes e para as relativas aos programas de duração continuada:

As despesas de capital são as despesas do Governo com a criação de bens ou serviços públicos novos (investimentos) ou com a aquisição de bens já existentes no mercado (inversões financeiras).

Esses investimentos e inversões financeiras, porém, gerarão mais despesas, que serão necessárias para mantê-los (exemplo: as despesas de capital com a construção de um hospital ocasionarão o surgimento de despesas com manutenção das atividades desse hospital depois de pronto, como pagamento de pessoal, de contas de consumo, de manutenção de equipamentos etc.).

Por conta disso, exige a Constituição Federal que também sejam incluídas as despesas decorrentes dessas despesas de capital.

Por fim, o Governo também não deve se esquecer que precisa manter os programas já existentes e em funcionamento. Por isso que também devem ser incluídas no PPA as despesas relativas aos programas de duração continuada, os quais, de acordo com o art. 17 da Lei de Responsabilidade Fiscal, são aqueles que se estendam por um período superior a dois exercícios financeiros.

O que deve ficar claro é que a Constituição Federal determina que seja feita uma relação entre as despesas públicas e as diretrizes, objetivos e metas, ligando o orçamento ao planejamento, o que advém do princípio orçamentário da programação e que caracteriza o chamado "orçamento-programa". Por conta disso, o PPA também deve trazer as ações que serão executadas para cada programa de Governo.

As disposições do PPA têm caráter informativo e de orientação, mas não têm caráter impositivo nem autorizativo, ou seja, o fato de uma despesa ou programa estarem previstos no PPA não significa que obrigatoriamente devam ser executados ou nem mesmo que estejam autorizados, uma vez que a autorização para o gasto deve constar das leis orçamentárias anuais.

O § 1º do art. 167 da Constituição Federal estabelece que nenhum investimento cuja execução ultrapasse um exercício financeiro poderá ser iniciado sem prévia inclusão no plano plurianual. A *contrario sensu*, isso significa que, se o investimento puder ser executado dentro de um mesmo exercício financeiro, não haverá necessidade de prévia inclusão no Plano Plurianual, o que representa uma exceção à regra de que todos os investimentos devem estar no PPA.

Decifrando a prova

(Juiz de Direito Substituto/PB – TJ-PB – 2015 – Adaptada) A lei de iniciativa do presidente que instituir o plano plurianual estabelecerá, entre outros temas, as metas da administração federal, incluindo-se as despesas de capital para o exercício seguinte e as orientações para a elaboração da lei orçamentária anual.

( ) Certo   ( ) Errado

Gabarito comentado: o PPA não trata sobre as despesas de capital para o exercício seguinte e nem traz orientações diretas para a LOA. Essas atribuições são, na verdade, da Lei de Diretrizes Orçamentárias (LDO). Portanto, a assertiva está errada.

23.7.2. Lei de Diretrizes Orçamentárias (LDO)

A Lei de Diretrizes Orçamentárias (LDO) funciona como intermediária entre o planejamento de médio prazo do PPA e os orçamentos anuais.

O § 2º do art. 165 da Constituição Federal, com a redação que lhe foi dada pela Emenda Constitucional nº 109/2021, enumera quais são as funções da Lei de Diretrizes Orçamentárias:

> § 2º A lei de diretrizes orçamentárias compreenderá as metas e prioridades da administração pública federal, estabelecerá as diretrizes de política fiscal e respectivas metas, em consonância com trajetória sustentável da dívida pública, orientará a elaboração da lei orçamentária anual, disporá sobre as alterações na legislação tributária e estabelecerá a política de aplicação das agências financeiras oficiais de fomento.

Vejamos cada uma dessas funções da LDO:

a. **Definição das metas e prioridades da administração:** uma das funções da LDO é selecionar, dentre as ações planejadas para o quadriênio no PPA, aquelas mais prioritárias, que deverão ser realizadas no exercício financeiro seguinte.

b. **Estabelecimento das diretrizes de política fiscal:** a LDO deve deixar claro quais serão as diretrizes adotadas pelo governo no que se refere a sua política fiscal, estabelecendo seus objetivos principais nessa área (como, por exemplo, redução da dívida pública, expansão da economia, controle da inflação etc.). Isso é especialmente importante para dar maior previsibilidades às ações econômicas do Governo e também porque a adoção de ações na área fiscal costuma trazer impactos para a economia como um todo.

c. **Orientação para elaboração da Lei Orçamentária Anual:** a LDO estabelece regras e diretrizes que deverão ser observadas quando da elaboração da lei orçamentária. Entre vários outros exemplos de parâmetros e diretrizes estabelecidas pela LDO para a LOA, podemos citar: metas de arrecadação, metas de despesas, metas de dívida pública, valor e hipóteses de utilização da reserva de contingência, prazo máximo para envio e limites de gastos para as propostas orçamentárias pelos demais poderes, que serão encaminhadas ao Executivo para consolidação e envio ao Legislativo etc.

d. **Disposição sobre alterações na legislação tributária:** alterações na legislação tributária costumam impactar diretamente o orçamento, pois normalmente alteram a expectativa de arrecadação, como ocorre, por exemplo, com a criação ou aumento de tributos e com a concessão de isenções. Por conta disso, é importante que a LDO disponha sobre as alterações que o Poder Executivo pretende propor ou realizar na legislação tributária, além de analisar o impacto de alterações já efetuadas.

e. **Definição da política de aplicação das agências financeiras oficiais de fomento:** definir a política de aplicação das agências financeiras oficiais de fomento significa estabelecer as diretrizes que devem ser seguidas por essas agências ao emprestarem recursos financeiros. Agência de fomento é a instituição com o objetivo principal de financiar capital fixo e de giro para empreendimentos previstos em programas de desenvolvimento. Na esfera federal, entre outros temos Banco Nacional de Desenvolvimento Econômico e Social (BNDES), e o Conselho Nacional de Desenvolvimento Científico e Tecnológico (CNPq).

Além dessas funções, a Lei de Responsabilidade Fiscal – Lei Complementar nº 101/2000, atribui outras funções à LDO, as quais, porém, fogem do escopo do estudo do Direito Constitucional e por tal razão não serão aqui analisadas, sendo normalmente objeto de estudo do Direito Financeiro.

Deve ser observado que a LDO deve ser elaborada em consonância com as disposições do Plano Plurianual (PPA).

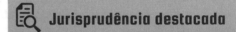

> O art. 35, § 2º, I, do ADCT dispõe que a lei do plano plurianual tem vigência até "o final do primeiro exercício financeiro do mandato presidencial subsequente", com início no segundo ano de mandato. Assim, no ano em que for editado o PPA, a Lei de Diretrizes Orçamentárias deve ser compatível com o plano então vigente (CF, art. 166, § 4º) (STF, ADI nº 4.629, Rel. Min. Alexandre de Moraes, j. 20.09.2019).

23.7.3. Lei Orçamentária Anual (LOA)

É na Lei Orçamentária Anual (LOA) que se faz a previsão de receitas e a autorização de despesas para o ano subsequente. Deve ser aprovada até o final de cada ano, para que seja executado no exercício seguinte.

A LOA deverá ser elaborada em consonância com o PPA e a LDO e deve trazer todas as receitas que se espera arrecadar e as despesas que serão incorridas no exercício financeiro subsequente, em relação aos três poderes.

A cada ano, cada poder e os outros órgãos que possuem autonomia orçamentária e financeira, como o Ministério Público e o Tribunal de Contas da União, encaminham a sua proposta orçamentária, de acordo com as disposições da lei de diretrizes orçamentárias, cabendo ao Poder Executivo consolidar tais propostas e encaminhá-las, em documento único, ao Congresso Nacional para discussão e aprovação, uma vez que, como visto, o orçamento deve ser único para toda a União.

Nenhuma despesa que não esteja prevista na LOA poderá ser executada, sob pena de responsabilização criminal do agente, conforme previsto no art. 359-D do Código Penal. Além disso, a Constituição proíbe a concessão de créditos ilimitados (art. 167, VII, da CF), o que quer dizer que toda despesa prevista no orçamento deverá ter um limite máximo de gasto.

O § 6º do art. 165 da Constituição Federal estabelece que o projeto de lei orçamentária deve ser acompanhado de demonstrativo regionalizado do efeito, sobre as receitas e despesas, decorrente de isenções, anistias, remissões, subsídios e benefícios de natureza financeira, tributária e creditícia.

De acordo com o § 5º do art. 165 da Constituição Federal, a lei orçamentária anual deve compreender três partes:

> § 5º A lei orçamentária anual compreenderá:
>
> I – o orçamento fiscal referente aos Poderes da União, seus fundos, órgãos e entidades da administração direta e indireta, inclusive fundações instituídas e mantidas pelo Poder Público;
>
> II – o orçamento de investimento das empresas em que a União, direta ou indiretamente, detenha a maioria do capital social com direito a voto;
>
> III – o orçamento da seguridade social, abrangendo todas as entidades e órgãos a ela vinculados, da administração direta ou indireta, bem como os fundos e fundações instituídos e mantidos pelo Poder Público.

O orçamento fiscal deve trazer todas as despesas, bem como as receitas que lhe custeiem, referentes aos Poderes da União, seus fundos, órgãos e entidades da administração direta e indireta, inclusive fundações instituídas e mantidas pelo Poder Público, desde que tais despesas não constem dos outros dois orçamentos – ou seja, o orçamento fiscal é residual.

No orçamento de investimento das empresas estatais devem constar todas as despesas, com as respectivas receitas, com investimentos em empresas em que a União, direta ou indiretamente, detenha a maioria do capital social com direito a voto.

Por fim, o orçamento da seguridade social deve trazer todas as despesas e correspondentes receitas relativas às entidades e órgãos da administração direta ou indireta, bem como os fundos e fundações instituídos e mantidos pelo Poder Público e relacionados à seguridade social, sendo que, de acordo com o art. 194 da Constituição Federal, a seguridade social no Brasil abrange ações de saúde, previdência social e assistência social. Assim, todas as despesas relativas a essas áreas deverão estar nesse orçamento.

O art. 165, § 7º, da Constituição afirma que os orçamentos fiscal e de investimento das empresas estatais, compatibilizados com o plano plurianual, devem ter entre suas funções a de reduzir desigualdades inter-regionais, segundo critério populacional.

RESUMO DAS LEIS ORÇAMENTÁRIAS

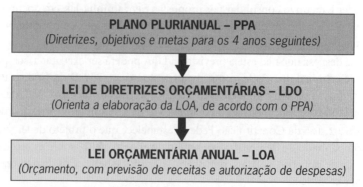

Capítulo 23 ◆ Finanças públicas **647**

A lei orçamentária anual não deve conter dispositivo estranho à previsão da receita e à fixação da despesa, excetuadas as autorizações para abertura de créditos suplementares e para contratação de operações de crédito, ainda que por antecipação de receita, nos termos da lei.

Como já vimos, os créditos suplementares são permissões para que se gaste, em determinadas despesas, em valores superiores aos que foram originalmente autorizados no orçamento. Ou seja, servem para aumentar o valor de uma despesa prevista no orçamento.

Os recursos que, em decorrência de veto, emenda ou rejeição do projeto de lei orçamentária anual, ficarem sem despesas correspondentes poderão ser utilizados, conforme o caso, mediante créditos especiais ou suplementares, com prévia e específica autorização legislativa.

O art. 166, § 3º, da Constituição estabelece que as emendas (alterações) ao projeto de lei do orçamento anual ou aos projetos que o modifiquem somente podem ser aprovadas caso:

I – sejam compatíveis com o plano plurianual e com a lei de diretrizes orçamentárias;

II – indiquem os recursos necessários, admitidos apenas os provenientes de anulação de despesa, excluídas as que incidam sobre:

a) dotações para pessoal e seus encargos;

b) serviço da dívida;

c) transferências tributárias constitucionais para Estados, Municípios e Distrito Federal; ou

III – sejam relacionadas:

a) com a correção de erros ou omissões; ou

b) com os dispositivos do texto do projeto de lei.

O art. 166, § 9º, da Constituição estabelece que as emendas individuais apresentadas pelos parlamentares ao projeto de lei orçamentária deverão ser aprovadas no limite de 1,2% (um inteiro e dois décimos por cento) da receita corrente líquida prevista no projeto encaminhado pelo Poder Executivo, sendo que a metade deste percentual será destinada a ações e serviços públicos de saúde.

Emendas individuais são solicitações de alterações de orçamento feitas individualmente por deputados e senadores, normalmente – mas não obrigatoriamente – propondo a aplicação de recursos em áreas relacionados ao seu eleitorado. Assim, a Constituição, a partir da Emenda Constitucional nº 86/2015, passou a determinar que essas emendas deverão ser aprovadas até o limite de 1,2% da receita corrente líquida trazida no orçamento, devendo metade do valor ser aplicado na área da saúde.

Segundo a Constituição Federal, a execução das despesas referentes a essas emendas individuais pelo Poder Executivo é obrigatória, exceto nos casos de impedimento de ordem técnica, obrigatoriedade que também se aplica às emendas de iniciativa de bancada de parlamentares de Estado ou do Distrito Federal, no montante de até 1% (um por cento) da receita corrente líquida realizada no exercício anterior. Por conta dessa determinação, há alguns que falam em adoção de orçamento impositivo. No entanto, essa denominação mostra-se

648 Direito Constitucional Decifrado

inadequada, uma vez que a grande maioria do orçamento – todos os 98,8% – possuem caráter somente autorizativo.

A Emenda Constitucional nº 105/2019 trouxe várias alterações ao fluxo das emendas ao projeto da lei orçamentária anual, acrescentando o art. 166-A ao texto constitucional, definindo, por exemplo, que as emendas individuais impositivas poderão alocar recursos a Estados, ao Distrito Federal e a Municípios por meio de transferência especial ou por transferência com finalidade definida.

Na transferência especial, os recursos são repassados sem o estabelecimento de uma destinação prévia, cabendo ao ente federal recebedor definir onde o dinheiro será aplicado, observado que esses recursos:

- ♦ devem ser repassados diretamente ao ente federado beneficiado, independentemente de celebração de convênio ou de instrumento congênere;
- ♦ pertencerão ao ente federado no ato da efetiva transferência financeira;
- ♦ deverão ser aplicadas em programações finalísticas das áreas de competência do Poder Executivo do ente federado beneficiado; e
- ♦ deverão ser aplicados em despesas de capital em no mínimo 70% de seu valor.

Na transferência com finalidade definida, por sua vez, é especificado previamente como o dinheiro deverá ser utilizado, sendo que os recursos correspondentes serão:

- ♦ vinculados à programação estabelecida na emenda parlamentar; e
- ♦ aplicados nas áreas de competência constitucional da União.

Verifica-se assim que, na verdade, na transferência com finalidade definida acaba funcionando como uma forma de delegação da União – com o fornecimento dos recursos correspondentes – da prática de ação que, de outra forma, deveria ser por ela exercida.

Tanto no caso das transferências especiais, como no caso das transferências com finalidade definida, os recursos repassados não integrarão a receita do Estado, do Distrito Federal e dos Municípios para fins de repartição e para o cálculo dos limites da despesa com pessoal ativo e inativo, bem como de endividamento do ente federado, vedada, em qualquer caso, a aplicação dos recursos a que se refere o *caput* deste artigo no pagamento de:

- **a.** despesas com pessoal e encargos sociais relativas a ativos e inativos, e com pensionistas; e
- **b.** encargos referentes ao serviço da dívida.

O art. 167 da Constituição traz uma série de vedações que devem ser observadas quando da elaboração e aprovação do orçamento. Resumidamente, e sem entrar em muitos detalhes que possam extrapolar o nível normal de exigência desses assuntos em Direito Constitucional, essas vedações são as seguintes:

- ♦ a do início de programas ou projetos não incluídos na lei orçamentária anual;
- ♦ a de realização de despesas ou a assunção de obrigações diretas que excedam os créditos orçamentários ou adicionais;

Capítulo 23 ◆ Finanças públicas **649**

- ◆ a de realização de operações de créditos que excedam o montante das despesas de capital, ressalvadas as autorizadas mediante créditos suplementares ou especiais com finalidade precisa, aprovados pelo Poder Legislativo por maioria absoluta;
- ◆ a de transposição, o remanejamento ou a transferência de recursos de uma categoria de programação para outra ou de um órgão para outro, sem prévia autorização legislativa, exceto, conforme excepcionado pelo § 5º do mesmo art. 167, no âmbito das atividades de ciência, tecnologia e inovação, com o objetivo de viabilizar os resultados de projetos restritos a essas funções, mediante ato do Poder Executivo;
- ◆ a de concessão ou utilização de créditos ilimitados;
- ◆ a de utilização, sem autorização legislativa específica, de recursos dos orçamentos fiscal e da seguridade social para suprir necessidade ou cobrir déficit de empresas;
- ◆ a de instituição de fundos de qualquer natureza, sem prévia autorização legislativa;
- ◆ a de transferência voluntária de recursos e a concessão de empréstimos, inclusive por antecipação de receita, pelos Governos Federal e Estaduais e suas instituições financeiras, para pagamento de despesas com pessoal ativo, inativo e pensionista, dos Estados, do Distrito Federal e dos Municípios;
- ◆ a de utilização de valores arrecadados a títulos de contribuição previdenciária dos trabalhadores, empregados e servidores público, bem como da contribuição das empresas sobre a folha de pagamento, para a realização de despesas distintas do pagamento de benefícios da previdência social dos regimes geral ou próprio dos servidores;
- ◆ a de transferência voluntária de recursos, concessão de avais, garantias e subvenções pela União e a concessão de empréstimos e de financiamentos por instituições financeiras federais aos Estados, ao Distrito Federal e aos Municípios na hipótese de descumprimento das regras gerais de organização e de funcionamento de regime próprio de previdência social;
- ◆ a criação de fundo público, quando seus objetivos puderem ser alcançados mediante a vinculação de receitas orçamentárias específicas ou mediante a execução direta por programação orçamentária e financeira de órgão ou entidade da administração pública.

A Emenda Constitucional nº 109/2021 acrescentou o art. 167-A, estabelecendo a possibilidade de utilização de mecanismo de ajuste fiscal específico, para o caso da relação entre despesas correntes e receitas correntes no ente da Federação superar o percentual de 95%, constitucionalizando disposições que antes constavam somente da Lei de Responsabilidade Fiscal – LC nº 101/2000.

A mesma emenda, promulgada no contexto da pandemia de Covid-19 que assolou o mundo e trouxe severos reflexos à economia nacional, também acresceu ao texto constitucional os arts. 167-A a 167-G, prevendo hipóteses de flexibilização orçamentária no caso de calamidade pública de âmbito nacional.

Cabe ao Poder Executivo arrecadar praticamente todas as receitas públicas. Diante disso, o art. 168 da Constituição determina que ele deverá repassar aos órgãos dos Poderes Legislativo (incluindo o Tribunal de Contas) e Judiciário, do Ministério Público e da Defensoria Pública os recursos correspondentes às suas dotações orçamentárias, compreendidos os créditos suplementares e especiais, o que deve ser feito até o dia 20 de cada mês, em duodécimos, na forma da lei complementar.

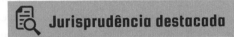

Jurisprudência destacada

O direito prescrito no art. 168 da CF/1988 instrumentaliza o postulado da Separação de Poderes e, dessa perspectiva, institui um dos fundamentos essenciais para a permanência do Estado Democrático de Direito, impedindo a sujeição dos demais Poderes e órgãos autônomos da República a arbítrios e ilegalidades perpetradas no âmbito do Poder Executivo respectivo (STF, MS nº 34.483, Rel. Min. Dias Toffoli, j. 22.11.2016).

Decifrando a prova

(Delegado de Polícia-GO – UEG/2012 – Adaptada) É vedada, na ordem orçamentária, a realização de operações de crédito que excedam o montante das despesas de capital, ressalvadas as autorizadas mediante créditos suplementares ou especiais com finalidade precisa, aprovados pelo Poder Legislativo por maioria simples.
( ) Certo   ( ) Errado
Gabarito comentado: a autorização excepcional do Poder legislativo para a contratação de operações de crédito de montante maior do que o das despesas de capital deve ser concedida por meio de maioria absoluta, de acordo com o art. 167, III, da CF, e não por maioria simples. Portanto, a assertiva está errada.

23.7.4. Regime extraordinário fiscal, financeiro e de contratações por conta de calamidade pública nacional

A pandemia de Covid-19, como todos sabemos, trouxe um impacto profundo nas economias e na saúde fiscal dos países em geral, o que não foi diferente no Brasil.

Isso fez com que fosse promulgada, em 7 de maio de 2020, a Emenda Constitucional nº 106/2020, a qual, em razão da situação atípica ocasionada pela pandemia, instituiu regime extraordinário fiscal, financeiro e de contratações para enfrentamento da calamidade pública nacional decorrente.

Esse regime permitiu, durante a vigência de estado de calamidade pública nacional reconhecido pelo Congresso Nacional, a flexibilização de diversas regras constitucionais e legais tendo em vista a impossibilidade ou dificuldade de seu cumprimento durante os efeitos adversos sentidos na economia e nas contas públicas, permitindo, por exemplo, que durante esse período:

Capítulo 23 ◆ Finanças públicas **651**

- contratação de pessoal, em caráter temporário e emergencial, e de obras, serviços e compras por meio de processos simplificados de contratação;
- dispensa da observância das limitações legais quanto à criação, à expansão ou ao aperfeiçoamento de ação governamental que acarretasse aumento de despesa e à concessão ou à ampliação de incentivo ou benefício de natureza tributária da qual decorresse renúncia de receita, desde que se tratasse de despesa não permanente com o propósito exclusivo de enfrentar a calamidade e suas consequências sociais e econômicas;
- possibilidade de que pessoa jurídica em débito com o sistema da seguridade social contratasse com o Poder Público ou dele recebesse benefícios ou incentivos fiscais ou creditícios;
- permissão para realização de operações de créditos que excedessem o montante das despesas de capital.

Deve-se observar que embora a Emenda Constitucional nº 106 tenha criado um regime temporário, a Emenda Constitucional nº 109/2021 acrescentou, entre outros, o art. 167-B à Constituição Federal permitindo de forma genérica que, durante a vigência de estado de calamidade pública de âmbito nacional, decretado pelo Congresso Nacional por iniciativa privativa do Presidente da República, a União deve adotar regime extraordinário fiscal, financeiro e de contratações para atender às necessidades dele decorrentes, mas somente naquilo em que a urgência for incompatível com o regime regular e obedecidos diversos parâmetros estabelecidos nos arts. 167-C a 167-G da Constituição Federal.

23.8. GASTOS COM PESSOAL

Os gastos com pessoal consomem sempre uma parcela significativa das receitas públicas nos três entes da Federação. Além disso, são uma despesa de difícil manejo, diante da necessária estabilidade concedida aos servidores públicos em geral, o que dificulta a sua redução.

Por conta disso o art. 169 da Constituição estabelece que a despesa com pessoal ativo e inativo e pensionistas da União, dos Estados, do Distrito Federal e dos Municípios não poderá exceder os limites estabelecidos em lei complementar.

Atualmente estes limites são estabelecidos pela Lei Complementar nº 101/2000 (Lei de Responsabilidade Fiscal), devendo, segundo a referida lei, ser verificados quadrimestralmente.

Em caso de descumprimento do limite previsto na Lei de Responsabilidade Fiscal, o ente público tem dois quadrimestres para readequar-se, podendo adotar, entre outras, as seguintes providências:

a. redução em pelo menos vinte por cento das despesas com cargos em comissão e funções de confiança;

b. exoneração dos servidores não estáveis.

Se tais providências não bastarem para retorno do ente aos limites estabelecidos, poderá haver a exoneração dos servidores estáveis, desde que ato normativo motivado de cada um dos Poderes especifique a atividade funcional, o órgão ou unidade administrativa objeto da redução de pessoal.

Nesse caso, porém, terá o servidor estável exonerado direito a indenização, a qual corresponderá a um mês de remuneração por ano de serviço, sendo que, além disso, o cargo objeto da redução será considerado extinto, vedada a criação de cargo, emprego ou função com atribuições iguais ou assemelhadas pelo prazo de quatro anos.

O art. 169, § 1º, também estabelece que a concessão de qualquer vantagem ou aumento de remuneração, a criação de cargos, empregos e funções ou alteração de estrutura de carreiras, bem como a admissão ou contratação de pessoal, a qualquer título, pelos órgãos e entidades da administração direta ou indireta, inclusive fundações instituídas e mantidas pelo poder público, só poderão ser feitas se satisfeitas duas condições:

a. existência de prévia dotação orçamentária suficiente para atender às projeções de despesa de pessoal e aos acréscimos dela decorrentes;
b. autorização específica na lei de diretrizes orçamentárias, ressalvadas as empresas públicas e as sociedades de economia mista.

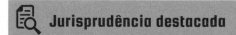

Ação direta de inconstitucionalidade. Lei Complementar nº 101/2000. Lei de Responsabilidade Fiscal (LRF). (...) A definição de um teto de gastos particularizado, segundo os respectivos poderes ou órgãos afetados (art. 20 da LRF), não representa intromissão na autonomia financeira dos Entes subnacionais. Reforça, antes, a autoridade jurídica da norma do art. 169 da CF, no propósito, federativamente legítimo, de afastar dinâmicas de relacionamento predatório entre os entes componentes da Federação (STF, ADI nº 2.238, Rel. Min. Alexandre de Moraes, j. 24.06.2020).

Ordem econômica e financeira

24.1. INTRODUÇÃO

Embora o sistema capitalista, que foi o adotado pela nossa Constituição, caracterize-se pela liberdade econômica e livre iniciativa, com predominância dos agentes privados na oferta de bens e serviços, atualmente entende-se que o Estado deve regular a economia, estipulando algumas regras para proteção do interesse público e mesmo para garantia da livre concorrência e do desenvolvimento econômico nacional, uma vez que o mercado deixado por si mesmo pode produzir algumas distorções, como formação de oligopólios ou monopólios e de cartéis.

É em seu Título VII que traz a Constituição Federal disposições acerca da chamada Ordem Econômica e Financeira, que deve ser entendida como um conjunto de disposições relacionadas à economia e ao sistema financeiro nacional.

24.2. PRINCÍPIOS GERAIS DA ATIVIDADE ECONÔMICA

Esses princípios são regras gerais que devem ser observadas pelo Estado brasileiro no que se refere ao seu papel de estabilizador e regulamentador da economia.

Retomando um dos fundamentos da República Federativa do Brasil, o art. 170 da Constituição Federal dispõe que a ordem econômica deve estar baseada na valorização do trabalho humano e na livre iniciativa, buscando assegurar a todos uma existência digna, conforme os ditames da justiça social. Aqui já fica claro a orientação liberal da nossa Constituição, em relação aos aspectos econômicos, mas sem descuidar da preocupação com a justa distribuição das riquezas.

A Constituição também assegura a todos o livre exercício de qualquer atividade econômica, independentemente de autorização de órgãos públicos, salvo nos casos previstos em lei. Sendo assim, via de regra, é livre o exercício de qualquer empresarial, não necessitando de autorização estatal, exceto nos casos que a lei expressamente a requerer, de forma semelhante ao que o art. 5º, XIII, da Constituição dispõe em relação à atividade profissional. Em relação a isso foi editada a Lei nº 13.874/2019, conhecida como Lei de Liberdade Econômica, a qual traz diversas disposições relacionadas ao assunto.

654 Direito Constitucional Decifrado

Os princípios gerais da atividade econômica são os seguintes, de acordo com os incisos do art. 170 da Constituição:

a. **Soberania nacional:** repete-se aqui a Constituição outro fundamento da República Federativa do Brasil. Assim como a soberania brasileira deve ser preservada na área política e de relações internacionais, também o deve ser na área econômica, observado que as relações políticas e econômicas entre os países estão intimamente relacionadas.

b. **Propriedade privada:** também repetindo um fundamento da República, a Constituição mais uma vez deixa claro que o Brasil optou pelo sistema capitalista de produção, em que se reconhece a propriedade privada dos meios de produção.
É admitida, em situações específicas, a intervenção do Estado na propriedade privada, como ocorre, por exemplo, na desapropriação, requisição administrativa ou no tombamento de bens. No entanto essa intervenção deve ser feita na forma estritamente necessária e sempre respeitando-se as disposições constitucionais e os direitos fundamentais do proprietário.[1]

c. **Função social da propriedade:** conforme já ressaltado quando da análise do art. 5º, XXIII, da Constituição, que também fala sobre a função social da propriedade, o direito de propriedade não é absoluto, uma vez que os bens em geral devem trazer alguma utilidade, direta ou indireta, para a sociedade em geral, devendo ser utilizada de forma a não prejudicar os direitos alheios.

d. **Livre concorrência:** a livre concorrência é essencial para que a economia seja eficiente e o consumidor possa se beneficiar da competição entre as empresas, a qual tende a levar a uma maior qualidade dos serviços e produtos oferecidos, além da redução no preço.

Atualmente compreende-se que muitas vezes o mercado por si só não propicia a livre concorrência, podendo haver a formação de grandes monopólios por concentração de empresas, por exemplo, sendo bem destacado pelo STF que "livre iniciativa e livre concorrência, esta como base do chamado livre mercado, não coincidem necessariamente".[2] Ou seja, livre concorrência nem sempre conduz à livre-iniciativa e vice-versa", devendo o Estado estar atento para detectar e corrigir tais distorções, seja pela ação normativa, seja diretamente, por meio da atuação de órgãos estatais como o Conselho Administrativo de Defesa Econômica (Cade), ao qual, entre outras atribuições, cabe autorizar a fusão de empresas de grande porte que possa trazer uma concentração excessiva na oferta de produtos e serviços.

No entanto, essa intervenção do Estado deve ser realizada somente no grau necessário para que sejam garantidas as condições para que o mercado seja atrativo para investimentos e que haja efetivamente livre concorrência, sob pena de desrespeito à liberdade econômica.

---

[1]   STF, RE nº 205.193, Rel. Min. Celso de Mello, j. 25.02.1997.

[2]   STF, AC nº 1.657-MC, Rel. Min. Cezar Peluso, j. 27.09.2007.

Além disso, as exigências legais não devem ser excessivas ou desproporcionais, porque isso pode inviabilizar a própria atividade econômica.

Nesse sentido, por exemplo, entende o STF que ofende o princípio da livre concorrência lei que impede a instalação de estabelecimentos comerciais do mesmo ramo em determinada área.³

Decifrando a prova

(Delegado de Polícia-MT – PJC-MT – 2017) De acordo com o entendimento dos tribunais superiores, lei municipal que impedir a instalação de mais de um estabelecimento comercial do mesmo ramo em determinada área do município será considerada inconstitucional, por ofender o princípio da livre concorrência.
( ) Certo   ( ) Errado
Gabarito comentado: como colocado anteriormente, tal disposição municipal seria inconstitucional, por ofender de forma desproporcional o princípio da livre concorrência, conforme entendimento do STF consubstanciado na Súmula Vinculante nº 49. Portanto, a assertiva está certa.

e. **Defesa do consumidor:** nas relações empresa-consumidor, este é considerado o elo mais fraco, seja por falta de conhecimento técnico, seja porque, na maior parte das vezes, também possui menos poderio econômico. Por conta disso, repetindo o que dispõe o art. 5º, XXXII, a Constituição determina que o consumidor deve ser amparado, na forma da lei, o que deve ser feito, obviamente, sem prejudicar a livre-iniciativa e sem desestimular a atividade econômica.

Jurisprudência destacada

As instituições financeiras estão, todas elas, alcançadas pela incidência das normas veiculadas pelo Código de Defesa do Consumidor. "Consumidor", para os efeitos do Código de Defesa do Consumidor, é toda pessoa física ou jurídica que utiliza, como destinatário final, atividade bancária, financeira e de crédito (STF, ADI nº 2.591-ED, Rel. Min. Eros Grau, j. 14.12.2006).

f. **Defesa do meio ambiente, inclusive mediante tratamento diferenciado conforme o impacto ambiental dos produtos e serviços e de seus processos de elaboração e prestação:** já há muito tempo que se sabe que a preservação do meio ambiente, além de uma questão de saúde pública e bem-estar coletivo, também

---

³ Súmula Vinculante nº 49: "Ofende o princípio da livre concorrência lei municipal que impede a instalação de estabelecimentos comerciais do mesmo ramo em determinada área".

é importante sob o ponto de vista econômico, uma vez que o combate aos efeitos negativos da degradação do meio ambiente costuma ser bastante custoso. Por conta disso, determina a Constituição que o desenvolvimento econômico seja realizado de forma compatível com a preservação ambiental, podendo o Estado adotar tratamento diferenciado às empresas conforme o impacto que causem no ambiente.

Desta forma, por exemplo, considerou o STF constitucionais normas federais que proibiram a importação de pneus usados, material de difícil descarte após o final de sua vida útil e que, mesmo quando reciclados, não ocorre a eliminação totalmente dos seus efeitos nocivos à saúde e ao meio ambiente equilibrado.[4]

g. **Redução das desigualdades regionais e sociais:** ao invocar como um dos princípios da atividade econômica justamente um dos objetivos fundamentais da República, elencado no art. 3º, III, a Constituição mais uma vez deixa clara a ligação entre o desenvolvimento econômico e o bem-estar social. A geração de riquezas deve, de alguma forma e em alguma medida, ser distribuída entre todos, de forma a reduzir as desigualdades sociais.

Estudos e a experiência econômica demonstram que nem sempre o crescimento econômico conduz a uma melhor distribuição de riquezas, devendo o Poder Público estar atento para garantir que isso ocorra.

h. **Busca do pleno emprego:** o pleno emprego é alcançado quando todos os fatores de produção da economia estão sendo utilizados com a máxima eficiência, sendo que o Governo tem um papel indutor importante a desempenhar nesse aspecto. Aqui, a preocupação é principalmente com o fato de produção trabalho, ou seja, com a redução do desemprego, de forma que o mesmo seja apenas residual. Isso porque sem trabalho é impossível que o cidadão possa de fato usufruir plenamente daquilo que a economia lhe oferece.

No entanto, deve-se observar que o STF entende como inconstitucional a adoção de medidas que, direta ou indiretamente, destinem-se à manutenção artificial de postos de trabalho, em detrimento das reconfigurações de mercado necessárias à inovação e ao desenvolvimento, mormente porque essa providência não é capaz de gerar riqueza para trabalhadores ou consumidores.[5]

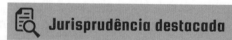

Jurisprudência destacada

A proibição legal do livre exercício da profissão de transporte individual remunerado afronta o princípio da busca pelo pleno emprego, insculpido no art. 170, VIII, da Constituição, pois impede a abertura do mercado a novos entrantes, eventualmente interessados em migrar para a atividade como consectário da crise econômica, para promover indevidamente a manutenção do valor de permissões de táxi (STF, ADPF nº 449, Rel. Min. Luiz Fux, j. 08.05.2019).

---

[4] STF, ADPF nº 101, Rel. Min. Cármen Lúcia, j. 24.06.2009.
[5] STF, RE nº 839.950, Rel. Min. Luiz Fux, j. 24.10.2018.

i. **Tratamento favorecido para as empresas de pequeno porte constituídas sob as leis brasileiras e que tenham sua sede e administração no país:** a preocupação com as micro e pequenas empresas é uma constante na Constituição, como se verifica nos arts. 146, III, d; 170, IX e 179. Isso porque, além de serem mais vulneráveis às dificuldades e riscos inerentes à atividade econômica, praticamente toda empresa começa como micro ou pequena. Assim, proteger as micro e pequenas empresas significa investir no desenvolvimento econômico do país. Além disso, deve-se também levar em consideração que as micro e pequenas empresas representam a maior parte dos ofertantes de empregos à população.

 Decifrando a prova

(Juiz de Direito Substituto/AL – TJ-AL – 2019 – Adaptada) O princípio constitucional da livre iniciativa, que deve nortear a ordem econômica no Brasil, não é absoluto e deve ser informado por outros objetivos, como a proteção ao consumidor e ao meio ambiente, podendo a atividade econômica ser regulada por lei, a qual, contudo, não pode impor obrigações desproporcionais.
( ) Certo   ( ) Errado
Gabarito comentado: de fato, enquanto o *caput* do art. 170 da Constituição coloca a livre-iniciativa como um dos princípios – ou fundamentos, juntamente com a valorização do trabalho humano – que deve reger a ordem econômica, seus incisos trazem uma série de condicionantes que devem ser observadas – que a Constituição chama de princípios –, entre elas a proteção ao consumidor e ao meio ambiente, as quais, para serem efetivadas, necessitam de regulamentação por lei, a qual, porém, não pode impor obrigações demasiadamente severas ou desproporcionais, sob pena de inviabilizar a atividade econômica. Portanto, a assertiva está certa.

24.2.1. Investimento estrangeiro

O art. 172 da Constituição estipula que a lei deve disciplinar, no interesse nacional, os investimentos de capital estrangeiro, incentivará os reinvestimentos e regulará a remessa de lucros. Isso porque, embora os investimentos estrangeiros sejam essenciais para países em desenvolvimento, como é o caso do Brasil, pois propiciam a geração de empregos e de riqueza no território nacional, não se deve permitir que empresas estrangeiras simplesmente espoliem o país, remetendo todos os seus lucros ao exterior sem contrapartida. Tudo deve ser feito de forma a conciliar os interesses nacionais com os dos investidores internacionais.

24.2.2. Exercício de atividade econômica pelo Estado

O *caput* do art. 173 da Constituição Federal determina que, ressalvados os casos previstos na própria Constituição, a exploração direta de atividade econômica pelo Estado só será permitida quando necessária aos imperativos da segurança nacional ou a relevante interesse coletivo, conforme definidos em lei. Por "exploração direta de atividade econômica" entenda-se a atividade do Estado que possua fins lucrativos, oferecendo bens e serviços com o objetivo primário, não de atender às necessidades da coletividade, mas sim de obter ganhos econômicos.

A ideia é que, por razões de eficiência, a atividade econômica seja exercida especialmente pelos particulares, mantendo o Estado uma posição somente supletiva, complementar, especialmente quando não houver interesse por parte da iniciativa privada, ou por questões de segurança. Essa é uma das premissas do sistema capitalista, ao contrário do que ocorre no modelo socialista de produção, em que a atividade econômica é exercida precipuamente pelo Estado.

Quando o Estado exerce atividade econômica, deve fazê-lo preferencialmente por meio de empresa pública ou sociedade de economia mista, que são entidades da administração indireta de natureza compatível com tal atividade.

Sobre isso dispõe o art. 173, § 1º, da Constituição que a lei deve estabelecer o estatuto jurídico da empresa pública,[6] da sociedade de economia mista e de suas subsidiárias que explorem atividade econômica de produção ou comercialização de bens ou de prestação de serviços, dispondo sobre:

a. sua função social e formas de fiscalização pelo Estado e pela sociedade;
b. a obediência ao regime jurídico próprio das empresas privadas, inclusive quanto aos direitos e obrigações civis, comerciais, trabalhistas e tributários;
c. realização de licitação e contratação de obras, serviços, compras e alienações, observados os princípios da administração pública;
d. a constituição e o funcionamento dos conselhos de administração e fiscal, com a participação de acionistas minoritários;
e. os mandatos, a avaliação de desempenho e a responsabilidade dos administradores.

De acordo com o § 2º do art. 173, as empresas públicas e as sociedades de economia mista que exercem atividade econômica não poderão gozar de privilégios fiscais não extensivos às do setor privado, ou seja, deverão pagar os tributos da mesma forma que as entidades privadas, isso para evitar distorções e concorrência desleal, o que poderia desestimular o investimento privado.

Tais disposições, porém, não se aplicam às sociedades de economia mista e empresas públicas que prestem serviços públicos, ainda que haja cobrança de tarifas.

Por fim, visando combater de forma mais eficiente os crimes contra a ordem financeira e contra a economia popular, o § 5º do art. 173 da Constituição dispõe que "a lei, sem prejuízo da responsabilidade individual dos dirigentes da pessoa jurídica, estabelecerá a responsabilidade desta, sujeitando-a às punições compatíveis com sua natureza, nos atos praticados contra a ordem econômica e financeira e contra a economia popular".

---

[6] Atualmente o estatuto jurídico da empresa pública, da sociedade de economia mista e de suas subsidiárias é regulado pela Lei nº 13.303/2016.

Decifrando a prova

(Delegado de Polícia/PE – Cespe – 2019 – Adaptada) Como entidades integrantes da administração pública indireta, as empresas públicas e as sociedades de economia mista gozam de privilégios fiscais não extensivos às empresas do setor privado.
( ) Certo   ( ) Errado
Gabarito comentado: como vimos, via de regra, as empresas públicas e sociedades de economia mista exercem atividade econômica no sentido estrito do termo e, assim, de acordo com a Constituição, não pode gozar de privilégios fiscais não extensivos às empresas privadas. A exceção fica por conta das empresas estatais prestadoras de serviços públicos. Como a assertiva não fala de exceção, porém, deve-se levar em conta a regra geral. Portanto, a assertiva está certa.

Jurisprudência destacada

Distinção entre empresas estatais prestadoras de serviço público e empresas estatais que desenvolvem atividade econômica em sentido estrito. (...) As sociedades de economia mista e as empresas públicas que explorem atividade econômica em sentido estrito estão sujeitas, nos termos do disposto no § 1º do art. 173 da Constituição do Brasil, ao regime jurídico próprio das empresas privadas. (...) O § 1º do art. 173 da Constituição do Brasil não se aplica às empresas públicas, sociedades de economia mista e entidades (estatais) que prestam serviço público (STF, ADI nº 1.642, Rel. Min. Eros Grau, j. 03.04.2008).

24.2.3. Regulação e fiscalização da atividade econômica pelo Estado

O art. 174 da Constituição determina que, como agente normativo e regulador da atividade econômica, o Estado deve exercer, na forma da lei, as funções de fiscalização, incentivo e planejamento, sendo este determinante para o setor público e indicativo para o setor privado.

Assim, de forma compatível com o papel que se espera dos governos atualmente, deve o Estado brasileiro regulamentar a atividade econômica, quando necessário, fiscalizando a atuação dos agentes econômicos, a fim de evitar abusos e ilegalidades, incentivando a produção e circulação de bens e serviços e exercendo um planejamento adequado, de forma a induzir o investimento pelos particulares.

A lei deve estabelecer as diretrizes e bases do planejamento do desenvolvimento nacional equilibrado, o qual deve incorporar e compatibilizar os planos nacionais e regionais de desenvolvimento.

A Constituição também determina que a lei deve apoiar e estimular o cooperativismo e outras formas de associativismo econômico, devendo o Estado, especificamente em relação

660 Direito Constitucional Decifrado

à atividade garimpeira, favorecer sua organização da atividade em cooperativas, levando em conta a proteção do meio ambiente e a promoção econômico-social dos garimpeiros, as quais deverão ter prioridade na autorização ou concessão para pesquisa e lavra dos recursos e jazidas de minerais garimpáveis.

🧩 Decifrando a prova

(Promotor de Justiça/SC – MPE-SC – 2016) Como agente normativo e regulador da atividade econômica, o Estado exercerá, na forma da lei, as funções de fiscalização, incentivo e planejamento, sendo este determinante tanto para o setor público quanto para o setor privado.
( ) Certo   ( ) Errado

Gabarito comentado: de acordo com o art. 174 da Constituição Federal, o planejamento econômico do Estado é determinante somente para o setor público, sendo indicativo para o setor privado, até porque a lógica do livre mercado é incompatível com um planejamento estatal determinante para o setor privado. Portanto, a assertiva está errada.

24.2.4. Serviços públicos

O art. 175 da Constituição estipula que incumbe ao Poder Público, na forma da lei, diretamente ou sob regime de concessão ou permissão, nesses casos sempre através de licitação, a prestação de serviços públicos.

Segundo Maria Sylvia Di Pietro (2000, p. 90), serviço público é "toda atividade material que a lei atribui ao Estado para que a exerça diretamente ou por meio de seus delegados, com o objetivo de satisfazer concretamente às necessidades coletivas, sob regime jurídico total ou parcialmente público".

Assim, os serviços públicos são atividades exercidas pelo Estado, diretamente ou por meio de concessão ou permissão, em que se busca atender às necessidades concretas da coletividade, estando por vezes intimamente ligados aos atendimentos dos direitos sociais, como educação, saúde, lazer etc.

Mesmo quando delegue ao particular a execução de serviços públicos – normalmente mediante remuneração paga pelo usuário –, continua sendo o Estado o titular do direito e da obrigação de sua prestação, devendo impor condições aos concessionários e permissionários e fiscalizar seu oferecimento adequado, podendo rescindir unilateralmente a concessão ou permissão em caso de prestação inadequada.

A Constituição Federal, de forma esparsa ao longo de seu texto, estipula quais são serviços públicos são de responsabilidade da União, quais são do Estado e quais são dos Municípios, sendo que aqueles que não forem individualmente atribuídos são de responsabilidade solidária de todos os entes da Federação.

O parágrafo único do art. 175 estipula que cabe à lei dispor sobre:

a. o regime das empresas concessionárias e permissionárias de serviços públicos, o caráter especial de seu contrato e de sua prorrogação, bem como as condições de caducidade, fiscalização e rescisão da concessão ou permissão;
b. os direitos dos usuários;
c. política tarifária;
d. a obrigação de manter serviço adequado.

Atualmente, a lei que regulamenta esse dispositivo constitucional é a Lei nº 8.987/1995, a qual costuma ser objeto de estudo do Direito Administrativo.

24.2.5. Jazidas, recursos minerais e potenciais de energia hidráulica

O art. 20 da Constituição Federal, em seus incisos VIII e IX, determina que são propriedade da União os potenciais de energia hidráulica e os recursos minerais, inclusive os do subsolo.

Retomando esse tema, o art. 176 determina que "as jazidas, em lavra ou não, e demais recursos minerais e os potenciais de energia hidráulica constituem propriedade distinta da do solo, para efeito de exploração ou aproveitamento, e pertencem à União, garantida ao concessionário a propriedade do produto da lavra". Assim, para que alguém possa explorar os recursos minerais que se encontram no subsolo ou para que possa se utilizar do potencial de energia hidráulica, deve solicitar autorização à União, ainda que o terreno onde esteja localizada a jazida ou queda d'água lhe pertença.

A autorização ou concessão para a pesquisa e a lavra de recursos minerais e o aproveitamento dos potenciais de energia hidráulica somente podem ser concedidos a brasileiros ou empresa constituída sob as leis brasileiras e que tenha sua sede e administração no país, conforme estabelecido em lei, a qual, de acordo com a Constituição, deve estabelecer condições específicas quando essas atividades se desenvolverem em faixa de fronteira ou terras indígenas.

No caso de o autorizado ou concessionário não ser o proprietário da terra onde se localiza a jazida, é garantida a esse último participação nos resultados da lavra, conforme disposto em lei.

As autorizações e concessões de exploração não podem ser cedidas ou transferidas, total ou parcialmente, sem prévia anuência do poder concedente.

Por fim, o § 4º do art. 176 dispõe que não depende de autorização ou concessão o aproveitamento do potencial de energia renovável de capacidade reduzida, cabendo à lei definir o que deve se entender como tal.

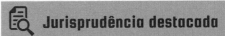
Jurisprudência destacada

> O sistema de direito constitucional positivo vigente no Brasil – fiel à tradição republicana iniciada com a Constituição de 1934 – instituiu verdadeira separação jurídica entre a propriedade do solo e a propriedade mineral (que incide sobre as jazidas, em lavra ou não, e demais recursos minerais existentes no imóvel) e atribuiu, à União Federal, a titularidade da

662 Direito Constitucional Decifrado

> propriedade mineral, para o específico efeito de exploração econômica e/ou de aproveitamento industrial. A propriedade mineral submete-se ao regime de dominialidade pública. Os bens que a compõem qualificam-se como bens públicos dominiais, achando-se constitucionalmente integrados ao patrimônio da União Federal (STF, RE nº 140.254, Rel. Min. Celso de Mello, j. 05.12.1995).

Decifrando a prova

(Juiz de Direito Substituto/PA – TJ-PA – 2019) De acordo com a Constituição Federal de 1988, as jazidas em lavra e demais recursos minerais e potenciais de energia hidráulica constituem, para efeito de exploração e aproveitamento, propriedade distinta da do solo e pertencem à União e aos estados onde estejam localizados, garantida ao concessionário a propriedade do produto da lavra.

( ) Certo   ( ) Errado

Gabarito comentado: os recursos minerais e potenciais de energia elétrica pertencem exclusivamente à União, e não aos estados onde estejam localizados, de acordo com os arts. 20, VIII e IX, e 176, da Constituição. O restante da assertiva está correto. Portanto, a assertiva está errada.

24.2.6. Monopólios da União

Embora a Constituição Federal privilegie a livre iniciativa, inclusive restringido a atividade econômica por parte do Estado, como vimos, seu art. 177, por razões estratégicas ou por segurança, estipula que o desempenho de determinadas atividades econômicas serão monopólio da União.

Dispõe o referido artigo:

Art. 177. Constituem monopólio da União:

I – a pesquisa e a lavra das jazidas de petróleo e gás natural e outros hidrocarbonetos fluidos;

II – a refinação do petróleo nacional ou estrangeiro;

III – a importação e exportação dos produtos e derivados básicos resultantes das atividades previstas nos incisos anteriores;

IV – o transporte marítimo do petróleo bruto de origem nacional ou de derivados básicos de petróleo produzidos no País, bem assim o transporte, por meio de conduto, de petróleo bruto, seus derivados e gás natural de qualquer origem;

V – a pesquisa, a lavra, o enriquecimento, o reprocessamento, a industrialização e o comércio de minérios e minerais nucleares e seus derivados, com exceção dos radioisó-

Capítulo 24 ◆ Ordem econômica e financeira **663**

topos cuja produção, comercialização e utilização poderão ser autorizadas sob regime de permissão [radioisótopos para a pesquisa e usos médicos, agrícolas e industriais e os de meia-vida igual ou inferior a duas horas].

Em relação às atividades dos incisos I a IV do referido artigo, a Constituição admite a contratação, pela União, de empresas estatais ou privadas para a realização das mesmas, de acordo com o estabelecido em lei, a qual deverá dispor sobre:

a. a garantia do fornecimento dos derivados de petróleo em todo o território nacional;
b. as condições de contratação; e
c. a estrutura e atribuições do órgão regulador do monopólio da União.

Veja-se que a Constituição não determina que será monopólio da União o transporte e a utilização de materiais radioativos. Em relação a essas atividades no território nacional, cabe à lei dispor, conforme o próprio texto constitucional.

24.2.7. Cide Combustíveis

O art. 177, § 4º, da Constituição permite que a União institua contribuição de intervenção no domínio econômico sobre as atividades de importação ou comercialização de petróleo e seus derivados, gás natural e seus derivados e álcool combustível, tributos que é mais conhecido como Cide Combustíveis.

Em relação a sua alíquota, dispõe o texto constitucional que a mesma pode ser:

a. diferenciada por produto ou uso;
b. reduzida e restabelecida por ato do Poder Executivo, não se lhe aplicando o princípio da anterioridade comum. Ou seja, cabe à lei estabelecer a alíquota inicial da Cide-Combustíveis, a qual, porém, pode ser reduzida e aumentada (até o percentual original constante da lei) por ato do Poder Executivo, não precisando aguardar até o início do exercício financeiro seguinte para que haja a cobrança do valor arrecadado.

Como toda contribuição de intervenção no domínio econômico, o produto da arrecadação da Cide-Combustíveis deve ter destinação certa. Em relação a isso, dispõe a Constituição que tais recursos devem ser necessariamente destinados:

a. ao pagamento de subsídios a preços ou transporte de álcool combustível, gás natural e seus derivados e derivados de petróleo;
b. ao financiamento de projetos ambientais relacionados com a indústria do petróleo e do gás;
c. ao financiamento de programas de infraestrutura de transportes.

24.2.8. Demais disposições gerais sobre a ordem econômica e financeira

De acordo com o art. 178 da Constituição Federal, a lei deve dispor sobre a ordenação dos transportes aéreo, aquático e terrestre, devendo, quanto à ordenação do transporte internacional, observar os acordos firmados pela União, atendido o princípio da reciprocidade nas relações internacionais.

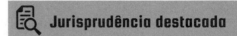

> Nos termos do art. 178 da Constituição da República, as normas e os tratados internacionais limitadores da responsabilidade das transportadoras aéreas de passageiros, especialmente as Convenções de Varsóvia e Montreal, têm prevalência em relação ao Código de Defesa do Consumidor (STF, RE 636.331, Rel. Min. Gilmar Mendes, j. 25.05.2017).

Na regulamentação do transporte aquático, a lei estabelecerá as condições em que o transporte de mercadorias na cabotagem e a navegação interior poderão ser feitos por embarcações estrangeiras. Navegação de cabotagem é a navegação entre portos marítimos nacionais.

O art. 179 da Constituição dispõe que a União, os Estados, o Distrito Federal e os Municípios deverão dispensar às microempresas e às empresas de pequeno porte, assim definidas em lei, tratamento jurídico diferenciado, visando a incentivá-las pela simplificação de suas obrigações administrativas, tributárias, previdenciárias e creditícias, ou pela eliminação ou redução destas por meio de lei, sendo que, de acordo com o STF, também podem ser dispensados tratamentos distintos a microempresas e empresas de pequeno porte que possuam faturamentos também distintos.[7] Atualmente esse tratamento diferenciado é regulamentado pela Lei Complementar nº 123/2006.

A Constituição estabelece ainda que a União, os Estados, o Distrito Federal e os Municípios devem promover e incentivar o turismo como fator de desenvolvimento social e econômico.

Por fim, o art. 181 da Constituição estabelece que o atendimento de requisição de documento ou informação de natureza comercial, feita por autoridade administrativa ou judiciária estrangeira, a pessoa física ou jurídica residente ou domiciliada no país dependerá de autorização do Poder competente. Tal disposição visa proteger as empresas nacionais de eventuais abusos por parte de juízes de outros países e da quebra do sigilo comercial e de segredos industriais e comerciais.

(Promotor de Justiça/GO – MPE-GO – 2019) Nos termos do artigo 178 da Constituição Federal da República, as normas e os tratados internacionais limitadores da responsabilidade

---

[7] STF, ADI nº 1.643, Rel. Min. Maurício Corrêa, j. 05.12.2003.

Capítulo 24 ♦ Ordem econômica e financeira **665**

> das transportadoras aéreas de passageiros, especialmente as Convenções de Varsóvia e Montreal, têm prevalência em relação ao Código de Defesa do Consumidor.
> ( ) Certo   ( ) Errado
> **Gabarito comentado:** esse é o entendimento do STF, por força do disposto no art. 178 da Constituição e consubstanciado em julgados como o do RE nº 636.331, de relatoria do Min. Gilmar Mendes, destacado acima. Portanto, a assertiva está certa.

24.3. DA POLÍTICA URBANA

A maior parte da população brasileira reside em centros urbanos, os quais, pelas suas características, entre as quais a alta concentração de pessoas em um reduzido espaço, demanda um planejamento adequado para garantir sua funcionalidade e o bem-estar de seus habitantes.

A Constituição determina que compete aos Municípios promover, no que couber, adequado ordenamento territorial, mediante planejamento e controle do uso, do parcelamento e da ocupação do solo urbano (art. 30, VIII), de acordo com diretrizes estabelecidas pela União (art. 21, XX).

Reforçando tal responsabilidade, temos o art. 182 e seu § 1º da Constituição, que determina ser obrigatória a aprovação de um plano diretor para cidades com mais de 20.000 habitantes:

> **Art. 182.** A política de desenvolvimento urbano, executada pelo Poder Público municipal, conforme diretrizes gerais fixadas em lei, tem por objetivo ordenar o pleno desenvolvimento das funções sociais da cidade e garantir o bem-estar de seus habitantes.
>
> § 1º O plano diretor, aprovado pela Câmara Municipal, obrigatório para cidades com mais de vinte mil habitantes, é o instrumento básico da política de desenvolvimento e de expansão urbana.

Já vimos que tanto o art. 5º, XXIII, como o art. 170, III, da Constituição estabelecem que a propriedade deve atender a sua função social.

Em relação ao imóvel urbano, o art. 182, § 2º, determina que a propriedade urbana cumpre sua função social quando atende às exigências fundamentais de ordenação da cidade expressas no plano diretor. Assim, a obediência às normas de planejamento urbano municipais é condição indispensável para que se considere que o imóvel urbano esteja cumprindo sua função social.

Os Municípios podem, nos termos de lei específica municipal, editada de acordo com lei federal, exigir que os proprietários de imóveis urbanos localizados em determinadas áreas definidas no plano diretor construam em seus terrenos ou utilizem seus imóveis de forma adequada, sob o ponto vista municipal.

Isto está no art. 182, § 4º, da Constituição:

> § 4º É facultado ao Poder Público municipal, mediante lei específica para área incluída no plano diretor, exigir, nos termos da lei federal, do proprietário do solo urbano não

edificado, subutilizado ou não utilizado, que promova seu adequado aproveitamento, sob pena, sucessivamente, de:

I – parcelamento ou edificação compulsórios;

II – imposto sobre a propriedade predial e territorial urbana progressivo no tempo;

III – desapropriação com pagamento mediante títulos da dívida pública de emissão previamente aprovada pelo Senado Federal, com prazo de resgate de até dez anos, em parcelas anuais, iguais e sucessivas, assegurados o valor real da indenização e os juros legais.

Assim, se o proprietário de imóvel localizado em determinada região definida no plano diretor municipal não o estiver utilizando da forma adequada prevista no próprio plano, poderá, nos termos definidos em lei, vir a ser desapropriado com pagamento mediante títulos da dívida municipal, a serem recebidos em até dez anos. No entanto, para que essa desapropriação seja constitucional, algumas condições prévias devem estar preenchidas:

a. existência de lei federal regulamentando o assunto. Atualmente a lei que cumpre esse papel é a 10.257/2001;
b. determinação de parcelamento ou edificação compulsórios, que não tenha sido cumprida pelo proprietário;
c. aplicação de IPTU progressivo no tempo, pelo prazo de cinco anos consecutivos, de acordo com a Lei nº 10.257/2001, também sem que o proprietário tenha dado o aproveitamento adequado ao imóvel.

Deve-se observar que, em todos os outros casos de desapropriação pelo Município – como, por exemplo, para alargamento de uma avenida, para a construção de um prédio público, para implementação de programas de habitação etc. –, a indenização deverá ser prévia, justa e em dinheiro, conforme exige o art. 5º, XXIV, da Constituição.

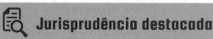

Jurisprudência destacada

Direito de construir. Limitação administrativa. O direito de edificar é relativo, dado que condicionado à função social da propriedade: CF, art. 5º, XXII e XXIII. Inocorrência de direito adquirido: no caso, quando foi requerido o alvará de construção, já existia a lei que impedia o tipo de imóvel no local. Inocorrência de ofensa aos §§ 1º e 2º do art. 182, CF (STF., RE 178.836, Rel. Min. Carlos Velloso, j. 08.06.1999).

Decifrando a prova

(Delegado de Polícia/GO – UEG/2013 – Adaptada) Ao tratar da política urbana, a Constituição Federal institui a desapropriação por descumprimento da função social da propriedade urbana, como sanção ao não aproveitamento adequado do solo urbano. Essa medida há de ser

Capítulo 24 ◆ Ordem econômica e financeira **667**

> promovida pelo poder público municipal mediante lei específica para área incluída no Plano Diretor, após a aplicação do IPTU progressivo.
> ( ) Certo   ( ) Errado
> **Gabarito comentado:** conforme vimos, o art. 182, § 4º, da CF, faculta ao Poder Público municipal, mediante lei específica para área incluída no plano diretor, exigir, nos termos da lei federal, do proprietário do solo urbano não edificado, subutilizado ou não utilizado, que promova seu adequado aproveitamento, podendo culminar, após a aplicação da determinação de parcelamento ou edificação compulsórios e de imposto sobre a propriedade predial e territorial urbana progressivo no tempo, com a desapropriação do imóvel. Portanto, a assertiva está certa.

24.3.1. Usucapião

A usucapião é uma forma originária de obtenção de propriedade, que se dá pela posse prolongada da coisa, desde que obedecidos os requisitos legais. O objetivo do instituto é oficializar uma situação que já ocorre de fato, concedendo o título de propriedade a alguém que já é dono na realidade.

Sobre a usucapião de imóveis urbanos, dispõe o art. 183 da Constituição:

> **Art. 183.** Aquele que possuir como sua área urbana de até duzentos e cinquenta metros quadrados, por cinco anos, ininterruptamente e sem oposição, utilizando-a para sua moradia ou de sua família, adquirir-lhe-á o domínio, desde que não seja proprietário de outro imóvel urbano ou rural.
>
> § 1º O título de domínio e a concessão de uso serão conferidos ao homem ou à mulher, ou a ambos, independentemente do estado civil.
>
> § 2º Esse direito não será reconhecido ao mesmo possuidor mais de uma vez.

E o art. 191 trata da usucapião de imóveis rurais:

> **Art. 191.** Aquele que, não sendo proprietário de imóvel rural ou urbano, possua como seu, por cinco anos ininterruptos, sem oposição, área de terra, em zona rural, não superior a cinquenta hectares, tornando-a produtiva por seu trabalho ou de sua família, tendo nela sua moradia, adquirir-lhe-á a propriedade.

A expressão "sem oposição" significa que não haverá usucapião se o proprietário, por exemplo, houver ingressado com ação de reintegração de posse. Também não haverá usucapião se ficar evidente que o possuidor não age como dono da coisa, como ocorre, por exemplo, nos contratos de aluguel, arrendamento rural ou de comodato.

Veja-se que, no caso do imóvel rural, é indispensável que o possuidor esteja utilizando a terra de forma produtiva para ter direito à aquisição da propriedade. Por tal razão, a usucapião constitucional de imóvel rural também é denominada de usucapião *pro labore*.

668 Direito Constitucional Decifrado

Por outro lado, o § 3º do art. 183 proíbe a usucapião de imóveis públicos urbanos, o mesmo fazendo o art. 191, parágrafo único, em relação aos imóveis rurais. Assim, em se tratando de imóveis públicos, não haverá a aquisição da propriedade por usucapião.

A sentença que reconhece a aquisição de propriedade por usucapião é de cunho declaratório, ou seja, somente declara uma situação preexistente. Sendo assim, deve o juiz, ao proferir a decisão, determinar uma data em que se considerará que o requisito temporal da usucapião foi preenchido, momento até o qual retroagirão os efeitos da decisão.

Decifrando a prova

(Promotor de Justiça/SP – MPE-SP/2015 – Adaptada) Os imóveis públicos não podem ser adquiridos por usucapião, salvo quando não atenderem às exigências fundamentais de ordenação da cidade expressas no plano diretor.
( ) Certo   ( ) Errado
Gabarito comentado: os imóveis públicos não se sujeitam à usucapião, conforme expressa determinação constitucional. A questão de não atender às exigências fundamentais de ordenação da cidade expressas no plano diretor, ademais, é questão que se aplica à desapropriação, e não à usucapião. Portanto, a assertiva está errada.

24.4. DA POLÍTICA AGRÍCOLA E FUNDIÁRIA E DA REFORMA AGRÁRIA

Não se esqueceu a Constituição Federal também de trazer regras sobre a política agrícola e fundiária, o que especialmente importante quando se verificam os diversos conflitos que muitas vezes ocorrem por propriedade e posse de terras em áreas rurais, o que é agravado ainda mais pela dificuldade de ação dos poderes públicos nesses locais, devido à distância maior dos centros urbanos.

Assim como os imóveis urbanos, os rurais também precisam cumprir a sua função social, sob pena de desapropriação.

E o art. 186 da Constituição traz os requisitos para que se considere que isso ocorra:

> **Art. 186.** A função social é cumprida quando a propriedade rural atende, simultaneamente, segundo critérios e graus de exigência estabelecidos em lei, aos seguintes requisitos:
>
> I – aproveitamento racional e adequado;
>
> II – utilização adequada dos recursos naturais disponíveis e preservação do meio ambiente;
>
> III – observância das disposições que regulam as relações de trabalho;
>
> IV – exploração que favoreça o bem-estar dos proprietários e dos trabalhadores.

Capítulo 24 ♦ Ordem econômica e financeira **669**

Se não estiver cumprindo tais condições, poderá o imóvel rural ser desapropriado e destinado à chamada reforma agrária, a qual busca uma melhor distribuição das propriedades rurais. A reforma agrária é importante porque, historicamente, há uma grande concentração fundiária no Brasil, o que dificulta a fixação da população no campo, pois faz com que muitos dos trabalhadores rurais não possuam a propriedade de seus imóveis.

No entanto, tal redistribuição deve ser feita com cuidado, a fim de que não se prejudique a economia nacional, que possui no agronegócio um de seus motores.

O art. 184 da Constituição estipula que compete à União desapropriar por interesse social, para fins de reforma agrária, o imóvel rural que não esteja cumprindo sua função social, mediante prévia e justa indenização em títulos da dívida agrária, com cláusula de preservação do valor real, resgatáveis no prazo de até 20 anos, a partir do segundo ano de sua emissão, e cuja utilização será definida em lei.

Ou seja, no caso de desapropriação para fins de reforma agrária, o pagamento da indenização não seguirá a regra geral de ser justo, prévio e em dinheiro, mas poderá ser feito em até 20 anos. A exceção, porém, são as benfeitorias úteis e necessárias porventura existentes no imóvel, as quais deverão ser indenizadas em dinheiro, por força do que dispõe o art. 184, § 1º, da Constituição.

Os Estados, Distrito Federal e Municípios não possuem competência para realizar a desapropriação para fins de reforma agrária, inclusive para fins de implementação de projetos de assentamento rural ou de estabelecimento de colônias agrícolas.[8]

As operações de transferência de imóveis desapropriados para fins de reforma agrária são isentas de impostos federais, estaduais e municipais, não pagando, por exemplo, o Imposto sobre Transmissão "Inter Vivos" de Bens Imóveis (ITBI).

Além de imóveis desapropriados por não cumprirem sua função social, também podem ser destinados à reforma agrária as terras públicas e as devolutas (propriedades que não possuem proprietários conhecidos).

Os beneficiários da distribuição de imóveis rurais pela reforma agrária receberão títulos de domínio ou de concessão de uso, inegociáveis pelo prazo de dez anos. Ou seja, aquele que recebe um imóvel rural por reforma agrária não poderá vendê-lo por dez anos.

A Constituição determina que a lei deve regular e limitar a aquisição ou o arrendamento de propriedade rural por pessoa física ou jurídica estrangeira, devendo estabelecer os casos que dependerão de autorização do Congresso Nacional.

Nesse mesmo sentido, dispõe o art. 188, § 1º, que a alienação ou a concessão, a qualquer título, de terras públicas com área superior a dois mil e quinhentos hectares a pessoa física ou jurídica (mesmo que seja brasileiro), dependerá de prévia aprovação do Congresso Nacional.

O art. 185 da Constituição, por sua vez, dispõe que são insuscetíveis de desapropriação para fins de reforma agrária: a pequena e média propriedade rural, assim definida em lei, desde que seu proprietário não possua outra, e a propriedade produtiva.

---

[8] STF, RE nº 496.861, Rel. Min. Celso de Mello, j. 30.06.2015.

Os beneficiários da distribuição de imóveis rurais pela reforma agrária receberão títulos de domínio ou de concessão de uso, os quais são inegociáveis pelo prazo de dez anos.

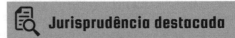

> O postulado constitucional do *due process law*, em sua destinação jurídica, também está vocacionado à proteção da propriedade. Ninguém será privado de seus bens sem o devido processo legal (CF, art. 5º, LIV). A União Federal – mesmo tratando-se de execução e implementação do programa de reforma agrária – não está dispensada da obrigação de respeitar, no desempenho de sua atividade de expropriação, por interesse social, os princípios constitucionais que, em tema de propriedade, protegem as pessoas contra a eventual expansão arbitrária do poder estatal. A cláusula de garantia dominial que emerge do sistema consagrado pela Constituição da República tem por objetivo impedir o injusto sacrifício do direito de propriedade (STF, MS nº 22.164, Rel. Min. Celso de Mello, j. 30.10.1995).

Decifrando a prova

(Juiz Substituto/GO – TJ-GO – 2012 – Adaptada) Relativamente à desapropriação por interesse social, para fins de reforma agrária, é correto afirmar que as benfeitorias necessárias serão indenizadas em dinheiro, mas não as úteis.
( ) Certo   ( ) Errado
Gabarito comentado: de acordo com o art. 184, § 1º, da CF, tanto as benfeitorias necessárias como as úteis realizadas no imóvel rural desapropriado para fins de reforma agrária devem ser indenizadas em dinheiro. Portanto, a assertiva está errada.

24.5. DO SISTEMA FINANCEIRO NACIONAL

O Sistema Financeiro Nacional (SFN) diz respeito ao conjunto de instituições, públicas e privadas, que compõem o mercado financeiro brasileiro. A preocupação com a regulação da ação dos agentes financeiros justifica-se, entre outras razões, pelo fato de que hoje a maioria esmagadora das riquezas mundiais estão custodiadas e são movimentadas por meio de instituições financeiras, sendo que a confiança nessas instituições é vital para a realização de investimentos e para o crescimento econômico.

Originalmente nossa Constituição trazia uma série de disposições sobre o SFN, inclusive determinando uma taxa máxima de juros – o que nunca foi regulamentado, diga-se de passagem. Atualmente, porém, o texto constitucional é lacônico, deixando a regulação do setor para leis complementares, dispondo unicamente, em seu art. 192 que:

> O sistema financeiro nacional, estruturado de forma a promover o desenvolvimento equilibrado do País e a servir aos interesses da coletividade, em todas as partes que o

Capítulo 24 ◆ Ordem econômica e financeira **671**

compõem, abrangendo as cooperativas de crédito, será regulado por leis complementares que disporão, inclusive, sobre a participação do capital estrangeiro nas instituições que o integram.

Entre as leis que regem o sistema financeiro nacional, temos a Lei nº 4.595/1964, a qual dispõe sobre a política e as instituições monetárias, bancárias e creditícias e criou o Conselho Monetário Nacional, entre outras providências. Pelo fato de tratar atualmente de assunto reservado a lei complementar, foi recepcionado com este *status*.

Ordem social

25.1. INTRODUÇÃO

Ao tratar da chamada "Ordem Social", em seu Título VIII, traz a Constituição uma série de regras sobre assuntos diversos relacionados à responsabilidade do Poder Público, como seguridade social, educação, esporte, proteção aos vulneráveis, entre outros.

Vários dos capítulos deste Título, na verdade, são desdobramentos e detalhamentos dos direitos sociais elencados no art. 6º do texto constitucional.

O art. 193 da Constituição estipula que a ordem social tem como base o primado do trabalho, e como objetivo o bem-estar e a justiça sociais. Isso pode ser interpretado no sentido de que o Estado deve prover condições para que todos possam, através de seu esforço próprio, buscar as condições para uma existência digna, devendo o Poder Público agir de forma supletiva, buscando corrigir distorções e permitindo uma maior igualdade de oportunidades.

A Emenda Constitucional nº 108/2020 acrescentou o parágrafo único ao art. 193, estabelecendo que cabe ao Estado exercer a função de planejamento das políticas sociais, sendo assegurada, porém, conforme dispuser a lei, a participação da sociedade nos processos de formulação, de monitoramento, de controle e de avaliação dessas políticas. A ideia é que a sociedade atue juntamente com o Poder Público, tanto na elaboração como na avaliação dessas ações.

Estudaremos a seguir as principais disposições da Constituição Federal sobre o assunto.

25.2. DA SEGURIDADE SOCIAL

Os arts. 194 a 204 da Constituição tratam sobre a chamada seguridade social.

De acordo com a convenção da Organização Internacional do Trabalho (OIT) 102/1952, da qual o Brasil é signatário, a Seguridade Social pode ser definida como:

> (...) proteção que a sociedade proporciona a seus membros mediante uma série de medidas públicas contra as privações econômicas e sociais que de outra forma derivariam

674 Direito Constitucional Decifrado

no desaparecimento ou forte redução de sua subsistência como consequência de enfermidade, maternidade, acidente de trabalho ou enfermidade profissional, desemprego, invalidez, velhice e morte e também a proteção em forma de assistência médica e de ajuda com filhos.

Em outras palavras, através da Seguridade Social, o Estado busca proteger seus cidadãos e seus dependentes contra privações decorrentes de determinados eventos alheios à sua vontade e garantir o acesso do mesmo a serviços de saúde.

A preocupação com a seguridade social é uma constante no mundo todo, especialmente após a Primeira Guerra Mundial, tendo como marco jurídico a Constituição Alemã de 1919, conhecida como "Constituição de Weimar", a qual previa diversos direitos que hoje são chamamos de "sociais", incluindo a seguridade social. Esses direitos sociais integram o que se convenciona denominar de direitos fundamentais de segunda geração.

Nossa Constituição dispõe em seu art. 194 acerca da seguridade social:

> **Art. 194.** A seguridade social compreende um conjunto integrado de ações de iniciativa dos Poderes Públicos e da sociedade, destinadas a assegurar os direitos relativos à saúde, à previdência e à assistência social.

A primeira coisa que extraímos do texto constitucional é a responsabilidade solidária pela seguridade social, a qual tem como principal organizador o Poder Público, mas que pode e deve receber também contribuição da sociedade em geral. Assim, as ações da seguridade social podem ser desenvolvidas tanto pelo Estado como pelos particulares.

Além disso, o artigo citado também deixa claro a tríplice divisão da seguridade social no Brasil, determinando que a mesma abrange os direitos relativos à saúde, previdência social e assistência social.

De forma simples, podemos dizer que a saúde compreende todas as ações do Estado voltadas à prevenção e tratamento de doenças, bem como à promoção do bem-estar físico e mental da população.

Como exemplos de ações na área da saúde, podemos citar: vacinação contra doenças, atendimentos clínico e psiquiátrico em postos de saúde e hospitais públicos, combate a vetores de doenças, como o mosquito transmissor da dengue, entre muitas outras.

A previdência social abrange as ações voltadas à preservação dos meios de subsistência do segurado ou família diante da interrupção ou término de sua atividade laboral ou vida profissional, como doenças, invalidez, idade avançada etc. A previdência social, diferentemente da saúde e assistência social, exige contribuição do segurado para que ele possa usufruir de seus serviços e benefícios.

Já a assistência social está relacionada com o auxílio aos vulneráveis, aos desamparados, aos necessitados e aos desfavorecidos econômica e socialmente, como a proteção às crianças carentes, às pessoas com deficiência física, às pessoas idosas, especialmente de forma supletiva em relação à previdência social.

O esquema a seguir tem por objetivo auxiliar a guardar as áreas de atuação da seguridade social.

Capítulo 25 ♦ Ordem social   **675**

```
                    ┌─────────────────────┐
                    │  SEGURIDADE SOCIAL  │
                    └──────────┬──────────┘
         ┌─────────────────────┼─────────────────────┐
┌────────┴────────┐  ┌─────────┴──────────┐  ┌───────┴──────────┐
│     SAÚDE       │  │ PREVIDÊNCIA SOCIAL │  │ ASSISTÊNCIA SOCIAL│
│ Ações de preven-│  │ Amparo financeiro  │  │ Auxílio aos vulne-│
│ ção e tratamento│  │ ao segurado e sua  │  │ ráveis, desampara-│
│ de doenças      │  │ família – depende  │  │ dos – não depende │
│                 │  │ de contribuição    │  │ de contribuição   │
└─────────────────┘  └────────────────────┘  └───────────────────┘
```

📑 Jurisprudência destacada

A Seguridade Social prevista no art. 194 da CF/1988 compreende a previdência, a saúde e a assistência social, destacando-se que as duas últimas não estão vinculadas a qualquer tipo de contraprestação por parte dos seus usuários, a teor dos arts. 196 e 203, ambos da CF/1988 (STF, RE nº 636.941, Rel. Min. Luiz Fux, j. 13.02.2014).

🧩 Decifrando a prova

(Juiz de Direito Substituto – TJ-CE – 2018 – Adaptada) A Seguridade Social compreende saúde, previdência e assistência social, todas prestadas independentemente de contribuição dos usuários.
( ) Certo   ( ) Errado
Gabarito comentado: a seguridade social realmente compreende a saúde, previdência e assistência social. O erro está em dizer que todas são prestadas independentemente de contribuição dos usuários, uma vez que a previdência social exige filiação e contribuição. Portanto, a assertiva está errada.

25.2.1. Objetivos ou princípios da seguridade social

O parágrafo único do art. 194 da Constituição Federal traz os chamados objetivos da seguridade social, os quais, na verdade, deveriam ser denominados de princípios, uma vez que representam diretrizes a serem seguidas na organização da seguridade:

> Art. 194. A seguridade social compreende um conjunto integrado de ações de iniciativa dos Poderes Públicos e da sociedade, destinadas a assegurar os direitos relativos à saúde, à previdência e à assistência social.
>
> Parágrafo único. Compete ao Poder Público, nos termos da lei, organizar a seguridade social, com base nos seguintes objetivos:

676 Direito Constitucional Decifrado

I – universalidade da cobertura e do atendimento;

II – uniformidade e equivalência dos benefícios e serviços às populações urbanas e rurais;

III – seletividade e distributividade na prestação dos benefícios e serviços;

IV – irredutibilidade do valor dos benefícios;

V – equidade na forma de participação no custeio;

VI – diversidade da base de financiamento, identificando-se, em rubricas contábeis específicas para cada área, as receitas e as despesas vinculadas a ações de saúde, previdência e assistência social, preservado o caráter contributivo da previdência social;

VII – caráter democrático e descentralizado da administração, mediante gestão quadripartite, com participação dos trabalhadores, dos empregadores, dos aposentados e do Governo nos órgãos colegiados.

Vejamos cada um deles.

a. Universalidade da cobertura e do atendimento

A expressão "universalidade da cobertura" significa que a seguridade social deve procurar contemplar todas as contingências sociais que geram necessidade de proteção social das pessoas, tais como: maternidade, velhice, doença, acidente, invalidez, reclusão e morte. A ideia é que as pessoas estejam protegidas de forma integral.

Já a universalidade do atendimento diz respeito à abrangência dos segurados, buscando fazer com que todas as pessoas sejam abrangidas pela Seguridade Social, embora possa haver critérios para a seleção dos beneficiários de determinados serviços e benefícios.

A intenção é que, em princípio e na medida do possível, não haja pessoas excluídas da proteção da seguridade social.

b. Uniformidade e equivalência dos benefícios e serviços às populações urbanas e rurais

Ao falar em uniformidade, o princípio acima determina que as mesmas contingências (como morte, velhice, maternidade etc.) serão cobertas tanto para os trabalhadores urbanos como para os rurais, tendo todos direito ao mesmos serviços e benefícios.

Além disso, pela característica da equivalência, esses serviços e benefícios deverão possuir o mesmo valor econômico e ser oferecidos com a mesma qualidade, sem distinção em função do fato de a pessoa residir na zona urbana ou na zona rural.

c. Seletividade e distributividade na prestação dos benefícios e serviços

Pelo princípio da seletividade, nem todos os segurados terão direito a todas as prestações que o sistema pode fornecer. Por exemplo, os benefícios do salário-família e o auxílio-reclusão só são pagos àqueles segurados que tenham renda mensal inferior ao estabelecido em lei. A ideia é tratar desigualmente os desiguais, uma vez que não seria viável e nem justo que todos fossem tratados exatamente da mesma forma pela seguridade social, independentemente de suas condições pessoais.

Capítulo 25 ◆ Ordem social **677**

O princípio da distributividade, por sua vez, determina que a seguridade social deve ser também um mecanismo de distribuição de renda e redução da desigualdade social e econômica, auxiliando o Estado a exercer a chamada "função distributiva".

d. Irredutibilidade do valor dos benefícios

Os benefícios pagos pela seguridade social não devem ser reduzidos, para um mesmo beneficiário. Se a redução ocorrer, somente valerá para beneficiários que ingressarem posteriormente em seus programas. Além disso, por conta dos efeitos deletérios da inflação sobre a renda, o art. 201, § 4º, da Constituição assegura o reajustamento dos benefícios para preservar-lhe, em caráter permanente, o valor real, conforme critérios a serem definidos em lei e assegura a utilização de índice que de fato recomponha o seu poder de compra.

e. Equidade na forma de participação do custeio

Equidade aqui tem o sentido de justiça. Assim, esse princípio estabelece que a seguridade social deve ser financiada de forma equânime pelos contribuintes, ou seja, quem pode mais, deve pagar mais, quem pode menos, deve pagar menos.

f. Diversidade da base de financiamento

Devido à sua imensa importância social, a seguridade social deve ser financiada com base em fontes variadas, para evitar-se que a eventual escassez de recursos de uma determinada fonte, venha a prejudicar sensivelmente a arrecadação da seguridade. Além disso, a diversidade da base de financiamento também é importante para evitar-se que todo o peso de custear a seguridade recaia sobre poucos contribuintes. O art. 195 da Constituição traz as fontes de financiamento da seguridade.

A Emenda Constitucional nº 103/2019 alterou a redação do inciso VI do art. 194 para incluir que devem ser identificadas, em rubricas contábeis específicas para cada área, as receitas e as despesas vinculadas a ações de saúde, previdência e assistência social, preservado o caráter contributivo da previdência social. A intenção é permitir um controle melhor sobre essas receitas e despesas, segregando-as das demais e entre si.

g. Caráter democrático e descentralizado da administração, mediante gestão quadripartite, com participação dos trabalhadores, empregadores, aposentados e do Governo nos órgãos colegiados

Esse princípio visa garantir a participação popular e de todos os envolvidos com a Seguridade Social em sua gestão, evitando-se que as decisões sejam tomadas somente de forma unilateral pelo Governo e propiciando uma maior transparência para a sociedade em geral.

Atualmente, o órgão superior de deliberação colegiada da previdência social é o Conselho Nacional da Previdência Social (CNPS). Tal conselho é composto atualmente por 15 membros, sendo seis representantes do Governo, três representantes dos empregados, três dos empregadores e três dos aposentados. Além disso, existem também os Conselhos da Previdência Social, que buscam garantir uma maior descentralização da gestão, com a participação das comunidades locais.

678 Direito Constitucional Decifrado

25.2.2. Financiamento da Seguridade Social

O art. 195 da Constituição Federal dispõe sobre as fontes de financiamento da seguridade social:

> **Art. 195.** A seguridade social será financiada por toda a sociedade, de forma direta e indireta, nos termos da lei, mediante recursos provenientes dos orçamentos da União, dos Estados, do Distrito Federal e dos Municípios, e das seguintes contribuições sociais:
>
> I – do empregador, da empresa e da entidade a ela equiparada na forma da lei, incidentes sobre:
>
> a) a folha de salários e demais rendimentos do trabalho pagos ou creditados, a qualquer título, à pessoa física que lhe preste serviço, mesmo sem vínculo empregatício;
>
> b) a receita ou o faturamento;
>
> c) o lucro;
>
> II – do trabalhador e dos demais segurados da previdência social, podendo ser adotadas alíquotas progressivas de acordo com o valor do salário de contribuição, não incidindo contribuição sobre aposentadoria e pensão concedidas pelo Regime Geral de Previdência Social;
>
> III – sobre a receita de concursos de prognósticos.
>
> IV – do importador de bens ou serviços do exterior, ou de quem a lei a ele equiparar.

Assim, buscando obedecer ao princípio da diversidade da fonte de financiamento, o art. 195 busca garantir uma série de fontes de recursos para a seguridade social, colocando o seu custeio como uma responsabilidade de toda a sociedade.

De acordo com o referido artigo, a seguridade deve ser financiada por recursos provenientes dos orçamentos da União, Estados, Distrito Federal e Municípios, que são obtidos através dos impostos e ainda pelas contribuições sociais, as quais deverão ser pagas:

a. **Pelo empregador, pela empresa ou entidade a ela equiparada:** de acordo com a Constituição, o empregador deve recolher contribuições sociais sobre três bases de cálculo diferentes:

♦ **A folha de salários e demais valores pagos a seus empregados ou pessoas físicas que lhe prestem serviço:** é a chamada contribuição previdenciária patronal (CPP), que deve ser paga pelo empregador sobre a folha de salários, que é o valor pago aos empregados e sobre os valores pagos a outras pessoas físicas que lhe prestem serviços, mesmo sem vínculo empregatício.

O art. 167, XI, da Constituição proíbe que os recursos pagos pelos empregadores a título de CPP sejam utilizados para outros fins que não o pagamento de benefícios da previdência social, não podendo ser utilizados nem mesmo para o financiamento da saúde e da assistência social. A ideia é que a previdência social consiga ser mantida, tanto quanto for possível, especialmente com os recursos recolhidos pelas empresas sobre as folhas de salários e pelos trabalhadores sobre sua remuneração.

Capítulo 25 ◆ Ordem social **679**

Veja-se que a expressão "empregador" abrange também as pessoas físicas que contratam trabalhadores empregados, como os empregadores domésticos e os empregadores rurais pessoas físicas, os quais deverão recolher as contribuições previdenciárias respectivas.

> ### 🔍 Jurisprudência destacada
>
> É constitucional formal e materialmente a contribuição social do empregador rural pessoa física, instituída pela Lei 10.256/2001, incidente sobre a receita bruta obtida com a comercialização de sua produção (STF, RE nº 718.874, Rel. Min. Edson Fachin, j. 30.03.2017).

Além disso, também as entidades de direito público devem recolher a contribuição previdenciária ao regime geral, na condição de empregadores, sobre os valores pagos a seus prestadores de serviços, inclusive servidores e detentores de mandato eletivo que não estejam vinculados a regime próprio de previdência,[1] não se aplicando, nesse caso, a imunidade recíproca, uma vez que se trata de contribuição social e não de imposto.

- ◆ **A receita bruta ou faturamento:** a receita bruta, também chamada de faturamento, é tudo que é obtido pela empresa com a venda de seus produtos ou serviços referentes ao exercício da atividade empresarial.[2] As contribuições que incidem sobre a receita bruta são chamadas de PIS/Pasep e Cofins.

Deve-se observar, porém, que o STF firmou entendimento, no julgamento do RE 574.706,[3] que o ICMS, apesar de compor a receita bruta para fins contábeis – uma vez que está incluso nos valores vendas realizadas – não deve compor a base de cálculo das contribuições para o PIS/Pasep e Cofins, o que tem gerado também discussão a respeito da possibilidade de exclusão de outros tributos inclusos na receita bruta.

- ◆ **O lucro:** lucro é o resultado econômico positivo obtido pela empresa, ou seja, a diferença positiva entre receitas e despesas. Se a pessoa jurídica auferir lucro no período, deverá pagar a Contribuição Social sobre o Lucro Líquido (CSLL).

A Emenda Constitucional nº 103/2019 passou a permitir que essas contribuições sociais pagas pelo empregador tenham alíquotas diferenciadas em razão da atividade econômica, da utilização intensiva de mão de obra, do porte da empresa ou da condição estrutural do mercado de trabalho, sendo também autorizada a adoção de bases de cálculo diferenciadas, mas apenas no caso das contribuições sobre a receita ou faturamento e o lucro.

- b. **Do trabalhador e dos demais segurados da previdência social:** o empregado, o trabalhador autônomo e os demais segurados da previdência social também devem colaborar com a arrecadação da seguridade social sobre os valores recebidos habitualmente como renda. A Emenda Constitucional nº 103/2019 passou a permitir

---

[1] STF, RE nº 626.837, Rel. Min. Dias Toffoli, j. 25.05.2017.

[2] STF, ARE nº 936.107-AgR, Rel. Min. Edson Fachin, j. 24.02.2017.

[3] STF, RE nº 574.706, Rel. Min. Cármen Lúcia, j. 15.03.2017.

680 Direito Constitucional Decifrado

que sejam adotadas alíquotas progressivas de acordo com o valor do salário de contribuição, facultando que sejam cobradas alíquotas maiores de contribuições sociais a segurados que ganham mais, mantendo, por outro lado, a proibição de incidência da referida contribuição sobre os valores de aposentadoria e pensão concedidas pelo Regime Geral de Previdência Social.

No caso do empregado, sua contribuição deve ser descontada de seu salário pelo empregador e recolhida por ele, empregador, aos cofres públicos. Já no caso de trabalhador autônomo e demais segurados, a contribuição deverá ser recolhida por eles próprios.

A lei admite também a contribuição facultativa, por pessoas que não estão obrigadas a recolher a contribuição – como pessoas que não auferem renda ou estagiários –, para aqueles que desejam usufruir da proteção e benefícios concedidos pela previdência social.

Assim como acontece com a contribuição dos empregadores sobre a folha de salários, o art. 167, XI, da Constituição estabelece que os valores arrecadados dos trabalhadores e demais segurados também deverão ser usados somente para custear a previdência social.

A Constituição, no entanto, proíbe a cobrança de contribuição previdenciária de aposentados e pensionistas pelo regime geral. No caso dos servidores públicos, a Constituição prevê a cobrança da referida contribuição para o valor da aposentadoria ou pensão que ultrapassar o teto do regime geral.

    c. **Sobre a receita de concursos de prognósticos:** os "concursos de prognósticos" nada mais são do que as chamadas loterias, ou seja, jogos em que os participantes buscam prever um resultado futuro, como números que serão sorteados, placares de partidas esportivas, entre outros. A Constituição estabelece que parte do dinheiro arrecadado com loterias no Brasil, ainda que privadas, deve ser destinado à seguridade social, conforme dispuser a lei.

    d. **Pelo importador de bens ou serviços do exterior, ou de quem a lei a ele equiparar:** o importador deverá pagar as contribuições PIS-importação e Cofins-importação. Deve-se observar que a contribuição é paga unicamente na importação, e não pela exportação de bens e serviços.

Além de todas essas fontes de recursos para a seguridade social, a Constituição estabelece ainda que a União poderá ainda instituir outras fontes destinadas a garantir a manutenção ou expansão da seguridade social, devendo a criação dessas contribuições, no entanto, ser feita por meio de lei complementar.

Assim, resumindo, temos que a seguridade social, de acordo com o art. 195 da Constituição, deve ser financiada por:

    a. **Recursos do orçamento público,** como os decorrentes de impostos. Esses recursos são alocados por último, para cobrir o déficit não coberto pelas fontes específicas da seguridade social, que são as outras duas.

    b. **Contribuições sociais:** pagas pelo empregador, pelo trabalhador, pelo importador e pelas entidades administradoras de loterias.

    c. **Demais fontes** definidas em lei complementar.

Capítulo 25 ◆ Ordem social **681**

As contribuições sociais podem ser cobradas a partir de noventa dias de sua criação ou aumento, podendo, a contrário de outros tributos, serem exigidas no mesmo ano em que editada a lei que as criou ou aumentou. Isso porque o § 6º do art. 195 da Constituição as excepciona da obediência ao princípio da anterioridade comum.

Visando dar uma maior efetividade à arrecadação das contribuições previdenciárias e evitar seu inadimplemento, a Constituição estabelece que a pessoa jurídica em débito com o sistema da seguridade social não pode contratar com o Poder Público nem dele receber benefícios ou incentivos fiscais ou creditícios. Além disso, também proíbe a concessão de moratória e de parcelamento em prazo superior a 60 meses e, na forma de lei complementar, a remissão e a anistia das contribuições sociais da empresa sobre a folha de pagamentos e dos trabalhadores sobre sua remuneração.

Atualmente, a lei confere à Receita Federal do Brasil a cobrança das contribuições sociais, as quais são repassadas pelo tesouro nacional aos órgãos responsáveis pela execução das despesas correspondentes, como o Instituto Nacional da Seguridade Social (INSS), Ministério da Saúde e outros, havendo também repasse a Estados e Municípios dos recursos para o sistema único de saúde e ações de assistência social, conforme estabelecido em lei.

O art. 195, § 5º, da Constituição estipula que nenhum benefício ou serviço da seguridade social poderá ser criado, majorado ou estendido sem a correspondente fonte de custeio total, o que é repetido pela Lei de Responsabilidade Fiscal.

Diante disso, entende o STF, por exemplo, que não se revela constitucionalmente possível ao Poder Judiciário, sob o fundamento de isonomia, estender, em julgamento de processos, a majoração de benefício previdenciário quando inexistente na lei a indicação de correspondente fonte de custeio total.[4]

As entidades beneficentes de assistência social são isentas de contribuição para a seguridade social, desde que atendam às exigências estabelecidas em lei. Em relação a tal ponto, porém, entende o STF que tal regulamentação deva ser feita por lei complementar, por se tratar de imunidade tributária – porque prevista na Constituição – e diante do disposto no art. 146, II, do texto constitucional, que delega à lei complementar a atribuição de regular as limitações constitucionais ao poder de tributar.[5]

🗎 Jurisprudência destacada

A contribuição de seguridade social possui destinação constitucional específica. A contribuição de seguridade social não só se qualifica como modalidade autônoma de tributo (*RTJ* 143/684), como também representa espécie tributária essencialmente vinculada ao financiamento da Seguridade Social, em função de específica destinação constitucional (STF, ADC nº 8-MC, Rel. Min. Celso de Mello, j. 13.10.1999).

---

4   STF, RE nº 597.389-QO, Rel. Min. Gilmar Mendes, j. 22.04.2009.
5   STF, RE nº 566.622-ED, Rel. designado Min. Rosa Weber, j. 18.12.2019.

25.2.3. Da saúde

A Constituição estabelece que a saúde é direito de todos e dever do Estado, e que deve ser garantido mediante políticas sociais e econômicas que visem à redução do risco de doença e de outros agravos e ao acesso universal e igualitário às ações e serviços para sua promoção, proteção e recuperação.

O art. 197 estabelece que são de relevância pública as ações e serviços de saúde, cabendo ao Poder Público dispor, nos termos da lei, sobre sua regulamentação, fiscalização e controle, devendo sua execução ser feita diretamente ou através de terceiros e, também, por pessoa física ou jurídica de direito privado.

As ações na área da saúde são de responsabilidade tanto da União, como dos Estados, Distrito Federal e Municípios, sendo que, como regra geral, todos eles podem ser, em conjunto ou separadamente, acionados para o cumprimento de obrigações relacionadas ao atendimento adequado dos serviços de saúde.[6]

Nesse ponto, de observar-se que entende o STF que o Estado não está obrigado a fornecer medicamentos ainda em fase experimental, e que a ausência de registro para comercialização na Agência Nacional de Vigilância Sanitária (Anvisa), também, como regra geral, impede o fornecimento da medicação por decisão judicial, ressalvada a situação de mora irrazoável da Anvisa em fornecer o registro e quando preenchidos três requisitos: a) a existência de pedido de registro do medicamento no Brasil (salvo no caso de medicamentos órfãos para doenças raras e ultrarraras); b) a existência de registro do medicamento em renomadas agências de regulação no exterior; e c) a inexistência de substituto terapêutico com registro no Brasil; devendo a ação judicial, nesse caso, ser proposta perante a União.[7]

🧩 Decifrando a prova

(Promotor de Justiça/MT – FCC – 2019 – Adaptada) Tendo em vista o direito universal à saúde, o Estado, em regra, poderá ser obrigado a fornecer medicamentos experimentais por decisão judicial, ainda que ausente o seu registro na Agência Nacional de Vigilância Sanitária (Anvisa).

( ) Certo   ( ) Errado

Gabarito comentado: o STF, no julgamento do RE nº 657.618, em sede de repercussão geral, estabeleceu que o Poder Público não está obrigado a fornecer medicamentos experimentais. No caso de medicamentos sem registro na Anvisa, a obrigatoriedade de seu fornecimento somente se dará em situações excepcionais. Portanto, a assertiva está errada.

---

[6]   STF, RE nº 855.178-ED, Rel. Min. Edson Fachin, j. 23.05.2019.

[7]   STF, RE nº 657.718 RG, Rel. Min. Marco Aurélio, j. 22.05.2019.

Capítulo 25 • Ordem social **683**

25.2.3.I. Sistema Único de Saúde (SUS)

A Constituição de 1988 criou o chamado Sistema Único de Saúde (SUS), que busca integrar as ações da União, Estados e Municípios, definindo as responsabilidades e atribuições de cada entidade da Federação. Atualmente, o SUS é regulado pela Lei nº 8.080/1990, sendo considerado um modelo a ser seguido pela Organização Mundial de Saúde.

De acordo com o art. 198 da Carta Magna, o SUS deve ser organizado de acordo com as seguintes diretrizes:

a. descentralização, com direção única em cada esfera de governo;
b. atendimento integral, com prioridade para as atividades preventivas, sem prejuízo dos serviços assistenciais;
c. participação da comunidade.

O art. 200, por sua vez, determina que ao SUS compete, além de outras atribuições, nos termos da lei:

a. controlar e fiscalizar procedimentos, produtos e substâncias de interesse para a saúde e participar da produção de medicamentos, equipamentos, imunobiológicos, hemoderivados e outros insumos;
b. executar as ações de vigilância sanitária e epidemiológica, bem como as de saúde do trabalhador;
c. ordenar a formação de recursos humanos na área de saúde;
d. participar da formulação da política e da execução das ações de saneamento básico;
e. incrementar, em sua área de atuação, o desenvolvimento científico e tecnológico e a inovação;
f. fiscalizar e inspecionar alimentos, compreendido o controle de seu teor nutricional, bem como bebidas e águas para consumo humano;
g. participar do controle e fiscalização da produção, transporte, guarda e utilização de substâncias e produtos psicoativos, tóxicos e radioativos;
h. colaborar na proteção do meio ambiente, nele compreendido o do trabalho.

O acesso universal e igualitário às ações e serviços de saúde, conforme preceituado pelo art. 196 da Constituição, impede que sejam aceitos pagamentos particulares para "serviços extras" ou "melhorias" em serviços prestados no âmbito do SUS. Assim, em sede de repercussão geral, o STF fixou a tese de que "é constitucional a regra que veda, no âmbito do Sistema Único de Saúde, a internação em acomodações superiores, bem como o atendimento diferenciado por médico do próprio Sistema Único de Saúde, ou por médico conveniado, mediante o pagamento da diferença dos valores correspondentes".[8]

---

[8]   STF, RE nº 581.488, Rel. Min. Dias Toffoli, j. 03.12.2015.

A Emenda Constitucional nº 29/2000 passou a determinar que a União, os Estados, o Distrito Federal e os Municípios passassem a aplicar uma quantidade mínima de recursos, anualmente, em ações e serviços públicos de saúde (art. 198, § 2º, da Constituição). No caso da União, deve ela aplicar no mínimo 15% de sua receita corrente líquida anual em ações de saúde. No caso dos Estados e Municípios, o limite mínimo de aplicação deve ser determinado por lei complementar, o que atualmente é feito pela LC nº 141/2012. Esses percentuais mínimos previstos em lei complementar para os Estados e Municípios devem ser revistos pelo menos a cada cinco anos, de acordo com o art. 198, § 3º, da Constituição.

A não obediência a esses limites mínimos de aplicação em saúde sujeita os Estados e Municípios a sanções, como o não recebimento de repasses de tributos feitos pela União.

O art. 199 da Constituição estipula que a iniciativa privada também pode participar da assistência à saúde, sendo que tais instituições particulares poderão inclusive participar de forma complementar do sistema único de saúde (SUS), segundo diretrizes deste, mediante contrato de direito público ou convênio, tendo preferência as entidades filantrópicas e as sem fins lucrativos.

É proibida, por outro lado, a destinação de recursos públicos para auxílios ou subvenções às instituições privadas com fins lucrativos, bem como a participação direta ou indireta de empresas ou capitais estrangeiros na assistência à saúde no País, salvo nos casos previstos em lei.

O § 4º do art. 199 determina expressamente a proibição do comércio de órgãos, humanos, ainda que o próprio indivíduo o deseje comercializar. Dessa forma, órgãos humanos são considerados, pelo direito brasileiro, como *res extra commercium*", ou seja, algo que não pode ser objeto de compra e venda.

Embora o comércio de órgãos humanos seja proibido, a doação é permitida e incentivada, sendo que Constituição determina que cabe à lei dispor sobre as condições e os requisitos que facilitem a remoção de órgãos, tecidos e substâncias humanas para fins de transplante, pesquisa e tratamento, bem como a coleta, processamento e transfusão de sangue e seus derivados.

🔍 Jurisprudência destacada

A Lei nº 8.080/1990, a chamada Lei do Sistema Único de Saúde (SUS), dispõe sobre as condições para a promoção, proteção e recuperação da saúde e assegura esse direito por meio da municipalização dos serviços. A diretriz constitucional da hierarquização, que está no *caput* do art. 198 da CF, não significou e nem significa hierarquia entre os entes federados, mas comando único dentro de cada uma dessas esferas respectivas de governo. (...) necessário ler as normas da Lei nº 13.979/2020 como decorrendo da competência própria da União para legislar sobre vigilância epidemiológica. Nos termos da Lei do SUS, o exercício dessa competência da União não diminui a competência própria dos demais entes da Federação na realização dos serviços de saúde; afinal de contas a diretriz constitucional é a municipalização desse serviço (STF, ADI nº 6.341-MC REF, Rel. Min. Edson Fachin, j. 15.04.2020).

Capítulo 25 ◆ Ordem social **685**

> ### ⚡ Decifrando a prova
>
> **(Promotor de Justiça – MPE-SC – 2016)** A Constituição Federal estabeleceu que a assistência à saúde é livre à iniciativa privada, sendo vedada, contudo, a destinação de recursos públicos para auxílios ou subvenções às instituições privadas com fins lucrativos.
> ( ) Certo ( ) Errado
> **Gabarito comentado:** as entidades privadas podem prestar serviços de saúde, inclusive com fins lucrativos, podendo ainda participar de forma complementar do sistema único de saúde. No caso de possuírem fins lucrativos, no entanto, não poderão recebem auxílios ou subvenções provenientes de recursos públicos, porque isso é vedado pelo art. 199, § 2º, da CF. Portanto, a assertiva está certa.

25.2.4. Da previdência social

Sobre a previdência social, dispõe o art. 201 da Constituição Federal:

> **Art. 201.** A previdência social será organizada sob a forma do Regime Geral de Previdência Social, de caráter contributivo e de filiação obrigatória, observados critérios que preservem o equilíbrio financeiro e atuarial, e atenderá, na forma da lei, a:
>
> I – cobertura dos eventos de incapacidade temporária ou permanente para o trabalho e idade avançada;
>
> II – proteção à maternidade, especialmente à gestante;
>
> III – proteção ao trabalhador em situação de desemprego involuntário;
>
> IV – salário-família e auxílio-reclusão para os dependentes dos segurados de baixa renda;
>
> V – pensão por morte do segurado, homem ou mulher, ao cônjuge ou companheiro e dependentes (...)

Ao dizer que a previdência social deve ser organizada sob regime geral, está a Constituição a determinar que as mesmas regras da previdência social devem ser aplicadas a todos os trabalhadores da iniciativa privada. Assim, os requisitos para obtenção da aposentadoria, para recebimento de seguro-desemprego, para fruição de auxílio-saúde e outros benefícios da previdência devem ser os mesmos, para todos os trabalhadores.

Sobre isso, o § 1º do art. 201 da Constituição veda expressamente a adoção de requisitos e critérios diferenciados para a concessão de benefícios, abrindo, porém, duas exceções, permitindo, nos termos regulados por lei complementar, a possibilidade de previsão de idade e tempo de contribuição distintos da regra geral para concessão de aposentadoria exclusivamente em favor dos segurados:

a. com deficiência, previamente submetidos a avaliação biopsicossocial realizada por equipe multiprofissional e interdisciplinar;

b. cujas atividades sejam exercidas com efetiva exposição a agentes químicos, físicos e biológicos prejudiciais à saúde, ou associação desses agentes, vedada a caracterização por categoria profissional ou ocupação.

A existência de um regime geral para os trabalhadores celetistas, no entanto, não impede a existência de um regime previdenciário distinto para os servidores públicos, nos termos no art. 40 da Constituição.

O regime geral de previdência, assim como o dos servidores públicos, deve ser de caráter contributivo e de filiação obrigatória, sendo observados critérios que preservem o equilíbrio financeiro e atuarial.

De caráter contributivo porque somente deve participar dos benefícios da previdência social aquele que para ela contribuir. Nisso a previdência difere da assistência social, que é prestada a quem dela necessitar, sem necessidade de contribuição.

O regime é de filiação obrigatória porque todo trabalhador que receber renda está obrigado a contribuir para o sistema, seja como empregado, trabalhador avulso, trabalhador por conta própria etc. Essa obrigatoriedade decorre do caráter solidário do regime previdenciário no Brasil, que faz com que quem está trabalhando contribua para o pagamento dos benefícios daqueles que têm direito a usufruir.

Além disso, o regime geral de previdência deve observar critérios que preservem o seu equilíbrio financeiro e atuarial, ou seja, o sistema deve ser sustentável no longo prazo, devendo ser realizados ajustes, sempre que necessário.

O mesmo art. 201 traz os eventos mínimos que devem ser abrangidos pela proteção da previdência social, ou em outras palavras, a relação mínima de benefícios que o regime geral de previdência deve prever:

a. **cobertura dos eventos de incapacidade temporária ou permanente para o trabalho e idade avançada:** trata-se dos auxílios-doença e acidente e aposentadoria. Antes da Emenda Constitucional nº 103/2019 previa-se também a cobertura do evento morte, o que era feito pelo auxílio-funeral, o qual, porém, não era pago pela previdência social por falta de previsão desde 1991. Por conta disso, foi excluída a morte do rol de eventos cobertos pela previdência social;

b. **proteção à maternidade, especialmente à gestante:** exemplo de benefício relacionado é o chamado auxílio gestante;

c. **proteção ao trabalhador em situação de desemprego involuntário:** trata-se do chamado seguro-desemprego, devido temporariamente ao segurado que for despedido sem justa causa;

d. **salário-família e auxílio-reclusão para os dependentes dos segurados de baixa renda:** tanto um como outro benefício são devidos em função da existência de dependentes dos segurados, sendo que estes devem ser classificados como de baixa renda;

e. **pensão por morte do segurado, homem ou mulher, ao cônjuge ou companheiro e dependentes:** a pensão por morte visa atender ao cônjuge e dependentes sobreviventes, permitindo que os mesmos não venham a sofrer uma redução muito significativa em seu padrão de vida por conta da morte do segurado.

Nenhum benefício que substitua o salário de contribuição ou o rendimento do trabalho do segurado terá valor mensal inferior ao salário mínimo. Salário de contribuição é a base de cálculo da contribuição previdenciária, ou seja, a remuneração do segurado. Assim, todos os benefícios que são concedidos em substituição à remuneração, como a aposentadoria, a pensão, o auxílio-doença e o auxílio-gestante não poderão ter valor menor do que o do salário mínimo.

Por outro lado, aqueles benefícios que não visam substituir o salário de contribuição, mas somente complementá-lo, como é o caso do salário-família, podem ter valor inferior ao do salário mínimo.

A Constituição determina que todos os salários de contribuição considerados para o cálculo de benefício serão devidamente atualizados, na forma da lei. Isso é importante porque, se não fosse realizado, os valores dos benefícios calculados com base no salário de contribuição seriam muito menores do que o valor da última contribuição. Isso porque, com o tempo, a inflação vai fazendo com que o dinheiro vá perdendo seu valor.

Para entender, imagine que alguém contribui hoje sobre R$ 5.000,00. Daqui a 20 anos, R$ 5.000,00 valerão muito menos do que hoje, e então esse valor precisa ser atualizado para uma quantia equivalente, na data do cálculo do benefício. O índice utilizado nesta correção deve ser determinado por lei.

Os benefícios, uma vez concedidos, devem ter seus valores reajustados periodicamente para preservar-lhes, em caráter permanente, o valor real, também conforme critérios definidos em lei. Mais uma vez aqui a preocupação é com a redução do valor real dos benefícios devido aos efeitos inflacionários.

A Constituição determina que é vedada a filiação ao regime geral de previdência social, na qualidade de segurado facultativo, de pessoa participante de regime próprio de previdência. Assim, um servidor público que contribui para seu regime próprio de previdência não pode contribuir como segurado facultativo para o regime geral, a fim de obter duas aposentadorias. No entanto, se o servidor, além dos rendimentos pagos pelo Estado, também exercer outra atividade remunerada, aí sim poderá e deverá contribuir também para o regime geral, podendo até mesmo acumular a aposentadoria do serviço público com a do regime geral, se preencher os requisitos nos dois sistemas.

Jurisprudência destacada

O direito à previdência social constitui direito fundamental e, uma vez implementados os pressupostos de sua aquisição, não deve ser afetado pelo decurso do tempo. Como consequência, inexiste prazo decadencial para a concessão inicial do benefício previdenciário. É legítima, todavia, a instituição de prazo decadencial de dez anos para a revisão de benefício já concedido, com fundamento no princípio da segurança jurídica, no interesse em evitar a eternização dos litígios e na busca de equilíbrio financeiro e atuarial para o sistema previdenciário. O prazo decadencial de dez anos, instituído pela MP nº 1.523, de 28.06.1997, tem como termo inicial o dia 1º.08.1997, por força de disposição nela expressamente prevista. Tal regra incide, inclusive, sobre benefícios concedidos anteriormente, sem que isso importe em retroatividade vedada pela Constituição. Inexiste direito adquirido a regime jurídico não sujeito a decadência (STF, RE nº 626.489, Rel. Min. Roberto Barroso, j. 16.10.2013).

688 Direito Constitucional Decifrado

25.2.4.1. Aposentadoria pelo regime geral

O art. 201, § 7º, da Constituição Federal, com a redação que lhe foi dada pela Emenda nº 103/2019, estipula que, para se aposentar pelo regime geral de previdência social, deve o trabalhador preencher os seguintes requisitos:

a. 65 anos de idade, se homem, e 62 anos de idade, se mulher, observado tempo mínimo de contribuição, sendo os requisitos de idade – mas não o de tempo de contribuição – reduzido em cinco anos, para o professor que comprove tempo de efetivo exercício das funções de magistério na educação infantil e no ensino fundamental e médio fixado em lei complementar;[9]

b. 60 anos de idade, se homem, e 55 anos de idade, se mulher, para os trabalhadores rurais e para os que exerçam suas atividades em regime de economia familiar, nestes incluídos o produtor rural, o garimpeiro e o pescador artesanal.

A referida emenda constitucional extinguiu a possibilidade de aposentadoria unicamente por tempo de contribuição ou por idade, passando a exigir que ambos os requisitos sejam preenchidos simultaneamente.[10]

O tempo de contribuição não necessita ser ininterrupto, sendo somados todos os meses de contribuição, contínuos ou não.

Os aposentados e pensionistas também têm direitos à gratificação natalina (décimo terceiro salário), o qual deverá ter por base o valor dos proventos do mês de dezembro de cada ano.

A Constituição assegura, para efeito de aposentadoria, a contagem recíproca do tempo de contribuição entre o Regime Geral de Previdência Social e os regimes próprios de previdência social, e destes entre si, observada a compensação financeira, de acordo com os critérios estabelecidos em lei.

Assim, se um servidor contribui durante parte do tempo para o regime geral e parte do tempo para regime próprio, as contribuições serão todas consideradas, sendo que os "caixas" do INSS e do órgão público deverão se compensar financeiramente.

---

[9] Segundo entendimento do STF, para fins de redução do tempo de contribuição, deve-se contar como tempo de efetivo exercício da função de magistério, a docência e as atividades de direção de unidade escolar e de coordenação e assessoramento pedagógico, desde que em estabelecimentos de educação infantil ou de ensino fundamental e médio (RE nº 1.039.644 RG, Rel. Min. Alexandre de Moraes, j. 27.09.2017). Embora o julgado se referisse à redução de tempo de contribuição para servidores públicos (art. 40, § 5º, CF/1988), o mesmo raciocínio se aplica ao professor celetista, uma vez que os requisitos constitucionais são os mesmos.

[10] A redação anterior da Constituição permitia a aposentadoria quando preenchidos um dos seguintes requisitos:
a) trinta e cinco anos de contribuição, se homem, e trinta anos de contribuição, se mulher; ou
b) sessenta e cinco anos de idade, se homem, e sessenta anos de idade, se mulher, reduzido em cinco anos o limite para os trabalhadores rurais de ambos os sexos e para os que exerçam suas atividades em regime de economia familiar, nestes incluídos o produtor rural, o garimpeiro e o pescador artesanal.

Capítulo 25 • Ordem social **689**

O art. 201, § 12, da Constituição estipula que a lei deve instituir sistema especial de inclusão previdenciária, com alíquotas diferenciadas, para atender aos trabalhadores de baixa renda, inclusive os que se encontram em situação de informalidade, e àqueles sem renda própria que se dediquem exclusivamente ao trabalho doméstico no âmbito de sua residência, desde que pertencentes a famílias de baixa renda. O objetivo aqui é promover a inclusão previdenciária dos trabalhadores de baixa renda e das donas de casa. Nesse caso, as alíquotas e carências serão inferiores às vigentes para os demais segurados do regime geral, mas em compensação o valor do benefício será de somente um salário mínimo, de acordo com o § 13 do mesmo artigo.

Trazendo um preceito salutar, a Constituição veda a contagem de tempo de contribuição fictício para efeito de concessão dos benefícios previdenciários e de contagem recíproca. Assim, não pode mais a lei prever, como fazia antes, contagem de tempo de contribuição que não seja real – por exemplo, autorizando que no exercício de determinadas atividades o tempo de contribuição fosse contado em dobro.

A Emenda Constitucional nº 103/2019 estendeu aos empregados dos consórcios públicos, das empresas públicas, das sociedades de economia mista e das suas subsidiárias a regra da aposentadoria compulsória por idade, observado o cumprimento do tempo mínimo de contribuição, o que antes somente se aplicava ao servidor público estatutário filiado a regime próprio de previdência.

Jurisprudência destacada

A contagem recíproca é um direito assegurado pela Constituição do Brasil. O acerto de contas que deve haver entre os diversos sistemas de previdência social não interfere na existência desse direito, sobretudo para fins de aposentadoria. Tendo exercido suas atividades em condições insalubres à época em que submetido aos regimes celetista e previdenciário, o servidor público possui direito adquirido à contagem desse tempo de serviço de forma diferenciada e para fins de aposentadoria. Não seria razoável negar esse direito à recorrida pelo simples fato de ela ser servidora pública estadual e não federal. E isso mesmo porque condição de trabalho, insalubridade e periculosidade, é matéria afeta à competência da União (Constituição do Brasil, art. 22, I – direito do trabalho) (STF, RE nº 255.827, Rel. Min. Eros Grau, j. 25.10.2005).

Decifrando a prova

(Juiz de Direito Substituto/RO – TJ-RO – 2011 – Adaptada) Para fins de aposentadoria, será assegurada a contagem recíproca do tempo de contribuição entre o Regime Geral de Previdência Social e os regimes próprios de previdência social, e destes entre si, observada a compensação financeira, de acordo com os critérios estabelecidos em lei.

( ) Certo   ( ) Errado

690 Direito Constitucional Decifrado

> **Gabarito comentado:** de acordo com o que vimos, obedece ao que dispõe o art. 201, § 9º, da Constituição Federal. Portanto, a assertiva está certa.

25.2.4.2. Previdência privada

Além da previdência oficial, administrada pelo INSS, no caso dos trabalhadores em geral, e pelos órgãos públicos, no caso dos servidores, existe também a chamada previdência privada, oferecida por empregadores, instituições financeiras e seguradoras, e que possui um papel importantíssimo, uma vez que é uma das principais formas de poupança de longo prazo.

O art. 202 da Constituição estipula que o regime de previdência privada, de caráter complementar e organizado de forma autônoma em relação ao regime geral de previdência social, será facultativo, baseado na constituição de reservas que garantam o benefício contratado, e regulado por lei complementar. Tal lei complementar deve assegurar ao participante de planos de benefícios de entidades de previdência privada o pleno acesso às informações relativas à gestão de seus respectivos planos.

Os planos de previdência privada podem ser abertos ou fechados. Os abertos são aqueles que podem ser adquiridos por qualquer pessoa física ou jurídica, sendo oferecidos por bancos e seguradoras. Os fechados são aqueles que são disponibilizados por empresas, chamadas de patrocinadoras, sendo disponíveis somente para seus funcionários.

A Constituição determina que as contribuições do empregador, os benefícios e as condições contratuais previstas nos estatutos, regulamentos e planos de benefícios das entidades de previdência privada não integram o contrato de trabalho dos participantes, assim como, à exceção dos benefícios concedidos, não integram a remuneração dos participantes, nos termos da lei. A ideia aqui é desvincular a contribuição dos empregadores da remuneração devida aos empregados, como forma de estimular o oferecimento de planos de previdência fechada aos trabalhadores.

É vedado o aporte de recursos a entidade de previdência privada pela União, Estados, Distrito Federal e Municípios, suas autarquias, fundações, empresas públicas, sociedades de economia mista e outras entidades públicas, salvo na qualidade de patrocinador, situação na qual, em hipótese alguma, sua contribuição normal poderá exceder a do segurado.

A Constituição requer que Lei complementar discipline a relação entre a União, Estados, Distrito Federal ou Municípios, inclusive suas autarquias, fundações, sociedades de economia mista e empresas controladas direta ou indiretamente, enquanto patrocinadores de planos de benefícios previdenciários, e as entidades de previdência complementar. A ideia é que lei complementar discipline a relação da União com planos de previdência como a Previ, dos funcionários do Banco do Brasil ou a Petros, dos funcionários da Petrobras, por exemplo. Atualmente esse papel é exercido pela Lei Complementar nº 108/2001.

Essa mesma lei complementar será aplicada, no que couber, às empresas privadas permissionárias ou concessionárias de prestação de serviços públicos, quando patrocinadoras de planos de benefícios em entidades de previdência complementar.

Por fim, a Constituição estabelece que, também por lei complementar, deverão ser estabelecidos os requisitos para a designação dos membros das diretorias das entidades fechadas de previdência complementar instituídas pela União, Estados, Distrito Federal ou Município se disciplinada a inserção dos participantes nos colegiados e instâncias de decisão em que seus interesses sejam objeto de discussão e deliberação.

25.2.5. Da assistência social

De acordo com o art. 203 da Constituição Federal, a assistência social será prestada a quem dela necessitar, independentemente de contribuição à seguridade social, e tem por objetivos:

I – a proteção à família, à maternidade, à infância, à adolescência e à velhice;

II – o amparo às crianças e adolescentes carentes;

III – a promoção da integração ao mercado de trabalho;

IV – a habilitação e reabilitação das pessoas portadoras de deficiência e a promoção de sua integração à vida comunitária;

V – a garantia de um salário mínimo de benefício mensal à pessoa portadora de deficiência e ao idoso que comprovem não possuir meios de prover à própria manutenção ou de tê-la provida por sua família, conforme dispuser a lei;

VI – a redução da vulnerabilidade socioeconômica de famílias em situação de pobreza ou de extrema pobreza.

Vê-se, assim, que as ações da assistência social são bastante amplas, buscando atender e proteger àqueles que, por alguma razão, necessitam de um cuidado especial. Está ela baseada no sentimento de solidariedade que deve haver entre as pessoas.

As ações da assistência social podem assumir a forma de serviços ou de benefícios pagos em dinheiro.

Atualmente, a assistência social é regulamentada em termos gerais no Brasil pela Lei nº 8.742/1993, mais conhecida como Lei Orgânica da Assistência Social (Loas).

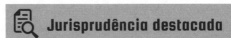

> A assistência social prevista no art. 203, V, da CF beneficia brasileiros natos, naturalizados e estrangeiros residentes no País, atendidos os requisitos constitucionais e legais (STF, RE nº 587.970, Rel. Min. Marco Aurélio, j. 20.04.2017).

25.2.5.1. Diretrizes da assistência social

O art. 204 da Constituição estipula que as ações governamentais na área da assistência social devem ser realizadas com recursos do orçamento da seguridade social, além de outras fontes, e devem ser organizadas com base nas seguintes diretrizes:

692 Direito Constitucional Decifrado

a. descentralização político-administrativa, cabendo a coordenação e as normas gerais à esfera federal e a coordenação e a execução dos respectivos programas às esferas estadual e municipal, bem como a entidades beneficentes e de assistência social;

b. participação da população, por meio de organizações representativas, na formulação das políticas e no controle das ações em todos os níveis.

Sendo assim, o que deseja a Constituição é que haja participação popular na gestão da assistência social, devendo a União assumir a coordenação das ações e a definição de normas gerais, cabendo a execução aos Estados, Municípios e entidades privadas.

25.2.5.2. Vinculação de receitas estaduais à assistência social

A Emenda Constitucional nº 42/2003 facultou aos Estados e ao Distrito Federal vincular a programa de apoio à inclusão e promoção social até 0,5% (cinco décimos por cento) de sua receita tributária líquida, sendo, no entanto, vedada a aplicação desses recursos no pagamento de despesas com pessoal e encargos sociais, da dívida pública e de qualquer outra despesa corrente não vinculada diretamente aos investimentos ou ações apoiados.

Deve-se atentar para o fato de que, diferentemente do que ocorre na área da saúde, não há obrigatoriedade dessa aplicação de recursos pelo Estado na assistência social, sendo uma faculdade, ou seja, uma permissão concedida pela Constituição.

25.3. DA EDUCAÇÃO, DA CULTURA E DO DESPORTO

Em seu Título VIII, Capítulo III, traz a Constituição Federal normas relativas à educação, cultura e desporto (esportes), entendendo que tais atividades são importantes para o pleno desenvolvimento humano por parte dos cidadãos.

25.3.1. Da educação

O art. 205 da Constituição dispõe que a educação é direito de todos e dever do Estado e da família, e que deverá ser promovida e incentivada com a colaboração da sociedade, visando ao pleno desenvolvimento da pessoa, seu preparo para o exercício da cidadania e sua qualificação para o trabalho.

Vê-se assim que, antes de mais nada, o texto constitucional deixa claro o compartilhamento da responsabilidade pela educação entre o Estado e as famílias. De fato, embora o Poder Público tenha a obrigação de disponibilizar os meios de acesso e incentivar o desenvolvimento educacional, tem a família um papel primordial nesse processo, e é importante que haja cooperação entre esses agentes para que a educação possa ser efetiva, de qualidade para atender a seus objetivos.

Importante entender que a educação vai além da mera aquisição de conhecimentos, abrangendo também o desenvolvimento das relações pessoais, da capacidade crítica e da tolerância ante a ideias antagônicas.

Diante disso, o STF já decidiu que o ensino domiciliar somente poderá ser admitido se regulamentado por lei, e além disso, cumpra a obrigatoriedade, de 4 a 17 anos, e se respeite: o dever solidário Família/Estado, o núcleo básico de matérias acadêmicas, a supervisão, avaliação e fiscalização pelo Poder Público; bem como as demais previsões impostas diretamente pelo texto constitucional, inclusive no tocante às finalidades e objetivos do ensino; em especial, evitar a evasão escolar e garantir a socialização do indivíduo, por meio de ampla convivência familiar e comunitária, não sendo aceitas as modalidades de *unschooling* radical (desescolarização radical), *unschooling* moderado (desescolarização moderada) e *homeschooling* puro, em qualquer de suas variações.[11]

Assim como ocorre com os serviços de saúde, a omissão do Poder Executivo em implementar as ações constitucionais previstas na área da educação pode ensejar a intervenção do Poder Judiciário, por requisição do interessado.[12]

Jurisprudência destacada

A decisão não avança sobre as competências dos Poderes Legislativo e Executivo, pondo-se em harmonia com a jurisprudência deste Supremo Tribunal, assentada em ser possível intervenção excepcional do Poder Judiciário na adoção de providências necessárias de ser determinadas aos entes administrativos estatais, máxime quando se cuidar, como na espécie, de práticas específicas, garantidoras do direito constitucional fundamental à educação e à segurança pública, impossível de ser usufruída pela ausência de dotação das condições materiais imprescindíveis ao desempenho do serviço pela omissão da entidade recorrente (STF, RE nº 850.215, Rel. Min. Cármen Lúcia, j. 07.04.2015).

Decifrando a prova

(Promotor de Justiça/MT – FCC – 2019 – Adaptada) De acordo com o entendimento do STF, é admissível, atualmente, o ensino domiciliar (*homeschooling* puro) como meio lícito de cumprimento, pela família, do dever de prover educação.

( ) Certo   ( ) Errado

Gabarito comentado: o *homeschooling* puro considera que compete primeiramente à família o dever de educação, que deverá seguir diretrizes de educação formal, e só subsidiariamente aceita-se a participação estatal, que oferecerá de forma alternativa a educação aos pais que desejarem. Tal sistema não é aceito pelo STF, o qual entende que a educação deve buscar, entre outras coisas, a convivência comunitária. Portanto, a assertiva está errada.

---

[11] STF, RE nº 888.815, Rel. Min. Roberto Barroso, j. 12.09.2018.
[12] STF, RE nº 594.018-AgR, Rel. Min. Eros Grau, j. 23.06.2009.

694 Direito Constitucional Decifrado

25.3.1.1. Princípios constitucionais

O art. 206 da Constituição Federal estipula que o ensino deverá ser ministrado pelo Poder Público com base nos seguintes princípios:

a. igualdade de condições para o acesso e permanência na escola;
b. liberdade de aprender, ensinar, pesquisar e divulgar o pensamento, a arte e o saber;
c. pluralismo de ideias e de concepções pedagógicas, e coexistência de instituições públicas e privadas de ensino;
d. gratuidade do ensino público em estabelecimentos oficiais;
e. valorização dos profissionais da educação escolar, garantidos, na forma da lei, planos de carreira, com ingresso exclusivamente por concurso público de provas e títulos, aos das redes públicas;
f. gestão democrática do ensino público, na forma da lei;
g. garantia de padrão de qualidade;
h. piso salarial profissional nacional para os profissionais da educação escolar pública, nos termos de lei federal;
i. garantia do direito à educação e à aprendizagem ao longo da vida.

A Constituição requer que a lei disponha sobre as categorias de trabalhadores considerados profissionais da educação básica e sobre a fixação de prazo para a elaboração ou adequação de seus planos de carreira, no âmbito da União, dos Estados, do Distrito Federal e dos Municípios.

25.3.1.2. Universidades

As universidades devem gozar de autonomia didático-científica, administrativa e de gestão financeira e patrimonial, e exercer de forma concomitante as atividades de ensino, pesquisa e extensão. A ideia da Constituição é permitir a livre criação e disseminação do conhecimento, sem a interferência política ou ideológica. Essa autonomia:

> (...) embora não se revista de caráter de independência (...), atributo dos Poderes da República, revela a impossibilidade de exercício de tutela ou indevida ingerência no âmago próprio das suas funções, assegurando à universidade a discricionariedade de dispor ou propor (legislativamente) sobre sua estrutura e funcionamento administrativo, bem como sobre suas atividades pedagógicas.[13]

Isso, porém, como obviamente não poderia deixar de ser, não as exime do dever de cumprir as normas gerais da educação nacional.[14]

Em relação às universidades públicas, o entendimento do STF é de que é inconstitucional a cobrança de taxa de matrícula ou mensalidade para cursos de graduação,[15] sendo

---

[13] STF, ADI nº 3.792, Rel. Min. Dias Toffoli, j. 22.09.2016.
[14] STF, RE nº 561.398-AgR, Rel. Min. Joaquim Barbosa, j. 23.06.2009.
[15] Súmula Vinculante nº 12: "A cobrança de taxa de matrícula nas universidades públicas viola o disposto no art. 206, IV, da CF".

permitida a cobrança de mensalidade, porém, em cursos de especialização ou de natureza de extensão universitária.[16]

Os §§ 1º e 2º do art. 207 da Constituição Federal faculta às universidades e às instituições de pesquisa científica e tecnológica admitir professores, técnicos e cientistas estrangeiros, na forma da lei, trazendo assim uma exceção à regra geral de que os servidores públicos devem ser brasileiros. Isso porque, na área de ensino e pesquisa, é importante que o país saiba atrair e reter, ainda que temporariamente, pessoas que, pelo seu conhecimento ou experiência, possam contribuir para o desenvolvimento educacional no Brasil.

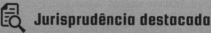

> Atos que instituíram sistema de reserva de vagas com base em critério étnico-racial (cotas) no processo de seleção para ingresso em instituição pública de ensino superior. (...) Não contraria – ao contrário, prestigia – o princípio da igualdade material, previsto no *caput* do art. 5º da Carta da República, a possibilidade de o Estado lançar mão seja de políticas de cunho universalista, que abrangem um número indeterminado de indivíduos, mediante ações de natureza estrutural, seja de ações afirmativas, que atingem grupos sociais determinados, de maneira pontual, atribuindo a esses certas vantagens, por um tempo limitado, de modo a permitir-lhes a superação de desigualdades decorrentes de situações históricas particulares. (...) Medidas que buscam reverter, no âmbito universitário, o quadro histórico de desigualdade que caracteriza as relações étnico-raciais e sociais em nosso país não podem ser examinadas apenas sob a ótica de sua compatibilidade com determinados preceitos constitucionais, isoladamente considerados, ou a partir da eventual vantagem de certos critérios sobre outros, devendo, ao revés, ser analisadas à luz do arcabouço principiológico sobre o qual se assenta o próprio Estado brasileiro. Metodologia de seleção diferenciada pode perfeitamente levar em consideração critérios étnico-raciais ou socioeconômicos, de modo a assegurar que a comunidade acadêmica e a própria sociedade sejam beneficiadas pelo pluralismo de ideias, de resto, um dos fundamentos do Estado brasileiro, conforme dispõe o art. 1º, V, da CF (STF, RE nº 850.215, Rel. Min. Cármen Lúcia, j. 07.04.2015).

25.3.1.3. Deveres do Estado para com a educação

O art. 208 da Constituição elenca os deveres do Estado para com a educação, ou seja, o mínimo que o Poder Público deve garantir em relação aos serviços educacionais:

> Art. 208. O dever do Estado com a educação será efetivado mediante a garantia de:
>
> I – educação básica obrigatória e gratuita dos 4 (quatro) aos 17 (dezessete) anos de idade, assegurada inclusive sua oferta gratuita para todos os que a ela não tiveram acesso na idade própria;
>
> II – progressiva universalização do ensino médio gratuito;

---

[16] STF, RE nº 597.584, Rel. Min. Edson Fachin, j. 26.04.2017.

696 Direito Constitucional Decifrado

III – atendimento educacional especializado aos portadores de deficiência, preferencialmente na rede regular de ensino;

IV – educação infantil, em creche e pré-escola, às crianças até 5 (cinco) anos de idade;

V – acesso aos níveis mais elevados do ensino, da pesquisa e da criação artística, segundo a capacidade de cada um;

VI – oferta de ensino noturno regular, adequado às condições do educando;

VII – atendimento ao educando, em todas as etapas da educação básica, por meio de programas suplementares de material didático-escolar, transporte, alimentação e assistência à saúde.

A Constituição estabelece que o acesso ao ensino obrigatório e gratuito é direito público subjetivo, o que quer dizer que pode ser exigido diretamente por qualquer pessoa que não esteja tendo acesso ao mesmo, inclusive pelo meio de ações judiciais. Aliás, o não oferecimento do ensino obrigatório pelo Poder Público, ou sua oferta irregular, importa responsabilidade da autoridade competente.

O § 3º do art. 208 estabelece que compete ao Poder Público recensear os educandos no ensino fundamental, fazer-lhes a chamada e zelar, junto aos pais ou responsáveis, pela frequência à escola. Mais uma vez, o texto constitucional reforça aqui a corresponsabilidade do Estado e das famílias no que se refere à educação das crianças.

25.3.1.4. Prestação de serviços educacionais pela iniciativa privada

De acordo com o art. 209 da Constituição, o ensino é livre à iniciativa privada, independentemente de concessão, permissão ou autorização, desde que atendidas as seguintes condições:

a. cumprimento das normas gerais da educação nacional pela entidade prestadora; e
b. autorização e avaliação de qualidade pelo Poder Público.

A ideia é que o Estado estabeleça as normas gerais para a prestação dos serviços educacionais e que supervisione a atuação das escolas particulares, de forma a garantir a qualidade do ensino por elas ministrado e a obediência das disposições gerais estabelecidas pelo Poder Público em relação à educação.

25.3.1.5. Fixação de conteúdos mínimos para a educação fundamental

O art. 210 da Constituição dispõe que devem ser fixados conteúdos mínimos para o ensino fundamental, de maneira a assegurar formação básica comum e respeito aos valores culturais e artísticos, nacionais e regionais.

A Constituição determina que o ensino religioso constituirá disciplina dos horários normais das escolas públicas de ensino fundamental, mas que será de matrícula facultativa. Além disso, não deve ele servir para proselitismo ou disseminação de dogmas religiosas, quaisquer que sejam, mas sim contribuir para reflexões acerca da ética, da diversidade de crenças e da tolerância. No entanto, o STF já decidiu que o ensino religioso – sempre reforçando sua natureza facultativa – em escolas públicas pode ter natureza confessional, sendo permitido aos alunos que se matricularem voluntariamente exercer o seu direito de terem as aulas ministradas por integrantes, devidamente credenciados, de sua própria confissão religiosa.[17]

O ensino fundamental regular deve ser ministrado em língua portuguesa, mas é assegurado às comunidades indígenas também a utilização de suas línguas maternas e processos próprios de aprendizagem, como forma de preservação dos idiomas e das tradições ancestrais.

25.3.1.6. Responsabilidade da União, dos Estados e dos Municípios no que se refere à educação

O art. 211 da Constituição estipula que a União, os Estados, o Distrito Federal e os Municípios organizarão em regime de colaboração seus sistemas de ensino, deixando claro que deve haver cooperação entre as diversas entidades da Federação no que se refere à Educação.

No entanto, o texto constitucional divide de forma geral a responsabilidade pela Educação entre os níveis da Federação, no que se refere ao ensino regular.

Assim, determina que a União deve organizar o sistema federal de ensino e o dos Territórios, financiar as instituições de ensino públicas federais e exercer, em matéria educacional, função redistributiva e supletiva, de forma a garantir equalização de oportunidades educacionais e padrão mínimo de qualidade do ensino mediante assistência técnica e financeira aos Estados, ao Distrito Federal e aos Municípios, sendo que esse padrão mínimo de qualidade deve considerar as condições adequadas de oferta e ter como referência o Custo Aluno Qualidade (CAQ), pactuados em regime de colaboração na forma disposta em lei complementar.

Por outro lado, os Estados e o Distrito Federal ficam com a atribuição de atuar prioritariamente no ensino fundamental e médio.

Já os Municípios devem atuar prioritariamente no ensino fundamental e na educação infantil.

A tabela abaixo resume essa divisão:

Ente da Federação	Função principal
União	Organizar e financiar as entidades federais de ensino. Assistência técnica e financeira a Estados, DF e Municípios.
Estados e Distrito Federal	Atuar nos ensinos fundamental e médio.
Municípios	Atuar nos ensinos infantil e fundamental.

Veja-se que nada impede que um ente da Federação atue em outra área que não a sua prioritária, desde que esta já esteja sendo devidamente atendida. Assim, por exemplo, Estados e Municípios podem criar instituições de ensino superior, mas devem, antes de pensar

---

[17] STF, ADI nº 4.439, Rel. Min. Alexandre de Moras, j. 27.09.2017.

nisso, cuidar para que os ensinos infantil, fundamental e médio estejam recebendo a atenção adequada.

Na organização de seus sistemas de ensino, a União, os Estados, o Distrito Federal e os Municípios definirão formas de colaboração, de forma a assegurar a universalização, a qualidade e a equidade do ensino obrigatório, devendo, de acordo com o § 6º do art. 211 da Constituição, exercer ação redistributiva em relação a suas escolas. A ação redistributiva é entendida como o desenvolvimento de ações públicas esteadas no princípio da equidade, quer dizer, a alocação de um volume maior de recursos para escolas e redes em situação relativamente desfavorecida, como forma de combate à desigualdade.

O art. 212 da Constituição busca garantir recursos mínimos à educação, estabelecendo que a União aplicará, anualmente, nunca menos de 18%, e os Estados, o Distrito Federal e os Municípios, não menos de 25%, de suas receitas resultantes de impostos, compreendida a proveniente de transferências, na manutenção e desenvolvimento do ensino.

A distribuição desses recursos públicos deve assegurar prioridade ao atendimento das necessidades do ensino obrigatório, no que se refere a universalização, garantia de padrão de qualidade e equidade, nos termos do plano nacional de educação, sendo que no caso dos Estados, Distrito Federal e Municípios, parte desses recursos deve ser necessariamente destinada à manutenção e ao desenvolvimento do ensino na educação básica e à remuneração condigna de seus profissionais, conforme diversos parâmetros estabelecidos no art. 212-A da Constituição Federal.

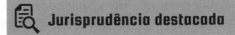

Jurisprudência destacada

Pacto federativo e repartição de competência. Piso nacional para os professores da educação básica. (...) É constitucional a norma geral federal que fixou o piso salarial dos professores do ensino médio com base no vencimento, e não na remuneração global. Competência da União para dispor sobre normas gerais relativas ao piso de vencimento dos professores da educação básica, de modo a utilizá-lo como mecanismo de fomento ao sistema educacional e de valorização profissional, e não apenas como instrumento de proteção mínima ao trabalhador (STF, ADI nº 4.167-ED-AgR, Rel. Min. Joaquim Barbosa, j. 17.04.2011).

Decifrando a prova

(Juiz de Direito Substituto/RJ – Vunesp – 2014 – Adaptada) De acordo com a Constituição Federal, Os Municípios atuarão prioritariamente no ensino fundamental e na educação infantil, enquanto os Estados e o Distrito Federal atuarão exclusivamente nos ensinos fundamental e médio.
( ) Certo   ( ) Errado
Gabarito comentado: conforme vimos, a Constituição estabelece que cabe aos Municípios atuar nos ensinos infantil e fundamental. Portanto, a assertiva está errada.

Capítulo 25 ♦ Ordem social **699**

25.3.I.7. Salário-educação

A Constituição prevê como fonte adicional de financiamento à educação a contribuição do salário-educação, a qual deve ser recolhida pelas empresas na forma da lei, sendo que as cotas estaduais e municipais da arrecadação do salário-educação devem ser distribuídas proporcionalmente ao número de alunos matriculados na educação básica nas respectivas redes públicas de ensino, de forma que Estados e Municípios com mais alunos matriculados recebem um valor maior e aqueles com menos alunos, um valor menor.

Além disso, o § 7º do art. 212 veda a utilização de valores arrecadados a título de salário-educação no pagamento de aposentadorias e de pensões, o que se aplica inclusive a servidores aposentados na área da educação.

25.3.I.8. Repasses de recursos a entidades privadas de educação

O Poder Público deve destinar os recursos da educação às escolas públicas, mas também podendo repassá-los a escolas comunitárias, confessionais ou filantrópicas, definidas em lei, que cumpridos os seguintes requisitos constitucionais:

a. as instituições devem comprovar finalidade não lucrativa e aplicar seus eventuais excedentes financeiros em educação;

b. as instituições devem assegurar a destinação de seu patrimônio a outra escola comunitária, filantrópica ou confessional, ou ao Poder Público, no caso de encerramento de suas atividades.

Esses recursos podem ser destinados a bolsas de estudo para o ensino fundamental e médio, na forma da lei, para os que demonstrarem insuficiência de recursos, quando houver falta de vagas e cursos regulares da rede pública na localidade da residência do educando, ficando o Poder Público obrigado a investir prioritariamente na expansão de sua rede na localidade.

As atividades de pesquisa, de extensão e de estímulo e fomento à inovação realizadas por universidades e/ou por instituições de educação profissional e tecnológica também poderão receber apoio financeiro do Poder Público.

25.3.I.9. Plano nacional de educação

Visando uniformizar o conteúdo educacional e garantir a qualidade do ensino, prevê a Constituição que deve ser aprovado, para cada 10 anos, o plano nacional de educação, que deverá ser observado pela União, Estados, Distrito Federal e Municípios.

Sobre ele dispõe o art. 214 da Constituição:

> **Art. 214.** A lei estabelecerá o plano nacional de educação, de duração decenal, com o objetivo de articular o sistema nacional de educação em regime de colaboração e definir diretrizes, objetivos, metas e estratégias de implementação para assegurar a manutenção e desenvolvimento do ensino em seus diversos níveis, etapas e modalidades por meio de ações integradas dos poderes públicos das diferentes esferas federativas que conduzam a:

I – erradicação do analfabetismo;
II – universalização do atendimento escolar;
III – melhoria da qualidade do ensino;
IV – formação para o trabalho;
V – promoção humanística, científica e tecnológica do País.
VI – estabelecimento de meta de aplicação de recursos públicos em educação como proporção do produto interno bruto.

25.3.2. Da cultura

A cultura é considerada um dos direitos sociais, devendo o Estado, de acordo com o art. 215 da Constituição Federal, garantir a todos o pleno exercício dos direitos culturais e acesso às fontes da cultura nacional, e apoiar e incentivará a valorização e a difusão das manifestações culturais.

Além disso, também deve proteger as expressões das culturas populares, indígenas e afro-brasileiras, e das de outros grupos participantes do processo civilizatório nacional. Como forma de reforçar essa proteção, a Constituição determina que a lei disporá sobre a fixação de datas comemorativas de alta significação para os diferentes segmentos étnicos nacionais, como ocorre por exemplo, com o dia da consciência negra e o dia do índio.

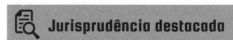

A prática e os rituais relacionados ao sacrifício animal são patrimônio cultural imaterial e constituem os modos de criar, fazer e viver de diversas comunidades religiosas, particularmente das que vivenciam a liberdade religiosa a partir de práticas não institucionais. A dimensão comunitária da liberdade religiosa é digna de proteção constitucional e não atenta contra o princípio da laicidade. O sentido de laicidade empregado no texto constitucional destina-se a afastar a invocação de motivos religiosos no espaço público como justificativa para a imposição de obrigações. A validade de justificações públicas não é compatível com dogmas religiosos. A proteção específica dos cultos de religiões de matriz africana é compatível com o princípio da igualdade, uma vez que sua estigmatização, fruto de um preconceito estrutural, está a merecer especial atenção do Estado. Tese fixada: "É constitucional a lei de proteção animal que, a fim de resguardar a liberdade religiosa, permite o sacrifício ritual de animais em cultos de religiões de matriz africana" (STF, RE nº 494.601, Rel. designado Min. Edson Fachin, j. 28.03.2019).

25.3.2.1. Plano nacional de cultura

Assim como ocorre com a educação, a cultura também deve possuir um plano nacional, de forma a promover o desenvolvimento cultural e a cooperação das ações das entidades públicas relacionadas à área.

De acordo com o art. 215, § 3º, da Constituição, a lei deve estabelecer o Plano Nacional de Cultura, de duração plurianual, visando ao desenvolvimento cultural do país e à integração das ações do poder público que conduzem à:

a. defesa e valorização do patrimônio cultural brasileiro;
b. produção, promoção e difusão de bens culturais;
c. formação de pessoal qualificado para a gestão da cultura em suas múltiplas dimensões;
d. democratização do acesso aos bens de cultura; e
e. valorização da diversidade étnica e regional.

25.3.2.2. Patrimônio cultural brasileiro

Uma das preocupações da Constituição é com a proteção do patrimônio cultural brasileiro. E o conceito desse patrimônio é bastante abrangente, sendo considerados como tal, de acordo com o art. 216, os bens de natureza material e imaterial, tomados individualmente ou em conjunto, portadores de referência à identidade, à ação, à memória dos diferentes grupos formadores da sociedade brasileira, e nos quais se incluem:

a. as formas de expressão;
b. os modos de criar, fazer e viver;
c. as criações científicas, artísticas e tecnológicas;
d. as obras, objetos, documentos, edificações e demais espaços destinados às manifestações artístico-culturais;
e. os conjuntos urbanos e sítios de valor histórico, paisagístico, artístico, arqueológico, paleontológico, ecológico e científico.

O Poder Público, com a colaboração da comunidade, deve promover e proteger o patrimônio cultural brasileiro, por meio de inventários, registros, vigilância, tombamento e desapropriação, e de outras formas de acautelamento e preservação.

É de responsabilidade da administração pública, na forma da lei, a gestão da documentação governamental e as providências para franquear sua consulta a quantos dela necessitem.

A Constituição determina que a lei deve estabelecer incentivos para a produção e o conhecimento de bens e valores culturais, além de estabelecer punição para os danos e ameaças ao patrimônio cultural.

O § 5º do art. 216 determina o tombamento de todos os documentos e os sítios detentores de reminiscências históricas dos antigos quilombos, como forma de preservar a história e a memória da imigração forçada dos povos africanos ao país.

Tombamento é o ato administrativo realizado pelo Poder Público com o objetivo de preservar, por intermédio da aplicação de legislação específica, bens de valor histórico, cultural, arquitetônico, ambiental e também de valor afetivo para a população, impedindo que venham a ser destruídos ou descaracterizados pela ação humana ou da natureza.

702 Direito Constitucional Decifrado

O tombamento não pressupõe a desapropriação, uma vez que o dono do bem tombado continua com sua propriedade, embora passe a sofrer restrições em sua utilização.

Assim como faz em relação à assistência social, a Constituição faculta aos Estados e ao Distrito Federal vincular parte de suas receitas para o financiamento da cultura, permitindo que seja destinado a fundo estadual de fomento à cultura até 0,5% (cinco décimos por cento) de sua receita tributária líquida, para o financiamento de programas e projetos culturais, vedada a aplicação desses recursos no pagamento de despesas com pessoal e encargos sociais, serviço da dívida e qualquer outra despesa corrente não vinculada diretamente aos investimentos ou ações apoiados.

25.3.2.3. Sistema Nacional de Cultura

A Emenda Constitucional nº 71/2012 criou o Sistema Nacional de Cultura, visando uma melhor integração das ações públicas e privadas na área da cultura.

Sobre ele dispõe o art. 216-A da Constituição:

> **Art. 216-A.** O Sistema Nacional de Cultura, organizado em regime de colaboração, de forma descentralizada e participativa, institui um processo de gestão e promoção conjunta de políticas públicas de cultura, democráticas e permanentes, pactuadas entre os entes da Federação e a sociedade, tendo por objetivo promover o desenvolvimento humano, social e econômico com pleno exercício dos direitos culturais.
>
> § 1º O Sistema Nacional de Cultura fundamenta-se na política nacional de cultura e nas suas diretrizes, estabelecidas no Plano Nacional de Cultura, e rege-se pelos seguintes princípios:
>
> I – diversidade das expressões culturais;
>
> II – universalização do acesso aos bens e serviços culturais;
>
> III – fomento à produção, difusão e circulação de conhecimento e bens culturais;
>
> IV – cooperação entre os entes federados, os agentes públicos e privados atuantes na área cultural;
>
> V – integração e interação na execução das políticas, programas, projetos e ações desenvolvidas;
>
> VI – complementaridade nos papéis dos agentes culturais;
>
> VII – transversalidade das políticas culturais;
>
> VIII – autonomia dos entes federados e das instituições da sociedade civil;
>
> IX – transparência e compartilhamento das informações;
>
> X – democratização dos processos decisórios com participação e controle social;
>
> XI – descentralização articulada e pactuada da gestão, dos recursos e das ações;
>
> XII – ampliação progressiva dos recursos contidos nos orçamentos públicos para a cultura.

De acordo com o § 2º do mesmo artigo, o Sistema Nacional de Cultura será estruturado da seguinte maneira, nas respectivas esferas da Federação:

Capítulo 25 ◆ Ordem social **703**

- ◆ órgãos gestores da cultura;
- ◆ conselhos de política cultural;
- ◆ conferências de cultura;
- ◆ comissões intergestores;
- ◆ planos de cultura;
- ◆ sistemas de financiamento à cultura;
- ◆ sistemas de informações e indicadores culturais;
- ◆ programas de formação na área da cultura; e
- ◆ sistemas setoriais de cultura.

Os Estados, o Distrito Federal e os Municípios devem também organizar seus respectivos sistemas de cultura em leis próprias.

> ### ⚞ Decifrando a prova
>
> **(Promotor de Justiça/RS – MPE-RS – 2017 – Adaptada)** É dever dos Estados e do Distrito Federal vincular a fundo estadual de fomento à cultura até cinco décimos por cento de sua receita tributária líquida, para o financiamento de programas e projetos culturais, vedada a aplicação desses recursos no pagamento de despesas com pessoal e encargos sociais, serviço da dívida e qualquer outra despesa corrente não vinculada diretamente aos investimentos ou ações apoiados.
> ( ) Certo   ( ) Errado
> **Gabarito comentado:** a providência citada na assertiva é facultada, e não exigida, dos Estados e do DF, conforme art. 216, § 6º, da CF. Portanto, a assertiva está errada.

25.3.3. Do desporto

Há muito tempo que se apregoam os benefícios da prática de esportes. Através deles, não se obtêm apenas benefícios relacionados à saúde, como também podem-se desenvolver outras habilidades, como a capacidade de se trabalhar em equipe, o desenvolvimento da autoestima e do sentimento de companheirismo, entre outros.

Por conta disso, a Constituição Federal, em seu art. 217, determina que é dever do Poder Público fomentar, ou seja, incentivar, práticas desportivas formais e não formais, como direito de cada um, elevando assim o desporto à categoria de direito social.

Na garantir deste direito, deve o Estado observar as seguintes diretrizes estabelecidas no texto constitucional:

- **a.** a autonomia das entidades desportivas dirigentes e associações, quanto a sua organização e funcionamento, ou seja, deve o Estado preservar a independência das organizações esportivas, sem a prática de ingerências políticas na gestão das mesmas;

b. a destinação de recursos públicos para a promoção prioritária do desporto educacional e, em casos específicos, para a do desporto de alto rendimento;
c. o tratamento diferenciado para o desporto profissional e o não profissional;
d. a proteção e o incentivo às manifestações desportivas de criação nacional. Os esportes criados no país devem receber proteção e incentivo à sua prática, sendo também considerados como uma manifestação cultural brasileira. Ademais, de acordo com o entendimento do STF, encampando o lecionado por José Afonso da Silva, "a expressão 'de criação nacional', inserta na Carta Magna, 'não significa' – necessariamente – 'que seja de invenção brasileira, mas que seja prática desportiva que já se tenha incorporado aos hábitos e costumes nacionais'".[18]

Art. 1º da Lei nº 3.364/2000, do Estado do Rio de Janeiro. Meia-entrada. Concessão de desconto de 50% sobre o preço de ingressos para casas de diversões, praças desportivas e similares aos jovens de até 21 anos. (...) É legítima e adequada a atuação do Estado sobre o domínio econômico que visa garantir o efetivo exercício do direito à educação, à cultura e ao desporto, nos termos da Constituição Federal (STF, ADI nº 2.163, Rel. Min. Ricardo Lewandowski, j. 12.04.2008).

25.3.3.1. Justiça desportiva

Apesar do nome que lhe é dado, a chamada justiça desportiva não configura um ramo do Poder Judiciário, mas se tratando de uma forma de arbitragem especial de conflitos que possam surgir em ou entre entidades de desporto profissional. A ideia é que esses conflitos sejam resolvidos sem a necessidade de recorrer-se ao Poder Judiciário, desafogando-se a este e propiciando uma maior celeridade e legitimidade às decisões relacionadas.

Apesar de ser uma entidade privada, deve ser regulada em lei, de acordo com a Constituição Federal.

Justamente para prestigiá-la, dispõe o art. 217, § 1º, da Constituição que o Poder Judiciário só admitirá ações relativas à disciplina e às competições desportivas após esgotarem-se as instâncias da justiça desportiva.[19]

E, para garantir sua celeridade, dispõe o texto constitucional que a justiça desportiva terá o prazo máximo de 60 dias, contados da instauração do processo, para proferir decisão final.

O § 3º do art. 217, por fim, estipula que o Poder Público deverá incentivar o lazer, como forma de promoção social, haja vista sua importância para o bem-estar individual e para a socialização.

---

[18] STF, ADI nº 4.976, Rel. Min. Ricardo Lewandowski, j. 07.05.2014.
[19] STF ADI nº 2.139, Rel. designado Min. Marco Aurélio, j. 13.05.2009.

Capítulo 25 ◆ Ordem social **705**

25.4. DA CIÊNCIA, TECNOLOGIA E INOVAÇÃO

O investimento em ciência, tecnologia e inovação sempre foi importante para que os países pudessem garantir o crescimento econômico, colocar-se na vanguarda do desenvolvimento industrial e propiciar a melhoria na qualidade de vida de suas populações.

Nos últimos anos, porém, essa necessidade tem se aprofundado cada vez mais, devido à utilização intensiva da tecnologia em nossas vidas e ao dinamismo que a economia global tem apresentado. A todo momento surgem novos produtos e serviços, e também a todo o momento produtos e serviços tornam-se obsoletos, e o investimento nas áreas citadas mostra-se cada vez mais importante.

A Constituição reconhece isso e determina que o Estado deve promover e incentivar o desenvolvimento científico, a pesquisa, a capacitação científica e tecnológica e a inovação.

De acordo com o art. 218, a pesquisa científica básica e tecnológica deve receber tratamento prioritário do Estado, tendo em vista o bem público e o progresso da ciência, tecnologia e inovação.

A pesquisa tecnológica, por sua vez, deverá estar voltada preponderantemente para a solução dos problemas brasileiros e para o desenvolvimento do sistema produtivo nacional e regional.

O Poder Público deve apoiar a formação de recursos humanos nas áreas de ciência, pesquisa, tecnologia e inovação, inclusive por meio do apoio às atividades de extensão tecnológica, e concederá aos que delas se ocupem meios financeiros, ou seja, bolsas, e condições especiais de trabalho.

A Constituição determina que as três esferas de Governo também devem estimular a formação e o fortalecimento da inovação nas empresas, bem como nos demais entes, públicos ou privados, a Constituição e a manutenção de parques e polos tecnológicos e de demais ambientes promotores da inovação, a atuação dos inventores independentes e a criação, absorção, difusão e transferência de tecnologia.

A lei, por sua vez, deve apoiar e estimular as empresas que invistam em pesquisa, criação de tecnologia adequada ao país, formação e aperfeiçoamento de seus recursos humanos e que pratiquem sistemas de remuneração que assegurem ao empregado, desvinculada do salário, participação nos ganhos econômicos resultantes da produtividade de seu trabalho.

Visando o intercâmbio científico e tecnológico com entidades de outros países, determina a Constituição que o Poder Público deve promover e incentivar a atuação no exterior das instituições públicas de ciência, tecnologia e inovação.

Para intensificar a parceria e a sinergia entre o Governo e a iniciativa privada, prevê o art. 219-A que a União, os Estados, o Distrito Federal e os Municípios possam firmar instrumentos de cooperação com órgãos e entidades públicos e com entidades privadas, inclusive para o compartilhamento de recursos humanos especializados e capacidade instalada, para a execução de projetos de pesquisa, de desenvolvimento científico e tecnológico e de inovação, mediante contrapartida financeira ou não financeira assumida pelo ente beneficiário, na forma da lei.

A Emenda Constitucional nº 85/2015 passou a prever a criação do Sistema Nacional de Ciência, Tecnologia e Inovação (SNCTI), o qual deverá ser organizado em regime de colaboração entre entes, tanto públicos quanto privados, com vistas a promover o desenvolvimento científico e tecnológico e a inovação, e que deve ser organizado na forma da lei.

Assim como ocorre nas áreas de assistência social e cultura, é permitido aos Estados e ao Distrito Federal, se assim o desejarem, vincular parcela de sua receita orçamentária a entidades públicas de fomento ao ensino e à pesquisa científica e tecnológica.

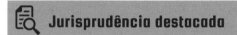

> O termo "ciência", enquanto atividade individual, faz parte do catálogo dos direitos fundamentais da pessoa humana (inciso IX do art. 5º da CF). Liberdade de expressão que se afigura como clássico direito constitucional-civil ou genuíno direito de personalidade. Por isso que exigente do máximo de proteção jurídica, até como signo de vida coletiva civilizada. Tão qualificadora do indivíduo e da sociedade é essa vocação para os misteres da Ciência que o Magno Texto Federal abre todo um autonomizado capítulo para prestigiá-la por modo superlativo (Capítulo de n. IV do Título VIII). A regra de que "O Estado promoverá e incentivará o desenvolvimento científico, a pesquisa e a capacitação tecnológicas" (art. 218, *caput*) é de logo complementada com o preceito (§ 1º do mesmo art. 218) que autoriza a edição de normas como a constante do art. 5º da Lei de Biossegurança. A compatibilização da liberdade de expressão científica com os deveres estatais de propulsão das ciências que sirvam à melhoria das condições de vida para todos os indivíduos. Assegurada, sempre, a dignidade da pessoa humana, a CF dota o bloco normativo posto no art. 5º da Lei nº 11.105/2005 do necessário fundamento para dele afastar qualquer invalidade jurídica (Min. Cármen Lúcia) (STF, ADI nº 3.510, Rel. Min. Ayres Britto, j. 29.05.2008).

25.5. DA COMUNICAÇÃO SOCIAL

Ao tratar do tema "Comunicação Social", no Capítulo V de seu Título VIII, está a Constituição a falar dos meios de comunicação de massa, que atingem um número indeterminado ou muito extenso de pessoas, como ocorre com os jornais, rádio, televisão etc.

O *caput* do art. 220 da Constituição estipula que a manifestação do pensamento, a criação, a expressão e a informação, sob qualquer forma, processo ou veículo não devem sofrer qualquer restrição, observado o disposto no texto constitucional. Em complemento, seu § 1º dispõe que nenhuma lei – e, obviamente, muito menos nenhum ato administrativo – poderá conter dispositivo que possa constituir embaraço à plena liberdade de informação jornalística em qualquer veículo de comunicação social, devendo ser observadas, porém, tanto pelos veículos de comunicação, como pelo Estado, as seguintes disposições constitucionais:

a. vedação ao anonimato nas manifestações;
b. direito de resposta das pessoas envolvidas, sempre que for o caso;

Capítulo 25 ◆ Ordem social **707**

c. inviolabilidade da intimidade, vida privada, a honra e a imagem das pessoas, assegurado o direito a indenização pelo dano material ou moral decorrente de sua violação;

d. liberdade do exercício profissional, observadas eventuais qualificações que a lei possa impor ao exercício profissional;

e. acesso de todos à informação e proteção ao sigilo da fonte, quando necessário ao exercício profissional.

O § 2º do mesmo art. 220 reforça que é vedada toda e qualquer censura de natureza política, ideológica e artística. Nesse sentido, o STF decidiu pela inconstitucionalidade da regulamentação da profissão de jornalista, afirmando que:

> (...) no campo da profissão de jornalista, não há espaço para a regulação estatal quanto às qualificações profissionais. O art. 5º, IV, IX, XIV, e o art. 220 não autorizam o controle, por parte do Estado, quanto ao acesso e exercício da profissão de jornalista. Qualquer tipo de controle desse tipo, que interfira na liberdade profissional no momento do próprio acesso à atividade jornalística, configura, ao fim e ao cabo, controle prévio que, em verdade, caracteriza censura prévia das liberdades de expressão e de informação, expressamente vedada pelo art. 5º, IX, da Constituição. A impossibilidade do estabelecimento de controles estatais sobre a profissão jornalística leva à conclusão de que não pode o Estado criar uma ordem ou um conselho profissional (autarquia) para a fiscalização desse tipo de profissão. O exercício do poder de polícia do Estado é vedado nesse campo em que imperam as liberdades de expressão e de informação.[20]

Em outro julgamento importante, decidiu nossa Suprema Corte pela inconstitucionalidade da proibição da divulgação de pesquisas eleitorais 15 dias antes do pleito por ferir a liberdade de expressão e o direito à informação.[21]

O art. 220, § 3º, da Constituição estipula que compete União, por meio de lei federal:

a. regular as diversões e espetáculos públicos, cabendo ao Poder Público informar sobre a natureza deles, as faixas etárias a que não se recomendem, locais e horários em que sua apresentação se mostre inadequada. Trata-se aqui da chamada classificação indicativa;

b. estabelecer os meios legais que garantam à pessoa e à família a possibilidade de se defenderem de programas ou programações de rádio e televisão que não obedeçam aos princípios expostos na Constituição, bem como da propaganda de produtos, práticas e serviços que possam ser nocivos à saúde e ao meio ambiente.

A propaganda comercial de tabaco, bebidas alcoólicas, agrotóxicos, medicamentos e terapias estará sujeita a restrições legais e conterá, sempre que necessário, advertência sobre os malefícios decorrentes de seu uso. A competência para a regulamentação dessa matéria,

---

[20] STF, RE nº 511.961, Rel. Min. Gilmar Mendes, j. 17.09.2009.

[21] STF, ADI nº 3.741, Rel. Min. Ricardo Lewandowski, j. 06.06.2009.

708 Direito Constitucional Decifrado

de acordo com o STF, também é da União, por força do que dispõe o art. 22, XXIX, da Constituição.[22]

De acordo com a Constituição, os meios de comunicação social não podem, direta ou indiretamente, ser objeto de monopólio ou oligopólio. O monopólio ocorre quando uma só empresa detém o mercado de oferta. O oligopólio ocorre quando poucas empresas é que o detém. A ideia é que a comunicação social seja exercida por diversos veículos, cada um deles defendendo seus valores e ideia de forma democrática.

A publicação de veículo impresso de comunicação independe de licença de autoridade. Assim, quem deseja abrir um jornal não precisa pedir autorização estatal. O Supremo Tribunal Federal decidiu, inclusive, no julgamento do Recurso Extraordinário 511961, a inconstitucionalidade da exigência de diploma de curso superior de jornalista para o exercício da atividade.

Por outro lado, a atividade das emissoras de rádio e televisão dependem de concessão da União, uma vez que compete à mesma explorar os serviços de radiodifusão sonora, e de sons e imagens, conforme prevê o art. 21, XII, *a*.

Além disso, a produção e a programação das emissoras de rádio e televisão devem atender aos seguintes princípios:

a. preferência a finalidades educativas, artísticas, culturais e informativas;

b. promoção da cultura nacional e regional e estímulo à produção independente que objetive sua divulgação;

c. regionalização da produção cultural, artística e jornalística, conforme percentuais estabelecidos em lei;

d. respeito aos valores éticos e sociais da pessoa e da família.

A fim de resguardar os interesses nacionais, a propriedade de empresa jornalística e de radiodifusão sonora e de sons e imagens é privativa de brasileiros natos ou naturalizados há mais de dez anos, ou de pessoas jurídicas constituídas sob as leis brasileiras e que tenham sede no país, sendo que, no caso de pessoa jurídica, pelo menos 70% do capital total e do capital votante das empresas jornalísticas e de radiodifusão sonora e de sons e imagens deverá pertencer, direta ou indiretamente, a brasileiros natos ou naturalizados há mais de dez anos, que exercerão obrigatoriamente a gestão das atividades e estabelecerão o conteúdo da programação.

A responsabilidade editorial e as atividades de seleção e direção da programação veiculada são privativas de brasileiros natos ou naturalizados há mais de dez anos, em qualquer meio de comunicação social.

Os meios de comunicação social eletrônica, independentemente da tecnologia utilizada para a prestação do serviço, deverão observar os mesmos princípios aplicáveis às emissoras de rádio e televisão, na forma de lei específica, que também deve garantir a prioridade de profissionais brasileiros na execução de produções nacionais.

---

[22] STF, ADI nº 5.424, Rel. Min. Dias Toffoli, j. 19.09.2018.

Jurisprudência destacada

A liberdade religiosa não é exercível apenas em privado, mas também no espaço público, e inclui o direito de tentar convencer os outros, por meio do ensinamento, a mudar de religião. O discurso proselitista é, pois, inerente à liberdade de expressão religiosa. (...) A liberdade política pressupõe a livre manifestação do pensamento e a formulação de discurso persuasivo e o uso dos argumentos críticos. Consenso e debate público informado pressupõem a livre troca de ideias e não apenas a divulgação de informações. O artigo 220 da Constituição Federal expressamente consagra a liberdade de expressão sob qualquer forma, processo ou veículo, hipótese que inclui o serviço de radiodifusão comunitária. Viola a Constituição Federal a proibição de veiculação de discurso proselitista em serviço de radiodifusão comunitária (STF, ADI nº 2.566, Rel. Min. Edson Fachin, j. 16.05.2018).

25.5.1. Concessão de serviços de radiodifusão sonora e de sons e de imagens

Compete ao Poder Executivo Federal outorgar e renovar concessão, permissão e autorização para o serviço de radiodifusão sonora e de sons e imagens, devendo o Congresso Nacional confirmar o ato presidencial.

O prazo da concessão ou permissão será de dez anos para as emissoras de rádio e de quinze para as de televisão.

A não renovação da concessão ou permissão dependerá de aprovação de, no mínimo, dois quintos do Congresso Nacional, em votação nominal, ou seja, aberta.

O ato de outorga ou renovação efetivado pelo Presidente da República somente produzirá efeitos legais após deliberação do Congresso Nacional.

O § 4º do art. 223 da Constituição estabelece que o cancelamento da concessão ou permissão, antes de vencido o prazo, depende de decisão judicial.

A Constituição prevê a criação do Conselho de Comunicação Social, que deve auxiliar o Congresso Nacional, realizando estudos, elaborando pareceres, recomendações e outras solicitações que lhe forem encaminhadas pela Câmara ou pelo Senado a respeito do tema da comunicação social no Brasil.

Se o serviço for oferecido de forma gratuita à população, como ocorre com o rádio e com a chamada "TV aberta", não haverá cobrança de ICMS das emissoras, conforme previsto no art. 155, 2º, X, d, da Constituição Federal. Já no caso das transmissões de programas por meio de TV por assinatura, a cobrança do imposto é permitida.

Decifrando a prova

(Delegado de Polícia-SC – Acafe/2014 – Adaptada) De acordo com a Constituição Federal, a propaganda comercial de tabaco, bebidas alcoólicas, agrotóxicos, medicamentos e terapias

710 Direito Constitucional Decifrado

> estará sujeita a restrições legais e conterá sempre que necessário advertência sobre os malefícios decorrentes de seu uso, o que deve ser regulamentado por lei federal.
> ( ) Certo ( ) Errado
> **Gabarito comentado:** de fato, o art. 220, § 4º, da CF estabelece que a propaganda comercial de tabaco, bebidas alcoólicas, agrotóxicos, medicamentos e terapias estará sujeita a restrições legais e conterá, sempre que necessário, advertência sobre os malefícios decorrentes de seu uso. Além disso, trata-se de assunto que deve ser regulado por lei federal, a teor do que dispõe o art. 22, XXIX, da CF. Portanto, a assertiva está certa.

25.6. DO MEIO AMBIENTE

Já há muito tempo que se reconhece a importância de preservação do meio ambiente, tanto por questões ecológicas, como de saúde pública, de solidariedade com outros seres vivos e até mesmo por questões econômicas. Vivemos uma época em que muito se discute a responsabilidade humana nas alterações que o planeta vem sofrendo nos últimos séculos.

Aliás, o direito a um meio ambiente equilibrado é considerado atualmente um direito fundamental do cidadão, sendo enquadrado nos chamados direitos fundamentais de terceira geração, categoria que abrange os direitos coletivos e os difusos, beneficiando um número indefinido ou muito grande de pessoas.[23]

Nossa Constituição Federal tratou do assunto de forma bastante abrangente, em seu art. 225, sendo considerada uma das constituições mais avançadas do mundo no que se refere à proteção do meio ambiente.

O *caput* do art. 225 da Constituição Federal dispõe que todos têm direito ao meio ambiente ecologicamente equilibrado, sendo este considerado um bem de uso comum do povo e essencial à sadia qualidade de vida, devendo o Poder Público e a coletividade defendê-lo e preservá-lo para as presentes e futuras gerações.

E, para assegurar esse direito, estabelece o texto constitucional que incumbe ao Poder Público:

a. preservar e restaurar os processos ecológicos essenciais e prover o manejo ecológico das espécies e ecossistemas. Em alguns casos, a preservação do meio ambiente já não é mais suficiente, devendo ser promovida a restauração dos processos ecológicos locais;

b. preservar a diversidade e a integridade do patrimônio genético do país e fiscalizar as entidades dedicadas à pesquisa e manipulação de material genético;

c. definir, em todas as unidades da Federação, espaços territoriais e seus componentes a serem especialmente protegidos, sendo a alteração e a supressão permitidas somente através de lei, vedada qualquer utilização que comprometa a integridade dos atributos que justifiquem sua proteção. A expressão "lei" aqui deve ser interpretada

---

[23] STF, MS nº 22.164, Rel. Min. Celso de Mello, j. 30.10.1995.

Capítulo 25 ♦ Ordem social **711**

de forma restrita, de acordo com o entendimento do STF, afastando a utilização de outras espécies normativas, como medidas provisórias;[24]

d. exigir, na forma da lei, para instalação de obra ou atividade potencialmente causadora de significativa degradação do meio ambiente, estudo prévio de impacto ambiental, a que se dará publicidade;

e. controlar a produção, a comercialização e o emprego de técnicas, métodos e substâncias que comportem risco para a vida, a qualidade de vida e o meio ambiente;

f. promover a educação ambiental em todos os níveis de ensino e a conscientização pública para a preservação do meio ambiente;

g. proteger a fauna e a flora, vedadas, na forma da lei, as práticas que coloquem em risco sua função ecológica, provoquem a extinção de espécies ou submetam os animais a crueldade. Em relação a este último ponto, porém, estipula o § 7º do art. 225 que não se consideram cruéis as práticas desportivas que utilizem animais, desde que sejam manifestações culturais registradas como bem de natureza imaterial integrante do patrimônio cultural brasileiro, devendo ser regulamentadas por lei específica que assegure o bem-estar dos animais envolvidos;

h. manter regime fiscal favorecido para os biocombustíveis destinados ao consumo final, na forma de lei complementar, a fim de assegurar-lhes tributação inferior a incidente sobre os combustíveis fósseis, capaz de garantir diferencial competitivo em relação a estes, especialmente em relação ao PIS/Pasep e à Cofins e ao ICMS.

> **🔍 Jurisprudência destacada**
>
> A obrigação de o Estado garantir a todos o pleno exercício de direitos culturais, incentivando a valorização e a difusão das manifestações, não prescinde da observância da norma do inciso VII do art. 225 da CF, no que veda prática que acabe por submeter os animais a crueldade. Procedimento discrepante da norma constitucional denominado "farra do boi" (STF, RE nº 153.531, Rel. Min. Francisco Rezek, j. 13.06.1997).

Aquele que explorar recursos minerais é obrigado a recuperar o meio ambiente degradado, de acordo com solução técnica exigida pelo órgão público competente, na forma da lei. Essa é uma aplicação do chamado princípio do poluidor-pagador, o qual consiste em obrigar o poluidor, especialmente quando obtiver ganho econômico, a arcar com os custos da reparação do dano por ele causado ao meio ambiente, ainda que a atividade seja legal.

No caso de atividades ilegais e que sejam consideradas lesivas ao meio ambiente ficam os infratores sujeitos, sejam pessoas físicas ou jurídicas, a sanções penais e administrativas,

---

[24] STF, ADI nº 4.717, Rel. Min. Cármen Lúcia, j. 05.04.2018.

712 Direito Constitucional Decifrado

além da obrigação de reparar os danos causados, sendo esta última considerada imprescritível, de acordo com o entendimento do STF.[25]

A Constituição determina que a Floresta Amazônica brasileira, a Mata Atlântica, a Serra do Mar, o Pantanal Mato-Grossense e a Zona Costeira são patrimônio nacional, e sua utilização deverá ser feita, na forma da lei, dentro de condições que assegurem a preservação do meio ambiente, inclusive quanto ao uso dos recursos naturais.

Aqui deve ser observado que o fato desses locais – Floresta Amazônica brasileira, Mata Atlântica, Serra do Mar, Pantanal Mato-Grossense e Zona Costeira – constituírem patrimônio nacional, faz com que sejam considerados pertencentes à República Federativa do Brasil como um todo, não constituindo, assim, bens privativos da União.[26]

Nesse sentido, é pacífica a jurisprudência do STF de que é devida a indenização pela desapropriação de área pertencente a reserva florestal, como a Serra do Mar, independentemente das limitações administrativas impostas em prol da proteção ambiental.[27]

Veja-se que, além desses sistemas citados textualmente pela Constituição, pode e deve o Poder Público criar reservas ambientais nos locais em que for necessário à preservação ecológico e conveniente ao interesse público.

Também determina o texto constitucional que são indisponíveis, ou seja, não podem ser vendidas nem doadas a terceiros, as terras devolutas ou arrecadadas pelos Estados, por ações discriminatórias, necessárias à proteção dos ecossistemas naturais.

Por fim, determina o art. 225, § 6º, que as usinas que operem com reator nuclear deverão ter sua localização definida em lei federal, sem o que não poderão ser instaladas. É o caso das usinas nucleares de Angra I e Angra II. Na definição desses locais de instalação, deve-se em consideração fatores como a existência de rotas adequadas de fuga, distância de grandes centros urbanos etc.

> ### Decifrando a prova
>
> **(Delegado de Polícia Federal – Cespe – 2013)** A floresta amazônica brasileira, assim como a mata atlântica, é considerada bem da União, devendo sua utilização ocorrer na forma da lei, em condições que assegurem a preservação do meio ambiente, inclusive no que concerne ao uso dos recursos naturais.
>
> ( ) Certo ( ) Errado
>
> **Gabarito comentado:** conforme exposto, a floresta amazônica, assim como a mata atlântica, constitui patrimônio nacional, e não bem da União. Portanto, a assertiva está errada.

---

[25] STF, RE nº 654.833, Rel. Min. Alexandre de Moraes, j. 20.04.2020.

[26] STF, RE nº 300.244, Rel. Moreira Alves, j. 03.12.2002.

[27] STF, RE nº 471.110-AgR, Rel. Min. Sepúlveda Pertence, j. 14.11.2006.

Capítulo 25 • Ordem social **713**

25.7. DA FAMÍLIA, DA CRIANÇA, DO ADOLESCENTE, DO JOVEM E DO IDOSO

25.7.1. Da família

O art. 226 da Constituição Federal diz que a família é a base da sociedade e que deve receber especial proteção do Estado. De fato, toda a sociedade está baseada na existência das famílias, e o papel destas é crucial na formação do caráter, da educação e dos valores de todos os brasileiros, recebendo, por isso, atenção especial de nossa Carta Magna.

O conceito de família tem sofrido ao longo do tempo, grandes alterações, devido à mutação constitucional, instituto que faz com que as normas da Constituição passem por alterações em sua interpretação, acompanhando o desenvolvimento da sociedade, sem que haja alteração expressa em seu texto.

Além da família constituída formalmente pelo matrimônio, a Constituição, em seu art. 226, § 3º, define que, para efeito da proteção do Estado, é reconhecida a união estável entre o homem e a mulher como entidade familiar, devendo a lei facilitar sua conversão em casamento, entendendo-se também como entidade familiar, nos termos do parágrafo subsequente, a comunidade formada por qualquer dos pais e seus descendentes.

Assim, uma interpretação meramente literal da Constituição nos levaria a concluir que somente poderia ser considerado uma entidade familiar aquela formada por um casal formalmente unido em matrimônio, ou pela união estável entre um homem e uma mulher ou o ainda conjunto formado por um dos pais e seus filhos (família monoparental).

No entanto, o STF, no julgamento da Ação de Descumprimento de Preceito Fundamental 132/RJ e da Ação Direta de Inconstitucionalidade nº 4.277/DF, em um perfeito exemplo de mutação constitucional, estendeu o conceito de entidade familiar também às chamadas uniões homoafetivas,[28] tendência que também se verifica na legislação infraconstitucional.

O art. 226, § 1º, da Constituição estabelece que o casamento é civil, e gratuita a sua celebração. Ao dizer que o casamento é civil está o texto constitucional deixando claro que, para efeitos jurídicos, o matrimônio é um instituto jurídico, que não depende do eventual significado religioso atribuído ao termo. Ou seja, há uma separação clara entre o casamento civil, único reconhecido pelo ordenamento jurídico, e o casamento religioso.

No entanto, a própria Constituição estipula que o casamento religioso possa ter efeito civil, nos termos da lei. Assim, a lei permite que aquele que celebra um casamento religioso também possa sacramentar a união civil, desde que atendidas as condições prévias previstas na legislação.

Reforçando a igualdade entre homens e mulheres, dispõe o art. 226, § 5º, da Constituição que os direitos e deveres referentes à sociedade conjugal são exercidos igualmente pelo homem e pela mulher.

Por sua vez, dispõe o parágrafo seguinte que o casamento civil pode ser dissolvido pelo divórcio, tendo a Emenda Constitucional nº 66/2010 retirado a exigência, para a celebração

---

[28] STF, ADPF nº 132 e ADI nº 4.277, Rel. Min, Celso de Mello, julgadas em 01.07.2011.

do divórcio, de prévia separação judicial por mais de um ano ou de comprovada separação de fato por mais de dois anos.

O STF estendeu também a possibilidade de aplicação das regras relativas ao divórcio no caso de união estável, conforme Súmula nº 380.[29]

A Constituição também define que, fundado nos princípios da dignidade da pessoa humana e da paternidade responsável, o planejamento familiar é livre decisão do casal, competindo ao Estado propiciar recursos educacionais e científicos para o exercício desse direito, vedada qualquer forma coercitiva por parte de instituições oficiais ou privadas. Assim, aqui no Brasil não pode o Estado, por exemplo, limitar o número de filhos que as famílias podem ter, mas o Poder Público pode e deve propiciar o acesso à informação e aos meios efetivos de planejamento familiar, como anticoncepcionais e preservativos.

Ciente de que a família, ao mesmo tempo que pode ser o símbolo maior do amor e da solidariedade, também pode ser local de terríveis violências físicas e psicológicas, muitas vezes ocultas aos olhos alheios, estabelece o constituinte que o Estado deve assegurar a assistência à família na pessoa de cada um dos que a integram, criando mecanismos para coibir a violência no âmbito de suas relações, ou seja, para combater a chamada violência doméstica. Nesse sentido, por exemplo, tivemos a edição da Lei nº 14.344/2022, que buscou criar mecanismos para a prevenção e o enfrentamento da violência doméstica e familiar contra a criança e o adolescente.

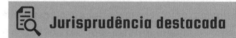

Jurisprudência destacada

A Constituição brasileira contempla diferentes formas de família legítima, além da que resulta do casamento. Nesse rol incluem-se as famílias formadas mediante união estável. Não é legítimo desequiparar, para fins sucessórios, os cônjuges e os companheiros, isto é, a família formada pelo casamento e a formada por união estável. Tal hierarquização entre entidades familiares é incompatível com a Constituição de 1988. Assim sendo, o art. 1790 do Código Civil, ao revogar as Leis nºs 8.971/1994 e 9.278/1996 e discriminar a companheira (ou o companheiro), dando-lhe direitos sucessórios bem inferiores aos conferidos à esposa (ou ao marido), entra em contraste com os princípios da igualdade, da dignidade humana, da proporcionalidade como vedação à proteção deficiente, e da vedação do retrocesso. Com a finalidade de preservar a segurança jurídica, o entendimento ora firmado é aplicável apenas aos inventários judiciais em que não tenha havido trânsito em julgado da sentença de partilha, e às partilhas extrajudiciais em que ainda não haja escritura pública (STF, RE nº 878.694, Rel. Min. Roberto Barroso, j. 10.05.2017).

25.7.2. Das crianças, adolescentes e jovens

A criança, o adolescente e o jovem, ao mesmo tempo que possuem grande vitalidade e disposição, ao mesmo também são mais vulneráveis, em diversos aspectos, do que os adultos em geral, especialmente pela falta de conhecimento e experiência pessoal. Além disso, no caso

---

[29] Súmula nº 380 do STF: "Comprovada a existência de sociedade de fato entre os concubinos, é cabível a sua dissolução judicial, com a partilha do patrimônio adquirido pelo esforço comum".

dos jovens, é uma época da vida em que a pessoa busca adaptar-se plenamente à vida adulta e normalmente ainda busca inserção no mercado de trabalho e desenvolvimento profissional.

Além do que, o investimento adequado na educação, formação, capacitação e conscientização de crianças, adolescentes e jovens traz retornos expressivos no longo prazo, tanto sociais como econômicos.

Por conta disso, estabelece o art. 227 da Constituição que é dever da família, da sociedade e do Estado assegurar à criança, ao adolescente e ao jovem, com absoluta prioridade, o direito à vida, à saúde, à alimentação, à educação, ao lazer, à profissionalização, à cultura, à dignidade, ao respeito, à liberdade e à convivência familiar e comunitária, além de colocá-los a salvo de toda forma de negligência, discriminação, exploração, violência, crueldade e opressão.

De acordo com o Estatuto da Criança do Adolescente – Lei nº 8.069/1990, criança é a pessoa com menos de 12 anos de idade e adolescente é quem possui de 12 até 18 anos incompletos. Já de acordo com a Lei nº 12.852/2013 – Estatuto da Juventude, considera-se jovem quem possui entre 15 e 29 anos de idade.

O Estado deve promover programas de assistência integral à saúde da criança, do adolescente e do jovem, admitida a participação de entidades não governamentais, mediante políticas específicas e obedecendo aos seguintes preceitos constitucionais (art. 227, § 1º):

I – aplicação de percentual dos recursos públicos destinados à saúde na assistência materno-infantil;

II – criação de programas de prevenção e atendimento especializado para as pessoas portadoras de deficiência física, sensorial ou mental, bem como de integração social do adolescente e do jovem portador de deficiência, mediante o treinamento para o trabalho e a convivência, e a facilitação do acesso aos bens e serviços coletivos, com a eliminação de obstáculos arquitetônicos e de todas as formas de discriminação.

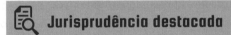
Jurisprudência destacada

Constitucional a iniciativa do legislador alagoano para editar a Lei estadual 7.508/2013, pela qual se determina que os estabelecimentos de ensino fundamental, médio e superior, públicos e privados, e cursos de extensão disponibilizem 'cadeiras adaptadas para alunos portadores de deficiência física ou mobilidade reduzida' (art. 1º). Desproporcionalidade da definição normativa do número de cadeiras a ser disponibilizado: interpretação conforme ao parágrafo único do art. 2º da Lei estadual 7.508/2013 para se entender que a expressão 'número de alunos regularmente matriculados em cada sala' se refere à quantidade de alunos com deficiência física ou mobilidade reduzida (STF, ADI nº 5.139, Rel. Min. Cármen Lúcia, j. 11.10.2019).

A proteção especial que o Estado deve conceder às crianças, jovens e adolescentes deve abranger, entre outros, os seguintes aspectos:

a. idade mínima de 14 anos para admissão ao trabalho, na condição de aprendiz. No caso de relação de emprego não caracterizada como contrato de aprendizagem, a idade mínima é de 16 anos, sendo proibido trabalho noturno, perigoso ou insalubre a menores de 18 anos;

b. garantia de direitos previdenciários e trabalhistas, na forma estabelecida em lei;

c. garantia de acesso do trabalhador adolescente e jovem à escola: a ideia é que, mesmo trabalhando, não deixe o adolescente jovem de estudar, pois, como se sabe, uma boa base educacional é fundamental para uma boa colocação profissional;

d. garantia de pleno e formal conhecimento da atribuição de ato infracional, igualdade na relação processual e defesa técnica por profissional habilitado, segundo dispuser a legislação tutelar específica;

e. obediência aos princípios de brevidade, excepcionalidade e respeito à condição peculiar de pessoa em desenvolvimento, quando da aplicação de qualquer medida privativa da liberdade;

f. estímulo do Poder Público, através de assistência jurídica, incentivos fiscais e subsídios, nos termos da lei, ao acolhimento, sob a forma de guarda, de criança ou adolescente órfão ou abandonado;

g. programas de prevenção e atendimento especializado à criança, ao adolescente e ao jovem dependente de entorpecentes e drogas afins.

O § 4º do art. 227 da Constituição estipula que a lei punirá severamente o abuso, a violência e a exploração sexual da criança e do adolescente. Nesse sentido, por exemplo, a lei costuma considerar como agravantes, quando não configurarem delitos penais autônomos, a violência e a exploração sexual de crianças e adolescentes.

A adoção deverá ser assistida pelo Poder Público, na forma da lei, a qual poderá ser feita inclusive por estrangeiros, desde que obedecidos os casos e condições de sua efetivação.

A Constituição acabou com qualquer forma de discriminação entre filhos havidos ou não do casamento, extinguido a distinção entre filhos legítimos e ilegítimos anteriormente existente e afirmando que todos terão os mesmos direitos.

Nesse sentido, estabelece o art. 226, § 6º, da Constituição:

§ 6º Os filhos, havidos ou não da relação do casamento, ou por adoção, terão os mesmos direitos e qualificações, proibidas quaisquer designações discriminatórias relativas à filiação.

De acordo com o texto constitucional, a lei também deve estabelecer:

a. o estatuto da juventude, destinado a regular os direitos dos jovens (o que é feito atualmente pela Lei nº 12.853/2013);

b. o plano nacional de juventude, de duração decenal, visando à articulação das várias esferas do poder público para a execução de políticas públicas.

Estabelece a Constituição que são penalmente inimputáveis os menores de 18 anos, sujeitos às normas da legislação especial.

Nossa Constituição adotou, assim, o conceito objetivo de inimputabilidade, presumindo que quem possui menos de 18 anos ainda não possui o discernimento e a experiência suficientes para entender plenamente os efeitos e consequências de todos os seus atos.

Assim, a prática de um ilícito penal por um menor de idade não o sujeitará às mesmas medidas do que se o mesmo ato for praticado por um adulto. Na verdade, o ato não é considerado crime no sentido estrito da palavra, recebendo a denominação de ato infracional.

O Estatuto da Criança e do Adolescente estabelece uma série de medidas, chamadas de socioeducativas, a serem aplicadas aos adolescentes que praticarem atos infracionais, entre as quais se incluem a advertência, a reparação do dano, a prestação de serviços à comunidade, a liberdade assistida, a inserção em regime de semiliberdade e a internação em estabelecimento educacional.

Essas medidas devem ser aplicadas ao adolescente levando em conta a sua capacidade de cumpri-la, as circunstâncias e a gravidade da infração.

O art. 227, § 2º, da Constituição Federal determina que a lei deve dispor sobre normas de construção dos logradouros e dos edifícios de uso público e de fabricação de veículos de transporte coletivo, a fim de garantir acesso adequado às pessoas com deficiência.

25.7.3. Dos idosos

É sabido que, com a idade, a capacidade de trabalho e, muitas vezes, a própria possibilidade de viver com autonomia podem sofrer consideração redução. Assim, o pai de família que por muitos anos sustentou os seus filhos com seu próprio esforço, pode se ver, com o passar dos anos, em uma situação de necessidade de cuidados.

Diante disso, estabelece o art. 229 da Constituição Federal que, assim como os pais têm o dever de assistir, criar e educar os filhos menores, os filhos maiores têm o dever de ajudar e amparar os pais na velhice, carência ou enfermidade.

Nesse sentido, dispõe também o art. 230, ao dizer que a família, a sociedade e o Estado têm o dever de amparar as pessoas idosas, assegurando sua participação na comunidade, defendendo sua dignidade e bem-estar e garantindo-lhes o direito à vida. O Estatuto da Pessoa Idosa – Lei nº 10.741/2003 – especifica ainda mais este dever, estabelecendo que é obrigação da família, da comunidade, da sociedade e do Poder Público assegurar à pessoa idosa, com absoluta prioridade, a efetivação do direito à vida, à saúde, à alimentação, à educação, à cultura, ao esporte, ao lazer, ao trabalho, à cidadania, à liberdade, à dignidade, ao respeito e à convivência familiar e comunitária.

O Estatuto da Pessoa Idosa – Lei nº 10.741/2003, considera como pessoa idosa a pessoa com idade igual ou superior a 60 anos.

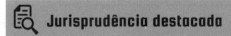

Jurisprudência destacada

A circunstância de o critério cronológico adotado pelo Estatuto do Idoso ser de sessenta anos de idade não alterou a regra excepcional da redução dos prazos de prescrição da pretensão punitiva quando se tratar de pessoa maior de setenta anos de idade na data da sentença condenatória (STF, ADI HC nº 88.083, Rel. Min. Ellen Gracie, j. 03.06.2008).

718 Direito Constitucional Decifrado

A responsabilidade principal e direta de amparo à pessoa idosa é da responsabilidade da respectiva família. Porém, na omissão ou impossibilidade desta em fazê-lo, tem o Estado a obrigação de atender às suas necessidades básicas.

O § 1º do mesmo art. 230 estipula que os programas de amparo às pessoas idosas deverão ser executados preferencialmente em seus lares.

Maiores de 65 anos têm gratuidade garantida nos transportes coletivos urbanos, independentemente de sua renda. Embora a Constituição somente se refira aos transportes urbanos, a lei atualmente também estende esse benefício às viagens interestaduais de ônibus, mas nesse caso a pessoa idosa deve ter acima de 60 anos, e não de 65, e ter renda de no máximo dois salários, além de ser garantida a reserva de apenas dois assentos com gratuidade.

25.8. DOS ÍNDIOS

A Constituição Federal também se preocupa com a questão indígena, determinando que o Estado brasileiro dispense aos habitantes originais de nossa terra a proteção adequada.

De acordo com o art. 3º da Lei nº 6.001/1973, conhecida como Estatuto do Índio, índio é todo indivíduo de origem e ascendência pré-colombiana que se identifica e é identificado como pertencente a um grupo étnico cujas características culturais o distinguem da sociedade nacional. Conceito amplo igualmente foi adotado pelo STF, ao afirmar que o substantivo "índios" é usado pela CF de 1988:

> (...) por um modo invariavelmente plural, para exprimir a diferenciação dos aborígenes por numerosas etnias. Propósito constitucional de retratar uma diversidade indígena tanto interétnica quanto intraétnica. Índios em processo de aculturação permanecem índios para o fim de proteção constitucional. Proteção constitucional que não se limita aos silvícolas, estes, sim, índios ainda em primitivo estádio de habitantes da selva.

Os indígenas não constituem nem nunca constituíram um conjunto homogêneo, formando, na verdade, várias nações com línguas, crenças e costumes diversos, embora possam ser agrupados em diversos grupos com alguns elementos em comum.

O art. 231 da Constituição Federal determina que devem ser reconhecidos aos povos indígenas sua organização social, costumes, línguas, crenças e tradições, e os direitos originários sobre as terras que tradicionalmente ocupam, competindo à União demarcá-las, proteger e fazer respeitar todos os seus bens. A intenção é evitar a aculturação indígena, fenômeno pelo qual esses grupos humanos perdem sua identidade, pela assimilação de costumes e crenças de outros povos.

Deve-se observar que as terras tradicionalmente ocupadas pelos povos indígenas não pertencem a eles, mas sim à União, de acordo com o art. 20, XI, da Constituição. No entanto, cabe a esses povos indígenas a posse dessas áreas, cabendo-lhes o usufruto exclusivo das riquezas do solo, dos rios e dos lagos nelas existentes.

O § 1º do mesmo artigo define que são terras tradicionalmente ocupadas pelos índios aquelas por eles sejam habitadas em caráter permanente, as utilizadas para suas atividades produtivas, as imprescindíveis à preservação dos recursos ambientais necessários a seu bem-

Capítulo 25 ♦ Ordem social **719**

-estar e as necessárias à sua reprodução física e cultural, segundo seus usos, costumes e tradições, não abrangendo, de acordo com o entendimento do STF, aquelas que eram possuídas pelos nativos no passado remoto.[30]

Por disposição constitucional, essas terras são inalienáveis e indisponíveis, ou seja, não poderão ser doadas nem vendidas a particulares, e os direitos sobre elas, são imprescritíveis. Além do que, em se tratando de bens da União, ou seja, públicos, não podem ser adquiridas por usucapião, conforme prevê o art. 191, parágrafo único, da Constituição.

O aproveitamento dos recursos hídricos, incluídos os potenciais energéticos, a pesquisa e a lavra das riquezas minerais em terras indígenas, só pode ser efetivado com autorização do Congresso Nacional, ouvidas as comunidades afetadas, ficando-lhes assegurada participação nos resultados da lavra, na forma da lei.

A Constituição proíbe a remoção dos grupos indígenas de suas terras, salvo, com a concordância do Congresso Nacional, em caso de catástrofe ou epidemia que ponha em risco sua população, ou no interesse da soberania do país, garantido, em qualquer hipótese, o retorno imediato logo que cesse o risco.

Por fim, o art. 232 estipula que os indígenas, suas comunidades e organizações são partes legítimas para ingressar em juízo em defesa de seus direitos e interesses, intervindo o Ministério Público em todos os atos do processo. Ou seja, os indígenas podem, por si mesmos, através da representação de um advogado, defender seus interesses na justiça. A intervenção do Ministério Público justifica-se na condição de *custos legis*, ou fiscal da lei, como garantia de respeito aos direitos indígenas.

🔍 Jurisprudência destacada

Os arts. 231 e 232 da CF são de finalidade nitidamente fraternal ou solidária, própria de uma quadra constitucional que se volta para a efetivação de um novo tipo de igualdade: a igualdade civil-moral de minorias, tendo em vista o protovalor da integração comunitária. Era constitucional compensatória de desvantagens historicamente acumuladas, a se viabilizar por mecanismos oficiais de ações afirmativas. No caso, os índios a desfrutar de um espaço fundiário que lhes assegure meios dignos de subsistência econômica para mais eficazmente poderem preservar sua identidade somática, linguística e cultural. Processo de uma aculturação que não se dilui no convívio com os não índios, pois a aculturação de que trata a Constituição não é perda de identidade étnica, mas somatório de mundividências. Uma soma, e não uma subtração. Ganho, e não perda. Relações interétnicas de mútuo proveito, a caracterizar ganhos culturais incessantemente cumulativos. Concretização constitucional do valor da inclusão comunitária pela via da identidade étnica (STF, Pet nº 3.388. Rel. Min. Ayres Britto, j. 19.03.2009).

---

[30] STF, ARE nº 803.462-AgR, Rel. Min. Teori Zavascki, j. 09.12.2014.

720 Direito Constitucional Decifrado

Decifrando a prova

(Delegado de Polícia Federal – Cespe – 2013) As terras tradicionalmente ocupadas pelos índios, incluídas no domínio constitucional da União Federal, são inalienáveis, indisponíveis e insuscetíveis de prescrição aquisitiva.

( ) Certo   ( ) Errado

Gabarito comentado: de acordo com o art. 231, § 4º, da CF, as terras tradicionalmente ocupadas pelos índios são inalienáveis e indisponíveis, e os direitos sobre elas, imprescritíveis. Além disso, por pertencerem à União, não podem ser adquiridas por usucapião. Portanto, a assertiva está certa.

Referências

ALEXANDRINO, Marcelo; PAULO, Vicente. *Direito constitucional descomplicado*. São Paulo: Método, 2019.

ATIENZA, Manuel. *As razões do direito*: teorias da argumentação jurídica. Tradução de Maria Guimarães Cupertino. São Paulo: Landy, 2006.

BARROSO, Luís Roberto. *Curso de direito constitucional contemporâneo*. 2. ed. São Paulo: Saraiva, 2010.

BOBBIO, Norberto. *A era dos direitos*. Rio de Janeiro: Campus, 1992.

BONAVIDES, Paulo. *Curso de direito constitucional*. 19. ed. São Paulo: Malheiros, 2006.

CANOTILHO, J. J. Gomes. *Direito constitucional e teoria da Constituição*. Coimbra: Almedina, 1993.

DINIZ, Maria Helena. *Norma constitucional e seus efeitos*. São Paulo: Saraiva, 1992.

DI PIETRO, Maria Sylvia Zanella. *Direito administrativo*. 20. ed. São Paulo: Atlas, 2000.

FABRIZ, Daury Cesar; FERREIRA, Cláudio Fernandes. Teoria geral dos elementos constitutivos do Estado. *Revista da Faculdade Direito da Universidade Federal Minas Gerais*, v. 39, p. 107, 2001.

LENZA, Pedro. *Direito constitucional esquematizado*. 10. ed. São Paulo: Método, 2006.

MAXIMILIANO, Carlos. *Hermenêutica e aplicação do direito*. 16. ed. Rio de Janeiro: Forense, 1996.

MENDES, Gilmar Ferreira; COELHO, Inocêncio Mártires; BRANCO, Paulo Gustavo Gonet. *Curso de direito constitucional*. São Paulo: Saraiva, 2007.

MIRANDA, Jorge. *Manual de direito constitucional*. Coimbra: Coimbra Editora, 1998. t. 1.

MORAES, Alexandre de. *Direito constitucional*. São Paulo: Atlas, 2003.

MUZY, Gustavo. *Administração financeira e orçamentária para concursos*. 2. ed. São Paulo: Alfacon, 2020.

SILVA, José Afonso de. *Aplicabilidade das normas constitucionais*. São Paulo: Revista dos Tribunais, 1982.

722 Direito Constitucional Decifrado

SILVA, José Afonso da. *Comentário contextual à Constituição.* 5. ed. São Paulo: Malheiros, 2007.

SILVA, José Afonso da. *Comentário contextual à Constituição.* 7. ed. São Paulo: Malheiros, 2010.

SILVA, José Afonso da. *Curso de direito constitucional positivo.* São Paulo: Malheiros, 2006.